功/标/册/府

顾廷龙先生诞辰百廿周年纪念文集

上海图书馆 ◎ 编

上海古籍出版社

图书在版编目(CIP)数据

功标册府 ： 顾廷龙先生诞辰百廿周年纪念文集 / 上
海图书馆编. -- 上海 ： 上海古籍出版社，2024. 10.
ISBN 978-7-5732-1331-0

Ⅰ. K825.42-53

中国国家版本馆 CIP 数据核字第 2024M3L538 号

功标册府

顾廷龙先生诞辰百廿周年纪念文集

上海图书馆 编

上海古籍出版社　出版发行

（上海市闵行区号景路 159 弄 1-5 号 A 座 5F　邮政编码 201101）

（1）网址：www.guji.com.cn

（2）E-mail：guji1@guji.com.cn

（3）易文网网址：www.ewen.co

金坛市古籍印刷厂印刷

开本 787×1092　1/16　印张 52.75　插页 6　字数 912,000

2024 年 10 月第 1 版　2024 年 10 月第 1 次印刷

ISBN 978-7-5732-1331-0

Z·487　定价：288.00 元

如有质量问题,请与承印公司联系

编辑委员会

序　言

　　2024 年是上海图书馆顾廷龙老馆长诞辰 120 周年。 顾老诞生在 20 世纪第一个龙年——1904 年的 11 月 10 日。 也许是巧合，后来影响中国历史和文化的多位大师都出生在这一年里：邓小平、任弼时、邓颖超、巴金、吕叔湘、傅抱石、林徽因……

　　顾廷龙先生 1931 年毕业于上海持志大学国文系，1932 年获得北京燕京大学文科硕士，毕业后即投身于图书馆事业，先担任燕京大学图书馆采访部主任，又担任美国哈佛大学哈佛燕京图书馆驻北平采访处主任，后担任上海私立合众图书馆总干事（1939 年夏起），1962 年起正式担任上海图书馆馆长，1985 年起任上海图书馆名誉馆长。 他把生命中绝大部分精力献给了图书馆事业。

　　顾廷龙先生是海内外公认的图书馆事业家、版本目录学家和书法家。 他的才智我们无法超越，他的品德我们可以楷模，他的精神我们必须传承。 我们今天纪念顾廷龙馆长是为了更好地传承与弘扬以顾廷龙先生等为代表的中国图书馆事业的先辈们的精神。 这种精神的内涵至少包含三个方面：深厚的家国情怀、无私的奉献精神和执着的专业精神。

　　繁霜尽是心头血，洒向千峰秋叶丹。 80 多年前，顾先生应邀南下上海主持创办合众图书馆之义举，就是突显了以叶景葵、张元济、陈陶遗、顾廷龙等为代表的一大批文人志士的爱国情怀。 1937 年抗日战争全面爆发后，日军所到之处，中国文化事业遭空前破坏，中国的图书馆事业亦损失惨重。 据国民政府教育部 1938 年底统计，中国抗战以来图书损失至少在 1000 万册以上。 现藏于上海图书馆的《合众图书馆组织大纲》原件，在最显著位置强调了办馆目的，第一条便是"征集私家藏书，共同保存，以资发扬中国之文化"。 这座挺立于抗日烽火中的图书馆，在苦难中肩负起挽救保护中华民族珍贵典籍的使命。 发起者张元济、叶景葵、陈陶遗以"三人成众""众擎易举"之意，将其命名为合众图书馆，专注于集纳、守护、传承中国传统文史典籍。 当年顾先生怀着崇高的保存中华传统文化的责任感，在亲笔拟就的《创办合众图书馆意见书》中，分析了抗战初期我国图书馆事业遭受日本军国主义洗劫的状况，根据当时上海各类图书馆的现状，提出了创办合众图书馆的宗旨是负起"保存固有文化之责任"。　面对中华传统文化的沦丧，当时上海还有更多的文化志士，悄悄展开了一场保护图书文献的事业，比如郑振铎、徐森玉、张寿镛等人组织了"文献保存同志会"。　正是历史上无数仁人志士这样地守护传承中华文脉，才使得中华文明具有突出的连续性，成为中华民族历经千难万险而终能复兴的精神支撑。

　　"专为前贤形役，不为个人张本。"80 多年前，顾廷龙先生在《创办合众图书馆意见书》中写下的这句话彰显了图情工作者应有的无私奉献精神。"窃谓人不能自有所表现，或能助成人之盛举，亦可谓不负其平生。"这是顾先生的名言，更是他作为图书馆人无私奉献的精神写照。　顾先生晚年曾说："我的光阴在收书、编书和印书中穿过。"这句平平淡淡的话，凝结了他对我国图书馆事业难以估量的贡献。　顾先生做的"嫁衣"，不仅造福与他同时代的人，而且泽被后世。　最为可贵可敬的是，顾先生是一个博学多才、博闻强记的大师，海内外公认其既是图书馆事业家，又是版本目录学家，还是书法家，但他却偏偏"专为前贤形役，不为个人张本"，几乎放弃了自己的学术研究。　从 1939 年夏担任合众图书馆总干事，到 1962 年 11 月 59 岁时被上海市人民政府任命为上海图书馆馆长，顾先生这个"总干事"一当就是 23 年，担任上海图书馆馆长又是 23 年，直至 1985 年，82 岁高龄时才由馆长改任名誉馆长，直到他 1998 年 8 月 22 日在北京去世。　这在中国图书馆事业史上应该是绝无仅有的特例。　从合众图书馆到后来的上海图书馆，他守护这个中华文化典籍的"保险库"长达半个多世纪。　无论技术如何迭代，时代如何变迁，人类文化基因和文明延续永远离不开图书馆，人类创新创造活动永远离不开图情事业与服务的支撑保障。　图书馆工作者必须持有甘为他人做嫁衣、"化作春泥更护花"的职业奉献精神。　老馆长专为前贤形役的精神风骨是图书馆人必须薪火相传的宝贵财富。

　　"图书馆之使命，一为典藏，一为传布"，"片纸只字皆史料"。　这是顾廷龙馆长作为图书馆事业家可能最为重要的专业精神内核。　在《创办合众图书馆意见书》中，他写下了"图书馆之使命，一为典藏，一为传布"。　1939 年 7 月 17 日，顾馆长南下到达上海，开始接手合众图书馆的筹办事宜，并于第二天拟就《创办合众图书馆意见书》，对图书馆的定位、图书采访范围、图书装订方法、图书编目方法、图书阅览制度等提出主张；论述了合众图书馆的性质当以"专门为范围"，不能办成各种图书兼收并蓄的普通图书馆，必须别树一帜，建成以专门收藏历史文献为主的国学图书馆，特别提出要以叶景葵、蒋抑卮所捐之书为基础，"建设一专门国粹之图书馆，凡新出羽翼国粹之图书附属之"，以此作为合众图书馆的办馆方针。这些专业独到的见解彰显了顾馆长的远见卓识，也是他作为图书馆事业家对于我国图书馆事业最为重要的专业贡献之一。图书馆"传承文明，服务社会"的初心使命永远不会改变，"一为典藏，一为传布"就是80多年前顾馆长的具体回答，从合众到上图，他带领大家躬身实践。

晚年的顾馆长曾说："我干的最多的是图书馆工作，整整六十五个年头。说起来，我做的工作很普通，归结一下只有六个字：收书、编书、印书。"顾馆长眼中的"书"其实是指一切能够记录历史痕迹的资料，包括家谱、朱卷、登科录、乡试录、缙绅录，以至于电影说明书、戏单、照片、讣告等。在工作中他始终坚持"片纸只字皆史料"和"片纸只字皆是宝"的收书理念。由于他拥有如此科学先进的专业理念，更因为他执着坚持这样的专业精神，如今上海图书馆的宏富馆藏中才会形成诸多令人叹为观止的特色品种。面向未来，我们要站在历史和文化的高度继续推进上海图书馆的馆藏建设。

这些是顾廷龙馆长留给我们的最宝贵的精神财富。他温润而坚毅，博学而多才，择一事而终一生。他笃信"国家兴亡，匹夫有责"，他服膺"澹泊明志，宁静致远"，他甘愿"专为前贤形役，不为个人张本"……今年是顾廷龙老馆长诞辰120周年，海内外的学者们执笔抒怀，从各种视角纪念他的事业功绩与道德文章，这些成果集结成书，将有助于我们更深入地学习、把握顾馆长的学术思想，更立体、丰满地感悟顾馆长的人格魅力。在实现中华民族伟大复兴的新的历史阶段，在推进中国式现代化的新征程中，上海图书馆要继承和发扬包括顾廷龙馆长在内的老一辈图书馆人的精神衣钵，更好地发挥图书馆推动中华民族现代文明建设的价值和作用。

是为序。

陈　超

上海图书馆（上海科学技术情报研究所）

上海市古籍保护中心

2024年8月18日

目　　录

挹诵仁风

清芬世家

文 史 探 赜

探／综／流／略

寻恢弘古籍丛书之钥　导考镜近世书刊之路

——顾廷龙在现代中国书刊目录编纂史上的地位

邹振环

（复旦大学历史学系）

顾廷龙（1904—1998），字起潜，别号匋誃，江苏苏州人。出身于书香门第，1931 年毕业于持志大学国文系，1933 年获燕京大学文科硕士学位。1934 年任职燕京大学图书馆，担任采访部主任，1939 年南下上海创办合众图书馆，为保存古籍和现代珍贵的文献，作出了重要的贡献。1949 年后长期担任上海图书馆馆长。致力于古典文献学、版本学和目录学的研究。顾廷龙所编的第一部书目是《章氏四当斋藏书目》（1938年）[1]，从草创到问世历时 10 个月，达 30 万字，叶景葵看后对之赞赏不已，堪称目录学上的不朽之作。顾先生之于目录学以此为起点[2]。

顾先生一生的追求大多围绕着图书编目和文献研究而展开，他主编的《中国古籍善本书目》享誉学界。该书目涉及 781 个单位的藏书约 6 万多种、13 万部，编纂过程中不仅著录书名、卷数、著者时代、著者姓名、著作方式、版本时代、版本责任人、版本类别及批校题跋，还著录藏书的存缺情况和收藏单位，被认为开创了中国古籍全国性书目编纂的先河，是中国当代古籍目录学、版本学研究水平的集中体现。

本文不是顾先生一生编目事业的完整讨论，而是选取他在上海合众图书馆助编《涵芬楼烬馀书录》和在上海图书馆创议策划编纂的《中国丛书综录》等几套书刊目录，来讨论他在现代中国书刊目录编纂史上的贡献[3]。

---

[1]　顾廷龙编：《章氏四当斋藏书目》，燕京大学图书馆 1938 年初版，5 册本；北京图书馆出版社 2007 年影印本。该书是清末民国著名学人章钰（1864—1937）的藏书目录，"四当斋"是章氏的书斋名。上卷著录章氏手抄手卷 569 部，中卷著录精刻和名家抄本 383 部，下卷著录普通版本 2417 部，共计 7 万余卷，分别部类，章氏所撰校勘记及所加按语，均附于原书之下。赵国璋、潘树广主编：《文献学辞典》，江西教育出版社，1991 年，第 762 页。

[2]　王绍曾：《王绍曾序》，顾廷龙：《顾廷龙文集》卷前，上海科学技术文献出版社，2002 年，第 6 页。

[3]　王世伟：《论顾廷龙先生对中国现代图书馆事业的贡献》（《图书馆杂志》2004 年第 9 期，第 2—7 页）一文有过相关论述。

一、《涵芬楼烬馀书录》:批校助编的实践

　　创办合众图书馆需要一位有志节的青年专业人才来具体主持,创办人叶景葵(1874—1949)和张元济(1867—1959)两人不约而同地选中了正在燕京图书馆任职的顾廷龙。1939 年 3 月至 6 月,叶景葵曾连续十次发函致顾廷龙,切盼他南下帮助料理合众图书馆的创办事务。由于燕京图书馆热情挽留,顾廷龙一时不得脱身,同时张元济也发函情真意切的邀约,使顾廷龙终于在 1939 年 7 月 17 日辞去燕京大学图书馆之职,南下至上海,与叶景葵和张元济合作创办合众图书馆,担任图书馆总干事。在其任职的十余年间,"合众"成为中国近代以来私立图书馆的典范①。上海市历史文献图书馆主要收藏的即原合众图书馆历年采购入藏和接受捐赠之书,包括明代以前各朝代的史料、地方志、家谱、名人日记、教育史料、戏曲史料及拓本等,还有宣传马列主义的早期出版物。上海市历史文献图书馆历年编印的专题书目有《中国近百年经济史料目录》《中国科学技术史料目录》《台湾史料目录》《上海市历史文献图书馆所藏石刻拓本目录》《上海市历史文献图书馆期刊目录(1832—1949)》等,期刊虽非该馆的主藏项,但从编印于 1958 年 9 月《上海市历史文献图书馆期刊目录(1832—1949)》油印本来看,顾先生主持下的上海市历史文献图书馆,期刊收藏也是十分丰富的。这本厚达 300 多页的油印期刊目录共收各类中文期刊、西文和日文期刊将近 9000 种,其中中文期刊有 7500 种左右②。

　　合众图书馆创办之初,顾先生一直在思考如何管理图书馆所藏文献的信息和整理其中的知识等重大问题。顾廷龙与张元济、叶景葵等围绕合众图书馆图书目录分类,即管理古籍文献是否采用四部分类法进行过讨论。顾氏认为,在图书馆的工作中以图书分类最为重要,传统古籍可以用经史子集来划分,但是到了近代,四部分类显然难以完全合适了③。他赞同顾颉刚先生 1927 年应广东中山大学之聘,担任语言历史研究所教授兼图书馆中文部主任时所写的一份《国立广州中山大学购求中国图书

① 有关合众图书馆创办及发展,参见顾廷龙:《张元济与合众图书馆》,《图书馆学通讯》1987 年第 2 期,第 86—97＋6 页。王世伟:《上海私立合众图书馆创始考略》,王世伟主编:《历史文献论丛》,上海社会科学出版社,2004 年,第 67—81 页。沈津:《顾廷龙与〈合众图书馆丛书〉》,《新世纪图书馆》2005 年第 4 期,第 64—66＋72 页。王京州、张永胜:《顾廷龙与合众图书馆》,《图书与情报》2006 年第 3 期,第 112—117 页。张柯《合众图书馆馆史考略——以上海图书馆藏合众图书馆史料为中心》,华东师范大学硕士学位论文,2021 年。
② 姚一鸣:《顾廷龙旧藏油印期刊目录》,《藏书报》,2020 年 1 月 20 日第 5 版。
③ 邹振环:《中国图书分类法的沿革与知识结构的变化》,《复旦学报(社会科学版)》1987 年第 3 期,第 86—90 页。

计划书》(1927年6月先印入"中山大学图书馆丛书"之一种,由中山大学图书馆研究会出版),该计划书打破了传统图书馆信息资源建设的框架,将购求文献的范围分为十六个方面:1.经史子集及丛书;2.档案;3.地方志;4.家族志;5.社会事件志记载(包括报刊);6.个人生活之记载;7.账簿;8.中国汉族以外各民族之文籍;9.基督教出版之书籍及译本书;10.宗教及迷信书;11.民众文学书;12.旧艺术书;13.教育书;14.古存简籍;15.著述稿本;16.实物图像①。顾先生把顾颉刚对文献的划分范围作为合众图书馆"供给许多材料来解决现代发生的各种问题的"②机构的寻找文献的思路。

　　1949年末张元济先生患中风,1950年稍有恢复,就重新整理之前利用合众图书馆馆藏所编的《涵芬楼烬馀书录》稿。其间,由顾先生担任其助手。当时张元济隔日有便条交顾先生,请他方便时一二日必去张元济处一谈,学术交流甚密。由于顾廷龙有深厚的目录版本和文字训诂等历史文献学的基础,且做事十分认真,所以张元济在学术上十分器重和信赖顾廷龙。该书目1951年由上海商务印书馆正式出版③。顾先生曾回忆起当年在张元济身边作为学术助手的美好时光:"曩岁承命佐理校印《涵芬楼烬馀书录》时,病偏左未久,偃仰床笫,每忆旧作,辄口授指画,如某篇某句有误,应如何修正;又如某书某刻优劣所在,历历如绘。盖其博闻强识,虽数十年如一日;此岂常人所能企及,谓非耄耋期颐之征而何?"④

　　涵芬楼所藏为商务印书馆藏书中的宋元明旧刊暨抄校善本。1932年一·二八事变中,商务印书馆、东方图书馆遭日本侵略者轰炸和纵火,各类文献损失惨痛,而事先存于金城银行的善本书幸免于难。劫后,张元济将幸存善本取出,有宋元本近二百种,明本及校本八十余种,抄本稿本一百五十多种,为其撰写解题,名曰"烬馀书录",鉴定版本,著录书名、撰者、避讳、刻工姓氏、题跋、藏书印鉴等信息。《涵芬楼烬馀书录》新近整理本2022年由上海古籍出版社推出,张元济文孙张人凤修订增补,以1951年商务印书馆排印本为底本,加以新式标点,繁体竖排,对照今所见《书录》所著录之书的书影(绝大部分已经在国家图书馆"中华古籍资源库"公开),标注索书号;今国图所著录之册数、分卷、刊刻年代等信息有与《书录》不同者,一并标注。同时还吸收了胡文楷(1901—1988)、顾廷龙二位先生对于《书录》的增订批注。并邀请程远芬编制了

---

① 顾颉刚:《购求中国图书计划书》,《文献》1981年第2期,第19—25页。
② 王煦华:《合众图书馆董事会议事录跋》,上海图书馆历史文献研究所编:《历史文献》第7辑,上海古籍出版社,2004年,第45页。
③ 张人凤:《追寻合众图书馆二三事》,张人凤:《张元济研究文集》,上海辞书出版社,2007年,第57—61页。
④ 顾廷龙:《涉园序跋集录后记》,《顾廷龙文集》,第148页。

详尽的书名、撰者名、题跋批校者、藏书印鉴索引,末附陈先行《影印〈涵芬楼烬馀书录〉稿本前言》、沈津《张元济与〈涵芬楼烬馀书录〉》及日本高桥智《顾廷龙批注〈涵芬楼烬馀书录〉:中国版本学资料研究》三文。

现存四部要籍不乏名家旧藏批校之本,具体到书目题跋著作的批校,则多有学者兼藏家的"同行评议",或商榷版本鉴定,或补充递藏源流,或自记书事因缘,不仅为读者利用原书提供有益参考,也是书籍史/阅读史研究的珍贵史料①。从新版《涵芬楼烬馀书录》可以见出顾廷龙过录胡文楷增订并自加批注的内容,使我们得睹顾廷龙移录胡文楷订正的《涵芬楼烬馀书录》批注本的原貌。据高桥智说,直至顾先生去世,该批注本是他放在身边的图书之一②。将批校内容收入整理本时,是视同夹注随文嵌入,或缀于每篇之后,或附于全书之末。新版《涵芬楼烬馀书录》所载顾廷龙批注,系据高桥智《顾廷龙批注〈涵芬楼烬馀书录〉》整理③,高桥氏的整理办法是摘引对应原文,将批注内容分为"增""订"两部分④,整理者将这些批注一一嵌入正文,其"增"者当可直接补入正文,而"订"者却较难体现其"订",为此整理者与编辑投注了大量心血,始有今日读来何处为"增"、何处为"订"皆一目了然之效。

1958 年 10 月,原上海图书馆和黄炎培等创办的报刊图书馆(原鸿英图书馆)、历史文献图书馆(原合众图书馆)和任鸿隽等创办的科技图书馆(原明复图书馆)合并成为新的上海图书馆。1962 年 11 月,59 岁的顾先生被任命为馆长,至 1985 年,82 岁高龄的顾廷龙由馆长改任名誉馆长,1998 年 8 月 22 日他在北京去世。

二、《中国丛书综录》:存国粹、求恢弘古籍之钥

自古以来,中国有着发达的书籍文化,对图书进行著录、归类、提要的目录之学,是中国学术史的重要组成部分。自西汉刘向、刘歆父子的《别录》《七略》起,直至清代集大成的《四库全书总目》,历代都有持续不断的"艺文志"和"经籍志"的编纂工作。自 19 世纪末至 20 世纪初,随着科学文献等的大量产生,传统的四部分类法开始受到

---

① 郑凌峰:《书目题跋著作整理的新典范——读新版〈涵芬楼烬馀书录〉》,《中华读书报》,2023 年 4 月 12 日 20 版。

② (日)高桥智撰,张雪儿译:《顾廷龙批注〈涵芬楼烬馀书录〉:中国版本学资料研究》,张元济著,张人凤整理:《涵芬楼烬馀书录》(下册),上海古籍出版社,2022 年,第 645 页。

③ 沈津:《张元济与〈涵芬楼烬馀书录〉》,《涵芬楼烬馀书录》(下册),第 595—640 页。

④ (日)高桥智撰,张雪儿译:《顾廷龙批注〈涵芬楼烬馀书录〉:中国版本学资料研究》,《涵芬楼烬馀书录》(下册),第 647 页。

冲击。1896 年梁启超（1873—1929）编《西学书目表》，1899 年近代藏书家徐维则（1867—1919）编纂的《东西学书录》和 1902 年目录学家顾燮光（1875—1949）增补的《增订版东西学书录》和 1904 年编纂的《译书经眼录》，1904 年徐树兰（1837—1902）编《古越藏书楼书目》，1919 年陈乃乾（1896—1971）编《南洋中学藏书目》，均突破了四部分类法，另辟新路。特别是 1933 年至 1936 年柳诒徵（1880—1956）等所编《江苏省立国学图书馆图书总目》，分为经、史、子、集、志、图、丛七部，对四部分类法进行了改良。

顾先生认为中国的古籍浩如烟海，不能仅仅以单本古籍文献来认识，而丛书的优点是保留了原书的分类体系。其源头可以追溯到东汉熹平年间诏诸儒正定的"六经"，现存最早的丛书当推宋代的《儒学警悟》。自宋代以来集合多种著名的，述为一编的，或称"学海""学山""汇编""汇函""秘籍"等，取其博大或稀罕之意。最先把丛书用作集合诸书总名的，当推《汉魏丛书》①。顾先生在和刘德隆谈到《中国丛书综录》编辑时感慨道："我这个人，就是看书看得太少了。一个人一辈子不读五立方书是不行的啊。"刘德隆感慨："我们读书以册为单位、以套为单位，起潜老伯读书以'立方'为单位。"②这或许就是他对丛书的一种特殊的认识。记得 20 世纪 80 年代前期，笔者硕士在读向朱维铮先生问学期间，多次拜见顾廷龙先生，他在来复旦讲课与交谈中也曾多次强调古籍以四库分类法较为合用，如同这件"衣服"，穿在古籍的身上正合适，近代以来，学人赓续前贤编纂目录学传统，如《中国善本书提要》《中国古籍善本书目》《中国古籍总目》等，还是适用"四部分类"这一系统。但图书分类的改革势在必行。《中国丛书综录》的编纂就是一个重要的尝试。

中国历史上最早编印的丛书目录可以追溯到清代顾修③编《汇刻书目》，这是中国第一部古籍丛书目录，成书于清嘉庆四年（1799）。《汇刻书目》有嘉庆四年桐川顾氏刻本，初编 10 卷，共收录作者所藏所见的中国历代所辑刻丛书 261 种。该书排列并无定序，全书以丛书名为纲，注其辑刊者姓名和年代，而以子目为目，各著录其书名、卷数、著者姓名及时代，如卷四的《纪录汇编》丛书下，注有"明沈节甫纂辑，计二百十六卷"，次行空 2 格后列有"《御制皇陵碑》一卷、《御制西征记》一卷、《星槎胜览》一卷（费信）、《四友斋丛说》三卷（何良俊）、《新知录》一卷（刘仕义）"等凡 128 篇子目。由于书

---

① 顾廷龙：《中国丛书综录的编纂经过》，《顾廷龙文集》，第 642 页。

② 刘德隆：《我记忆中的顾廷龙先生》，《世纪》2023 年第 2 期，第 26—27 页。

③ 顾修，生卒年不详，字仲欧，号松泉，又号篆湄，清代石门（今浙江省桐乡县）人。诸生。顾氏工诗善画，家富藏书，学识渊博。汇刻了《读画斋丛书》，共 8 集，又编刊《南宋群贤小集》，附《江湖后集》，装帧精美，后人奉为珍本。著有《读画斋学语草》《百叠苏韵诗》。

目系随手摘录,各卷册中丛书的编排并无严格次序,有的卷册以经部内容的丛书为主,有的以集部内容的丛书为主,还有的四部内容的丛书并列一册中。为便于读者使用本书,作者对少量伪书特别加以注明,如《汉魏丛书》中的 14 种别史里,就在《秘辛》1 卷和《天禄阁外史》8 卷两书下注有"伪书"字样,使人们对其书之真伪一目了然。历史上一些著名的丛书,如《百川学海》《纪录汇编》《两京遗编》《汉魏丛书》《昭代丛书》《格致丛书》《宝颜堂秘籍》《知不足斋丛书》以及"十三经"的各种注疏和所刊刻的"二十四史"等均在该书中有存目。清人陈光照在《重刻汇刻书目序》中所赞赏该书"搜罗宏富,诚积学之士所宜家置一册,以资考证者也"。《汇刻书目》首开丛书编目之先河,其后人们为丛书编目的工作便再没间断。之后有日人松泽老泉编纂外集,同治九年有无名氏《汇刻书目正续合编》,以及吴式芬补编、光绪年间有陈光照补编、北京琉璃厂书坊刊增补本、傅云龙《续汇刻书目》12 卷,朱记荣编《行素草堂目睹书录》,民国时期有罗振玉撰《续汇刻书目》两种 30 卷,杨守敬《丛书举要》和李之鼎《增订丛书举要》等,刘声木撰《续汇刻书目》3 种 61 卷①;也有辞典式的《丛书书目汇编》(沈乾一编)、《丛书子目书名索引》(金步瀛编)、《丛书子目备检》(曹祖彬编)、《丛书子目书名索引》(施廷镛编)和《丛书大辞典》(杨家骆编)②。早期丛书目录并不分类,如顾修的《汇刻书目》分为 10 册,甲册收书 30 种,乙册 10 种,丙册 17 种,丁册 12 种,戊册 26 种,己册 60 种,庚册 15 种,辛册 49 种,壬册 43 种,癸册 1 种。其中癸册所收的丛书《道藏全部》,辑有各类道教书目约 1500 种,是本书中汇辑书最多的丛书。后由朱学勤补为 20 卷。其后续补者颇多,周毓邠撰二编 10 卷,丛书书目之后亦大体依经史子集分类序列,如傅云龙《续汇刻书目》等,凡一目之下,汇刻两种以上乃至数百种书之子目,依类排列,以便于查检。顾修所编《汇刻书目》的缺点是编排不够严谨、著录简单、体例不完备等,日本东方文化学院京都研究所曾编印有收录一千余种丛书的《汉籍目录》,该书跋还声称:"世之读支那书者,皆将赖其利焉。"顾先生为此耿耿于怀,决心编纂一部超越日人的丛书目录③。

顾先生创议、上海图书馆所编《中国丛书综录》三册,于 1959 年至 1962 年由原中华书局上海编辑所(今上海古籍出版社)出版,1982 年稍作修改重印。从选题的提出

① 赵国璋、潘树广主编:《文献学辞典》,第 295—296 页。
② 姚名达:《中国目录学史》,商务印书馆,1998 年,第 402—403 页。
③ 顾诵芬:《纪念父亲诞辰 110 周年》,上海图书馆编:《顾廷龙先生纪念集》,上海科学技术文献出版社,2014 年,第 4 页。

到组织力量编纂、拟订定稿程序、分类表，从人员安排到工作进度，顾先生都全力投入，用一年又三个月时间，高效率、高质量地完成编纂任务。中华书局上海编辑所从1960年至1962年出齐全书。上海古籍出版社1994年重版。《汇刻书目》确立的丛书备列子目等基本原则，也为《中国丛书综录》所沿用。1997年10月21日，顾先生在为《章氏四当斋书目》作跋时回忆说："此书为引得校印所排印，即以卡片付印，较为迅速，从始编到出版，仅十阅月。后来沪编印《丛书综录》，胡道静兄亦采此法，以草卡付排，胡君驻印刷厂，付排、订样、送校、成书甚速，而胡君辛苦极矣，深感不忘。"①

　　顾先生主持编纂的《中国丛书综录》著录全国41家图书馆自宋代至民国间辑刊的古籍丛书2797种，合计子目38891种②。从著录体例和检索体例来说，《中国丛书综录》是目前最为完备的古籍丛书目录，也是中国目录学史上收古籍最多的丛书书目。其中未收录《江南制造局译书汇刻》《西学大成》等大型的西学丛书。《汇刻书目》大体依经史子集分类序列，而顾廷龙十分赞成当年江苏省立图书馆（今南京图书馆）采用《四库全书》分类法，他在主编《中国丛书综录》时，采用了四库分类又加以扩充的方法，所谓部、类、属的分类更加细密，而且在经史子集"类编"之外，新创"汇编"，其中"总目"分"汇编"和"类编"两部分。细分出"杂纂类"等，收录《儒学警悟》《百川学海》《广百川学海》《考槃余事》《范氏奇书》《文林绮绣》《百陵学山》《两京遗编》《纪录汇编》《汉魏丛书》《说郛》及《说郛续》等；"辑佚类"收《经典集林》《萧山王氏十万卷楼辑佚七种》《汉魏遗书钞》《二酉堂丛书》《十种古逸书》《玉函山房辑佚书》及其续编和补编、《汉学堂丛书》《辑佚丛刊》等；"郡邑类"收《畿辅丛书》《屏庐丛刻》《山右丛书初编》《雪华馆丛编》《辽海丛书》《关陇丛书》《关中丛书》《泾阳文献丛书》《金陵丛刻》《吴中文献小丛书》《虞阳说苑》《常州先哲遗书》《锡山先哲丛刊》《京口掌故丛编初集》《扬州丛刻》《安徽丛书》《贵池先哲遗书》《武林掌故丛编》等；"氏族类"收《衡望堂丛书初稿》《锡山尤氏丛刊甲集》《桐城方氏七代遗书》《四明水氏留硕稿》《震泽先生别集》《高邮王氏遗书》《合肥王氏家集》《玉山朱氏遗书》《延陵合璧》《丛睦汪氏遗书》《重印江都汪氏丛书》《沈氏三代家言》《娄束周氏丛刊》《如皋冒氏丛书》《绩溪胡氏丛书》《武进唐氏所著书》《富阳夏氏丛刻》《项城袁氏家集》等；"独撰类"最多，分出宋元、明、清代前期后期等，且提供了更加便捷的检索方法，同时注明收藏机构。

　　值得注意的该书目收录了不少与汉译文献密切相关的西学丛书，如《天学初函》

① 顾廷龙：《章氏四当斋藏书目跋》，《顾廷龙文集》，第138页。
② 赵国璋、潘树广：《文献学辞典》，第148页。

《文选楼丛书》《学海堂丛刻》《申报馆丛书》《小方壶斋舆地丛钞》《西洋新法历书》等，其中有《几何原本》《同文算指》《交友论》等。数学类收录有《中西算学四种》《梅氏丛书辑要》《中西算学集要三种》《金匮华氏行素轩学算全书》《测海山房中西算学丛刻初编》等。有些书原来就没有单刻本、或者原刻单行本已佚而仅有丛书本，更是非查此书而不可得。《中国丛书综录》的价值于此可见一斑。

该书第 1 册包括"丛书总目"、"全国主要图书馆收藏情况表"、"丛书书名索引"三部分。"全国主要图书馆收藏情况表"是以表格形式，揭示这些丛书现在收藏在何处以及完整与否的情况。本册最后是"丛书书名索引"，据此可以查检所有丛书书名。

该书第 2 册是丛书子目，根据第 1 册所收的丛书的子目编的"子目分类目录"。按四部分类法编排，每类之下再分小类、种属，较之清华大学图书馆所编辑《丛书子目书名索引》（收丛书 1275 种）、浙江图书馆所编辑《丛书子目索引》（收丛书 469 种）、金陵大学图书馆所编辑《丛书子目备检》（收丛书 361 种）等，不仅篇目为多，且克服了"顾此失彼"的缺点①。

该书第 3 册为索引，包括"子目书名索引"和"子目著者索引"两部分。它是专为检索第 2 册"子目分类目录"而编。索引用四角号码排列，并附有"索引字头笔画检字"和"索引字头拼音检字"。此书对于查找古籍是起到指南的作用，它还具有联合目录的性质，是一部极为实用的工具书。古籍丛书的有关资料毕集其下，使该书兼具丛书提要和版本目录的功用，子目分册为学者寻觅丛书及其与相关子目的资料搜集、整理和研究，提供了极大的便利。《汇刻书目》以后的各类丛书目录，如《八千卷楼书目》和《江苏省立国学图书馆图书总目》都没有索引，都没有子目分类的编制，并忽略版本的考核，在检阅丛书及其子目时带来极大的不便②。

对丛书目录编纂用力甚勤的阳海清，称自己从事古籍整理和编目工作整整三十年，《中国丛书综录》为其案头必备工具书，受益良多，常思如何使这部巨编更臻完备，故不揣学识鄙薄，经过二十余年的研究，撰成《中国丛书综录补正》③，一定程度上订正了《中国丛书综录》某些著录上的讹误，如补上了遗漏的晚清合信《西医五种》等，补全了某些版本、子目以及异名，有利于读者的使用。但仍觉其美中不足，将在工作中积累的资料加以整理，又参阅前人书目三十余种和今人的新成果，裒辑成册，以知见的

①②　《前言》，上海图书馆编：《中国丛书综录》，第 2 页。
③　阳海清编撰，蒋孝达校订：《中国丛书综录补正》，江苏广陵古籍刻印社，1984 年。

方法编纂了《中国丛书广录》①，在分类和著录形式上仿效《中国丛书综录》，全书收录包括港台地区出版的各类古籍丛书 3279 种，含子目 50780 种②，更进一步体现出顾先生存国粹、求恢弘古籍之钥的学术追求。

三、《中国近代现代丛书目录》：厘脉络、筑觅新丛书之桥

近现代开启了一个关于信息管理的全新时代。顾先生多次强调古今中外的图书，都应该受到重视，并不仅仅限于古代典籍，新书以及中外文书刊同样存在版本问题。作为《中国丛书综录》续编的阳海清《中国丛书广录》，主要限于古籍丛书，很难反映顾先生古今中西文献结构之树的理念。于是顾先生策划了《中国近代现代丛书目录》，拟与《中国丛书综录》配套，是为检索中国近现代丛书及所含单品的必备工具书。顾先生很早就重视旧平装书和近代期刊的搜集与保护，并组织馆员编制了《中国近代现代丛书目录》和《中国近代期刊篇目汇录》，前者以上海图书馆馆藏的 1902 年至 1949 年出版的中文丛书为主，后者根据全国 51 个收藏机构收录了 1857 年至 1918 年间出版的中国近代期刊，充分体现了顾先生在文献搜集保存方面的远见卓识。

上海图书馆印行的《中国近代现代丛书目录》，出版于 1980 年 5 月，该书以上海图书馆所藏中国近代现代中文图书为基础，在编例上仿效《中国丛书综录》，收录中国1902—1949 年出版的各种学科著译丛书（线装古籍部分除外）5549 种，线装古籍以及《中国丛书综录》业已收录的《四部丛刊》《四部备要》《中国医学大成》《丛书集成》《国粹丛书》《美术丛书》《古今说海》（即《说部丛书大观》）七种丛书不收，全书包括单本图书 30940 种③。每种丛书先著录丛书主编者、出版者、出版地、出版年代等，然后详列收入丛书的各书书名，对书名、著译者、版次、页数及其他变动情况等均加注释。正文按丛书名称首字笔划顺序编排。书后附《丛书出版系年表》。1982 年后还编出该书的索引上、下和《丛书编者索引》，索引款目按书名或著者、编者姓名的笔划顺序排列，并注明在正文中的页码。是为检索中国近现代丛书及所含单品的必备工具书。

《中国近代现代丛书目录》是大型综合性丛书目录，收录的这类丛书之前从未编

---

① 阳海清编撰，陈彰璜参编：《中国丛书广录》，湖北人民出版社，1999 年。

② 阳海清：《前言》，《中国丛书广录》，第 2 页。

③ 上海图书馆：《编辑简说》，上海图书馆编：《中国近代现代丛书目录》（《总目》册），上海图书馆编印，1980 年，未标页码。

过目录,究其原因有三:其一,民国间丛书预先编定和成套出版发行的较少,大都先定丛书的名称,然后陆续编印,种数无定,即使事先拟定了总目录,也往往受条件限制,出多少算多少,因而许多丛书究竟包含多少单种,人们不得其详。从总体上说,这与古代丛书的编纂与出版有很大的区别。其二,由于上述情况,各图书馆对此类丛书一般不作整体的著录(即以整套丛书作一款目,在丛书总名下详细著录其子目),而仅以所收子目(即丛书的零种)作为独立款目,这就更无法了解一部丛书的全貌。其三,最为关键的是,从收藏角度而言,人们往往对近期及同时代文献资料较为忽略,认为价值不显,所以对民国时期的丛书几乎无人刻意加以收集整理,而顾先生慧眼知珠,及时收购那些价廉的平装本,使上海图书馆成为全国收藏旧平装最为丰富的图书馆之一。

《中国近代现代丛书目录》初版编纂工作于 1979 年完成,1980 年出版了一个手抄影印本,虽然未在内地公开出版,但已然属于一项填补空白的创新性的文化工程。有很多单行本当年印数有限,已经很难寻觅,实有赖该书方能找到关键的信息。如黄嘉音译《山额夫人自传》、叶群译美国洛尔士的《无形监狱》,因收入了 1940 年上海西风社编刊的《西书精华小丛书》,而能提供这些珍贵的版本信息。笔者利用该书所著录的 1938 至 1941 年上海西风社编刊的《西风丛书》完成了《西风社与“西风丛书”》[①]一文。在相当长的时期里,学界对研究系主编的“共学社”存有不少误解,笔者利用《中国近代现代丛书目录》一书中收录的“共学社丛书”的出版信息加以整理,撰写了《张元济与共学社》[②],重新讨论了共学社的性质和“共学社丛书”编刊的意义。

学界对《中国近代现代丛书目录》之抄本的正式排印出版,盼望已久。上海图书馆、上海科学技术文献出版社发愿梓行此书,并请上海图书馆研究馆员黄国荣[③],具体主持此项目的增订工作。增订本《中国近代现代丛书目录》有两项重要的贡献值得专门推荐:(一)增订本增补原书未收的丛书和单品,比例达 40% 以上,其中或可增收《中国丛书综录》中未收录《江南制造局译书汇刻》《西学大成》等大型的西学丛书。增补后,总条目数由初版的近 36000 条上升到 51000 条左右,增补内容主要来自上图以外图书馆的馆藏信息,以及上图本馆近年的研究和新发现。(二)对已发现的原书错讹

---

① 邹振环:《译林旧踪》,江苏教育出版社,2000 年,第 186—189 页。

② 《档案与历史》1986 年第 4 期,第 63—70 页。

③ 黄国荣(1964—),1984 年毕业于上海大学,任职于上海图书馆,著有《中国方术史话》,参与编纂《清末民初藏事资料选编:1877—1919》《十家论庄》《十年论孔》等。

加以修润,使信息更准确①。相信该书增订本的出版,一定能嘉惠学林。姚名达的《中国目录学史》最早注意到了"丛书目录",并将之列为"特种目录"之一,由于该书完成于 1935 至 1937 年,尚未涉及近代现代丛书目录②。

四、《中国近代期刊篇目汇录》:致新知、导寻近代刊物之路

晚清报刊文献开始流行,很长时期里这一新文献并未受到学界的重视。早在 1988 年,顾先生就意识到传统文献管理知识的方式,对于当今文本的整理工作具有重要的借鉴意义,他在为骆兆平的《天一阁丛谈》作序中就述及他如何突破传统的眼光来进行文献采访的,称自己 1939 年来沪上工作,每与朋好叙谈,对于天一阁收集登科录等当时流行的图籍,认为此举有远见卓识。自主持合众图书馆,对于"搜求近时刊物甚勤,迄今视之,均似星云,可遇而不可求矣"③。他曾对黄炎培创建的鸿英图书馆在 20 世纪 30 年代资金缺乏的情况下编印收集中文期刊表示赞赏,并称为 1949 年前的旧期刊编纂索引,是他的一个夙愿④。

期刊是近代出现的新兴载体,也是中国近代社会传播思想文化和社会信息的重要工具,这一载体内容包罗万象,反映了近代中国政治、经济、军事、科学、文化、生活等各个方面。随着时间的推移,其文献价值和史料价值日益凸显,是中国近现代史研究的史料宝库,尤其是在近代社会、文化史研究中,报刊史料的重要性几乎无可代替。但近代期刊缺漏严重,又散藏于各馆,各地方性期刊较少整理,大大限制了这一宝库利用的效率。上海图书馆所藏近代期刊相对较为完整,是该馆收藏的一大特色。1960 年,上海图书馆开始启动《中国近代期刊篇目汇录》的编纂工作,参与该书编纂的李文回忆:顾廷龙发起编撰《中国近代期刊篇目汇录》,自始至终亲自策划,对期刊收入的标准的选定、篇目的设置、资料收录的范围、人员的配备都亲力亲为。她写道:"4、5 月份顾老找我谈话,说馆里拟把解放前旧期刊中哲学、社会科学方面有参考价值的期刊论文编成索引……又说你原是鸿英来的,就到徐家汇藏书楼筹备小组报到吧。他嘱咐我好好工作,在工作中好好学习。……从此,我走上编制期刊索引工作之

① 上述《中国近代现代丛书目录》增订本编纂的相关信息,承黄显功研究馆员提供,谨此鸣谢!
② 姚名达:《中国目录学史》,第 396—404 页。
③ 顾廷龙:《天一阁丛谈序》,《顾廷龙文集》,第 94 页。
④ 李文:《顾老与〈中国近代期刊篇目汇录〉》,《顾廷龙先生纪念集》,第 59 页。李文,山东人,1955 年初,从鸿英图书馆调往历史文献图书馆,办公室秘书兼人事,参与编撰《中国近代期刊篇目汇录》。1966 年退休。

路……"不久,《汇录》编辑小组召开成立大会。文化局副局长方行(1915—2000)也专门出席。顾老首先发言,特别强调把浩如烟海的资料,编成一个完备目录,是为研究者积累知识、节省时间与精力的一门学问,勉励大家尽力完成任务。初期计划汇编自1840年鸦片战争至1949年,跨度109年,于是汇编小组简称"109"。为了尽快完成任务,小组成员每天早上提前半小时上班,晚饭后加班到九时左右,每个星期日加班半天。后来形成制度,既没有加班费,也没有调休,大家自觉遵守,很少有人请假。查库工作一结束,即投入抄卡,卡片是从纸厂购买边角料,切割成卡片大小,纸质各不相同,一式三份,再加复写纸共五层,用圆珠笔抄写。顾老经常来"109"指导工作。该书第一辑(卷)出版后,编辑小组正在校阅第二、三辑(卷)清样,鉴于五四运动涉及政治、党派、人员过于复杂,无法妥善处理,于是决定在时限断在1857—1918年,但编辑小组仍称"109"[1]。而1919年至1949年5月的期刊已经搜集了2500多种,这一时期的期刊篇目,也逐篇著录,把刊名、创刊、停刊时间、刊期、编辑、发行者、出版地点、卷次、出版年月日、分栏标题、著译者等事项,已抄齐卡片一百多万张,原计划各辑资料的汇编工作完成后陆续进入出版环节,结果因"文革"爆发被迫中断。卡片资料装箱储存,但造反派则以"扫四旧"名义,竟以"房屋拥挤"为借口,全部卖给造纸厂回炉[2]。"每念及此事,顾老泪纵横。这些期刊资料共有一百多万张卡片,一百多人花了七年时间,从二千五百多种期刊中抢救整理的啊!"[3]

　　该书的编纂得到全国图书馆界和学术、出版界的支持。通过全面征访、针对性地查询、缺期征访、重点补缺征访,摸清了近现代重要期刊的出版、收藏状况。为使该书保持科学、实用,编纂确定了收录的原则:综合性、学术性的刊物基本全收;普通刊物选收;选择有较高学术性、较大影响的加以收录;宗教刊物不收;儿童刊物或低级趣味者亦不收;政府公报选收[4]。最后选录了459种近代期刊的全部篇目,共1200余万字。编入的每种期刊均有简明的介绍,包括期刊创刊与停刊的时间、编辑者、发行者、出版年月、分类标题、篇名、著译者等,还标明收藏单位,共涉及全国51所图书馆。此书全套由上海人民出版社出版,吴玉章(1878—1966)还为该书题了签。1965年第一卷出版,第二、三卷于1966年上半年付排。"文革"开始后,该社为保证出版能继续顺

① 李文:《顾老与〈中国近代期刊篇目汇录〉》,第60—61页。
② 顾廷龙:《一本书的遭遇》,《顾廷龙文集》,第654页。何雁:《顾廷龙的护书精神》,https://www.sohu.com/a/231592396_562249。
③ 何雁:《顾廷龙的护书精神》,https://www.sohu.com/a/231592396_562249。
④ 李文:《顾老与〈中国近代期刊篇目汇录〉》,第62页。

利进行,决定制成纸型。70 年代末期,上海图书馆对其进行校勘修订,于 20 世纪 80 年代陆续出版。全书分三卷六册,第一卷(一册),1857—1899 年;第二卷(上、中、下三册),1900—1911 年;第三卷(上、下两册),1912—1918 年。在编纂过程还得到了晚清小说研究专家阿英(1900—1977)的协助,戏曲研究家和俗文学研究专家傅惜华(1907—1970)、近代史专家汤志钧(1924—2023)、上海译文出版社编审吴元坎(1913—1989)也提供过不少线索或修改意见。全程参加编辑工作的俞尔康①在该书尚未正式出版即不幸去世。

如果说,顾先生之前主编的古籍和近现代丛书目录还有所依凭的话,《中国近代期刊篇目汇录》则属于真正意义上的原创性工具书,这一期刊目录汇编的形式还为该馆之后所编纂《上海图书馆馆藏近现代中文期刊总目》②提供了重要的借鉴。《上海图书馆馆藏近现代中文期刊总目》多达三百多万字、一千六百多页数,收录上海图书馆收藏的自 1853 年到 1949 年之间出版的中文期刊 18485 种。全书分两大部分:正文目录和索引。正文目录采用刊名字顺排检法。索引部分由主题词语类名索引、出版地索引和个人责任者索引组成。全书除前言、编例外,有"刊名首字笔画检字表""刊名首字汉语拼音检字表",正文后面有"分类类名索引一览表""分类索引""个人责任者笔画索引一览表""个人责任者索引""出版地名索引一览表""出版地索引",以及"后记:中国近现代中文期刊发展脉络、特色及其概况"。该书的完成正是受到顾廷龙致新知,编纂中国近代期刊目录,导寻近代刊物之路这一编纂思路的影响和启发。

姚名达(1905—1942)的《中国目录学史》的"特种目录篇",列出丛书、禁书、刻书、版本、善本、举要、解题、辨伪等多种特种目录,但尚未注意到报刊亦属于特种目录之一种。如何按照时间顺序编纂中国近代期刊目录是中国目录学史上的一大创新。通过该书中各种期刊的篇目管窥近代杂志演进的脉络,并由此继续追寻,可以发现近代很多思想家和学者散见于期刊的重要篇文,如通过其中著录的《大陆报》的目录上发现有佚名的《支那航海家郑和传》,较之梁启超的《郑和传》为早,通过两篇原文的比对,笔者完成了《〈支那航海家郑和传〉:近代中国研究郑和第一篇》③;拙文《戢元丞及

---

① 俞尔康(? —1973),原是浙江宁海某小学教师,毛遂自荐来信表达对文史及图书馆工作的兴趣,并随函附上用小楷书写的研究明史论文。顾廷龙阅后十分欣赏,让李文约他来沪面谈,同意他进入历史文献图书馆。俞氏不负众望,成为继王煦华之后,顾廷龙在业务上的左右手,是《汇录》主要负责人。后因积劳成疾病故。20 世纪 80 年代,《汇录》发过唯一一次编辑费,编辑人员各八十元。顾廷龙特批俞尔康一百五十元,由李文陪伴到上图家属宿舍,把钱交给俞夫人。俞夫人感动不已。参见李文:《顾老与〈中国近代期刊篇目汇录〉》,第 61 页。
② 上海科学技术文献出版社,2014 年。
③ 《社会科学》2011 年第 1 期,第 146—153 页。

其创办的作新社与〈大陆报〉》①,也是主要依靠《中国近代期刊篇目汇录》提供的信息,追根寻源,考辨了《大陆报》的创办人、创办时间和主要内容。在《国闻汇编》的目录上查到刊载于 1897 年《国闻汇编》上的《欧洲政治略论》,经过反复研究确认,这是伍光建著述中最早的篇文②。

五、结　语

顾先生一生的追求始终围绕图书文献展开,举凡藏书、购书、征书、校书、救书、修书、编书、跋书、印书无不涉略。"专为前贤行役,不为个人张本"是他从事图书事业的一大宗旨,所谓"成人之美,不负平生"。在现代这一信息爆炸的时代,这些目录工具书的编纂,不仅仅针对专业读者,其中的索引等,也为没有受过相关专业训练的读者群体,提供了寻找所需要的知识信息更为广泛的便利。顾先生曾说编书目有如庖丁烹调盛宴,为主人享客,自己则不得染指。要将书目编得有质量有特点,并非易事,因而怕吃苦者远之,逐名利者避之③。

自古以来,中国有着发达的书籍文化,对古籍进行著录、归类、提要,以及对近世书刊进行叙录的目录之学,是中国学术史的重要组成部分。自西汉刘向、刘歆父子的《别录》《七略》起,直至清代集大成的《四库全书总目》,历代都有持续不断的"艺文志"和"经籍志"的编纂工作。顾先生自年轻时就从事图书馆目录学工作,他曾言:"研究目录学而不事深入实践者,是为无源之水,无根之木。古人所谓'不揣其本而齐其末,方寸之木,可使高于岑楼'。"④正是在长期从事管理图书馆、编订目录,以及在助编《涵芬楼烬馀书录》的基础上,主编《中国丛书综录》时,他采用了扩充四库分类的方法,《中国丛书综录》不仅收录相对完备,检索十分便捷,其中的部、类、属的分类更加细密,且在经史子集"类编"之外,新创"汇编",细分出杂纂类、辑佚类、郡邑类、独撰类等,成为中国现代图书分类理论与实践的创新之巨作,更在编纂《中国近代期刊篇目汇录》,独创近代期刊的编目体系,编撰这些卷帙浩繁的目录工具书,于学术研究功莫大焉。

---

① 《安徽大学学报(社会科学版)》2012 年第 6 期,第 106—116 页。
② 邹振环:《伍光建著译提要与研究》,上海古籍出版社,2024 年,第 283—285 页。
③ 顾廷龙:《我和图书馆》,《顾廷龙文集》,第 595 页。
④ 顾廷龙:《中国目录学史论丛跋》,《顾廷龙文集》,第 113 页。

　　丛书刊印在中国至少有千年的历史,近现代又有新式载体报刊文献的出现,丛书素称群书之府,是丰富的资料源,特别是在单本书难求的情况下,更为人提供了方便。由于丛书查用不便,所以自清以来,就有一些学者在编制有关丛书的目录,这些目录中自以《中国丛书综录》为最完备和便用。《中国丛书综录》《中国近代现代丛书目录》和《中国近代期刊篇目汇录》的出版,使中国从古代到现代丛书文献和期刊文献得到了初步的清理,在丛书目录编纂上也构成了完整的体系。三种目录的编纂,包括独创性的分类、编排体例、便捷度很高的查检方式,即使在进入数字化时代后,仍未失去其应有的价值。数字化检索中所谓"模糊查询""高级查询"等,在传统数据内容的挖掘和知识系统构建和重组,对各类基本信息的要求反而更高。当年追随朱维铮先生研究近代学术史,第一堂课他就提示笔者熟悉目录学,要求经常翻阅《中国丛书综录》《中国近代现代丛书目录》两书。后来因为研究张元济拜见顾廷龙先生,他知晓笔者计划将晚清西书中译作为硕士论文的选题,就告知要去细细翻阅《中国近代期刊篇目汇录》。笔者听从两位导师的教诲,在有意识地去整理或再整理这些基本信息时,曾多次阅读三书,从中获益匪浅。

　　顾先生在《涵芬楼烬馀书录》后序中写道:"我国五千年,巍然居世界第一者至夥",其中"典籍恢弘,先民创造之迹乃赖以久垂"①。20世纪以来的丛书目录一直付诸阙如,上海图书馆编纂的两种丛书目录和一种期刊目录互相衔接,为自古代至近现代的书籍和期刊提供了一套完整的丛书期刊目录,就是顾先生长期寻找恢弘典籍之钥的不懈努力;顾先生认为只有采用先进的方法才能使文献化身千百,他在《张元济书札跋》中写道:自己"从事图书资料之搜集保存工作有年,初亦有此同感,且谓保存固难,搜集实尤不易。既而思之,今日缩微照相之业日益发展,若随手采获,即付摄影,亦可化身千百,以垂久远"②。涵盖古今系统的门类之富的知识资源,为后代学者利用好古今丛书和近代期刊提供了各种简便有效的方法,如书刊目录的编印,系普济学界众生、为学者的研究修桥铺路的善举。

　　我们已经进入了计算机网络相联系的"信息爆炸"时代,当今知识信息管理面临了前所未有的挑战。新的信息技术手段是否意味着顾先生主编《中国丛书综录》《中国近代现代丛书目录》《中国近代期刊篇目汇录》三书的文献目录的整理工作已经过时了? 每一代人都需要沉淀一个时代的知识记忆。丛书是古今历时性和共时性的集

① 顾廷龙:《后序》,《涵芬楼烬馀书录》(下册),第567页。
② 《顾廷龙文集》,第329页。

体记忆,丛书目录的编纂正是反映一个时代的古近整体知识的系统。丛书和期刊专门工具书的编刊,汇聚了一个时代具有"立方"规模的知识累积。顾先生主编的三种目录,正好涉及古代文化的传承和近代文献的保存和传播,也注意到通过古籍丛书目录和近代期刊目录的编制,尽力反映历史上古今丛书和近代期刊的全貌,为丛书编纂的出版史和全面认识近代期刊史的研究,为读者以目求书、求刊,就地寻找善本珍刊,作出了杰出的贡献。笔者认为顾先生对古今丛书和近代报刊文献有着超乎时代的非同寻常之理解,没有这些基础性文献目录的整理工作,任何先进的技术手段都很难发挥其应有的作用。正是从这种意义上,我们可以说:顾廷龙先生不愧为现代中国图书目录编纂史上求恢弘古籍丛书之钥、筑觅新丛书之桥和导近世书刊之路的第一人,也是"信息爆炸"时代助力全球资源共享的先行者。

附记:20 世纪 80 年代初,笔者考上复旦大学历史学专门史专业("中国文化史"方向)硕士研究生,经导师方行和朱维铮绍介,多次到位于南京西路的上海图书馆老馆参加各类学术活动,方行和朱先生亦常常邀请顾廷龙先生到复旦大学给我们座谈和演讲。1984 年人民出版社计划编纂"祖国丛书",顾先生力荐我承担"张元济"一题的写作,以后该丛书"张元济"一题被削减,但之后我多次应邀到高安路新居去拜访他。顾先生还热情地安排我到位于富民路的上海图书馆书库(即合众图书馆旧址)查检文献。顾先生还允诺为我 1996 年出版的拙著《影响中国近代社会一百种译作》题签。先生对我的提携之情没齿不忘。

《中国丛书综录》在类目设置上
取得的突出成就

——以《四库全书总目》为研究范围

李国庆　杨　晨　牛欣雨

(天津图书馆历史文献部　天津师范大学历史文化学院)

一

《中国丛书综录》(以下简称《丛书综录》),上海图书馆编,主其事者为我国著名古籍版本目录学家顾廷龙先生。顾廷龙先生在《中国丛书综录的编纂过程》一文中,简明扼要地介绍了编纂《丛书综录》原委,尤其阐述《丛书综录》析分三册的原因、各级类目的设置及增删调整情况,思路清晰,颇具开拓性和独创性,是顾廷龙先生目录学思想的具体体现。

对《丛书综录》在结构设计上析分三册的考虑,顾廷龙先生作了如下阐述:

> 由于丛书众多,子目浩繁,每部少则二三种,多则三四千种,没有详细的目录和索引,检查起来是很不方便的,甚至书在手边,也无法利用。因此,编制丛书的目录索引,对研究工作者实有迫切需要。过去的编目工作,对一部丛书,只以丛书总名为一条。例如《四库全书总目》,对包罗子目至二千余种的《说郛》,只总的著录一条。《古今说海》、《诸子汇函》都是如此。使人很难从目录去了解它们包含那些内容。

> 丛书既汇集许多著作以成一书,它的目录就必须区别于一般目录,不仅要反映丛书本身,更重要的是还要反映它包含的子目。丛书本身需要分类,它的子目尤需要分类。因此,《综录》分三个部分:1.总目分类目录;2.子目分类目录;3.子目书名索引和子目著者索引。

> 第一册为《总目分类目录》。在蒐集上首求完备,并试作概括性的整理。选择的标准,在于著作的内容是否具有参考价值,是否为科学研究工作可资利用。

凡合两种以上独立著述而成书者,列为丛书。如纯系诗文集,即使分为好几集而各集都有题名,也不收录。还有原非丛书经后人汇印而擅加题总名的,则仍作丛书收录。当时从我国四十一个主要图书馆搜集到二千七百九十七种丛书和每种丛书的重要不同版本。

丛书的分类,就其不同性质,以综合性的为汇编,专门性的为类编。

第二册为《子目分类目录》,则先制定分类表。二千七百九十七种丛书所包含的七万多条子目,要部次类从,安排恰当,关键在于确定分类法。现在各方面使用的分类法很多,采取哪一种好,煞费思考。好在这些书都属古籍,似以四分法为宜,读者使用比较习惯。编订类目时又参考了采用四分法的各目,但分析得更细一些。在类和属的名称及位置上均作了适当的调整。

第三册《子目书名索引》和《子目著者索引》是为子目分类直接服务的。力求每条都有着落。使读者要知道某书有没有收在丛书或收在哪一丛书中,可以从《书名索引》中一索即得。同时,《书名索引》还集中地解决了一系列同名异书的问题,对书名的简称也就通常使用的都为编列。一书经他人加工的,同见于两人著述之中。这样的索引不仅便于检查,同时也部分地起了著作简目的作用。《著者索引》中遇有同姓名的作者,以时代为别,时代亦相同的,则以籍贯为别,也都作了条分缕析。①

二

为了便于研究和叙述,笔者编制了《四库全书总目》(以下简称《四库总目》)与《丛书综录》类目比对表。经过比对,发现《丛书综录》与《四库总目》在四部类目设置上存在差异。《丛书综录》比《四库总目》在四部类目设置上更趋细化,也更合理。

(一) 两目在经部类目设置上存在的差异

《四库总目》经部分 10 类:易、书、诗、礼、春秋、孝经、五经总义、四书、乐、小学。

《丛书综录》经部分 19 类:易、尚书、诗经、周礼、仪礼、礼记、大戴礼记、三礼总义、乐、春秋左传、春秋公羊传、春秋谷梁传、春秋总义、四书、孝经、尔雅、群经总义、小学、谶纬。

---

① 顾廷龙:《中国丛书综录的编纂经过》,《顾廷龙文集》,上海科学技术文献出版社,2002 年,第 645、647—651 页。

两目比对的结果：

经部设置类目的数量不同。《丛书综录》比《四库全书》多出 9 类，几乎多了一倍。

类目名称不同者，《四库总目》曰书、曰诗、曰礼、曰春秋、曰五经总义，《丛书综录》曰尚书、曰诗经、曰周礼、曰仪礼、曰礼记、曰大戴礼记、曰三礼总义、曰春秋左传、曰春秋公羊传、曰春秋谷梁传、曰春秋总义、曰群经总义。

类目名称相同者，易、孝经、四书、乐、小学。

《四库总目》没有，《丛书综录》新增类目有 2 类：尔雅、谶纬。

在排序上，《丛书综录》将乐类、四书类前移，孝经类调整至四书类之后。

(二) 两目在史部二级类目设置上存在的差异

《四库总目》史部分 15 类：正史、编年、纪事本末、别史、杂史、诏令奏议、传记、史钞、载记、时令、地理、职官、政书、目录、史评。

《丛书综录》史部分 15 类：正史、别史、编年、纪事本末、杂史、载记、史表、史钞、史评、传记、政书、时令、地理、目录、金石。

两目比对的结果：

类目的数量相同。《四库总目》和《丛书综录》在史部设置的类目均为 15 类。

类目名称相同者，计有：正史、编年、纪事本末、别史、杂史、传记、史钞、载记、时令、地理、目录、史评。

两目独有的类目，《四库总目》有职官，《丛书综录》有史表、金石。

在排序上，《丛书综录》的别史、载记、史评、政书 4 个类目的位置均比《四库总目》前提，唯传记类下降。

(三) 两目在子部类目设置上存在的差异

《四库总目》子部分 14 类：儒家、兵家、法家、农家、医家、天文算法、术数、艺术、谱录、杂家、类书、小说家、释家、道家。

《丛书综录》子部分 15 类：周秦诸子、儒学、兵书、农家、工艺、医家、历算、术数、艺术、杂学、典故、小说、道教、佛教、其他宗教。

两目比对的结果：

类目的数量不同。《四库总目》分 14 类，《丛书综录》分 15 类。

类目名称相同者，计有：农家、医家、术数、艺术。

类目名称不同者,《四库总目》曰儒家、曰兵家、曰天文算法、曰小说家、曰释家、曰道家,《丛书综录》曰儒学、曰兵书、曰历算、曰小说、曰道教、曰佛教。

新增的类目。《丛书综录》比《四库总目》新增了 3 个二级类目:周秦诸子、典故、其他宗教。

三级类的细化:《丛书综录》在农家、医家、历算、术数、艺术、小说、道教、佛教等二级类目之下,增设的三级类目多于《四库总目》。

(四) 两目在集部类目设置上存在的差异

《四库总目》集部分 5 类:楚辞、别集、总集、诗文评、词曲。

《丛书综录》集部亦分 5 类:楚辞、别集、总集、诗文评、词曲。

两目比对的结果:

《丛书综录》和《四库总目》设置的二级类目数量一样。

两目比对所不同者,《四库总目》二级类目词曲类下设置的词集、词选、词话、词谱词韵、南北曲 5 个三级类,《丛书综录》精简成了词、曲、词曲评 3 个三级类。

《丛书综录》在总集类和诗文评类两个二级类下,增加了多个三级类目,更趋细化。

三

《丛书综录》在类目设置上取得的突出成就,具体言之,包括如下几个方面:

(一) 新增 6 个二级类

《四库总目》分类目录中没有的二级类目,《丛书综录》根据依书设类原则,新增加的类目计有:谶纬、史表、周秦诸子、工艺、典故和其他宗教等 6 个二级类目。

1. 新增谶纬类

对于为何增设谶纬类,顾廷龙先生说:"谶纬为经学之支流,别为一类,较之分厕各经,更便于检查。"[1]

笔者认为,《丛书综录》根据谶纬书的玄学性质,将其与正经之书分离,又鉴于其

---

[1] 顾廷龙:《中国丛书综录的编纂经过》,第 649 页。

附会经典,与术数有所区分,故在经部之末增设"谶纬类",这是继《四库总目》之后的一大改进。

2. 新增史表类

史表类,收录以列表形式将历史事件辑成史书者。

史表或散见于史书,或辑为一书谱系,以往根据性质内容附于正史、编年、别史等各类目中。《丛书综录》鉴于其特殊形式,将史表单列一类,具有创新性。

3. 新增周秦诸子类

对于为何新增周秦诸子类,顾廷龙先生说:"子部采班固的说法,以周秦诸子归为一类,分列十家,使与汉以后发展前人学说者有所区别。"①

周秦诸子类,收录汉代之前儒、道、法、名、墨、纵横、杂、农、小说九家的经典著作。

《丛书综录》沿用"周秦诸子"的类目名,将汉代之前诸子经典收录其中,秦后产生的著作及外延作品则分出,相较《四库总目》更改多个类目名称,剩余部分按照原目次序:儒家类改为儒学类,以周秦诸子类的儒家之属收录先秦儒家经典,儒学类收录秦汉之后历代阐释弘扬儒家学说的作品;将法家类并入周秦诸子;农家类名不变,实为农学农业范围;小说家类改为小说类,收录多为文学性质作品;杂家类改为杂学类;道书由道家类分出并改为道教类,将原道家著作划入周秦诸子类道家之属。

4. 新增工艺类

对于为何新增工艺类,顾廷龙先生说:"讲究工艺技术的,向来以为不多,由于它和艺术合在一起,没有很好分析。为了便于研究科学史的参考,特分工艺、艺术为两类。"②

工艺类,收录器物、食品、器械等无类可系的杂书著作。《丛书综录》撤销原谱录类,改设工艺类,并对子目稍作调整。

《四库总目》谱录类分器物、食谱、草木鸟兽虫鱼3个三级类。《丛书综录》工艺类析分日用器物、文房器物、食品制造、格致4个三级类,将其置于农家类后。

《四库总目》以谱录类收录子部无类可归的杂书,却犯了形而上学的错误,凡见"谱""录"等字样的书籍通盘纳入,违背了目录学依学科、体裁、内容等分类的科学原则。检视各家书目,谱录类所收之书,几乎都能各归其类。《丛书综录》撤销谱录类,将草木鸟兽虫鱼等生物著作划入农家,剩余生产器具、生活用具、文房四宝以及西学影响下的器械等书合为一类,创建"工艺类",从类名到采录范围都更为科学贴切。

---

①② 顾廷龙:《中国丛书综录的编纂经过》,第649页。

5. 新增典故类

典故类,收录以摘录古书中的资料而辑成的著作。《丛书综录》将《四库总目》杂家类杂纂之属与类书类中专考一事之书合并而成典故类。收录范围明确,便于操作。

6. 新增其他宗教类

除了佛教、道教书籍之外,尚有其他宗教著作传世。《丛书综录》设其他宗教类,将回教、摩尼教、景教及耶教著作收录其中,解决了有书无类的问题。

(二) 新增了多个三级类

《四库总目》类目设置,绝大部分到二级类为止,《丛书综录》在二级类之后,新增了多个三级类。例如:经部,《四库总目》只在礼类和小学类这两个二级类之后设置了三级类。相反,《丛书综录》在二级类之后,全部设置了诸如正文、传说、分篇、专著、文字音义等三级类目,弥补了《四库总目》的不足。这样的类目设置,遂成后世编目设置类目之范本,意义非凡。

此外,为了进一步便于分类,《丛书综录》在史部、子部、集部的三级类之后,有些还设置了四级类。例如,在史部·传记类·通录之属、政书类·通制之属、目录类·版刻之属,在子部儒学类·礼教之属、农家类·作物之属、医家类·内科之属、佛教类·总录之属,在集部·词曲类·词之属、曲之属、词曲评之属等三级类之后均设置了四级类,个别的四级类之后,甚至细分到了五级类。

(三) 将三级类目升级为二级类目

《丛书综录》把《四库总目》设置的 4 个三级类目,升级为二级类目。

1. 经部礼类

《丛书综录》将《四库总目》的周礼、仪礼、礼记、三礼总义 4 个三级类目,升级为二级类目的周礼类、仪礼类、礼记类、三礼总义类。

此外,还把原附录于三级类礼记中的大戴礼记,提升为二级类目。《四库总目》卷二十一《礼类三·礼记》提要末有馆臣按语,云:"《大戴礼记》旧附于经。史绳祖《学斋占毕》亦有宋《大戴礼记》列为十四经之说。然绳祖所云,别无佐证,且其书,古不立博士,今不列学官,未可臆加以经号。今以二戴同源,附录于《礼记》之末,从其类也。"[①]

---

① (清)永瑢等:《四库全书总目》,中华书局,1965 年,第 176 页。

《丛书综录》设置大戴礼记二级类，下分传说之属、分篇之属和逸记之属 3 个三级类，遂将汉戴德的《大戴礼记》《夏小正》及《孔子三朝记》等书及其研究著作收录其中，书得其所。

2. 经部春秋类

对于经部春秋三传二级类的增设，顾廷龙先生说："经部春秋三传，过去都分隶于春秋类下，……今以三传均经历代学者研究，所撰传说之作甚多，而公羊在清末且曾为资产阶级改良主义者的变法运动之理论依据，较为盛行。而三传又均并列于唐开成石经中。实际春秋一经赖三传以行，而春秋单行之本很少，不必以三传相统。因此三传与总义并立为类。"①

《丛书综录》将《四库总目》一个二级类的春秋类，一分为四，衍变成 4 个二级类的春秋左传、春秋公羊传、春秋谷梁传和春秋总义类。

《四库总目》春秋类未设三级类目。《丛书综录》析分出多个三级类目。其中，春秋左传类细化为 7 个三级类目，春秋公羊传类细化为 4 个三级类目，春秋谷梁传类细化为 5 个三级类目，春秋总义类细化为 5 个三级类目。

3. 经部尔雅类

《丛书综录》尔雅类从《四库总目》小学类的训诂之属三级类中独立出来，升为二级类目。

4. 史部金石类

《丛书综录》金石类从《四库总目》目录类的金石之属三级类中独立出来，升为二级类目。

(四) 合并 2 类

1. 将职官类、诏令奏议类两者合为政书一类

诏令奏议类，收录帝王命令和大臣奏章之著作；职官类，收录文武百官官制之著作；政书类，收录有关国政朝章、六官所职之著作。《丛书综录》将《四库总目》职官类与诏令奏议类归入政书类，并立为职官之属、诏令之属、奏议之属三个三级类。

2. 将年谱并入传记类

对于为何将年谱划归传记类，顾廷龙先生说："史部传记类，过去都以年谱为一

---

① 顾廷龙：《中国丛书综录的编纂经过》，第 649 页。

类,别传为一类,这样从著作体裁看是集中了,但求某一人的整个传记资料,则感到分散。例如郑玄的传记资料,有《郑君别传》《北海三考》《郑学录》《郑康成纪年》《郑司农年谱》等六种,如别传与年谱分离,须要在目录中两处翻阅。今以人物为类,则资料集中而便于查阅。"①

(五) 更名 7 类

经部书类更名为尚书类、诗类更名为诗经类、五经总义类更名为群经总义类;子部兵家类更名为兵书类、天文算法类更名为历算类、小说家类更名小说类、释家类更名为佛教类。

1. 经部书类更名为尚书类

尚书类,收录《尚书》及其注释、研究之著作。《丛书综录》将书类改为尚书类。《四库总目》书类未分三级类,《丛书综录》尚书类细分为 7 个三级类。

2. 经部诗类更名为诗经类

《丛书综录》将诗类更名为诗经类。《四库总目》诗类未设三级类目,《丛书综录》诗经类细分为 10 个三级类。

3. 经部五经总义类更名为群经总义类

《丛书综录》将五经总义类改为群经总义类。

《四库总目》五经总义类无细分三级类目,《丛书综录》群经总义类细分 7 个三级类目。《丛书综录》扩大了此类的外延范围,将诸多无类可分的杂经书收编其中,为一大改善。

4. 子部兵家类更名为兵书类

《丛书综录》将兵家类改为兵书类。

《四库总目》兵家类不分子目,《丛书综录》兵书类细分 2 个三级类目。

5. 子部天文算法类更名为历算类

《丛书综录》将天文算法类改为历算类。

6. 小说家类更名小说类

对于为何小说家类更名小说类?顾廷龙先生说:"关于小说类,根据鲁迅《中国小说史略》的精神分为杂录、志怪、传奇、谐谑、话本、章回等类。改变过去一般以话本、章回等列于集部的旧例。"②

---

①② 顾廷龙:《中国丛书综录的编纂经过》,第 649 页。

7. 子部释家类更名为佛教类

《丛书综录》有关宗教的类目有三：道教类、佛教类、其他宗教类。其中道教类由《四库总目》的道家类所附之道书分化出来，佛教类由释家类改名而成，其他宗教类为新增类目。

《丛书综录》设周秦诸子类，将先秦哲学流派的道家归入其下，神仙法术修身长生之道改为"道教"，以免混淆；将释家改为"佛教"，佛教道教统一名称，突出宗教性；遵循古例将道置于佛前，以本土宗教为第一；又增设其他宗教与前二者并立，收录外教及中土民间小众宗教著作。

（六）处理了三类

《丛书综录》将《四库总目》礼类中的"通礼"，归入其"三礼总义类"名下，成为通礼之属，平行移动，类目级别未改。

《丛书综录》将《四库总目》礼类中的三级类目"杂礼书"删除，并将《四库总目》"杂礼书"类下收录的书，都作了相应入类处理。《四库总目》"杂礼书"类下收录了五部书。其中，《书仪》《家礼》和《泰泉乡礼》三书，归入史部·政书类·仪制之属·杂礼中；《朱子礼纂》一书，归入经部·三礼总义类·通礼之属中；《辨定祭礼通俗谱》一书，归入经部·仪礼类·逸礼之属中。这五部书，各入其类，从而解决了分类问题。

将丛书中收录的小丛书，单独析出，另编《别录》收之，放置在第二册子目分类目录之后。

《丛书综录》第二册子目分类目录前的编例，对此作了说明，略云：某些子目，本身又包括几种著作。例如：《微波榭丛书》里的《算经十书》，包括《周髀算经》《九章算数》等，因此，《算经十书》对《微波榭丛书》言，是子目；对《周髀算经》等言，则又为丛书。故将《算经十书》等小丛书编入《别录》。因小丛书《算经十书》的子目，已经在第一册《微波榭丛书》中列出，所以在《别录》中只著录《算经十书》，不再重复罗列其包含的子目。这种处理小丛书的巧妙办法，是一种创设，别开生面。

四

《四库总目》作为我国古代最大的官修目录，体例完备，是古典目录学的集大成者，影响深远。

　　《丛书综录》以《四库总目》设置的类目为蓝本,汲取历朝编目精华,吸纳近现代官私书目对传统"四分法"的成功经验,设计出了一套适应新时期的四部分类法的目录体系。对比《四库总目》与《丛书综录》的类目差异,可知《丛书综录》的各级子目的设置更为细化和完善。

　　《丛书综录》是继《四库总目》之后产生的一部具有里程碑意义的四部分类书目。其在类目设置上具有承上启下的重要作用。其对各级类目的增设、调整与改进,是顾廷龙先生目录学思想的集中体现。其对后出的《中国古籍善本书目》和《中国古籍总目》在四部类目设置上产生了直接影响。《丛书综录》于四部分类法在类目设置上取得的突出贡献,推动了当代目录学的发展。

附:《四库总目》与《丛书综录》类目对照表

	《四库总目》		《丛书综录》	
经部	1 易类		1 易类	正文之属
				传说之属
				图说之属
				分篇之属
				专著之属
				易例之属
				文字音义之属
				古易之属
	2 书类		2 尚书类	正文之属
				传说之属
				分篇之属
				专著之属
				文字音义之属
				书序之属
				逸书之属
	3 诗类		3 诗经类	正文之属
				传说之属
				分篇之属
				专著之属
				文字音义之属

	《四库总目》		《丛书综录》	
经部	3 诗类		3 诗经类	诗序之属
				诗谱之属
				逸诗之属
				三家诗之属
				摘句之属
	4 礼类	周礼	4 周礼类	正文之属
				传说之属
				分篇之属
				专著之属
				文字音义之属
				序录之属
		仪礼	5 仪礼类	正文之属
				传说之属
				分篇之属
				专著之属
				图之属
				文字音义之属
				逸礼之属
		礼记	6 礼记类	正文之属
				传说之属
				分篇之属
				专著之属
				文字音义之属
			7 大戴礼记类	传说之属
				分篇之属
				逸记之属
		三礼总义	8 三礼总义类	通论之属
				制度名物之属
				图之属
				目录之属

	《四库总目》		《丛书综录》	
经部	4 礼类	通礼	8 三礼总义类	通礼之属
	5 春秋类	杂礼书		
			10 春秋左传类	正文之属
				传说之属
				专著之属
				凡例之属
				文字音义之属
				摘句之属
				序录之属
			11 春秋公羊传类	正文之属
				传说之属
				专著之属
				文字音义之属
			12 春秋谷梁传类	正文之属
				传说之属
				专著之属
				文字音义之属
				序录之属
			13 春秋总义类	正文之属
				传说之属
				专著之属
				文字音义之属
				摘句之属
	6 孝经类		15 孝经类	正文之属
				传说之属
				专著之属
				文字音义之属
				序录之属
	7 五经总义类		17 群经总义类	传说之属
				图之属
				文字音义之属
				群经授受源流之属

	《四库总目》		《丛书综录》	
经部	7 五经总义类		17 群经总义类	序录之属
				摘句之属
				石经之属
	8 四书类		14 四书类	大学之属
				中庸之属
				论语之属
				孟子之属
				合刻总义之属
	9 乐类		9 乐类	乐理之属
				律吕之属
	10 小学类	训诂	16 尔雅类	正文之属
				传说之属
				分篇之属
				专著之属
		字书	18 小学类	说文之属
				字书之属
		韵书		音韵之属
				训诂之属
			19 谶纬类	总录之属
				河图之属
				洛书之属
				谶之属
				易纬之属
				尚书纬之属
				诗纬之属
				礼纬之属
				乐纬之属
				春秋纬之属
				论语纬之属
				孝经纬之属

续表

	《四库总目》		《丛书综录》	
史部	1 正史类		1 正史类	
	2 编年类		3 编年类	
	3 纪事本末类		4 纪事本末类	
	4 别史类		2 别史类	
	5 杂史类		5 杂史类	事实之属
				琐记之属
	6 诏令奏议类	诏令		
		奏议		
	7 传记类	圣贤	10 传记类	通录之属
		名人		专录之属
		总录		杂录之属
		杂录		
		别录		
	8 史钞类		8 史钞类	
	9 载记类		6 载记类	
	10 时令类		12 时令类	
	11 地理类	总志	13 地理类	总志之属
		都会郡县		方志之属
		河渠		杂志之属
		边防		专志之属
		山川		山水之属
		古迹		游记之属
		杂记		中外杂纪之属
		游记		
		外纪		
	12 职官类	官制		
		官箴		
	13 政书类	通制	14 政书类	通制之属
		典礼		仪制之属
		邦计		职官之属

	《四库总目》		《丛书综录》	
史部	13 政书类	军政	14 政书类	邦计之属
		法令		邦交之属
		考工		军政之属
				刑法之属
				考工之属
				掌故琐记之属
				诏令之属
				奏议之属
				公牍之属
	14 目录类	经籍	14 目录类	通论之属
				总录之属
				书志之属
				专录之属
				版刻之属
				索引之属
		金石	15 金石类	总志之属
				金之属
				钱币之属
				玺印之属
				石之属
				玉之属
				甲骨之属
				匋之属
				竹木之属
				郡邑之属
	15 史评类		9 史评类	义法之属
				议论之属
				考订之属
				咏史之属
			7 史表类	

续表

	《四库总目》		《丛书综录》	
子部			1 周秦诸子类	总论之属
				儒家之属
				道家之属
				法家之属
				名家之属
				墨家之属
				纵横家之属
				杂家之属
				农家之属
				小说家之属
	1 儒家类		2 儒学类	经济之属
				性理之属
				礼教之属
	2 兵家类		3 兵书类	兵法之属
				技巧之属
	3 法家类			
	4 农家类		4 农家类	总论之属
				时序之属
				耕作土壤之属
				农具之属
				灾害防治之属
				作物之属
				蚕桑之属
				园艺之属
				畜牧之属
				水产之属
				生物之属
	5 医家类		6 医家类	内经之属
				难经之属
				伤寒之属

	《四库总目》		《丛书综录》	
子部	5 医家类		6 医家类	金匮之属
				总论之属
				内科之属
				外科之属
				伤科之属
				五官科之属
				妇产科之属
				儿科之属
				痘疹之属
				针灸之属
				按摩导引之属
				养生之属
				诊法之属
				脏象之属
				本草之属
				方剂之属
				医案之属
				医话之属
				杂著之属
	6 天文算法类	推步	7 历算类	天文之属
		算书		算书之属
	7 术数类	数学	8 术数类	数法之属
		占候		占候之属
		相宅相墓		易占之属
		占卜		六壬之属
		命书相书		杂占之属
		阴阳五行		堪舆之属
		杂技术		命相之属
				遁甲之属
				杂术之属
				阴阳五行之属

续表

	《四库总目》		《丛书综录》	
子部	8 艺术类	书画	9 艺术类	总论之属
		琴谱		书画之属
		篆刻		音乐之属
		杂技		篆刻之属
				游艺之属
				饮食之属
				观赏之属
	9 谱录类	器物	5 工艺类	日用器物之属
				文房器物之属
		食谱		食品制造之属
		草木鸟兽虫鱼		
				格致之属
	10 杂家类	杂学	10 杂学类	杂论之属
		杂考		杂说之属
		杂说		杂考之属
				善书之属
		杂品	11 典故类	杂纂之属
		杂纂		
		杂编		
	11 类书类			类书之属
	12 小说家类	杂事	12 小说类	杂录之属
		异闻		志怪之属
		琐语		传奇之属
				谐谑之属
				话本之属
				章回之属
				评论之属
	13 释家类		14 佛教类	经之属
				律之属
				论之属

	《四库总目》		《丛书综录》	
子部	13 释家类		14 佛教类	秘密之属
				经疏之属
				论疏之属
				诸宗之属
				总录之属
	14 道家类 （道书附）		13 道教类	经文之属
				神符之属
				灵图之属
				谱箓之属
				戒律之属
				威仪之属
				方法之属
				众术之属
				表章赞颂之属
				杂著之属
			15 其他宗教类	回教之属
				摩尼教之属
				景教之属
				耶教之属
集部	1 楚辞类		1 楚辞类	
	2 别集类		2 别集类	
	3 总集类		3 总集类	文选之属
				历代之属
				郡邑之属
				外国之属
				氏族之属
				唱酬之属
				题咏之属
				尺牍之属
				谣谚之属
				课艺之属

	《四库总目》		《丛书综录》	
集部	4 诗文评类		4 诗文评类	历代之属
				郡邑之属
				诗话文话之属
				辞赋课艺之属
	5 词曲类	词集	5 词曲类	词之属
		词选		曲之属
		词话		词曲评之属
		词谱词韵		
		南北曲		

《明代版本图录初编》的编写及特点

赵 嘉

（河北大学文学院）

自清末杨守敬《留真谱》之后，古籍版本图录多以宋元刻本为主要编写对象，直至20世纪40年代《明代版本图录初编》的出版，一是出现了第一部专门以明代刻本为对象的版本图录；二是此书首次将"图录"用于书名，有别于此前常以"书影"的命名方式。

《明代版本图录初编》，潘承弼（景郑）、顾廷龙二先生合著，最早由开明书店1944年出版。该书12卷，分为12类：分代、监本（官刻附）、内版、藩府、书院、家刻、毛刻、书林、活字、套印、绘图、附录，共收书203种，"附录"收录的是"仿宋元之本仍有其面目而不著岁月并佚失其摹刻姓氏者"①，即没有刊刻时间或者无从得知刊刻时间的明刻仿宋元本。

一、《明代版本图录初编》的编写缘起及经过

《明代版本图录初编》书前有顾廷龙先生的序、后有潘景郑先生的跋，时间均是1941年，此外再无其他出版时间信息，于是便造成后人在这部书的成书时间上产生了错误，如王绍曾《顾廷龙文集序》②、李鹏《潘景郑文献活动及研究》③、赵林然《顾廷龙文献学成就研究》④、《中国古籍总目》⑤均著录此书在1941年出版；而郝润华、侯富芳《二十世纪以来中国古籍目录提要》则著录这部书在1940年出版⑥。

实际上这部书在1944年才完成修改并出版，以上种种著录问题说明有必要对该

---

① 潘承弼、顾廷龙编著：《明代版本图录初编》卷十二，《民国丛书》第5编第100册，上海书店，1996年，第1页。
② 王绍曾：《顾廷龙文集序》，顾廷龙：《顾廷龙文集》，上海科学技术文献出版社，2002年，第6页。
③ 李鹏：《潘景郑学术活动研究》，东北师范大学硕士学位论文，2007年，第12页。
④ 赵林然：《顾廷龙文献成就研究》，河北大学硕士学位论文，2013年，第30页。
⑤ 中国古籍总目编纂委员会编：《中国古籍总目·史部》（第8册），上海古籍出版社，2009年，第5000页。
⑥ 郝润华、侯富芳：《二十世纪以来中国古籍目录提要》，华东师范大学出版社，2012年，第382页。

书的编纂经过及细节加以说明①。依据已经出版的《顾廷龙文集》《顾廷龙日记》及其他相关资料，我们大体上可以梳理出如下经过。

顾先生在作于1940年的《明代版本图录初编叙》中，交代了此书的编写缘起②：

> 余夙有纂辑《目录学》一书之志，拟分三编，曰流略、曰图录、曰校雠。断代为章，复各析以时、地、公、私之作，俾有系统可寻，条理可睹。前年之春，曾欲以清代刻本为始，时与妇弟潘君景郑邮筒商榷。未几，张菊生、叶揆初两丈创设合众图书馆于上海，招为校理之役，遂中辍南归。旋邀景郑来共编摩，接席商兑，重订体例。从侄颉刚闻其事赞而助之。③

从中可知，顾先生此前有编写《目录学》一书的设想，计划断代分章；1939年，潘、顾二先生打算先从清代版刻入手来编写这部书，此时恰逢张元济、叶景葵等人在上海创办合众图书馆，邀顾先生南下加入，因而编写《目录学》一书的计划受到影响而中辍。直到合众图书馆初步稳定后，两位先生才继续商讨《目录学》一书的编写问题，顾颉刚也在这件事上给予帮助。

顾廷龙先生在日记、书信中零星记录了潘、顾二人从1940年至1944年间编写是书的经过，补充了《明代版本图录初编序》中的简略之处。

《顾廷龙日记》记载："（1940年2月13日）赴刘书铭宴，约撰《目录学》，并先交稿费。"④受刘书铭邀请撰写《目录学》一书，正与自己此前的打算不谋而合，所以便欣然应允。

应约之后，经过深思熟虑，顾先生在1940年2月15日致函顾颉刚，谈及此事，认为"拟改《版本图说》，较有精采"⑤。说明此时顾廷龙先生已经更改了先前从宏观角度编写《目录学》一书的设想，变为从原先的三编之一的《图录》的角度入手编写这部书。

另外，顾先生在编书伊始便考虑到版本图录的图版印刷问题。当时主要有两种

---

① 按，刘小明撰有《顾廷龙学述》一书，由浙江人民出版社2000年出版。该书虽然专门设有《明代版本图录初编》一章，其中较为详细地记录该书编写方面的一些细节，但此书乃是刘小明所作伪书。宋木文《妥善处理〈顾廷龙学述〉出版中的问题》一文转载了刘小明《〈顾廷龙学述〉整理经过》，大意是："一、本书署名'顾廷龙述、刘小明整理'是不对的，本书未经顾老口述，而是我根据已发表的材料整理的。二、由于我对顾老的为人及其学问了解不深，出现了措词不当和个别与事实不符的错误。"宋木文《亲历出版30年——新时期出版纪事与思考》（下册），商务印书馆，2007年，第951页。故本文在研究中一律不采用该书的任何内容。

② 按，关于《明代版本图录初编叙》的撰写时间，有两处不同的记录，一处是《明代版本图录初编叙》的落款时间，是1940年；一处是《顾廷龙日记》，记载《叙》完成的时间是1941年。本文采纳了《日记》的记录时间。具体内容见下文。

③ 顾廷龙：《明代版本图录初编叙》，潘承弼、顾廷龙编著：《明代版本图录初编》，第3页。

④ 顾廷龙撰，李军、师元光整理：《顾廷龙日记》，中华书局，2022年，第51页。

⑤ 顾廷龙撰，李军、师元光整理：《顾廷龙日记》，第51页。

影印技术：一种是成本较高但图像清晰的玻璃版影印法；另一种是造价低廉但图像质量一般的金属版影印法。为此，顾先生在同年 4 月 5 日曾对选择哪一种技术来影印这部《版本图说》提出自己的看法，并征询顾颉刚的意见：

> 《版本图说》将来印刷，曾数与伯祥商谈，似以铸铜板为最方便。兹拟目录定后，按目借书，随借随铸板，有铜板可以任意编排，较珂罗版为便利而价廉。草创之作愿早成书，不计工之精劣，公谓然否。①

从最后出版的《明代版本图录初编》的图版来看，这部书最终是按照顾先生的意见，即采用了金属版影印法。当时顾先生主要是希望这部目录能尽早出版，所以降低了对图版质量的要求。

但此时计划中的《版本图说》还不是今天我们所见到的《明代版本图录初编》的雏形，而是囊括了宋、元、明、清四代版刻，这一设想与后来的《中国版刻图录》的收录范围很相似。顾先生在 1940 年 5 月 6 日致顾颉刚的信中谈到了这一问题：

> 《版本图说》已属草大纲，宋元部分已成，现拟明清部分，全无依旁，较为万难，亦较能最有精采，将来分出，即可先出明清部分，尊意如何？②

这说明潘、顾二先生起初是打算将这部《图录》的范围设定成通代，当时已经完成了宋元部分的大纲，而此前并没有关于明清部分的版本图录来借鉴，所以"全无依旁，较为万难"，但两位先生凭借敏锐的学术洞察力，发现这一部分也是整部版本图录中最为精彩的部分，于是决定先编写出版明清部分。

据《顾廷龙日记》，1940 年 5 月 21 日，顾先生对于编写明代版刻部分的设想有了较为明确的框架：

> 将明本刊板纪年者分别开列，即以年为经，以目为纬。藩府所刻另列，以便查考。考究明本，尚无人及之也。③

此时顾先生的设想框架中"以年为经，以目为纬。藩府所刻另列"与《明代版本图录初编》的结构是一致的。

在 1940 年 6 月 17 日的日记中，这部设想中的书已经有了一个相对清楚的书名，并且基本完成了选目工作：

---

① 顾廷龙：《顾廷龙文集》，上海科学技术文献出版社，2002 年，第 772 页。
② 顾廷龙：《顾廷龙文集》，第 773 页。
③ 顾廷龙撰，李军、师元光整理：《顾廷龙日记》，第 80 页。

《明本图说》拟目,景郑草就,大致俱矣。①

到了 1940 年 7 月 20 日,这部图录已经是"明代版本大体备矣,分十二项,惟'经厂'一项,拟易为'内版'"②。

随后,顾先生在 7 月 26 日致顾颉刚的信中说:

《版本图说》因明本向少人留意,故先于从事于此,以便人之参考。叙例、目录业已拟好,本欲先呈审定,恐稽时日,今拟就近请菊老(按,指张元济)指正后即着手借书摄景,并径与开明商酌印刷事,如能商定用珂罗版较为精美。来款辑《明本图说》当能敷用,将来能续辑须再商。③

至 1940 年 8 月,此书已称为《明代版本图录》,序例亦已草就:

(1940 年 8 月 11 日)钞《明代版本图录序例》。④

据《顾廷龙日记》,1940 年 8、9 月间,顾廷龙先生对该书在编目方面用力较多,而这一阶段的日记中有时也称之为《明代版本图说》。这时该书的目录还没有最终成形,二先生经过反复斟酌,在 1940 年 9 月 13 日确定了全书的目录部分⑤。在这几个月的编写过程中,潘、顾二人最终决定,不仅舍去之前做宋、元、明、清四朝通代部分的版刻,而且只做明朝一代,清代亦不包括在内。顾先生在 1941 年 1 月 23 日致顾颉刚的信中提到了其中的原因:

《版本图录》现已决定断代为之,因宋元本书影已多,并非亟需之作,明代尚无人做过,故特以参考者实急,遂为《明代版本图录》,而名之曰"初编",叙例、目录已定,过阴历新年即当与伯祥商印。现在借书不易,挂漏不免,导此先路,恭候它人之纠谬补缺矣。⑥

于是,《明代版本图录初编》的书名首次确定下来,叙例、目录部分也已经完成,接下来便是撰写解题、选书拍照和影印出版了,这些事情从 1941 年 3 月开始。

(1941 年 3 月 7 日)拟撰《明代版本图录》序。⑦

(1941 年 3 月 19 日)(华)毅如述悉渠颇收书,有景泰经厂《君鉴》残本、成化

---

① 顾廷龙撰,李军、师元光整理:《顾廷龙日记》,第 87 页。
② 顾廷龙撰,李军、师元光整理:《顾廷龙日记》,第 93 页。
③ 顾廷龙:《顾廷龙文集》,第 773—774 页。
④ 顾廷龙撰,李军、师元光整理:《顾廷龙日记》,第 98 页。
⑤ 顾廷龙撰,李军、师元光整理:《顾廷龙日记》,第 105 页。沈津:《顾廷龙年谱》,上海古籍出版社,2004 年,第 139 页。
⑥ 顾廷龙:《顾廷龙文集》,第 775 页。
⑦ 顾廷龙撰,李军、师元光整理:《顾廷龙日记》,第 143 页。

经厂《资治通鉴》、安氏桂坡馆《初学记》，虽非奇品，而于吾《明代板本图录》大可取资也。[1]

在《明代版本图录初编》中，卷三内府类中收录有成化本《资治通鉴纲目》，卷六家刻类收录有安氏桂坡馆《初学记》，与顾先生此处日记内容一致。

（1941 年 5 月 30 日）阴历端午，假。整理《明代版本图录》稿，补撰数则，日内可成矣。[2]

（1941 年 6 月 2 日）将图录分类，以时、以地纵横次列，知吴郡刻者大半也，将来可别为《明代吴郡刻书考》。[3]

直至同年 6 月 20 日书稿初成，潘、顾二人又在此期间增入了一些书籍[4]。

1941 年 7 月 1 日，顾先生最终校订书稿完毕，并在 8 月为此书撰写了序文。[5]

此时《明代版本图录》大体的编辑工作基本结束，但是该书的序文尚未撰写：

（1941 年 8 月 12 日）拟撰《版本图录》序，构思未就。[6]

1941 年 8 月 18 日，顾先生完成了《明代版本图录》序言的撰写：

撰《图录》序，竟。[7]

1941 年 9 月，顾先生又将书稿送张元济审阅，请其为该书作序。同年 10 月，张元济奉还书稿，并致信：

大著《明代版本图录》亦捧读一过，琳琅满目，信为必传，自惭谫陋，不能赞一辞。原稿并缴，统乞检收为幸。[8]

张元济虽没有为此书作序，但在书中写出了修改建议，于是潘先生便按照张的建议对原书加以修改：

（1941 年 10 月 3 日）菊丈送书，还《版本图录》，教正数条。景郑即照改。[9]

直至 1941 年底，该书的编纂工作基本完成：

[1] 顾廷龙撰，李军、师元光整理：《顾廷龙日记》，第 146 页。
[2] 顾廷龙撰，李军、师元光整理：《顾廷龙日记》，第 167 页。
[3] 顾廷龙撰，李军、师元光整理：《顾廷龙日记》，第 168 页。
[4] 顾廷龙撰，李军、师元光整理：《顾廷龙日记》1941 年 6 月 20 日："校订《版本图录》稿。"（第 171 页）6 月 22 日："校定《版本图录》。"（第 171 页）6 月 23 日："校定《版本图录》。"（第 172 页）6 月 26 日："在来青阁查《安徽通志》，检得毕效钦事迹一则，补入《图录》。"（第 173 页）沈津：《顾廷龙年谱》，第 168—177 页。
[5] 顾廷龙撰，李军、师元光整理：《顾廷龙日记》，第 174—183 页。
[6] 顾廷龙撰，李军、师元光整理：《顾廷龙日记》，第 182 页。
[7] 顾廷龙撰，李军、师元光整理：《顾廷龙日记》，第 183 页。
[8] 张元济：《张元济全集》第 3 卷《书信》，商务印书馆，2007 年，第 41 页。
[9] 顾廷龙撰，李军、师元光整理：《顾廷龙日记》，第 189 页。

（1941 年 11 月 14 日）《明代版本图录》已编竣待印矣，阴历年内必可出版，内容尚足一观，公将笑其自诩乎？[1]

另外，从现存资料中可知《明代版本图录初编》在当时不便的条件下，仍然尽可能利用了各处藏书。如该书在编选古籍时，就利用了涵芬楼藏书：

（1941 年 11 月 16 日）菊老送涵芬楼善本，为补《明代版本图录》之乏。[2]

同时，尚未出版的《明代版本图录初编》即因所收古籍照片的稀见，为当时学者的研究提供了帮助。今上海图书馆所藏明嘉靖黄埻刻《十二家唐诗》本《王摩诘集》（线善 T12606-09）有张元济题识，与《明代版本图录初编》相关：

顾子起潜以所辑《明代版本图录》视余，中有《王摩诘集》一叶，钤我六世祖叔祖雨岩公二印，余欲知为谁氏所藏，以询起潜。一日书来，云是潘景郑世兄得自苏城者，初疑为元和惠氏故籍。按周惕先生与雨岩公同名，然名同而字实异。且卷端有"红药山房"印记，是先藏花山马寒中家。花山距余邑仅二十余里。马氏书散，多为余先人所得。余六世祖重镌《王荆文公诗注》，其原本亦马氏物也。……海盐张元济记，时年七十又五。[3]

张元济先生生于 1867 年，75 岁时是 1942 年。今《明代版本图录初编》在卷六"家刻"一类中确实收录有此书书影，与上海图书馆所藏书复印件比对，知为一书。

《明代版本图录初编》于 1943 年 4 月 10 日前交稿；5 月 17 日，确定印式、册数；6 月 8 日，校排样一卷，改序文[4]。

到了 1943 年 9 月 1 日，开明书店交来《明代版本图录初编》的排样，潘、顾二先生在得到排样后，开始为本书编写索引部分；至 9 月 9 日，索引编写完毕[5]。

最后，开明书店在 1944 年 1 月 19 日将出版的《明代版本图录初编》送来，这部书终于问世。张元济获赠此书后评价道：

昨奉手教，并蒙赐新印《明代版本图录》一部，捧读欣感。际此乱世，搜辑材料，居然保全，且印刷亦殊不恶，是有天幸，亦二公之志愿有以成之也。名山寿

---

[1]　顾廷龙：《顾廷龙文集》，第 776 页。

[2]　顾廷龙撰，李军、师元光整理：《顾廷龙日记》，第 196 页。

[3]　上海图书馆编：《上海图书馆藏张元济古籍题跋真迹》，国家图书馆出版社，2018 年，第 155 页。

[4]　按，《顾廷龙日记》1943 年 4 月 10 日："余即催印《明代版本图录》。"（第 306 页）可知该书在 4 月 10 日前已经交稿。1943 年 5 月 17 日："徐调孚来，商《明版图录》排印式样，约二百四十余，用机制海月印，订四本"。（第 312 页）。1943 年 6 月 8 日："校《明代版本图录》排样一卷，改序文"。（第 316 页）。

[5]　顾廷龙撰，李军、师元光整理：《顾廷龙日记》，第 328 页、330 页。

世,堪操左券。①

以上便是对《明代版本图录初编》一书编纂缘起及成书经过的简要概述,从中可知,这部书是不可能在 1940 年或 1941 年出版的,因为该书当时尚未完成,特别是书中的索引是在 1943 年 9 月才完成的。

这部书当初还计划编写续编,故名"初编",但最终没有出版续编,所以有的著述也直接称这部书为《明代版本图录》。笔者所见此书共有三个版本:《明代版本图录初编》,四册,开明书店 1944 年出版;《明代版本图录初编》,一册,台湾文海出版社 1971年出版;《明代版本图录》,一册,《民国丛书》第五编,上海书店 1996 年出版。

另外,潘、顾二先生在编写这部版本图录时也曾经计划将刻本书之外的稿钞校本也收入其中,但受到当时条件所限,这一设想未能如愿。这是潘、顾二先生著述和《顾廷龙年谱》《顾廷龙日记》中未曾提及的。陈先行先生在《中国古籍稿钞校本图录·前言》中说到了这件事:

> 顾廷龙、潘景郑两先生在三十年代即想编稿钞校本图录,并就所得已摄制了数十幅图版。六十年后,面对泛黄的照片,予曾问顾师为何未能成编,曰名家之作品缺乏(如无明吴氏丛书堂钞本、杨氏七桧山房钞本等),没有代表性。又询问潘师原委,曰嘉业堂、铁琴铜剑楼等藏家均拒绝借用。因明刻本较易找寻,故率先编成《明代版本图录初编》。②

综合以上种种因素,潘、顾二先生编写《明代版本图录初编》的原因是,顾廷龙先生之前一直有编写《目录学》一书的打算,而《图录》是其中之一,于是二位先生便决定先编写《图录》一书;当时以宋元刻本为主的古籍版本图录如《铁琴铜剑楼宋金元本书影》《盍山书影》《故宫善本书影初编》等已经很多,而还没有以明清古籍为对象的版本图录;加之当时处于抗战时期,编写过程中遇到诸多不便,向藏书大家借书摄影又十分不便,资金亦不充裕;于是二先生以当时合众图书馆及各同仁藏书中较为常见且有特点的明代刻本为主,据此编写出了《明代版本图录初编》。

二、《明代版本图录初编》与当时版本观念的变化

《明代版本图录初编》的产生,首先与当时学界版本观念的发生变化有关,顾廷龙

---

① 张元济:《张元济全集》第 3 卷《书信》,第 41—42 页。
② 陈先行等撰:《中国古籍稿钞校本图录》,上海书店出版社,2000 年,第 8 页。

先生在该书的序中提到了明代刻本的可贵之处,一共有四点:

> 明本之于今日,其可贵诚不在宋、元之下,盖清初之去北宋末叶与今日之距洪武纪元,其历年相若,一也。经史百家之中,若郑注《周礼》《仪礼》、《纪年》《周书》《家语》《孔丛》等书,无不以明覆宋本为最善,赖其一脉之延,二也。又以前明掌故之作特盛,往代后世鲜有重刻之本,足以订补史承之未备,而晚明著述辄遭禁煅,其中正多关系紧要者,三也。模刻旧本惟妙惟肖,虎贲中郎,藉存真面,四也。①

以上认为明本重要的原因可以概括为:①明本书距今已有几百年的历史,值得珍惜;②许多宋本书已经不存,惟有明代翻刻本流传下来;③明人本朝著述后代少有传本,尤以晚明著述为甚;④明代的覆刻本刊刻精美、逼真,保存宋刻风貌。

这些原因中除第三点之外,其余可以看作是对清代以来藏书家"明本观"的总结,即从明刻本如何继承宋刻的角度来体现其重要性,似乎明刻只是对宋元刻本的一种模仿和替代;若是明人所刻时人之作,则乏善可陈。这其中又以丁丙的"明本观"较为典型。

作为清末四大藏书家之一,丁丙所藏的宋元善本最少,但明刻本却为数众多,他在这些明本书上写有题跋,多不见于《善本书室藏书志》中。丁氏藏书在清末转归江南图书馆,后江南图书馆在民国时更名国学图书馆,馆员赵鸿谦将包括丁丙在内的藏家写在元明本上的题跋加以整理,筛选而成《松轩书录》,刊载在《国学图书馆馆刊》第二、第三年(1929、1930)刊上。其中一些明本上的题跋反映了丁丙对明本的认识。如其在明刊本《均藻》的跋文中说:

> 世人皆以明人刻本轻视之。凡书之不足者,必曰:此明人刻书恶习。二百年来,牢不可破。不知此乾隆时人所创。尔时去明未远,固有是说。今则视明刊,不啻如明之视宋刊也。②

这与顾廷龙先生序中总结明本可贵之处的第一点相同,体现出丁丙等藏书家看重明本距今历史的悠久。

《善本书室藏书志》卷十五收有明嘉靖刊本《盐铁论》,丁氏在解题中指出此本珍贵之处在于"顾世鲜善本,元明间仅数刻,以新淦涂祯仿宋嘉泰椠本为最著。此明嘉

---

① 顾廷龙:《明代版本图录初编叙》,潘承弼、顾廷龙编著:《明代版本图录初编》,第2—3页。
② 赵鸿谦:《松轩书录》,《国学图书馆馆刊》第三年(1930)刊,第49—50页。

靖甲寅华亭张之象注本,虽改旧第,《四库》称其事实粗具梗概,足备考核"①。这与顾廷龙先生序中总结明本可贵之处的第二点相同,体现出丁丙等藏书家看重明本与宋本之间的传承关系。

《善本书室藏书志》卷七收有明嘉靖刊本《资治通鉴考异》,丁丙在解题中强调"字画秀挺,不减宋刻也"②。这与顾廷龙先生序中总结明本可贵之处的第四点相同,体现出丁丙等藏书家看重明本在刊刻水平上不亚于宋椠。

然而,丁丙等清代藏书家认为明本可贵之处的原因主要就是以上三点。受时代的影响,他们的"明本观"其实是用赏鉴宋元善本的眼光去看明本,在这样的版本观下是无法全面客观认识明代版本的。

只有摆脱宋元善本观念的束缚,才能真正的认清明代版本的特点,其中之一便是正确评价明人的刻书活动。与潘、顾二先生同时代的余嘉锡先生,在《藏园群书题记叙》中这样评价宋人刻书和明人刻书:

> 宋人刻书,悉据写本,所据不同,则其本互异;校者不同,则所刻又异。加以手民之误,传写之讹,故明刻可以正宋刻,刊本可以校写本,未可尽以时代论也。……且宋人妄改古书,枚数之亦不能尽。经、传合疏于注,而孔颖达、贾公彦、邢昺之书亡;《史记》合刻三家注,而司马贞、张守节之书亡;陈鄂改《尚书释文》,而陆德明之书亡;陈彭年等重修《玉篇》《广韵》,而顾野王、陆法言之书亡;林亿等校《千金方》,改其《方》、《药》分两,而孙思邈之书亡;晏殊、董棻删《世说新书》,而刘孝标之书亡。今此数书犹有唐写本或北宋本可证也。然则宋人刻书,书未尝不亡也。更究其极言之,则六朝以前之典籍,自六艺经传外几无完书,其源皆出于唐钞宋刻,是则唐人写书,书未尝不亡也。安得独以窜乱古书之罪坐之明人乎?③

余嘉锡先生是从书籍发展演变的角度来看待宋、明人刻书的,较之清代藏书家站在宋刻的角度来评价明人刻书是一种进步。同样,顾先生在《明代版本图录初编》序中将明人著述归入明本可贵之处中,也是从明本自身为出发点来研究明代版刻,摆脱了过去藏书界以宋元刻本为规矩的藩篱,并将明人著述作为本书的重点。

以上属于清末以来时人较为零散的对明代版本的认识,较为集中的则是叶德辉

---

① 丁丙:《善本书室藏书志》卷十五,清光绪二十七年(1901)钱塘丁氏刻本,第5叶a。
② 丁丙:《善本书室藏书志》卷七,第3叶b。
③ 余嘉锡:《藏园群书题记叙》,韦力主编:《古书题跋丛刊》(第28册),学苑出版社,2009年,第170—171页。

《书林清话》,这部书在当时不仅介绍了唐宋以来刻板、活字版、套印版各类书籍的发展沿革,也涉及了历代版刻的规格、装裱、掌故,在同一时期的版本目录学著作中可谓独树一帜,同时也在内容和分类上对后世的同类著作产生了一定的影响,叶德辉在本书中编已经对明代毛晋汲古阁刻书、活字本印书、闵凌套印有初步的研究,《明代版本图录初编》也在此基础之上,从这些不同类型的具体版本来说明其特点。

另外,商务印书馆从 1937 年至 1940 年曾经出版了《影印元明善本丛书》,共 10种,而其中有 9 部是明人所辑丛书,也说明当时学界对明人编书刻书有了新的认识,从书籍的内在方面重视明本书籍了①。

《明代版本图录初编》就是在这一版本观念发生转变时期出现的,体现出了当时学界版本观念进一步宽泛化的特点。

三、《明代版本图录初编》的体例特点

(一) 书名"图录",图、文配合初具规模

《明代版本图录初编》在书名上强调"图录"一词,与之前以"书影"命名的版本目录不同,这反映了该书编者与众不同的目录学思想。潘、顾二先生在书前的《凡例》中说到"本《录》以图版为主,撰附略说,藉明原委,约分十二类,以综其要"②,说明他们已经将"图""文"两个要素看作是这种版本目录所不可或缺的要素。

在"图录"一词中,"图"指的是书影图版;"录"则指的是与图版相配合的文字说明。从全书内容上看,"图录"之"录"与传统的"目录"之"录"并不完全一致,前者的范围要比后者更为宽泛。

在我国,目录学著作中提到"目录"一词,均会言及刘向、刘歆父子校理群书之事,引用《汉志》之言,刘向校书,"每一书已,向辄条其篇目,撮其指意,录而奏之"③。在这句话中,"录"是指对于一书内容大意的概括,后世的目录学著作如姚名达先生的《中国目录学史》、余嘉锡先生的《目录学发微》、昌彼得先生的《中国目录学》便均将"录"看作是与著录一书内容有关的一种体例。这种观点一直在学界中长期占据主导地

---

① 按,《影印元明善本丛书》中并无整理者序跋,《中国丛书综录》虽著录是书,亦未注明出版时间。商务印书馆曾在1937 年出版《影印元明善本丛书十种样本》,为这部丛书做宣传;而该丛书中最后出影印的一批古籍在 1940 年,所以这部丛书的出版时间应该在 1937—1940 年间。
② 潘承弼、顾廷龙编著:《明代版本图录初编·凡例》,第 1 页。
③ (汉)班固:《汉书》卷三十《艺文志第十》,中华书局,1962 年,第 1701 页。

位。同样,古籍版本图录在最初发展的前三四十年中也反映出当时学界的这一观点。

古籍版本图录诞生之初以介绍古籍版本为主,杨守敬称自己所编的版本目录为"留真谱";缪荃孙、袁克文、瞿启甲、柳诒徵、陶湘、王文进等人则将所编版本目录命名为"书影";这些目录在本质上均是古籍版本图录,有的还专门配有较为详细的文字说明,但他们并没有在书名中使用"录"字。笔者以为原因在于,在他们看来,这些文字说明主要是介绍一书的版本,而非一书的内容,所以不能算作是"录"。到了潘、顾二先生编写《明代版本图录初编》时,这种"泾渭分明"的体例之别开始发生了变化。

潘先生在本书后的跋中说到了本书与以往古籍版本图录的不同:

> 诸家书影之辑,于版本有先河之功。惟专录宋元,未有类次,荟萃之业,屠门大嚼,只足快意,以诏来学,抑且未具;叶氏《书林清话》,论版本详矣,罗陈虽宏,实征攸待。可备掌故,靡以考镜,此吾《版本图录》之作所由。[1]

潘先生在这里强调了《明代版本图录初编》的特点在于具有考证,从而使这部目录达到实征可信,这已经超越了最初版本图录以赏鉴为主的目的。而要实现"实征""考镜",除了一方面提供原书的图版书影外,另一方面便是改变以往说明文字在古籍版本图录中的作用和地位,使之能够与图版部分相互配合、相互补充。因此,解题说明的范围由之前的以一书版本信息为主,变为有时还会涉及一书的内容,这是一种必然,也是顺应目录学发展的需要。

虽然《版本图录》的凡例中已经说明"本录以图版为主,撰附略说",文字解题部分在这部目录中处于从属的位置,但通读全书可以发现,这些文字解题虽然各有侧重,较为灵活,但总体上已经涵盖了诸如一书的作者、内容、版本、校勘等诸多方面,已不是昔日"叙录"旧观。

如本书卷一《图注八十一难经》的解题为:

> 按,此书系正德庚午吕邦佑原刊,沈氏则据冯煦藏本覆刻也。[2]

卷一《古今医统大全一百卷》的解题为:

> 按,前有沈一贯序,云徐君新安人,名春甫。今为太医之官,太师成国朱公客之,公卿皆名其术。序后有助梓缙绅诸公氏号,首列成国公朱希忠姓名。[3]

本书的文字部分除了解题具有以上的特点外,其他著录项也较以往更为规范丰

---

① 潘承弼:《明代版本图录初编跋》,潘承弼、顾廷龙编著:《明代版本图录初编》,第1页。
② 潘承弼、顾廷龙编著:《明代版本图录初编》卷一《分代》,第59页。
③ 潘承弼、顾廷龙编著:《明代版本图录初编》卷一《分代》,第63页。

富,著录一书书名、卷数、册数、作者、刊刻时间、刊刻地点、刊刻者、原书尺寸,从而实现对图版部分的补充。

《明代版本图录初编》以"图录"命名,图、文配合已经初具规模,由此标志我国的古籍版本图录在经过"有图无文""图繁文略"的发展后,最终形成了较为稳定的"图文并茂"的形式,此后的古籍版本图录都是在此基础上继续发展,各有侧重。这一新兴的版本目录经过几十年的发展,由最初的漫无目的、松散自由的目录转变为具有一定针对性和规范形式的目录,编目者已经能够藉此来反映当时学术发展的面貌了,其实用性和学术性大大增强。从这一点看,《明代版本图录初编》具有里程碑意义。

(二) 博采众长,分类独特新颖

此前的古籍版本图录主要采用两种分类方法,一种是采用传统的四部分类法,按经、史、子、集排列;另一种是采用《天禄琳琅书目》的分类方法,按版刻时期分为宋刻、元刻等,每类之下再按经、史、子、集分类。后一种分类法虽然突出了版刻时间这一特点,但还不适于反映某一阶段版刻的特点。

作为我国第一部反映断代版刻特点的版本图录,《明代版本图录初编》分为 12 类:分代、监本(官刻附)、内版、藩府、书院、家刻、毛刻、书林、活字、套印、绘图、附录。书中仿照传统目录,在每类前写有类序,交代划分原因及各类特点:

分代　将明代版刻按照时间,分为洪武本、建文本、永乐本、洪熙本、宣德本、正统本、景泰本、天顺本、成化本、弘治本、正德本、嘉靖本、隆庆本、万历本、泰昌本、天启本、崇祯本。

书前《凡例》曰:"分代一类,可觇镂版之演变,至一朝之中各地各家所刊,面目皆不同,兹选其有特异者,多举数例。"①

监本　北京国子监本、南京国子监本。

内版　按照时间顺序排列内府刻书,分为洪武本、永乐本、正统本、成化本、嘉靖本、无年月。

同时在本类序中说明"经厂"只是内府机构之一,并不能包括内府所刻全部书籍,故此类名"内版"。

藩府　按照就藩时间排列,分为秦藩本、晋藩本、周藩本、赵府本、鲁藩本、辽藩

---

① 潘承弼、顾廷龙编著:《明代版本图录初编·凡例》,第 1 页。

本、宁藩本、郑藩本、吉府本、徽藩本、益藩本。

书前《凡例》曰："藩府一类,依史传封袭先后为序。"①

书院　类序中指出："名曰书院,实多私椠,间能传布一二,足居上乘,业虽不盛,功未可没。"②按照刻书时间,分为扬州正谊书院本、江西白鹿洞书院本、陕西正学书院本、河南大梁书院本、河南义阳书院本、广东崇正书院本、云间俨山书院本、无锡洞阳书院本。

家刻　采用《古今书刻》的分类法,将书籍按照直省分类:北直隶　大名府;南直隶　应天府、扬州府、苏州府、松江府、常州府、宁国府、徽州府;山西　太原府、泽州;河南　开封府;江西　抚州府;湖广　武昌府、衡州府;浙江　杭州府、嘉兴府、宁波府;福建　福州府、建宁府、泉州府;广东　广州府;不详地域。

书前《凡例》曰："家刻一类,采录较多,故以地域分别条次,俾观各地刻风之高下,其先后部居亦依史志为序。"③

毛刻　按照四部排列,时间不明者置于此类最后,共 10 种。

书前《凡例》曰："毛刻以一家所刊特富,足自为类,故各书依四部为次,若他类则以刻年为序。"④

书林　按照刊刻时间顺序排列,以建阳地区书坊刻书为主,分为敬善堂本、陈氏存德堂本、刘氏慎独斋本、金台汪谅本、安正书堂本、浙江叶宝山堂本、玉兰草堂本、三吴徐氏宁寿堂本、玄览斋本、杭州书肆读书坊本。

活字　按照刊刻时间顺序排列,分为会通馆本、兰雪堂本、蜀府本、芝城本、五云溪馆本。

套印　类序言："大抵套印诸书专事评语,时复臆改,其内容实不足取而面目别具。"⑤按照刊刻者分为闵氏刊本、凌氏刊本。

绘画　收录带有版画的传奇 9 种,按刊刻时间顺序排列。

附录　类序言："明代仿宋元之本,有仍其面目而不著岁月并佚其摹刻姓氏者,有为坊贾剜割序跋者,传本既稀,后遂无征。核其精雅,实推善本,综览所及,甄录若干种,别为一类,附赘并传。"⑥此类共收录 10 种。

---

① ③ ④　潘承弼、顾廷龙编著:《明代版本图录初编·凡例》,第 2 页。
②　潘承弼、顾廷龙编著:《明代版本图录初编》卷五《书院》,第 1 页。
⑤　潘承弼、顾廷龙编著:《明代版本图录初编》卷十《套印》,第 1 页。
⑥　潘承弼、顾廷龙编著:《明代版本图录初编》卷十二《附录》,第 1 页。

《明代版本图录初编》这一分类方法是将版刻时间、地区、刊刻者、版刻形式等诸多要素合为一处,多角度地反映出明代版刻的特点,乃是参考吸收以前诸家目录分类之长而来。

明代嘉靖间周弘祖的《古今书刻》上、下编两卷,上编收录明代刻书,下编收录石刻。上编将书籍按照刊刻地区排列,首列内府刻书,次各部、国子监刻书,再次为各直省刻书,其中福建省下还专门列有"书坊"一类,收录当地书坊所刻之书。这部书目开将书籍按刊刻地划分的先河。

明末的宦官刘若愚撰有《酌中志》一书,其中卷十八是《内板经书纪略》,收录了明代内府所刻的部分书籍,此书目只列书名、册数、叶数,排列无序,是第一部介绍明代内府刻书的目录;后来孙承泽又将这部目录改名为《内板书数》,收入其所撰《明宫史》中;民国时陶湘又将这部书目重新整理,命名为《明内府经厂书目》。

毛晋作为明末著名的刻书家,自清代便已受到当时学者的重视,清道光间顾湘编有《小石山房丛书》,其中有《汲古阁校刻书目》。据荥阳悔道人郑德懋在序中交代,这部目录来自友人之处,卷尾又有毛晋、毛扆父子诸印,当是毛氏父子所藏。该书目不分部类,按经、史、子、集排列,只著录书名、卷数及叶数。目录后还附有郑德懋所辑《汲古阁校刻书目补遗》《汲古阁刻板存亡考》;民国时陶湘又根据自己所藏汲古阁所刻之书,在《汲古阁校刻书目》基础上进一步完善,编写了《明毛氏汲古阁刻书目录》,著录书名、作者、卷数、目次、序跋等,收录毛氏刻书 540 多种。这几部目录是在《明代版本图录初编》之前专门著录毛氏汲古阁刻书的目录。

此外,陶湘还编有《明吴兴闵齐伋遇五氏五色套板书目》,分经、史、子、集四类,著录书名、卷数、序跋、评点者及套色种类,收闵、凌套印本 132 种,是我国第一部针对明代套印本而编写的目录。此外,《明代版本图录初编》在"套印"一类的分类上还对叶德辉《书林清话》中《颜色套印书始于明季盛于清道咸以后》一节中的内容多有参考①。

以上几部目录学著作在分类、著录对象上和传统的公、私书目不同,其中《明毛氏汲古阁刻书目录》《明吴兴闵齐伋遇五氏五色套板书目》著录了相当数量的明代书籍,但在形式上属于简目,反映的也只是明代版刻一隅的特点。而《明代版本图录初编》

---

① 按,王重民先生在《套版印刷法起源于徽州说》一文中说到"《明代版本图录初编》里面讲'套印'的一部分,首先袭用了《书林清话》的一段,但是,把叶德辉的错误删去了,在图版中也没有载《世说新语》,却载了《吕氏春秋》,说是'万历十七年凌氏本'。"王重民:《冷庐文薮》,上海古籍出版社,1992 年,第 89 页。

反映的是有明一代版刻的特点,在分类上参考了以上几部目录的设置,虽然只选择了二百余种明刻,却在时间、地域、印刷种类上涵盖了明代刻本的主要方面,因此在整体上勾勒出了明代版刻的基本特点,后世介绍古籍版本的著作也多是从这些类别入手,如此后赵前先生编著的《明代版刻图典》,《图版》分为内府刻本、官府刻本、藩府刻本、私人刻书、书坊刻本、活字本、版画套印本。

(三) 版本鉴别更为深入,力求具体详细

明清以来的公、私藏书目录,通常只是著录一书为何朝所刊,对于具体时间、刊刻者、刊刻地等往往付之阙如,从《读书敏求记》到清末四大藏书家所编的目录,均是如此。虽然他们在这些目录的解题中偶尔会提及个别藏书为何时、何地、何人所刊,但是却未成规范。究其原因,主要有两点:

一是明确一书的刊刻时间、地点、人物并非易事,在通常情况下只能依据序跋来判断出版方面的信息;而与此相关的如刻工、史传、方志等其他资料是需要一定的积累总结才能作为判断版本的依据,这是一个循序渐进的过程。

二是在原有的封建藏书楼制度下,藏家间彼此书籍版本信息交流不便,著名藏书家黄丕烈经常在题跋中发出某本在某处却不得见的感慨。如此使得人们不清楚刻于同一时期的同一种书有多少,在有限的范围内,只著录一书刻于何朝基本上是不会产生混乱的。

随着新的藏书制度产生,使得原有制度下书籍狭窄的流通范围扩大,同一部书在同一时期出现不同版本的情况较为常见,原先简单著录朝代的做法已经不能适应版本研究的需要,只有进一步深入鉴别版本,具体到刊刻时间、刊刻者、刊刻地才会避免版本著录混乱。而此时作为版本鉴定依据的参考资料经过乾嘉以来的积累,也有了一定的规模,可以为具体详细的版本著录提供支持。这是版本目录学自身发展的必然。关于这一点,余嘉锡先生有如下概括:

> 余谓欲著某书之为何本,不当仅言宋刊本、明刊本已也。刻书之时有不同、地有不同、人有不同,则其书必不尽同,故时当记其纪元干支,地当记其州府坊肆,人当记其姓名别号;又不第此也,更当记其卷帙之分合,篇章之完缺,文字之异同,而后某书之为某书与否,庶乎其有可考也。①

----

① 余嘉锡:《藏园群书题记叙》,《古书题跋丛刊》(第28册),第170—171页。

潘、顾二先生也是深有同感，所编《明代版刻图录初编》在著录一书的版本上正与余氏上文所言相同。

两位先生中，潘先生拥有丰富的藏书；顾先生长期在图书馆负责古籍的工作，有丰富的版本经验；这是他们能够实现版本著录具体化的基础。同时，作为民国时期成长起来的学者，他们具有较前辈更为开阔的学术视野，开始正视古籍版本图录这一新起的目录形式，思考要通过这种目录向读者传达何种信息这一问题，不再是在形式上简单的模仿之前的几部书影而已。

如《明代版本图录初编》卷一"分代"一类中有《媚幽阁文娱》一书，著录如下：

《媚幽阁文娱》不分卷　十册

明江都郑元勋超宗选

明崇祯三年庚午(一六三〇)刊本

匡高二〇·三公分宽一四·一公分

按，此书入《禁书总目》，是本经坊贾剜改名称，如改"文娱"之"文"为"友"字；又去"媚幽"之"媚"字；改"郑元勋"及"郑元化"之"元"为"光"。是必以禁忌而图掩饰者。①

上文的文字说明部分，先是通过牌记序跋著录是书的具体刊刻时间；接下来又在解题中通过校勘对比，指出这部书与原书的文字差异。同时，编者还特意挑选了该书中文字经过剜改的书叶作为书影图版与文字说明部分配合，使得读者通过这种图文并茂的目录对是书的特点有直观的了解，且印象深刻。

如果遇到书籍没有序跋来提供判断的依据，二位先生则通过其他相关的书目来作为判断的依据。

如书中卷一"分代"收有《楚国文宪公雪楼先生文集》一书，解题中认为"是书编刊于至正丙午，旋经易代，迨洪武中始刊成全帙，故定为洪武刊本"②。书影选取为首卷卷端半叶，依稀可见潘祖荫藏书印。检《滂喜斋藏书记》，是书佚去记录刊刻时间的序跋，潘祖荫对是书版本的判断是来自陆心源在《皕宋楼藏书志》中对足本的著录③。后来潘、顾二先生在编写《版本图录》时参考了陆氏的书目，做出上述判断。而《版本图

①　潘承弼、顾廷龙编著：《明代版本图录初编》卷一《分代》，第 94 页。
②　潘承弼、顾廷龙编著：《明代版本图录初编》卷一《分代》，第 8 页。
③　(清)潘祖荫著，佘彦焱标点：《滂喜斋藏书记》卷三，(清)潘祖荫著，潘宗周编，佘彦焱、柳向春标点：《滂喜斋藏书记　宝礼堂宋本书录》，上海古籍出版社，2007 年，第 95 页。

录》的解题往往十分精炼简介,省略了考证的过程,虽然要言不烦,但由于提供的依据极少,不利于读者的查证,由此造成了这部目录在使用范围上受到了一定的限制。

(四) 在配图中注意对古籍牌记的集中选取,为日后古籍版本图录的发展提供参考

牌记作为古籍中的一部分,在版本鉴定等方面具有不可替代的作用,但它本身并不能直接反映出原书在行款等方面的特点,因此以往的古籍版本图录如《留真谱》虽然也有将牌记作为书影的,但却不像《明代版本图录初编》这样集中选取书影。

这种做法的用意和古籍版本图录的功用有共通之处,都是为了展示原书的特点,只是侧重有所不同。此后林申清采用这种方法,专门收录宋元善本中的牌记,编成《宋元牌记书刻图录》一书。而近年出版的《清代版刻牌记图录》则在收录牌记的同时还将原书卷端首叶也一并收入,使得此类著作与通常意义上的古籍版本图录无二。

另外,《明代版本图录初编》还专门编有《索引》,将书名、编刻者、斋堂号均置于其中,采用四角号码的编排方式。这一做法为此前古籍版本图录所无,到了 20 世纪 80 年代之后的古籍版本图录,特别是在大型图录中成为必备项。这说明两位先生在编纂此书之时不仅注意内容的编辑,同时考虑到了要便于读者使用,也是对古典目录体制的新改进。

四、结　语

版本目录学的研究,在当时已经开始涉及鉴别版刻年代,分析版刻价值的阶段,因此版本图录中的文字部分势必需要作出适当的调整,上一个时期以赏鉴为主的文字说明难以达到新的要求,于是考证型的解题便应运而生,因此这类著作从《明代版本图录初编》以后基本上都以“图录”命名,以突出“录”的特点及作用。

潘、顾二先生在编写《明代版本图录初编》时正是我国处于抗战时期,客观的条件是不利于编书的,两位先生为了在图录中实现版本鉴别是颇费了一番心力的,虽然书中对于一些版本的判断有瑕疵,但两位先生这种勇于探索和挑战的精神是值得肯定的。

《明代版本图录初编》在版本鉴定方面的尝试说明,版本图录如果要实现版本鉴别的准确,做到深入的考证,仅靠一家一地的藏书、寥寥几人是难以实现的,只有综合利用各大图书馆的藏书、组织起一个经验丰富的团队才能实现。而十几年之后的《中国版刻图录》正是具备了这些条件,成为了我国考证类古籍版本图录的巅峰之作。

时至今日,潘、顾二先生所编写的这部《明代版本图录初编》仍然是唯一一部对有明一代版本从整体上加以介绍研究的古籍版本图录。二位先生当时正处于中年,拥有旺盛的精力和充沛的热情,敢于迎接挑战,迎难而上,为版本目录学的继续发展做出了贡献。有鉴于此,对这部版本目录进行补充修正也是十分必要的。

顾廷龙批校并汇录四家旧藏
批校本《语石》述略

姚文昌

（山东大学文学院）

《语石》十卷，一函四册，清叶昌炽撰，顾廷龙批校民国间苏州振新书社翻刻本（过录章钰、鲍毓东、褚德彝、张祖翼四家藏本批校），现藏上海图书馆。

叶昌炽，字菊裳，号缘督庐主人，清末著名学者。祖籍浙江绍兴，道光二十九年（1849）生于江苏长洲花桥里葛百户巷。光绪十五年（1889），进士及第，选庶吉士，入国史馆，累迁至翰林院侍讲。光绪二十八年，奉上谕，任甘肃学政。光绪三十二年，清廷裁学政，叶氏乞归。民国六年（1917），卒于家。有《语石》《藏书纪事诗》《邠州石室录》《缘督庐日记》等著作传世。

叶氏耽嗜碑版之学，所著《语石》一书，于石刻门中集大成，开先河，立言垂范，卓然一家。《语石》之作始于光绪二十六年三月，至次年十一月初稿完成。其后数年间，叶氏读书访碑不辍，《语石》稿亦随之增损涂乙，最终于光绪三十四年四月付梓，宣统元年（1909）三月刊成。是为《语石》初刻本。刻工为吴门刻书名手徐元圃之子徐稚圃。

《语石》刊行后，学林称誉，印本四方购求。及叶氏殁，苏州观前大街振新书社遂有翻刻之举。翻刻本整体面目清秀，字画硬朗，颇得初刻本之彷佛，非着意不能分辨。笔者曾有《〈语石〉版本考辨》专文考察。同案并观，其判然有别者，如：初刻本卷二第二十二叶十九行"侧有画象"，翻刻本误作"书象"；初刻本卷三第一叶第十四行"当是汉以后始"，翻刻本作"当自"；初刻本卷六第十五叶第四行"既题董護书"，翻刻本误作"董护"；初刻本卷十第一叶十四行"当涂亦有一本"，翻刻本误作"堂涂"。究其点画，则如：牌记"宣统己酉三月刊成"，初刻本横画起笔藏锋，翻刻本横画起笔露锋；末卷末叶十六行"江以南墓志"，初刻本作"以南"，"南"字缺笔，乃系避叶氏高祖"南发"讳，翻刻本误作"以南"。翻刻本刊行后，亦广为流传，今日存世印本几与初刻本相埒。顾廷龙批校并过录诸家校语即在翻刻印本之上。

顾廷龙（1904—1998），字起潜，号匑厂，江苏苏州人，近代著名版本目录学家。1928 年起，先后就读于上海持志大学国文系、燕京大学研究院国文系。1939 年，参与创办上海合众图书馆。1955 年后，历任上海历史文献图书馆馆长、上海图书馆馆长。主编《中国丛书综录》《中国古籍善本书目》等，有《吴愙斋年谱》《严九能年谱》《古匑文香录》《章氏四当斋藏书目》等著作传世。

1927 至 1928 年间，顾廷龙坐馆外叔祖王同愈家，因得从王氏习版本目录、金石文字之学。其后念兹在兹，多所用力。王同愈（1856—1941），字栩缘，号胜之，江苏元和人。光绪十五年进士，选庶吉士，入国史馆，后曾任江西学政、湖北学政等职。王氏与叶昌炽有同年之谊，又为同僚，且同有金石之好。叶氏《缘督庐日记》所载，不乏王氏襄助搜讨金石拓本之事。如：

> **光绪甲午年（1894）九月十三日**：栩缘赠日本《南圆堂灯台铭》《神护寺钟铭》拓本。

> **光绪丁酉年（1897）二月初三日**：文古斋陈估送来石刻数种，栩缘为余谐价得之。《乙速孤神庆碑》《薛收碑》皆旧拓裱本，余所藏昭陵共缺四种，得此则惟少《姜遐》《崔敦礼》二刻本，无种子矣。又唐墓志三通，《司马夫人孙氏》，元和十五年；《王从政》，开成元年，乡贡进士刘可记撰；《仇道朗》，万岁通天元年。

> **光绪庚子年（1900）三月初五日**：周颂芬来，未见，带到栩缘书一函，玉泉山石刻五通，武当山石刻十三通。

> **光绪癸卯年（1903）十月廿六日**：录湖北东湖县三游洞题名毕，共十四通，栩缘使鄂亲自披榛搜得者，内有欧阳文忠、黄鲁直两通可宝也。[①]

中国嘉德 2003 年秋季拍卖会古籍善本专场曾展出《语石》朱印本一部。据《拍卖图录》，该印本《语石叙目》卷首钤印有四，自下而上依次为："可怜无益费精神""栩缘所藏""栩缘印信""王印同愈"。其中后三枚乃王氏藏书印信，"可怜无益费精神"一印则见于叶昌炽《日记》：

> **宣统庚戌年（1910）九月十三日**：午后，星台来，为新印《语石》钤朱，其一曰"可怜无益费精神"，其一曰"有口能谈手不随"，皆道其实也。又一书价木记。[②]

据此可推断：该朱印本《语石》乃系叶氏赠予王同愈者。顾廷龙坐馆之时，该印本即为王氏插架之书。顾氏既习金石文字之学，《语石》多半曾经寓目。

---

① 叶昌炽：《缘督庐日记》，江苏古籍出版社 2002 年影印叶氏稿本，第 2245、2492、3080、4276 页。
② 叶昌炽：《缘督庐日记》，第 6511 页。

顾廷龙批校《语石》底本为苏州振新书社翻刻本,翻刻时间大致在 1917 至 1918 年间。牌记左下钤"淮艺斋藏"朱文椭圆印,不知谁氏。顾氏过录章钰、鲍毓东、褚德彝、张祖翼四家藏本批校,其中以过录章钰藏本为最早。

章钰(1865—1937),字式之,一字铭理,号霜根老人,江苏长洲人。清光绪二十九年(1903)进士。"尤长于金石目录及乙部掌故之学"①,聚书盈室,颜其居曰四当斋。鼎革后寓居天津,读书以自遣。顾廷龙为编有《章氏四当斋藏书目》,收书计三千余部,七万余卷。

顾编《章氏藏书目》著录:"《语石》十卷,长洲叶昌炽撰。清宣统元年家刊本。四册。批校甚密,间有出吴昌绶笔。"并录顾廷龙跋语云:

> 辛未秋后,龙负笈来旧都,谒式丈于织女桥寓斋,以金石目录之学请益。丈即出此书见示,简端加墨满幅,间有吴氏印臣昌绶手笔,或为订补,或志见闻。乡先辈铭心之作,得此补苴,益称精审矣。龙即借归传录一过。明夏省亲南下,携示妻弟潘君景郑承弼,又据传一本。迄今忽忽七年,丈已墓有宿草,遗书亦存燕京大学。龙与校理之役,检阅及此,重加展读,乃见丈于此数载中又增益甚多。最后所记为"甘肃吴挺世功保蜀忠德铭"一条,其语曰:"近得缪荃孙旧藏拓本,当即缘督所赠。闻《甘肃通志》仅录碑目,而未录其文。曾属同乡顾起潜写出,亦以拓本模糊,未克成篇。姑存箧中,备一目而已。丙子七月晦,患恶疮,强坐记。"按:是碑立于宋宁宗嘉泰三年,乃挺子曦请于朝,敕高文虎撰、陈宗召书者,额篆则宸翰也。拓本罕觏,铭词虽载省志而碑文从未经著录。丈即属龙试为录出,只以椎拓不精,纸幅又巨,不易展辨,方勉录三之一,适须从事他役,不能续为秘籍,又不敢久搁,因先送回,辛未能成丈之志,愧疚何如! 而丈笔札之勤,虽病不废,岂后生所可企及! 俯仰人天,喟焉叹息。戊寅正月,顾廷龙补记。②

又据顾廷龙《章氏藏书目跋》:"辛未季秋,龙来燕京大学肄业,时先生亦方自津步就养旧都,始克以年家后进登堂展谒,获聆绪论。以龙于金石目录之学有同嗜焉,不鄙顽钝,引而教之。"辛未年(1931)七月,顾廷龙考入北平燕京大学研究院国文系。是年九月,顾氏于北平得识章钰。"丈即出此书见示""龙即借归传录一过"云云,似谓顾廷龙过录章钰藏本批校即在此年。今见顾氏过录本《语石》书衣有顾氏墨笔题识,云:

① 张尔田:《先师章式之先生传》,《史学年报》1937 年第 2 卷第 4 期,第 9 页。
② 顾廷龙编:《章氏四当斋藏书目》卷上之二,民国二十七年(1938)北平燕京大学图书馆排印本,第 85 页。

癸酉正月二十六日,从章丈式之谭刻石,获见巴蜀藏经目、吴中天庆观造象,罕觌之拓也。又承以批校《语石》相示,眉注甚密,丈多见叶氏之未及见者,足资订补。亟乞假读,归与颉刚共赏,即取其藏本过录一通。越两日,副墨竣事,书此以志感幸。廷龙。

题识为录副兴怀之作,所记时间似不应有误。又检录校本《语石》卷五第十四叶录章氏批校云:

"天庆观"即吾郡城心玄妙观也。此画像刻石栏,下层游人便溺及焉,予丱角即见之。近得其搨本廿六纸,比邵伯絧藏滂喜旧拓为多。中一幅有建武年号,以建元考核之,均不可信。虽多残泐,而人物、鸟兽皆栩栩如生,疑为宋元间制作。吴退楼曾拓赠陈簠斋,亦不能定为何代也。壬申十一月十八日记。

既录壬申年(1932)冬月章氏批校,则过录时间不为辛未年可知。顾氏过录章氏藏本批校时间当依题识,在癸酉年(1933)正月。章氏批校《语石》底本为初刻本,现藏中国国家图书馆。《叙目》卷首钤朱文方印"可怜无益费精神",朱文书价木记"每部纸料印工连史大洋四元,赛连二元四角",卷一首钤朱文方印"有口能谈手不随",三者皆见叶昌炽《日记》。收藏印记则《叙目》卷首钤朱文方印"长州章氏四当斋珍藏书籍记",卷三、五、八首钤白文方印"四当斋"。阅其批校,所记时间最早者在《叙目》后,云:

钰挽二联:及身早定千秋,举国皆狂,剩有井中心史在;历劫尚留一面,似人而喜,曾容门外足音来。兄事有年实师事,传人难得况完人。"兄事"谓与缘督同受知黄贵筑师,即园课士时,曾携砚肩随,以语涉侼未写送。己未七月初一,晨起记。

时间最晚者则是顾廷龙《章氏藏书目》跋语所记"丙子七月"一条。己未年(1919)七月至丙子年(1936)七月,章氏批校前后近二十年。顾氏过录批校在癸酉年(1933)正月,戊寅年(1938)正月校理章氏遗书时见批校本"重加读展,乃见丈于此数载中又增益甚多",而"增益"之文皆不见于顾氏过录本。

据顾编《章氏藏书目》,章钰藏本《语石》批校之中部分乃是吴昌绶手笔。《章氏藏书目》著录《前汉书》下有顾廷龙按语:

吴昌绶,字印臣,一字伯宛,号松邻,别号甘遁,所居曰双照楼。浙江仁和人。清光绪丁酉举人,民国司法部秘书。好藏书,又好刻书。若《景刊宋金元明词》《松邻丛书》,其他零种尚多,皆称精椠。为人傲傥不羁,与先生性质虽不同,而交谊之笃数十年如一日。所刊多倩先生精校,尝同辑《尧圃藏书题识》。一瓻通借,往还甚密，故先生书中有吴氏手批者甚多。①

《章氏藏书目》又著录："《藏书纪事诗》七卷，清长洲叶昌炽撰。清宣统二年叶氏刊本。六册。有先生与吴昌绶批注。"②章氏、吴氏以书订交，往还批校，可称佳话。然就《语石》观之，行文多有自称"钰"者，知为章氏批校。其他条目并无明显标识，或仅可以笔迹相区别。顾氏过录统一墨笔，则二者犹傍地之兔，无从辨其雌雄。

章钰藏本批校之后，顾廷龙过录乃鲍毓东藏本批校。过录本扉页有顾氏朱笔题识记其事，云：

　　存古斋书友严瑞峰自江都收书回，携来求售。闻经批校，不署名，钤有"季方难为弟"朱文方印，甚粗拙，不详何人所为也。比又见《语石》一种，亦钤此印，而书衣题云："叶缘督太史著。太史为吴下名宿，与缪艺风齐名。是书凡四本，即艺风见赠者。又有《藏书纪事诗》，则随弇使君贻我，藏数年矣。辛亥重九端虚记。"印曰"鲍羼"。又卷首所批署曰"毓东识"，印曰"鲍印毓东"，其人姓氏始获识之。所批多寝馈有得之言。观与缪、徐皆有往还，亦吾江苏一学人也。摘度其校语，容考其履贯。三十年五月八日，廷龙记。

是年三月十九日顾氏日记又载："闻新从扬州来，尚有鲍毓东批校《语石》《说文系传》等数种。鲍，不知何人也。"③

今考之，鲍毓东，字紫来，浙江仁和人。鲍逸（问梅）子。光绪间曾官江苏海州知州。有《端虚室剩稿》二卷传世。李详（审言）《剩稿序》云："癸丑客上海，徐君告余曰：'紫来死矣。'余闻之泫然不自胜。紫来年几七十，以天年终，不为夭。"④据此，则鲍氏卒于癸丑年（1913）。以"紫来年几七十"云云度之，则其生年在道光间。

鲍毓东藏本《语石》为初刻本，现存上海图书馆。所钤"可怜无益费精神""有口能谈手不随"二朱文方印与章钰藏本同，惟章氏藏本朱文书价木记"每部纸料印工连史大洋四元，赛连二元四角"，鲍氏藏本小字作"赛连二元五角"，略有小异。又《叙目》钤"何氏适吾书屋""鲍氏所藏金石"二朱文方印，卷一题名下钤"季方难为弟"朱文方印。该本批校仅三十余条，朱、墨二色。其中墨笔批校三条，《叙目》卷端一条即有鲍氏落款、钤印者，墨色批校为鲍氏笔墨无疑。然朱笔批校与墨笔字迹判然有别，断不为鲍氏批校。

① 顾廷龙编：《章氏四当斋藏书目》卷上之二，第2页。
② 顾廷龙编：《章氏四当斋藏书目》卷上之二，第79页。
③ 顾廷龙撰，李军、师元光整理：《顾廷龙日记》，中华书局，2022年，第146页。
④ 李详：《端虚室剩稿序》，《端虚室剩稿》，民国二十四年（1935）南陵徐氏排印本，第1页。

上海图书馆标注为"缪批",则以书中朱笔批校为缪荃孙所为,殆因书衣所题"是书凡四本,即艺风见赠者"云云。此说亦不足信,原因有三:其一,朱笔批校与传世缪氏笔迹有异。其二,卷二第四十三叶朱笔批校"此史蛇足"下钤"季方难为弟"朱文方印,确如顾氏题识所言"甚粗拙",亦不闻缪氏有此印。其三,林钧《石庐金石书志》卷十二载"《语石》十卷,精抄本","是本经艺风前辈手自批校"[①],林氏胪列缪氏批校十余条,皆鲍氏藏本所无,且抄校之事始于己酉年(1909)二月,见《艺风老人日记》,是时《语石》尚未刊成。

如上言,朱笔批校有钤印"季方难为弟"者,当系批校者所钤。鲍氏藏本《叙目》卷端钤印,自下而上依次为"可怜无益费精神""何氏适吾书屋""鲍氏所藏金石",则何氏钤印在鲍氏之前,或可推测:何氏即为朱笔批校者。若此,鲍氏藏本得自缪氏,何氏钤印又在鲍氏之前,则缪氏当得自何氏。检《艺风老人日记》乙巳年(1905)二月廿五日载:"赴三江师范会议,同饭,谭启宇、杨俊卿、张子虞、俞恪士、李怡亭、罗申田、庆西园、陈意如、傅雨农、张受之、汪丕臣、何季方。"[②]此"何季方"乃批校者耶?惜其人履历终无从考求。

鲍氏藏本之后,顾廷龙过录为褚德彝批校。过录本扉页有顾氏蓝笔题识,云:

> 中华民国三十三年一月五日,录褚礼堂校语一过。礼堂殁后,拓本之精者先售于边政平君,继售于墨林,书则为东方旧书店所收,余选数十种,多有礼堂手笔者。又其旧藏《乐石搜遗》一书,不著撰人,录文考跋皆极精善,石刻多北方之物,且出《八琼补正》亦不少,正与议价,倘归本馆,必穷考其姓字以表章之乃已。廷龙借录毕并识。

褚德彝(1873—1942),原名德仪,字守隅,号礼堂,晚号松窗老人,浙江余杭人。光绪十七年(1891)举人。喜藏书,精金石篆刻之学。有《金石学录续补》二卷传世。据郑逸梅《近代野乘》,褚氏晚年贫病交迫,无奈典鬻所藏以护残躯,因颜其居曰"食古堂","礼堂既捐馆,其家人亟欲以居屋顶替于人。凡礼堂认为极精之品、不忍脱手者,家人视作废铜烂铁,破褚残简,以廉值让诸收买旧货者捆载而去"[③],褚氏批校《语石》殆即此时散出。

检顾氏日记,1944年1月2日"赴东方旧书店,得苏斋批《山谷诗》残本二册、褚礼

①　林钧撰,姚文昌点校:《石庐金石书志》,福建人民出版社,2023年,第329页。
②　缪荃孙撰,张廷银、朱玉麒主编:《缪荃孙全集·日记》第2册,凤凰出版社,2014年,第330页。
③　郑逸梅:《逸梅杂札》,齐鲁书社,1985年,第120页。

堂批《寰宇访碑录》四册、《国朝诗选》八册",1月3日"赴东方选书四十余本,又携回《乐石搜遗》稿二十册",1月4日"理褚氏书",1月5日"至东方拣书,杭州书两箱到,阅礼堂所集金文"①,不载有关褚氏批校本《语石》之事。据顾氏题识,《语石》批校本亦为东方旧书店所得。顾氏仅"借录",而无意购取,盖以褚氏批校合计不过三十余条。褚氏批校《语石》原本,今已不知所踪,惟批校文字赖顾氏过录,得以嘉惠后人。

顾廷龙过录《语石》批校文字以张祖翼藏本为最晚。过录本扉页有顾氏朱笔题识,云:

> 以朱笔录张逖先祖翼签校,各条下注"(张)"字以为别。卅七年四月廿六日记。

张祖翼(1849—1917),字逖先,号磊庵,安徽桐城人。工篆隶,嗜金石书籍。有《汉碑范》《磊庵金石跋尾稿》等著作传世。张祖翼藏本为初刻本,现藏上海图书馆。是书《叙目》卷端钤"卷庵四十四以后所收书"朱文长方印,检《杭州叶氏卷庵藏书目录》载:"《语石》十卷,民国长洲叶昌炽(菊裳)撰。清宣统元年长洲叶氏刊本。四册。民国张祖翼签校。"②知此书原为叶景葵所藏。叶氏生于清同治十三年(1874),"四十四以后所收书",是正在民国六年(1917)以后,则此书殆为张氏身后散出。

叶昌炽日记甲寅年(1914)九月廿四日载:"得星台函,附至桐城张逖先祖翼一函。张君素未通介绍,读拙著《语石》心折,以此函求见,而不知鄙人之已到沪矣。其词过于推许,愧不敢承。"③十月初五日载:"午后,有客造门,携埃及古文、匋斋摹刻《天发神谶碑》拓本两通为贽,亟觇其刺,则张君逖先也。即下楼见之,谈极久。"④张氏与叶氏以《语石》订交。今观张氏藏本批校百余条,小楷端庄,一丝不苟,犹见张氏当年伏案景象。

顾廷龙过录章钰、鲍毓东、褚德彝、张祖翼四家藏本批校近二万字,虽尽心钩摹,讹脱衍倒,在所难免,如:卷一第四叶录褚德彝本"皆足补碑文之未碑","未碑"疑当作"未备";卷二第十一叶录章钰本"遂行将数舛错","行将"当作"将行";同叶录章钰本"惜忽忽未记其姓名、职及晋某年","职"下脱去"官"字;卷六第二十九叶录张祖翼本"子书之而父刻刻之","刻"字重出。白璧微瑕,不足责让。况是书原非公藏典籍,乃

① 顾廷龙撰,李军、师元光整理:《顾廷龙日记》,第349页。
② 顾廷龙、潘景郑编:《杭州叶氏卷庵藏书目录》卷二,上海合众图书馆排印本,1953年,第32页。
③ 叶昌炽:《缘督庐日记》,第7398—7399页。
④ 叶昌炽:《缘督庐日记》,第7406页。

顾氏案头研读之书,2011 年始由其哲嗣顾诵芬捐出。书中过录四家藏本批校之外,亦偶见顾廷龙批校之语,或以"龙按"识前,或以"龙"字署后,皆为有得之言。

自叶昌炽《语石》刊行,习碑版之学者多读其书。上海图书馆现藏叶氏《语石》手稿一册,书衣所题"语石初稿,叶昌炽初稿"字样,亦顾氏手迹①。顾氏日记 1941 年 12 月 10 日载:"理造像,欲为编目,因需先定分类,此事前人尚未细分,惟《语石》有大概,即依之增损,草订一目,容修订之。"②1944 年 2 月 28 日载:"读《语石》经幢类。"③又过录四家藏本批校前后时间跨度近二十年,对于《语石》,顾氏可谓情有独钟者。

过录四家藏本《语石》批校文字,以章氏四当斋藏本为最夥,顾氏记忆亦最深切。1996 年 7 月,顾廷龙于《欢呼〈中国书法全集〉之问世》一文中写道:"余酷好碑帖之学,负笈燕京时,尝随吾师容庚先生游琉璃厂庆云堂、墨因簃,翻帘插架,一瞬已暮色苍苍矣。吾乡老辈章钰先生好金石之学,批校《语石》甚密,余得过录一本,其乐至今难忘。"④

自来言金石者,大抵以考据、鉴赏分野,前者攻于史学,后者攻于书学,畛域虽在,而辉光交映。顾氏汇录诸家批校,足为史家考据之资。此外,顾氏自幼习书,家学渊源,又得吴大澂、王同愈诸前辈提点,沉浸金石碑版数十年如一日,于书学终成一家。过录本《语石》各家批校色彩区明,而书翰流丽,严整有法,并可为书家鉴赏之什矣。

2024 年 8 月 5 日记于山东济南历城寓所

附记:余搜求研读《语石》相关文献已久,数年前得知上海图书馆存有此书,遂鼓动出版界好友加以影印,屡屡无成。今值顾廷龙先生诞辰 120 周年之际,红豆君力推影印之事,上海图书馆黄显功先生及馆内同仁慨然襄助,是书得以由浙江古籍出版社全彩影印,自此化身千百,沾溉学林。是为前贤大门庭,亦为我辈垂典范也。

2024 年 8 月 6 日又记

---

① 叶昌炽:《稿本语石》,浙江古籍出版社,2022 年,第 875 页。
② 顾廷龙撰,李军、师元光整理:《顾廷龙日记》,第 203 页。
③ 顾廷龙撰,李军、师元光整理:《顾廷龙日记》,第 358 页。
④ 顾廷龙:《顾廷龙文集》,上海科学技术文献出版社,2002 年,第 690—691 页。

顾廷龙过录金批本《史记集解》述略

刘　蔷

（清华大学科学技术史暨古文献研究所）

清华大学图书馆珍藏了一部清同治九年刻本《史记集解》，为近代著名学者金天羽天放楼旧藏，卷端上不仅有金天羽墨笔批注，还有弟子顾廷龙朱笔蝇头小楷过录的金天羽批校，在藏书中尤为引人瞩目。此批校本向不为学界所知，本文将对顾廷龙与金天羽的师生之谊、这部书的来历与收藏、批校本的内容和学术价值进行评述和研究。

一

顾廷龙先生 1922 年夏天受业于金天羽门下，当时金天羽主政太湖水利局，为疏浚泖湖之事，与当时持异议者撰文论辩，日不暇给。每日午后召集门下弟子讲课，讲授诸子及古文辞，与顾廷龙同学者有马介子、王巨川、顾志新三人，金天羽公子金季鹤亦随侍听讲。后来顾廷龙负笈沪上，考取了上海南洋大学机械系，不久因趣味不投，并患神经衰弱，而转入章太炎任校长的国民大学，仅在寒暑假时前往吴江随金天羽读书。

1930 年顾廷龙暑假返里苏州，金天羽借草桥中学一间教室用来读书消夏，招待顾廷龙过去，顾廷龙记云"余于草桥中学，曩曾弦诵于此者四易寒暑，旧地重游，尤为欣幸"，引为"平生所难忘之乐事"①。当时金天羽正在评点《史记》，指点顾廷龙读《汉书》，并传录各家批校。金天羽深度近视，看大字本《史记》，字大如胡桃，白天尚要眼鼻贴近书页去看，故命顾廷龙代笔过录。顾先生回忆，"窗外柳荫蔽日，甚为凉爽；师读《史记》，案置便条，有所得，即迅笔疾书，次日即授我写在书眉上。我则点读《汉书》并过录前人批校，遇疑义即就师请益。此乐不可复得"②。

① 顾廷龙：《金松岑师赠诗书扇跋》，顾廷龙：《顾廷龙文集》，上海科学技术文献出版社，2002 年，第 231 页。
② 1981 年 1 月 24 日顾廷龙先生致清华大学图书馆请求代为复制金批本《史记》信函。

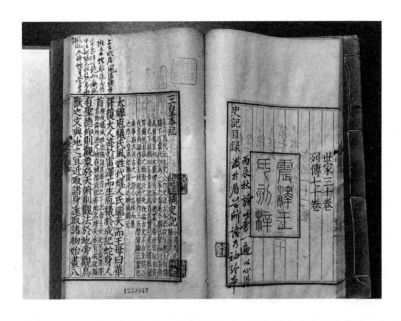

假满临别时,金天羽以一部清人王先谦《汉书补注》刻本赠顾廷龙,并书贻折扇一把,上题一诗:

超宗才辩有深思,谭艺纵横酒泛卮。

说与东吴顾文学,两京班马是吾师。

起潜仁弟与余结夏草桥中学,柳阴幂户,凉蝉嘒风,以扇索字,书此为赠。庚午闰六月立秋后七日,金天羽。

此扇在文化大革命中遗失,后顾先生再见此扇,于1982年5月30日书题跋一则,称"今始归来,失而复得,珍逾百朋。回忆前尘,百年过半,每诵遗句,不胜梁木之感"①。

二

金天翮(1873—1947),初名懋基,字松岑,后因字不通行而改名天羽,号壮游、鹤望、天放楼主人,时人多称天放先生。笔名麒麟、爱自由者、金一等。江苏吴江县同里镇人。是清末民初爱国志士,著名的学者和诗人。早年曾在家乡兴办学校,开吴江新式教育之先河。清光绪二十五年(1899)与同里陈去病组织雪耻学会,响应康梁的维新运动,积极探求维新治国之道。光绪二十九年蔡元培、章太炎、邹容发起成立中国教育会暨爱国学社,金天羽是其中重要成员,大力倡言革命。金天羽曾追慕孙中山先

---

① 顾廷龙:《金松岑师赠诗书扇跋》,第231页。

生，自述与孙中山先生有虬髯李靖之遇，并出资赞助革命活动。宣统三年（1911）移居苏州，讲学于苏州濂溪坊。入民国后，历任江苏省议员、吴江县教育局局长、江南水利局局长、安徽通志馆编纂及上海光华大学中文系教授。1932 年在苏州与章太炎、陈石遗、李印泉等集四方英俊，设立国学会，编印《国学论衡》《文艺捃华》，提倡保存国故。其时章太炎亦隐于吴中，当世学者遂视为国内学术两大重望，以来吴得见两大师为三生有幸。抗战爆发后复归苏州，屏谢交游，杜门撰述。著作盈尺，尤以诗文享有盛誉。著有《天放楼诗集》《天放楼文言》《鹤舫中年政论》等。

清末民初内忧外患，国民积弱，在金天羽的诗文中充满了爱国主义激情，他还以诗纪史，反映了很多重大政治事件。他的《新中国唱歌集》饱含强烈的忧患意识和炽热的爱国情操，在光绪年间被列为禁书；诗作《女界钟》提倡男女平等；反清小说《孽海花》前六回鼓荡国民英气。他博极群书，融古通今，足迹几遍全国，得江山之助，长篇咏物状景之制多为人传诵。他的诗作还极具浪漫主义色彩，才调纵横，豪宕健爽。钱仲联先生称金天羽曾主张诗界革命，自开户牖以取代同光体①，并赞金天羽是"'诗界革命'在江苏的一面大纛"②。

寓居吴中期间，金天羽经师人表，嘉惠后学，不遗余力。晚年更是安贫乐道，卖文课徒为业。学程以群经、诸子、前四史、《文选》为经，而以《通鉴》《文献通考》《读史方舆纪要》三书为纬，故来学之士，出而问世，均能即时通经致用。学生中有王謇、王欣夫、范烟桥、费孝通、顾廷龙等。金天羽卒前一年，时任清华大学图书馆馆长的潘光旦教授南来，执弟子礼。1947 年金天羽遽归道山，潘光旦为之联络，请学校当局出四万金给其遗属办理丧事，并将天放楼遗书 13566 册，2356 种以专车北上，收归清华大学图书馆珍藏③。故此金氏门生王謇在《续藏书纪事诗》中有"经师人表宾朋满，天放楼高处士家。痛哭山隤梁木坏，遗书徙载到清华"一诗记述此事，并赞潘光旦先生"真当世之厚道人也"④。

金天羽长于文史，探迹经世之术，为国家的前途、民族的生存而上下求索，潜心研究纪事、志传、图表、墓考，著有《元史纪事本末补》《皖志列传》《清三大儒学粹》等，著

① 钱仲联：《近百年诗坛点将录》，钱仲联：《梦苕盦论集》，中华书局，1993 年，第 360 页。钱仲联：《三百年来江苏的古典诗歌》，钱仲联：《梦苕盦论集》，第 238—240 页。
② 钱仲联：《三百年来江苏的古典诗歌》，《梦苕盦论集》，第 239 页。
③ 有关金天羽生平、藏书的研究，参见笔者《金天羽及其天放楼藏书》一文，刘蔷：《清华园里读旧书》，岳麓书社，2010 年，第 32—41 页。
④ 王謇著，李希泌点注：《续补藏书纪事诗》，书目文献出版社，1987 年，第 4—5 页。

述成一家之言,成就独到。金天羽每阅读有得,喜随笔札记,现藏清华大学图书馆的天放楼遗书中颇多他本人的亲笔批注,尚有待辑录。

三

天放楼旧藏《史记集解》一百三十卷,现存一百十卷,为卷一至卷十八、卷三十九至卷一百三十,计二十四册四函。清同治九年湖北崇文书局重刻震泽王氏本,书牌为"同治九年楚北崇文书局重雕"。十行十八字,小字双行,左右双边。钤"天放楼""金氏箧书""小江山馆""天翩号壮游""读有用书"诸印。在第一册目录后有墨笔"丙辰秋读此书一遍,以心得识于眉前所读,乃袖珍本"一行字,并钤"鹤望"印。"丙辰"为民国五年(1916),当是金天羽在此之前批校《史记》的时间。金先生批校为墨笔行书,顾先生为朱笔细楷。金天羽书法用笔苍润,古拙朴茂;顾廷龙书法源出晋唐写经,自然端方。金批墨笔居多,间有朱笔,当是不同时间校书披阅所得。由个别朱笔眉批上又以墨笔改定可知,似朱笔在先,墨笔批校在后。书中还夹有浮签,如卷九十七中夹有"沛公引兵过陈留一段不圈"。卷一百二十七中夹有"褚先生曰以下再依吴至父本圈"。批注有数千字之多,朱墨莹然,满布在二十四册上。既有传录征引各家批校,也有个人的读书心得,颇多真知灼见,体现了金天羽深厚的学术造诣。

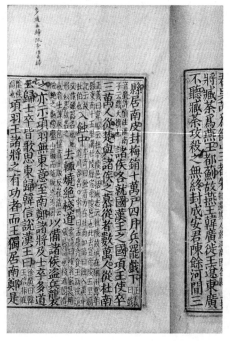
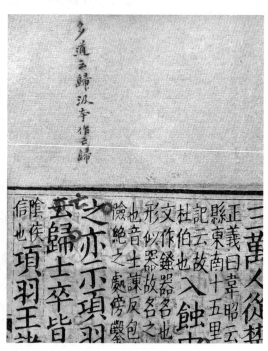

尽管没有开列参校用书之目录,但细检全书,有"邵位西云……""方望溪云……""方云……""吴挚父曰……""吴云……""震川曰……""蠡县齐树楷云……""洪文卿云……""林纾云……"等,由此可知金天羽在批校中还引述了明归有光、方苞《归方评点史记》,清吴汝纶《桐城吴先生点勘史记》,与金氏同时的齐树楷《史记意》和邵懿辰、洪钧、林纾等人对《史记》的品评。

顾廷龙以朱笔蝇头小楷书于眉端者,都是参以明汲古阁本所作的校勘记,称"汲古本"或"汲本",如卷三有"河渭之间汲古本间作滨""辟刑汲古本作刑辟""汲古本献绗上无以字""书诗汲古本作诗书";卷四"度渭,按汲古本作渡""差弗汲古本作羌弗""笃于行义,汲古本作笃行于义""毕立汲古本作毕力""三千之字当从《书序》作三百人,千字不知何时谬改";卷五"长驱归周下按汲古本有一日千里四字""白冥按汲本作曰冥"等。少量有云"一本"者,不知为何本。

《史记》作为纪传之祖,传记文学成就最高,因此金天羽评价史公知人论世的眉批数量最多,也最为精彩。如《萧相国世家》中,品评描述汉高祖性情的一段"鲍生召平及此客皆孰窥高帝之隐,史公三以大喜大悦表之,可谓刻矣",又批"大悦以后继以大怒","传萧何,叙萧何之功,不如叙高帝之猜为多",卷末批:"曰文无害,曰素恭谨,曰录录未有奇节,曰与阂散争烈,皆不满于萧何,为萧何幸也。"《陈丞相世家》批王陵事汉后的际遇:"高祖不慊于陵,然遗命以为可继曹参,英主用人庸阁者安同知乎?!"《绛侯周勃世家》批卷末的太史公曰:"史公以萧何比阂散,乃以伊周之烈许勃耶?"《田单列传》卷首批"史公传六国人材也,知六国与秦异亡消息,燕一人,赵四人,韩无人也。楚有春申,魏有信陵,齐赵各一公子,在位者如此而已,秦安得而不称帝哉!"《屈原贾生列传》,卷首批曰:"屈原握瑜怀瑾,卒遭放斥,自沈汨罗。史公于战国人材先以鲁连结,再以屈原结,见无地之无贤也。人君无智愚贤不肖一节,慷慨淋漓,正为六国之君写照,非止为楚也。"《蒙恬列传》批:"秦在七国时,得士至盛,既并天下,而所传者相则李斯,将则蒙恬,然皆以诛死,秦安得而不亡? 此太史公观变究微之旨也。"等等。这些批语大多点出原著主旨所在,很得司马迁撰述之微意,同时也体现了作者的学识、思想和功力所在。

有些批语提纲挈领,扼要精辟,一目了然。《三皇本纪》批天皇氏十二头:"头,酋长也。十二酋合议以治国,如清初之八贝勒也";《陈丞相世家》批魏无知对陈平受诸将贿金的一番话"此曹孟德所以术不孝不廉之士也,东西汉士风即判于此";《大宛列传》"欣中国以耀四夷,汉武作之俑而炀帝独被历史上之恶名,悲夫!"《廉颇蔺相如列传》卷末批"独论相如,开范史之风"等。有些批语还极为生动有趣,如《三皇本纪》批太皥庖牺氏蛇身人首:"上古穴居,风湿缠身,斑文如蛇。黎莼斋(黎庶昌)传曾文正谓,公龙而癫,端坐注视,张爪刮须,象癫龙也。太皥蛇身,当如是解。"

金天羽早年治经世之学,关心国计民生,农田水利,关于治水的研究,在《史记》眉批中也有多处,如《三皇本纪》中批女娲炼五色石补天、聚芦灰止滔水:"共工坏堤防,河决冀州,女娲治之,石以筑堤,芦以障溜。鳌即鳄也,鳄鱼之骨筑之四地堤防,乃立治水之始也。"

对前人及时人的研究,金氏也多有辨析。如《五帝本纪》批封禅一段:"吴挚父曰'史公此语以汉武封禅皆托黄帝,故为此偏宕之语,以为文外曲致也。此史文奇肆处,他家所无。'"又批:"方望溪云'与'或曰'举'字之误,周官师氏,王举则从。"批尧舜禅让:"震川曰'史公究是秦汉时人,作《始皇》、《项羽本纪》,其事雄伟,笔力与之称;《五帝》、《三皇本纪》便时见其陋。'吴云'此数语文阮奥衍义,亦非陋。'愚按,此数语殊浅,如东坡作尧与皋陶语,想当然耳。"再如《李斯列传》中,"蠡县齐树楷曰,自'始皇三十四年'至下'始皇下其议'三百零二字系人羼入始皇本纪,已详载之,何为于此参差错乱而引之耶?按齐氏意左祖李斯,然所次节前后三段文字较洁,亦有见地"。卷末再评:"齐云李斯已死至末三百六十一字非史公文,子胥传叙吴亡,见子胥生死系吴之存亡也,作伪本以快李斯,乃成惜李斯耶?事已见始皇纪,无庸复述。所述与始皇纪多歧,以子婴为始皇弟,尤缪也。"

金天羽擅治史地,在天放楼的万卷藏书中有丰富的舆地方面的内容。他不仅熟谙中国古代地理变迁,而且对中亚乃至欧洲的历史文化及地理也有所研究,因此能对《史记》中出现的地名和他国史事详加辨析,体现出深厚的考据功底,这方面的眉批多集中在《匈奴列传》和《大宛列传》中。如《匈奴列传》批:"东胡种出鲜卑,鲜卑山在西伯利亚昂吉喇河南,西人称为通古斯,种以昂吉喇河一名通古斯河也。"考单于之庭:"单于庭在今赛音诺颜部塔米尔河北方,南当与宁夏相值,非云中代也。"身为诗人的金氏在阅读《史记》时,对司马迁的文学方法及成就也多有点评,如批《项羽本纪》"此大传包小传法也";《龟策列传》中批"风雨晦冥,云盖其中,五采青黄,雷雨并起"一段描述是"空处设色,两汉文中得意之笔";又有"情韵四溢,如相斯刻石之文""汪洋恣肆,如庄子之文"等多处眉评。这类批语表现出金氏在阅读《史记》时心细如发,玩味精深,因此能充分发掘出《史记》优美的文学笔法。

尤为难能可贵的是在眉批中还能清晰看到金氏兼治西学的痕迹,如《龟策列传》

中的评语"赫胥黎所谓物竞之后继以人择";评价"田者不强,困仓不盈;商贾不强,不得其赢;妇女不强,布帛不精;官御不强,其势不成"一段是"与斯宾塞尔强权之理合"等,这样的品评显现了民国时期学者熟稔西学,洋为中用的研究方法。

　　民国时期学者的治学内容呈现出多元化的趋向,金天羽究心于时政,汉学、时务兼治的格局在批校《史记》时也时有反映,这更使得他的批点在传统的《史记》研究中别开生面。检点数千字的批语,既有评析又有考证,兼及史学和文学两个方面,内容广涉名物典章、校勘训诂、地理沿革,虽然尚局限于直观评点,没有更加理论化的综合性论述,但鉴于金天羽深厚的国学修养,这样一位饱学宿儒满腔忧患地品读《史记》,其批语亦不见于近年来整理出版的《史记》研究著作①,这些批校文字还是有一定价值的。

四

　　顾廷龙先生在为其外祖王同愈先生整理编定的《王同愈集》作序时,谈到当年自己"偶从公案头见有《四库简明目录》抄本,各书详注版本,余甚好之。公曰:'此从叶菊裳先生处传抄者。叶先生则录自朱学勤藏本。'当时朱学勤、邵懿辰、莫友芝皆好书,各以所见不同版本者详记于《简明目录》。三人又时相交流补充,是文人好书者之乐事也。余亟购得藏园所印《邵亭知见传本书目》,过录其上,以便校补。此是我从事目录版本之始,安知竟成我古籍整理终身之业"②。

　　一书数本,详加罗列,以资考稽,乃清代治目录版本之基本方法;广采众本,条别源流,以利校勘。这些传统治学方法为顾先生熟练应用,发扬光大,正与其早年受业于名师的学术训练有关。有学者总结顾廷龙先生古籍整理思想,"十分重视祖本,十分重视古籍校勘,十分重视版本源流"③,顾廷龙先生毕生从事古籍和保护工作,为我们留下了丰厚的学术遗产,顾先生过录金天羽批校于《史记》上,是他早年版本目录学学习和实践的佐证,也是他学术生涯的起点,应当引起学界关注。

①　杨燕起等编:《历代名家评〈史记〉》,北京师范大学出版社,1986年。
②　顾廷龙:《王同愈集序》,王同愈著、顾廷龙编:《王同愈集》,上海古籍出版社,1998年,第2页。
③　王世伟:《古籍整理应重视祖本、校勘与版本源流——读顾廷龙与钱存训书信札记》,《图书与情报》2005年第2期,第88页。

不拘一格育人才

——顾廷龙先生与版本目录学人才培养

严佐之

（华东师范大学古籍研究所）

对于有着悠久历史的版本目录学来说，已经过去的 20 世纪，无疑是一个具有继往开来意义的重要时代。在这一百年里，版本目录学由传统学术形态，逐步蜕变、进化成一门具有现代学科性质、基本形成理论体系的独立学科；在这一百年里，产生的学术成果不胜枚举，产生的学术大家屈指难数，而顾廷龙先生无疑是其中杰出的一位。先生自 1927 年春始习目录版本之学。那时他"辍学家居，专习国学"，被侨寓沪上的外叔祖王同愈招为馆师，课余暇时，受王公点拨、指导，将朱学勤对《四库简明目录》的版本批注一一过录于藏园印本《邵亭知见传本书目》之上。先生感慨说："此是我从事目录版本学之始，安知竟成我古籍整理终身之业。"①1927 年，时距叶德辉刻印《书林清话》才十余年，而钱基博撰著《版本通义》尚未问世，对版本目录学而言，这一年份可以说还处于"世纪初"的概念，及至 1998 年先生去世，已在世纪之末。因此，先生长达七十二年的学术生涯，可以说几乎经历、见证了版本目录学发展的整个世纪进程。先生的版本目录学学术研究成就已早为学界知晓和公认，但这只是先生贡献之一端；先生对版本目录学世纪发展所作贡献的另一端，是他对人才的培养和教育，庶几鲜有比肩者。今值先生诞辰一百二十周年，兹特撷拾旧忆，缀缉片玉，专就先生作育人才之功，撰此小文，略致芹献之心。

---

① 顾廷龙：《王同愈集序》："余于一九二七年之春辍学家居，专习国学，公遂招为馆师。……偶从公案头见有《四库简明目录》抄本，各书详注版本，余甚好之。公曰：'此从叶菊裳先生处传抄者。叶先生则录自朱学勤藏本。'当时朱学勤、邵懿辰、莫友芝皆好书，各以所见不同版本者详记于《简明目录》。三人又时相交流补充，是文人好书之乐事也。余亟购得藏园所印《邵亭知见传本书目》，过录其上，以便校补。此是我从事目录版本之始，安知竟成我古籍整理终身之业。"《顾廷龙全集》编辑委员会编：《顾廷龙全集·文集卷》（上册），上海辞书出版社，2022 年，第 444—445 页。

一、顾廷龙培养版本目录学人才纪实

顾廷龙先生在培养版本目录学人才方面有两大特点：一是时间早、跨度长。早在20世纪40年代中期，先生即应郭绍虞先生之邀，于上海同济大学教授目录学课①，惟文献不足征，且以60年代初于上海图书馆为起始。二是形式多、范围广。或以师徒传授、耳提面命之形式，或受聘大学教授、指导研究生，或编写讲义、开班培训；范围则自上图至上海，乃至全国，故谓之"不拘一格育人才"。兹即以此二者为经纬交织，作一纪实性的回顾。

1. 为上海图书馆培养版本目录学青年人才。大致可分两个阶段。

第一阶段是在20世纪60年代初，先生"破天荒"地正式接收沈津、吴织为弟子。据《顾廷龙年谱》记载：1960年"下半年，根据上海市文化局和上海图书馆培养稀少人才的计划，先生收沈津为正式弟子，悉心指导他学习古籍图书、碑帖、尺牍的整理、编目和鉴定，有系统地进行目录学和版本学的训练"②。1962年"五月二十八日，吴织由组织上安排，从上海图书馆方法研究部调往特藏组工作，追随先生，和沈津一起学习古籍版本的整理、编目、鉴定"③。据沈津回忆："我师从顾、潘、瞿三先生，是1960年，当时上海市委有关部门，为了文化领域将来不至于出现事业上的青黄不接，于是指定有些专家、学者和艺术家，包括有一技之长者，必须培养接班人。我就是在这样的情况下，由组织上调至上海图书馆善本组，拜顾廷龙先生为师的。后来，又调来了吴织。那时顾、潘、瞿三位分别是57、55、54岁，正是在目录学、版本学的造诣上处于巅峰之时。"④十年后先生亦曾旧事重提："一九五八年，四馆合并，设善本组，仅瞿凤起、潘景郑两君，年逾五旬。领导上考虑培养青年接班问题，因调沈津、吴织两年轻同志来组。余意从事古籍善本，必须能作毛笔小楷，因经常以小册分两同志抄写，此册其一也。今检阅及之，忽忽二十四年矣，补记数语，以告我后来青年同志。"⑤

第二阶段是从1973年起。那年"三月，上海崇明县长征农场五十人被调选至上海

① 顾廷龙：《悼念郭绍虞先生》："抗战胜利后先生任同济大学文法学院院长，招余授目录学等课……"《顾廷龙全集·文集卷》（下册），第831页。
② 沈津：《顾廷龙年谱》，上海古籍出版社，2004年，第541页。
③ 沈津：《顾廷龙年谱》，第545页。
④ 沈津：《序》，沈津：《书城风弦录——沈津学术笔记》，广西师范大学出版社，2006年，第2页。
⑤ 顾廷龙：《跋映庵自记年历》，《顾廷龙全集·文集卷》（上册），第76页。

图书馆参加工作。在学习班结束后,沈津在馆人事部门的同意下,挑选了严佐之、陈先行、周秋芳、王福兴四人至古籍组工作。后沈津写信向先生报告(按,时先生在沈阳探亲),先生获知后,深表高兴,以为图书馆古籍整理事业后继有人"[1]。虽说对这批青年的业务培养,仍不离在工作实践中边干边学的模式[2],只是古籍组从他们进馆伊始就开办了"古籍知识学习班",在教学方法和形式上似乎要更正规一些。比如利用上班时间或下班业余时间,安排正式课堂学习,从最基础的古代图书、古代汉语、古代文化知识等点点滴滴学起,先后聆听过潘景郑、瞿凤起、陈石铭、王煦华等先生的系列讲座。还安排他们上班时间去上海博物馆旁听高校教师有关古代史、世界史方面的讲座、报告,去上海古籍书店听"老法师"鉴定古书版本、书画碑帖的经验之谈。还有午间一小时练习毛笔字的特别享受。《年谱》据先生 1973 年笔记记录:"七月十三日,先生向上海图书馆领导汇报有关古籍知识学习班的情况。"[3]那年 8 月 27 日先生致顾颉刚信也提到:"龙近为青年业务学习安排上课,亦殊碌碌。"[4]可见当时那些教学活动和培养计划,表面看是古籍组领导在实施,实际却都出自先生的安排。此外,先生还十分关心这些青年的业余自学,拿出私藏刻印本《资治通鉴》给大家句读标点,亲自率队去上海博物馆参观文物、书画展,请沈之瑜馆长为大家讲解,等等。

从 1973 年开始的"古籍知识学习班"约一年后因故中止。1975 年,上图举办"七二一"大学,开设外文、古籍两个班,全脱产学习一年。参加古籍班学习的,除古籍组陈先行、周秋芳、严佐之外,还有"文物图书清理小组"的胡群耘、张嘉玲、朱荣琴、方正蕙等青年。由先生策划、指导,精心设计课程,理论结合实践,系统讲授古籍目录、版本、音韵、训诂等基础知识,由顾、潘、瞿三老及吴织、沈津、任光亮、陈秉仁等分别担纲。还请来社科院历史所汤志钧先生和华东师大历史系教师,作明清史、乾嘉学派等专题报告。教学实践方面,不仅时常观摩古籍组珍藏善本,还远赴宁波"天一阁"、杭州"文澜阁"访书考察。

2. 为华东师范大学、复旦大学等高校培养古文献学专业研究生。

1977 年国家恢复高考制度,1978 年恢复研究生招生,华东师大第一次招收古籍整理专业硕士研究生,在全国开了先例。这届研究生毕业时,顾廷龙先生应聘担任硕

① 沈津:《顾廷龙年谱》,第 575 页。
② 顾廷龙:《致王湜华》:"我馆藏古籍,积聚甚夥,正在整理编目。今年由农场中调来青年多人,边学边干,两三年中,希望编成一部书本目录。"《顾廷龙全集·书信卷》(下册),第 476 页。
③ 沈津:《顾廷龙年谱》,第 577 页。
④ 顾廷龙:《致顾颉刚》(五十八),《顾廷龙全集·书信卷》(上册),第 191 页。

士论文答辩委员会成员。先生正式应聘大学教授则在 1980 年，"一月，上海华东师范大学图书情报系聘先生为兼任教授"①，古文献学专业硕士研究生导师，指导周松龄、邱健群二位研究生。《年谱》据先生日记在 1981 年有多处相关教学记录："（二月五日，年初一）……周茹燕偕两研究生来"。"（二月十八日）周茹燕来，约定每星期二下午，华东师范大学研究生来听先生讲课。""（二月二十四日）先生拟就清末创办图书馆以来的发展为研究生讲课。先生以为讲版本，不能局限于宋元本。""（三月一日）周松龄夫妇来，其夫为徐鹏学生，言徐要他们来听先生的课。""（三月三日）为研究生讲课而作准备，拟讲三个方面：一、中文系的校勘工作与图书馆学系校勘工作有无不同之处？二、可将建国以来近人文章中关于校勘有较好见解者，予以辑录，如《读书杂志》那样。三、版本为专用名词，不仅宋元本，而应包括各时代的抄本、校本、稿本。""（三月五日）华东师范大学陈誉、周茹燕来谈关于复旦大学研究生旁听先生讲课事。一致认为，带研究生人数不宜多，只好个别指导，不宜上大课。""（三月七日）夜，周茹燕来，先生将预拟给研究生讲二十次课的大概内容告诉她，请她再作整理并排定后告陈誉。""（三月十八日）先生的研究生来上海图书馆参观学习，提善本书十种、书影二部。""（七月八日）晚，周松龄来商论文题目，并借书三种去。"②陈誉、周茹燕时为华东师大图情系负责人。又《年谱》1983 年记载："九月，华东师范大学图书馆学系聘先生为兼任教授。至一九八五年十二月止。"③同时应聘兼任教授、硕士研究生指导教师的还有潘景郑、吕贞白等先生，指导王世伟、金良年、孔毅三名学生。此后顾廷龙与潘景郑、胡道静先生又连续应聘过数任图情系兼任教授，指导彭伟国、林申清、叶农等多名硕士研究生。

继华东师大之后，先生又被复旦大学聘为兼任教授。《年谱》1984 年 4 月记载："是月，复旦大学聘先生为该校中文系兼任教授。"④先后接受先生直接指导、专攻版本目录学的研究生有梅宪华和日本留学生高桥智二位。在此期间，复旦大学中文系、古籍所的历届研究生也都先后、多次聆听过先生有关目录版本学专业知识的教诲和指导。

3. 为上海及全国培养版本目录学专业人才。这大致可从以下两方面来谈。

其一，先生藉上海图书馆举办"七二一"大学古籍班之机，为上海市高校图书馆、

① 沈津：《顾廷龙年谱》，第 614 页。
② 沈津：《顾廷龙年谱》，第 624—628、631 页。
③ 沈津：《顾廷龙年谱》，第 647 页。
④ 沈津：《顾廷龙年谱》，第 653 页。

古籍书店等单位培养版本目录学人才。1975年上图举办"七二一"大学古籍班消息传出,沪上各高校图书馆鉴于自身教学资源不足,纷纷派出年轻同志前来参加学习。如复旦大学图书馆朱炳荣、章家隆,华东师大(时名上海师大)图书馆郑麦、时俭益,上海中医学院图书馆马茹人、中科院上海分院图书馆钱巧英、上海古籍书店戴承平、汪永怡等。古籍班结束后,上海古籍书店又派徐小蛮、陆国强二位青年来上图古籍组,边工作边学习,整整一年,在版本目录学方面得到先生以及潘景郑、瞿凤起先生的悉心指导。

　　其二,以编纂《中国古籍善本书目》为"大课堂",为全国各省市图书馆培训版本目录学人才。1977年国家文物局传达了周恩来总理病重期间作出"要尽快地把全国古籍善本总目编出来"的指示,1980年成立《中国古籍善本书目》编委会,善本总目编纂工作在全国展开,但版本鉴定、古籍编目的人才匮乏是各地图书馆普遍、突出、严重的问题。即如先生所言:"当时的情况不像现在,古籍编目人员十分缺乏,水平参差不齐,工具书不足。……因此,要做好善本总目编辑工作必须充实专业队伍。……干部水准的提高,对今后继续整理我国古代文化遗产的影响,更是难以估量的。"①故此,在总目正式编纂之前的全国古籍善本收藏调查阶段,先生就应邀去各地指导,传授版本目录学知识、技能。据沈津先生叙述:"他深知古籍整理和版本鉴定专业人才匮乏的事实。'文革'前,他为了解决人才短缺、青黄不接的问题,曾呼吁要尽快培养古籍鉴定、古籍修复等人才。'文革'中,古籍、历史文献都被视作'四旧',他连提建议的权利都没有。所以,有了编辑《中国古籍善本书目》的机遇,他要用他的所长去培养古籍版本鉴定专业的接班人。1977年夏,他应四川省图书馆之邀,风尘仆仆地携我一起赶到四川省乐山市,为蜀馆举办的'西南、西北八省古籍训练班'授课。参加训练班的约八十人,其中大部分是来自四川、云南、贵州等省的图书馆、博物馆、文管所的工作人员。顾老是用苏州国语讲课,我在旁则助顾老在黑板上写字。有些课是我替代顾老讲授,顾老则坐在旁边为我助阵。课后和晚上,都会有一些'同学'来我们住地商讨问题。……顾老的心情非常之好,有一次,他对我说:'这几个省来的人以后回去,不光是要在实践中运用学到的知识,而且他们今后还会注意如何保管,如果每个图书馆都有懂得古籍重要性的人,那也算是后继有人了。'"②又《年谱》记载:"八月十一日至十

①　顾廷龙:《中国图书事业的一项伟大成就——〈中国古籍善本书目〉追记》,《顾廷龙全集·文集卷》(下册),第996—998页。
②　沈津:《学术事功俱隆,文章道德并高——回忆先师顾廷龙先生》,《沈津自选集》,深圳出版社,2023年,第65页。

七日,在'西南、西北八省古籍训练班'授课,先生及沈津所讲授的《古籍版本概述》由四川省图书馆刻印成油印本,学员皆人手一册。先生共讲有三课。"①先生自己也曾追忆:"那时我已七十四岁,仍和大家一起奔走各地,调查藏书,鉴定版本,并抽出时间为培训青年专业干部讲课授业。"②除培训班授课外,更有不少中青年图书馆员在善本书目编纂过程中,得到先生的亲炙亲授,日后成为各馆古籍整理工作的业务中坚、骨干。把善本总目编纂当作培育版本目录专业人才"大课堂",固然是总目领导集体的决策部署,也有京沪各地专家的辛勤付出,但对先生来说,此事乃是他念兹在兹的素心夙愿,故而悉心躬行,不遗余力。惟其意义重大深远,亦如先生所言:"《中国古籍善本书目》的编辑过程,培养了一批年轻的专业工作者,还造就了一批高水准的业务骨干和专家。干部水准的提高,对今后继续整理我国古代文化遗产的影响,更是难以估量的。"③

二、顾廷龙版本目录学教育思想

顾廷龙先生在培养版本目录学专业人才方面虽然没有什么长篇大论的系统表述,但从他的教学活动实践及其平时谈话中可以看出,他是有思想的,思想是成熟的、有特点的,是跟他的版本目录学学术思想一致的。

1. 注重实践工作中的教学培训,以及讲课与实践相结合的教学方法。

注重实践的教学思想,源于先生对图书馆古籍工作特殊性的深刻体认。1988年他在致沈津信中说:"现在自顾年迈废学,又不适应于新环境,但是总感到古籍不能任其散亡,古籍数量上是不会大发展,而古籍整理工作是要大大发展,古籍工作者要大大培养。人皆不体会我们的工作与古籍研究所和图书馆学系的大不相同。真不能'礼失而求诸野'啊!是将望你们继而为之。"④先生所说的"大不相同",我理解主要是在鉴定、著录版本,和熟悉各种古籍文献收藏方面,对图书馆古籍工作者有着特殊的素质要求,而这种素质的训练和培养唯有通过大量的实践,多接触版本、多熟悉版本,积累经验才行,光有空论不能解决问题。而这固然是先生的经验之论:"要识书熟书,

① 沈津:《顾廷龙年谱》,第600页。
② 顾廷龙:《我和图书馆》,《顾廷龙全集·文集卷》(下册),第852页。
③ 顾廷龙:《中国图书事业的一项伟大成就——〈中国古籍善本书目〉追记》,《顾廷龙全集·文集卷》(下册),第998页。
④ 顾廷龙:《致沈津》(十八),《顾廷龙全集·书信卷》(下册),第560页。

须得亲自阅览原书,合众二十五万册藏书,我本本翻阅一过,所以能像认识的朋友似地一回想就能记起他们。"①又如目录之学,先生对王重民"从事目录学史研究,不可忽视书目工作实践"的观点大加赞许,说:"君夙主'从事目录学史研究,不可忽视书目工作实践',其言最为深切,盖实践多,则体会深。研究目录学而不事深入实践者,是为无源之水,无根之木。古人所谓'不揣其本而齐其末,方寸之木,可使高于岑楼'。君之学皆从实践中来,诚足以信今而传后也。"②

因此,先生指导教学也特别强调在实践中学。据沈津回忆:"三十年间,我们一直在顾老身边工作,他同我们同在一间办公室,而且顾老和我面面相对坐了十多年。每当工作上遇到什么疑难,我们都可以随时请教,顾老也时不时地吩咐我们做一些增长才干的事。每当回忆起最初追随顾老的五年,那时的情景历历在目,他在处理日常馆务之暇,不仅亲自教导我和吴织古文,还安排我们练习书法,讲授版本学的基本知识,并要求潘景郑先生、瞿凤起先生时常督导我们。那段时光是美好的,那是我们打下初步基础的五年。……那时特藏组做的事很多,但是有一项重要工作,那就是编辑《上海图书馆古籍善本书目》。每天我都会从善本书库内调取数十部善本,请潘、瞿二先生审校,我和吴织再将他们审校过的书对照修改后的卡片翻看一遍,着重看为什么要修改,修改的依据在何处?那时我住在馆内,兼做保卫工作,所以晚上也可看书和卡片,几年下来,这样的机会真是太难得了,这是在任何学校的讲堂上所学不到的,这实际上是我在业务上,包括版本鉴定上的一次重要的质的飞跃。"③而笔者也有过同样的经历和体验:"记得进馆不久,一批暂移内地山区的馆藏善本珍笈运返沪上,开箱验收,拆包上架。其间还需一一查检卡片,重加鉴定,修订著录。……我如饥似渴,争分夺秒,细心勘照,认真检索,一有疑难,立即请教。顾老、潘老、瞿老,以及吴织、沈津,不嫌其烦,有叩必应,有问必答。我则遵循指点,一一照办,该查什么书目,该作如何比对,库房内外,往返进出,不敢丝毫轻忽怠慢。而且还另备簿册,详作记录,不仅记结果记答案,还记下问题的症结、考证的途径。就这样日积月累,共攒下练习簿11册。"④

除教人注重实践中学,先生还辅之以基础知识的培训和讲授。前述先生"为上图

① 王世伟:《顾廷龙先生的读书治学生涯》,王世伟主编:《历史文献论丛》,上海社会科学院出版社,2004年,第22页。
② 顾廷龙:《中国目录学史论丛跋》,《顾廷龙全集·文集卷》(上册),第143页。
③ 沈津:《上图是我的"娘家"》,上海图书馆编:《我与上海图书馆》,上海科学技术文献出版社,2002年,第43—44页。
④ 严佐之:《上海图书馆,我学术生命的生养之地》,《我与上海图书馆》,第50—51页。

青年业务学习安排上课"，为善本总目编撰"培训青年专业干部讲课授业"，便是例证。而先生为上图"七二一"大学古籍班一手策划、拟定的教学方案和课程设置，则是更好的事例。据油印本《上图"七二一"大学古籍班教材汇编（1975.12—1977.2）》目录记载，专业课凡十九讲：（1）"版本的款识"（沈津）；（2）"上海图书馆古书著录条例"（陈秉仁）；（3）"古籍版本基础知识"（沈津）；（4）"中国木刻版画发展简况"（沈津）；（5）"活字的发明与明清活字本"（沈津）；（6）"宋、元、明、清刻本"（潘景郑）；（7）"抄本的历史"（潘景郑）；（8）"关于稿本"（吴织）；（9）"校本讲稿"（潘景郑）；（10）"石刻讲稿"（潘景郑）；（11）"法帖讲稿"（潘景郑）；（12）"藏书印记概述"（沈津）；（13）"地方志简介"（瞿凤起）；（14）"馆藏方志目录编制的几点说明"（陈秉仁）；（15）"全国善本总目著录条例"（任光亮）；（16）"类书"（任光亮）；（17）"丛书简介"（顾廷龙）；（18）"音韵学常识"（阮恒辉）；（19）"常用的文言虚词及古汉语辅助教材"（陈石铭）。当时能看到的参考书仅毛春翔《古书版本常谈》与北京中国书店内部讲义《古籍版本鉴定丛谈》等，持与相比，古籍班教材非但内容丰富广泛，而且架构自成体系。如抄校稿本、金石碑帖之讲授，皆属前所未有，显然超越殊多。联想到六年后先生为华东师大研究生预拟"讲二十次课的大概内容"，疑即在此十九讲基础上的酌情损益。古籍班结业考试，也不取老师出卷、学生答题的方式，而是要求每位学员独立鉴定一部古籍版本，以测验学员能否将学得的书本知识落实于具体工作。总之，在先生看来，办班学习，编写教材，课堂讲授，毕竟不失为指导初学入门的便宜法门，因而悉心倾力，身体践行，一以贯之。就像后来他在总结善本书目编纂经验时特别提到："培训班采用讲课与实践相结合的方法，收到了较好的效果，为善本书目的编纂工作培养了一批业务骨干。"①对"讲课与实践相结合"教学方式，先生无疑是充分肯定的。

2. 注重文史知识素质的培养，以及通过专题研究提高学术能力的方法。

先生认为学习版本目录不仅要掌握入门基本知识，还要多读古代经典，提升文史学养。比如他指导研究生说："既然要读史，就必须先用功读几部书。为了打好基础，首先应该仔细精读司马光的《资治通鉴》；其次，为了真正读懂古书，必须对文字学有一定的了解，因此要阅读段玉裁的《说文解字》。"②之所以如此，是因为先生认为版本涉及知识领域广泛，绝非"仅是讲宋、元旧刻，几行几字，边栏尾口等等"③；评定"刻书

---

① 顾廷龙：《中国古籍善本书目编纂工作总结》，《顾廷龙全集·文集卷》（下册），第 985 页。
② 王世伟：《顾廷龙先生与上海图书馆》，《历史文献论丛》，第 21 页。
③ 顾廷龙：《版本学与图书馆》，《顾廷龙全集·文集卷》（下册），第 654 页。

优劣的标准不仅在于形式,还在于内容(指编排和文字)"①,所以版本鉴定实际上"包含了很多文史方面的知识"②。清代那些版本目录名家,就大都是熟读经史、广见博闻的学者:"乾、嘉以还,考据之业,可谓鼎盛,于是研究版本之学也得到更进一步的发展。当然,做研究工作的人必研究版本,藏书家也必研究版本。卢文弨、钱大昕、段玉裁、阮元、顾千里等是为校雠而研究版本的,近人余嘉锡介绍他们的工作情况说:'一事也,数书同,见此书误,参之它书,而得其不误者焉;一语也,各家并用,此篇误,参之它篇,而得其不误者焉。文字、音韵、训诂则求之于经;典章、制度、地理则考之于史。于是近刻之误,宋、元本之误,以及从来传写本之误,罔不轩豁呈露,瞭然于心目,跃然于纸上。'这是一派。鲍廷博、吴骞、陈鳣、黄丕烈等是为搜集版本而从事校雠的,所谓'识书之道,在广见博闻,所以多留重本',又称'古书原委,必藉他书以证明之'(黄丕烈语)。这又是一派。还有邵懿辰、莫友芝等从事知见传本之研究,一目之下,详列众本,不仅版本源流可以考见,而且版本的存佚也可以探索。这又是一派。"③所以,要精通版本鉴定,文字、音韵、训诂,典章、制度、地理等等,都是不可或缺的文化、历史知识。

不仅教人多读经典提高文史学养,先生还教人要跳出版本鉴定的"圈子","做一些研究","学会做学问"。关于此事,沈津先生有几处回忆,文字略有出入,大意并无不同。兹不嫌其烦,摘引如下。一处是他的《〈翁方纲年谱〉自序》:"那是 1960 年的冬天,我从上海图书馆馆长顾廷龙先生研习流略之学。……工作之余,每个星期天的上午,他都会像平常上班一样到上海图书馆长乐路书库去看书。……我在征得他的同意后,也在星期天的上午去那儿,整理他的藏书,听他讲目录学的源流、版本的鉴定,以及清末及民国老辈学者们的掌故。……有一次,他很慎重地对我说:'你每天都和古籍版本接触,这可以在工作中提高你的业务能力,但是你应该做一个题目,以后还应该做一些研究,不能把自己框在一个圈子里。'他又说:'有一个人很值得研究,那就是翁方纲。翁方纲是乾隆、嘉庆时期很重要的一个学者,又是书法家,很多有名的碑帖都经过他的鉴定,他的题跋在文集里有一些,但大多数都没有收入。你可以细查馆藏的各种善本、普通古籍以及金石拓本、尺牍,将有关翁方纲的题跋和尺牍抄录下来,数量一定很可观,将来有条件,再写一本《翁方纲年谱》。为翁方纲作谱是值得的,而且有关翁氏的背景、时代、他所涉及的上司、同僚、友朋等等,你都可以了解,这对你的

---

① 顾廷龙:《唐宋蜀刻本简述》,《顾廷龙全集·文集卷》(下册),第 672 页。
② 沈津:《学术事功俱隆,文章道德并高——回忆先师顾廷龙先生》,《沈津自选集》,第 49 页。
③ 顾廷龙:《版本学与图书馆》,《顾廷龙全集·文集卷》(下册),第 648—649 页。

工作也有帮助。'"①另一处是《书韵悠悠一脉香》一书的《自序》:"我至今还记得,在
1961年时顾廷龙先生对我说过的话,他告诫我说:你不能老是去看古籍善本,也不能
钻进去就不出来了,你以后要跳出来,要找几个题目去做,你将来要做研究,那样才可
以成为一个学者。所以那时,顾先生给我出的题目是收集清代乾嘉学者翁方纲的资
料,他要求我将来写一本《翁方纲年谱》,编一本《翁方纲题跋手札集录》。"②再一处是
《学术事功俱隆,文章道德并高——回忆先师顾廷龙先生》:"顾老对我除了在工作上
的指导外,还指导我收集资料做清代乾嘉学者翁方纲的研究。他说:'古籍版本的鉴
定说到底,虽然只是技术性的工作,但是却包含了很多文史方面的知识,你不仅要多
看、多查、多请教别人,在打下扎实的基础后,你还必须学会如何做学问。'他还建议我
不妨从研究一位清代著名学者做起,他给我出了个题目,即从各种书、碑帖(拓本、影
印本、石印本)、字画中辑出《翁方纲题跋》,最后运用所获得的资料编成《翁方纲年
谱》。他说:'……你若好好对这个人加以研究,那不仅仅限于了解各种金石碑版、字
画书籍的鉴定、流传,而且对于他周边的人物、当时的时代背景、政治、经济,以及文人
学者之间的关系,就都可以弄清了。这对你的帮助会很大的。'"③为什么研习古籍版
本却不能被框在古籍善本的圈子里? 为什么除了学习版本鉴定还要另选题目做学术
研究? 要知道这是先生对沈津入门伊始就提出的希望和要求。窃以为这源于先生对
古籍版本、历史文献及其研究价值的深刻理解和思考。

　　首先,先生认为研究古籍版本还须关注图书内容及其史料价值。以明代刻本为
例,他说:"还有明刻本,说它重刻古书的精工,是一个方面,我以为明版的更重要的价
值是在明人纪录明朝的历史,如奏议、传记、笔记(其中包括艺术、文学)、诗文集等。
还有明末史料很重要,翻翻《晚明史籍考》就知道了。"④又说:"前明掌故之作,特盛往
代,后世鲜有重刻之本,足以订补史乘之未备,而晚明著述辄遭禁毁,其中正多关系重
要者……"⑤推而广之,则先生认为所有记载有历史价值的文献资料,都应在图书馆古
籍工作关注的视域之内,"图书馆应该重视这些文献资料的搜集整理工作"⑥。其所谓
"不能老是去看古籍善本,也不能钻进去就不出来了"的真意,实在于此。而他的这个

①　沈津:《沈津自选集》,第606—607页。
②　沈津:《自序》,《书韵悠悠一脉香》,广西师范大学出版社,2006年,未标页码。
③　沈津:《沈津自选集》,第49页。
④　沈津:《顾廷龙年谱》,第597页。
⑤　顾廷龙:《明代版本图录初编叙》,《顾廷龙全集·文集卷》(上册),第196页。
⑥　顾廷龙:《从图书馆工作角度谈文献——与李希泌先生的一次对话》,《顾廷龙全集·文集卷》(下册),第931页。

观念,又是受顾颉刚"要能够用了材料的观念去看图书,能够用了搜集材料的观念去看图书馆的事业"之影响。先生多次撰文表彰顾颉刚1927年为中山大学《购求中国图书计划书》,说:"我服膺先生之说……"①"我从事图书馆古籍采购事将五十年,即循此途径为收购目标,……"②"这些意见对我的工作启发与影响很大。"③"我十分佩服他对图书资料的真知灼见,并以搜集、整理材料为一生办馆治书的方向。"④这其实也是顾廷龙学术思想研究的一个重要问题,宜另列专题研讨,此处不予展开。与先生共事多年的王煦华先生指出:"顾廷龙先生之所以能成为著名图书馆事业家,我认为是他一辈子坚定不移地实践了顾颉刚先生的为供科学研究者而搜集材料的办馆宗旨,为文史研究积累了系统的丰富的材料。"⑤我很认同煦华先生的看法,并认为这对认识先生的版本目录学观念以及教学指导思想十分重要。

其次,先生认为:"不是自己有所研究,就不能理解图书资料的内容,也不可能真正懂得图书资料的运用,也不会重视图书资料的搜集与整理……"⑥而这正是他要求图书馆古籍工作者"还应该做一些研究","必须学会如何做学问"的内在逻辑。要重视图书资料的搜集与整理,须懂得图书资料的运用;要懂得图书资料的运用,须得理解图书资料的内容;要理解图书资料的内容,必须自己有所研究。就像他指导沈津所说那样,通过编撰《翁方纲年谱》,对这个历史人物"加以研究,那不仅仅限于了解各种金石碑版、字画书籍的鉴定、流传,而且对于他周边的人物、当时的时代背景、政治、经济,以及文人学者之间的关系,都可以弄清了,这对你的帮助会很大的"。惟此教人研究之言,亦先生切近体会之语、经验之谈。晚年的他曾如此说道:"龙所有一知半解,全在燕京八年所积。"⑦其所谓"燕京八年所积",亦即自1931年秋至1939年夏,在燕大研究院读研二年与燕大图书馆任职图书采购的六年。在那段日子里,先生除整日与书为伍之外,还撰著编纂《说文废字废义考》《吴愙斋年谱》《古匋文甡录》《章氏四当斋书目》等,并参与顾颉刚《禹贡》《尚书文字合编》等学术研究项目。先生尝书录《孟

---

① 顾廷龙:《介绍顾颉刚先生撰购求中国图书计划书——兼述他对图书馆事业的贡献》,《顾廷龙全集·文集卷》(下册),第921页。
② 顾廷龙:《介绍顾颉刚先生撰购求中国图书计划书——兼述他对图书馆事业的贡献》,第919页。
③ 顾廷龙:《我和图书馆》,《顾廷龙全集·文集卷》(下册),第845页。
④ 顾廷龙:《我和图书馆》,《顾廷龙全集·文集卷》(下册),第844页。
⑤ 王煦华:《顾廷龙文集序》,顾廷龙:《顾廷龙文集》,上海科学技术文献出版社,2002年,第5页。
⑥ 顾廷龙:《介绍顾颉刚先生撰购求中国图书计划书——兼述他对图书馆事业的贡献》,《顾廷龙全集·文集卷》(上册),第919页。
⑦ 顾廷龙:《致沈津》(二十四),《顾廷龙全集·书信卷》(下册),第570页。

子》字幅曰："资之深则取之左右逢其源。"①窃以为,先生之所以能在版本目录学与图书馆事业领域"左右逢源",做出杰出贡献,自然是与他的学识渊博、研究精深分不开。

　　概言之,先生教人,一方面因图书馆版本目录工作特殊性,而注重在工作实践中学,讲课与实践相结合,不尚空论;一方面又因版本目录工作涉及文史知识领域广泛,为研究提供文献资料责无旁贷,而强调文史学识的培养与学术研究能力的提高。行文至此,不由想起南宋诗人陆游的名句:"纸上得来终觉浅,绝知此事要躬行。"(《冬夜读书示子聿》)"汝果欲学诗,工夫在诗外。"(《示子遹》)藉以会先生教人之意,岂不宜乎?

三、结　　语

　　版本目录学人才的养成,离不开版本目录工作实践。在 20 世纪中叶之前,传统版本目录学人才培养的基地在私家藏书楼,随着社会鼎革,私家藏书式微,存世古籍绝大部分集中到国家公有图书馆,而作为文化事业单位的图书馆没有培养、教育专业人才的职责和机制,因此到了二十世纪六十年代,图书馆版本目录学人才老化、断层、匮乏的现象已经出现。顾廷龙先生最早察觉这个问题及其严重性。1961 年他就撰文提出:版本研究"问题很多,事实上需要加以成立一门科学"②。因为有了建立版本学学科的自觉意识,所以带不带学生,对他来说就不是个人的小问题,而是事业有继的大问题。先生晚年提及此事不无感慨:"回忆当年上级领导的支持,可以说十分信任的,我亦比较大胆。现在自顾年迈废学,又不适应于新环境。但是总感到古籍不能任其散亡,古籍数量上是不会大发展,而古籍整理工作是要大大发展。古籍工作者要大大培养。"③可见他当年大胆接受培养接班人任务,乃是一种自觉意识下的自觉行为。八十年代初,先生"欣读陈云同志关于整理古籍的高瞻远瞩的指示,衷心钦佩"④,并积极建言:"培训专研人员。大学文科应设古典文献学系。创设研究所,将素有研究者组织起来。大学生或研究生都必须具有一定的文字、音韵、训诂、目录、版本的基本功,将来各专一经,分别研究。"⑤并提议:"为了更好地保护古书,必须认真进行装修工作。

①　沈津:《顾廷龙年谱》,第 712 页。
②　顾廷龙:《版本学与图书馆》,《顾廷龙全集·文集卷》(下册),第 645 页。
③　沈津:《顾廷龙年谱》,第 685 页。
④　顾廷龙:《高瞻远瞩　衷心钦佩》,《顾廷龙全集·文集卷》(下册),第 1012 页。
⑤　顾廷龙:《整理出版古籍小议》,《顾廷龙全集·文集卷》(下册),第 1015 页。

装修是一门专门技术。首先要培训保管、修复、装潢的专业人才。"①1986年,先生在上海市古籍整理规划小组会议上发言提议:"整理古籍要懂得古籍目录学。古籍中有繁体字,繁体字中还有古体字。不仅如此,古籍中还有行书、草书,整理者认识不多。这是个大问题……希望培养古籍整理人才者,注意及之。"②1987年,先生致南京图书馆宫爱东信,深情感言:"古籍情况复杂,中青年人不够多,奈何! 我自以为识途老马,总想与他们多谈谈。可是为写字所累,应付不了,非我愿也。"③1988年致上海市文化局副局长方行信,先生又说及培养人才之事:"古籍编目,后继问题严重……"④"可以培养一些人才,现在看来很亟迫,学校不谈此。"⑤诸如此等,不一而足,先生关切版本目录学人才培养,其忧心之殷殷,由此可窥一斑。

自20世纪60年代初始,顾廷龙先生为图书馆古籍整理事业发展计,呼吁倡导培养版本目录学青年人才,身体力行,坚持不懈。三十余年来,受过先生直接或间接指导、教诲,有名分或无名分的学生,屈指难数。他们中的大部分一直坚持自己的专业,不少人已成为图书馆的业务中坚、大学的教学科研骨干,并担负起继往开来、培养新一代接班人的责任。岁月如梭,时至如今,国家古籍整理事业发展已进入新时代,无论是古籍保护、整理研究,还是古籍出版、数字化工作,都对版本目录学及其人才培养提出新的更高的要求。故此,考察和研究顾廷龙先生版本目录教学实践与教育思想,从中收获如何薪火传承的启示和经验,不只是对他"不拘一格育人才"功绩的追忆和纪念,更具有相当重要的现实借鉴意义。

①　顾廷龙:《整理出版古籍小议》,《顾廷龙全集·文集卷》(下册),第1016页。
②　顾廷龙:《古籍整理二三事》,《顾廷龙全集·文集卷》(下册),第1020页。
③　顾廷龙:《致宫爱东》(二),《顾廷龙全集·书信卷》(下册),第631页。
④　顾廷龙:《致方行》(二十七),《顾廷龙全集·书信卷》(上册),第341页。
⑤　顾廷龙:《致方行》(二十七),《顾廷龙全集·书信卷》(上册),第340页。

试谈顾廷龙在古文字学方面的贡献

王月妍

（吉林大学考古学院）

顾廷龙（1904—1998）是著名的古文献学家、版本目录学家、图书馆事业家。但在青年时代，受家庭环境及学术兴趣的影响，顾廷龙也曾深入研究古文字学。杜泽逊总结"先生学术，语其要者，曰金石文字之学，曰目录版本之学"[1]。顾廷龙专治古文字的时间并不长，集中在 1928—1937 年间，但他做出了重要的学术贡献。裘锡圭在为《古匋文舂录》作序时曾提到：

> 顾廷龙先生以他对我国图书馆事业的巨大贡献以及在版本目录学和书法方面的精深造诣而广为世人所知。其实他在古文字学上的成绩也是很值得我们重视的。[2]

但专门梳理顾廷龙在古文字学方面贡献的著述始终少见，多是关于《说文废字废义考》《古匋文舂录》的书评[3]，事实上，顾廷龙还几次整理金文文献，编写了吴大澂、潘祖荫藏器目，在古文字释读与研究方向上也有着独到的见解，其日记中还有考释古文字的记录。本文综理顾廷龙学术著作及学术活动，试从治学缘起、《说文》与传抄古文研究、金文文献整理、古匋文研究等角度对顾廷龙在古文字学方面做出的贡献进行总结与评述。

一、治古文字学之缘起

顾廷龙生于晚清著名金石学家吴大澂、潘祖荫的故里——江苏苏州，自幼随祖

---

① 杜泽逊：《顾廷龙先生生平学术述略》，杜泽逊：《微湖山堂丛稿》（下册），上海古籍出版社，2014 年，第 1285 页。
② 裘锡圭：《〈古匋文舂录〉重印序言》，裘锡圭：《裘锡圭学术文集》第六卷《杂著卷》，复旦大学出版社，2012 年，第 137 页。
③ 或在回顾古文字学学术史时将其列入其中简述学术贡献，比如回顾晚清民国《说文》研究的学术史时将顾廷龙作为代表人物，如顾王乐：《清末民国时期利用古文字资料校证〈说文〉之研究》，吉林大学博士学位论文，2020 年，第 93—94 页。或综述陶文研究时将《古匋文舂录》作为代表著作，如徐在国：《古匋文著录与研究综述》，《贵州师范大学学报（社会科学版）》2016 年第 2 期，第 108 页。

父、父亲学习经学、书法,童年即喜爱并摹写校读吴大澂的篆书,后对吴大澂的治学感兴趣,又随伯舅习古文字,读吴大澂《说文古籀补》《古玉图考》等著作。在家庭教育的影响下,顾廷龙少年时期便积累了深厚的古文基础,二十岁起据清儒注解习读《说文》,摹写研究篆字①。后进入上海国民大学学习中文,师从胡朴安、闻宥等学者进修文字学。

在上海期间,顾廷龙伴游外叔祖王同愈研治目录学、金石学。王同愈是晚清名士,曾为吴大澂门生,"尤其对金石、目录、书法、绘画的专精,为当时所推重"②。在王家,顾廷龙开始正式研治版本目录学,同时校录了阮元的《积古斋钟鼎彝器款识》。《积古斋钟鼎彝器款识》作为开创并引领清代金文研究学术风气的著录书,自嘉庆年间阮元刊刻起,即不断有学者批注校订之。顾廷龙辗转假借多家批注本,以五色笔汇录翁树培、叶志诜、龚橙、潘祖荫、吴大澂诸家之说为一编,至京后又请顾颉刚、容庚、商承祚等人题记③。除潘批本外,其他诸家批本今皆已佚失,此校本未曾传世实为学界之憾,且至今《积古斋钟鼎彝器款识》的清代批校本仍未有较全面的汇集整理研究。

校录《积古斋钟鼎彝器款识》的工作,让顾廷龙对金文及晚清金文研究成果都有了深入的了解,于古文字学应是已登堂入室,入学燕京大学国文部后,顾廷龙自拟选题,仅一年便完成了硕士论文,并与燕园师友畅谈甲金,常有独到见解。如在1932年与魏建功数次讨论当年学术热点"鬴羌钟"的考订④,并在日记中思考"邵于天子,用□则之""于铭武文,咸咸剌剌,永葉毋忘"等句的用韵⑤。

顾廷龙对古文字的兴趣起源于篆文书法,但并未限于书法艺术,出于对吴大澂的崇拜,"橅习书法之外,更得研求先生之学术"⑥。在少年时期从师长研学《说文解字》,后读卜辞金文⑦,家庭教育为顾廷龙积累了深厚的经学与小学基础,与吴湖帆、潘景郑

---

① 沈津:《顾廷龙年谱》,上海古籍出版社,2004年,第10、14—15页。
② 王世伟:《顾廷龙先生之〈集韵〉研究》,《图书馆研究与工作》2005年第2期,第2页。
③ 沈津:《顾廷龙年谱》,第17—19、61页。
④ 鬴羌钟甫一现世,便引起了民国古文字学者的激烈讨论,《国立北平图书馆刊》在1931—1933年间即刊布了十余篇相关文章。
⑤ 顾廷龙撰、李军、师元光整理:《顾廷龙日记》1932年10月21日、11月7日,中华书局,2022年,第5、11页。
⑥ 顾廷龙:《吴愙斋年谱·叙例》,《顾廷龙全集》编辑委员会编:《顾廷龙全集·著作卷》,上海辞书出版社,2016年,第12页。
⑦ 顾廷龙《说文废字废义考叙》:"余弱冠始习许书,从事段、桂、王、朱之书,得识文字之义例。四年而后,读器铭卜辞……"顾廷龙:《说文废字废义考》,《顾廷龙全集·著作卷》,第9页。1923年:"父亲为他找了一位程老先生,指导先生读《说文》的方法,又让先生自己找一些书看。有一次,先生在街上遇见孙伯南……先生即向孙请教写篆字和如何读《说文》。孙让他买了《说文解字》《说文续字汇》,并指点先生学习门径。"1927年:"因先生粗知文字之学,王同愈即授以所批《说文通检》,命缮清本。"沈津:《顾廷龙年谱》,第14—15、16页。

的往来使其更深入了解吴大澂的学术①,而当时文字学的"显学"地位,学林前辈顾颉刚的鼓励,促使顾廷龙化兴趣为专业,坚定了治学之心。顾廷龙的古文字学研究对象亦宗吴大澂,未追捧当时的甲骨"热点",而是在吴氏专长的《说文》古文、金文、陶文等方面进行了更深入的考证研究。

二、《说文》与传抄古文研究

在 20 年代中叶,顾廷龙潜学《说文解字》时,其师友顾颉刚正在兴起"疑古""古史辨"的热潮。且自 1899 年甲骨文被发现起,甲骨金文等古文字材料逐渐替代《说文解字》成为汉字之本,当时的年轻学者在"疑古"思潮与不断出现的新材料、新学科的冲击下,掀起了一股"刍狗六书、敝屣《说文》之势"②,顾廷龙总结当时风向谓"时值举世学者侈言研究古文字惟从甲骨文、金文求之,薄《说文解字》者东汉字书耳,不足以言古焉"③。但他并未被学术思潮裹挟,1926 年在上海初入中文系时,便致信顾颉刚:

> 辱承指示《说文》搜集汉人伪造古字甚多,说与昆山颉颃,良佩卓识。愚识字伊始,夙嗜南阁。执事恶其伪造,而又恶其疏漏。如山、免、愈、钰等字,习见经典,顾《说文》从其声而无其字;或《说文》无而转见于金文者;又或一书之中有两引其文而训各异者:迷离扑朔,无所适从,皆疏漏之证。惟舍此而外,集六书之大成,足为后学津筏者竟无所闻。甲文金文诚极高古,而能辨认者,亦借六书为扃钥。虽败絮也,而不能不金玉视之矣。④

顾廷龙承认《说文》疏漏、讹误颇多,甲骨、金文是更可靠的新材料,但《说文》应是辨认甲金的钥匙,而非需舍弃的敝屣。在 1930 年完成的硕士论文《说文废字废义考》序文中,他又强调了这一点,并指出"顾古文字之探索,端赖许书之精研以会通","据《说文》以溯金文、甲骨文,是为阶梯"。

经过对甲骨金文的研习,顾廷龙形成了较科学的文字学理念,并未因学科的剧烈变迁沉湎于立场的争执,而是吸取新的古文字学研究成果,重议《说文解字》的价值。顾廷龙研究《说文》有两个角度:"《说文》新证"与《说文》古文等传抄古文的研究。

---

① 顾廷龙《叙例》:"年来与先生文孙湖帆表兄过从甚密,得尽窥未刊之稿。"顾廷龙:《吴愙斋年谱》,《顾廷龙全集·著作卷》,第 12 页。编写《吴愙斋先生年谱》时,顾廷龙参照了许多潘、吴后人提供的资料。
② 沈兼士:《初期意符字发微》,天津《大公报·文史周刊》,1946 年 10 月 16 日第 6 版。
③ 顾廷龙:《说文废字废义考叙》,《顾廷龙全集·著作卷》,第 9 页。
④ 顾廷龙、顾颉刚:《学术通信》,《国立第一中山大学语言历史学研究所周刊》1927 年第 1 卷第 9 期,第 219 页。

　　"《说文》新证"是较晚诞生的概念,即利用出土材料来证明补正《说文》。1923 年起顾廷龙据清儒注解研读《说文》,并受到王同愈、丁山等人的指导①,基于传统小学的积累和对甲骨金文的学习,顾廷龙在 1928 年撰写了《释克》《释良》两篇文章,引用甲骨文、金文来重新探究思考克、良、量等字的造字本义。《说文废字废义考》亦属于"新证"类研究的一种,虽然文中并无突破性的创新,但采用了科学的研究方法,"对于研究汉字字形、字义的变迁有很大意义。文中引用了不少古文字学研究的成果,间亦指出《说文》在形体结构和造字本义上的失误"②。

　　"传抄古文"亦是古文字学学科成型后才被明确界定的概念,一般指经辗转传写保存的古文字资料,《说文》与三体石经中的"古文"即是此类。在 20 世纪 20 年代,学界对《说文》古文的真伪与来源有过较激烈的争论,顾廷龙的导师容庚早年亦支持过《说文》古文伪作说③。在《说文废字废义考》的序文中,顾廷龙采用了王国维提出的"六国用古文"说,概述了《说文》与甲金文差异较大的原因④。文中指出古文字存在分野,分为甲骨金文与列国文字两系,《说文》和三体石经中的古文与玺印、陶器等列国文字为一系,故与甲骨金文乖异⑤。新中国成立后大量出土的战国文字材料证实了这一说法⑥。顾廷龙阅读许多甲金研究著作后,并未被《说文》"伪古"的思潮影响⑦,而是辨正了《说文》中古文、籀文的真伪,再次强调"欲为古文字之研究,当以整理《说文》为前提"。在完成论文后,顾廷龙曾计划编《古文编》,集合历代字书中所见隶古文编为字典,他与魏建功规划集《说文》、三体石经、《汗简》《古文四声韵》为《古文编》,《玉篇》《广韵》《集韵》《一切经音义》《龙龛手镜》等为隶古文编⑧。如今学者将前者称为"篆定古文",后者为"隶定古文"⑨,可见顾廷龙对传抄古文是有过全面梳理并分类的。《古文编》未成,顾廷龙潜心投入了与顾颉刚共编《尚书文字合编》的工作。

---

① 沈津:《顾廷龙年谱》,第 14—17 页。
② 顾王乐:《清末民国时期利用古文字资料校证〈说文〉之研究》,第 93 页。
③ 顾王乐:《清末民国时期利用古文字资料校证〈说文〉之研究》,第 30—33 页。
④ 王国维:《桐乡徐氏印谱序》,此文曾作为讲义发给清华学生,首刊在《实学》1926 年第 6 期;亦刊在《国学论丛》1927 年第 1 卷第 1 号。顾廷龙应是阅读过此篇文章的。
⑤ 顾廷龙:《说文废字废义考》,《顾廷龙全集·著作卷》,第 41 页。
⑥ 参看冯胜君:《〈说文〉古文、三体石经古文与战国文字对比表》,《郭店简与上博简对比研究》,线装书局,2007 年,第 332—447 页。
⑦ 钱玄同提出:"许慎的《说文》是一部集伪古字、伪古义、伪古礼、伪古制和伪古说之大成的书。"相关观点参见氏著《歌戈鱼虞模古读附记》,《国学季刊》第一卷第二号,1923 年 4 月,第 263 页。《答顾颉刚先生书》,《努力周报》增刊《读书杂志》第十期,1923 年 6 月 10 日。
⑧ 顾廷龙撰,李军、师元光整理:《顾廷龙日记》1932 年 10 月 21 日,第 5 页。
⑨ 李春桃:《传抄古文综合研究》,吉林大学博士学位论文,2012 年,第 1 页。

　　古文《尚书》始现于汉代，是"孔壁中书"的一种，现在一般认为是具有齐系文字风格的竹简抄本①。千年间有多个版本流传，包含了传抄古文、篆书、隶书、隶古定等多种文字形式，在辗转传抄的过程中，字体转换与底本的不同造成了各种歧异。顾颉刚倡导汇集历代《尚书》抄本做综合的整理研究，《尚书文字合编》即是其中的一项计划。因顾廷龙在书法及文献学、文字学方面的修养，顾颉刚邀其摹写古本文字，助编《尚书文字合编》。因战火频仍，时局变化，至 1994 年顾廷龙才结合旧书稿与新材料，完成了此书的编纂，并用拓本照片替代了摹写。书中"收入历代不同字体的《尚书》古本二十余种，将现存《尚书》历代出现的今文、古文、隶古定、楷书今字等几种字体全部囊括无遗，将今本成型以前每种字体所有古本几乎网罗殆尽"②。除了古文字学研究外，《尚书文字合编》汇集了大量《尚书》本子的原貌，对《尚书》学、文献学亦有极高价值。

三、金文文献的整理

　　顾廷龙研究古文字学私淑吴大澂，吴大澂善治铜器金文，曾校批三遍《积古斋钟鼎彝器款识》，故顾廷龙亦汇录《积古斋钟鼎彝器款识》诸家批注，考订金文，整理了许多金文文献。在 1929—1934 年，顾廷龙编订了《吴愙斋年谱》，对晚清名臣、金石学者吴大澂的生平事略做了较全面的汇集，书中转抄保存了许多不存于今的吴大澂批注、题跋与书信③。他又在 1933 年编写了《吴县潘氏攀古楼吴氏愙斋两家藏器目》，潘祖荫、吴大澂是晚清知名金石收藏家，当时同嗜好铜器的盛昱曾说：

　　　　同治、光绪以来，士大夫收蓄古器之富，以吴县潘文勤师为最多，所刻《攀古楼款识》特百分之一耳。文勤购集甚力，间有轶出，乃为清卿前辈所得。清卿北使吉林，南抚广东，余与福山王太史始获一二。④

　　向传潘氏藏器最富但无人梳理，编写吴大澂年谱时，顾廷龙意识到江标整理的《愙斋藏器目》也不全面，当时始终未有著作全面统计两位收藏大家所藏的三代铜器。顾廷龙以编订年谱时收集的文献材料补订《愙斋藏器目》，据所见拓本钤印整理潘祖荫藏器目，梳理了二家藏器的器名、字数，还在相关铜器下备注器物流传过程。王懿

---

① 冯胜君：《〈说文〉古文、三体石经古文与战国文字对比表》，第 259 页。
② 李福标：《顾廷龙与〈尚书文字合编〉》，邓洪波主编：《中国四库学》第三辑，中华书局，2019 年，第 180 页。
③ 比如吴大澂曾在光绪十四年（1888）批校《积古斋钟鼎彝器款识》，批注本今已不存，而顾廷龙在年谱中转抄保留了若干条批语。顾廷龙：《吴愙斋年谱》，《顾廷龙全集·著作卷》，第 252—253 页。
④ 周亚：《愙斋集古图笺注》，上海古籍出版社，2012 年，彩图上卷第 18 页。

荣曾指出：

> 金文各家目与宋本书目并重，一可以见流传之有绪，一可以稽随时之隐见，又可以知旧谱所著箸之存佚，又可以知后出之多寡，又可以知今天下共有之若干。①

在未有科学考古发掘的时代，藏器目对了解器物的存佚、递藏、出土时间及存世器物总量有着重要作用，这些信息能有效帮助学者辨别传世铜器的真伪。顾廷龙此文第一次明确、详细地展现了潘、吴两家的藏器数据，为时人了解铜器流传提供了参照文献。当然，以书信记录及拓本钤印整理出的藏器目是必然不全的，褚德彝曾告知顾廷龙潘祖荫旧藏铜器有六百多件，而顾廷龙所辑仅四百余。在成文后，顾廷龙仍注意着潘吴藏器目的增订，1939年容庚购得《攀古楼彝器款识》拓本八册，顾廷龙结合拓本与潘景郑书稿又重新编订了潘氏藏器目②，惜此稿未存，而至今仍无更全面的潘吴藏器统计。

潘吴藏器目的编写应是起源于顾廷龙借读《郁华阁金文》，此书是晚清知名金石收藏家盛昱所辑金文拓本册，1928年入藏燕京大学图书馆。1933年元旦顾廷龙作《读〈郁华阁金文〉记》，对此书所收拓本的来源进行了分类：

> 所集墨本，至为广偏，藏家多钤印记，五色烂然，就之约核，因知得自吾吴藏家者居多，攀古廔器十之三，窓斋器十之一，其他则簠斋器为多，可十之二，无印记，不详藏家者，十之二，余如李山农、王廉生、吴子苾、朱建卿、齐吉金室、王兰溪、李竹朋、丁小农、韩筱亭、王念庭、顾子嘉、沈仲复、延煦堂、叶东卿诸家所藏者亦十之二，自藏之器，则不见印章，无可辨悉矣。③

书中拓本来自盛昱及其友人的收藏，潘、吴藏器占其中近一半，拓本上多有钤印和题记，可判断原器归属，1933年1月顾廷龙整理此书后，2月将潘、吴藏器检出编为藏器目。他在藏器目备注中也常提到郁华阁拓本，如"囷父辛爵"下注："郁华阁藏拓本，有窓斋题曰：大澂手剔出之。""主豆"下注："窓斋先生自题云……见《郁华阁金文》。"④

除了整理钤印外，《读〈郁华阁金文〉记》转录了30条盛昱题记，撰写了15条按语对盛昱的题记进行了简单评述。按语或溯源发明，如据《窓斋集古录》中吴大澂的原跋纠正盛昱题记杞伯匜的"清卿必欲读作敏"，指出吴说原引自陈介祺，"似非清卿之

---

①　（清）王懿荣等著，苏扬剑等整理：《王懿荣往还书札（外三种）》，凤凰出版社，2021年，第99页。
②　顾廷龙：《潘氏攀古楼所藏彝器辑目自序》，《顾廷龙全集·文集卷》（上册），第496—498页。
③　《顾廷龙全集·文集卷》（上册），第506—507页。
④　顾廷龙：《吴县潘氏攀古廔吴氏窓斋两家藏器目》，《国立北平图书馆馆刊》1933年第7卷第2号，第84、94页。

必也"。或辨正铭文性质,如就甲寅角盖的题记提出铜器铭文中的"🔲"形与"🚶🚶"主要是装饰意义,不必求之过深。此二形今释为"亚""天黾",是铸刻在殷周铜器上的族徽铭文,具有较强的装饰意义,此前常与铭文连读或被赋予礼制含义,顾廷龙虽未明确释出含义,但也提出了或许为装饰性的栏线这类较有突破性的看法。或思考铜器断代,在 20 世纪 30 年代,考古器型学尚未成型,学者未有较科学的铜器断代方法,时人多按罗振玉《殷文存》中提出的"以日为名"或字较象形者定为商代器①,顾廷龙在庚册角下按语提出罗氏方法并不确切。此外,还有多条按语是顾廷龙据拓本所作的释文。由按语可见,虽初入燕京大学,但顾廷龙已有扎实的金文基础,能释读许多金文字形,对族徽铭文、铜器断代等问题都有着独立的思考。《读〈郁华阁金文〉记》对《郁华阁金文》一书的整理虽不全面,但对拓本的分类概括精准,对册中内容总结精到,如指出盛昱意见"考虽勿详,语多精警;记虽简略,足资掌故"②,至今仍未有可替代的相关书评。

除三代文字外,顾廷龙还研究过汉代金文,1938 年曾发表《读汉金文小记》,结合《汉书》考订汉代铭文中的地名。此文是他多年积累所得,1937 年年初顾廷龙"检题汉器之文,为修改《两汉器铭考》之参考"③,"两汉器铭考"应是《读汉金文小记》的原名。早在 1932 年 5 月,先生曾题识雝槭阳鼎拓本:"《长安志》'槭阳宫昭王起'。毕沅云:'橐泉、槭阳二宫并在雝县,苏老传,从至雝槭阳。'《地理志》'雝又扶风领县'。此为雝槭阳共厨铜鼎,乃宫中故物也。"④与《读汉金文小记》中"雝槭阳鼎"条观点一致,内容类似。可见在治学古文字时,汉铜器铭文亦是顾廷龙持续关注研究的内容。

硕士毕业后,顾廷龙仍欲在金文研究领域进一步探索,容庚提议其编写"宋代著录金文集释":"宋代金文往往摹误,各家错出,宜加校正,俾宋金文得作一结束,则子可为之。"⑤顾廷龙按此题目拟定凡例,并规划了主要工作内容:校正文字——参校诸家拓本重新摹定;厘定名称——按容庚重编的《宋代金文著录表》更正;汇集众说——集合诸家考释并作按语;汇录成编——编成类似《金文编》的文字编。由此可见,顾廷龙掌握了当时关于宋代金文的最新研究成果,对宋代金文的研究空白有着透彻的了

① 罗振玉:《殷文存》,上虞罗氏珂罗版印本,1917 年,序文页。此序文为王国维代作,但书中拓本的选择是二人共同商定,因此此方法也是罗振玉的断代意见。
② 《顾廷龙全集·文集卷》(上册),第 499 页。
③ 顾廷龙撰,李军、师元光整理:《顾廷龙日记》1937 年 1 月 9 日,第 23 页。
④ 广东省立中山图书馆编:《广东省立中山图书馆馆藏金石书画选》,岭南美术出版社,2002 年,第 7 页。
⑤ 顾廷龙:《宋代著录金文集释》,《顾廷龙全集·文集卷》(下册),第 544 页。沈津《顾廷龙年谱》中称"宋代金文集释"(第 32 页),有歧义,本文按全集称。

解：缺少可靠原拓，名称混乱，无集释无字编。这些工作直至近年才由学者逐渐完善①。此题目因顾廷龙进入燕大图书馆工作而不了了之，其后顾先生便转向图书馆学，不再致力于古文字。

四、古陶文研究及其他

陶文是指刻画、书写或打印在陶器上的文字，古陶文一般指汉以前的陶文，而战国陶文对于古文字、古代职官、历史地理、姓氏、古代艺术等内容的研究，皆有较重要的价值。顾廷龙研治陶文是受吴大澂的影响。战国陶文是古文字研究中较晚被重视的材料之一②，在晚清时期吴大澂、陈介祺等金石学者虽收藏研究古陶但并未刊印著录陶文，至民国时期，也仅有少量的著录和研究成果被发表。顾廷龙及时意识到当时的陶文专著稀少且"收录不富"，便决心在吴大澂的成果基础上全面整理陶文。他汇集已有著录与释读意见，搜集周建德、潘承厚等私人收藏的未著录拓片，汇集考订为800 余字的文字编，填补了当时陶文研究的空白，张政烺评价为"搜罗最备，考释最精，以专书形式问世的第一部成功的陶文字典……摹写的准确，印刷的精工，绝非一般同类作品所可比拟"③。

顾廷龙虽自认为"搜罗不富"，但《古匋文舂录》（下称"《舂录》"）中收集了许多当时一般学者难以获得的拓本，时人认为"他所根据的材料，其主要的为周季木、潘博山两家所藏的拓本，大都为景本所不见的，极可珍贵"④。且编写字编时，顾廷龙未如传统字书体例仅收字形，而是在字形下兼附原文例，这"不但弥补了古陶文没有专门的文字编这一缺陷，而且还为有关研究者提供了一大批内容完整的新鲜资料"⑤。而且书中收录的许多陶文在如今已经难觅原拓，《舂录》的体例避免了这些陶文信息的流失。

除了释读陶文、编写字编外，顾廷龙对陶文的性质、体例也有着一定思考。在《舂录》序文中，顾廷龙谓"匋文实出于流俗习行之体。以其同源，故与各体皆不能无相似；又以其出于流俗，故与正体亦不能无小殊。必胶滞求之，以为合于某一体，则非所

---

① 刘昭瑞：《宋代著录商周青铜器铭文笺证》，中山大学出版社，2000 年。马晓风：《宋代金文学研究》，陕西师范大学博士学位论文，2008 年。王玉哲：《宋代著录金文编》，天津古籍出版社，2013 年。
② 李学勤：《山东陶文的发现和著录》，《齐鲁学刊》1982 年第 5 期，第 35 页。
③ 张政烺：《读〈古匋文舂录〉》，天津《益世报》，1937 年 3 月 11 日第 12 版。
④ 容媛编：《国内学术界消息（二十五年六月至十二月）》，《燕京学报》1936 年第 20 期，第 603 页。
⑤ 裘锡圭：《〈古匋文舂录〉重印序言》，《裘锡圭学术文集》第六卷《杂著卷》，第 137 页。

以论古矣"①。顾廷龙对殷周古文字的正体俗体是有着准确分类的，如青铜器"制作精良，书体亦由善书者写样，工刻者范制"，金文"作字原甚严格"，则是正体②，如陶文、竹简等则是流俗习行之体。陶器多以碎片出土，顾廷龙据前人成果与陶文内容将陶器分为豆、区、釜、良、盆、缶、罍、埙八类，并指出陶文类似卜辞金文，行款随意无定式③。

五、余　　论

顾廷龙研治古文字的 20 世纪 30 年代，社会充斥着西方科学文化的冲击与新文化运动思潮，学界盛行"不读古书"、广求史料的学术趋向④，但顾廷龙未直接摒弃古书，而是辩证接受了《说文解字》的疏漏、东晋《古文尚书》的伪作，并就最新的研究成果重新探研文献的价值。至 20 世纪 90 年代，顾廷龙在见证过战国楚简、秦汉简等大量文献材料的出土后，重申当初对《说文》的看法，认为《说文》"所据则为汉代字书及战国古文，而经过长期展转传钞，字形几经变化。……惟有从甲骨、钟鼎和竹木简帛书等实物材料中寻其踪迹，纠补其谬缺"⑤。随着古文字学的不断发展，新的研究成果也在证明顾廷龙治学方法的科学。

虽然通常认为顾廷龙专治古文字学的时间较短，但他始终保持着对古文字学的兴趣并具有相当的学术水平，至 1975 年仍会在日常与沈之瑜谈甲骨⑥，20 世纪 90 年代还担任了《古文字诂林》的顾问。1989 年他曾为友人作《沈子它簋拓本题记》，在文中综理诸家意见，并考释了它簋的一些字形。他结合典籍释"𧴪"为"它（佗）"，指出为春秋时常见人名；释"𪅣"为"鹏"，并指出《玉篇》中的"膃""朋"是传钞讹写；释"𩑟"为"顾"，并按《尚书》释为"顾怀"；释"𢓜"为"格"，并引用师虎簋、庚嬴卣等的字形指出金文中彳、辵不分⑦。此时顾廷龙虽已多年不专治古文字，但仍对金文字形与辞例十分熟悉，对它簋这类较复杂的长篇铭文仍能通读，并提出较准确的校释⑧，还在文中提倡

---

① 顾廷龙：《〈古匋文𢾊录〉自叙》，《顾廷龙全集·著作卷》，第 515—516 页。

②⑤ 顾廷龙：《沈子它簋拓本题记》，《顾廷龙全集·文集卷》（下册），第 548 页。

③ 顾廷龙：《〈古匋文𢾊录〉自叙》，《顾廷龙全集·著作卷》，第 499—503 页。

④ 罗志田：《史料的尽量扩充与不看二十四史——民国新史学的一个诡论现象》，《历史研究》2000 年第 4 期，第 151—167 页。

⑥ 顾廷龙撰，李军、师元光整理：《顾廷龙日记》1975 年 1 月 5 日，第 636 页。

⑦ 《顾廷龙全集·文集卷》（下册），第 546—548 页。

⑧ 它簋的最新释读意见，可参见董珊：《它簋盖铭文新释——西周凡国铜器的重新发现》，《出土文献与古文字研究》第六辑，上海古籍出版社，2015 年，第 163—178 页。

应从文字异体及书法艺术研究的角度研究金文,金文异体字至 21 世纪才有专门系统的研究成果①,可见至晚年顾廷龙仍始终关注古文字学领域并思考研究方向。另外,在此文后顾廷龙转录了它簋原拓本的诸家题记,保存了唐兰、容庚、商承祚等古文字名家在 20 世纪 30 年代对它簋的释读意见,这对释字发明权的溯源、古文字学学术史的建设皆有较重要的价值。

　　本文所列挂一漏万,顾廷龙在京期间与燕园学者常有金石交游,其题写的拓本以及书信日记中应还有许多古文字学的研究成果,仍有可梳理研究的空间。顾廷龙先生靠对古文字学的浓厚兴趣与勤奋研习,在青年时产出了重要的学术成果,虽创新性突破性不多,但相关著述皆有重要的文献价值,而他敏锐的学术视野与科学的研学方法始终值得称道与学习。

---

① 　金文异体字研究的学术史梳理参见苏文英:《西周金文异体字研究》,西南大学博士学位论文,2016 年,第 12—14 页。

顾廷龙古陶文研究思想刍议

——以《古匋文香录》为例*

徐海东

（西南大学美术学院）

顾廷龙（1904—1998），字起潜，号匋诹，又号隶古定居主人、小晚成堂主人。江苏苏州人。近现代著名图书馆学家、版本目录学家、金石文字学家和书法家。他先后担任燕京大学图书馆采访部主任，上海私立合众图书馆总干事、董事，上海历史文献图书馆馆长，上海图书馆馆长，《中国古籍善本书目》主编，文化部国家文物鉴定委员会委员。顾廷龙长期从事古典文献学、版本学、目录学研究，对我国古典文献学的发展做出了很大贡献。

此外，顾廷龙在金石文字学方面也有很深的造诣。他曾评价自己的学术造诣，认为第一是小学，第二是书法，第三才是版本[①]。从《说文废字废义考》（1932）、《古匋文香录》（1936），到与顾颉刚合著的《尚书文字合编》（1996），关于文字学的相关研究，贯穿了顾廷龙的一生。

《古匋文香录》（以下简称《香录》）刊行与顾颉刚有一定渊源。顾廷龙与顾颉刚同宗同族。1935 年，顾颉刚利用燕京大学休假一年之机，任北平研究院史学研究会历史组主任，聘顾廷龙任该组名誉编辑。1936 年 5 月，顾廷龙编录《香录》十四卷及附编一卷，作为《国立北平研究院史学研究会文字史料丛编》之一，并由该院影印发行。

《香录》自序中探讨了陶文出土研究的概况、陶文时代性和地域性、陶文书体性质、陶器形制、陶文艺术性等相关问题，将出土陶文与传世文献相结合展开研究。在著录体例上，将当时可识的陶文依《说文》部居次第为序，又将两旁可识而《说文》所无之字附列各部之末为正编，凡图像文字偏旁莫辨，及一旁可辨而不审其意义者，略加

---

* 基金项目：重庆市社科规划项目"清代金石学稿抄本书法史料整理与研究"（2021PY67）阶段性成果。

① 沈津：《顾廷龙年谱》，上海古籍出版社，2004 年，第 581 页。

编次为附编。文字考释上,吸收了不少前贤及当时学者的成说,但对一些不可从者,也进行了勘误修正。

《叕录》作为当时检寻古陶文单字的第一部工具书和文字编,在学界引起了一定影响。在此书出版的第二年,即 1937 年 3 月 11 日,天津《益世报》刊登了古文字学家、历史学家、考古学家张政烺的《读古匋文叕录》。张文认为,对于陶文研究来说,"搜罗最备,考释最精,以专书形式问世的,则推顾廷龙这部《古匋文叕录》"。"这是过去陶文研究成绩的总汇,也是第一部成功的陶文字典。一个研究中国文字学,中国古器物铭,甚至中国古代史的人,是不可轻轻把它放过的。"全书陶文字形由顾廷龙亲手摹录。张政烺认为此书"摹写的准确,印刷的精工,绝非一般同类作品所可比拟"①。可见此书在当时学界的影响及同时期学者对此书的认可。

一、《叕录》编撰背景

在大的时代背景方面,《叕录》编纂受晚清出土文字研究热潮影响。光绪初年古陶陆续出土,不少金石学者对其注意搜集,并且进行研究,其中比较重要的学者有陈介祺、吴大澂、王懿荣、刘鹗、王国维等。1925 年王国维提出"二重证据法",指出陶文与兵器、玺印、货币文字为六国古文字一系。1930 年黄宾虹著《陶玺文字合证》,论及玺印与陶文之间的关系。1934 年王献唐辑成《邹滕古匋文字》二册,专门著录邹滕地区的陶文。1935 年,唐兰发表《陈常陶釜考》、张政烺发表《平陵陈得立事岁陶考证》,将古陶文之人名、地名与钟鼎彝器款识互证,为陶文历史地理研究之先驱。

《叕录》的问世也与晚清的金石学研究思潮有一定关系。金石器物的出土促进了晚清金石学的兴盛,晚清学者多重视金石学,对出土古物进行考证题跋。顾廷龙的金石学著录可分为两类,一是对于清代学者金石学的总结研究,如《吴县潘氏攀古楼吴氏窸斋两家藏器目叙》《潘氏攀古楼所藏彝器辑目自序》《江左石刻文编跋》《跋谢国桢藏簠斋藏匋拓本》《郑盦藏匋跋》和《季目藏匋序》;二是自身对于金石器物及文字的研究,如《读郁华阁金文记》《读汉金文小记》《沈子它簋拓本题记》,这些金石文字研究都或多或少地促进了顾廷龙的陶文研究和《叕录》的编纂问世。

除去时代背景,《叕录》的诞生也是顾廷龙学术兴趣使然。顾廷龙在青年时代就

---

① 张政烺:《读〈古匋文叕录〉》,天津《益世报》,1937 年 3 月 11 日第 12 版。

对文字学感兴趣。他曾自言,若不是从事图书馆工作,他也许会从事古文字研究工作。这种对古文字的热爱与其家学、师承均有一定关系:

> 我自幼随父亲学习书法,对古文字产生浓厚兴趣,并先后拜王怀霖、胡朴安、闻宥等先生为师。我在燕大的毕业论文是《说文废字废义考》,而后又撰写了《古匋文眷录》。①

顾廷龙 1925 年考入上海南洋大学机械系,因他的兴趣不在此,于是转入国民大学学习中文。其间他得到胡朴安、闻宥等人的教导,学习古文字学。1931 年于北京燕京大学研究院国文系读硕士,并得到容庚、闻宥、郭绍虞、魏建功等诸师指导,学习语言文字、版本目录之学。规范的学术训练与研究使顾廷龙进一步提升了对文字义理的理解。

鉴于当时研究甲骨文、金文、玺印文的专著琳琅满目,而陶文整理研究却不能令人满意,由于陶文长篇铭文较少,资料零散,汇集难度较大,尤其缺乏一本全面汇集前人陶文著录的字书,顾廷龙决心在前辈学者的研究基础上,对古匋文进行全面整理,《眷录》就是在这样的背景下产生的。"眷",众多貌。《广韵·入缉》:"眷,多貌。"《集韵·入缉》:"眷,聚貌。"顾廷龙编纂《眷录》的初衷即对当时可见陶文字形进行全面汇集和清理。

二、《眷录》大致框架及材料来源

《眷录》封面由马衡题写书名。扉页有王同愈题签。今《顾廷龙全集·著作卷》所见《眷录》仅存王同愈题签②,其后有顾廷龙老师闻宥序言一篇,紧随其后的是顾廷龙自序、凡例、正编(十四卷)、附编等部分。

此书凡例部分对材料来源和取舍原则、编纂体例、编排顺序进行说明,凡例部分还对顾廷龙所见拓本的来源进行说明,这些拓本是《眷录》主要研究材料,可以说,如果没有这些材料,就没有《眷录》的问世。拓本藏家与顾廷龙或为姻亲,或为师友,交游密切。对他们的著述和生平有必要进行梳理,以便更好地理解顾廷龙的学术思想。

---

① 顾廷龙:《我与图书馆》,《顾廷龙全集》编辑委员会编:《顾廷龙全集·文集卷》(上册),上海辞书出版社,2015 年,第 367 页。
② 顾廷龙:《古匋文眷录》,《顾廷龙全集》编辑委员会编:《顾廷龙全集·著作卷》,上海辞书出版社,2016 年,第 483 页。

关于《瓬录》字形来源,顾廷龙依据学术规范,在凡例部分对其进行说明,主要有以下几家:

周季木先生所藏古匋文字拓本　　　　　　　　　　引作周

潘博山先生所藏古匋文字拓本　　　　　　　　　　引作潘

铁云藏匋　刘鹗辑　清光绪三十年抱残守阙斋石印本　引作铁

梦庵藏匋　日本太田孝太郎辑　民国十一年景印本　　引作梦

陶玺文字合证　黄宾虹辑　民国十九年神州国光社景印本　引作陶

书中字形都是顾廷龙先生"据墨拓或景本汰其伪作,手自摹写。至丁佛言《说文古籀补》、强运开《说文古籀三补》、日本高田忠周《古籀篇》所收诸字,未见拓本,概不著录"[1]。未见拓本,则不能准确摹写。对当时虽然有文字记录,但是没有亲自见到拓本或影印本的古陶文字形,《瓬录》没有进行收录。这体现了顾廷龙严谨慎重的学术态度,但是对陶文文字编来说,也是一个遗憾。

《瓬录》所收字形主要来自周季木、潘博山二家拓本,而源自刘鹗、(日)太田孝太郎、黄宾虹著述的陶文字形则依据其影印本。兹将诸家生平及陶文著述介绍如下:

(一) 周季木

周进(1893—1937),字季木,室名居贞草堂,安徽至德(今东至县)人,著名收藏家、考古学社社员。清两江总督周馥之孙,周学海四子。历史学家周一良之叔,周叔弢之弟。周进精于文物鉴定,收藏甚富。有《季木藏印》《新编全本季木藏陶》《居贞草堂所藏汉晋石影》《魏石经室古玺印景》《周季木遗墨》。

顾廷龙求学北京时,由同学周一良介绍,得见周季木所藏全部陶文拓本:

继来燕京,从友人周君太初(一良)得谒乃叔季木世丈(进),又窥其所藏古匋之富,陈氏而后一人也。凡存拓片,尽以见示。[2]

顾廷龙认为周季木的陶文收藏规模仅次于陈介祺,他更是对周季木古文字考释功力进行了肯定。《瓬录》对不少字形的考释,吸收了周季木考释的成果。另外,对于被顾廷龙误收入的部分伪陶文,周季木也曾一一指出,顾廷龙对周季木的指点表示肯定与感激。

1943 年,顾廷龙撰《季木藏匋叙》。他认为在刘鹗、陈介祺、潘祖荫、吴大澂等诸贤

---

① 顾廷龙:《古匋文瓬录·凡例》,《顾廷龙全集·著作卷》,第 519—520 页。
② 顾廷龙:《〈古匋文瓬录〉自叙》,《顾廷龙全集·著作卷》,第 516 页。

外，"近时藏家注意及此者，惟至德周季木先生一人而已"。周季木"合黄县丁氏旧藏，益以新发见者，得四千品，足与簠斋相颉颃。余因其犹子太初同学相从请教，获窥秘笈，所藏匋拓，悉蒙见假"①。可以说，《匋录》编纂很大程度上和周季木的材料支持密不可分，在凡例部分，顾廷龙将其列在第一位，足以说明问题。

（二）潘博山、潘景郑

顾廷龙妻子潘承圭，出自苏州名门"贵潘"。潘承圭为吴门望族潘氏（清乾隆状元潘世恩）之后，累代以科举连捷，故有"贵潘"之称。潘承圭之兄潘承厚（潘博山）、弟潘承弼（潘景郑），皆为近代藏书家、版本目录学家，与顾廷龙有姻亲关系。

潘景郑（1907—2003），原名承弼，字良甫，江苏苏州人。近现代著名藏书家、版本目录学家。与其兄潘博山共建"宝山楼"，累计藏书达三十万卷。顾廷龙在合众图书馆时曾与潘景郑合编《明代版本图录》。

潘博山（1904—1943），原名承厚，号博山，别署蘧庵，江苏苏州人。1929 年秋，潘氏兄弟慧眼独具，在苏州收得堪称稀世之珍的宋蜀大字本《陈后山集》二十卷，遂以"宝山楼"名其藏书楼。举凡明末史料、清人文集、时人稿本、乡贤文献、年谱家谱、历代尺牍、金石碑拓以及名人书画，无不兼收并蓄，而成为现代藏书界中的翘楚。

潘氏兄弟的陶文收藏很大程度上来自潘祖荫。潘祖荫陶文收藏由于拓本较少，流传不多，故而墨本难得。1935 年，顾廷龙于章钰处看到《郑盦藏匋》，集拓郑盦（潘祖荫）所藏的陶文一百八十二纸，是研究陶文的重要资料。顾廷龙跋云：

> 郑盦则鲜加椎拓，每得新物，一拓而止，小品铭文，往往截取朱卷余纸为之，故其墨本向称难得……余为编录古匋文字，于其所拓访之久矣，尝询内弟潘君景郑，亦谓未有。春间闻其为攀古楼整理彝器图书，独此未见，且并拓本亦无一存。今谒式之太世丈，乃承出示此册。郑盦藏匋始见一二，积念为之冰释。册中集拓百八十二纸，虽犹鳞爪，而其可贵为何如哉！假橅既竟，率附数语，以志眼福，即乞教正。②

顾廷龙负笈燕京期间，正值乡贤章钰寓京，顾廷龙常相请教。章钰深谙目录及金石之学，顾廷龙尝述与章氏之交谊云："以龙于金石目录之学有同耆焉，不鄙顽钝，引而教之。休沐良辰，辄诣请益，或出孤拓珍本、名书法绘相与赏鉴，或述乡邦掌故、前

---

① 《顾廷龙全集·文集卷》（下册），第 593 页。
② 顾廷龙：《郑盦藏匋跋》，《顾廷龙全集·文集卷》（下册），第 590—591 页。

朝旧闻昭示愚蒙。"①顾廷龙编纂《甋录》期间,四处搜集材料,当他在章钰的四当斋见到潘祖荫这批陶文墨拓时,非常珍重,并认真进行摹写,从而丰富其研究材料。

(三)刘鹗《铁云藏匋》

刘鹗(1857—1909),字铁云,一字蝶云,别署"洪都百炼生"。通数学、医术、水利、文学等。曾任候补知府,不久弃官经商。有小说《老残游记》。又喜收藏甲骨、金石、陶器等,撰有《铁云藏龟》《铁云藏匋》,都是研究古文字的重要资料。

光绪三十年(1904)正月,刘鹗编印《铁云藏匋》,刘氏《〈铁云藏匋〉自序》:"又以近年出土匋器,多三代之古文……海内名家,尚未显诸著录,于是选择敝藏,属直隶张茂细心精拓,得五百余片,更益以旧藏陈寿卿家拓本七十余纸,并付石印。是为'抱残守缺斋三代文字'之二。世之宏博君子,欲考篆籀之原者,庶有取焉。"②《铁云藏匋》所收陶文主要来自王懿荣:

> 文敏所藏,庚子京畿之变,归丹徒刘氏,又有增益,辑其墨本,为《铁云藏陶》,此陶文有专书之始。③

《铁云藏匋》是较早著录陶文的专书,对于古文字的研究也很有价值。此书有石印本,收在《抱残守缺斋所藏三代文字》丛书中。

(四)日人太田孝太郎《梦庵藏匋》

晚清及民国时期,国外陶文研究主要集中在日本。1922年日本人太田孝太郎著有《梦庵藏陶》。太田梦庵(1881—1967),本名孝太郎,号梦庵,斋号枫园、好晴楼、津川等,日本岩手县盛冈人。日本近代著名古玺印收藏家,曾寓居我国多年,搜罗周、秦、汉、魏玺印甚多,与方若、罗振玉等学者交游。

三、从《甋录》自序试析顾廷龙陶文研究观念

前人著述,多重序言。尤其是作者自序,尤可彰显作者主要学术思想。《甋录》也

---

① 顾廷龙:《章氏四当斋藏书目跋》,《顾廷龙文集》,上海科学技术文献出版社,2022年,第136页。
② 刘德隆、朱禧、刘德平编:《刘鹗及〈老残游记〉资料》,四川人民出版社,1985年,第90页。引用时标点有所调整。
③ 罗振玉:《〈梦庵藏陶〉序》,罗振玉撰述,萧立文编校:《雪堂类稿》乙《图籍序跋》,辽宁教育出版社,2003年,第500—501页。

不例外,要了解顾廷龙古陶文研究的主要观点,必须认真阅读并且领会其思想。《毚录》自序介绍了当时所见陶文研究的基本情况,对一些问题的讨论和关注,在今天也是陶文研究领域的关注热点,对今天的古文字研究者仍然很有参考价值。

顾廷龙在其他陶文题跋(如《跋谢国桢藏簠斋藏匋拓本》《郑盦藏匋跋》《季目藏匋序》)中,论及陶文源流,形制、文字考证等,也经常可见与《毚录》自序相近或者相通的观点,这些都足以说明这篇自序的重要性。下面结合顾廷龙的其他相关论述,试分析这篇自序的主要内容,以期对其陶文研究观念进行总结。

(一) 重视前贤研究成果,肯定陈介祺、吴大澂陶文研究开创之功

自序开篇,顾廷龙首先回顾了陶文研究的历史现状,对前贤陶文研究领域及方法进行总结,充分肯定前人研究的开创之功。如序言开篇写道:

> 古匋出土,通常皆谓前有齐、鲁,后有燕、赵。惜其地其时,均不甚详。齐、鲁所出,传为临淄、历城,是皆齐邑也。陈氏簠斋(介祺)以居处密迩,闻讯最先,收储亦最富。尝读其手札,有涉匋事者,最早为光绪二年致吴氏愙斋(大澂)书,言附古瓦器拓五,前此未之闻也。同时收藏之家,愙斋而外,有潘氏郑盦(祖荫)、王氏廉生(懿荣)、丁氏少山(艮善)诸人,函牍往返,讨论甚勤。核其时期,约均在光绪十年以前。[①]

顾廷龙肯定了陈介祺、吴大澂、潘祖荫、王懿荣、丁艮善等陶文研究先驱的意义。顾廷龙着重强调陈介祺和吴大澂,充分肯定二人在陶文研究中的先驱意义。实际上,陈、吴的陶文研究也深深影响了顾的陶文研究思路和研究内容。

陈介祺曾撰有《陶文释存》(十六册,稿本现藏山东博物馆)、《陶器造象化布杂器考释》等书稿,惜未刊行。《簠斋藏陶》是辑成最先的一部陶文拓本。自序中“(古陶)多文字者,则光绪初年所出七国时物”,就主要指齐鲁故地出土并经陈介祺收藏的陶文。陈氏对收集的陶文随拓随释,或略作题记,或记明出土地点,还对大部分陶文予以较准确的断代,此外,陈介祺还把古陶文和古玺一起研究,认为陶文价值可与钟鼎、玺印等文字并称:

> 余于钟鼎文字,不能识者,百或有一二,又谓刀布文字不过一二,非钟鼎比也。今得三代古陶文字,则不可识者甚多,且有正倒不能定者,奇矣哉! 石鼓无

---

① 顾廷龙:《〈古匋文毚录〉自叙》,《顾廷龙全集·著作卷》,第494页。

二,而竟有陶,陶又似古于金石,奇矣哉!是岂可与刀布文字并语哉!古陶与古玺印近,有以玺成者,有刻者,与钟鼎、古货为今存三代文字有四,并石鼓禹书洛字为五。①

陈介祺"古陶文与古玺印近,有以玺成者,有刻者"的观点亦甚确。后来,黄宾虹在 1930 年出版的《陶玺文字合证》一书中,通过一些玺印与陶文符合的实例,证明了两者之间的关系,也正应验了陈氏之观点。这些观念深刻影响了后来学者的研究,如顾廷龙 1935 年 12 月在《郑盦藏匋跋》中写道:

　　　　古匋文字,朴茂精美,与玺印、化币之文偏旁近似,当为六国时所用者。惟多奇古难识之字,取与甲骨、钟鼎及各种文字比而观之,可察文字变迁之迹。②

受陈介祺影响,晚清学者们开始重视古陶文。陈介祺言"自余得三代古陶后,都中潘伯寅司寇,济东道李山农,诸城王念亭争收之",吴大澂、刘鹗、端方等亦多收藏,诸多学者中,以吴大澂考释最精,影响深远。吴大澂是顾廷龙学术生涯中非常崇拜的对象,他研究陶文也是受到吴的影响。

吴大澂与陈介祺交好,陈介祺将收藏的陶文多拓寄吴氏,共同探讨研究。两人往来尺牍中经常对陶文进行考释研究。吴大澂每得陶文墨本,即加以考证,随即将释定之文写入《说文古籀补》。他曾撰《古匋文字释》四卷,可惜未及付梓流传。《三代秦汉古陶文字考》《古陶稽证录》有稿本,今藏上海图书馆。

陈、吴往来尺牍涉及陶文研究的很多重要方面。比如对陶文内容的界定。陈介祺在光绪四年(1878)二月二十七日致吴大澂书中称:"古陶文字不外地名、官名、器名、作者用者姓名,与其事其数。"③这些见解都是十分正确的,为后人的研究奠定了基础。

顾廷龙从二人尺牍文本入手,梳理其陶文研究概况,对二人尺牍中涉及陶文研究的部分详细转引并进行点评④。陈、吴尺牍中有部分涉及陶文出土情况和地域⑤。又

---

① (清)陈介祺著,陈继揆整理:《簠斋论陶》,文物出版社,2004 年,第 15 页。
② 顾廷龙:《郑盦藏匋跋》,《顾廷龙全集·文集卷》(下册),第 590 页。
③ (清)陈介祺著,陈继揆整理:《簠斋论陶》,第 34 页。
④ 顾廷龙《〈古匋文香录〉自叙》:"匋器文字,齐、鲁最多者约十二三名,燕、赵最多者十七八名。一则所著人名、里名多关史实;一则仅著匋工,无可深考。簠斋尝云:'古匋文字不外地名、官名、器名、作者用者姓名,与其事其数。'"《顾廷龙全集·著作卷》,第 507 页。
⑤ 顾廷龙《〈古匋文香录〉自叙》:"如致吴书云:齐鲁古陶土上者日少,土中者则犁翻雨击时一见之耳。廉生见真者即收,伯寅则不全收。是以求者亦不甚力。又云:残陶今夏秋少所得,盖日久地面日少,非耕余遇大雨不易觅,有亦剔残而已。出少则觅者亦少,虽有力者亦未易即得,是以不与人争矣(此齐地出者)。鲁地远而往者少,是以尚可有得,特复者多,昨日得五百种,复者三百五十。好之故不能汰,又汰甚则不求□古于齐者。齐出似皆秦灭齐所损,故晚也。"《顾廷龙全集·著作卷》,第 495—496 页。

因陶器为泥埴而成，易于作伪，故出土未久，便有人作伪。针对上述若干方面，顾廷龙在自序中均细致转引①。

(二) 重视同时代学者研究成果，以出土文献与传世文献互证，进行分域断代研究

陶文作为出土文字材料，对其出土地域进行考察，与传世文献互相印证，是晚清学者的一大关注点。这在王国维、罗振玉等前辈学者著述中均有体现。如王国维《桐乡徐氏印谱序》断定陶文与兵器、玺印、货币文字为六国古文一系，指明了陶文的时代，打破了传统金石学只重文字，不重器物和出土地的弊端。罗振玉《〈梦庵藏陶〉序》亦注意辨别齐国陶文和燕国陶文文例上的差异：

> 光绪初元，近畿之易州亦出古陶，有三代文字者，与齐器颇相似，然其文，齐器多记某某里，易州所出则多记匋攻（即工）某，齐器不记年月，易州所出则有八年、十年、十四年者，此其大别也。②

与顾廷龙同时代的文字学家、历史学家，多将陶文作为出土文献与传世文献互证，在当时已是比较普遍的研究方法。同时期学者的研究思路在一定程度上影响了顾廷龙对陶文的研究视角和观念。

顾廷龙认为古陶文"人名、地名有足与钟鼎彝器款识互证者"，主张将陶文与其他出土文字进行对比。对陶文开展比较研究，不仅可以厘清文字的演化轨迹，对于一些历史问题的解决也是至关重要的。他重视同时代学者的最新成果，如自序中以不少笔墨援引古文字学家、历史学家张政烺《平陵陈得立事岁陶考证》一文的主要观点，对其研究方法和研究结论表示认可：

> 张君苑峰（政烺）考平陵陈旲立事岁繲公一器，以为"陈旲"即田乞少子惠子旲，与《陈騂壶》《子禾子釜》之"陈旲"为一人，论证至确。③

《平陵陈得立事岁陶考证》为张政烺 1932—1936 年就读北京大学历史系时所发表，是一篇颇有影响的学术论文，此文开拓了用陶文结合铜器铭文来考证历史的途径。自序对张的考证过程和结论进行了大量征引和概述：

> 于地名平陵，则据《说苑》齐桓公之平陵证为齐地，又以《说苑》"田子颜自大

①　顾廷龙《〈古匋文舂录〉自叙》："簠斋致吴书又云：此地古匋渐有新刻，惟不能得古人之心之力之神，亦惟持此别之，仍时时不敢自信太过而已。……又云：近亦作伪，且有新仿器矣。又云：伯寅大司寇闻由历收古匋想已富，见拓本否？弟近几不收矣。今日作伪日多，金难于匋且然，况瓦砾乎！"《顾廷龙全集·著作卷》，第 497—498 页。
②　罗振玉：《〈梦庵藏陶〉序》，《雪堂类稿》乙《图籍序跋》，第 501 页。
③　顾廷龙：《〈古匋文舂录〉自叙》，《顾廷龙全集·著作卷》第 507—508 页。

术至乎平陵城下,见人子问其父,见人父问其子,田子方曰:其以平陵反乎",证平陵至战国之时犹为田氏所世守,亦可信也。又偁城圜□里□者甚多。方氏云:《汉书·地理志》:"城圜国,故齐。文帝二年别为国。莽曰莒陵。"按此即春秋莒国,后入齐时已有城阳之名,不始于文帝之封朱虚侯章也。又城阳国有阳都县。应劭曰:齐人迁阳,故阳国是。是皆地名人名之可考者。其他类此者尚不少。又从各匋所著里名可以推知里巷取名之概。如曰北里壬、北里癸,疑以方位为里之名而纪以十干。又或以方位冠前以为里别。如东酷里、西酷里。又如东蒦圜里、蒦圜南里、中蒦圜里是也。①

顾廷龙编纂《春录》时,由于时代限制,对所收陶文的时代和出土地多无法进行准确判断。张政烺、顾廷龙等学者重视陶文出土地理位置考察和陶文的地域差异性,具有学术前瞻性。后来的陶文研究学者基本都是沿袭了这一思路。如高明《古陶文汇编》(中华书局,1990),此书所收陶文均注明出土地点和资料来源,按时代和地区分类,将陶文资料分成十目。这种按出土地点划分陶文资料的方法,为分域断代研究创造了良好基础。这种研究方法在张政烺、顾廷龙那里已经初现端倪,其开创之功不容忽视。

(三) 将古陶文与金文、玺印文字对比,重新认识籀文与古文性质

籀文是春秋战国时代通行于秦国的一种文字。今天虽然看不到《史籀篇》了,但仍能从许慎《说文解字》中见到籀文字体。《说文解字》中收录的籀文就有 225 个。许慎在《说文解字叙》中说:"今叙篆文,合以古、籀。"古文则是战国时代通行于东方六国的文字。顾廷龙在对古陶文整理研究的基础上,对《说文》中收录的籀文、古文关系的认识,与前贤观念稍有不同:

> 匋文与古籀文之关系,亦有可得而言者。匋文为七国时书无可致疑。王氏静安(国维)尝云:秦用籀文,六国用古文。又《说文解字》所出壁中古文,与匋器、兵器、货币、玺印为一家眷属。由王氏之说,匋文当与古文悉合。今持以校雠,与金文相似者最多,与玺文相似者次之,其同于古文如亝、睞,同于籀文如箮、䣌,则百之一二而已。又"匋",《史篇》读与"缶"同。今匋文之匋或只作𦈢,足征其不仅读同而字亦互通也。②

---

① 顾廷龙:《〈古匋文春录〉自叙》,《顾廷龙全集·著作卷》,第 508—509 页。
② 顾廷龙:《〈古匋文春录〉自叙》,《顾廷龙全集·著作卷》,第 513—514 页。

　　经过对比研究,顾廷龙认为,陶文与金文字形相似者最多。这种将金文与陶文进行比较的做法,或是受到老师闻宥的影响。闻宥在《䂮录》序言中,将金文"年"字、金文从心之字、金文老部诸字形与齐国出土金文、陶文字形进行比较,"凡斯之类,或足以明其地方性,或足以审其时代性"①。在老师研究的基础上,顾廷龙更是认为古文、籀文书体上并不存在明显差异,是后人称谓造成的不同,并不是由于某时代、某地域所造成的差异,"籀文"可以算作古文的一种,这实在是一个创新的观点:

　　　　夫古文、籀文,非体之异,亦非地之限,乃后人称谓之别耳。后人视昔,无一非古,小篆既行,遂视以前之文字为古文。籀文者,《史籀篇》中之文字,亦古文之一也。后人不察,别谓籀文,遂误一为二矣。《说文序》云"秦始皇帝初兼天下,丞相李斯乃奏同之,罢其不与秦文合者"。所罢既为不合秦文者,则必有合乎秦文者而未罢也。合乎秦文者当即正体。不合乎秦文者乃各国习用之别体。所谓文字异形者也。②

　　顾廷龙对《说文》中籀文、古文的差异性表示怀疑,二者之间是否存在不可逾越的鸿沟,已经引起了他的思考。这种不将古文、籀文强作区分,以出土文字作为直接证据,将小篆之前文字均视为古文的观念,也有吴大澂对古文、籀文关系认识的影响。吴大澂《说文古籀补叙》云:"不分古文、籀文,阙其所不知也,某字必详某器,不敢向壁虚造也。"③

　　顾廷龙、吴大澂的观念与王国维、刘鹗等学者的观念存在差异。王国维《战国时秦用籀文六国用古文说》认为:"余前作《史籀篇疏证序》疑战国秦用籀文,六国用古文,并以秦时古器遗文证之。"④陈介祺当初在"六国古文"前加一"似"字,而后者王国维则于"战国秦用籀文,六国用古文"前着一"疑"字,陈介祺首倡"六国古文"说,王国维将其发扬光大,二人都重视籀文、古文二者差异性。相比王、陈,顾的观念略显激进,他认为籀文、古文其实是"误一为二",顾在自序中继续写道:

　　　　文字之变,出于嬗演;异形之成,由于省美,非断代而创,因地而殊,故无所谓某用古文,某用籀文也。设古文、籀文厘然有别,则六国与秦难以相通,然未闻彼时有重译之事也。又观今日所传秦及六国器铭,作风虽或不同,而偏旁要无二致。故余谓匋文实出于流俗习行之体。以其同源,故与各体皆不能无相似;又以

---

①　闻宥:《叙》,《顾廷龙全集·著作卷》,第487—489页。
②　顾廷龙:《〈古匋文䂮录〉自叙》,《顾廷龙全集·著作卷》,第514—515页。
③　(清)吴大澂:《说文古籀补叙》,(清)吴大澂:《说文古籀补》,民国二十五年(1936)商务印书馆,第6页。
④　王国维:《观堂集林(外二种)》,河北教育出版社,2001年,第151页。

其出于流俗,故与正体亦不能无小殊。必胶滞求之,以为合于某一体,则非所以论古矣。①

顾廷龙强调西土文字(籀文)和东土文字(六国古文)之间的联系,认为二者并不存在明显的差异。此观点需要辩证来看待,从出土文字的角度,秦及六国文字存在相似和相通性,这是从唯物历史观角度出发得出的结论,二者都是古汉字发展的不同分支,必然存在关联性。如果二者有截然的差异和不同,则"六国与秦难以相通",这无疑是正确的。但如果据此将籀文等同于古文,抹杀二者的差异,也未必完全正确,还需要进一步的商榷。

王国维、刘鹗等学者对吴大澂将古陶文与金文并列的做法并不认可,王、刘认为古陶文字形,由于地域差异和使用的日常属性,有其特殊性,应为古文之异体。"多省略变异,不可强为说解",与典雅规范的"古彝器文"其实是存在差异的:

> 予往昔,尝与刘铁云观察言,"陶文为古文之异体,与古玺古货币文字,并与习用之古文不同。愙斋与古彝器文并列,实未尽合。其文多省略变异,不可强为说解,拟集三者文字,分别部居,合为一书,以流传之",铁云韪予说,顾以人事牵阻,尚未写定。②

此外,《匋录》自序还对陶文章法的艺术性、陶器形制等问题进行了探讨。如对陶器形制,顾廷龙认为"陶之形制,因完器不多靓,莫能详辨。据印文所记,前人所述,参以己意,可约分为八种":豆、区、釜、良、盆、缶、罍、埙③。他对这八种形制的陶器,从传世文献中一一对其形制和容量进行考察,并且列举相关出土陶文辞例进行说明,具有积极的意义。对陶文章法的艺术性,因《匋录》书稿是顾廷龙亲手摹录字形而成,在这个过程中,他感受到古陶文的艺术之美,认为陶文行列是自由而有创造性的,并没有严格的规定性,正是由于其"缀款并无定式,一视器物之余地与记文多寡笔画繁简以为准。或加方围,或加椭围,字体或展或敛,或斜或倾,亦或因地位之舒蹙而损益其笔画,盖虽寻常约易之作,而亦有艺术存乎其间焉"④。当然,由于顾廷龙文字学家和学者的立场,他对陶文的艺术属性并未展开论述和细致分析,但后世书家、篆刻家已对陶文艺术性充分留意,从中汲取营养进行相关的艺术创作。

---

① 顾廷龙:《〈古匋文匋录〉自叙》,《顾廷龙全集·著作卷》,第515—516页。
② 罗振玉:《〈梦庵藏陶序〉》,《雪堂类稿》乙《图籍序跋》,第501页。
③ 顾廷龙:《〈古匋文匋录〉自叙》,《顾廷龙全集·著作卷》,第499—503页。
④ 顾廷龙:《〈古匋文匋录〉自叙》,《顾廷龙全集·著作卷》,第512—513页。

四、正确评价《陶录》的历史地位及影响

对《陶录》评价,除张政烺在天津《益世报》所作书评,顾廷龙老师闻宥也对此书给予肯定,他不但亲自撰写序言,更认为"此编数量虽不必富,而其足以资探讨、裨学术者几不可以弹举。至于摹写之工饬,则又远出以往著录之上"①。由于陶文"或不能辨,偏旁又字少无文理。揣索不易",所以《陶录》附编多于正编,即对不确定的字形仅作字形隶定,或将其阙疑处理。顾廷龙仰慕吴大澂学术,但对吴大澂考释错误之处也进行了不少勘误修正,也是他严谨治学态度的体现。此外,我们认为《陶录》作为第一部陶文文字编的价值还体现在以下方面:

(一) 保存了很多珍贵的古陶文字形,为后续文字编著录提供了前期资料

作为第一部陶文字形大全,《陶录》保存的陶文字形,有些是后世的陶文文字编,如金祥恒《陶文编》(艺文印书馆,1964),高明、葛文会《古陶文字征》(中华书局,1991)等文字编所缺失的。在材料保存层面上,《陶录》保存了许多珍贵的字形材料,为后续陶文文字编的编纂提供了便利。对此,裘锡圭曾这样评价道:

> 顾先生看到的有些陶文拓本,这两部书的作者没有看到。不但《陶文编》"所录潘博山古陶文拓片""悉据顾廷龙氏《古匋文陶录》"(该书《编辑凡例》1 页上);就连把新旧资料都搜集得相当齐全的《文字征》,也声明其所收陶文"少数因原著录难以寻觅",是从《陶录》转录的(该书《编辑序言》2 页)。如果没有《陶录》,这些陶文可能就会失传。②

作为汇集陶文的第一部字书,在材料保存上《陶录》功不可没。需要指出,任何文字编的收录不可能做到材料的绝对完整,由于主客观条件的限制,《陶录》材料收集并不是绝对完备,毫无遗漏,比如正编、附编一起只收了 800 多字,而且附编所收字多于正编等,确是尚待研究解决的问题。

(二) 著录体例完备科学,可供后续文字编在编纂体例上借鉴

《陶录》在著录体例上比较完备科学,对所收字形来源都有说明,注明字形拓本来

---

① 闻宥:《叙》,《顾廷龙全集·著作卷》,第 491 页。
② 裘锡圭:《〈古匋文陶录〉重印序言》,裘锡圭:《裘锡圭学术文集》第六卷《杂著卷》,复旦大学出版社,2012 年,第 138 页。

源。并且对所收各字,只要原来不是以单独一字的形式,而是二字以上相连出现的,都附有陶文辞例,此举为读者提供了陶文研究的语言材料,使后人学者可以复核材料,即以全句录注,为参稽字义之资,为有关研究者提供了一大批内容完整的新鲜数据,十分可贵。

(三) 字形考释绝大多数准确合理,少数字形考释存在疏误

《叕录》收录 500 余字,两部后出的古陶文文字编所收字数当然超过《叕录》,尤其是在五十余年后出版的《古陶文字征》,共收陶文 1823 字。与后来文字编相比,《叕录》中对很多陶文字形的释读现在看来仍是正确的,这在当时十分难得。裘锡圭《〈古匋文叕录〉重印序言》中曾举出两个字形的例子,指出《叕录》在考释字形上胜于后来两部陶文文字编的地方[①]。

《叕录》字形考释应该说代表了顾廷龙那个时代的最高水平。但《叕录》并非尽善尽美,主要体现在:一对很多不认识的字形,顾廷龙仅作隶定处理,并没有进行释字。二是《叕录》在若干字形考释上确实有疏误不妥之处。随着新的研究材料的不断发现和陶文研究的发展,其中一些误释字形大多得到了勘误和纠正。没有释出的字形,后来的研究者多进行了补释。如 字,顾廷龙引马昂观点释为"同"[②]。后经文字学家结合文献及地理考证,该字实为"昌"字[③]。这方面的例子还有一些,限于篇幅,不再一一罗列。

总之,由于古文字学的不断进步,后来学者释字胜过前代学者,是学术发展的正常现象,后人的成就建立在前辈耕耘的基础之上。《叕录》的若干微瑕完全无损其历史地位。不能因为今天古文字学者认识的甲骨文字形多于王国维、罗振玉那个时代,就抹杀了罗、王等前辈学者的功绩,也不能因为后来文字编收录字形多于《叕录》,在字形考释上对《叕录》有修订之处,就看不到《叕录》的历史价值,进而对其进行否定,是完全不可取的。

《叕录》不仅是研究古陶文的基本资料,对古文字学、古文献学乃至考古学都有重要的参考价值。顾廷龙古文字学术研究思想,尤其是古陶文的学术研究思想有待后来者进一步的挖掘和探索。

---

① 裘锡圭:《〈古匋文叕录〉重印序言》,裘锡圭:《裘锡圭学术文集》第六卷《杂著卷》,第 138 页。
② 顾廷龙:《古匋文叕录》"附编",《顾廷龙全集·著作卷》,第 661 页。
③ 高明:《中国古文字学通论》,文物出版社,1987 年,第 561 页。

苏州博物馆藏顾廷龙纂稿本《潘氏攀古楼所藏彝器辑目》述略

贾　上

（苏州博物馆古籍图书馆）

一、稿本《潘氏攀古楼所藏彝器辑目》概况

苏州博物馆藏稿本《潘氏攀古楼所藏彝器辑目》是顾廷龙先生于 1939 年编纂的一部关于潘祖荫攀古楼所收藏彝器的总目。是书为线装，一册。每半叶十一行，行字数不等，朱丝栏，单鱼尾，左右双边，每叶书口下分别有"校钞乙部秘籍""吴县潘氏宝山楼"两种字样。可知顾廷龙编纂此书时借用了潘景郑宝山楼专用稿纸。书衣上以朱笔隶书题写"潘氏潘古楼所藏彝器辑目己卯元旦"，"己卯"当是 1939 年。卷前有顾氏所撰长篇自序，卷端书名项题为"潘氏攀古楼所藏彝器辑目"，作者项题为"吴顾廷龙起潜纂"。但此处"潘氏""起潜纂"两处文字以"「」"圈出，恐意在删除。版框尺寸为高 30.2 厘米，宽 16.6 厘米。

图 1　稿本《潘氏攀古楼所藏
彝器辑目》书衣

全书收录彝器共二十一类五百八十九器，分别如下：钟，共二十六器；鼎，共六十五器；甗，共十器；鬲，共十二器；敦，共一百十七器；簠，共十二器；簋，共八器；尊，共三十一器；罍，共三器；壶，共十一器；卣，共七十七器；斝，共七器；盉，共九器；觚，共十二器；觯，共二十一器；爵，共八十一器；角，共九器；盘，共九器；匜，共十七器；杂器，共二十二器；兵器，共三十器。

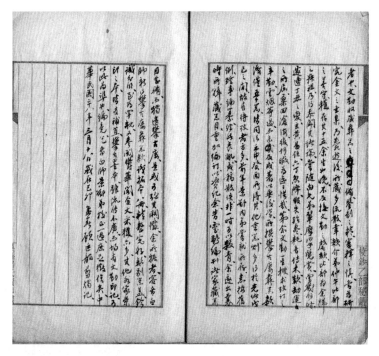

图 2　稿本《潘氏攀古楼所藏彝器辑目》序文页

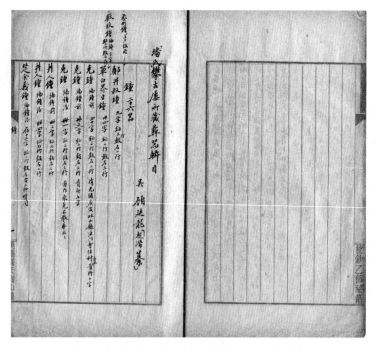

图 3　稿本《潘氏攀古楼所藏彝器辑目》卷首页

　　该书属于简目性质,每器著录项分别是器名、铭文字数、铭文行数及位置、铭文特征(是否清晰、是否为阳识等)。如"郑井叔钟",著录为"九字,钲二行,鼓左三行"。"虢叔钟"著录为"九十一字,钲四行,鼓左五行,文不清晰,首行至穆字止"。"析子孙妇敦"著录为"二字,并列,阳识"。部分重要的器物著录出土时间及出土地点,如"克钟""克鼎",著录为"清光绪庚寅岐山县法门寺任村出土","邾钟一""齐侯镈"著录为"清同治庚午山西荣河县后土祠旁出土","盂鼎"著录为"道光初年出郿县礼村沟岸中,光绪乙丑得"。部分器物标注为"已入录",应指的是该器已被《攀古楼彝器款识目录》(即潘祖荫所刻《攀古楼彝器款识》)收入。少数器物著录了亦见于他书的信息,如"邾钟一"著录为"《攀古楼彝器款识》已入录第一器,《愙斋集古录》第一器。邾钟十一器,据容氏藏拓,有原定次第,钤有款字,第几未记录"。又有两器(一瓿一觯)以朱笔标注为"伪可删"。

　　另外,除书衣以隶书写以书名外,此种全书以行楷写就,用笔清雅舒朗,颇见功力。与顾廷龙其他文稿比对,当是顾氏亲笔。但此稿字里行间常见涂改修正的痕迹,应是顾氏当时所编纂的未誊清稿本。

二、《潘氏攀古楼所藏彝器辑目》的编纂过程

　　《潘氏攀古楼所藏彝器辑目》一书的编纂,《顾廷龙年谱》《顾廷龙日记》等书未载,但具体细节通过书前顾氏所作长篇自序可推知。根据落款日期,此序作于民国二十八年(1939)三月十八日。是时顾廷龙在燕京大学图书馆工作,担任中文采访部主任,具体负责古书采购工作。这篇《序》在稿本中没有题目,在《顾廷龙全集·文集卷》收入作《潘氏攀古楼所藏彝器辑目自序》[①],而且内容比稿本中多出末尾"廿余年来……即乞校正"一段,其余内容则基本相同。多出的一段交代了顾廷龙受燕京大学的老师容庚[②]嘱托而作序的缘起。可知此段应是稿本完成后,顾氏又于文末新添的内容。

　　关于《辑目》的编纂过程,《序》曰:"第念文勤一生,搜求考订之辛勤,云烟等过,而未及成著,以垂后学。所撰《攀古楼彝器款识》仅三十器,皆同治壬申、癸酉所得。其

---

① 顾廷龙:《潘氏攀古楼所藏彝器辑目自序》,《顾廷龙全集》编辑委员会编:《顾廷龙全集·文集卷》(上册),上海辞书出版社,2015年,第496—498页。

② 容庚是顾廷龙在燕大求学时的老师,自1931年7月顾廷龙考入燕大研究院国文系,先后受容庚、郭绍虞、魏建功等老师教导,学习版本目录、语言文字之学。

他重器,则多得于光绪戊、己之间,故有待考述者方多。前年,景郑内弟尝就所存,悉按旧例,踵事编纂,经此丧乱,成稿散佚,非一时可以杀青。余遂出曩时所辑藏器目,重加编订,以资纪念。昔灵鹣编刊诸家藏器目甚备,而独遗攀古楼,是或可弥其缺憾。余所据者,容希白师新得《攀古楼彝器款识》拓本八册,精整完好,类别器盖,钤识分明,至为罕觏。又参阅《郁华阁金文》,采获亦多,其他各家景印之本,皆有补苴。攀古墨本,虽流传不广,而均有文勤印记,可以此为准也。"①

通过以上序文可知,顾廷龙编纂《辑目》的起因有以下几点:一是潘祖荫生前所编撰刊刻的《攀古楼彝器款识》收录仅五十器,并未包含潘氏在光绪戊寅、己卯之间所得重器②,《款识》一书不能反映潘氏攀古楼收藏的全貌;二是顾廷龙的妇弟潘景郑,也即潘祖荫侄孙、宝山楼主人,曾经在1937年根据家中所存器物及文献编辑过攀古楼彝器目录,但由于经历战乱③,此稿散佚未能成书。而顾氏自己亦曾在数年前编纂过《攀古楼藏器目》,正可以此为基础重加编订;三是前人对此研究过少,如清末江标辑刻的《灵鹣阁丛书》,虽然收录了如《积古斋藏器目》等数十家藏器目录,但是独缺攀古楼藏器,重编潘氏藏器目录可以补其遗漏。

关于《辑目》编纂的文献来源,根据序文可知是顾廷龙以旧时所编《藏器目》为基础,参考容庚所藏的拓本《攀古楼彝器款识》、盛昱《郁华阁金文》以及其他各家景印之本。同时,顾氏与潘家后人的联姻及交往关系,对《辑目》的成书亦大有帮助。下文将对这些史源文献一一进行考述。

(一)顾氏所谓"《藏器目》"当指《攀古楼藏器目》。此书是顾廷龙先生辑录于1933年,同时成书的还有《愙斋藏器目》,二目于1933年12月合刊在《国立北平图书馆馆刊》第七卷第二号。《顾廷龙全集·文集卷》亦收入书前《吴县潘氏攀古楼吴氏愙斋两家藏器目叙》一文,是叙作于1933年2月2日,文曰:"潘氏器,未有人编其目,余亦就所见拓本而钤有其藏印者,录为一册,计四百数十器,秦、汉物及其杂器则尚未在焉,洵足为藏家之冠。至所藏总数,未由访悉,惟褚礼堂(褚德彝)尝谓藏六百余品,则余所辑者三之二耳,余者得非即秦、汉物及其他杂器也耶?"①可知顾廷龙是从所见拓本中摘录钤有潘祖荫收藏印的器物而编纂成此书。

《藏器目》一书共分为 29 个大类,共收录四百余件彝器,其中并不收入秦以后的器物。与其后成书的《潘氏攀古楼所藏彝器辑目》相比,二书的相同之处在于:对于彝器的一级分类及顺序基本上是一样的,只不过在《辑目》中"句鑃""豆""盦"等数量较少的器物合并为"杂器"一类,"戈""句兵""剑""斧"等合并为"兵器"一类。可见《辑目》一书在大框架上采纳了《藏器目》的分类方法。二书的主要不同之处有以下两点:1.《攀古楼藏器目》一书著录较为简单,绝大部分器物仅罗列器物名而没有著录铭文行款及字数信息,在这一方面,《辑目》著录较详。但《攀古楼藏器目》中有部分器物著录了出处或流传等相关的信息,这些内容在《辑目》中没有被沿袭下来。如"虢叔钟",《攀古楼藏器目》在器名下著录为:"虢叔钟索值二千四百元,岂不可发大噱乎,始知敞肆之物未足云贵也。(潘致吴窬斋书语,)后归端匋斋。"②《辑目》中此器著录为:"九十一字,钲四行,鼓左五行。文不清晰,首行至穆字止。"故《攀古楼藏器目》对《潘氏攀古楼所藏彝器辑目》有补充之用,二书可以互相参看。2.每大类下的器物顺序并不一致,《辑目》所录器物数量更多,且著录项更加整齐划一,应是在《攀古楼藏器目》的基础上重加调整修饰而成的。

又,《攀古楼藏器目》一书的稿本亦藏于苏州博物馆,是书为线装一册,每半叶十一行,绿丝栏,上单鱼尾,左右双边,书口下有"艺经楼"的字样,书衣上题名作"攀古楼藏器目稿",卷端书名作"攀古楼所藏钟鼎彝器目"。虽然卷前无撰者题名,但通过内容比对,可以发现其与发表的《攀古楼藏器目》基本一致,且用纸采用的是"艺经楼"绿丝栏稿纸,这种稿纸在顾廷龙撰写日记时亦使用过③。此本内容较为杂乱,且时有涂改,应是顾廷龙所撰写的《攀古楼藏器目》未誊清稿本。

(二)《郁华阁金文》。是书乃晚清官员、学者盛昱所集。盛昱(1850—1899),字伯熙,一作伯羲,号意园,满洲镶白旗人,协办大学士敬徵之孙,左副都御史恒恩之子,清朝宗室。光绪二年(1876)进士,官至国子祭酒。其传见于《清史稿》卷四百四十四。

① 《顾廷龙全集·文集卷》(上册),第 495 页。
② 顾廷龙:《吴县潘氏攀古廙吴氏窬斋两家藏器目》,《国立北平图书馆馆刊》1933 年第 7 卷第 2 号,第 73 页。
③ 现存顾廷龙在 1932 年、1937 年至 1941 年所写的日记稿本即使用了此种稿纸。李军:《整理前言》,顾廷龙撰,李军、师元光整理:《顾廷龙日记》,第 1—2 页。

　　关于《郁华阁金文》一书,王国维曾论曰:"光绪间,宗室伯羲祭酒广搜墨本,拟续阮、吴诸家之书。时郁华阁金文拓本之富,号海内第一,然仅排比拓本,未及成书也。稍后,罗叔言参事亦从事于此,其所搜集者又较祭酒为多。辛亥国变后,祭酒遗书散出。所谓郁华阁金文者,亦归于参事,合两家之藏,其富过于阮、吴诸家远甚。汰其重复,犹得二千通,可谓盛矣。"①可知是书原是盛昱所集,但未完全成书。辛亥革命后,此本归于罗振玉,罗氏又根据家藏有所增补,总共收录拓片超过两千通。

　　顾廷龙曾在1932年的秋天校读过这本罗振玉整理过的《郁华阁金文》,并于1933年元旦写下《读郁华阁金文记》一文,叙述自己校阅该书的心得,文末曰:"余在吴中,夙闻郁华金文之富,亟望一读。去夏既负笈来此,又以攻课不遑。今秋始得并诸家著录,校读一过,是为记。"②可知顾廷龙当时来燕京大学求学,并在燕京大学图书馆获读此本。根据罗振玉的题跋,盛昱所集《郁华阁金文》在1912年归于罗振玉之大云书库,后于1928年归燕京大学图书馆公藏③。

　　关于此书涉及潘祖荫藏器的内容,《读郁华阁金文记》中有言:"所集墨本,至为广偏,藏家多钤印记,五色烂然,就之约核,因知得自吾吴藏家者居多,攀古廎器十之三,窸斋器十之一,其他则簠斋器为多,可十之二,无印记,不详藏家者,十之二。"④同时对于盛昱的收藏经历,顾廷龙在文中引用了盛昱所写的《窸斋集古图》题跋:"同、光以来,士大夫收蓄古器之富,以吴县潘文勤师为最,所刻《攀古楼款识》,特百分之一耳。文勤购集甚力,间有佚出,乃为清卿前辈所得。……余与福山王太史始获一二。……壬辰,清卿来京师,余得遍观其所藏,盖亦不能全备如文勤。"⑤可知盛昱对潘祖荫执以弟子礼,且对潘氏的丰富收藏亦大为赞赏。潘祖荫身后,盛昱也从吴大澂处收藏过其中一二。

　　综上,顾廷龙在家乡时就对郁华阁所藏金文有所耳闻,后来利用身在燕大求学的便利,1932年秋于燕大图书馆校读了罗振玉整理过盛昱所集的《郁华阁金文》,并注意到了书中约十分之三的攀古楼藏器。随后顾廷龙于1933年编纂发表了《攀古楼藏器

---

① 王国维:《〈宋代金文著录表〉序》,王国维:《观堂集林(外二种)》卷六《艺林六》,河北教育出版社,2001年,第147页。
② 顾廷龙:《读郁华阁金文记》,《顾廷龙全集·文集卷》(上册),第509页。
③ 顾廷龙在《读郁华阁金文记》中引用罗振玉题跋:"岁在壬子,予在海东,宝瑞辰宫保为予作缘,遂归大云书库。又十六年而转归燕京大学图书馆,可谓得所,于是此数十册者,不复流落,或致散佚,其传永永矣。"《顾廷龙全集·文集卷》(上册),第509页。
④ 顾廷龙:《读郁华阁金文记》,《顾廷龙全集·文集卷》(上册),第506页。
⑤ 顾廷龙:《读郁华阁金文记》,《顾廷龙全集·文集卷》(上册),第508页。

目》一书，二书也成为了《潘氏攀古楼所藏彝器辑目》的文献基础。

（三）"其他各家景印之本"。根据《潘氏攀古楼所藏彝器辑目》器物的著录信息可以看出顾廷龙在编纂目录时候参考了其他书籍，大约有以下几种：1.《愙斋集古录》，吴大澂编，全书共二十六卷，收录吴氏和同时期潘祖荫、陈介祺等收藏的铭文拓片1200余件，《辑目》一书中有三器下明确提及该书。2.《奇觚室吉金文述》，刘心源编，全书共二十卷，内收铭文拓片七百余件，《辑目》一书中有两器下明确提及该书。3.《周金文存》，邹安编，全书六卷附补遗，共收录铭文拓片一千五百四十五件，《辑目》一书中有两器下明确提及该书。

（四）顾廷龙与潘氏后人的姻亲交往关系对《辑目》一书的编纂亦大有帮助。顾廷龙的夫人潘承圭（1906—1967）是潘祖荫的侄孙辈，其祖父潘祖同，父亲潘亨谷，兄潘承厚，弟潘承弼（即潘景郑），皆是吴县"贵潘"的后人。而顾廷龙与潘景郑则是姐夫和小舅的关系，二人又来往紧密，交往切磋数十年如一日。《潘氏攀古楼所藏彝器辑目自序》有言："余生也晚，不及接文勤之謦咳，比部为余妇之叔祖，乃得悉闻其绪论，尝随内兄弟辈摩挲览赏。"[1]即可见潘家后人对顾廷龙编纂潘氏藏器目录的影响。同时序言中提及的潘景郑于1937年所编纂的潘氏藏器目录，文中并未详细介绍，且说散佚于丧乱。但据笔者所见，潘景郑所纂的这本目录很可能并没有散佚，此稿可能是《攀古楼藏器拟目》一书，现亦藏于苏州博物馆。是书为线装一册，每半叶九行，行字数不等，绿丝栏，书口下有"滂喜斋"字样，卷前书名题名作"攀古楼藏器拟目"，作者题名作"吴县潘祖荫藏　侄孙承弼辑录"，每器条目下记载铭文字数及出处，如"齐侯镈"其下著录为"一百七十四字　攀　愙"，全书以行楷写就，当为潘氏亲笔。经统计，全书共收录25类394件器物，其中有部分器物（共70件）的抬头用朱圈标识，可能指的是潘氏编辑目录时这部分彝器尚存。潘氏所辑录的此种稿本，虽经历战乱却完好无损并归于公藏，可谓吴地文献之幸事。

综上，出于《攀古楼彝器款识》收器不全、潘氏后人所编目录散佚等原因，顾廷龙于1939年编纂成《潘氏攀古楼所藏彝器辑目》，是书是在1933年顾廷龙所编《攀古楼藏器目》及容庚藏《攀古楼彝器款识》的基础上，参考了燕大图书馆所藏罗振玉整理的《郁华阁金文》及《愙斋集古录》《奇觚室吉金文述》《周金文存》等书，并征求了潘氏后人如潘景郑的意见而成书的。

---

① 顾廷龙：《潘氏攀古楼所藏彝器辑目》，《顾廷龙全集·文集卷》（上册），第497页。

三、《潘氏攀古楼所藏彝器辑目》的文献价值

《潘氏攀古楼所藏彝器辑目》一书稿本编成后,并没有像《攀古楼藏器目》公开发表,故未得以广泛流传。关于此书的编纂,《顾廷龙年谱》《顾廷龙日记》等书失载,《顾廷龙全集·著作卷》亦未收入,只有《顾廷龙全集·文集卷》中收入了书前自序,可见此书尚未进入研究者的视野。而自1933年《攀古楼藏器目》编成以来,顾廷龙先生已两豫其事,期间爬梳文献,采访后人,终成此编,进一步填补了潘祖荫攀古楼彝器缺少收藏总目的空白。同时与《攀古楼藏器目》《攀古楼藏器拟目》等书相对比,《潘氏攀古楼所藏彝器辑目》亦有明显优点,主要应有以下几点:

(一)收器量大。潘祖荫生前刊刻的《攀古楼彝器款识》共收录五十器,此五十器为潘氏早期青铜器收藏中的精品,主要是潘氏在同治十一年至十二年之间的收藏,故可谓之精但不可谓之全。其后,诸家金文集本皆未编未收其详目。有感于此,顾廷龙于1933年编纂的《攀古楼藏器目》一书,收器已达四百余件,潘景郑于1937年所编的《攀古楼藏器拟目》所录亦接近四百件器物。而至《潘氏攀古楼所藏彝器辑目》的编纂,收录总量已多达589件。顾氏所撰序文有言:"至所藏总数,未由访悉,惟褚礼堂尝谓藏六百余品。"可见《辑目》一书的收器数量已经很接近潘祖荫所藏总量。但与《攀古楼彝器款识》不同的是,《款识》一书反映的则是潘祖荫一时之藏器。顾廷龙编纂《辑目》是从不同史源文献辑录而来的,其反映的应是历来为潘祖荫所经手的彝器,故能接近六百器,足以反映潘氏攀古楼收藏之盛貌。

(二)分类全。《攀古楼彝器款识》一书并未分一级类目,只是分册罗列了钟五件,鼎七件,彝四件,卣十二件,爵六件,壶三件,甗两件,敦六件,簋、盉、鬲、盘、斧各一件。还未形成完备的分类体系。自《攀古楼藏器目》至《潘氏攀古楼所藏彝器辑目》,分类已达二十一种,已经包含绝大部分青铜器种类。同时《辑目》的分类也更为科学,《攀古楼彝器款识》收录了彝四件,其实此四器实为敦,可知潘祖荫在辑刻《款识》时,尚以"彝"为一器之专名,而在《辑目》一书中此四器已划入"敦"类,体现了彝器分类的进步。

(三)著录细致。《辑目》虽属简目范畴,但相较于《攀古楼藏器目》大部分器物仅著录器名,其著录内容已增多不少。其中每器之下必著录的信息有铭文的字数与行数,部分器物还著录铭文的状态,如铭文所在位置、是否清晰、是否为阳识、某行首字作某、某字作某形等。除此之外,部分重要器物还著录出土时间与地点、潘祖荫得器

时间,这些信息已足以确定该器为何种器物,有助于考察这一器物的收藏流传史。但应该指出的是,《辑目》中除了出自《攀古楼彝器款识》的信息被标注出来,其余彝器并未标明文献出处。

(四)体现了顾氏关于彝器收藏的思想。顾氏在长篇自序中对潘祖荫之收藏甚为推重,他认为"收集古器而欲全备,难矣哉。……惟爱好者日众,而作伪者亦日工。鉴别真赝,则为尤难。倘仗势凌人,得之不以其道,未达篆籀之旨,仅为几席之玩者,不足与言学术矣"。而潘祖荫"无智取,无豪夺,又慎择详审,必不使一作伪者厕其中,以是为无悖于考古证经之意"。故"当为研究金文之圭臬"。可见在彝器收藏上,顾氏认为应该从考古证经的角度出发,对器物慎择详审并得之以道。同时,顾氏对潘祖荫提出的"三蔽说"①亦十分认同,并借以批评当时出现的乱象:"何意近年之为斯学者,莫辨真赝之别。未睹字例之条,本真既失,考证何冯,乃复望文生义,附会经典,以自新其说。即就今日之风俗人情,上测元始之名物制度,此商彼周,言之凿凿,宛若身尝出入三代之际,其然岂其然乎?"②可见顾廷龙对于彝器收藏及铭文考释的态度,是当以学术研究为中心,要明辨器之真伪、明晰铭文字例之条,同时应杜绝"三蔽",不可望文生义、以今度古、自以为是。这些收藏观点是十分进步且科学的,值得后人学习借鉴。

另外,稿本卷前的顾《序》文本对纠正整理本的《顾廷龙全集·文集卷》收入的《潘氏攀古楼所藏彝器辑目自序》一文中的错讹亦有帮助,这些错误大多是因文字形近而造成的讹误,通过稿本文本则得以知晓正确字形,今择其要者罗列如下:

(一)"其文字可正鄦堂之误敚"③。"堂",稿本作"书"。按,"鄦"即"许"也,"许书"即许慎之《说文解字》,这里是说金文文字可以纠正《说文》中的错误。"鄦堂"则于义不通。

(二)"当搜集彝器,不遗余力"④。"当",稿本作"尝"。按,这句是说潘祖荫曾大力搜集彝器,"尝"字于义为优,二字形近而误。

(三)"师嫠归夆,敲铭鸿制"⑤。"敲",稿本作"敦"。按,此处指的是"师嫠敦"的铭文,《辑目》中"敦"类便著录有"师嫠敦"⑥,二字形近而误,当以"敦"字为确。

---

① "三蔽"是指潘祖荫在《攀古楼彝器款识》书前自序中提出的收藏彝器的三种不良行为:"若夫赏其采色,玩其刻镂,溢案充帏,裘佩等玩,其蔽也陋。轻财慕古,以为名高,沾袭人云,不论文字,其蔽也憍。执楷说篆,释甲忘乙,某商某周,自欺欺世,其蔽也妄。"《续修四库全书》(史部第 903 册),上海古籍出版社,1995 年,第 2 页。

② 顾廷龙:《潘氏攀古楼所藏彝器辑目自序》,《顾廷龙全集·文集卷》(上册),第 497 页。

③④⑤　顾廷龙:《潘氏攀古楼所藏彝器辑目自序》,《顾廷龙全集·文集卷》(上册),第 496 页。

⑥　中国社会科学院考古研究所编:《殷周金文集成》(第八册)第 4325 器,中华书局,1987 年,第 283—284 页。

（四）"宝鼎之文，非逆相间"①。"非"，稿本作"顺"。按，《辑目》中"鼎"类有"□□宰鼎"②一器，其下著录："每行文字顺逆相间。"核查此器铭文，可知其铭文共五行，一行为正，一行为反，乃当时铸造之失误，故曰"顺逆相间"。

（五）"中义父，罕觏其类"③。前半句稿本作"中义父罐④"。按，此器在《辑目》中"杂器"类收入，整理本应是脱去一"罐"字。

（六）"襄鼎之款，骹以磏骷"⑤。"骹"，稿本作"称"。按，"骹"，其义不明。而"磏骷"一词，出自襄鼎⑥铭文，据学者研究，其义为鼎名自称⑦。故此处当以"称"字为是，意思是襄鼎之铭文中自称为磏骷。

（七）"铭文洋洋，足补周语之佚"⑧。"周语"，稿本作"周诰"。按，此处指的是《尚书·周书》中的《大诰》《康诰》《酒诰》等篇章，"周诰"于义更优。

（八）"异制累累，可窥三代之文"⑨。"三代之文"，稿本作"三代之文物"。按，此句前一句已说过"补周诰之佚"，此处为避免重复，应以"文物"为优，同时"异制"一词也应是对应"文物"而言。

（九）"'……盖亦不能至备如文勤。'《愙斋集古图卷题识》读此知……"⑩。"《愙斋集古图卷题识》"，稿本此处作双行小注，可知此处是对上文的注解，即上文的出处为《愙斋集古图卷题识》，整理本未作句读处理，是不正确的，当改成句下小注形式。

（十）"所撰《攀古楼彝器款识》仅三十器"⑪。"三十"稿本作"五十"。按《款识》一书收器五十，应以稿本文字为确。

四、结　　语

谈及顾廷龙，学界多注意的是先生在版本目录学、图书馆事业、书法等领域上的成就。其实在金石学及相关领域，先生亦深耕多年，建树颇丰。根据《顾廷龙年谱》等文献，先生对金石学自幼年时便有接触。先生幼时于家中得吴大澂篆书《论语》《孝经》，便喜而摹之。除此之外，先生还目睹临摹了许多名人法书、旧拓碑帖。青年时，

①③⑤⑧⑨　顾廷龙：《潘氏攀古楼所藏彝器辑目自序》，《顾廷龙全集·文集卷》（上册），第 496 页。

②　中国社会科学院考古研究所编：《殷周金文集成》（第五册）第 2591 器，中华书局，1985 年，第 31 页。

④　中国社会科学院考古研究所编：《殷周金文集成》（第十六册）第 9964、9965 器，中华书局 1994 年版，第 57—58 页。

⑥　中国社会科学院考古研究所编：《殷周金文集成》（第五册）第 2551 器，中华书局 1985 年版，第 11 页。

⑦　黄锦前：《东周金文"石沱"正解》，《江汉考古》2016 年第 1 期，第 104—108 页。

⑩⑪　顾廷龙：《潘氏攀古楼所藏彝器辑目自序》，《顾廷龙全集·文集卷》（上册），第 497 页。

先生被外叔祖王同愈聘为馆师,遂得遍观其藏书并跟随王氏学习金石学,先生在王家曾手录诸家评校本《积古斋钟鼎款识》。1931 年,先生考入燕京大学研究院国文系,跟随容庚、顾颉刚、郭绍虞等名师学习语言文字之学,即以《说文解字》中废字废义为题做研究论文,课余先生随容庚师游琉璃厂、庆云堂等处翻阅金石拓片,颇以为乐。其后成果如我国第一部陶文字典《古匋文䀢录》《尚书文字合编》(与顾颉刚合作)等文字学专著,《释克》《释良》《读郁华阁金文记》等论文,皆考证精审、体例严谨之作。金石学研究是伴随顾廷龙先生一生的事业。

《潘氏攀古楼所藏彝器辑目》一书的编纂,亦能充分体现顾廷龙先生的金石学成就。是书收器完备、著录细致、体例严谨,进一步填补了潘氏攀古楼缺少彝器收藏总目的空白,在还原攀古楼收藏之盛及表彰潘氏鉴别审释之精上,实是有功之臣。同时序文中体现的顾廷龙先生关于彝器收藏及金文考释的得之以道、明辨真伪、慎择详审等思想,亦十分值得后人借鉴学习。总而言之,在考论潘氏藏器情况及顾廷龙先生金石学成就上,《潘氏攀古楼所藏彝器辑目》一书值得深入研究。

一生与愙斋有缘

——顾廷龙先生的吴大澂研究

李　军

（苏州博物馆学术科研部）

对顾廷龙先生一生学行产生影响的前辈乡贤可能有很多，不过，吴大澂应是无论如何都无法绕过的一位。无论是学术研究还是书法艺术方面，吴大澂对顾廷龙先生都产生了深远的影响。而近百年以来，关于吴大澂生平的研究，最具有代表性的著作无疑是顾廷龙先生的《吴愙斋先生年谱》一书。毫不夸张地说，时至今日，无论是材料还是观点，研究吴大澂者都无法绕过这一部《吴愙斋先生年谱》。

吴大澂（1835—1902），初名大淳，后避同治帝讳改今名，字清卿，号恒轩、白云山樵、愙斋等。江苏苏州人。清同治七年（1868）进士，授翰林编修，历官陕甘学政、广东巡抚、河东河道总督、湖南巡抚等职。中日甲午战争爆发，吴氏主动请缨，率湘军出关参战，不幸兵败，后遭清廷革职，永不叙用。著有《说文古籀补》《字说》《恒轩所见所藏吉金录》《愙斋集古录》《权衡度量实验考》《古玉图考》《枪法准绳》《愙斋诗存》等。由于甲午战争中的失利，吴大澂晚年及身后一段时间内受到的评价大多是负面的，这种情况一直持续到《吴愙斋先生年谱》出版方才改观。

顾廷龙先生幼年时期，因学习书法，曾临习吴大澂篆书《论语》《孝经》。1997 年 4 月 6 日，他在致陈夑君函中回忆称"我写篆字，长期学习是临摹金文。清人的篆书是爱钱坫、吴大澂。钱的小篆平正中有创新，吴则参金文为多。他写信用篆书，极优美"，又谓"我为研究古文字学，而学写篆书的"[①]。顾廷龙先生少年时代，曾跟随伯舅王董戊学习古文字，获读吴大澂《说文古籀补》等著作，深感震动。顾廷龙先生对古文字的研究，显然受到以吴大澂为代表的清末金石学家之影响。1931 年至 1932 年，他在燕京大学攻读硕士期间，撰写的毕业论文为《说文废字废义考》，其叙言中曾提及：

---

① 顾廷龙：《致陈夑君（五）》，《顾廷龙全集·书信卷》（下册），上海辞书出版社，2017 年，第 615 页。

余弱冠始习许书,从事段、桂、王、朱之书,得识文字之义例。四年而后,读器铭卜辞,其文字则商周遗型矣。吴大澂、孙诒让诸家之悬解,于许君或以证明,或有订补,叹为古旨斯达。①

彼时他同时在搜集吴大澂的资料,为编撰《吴愙斋先生年谱》作准备。而在《年谱》出版之后,其古文字学研究著作《古匋文舂录》不久后即出版。在《古匋文舂录》的前言中,他熟练运用吴大澂、陈介祺往来书札,梳理古匋文的发现与研究,在《跋谢国桢藏簠斋藏匋拓本》一文中直接指出"搜集齐鲁古匋最早者为陈簠斋,考释文字最先者当推吴愙斋"②,即是明证。若从他幼年临习吴大澂书法算起,直至去世前仍心心念念要修订续编《吴愙斋先生年谱》,可以说他一生都与吴大澂结下了不解之缘。

一、《吴愙斋先生年谱》出版前后的人与事

顾廷龙先生立志编著《吴愙斋先生年谱》的想法,早在 1920 年代便已产生。1927年,他休学在家,受邀赴上海南翔槎南草堂王同愈家担任家庭教师,王氏是吴大澂门生,并曾任吴氏幕僚,在与王同愈的接触中,他对吴大澂的生平事迹、政绩、学术都有更深入的了解,遂萌生为吴大澂编定年谱的想法。而直接促成《年谱》编著的是顾颉刚,1929 年他为《燕京学报》向顾廷龙先生约稿,希望能在半年内完成《吴愙斋先生年谱》刊入《燕京学报》。由于诸多原因,顾廷龙先生真正完成《年谱》的编著与出版,已是 1935 年。个中始末,顾潮在《顾颉刚先生与顾廷龙先生的交谊》一文中已经详加叙述③,不再赘述。据《平郊旅记》1932 年 10 月 21 日,顾颉刚曾提议《吴愙斋先生年谱》用雕版刷印,约价六百以上④,可补前文之未及。

顾廷龙先生编著《吴愙斋先生年谱》之际,吴大澂的手稿、手札等资料,大多仍由私人收藏,1992 年在《新岁谈往》一文中他提及"记得在编撰吴大澂年谱时,我曾为寻觅藏弄收罗故实花了很多功夫"⑤。《年谱》的编纂能在数年内完成,端赖诸多师友的支持与帮助。在此,有必要对有关的一些人与事,加以简要的补充。

① 顾廷龙:《说文废字废义考叙》,《顾廷龙全集·著作卷》,上海辞书出版社,2016 年,第 9 页。
② 《顾廷龙全集》编辑委员会编:《顾廷龙全集·文集卷》(下册),第 589 页。《郑盦藏匋跋》亦云"从事于考订者,以愙斋为最勤"(同前,第 590 页),时在 1935 年 12 月。
③ 上海图书馆编:《顾廷龙先生纪念集》,上海科学技术文献出版社,2014 年,第 120—121 页。
④ 顾廷龙撰,李军、师元光整理:《顾廷龙日记》,中华书局,2021 年,第 5—6 页。
⑤ 《顾廷龙全集·文集卷》(下册),第 995 页。

彼时给他提供帮助的师友，前面提到的王同愈，除了口述吴大澂事迹之外，还提供了自己的诗文手稿，其中《栩缘随笔》《栩栩盦日记》二种，《吴愙斋先生年谱》曾加参考引用。顾廷龙先生晚年，乃将王氏诗文笔记未刊稿等汇编为《王同愈遗集》①公开出版。此外，表弟王元誉与陆鸿达曾为抄写资料，顾廷龙先生《论古杂识跋》云：

> 今春担簦沪滨，客苏路股款清算处。课余编辑《吴愙斋先生年谱》。承湖帆表兄出先生手稿多种相示，余往往录副以藏，手钞不遑，辄蒙同寓诸君相助。此《论古杂识》，为陆鸿达烟台、王元誉表弟所景写，高谊可感，用志不忘。②

按之沈津《顾廷龙年谱》，时在 1923 年③。1931 年正月，王元誉又助顾廷龙先生抄《殷礼在斯堂丛书》本《皇华纪程》④。

与之相类似者，费树蔚提供了吴大澂致吴春亭手札、任广东巡抚时吴大澂照片、《匡庐纪游图》，潘睦先提供了吴大澂《愙斋自订年谱》抄本、帮办吉林时吴大澂照片，吴郁生提供了吴大澂致潘祖荫手札，章钰提供了吴大澂早年为周闲篆书楹联、吴大澂朱卷，胡适提供了吴大澂致胡守三手札册，张紫东提供了吴大澂致沈树镛手札册，俞陛云提供了俞樾的《俞楼图》，汪伯春提供了吴大澂致汪鸣銮手札，丁南洲提供《壬辰留别诗》手卷，丁伯弢提供了吴大澂致丁艮善手札、愙斋制紫砂壶，谢国桢提供了自己购藏的吴大澂题彝器屏幅，潘博山提供了吴大澂早年为潘曾莹作山水（并作一跋），申士羔提供了吴大澂临陈淳花卉图，杨梦赉提供了吴大澂致夏同善手札，王佩诤提供了《百二长生馆藏瓦目》，潘景郑提供《愙斋藏石目》，赵时枫提供了吴大澂《簠斋藏封泥考释》手稿⑤等。

顾廷龙先生从胡适处借得吴大澂致胡守三手札一册的时间是 1932 年 6 月 22 日，此前一天他在顾颉刚家刚刚认识胡适，并以《吴愙斋先生年谱》稿请正。此后一度将所借《吴清卿手札》册带回南方，呈王同愈阅看。1932 年 10 月 10 日，顾廷龙先生将题跋后的《吴清卿手札》归还胡适，此册今藏北京大学图书馆，封面由徐志摩题签，册后有马衡、王同愈、顾廷龙三家题跋，应系胡适去国时留平藏书之一种。《顾廷龙全集·文集卷》据北大藏本收录顾跋⑥，而在中国社科院近代史所藏《胡适遗稿及秘藏书信》

---

① 王同愈诗文手稿原本，在"文革"中散失无存，幸有合众图书馆抄本留存，《王同愈遗集》即据抄本整理出版。
② 《顾廷龙全集·文集卷》（下册），第 835 页。
③ 沈津：《顾廷龙年谱》，上海古籍出版社，2004 年，第 14 页。
④ 《顾廷龙全集·文集卷》（上册），第 130 页。
⑤ 此稿本后从赵氏流出，今藏上海杨氏枫江书屋。
⑥ 顾廷龙：《吴愙斋致胡守三手札跋》，《顾廷龙全集·文集卷》（下册），第 1034—1035 页。

中,另有一份顾廷龙先生的抄件,首尾文字与原册后略有出入,节录如下:

> 年来为吴氏愙斋先生辑年谱,虽相距未久,而事迹已多泯没,常苦搜访为难。及读其家书并致汪鸣銮手札,所获稍多,事无公私巨细,往往详悉。窃谓近三百年来,先贤年谱,其材料得自赤牍中者最为亲切,故余亦甚留意于此,先后得致夏同善、沈树镛、张之洞诸人者。今夏六月廿一日,在颉刚坐上,获识适之先生,即以拙稿请政。承示先世与吴氏通好,藏有其手札。望日,亟诣乞假,都一册,皆与其尊人守三公者。公与余外叔祖王胜之先生同客吴幕,极相契洽,吴氏尤重之。余侍外叔祖,为言师友之敬佩者每及公,故心识久矣。旋暑假南下,呈诸外叔祖,感怀旧雨,即为题记,皆当时轶闻也。返平后,出而玩读各札,虽不纪年,大致可考,装表无差。……拜读竟,录副一过,并杂记数语归之,即希适之先生教正。廿一年十月十日,顾廷龙。时客晚成堂。①

胡适不但以自藏吴大澂手札出借,还介绍顾廷龙认识清华大学杨梦赉,借阅到吴大澂致夏同善手札,前文已言及之。另,顾廷龙先生赴故宫文献馆查阅军机处档案,则经沈兼士介绍,由单士元接待。在大高殿查档期间,他又获识吴燕绍,为述掌故数事,其中与吴大澂相关者两事②,后又请吴翁题吴大澂《尊崇醇王礼疏》,并借阅吴氏《自新轩笔记》手稿,札入《吴愙斋先生年谱》。

1934年12月,苏州古董店孙氏集宝斋从顾家收到吴大澂致顾肇熙手札一种,顾廷龙先生向孙氏借录一份,并附题记:"廿三年十二月,集宝斋得之顾氏,借录一通。各札与致胡守三及王廉生信中可参阅,事有头绪矣。廿四年一月十八日,龙记。"③顾肇熙另有日记数十本,彼时未见,故《年谱》未及参考。《年谱》所用曹经沅藏吴大澂致张之洞手札,系汪荣宝代向曹氏借阅录副者,见顾廷龙先生《跋苏堂墨缘小册》:

> 辛未秋,余编《吴愙斋先生年谱》,广求资料,闻曹公藏有《愙斋手札》一册,因乞汪衮父丈为之商借录副,虽缘悭一面,而颇通尺素④。

相较以上各家,吴湖帆提供的材料尤多,除吴大澂本人诗文著作手稿外,尚有左宗棠、潘祖荫、张之洞致吴大澂手札、《范湖草堂图》《三神山图》《祭书图》《衡岳纪游图》《愙斋集古图》、吴本善《重葺瑞芝堂记》《唐文安县主志》拓本跋等。其中,潘祖荫

---

① 顾廷龙:《顾廷龙信一通》附《顾廷龙归还所借吴大澂手札,特录王胜之跋语并记其事》,耿云志主编:《胡适遗稿及秘藏书信》(第41册),黄山书社,1994年,第604—607页。
② 顾廷龙撰,李军、师元光整理:《顾廷龙日记》,第8页。
③ (清)吴大澂撰,顾廷龙过录:《吴愙斋致顾皞民赤牍》,上海图书馆藏抄本。
④ 《顾廷龙全集·文集卷》(下册),第643页。

致吴大澂手札一宗,顾廷龙先生亦曾全文过录,书前题"潘文勤公致吴愙斋手札。辛未春莫,廷龙录副"①,时在 1931 年。此外,吴湖帆还曾以王念慈摹写吴大澂致翁同龢手札一册转赠顾廷龙先生,册后原有王氏题记:

> 昔年摹愙斋尚书致翁叔平师傅手简单十数通,置之行笥十余年矣。今曝书检出,奉贻湖帆先生鉴存。乙亥长夏,王念慈记于歇浦。②

后附顾廷龙先生题记:

> 右札七通未加次序,绎其事迹,为甲午、乙未所作。首通乃甲午初抵榆关之时,余可按月日为次。致弢夫一书有缺笺。乙亥七月初五日,湖帆表兄惠赠。廷龙志。③

乙亥为 1935 年,本年 3 月《吴愙斋先生年谱》作为燕京学报专号之十由哈佛燕京学社出版。此册抄本,或是吴湖帆收到《年谱》赠书之后,回赠予顾廷龙先生者。其实,顾廷龙先生早年学篆书,也曾得吴湖帆指授,晚年他曾在致陈燮君信中说:"我学篆得到吴大澂之孙吴湖帆的教导为多,看到他的写篆书的过程。吴大澂写的碑记拓本,湖帆装裱后送我馆一套,藏古籍组。"④

沈津《顾廷龙年谱》初未将顾廷龙先生 1932 年 10 至 11 月的《平郊旅记》编入,而这两月日记中,有不少编著《吴愙斋先生年谱》的记录,可窥当时编谱之细节,如 10 月 15—16 日记撰写、修改《年谱叙例》;17 日晚读吴大澂《与胡守三书》,并录数通。19 日商承祚告知,新得吴大澂题屏拓照片,同意借阅。21 日以《年谱》稿示罗根泽、刘盼遂,刘盼遂告以谢国桢藏有吴大澂题拓屏四幅。23 日至按院胡同 60 号谢家,看愙斋题拓屏,所拓皆瓦当。⑤《顾廷龙年谱》系访谢国桢看拓屏于 1931 年⑥,不确。

从《吴愙斋先生年谱》的成书过程可见,彼时与现下最大的差别是文献资料多藏于私家,公家收藏最大宗的可能就是故宫文献馆所藏军机处档案。若非顾廷龙先生与吴大澂友人、后代相熟稔,此谱恐难有成。在编著《年谱》期间,他先后过录吴大澂手批《积古斋钟鼎款识》批语;1933 年,编《吴县潘氏攀古楼吴氏愙斋两家藏器目》⑦;1934 年 6 月 22 日吴大澂百岁诞辰之际,撰《吴愙斋先生年谱叙例》;同年 12 月,撰《甲

---

① (清)潘祖荫撰,顾廷龙过录:《潘文勤公与吴愙斋手札》,苏州博物馆藏抄本。
②③ (清)吴大澂:《吴愙斋致翁松禅书》,上海图书馆藏抄本。
④ 顾廷龙:《致陈燮君(五)》,《顾廷龙全集·书信卷》(下册),第 615—616 页。
⑤ 顾廷龙撰,李军、师元光整理:《顾廷龙日记》,第 4—6 页。
⑥ 沈津:《顾廷龙年谱》,第 23 页。
⑦ 顾廷龙:《吴县潘氏攀古楼吴氏愙斋两家藏器目叙》,《顾廷龙全集·文集卷》(上册),第 493—495 页。

午中日战争中之吴大澂》发表于《大公报·史地周刊》,黄炎培读后颇为赞赏。

《吴愙斋先生年谱》出版后,1935 年 4 月吴丰培(玉年)在《北京晨报》发表《读〈吴愙斋先生年谱〉》一文,1936 年罗尔纲在天津《益世报》发表《读〈吴愙斋先生年谱〉小记》一篇,1937 年王献唐以《吴愙斋先生年谱校记》[①]一稿寄示顾廷龙先生,先后加以评论、商榷。而《年谱》的学术影响,从抗战爆发前一直延续至今,顾廷龙先生作为吴大澂研究的权威,其地位亦延续至今。

二、未竟的《吴愙斋先生年谱》续编工作

在《吴愙斋先生年谱》出版后的数十年间,顾廷龙先生一直留心搜集吴大澂的资料,盖有意对《年谱》进行增订续补。如 1941 年 12 月 9 日日记抄录潘景郑所示《钦氏宗谱》吴大澂序[②],1944 年向潘睦先借吴大澂手书《浯溪铭》墨迹[③],皆其证明。20 世纪 80 年代,顾廷龙先生就计划将《吴愙斋先生年谱》续编工作提上日程,然因公私各方面原因,此项工作断断续续在开展,一直到他去世都未能完成。彼时国家项目方面,顾廷龙先生主要忙于《中国古籍善本书目》的编纂;个人著述方面,他在顾颉刚去世以后,为了实现其遗愿,早日将《尚书文字合编》整理出版,遂不得不将《年谱》续编工作暂时搁置。在此期间,全国各地做吴大澂研究的学人,无不以相关成果来交流请益。顾廷龙先生的友人、学生也不时以吴大澂手迹、资料相示。兹据《顾廷龙年谱》、师友往来书信以及所留《吴愙斋先生年谱》续编材料,对续编整个过程,略作梳理。

提到《吴愙斋先生年谱》续补工作,就不得不提及顾廷龙先生所留续编材料一宗,系其哲嗣顾诵芬院士整理先生遗物时将相关材料集中于一处者,最后装了一拉杆箱,交复旦大学吴格师,委托其完成《年谱》补订工作。2008 年 9 月,我进入复旦大学古籍所攻读博士学位,吴格师遂命协助整理,并嘱以吴大澂研究作为毕业论文。2011 年 6 月,我完成《吴大澂交游新证》一稿,从《吴愙斋先生年谱》及续编材料中,获益良多。续编材料一箱于《顾廷龙全集·著作卷·吴愙斋年谱》出版后,由吴格师送存上海图书馆。

---

① 李军:《王献唐〈吴愙斋先生年谱校记〉书后——顾廷龙、王献唐两先生交往事迹拾补》,李军:《夏夕集》,凤凰出版社,2023 年,第 70—79 页。
② 顾廷龙撰,李军、师元光整理:《顾廷龙日记》,第 120 页。
③ 顾廷龙撰,李军、师元光整理:《顾廷龙日记》,第 389 页。

1980 年代，对于吴大澂的研究，侧重于他在东北勘界、屯垦，以及在黄河治理上的功绩。相关学者撰写吴大澂的研究论文或传记，大多会向顾廷龙先生请教。如 1986 年 3 月 19 日，张本政来函，谈吴大澂立铜柱时间及勘界问题。①同年 4 月 22 日，王法星自河南寄示《光绪十三年郑州黄河决口始末》一文抄稿，并附信感谢顾廷龙先生提供吴大澂资料。②另外，有哈尔滨师范学院历史系董万崙撰《吴大澂传略》一稿，蓝印纸抄件钉成一厚册，系董氏寄示者，在前言中他提到顾廷龙先生对他提供资料和帮助。③

1987 年 11 月 16 日，潘景郑以《韩太宜人六十寿启》手稿复印件赠顾廷龙先生，他在复印件上附记"潘景郑君以所藏愙斋手写本复印持赠。顾廷龙记。共四页"④。

1988 年春节，顾廷龙先生赴北京度岁。3 月 2 日，约同冀淑英、丁瑜、陈杏珍一起到故宫博物院，看吴大澂书札，并抄录吴氏致潘祖荫书札。3 月 8 日，冀淑英电话告知，故宫博物院同意将吴大澂致潘祖荫手札拍成胶卷。3 月 16 日，写信给吴织，告京中收获，"想做的事，亦均就绪。……天假我年，修订工作，必可完成"。3 月 22 日，冀淑英示故宫博物院摄赠《吴大澂手札》缩微胶卷三卷。同年 3 月 18 日，去信谷辉之，托查吴大澂校《积古斋钟鼎款识》是否藏于浙江图书馆。3 月 28 日得复函，知确实在浙江图书馆。⑤8 月 7 日，托李文赴济南之便，代访山东博物馆藏吴大澂为陈介祺篆联。⑥

1990 年 1 月 18 日，苏州图书馆叶瑞宝函告有关吴大澂资料已拍照，将托人带沪，并告苏州博物馆也藏有不少吴大澂信札。⑦按：苏州图书馆藏有吴大澂致郑文焯手札一通，复印件见于《吴愙斋先生年谱》续编材料中。苏州博物馆藏《潘文勤公致吴愙斋手札》抄本一册，系顾廷龙先生手录，续编材料中也有复印件。同年 6 月 1 日，中国书店王宏致函，请顾廷龙先生题《丁佛言手批愙斋集古录》签。⑧此后数年间，双方就出版吴大澂书法集等事，屡有通信。1991 年 6 月 30 日，顾廷龙先生致王宏函称：

我颇拟编印《吴大澂篆书手札》，书法深得金文法乳，确入艺术境界。倘你们有意景印出版，我当抽暇编辑，可为现在学篆者开一新路。

① 沈津：《顾廷龙年谱》，第 664 页。
②③④ 上海图书馆藏顾廷龙愙斋年谱续编资料集。
⑤ 沈津：《顾廷龙年谱》，第 682—687 页。
⑥ 沈津：《顾廷龙年谱》，第 691 页。
⑦ 沈津：《顾廷龙年谱》，第 709—710 页。
⑧ 沈津：《顾廷龙年谱》，第 713 页。

昔谢国桢先生辑印过《吴愙斋尺牍》，其中有篆札数通，它处尚能得若干通，如果尊处有景印之义，我当继续收集编辑之。①

1993年5月16日，顾廷龙先生又在致王宏函中说：

日前奉到承惠《愙斋篆书》，印得很好。愙斋尚有篆书《韩太夫人墓志铭》（中楷篆书）及《李仙女庙碑》（小楷篆书），精极。我找出后再借给你。②

1994年9月26日，致王宏函云：

关于吴愙斋篆书信札，深得青铜器铭文的奥秘，颇可为学金文者的参考。我已收集得不少，可与商务所印之本相仿。近因他事较多，未可整理，恐须明年可以着手，容再联系。丁佛言批《集古录》已印成，甚好甚好。③

从以上几通信函可知，顾廷龙先生除了计划对《吴愙斋先生年谱》进行续编外，有意编选、出版吴大澂书法集，宣传其在艺术上成就。正如1996年他在《体大思精　任重道远——在中国书法全集与艺术史研究学者座谈会上的发言》中提到：

我有一个想法，就是《中国书法全集》是否可以详细介绍一下吴大澂的篆书艺术。清代一般的篆书书法家如杨沂孙、陈介祺、潘祖荫、王懿荣等人，篆书写得大多方方正正，很规矩。而吴大澂竟然可以用金文来写信札，字形既不局限于一个方方正正的框框，又非常随意。这是吴大澂书法的一大特色，也是他对金文充分熟悉与把握后的一大创举。④

关于正式启动《年谱》的修订工作，1994年11月1日他在致王宏函提及：

吴愙斋的《年谱》，将开始整理，前两年忙于为顾颉刚先生整理遗稿《尚书文字合编》一书，现已交古籍出版社。⑤

此时，距《吴愙斋先生年谱》出版已整整过去一甲子之久，而《尚书文字合编》至1996年方才正式面世。在1993年8月13日致沈津函中即说：

我现在还是整理《尚书文字合编》，交稿以后，将《吴愙斋年谱》补充，材料已有不少。以前所见材料，今已无从踪迹。新的材料，则皆昔日所未见者。⑥

以《年谱》续编材料相与印证，六十多年前私人收藏的吴大澂墨迹、手稿纷纷易

---

① 顾廷龙：《致王宏（三）》，《顾廷龙全集·书信卷》（下册），第648页。
② 顾廷龙：《致王宏（四）》，《顾廷龙全集·书信卷》（下册），第649页。
③ 顾廷龙：《致王宏（八）》，《顾廷龙全集·书信卷》（下册），第653页。
④ 《顾廷龙全集·文集卷》，第658页。
⑤ 顾廷龙：《致王宏（九）》，《顾廷龙全集·书信卷》（下册），第654页。
⑥ 沈津：《顾廷龙年谱》，第739页。

主,一部分归于公藏,一部分散落海外,还有一部分失去了踪迹。反之,伴随着私藏归公,公藏目录公布,为发现新材料提供了很大便利。由于顾廷龙先生当时在学界的影响,有机会见到不少吴大澂的新材料,这无疑为《年谱》修订提供了良好的条件。友人同事中,冀淑英、丁瑜、史树青、沈燮元、陈杏珍、张世林、吴丰培、陈继揆、马国权、孙启治、蔡耕、吴织、沈津、陈先行、李国庆、谷辉之、栾学钢等,或陪看文献,或复制材料,或提供线索,或寄送论文,无不为《年谱》续编工作提供了帮助。在续编材料中,有天津图书馆李国庆所寄复印件四份,并附其信函,与《顾廷龙全集·书信集》所收各函相呼应。其中,吴大澂致宋春鳌书札复印件,首页顾廷龙先生圆珠笔附记:"李国庆先生影示,天津图书馆。一九九四年四月。渤生为宋春鳌之号,字迹似出影写,内容很重要。"①另在致张之洞书札复印件第一页题:"吴大澂致张之洞手札。一九九四年四月十五日,天津图书馆李国庆君影示。"②并附李国庆 1994 年 4 月 12 日、5 月 4 日信两通,其一云:

> 前寄吴氏信札六通,谅已收到。今又得七通奉上,敬请查收。近来馆务较繁,读书一事久已荒疏,想来甚觉不安,日后当努力用功,并乞您老多多赐教。晚生于公务之暇,编录弢翁集子,获益良多,今录吴大澂信札又有一得,治学贵在持之以恒,不断积累,晚生信矣。

其二云:

> 四月二十八日大札拜悉。今从清人尺牍中又检出吴大澂手札五通奉上,敬请查收。晚生才疏学浅,加上琐务缠身,于馆藏名家尺牍,未能通悉,故随得随录,可能延误了大作的增订,歉甚。③

时隔三年之后,1997 年春李国庆又寄示袁世凯书札复印件,顾廷龙先生毛笔批注:"天津图书馆李国庆印示,一九九七年三月廿五日。载《北洋军阀史料》一九九六,天津古籍出版社出版。"四天之后,3 月 29 日回复李国庆,谓"承惠袁世凯为吴大澂开复原官文件,昔所未见,不胜感谢"④。

见到新材料,固然令人欣喜,但与旧材料失之交臂的遗憾,也无法避免,如在 1991 年 6 月 26 日顾廷龙先生致沈津函中就谈到"昨由馆中转到大函及愙斋手札印本(昔未见过),无甚珍感。《愙斋年谱》有教育出版社许为出版,但龙无暇增订,新材料已积不

---

①②　上海图书馆藏顾廷龙愙斋年谱续编资料集。
③　李氏二函均见上海图书馆藏顾廷龙愙斋年谱续编资料集。
④　顾廷龙:《致李国庆(十一)》,《顾廷龙全集·书信卷》(下册),第 667 页。

少，只待编次"①，信中所说"教育出版社"不知是否上海教育出版社。1992 年 8 月 18 日，又致函沈津，托查《铭安日记》，殆 1939 年为燕京大学图书馆购得此稿，发现涉及吴大澂处甚多，因要南下上海，到合众图书馆就职，未及抄录，引为憾事。②次年 8 月 13 日致沈津函中，对错失《铭安日记》中的吴大澂材料，顾廷龙先生再次表示遗憾。③

可能鉴于《尚书文字合编》即将竣事，1993、1994 年间，顾廷龙先生已逐步开始为《吴愙斋先生年谱》增订续编做起准备工作，先后请人将部分复印资料加以抄录、整理，在续编材料中，我们陆续发现与复印件相对应的钢笔抄件。从字迹看，有一部分是顾廷龙先生的笔迹，还有一部分是别人的笔迹，间有顾廷龙先生校字。其中除孙启治、沈燮元外，其他人大多不可知。另外，在续编材料中，上海图书馆藏的吴大澂手札、手稿等所见甚少，不知何故？关于上海图书馆所藏材料，1993 年 11 月顾廷龙先生曾致函陈先行，托查张佩纶、陈宝琛家藏信札中有无吴大澂云：

> 您便中请查张佩纶的家藏信札，馆中拍了胶卷，其中有无与吴大澂有关系的议论、通信等，还有陈宝琛的信中有无涉及吴的事。在光绪初，张、吴、陈三人目为清流，忌者甚多。以张抗法，吴会办北洋，陈会办南洋，实欲陷之。我只要与吴有关者，将补《年谱》。④

1994 年 2 月 24 日，他又致函言及"张佩纶藏尺牍中未见吴大澂与其往还之事，我昔曾查过，未有所及。今兄再一次查未见及，可以放心"⑤。

尽管从 1993 年起，顾廷龙先生一再和友生提及要补订《吴愙斋先生年谱》，但却未能正式开始，或者说专心从事于此。匆匆又是一年，1995 年 12 月 30 日，顾廷龙先生在致傅璇琮函中再次表达了补订《年谱》的愿望：

> 再有《吴大澂年谱》，原名《吴愙斋先生年谱》，曾由燕京学报出版，列为专号之十（一九三五）。后来所得材料甚多，渴欲补充，约十万字。假吾数年，必能成之。⑥

时隔一月之后，1996 年 1 月他晚年耗费心力最多的《尚书文字合编》终于由上海古籍出版社出版。1996 年夏，陈介祺的后人陈继揆自天津进京，到北苑拜访顾廷龙先

---

① 沈津：《顾廷龙年谱》，第 724 页。
② 沈津：《顾廷龙年谱》，第 732 页。
③ 沈津：《顾廷龙年谱》，第 739 页。
④ 顾廷龙：《致陈先行（十二）》，《顾廷龙全集·书信卷》（下册），第 596 页。
⑤ 顾廷龙：《致陈先行（十五）》，《顾廷龙全集·书信卷》（下册），第 599 页。
⑥ 顾廷龙：《致傅璇琮（一）》，《顾廷龙全集·书信卷》（下册），第 452 页。

生,赠其手抄的吴窬斋致陈簋斋书(光绪九年寄于吉林任所)一份,首页有顾廷龙先生圆珠笔批语:"正文 12 张,附记 2 张。1996 年 5 月 5 日,陈继揆先生枉顾京寓,出以惠赠,至可感幸!龙记。"同年 10 月 10 日,在张世林陪同下,到中国历史博物馆看吴大澂信札五册,顾廷龙先生曾希望将这批信札翻拍成照片,以备修订《年谱》之用。惜乎在《吴窬斋先生年谱》续补材料中,并未看到这五册信札的照片。未及二年,1998 年 8 月 22 日,顾廷龙先生因病在北京去世,《吴窬斋先生年谱》修订一事终未能在他生前完成,令人深感遗憾。

2016 年,《吴窬斋先生年谱》作为《顾廷龙全集》之一,由上海辞书出版社出版。与原谱相较,略有区别,首先是更名为《吴窬斋年谱》,昔年陈宝琛所题"吴窬斋先生年谱"之签条亦不再沿用。其次,内容上吸收了顾廷龙先生在旧谱上的批注,以及一部分新材料,如《奉使吉林日记》、若干吴大澂手札等。由于顾廷龙先生已逝,非作者本人修订,故未敢大加删改。笔者自 2008 年接触吴大澂相关材料,至今已逾十五载,虽不敢妄言研究,惟随着公藏、私家所藏陆续公布,有关吴大澂的新材料层出不穷,历年所积,又复不少,有意从事文献整理工作,将诗文、日记、信札、书画、金石等陆续整理汇编。更希望在此基础上,重编年谱,以期完成顾廷龙先生未竟之事。

沈钦韩《水经注疏证》的"再发现"[*]

——胡适、顾廷龙交往的一个侧影

罗毅峰

（复旦大学古籍整理研究所）

2019 年 11 月 8 日至 27 日，上海图书馆举办的"妙笔生辉"馆藏名家手稿年度大展以丰富精美的展品吸引了众多读者，展览上若干首次披露的近现代名家手札、日记等文献，多属以往难得一见的珍贵史料，尤其惹人瞩目。顾诵芬院士捐赠的一封黄永年先生（1925—2007）1979 年底致顾廷龙先生（1904—1998）的信札就是其中之一。

在这封信里，黄先生开篇即先向顾先生致歉："月初奉到手谕，适置准备为研究生及图书馆同志讲授石刻拓本知识，为整编馆藏拓本打一基本功，此事自叶鞠裳《语石》后几无一完整之学术性著作，不得不自起炉灶，大费时日，《水经注疏证》竟未及时查看，至以为罪！刻已草草讲毕，下周定可赴西北大学图书馆，惟沈文起墨迹年向未见过，恐亦^①能区别其是传抄或学人手稿耳。"^②信中所述"月初奉到"的顾先生去信，今暂不能知其内容，但当"水经注疏证""西北大学图书馆""沈文起"等关键词同时出现，则不由使人想起距离此信三十年前，顾先生与胡适（1891—1962）一南一北鸿雁往返，共同寻觅沈钦韩（1775—1832）遗作《水经注疏证》的往事^③。

胡适自 20 世纪 40 年代左右开始以"《水经注》案"切入郦学研究，直至 1962 年突

* 本文系国家社科基金重大项目"东亚汉籍版本学史"（22&ZD331）的阶段性成果。

① "亦"下疑脱"不"字。结合上文，黄永年先生自述未曾见过沈钦韩笔迹，所以此处大约意在说明无法分辨是沈氏稿本抑或他人抄本。

② 此据展出原件录文。又，影印件收入上海图书馆中国文化名人手稿馆编：《妙笔生辉：上海图书馆藏名家手稿》，上海人民出版社，2019 年，第 217—218 页。

③ 拙文之前，已先后有西安市地方志办公室网站发表的《胡适与西安图书馆〈水经注疏证〉》（http://xadfz.xa.gov.cn/lszs/szxy/5da994ebf99d6527b6be7763.html[访问日期：2024 年 1 月 29 日]）和刘谅在西北大学图书馆网站发表的《西北大学图书馆藏〈水经注疏证〉钩沉》（https://1803cv.mh.chaoxing.com/engine2/d/5248799/641569/0?t=2961509&p=50257[访问日期：2024 年 1 月 29 日]）。两篇文章对现藏西北大学图书馆的《水经注疏证》加以关注，刘文近来又略作补充以《由胡适关注"水经注学术公案"引出的新发现》为题，发表于《藏书报·古籍保护专刊》（2024年 4 月 15 日第 6 版）。在勾勒胡、顾二人寻找沈著始末方面，拙文虽然采用了与上述三篇文章大致相同的信札材料，但在主旨立意、考证详略，尤其沈著流传细节的探求等诸多方面仍有不同，并间有订补之处，可相互参看。

发疾病去世,一直着力于此,前后近二十年。其研究成果与水平究竟如何,学界已多有讨论,此不赘述。但可以取得共识的是,胡氏研究过程中于资料尤其是《水经注》版本占有方面,前人乃至侪辈鲜有出其右者。他充分利用自身影响力进行广泛宣传,使得不少稀见版本得以重回研究者视野,这确是不争的事实。尤其 1948 年底为庆祝北京大学建校五十周年所举办的《水经注》版本展览,胡氏遍搜各类稿、抄、校、刻本多达四十余种,产生了较大的社会反响,而沈钦韩《水经注疏证》就是在展览举办前夕,经与顾廷龙先生合力搜寻所得。

沈钦韩字文起,号小宛,又号织帘居士。祖籍浙江吴兴,迁居江苏吴县。嘉庆十二年(1807)中举,道光间曾任安徽宁国县训导。沈氏学淹四部,尤善经史考证与词章之学,近年来颇受学界关注,其生平、著述乃至学术成就等诸多方面均有相关研究成果问世①。沈氏一生著述宏富,惜家贫无力出版,生前仅刊行过自著诗文,印本在当时已称罕见,其余文稿则于身后多有散失。迟至光绪年间,《春秋左氏传补注》《春秋左氏传地名补注》《汉书疏证》《后汉书疏证》《王荆公文集注》《范石湖诗集注》《韩集补注》等才先后被收入各家丛书或依托各地官书局得以梓行,然尚有包括《水经注疏证》在内的若干著作仍因流传不广,学人难觅踪迹,以致长期湮没不闻。

一、嘉业堂旧藏《水经注疏证》稿本

胡适在搜讨《水经注》版本方面具力尤深,但也有未尽之处,沈氏《水经注疏证》即承顾廷龙见告方才知晓。顾氏访求沈钦韩《水经注疏证》一书多年,后来回忆此事之起因时说:

> 是我先从姑丈家获见沈氏《王荆公诗注》稿本,借归与刘氏嘉业堂刻本校一过,可补刻本者颇多。知刘氏所据底本,当为初稿。后来我馆得沈氏《后汉书疏证》稿本,校浙局所刻,补正甚多。因读其诗文传记,知尚有《水经注疏证》一书,

---

① 管见所及,金永健:《尽弃杜孔,唯汉是从——论沈钦韩的〈左传〉研究》(《求索》2009 年第 12 期,第 172—174 页)、何泽棠:《论沈钦韩〈苏诗查注补正〉的考据价值》(《图书馆理论与实践》2010 年第 1 期,第 58—62 页)、黄英杰:《沈钦韩学记》(高雄师范大学硕士论文,2013 年)、许军:《沈钦韩〈汉书疏证〉研究》(南京师范大学硕士学位论文,2017 年)、刘国宣:《词章、考据与经世:沈钦韩学术述论》(《北京教育学院学报》2020 年第 4 期,第 72—79 页)、陆骏元:《上海图书馆藏沈钦韩〈汉书〉校读本研究——兼论其递抄本之流传》(《历史文献研究》第 47 辑,广陵书社,2021 年,第 53—82 + 5—8 页)、陈树:《沈钦韩〈后汉书疏证〉研究》(兰州大学硕士学位论文,2022 年)、刘国宣:《论沈钦韩的生涯——十九世纪早期知识人应世困境的映射》(《历史文献研究》第 48 辑,广陵书社,2022 年,第 294—308 页)、吕东超:《沈钦韩遗文辑存》(《儒家典籍与思想研究》第 14 辑,北京大学出版社,2022 年,第 183—209 页)、吕东超:《沈小宛先生年谱稿》(《中国四库学》第 9 辑,岳麓书社,2022 年,第 182—280 页)、刘国宣:《沈钦韩〈三国志补注〉考略》(《中国典籍与文化》2023 年第 4 期,第 24—32 页)等。

余求之不得，询诸友人王欣夫_{大隆}。据云："夏剑丞先生主编《艺文》杂志，曾分载数期。"余即函剑老底本之下落。复信称，停刊后即以底本归还原主矣。每以无可踪迹为憾。后来胡氏来谈《水经注》，余因告以沈氏有《疏证》，久访未得。胡适谓要宣传，必能发现。①

回忆中提及的"告以沈氏有《疏证》"一事即发生在 1948 年胡适预备举办《水经注》展览的前夕。是年 10 月 24 日，顾廷龙致信称："……沈文起《水经注疏证》一书稿本，原藏刘氏嘉业堂（文起《两汉书补注》稿已归敝馆，多浙局所未刻。其《苏诗补注》似未刻，亦在此）②，于卅一年鬻书时失之，龙曾多方探询，卒无下落。惟闻傅沅老曾传钞壹部，不知尚在插架否？拟恳先生便中重托沅老公子觅之。如能借得，敝馆颇欲传钞壹部，稍广其传。素仰先生发潜阐幽不遗余力，而与傅氏商借，非鼎力不克济事……"③

这是胡适获知沈氏尚有《疏证》一书之始。同年 11 月 9 日，胡适即写信给傅增湘（1872—1949）长子忠谟（字晋生，1905—1974）："顷得上海顾起潜先生来信，谈及沈文起《水经注疏证》一书，稿本原藏嘉业堂，于卅一年卖书时失去。顾君听人说沅叔丈昔年曾传钞一部，不知尚在手边否？……我竟不知文起有此书，故乐为代请……"④并于五天后亲往傅宅商谈此事。胡适去拜访之前，远在上海的顾廷龙对此行抱有厚望，于 11 月 13 日的信中补充道："沈文起《水经注疏证》稿，如能借到，而先生审定甚佳，龙愿设法酬金为之印行。"⑤可惜结果并不如人所愿，顾氏作信的次日胡适即报告："……我谈到沈文起的《水经注疏证》，晋生不记得有此书，我们同声问沅丈，他的记忆还很清楚，他说，那是当年在扬州买到的，后来让给别人了。记不得是谁了，也许是刘翰怡。他自己并没有抄有副本……"⑥

---

① 顾廷龙：《胡适之先生水经注论著附手札识语》，《顾廷龙文集》，上海科学技术文献出版社，2002 年，第 101 页。又，"《艺文》杂志"原作"《艺文杂志》"，经检，夏敬观所办刊物实称"艺文"，故标点略作改动。

② 顺带值得一提的是，这里所举沈钦韩稿本"两汉书补注""苏诗补注"，皆是 1948 年 8 月后入藏的，而其来源不尽相同，《两汉书补注》系刘培余购赠，《苏诗补注》则是合众图书馆自购的张叔平氏寄售在文海书店的嘉业堂旧藏。顾廷龙撰，李军、师元光整理：《顾廷龙日记》，中华书局，2022 年，第 731、734 页。

③ 《顾廷龙全集》编辑委员会编：《顾廷龙全集·书信卷》（上册），上海辞书出版社，2017 年，第 82 页。

④ 潘光哲主编：《胡适全集：胡适中文书信集 3》，"中研院"近代史研究所，2018 年，第 743 页。

⑤ 张立华整理：《胡适手稿》第三集卷三，吉林文史出版社，2014 年，第 317—318 页。

⑥ 潘光哲主编：《胡适全集：胡适中文书信集 3》，第 744 页。今检藏园诸目，均未见载沈钦韩《水经注疏证》，但《藏园群书经眼录》《藏园订补郘亭知见传本书目》皆记傅氏曾藏有沈氏其他稿本，其中《后汉书疏证》为"己未"（1919）年自扬州贾陈韫山处购得（傅增湘：《藏园群书经眼录》，中华书局，2009 年，第 174 页），后又交陈贾辗至上海出售（[清]莫友芝撰，傅增湘订补，傅熹年整理：《藏园订补郘亭知见传本书目》，中华书局，2009 年，第 211 页）。而该《后汉书疏证》稿本至迟 1931 年 1 月前已为刘承幹购得，后傅氏又曾借阅，并托张元济代还："昨傅沅叔同年寄到沈钦韩《后汉书八志疏证》抄本十册，属代缴还，伏祈察人，给与收据，以便转寄原书，想蒙俯允。"（张树年、张人凤编：《张元济书札（增订本）》[上册]，商务印书馆，1997 年，第 401 页。）因此，藏园购《后汉书疏证》实际已在刘承幹购《水经注疏证》两年之后（刘氏购书经过详后），而傅氏售《后汉书疏证》事经过又与胡札所叙相似，颇疑其误记两书。

　　藏园录副的传闻虽不属实,但沈氏《水经注疏证》稿本原藏嘉业堂确有其事。查检《嘉业堂钞校本目录》,史部地理类正有"水经注疏证四十卷"一部,小字注"清沈钦韩著,稿本,八册,莫友芝旧藏"①,《嘉业堂藏书志》亦加著录②。然此书刘承幹(1881—1963)并非得自藏园,而是苏州贾人柳蓉村(?—约1925)。刘氏1917年日记记载,6月12日"午后柳蓉村来,与购稿本《水经注疏证》、长洲沈文起。稿本《王荆公文集注》附《勘误补正》。又《苏文忠诗集补正》,长洲沈文起著。二种皆亲笔。计洋四百二十元"。③至于此书缘何又为莫友芝(1811—1871)所得及其前后流转之经过尚有必要稍作解释。

　　沈钦韩身后遗稿的去向,王塈(1876—1843)所撰墓志铭称:"闻君之没也,家无余财,不克葬者十年。尝与宝山毛君生甫语及之……会毛君之友上海郁君泰峰好古有义行,闻之,助以葬资,乃共谋以君著作遗稿归于郁氏,庶几能刻而传焉。"④"上海郁君泰峰",即郁松年(1799—1865),今检郁氏《宜稼堂书目》,沈氏诸遗稿确然见载。然而蒋凤藻(约1845—约1895)在《宜稼堂书目》卷末跋文中,转引冯桂芬(1809—1874)长子冯芳缉(1833—1886)的记述却与墓志铭不侔:"此书(引者按,指沈氏《两汉书疏证》)当年景翁以郁氏校刊丛书,故取沈氏诸书稿本送去,欲为刊行之计,岂意沪城遽有红头之乱,因此未果而书终未还。嗣闻莫友芝向其借书,因向转索一二,已非完书。"⑤并于书目中"水经注疏证"一条批注云:"此亦沈钦韩手稿,莫友芝借去,今在冯景亭家。"⑥以沈氏遗稿交付郁松年者究竟是王、毛二人抑或冯桂芬,至此出现分歧,但可以明确的是:第一,沈氏遗稿曾经郁松年手;第二,莫友芝曾借到部分遗稿,后被索还;第三,索还后的沈氏遗稿已有散失,包括《水经注疏证》在内的若干书稿目前尚在冯家。其中较为关键的是第二点,从蒋跋的口吻来看,莫友芝的借书对象并非冯氏,据《郘亭日记》,同治六年(1867)"六月初一日癸未……假得沈学博钦韩《汉书疏证》十二册,中阙一册,自武五子后谷永、杜邺前,凡△卷,可百余页,是书以冯敬亭为言及留意访求

① 周子美:《嘉业堂钞校本目录》,华东师范大学出版社,1986年,第31页。
② 缪荃孙等撰,吴格整理:《嘉业堂藏书志》,复旦大学出版社,1997年,第345—346页。
③ 刘承幹著,陈谊整理:《嘉业堂藏书日记抄》,凤凰出版社,2016年,第318页。
④ 缪荃孙:《续碑传集》卷七十六,清宣统二年(1910)江楚编译书局刻本,第16叶a、b。
⑤ (清)郁松年藏并编:《宜稼堂书目》,林夕主编:《中国著名藏书家书目汇刊》(近代卷)第一册,商务印书馆,2005年,第250页。
⑥ (清)郁松年藏并编:《宜稼堂书目》,《中国著名藏书家书目汇刊》(近代卷)第一册,第204页。前引蒋跋又称:"余以去年赴江,询之培兄(引者按:即冯培之,名芳植,冯桂芬次子),所述亦同。盖惟前后汉《疏证》及《水经注疏证》在冯氏也。"另外,蒋氏《心矩斋尺牍》亦有"弟在江西,偶与冯之兄谭及沈小宛先生《两汉书疏证》,知其手稿藏贮冯培翁处"的记述([清]蒋凤藻:《心矩斋尺牍》,《丛书集成续编》集部第142册,上海古籍出版社,1994年,第396页上栏)。无不言之凿凿,信非虚语。又,冯芳植于光绪五年五月赴江西署理饶州府,蒋凤藻与之洽谈应在其任职期间。

获之,计敬亭当收其全本,至苏宜访之"①。《郘亭江南收书记》同时记载了出处:"《两汉疏证》,廿三,中《前汉》少一本;《左传》《水经注考证》;《王半山集考证》。此数种借郁氏。"②而郁松年已于同治四年去世,故实际出借者已是郁家后人,更巧合的是,莫友芝留意沈著正是出自冯桂芬提醒。设若该《水经注疏证》遗稿交付郁松年为王、毛二氏所托,冯氏索要自属无理之举,无论郁氏、莫氏大可置之不理,但书稿现正在冯氏处,说明其讨还之事收获了成效,至少可从侧面证实交托《水经注疏证》《两汉书疏证》的应该是冯桂芬③。至于冯桂芬如何获得沈稿,最后又如何散出,目前文献阙如,尚不得而知。综合上述,此《水经注疏证》稿本在沈氏去世后的六十余年间,迭经冯、郁、莫等藏家转手,最终在 1917 年 6 月被苏州博古斋主人柳蓉村连同沈氏其他两种稿本一并售至嘉业堂④。

　　其实在正式决定购买沈氏遗稿之前,刘承幹曾将书送至缪荃孙(1844—1919)处阅看,据缪氏日记,1917 年 5 月 29 日"醉愚送沈织帘手稿来评",6 月 1 日"阅《幼学堂集》。考《王荆公集注》《三国志》《水经注疏证》稿本",至 6 月 17 日"翰怡以《周易》十行本来……又取《水经注疏证》及《注王集》《苏集补注》去,共十七册",中途王秉恩(1845—1928)也自缪氏处借阅过包括《水经注疏证》在内的多部沈稿⑤。因此,尽管没有文字留存,但或许可以推测,刘承幹最终买下沈稿,缪荃孙的看法大概在其中起到了一定的推动作用,结合缪氏后来在《嘉业堂藏书志》中给出"事事核实,惜未刊行"的正面评价,似乎也可证实这一点。

　　另外,缪氏获悉沈氏《水经注疏证》一书犹在此前,王先谦(1842—1917)曾致信询问:"闻陈培之先生告假,开缺将归。其珍藏沈小宛先生手辑《水经注疏证》,前闻弟云可以借钞。"⑥陈培之(1825—1881),名倬,曾于同治九年录得沈钦韩《汉书》批校本⑦,光绪

---

① (清)莫友芝撰,张剑、张燕婴整理:《郘亭日记》卷五,《莫友芝全集》,中华书局,2017 年,第 376 页。
② (清)莫友芝撰,张剑、张燕婴整理:《郘亭江南收书记》,《莫友芝全集》,中华书局,2017 年,第 626 页。
③ 沈氏生前即有以书稿寄付友人求正之举,加之身后复有散佚,故其著述流播,具有相当之复杂性,并不可一概而论。我们此处讨论,仅涉及其《水经注疏证》一书,间或旁及《两汉书疏证》,至于其他著述如何流转至郁手,是否即王、毛二氏经理,抑或另有途径,尚待专门研究。此承陕西师范大学吕东超先生教示,谨致谢忱。
④ 另据叶昌炽《缘督庐日记》,光绪十年正月十三日"慕周又云新有洞庭东山人以沈文起《王荆公诗补注》手稿出售"([清]叶昌炽著,王立民校点:《缘督庐日记》[第一册],吉林文史出版社,2011 年,第 382 页)。巧合的是,柳蓉村恰为苏州洞庭东山人,叶氏日记所云书贾或即柳氏。
⑤ 缪荃孙著,张廷银、朱玉麒主编:《日记 4》,《缪荃孙全集》,凤凰出版社,2014 年,第 27—30 页。又,引用时标点略有调整。
⑥ 钱伯城、郭群一整理,顾廷龙校阅:《艺风堂友朋书札》,上海人民出版社,2018 年,第 27 页。又,陈倬所藏沈著尚不清楚其来源,但可以略作推测。沈氏撰著《水经注疏证》,实受许兆熊之请(吕东超:《沈小宛先生生年谱稿》,第 257 页),或许氏不难得见其书。而兆熊子玉璪又与陈倬过从甚密,下引陆骏元先生文即考述陈氏尝自许玉璪处录得沈氏《汉书》批校,故陈倬所藏《水经注疏证》也极有可能来自许氏。
⑦ 陆骏元:《上海图书馆藏沈钦韩〈汉书〉校读本研究——兼论其递抄本之流传》,第 75 页。

五年(1879)王先谦已从陈倬处抄得沈钦韩《两汉书疏证》,并嘱缪氏校字①,可见王、陈二人往来,概由缪氏居间。又据胡玉缙《户部陈先生传》,陈氏光绪六年升郎中,旋即告病开缺②,故王氏通过缪荃孙索抄《水经注疏证》事尚在嘉业堂购书之前将近四十年。

　　嘉业堂藏书自清末发轫,至20世纪20年代臻于巅峰,旋又在30年代左右开始颓败,前后亦不过三四十年,风云流转,世事变幻,令人扼腕,其所藏沈氏诸稿大概即于40年代前后散出。1944年9月,顾廷龙曾托徐森玉(1881—1971)向郑振铎(1898—1958)索借此书,而徐氏往询后复云:"西谛言书尚在王欣夫处,或欣夫还在施韵秋处,一时尚无查考。"③最后应该也未能借到。而据现有史料,王欣夫(1901—1966)至少遇见过两部《水经注疏证》,其日记记载,1932年12月28日"至泗井巷十八号答访子美,言沈文起《水经注疏证》约二十万字,适有抄就一部,欲售六十元。然余处此窘乡,虽颇心动,只可从缓"④,周子美(1896—1998)所说的新抄本大概即抄自嘉业堂藏原稿本⑤,王氏最终并没有买下,今亦不知所在。直到1943年夏天⑥,王氏终又获见嘉业堂所藏原本,这次则"斥巨金"传录一部。其《蛾术轩箧存善本书录·甲辰稿》著录"水经注疏证四十卷",注曰"吴县王氏学礼斋钞稿本",解题云:"独惜钦韩穷愁著书,百数十年来,稿秘不出,虽以王先谦、杨守敬之专门名家,亦未之见,不几付诸湮没,是大可哀焉。钦韩身后,上海郁松年助以葬资,遗稿悉归之。莫友芝寓沪多见郁氏藏书,当时必从之借钞。其本在刘氏嘉业堂,余以乡贤遗著,世间秘帙,亟斥巨金录副,多传一本,庶几免于刀兵水火之厄乎。"⑦此王氏学礼斋录副本现藏复旦大学图

---

① 缪荃孙著,张廷银、朱玉麒主编:《浙本沈文起两汉书疏证跋》,《诗文1·艺风堂文续集》卷六,《缪荃孙全集》,第376页。

② 此据胡氏原稿,现夹于上海图书馆藏《陈培之自定年谱》前,索书号:线善821015。

③ 顾廷龙撰,李军、师元光整理:《顾廷龙日记》,中华书局,2022年,第388页。

④ 此据吴格先生赐示文本,谨致谢忱!

⑤ 时嘉业堂中似屡有以楼中藏书录副鬻售事,即以《水经注疏证》为例,除周子美外,朱希祖1936年日记亦有记载:5月26日"黄公绪(引者按:即黄孝纾,字公渚,后同)携刘翰怡所藏钞本书目见示,中有沈钦韩《水经注笺》稿本八册,未详卷数,闻可代抄,为之欣喜";6月25日"黄公绪来信,愿代抄沈韩钦《水经注笺》";6月28日"写黄公绪信,托其代雇人抄刘氏嘉业堂所藏沈韩钦《水经注笺》";10月4日"至大石桥吴瞿安寓取沈钦韩《水经注疏证》,此书系托黄公绪抄自刘翰怡家,先寄六卷至四十卷,由卢前号冀野带至南京,托瞿安转交";10月16日"寄卢冀野银七十四元,托其代付南浔刘翰怡家抄沈钦韩《水经注疏证》款"。朱希祖著,朱元曙、朱乐川整理:《朱希祖日记》,中华书局,2012年,第660—705页。

⑥ 中国国家图书馆藏《水经注疏证》稿本卷末有王欣夫题记:"癸未夏日王大隆读过。"正可与前揭顾廷龙1944年日记相印证。

⑦ 王欣夫撰,鲍正鹄、徐鹏整理:《蛾术轩箧存善本书录》,上海古籍出版社,2021年,第1210—1211页。又,颇为奇怪的是,王氏既有传抄录副,为何顾氏询问时,仅复以《艺文》杂志刊登事,即使原册已归还,然录副本定在手边,殊不可解,书此俟考。

书馆(索书号:rb3227),全书以素纸誊抄,分订四册。至于嘉业堂所藏原稿本,王氏并未提及去向,结合前述1944年郑振铎的回复及顾廷龙日记所载,此时嘉业堂内恐怕已生乱象。

直至20世纪70年代末,《中国古籍善本书目》的编纂工作开始实施,在北京图书馆交来的卡片中,方才发现了此原稿本的踪迹,最后与新发现的南京图书馆所藏沈氏《水经注疏证》另一部初稿本(详后考述)一同著录在册。是书现藏中国国家图书馆(索书号:13205),毛装,分订八册,内页改金镶玉装,全书共由三种稿纸写成:第一至二册为"乙云庄"黑格稿纸;第三至四册为无格素纸;第五至八册为方格稿纸。书中钩抹涂乙甚多,比诸沈氏现存的其他稿本,字迹划一,当为手稿无疑。首册封底贴有"北京市图书业同业公会印制"签,该同业公会成立于1931年,时称"北平市图书业同业公会",1949年9月后北平改名北京,据签条印制时间,此书售与北图大约在五十年代之后,而1959年北图编制善本书目时亦未见著录,或许还在此之后。目前所知,北图历年所编的诸多馆藏目录中,此书最早见载于1976年出版的《北京图书馆善本特藏部藏中国古代科技文献简目(初稿)》①。

二、国立西安图书馆藏抄本及其录副

1948年11月14日胡适为寻《水经注疏证》事访藏园无果后,同月26日又致信顾廷龙报喜:"今天有绝妙的喜信报告你,请你看附件。万想不到《水经注疏证》稿本(或钞本)竟会在西安的国立西北大学发现!"②胡氏时在北平,而仅仅过了十二天,远在千里之外的西安,不仅了解胡适所需,甚至已经完成若干书影摄制并寄付,其宣传之功效与自身的影响力可见一斑。胡适对此也是非常清楚的,因为两日后又致信顾氏称:"我今年到处宣传我正治《水经注》,其用意正欲使各地的《水经注》都出现耳。如此一事,即可见我的宣传确有用处。"③得意之情,跃然纸上。

西安发现的这部抄本时为国立西安图书馆所藏④,此书原系抗日战争时期南京地

① 北京图书馆善本特藏部:《北京图书馆善本特藏部藏中国古代科技文献简目(初稿)》,北京图书馆善本特藏部铅印本,1976年,第110页。
② 潘光哲主编:《胡适全集:胡适中文书信集3》,第747—748页。
③ 潘光哲主编:《胡适全集:胡适中文书信集3》,第748页。
④ 国立西安图书馆筹备委员会主任其时即由西北大学校长杨克强先生担任,然此书实为国立西安图书馆所有,胡适信中称"在西安的国立西北大学发现",应属误指。

区散出的各家插架之物①,抗战结束后无人认领,教育部即分批调拨西南、西北等地区,以支援当地文教事业的开展。尽管已经找到《水经注疏证》,但该抄本仍有两方面问题亟待解决,一是现存仅卷一至三十五,尚缺卷三十六至四十,因此继由国立西安图书馆筹委会向同时接收过教育部调拨图书的兰州图书馆及重庆罗斯福图书馆咨询;二是西安本地似无人可甄别其究竟为沈氏稿本抑或后人传抄,故西安方面在不寄出原书的情况下只能通过拍摄书影替代,而胡氏收到后亦未能辨明,所以致信顾氏时仍只能称"稿本(或钞本)"。开篇提及,黄永年在给顾廷龙的信中也曾说到,自己并未见过沈氏手迹,可能无法分辨其为稿本抑或抄本,据此可以推测,直到1979年底,顾先生似乎仍未亲眼见到这部与胡适辛苦觅得的《水经注疏证》②。

既已历经波折找到沈著,自需设法获取内容。在收到胡适接连寄出的两封信后,顾廷龙也是欣喜不已,同时还虑及外部环境因素,胡适与对方商请传抄抑或直以原书相寄恐有不便,于是提出可以使用更加方便的蓝晒法印出副本:"沈文起《水经注疏证》寄到否? 念念。如不便远寄,可请杨克强先生一检此书,倘挖补粘贴不多而纸张不厚,则可用晒图蓝纸晒印,较传钞便捷多多。不知费用何如耳?"③而时任国立西安图书馆筹备委员会主任的杨克强先生(名钟健,1897—1979)面对胡适需要全书的请求,已紧急召开图书馆同仁会议,统一意见后迅速组织人手进行副本抄写工作。胡适在12月13日写给顾廷龙的信中说到:"杨校长已来信,说:'同人商讨结果,为万全计,先由此间抄一份,俟抄竣后,或将原本奉上,或将抄本奉上,均无不可。'我已去一电云:'乞抄副本见寄,抄费由适担负。'"④其时胡氏举办的《水经注》版本展览已经开始,在尚未拿到全书的情况下,沈氏《水经注疏证》未能参展。但西安方面的高度重视,使得至迟在12月29日,胡适就已收到西安寄来的录副本,并随后通过夫人江冬秀(1890—1975)连同13日、29日所作的两封书信带至上海一并转交顾廷龙:"又附上西安图书馆寄来沈文起《水经注疏证》三十五卷,八册。我匆匆看过,偶有校正,但客中无书,竟不能作跋。此书抄费及邮费共一千四百廿一元五角。本是我电报担负的。

---

① 顾廷龙先生曾在自藏的《〈水经注〉校本的研究》(《中华文史论丛》1979年第2辑,第145—220页。顾藏原件见 https://book.kongfz.com/25367/3157971776[访问时间:2024年6月10日])上对此本批注:"似系陈群的书,经整理后由十个国立大学分掉的。"
② 前已述及,合众图书馆在顾廷龙先生主持下,已于1948年年底之前收得若干沈氏稿本,其于沈氏笔迹自可分辨,尽管不清楚给黄永年先生去信的具体内容,但黄氏复信既明言不能"区别其是传抄或学人手稿",顾氏信中自当有此疑问。
③ 张立华整理:《胡适手稿》第三集《卷三》,第366页。
④ 潘光哲主编:《胡适全集:胡适中文书信集3》,第758—759页。

但我此时在客中,颇盼望贵馆能将此费担负下来,即将抄本作为贵馆所有。"①结合彼时胡适处境来看,其左右支绌恐怕也是事实,好在最后得到顾廷龙支持,以合众图书馆的名义将这笔不菲的抄资承担下来才算了结。

其实,顾先生主持的合众图书馆此时境况亦不甚佳,"十年风雨,孕育为艰,又不幸发起人、常务董事叶揆初先生中道殂谢,悼念方深,复遭国民党军队占驻四楼,应变甚苦"②,可谓内外交困。尤其叶景葵(1874—1949)作为维持合众馆正常运转的主要出资人,他的离世对图书馆而言影响是比较大的,在这一年的年度报告中也可以看出些许端倪:"本年以书费少,未能多购,仅于文海书店选购长沙张叔平寄售书四十六种,皆刘氏嘉业堂旧物,善本也。其他于各书局廉价时添置新书若干,又于各旧肆堆上选购另本多种。……本年所购图书共计四二八种、八三四册、十六张、一卷,拓本六五种,八十张。"③虽未具体言明所支资费,但相较前两年的采购数量,确实见少。胡适大概也知道馆中情况,却又限于自身处境无法处理,故而对顾先生能够代表馆方承担抄费一事十分感激,在1949年1月3日的来信中即称:"……沈文起《水经注疏证》钞费承贵馆担负,十分感谢。下次我来上海,也许能写一短跋。今日又得西安一信,与此本有关,我已复信道谢了,原信附呈,可归档汇存。"④这里胡氏附呈的西安原信,所载内容即前述西安方面向兰州及重庆咨询抄本卷三十六至四十下落的结果,非常遗憾的是,抄本残余的部分并未在这两家图书馆找到,而1月3日这封来信,则成为了二人前后历时三月余合力寻找沈钦韩《水经注疏证》之旅落下帷幕的最终见证。尽管胡适4月6日离沪赴美前还曾寄寓上海友人处近两个月,甚至期间仍经常到合众馆看书写作,但许诺的短跋终究没有写成。

1949年随着新政权的建立,国立西安图书馆停办,包括这部《水经注疏证》在内的南京无主图书,最终被西北大学接收。此清抄本《水经注疏证》,现藏西北大学图书馆(索书号:善甲000094),线装,以无格素纸抄写,分订八册,存卷一至三十五,字迹与沈钦韩殊不相类,其为后人传抄之本确凿无疑。

至于西安方面为胡适传录的副本,如前所述,已在1948年12月底经由胡适转交合众图书馆保存,现藏上海图书馆(索书号:线善T27742—49)。此本线装,亦素纸所

---

① 潘光哲主编:《胡适全集:胡适中文书信集3》,第760—761页。

② 《合众图书馆第十年工作报告》,顾廷龙撰,李军、师元光整理:《顾廷龙日记》,第727页。

③ 《合众图书馆第十年工作报告》,顾廷龙撰,李军、师元光整理:《顾廷龙日记》,第735—736页。

④ 潘光哲主编:《胡适全集:胡适中文书信集3》,第769页。

抄,分订八册,全书前后笔迹不一,确系数人分工抄成,间有勾删、贴改、增补之处。首
册封面有顾廷龙题署书名并题记云:"从西北图书馆传钞,缺卷三十六至四十。"内页
黏有清抄本书影照片两帧,盖即杨克强彼时先行拍摄并寄付胡适者。卷一卷端另夹
《沈著〈水经注疏证〉誊抄本说明》一纸,今全录如下:

　　(一)誊抄本大小行数、天头地角及每行字数全仿原本。

　　(一)原本有前后次序颠倒者,如卷十九,第二页;卷三十一,第七十五页,今
仍其旧。

　　(一)原本有缺文者,如卷二十九,五十五页第三行"木寨山南十余里为□宣
驿";卷三十二,八十三页第十行"东北流□固始县东南名史河",亦照抄之。

　　(一)原本有遗文者,如卷二十一,六页十四行"后书遗民传";卷三十三,八十
六页十一行"郦元注水经云";卷三十,七页二十行"在今县东北三",皆有遗文,仍
然阙疑。

　　(一)原本有误字者,如卷二十,一页十九行"干宝搜神记云";卷三十二,八十
五页"开讲引渭水为子午渠",今仍不改。

　　(一)原本有原误而复改者,如卷三十五,十九页第四行"山"误"田"、第六行
"民"误"氏",今亦照录。

可见彼时虽受限于技术条件无法采用更为直观且便捷的复制手段,但西安方面誊录
副本仍是尽可能以保存清抄本原貌为宗旨的。再以该《说明》复核书中内容可知,此
本入藏合众馆后,续有若干调整,如所称"前后次序颠倒"二项,现均已调换无误。尤
其值得注意的是,书中卷三"其水西注沙陵湖"一条,录有徐恕(1890—1959)按语"〔此〕
条有误,当作⋯⋯"云云。据查,徐氏箧藏亦有《水经注疏证》一部,后捐赠湖北省图书
馆(索书号:善/1368),著录作"抄本"①,盖原清抄本自旧家流散之前尝为徐氏得见,俟
传抄一过又书校语其上,故后为西安方面原样抄录。此外,书中间有胡适钢笔批校
处,如卷一叶二"'火煅'⊕本仍作'大段'"一条,天头批注云:"脱'殿'字。沈书没说
明用何家本子为底本,但如此条,可见他用的底本是赵一清本。"余或校正抄写误字,
或调整抄写格式,数量寥寥且主要集中在首册,与12月29日信中所谓"匆匆看过,偶
有校正"之语若合符节。另有若干铅笔批语,谛审字迹,非出胡、顾之手灼然可知,似
后来读者所为,究不能考。

---

① 湖北省图书馆:《徐行可旧藏善本图录》,崇文书局,2019年,第106页。

又，此本录副时间，上海图书馆现有线上检索平台著录为"民国三十四年（1945）合众图书馆抄本"，而顾氏工作报告则系之于1948至1949年间，另检1954年印行的《合众图书馆藏书目录二编》，亦作"民国三十八年据西北图书馆藏钞本钞"①，均有不尽妥帖之处。结合上文考述，此本实际抄写于1948年12月中旬至下旬之间，前后仅半月即蒇事，亦可谓速矣，故应改为"民国三十七年（1948）国立西安图书馆抄本"。

三、胡、顾访书之余响

在胡适与顾廷龙此番声势浩大的"动作"下，终于使沈钦韩湮没已久的《水经注疏证》重回研究者视野，尽管还有少许缺憾，但已实属不易。此次寻书事件中，胡适正是充分了利用自身影响力，借助新闻宣传之媒介，方才达到事半功倍的效果，而其实新闻媒体在事件发生后，反过来利用这次舆论再兴宣扬之势，也同样值得关注。1948年12月13日胡适写给顾廷龙的信中即提到"十二月十一日北平《世界日报》登出一段西安航讯，报告沈文起书的发现"，并将报道做成剪报，随信寄呈。同时，这则报道又给胡适带来了新的收获："此信登出后，北大教员王利器先生来看我，说，在民国廿五年上海杂志公司出版的《艺文》杂志第一卷第二、四期上（五月、八月出版），登出沈文起的《水经注疏证》序、目录，及《疏证》卷一、二、三（见一卷二期），又卷四、卷五（见一卷四期）。王君所见止此，他把这两期的《艺文》杂志送给我看。"②

《世界日报》登出的西安航讯并不长，正文不过百字：

> 【本报西安七日航讯】西安图书馆发现沈钦韩著《水经注疏证》善本，西大杨钟健校长电告胡适，胡氏闻讯大喜，杨氏已将序文及卷首摄影寄胡，参加北大五十年纪念《水经注》展览之用，并赶抄原书八本，此书系西安图书馆接收南京无主图书中发现。③

寻绎出处，当改编自《西京日报》1948年12月6日通讯稿：

> 据悉：北大胡适之校长年来研究《水经注》颇感兴趣，在国内外搜集关于《水经注》板本有二十多种，但正为沈钦韩著之《水经注疏证》在各方寻觅中。西大杨克强校长兼任国立西安图书馆筹委会主任后，见该馆接收南京无主图书中，有善

① 合众图书馆等编，陈先行汇编：《合众图书馆典藏目录汇编》（第三册），上海科学技术文献出版社，2022年，第215页。
② 潘光哲主编：《胡适全集：胡适中文书信集3》，第758—759页。
③ 《胡适闻之喜·西安图书馆发现水经注疏证善本》，《世界日报》（北平），1948年12月11日第3版。

本沈著之《水经注疏证》，遂即函告胡氏。胡得讯后喜出望外，复函杨校长商抄该书。闻杨校长一面将原书之序文，及卷首正文的首页摄影，加以说明，先寄胡校长，为参加北大五十周年纪念《水经注》展览之用，一面正由西安图书馆各干事分抄原书八本，并分函兰州及罗斯福两图书馆询问是否有该书所缺之三十六卷至四十卷两本云云。[①]

这也是目前所知，新闻媒体界就此事所作的最早的宣传报道，其后又经各地报刊竞相转载，胡适在北平所见的《世界日报》正是其中之一。

《西京日报》12月6日发出通讯稿后，随即引起了读者注意。隔天又于同版刊出另外一则寻找蒋湘南校订《水经注》稿的报道：

> 昨报载西安图书馆发现善本范〔沈〕著《水经注疏证》，引起各专家及文化界之注意，惟清季之汉学大师固始蒋湘南（字子潇，《清史》有传），精于地理之考证，亦有校定之《水经注》稿，颇为学者所珍重。其原稿闻交由长安薛寿轩先生（蒋之学生）保存，惜久因经济力绌，迨未付印，薛下世已久，此珍贵之文献宝物，当应世而出，一与世人相质证也。[②]

前人著书立说本非易事，其中能顺利刊行并流传于世者尠矣，不少著述问世后就将面临散亡的境况，旋生旋没，极为可惜。近现代以来，借由新闻媒体的蓬勃发展，胡适敏锐地抓住了其特点，并以之作为搜寻材料的重要途径辅助自身学术研究，此举实具开创意义且给人以启发，他在致顾廷龙的信中反复申说"宣传"之功用，正可以视作此次实践的注脚。只是不知道蒋氏遗稿后来是否具备《水经注疏证》这样的好运了。

三十年后，另一部前人未知的沈钦韩《水经注疏证》批校稿本又悄然出现在大众面前。1978年，为响应周恩来总理"尽快编出全国古籍善本书总目"的嘱托，在南京图书馆召开编纂会议后举办的馆藏善本展览上，一部沈钦韩批校武英殿聚珍版《水经注》赫然在列。更巧合的是，此书被南京师范学院专研《水经注》的段熙仲教授（1897—1987）发现，得胡适宣传之功，段氏也对其千方百计寻觅沈著的经过较为关注，故随即撰写了《沈钦韩〈水经注疏证〉稿本概述》[③]、《〈水经注疏证〉手稿与钞本完书喜在神州》[④]两篇文章予以考述介绍。据王崶所撰墓志，沈氏注书"先写于书，上下左右，

---

① 《善本水经注本市有发现》，《西京日报》（西安），1948年12月6日第3版。
② 《水经注又一名著·清季学大师蒋湘南著现由长安薛寿轩保存》，《西京日报》（西安），1948年12月7日第3版。
③ 文载《中华文史论丛》1979年第3辑，第205—214页。
④ 文载《南京师大学报（社会科学版）》1980年第1期，第78—85页。

几无闲隙,乃录为初稿。久之增删,复录为再稿。每一书成,辄三四易稿"①,结合其《两汉书疏证》的情况来看,所叙当属事实。再比之于《水经注》,南京图书馆所藏沈氏批校本应即撰著《水经注疏证》之原稿,而原藏嘉业堂现归中国国家图书馆之稿本则是沈氏据批校原稿誊录出的所谓"初稿",因此南图藏批校稿本的发现,对研究沈钦韩《水经注疏证》的成书过程无疑极富价值。

尽管此时胡适已经去世多年,顾廷龙先生仍然还对沈著报以热切地关注。在段熙仲的行文中,只以南图所藏批校本为稿本,而目其余诸本皆为普通抄本,大概正是因为看到了段氏论述,顾氏即修书黄永年,请其前往西北大学图书馆目验原书代为鉴别。而在稍后召开的古籍整理出版规划会议上,时任国务院古籍整理出版规划小组组长的李一氓(1903—1990)提出编纂《稿本丛刊》的建议。在征询顾廷龙意见时,他认为"这确是一项很有意义的工作",明确表示赞成,还在具体论证中以沈钦韩著述为例详加说明:"如沈钦韩的《汉书疏证》《后汉书疏证》,上海图书馆有两部,北京图书馆有一部。此书清光绪间浙江书局刻过,但错误甚大,竟把《后汉书》中缺卷,谬以《艺文志》屡入,所以有重加校印的必要。"并重点提及:"沈钦韩还有一部稿子名《水经注疏证》,经多年访求,上图从西北大学传抄得一部,但有缺卷。现悉复旦大学图书馆藏有抄本,从稿本抄出者无缺。闻南京图书馆亦有一部批在书眉上的当为初稿。应早汇校写定出版。"②1990年8月,更是在函请李致忠代检国图藏本时说道:"龙访求沈钦韩《水经注疏证》一书,数十年仅得传抄残帙,每以为憾!"③从四十年代开始算起,直至九十年代初,历时近五十年,从最初的茫然无获,再到喜觅残本,最后目睹全本乃至稿本现身,顾廷龙先生在"寻觅"与"发现"《水经注疏证》上可谓不遗余力,好在最终结果也没有让人失望。

四、结　语

作为清中叶典型的普通文人士子,沈钦韩穷其一生,笔耕不辍,其著述无论质与量均在后世获得了普遍认可,令人赞叹。同时又困于资财,无力发行揄扬己说,多生沉郁之怨,空留遗憾。顾廷龙先生缘何执着于沈氏,他没有留下文字记述,仅从现有

---

① 缪荃孙:《续碑传集》卷七十六,第 16 叶 a。
② 顾廷龙:《关于整理出版稿本丛刊的管见》,《顾廷龙文集》,第 678—679 页。
③ 《顾廷龙全集》编辑委员会编:《顾廷龙全集·书信卷》(下册),第 475 页。此承曹鑫先生检示,谨致谢忱!

文献推测,大概读其书服膺其学是一方面。从最开始持稿本校刻本,发现刻本讹脱满纸,继而读其文稿获知尚有遗著散落未现,出于文献学家的本能,便起意搜罗,旨在保全前人心血,留一火种。另外,沈钦韩属籍吴县,顾廷龙先生出身苏州,从地缘上看,与其乡先贤的身份或许也不无关系。而胡适之于沈文起,可能更多的还是出自对顾廷龙鼎力相助其研究的感念,当然沈氏著有《水经注》研究专书也是非常重要的因素,面对这样既可解友人之忧且于自身研究又有裨益的事,当然乐意为之。

胡适年长顾廷龙十四岁,自 20 世纪 20 年代在北平初识,顾氏即以所作考证而为胡适激赏,此后顾廷龙应邀南下,主持合众图书馆馆务时又为胡适《水经注》研究助力良多,二人尺素往还,切磋琢磨,友谊历久弥新。即使是在艰苦卓绝的环境中,顾廷龙也没有选择放弃二人的情谊,作为一名图书馆工作者,更以其深厚的职业素养将胡氏所赠手稿、书札等默默收集整理齐备,俟有机缘,即谋求刊布,而身处海峡对岸的胡适,晚年亦将二人历年来往书信亲手编定,可谓不谋而合。

邓云乡先生(1924—1999)在看到胡适整理好的书信稿件后,"忽然想到一个问题,就是所收胡先生给顾老信件都是寄给顾老的,所印三份原件如何又回到胡先生手中,编在手稿里印出来,这事我说不清,也未问过顾老"。[1]其实顾廷龙先生早在 1979 年所作的《胡适之先生水经注论著附手札识语》中已经给出了答案,可能因为此前并未公开发表,所以邓先生没有看到:"卅七年十一月二夜信,所说'昨日寄出两长信',临行时谓未留稿,请予携去。卅七年十二月廿九函中叙及十二月十三日半夜一信,记得亦在索还之列。"[2]亦即胡适生前曾有索还寄出原信的习惯,邓先生之问于此或可释矣。

附录一:胡适、顾廷龙关于《水经注疏证》往来信札辑录

01. 顾廷龙致胡适(1948 年 10 月 24 日):"……沈文起《水经注疏证》一书稿本,原藏刘氏嘉业堂(文起《两汉书补注》稿已归敝馆,多浙局所未刻。其《苏诗补注》似未刻,亦在此),于卅一年鬻书时失之,龙曾多方探询,卒无下落。惟闻傅沅老曾传钞壹部,不知尚在插架否?拟恳先生便中重托沅老公子觅之。如能借得,敝馆颇欲传钞壹部,稍广其传。素仰先生发潜阐幽不遗余力,而与傅氏商借,非鼎力不克济事……"(《顾廷龙全集·书信卷》[上],第 82 页)

---

① 邓云乡:《胡、顾〈水经注〉函札》,《读书》1994 年第 2 期,第 141 页。
② 顾廷龙:《胡适之先生水经注论著附手札识语》,《顾廷龙文集》,第 101 页。

02. 胡适致顾廷龙（1948年10月30日）："……尊函问及沈文起《水经注疏证》稿本的传写本，日内当代为一问。连日为教员罢教事累我奔忙，故尚未能去访问傅晋生兄……"（《胡适全集：胡适中文书信集3》，第737—738页）

附胡适致傅忠谟（1948年11月9日）："……顷得上海顾起潜先生来信，谈及沈文起《水经注疏证》一书，稿本原藏嘉业堂，于卅一年卖书时失去。顾君听人说沉叔丈昔年曾传钞一部，不知尚在手边否？合众图书馆藏有文起的《两汉书补注》稿，颇有浙局所未刻的材料；又其《苏诗补注》稿亦在合众馆。因此顾君托我代请求吾兄准他设法传钞沈氏《水经注疏证》，以广其传。我竟不知文起有此书，故乐为代请……"（《胡适全集：胡适中文书信集3》，第743页）

03. 顾廷龙致胡适（1948年11月13日）："沈文起《水经注疏证》稿，如能借到，而先生审定甚佳，龙愿设法酬金为之印行。"（《胡适手稿》第三集《卷三》，第317—318页）

04. 胡适致顾廷龙（1948年11月14日）："……昨日我到傅沅叔先生宅里去看他，晋生世兄也在座。我谈到沈文起的《水经注疏证》，晋生不记得有此书，我们同声问沅丈，他的记忆还很清楚，他说，那是当年在扬州买到的，后来让给别人了。记不得是谁了，也许是刘翰怡。他自己并没有抄有副本……"（《胡适全集：胡适中文书信集3》，第744页）

05. 胡适致顾廷龙（1948年11月26日）："我报告傅沅叔先生父子关于沈文起《水经注疏证》的信，想已收到了。今天有绝妙的喜信报告你，请你看附件。万想不到《水经注疏证》稿本（或钞本）竟会在西安的国立西北大学发现！写信的人是校长杨克强先生。他是北大毕业的有名地质学者，中央研究院的院士。我已覆信，请杨君1.将此八册寄给我，为北大五十周年纪念日'《水经注》版本展览'之一，展览毕，即借钞一部，我当为西北大学本写一跋，然后寄还。2.如航寄上海为更方便，则请他直既合众图书馆，由你收下，借钞一本，然后寄还。3.如当此乱世，不便寄借，则请杨君为我雇几个钞手分抄八册，钞费由我担负。"（《胡适全集：胡适中文书信集3》，第747—748页）

06. 胡适致顾廷龙（1948年11月28日）："昨寄一'喜信'，报告沈文起《水经注疏证》稿本已在西安发见了卅五卷。此信想已达览了。我今年到处宣传我正治《水经注》，其用意正欲使各地的《水经注》都出现耳。如此一事，即可见我的宣传确有用

处……"(《胡适全集:胡适中文书信集3》,第748页)

07. 顾廷龙致胡适(1948年12月6日):"沈文起《水经注疏证》寄到否？念念。如不便远寄,可请杨克强先生一检此书,倘挖补粘贴不多而纸张不厚,则可用晒图蓝纸晒印,较传钞便捷多多。不知费用何如耳?"(《胡适手稿》第三集《卷三》,第366页)

08. 胡适致顾廷龙(1948年12月13日):"……现在要谈西安发现的沈文起《水经注疏证》:(1)杨校长已来信,说:'同人商讨结果,为万全计,先由此间抄一份,俟抄竣后,或将原本奉上,或将抄本奉上,均无不可。'我已去一电云:'乞抄副本见寄,抄费由适担负。'(2)十二月十一日北平《世界日报》登出一段西安航讯,报告沈文起书的发见。此信登出后,北大教员王利器先生来看我,说,在民国廿五年上海杂志公司出版的《艺文》杂志第一卷第二、四期上(五月、八月出版),登出沈文起的《水经注疏证》序、目录,及《疏证》卷一、二、三(见一卷二期)。又卷四、卷五(见一卷四期)。王君所见止此,他把这两期的《艺文》杂志送给我看。这杂志是夏剑丞先生主编的。请你向夏剑丞先生询问他们从何处得来此稿？先后共登出多少卷？其底本现在何处？揆公与剑公甚相熟,当不难一问此稿的究竟。(此故事又可见宣传之功。)……此五卷亦在我行箧中。如兄在上海找不着,我可以检出奉寄。最要紧的是查问夏公原本何在。其序文'臧□之才',亦缺一字,似同出一源。若能有卅六卷至四十卷,则成完书。适之。卅七,十二,廿九。①"(《胡适全集:胡适中文书信集3》,第758—759页)②

09. 胡适致顾廷龙(1948年12月29日):"附上十二月十三日半夜的一信……又附上西安图书馆寄来沈文起《水经注疏证》三十五卷,八册。我匆匆看过,偶有校正,但客中无书,竟不能作跋。此书抄费及邮费共一千四百廿一元五角。本是我电报担负的。但我此时在客中,颇盼望贵馆能将此费担负下来,即将抄本作为贵馆所有。如蒙贵馆慨允,即乞将此款电汇西安国立西安图书馆筹备委员会总务组收(或径请该馆筹备主任杨克强先生收亦可)。但如贵馆有困难,千万即乞示知,我当设法筹汇。千万请勿客气……"(《胡适全集:胡适中文书信集3》,第760—761页)

---

① 此为胡氏同年12月29日在13日信天头补写,故特为录出时间。此信写成后并未寄出,实29日由胡适夫人江东秀带往上海转交顾廷龙。

② 此信原稿胡适赠顾廷龙,经顾氏整理后送合众图书馆保存,现藏上海图书馆。今据原稿略有调整。

10. 胡适致顾廷龙(1949 年 1 月 3 日):"……沈文起《水经注疏证》钞费承贵馆担负,十分感谢。下次我来上海,也许能写一短跋。今日又得西安一信,与此本有关,我已覆信道谢了,原信附呈,可归档汇存。《艺文》所载五卷亦有胜于钞本之处(如卷二'龙城故姜赖之虚'条小字),似可以先将此五卷参校。"(《胡适全集:胡适中文书信集3》,第 769 页)

附录二:沈钦韩《水经注疏证》版本知见录

序号	书名	版本	馆藏	索书号	册数	附注
1	水经注疏证四十卷	清沈钦韩初稿本	南京图书馆	117703	16	沈氏以武英殿聚珍本《水经注》为底本进行批注,是为撰述《疏证》之初稿。
2	水经注疏证四十卷	清沈钦韩誊清稿本	中国国家图书馆	13205	8	沈氏誊清稿,嘉业堂旧藏。
3	水经注疏证四十卷	清抄本	西北大学图书馆	善甲000093	8	存卷一至三十五。
4	水经注疏证四十卷	民国二十五年(1936)抄本	南京图书馆	38564	8	1936 年 10 月,黄孝纾据嘉业堂藏本(即今国图藏本)抄出,74 元售与朱希祖。
5	水经注疏证四十卷	民国三十二年(1943)王欣夫学礼斋抄本	复旦大学图书馆	rb3227	4	1943 年 5 月,王欣夫据嘉业堂藏本(即今国图藏本)抄出。
6	水经注疏证四十卷	民国三十七年(1948)国立西安图书馆抄本	上海图书馆	线善T27742—49	8	1948 年 12 月国立西安图书馆抄寄胡适,后胡氏转交顾廷龙,抄资及邮费共 1421.5 元,现藏上海图书馆。
7	水经注疏证四十卷	民国抄本	湖北省图书馆	善/1368	8	徐恕旧藏并校。
8	水经注疏证四十卷	民国二十五年(1936)《艺文》杂志排印本				第一卷第二期(1936 年 5 月),登载《水经注疏证》序、卷一、卷二、卷三;第一卷第四期(1936 年 8 月),登载《水经注疏证》卷四、卷五。
9	水经注疏证四十卷	清抄本	未知	未知	未知	清光绪间陈倬藏。今下落不明。
10	水经注疏证四十卷	民国二十一年(1932)年抄本	未知	未知	未知	1932 年 12 月 28 日,周子美据嘉业堂藏本(即今国图藏本)抄出,欲 60 元出售,王欣夫未购。今下落不明。

附录三：现存《水经注疏证》各版本书影

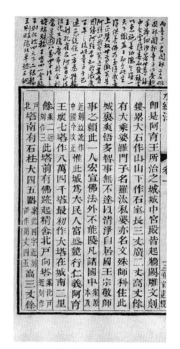

图 1-1 南京图书馆藏沈氏批注稿卷一卷端　　图 1-2 南京图书馆藏沈氏批注稿卷一叶十二 B

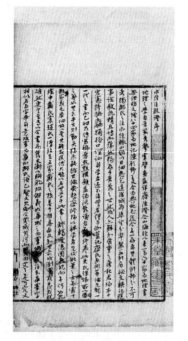

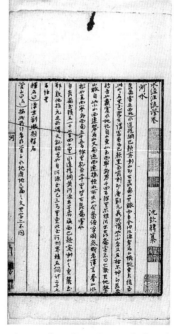

图 2-1 中国国家图书馆藏沈氏誊清稿序　　图 2-2 中国国家图书馆藏沈氏誊清稿卷一卷端

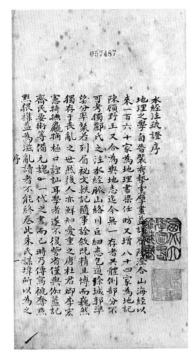
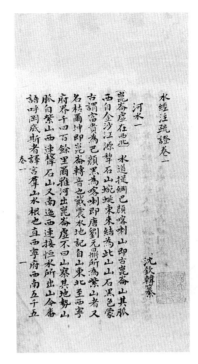

图 3-1 西北大学图书馆藏清抄本序　　图 3-2 西北大学图书馆藏清抄本卷一卷端

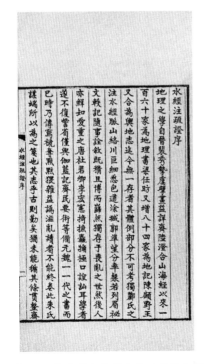
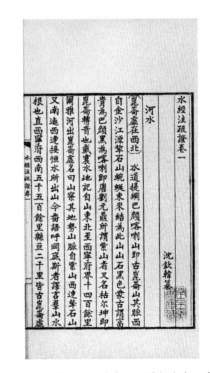

图 4-1 南京图书馆藏朱氏旧藏抄本序　　图 4-2 南京图书馆藏朱氏旧藏抄本卷一卷端

图 5-1　复旦大学图书馆藏王氏学礼斋抄本序　图 5-2　复旦大学图书馆藏王氏学礼斋抄本卷一卷端

图 6-1　上海图书馆藏国立西安图书馆抄本序　图 6-2　上海图书馆藏国立西安图书馆抄本卷一卷端

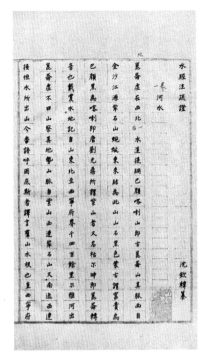

图 7-1　湖北省图书馆藏徐氏旧藏抄本卷一卷端

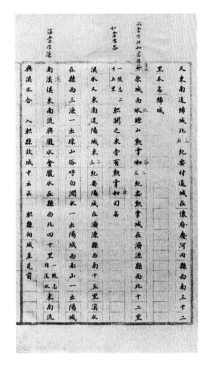

图 7-2　湖北省图书馆藏徐氏旧藏抄本正文

图 8-1　《艺文》杂志排印本序

图 8-2　《艺文》杂志排印本卷一卷端

附记:小文之缘起,始于2019年底上海图书馆"妙笔生辉"展览上陈列的一封黄永年先生写给顾廷龙先生的书信,彼时亟为摄影存档,录出文本后拟略作考释,惜学殖浅薄,性复疏懒,逾四年犹未成稿,殊为惭怍。顷于2023年底,获悉上海图书馆将举办纪念顾老诞辰一百二十周年征文活动,遂勉力拾起,草草敷衍成文。在此期间,杨曦先生、郭冲先生曾多加鼓励;又先后蒙袁恩吉、陈丹琪、郑凌峰、曹鑫、赵薇等师友赐示重要参考文献;复经高旭日女史、吕东超先生指教,是正良多。凡此,均无任感荷,谨申谢忱! 另需特别说明的是,附录之书影,部分采自中华古籍资源库、国家珍贵古籍名录知识库、古籍普查平台等线上数据库,部分扫描自纸本古籍图录,部分系南京图书馆、复旦大学图书馆、上海图书馆等公藏机构提供,对于上述以各种形式提供帮助的单位与工作人员,同样致以衷心的感谢!

顾廷龙与胡适郦学研究

胡艳杰

（天津师范大学古籍保护研究院）

1946 年 7 月，胡适回国，在机场接受记者采访时，他提到正致力于《水经注》的研究。其后二年半（1946.7—1949.4）的时间里，在友朋的帮助下，胡适在北京、上海、天津、南京、西安等地，多方搜求《水经注》版本，并撰写多组《水经注》研究文章。其中，1948—1949 年在上海合众图书馆、天津图书馆查阅、校勘、研究的《水经注》校本成果，被顾廷龙收集、整理、利用与保存。

一、顾廷龙收藏胡适《水经注》研究成果发表

（一）顾廷龙藏胡适遗稿——《水经注校本的研究》

1979 年第 2 期《中华文史论丛》刊发了题为《水经注校本的研究》①，署名"胡适遗稿"。实际上收录了胡适研究《水经注》的一组论文和手札，是其《水经注》研究的一部分成果。这组文章是根据顾廷龙收藏部分整理而成。胡适在上海时，经徐森玉介绍经常到合众图书馆查阅资料，并在馆中进行写作，他所著原稿及与陈垣讨论《水经注》的函札，与天津图书馆商借两部《水经注》的书信等，都曾给顾廷龙阅看，顾廷龙请同事录存副稿。胡适文稿以及致顾廷龙函札，今藏上海图书馆。这组文章共包含 8 篇，第 1—7 篇为胡适研究不同版本《水经注》的论文，第 8 篇则为胡适研究《水经注》时与徐森玉、陈垣、顾廷龙等人的书札。即 1.《再跋戴震自定〈水经〉的"附考"——戴氏未见全赵两家〈水经注〉的证据》；2.《全祖望、戴震改定〈水经〉各水次第的对照表》；3.《戴震自定〈水经〉一卷的现存两本：一、北京大学藏鹭嘉馆李氏旧藏孔继涵本；二、建德周暹先生藏本》；4.《跋杨守敬论〈水经注〉案的手札两封》；5.《记赵一清的〈水经注〉的第一

---

① 胡适:《水经注校本的研究》,《中华文史论丛》1979 年第 2 辑,第 145—220 页。

次写定本——天津图书馆藏的赵一清全祖望〈水经注〉稿本第一跋》;6.《跋奉化孙锵原校的薛福成董沛刻的全氏七校〈水经注〉》;7.《戴震校〈水经注〉最早引起的猜疑》;8.《关于〈水经注〉版本的书札》。《书札》共计 11 通,其中有 1 通为胡适致徐森玉、顾廷龙二人,时间在 1948 年 10 月 21 日;1948 年有 7 通胡适致顾廷龙,分别是 11 月 2 日夜、2 日半夜、11 月 14 日、11 月 26 日、12 月 13 日夜半、12 月 29 日(2 通),还有 1 通为 1949 年 1 月 3 日夜胡适致顾廷龙;另有 1 通胡适致陈垣,时间在 1948 年 12 月 13 日夜,并附陈垣致胡适函 1 通,1948 年 12 月 7 日。

(二) 顾廷龙撰《胡适之先生〈水经注〉论著及手札》

1989 年,顾廷龙在《胡适研究丛录》中发表了题为《胡适之先生〈水经注〉论著及手札》[①]一文,这篇文章对 1979 年胡适《水经注校本的研究》内容进行了注释,补充了顾廷龙在胡适研究《水经注》过程的诸多内容,可更好的还原当时顾廷龙帮助胡适进行《水经注》研究的整个过程。其中,关于天津图书馆藏全祖望校本,有这样一段叙述,即:"胡氏阅天津全氏校本,有纸片,审为剪吴琯本之证,因检四条见寄。并记云:'天津全氏校本里,往往有剪余的碎纸,今寄上四片,可与合众馆藏的《重校本》里附粘的一张比勘,此都是吴琯刻本《水经》。'胡适。"[②]这使得胡适研究天津图书馆藏本内容的过程更加具象化,使胡适研究天图藏本的过程,不仅仅停留在简单的借书、续借、还书这样普通读者借阅的步骤上,对其借阅后的利用、研究过程也有所了解,即将全校本中签条与吴琯本进行比勘。

二、胡适与天津图书馆藏本《水经注》

(一) 全祖望校《水经注》入藏天津图书馆经过

全祖望晚年家道中落,其去世后,后人将其藏书连同手稿一同转售给卢氏抱经楼。后被嘉兴忻宝华收藏,后入藏天津图书馆。此书流传有序,留存天壤之间。

忻宝华(约 1847—?),字虞卿,斋号"暇媺斋",嘉兴人,藏书家。天津图书馆购藏

---

① 顾廷龙:《胡适之先生〈水经注〉论著及手札》,颜振吾主编:《胡适研究丛录》,三联书店,1989 年,第 190—196 页。按:《顾廷龙文集》中收录此篇文章,题目为《胡适之先生〈水经注〉论著附手札识语》,内容与《胡适研究丛录》中略有不同,删去 1979 年第 2 辑《中华文史论丛》文章篇目内容,增加胡适生卒年、出生地及殁于台湾的简单信息,及文末增加"外签照《论丛》所题,为便查阅"一句。

② 顾廷龙:《胡适之先生〈水经注〉论著及手札》,《胡适研究丛录》,第 195 页。

忻氏藏书有二次：第一次在宣统三年（1912），经葛星槎介绍，傅增湘派谭新嘉到嘉兴，第一次购得忻氏旧藏三千册左右，如《至元嘉禾志》三十二卷，元单庆修、徐硕纂，清陈其荣跋，清不暇嬾斋抄本，八行二十字，小字双行十六字，白口，左右双边，八册，卷端钤"嘉兴忻虞卿氏三十年精力所聚"白文方印。第二次购藏，即傅增湘经书贾李宝泉所得，傅增湘留几种，其余归天津图书馆。傅增湘在《朱竹垞腾笑集跋》中云："余此帙获之嘉兴忻虞卿家，钤有'嘉兴忻虞卿氏三十年精力所聚'一印。书友李宝泉南下访书，为言虞卿年逾六十，生平喜收书，于乡先辈撰述搜访尤勤，多得精抄秘校本，宝泉以三千金捆载以去……其后宝泉载书北来，余略取畸零小帙，其余若《全谢山五校水经注》稿本、管芷湘手抄群书数十册，皆以归之天津图书馆，使得公诸当世，传之久远，庶足少慰虞卿搜采之雅意耳。"[①]忻氏旧藏散出后，入藏天津图书馆者达三千余册。此部《水经注》经胡适借阅、鉴定、撰写题跋，便被列入天津图书馆的珍本古籍，收藏在珍本书库之中，亦不辜负忻氏三十年藏书精力，实为一段藏书史上的佳话。全祖望校《水经注》的版本价值被胡适首先挖掘出来，此后，先以《全祖望校〈水经注〉稿本合编》影印出版，后入选国家珍贵古籍名录，被国家珍贵古籍数据库、《中国古籍珍本丛刊·天津图书馆卷》等收录，得到广泛的传播与利用。

（二）胡适借阅天津图书馆藏《水经注》始末

1947 年 4 月，胡适从傅增湘处得知全祖望五校《水经注》藏在天津，立刻与唐兰联系，请其到天津看书时帮助借阅，并提出三种借出途径：一是代借，二是北大图书馆借出，三是以胡适个人名义借出。

立厂兄：

听说老兄不久要到天津去看书，我想托您代问一件事。

天津省立图书馆藏有一部全谢山五校《水经注》，是傅沅叔先生当年收买到的。昨晚沅叔先生也曾提到此书。我很想借此书一校，但不知应该如何进行。所以我想请您代问此书是否可以借出？是否可以由北大图书馆负责向津馆借出？是否可以由我个人负责借出？

我最近南京抄得全氏双韭山房校本全部，凡卅六卷，只缺前四卷。故想借校津馆此本，也许可以代为考定此书旧历史地位与价值。

---

① 傅增湘：《藏园群书题记》（下册），上海古籍出版社，1989 年，第 1014 页。

琐事相烦,敬乞原谅。

弟胡适敬上,卅六、四、廿一。①

最后,由唐兰代胡适,以个人的名义,将天津图书馆藏二部《水经注》借到北京阅读。唐兰代其立下"借据",其内容如下:

兹代胡适之先生借得全谢山五校《水经注》捌册,练湖书院抄本《水经注》肆册,共拾贰册,此致河北省立天津图书馆。

北京大学唐兰,四月廿四日。(第 2185 页)

此后,与胡适书信往来,商量借还书等事宜,则由天津图书馆馆长井守文负责。井守文给胡适的回信是以公文的形式,事先经人根据胡适来信草拟初稿,再经井守文修改,签发,并编有发文编号,书信草稿存于天津图书馆档案之中。

井守文,字蔚青,1918 年 6 月兼任天津直隶图书馆主管。1945 年 11 月 8 日抗日战争胜利后,河北省教育厅委派井守文为接收员,兼代理馆长②。1949 年,杨思慎为第二图书馆馆长,井守文为副馆长。

1947 年 4 月 30 日,唐兰将书带给胡适阅读,一周后,胡适致函天津图书馆馆长井守文,感谢借阅清全祖望五校本《水经注》和清练湖书院抄本《水经注》,信中称"全氏五校《水经注》尤其可贵",希望多借一段时间。

蔚卿先生:

本校教授唐立厂兄前次去津,承蒙惠假贵馆所藏全谢山五校《水经注》八册和练湖书院抄本《水经注》四册,隆情厚谊,不胜感激之至。

这两部书都很有用,全校《水经注》尤其可贵,我很盼望先生能允许我多借用一些时候,我当细细作一番校雠的工夫,并写一篇考证的短文。

对这两部书,我一定特别加意爱护。用完之后,当即奉还。

谢谢先生的盛意。

胡适敬上,卅六、四、卅。

阅。五、三。(第 2187—2188 页)

---

① 全国公共图书馆古籍文献编委会:《全祖望校水经注稿本合编》(第 6 册),中华全国图书馆文献缩微复制中心,1996 年,第 2183—2184 页。使用"国立北京大学用笺"。按:"胡适借阅天津图书馆藏《水经注》始末"部分引文,均出自此书,下文仅于引文末注明具体页码。

② 天津市图书馆志编修委员会:《天津市图书馆志》,天津人民出版社,1996 年,第 360 页。

井守文馆长接到胡适来信后并没有立刻回信，而是默许了胡适信中所言借书事项、时间。此间，胡适所撰考证短文《跋天津图书馆藏的明钞水经注残本》，刊登在 1948 年 3 月 5 日天津《民国日报》[①]。直至一年四个月后，1948 年 8 月 18 日，井守文致信胡适以"现值暑假，敝馆正在检查图书之时，前书如已用毕，拟请早赐捡还为荷"。第一次催促胡适还书，并希望将考证文稿照抄一份，以便馆中收藏。

　　适之先生：

　　　　前于三十六年四月间，经贵校唐立厂先生代借去全谢山五校《水经注》八册，练湖书院抄本《水经注》四册，嗣接先生惠函，略谓言两部书都很有用，希望多借些时候，作一番校雠，并写篇考证的短文，用完当即奉还等语。现值暑假，敝馆正在检查图书之时，前书如已用毕，拟请早赐捡还为荷。

　　　　又前书幸得先生详确考证，著文述明，可否将考证文稿照抄一份，并为寄下，当即缮订原书之后，以增敝馆光荣。所渎清神，尤深感谢！

　　　　特此函达，顺颂暑祺。井□□拜启，八月十六日。

　　　　井□□　八、十二　八月十二日拟。

　　　　函寄：北平内六区沙滩松公府十号，国立北京大学校长办公室，胡校长适之大启。井缄，津四九九发。（第 2189—2190 页）

8 月 21 日胡适回信称，该书确系全谢山五校真本，已是天地间仅存之孤本了，拟写一长跋，请允许再留一二个月。并托谢蕴慧将练湖书院抄宋本一函送还，并附一篇跋文。

　　蔚卿先生：

　　　　八月十六日大示接到了。去年承贵馆借我的两部《水经注》，今托谢蕴慧女士先将练湖书院抄宋本一函送还，并附一跋，可惜匆匆不及清写一份，日后当亲写补上乞政。

　　　　其他一部抄本，确系全谢山五校真本，已是天地间仅存之孤本了，而今年我们又考定此本之底本八册四十卷全系赵东潜（一清）亲笔写定的真迹，其写成约在乾隆十一年上下。陈援庵先生戏谓此八册可谓"全璧归赵"了。此本适拟写一长跋，故请先生许我暂留一二月，然后奉还。倘蒙惠许，不胜感幸。胡适敬上。三七、八、廿一。

─────────────

① 天津市图书馆志编修委员会：《天津市图书馆志》，第 361 页。

　　　津七五二收,中华民国三十七年八、二十三。①

　　　复:八、廿三。跋照钞后原稿奉还。②(第 2191—2192 页)

8 月 23 日,井守文馆长批复"跋照钞后原稿奉还"。并于 8 月 24 日,回信给胡适,同意将全谢山五校《水经注》多借一些时间,以便从容考证。井守文馆长虽对胡适研究天津图书馆藏《水经注》内容,并未进行深入的交流,但在图书借出一年有余,仍支持其多借些时日进行研究,足见对学术研究的支持。

　　　适之先生:

　　　　八月二十三日,谢蕴慧女士来馆,收到前借练湖书院抄宋本《水经注》一函,附来跋语原稿,容由敝馆照缮清楚,附订原书之后,所有先生此番考证之精神自可并传不朽。来函所云"匆匆不及清写,日后当亲写补上"等语,似此琐务,绝不敢再渎清神。至全谢山五校《水经注》一部,经先生认为是天地间仅存之孤本,拟写一长跋,暂留一二月,然后交还一节,敝馆此书得先生鉴定表扬,敝馆实为幸甚,即请尽量留阅,从容考证可也。特此函覆,顺颂著祺。井□□拜启,八月□日。

　　　　函寄:北平内六区沙滩松公府十号,国立北京大学校长办公室,胡校长适之大启。井缄。

　　　津五〇七发,七、八、二十四。(第 2193—2194 页)

胡适与井守文书信往来,见于档案之中者仅存此 4 通。其后关于全祖望校本《水经注》的归还时间等问题不得而知。据谢忠岳《全祖望校〈水经注〉稿本合编影印前记》所说"图书馆派员将书取回,不久胡适即飞离北平"③。1949 年 4 月 6 日,胡适从上海乘威尔逊总统号轮船赴美国。取回书的时间当在 1948 年末至 1949 年初,具体时间待考。

(三) 胡适撰《〈水经注〉版本展览目录》所载天津图书馆藏本

　　1948 年北京大学五十周年校庆,胡适于 12 月将自己及他处收藏的不同版本《水经注》9 类 40 种,分类整理,布展,并编撰《〈水经注〉版本展览目录》④(以下简称《目录》)。《目录》中每种下撰写提要一则。《目录》封面有胡适题写的"北京大学五十周年

① 此于胡适信札原稿上,为天津图书档案管理者记录文字。胡适此封信书于"国民大会"用纸之上。
② 此句写于胡适信札原稿天头处。
③ 全国公共图书馆古籍文献编委会:《全祖望校〈水经注〉稿本合编》(第 1 册),第 11 页。
④ 胡适:《〈水经注〉版本展览目录》,北京大学图书馆藏民国三十七年(1948)铅印本。

纪念　水经注版本展览目录　胡适题"。末署"胡适，三十七、十二、八"。

《目录》是一个版本目录，按版本类型、版本源流分类排序，以天干为序次名，每类下有若干种。著录内容包括版本、存卷、收藏者，提要内容包含行款、避讳字、注文格式、存卷、保存状况、版本源流、版本价值等内容。共著录了《水经注》的9类41种[①] 43部，由胡适于1948年12月8日编定，这虽是一部展览目录，但有极高的学术研究价值，也是其研究《水经注》版本的重要成果。包括：(甲)宋刻本(1种)，(乙)明钞宋本(4种)，(丙)明刻本(8种)，(丁)清代校刻的朱谋㙔《水经注笺》(2种)，(戊)清朝早期的重要校本(3种)；(己)十八世纪四大家之一，沈炳巽(2种)；(庚)十八世纪四大家之二，赵一清(9种)；(辛)十八世纪四大家之三，全祖望(6种，7部)；(壬)十八世纪四大家之四，戴震(6种，7部)。其中收录了他所借阅的天津图书馆藏二部抄本，分别列入乙、庚、辛三类。

(乙) 明钞宋本

(乙三) 练湖书院钞宋本，残存十六卷。天津图书馆藏

此本存卷二十一至二十四，卷二十九至四十。此本是钞宋本，但其底本颇有缺陷，如卷二十一颍水、渠水两篇皆有错叶，与朱谋㙔所用谢兆申钞宋本大致相同。[②]此为胡适《水经注》展览展出四部明抄宋本之一，其他三种为《永乐大典》本、《永乐大典》本的影印本、过录常熟瞿氏藏本，另知海盐朱伯商藏本，但未能入展。此种《天津图书馆古籍善本书目》[③]《天津图书馆古籍普查登记目录》[④]均有著录，索书号：Z40。《水经注》四十卷，北魏郦道元撰，明练湖书院抄本，九行二十字至二十四字不等，白口，四周单边，下书口镌

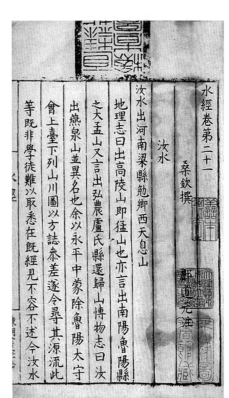

图 1　《水经注》四十卷　明练湖书院抄宋本

---

① 据《目录》中分类序号统计当为41种，若天图藏本按1种计算则为40种。

② 胡适：《〈水经注〉版本展览目录》，第1—2页。

③ 天津图书馆编：《天津图书馆古籍善本书目》(第1册)，国家图书馆出版社，2008年，第245页。

④ 天津图书馆编：《天津图书馆古籍普查登记目录》(第1册)，国家图书出版社，2014年，第3页。

"练湖书院抄",四册,存十六卷(二十一至二十四、二十九至四十),钤有"直隶教育厅检查图书之印"①仅存上半部分,即存"直隶""检查图"部分。此本可据胡适鉴定,将版本详细著录为"明练湖书院抄宋本"。

(庚)十八世纪四大家之二,赵一清(生康熙四十八年,死乾隆二十九年,一七〇九——一七六四)

(庚二)乾隆十一年赵一清亲笔写定的《水经注》新校本四十卷。天津图书馆藏

赵一清的《东潜诗稿》有乾隆十年"除夜杂书八首"诗,其一首云,

流年磨蝎坐宫中,甲乙丹铅枉费功。一卷《水经》翻覆勘,浊河清济笑冬烘!

他的新校本《水经注》,乾隆十一年(一七四七)八月写成,那时他才三十八岁。后来他继续修改了十八年,到乾隆二十九年(一七六四),他在病中,还写了五篇《泰山五汶考》,还在修改他的稿本。那年他就死在泰山脚下了。

这是他第一次写定的《水经注》,其中已从孙潜过录的柳佥本钞得郦氏自序大半篇,已补了渭水的脱叶,已改正了颖水渠水的错简,这都是朱谋㙔没有能校正的大缺陷。

但赵氏写定此本时,他还完全没有了解经与注混乱的问题。他尊信胡渭的见解,以为"经文非一时一手所成",故有东汉以后的地名。(看卷三"薄骨律镇""典农城"诸条。)此本写定后几年之中,赵氏开始试探这个经注混乱的问题,他在河水第五卷"沙丘堰"以下的许多经文之上,用朱笔试标明"经"与"注"。这个工作没有完,他就北行了,他把这本子留给他最敬佩的全祖望,故此本后来成为全氏"五校本"的底本。②

(辛)十八世纪四大家之三,全祖望(生康熙四十四年,死乾隆二十年,一七〇五——一七五五)

(辛一)全祖望"五校"《水经注》原本四十卷。天津图书馆藏

此本的批校都写在赵一清乾隆十一年写定本之上(即庚二),故陈垣先生曾称此本为"全璧归赵"!

此本有全氏自题云,"戊午夏钞篝庵病翁五校毕,漫志于首"。戊午是庚午之

---

① "直隶教育厅检查图书之印"为核查库存印章,此印章善本书钤印时,一半印于书上,为核查印记;一半印于签条之上,为存档资料。普本书则盖全章。

② 胡适:《〈水经注〉版本展览目录》,第17—18页。

误,庚午为乾隆十五年(一七五〇)。全氏是绝顶聪明人,又用沈炳巽、赵一清两家《水经注》校本做他的新基础,故能有创造的贡献。这个五校本表示他的三大贡献:(1)辨析经文与注文,(2)认郦氏注文有大小注的分别,(3)重新排列一百二十三水的次序。此本分装八大册,是他自己依照一百二十三水的新次序编定的,其次序与分卷数,与晚出的"全氏七校水经注"刻本相同。

　　此书有"四明卢氏抱经楼珍藏"印本。董秉纯编《谢山年谱》,说谢山死后,"葬具犹未备,不得已,尽出所藏书万余卷,归之卢镐族人,得白金二百金"。此书即在其中。①

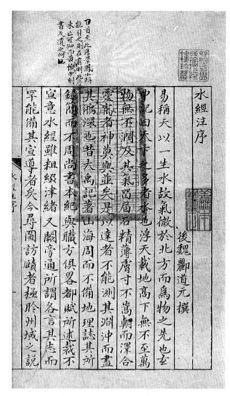

图2　《水经注》四十卷
清乾隆十一年(1746)赵一清
小山堂抄本全祖望校本

胡适将其考证结果之一,即全祖望五校《水经注》所据底本为赵一清写定底本,并将赵一清写本单独作为一个品种独立出来。将天津图书馆藏全祖望五校《水经注》一分为二,即"(庚二)乾隆十一年赵一清亲笔写定的《水经注》新校本四十卷"和"(辛一)全祖望'五校'《水经注》原本四十卷",实际为1部书。《天津图书馆古籍善本书目》②《天津图书馆古籍普查登记目录》③均有著录。索书号:Z160。《水经注》四十卷,北魏郦道元撰,清全祖望校,清小山堂抄本,十行二十字,小字双行十九字,白口,四周单边,八册,金镶玉装。栏线外左下镌"小山堂钞本",钤有"四明卢氏抱经楼珍藏"朱文方印、"直隶教育厅检查图书之印"④朱文长方印。普查登记号:120000-0301-0000157。此书入选第一批国家珍贵古籍名录,名录号:01688。胡适在对这部书进行考证的时候,曾根据赵一清批校笔迹,又请张政烺、王重民、赵万里、袁同礼等人进行比勘,最终确定为

①　胡适:《〈水经注〉版本展览目录》,第22—23页。
②　天津图书馆编:《天津图书馆古籍善本书目》(第1册),第245页。
③　天津图书馆编:《天津图书馆古籍普查登记目录》(第1册),第9页。
④　此本钤盖"直隶教育厅检查图书之印"全章,当时应作为普通图书而未列入善本。

"乾隆十一年赵一清亲笔写定的《水经注》新校本"和"全祖望五校《水经注》原本",因此其版本信息可详细著录为"清乾隆十一年(1746)赵一清小山堂抄本全祖望五校本"。

(四)《全祖望校〈水经注〉稿本合编》的编纂整理与出版

胡适借阅天津图书馆藏全祖望五校《水经注》后,这部《水经注》被列为馆藏珍本,得到很好的保存。随着古籍整理与保护事业的发展,1992 年为了发掘和利用公共图书馆藏书重要价值,由全国图书馆文献缩微中心与有关省市公共图书馆在杭州成立了全国公共图书馆古籍文献编辑出版委员会,主要任务便是发掘与抢救具有重要价值的珍藏文献资料,并编纂出版了《中国公共图书馆古籍文献珍本汇刊》。作为委员之一,天津图书馆于 1996 年首选出版了经胡适鉴定为海内孤本的全祖望五校《水经注》稿本。与委员会宗旨影印"珍本秘籍,罕见的抄本、异本,名人稿本、佚文、信札、墨迹"等相契合。

《全祖望校〈水经注〉稿本合编》(以下简称《合编》)共六册,前三册为"五校本",后三册为"七校本"。五校本、七校本各自编排。卷前有《中国公共图书馆古籍文献珍本汇刊前言》,谢忠岳撰《全祖望校〈水经注〉稿本合编影印前记》,陈桥驿撰《全祖望校〈水经注〉稿本合编序》。《合编》后有四个《附录》,一是全祖望为《水经注》批校本及有关"水"而写的跋文;二是全祖望致赵一清书札,内容涉及《水经注》的部分;三是张穆关于戴、赵水经案的原委;四是胡适与天津图书馆借阅五校《水经注》往来书札。

《合编》编纂过程中,天津图书馆李国庆曾向顾廷龙请教胡适查阅《水经注》故事,并请其为《合编》题写书名。1995 年 11 月 14 至 17 日,顾廷龙与上海图书馆任光亮、陈秉仁一同参加在天津召开的《续修四库全书》编委会第五次会议。11 月 15 日,天津图书馆李国庆、白莉蓉到招待所探望顾廷龙,谈起胡适向天津图书馆借阅全祖望校本《水经注》一书之经过。顾先生记忆犹新,并讲述了其中极详的细节①。

1995 年 11 月 29 日,顾廷龙题写了"全祖望校水经注稿本合编"书名题签,落款为"九三老人顾廷龙敬题"②。

顾廷龙回到北京后,梳理了自己关于《合编》的编纂思路,并将自己的想法告诉李国庆。他在信中建议研究胡适《水经注》的问题,要看二份资料:一是胡适手稿,一是其所编

---

① 沈津:《顾廷龙年谱》,上海古籍出版社,2004 年,第 771 页。《年谱》中所说三十年代,当是顾廷龙依据民国纪年而叙述。胡适借阅天津图书馆藏本《水经注》在 1947—1948 年之间。

② 李国庆提供藏书题签复印件。

《水经注版本展览目录》。对于影印出版工作,顾廷龙提出二点建议:一是将胡适书信原件影印附录在正序之后,这点在《合编》中"附录四"得以体现。二是将《水经注版本展览目录》印入,这一点在《合编》中没有被采纳。或许当时未能看到抽印本《目录》。

国庆同志:

在津几日,多承照拂,不胜铭感! 承交一良兄手书,我当即面交傅先生(璇琮)。您如与他有联系,可一询之。关于胡先生寻求全谢山五校《水经注》的经过,他给我的原信在上海。我手边有对故事的录副,兹特钞呈。我曾托任光亮君找一找,但尚无回信。

题目我加的,其它皆胡先生给我信中的原文。至于他研究《水经注》问题,有两书要看一看:(1)胡适手稿(景印本,台湾出版)。(2)胡适编撰一个《〈水经注〉版本展览目录》印在《北京大学五十周年纪念刊》中,有抽印本。我想贵馆或南开必有之。如天津没有,可向北大复印。您们对这信看后将如何采用? 题目要不要? 均望酌夺。如要重写一遍亦可。最好把胡先生原信影印附在正序之后何如? 胡先生原信可托任光亮同志一找。

前属为几位同志写字,稍缓当即涂奉指正。匆匆,不尽一一。即请台安!

顾廷龙上[①],九日午

《展览目录》每书胡先生均自作简介一篇,对全氏五校《水经注》如何介绍? 似亦可考虑印入。[②]

关于胡适当年寻访天津图书馆藏全谢山五校《水经注》的经过,又抄录出"故事"一份,题为《访全谢山五校稿本记》,供《合编》编辑出版参考。

访全谢山五校稿本记

我民国卅五年七月底回到北平,那时傅沅叔先生正在大病之后,不能说话行动,但心神始终很清明。我不敢多惊动他,承他的长公子晋生先生把他家珍藏的残宋刻本《水经注》十一卷有零,孙潜校本十六卷,都借给我校勘了。我等到去年(民国卅六年)四月,看见他老人家精神更好了,才敢问他那部"全谢山五校稿"现在何处。沅叔先生记忆力还很好,用大气力说出了"天津"两个字。恰好次日唐立厂先生(兰)到天津去,我就托他向河北省立图书馆商借。这部稿本不曾被著录在《直隶省立图书馆书目》里,承馆长井守文先生的好意,在善本书的架上去寻

---

① 李国庆于 1995 年 12 月 12 日收到顾廷龙来信,并标注详细日期。

② 李国庆提供书信复印件。

找,居然在灰堆里寻出了一大包,果然是傅沅叔先生在前清末年买到的全谢山五校《水经注》的真本。唐先生把这部稿本带回北平给我看。①

信中对于这篇"故事"的使用,一是题目可斟酌是否采用,二是若使用这篇"故事",重写一遍也可以。但还是建议将胡适书信原稿附于"正序"之后。所有这些建议都用商量、询问的语气。书信中常用问号,以便引起思考,决定权则归天津图书馆工作人员。1996 年 4 月,《合编》由中华全国图书馆文献缩微复制中心影印出版。李国庆写信给顾廷龙,告知《水经注》已出版。顾廷龙回信,并言及"刘同志"将见惠,不久当能示读。

> 国庆同志:
>
> 　久未通信,甚以为念! 昨接手书,敬悉一一。
>
> 　属书书签,顷已涂就,敬奉指教。如有不合,尽可重写。
>
> 　《水经注》已出版,甚慰,甚慰! 曾闻友人言刘同志将以见惠,想不久当能示读。
>
> 　上海图书馆新屋落成,年内要开幕,龙将往祝贺! 匆复,即颂著安!
>
> 　　　　　　　　　　　　　　　　　弟龙上(一九九六年)十一、二九②

天图藏全祖望五校《水经注》的出版,从书签题写,到胡适利用藏本故事,再到编纂体例,顾廷龙均提出了真挚而宝贵的意见,这是对胡适及郦学研究的又一推动。

三、顾廷龙在胡适《水经注》研究中的价值与意义

顾廷龙与胡适有较多的交往,主要在于其合众图书馆之职。他在《我和图书馆》一文中总结道:"我干的最多的是图书馆工作,整整六十五个年头。说起来,我做的工作很普通,归结一下只有六个字:收书、编书、印书。"③在图书馆这样普通的工作中,常年如一日,波澜不惊,其实更需要具备崇高的品质、毅力与能力。

(一) 做好读者服务是本职

作为图书馆负责人,顾廷龙为胡适提供了优质的阅读服务。1946 年 7 月胡适回

---

① 李国庆处藏顾廷龙书信原稿。按:《直隶省立图书馆书目》即《天津直隶图书馆书目》三十二卷末一卷,谭新嘉、韩梯云等编纂,民国二年(1913)铅印本。

② 李国庆提供书信复印件。

③ 顾廷龙:《我和图书馆》,《顾廷龙文集》,上海科学技术文献出版社,2002 年,第 590 页。

国,为考证全祖望《重校水经注》出于王梓材伪作,经叶景葵介绍到合众图书馆查阅图书,与顾廷龙相见。顾廷龙与胡适在北大时已经相识。1947 年 3 月胡适到上海,经徐森玉借全校本复阅。1949 年 3 月到沪,常到合众图书馆看书,修改关于《水经注》的文章,"离沪日亦曾来馆,并写字数幅"①。

(二) 扎实的文献学基础是内核

顾廷龙应胡适要求先后抄录、校勘、比对多种《水经注》版本文字异同。以 1948 年为例,5 月,以约园抄本与薛刻本校四卷。9 月,胡适又到上海,访铁琴铜剑楼藏明抄宋本《水经注》,并借出来,托徐森玉校对,徐森玉转托顾廷龙,顾廷龙约胡文楷相助,于 11 月校完,十二、十三日北京大学五十周年纪念,举办的"《水经注》版本展览"中列为展品,即《目录》中"(乙四)过录常熟瞿氏藏明抄宋本四十卷。徐森玉、顾起潜、胡文楷三先生分钞铁琴铜剑楼本""三位先生费了大半年的日力,竟为此本留下一个副本……三先生的高谊最可感佩"②。11 月,又帮助胡适影钞《重校本》卷一的第二及三叶、卷二内容。又影印全氏手稿一叶,并邮寄给胡适。胡适回信中说道:"尊寄全氏诸叶,特别有趣,可惜时局太坏,我太忙,尚未细考校。今寄赠一叶作纪念,乞兄留赠合众,作为'重校本'的一篇小记。"③

这一年顾廷龙 45 岁,胡适 58 岁,两人不仅公务在身,学术活动更是繁多。但顾廷龙仍能花费大量精力协助胡适进行《水经注》校本的抄录、对勘,确认大量版本、文字异同信息。这种对读者所需文献校勘信息的快速、准确的查阅,并给予高质量的应答,对学术研究是具有重要推动作用的。顾廷龙熟悉文献学、校勘学、版本学,对于胡适的研究大有裨益,以至于胡适与其频繁书信往来,短短一年即完成了 7 篇《水经注》研究相关文章的初稿。

(三) 解人之困是美德

沈钦韩《水经注疏证》一书的发现,源于顾廷龙日常研究积累。1948 年,顾廷龙先见到沈钦韩《王荆公诗注》稿本,并与刻本进行校对;后又得沈氏《后汉书疏证》稿本,校浙局所刻,发现大量的补正内容,又去读他的诗文传记,发现了《水经注疏证》一书,

---

① 顾廷龙:《胡适之先生〈水经注〉论著及手札》,第 193 页。
② 胡适:《〈水经注〉版本展览目录》,第 3 页。
③ 胡适:《水经注校本的研究》,第 220 页。

但不知藏地,又询问王大隆、夏剑丞等友人,也没有查到藏书信息。顾廷龙致信胡适,请其帮忙询问傅增湘是否藏有抄本,并表达欲为合众图书馆抄录一部①。胡适在傅增湘处未见到抄本,因此建议顾廷龙要宣传,必能发现。其后,由杨克强在西北大学图书馆得之,确为宣传之力。通过各种宣传途径,获得特殊古籍资源,在今日古籍资源建设、版本征集方面仍是重要手段和方法。

后来,胡适请人抄写了一部沈文起《水经注疏证》三十五卷,八册,由西安图书馆寄来,邮费共计一千四百廿一元五角。但因时局不稳,胡适已难支付抄书相关费用,便写信请顾廷龙担负书稿费用,而抄本则归合众图书馆所有。1948 年 12 月 29 日,胡适处境不佳,其在回信时称"我在京两周,不能有平心论学的心境,甚愧。过了年当来上海住几天"②。顾廷龙同意提供沈钦韩《水经注疏考证》的抄录相关费用,而胡适也将西安来信原件给到图书馆,用于归档汇存。

顾廷龙这一举措,一方面解决了胡适复制文献的经费困难,一方面也为合众图书馆增加了《水经注》的一个重要版本,为《水经注》相关文献的保存、研究作出贡献。

(四) 敏锐的收藏意识是潜能

作为图书馆工作者,文献收集、保存意识是指导其工作的原动力与出发点,这种能力的强弱对馆藏资源建设方针、政策的制定存在着深远的影响。1949 年 3 月,胡适到上海,继续修改完善《水经注》有关文章。顾廷龙请杜干卿抄录副本。每抄就一篇,顾廷龙随录随校,紧跟胡适研究《水经注》的节拍,并将稿件收集起来,形成"一束"之多的稿件。1979 年春,《中华文史论丛》编辑郭群一见此胡氏《水经注》论著及书札"一束",当时为散存稿件,经整理于《论丛》1979 年第 2 辑发表。原件归还后,顾廷龙即交给图书馆古籍组整装成册,编入馆藏。"外签照《论丛》所题,为便查阅。"③今检索上海图书馆古籍目录,可得《水经注校本的研究》,胡适撰,顾廷龙辑,顾廷龙跋,稿本,尺寸为长 29.8 cm,宽 21.6 cm,1 册,兰格白口,无鱼尾,四周双边,钤印"匋斋题记""顾廷龙印""起潜七十年后作",馆藏分类入善本。索书号:861651。

天津图书馆藏全祖望五校《水经注》稿本出版时,顾廷龙所录《访全谢山五校稿本记》,被用于编写出版说明,为天津图书馆藏本与胡适《水经注》研究提供了重要史料

---

① 顾廷龙:《致胡适》,《顾廷龙文集》,第 794 页。
② 胡适:《水经注校本的研究》,第 220 页。
③ 顾廷龙:《胡适之先生〈水经注〉论著附手札识语》,《顾廷龙文集》,第 104 页。

与信息。

若无顾廷龙当年的用心之举，便无此份重要历史资料、档案的保存，于此管中窥豹，可见一斑。这敏锐的文献意识、档案意识，以及文献保存意识，敬惜字纸的精神，更是汇集合众图书馆及今天上海图书馆雄厚馆藏的重要因素。

顾廷龙作为图书馆管理者、文献学家、收藏家，其文献收集、整理意识，为后世《水经注》研究、胡适研究提供了一份珍贵的资料。作为古籍特藏的典守者，其工作态度、治学方法，亦为我们学习的榜样。我不禁遐想，若当年胡适查阅天津图书馆藏书时，若非公事公办，仅有借阅书信的往来，而是有一位像顾老一样的人员深入到其学术研究之中，将天津图书馆所藏的 40 余部《水经注》推荐给胡适，或将有更多研究成果，形成另一段郦学研究佳话。

顾廷龙的方志阅读与方志学贡献

黄　伟

（贵州大学历史与民族文化学院）

所谓"国有史，方有志，家有谱"。正史、方志、家谱从国家、地方以及家庭三个层面建构了我国传统的存史体系。目前，学界对顾廷龙先生的关注和研究，主要集中在版本目录学、谱牒学、图书馆学等方面，但对其方志学领域的造诣研究不多，因此本文拟根据顾廷龙日记、文集、专著等文献对其方志阅读以及对方志研究的推进进行初步探讨。

一、顾廷龙先生阅读的方志书目

顾廷龙先生博文广识，阅读广泛，而方志作为我国地方传统文献，存量巨大，因此，顾先生阅读了大量方志，写了不少心得笔记。

首先，顾廷龙先生阅读方志有不同的目的，如将方志视为重要的材料来源："《全五代文》，欣夫言，亦曾从事于此，凡方志、石刻，均有所采。"①也会对志书的版本价值进行判断："揆丈送《三藏志略》，抄岳钟琪初稿，沈宗衍补纂，周莲校正。莲，咸丰间人也，有跋，记载甚简略。附历汗事迹，可补《卫藏通志》，如价廉，稿本可以收也。"②还会对志书进行估价："二、《雪窦山志》，前有图，刊有弘光乙酉款，余于来青见之，时杨估正与苏估议价，须五十元，余意斥十元尚可留。郑公至，以二十元成交。"③其次，顾廷龙阅读方志的来源也比较多元：如阅读他人赠送的志书："有客陈聘渭（浙江实业银行副经理）携赠《镇海县志》一部，为乃父星白所修者，缺图，允须将来检寄矣。"④同时还会借阅方志阅读："（1941年）七月十六日，抄《东吴小稿》，还《徽州府志》。"⑤再次，顾廷

---

① 顾廷龙撰，李军、师元光整理：《顾廷龙日记》，中华书局，2022年，第290页。

② 顾廷龙撰，李军、师元光整理：《顾廷龙日记》，第50页。

③ 沈津编著：《顾廷龙年谱》，上海古籍出版社，2004年，第131页。

④ 顾廷龙撰，李军、师元光整理：《顾廷龙日记》，第236页。

⑤ 沈津编著：《顾廷龙年谱》，第193页。

龙还会写一些读书笔记、心得：如顾廷龙先生在 1934 年 4 月 24 日，撰《绥远方志鳞爪》，即是阅读《归绥道志》稿本之后："四月二十四日，撰《绥远方志鳞爪》。此文为写先生在春假中，和顾颉刚作平绥路上的旅行，游览山水。在绥远通志馆里见有《归绥道志》稿本，为光绪末年吉林贻谷等编，总其事者为宁河高赓亭。先生将此书之引用书目中少见的书名录于此文。"① 又如顾廷龙在《周叔弢先生六十生日纪念论文集》里写有《检书偶记》一文，提及自己所看志书有《大元一统志》残存三十五卷（元孛兰肹等纂修，清袁氏贞节堂钞本）、《寰宇通志》一百二十九卷（明陈循等撰，明景泰七年刻本）、《雪窦寺志略》一卷附图（明释履平撰，明弘光元年刻本）、《龙江船厂志》八卷（明李昭祥撰，明嘉靖三十二年刻本）。此外，其阅读方志的地点有在家中、图书馆内，还有在书店，如："赴秀州书店，取《湖州府志》及《交通史·总务编》。"② 并且对于一些没有存世的志书，听到有，会有一定的感叹，如："杨估言，扬州有《大元一统志》全本，奇极。"③ 同样是《大元一统志》，顾先生对于从公家抄录再赠送他人的行为，特别反感："杨金华携示《大元一统志》两页，有傅跋，知傅从内阁大库检出，携南以赠乙盦。举公物以赠私交，何异盗贼。公然题于纸尾，可耻孰甚。"④

　　具体根据《顾廷龙日记》《顾廷龙年谱》可知，其从 1937 年至 1991 年，共阅读、提及方志 58 种，其涉及地理范围有浙江、江苏、安徽、福建、广东、湖北、贵州等，其中方志种类不仅有一统志、省志、府志、州志、县志等行政区划志书，还有寺志、山志等专志，另外方志所涉年代，不仅有宋元明清，更有当代的志书：如《平湖县志》："（1991 年）一月十四日，陈桥驿有信致先生，请为《平湖县志》赐题书签。"⑤ 甚至新印的寺志也有关注："访陶老，取来唐鸣时捐《苏藩政要》及陶老赠常熟新印《三峰寺志》。"⑥ 具体情况见表一。

表一　顾廷龙先生阅览、提及的方志一览

序号	志　名	时　间
1	《哈密志》	1937 年 1 月 1 日 / 1937 年 1 月 12 日
2	《新疆图经》	1937 年 1 月 2 日
3	《滇考》	1937 年 1 月 5 日
4	《河南通志》	1940 年 1 月 16 日 / 1942 年 9 月 21 日

① 沈津编著：《顾廷龙年谱》，第 33 页。
② 顾廷龙撰，李军、师元光整理：《顾廷龙日记》，第 233 页。
③ 顾廷龙撰，李军、师元光整理：《顾廷龙日记》，第 104 页。
④ 顾廷龙撰，李军、师元光整理：《顾廷龙日记》，第 135 页。
⑤ 沈津编著：《顾廷龙年谱》，第 720 页。
⑥ 顾廷龙撰，李军、师元光整理：《顾廷龙日记》，第 205 页。

续表

序号	志　名	时　　间
5	《淮安府志》	1940 年 1 月 16 日
6	《济源县志》	1940 年 1 月 16 日
7	《三藏志略》	1940 年 2 月 7 日
8	《卫藏通志》	1940 年 2 月 7 日
9	《华阳国志》	1940 年 4 月 9 日
10	《续海塘新志》	1940 年 4 月 17 日
11	《湘军志》	1940 年 5 月 4 日
12	《雪窦山志》	1970 年 7 月 25 日
13	《大元一统志》	1940 年 9 月 7 日
14	《仁和县志》	1940 年 10 月 27 日
15	《崇德县志》	1940 年 10 月 27 日
16	《安南志略》	1941 年 5 月 18 日
17	《安徽通志》	1941 年 6 月 26 日
18	《仁山书院志》	1941 年 6 月 28 日
19	《徽州府志》	1941 年 7 月 16 日
20	《三峰寺志》	1941 年 12 月 19 日
21	《湖州府志》	1942 年 4 月 19 日
22	《吴郡志》	1942 年 4 月 23 日
23	《镇海县志》	1942 年 5 月 3 日
24	《浙江续通志》	1942 年 7 月 23 日/1945 年 12 月 21 日/1945 年 12 月 31 日/1946 年 1 月 2 日/1946 年 5 月 4 日/1946 年 5 月 20 日
25	《南浔志》	1942 年 9 月 5 日/1942 年 9 月 10 日/1944 年 12 月 30 日
26	《福建通志》	1942 年 3 月 1 日/1942 年 10 月 24 日
27	《陕西通志》	1943 年 3 月 21 日
28	《黔中杂记》	1943 年 5 月 21 日
29	《云林寺志》	1943 年 5 月 26 日
30	《浙江通志稿》	1943 年 6 月 27 日/1946 年 1 月 11 日/1946 年 1 月 31 日/1947 年 6 月 3 日
31	《景定建康志》	1943 年 9 月 21 日

序号	志　名	时　间
32	《赤城志》	1943 年 9 月 21 日
33	《河朔古迹志》	1943 年 10 月 23 日/1943 年 11 月 12—21 日
34	《宿州志》	1944 年 1 月 10 日
35	《鄞县通志》	1944 年 2 月 29 日/1944 年 4 月 8 日
36	《浙江金石志》（续通志稿本）	1944 年 4 月 4 日
37	《濮院志》(镇志)	1944 年 9 月 16 日
38	《江苏通志》	1945 年 1 月 1 日
39	《武夷志》	1945 年 1 月 15 日
40	《临安咸淳志》	1945 年 1 月 18 日
41	《山阳志》	1945 年 4 月 8 日
42	《湖北通志》	1946 年 1 月 4 日
43	《广东新志稿》	1946 年 3 月 8 日
44	《广东通志》	1946 年 4 月 21 日
45	《顺天府志》	1947 年 9 月 13 日
46	《雪窦寺志》	1947 年 9 月 14 日/1947 年 10 月 15 日
47	《江苏通志稿》	1947 年 9 月 28 日
48	《贵州通志》	1950 年 1 月 5 日
49	《松江府志》	1950 年 4 月 8 日
50	《龙江船厂志》	1950 年
51	《四明志》	1951 年 9 月 25 日
52	《大明一统志》	1955 年
53	《山丹县续志》	1955 年
54	《三峡通志》	1955 年
55	《孟姜山志》	1955 年 4 月 24 日
56	《寿光县志》	1960 年 10 月 13 日
57	《库页岛志略》	1960 年 10 月 25 日
58	《平湖县志》(当代)	1991 年 1 月 14 日

数据来源:《顾廷龙日记》《顾廷龙年谱》。

二、顾廷龙先生对方志研究的贡献

顾廷龙先生不仅阅读方志,亦研究方志。特殊年代,使其对边疆方志格外关注。另外,出于工作需要,他对方志版本亦多关心,并推动稀见方志的收集与保护。

首先,顾廷龙先生不仅阅读边疆方志,而且关心、关注边疆方志的整理。顾廷龙先生在北京期间,由于身边的人关注西北史地,因此开始关注西北的一些方志,最早在 1937 年元旦,阅读校注《哈密志》:"六时车返家,校《哈密志》。"[1]第二天又阅读《新疆图志·职官》,并且对校《哈密志·职官》指出多处错误:"阅《新疆图志·职官》,'哈密办事大臣'下多讹。如'徐绩著',盖'徐绩'之误。绩,正蓝旗汉军人。又云书麟,乾隆五十五年,由两江总督降授,《哈密志·职官》中未列。"[2]还是该书对校《哈密志》:"据此知书麟仅有发伊犁之旨,而并未前往,绝无降授哈密办事大臣之事,又'增保'误作'僧保住',至大臣之名遗漏尚多。据《哈密志》可知,此一项之误如此,他可想矣。"[3]此外顾先生在 1934 年 4 月 24 日到绥远通志馆,以为边陲地区资料不多,当期阅读《归绥道志》时指出其所引的方志 16 种:《归绥识略》《归化厅志采访稿》《绥远城志略》《清水河厅志稿》《土默特志略》《宁远厅古迹志》《丰镇厅志稿》《和林格尔厅志略草》《萨拉齐乡土志》《藏拉齐包头镇志略》《宁远厅志略》《兴和新厅志稿》《陶林厅志略》《榆林府志》《托克托厅采志录》《五原志略》[4]。这些志书有些现在留存,有些已经散佚,因此顾先生所引方志书目为我们如今开展内蒙古地方方志研究提供了一定的线索。除了校阅西北的方志,其还阅读西南的方志,在 1937 年 1 月 5 日其收到《滇考》一部,并对其版本信息进行了详细的描述:"修绠送来《滇考》一部,康熙间天台冯甦(再来)撰,湘乡陈氏阙慎堂钞本,红格,半页十行,行二十字,板心刻'滇考'字样,有湘乡陈毅鉴藏章。"[5]并与其他版本对照:"《滇考》亦甚难得已。惟燕馆有此书,颇整齐,凡郭所谓缺处俱完全,是康熙原刻也。天头有批,亦系刊字,不知出何人手,为钞本所未有,首有章曰'杨'、曰'留垞',雪桥丈之旧物也。宋氏所刊,不知在《台州丛书续编》中否。余尚未见。"[6]

---

①②③　顾廷龙撰,李军、师元光整理:《顾廷龙日记》,第 18 页。

④　顾廷龙:《顾廷龙文集》,上海科学技术文献出版社,2002 年,第 418—419 页。

⑤　顾廷龙撰,李军、师元光整理:《顾廷龙日记》,第 19 页。

⑥　顾廷龙撰,李军、师元光整理:《顾廷龙日记》,第 20 页。

其次，顾廷龙先生不仅对方志版本进行鉴定，而且挖掘稀见方志。如对《华阳国志》的版本进行判定，其在《华阳国志》"古今逸史本"的卷末跋语中讲道："一九五〇年元旦，徐森玉、赵斐云两先生审定为义门手校，非惠（栋）临也。余核惠跋笔迹，与何不类，复参阅潘博山兄《藏书家尺牍》所采义门手札，笔意相同，徐、赵两先生之言可信，因记以俟印证，顾廷龙。"①还有："钱大昕、东璧父子合钞《安南志略》，疑《缘督庐日记》中（卷四页八，十二日）钱竹昕（汀）《安南志略》校本，或二而一耳。劳校多种。"②对其他专志的版本也有鉴定："菊丈三次赠书，有《仁山书院志》，岳元声撰，较难得，余亦可贵。"③同时收集珍稀版本，如道光间修志底本《宿州志》残卷："（1944年）一月十日，东方李估来，示《宿州志》残本，沈钦玙校本，盖道光间修志底本也。"④接受外来捐书，其中不乏孤本方志："又《广东新志稿》，明嘉靖戴琼编，四库底本，孤本也。"⑤除了对一般方志版本的关注，他对专志亦有留心，例如新发现《金陵梵刹志》一种版本："《金陵梵刹志》原刻罕见，所知仅四部，南北两图书馆两部，寺中一部，某处一部，他无所闻。影印曾经精校，不致有大谬矣。归途至富晋书社，凤知其亦藏一部，索观之，书品整洁，有印记曰'清河'，曰'秋水园图书'，定价六百元，局奇可骇。是四部之外，又得一部也。因购影印本一帙，并记见闻于端。"⑥管理图书馆时，有些人也会过来阅读地方志，因此顾先生对方志版本信息要有一定了解："王晋卿，持揆丈条来索阅正德本《中吴纪闻》《华阳国志》等。"⑦

再次，顾廷龙先生大力推动方志的收集与保护。起初人们对方志不太重视，但顾廷龙先生则一直相对关注："游文都书店，见残方志十余种，皆捆，待收废纸者购去，余觉可惜，遂收之（每斤约九十元）。"⑧在管理上海私立合众图书馆时，收购了一批方志："杨见心先生鬻剩书，因陈仲恕先生之介，购得两次，其中多浙人别集，又浙中县志数种，明本、批校本、稿本亦皆有之，价极公道。"⑨同时，也受赠了一批方志："叶遐庵先生所捐，为其所藏地志部分，若山川、庙宇、书院、古迹等类，盖由数十年收集而来，甚可

① 顾廷龙：《顾廷龙文集》，第75页。
② 顾廷龙撰，李军、师元光整理：《顾廷龙日记》，第164页。
③ 顾廷龙撰，李军、师元光整理：《顾廷龙日记》，第173页。
④ 顾廷龙撰，李军、师元光整理：《顾廷龙日记》，第350页。
⑤ 顾廷龙撰，李军、师元光整理：《顾廷龙日记》，第446页。
⑥ 顾廷龙：《顾廷龙文集》，第91页。
⑦ 顾廷龙撰，李军、师元光整理：《顾廷龙日记》，第68页。
⑧ 顾廷龙撰，李军、师元光整理：《顾廷龙日记》，第396页。
⑨ 顾廷龙撰，李军、师元光整理：《顾廷龙日记》，第668页。

贵也。"①其中甚至还有专志:"一九四二年,叶恭绰先生来沪,知道了我馆的性质,表示热烈赞助,就把几十年来搜集的山水、寺庙等专志,以及其他图书、朋友书札一起捐赠。"②合众图书馆的专志成为其特色之一:"其中嘉兴、海盐两邑著述及全国山水寺庙书院志录网罗甚广,皆成专门。"③有人询问馆藏专长:"有何专长:答嘉兴、海盐先哲遗著、近人诗文集、山水庙宇志及明刻本等。"④此外收录、整理了一些稀见方志:"见老述及吴待秋有《仁和县志》一种,沈佩民有《崇德县志》一种(明刊本,清改石门,今又改崇德),皆未见著录云。"⑤对于西南稀见方志亦有所关注:"又新安黄元治(涵斋)《黔中杂记》一册原刻本,附《黄山草》一卷,前有万言序,诗有曹贞吉、汪士鋐、万斯备、程守诸人序,难得也。"⑥1955 年秋天在废纸堆中抢救孤本万历刻本《三峡通志》:"秋,某晚十一时许,上海市文化局社文处徐钊电告先生,上海造纸厂工业原料联购处从浙江遂安县收购了一批二百担左右的废纸送造纸厂做纸浆,其中或许有线装书,先生获讯连夜赶赴现场查看,发现'废纸'内有宝……就版本而言,有传世孤本明万历十九年刻《三峡通志》。"⑦后来入库时顾廷龙说:"文物仓库调拨来的珍本,以明嘉靖所编刊的《三峡通志》。"⑧尚未见过著录。这书是有关蜀中三峡水利的重要资料。1956 年 1 月 12 日撰写的《我在废纸中抢救历史文献的一点体会》对历史文献的搜集范围提出十二条意见,其中第三条即为"地方志":"三、地方志,如一统志、省志、府州志、县志、乡镇志、山水志、寺庙书院志、地图、地方调查表、乡土志等。"⑨同时还接收时人捐赠:如 1944 年 4 月 8 日,张申之赠《鄞县通志》;1946 年 1 月 4 日,收到浙江兴业银行寄来的《湖北通志》一箱。

顾廷龙先生还大力推动方志传播。如对《河朔古迹图志》照片的影印出版:"(1943 年)十一月十三日,与叶景葵商印《河朔古迹图志》照片。先生估价三万元印二百本。'际此物力维艰,而忽有此雅兴者,其理由:1.念当年访照之不易,倘不及时景印,不知何时可以复有印行之望;2.照片略有褪色,再逾若干时,恐难照印;3.经此兵

---

① 顾廷龙撰,李军、师元光整理:《顾廷龙日记》,第 680 页。
② 顾廷龙撰,李军、师元光整理:《顾廷龙日记》,第 644 页。
③ 沈津编著:《顾廷龙年谱》,第 373 页。
④ 沈津编著:《顾廷龙年谱》,第 377 页。
⑤ 顾廷龙撰,李军、师元光整理:《顾廷龙日记》,第 112 页。
⑥ 顾廷龙撰,李军、师元光整理:《顾廷龙日记》,第 312 页。
⑦ 沈津编著:《顾廷龙年谱》,第 519—520 页。
⑧ 顾廷龙撰,李军、师元光整理:《顾廷龙日记》,第 848 页。
⑨ 沈津编著:《顾廷龙年谱》,第 522 页。

爇，不免有毁损之处；4.利用工人空闲之时。'叶景葵考虑后同意之。"①随后致信顾燮光，将这本《河朔古迹图志》"能赠则赠，须购则购"。为其扩大影响。对一些方志也进行印刷传播，如《哈密志》："《哈密志》印竣，撰介绍文一则。"②此外还会介绍推荐时人方志成果。1935年7月1日，顾廷龙写文章专门介绍朱士嘉的《中国地方志综录》："七月一日，先生撰文介绍朱士嘉著《中国地方志综录》。"③1936年2月2日，又致信顾颉刚，将张国淦的《中国地方志考》"引得"以及黄炎培的《川沙志》"导言""概述"在《禹贡》杂志上发表："张石公《中国地方志考》虽已交'引得'检字，知十二期及下卷一、二、三期皆不及登矣。顷接黄任之先生寄来新撰《川沙志导言》及《概述》，共约六七千字，颇有新见，为全志之一部分。全志已成，未知已付手民否？即已付排，亦未必一时可就，《导言》《概述》似可先在《禹贡》一登之。"④1976年对朱士嘉修订《中国地方志综录》进行支持："(1976年)三月二十一日，朱士嘉有信致先生，谈其在北京参加中国科学院北京天文台普查方志中天文资料的工作，并对《中国地方志综录》进行修订事，并盼先生对二项工作予以支持。"⑤对上海图书馆馆藏方志进行收集、整理，编制《上海图书馆地方志目录》。顾先生还支持方志的编撰，以加大方志的传播力度。如支持浙江通志馆的工作，提供借阅书籍的便利。同时对于合众图书馆内多余的方志，采取向外销售的手段，一方面减轻财务压力，另一方面推动了方志流播："叶常务提总干事请售重本《咸淳临安志》等二十八种，业经本席核准，请予追认案。决议：通过。"⑥

最后，谈谈顾廷龙先生对方志学的贡献。顾廷龙将志书视为著作，推崇一人成志，特别是家乡人撰志，其为朱士嘉藏(道光)《重纂光泽县志》作跋："自来邑志成于一人之手，至难至少，盖秉笔者不易其选，必德高望重，学博文雅，乃堪胜任。明康对山《武功县志》之为后学企重者在此。凡合纂之志，意见分歧，言人人殊，多所牵掣，下笔无准。一人所撰，则体例既可谨严，而行文亦自纯正。有清一代二百年中，所成方志不谓不多，而出一人之手者有几何哉！就余所知，洪稚存之《宁国府志》《固始县志》，章实斋之《和州志》《水清县志》，然皆客籍之人代主笔政，终不若邑人之为亲切也。其

① 沈津编著：《顾廷龙年谱》，第309—310页。
② 顾廷龙撰，李军、师元光整理：《顾廷龙日记》，第24页。
③ 沈津编著：《顾廷龙年谱》，第44页。
④ 沈津编著：《顾廷龙年谱》，第51页。
⑤ 沈津编著：《顾廷龙年谱》，第588页。
⑥ 沈津编著：《顾廷龙年谱》，第386页。

有出之邑人一手者,则高澍然之《重纂光泽县志》是也。"①此外顾廷龙先生会使用志书,补辑材料:"在来青阁查《安徽通志》,检得毕效钦事迹一则,补入《图录》。"②顾先生还对滇南方志中铜铁矿的物产信息进行辑录。另外,他也支持对志书进行修补,如《雪窦寺志》:"静安寺僧圆明法师言,《雪窦寺志》缺页太多,现排印只可停顿,将从各处访补之。"③

三、结　　语

顾廷龙先生是国内著名的古籍版本学家、目录学家,长期致力于古典文献学、版本学和目录学。而方志是中国古籍中重要的一部分,也是中国存史体系中的重要一环,现存旧志几乎遍布如今中国各行政区划,因此挖掘、分析老一辈学者对方志的阅读与研究,不仅有助于了解前辈学者的努力与贡献,更有助于如今方志研究的推进。

---

① 沈津编著:《顾廷龙年谱》,第 65 页。
② 顾廷龙撰,李军、师元光整理:《顾廷龙日记》,第 173 页。
③ 沈津编著:《顾廷龙年谱》,第 420 页。

论顾廷龙先生的民间历史文献保护思想

王　蕾　关颖欣　王　泳

（中山大学图书馆　中山大学信息管理学院）

一、引　言

顾廷龙先生是我国著名图书馆事业家、古籍版本目录学家和书法家。先生投身图书馆事业六十余年，长期从事"收书、编书、印书"[①]工作，在文献收集保存、抢救保护、整理研究、出版利用等领域作出了卓越的贡献，其系统的文献保护思想对中国文献和图书馆事业产生了深远的影响。

民间历史文献保护思想是顾廷龙先生文献学思想、图书馆学思想的重要组成部分。自20世纪初以来，民间历史文献受到不同历史时期学者的广泛重视，从敦煌文书到徽州文书，及国内不同地区民间文书的陆续发现、整理，形成了历史学、文学、民俗学、宗教学、艺术学等多学科、跨学科的丰富研究，同时也走进了图书馆、档案馆、博物馆等文献、文物收藏机构的视野。今天的民间历史文献学视野下，它是普通民众使用的文字资料，是中国传统文化、历史的基本载体，是随着历史学的社会科学化，"走向民间"而形成新史学过程中所依托的重要文献研究资料[②]，也是公藏机构特藏文献资源建设的重要组成部分。

顾廷龙先生自20世纪20年代后期开始关注民间历史文献，开展了丰富的研究、收集、整理、保护、出版等活动。本文旨在梳理和研究顾廷龙先生民间历史文献保护思想的形成过程、思想内涵与体系、价值与影响等，丰富顾廷龙学术思想研究。

二、萌芽：求学时期的民间历史文献认识

20世纪初期，随着西学东渐的影响日益广泛，以及敦煌文书、殷墟甲骨与秦汉简

---

① 顾廷龙：《我和图书馆》，《顾廷龙文集》，上海科学技术文献出版社，2002年，第590—601页。
② 郑振满：《民间历史文献与文化传承研究》，《东南学术》2004年增刊，第293—296页。

策等新史料的陆续发现,中国的传统学术开始向现代学术转型,民间历史文献逐渐受到学术界重视。①学生时代的顾廷龙先生在 1920 年代受教于王同愈、顾颉刚等学者,在入燕京大学后更与文学、历史、哲学、文献等研究领域的许多学者广泛交往,受这些学者影响,他对文献的重视已不局限于传统经史子集四部类文献。

(一) 藏书世家苏州潘氏的影响

1922 年,顾廷龙先生与潘承圭结婚。②潘承圭出身苏州文化世族、藏书世家,高祖为太傅、武英殿大学士潘世恩,父潘亨谷,兄潘承厚、弟潘景郑。家族藏书自清中期潘奕隽始,递潘世恩、潘祖荫等数代,在民国时期由潘承厚、潘景郑兄弟继承。③潘氏于攀古楼、滂喜斋、宝山楼、须静斋广储青铜器物、古籍善本、金石碑板、尺牍手札等,版本珍善,品类丰富。彼时,同样出身藏书世家的顾廷龙先生与潘氏兄弟为连襟,多有交往,潘氏藏书思想深深影响着早期先生在文献、藏书、版本领域的初步认识。1924 年,先生就读于上海南洋大学机械系,常于攀古楼阅书,对尺牍和手札文献颇为留意,如其曾在看到左宗棠致潘祖荫手札时,拾纸而记。④潘氏收藏注重世传典籍之外的其他文献,"清代之《缙绅录》《乡会试题名录》及清代朱卷,旧藏亦甚多,景郑又补充《缙绅录》,咸同光宣四朝俱全。朱卷原有一千多种,补得千余种"⑤。先生在图书馆工作后,颇为注重这几类文献收藏。这些尺牍、手札、缙绅录、朱卷、碑拓等均属民间历史文献之类,先生在潘氏藏书楼读书过程中对这些文献的接触,形成了他对民间历史文献的初步认识。

先生尤与潘景郑先生于文献收藏、版本、整理及学问上交往深厚,他们先后共事合众图书馆、上海历史文献图书馆、上海图书馆,抢救私家藏书、历代文献,躬耕于版本目录学、图书馆藏书建设、古籍整理领域,不仅对图书馆藏历史文献的整理有卓越贡献,而且促进了版本目录学理论的发展,二人共同编撰的《明代版刻图录初编》在版本目录学发展史上影响深远。

(二) 文史学者版本学思想影响

王同愈为顾廷龙先生外叔祖,在学问与收藏上对先生影响颇深。王同愈,字文

① 程焕文:《中山大学的民间历史文献与现代中国学术传统》,《图书馆论坛》2020 年第 7 期,第 116 页。
② 沈津:《顾廷龙年谱》,上海古籍出版社,2004 年,第 14 页。
③ 孙迎庆:《苏州博物馆潘氏藏书》,《东方收藏》2014 年第 3 期,第 104—105 页。
④ 沈津:《顾廷龙年谱》,第 15 页。
⑤ 郑逸梅:《艺林散夜续编》,中华书局,2005 年,第 241 页。

若,号胜之,别署柄缘。清光绪十五年(1889)进士,清末民国著名学者、藏书家、书画家、文博鉴赏家。受西学东渐影响,王同愈藏书除以儒家经典为代表的传统古籍外,也收藏反映社会现实、介绍西方科学技术的"新书"。①1923 年,先生到上海补习英语,并先后就读上海南洋大学、国民大学、持志大学,多次假馆于王同愈家,随其习金石目录等学。1927 年,"先生辍学家居,专习国学,公遂招为馆师。余以有承公教诲之机会,遂欣然前往,日则教读,夜则聆公讲述文艺、学术及掌故诸事"②。至 1928 年,先生在王同愈家寓居二年,受益甚大③,其间先后校《积古斋钟鼎款识》《四库简明目录》④,得王同愈在版本上相助,开启其版本目录学之始。先生辗转燕京大学、合众图书馆期间,在版本目录学、古籍抄校与整理等方面与王同愈长期保持密切交流。王同愈逝世后,先生尝抄录整理其遗稿,撰《王同愈行状》,编纂《王同愈集》,并欲编其年谱等。因此,先生早年深受王同愈影响,在版本目录学、文献学及藏书观念上突破四部传统文献,广泛关注反映社会现实、西学、金石等于学术研究有价值的历史文献。

　　顾廷龙先生还深受同时期其他诸多历史、文献、版本研究学者的影响。1931 年,先生自持志大学国文系毕业后,考入燕京大学研究院国文系,得闻宥、姚明辉、容庚、郭绍虞、魏建功、黎锦熙等诸师教导,习语言文字、版本目录学。⑤与商承祚、容庚先生常在顾颉刚家中聚会谈论学问⑥,广涉金石、古文字之学。先生在《说文解字》中废字废义方面得容庚专门教导,并随其流连琉璃厂旧书店,翻淘古书,增长版本见识。此时,先生还常至北平图书馆阅书,"由王以中之介,得识谢国桢、向达、贺昌群、刘节、赵万里、胡文玉、孙楷第、王庸、胡鸣盛、王重民诸先生,相谈甚得,从目录版本、金石文字、舆图水利、道藩闻见,获益良多"⑦,又得识章钰,讨论金石文字及乡邦掌故⑧。1930年代,先生编撰了《四当斋藏书目》,朱士嘉评价是目言:"顾君复以先生题跋,悉系于目,以见校读之勤,他人识语,亦均录附,以为考证之资。凡题识所及之友朋,各撰按语,详见履贯,以见当年赏析之乐。而于各书著者,又均冠以地望,益可见爱护乡邦文献之热诚,是皆为此目新异之点,极能表彰先生劬学之里面,可谓不负所托矣。"⑨其余交往学者有胡适、章太炎、黄子通、吴燕绍、谢国桢、钱穆、王庸等⑩,凡此诸位学者、师

---

① 朱文洁:《王同愈藏书活动与藏书思想研究》,《山东图书馆学刊》2013 年第 1 期,第 40 页。
② 沈津:《顾廷龙年谱》,第 16 页。
③④ 沈津:《顾廷龙年谱》,第 18 页。
⑤⑥ 沈津:《顾廷龙年谱》,第 22 页。
⑦⑧ 沈津:《顾廷龙年谱》,第 23 页。
⑨ 沈津:《顾廷龙年谱》,第 73 页。
⑩ 沈津:《顾廷龙年谱》,第 23—26 页。

友,对先生在语言学、金石文字学、版本目录学、历史学等诸领域影响甚著,如其在《说文》《古文尚书》等方面的古书版本搜集、考据雠校等,获益匪浅。

(三) 编撰《吴愙斋先生年谱》

1929 年,在顾颉刚和王同愈支持下,顾廷龙先生开始编撰《吴愙斋先生年谱》。他四处搜集吴愙斋资料,除前往吴中和军机处查看相关材料外,据《顾廷龙年谱》记载,相关搜寻材料活动十分丰富,如先生曾在吴湖帆处看到吴愙斋的手稿并录副以藏[1],在胡适手中借得一册吴愙斋的手札[2]。《吴愙斋先生年谱》编撰过程中,先生不仅参考了吴愙斋自订年谱、著作,还大量参考利用了日记、书信、手稿[3]等能够反映吴愙斋社会交往和社会事务参与情况的传记类文献,得到了潘景郑先生和顾颉刚先生的肯定,称赞其"片纸只字,靡不搜焉"[4]。先生在 1932 年《吴愙斋致胡守三手札跋》中记录了他寻访材料的艰难,"年来为吴氏愙斋辑年谱,虽相距未久,而事迹已多泯没,常苦搜访为难。及读其家书,并致汪鸣銮手札,所获稍多,事无公私巨细,往往详悉。窃谓近三百年来先贤年谱,其材料得自尺牍中者最为亲切,故余亦甚留意于此"[5]。正是这次年谱撰写,使先生从史料观点出发认识到了尺牍、手札等民间历史文献的原始记录属性,将民间历史文献视为具有重要研究参考价值的史料加以重视和利用,"人弃我取"的民间历史文献收藏观念日渐深入。

三、雏形:燕京大学图书馆时期的民间历史文献收藏思想

1932 年,顾廷龙先生应洪业先生邀请,任职燕京大学图书馆,从事古书采购工作,开启了他的图书馆职业生涯。在燕大期间,他还积极参与诸多历史、考古、文献研究活动。这一阶段,先生开始认识到了"文献"的广义范畴,从史料和研究价值出发,主动发掘各类民间历史文献材料,尤其是传记类文献、方志文献等,重视其搜集与利用,初步形成了他在民间历史文献收藏与编目整理方面的思想。

---

① 沈津:《顾廷龙年谱》,第 20 页。
②⑤ 沈津:《顾廷龙年谱》,第 28 页。
③ 顾廷龙:《吴愙斋先生年谱叙例》,《顾廷龙文集》,第 525—529 页。
④ 沈津:《顾廷龙年谱》,第 38、43 页。

(一) 参与燕京大学文史研究活动

1929年，顾颉刚受聘哈佛燕京学社研究教授，并执教燕京大学历史系。1931年，顾廷龙先生考入燕京大学研究院国文系，研究生学习期间假居顾颉刚家，在学术研究和文献观念上深受其影响。

一方面，顾廷龙先生得顾颉刚学术指导，参与禹贡学会及《禹贡》半月刊编辑工作、北平研究院史学研究会编辑工作、顾颉刚古书编校工作等。1934年，顾颉刚为研究中国地理沿革史及民族演进史，创办《禹贡》半月刊，先生深入参与编辑工作。[①]这一时期在与顾颉刚的来往信件中，大多谈论《禹贡》的编辑与发行工作。1936年，禹贡学会成立，先生担任候补监事并主编《边疆丛书》[②]。在编辑工作中广泛征求各种图籍。[③] 1935年，顾颉刚组建北平研究院历史组，聘先生为研究院史学研究会历史组名誉编辑。[④]先生又协助顾颉刚编《尚书文字合编》，其间得向达、王重民、吉川幸次郎、平冈武夫等诸学者在资料等方面之助。[⑤]

另一方面，在顾颉刚引荐下，顾廷龙先生得以广识文史领域学者，参与学术活动，开阔学术视野，增进学问。先生在燕京大学期间，多次参与顾颉刚组织的考古与外出考察活动，如1932年先生参加顾颉刚组织的燕京大学哈佛燕京学社考古团考察河北正定龙兴寺等寺庙，赴妙峰山作进香风俗的田野调查。1934年与顾颉刚至包头、陕西等地旅行考察，与顾颉刚、向达、贺昌群、王振铎、侯仁之、李安宅、容媛等人游周口店遗址[⑥]，1936年与顾颉刚、郭绍虞、容肇祖、田洪都、邓嗣禹、侯仁之等游居庸关，又与闻一多、刘寿民、容庚、聂崇岐、侯仁之、张玮瑛、张西堂等游涿州等，这些考察活动使得先生对考古、历史、金石等研究进一步深入涉及，于文献观念上亦有深刻影响。

(二) 顾颉刚《购求中国图书计划书》思想影响

顾颉刚任教燕京大学之前，曾于1927年受聘任中山大学历史系教授、系主任，兼

① 沈津：《顾廷龙年谱》，第32—33页。
② 沈津：《顾廷龙年谱》，第53页。
③ 李福标：《顾廷龙与〈尚书文字合编〉》，邓洪波主编：《中国四库学》第3辑，中华书局，2019年，第166页。
④ 沈津：《顾廷龙年谱》，第43—45页。
⑤ 沈津：《顾廷龙年谱》，第28页。
⑥ 沈津：《顾廷龙年谱》，第33页。

图书馆古籍部主任,代理中山大学语言历史研究所主任,主编《中山大学语言历史研究所周刊》,成立中山大学民俗学会,创办《民间文艺》(后改为《民俗》周刊),大力建设学校图书馆,为中山大学图书馆撰写《国立广州中山大学购求图书计划书》(《购求中国图书计划书》)。顾颉刚认为应该打破过去以"经、史、子、集"为书籍全体的"正统正宗的观念","打破二千年来的藏书的传统观念。图书馆中有了新的收藏,自然易于引起学者研究新的题目",树立"搜集材料"的购书宗旨,"要把记载自然界和社会的材料一齐收来,无论什么东西,只要我们认为是一种材料就可以收下,不但要好的,并且要坏的",把图书馆办成"供给许多材料来解决现代发生的各种问题的"机构,"新的学问,靠新的材料。一科学之成立,靠一科学事件之搜集。我们要以新观点所支配之材料搜集,成就研究本国各问题之科学化,既以助成新时代之基础建设,并使我们的图书馆成为一个有生命的图书馆"①。

　　《购求中国图书计划书》详列 16 项应当被收购但是又容易被人们忽视的文献:一、经史子集及丛书,二、档案,三、地方志,四、家族志,五、社会事件之记载,六、个人生活之记载,七、账簿,八、中国汉族以外各民族之文籍,九、基督教出版之书籍及译本书,十、宗教及迷信书,十一、民众文学书,十二、旧艺术书,十三、教育书,十四、古存简籍,十五、著述稿本,十六、实物的图像。这些文献并非包括当代普通书刊,而多是历史材料,大致可以分为普通古籍、特种古籍、档案、历史文物、民间文献。其中档案、民间文献充分显现了顾颉刚对这些社会事件之记载、个人生活之记述、民众文化、教育、宗教、思想、情感等反映中国社会基础之史料的重视。这一图书购求思想开启了中山大学图书馆大规模馆藏建设和民间历史文献收集的序幕,也为中山大学民俗学的发展奠定了坚实的文献基础。顾廷龙先生的图书馆生涯深受这一思想指导。他在 1981年发表的《介绍顾颉刚先生撰〈购求中国图书计划书〉——兼述他对图书馆事业的贡献》一文中坦言:"我服膺先生之说,经常注意到正统以外的图书资料的搜求,亦略有所得……"②"我从事图书馆古籍采购事将五十年,即循此途径为收购目标,颇得文史学者的称便。"③"我十分佩服他(顾颉刚)对图书资料的真知灼见,并以搜集、整理材料作为一生办馆治书的方向。"④

---

① 顾颉刚:《购求中国图书计划书》,《文献》1981 年第 2 期,第 18—19、25 页。
② 顾廷龙:《介绍顾颉刚先生撰〈购求中国图书计划书〉——兼述他对图书馆事业的贡献》,《文献》1981 年第 2 期,第28—29 页。
③ 顾廷龙:《介绍顾颉刚先生撰〈购求中国图书计划书〉——兼述他对图书馆事业的贡献》,第 27 页。
④ 顾廷龙:《我和图书馆》,第 591 页。

(三) 燕京大学图书馆及哈佛燕京图书馆驻北平采访处购书工作

燕京大学图书馆设采购委员会,专门指导图书采购业务工作,委员有容庚、邓之诚、郭绍虞、洪业、顾颉刚。[①]顾廷龙先生入职燕京大学图书馆负责古书采购工作后,受到委员会的指导。这些学者主张不同,研究方向和兴趣不一,先生将欲购之书分类送给各委员审定,小说笔记史料请邓之诚,金石拓片请容庚,文学请郭绍虞,而洪业、顾颉刚研究面较广[②],在此过程中,先生对各类文献的价值得以深入了解。

1934 年起,顾廷龙先生兼任哈佛燕京图书馆驻北平采访处主任,采访处购书方针由哈佛燕京学社与哈佛燕京图书馆共同决定。在 1929 年《哈佛燕京学社备忘录》中,学社对图书收集重点明确要求,将收集重点放在欧洲汉学著述、中国地方志、未收入丛书的中国文集、善本、杂集。[③]其后,购书方针进一步调整,以儒家经典、哲学、语言、传记、工具书、考古、历史、地方志、丛书等为重点,进一步加强了对地方志和中国西南地区新出版物的搜集。[④]由此可见,以哈佛大学为代表的北美中国研究在对传统四部文献重视的同时,对民间文献亦十分重视。先生任职期间以此为指引,以地方志、诗文集、丛书、金石、类书等为文献收购之大宗。[⑤]"七七事变"以后,又加强了对于方志、年谱、宗谱、总集、别集以及碑帖等民间文献的收藏,又对战乱期间散出之民间私人藏书着力抢救购入。[⑥]

四、发展:合众图书馆时期的民间历史文献收藏整理思想

1939 年,顾廷龙先生参与创办上海合众图书馆并担任总干事。在顾颉刚《购求中国图书计划书》的理念,以及燕京大学图书馆时期购书经验的基础上,先生结合合众图书馆藏书建设实践,对"历史文献"这一概念有了进一步的认识和明确的总结,民间历史文献收藏思想基本成型,并更全面深入地开展各类民间历史文献收藏整理实践活动。

---

① 沈津:《顾廷龙年谱》,第 27 页。
② 沈津:《顾廷龙年谱》,第 783 页。
③ 程焕文:《裘开明年谱》,广西师范大学出版社,2008 年,第 33 页。
④ 王蕾:《燕京大学图书馆哈佛购书处历史研究》,《国家图书馆学刊》2013 年,第 6 期,第 105 页。
⑤ 王蕾:《图书馆、出版与教育:哈佛燕京学社在华中国研究史(1928—1951)》,广西师范大学出版社,2018 年,第 315 页。
⑥ 王蕾:《图书馆、出版与教育:哈佛燕京学社在华中国研究史(1928—1951)》,第 316 页。

合众图书馆创办之目的是建设专门国学之图书馆,广泛地搜集各时代、各地方的文献材料、私家藏书,供研究中国及东方历史者参考①,保存固有文化,"形式不限于图书,凡期刊、报纸、书画、尺牍、拓片、古器、服物、照明、照相底片及书版、纸型等类亦均收存"②。1953 年 5 月,合众图书馆正式捐献给上海市人民政府,更名为上海市合众图书馆,顾廷龙先生被任命为代馆长。1954 年,上海市合众图书馆更名为上海市历史文献图书馆。1955 年,先生在与顾颉刚的往来书信中提到,当时合众图书馆更名为"历史文献图书馆",有人就"历史与文献""文献与图书"向先生请教,先生认为所谓"历史文献是记载人类发展过程的史料"③。这一观点,与当前民间历史文献学者对"民间历史文献"的认识是相似、相通的。民间历史文献是社会历史发展过程中,在民间日常社会活动中形成的一切反映各类社会关系的资料。④正是基于对历史文献的正确认识,先生在图书馆文献资源建设上尤为注意对民间历史文献资源收藏、编目和保护等建设工作。

(一) 张元济等学者的民间历史文献思想影响

在合众图书馆创办之初,张元济、叶景葵、蒋抑卮、李宣龚、陈叔通、叶恭绰、胡朴安、冯雄、顾颉刚和潘景郑等一批藏书家先后向合众图书馆捐赠了个人藏书,包含手札、山水、寺庙、书院志、传记资料、金石拓片、戏曲文献等民间历史文献资料。例如,李宣龚捐赠的"近时人的诗文别集和师友书札"、叶恭绰捐赠的"山水寺庙专志及亲朋手札",以及潘景郑捐赠的"清人传记、大宗金石拓片、清代科举考试朱卷"等等⑤,奠定了合众图书馆中的民间历史文献收藏基础。⑥

作为合众图书馆的创办人之一,张元济先生与顾廷龙先生有着深厚的交往。张元济自在商务印书馆工作时期就长期重视地方志、乡邑文献和家谱的搜求整理,后将大量的私人收藏分次永久地捐赠给了合众图书馆。⑦据他《赠予合众图书馆清册》记

---

① 沈津:《顾廷龙年谱》,第 92 页。
② 沈津:《顾廷龙年谱》,第 505 页。
③ 沈津:《顾廷龙年谱》,第 518—519 页。
④ 王蕾、叶湄、薛玉等:《民间历史文献整理概论》,广西师范大学出版社,2020 年,第 7 页。
⑤ 《上海图书馆事业志》编纂委员会编:《上海图书馆事业志》第二篇《公共图书馆》第一章《市级公共图书馆》第一节《上海市历史文献图书馆》,上海社会科学院出版社,1996 年,第 88 页。
⑥ 顾廷龙:《张元济与合众图书馆》,《顾廷龙文集》,第 561 页。
⑦ 刘应梅:《张元济与地方文献的收集整理和出版》,《文献》2005 年第 2 期,第 265—275 页。

载,捐赠文献类型主要分为三个部分:嘉郡先哲遗著、海盐先哲遗著和张氏先人著述。①顾廷龙先生在中华人民共和国成立后积极致力于家谱资源的建设,使上海图书馆家谱馆藏量跃居国内外之首,毋庸置疑是受到了张元济的深刻影响。此外,先生对朱卷的收藏也十分重视,他认为朱卷具有家谱的意义,"盖贡卷履历,当以家谱之缩影视之"②。先生对朱卷的重视亦与张元济先生有密切关系。张元济的海盐同乡朱氏寿鑫斋收藏朱卷二千余册,1948 年,他极力促成了这批朱卷入藏合众图书馆。这批朱卷后与潘景郑处朱卷一千余种一起归入上海图书馆,使该馆成为中国收藏朱卷最多的图书馆。③1992 年,先生曾撰《清代朱卷集成序》云:"朱卷具有多方面的文献价值。其履历比官刻的登科录、乡试录、会试录以及同年齿录等所载详细,不啻一部家谱的缩影。而作为应考者的档案,其所反应的世系资料在一定程度上较之家谱更为真实确切。如今人们已认识到家谱是研究人口学、社会学、民俗学以及宗族制度等方面不能或缺的文献,殊不知朱卷对这些研究具有与家谱同样不可忽视的作用。"④

而顾廷龙也影响了张元济,张元济认为自己的五、六麻袋信件日记等文献无用,想将他们丢弃,但是顾廷龙劝说他交给图书馆保存,为后人研究张元济和当时的商务印书馆留下了宝贵的一手资料。⑤由此可见,顾廷龙与张元济在民间文献收藏思想方面对于各个不同类型的民间文献认识有所差异,但相互影响补充。

(二) 深入拓展民间历史文献收藏类型与内容

梁启超曾呼吁国立大图书馆应尽集天下之谱,顾颉刚也曾提出地方志和家谱是我国史学领域尚待开发的两个大金矿⑥,在受这些思想影响的同时,顾廷龙先生早年编撰吴愙斋年谱时已对传记类文献有深入关注和搜集,这些为其日后关注家谱类民间文献的收藏奠定了基础。先生曾在 1940 年日记中提到家谱收藏中最早的松筠阁⑦,1942 年得知有家谱六百余本,每本三册,他想将其购入合众图书馆。⑧

---

① 　张树年:《张元济年谱》,商务印书馆,1991 年,第 488—492 页。
② 　顾廷龙:《天一阁丛谈序》,《顾廷龙文集》,第 94 页。
③ 　任雅君《张元济与顾廷龙交谊述略》,《图书馆杂志》2009 年第 7 期,第 76 页。
④ 　顾廷龙:《清代朱卷集成序》,《顾廷龙文集》,第 107 页。
⑤ 　顾廷龙:《张元济与合众图书馆》,第 570 页。
⑥ 　陈秉仁:《顾廷龙先生与中国家谱收藏》,《顾廷龙先生纪念集》,上海科学技术文献出版社,2014 年,第 67 页。
⑦ 　沈津:《顾廷龙年谱》,第 99 页。
⑧ 　沈津:《顾廷龙年谱》,第 257 页。

　　1951年,先生兼任上海市文物管理委员会顾问,参与了上海文物仓库抢救废纸、抢救图书标准的制定。其中,"凡家谱皆保留,太平天国易知单、田契等皆在抢救之列"①等条例体现了先生长期践行的民间历史文献收藏思想。先生主持合众图书馆接收了文物仓库的一批文献,其中包含大量的家谱等民间文献②。1951年,先生自原震旦大学藏文科资料中抢救出了数箱非书资料,其中包括大量李鸿章手稿、信札。③至1953年,合众图书馆馆藏中除图书以外包含了大量的"期刊、报纸、书画、尺牍、拓片、古器、服物、照明、照相底片及书版、纸型等"④,其中大部分属于民间历史文献范畴。1955年,合众图书馆更名为上海历史文献图书馆,先生从上海造纸工业原料联购处抢救了一大批包括家谱、方志、笔记、医书、民用便览、阴阳卜筮、账簿、契券、告示等民间文献入藏上海历史文献图书馆⑤。至1958年合并入上海图书馆之前,上海历史文献图书馆藏明以前各代的史料基本齐全,明以后数量亦不少,可供一般参考应用;地理史料丰富,地方志近三千种;传记史料最丰富,家谱占有大宗,朱卷约一万份;另有总集、行状、讣闻、同官录、缙绅录、职员录、名人日记、佛教史料、影印藏经、经济史料、教育史料、民俗史料、戏曲文献、石刻拓片,以及革命文献等丰富的收藏。其中,佛教史料相当多,藏经影印资料基本齐全。经济史料二千余种,包括清末民初的企业章程报告等。教育史料有清末民初的教科书、办学章程、年刊等。民俗史料有歌谣、谚语、方言、历书等。戏曲文献有清末以来的戏单、内府唱本。石刻拓片三千余种。此外,还有民国时宣传马列主义的早期出版物等革命文献。⑥可见,先生作为合众图书馆、上海历史文献图书馆的主要负责人深入拓展民间文献的收藏,其丰富而具显著特色的文献体系为我国民间文献的保护奠定了坚实的基础。

　　先生曾结合自己的工作经验,在1956年所撰《我的废纸中抢救历史文献的一点体会》中提出了包括12个类别的文献收集范围:革命文献、档案、地方志、家谱、社团记载、个人记载、古代医书、财簿、迷信书、民间文艺、古典艺术书籍、图片。⑦可以说这是先生从民间文献为史料的立场出发形成的系统思想,也是他对顾颉刚先生文献收藏思想的继承和发展。

①② 陈秉仁:《顾廷龙先生与中国家谱收藏》,第67页。
③ 黄春宇、于颖:《顾廷龙:为图书的一生》,《文汇报》,2014年11月7日第5版。
④ 顾廷龙:《张元济与合众图书馆》,第572页。
⑤ 顾廷龙:《我和图书馆》,第593页。
⑥ 沈津:《顾廷龙年谱》,第532—533页。
⑦ 顾廷龙:《我在废纸中抢救历史文献的一点体会》,《顾廷龙文集》,第639—640页。

（三）探索民间历史文献分类编目与整理方法

顾廷龙先生在参与创办合众图书馆初期，用多年时间研究和编制图书分类方法。在与叶景葵、张元济探讨合众图书馆的分类时，就提议"仿四库分类而修正之"①，在分类、编目等方面深入斟酌，参比东方图书馆、南京国学图书馆、燕京大学图书馆等，还采用了卡片式和书本式目录相结合的做法对包括民间历史文献在内的馆藏文献进行编目。

1945 年 9 月，先生致裘开明信言："关于分类一层，因敝馆与南京国学图书馆内容近似，暂采其法应用。若嫌不完善，则编索引补救之，免得多数更张，无所适从。先生素主实事求是，谅能赞同鄙意。分类项目既定，尚须加标数码符号，但用十进法，有削足适履之苦。窃于尊定不计十进法，纯一亚剌伯数目，最焉钦佩。兹特仿为之，将来务呈指正。不识不计十进之标号，亦有规律否？尚祈赐教，俾有遵循，无任叩祷。"②先生对合众图书馆当时的分类方法确定为以四库分类法为基础，为适应民间历史文献存藏管理，在史部"别立金石类"，在子部增加"工程、商业、耶教、回教、东方各教、哲学、自然科学、社会科学等类"③，在金石拓本下设 18 个细分类目，包括"地图""契卷""诗文"等民间历史文献分类内容④。在分类符号上，仿裘氏方法，采用阿拉伯数字。1946 年 11 月，先生致裘开明信再谈分类法言："敝馆初采国学方法，虽可以应付，将来恐有不甚适合之处，颇拟改用尊法。总之，鄙人主张不别制新法，觅一曾经实验之法最为妥善。曾经实验之法，则唯尊法与国学法两种（其他各法或太简略，或不适用于旧籍）耳。"⑤

由此可见，顾廷龙先生的分类思想深受裘开明影响，在合众图书馆分类方法编制修订过程中，颇倾向于借鉴裘开明所创制的分类方法。20 世纪 30 年代，时任哈佛燕京学社汉和图书馆（后更名为哈佛燕京图书馆）馆长的裘开明先生为适应该馆馆藏文献特色，创制了《汉和图书馆分类法》和《中国图书编目法》。其中，分类法是在中国传

① 顾廷龙：《创办合众图书馆意见书》，《顾廷龙文集》，第 607 页。
② 沈津：《顾廷龙年谱》，第 356 页。
③ 顾廷龙：《合同图书馆二十八年度工作报告》，张柯：《合众图书馆馆史考略——以上海图书馆藏合众图书馆史料为中心》，华东师范大学硕士学位论文，2021 年，第 123 页。
④ 顾廷龙：《合同图书馆三十一年度工作报告》，张柯：《合众图书馆馆史考略——以上海图书馆藏合众图书馆史料为中心》，第 142—143 页。
⑤ 沈津：《顾廷龙年谱》，第 396 页。

统的四库分类法的基础上①,根据馆藏经史子集以外的各类新学文献分类需求,将文献类分为经学类、哲学宗教类、史地类、社会科学类、语言文学类、美术类、自然科学类、农林工艺类和丛书目录类等9大类②;编目法首创了为中国图书编制卡片目录的做法③,对著录项目、目录卡片种类、目录种类和目录排列方式制定了明确的规则和指引④。1930年至1931年,裘开明采用哈佛燕京图书馆的分类编目方式协助燕京大学图书馆重新组织分类法和编目法⑤,并在1931年至1936年间,在燕京大学以书本式和卡片式两种形式编撰和发行哈佛燕京图书馆目录⑥,顾廷龙先生从中协助。直至三十年代末四十年代初,他还受托校订《美国哈佛大学哈佛燕京汉和图书馆目录》《哈佛燕京图书馆中文藏书目录》)。⑦这些经验对先生研究制定合众图书馆的分类编目方案产生了重要影响。

先生在合众图书馆、上海市历史文献图书馆的实践中形成了有关民间历史文献分类与整理的明确思想。《上海图书馆事业志》记载上海历史文献图书馆馆藏民间历史文献的类型包括地理史料、传记史料、佛教史料、经济史料、教育史料、民俗史料和戏曲文献等,在馆藏文献分类上已涉及商业文书、社会事务文书、宗教民俗文书和契约文书等民间历史文献材料的分类。

其次,先生认识到尊重文献属性这一重要的民间历史文献保护原则。1942年,叶景葵先生发现了一批汪康年创办《时务报》后与师友和读者的往来书信,后来汪康年的后人将这批书信文书捐赠给了合众图书馆。顾廷龙先生立即着手清点,发现这批文书共计有146袋,"未清理者三包"⑧,都是单张的散件,曾经由汪康年的弟弟汪诒年进行排序和简单的著录整理。为此,先生在带领合众图书馆同仁对这批文献进行整理时,坚持尊重这一批民间历史文献原有的顺序属性,首先按照原有次序将散件装裱成册,然后根据原有的著录信息抄成姓氏录1份,再请张元济、叶景葵、陈汉第等进行补注。先生对这批书信文书的整理工作一直延续到上海图书馆时期,最后在1986年才完成影印出版。⑨

---

① 程焕文:《裘开明年谱》,第223页。
② 裘开明:《汉和图书分类法纲要》,《文物参考资料》1950年第8期,第141—147页。
③ 沈津:《顾廷龙年谱》,第669页。
④ 王蕾:《哈佛燕京图书馆裘开明的中文图书卡片目录计划及其历史影响》,《图书馆论坛》2017年第12期,第44—53页。
⑤ 程焕文:《裘开明年谱》,第90页。
⑥ 程焕文:《裘开明年谱》,第166页。
⑦ 沈津:《顾廷龙年谱》,第6、195页。
⑧ 沈津:《顾廷龙年谱》,第668页。
⑨ 顾廷龙:《汪康年师友书札跋尾》,《顾廷龙文集》,第343—345页。

先生还对民间历史文献的内在关联性有深刻的认识,始终将各家专藏中的民间历史文献视为专藏中有机且不可分割的组成部分,认为应与专藏中的其他部分共同从整体上揭示和反映藏书家的收藏目的和治学理念,主张以各家专藏为单位开展专题书目的编纂。至1953年,合众图书馆先后编纂《张氏涉园书目》《叶氏退庵书目》《叶氏卷盦书目》《蒋氏凡将草堂书目》《李氏硕果亭书目》《胡氏朴学斋书目》《顾颉刚先生书目》以及《潘氏宝山楼书目》等书目①,然后再与馆内藏书的书目《馆藏书目》《馆藏书目三编》《馆藏期刊目录初编》②等结合,形成馆藏总目。③

在合众图书馆更名为历史文献图书馆后,先生带领图书馆同仁,围绕民间历史文献,从区域性和学科领域出发,编制了各种专题书目,包括《上海市历史文献图书馆所藏台湾史料目录》《上海市历史文献图书馆所藏科学技术史料目录》④《上海市历史文献图书馆石刻拓本分类目录》《上海市历史文献图书馆藏中国近百年经济史料目录(1840—1949)》⑤以及《中国现代革命史料目录初稿(1832—1949)》等⑥。

五、完善:上海图书馆时期的民间历史文献系统保护思想

顾廷龙先生自1962年担任上海图书馆馆长,23年后的1985年改任名誉馆长,直至1998年逝世。在上海图书馆期间,先生始终贯彻和践行"文献即史料"观点,从历史的眼光出发开展文献的搜集抢救、整理开发、出版利用、保护修复工作,以开放的态度,不断发现和认识各种文献、特别是民间历史文献的重要价值。

(一) 搜集与抢救

对照当前民间历史文献学者的分类观点⑦,顾廷龙先生长期重点关注的民间历史文献可分为宗族文书(如家谱)、社会关系与社会事务文书(日记、手札)、科试教育文书(朱卷)、文学与艺术文书(名人文集、碑帖书画)、赋役文书(鱼鳞册)以及地方志等。先

---

①② 沈津:《顾廷龙年谱》,第512页。

③ 沈津:《顾廷龙年谱》,第395页。

④ 沈津:《顾廷龙年谱》,第522页。

⑤ 沈津:《顾廷龙年谱》,第531页。

⑥ 沈津:《顾廷龙年谱》,第533页。

⑦ 王蕾、叶湄、薛玉等:《民间历史文献整理概论》,第63—67页。

生认为：名人手迹、手札涉及时事评论和学术交流，用当代的眼光来看"皆成史料"①，要从文献的历史价值出发，要坚持"不以人废言，不以言废人"的古训②；近代史料，如报刊、个人未刊信稿等能够反映社会经济活动，应加强搜集和整理③；碑帖拓片具有 3 个方面的研究价值，分别是历史价值、艺术价值和版本价值，需要"笔笔细校""广收拓片""选书法之优者""广访旧本精校"④；家谱是人类学、社会学、民俗和宗教研究中不可或缺的文献，而朱卷在研究清代教育、世系、文学等方面也具有重要的文献参考价值。⑤

以家谱为例，在上海图书馆期间，顾廷龙先生经历了"文革"下放劳动，在文物图书清理小组工作，对"破四旧"中查抄的文物、文献进行整理。先生力排众议，对其中的家谱、族谱等艰难地予以抢救保留，并积极奔走，促成家谱保护的建议以公文形式下发各级清理小组执行。此外，他带领同事奔走全国多省，搜集购买家谱，多达 5800 余种，并接受各方捐赠，累积成就了上海图书馆多达 17000 余种丰富的家谱馆藏。此外，还有大量的信札、手稿、字画文献得以抢救，真正地践行了"片纸只字皆史料"的文献保护思想。

(二) 整理与开发

在长期的图书馆资源建设实践中，顾廷龙先生认为文献分类评价不应以时间的远近为标准，而应该注重文献材料的历史价值以及所处的时代环境，例如，他认为白区的革命文献由于难得，应列入"尖端目"。⑥可见，先生在民间历史文献的分类分级整理上，以文献的历史价值为重要衡量指标，特别是文献对所在区域的历史价值。

先生认为编目为图书馆基本重大之工作，而编目当以分类为前提。编目工作是图书馆了解认识自身馆藏的唯一办法。在民间历史文献的编目整理上，先生认为这些文献是国家宝贵的文化遗产，开展编目工作，是世人认识了解这些文献的重要保护措施，也是目录学者的责任与使命之一，要求图书馆人应该对这些重要的文献资源"辛勤访求，详加著录"⑦。他在不同时期主持编撰了多部私人捐藏目录、专题目录、馆

---

① 顾廷龙：《张元济书札跋》，《顾廷龙文集》，第 328 页。
② 顾廷龙：《民国名人手迹序》，《顾廷龙文集》，第 224 页。
③ 沈津：《顾廷龙年谱》，第 543 页。
④ 沈津：《顾廷龙年谱》，第 542 页。
⑤ 顾廷龙：《清代朱卷集成序》，第 107 页。
⑥ 沈津：《顾廷龙年谱》，第 539 页。
⑦ 顾廷龙：《四部总录艺术编序》，《顾廷龙文集》，第 218 页。

藏目录等。在上海图书馆期间，主持编撰了柳亚子所捐吴江家藏地方文献的内部书目、编制尺牍简帖索引卡片等，促进历史文献的专题整理。

先生从整理民间历史文献的工作经验中，认识到了文献之间特有的关联性和区域性。他在《我在废纸中抢救历史文献的一点体会》中曾提出，由图书馆将散落在民间的单片和纸片进行保存，经过大量积累和系统整理后，形成可以揭示社会各项事业发展情况的史料，是"为人民增长了一份财产"。①这就表明，先生不仅认识到民间历史文献的关联性和区域性，还认识到图书馆作为文献文化遗产的重要保护单位之一，具有开展民间历史文献整理与开发的重要职责。

(三) 出版与利用

顾廷龙先生始终致力于将馆藏的各类民间历史文献进行编印出版，使这些特色文献资源能够"化身千百"②，他曾在 1961 年的上海图书馆十年规划座谈会③等各种重要的会议和场合上发表有关影印和出版文献资料的观点；他在担任上海图书馆馆长期间，曾提出"孤本不孤"的印书计划，并于 20 世纪五六十年代主持了 30 多种孤本的编印工作④，其中包括《孙中山先生遗札》《柳亚子先生遗札》等。先生常有感于民间历史文献收集、保存的难度，结合当时缩微胶片的兴起，提议将民间历史文献通过缩微摄影保存下来，并加以续编整理和出版，使得珍贵的史料能够"化身千百"。⑤

除了将各类民间历史文献影印出版和缩微保存，顾廷龙先生还致力于举办史料展览，使珍贵的史料得到广泛的关注与重视。例如，在他主持工作期间，上海图书馆在 1959 年 9 月举办了"珍贵书刊展览"，展出了一批珍贵的馆藏革命文献、近代报刊等，以庆祝中华人民共和国成立 10 周年；⑥1962 年 2 月，在先生的具体策划下，上海图书馆举办了清代学者书简展览，展示了黄宗羲、顾炎武、戴震、龚自珍、王韬、林则徐、严复、康有为、黄遵宪、刘鹗、谭嗣同等 120 名清代著名学者的书简手迹。⑦

---

① 　顾廷龙：《我在废纸中抢救历史文献的一点体会》，第 639 页。
②④ 　沈津：《顾廷龙年谱》，第 811 页。
③ 　沈津：《顾廷龙年谱》，第 544 页。
⑤ 　顾廷龙：《张元济书札跋》，第 329 页。
⑥ 　《上海图书馆事业志》编委会编：《上海图书馆事业志》"大事记"，第 31 页。沈津：《顾廷龙年谱》，第 536 页。
⑦ 　《上海图书馆事业志》编纂委员会编：《上海图书馆事业志》"大事记"，第 33 页。沈津：《顾廷龙年谱》，第 545 页。

（四）保护与修复

顾廷龙先生重视文献保护修复,他本人曾明确提到:"为了更好地保护古书,必须认真进行装修工作。装修是一门专门技术。首先要培训保管、修复、装潢的专业人才。"①"古籍整理工作中,修补古籍是第一步。"②

早在上海市历史文献图书馆时期,顾廷龙先生就经连襟吴湖帆的介绍,聘请黄怀觉先生到历史文献图书馆,后四馆合并,黄怀觉先生又到上海图书馆参与文献修复工作。③1958年,顾廷龙担任上海图书馆馆长,同年,上海图书馆成立古籍修复组。④

除了聘请古籍修复专业人才,顾廷龙先生还重视对人才的培养。曾经在上海图书馆工作过的古籍修复师潘美娣和赵嘉福等人都曾提到,顾廷龙先生亲自教他们写毛笔字,专门请馆里的老先生授课,讲古代汉语,讲版本目录,并且提醒古籍修复人员要爱书,对其拿书的姿势也有要求。⑤潘美娣的著作《古籍修复与装帧》也离不开顾廷龙先生的鼓励与帮助。⑥

六、结语:顾廷龙对民间历史文献保护的理论与事业发展贡献

（一）顾廷龙先生民间历史文献保护思想的形成过程

顾廷龙先生基于深厚的学术背景和坚实的实践基础,在图书馆事业中对民间历史文献价值逐步形成了深刻、全面的认识。先生自幼接受传统文化教育,对古籍等历史文献有着深刻的认识和热爱,并深受外叔祖王同愈和容庚、章钰等文史学者以及藏书世家潘氏等的影响,在燕京大学开展文史研究活动,以及编撰《吴愙斋先生年谱》《古匋文舂录》《章氏四当斋藏书目》等的过程中,深刻地认识到了尺牍、手札等民间历史文献的重要研究价值,并加以重视和利用。先生在燕京大学图书馆工作期间,哈佛燕京图书馆的购书方针以及顾颉刚先生的《购求中国图书计划书》思想对其"收书"理

---

① 顾廷龙:《整理出版古籍小议》,《顾廷龙文集》,第676页。
② 顾廷龙:《整理出版古籍小议》,第680页。
③ 潘美娣口述,林明、肖晓梅、张珊珊访谈,林明、马杰、王婷、肖鹏整理:《一辈子只做一件事:古籍修复传习导师潘美娣口述访谈》,《高校图书馆工作》2020年第6期,第38页。
④⑤ 潘美娣口述,林明、肖晓梅、张珊珊访谈,林明、马杰、王婷、肖鹏整理:《一辈子只做一件事:古籍修复传习导师潘美娣口述访谈》,第38页。
⑥ 潘美娣口述,林明、肖晓梅、张珊珊访谈,林明、马杰、王婷、肖鹏整理:《一辈子只做一件事:古籍修复传习导师潘美娣口述访谈》,第41页。

念产生了深远的影响，先生开始认识到了"文献"的广义范畴，提出了"历史文献是记载人类发展过程的史料"①的重要观点，并在后来创办合众图书馆和主持上海图书馆工作期间，结合实践经验，从史料和研究价值出发，提出了包括革命文献、档案、地方志、家谱、社团记载、个人记载、古代医书、财簿、迷信书、民间文艺、古典艺术书籍、图片等 12 个类别的文献收集范围。②

先生在实践过程中正确认识到了民间历史文献的特有属性，以此开展了系统化的整理与编目工作。先生借鉴了裘开明所创制的《汉和图书馆分类法》和《中国图书编目法》中的分类编目思想，在合众图书馆时期提出了以四库分类法为基础，增加细分类目以适应民间历史文献存藏管理的分类编目方法。先生基于对民间历史文献原始记录属性的正确认识以及对文献之间内在关联性的正确把握，在开展民间历史文献整理与编目工作的过程中，提出了尊重民间历史文献原有顺序的整理编目原则，在民间历史文献鉴定的过程中将历史价值因素和时代环境因素纳入鉴定标准中，并致力于通过组织编撰专藏书目、地区性专题书目和学科专题书目等整理编目工作，系统性地向读者揭示民间历史文献的内在关联与特色，以满足不同读者的研究参考需求。

先生总结了他在图书馆六十余年的职业生涯中整理民间历史文献的工作经验，从图书馆作为文献文化遗产重要保护单位角度出发，积极开展民间历史文献保护工作。先生充分认识到图书馆的文献文化遗产保护职责，认为民间历史文献作为国家珍贵的文化遗产，其保护工作不仅需要加强系统性的整理编目，还需要加强传播和修复方面的保护工作。一方面，先生在多个场合呼吁加强相关的出版与利用工作，提出了"孤本不孤"的文献编印计划，提议加强缩微摄影技术在民间历史文献中的应用，并积极举办各类专题性展览，让珍贵的民间历史文献得以"化身千百"和得到公众的关注与重视；另一方面，先生重视文献保护修复人才队伍的建设，通过聘请资深专业修复人员和开展师带徒式的修复人才培养等为上海图书馆组建了一支专业的文献修复队伍，为开展民间历史文献的原生性保护提供强力支撑。

（二）顾廷龙先生民间历史文献保护的核心思想观点

顾廷龙先生认为各类宗族文书、社会关系与社会事务文书、科试教育文书、文学

---

① 沈津：《顾廷龙年谱》，第 518—519 页。
② 顾廷龙：《我在废纸中抢救历史文献的一点体会》，第 639—640 页。

与艺术文书、赋役文书以及地方志等"皆成史料"①,不仅结合自身深厚的学术背景和实践经验提出了包括民间历史文献在内图书馆特藏文献收集范围,并长期重点关注家谱、朱卷、名人手迹、手札、报刊和碑帖拓片等类型的民间历史文献的搜集、整理、保护与利用,体现了先生"片纸只字皆史料"的民间历史文献保护观念。

先生在其图书馆生涯中,从民间文献为史料的立场出发,慧眼识珠,积极开展各类容易受到忽视的民间历史文献的搜集和抢救工作,多次从"废纸"中抢救出大量珍贵的家谱、信札、手稿、账簿、契券、告示等民间文献材料,体现了先生"人弃我取"的民间历史文献收藏方针。

先生重视图书馆编目工作,认为文献的系统性整理与编目是了解认识自身馆藏的唯一方法。因此,先生编制了适应民间历史文献存藏管理的分类编目方法,积极开展历史文献的科学整理,以尊重文献的原有属性和揭示文献之间的内在关联为原则,编撰了多部反映藏书家治学理念的专藏书目以及地理史料、传记史料、佛教史料、经济史料、教育史料、民俗史料和戏曲文献等专题书目,体现了先生"详加著录"的民间历史文献整理思想和"尊重原有属性、揭示内在关联"的整理原则。

先生重视民间历史文献的再生性保护工作,在创办合众图书馆时期,在经费紧张的情况下,使用传抄或者蓝图纸晒印等方式存藏文献的副本;在主持上海图书馆工作期间,多次组织开展民间历史文献的影印出版工作、鼓励使用缩微摄影技术保存文献副本以及举办各类文献展览,倡议"孤本不孤"计划,推动民间历史文献的广泛传播与利用,体现了先生"化身千百"的民间历史文献传播利用理念。

(三) 顾廷龙先生民间历史文献保护思想体系

先生深刻认识到民间历史文献的学术价值和社会价值,主张对民间历史文献给予重视和研究,并结合其多年的工作经验,总结出了一套民间历史文献价值体系,是以"历史文献是记载人类发展过程的史料"的价值认识为基石,结合先生自身长期积累的文史研究背景和图书馆实践经验,提出了开展民间历史文献的搜集与抢救行动主张,总结出"尊重文献原有属性"和"揭示文献之间内在关联"两项重要整理原则,并践行于先生的整个图书馆事业生涯。

先生在长期的实践中形成了一套有效、全面的民间历史文献保护机制。在馆藏

---

① 顾廷龙:《张元济书札跋》,第328页。

资源建设方面,先生继承了顾颉刚先生的图书收藏思想,为图书馆特藏文献建设拟定了 12 类文献收集范围,为民间历史文献的收藏保护奠定了基础,并鼓励各类图书馆将散落在民间的单片和纸片进行系统的搜集、整理和开发后,形成可以揭示社会各项事业发展情况的史料;在文献整理保护方面,先生建立了适用于民间历史文献存藏管理的分类编目方法;在文献修复保护方面,先生通过引进专才和传帮带等方式,构建了一支高质量的文献修复队伍,为民间历史文献的修复保护工作提供了强有力的人才支持。

先生不仅在理论上强调民间历史文献的重要性,还在实践中推动了我国民间历史文献的出版与传播机制的完善。先生早在合众图书馆时期就重视工具书的编制,通过编制专题书目、综合类丛书等,为民间历史文献的查阅利用提供便利。先生还提倡"化身千百"的文献利用理念,推进了民间历史文献的再生性保护工作,积极组织图书馆同仁开展日记文献、家谱等民间历史文献的整理、编辑和出版工作,鼓励使用缩微摄影等当时的新兴技术保存文献副本,举办各类型史料展览,推动民间历史文献的传播,使之成为学术研究和社会教育的重要资源,推广对民间历史文献的认识和利用。

(四) 顾廷龙先生民间历史文献保护思想的价值与影响

顾廷龙先生总结了"历史文献是记载人类发展过程的史料"①这一重要观点,始终尊重民间历史文献的真实性、关联性和区域性等特有属性,以揭示民间历史文献史料价值为目的,终生致力于民间历史文献整理工作。而且,他支持、带领图书馆特藏资源工作者,结合各类民间文献的特点,整理、编制了如《清代朱卷集成》等珍贵的民间历史文献丛书和书目成果,同时还为上海图书馆、为国家图书馆事业锻造了一批具有丰富民间历史文献整理保护经验的人才力量。

顾廷龙先生对于民间历史文献的保护,促进了民间历史文献在历史学、社会学、经济学、民俗学等学科领域的重视与研究,为学术界提供了丰富的第一手资料。先生认为出版是保护和传播民间历史文献的重要手段。先生主张通过出版,让更多的研究者和公众能够接触到这些珍贵的文献资源。此外,顾廷龙先生结合当时缩微技术的兴起,与时俱进地提出了对民间历史文献的缩微技术再生性保护,可以进一步提高民间历史文献的可访问性和利用率。

---

① 沈津:《顾廷龙年谱》,第 518—519 页。

顾廷龙在中西文化交流中的文献事工

刘心怡

（国家图书馆参考咨询部）

顾廷龙，字起潜，别号匋諓，江苏苏州人，著名古籍版本学家、版本目录学家和书法家。1932年留任燕京大学图书馆中文采访主任兼哈佛燕京图书馆驻北平采访处主任，1939年赴上海参与创办合众图书馆，遍历上海图书馆时期。投身图书馆事业的六十六年间，他在采访工作中为图书馆的文献积累做了大量工作，并且十分重视对流散域外文献的发掘、收集、编目和保护。爬梳相关文献，探求顾廷龙先生在图书馆中西文献交流中的贡献，对找寻当代图书馆人在中西文化互动与中国文献探访保护的职责担当具有重要意义。

一、在燕京大学图书馆与合众图书馆时期的文献事工

（一）燕京大学购书处时期的文献采访

1928年，哈佛大学与燕京大学合作开办哈佛燕京学社（Harvard-Yenching Institute），哈佛燕京图书馆前身汉和图书馆随之成立，为汉学研究需要，哈佛大学图书馆馆长柯立芝（Archibald Cary Coolidge）欲出资请燕京大学图书馆代理购买中文书籍。1932年，在燕京大学图书馆馆长洪业的支持下，"北平燕京大学图书馆哈佛大学汉和图书馆办事处"成立。1933年，经顾颉刚介绍并应洪业邀请，顾廷龙任燕京大学图书馆中文采访处主任，兼任美国哈佛大学汉和图书馆驻平采访处主任，开始了此后六年的图书采购工作。据他回忆："当时燕京图书馆中文采访部没有人，洪业为图书馆委员会主任委员，他要我去帮助工作，搞图书采购。这个委员会有两项工作，一是为燕京图书馆购书，一是为美国哈佛大学汉和图书馆买中文书。"①

在燕京大学图书馆采访工作中，顾廷龙通过多种渠道，在全国各地收集文献，包

---

① 沈津：《顾廷龙年谱》，上海古籍出版社，2004年，第30页。

括各类珍本、善本和抄校稿本，同时完成了对诸多古籍文献的书目辑录、编制①，既采前人藏书之编例备录，详记文献内容所涉细节、辨疑之处以示读者，又指出编制需"强调实用与著录的严谨，而编制书目又应因书制宜，能充分反映出藏书家的收藏意图、特点及其读书治学的倾向"②，叶景葵在致顾廷龙的信中曾感慨："体例极善，是以表章式老邮学之里面，吾兄可谓能不负所托矣。"③这样就为后来该批流美文献的系统保存和完整利用夯实了基础。

为尽可能穷尽文献搜集，顾廷龙到任之时，打破了原来采购的时间和书店限制，其所做的工作"使得燕京大学图书馆可以在最快的时间里获知古书出售信息，在访购古书上占得市场先机，为燕京大学、汉和图书馆经手购入珍贵书籍不胜数，对两馆的中文藏书发展做出了巨大的贡献"④。顾廷龙本就长于古籍善本的鉴定，当时燕京大学采购委员会的郭绍虞、顾颉刚等多领域文献专家教授对顾廷龙的采访工作多有指导，其中顾颉刚先生撰写的《购求中国图书计划书》⑤中对文献资料的诸多见解更是成为顾先生采访的重要遵循。

当时的藏书原则为，所采之文献一种购入两本，一本藏于燕京大学图书馆，另一本则藏于哈佛燕京图书馆，如仅有单本、珍本或善本则优先入藏哈佛燕京图书馆，采购书单也由哈佛方面开列，这也就意味着会造成很多孤本外流，实为可惜。面对如此情势，既要保证丰富馆藏，又要实现文献的本土保护与传承，在当时的条件和形势之下是极为困难的，为此顾廷龙克服重重阻碍，采取各种方式，对此类书籍进行复制、重印，由于所耗经费巨大，又采取汇印、分印等方式⑥，"这样，并没有把难得的原刻本搜罗送出。当时既担任这工作，自不能不听命采办；但看好书从我手中流出，心中总感不愿。因此，我离去之意甚切"⑦。拳拳爱国之心使顾廷龙先生决心全力为保固中国文

①　如《古匋文春录》《章氏四当斋藏书目》等。

②　沈津：《顾廷龙与合众图书馆》，上海图书馆编：《顾廷龙先生纪念集》，上海科学技术文献出版社，2014 年，第 27 页。

③　沈津：《顾廷龙与合众图书馆》，第 27 页。

④　王蕾、梁益铭、肖鹏：《聂崇岐致顾廷龙信札考释(1939—1958 年)(四)》，《高校图书馆工作》2021 年第 6 期，第 81 页。

⑤　其中详列许多应当收购而容易被人们忽视的资料，如档案、哀启、账簿、戏本、歌谣、宝卷、金石拓片、各类著作稿本以及有记载性的图书照片等。陈燮君：《世上百年云龙飞——论顾廷龙先生的"书缘"和"图书馆缘"》，《顾廷龙先生纪念集》，第 12 页。

⑥　据学者考察例证，一次是 1938 年 9 月美方指定宋刻明补版的《名臣碑传琬琰之集》，顾先生认为究属名贵罕见之书，由于无法筹资复制全书，无奈只把其中不见他书的文章摘出，汇印一书，后附引得，题为《琬琰集删存》。另外一次是 1938 年 12 月，美方又指定要买几部清朝嘉庆道光间人的文集，均为稀见的文献，最终重印成五种，即《愚庵小稿》《许郑学庐文稿》《梦陔堂文集》《保甓斋文录》《袖海楼杂著》。王世伟：《影响顾廷龙先生学术生涯的几件事》，《国家图书馆学刊》2006 年第 2 期，第 72 页。

⑦　王世伟：《影响顾廷龙先生学术生涯的几件事》，第 72 页。

化贡献己力,于是 1939 年应叶景葵、张元济邀请,顾廷龙开始了在上海的图书馆事业。

(二) 图书馆各时期的文献交流

顾诵芬在回忆父亲顾廷龙的收书经历时曾感慨道:"收书需有眼光,不仅要善于鉴别版本,更需对历史文献之宏现认识与把握。旧时癖宋嗜元成风,竞相争炫,先父则独辟蹊径,专事蒐访稿抄校本及稀见明刻本;当时家谱、朱卷、近人手札、专人档案、革命文献、旧平装等资料价值为人们所忽略,先父慧眼识宝,百方蒐罗,始终不懈,竟使聚沙成塔。"①1941 年,在合众图书馆发起人会议制定的《私立合众图书馆组织大纲草案》中,亦可窥见当时对中外文献收集的重视,文件明确合众图书馆之目的即:"一、征集私家藏书共同保存,以资发扬中国之文化。二、搜罗中国国学图书及有关系之外国文字图书。三、专供研究高深中国国学者之参考。四、刊布孤椠秘籍。"②因此,抵沪筹建合众图书馆时,顾廷龙仍心系燕京大学图书馆中的珍贵文献,与哈佛燕京学社引得编纂处副主任聂崇岐经常通信,在藏书的采访过程中互通有无,二人在燕京大学时曾共事多年,在古籍整理与目录编纂等方面颇有交流。

其间,顾廷龙曾借抄平冈武夫所藏《尚书全解》第三十四册,又因"燕京大学图书馆购藏书籍中许多为新抄录之本,究其原因,珍本孤本难得,唯靠借抄才能获得"③,聂崇岐亦希望顾廷龙可于"沪上聚珍本书"之地帮忙代购《四库珍本》,并请顾廷龙觅人代抄顾家所藏抄本《宋人文集》,为哈佛燕京学社编宋代相关引得充实资料,聂崇岐也在洪业的授意之下赠合众图书馆哈佛燕京学社引得编纂处出版的第 34 种引得《四十七种宋传引得》④。在二人的无间协作之下,燕京大学图书馆和合众图书馆分别于京沪两地陆续互助访购、寄赠《中西交通史料》《地学杂志》《广宋遗民录》《仪顾堂集》《克斋集》《南宋六十家集》《简松草堂文集》《明词林人物考》《西园闻见录》等,既可填补文献内叶缺漏,又在馆藏品类方面互为补充。此外,哈佛燕京社还多次定期向顾廷龙寄送《燕京学报》,其中刊载有中西文献及增删书目之详情,亦是顾廷龙于上海及时了解文献情况的重要渠道。这样,合众图书馆通过燕京大学图书馆同哈佛燕京学社保持着紧密联系与合作,为顾廷龙广访西方中国学成果与流外典籍提供了帮助,而顾廷龙

---

①　陈燮君:《世上百年云龙飞——论顾廷龙先生的"书缘"和"图书馆缘"》,第 12 页。

②　顾廷龙笔录,顾燕整理:《合众图书馆董事会议事录》,上海图书馆历史文献研究所编:《历史文献》第 7 辑,上海古籍出版社,2004 年,第 2—3 页。

③　王蕾、梁益铭、肖鹏:《聂崇岐致顾廷龙信札考释(1939—1958 年)(二)》,《高校图书馆工作》2021 年第 3 期,第 74 页。

④　王蕾、梁益铭、肖鹏:《聂崇岐致顾廷龙信札考释(1939—1958 年)(一)》,《高校图书馆工作》2020 年第 1 期,第 59 页。

对燕京大学图书馆的文献指导与补充,也在特殊情势下勉力保证了存于外方中国文献的完整,并襄助日后北美乃至西方图书馆东方文献的体系化建设与汉学研究的发展。

二、对域外古籍文献的探访

(一) 对散佚流外文献的探访与保护

自任燕京大学图书馆采访之职,眼见诸多珍贵古籍为西方大肆购买以致外流,又以战争之故造成大量散佚,顾廷龙始终忧心流外文献的归属、收集与保存。当时,顾颉刚游西北时存燕京大学的书,顾廷龙就全部悉心藏于司徒雷登所居之地窖中保存,抗战爆发后顾颉刚留在燕京大学的大量文献资料因之得以保存。[①]1932 年,日本浪人闯入东方图书馆火烧涵芬楼,张元济查检烬馀诸书并编撰《涵芬楼烬馀书录》(下文简称《书录》),顾廷龙承担了整理修改、核对校样等定稿工作,使得幸存珍本书籍得以清晰编目,便于日后付印行世。在《涵芬楼烬馀书录后序》中,顾廷龙道:"我惟舍旧从新,而人怀侵略之志,文化器物悉所觊觎,日、美搜集最为丰博,英、法次之。美国历年所得彝器书画,壹皆瑰宝。日本现藏珍椠,几与我国自有者相埒,慨夫丽宋秘籍散入静嘉,敦煌遗书流徙域外,……海盐张菊生先生……先筑涵芬楼藏之,继复扩充为东方图书馆,……盖攸关国家文化者甚巨。"[②]1957 年,顾廷龙收集张元济所撰古籍序跋,汇编《涉园序跋集录》,其中所涉涵芬楼藏书题跋,可与《书录》解题对读。2010 年,顾廷龙先生学生日本学者高桥智将所藏顾廷龙移录胡文楷查检涵芬楼遗书后所补校的记录副本及二人订补、批注的内容整理成《顾廷龙批注〈涵芬楼烬馀书录〉》一文,发表在日本庆应大学《斯道文库论集》第四十五辑上[③]。鉴于胡氏补漏《书录》和校自密韵楼蒋氏藏书的原版早已遗失不见,因而顾廷龙的录、补工作对涵芬楼烬馀古籍的保存极具价值。

1939 年"七七事变"后,一方面,上海成为孤岛,叶景葵、张元济、陈陶遗、陈叔通、李拔可等文化界爱国人士均"深忧东南藏书流往海外,招我来上海创办合众图书馆,目的在于保存几家的藏书,保持一部分,尽可能少流失一部分"[④]。另一方面,顾廷龙

① 沈津:《顾廷龙年谱》,第 61 页。
② 《顾廷龙全集》编辑委员会编:《顾廷龙全集·文集卷》(上册),上海辞书出版社,2022 年,第 179 页。
③ 刘英博、赵嘉:《〈涵芬楼烬馀书录〉研究回顾与文献综述》,《晋图学刊》2024 年第 2 期,第 6 页。
④ 顾廷龙:《书海沧桑》,《顾廷龙全集·文集卷》(下册),第 857 页。

担心："抗战以来，全国图书馆或呈停顿，或已分散，或罹劫灰。私家藏书亦多流亡，而日、美等国乘其时会，力事搜罗，致数千年固有之文化，坐视其流散，岂不大可惜哉！"①英、美等国更是有人大言要买尽中国的书，负起保存固有文化之责任。保护国家濒临毁灭的文献典籍，也成了顾廷龙赴沪筹建合众图书馆的决心和坚守。

在担纲合众图书馆及随后的上海图书馆工作期间，顾廷龙对流外文献极其关注，其中对日、美等国所搜罗之文献尤为关注，常利用日记等方式着力记载，以备日后循迹，其中所涉包罗诸多，在其战时日记中就曾记录有"美国力收"之卢柏撰《夏小正集解》②、"芝加哥大学顾立雅（Greel）到平，以美金千元交大同托购书籍"③等考察之事。1941年王重民自美回国途经上海，顾廷龙便与其详谈英、法、美所藏中国书籍情况，了解到"伦敦、巴黎藏敦煌卷极多，巴黎藏者经伯希和编号，八千以后者，有三曾为续编，皆非整卷矣，破碎，法人不知装表术，以日本薄纸糊于正面，致字迹蒙蔽，仅存影约耳"④。鉴于诸多流美文献原件无法归国的情状，顾廷龙十分关心对它们的收集和翻印，在1997年给张世林的信中就曾关切道："你到芝加哥图书馆，可请马泰来给你看看他们珍藏的《四库》底本。将来集国内外所藏，编印一部《四库底本丛书》。"⑤

因诸多缘由，中国古籍文献流日者颇多，顾廷龙亦多方寻机探求文献之踪迹，并曾建议："日本收藏我国图书文物，非常丰富。……近年来日本所出版的古器物图录及藏书目录不少，可指定单位负责注意搜集。"⑥流入日本的中国文献大多集于"静嘉堂文库"，"东洋文库"与"伊势林崎文库"亦有所藏，顾廷龙多年来通过学生高桥智、访日文化交流活动和通信等渠道遍访文献，偶有相关信息也极重溯探，并时刻关心未可归国文献的编目情况。就《静嘉堂书目》可能漏编之书，顾廷龙在致高桥智的信中曾多有叮嘱，并请托道："您有意收集民国时代学者之书札、文稿极有意义，望努力进行，流入日本者必不少。"⑦直至晚年，顾廷龙仍时常关注诸文献动向，包括日版油印本《尚书校勘记》⑧、日编《静嘉堂文库宋元版图录》⑨、斯道文库藏《京师图书馆善本简明目

①　顾廷龙：《张元济与合众图书馆》，《顾廷龙全集·文集卷》（下册），第786页。
②　顾廷龙撰，李军、师元光整理：《顾廷龙日记》1940年1月17日，中华书局，2022年，第45页。
③　顾廷龙撰，李军、师元光整理：《顾廷龙日记》1940年3月29日，第65页。
④　顾廷龙撰，李军、师元光整理：《顾廷龙日记》1941年3月15日，第145页。
⑤　顾廷龙：《致张世林》（十四），《顾廷龙全集》编辑委员会编：《顾廷龙全集·书信卷》（下册），上海辞书出版社，2022年，第699页。
⑥　顾廷龙：《参加中国书法家代表团访日报告》，《顾廷龙全集·文集卷》（下册），第898页。
⑦　顾廷龙：《致高桥智》（四），《顾廷龙全集·书信卷》（下册），第734页。
⑧　顾廷龙：《致孙启治》（二），《顾廷龙全集·书信卷》（下册），第510页。
⑨　顾廷龙：《中国古代的抄校稿本》，《顾廷龙全集·文集卷》（下册），第661页。

录》、静嘉堂文库所藏徐养原《顽石庐文集》抄本①、流日的清姜宸英旧藏《宋拓十七帖》②、伊势林崎文库藏本《古文尚书》③等，并嘱相关人士查补。对友人曾"在日本调查明代文献，发现数十种国内所无资料，又日本明治以来汉学历史资料"等主要文献情况也大为高兴。④访日交流期间，顾廷龙参观了博物馆、图书馆，其中大量是我国流日文献、文物，感慨之意颇深。⑤

（二）在中西文化交流中的文献关注

早年，顾廷龙便留心于西方的汉学研究成果，除常阅《美国国会图书馆年报》，关注流美中国文献收存情况外，还常读斯坦因《西域考古记》、伯希和《中国干漆造象考》⑥、《汉学者传记》⑦，抄录《海外吉图目》⑧，友人所携美国图书馆各种资料及《亚洲文会损失目录》⑨、《日本所藏著名文物目录》⑩、《欧美各国所藏中国古籍》⑪等中国学研究专著，并亲赴中国学会参与交流，此间，也多得汉学研究相关赠书，如中法汉学研究所赠《十八世纪、十九世纪之法国汉学》⑫、中法汉学研究所赠《风俗通义》⑬、汉学研究所赠《春秋繁露通检》⑭、瑞典学者 Soren Edgren 著《显德三年〈宝匧印陀罗尼经〉考》⑮等。此外，经由工作之由，顾廷龙先生曾多次应美国普林斯顿大学葛思德东方图书馆、哥伦比亚大学图书馆、纽约公共图书馆、芝加哥大学东方图书馆、柏克莱加州大学东方图书馆等之邀参观域外古籍文献并参与东亚研究相关座谈与文化交流。

从燕京大学图书馆至合众图书馆时，顾廷龙已将"各大学的学报以及燕大出版的

---

① 顾廷龙：《致高桥智》（一），《顾廷龙全集·书信卷》（下册），第 728 页。
② 顾廷龙：《宋拓十七帖》，《顾廷龙全集·文集卷》（下册），第 697 页。
③ 顾廷龙：《致高桥智》（五），《顾廷龙全集·书信卷》（下册），第 735 页。
④ 顾廷龙：《致陈先行》（十二），《顾廷龙全集·书信卷》（下册），第 653 页。
⑤ 顾廷龙：《参观中国书法家代表团访日报告》，《顾廷龙全集·文集卷》（下册），第 888—898 页。顾廷龙：《访日游记》，《顾廷龙全集·文集卷》（下册），第 867—887 页。
⑥ 顾廷龙撰，李军、师元光整理：《顾廷龙日记》1943 年 10 月 16 日，第 335 页。
⑦ 顾廷龙撰，李军、师元光整理：《顾廷龙日记》1946 年 6 月 2 日，第 459 页。
⑧ 顾廷龙撰，李军、师元光整理：《顾廷龙日记》1945 年 12 月 30 日，第 431 页。
⑨ 顾廷龙撰，李军、师元光整理：《顾廷龙日记》1946 年 3 月 8 日，第 446 页。
⑩ 顾廷龙撰，李军、师元光整理：《顾廷龙日记》1946 年 3 月 14 日，第 447 页。
⑪ 顾廷龙：《致沈津》（十五），《顾廷龙全集·书信卷》（下册），第 556 页。
⑫ 顾廷龙撰，李军、师元光整理：《顾廷龙日记》1943 年 6 月 7 日，第 316 页。
⑬ 顾廷龙撰，李军、师元光整理：《顾廷龙日记》1943 年 12 月 18 日，第 346 页。
⑭ 顾廷龙撰，李军、师元光整理：《顾廷龙日记》1944 年 2 月 23 日，第 358 页。
⑮ 顾廷龙：《致沈津》（十五），《顾廷龙全集·书信卷》（下册），第 556 页。

各种引得,收罗得应有尽有。再有当时刚出版的日本《东方文化研究所汉籍分类目录》,附有书名、人民索引,既收了古人们著作,又有现代人研究的专著"①。除个人采访所得,顾廷龙也极为重视外方所赠中国文献的情况,其中多次同美国国会图书馆、大都会博物馆、耶鲁大学东亚图书馆等相关图书馆通信寻访善本文献及副本、胶卷等,以弥补国内藏书之缺憾。顾廷龙同美国芝加哥大学东亚图书馆馆长钱存训的交往自抗战期间开始,二人在中美图书馆及文献方面多有交流互动,并时常通信关照中国文献在美情况。钱存训曾于特殊时期将所藏世界最早的印刷品《陀罗尼经》的复印本及全部资料赠送给上海图书馆,顾廷龙对文献的价值极为重视,请托专家翻译、研究,并由此引发学界对相关问题的关注和讨论。现任哈佛大学燕京图书馆馆长的沈津曾就版本学等求教于顾廷龙,后赴美任职,顾廷龙多有鼓励并关切流美古籍情况,在他致沈津的信中,就曾谈及寻英法藏敦煌经卷胶卷及其《尚书》卷复印、《读史方舆纪要》及相关文献的港台版本,以补充大陆馆藏之缺损。②美国哈佛大学郑炯文访问上海图书馆时,曾赠翁万戈编《中国善本展览图录》,顾廷龙在给钱存训的信中赞道:"图录不仅印刷精良,海内外孤椠秘笈,琳琅满目,如获至宝。"③对古籍的珍视跃然纸上。流日文献方面,除日常馆藏交流外,顾廷龙常关注已寻文献的缺失部分,请托平冈、小野和子等相关人士代索,另亦有《唐律疏议校勘表》、藤枝晃赠《北魏写经影本》④、岩井大慧著《永乐大典收藏情况表》⑤、松丸道雄著《甲骨文字字释综览》等私家文献和汉学研究专著。⑥

三、参与哈佛燕京古籍书目与中文善本书联合目录工作

(一) 哈佛燕京古籍书目分类法的参与

顾廷龙在古籍版本等方面的研究功力深厚,又曾任燕京大学图书馆采访要职,与哈佛燕京的古籍渊源颇深,对古籍书目的编校自是多有助力,后哈佛大学燕京图书馆

---

① 顾廷龙等:《一个图书馆的发展》,顾廷龙撰,李军、师元光整理:《顾廷龙日记》,第940页。
② 沈津:《顾廷龙年谱》,第726页。
③ 王世伟:《古籍整理应重视祖本、校勘与版本源流——读顾廷龙与钱存训书信札记》,《图书与情报》2005年第2期,第86页。
④ 顾廷龙:《访日游记》,《顾廷龙全集·文集卷》(下册),第879页。
⑤ 顾廷龙:《访日游记》,《顾廷龙全集·文集卷》(下册),第885页。
⑥ 顾廷龙:《致王宏》(十),《顾廷龙全集·书信卷》(下册),第712页。

馆长裘开明著手编制《美国哈佛大学哈佛燕京汉和图书馆目录》,顾廷龙对目录的编订与审校亦多有襄助①,自亲历美国通过燕京大学图书馆购书极勇的情况,顾廷龙常挂念流美古籍的编存状态,恐有散佚和破毁,也因之对目录倾注了大量的心血,通常是"接燕京寄来哈佛目录校样,为阅一过,改正数处,即寄回"②。如此几经往来间弥补、校改甚多。

这份裘开明与燕京大学图书馆联合编制的哈佛燕京学社汉和图书馆中文图书编目法与中文卡片目录,是西方东亚图书馆普遍采取的分类方法,顾廷龙直至后期在其分类编目等方面依然十分关切,提出对于旧籍不别制新法,而取尊法和国学法两种曾经实验之法更为稳妥。③至沈津赴美国纽约州立大学石溪分校任访问学者时,顾廷龙亦关心美洲地区善本书目的卡片编制步骤、准确性及参与编制人员的资历和组织情况④,对美国汉籍编目的专业性与统一性提供了关键指导和有力遵循。

(二) 中文善本书联合录目的编辑

美国研究图书馆组织(The Research Libraries Group,简称 RLG)由哈佛大学、耶鲁大学、哥伦比亚大学等成员组成,旨在通过计算机情报网络系统对馆藏东亚资料进行管理和使用,1986 年成立中文善本书专家小组,并研究决定开展编制《中文善本书国际联合目录》计划,将北美、东亚及欧洲等地善本书编入计算机,以期使文献得到更系统、安全的保存和传播研究。

顾廷龙作为中方顾问之一应邀赴美参加目录编辑国际咨询会议,参与讨论目录的"收书范围、著录规则,以及输入电脑采取何种拼音等问题"⑤,他"将我们的收录范围、著录规则等,及普通古籍的著录规则(国家标准),介绍给他们参考"⑥,在该项工作中,顾廷龙等中国古籍学者发挥自身学术所专,使流外古籍善本得以获得更为专业、

① 裘开明在该分类法自序中说明:"综计此法在孕育中十有五年,蒙前后友人同事相助者不下十余人,仆虽订其大纲并始终其事,但本能得稍有优点者,皆益友与前贤之赐。"(A. Kai-ming Chiu, *A Classified Catalogue of Chinese Books in the Chinese-Japanese Library of Harvard-Yenching Institute at Harvard University*, Cambridge, Massachusetts: Harvard-Yenching Institute, 1938—1940)随后列出了多名襄助者的姓名,有冯汉骥、汤吉禾、梁思庄、顾廷龙、聂崇岐等十七人。周余姣:《裘开明〈汉和图书分类法〉研究》,《国家图书馆学刊》2016 年第 3 期,第 98—99 页。
② 顾廷龙撰,李军、师元光整理:《顾廷龙日记》1941 年 5 月 13 日,第 161 页。
③ 沈津:《顾廷龙年谱》,第 397 页。
④ 沈津:《顾廷龙年谱》,第 671 页。
⑤ 顾廷龙:《应邀赴美国参加中文善本书联合目录国际咨询会议汇报》,《顾廷龙全集·文集卷》(下册),第 1009 页。
⑥ 顾廷龙:《致冀淑英》(五),《顾廷龙全集·书信卷》(下册),第 403 页。

完整、统一的保护与收藏，"原来他们并无条例，我们的条例如采用，所谓国际目录可得一致"①，这便为世界汉学研究提供了更为坚实的文献保障。

四、结　语

顾廷龙先生在供职图书馆时期诸多严谨有序的采访工作，保障了馆藏文献的权威，其在燕京大学图书馆时期所做的相关工作在一定程度上丰富了美国哈佛大学哈佛燕京图书馆中文馆藏，加速了哈佛燕京图书馆日后的建设与发展。雄富的馆藏文献使其成为北美首屈一指的东亚图书馆，并为后期北美甚或西方汉学的研究和发展提供了雄厚的文献基础，助力了中国文化的域外传播。时任哈佛燕京图书馆善本书室主任的沈津先生曾谈起，那里的书柜中便有当年顾先生采购的图书，"前几年在撰写《美国哈佛大学哈佛燕京图书馆中文善本书志》时，就经常浮现顾先生的身影"②。可以说，顾先生在那时已成为了文化交流的使者。同时，以此为基础，哈佛大学"重点在燕京大学开展中国研究本科和研究生教育，并以此为示范推进金陵大学、岭南大学、齐鲁大学、福建协和大学、华西协和大学等教会大学的中国研究教育"③，实现了中国研究的跨国交流与发展。

然而西方的刻意收集毕竟导致了中国文献外流，且已外流者难以回归本土，顾廷龙先生深忧这些文献的收录、编目和副本留存，继续肩负起采访，编校之任，多次参与相关项目的审校与会议研讨，为文献的体系化保存付出心力。面对文献的散佚，顾廷龙先生始终坚持追寻，殚精竭虑，对文献进行审校、增补等抢救工作，并对相关工作予以关键指导，助力文献保护。中华典籍文献的域外传播与中外文化交流在当今的文化工作中扮演了重要角色，图书馆作为文献保护与文化传承的载体，更要重视文献在中西贯通中的作用，顾廷龙先生在该领域所做出的相关工作居功至伟，所给予的经验启迪亦是现今图书馆与图书馆人的模范。

---

①　顾廷龙：《致冀淑英》（五），《顾廷龙全集·书信卷》（下册），第 403 页。
②　陈燮君：《世上百年云龙飞——论顾廷龙先生的"书缘"和"图书馆缘"》，第 12 页。
③　程焕文：《论燕京大学图书馆在美国中国研究中的历史作用——〈图书馆、出版与教育：哈佛燕京学社在华中国研究史（1928—1950）〉序》，《大学图书馆学报》2018 年第 5 期，第 104 页。

零／文／掇／拾

新见顾廷龙先生书札辑释

林振岳

（上海交通大学人文学院）

　　顾廷龙先生生平所作书札，2017 年《顾廷龙全集》已整理出版《书信卷》上下两册，2022 年新版续有增订，汇辑之功，翕然称善。然顾老学殖宏深，交游众广，流风遗韵，摭拾多有。近见顾老手札数通，计有致蒋吟秋两通、沈燮元四通（附残札一通）、冀淑英三通（附赵万里致顾廷龙札一通），皆为与典籍文献流通相关前辈学者，辑录于此。

一、致蒋吟秋（两通）

　　原札见蒋吟秋友朋书札《来鸿》。外封题"来鸿　三十五年春吟秋题"、"来鸿　三十六年一月吟秋题"，下钤"蒋吟秋"白文方印，为民国三十五、三十六年两年间蒋吟秋友朋来札，线装两册。《来鸿》有顾廷龙致蒋吟秋札五通，另有三通未见全文，暂付阙如。

（一）

吟秋先生大鉴：

　　久疏音问为念。前由束丈、颉刚等呈请教部检拨陈逆所藏关于吴中文献书籍，部中仅批应予注意。兹经森老决定，即以发还名义拨交贵馆。所有书籍清单，已由龙倩人钞出，（受配各处均自派人来此抄目包装。）已托景郑兄转上。书装两包，交徐金荣船户运奉，言明价三万元，收到请照付之。（书运敝处车费万余元则不计。）书单末请照单上所结几册几捆，注明收到年月，加钤图记，寄还两份，以便报部。有须声明者，书中间有不关吴中文献者，系龙误选，原因目上并不详注，或以意为之，或包号相连，测为有关。再计数之捆系军统局原册如此，

（业经层报。）不便改为册数，当点收时匆匆不能细致，且杂书实无足轻重，遂亦仍之。点毕后处理局逐包封存，故无法重理。不关之书本拟退回，惟各处均已分定，反多周折，不如一并收之为便。好在误选者不多，亦不重要，两无所得失也，尚祈亮詧。又《苏州府志》稿本一包，（未点册数。）系景郑所藏，属为奉赠，俾与发还者配合，特不知能完全否。关于此次发还书籍，最好勿在报上发表，因二三月前浙报对颉刚呈请拨书事略有讥词，免多议论（浙通志馆请而未成。）耳。

匆请

著安

弟龙顿首　卅六·六·一

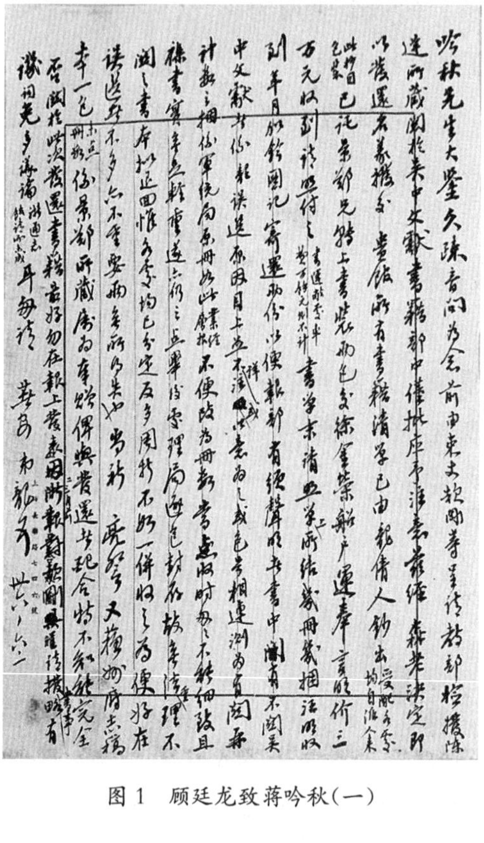

图1　顾廷龙致蒋吟秋（一）

按：此札（见图1）署"卅六·六·一"，《顾廷龙日记》1947年6月1日有"致吟秋信"[1]记录。札中提及从教育部拨发陈群藏书中有关吴中文献书籍交苏州图书馆事。陈群札中称为"陈逆"，战时陈群任伪江苏省省长。陈群在南京有"泽存书库"，还有部分藏书在苏州、上海。抗战胜利后，陈群畏罪自杀，藏书为国民政府接收，其中苏州藏书由军统局接收。"束丈"为单束笙，"颉刚"即顾颉刚，"森老"为徐森玉。此事由单束笙、顾颉刚向教育部申请，徐森玉决定，以发还名义交苏州图书馆。1945年，徐森玉以"教育部战区文物保存委员会"的名义致函上海教育部顾毓琇，谓陈群家属愿遵陈群遗嘱将全部藏书捐赠国家，上海藏书拟由教育部京沪区特派员会同上海教育局集中保管。[2]1946年8月28日徐森玉致函杭立武："接收陈逆群苏州藏书，伏

---

①　顾廷龙撰，李军、师元光整理：《顾廷龙日记》，中华书局，2022年，第488页。

②　严鼎忠：《抢救古籍文献汇编：民国30年下至34年》，台北"国家图书馆"，2023年，第480页。（此数件档案承柳向春、马步青赐示，谨致谢忱。）

望公函,迟恐周折。当初鸿宝与军统局王君接洽,可将全部逆藏文物见交,遂即日晋京,面乞公事以往,蒙约办就,寄沪后久侯,而该局改组矣。迨公函到,则逆产文物俱已交处理局,而主管之人亦已更易矣。"[①]函中提及陈群藏书接收之事,最初在中统局,后寄到上海,但中统局改组,逆产文物也转交给了敌伪产业处理局,主管之人由王君变为廖君,徐森玉又与之接洽,继续办理将未交出陈群藏书检交一事,同时查收的还有"梁逆"梁鸿志藏书。8月22日,徐森玉又函致杭立武,谓"军统局肯将陈群苏州藏书见交,惟须钩部公函,方可移交。"8月29日,郑振铎致屈万里函也提及这批藏书:"前在沪时,曾面谈提取上海陈群藏书中之善本事,现已将陈目阅竟,并与徐森老商定,选出书凡三百五十五部,其中不尽为善本,然均为图书馆必需之物,请即速呈部(应附目录),准予拨交中央图书馆,迟则恐有他处夺取也。苏州陈书亦可移交,届时当再选取一部分交中央图书馆也。"[②]原计划是同南京"泽存书库"藏书一样,将上海、苏州藏书都拨交南京中央图书馆。9月8日顾老致蒋复璁札云:"军统局所接陈群苏州藏书,敬森老多次与该局廖君接洽,乃允捡交,惟教育部公函方可往接。"[③]9月19日蒋复璁有复函,告知公函已经办出。[④]此后未见相关函札文献留存,至次年,可能经过改议,将陈群藏书中与苏州相关的文献以船运至苏,交苏州图书馆收藏。《日记》1947年5月28日,"徐金荣取景郑书十六包、苏州图书馆书二包"[⑤],与潘景郑藏书十六包一同运至苏州。但由于军统局接收时登记造册以捆包为单位,故选书时亦以捆包选出,因此有一些无关"误选"之书。又潘景郑赠送《苏州府志》稿本一包,大约发还书籍中也有此书零稿,两可相配,故以相赠。这部稿本当是李铭皖、冯桂芬纂修的同治《苏州府志》,现藏苏州图书馆,一部箱号 G0227033,55 册,存 122 卷(卷1—112、134—40)。一部箱号 G0921107,存 4 册,存吴江、震泽人物 1 册、田赋 1 册、名宦 1 册、吴县历代选举1 册。

　　《来鸿》另有潘景郑致蒋吟秋一札,与此事相关,附录如次:

　　吟秋先生阁下:

　　　　昨电话中奉陈一切,谅荷鉴及。兹送呈书目三份,希于收到书时盖馆印及年

---

① 严鼎忠:《抢救古籍文献汇编:民国 35 年至 37 年》,2023 年,第 169 页。
② 严鼎忠:《抢救古籍文献汇编:民国 35 年至 37 年》,第 159 页。
③ 严鼎忠:《抢救古籍文献汇编:民国 35 年至 37 年》,第 165 页。
④ 严鼎忠:《抢救古籍文献汇编:民国 35 年至 37 年》,第 170 页。
⑤ 顾廷龙撰,李军、师元光整理:《顾廷龙日记》,第 487 页。

月日,以两份径寄合众,由起潜兄代转,一份留尊处可也。各书由轮船运上,运费亦祈面给付舟子为荷。匆上。即颂

公绥

弟潘景郑顿首　卅六年五月廿一日

（钤"潘景郑"朱文方印）

（二）

吟秋吾兄大鉴:

手示祗悉。兹奉上郑叔问《计画学宫植园图》一帧,乞誊收,径谢遐厂为荷。附上敝馆《丛书》一部,龙新经印《敬乡楼诗》及《金仍珠家传》各一册,敬赠贵馆。

匆请

撰安

弟龙顿首　八月一日

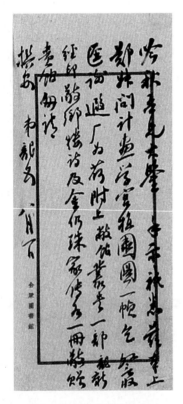

图2　顾廷龙致蒋吟秋（二）

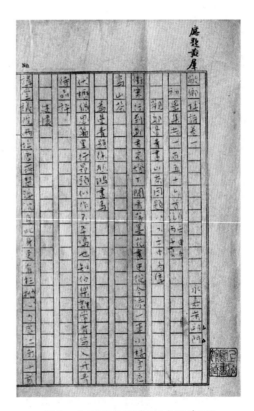

图3　上海图书馆藏《敬乡楼诗》稿

按：此札（见图 2）当作于 1947 年 8 月 1 日，使用"合众图书馆"笺。顾老寄去郑文焯《计画学宫植园图》，"植园"为苏州府学后面园子，郑文焯绘有一规划图。承苏州图书馆卿朝晖兄赐教，原图尚藏于馆中。图上并无题名，乃对植园进行规划改建之图，有郑文焯批语，批语下钤有"郑文焯""叔问"白文方印。此图应是叶恭绰（遐厂）所赠，故札中云"径谢遐厂"。"敝馆《丛书》"指《合众图书馆丛书》。《敬乡楼诗》为民国三十六年石印本，牌记"中华民国三十六年五月永嘉郑楼黄氏印行"，全书乃顾老手书影印，叶景葵题签。上海图书馆藏有一本"时代书店稿纸"钢笔稿本《敬乡楼诗》，当是此书之底稿，书中有一些批注，如卷端题名"永嘉黄朔门"，天头墨笔批"应题黄群"（见图 3），刊行本改为"永嘉黄群溯初"，另有一些字句校语贴签。1947 年 4 月 15 日刘道铿来合众图书馆，与顾廷龙、叶景葵商量抄印《敬乡楼诗》，5 月间顾廷龙写毕，送钱鹤龄摄影出版，《日记》有载。《金仍珠家传》亦顾老手书影印，在 3 月至 6 月间写毕。《日记》："收《金传》润廿五万。"[①]二书皆顾老手写上版印刷，各送赠苏州图书馆一册。

二、致沈燮元（四通）

《顾廷龙全集·书信卷》收有致沈燮元先生札一通。沈老身后，遗书散出，此四通即出自沈老家中，见于中贸佳圣拍卖会 2023 年秋拍，为友人购得。另有残札一通，附录于后。

（一）

燮元同志：

示悉。孙凤翼父曰秉，字德元，一字葆年，乾隆二十六年进士，历任贵州、云南等省巡抚。孙星衍为撰《行状》，见《平津馆文稿》卷下。

尊处复查，想亦很紧。有何经验，希见教。我们发现问题不少。

匆复，不尽一一。祇请

撰安

顾廷龙上　一九八〇、二、四午

潘老请代问好。

---

① 顾廷龙撰，李军、师元光整理：《顾廷龙日记》，第 491 页。

　　按：此札署有年月日，作于 1980 年 2 月 4 日。札中提及孙凤翼之父孙秉字号生平，孙星衍为其撰有行状，见《平津馆文稿》卷下《大清故兵部侍郎兼都察院右副都御史巡抚云南等处地方提督军务兼理粮饷孙公行状》。又提及"复查"一事，当指《中国古籍善本书目》书目条目复查。据沈津先生所编《年谱》，1979 年"12 月 11 日至 18 日，中国古籍善本书目编辑工作会议在江西南昌市召开。先生偕沈津、任光亮参加了会议。会议代表听取了全国古籍善本编目工作巡回检查汇报（计华东一组、华东二组、西南、西北、华北、东北、中南七组）。为了保证《善本书目》的编辑质量，会议提出了'对各省、市、自治区善本书目汇编时的复查要求'。会议还决定自 1980 年 5 月起，在北京开始进行全国总编，书名定为《中国古籍善本书目》。全国古籍善本书总目编辑领导小组改组为中国古籍善本书目编辑委员会。"①1979 年末开展善本书目汇编时的复查工作，故次年初顾老札中与沈燮元先生交流复查工作的经验。

（二）

燮翁：

　　命书书签，勉作几条，请审定。

龙上　9/16

如要重写，电话通知。

信封：

　　本市白石桥路 39 号北京图书馆　善本总目
　　沈燮元先生
　　北京 761 信箱 1 分箱顾

　　按：根据信封邮戳知此札作于 1992 年 9 月 16 日。此顾老为沈燮元先生著作题签。与此札同寄出有"八旗艺文志　顾廷龙署"、"八旗艺文志　顾廷龙题"、"八旗著述版本考　顾廷龙题"（下皆钤"匋诹"朱文小方印）题签各一（见图 4）。而书名一为《八旗艺文志》、一为《八旗著述版本考》，当为同一著作而书名未定，故分别题写。

　　《八旗艺文志》是沈燮元先生参加《中国古籍善本书目》编纂工作时的著述设想。1985 年沈燮元先生致关德栋信中，曾提及编纂《八旗艺文志》的想法。1985 年 5 月 9 日信云："我有一件小事想拜托您，我想编一本八旗人的著作目录，以前见过恩华的

---

① 沈津：《顾廷龙年谱》，上海古籍出版社，2004 年，第 612—613 页。

《八旗艺文编目》(我自己也有),但著录的书太少,知见的多,注出版本的也少,当然,这也不能全怪著者,因为以前要看书是不容易的,不比现在。后见日本太田辰夫《八旗人名索引》,愈感有重编目录的必要。加之我近年参加总目工作,到各地图书馆去看书,比较方便。但出版界,我就没有你熟,未悉弄好后,有没有可靠的地方可出? 民族出版社,你有熟人否? 其他地方也可以。书的内容,主要是八旗人著作,一书名,二卷数,三作者,四版本,前附小传,检索起来比较方便。你对这书的看法如何? 主要是一本工具书。希望你来信提提看法,并说一下有无办法介绍出版。"①

又5月22日信云:"《八旗艺文志》(暂名)是我多年来想做的工作,希望您能大力协助我。我们都是受过新制学校教育的训练,编出来的东西,肯定要超过前人。我想拟一个编例寄给您,请你提提意见,然后动手。弄成后,我想总能设法出版的。不知您的意见如何?"②

由二札可知,沈燮元先生参与《中国古籍善本书目》编纂工作,"年来把精力全部奉献给了总目的编辑工作,但心里总感有些缺憾。"③在此过程中萌生编纂《八旗艺文志》的想法。关于八旗著述书目,此前有恩华的《八旗艺文编目》、日本学者太田辰夫《八旗人名索引》,但还不够完善。沈燮元先生因编《善目》经常到各地查书,有比较便利的工作条件。其书体例,著录书名、卷数、作者、版本,并附小传。因此,1992年沈燮元先生请顾老所题书签《八旗艺文志》与《八旗著述版本考》,应是同一著作而书名未定,故两种皆请先题好备用。在写给关德栋信还请求对方为介绍出版社,但此书最终未出版,未知是否成稿。

图4　顾廷龙《八旗艺文志》《八旗著述版本考》题签

①　关家铮:《关德栋师友书札》,浙江古籍出版社,2020年,第102页。
②③　关家铮:《关德栋师友书札》,第103页。

(三)

爕元同志:

　　承转沈津元信及刊物,费神谢谢! 昨许逸民君来约赴天津开会,言台驾也去,急急将属件涂呈,即希詧入。余容面叙。即请

著安

　　　　　　　　　　　　　　　　　　　　　　　龙顿首　九日午

信封:

　　苏州市三元二邨 23 幢西单元 110 室

　　沈爕元先生

　　北京 761 信箱 1 分箱顾廷龙

　　按:根据信封邮戳知此札作于 1995 年 11 月 9 日。札中感谢沈爕元转来沈津原函及刊物。又据《年谱》,11 月 14 日至 17 日,《续修四库全书》编委会第五次会议在天津召开,顾老出席会议。[1]札中所云"许逸民君来约赴天津开会",即此事。

(四)

爕元兄:

　　久未通讯,为念!

　　谢先生要的收条,补奉。他谅已回家了。

　　你与上博通讯后,有下文否? 念念!

　　有人拿一部三朝本来给我看,兄介绍的,只见嘉靖年号了,此是新出两朝本了,一笑。

　　你何日返苏过年? 念念!

　　余容续上。顺贺

新禧

　　　　　　　　　　　　　　　　　　　　　　　顾廷龙　1.5

今收到谢正光先生汇来人民币壹千元正,此据。

　　　　　　　　　　　　　　　　顾廷龙　一九九七年十一月十日

　　　　　　　　　　　　　　　　（钤"顾廷龙印"白文方印）

---

① 沈津:《顾廷龙年谱》,第 771 页。

信封：

　　南京市虎踞路 85 号南京图书馆古籍部

　　沈燮元老先生

　　北京 761 信箱 1 分箱顾

　　按：根据信封邮戳知此札作于 1998 年 1 月 5 日。所补写谢正光收据所署日期当为前一年收款时间。据陈先行老师介绍，顾老欲作三朝本研究，终因致力馆务，未获实现。札中提到"有人拿一部三朝本来给我看，兄介绍的"，应是指宋平生带来的《北齐书》。顾老 4 月份曾为此书作跋："尝闻老辈言三朝本诸史，其修补之版各不相同，余颇欲采购三朝本之一史详加检阅，但值抗战时期，已不易得，未能实现。今则可向各图书馆借观，当可得之。日前在厂肆获睹百衲本《史记》，不同时期不同版式，洋洋大观，希望好古之士谋以景印流传，供版本学之研究，不其盛欤！即希平生先生教正。一九九八年四月，顾廷龙记于北京之北苑，时年九十五。"①

（五）附残札一通

……兄：

　　……未通问，为念。我来京近将两月，属

……因划格不易，尚未交卷，歉歉。我会

……沪，当请赵嘉福同志划格后，即行

……兹有恳者，曩在贵馆拍摄《吴愙斋日记》

……卷，虽已放成四寸，在当时放成四寸，已能阅读，

……知一阁数年，老眼昏花，有数处竟不能辨认。

……已勉力抄成清本，敢恳老兄代为详校。

……误甚多。校正后还望挂号掷还，以寄馆转

……

……京曾见贵馆馆长，杜公曾与联系，四月中拟在南京

……会，想兄必有所闻。

……近拟修订《愙斋年谱》，新得材料可敌昔

……明晚旋沪，余容续陈。即颂著祺！

　　　　　　　　　　　　　　　　　　　廷龙敬上　3/19 晚

---

① 顾廷龙：《宋刻宋元明递修本北齐书跋》，《顾廷龙文集》，上海科学技术文献出版社，2002 年，第 48 页。

三、致冀淑英(三通)

《顾廷龙全集·书信卷》收有致冀淑英札十二通。此三札未收,见于孔夫子旧书网墨笺楼 2024 年 7 月 3 日"冀淑英旧藏:赵万里、顾廷龙、瞿凤起、傅熹年、史树青等名家信札专场"网拍,拍品标为 1986 年,实应为 1983 年,殆因邮戳模糊误认。又同批有 20 世纪 50 年代赵万里致顾廷龙札一通,为介绍冀淑英至合众图书馆参观之函,附录于末。

(一)

淑英同志:

十八日接十四日手书,敬悉一一。来沈半月牙痛、感冒均已平复。为书目工作应向刘、谢、谭、胡诸公请示汇报,拟于二月底或三月初来京。如文物鉴定委员会开会要我参加,适可衔接。会后即与台驾同飞上海。

我想通过谢辰生兄介往故宫一观其所藏吴大澂手札,不知能如愿否? 附笺乞加封付邮,寄文物局。

老沈于二月十日来信,离沪前将丛部剪贴工作完成,交光亮复印后交出版社。我回去后史部亦可陆续剪贴清本。

在此安静,有整理稿件的环境,但要参考书除《辞海》外一无所有。虽则带了不少书,用时却感到要一样无一样。复颂

潭祺

廷龙　2.19

信封:

北京鼓楼西大街 113 号

冀淑英同志

沈阳 725 信箱 17 分队顾

按:此札(见图 5)作于 1983 年 2 月 19 日。据《年谱》,1 月下旬顾老到沈阳顾诵芬处过年。①札中提及《中国古籍善本书目》编纂工作汇报事宜。又请冀淑英转寄一函与

---

① 沈津:《顾廷龙年谱》,第 643 页。

谢辰生,想由谢介绍前往故宫看所藏吴大澂手札。"老沈"为沈燮元,"光亮"为任光亮。"丛书剪贴工作"当指《中国古籍善本书目》的《丛部》编纂工作。《书信卷》收有 2 月 16 日顾老致冀淑英一札,为此前一札:"前天接老沈自苏来信,他与小江把《丛部》剪贴工作于四日完成,交由光亮复印后发交古籍。春节后上班,可专攻《史部》。"①二札接提及赴京汇报《善目》编纂工作事,16 日札云:"我原想到京一行,即为:㈠经费,㈡《集部》要偏劳丁、陈二君,㈢谈谈《子部》如何进行(在宁、在京或在沪),待《史部》发稿后与潘公先商谈后再说,不识尊意如何? 如一、二解决,我就不一定赴京了。希望您与胡、谭两公一商。不知您已曾见到他们否? 我去京一行,寻招待所、市内交通等诸多麻烦,统希酌示。您打算何日去沪? 小孙拟二十三日返校,我如与他同行,是否太迟了? 便盼惠复数行为荷。"原想让冀淑英代表汇报,以免舟车之劳:"以上各节,您回京必向几位请示汇报。我到京亦即为此数事,而您又不能不陪我重复一遍。求您总代表如何? 衰老行动多艰,特效冯谖客无车之呼。"至 18 日接冀淑英 14 日复函,乃在 19 日札中约定 2 月底或 3 月初来北京汇报工作。

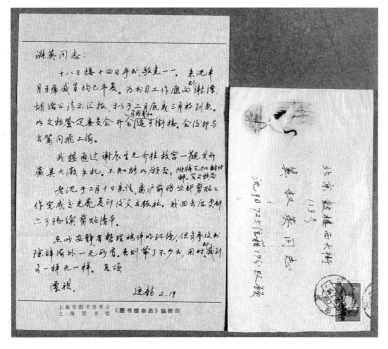

图 5　顾廷龙致冀淑英(一)

①　顾廷龙:《顾廷龙全集·书信卷》(下册),上海辞书出版社,2022 年,第 400 页。

（二）

淑英同志：

顷接十九日大函，均悉。

我拟 28 日动身（晚八时开车），29 日上午到京。车票到手，当即电告。

文物局开会通知已转来，在此会之前，主要为书目事商谈，尊意以为何如？

小孙已于昨日返京，我因早到太麻烦各位。反正文物局会期间，亦可抽闲商谈我们的事。

匆复，不尽一一。此颂

台安

　　丁瑜、杏珍同志问好。

顾廷龙　2/23 午

谢馆长、谭馆长前请致意。

信封：

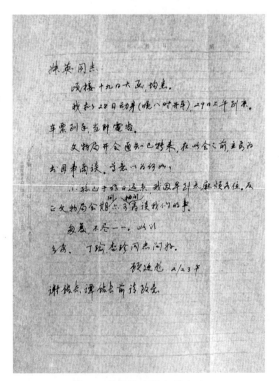

图 6　顾廷龙致冀淑英（二）

北京鼓楼西大街 113 号

冀淑英同志

沈阳 725 信箱 17 分队顾

　　按：此札（见图 6）作于 1983 年 2 月 23 日。承上 19 日札相约 2 月底赴京汇报，此时约定时间 28 日出发，29 日上午到京（后行程又有变动）。

（三）

淑英同志：

　　我因软卧票买不到，只好推迟行期。

　　现拟改乘飞机，3 日到京，径向文物局报到。届时电告流散文物处，他们可以派车接。到京后再联系一切。

　　此请

台安

　　　　　顾廷龙　2/27.12

　　我不能坐硬卧，实为厕所问题，可笑也。

　　按：此札（见图7）作于1983年2月27日。前23日札商定28日出发，但因买不到软卧票推迟，拟改乘飞机3月3日到京。但根据《年谱》，顾老到京日期仍是28日："二月二十八日，先生从沈阳到达北京，下午胡耀辉、鲍振西、李竞、冀淑英到招待所探望先生。致吴织、沈津信，谈有关《徐光启集》事。（原信复印件）"①不知是《年谱》所据信件仍是此前行程未及更新，还是后续行程又有变化，待考。

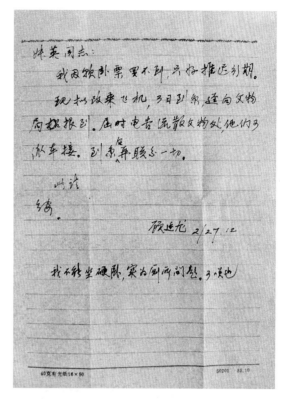

图7　顾廷龙致冀淑英（三）

（四）附赵万里致顾廷龙札

起潜先生：

　　别后想尊况安善为慰。昨奉惠书，欣悉种切。吴愙斋手札正移录中，即当寄呈不误。京馆南下参观团团员、善本部编目员冀淑英同志，拟来合众图书馆参观，乞惠予指导。严铁桥《上古三代文》手稿、顾千里校《华阳国志》、宋刻本《陈后山集》及其他名钞旧刻，如蒙检出交冀君一观，俾资学习，无任感荷。匆匆不一。即颂

著安

　　弟赵万里再拜

　　（钤"赵万里印"朱文方印）

　　　　　　　　　　　　　　　　　　　十月廿二日

景郑兄均此致候。

---

① 沈津：《顾廷龙年谱》，第645页。

按:此札(见图 8)为赵万里为冀淑英所作介绍信,介绍冀淑英来合众图书馆参观,并谆谆嘱记合众馆中善本,望能出示。所用信纸为"北京图书馆用笺"。信中仍用"合众图书馆"之名,合众图书馆 1955 年改名上海市历史文献图书馆,则知作于 1949—1955 年间。又经国家图书馆刘波先生赐教,与其他关联书信对读,知此札作于 1954 年。

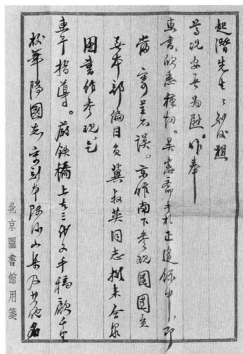
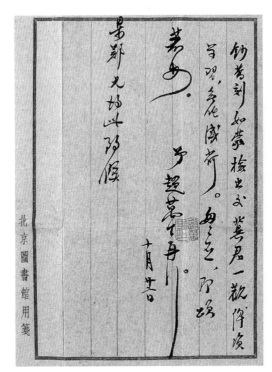

图 8　赵万里致顾廷龙

四、附顾廷龙题跋一则

跋《孙母邹太夫人赴告》

苏州集宝斋主人孙伯渊,以帖贩兼收售书画,获利甚巨,因以起其家。近十年又买卖善本书籍,若丁芝荪、宗子戴遗物,皆经其散者也。为人颇忠厚,鉴别甚精。邹太夫人,其母也。

(见于海王村 2023 年春季书刊资料文物同步拍卖会)

图 9　顾廷龙跋《孙母邹太夫人赴告》

顾廷龙致吴江吴氏书札考释①

南江涛

（首都师范大学文学院）

　　顾廷龙（1904—1998），字起潜，别号匐諜，江苏苏州人。曾任上海图书馆馆长，是著名版本目录学家、图书馆事业家。吴燕绍（1868—1944），字寄荃，号固圉叟，吴江松陵人。清光绪二十年甲午（1894）恩科进士。曾任理藩院主事，其间大量收集边疆史料，编纂《清代蒙藏回部典汇》。与顾廷龙结识于1932年。顾廷龙《吴丰培边事题跋集序》云："余于一九三二年夏负笈燕京大学从事《吴恖斋先生年谱》之辑录，时往大高殿检阅清代军机处档案……幸蒙燕绍先生之教导，获益良多。"②吴丰培（1909—1996），字玉年，江苏吴江人，生于北京。吴燕绍之子。1930年考入北京大学研究所国学门，师从朱希祖、孟森等研习明史。1936年被北平研究院史学研究会聘为编辑，在继续研究明史的同时，整理家藏蒙藏旧档。后加入禹贡学会，参与编辑《边疆丛书》六种。1949年后调到中央民族学院研究部工作，从事文献资料的整理和西藏史地研究。1957年调中央民族学院图书馆。1996年3月病故。吴丰培是我国当代藏学家、文献学家，著有《清代藏事辑要》《清代驻藏大臣传略》等，编有《丝绸之路资料汇抄》《川藏游踪汇编》等。他与顾廷龙过从密集始于1935年7月1日，二人共事于北平研究院史学研究会。《顾廷龙年谱》云："顾颉刚始到北平研究院办公，拟各项章程及工作计画，聘吴丰培、张江裁、吴世昌、刘厚滋任北平研究院史学研究会历史组编辑。"③又《吴丰培边事题跋集序》云："其后颉刚先生创办禹贡学会，编辑出版《禹贡》半月刊，得与丰培兄过从较密。"④吴锡祺，吴丰培之子，与顾廷龙晚年交往较密。

① 本文书札资料由吴锡祺先生提供，初稿由南江涛草写，复经吴先生审定。又，撰写过程中，先后就相关问题请教国家图书馆李万健、陈湛绮、金丽萍、马学良诸位老师，谨致谢忱！
② 顾廷龙：《顾廷龙文集》，上海科学技术文献出版社，2002年，第331页。
③ 吴丰培：《记1935—37年的北平研究院史学研究会》，《北京社会科学》1986年第2期，第158—159页。沈津：《顾廷龙年谱》，上海古籍出版社，2004年，第45页。
④ 顾廷龙：《顾廷龙文集》，第331页。

自 1932 年始，顾廷龙先后与吴燕绍、吴丰培、吴锡祺祖孙三代雅交 60 多年，交谊深厚。《顾廷龙全集·书信卷》收录有写给吴丰培的书信四通[①]，写给吴丰培之子吴锡祺的书信两通[②]。2018 年，吴锡祺、叶于敏伉俪所编《固圉斋珍藏名人墨迹》出版，将六通书札原件及释文一并收录[③]。近日，吴锡祺老师又检得顾廷龙致吴丰培书札四通，尚未见刊布。本文结合十通书札，系联相关史料，以揭示顾、吴两家六十余载交往中的细节片段，当有益于两位当代著名学者生平和交往的研究。

一、致吴丰培八通

（一）

玉年吾兄：

年前奉到手书，并《廓尔喀纪略辑补》一帙，栗六稽复，至以为歉。

拜读先德遗著，不胜感佩！皇皇巨稿，兄能编辑成书，实非易易，而民族研究所重视此书，慨然为之印行，使研究者有所参考，老伯精力所粹，可以不朽矣。为之欢忭不止！

回忆当年在大高殿检阅军机处档案，获承尊公教益甚多，因尊公又得识孟心史先生，忽忽四十余年矣！

遗著编印不易，龙何敢自私，当即转交我馆，俾得长期保存，以供研究者之览观。

半年前曾晤令亲凌勇先生，得悉尊府情况，合第安吉，甚慰，甚慰！龙患初期冠心，有时胸闷心跳，因此工作大打折扣，殊为闷损！现在我馆正在校编《善本书目》，贵馆善本想亦不少，北大木斋遗笈记得吾兄参加编著，当时是否有张庚楼先生与其事？此目印出，极便参考。专此肃谢，祗请

撰安！

弟廷龙敬上

一月卅日

尊府苏州胡同几号？便希示及。

---

① 《顾廷龙全集》编辑委员会编：《顾廷龙全集·书信卷》（上册），上海辞书出版社，2017 年，第 246—249 页。

② 《顾廷龙全集·书信卷》（下册），第 469—470 页。

③ 吴锡祺、叶于敏编：《固圉斋珍藏名人墨迹》，国家图书馆出版社，2018 年，第 304—312 页。

按:此札当作于1978年3月8日(一月卅日)。《廓尔喀纪略辑补》为吴燕绍辑补,吴燕绍校订,1977年6月由中国社会科学院民族研究所油印为平装三册,版心题"边疆丛书三编"。吴丰培在跋语中云:"先父关心旧档,曾将故宫所存档案中,有关这一段史料,择要抄出,许多都是《廓尔喀纪略》所未载的,故作补充。我又从《卫藏通志》相核补其未备,按年月增入,并纠正了《卫藏通志》中先后倒置的舛误。补稿初成于一九六四年,久置未印。"①书成后当年年底吴丰培赠送顾廷龙一部,故有此信开头之语。忆及1932年在大高殿与吴燕绍相遇场景,转眼四十余年,时间亦合。孟心史即孟森(1869—1938),字莼孙,号心史,江苏武进人,被公认为中国近代清史学科的杰出奠基人。顾廷龙札内言及将此书转赠上海图书馆长期保存,今上图将其著录于古籍之中,索书号为线普长91595-600,共6册,与习见3册不同,待核原书。

凌勇,未详何人。札内所言顾廷龙患冠心病初期,始于1977年春节。《顾廷龙年谱》1977年有云:"春节(二月十八日)前,先生'忽然一天晚上觉得头晕,房屋转动,半小时即止。但此后,时感胸闷头晕,不耐多坐多走。到医院检查,据说"早搏",做心电图,诊断为"房心早搏",当为初期冠心'。"②按照周恩来总理的指示,《中国古籍善本书目》从1977年春开始在北图、上图试点编纂③,1978年2月召开筹备会④,所以顾廷龙问及吴丰培所在的中央民族学院图书馆。又所言北大木斋遗笈,指李盛铎旧藏。1956年三卷本《北京大学图书馆藏李氏书目》出版,向达《引言》称,李氏书的整理工作始于解放前,由北京图书馆的赵万里先生领导,宿白、常芝英、冀淑英、赵西华几位先生参加工作。解放后,诸位先生或调走或工作太忙,于是由常芝英先生一个人做完⑤。此处所言,未提及吴丰培参与之事,与顾廷龙所记有别,故有此一问。张庾楼即张允亮(1889—1952),字庾楼,别号无咎,河北丰润人。张人骏第五子。精于版本目录之学,先后在故宫博物院、北平图书馆、北京大学图书馆等处任职。著有《国立北京大学图书馆善本书目》等。据栾伟平《木犀轩藏书进入北京大学图书馆的前前后后》一文研究,实际对李氏藏书进行点收和编目工作的,是吴丰培、华忱之等人⑥。又,所问吴

① 吴燕绍、吴丰培:《廓尔喀纪略辑补》,中国社会科学院民族研究所历史室1977年油印本。
② 沈津:《顾廷龙年谱》,第590页。
③ 沈津:《顾廷龙年谱》,第591页。
④ 沈津:《顾廷龙年谱》,第596页;李一氓《谈〈中国古籍善本书目〉的出版》云:"一九七五年,周恩来总理做出'尽快编撰全国古籍善本书目'的指示。这项工作一九七八年开会加以讨论。"李一氓:《李一氓文存》第一卷,中华书局,2024年,第207页。
⑤ 北京大学图书馆编:《北京大学图书馆藏李氏书目》,北京大学图书馆1956年铅印本,"引言"第2页。
⑥ 栾伟平:《木犀轩藏书进入北京大学图书馆的前前后后》,《中国文化》2017年第1期,第101页。

丰培先生住处,当为北京东城区苏州胡同 29 号。

(二)

玉年吾兄:

奉示均悉。适患小疾,稽迟作答,歉甚。

惊闻夫人之丧,不胜哀悼。吾兄伉俪情笃,一旦分离,悲痛可想。龙鳏居十余年,深感其苦况,只有赖书卷以排遣耳。

吾兄勤于著述,甚佩甚佩。颉刚先生《西北考察日记》由兄推荐出版,无任感荷! 命写小序,似以跋文为宜。一俟拟就,当先奉诲。书签两条,先行呈正。匆复,不尽一一。祗请

著安。

弟龙顿首
十月卅一

按:此札《顾廷龙全集·书信卷》括注年份为 1983 年,是,吴丰培夫人正于本年过世。顾廷龙夫人潘承圭于 1967 年 8 月 24 日去世①,故有“鳏居十余年”之说。《西北考察日记》为顾颉刚所作,是其 1937 年 4 月至 1938 年奉命调查甘肃教育期间的日记。由于抗日战争等原因,顾颉刚没有向兰州以北进发,而主要在临洮、夏河、陇南等地进行考察。日记记录了顾颉刚对西北的社会问题的诸多考虑,同时穿插对风景名胜的游历。合众图书馆曾于 1949 年据顾颉刚手稿油印。札内所提为 1983 年 12 月中国边疆史地研究中心编印本,线装一函三册,内文为吴丰培请赵平如抄写整理,较油印本更为工整。扉页题“纪念顾颉刚先生逝世三周年”。题签为顾廷龙书写,正是此札所言“书签两条”之一。从信札内容看,本来吴丰培在去信中还请顾廷龙作一小序,顾认为应当写作“跋文”。《顾廷龙年谱》1984 年 3 月 13 日,王煦华有信致先生:“昨晤吴丰培先生,谈及《新疆大纪补编》及《西北考察日记》,他说《新疆大纪补编》题签等着制版,公能即日写了寄下,以救燃眉之急。《西北考察日记》跋,则尚可稍缓,但也望能早日拨冗写成寄下。”②但此处所记为 1984 年,与顾信相抵牾,当是王煦华误记或《年谱》对此信系年偶误。影印本中终未见顾跋,或由于事务繁忙,顾廷龙先生未作跋语。

---

① 沈津:《顾廷龙年谱》,第 567 页。

② 沈津:《顾廷龙年谱》,第 651 页。

（三）

玉年兄：

承偕往北图看《愙斋尺牍》，感荷无既！

如晤李公，请探询代价如何，如不高，当乞一副本。请相机图之。

前恳代查吴大澂《俄情叵测豫筹防御管见》一折，其中有（中略）几处，不知尊处书中能否查补。此事不急，便中为之。

种费清神，不安之至。敬请

著安！

弟龙上

11.10 灯下

按：此札或作于 1988 年 11 月 10 日。根据《顾廷龙年谱》，本年 2 月初顾廷龙到京，于 3 月 10 日与吴丰培畅谈，3 月 16 日又接到吴丰培电话，告知文学所已同意去阅看批校本《积古斋钟鼎款识》，3 月 30 日和 4 月 23 日两次到北京图书馆看书，直到 4 月 28 日才返沪。他认为在京有 10 项收获，其中颇为重要的即是收集了大量吴大澂相关资料[1]。信中言"偕往北图"，故姑系于本年。愙斋尺牍，国家图书馆存以下五种：吴大澂书札不分卷 8 册，索书号 04803；吴大澂书札不分卷 1 册，索书号 02614；吴大澂书札不分卷 1 册，索书号 14901；吴大澂书札不分卷 1 册，索书号 18862；吴大澂书札不分卷 4 册，索书号 17733；共 15 册。这是吴大澂书札存世最大一宗。顾廷龙为修订《愙斋年谱》，数十年搜集相关资料。李公或为李竞，曾任全国图书馆缩微文献复制中心主任等职，检《顾廷龙年谱》，在 20 世纪 80 年代与顾先生交集颇多。

吴大澂《俄情叵测豫筹防御管见》折，当系其光绪六年（1880）以三品卿衔随吉林将军铭安办理东北边防时所奏。吴燕绍从《东华录》等辑出《清代蒙藏回部汇典》手稿 700 余册，吴丰培克绍父业，数十年致力于边疆史料辑录。故顾廷龙言"不知尊处书中能否查补"。

（四）

玉年兄：

多日不晤，为念！

---

[1] 沈津：《顾廷龙年谱》，第 681、683、684、687、689 页。

郭纪生同志前天来过，得知许多老友近况，为慰。

昨接中国图书馆学会将于 3 月 15—16 日在北大勺园开会，我可借此机会一访旧游之地，并拜谒诸老友。

嘱题"朝鲜史料汇编"，涂奉教正。

匆上，敬请撰安。

顾廷龙上

二月二十七日

按：此札或作于 1990 年，"3 月 15—16 日，中国图书馆学会在北京召开第 3 届常务理事会扩大会议"①，或即信中所言中国图书馆学会 3 月 15—16 日在北大勺园召开之会。郭纪生即郭纪森（1914—2010），字乔松，河北冀县人。15 岁到北京隆福寺稽古堂书铺学徒，逐渐掌握了古书买卖的专业知识。与著名学者郑振铎、顾颉刚、洪煨莲、冯友兰、翁独健、容庚等均有交谊。1943 年创办开通书社，1956 年并入中国书店。曾任琉璃厂古书店副经理等职。又《顾廷龙年谱》1963 年 11 月 18 日条云："午后赴琉璃厂晤郭纪生经理，选书若干种，嘱其寄上海图书馆。"②又 1998 年 5 月上旬，"先生在江泽菲陪同下去北京中国书店……陪同先生参观的有郭纪森，郭三十年代在琉璃厂书铺工作，经常将有关图书用自行车运至燕京大学，让先生选购"③。

"朝鲜史料汇编"实为"朝鲜史料丛编"，主编为北京大学朝鲜文化研究所和中国社会科学院中国边疆史地研究中心，顾问为"吴丰培、吕一燃"。全国图书馆文献缩微复制中心 1990 年 7 月出版了第一种《壬辰之役史料汇辑》2 册，此二册编者正是吴丰培先生④。当然，从出版情况看，此后这部"丛编"并未继续。

（五）

玉年吾兄台右：

久疏笺候，正深驰念。接奉手书，敬悉一一。

尊体虽甚康健，究已八十外人，必须节劳。龙略有体会，现已不敢过度伏案。

---

① 中国图书馆学会编译出版委员会编：《中国图书馆事业二十年》，北京图书馆出版社，1999 年，第 1863 页。按照顾信"借此机会一访旧游之地，并拜谒诸老友"语气，似其多年不入京，我们初步判断此信作于 1988 年。然后在此书《中国图书馆事业二十年大事记》中检得 1990 年 3 月 15—16 日会议，又结合下文《壬辰之役史料汇辑》之出版时间，姑将此信系于 1990 年。

② 沈津：《顾廷龙年谱》，第 550 页。

③ 沈津：《顾廷龙年谱》，第 805 页。

④ 吴丰培编：《壬辰之役史料汇辑》（《朝鲜史料丛编》），全国图书馆文献缩微复制中心 1990 年版。

佩韦兄久不通信。月前曾晤其侄德隆，并未言及佩韦兄来沪之讯。倘确来沪，当谋一晤。

　　命题书签，涂呈教正。近有一感想，新印书最好新装，不宜线装。新型图书馆对线装书难以归架，兄必知之。它日面谈，不详。复颂

撰安。

弟龙顿首
十月五日灯下

　　按：此札《书信卷》括注年份为 1986 年，实际当作于 1991 年 10 月 5 日。《顾廷龙年谱》1991 年有："九月十九日，吴丰培有信致先生，谈朱士嘉论文集等事。又请赐题《大清会典理藩院事例》书签。"[①]又吴丰培 1909 年生人，按照"八十外人"计算，亦合，而 1986 年吴先生尚未满八十岁。"佩韦"指刘蕙孙（1909—1996），原名厚滋，字佩韦，江苏镇江人。刘鹗之孙。1931 年考入北京大学研究所国学门研究生，毕业后任北平研究院历史所编辑，与顾廷龙、吴丰培为旧交。刘德隆（1942—　　），刘鹗曾孙，刘蕙孙之侄，字式龙，生于北京，幼居苏州。1980 年后先后任教于上海长鸣中学、杨浦区教师进修学院。与人合编《刘鹗及〈老残游记〉资料》，1985 年由四川人民出版社出版，书名系顾廷龙题签，故次年赠书与顾廷龙[②]。所题书签，即《大清会典理藩院事例》，系《中国藏学史料丛刊》第一辑之一种，中国藏学研究中心编，线装两函 12 册，1991 年 9 月由中国藏学出版社出版。以顾廷龙信中对新印古籍宜新装不宜线装的意见来看，同符合契。

（六）

玉年吾兄：

　　春间入京开会，承枉顾寒舍，适有事外出，致失迎迓，无任罪歉！

　　关于《中国丛书综录续编》事，我初不知。前不久上海古籍出版社有同志谈及事。他们接到此稿后，郑重请外单位专家审阅。意见是与正编体例不一，内容芜杂，错误甚多，最好征得上海图书馆同意。据说决定退稿了。其中如何移花接木，冒牌顶替，我对公私之辨尚能分析，不致同意此种冒牌行为。况且文化局领导明确指示我馆要进行增补工作。开岁即须着手。重印本，不久亦可陆续发行。

①　沈津：《顾廷龙年谱》，第 725 页。
②　沈津：《顾廷龙年谱》，第 666 页。

我馆增补工作早已与兄弟馆联系。我兄明达,当不会支持不正之风。彼此数十年旧交,用敢直言相告,家臭不可外扬,不足为外人道,缓却之可也。

近患目疾,命作书签,恶劣不堪,姑奉指教。复颂

著祺,顺贺新禧。

弟龙敬上

12/29 夜

按:此札或作于 1994 年 12 月 29 日。《顾廷龙年谱》是年 8 月 14 日条云:"晨,先生忽觉眼花,张目只见黑包棉花团飞来飞去,即出门在大苑中散步,渐渐散去。"①书中提及"近患目疾",或即指此后目力渐弱。春间所开之会,未详。《中国丛书综录续编》当指施廷镛所作《丛书综合目录》。书内言及上海古籍出版社征求专家意见退稿之事,或是上海古籍出版社编辑人员谈及此书,误记为上古退稿。程有庆《追忆丁瑜先生点滴及三部文稿的整理(下)》一文载:"《丛书综合目录》为施廷镛先生生前所著,然而属于未完稿。1994 年,施廷镛长子施锐先生与齐鲁书社签订该书出版合同,后因内容与《中国丛书综录》雷同较多而被退稿,随后又联系北京图书馆出版社出版。"又云:"很多丛书只有总名,缺少子目;还有些书,缺失编纂者,甚至有未列版本的现象。"②与札内所言"与正编体例不一,内容芜杂,错误甚多"相若。应当是指此书而言。但彼时施廷镛已经去世,乃其子施锐请程有庆协助完成定稿。需要说明的是,此书并非"冒名顶替",而是另有内情。程有庆的文章指出:"2003 年,这部书稿改名《中国丛书综录续编》,终于由北京图书馆出版社出版。但书名更改得不够恰当,因为其中有不少内容已见于《中国丛书综录》,'续编'的称谓显然名实不符。施廷镛先生对古代丛书深有研究,其原作《丛书综合目录》的编撰早于《中国丛书综录》,二书内容有所重复,应予理解。"③根据札内所言,应当是吴丰培去信提及此事,又几人均就读于燕京大学,吴先生信中或亦从中调和,故有此回应。因为顾先生不知施廷镛早有手稿,以致言辞激愤。

(七)

玉年吾兄:

接奉手书,欣悉一一。从字里行间,审知兄健康已经恢复,慰甚!

---

①　沈津:《顾廷龙年谱》,第 748 页。

②　国家图书馆古籍馆编:《文津流觞》第 1 辑,国家图书馆自印本,第 11—16 页。

③　国家图书馆古籍馆编:《文津流觞》第 1 辑,第 11—16 页。

承属题签,昨已涂就,不知可用否?我写字手尚不抖,但不奈久坐。上海欲去不得,年来全力为完成颉刚先生所主编的《尚书文字合编》,最近可完成脱稿。

《愙斋年谱》尚未动手,近期可着手。大文已托北图期刊组同志复印完全,亦甚不易矣!

现在有复印真方便,修订《年谱》可以剪贴,不必全部重写。匆复,祗请

撰安。

顾廷龙

四、十二

按:此札《书信卷》括注年份为 1993 年,误录"四"月为"六"月,然当作于 1995 年 4 月 12 日。《顾廷龙年谱》1995 年有云:"五月十二日,致吴织信,云:'我一直为《尚书》事忙,我起初写序,打算简单化,仿佛吃馆子,点几个菜算了。但请人提意见后,有人主张系统化,就是要满汉全席。于是一弄几个月,最近清缮一遍,寄出版社了,我算告一段落。……《吴大澂年谱》一定要补订一下,材料得来不易,一纵即逝,至少有原本的二分之一。'"①此处所言"题签",未详何书。《愙斋年谱》为修订 1935 年顾廷龙完成之《吴愙斋先生年谱》。是书书名由陈宝琛署检,卷前有潘承弼、顾颉刚序及顾氏自撰《叙例》,并吴大澂照片、画像、手稿、书画、器物等书影 18 种,卷后附录《愙斋先生著述目》《愙斋先生所藏古器物目》《征引书目》,考订精审,是吴大澂年谱之最详备者。然时过境迁,如上引《年谱》文所言,由于后续所得资料甚多,加之复印剪贴方便,故言"一定要订补一下"。然最终事与愿违,此书订补未能完成。请北图复制的吴丰培论文,据书札知顾廷龙关注的当与顾颉刚较为相关,或为《忆〈禹贡〉及其复刊鳞爪》(《中国边疆史地研究》1988 年第 1 期)和《记 1935—37 年的北平研究院史学研究会》(《北京社会科学》1986 年第 2 期)二篇。

(八)

玉年兄:

昨得手书,尊见甚是。现因手头有《尚书文字合编》工作,大约旬日可了。

兹有友人沈建中先生,欲编著《学术文化老人摄影集》,久仰名德,特属介绍奉谒,尚祈延见为幸!此颂

---

① 沈津:《顾廷龙年谱》,第 762 页。

撰安。

顾廷龙敬上

　　单士元先生处，兄可否为之介绍？如蒙许可，乞赐一条，以便往访。

　　按：此札《书信卷》括注作 1995 年，当是。从"《尚书文字合编》工作，大约旬日可了"来看，当在前一通 4 月 12 日之后。沈建中，1960 年生，上海人。长期在银行工作，施蛰存晚年学术助手，编撰出版了《施蛰存先生编年事录》《北山楼金石遗迹》（三卷本）等。20 世纪 90 年代，他专注于对 20 世纪文坛的杰出人物进行广泛考察，先后访问各地老一辈专家学者三百余人，亦即信中所言"学术文化老人摄影集"一事。较为可惜的是，这一选题并未正式出版。2017 年 4 月 21 日至 5 月 20 日，"创造者：二十世纪中国文化名人肖像——沈建中摄影作品捐赠展"在上海图书馆"上海客堂间"举行。展览开幕当天，沈建中将其拍摄的 127 幅中国文化名人肖像捐赠于上海图书馆中国文化名人手稿馆[①]。单士元（1907—1998），北京人，1933 年毕业于北京大学研究所国学门。曾任职于故宫博物院、中国营造学社、中法大学等。新中国成立后曾任故宫博物院副院长。著有《清代起居注考》《故宫史话》等。与吴丰培为至交。

二、致 吴 锡 祺

（一）

锡祺兄：

　　昨谈为快！

　　命为先德遗著题签，兹已涂就，不知可用否？请审定。如不佳，可重写。复颂著祺。

弟龙上
十三

　　按：此札见《顾廷龙全集·书信卷》下册，又被收入《固圉斋珍藏名人墨迹》，时间为 1997 年 8 月 13 日。所题书签为《吴丰培边事题跋集》，吴丰培先生去世后，该书由马大正、吴锡祺、叶于敏等整理而成，1998 年 2 月由新疆人民出版社出版。

[①]　《他拍摄 20 世纪文化名人，都是先交往请益，再因缘摄影》，《澎湃》2017 年 4 月 30 日，https://www.sohu.com/a/137368117_260616。

（二）

锡祺世兄：

　　日前枉教为幸！

　　缩微复制中心题词已涂寄。便中请兄问问燕远同志，是否要写成立轴大幅。今写一页，如已可用最好。

　　明日上海图书馆来人要我写字，大约两三天后可完成。以后即可清理积欠矣！

　　匆复，即颂

著安。

　　　　　　　　　　　　　　　　　　　　　　　　弟龙上

　　　　　　　　　　　　　　　　　　　　　　　　卅日午

　　按：此札见《顾廷龙全集·书信卷》下册，又被收入《固圉斋珍藏名人墨迹》，作于1997年11月30日。刘燕远，谷牧女儿，长期任职于全国图书馆缩微文献复制中心，国家图书馆副研究馆员。

新见顾廷龙题跋七种辑释

袁恩吉

（上海图书馆典藏中心）

顾廷龙先生在其长期的学术生涯和图书馆工作中留下了大量题跋，这些题跋大多已收入《顾廷龙全集》①。笔者近年在上海图书馆陆续发现一批《顾廷龙全集》等书未收的题跋，今年正值顾廷龙先生诞辰一百二十周年，在此选取内容较为重要的七种题跋进行释读，希望能为学界提供一些有价值的新材料。不当之处，敬请方家指正。

一、范时邕造像拓本题跋(1933)

馆藏号：L145623。拓片宽 64 厘米，高 54 厘米。左侧拓造像，右侧拓造像记（图 1）。顾廷龙跋位于造像拓本之左，录文如下（图 2）：

图 1　范时邕造像拓本

---

① 《顾廷龙全集》编辑委员会编：《顾廷龙全集》，上海辞书出版社，2015 年；修订版，2022 年。

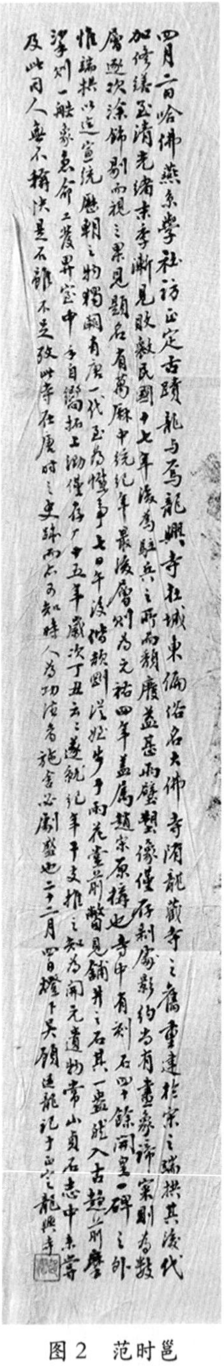

图2　范时邕造像拓本题跋

四月二日,哈佛燕京学社访正定古迹,龙与焉。龙兴寺在城东偏,俗名大佛寺,隋龙藏寺之旧,重建于宋之端拱,其后代加修缮,至清光绪末季渐见败坏。民国十七年后为驻兵之所,而颓废益甚。两壁塑像仅存剥处影约尚有画像,谛审则为数层逐次涂饰。剔而视之,果见题名,有万历、中统纪年,最后层则为元祐四年,盖属赵宋原构也。寺中有刻石四十余,开皇一碑之外,惟端拱以迄宣统历朝之物,独阙有唐一代,至为憾事。七日午后,偕颉刚从偓步于雨花堂前,瞥见铺井之石,其一盎然入古,趋前摩挲,则一造象,急命工发畀室中,手自向拓。上泐,仅存"厂十五年岁次丁丑"云云,遂就纪年干支推之,知为开元遗物,《常山贞石志》中未尝及此,同人无不称快。是石虽不足考此寺在唐时之史迹,而亦可知时人为功德者,施舍必剧盛也。二十二月四日灯下,吴顾廷龙记于正定龙兴寺。

钤"起潜"朱文方印。从该跋可知,范时邕造像为顾廷龙在参加哈佛燕京学社正定考察团时,亲自在龙兴寺雨花堂前发现,并"手自向拓"。也就是说,此造像由顾廷龙发现并手拓、题跋,集三位于一体,弥足珍贵。

从题跋中还可以获知,顾廷龙在龙兴寺考察了寺内的建筑、石刻,并从塑像上发现有宋元明各代年号的题名,由此确认塑像与建筑应为"赵宋原构"。然而寺内石刻除了"开皇一碑"(即著名的隋龙藏寺碑)外,均为宋端拱以后之物,缺少唐代遗存,"至为憾事"。这一遗憾很快就得到了弥补,4月7日午后,顾廷龙与顾颉刚在寺内雨花堂前的铺井石中发现一方造像,命工人挖出后,顾廷龙亲自拓出其图像和造像记,并对残缺的造像记加以考释,据干支判断其为唐开元二十五年(737)造像,且未被《常山贞石志》著录。该造像虽为顾廷龙考察期间的一个重要发现,填补了寺内缺少唐代文物的缺憾,且"同人无不称快",但他在跋中对铭文的价值也做了客观的评价:"是石虽不足考此寺在唐时之史迹,而亦可知时人为功德者,施舍必剧盛也",并未刻意拔高这一发现的价值,体现了顾廷龙作为一个学者的严谨。跋的落款时间"二十二月四日",则显系"二十二年四月"之误。

顾廷龙还在造像记拓本的右下方写出了释文:

> □(开)□(元)□(廿)五岁次丁丑九月壬申朔八日,巳
>
> □范时邕为亡过翁婆合家同舍
>
> □石浮图一所。上为国王帝主次及
>
> □(父)母下及法界仓生内外三至见存
>
> □□(获)福兹益善愿从心。

《全唐文新编》收录该篇,题作《范时邕造像记》,其录文在部分文字的释读上较顾廷龙最初的释文更为可取,兹引录如下:

> 唐开元廿五年岁次丁丑九月壬申朔八日己卯。范时邕为亡过翁婆合家同舍□石浮图一所。上为国王帝主。次及父母。下及法界仓生内外亡过见存。□获福。兹益善愿从心。①

《全唐文新编》称该造像记录自"国家图书馆藏拓片"②,核上海图书馆拓本,《全唐文新编》对造像记原文残损,据文义补出的释文部分未予说明。

这次龙兴寺考察的时间,《顾廷龙年谱》依据《顾颉刚先生学术纪年》系于民国二十二年(1933),仅称"四月初,先生参加顾颉刚组织的燕京大学哈佛燕京学社考古团去河北正定调查龙兴寺等寺庙"③。

《顾颉刚日记》中记载了这次燕京大学龙兴寺考察的具体时间为1933年4月2日至4月9日,为期一周,其中也包含一些他与顾廷龙在正定的活动,兹将相关部分辑录如下:

四月二号星期日

> 七时十五分,车开,在车与同人谈话,略看书。六时二十分,抵正定,落宿站旁清华客栈。
>
> 与润孙,起潜叔到站候北来车。
>
> 同行者:博晨光　刘兆蕙　容希白　许地山　滕圭　张颐年　赵澄　翁德

① 周绍良主编:《全唐文新编》(第5部·第2册),吉林文史出版社,2000年,第13520页。

② 范时邕造像拓本并未收入《北京图书馆藏中国历代石刻拓本汇编》(中州古籍出版社,1989年)和"中华古籍资源库",国家图书馆在线馆藏目录中也无法检索到该拓本信息。据了解,国家图书馆所藏拓本确有相当一部分尚无公开目录可查询。孙贯文编:《北京大学图书馆藏历代石刻拓本草目》(三晋出版社,2020年)亦未收录范时邕造像,则继承了原燕京大学图书馆馆藏的北京大学图书馆可能也无该拓片。

③ 沈津:《顾廷龙年谱》,上海古籍出版社,2004年,第30页。关于此次哈佛燕京学社考察团在正定活动的概况,可参看张永波:《燕京大学考古团在正定始末》,樊志勇主编:《阳和楼》,河北教育出版社,2016年,第239—245页。

林 予(以上专调查大佛寺者) 容女士 熊正刚 郭芋女士 雷洁琼女士
起潜叔 牟润孙(以上到正定后又到太原者)。

四月三号星期一

四时,乘车回栈。与到太原者别。携各人铺盖等物,雇大车押送到寺。

四月四日星期二

分工:顾颉刚——寺史 赵澄——照相 翁德林——拓碑。

四月七号星期五

起潜叔、润孙来。

到大殿。与希白,起潜叔同到天主教堂,又到开元寺。予买点心先归。

四月八号星期六

与起潜叔游东门。上城楼,周南门,西门,由北门下,游崇因寺,步归。

四月九号星期日

早餐毕,巡行寺中一过。八时许到站,与白也及起潜叔到站旁季发馆吃肉饺,炒肉丝以为开荤,又饮酒。十时半上车。本应于下午八时半到,因拖子弹,误至两小时,下站已十一时。[1]

从《顾颉刚日记》可知,这次考古团一行共 15 人,各司其职,均为当时燕京大学的老师或学生,顾廷龙并非只在正定停留,而是 4 月 3 日傍晚与容女士(即容媛)等人出发去太原,4 月 7 日才回到正定。关于其在太原的活动,暂未找到相关记载。据顾廷龙跋,发现范时邕造像的时间在 7 日午后,也就是回正定当天。顾廷龙在这一天又与容希白(即容庚)、顾颉刚考察了天主堂和开元寺。第二天 4 月 8 日又从东门上城墙,并游崇因寺。9 日上午即回北平。顾跋落款中称写于正定龙兴寺灯下,则该跋书写时间只能是 1933 年 4 月 7 日或 8 日晚。

龙兴寺,今称隆兴寺,俗名大佛寺,位于今河北省石家庄市正定县。始建于隋开皇六年(586),初名龙藏寺,唐代改称龙兴寺,清康熙四十九年(1710)赐额"隆兴寺",并沿用至今。顾廷龙跋中提到的雨花堂,位于龙兴寺东侧,是僧人们居住的地方。据此次燕京大学考古团负责摄影的赵澄所作《正定隆兴寺考古》[2]一文可知,考古团的驻地即是"隆兴寺内雨花堂后客室"[3]。笔者暂未考得范时邕造像原石今存何

① 顾颉刚:《顾颉刚日记》(第 3 册),中华书局,2010 年,第 30—32 页。

② 据萧乾回忆,赵澄为潮汕籍越南华侨,是其在北京崇实学校的同学,两人先后都进入燕京大学和复旦大学学习,但赵澄毕业后前往台湾。周昭京:《汕头是我的第二故乡:访著名作家萧乾》,《潮汕名人采访录》,知识出版社,1991年,第 51—53 页。

③ 赵澄:《正定隆兴寺考古》,《时代》第 5 卷第 4 期,1933 年,第 7 页。

处,所幸赵澄文内刊载有两幅照片,照片说明作:
"上两图,上为隆兴寺后井亭壁嵌之一,下为唐开
元二十五年造像。"①对比拓片,照片说明中所指
的"下"图,无疑就是范时邕造像(图3)。

　　赵澄回到北平后还用笔名"巨渊"在《旅行杂
志》发表了《正定龙兴寺考古记》,两篇文章的文
字部分大体相同,可判断为同一人作品,不过所
刊载的照片多有出入。《正定龙兴寺考古记》未
收入范时邕造像照片,但刊登一幅"燕京大学考
古团在正定"的照片,照片内人数恰为十五人,是
此次考古团全体成员的合影,右一当即顾廷龙
(图4)②。

图3　范时邕造像照片

图4　隆兴寺考察团合影

二、竟宁雁足灯全形拓本题跋(1936)

　　馆藏号:Z2130。卷轴一轴,帖心宽 32.5 厘米,高 69.5 厘米。该拓本拓出雁足灯

① 赵澄:《正定隆兴寺考古》,第 8 页。
② 巨渊:《正定龙兴寺考古记》,《旅行杂志》1933 年第 12 期,第 21 页。照片背景建筑上有"清华栈"字样,据前引《顾颉刚日记》,考察团 4 月 2 日到达正定时的驻地即是清华栈,4 月 3 日才搬至隆兴寺。考虑到 2 日至正定时已下午六点,则这张照片很可能摄于 4 月 3 日。

全形及底部铭文。顾廷龙在右上方用篆书题名"竟宁雁足灯",后接行书题记,录文如下(图5):

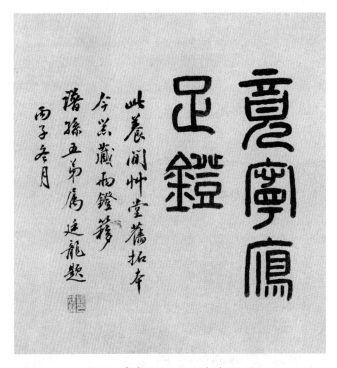

图5 竟宁雁足灯全形拓本题跋

此养闲草堂旧拓本,今器藏两灯籝。谱孙五弟属廷龙题,丙子冬月。

钤"顾廷龙印"白文方印。丙子,即1936年。养闲草堂在今苏州市姑苏区西百花巷4号①,为潘曾玮②所建。

两灯籝为潘子义之斋名。子义,名利谷,字孟喆,号子义、毅斋,以号行。为潘曾玮之孙,潘祖谦第五子,生于光绪四年(1878)③。潘子义为吴湖帆妻潘静淑堂兄,其女承吉则嫁与吴湖帆长子吴孟欧。

至于嘱题人潘谱孙,《顾廷龙年谱》中"人物小传"部分,仅称其生卒年不详,为"先

---

① 原址解放后成为苏州剧装戏具厂,2024年4月刚完成修缮,并将被打造成文化休闲园区。丁云:《救闲草堂,又一座"贵潘"老宅》,《现代苏州》2024年第7期,第40—41页。
② 潘曾玮(1819—1887),字宝臣,号季玉、养闲居士,潘世恩第四子。同治年间曾任李鸿章幕僚,1864年辞官后,闲居于苏州,与冯桂芬、何绍基来往密切,著有《玉泫词》《自镜斋诗钞》《自镜斋文钞》等。潘曾玮的生卒年,一般作1818—1886,然检其子潘祖谦等编《救闲年谱》(清光绪十三年刻本),曾玮生于嘉庆二十三年十二月三十日,公历已入1819年。卒于光绪十二年十二月二十八日,公历已入1887年。
③ 潘裕博等纂修:《大阜潘氏支谱(一九九二年续修)》,排印本,1993年,第408页。

生夫人之五弟"①。检《大阜潘氏支谱》，潘谱孙（1912—1987），名承誉，字令闻，号谱孙。潘亨谷第三子，潘博山、潘景郑、潘承圭之弟②。与顾廷龙往来密切，曾多次向合众图书馆捐赠文献。

顾廷龙所题之竟宁雁足灯，据器底铭文，为西汉元帝竟宁元年（前33）所铸，是皇后宫中之物。清代中期由马曰璐、巴慰祖、程洪溥等递藏。道光年间著名金石僧六舟据该器全形拓多次创作《剔灯图》③，使其名声大噪。原器后归上海著名收藏家李荫轩，现藏上海博物馆。2023年曾在上博"与时偕行：金石传拓技艺"特展中展出④。从顾廷龙题记可知，该器在晚清民国时，长期为苏州潘氏家族所藏。

三、《贩书偶记》题跋（1939）

该跋记于顾廷龙自藏的民国二十五年（1936）铅印本孙殿起《贩书偶记》第一册封面上，册宽15.5厘米，高27.2厘米，录文如下（图6）：

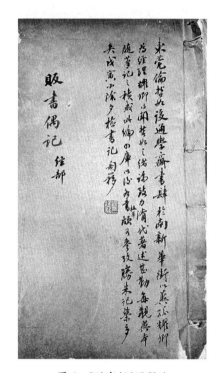

> 东莞伦哲如设通学斋书肆于南新华街，以冀孙耀卿为经理。耀卿得闻哲如之绪论，致力清代著述甚勤，每觏异本，随笔记之，积成此编。四库以后各书板本颇可参考，胜朱记荣多矣。戊寅小除夕检书记。匋籀。

钤"顾廷龙印"白文方印。落款日期"戊寅小除夕"为1939年2月17日。该跋略述《贩书偶记》的成书经过，并予以评价，认为"四库以后各书版本颇可参考，胜朱记荣多矣"。朱记荣（约1855—1925），近代著名藏书家、书商，著有《行素堂目睹书录》，顾跋称胜过者，即指该书。

本部《贩书偶记》共八册，顾廷龙除封面题跋

图6　《贩书偶记》题跋

①　沈津：《顾廷龙年谱》，第945页。
②　潘裕博等纂修：《大阜潘氏支谱（一九九二年续修）》，第386页。
③　上海图书馆亦藏有一幅。仲威：《纸上金石：小品善拓过眼录》，文物出版社，2017年，第58页。
④　上海博物馆编：《与时偕行：金石传拓技艺》，上海书画出版社，2023年，第52页。

外,书内还偶有其朱墨双色批语。如第二册卷四经部小学类《说文古本考》下有朱笔批:"丁福保石印本。民国己巳,景郑校补重印,篆文由余写样入梓。"第六册卷十七别集类《郭大理遗稿》上方墨笔批:"《增默集》,有排印本,本馆一部恐不全。"

四、《西陬山房集》题跋(1938、1939)

《西陬山房集》,冯志沂撰,二册,册宽17.5厘米,高29.5厘米。顾廷龙得到本书后,在原书书衣外加装蓝色书衣。上册新书衣有顾廷龙朱笔题写书名,并有题识:"郑盦、尼堪、理斋递藏之本。今归匋簃。"根据其后顾廷龙、杨锺曦跋可知,此书历经潘祖荫、杨锺羲、曹秉章递藏。顾廷龙题跋共有三段,均为朱笔。第一段和第二段位于上册新装书衣与原书衣之间的衬页,录文如下:

> 《西陬山房集》为《微尚斋初集》四卷、《续集》二卷、《适适斋文集》二卷,清代州冯志沂鲁川撰,同治八年洪洞董麟刊。书衣有辽阳杨雪桥丈题记,知为湉喜斋旧藏,丈于光绪丙申游厂所得。时文勤夫人方于夏间去世,后嗣尚幼,悍仆鸠贾以贱值窃售。逮文勤介弟仲午比部由苏遄抵京师料量遗物,始得保存其余,此书当即彼时散佚者也。鲁川与伯苍庆霖为至交,集中有伯苍哀辞及伯苍诗集序。光绪十一年,伯苍冢子立庭鄂礼倩丈校刻《松祕阁诗钞》,失《哀辞》《诗序》两文,既从此集得之,欲补镌而未果,详丈题识中。馆中有《松阄阁诗钞》两本,一为鲁川所刻,一即丈所校梓者。鲁川所刻,不知何以于《哀辞》《诗序》未尝附及,惟多诗十首,又黄文琛海华评语及跋文。鲁川亦有一跋,则为集中所未载,丈刻所遗,疑当时或未见鲁川之本耳。别为校记一篇存之。丈于鲁川、伯苍交谊之笃,尝曰:"乃知文字道义之友,世固不乏也,然今亦寥寥矣。"何意近册年来,世态炎凉,机变日巧,道义云何哉。闻前贤风度,乡往之余,唯有叹息。余年来托迹佣书,校雠遣日,读丈"出无所之,入无所止"两语,尤不胜身世之感。既重丈手笔,又为余妇先世故物,亟收之,以储篋衍。戊寅正月,顾廷龙记。

> 倾以此集乞雪桥丈加题,以志书缘。承示余曰:当年为立庭校刻《松阄阁诗钞》,并有厚菴锡缜经理其事,删去评语,厚菴之意也。匋簃,三月望日。

后接顾廷龙手抄《清史列传·冯志沂传》。

第三段题跋位于下册卷首,录文如下(图7):

民国八年,族孙曦统编为八卷,移文集置于前,以铅活字重排印行,首附遗像,模写一通,曦跋附录卷末。文集篇次曾经改定,并益《马先生墓表》,亦录于后。己卯三月,从海王村宝铭堂书肆借读排印本,校竟记。起潜。

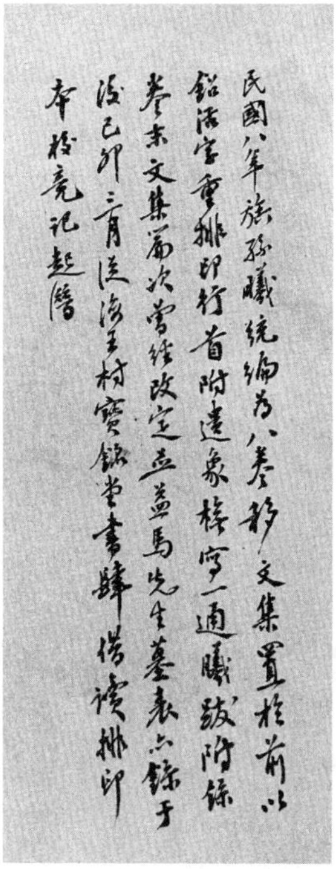
民國八年族孫曦統編為八卷移文集置於前以
鉛活字重排印行首附遺象模寫一通曦跋附錄
卷末文集篇次嘗經改定並益馬先生墓表亦錄于
後己卯三月從海王村寶銘堂書肆借讀排印
本校竟記起潛

图 7 《西隃山房集》题跋第三段

后接顾廷龙摹冯志沂遗像和冯氏自题,《凤岩马先生墓表》和冯曦跋抄于册末,全书间有顾廷龙朱笔校记。

本书上下册原书衣均有杨锺羲跋,且下册原书衣有顾廷龙"倾以此集乞雪桥丈加题,以志书缘"时杨锺羲所新写之跋:"余得此书,略有题识,不知何时失去,归曹理斋。今为起潜学兄所得,见予印章,遂以相际,距题字时逾四十年矣。挽立丈语,感于甲午之役而发,今复何时。为题签并记岁月。戊寅三月雪桥杨锺羲。"钤印"俨山簃"(白文长方)。

上册新书衣顾廷龙题识中的郑盦即潘祖荫、尼堪即杨锺羲、理斋即曹秉章。第一段题跋根据原书衣上的杨锺羲旧跋介绍了杨氏购藏此书与校刻冯志沂《松阏阁诗钞》的经过,并感叹四十年来"世态炎凉,机变日巧"。落款时间"戊寅正月"为 1938 年 2 月。其后紧接的第二跋为顾廷龙请杨雪桥在原书衣上重加题跋后所书,称杨氏解释了前跋中顾廷龙的疑惑:《松阏阁诗钞》无黄文琛评语乃锡缜(字厚菴)之意。落款时间"三月望日"为 1938 年 4 月 15 日。

下册内第三跋则记顾氏向宝铭堂书店借民国间冯曦编铅印本《西隃山房集》校勘此同治刻本事。落款时间"己卯三月"为 1939 年 4、5 月间。当年七月,顾廷龙就赴上海加入合众图书馆,该跋是其在燕京大学时期最晚的题跋之一。

五、自抄《诗考异再补》题跋(1941)

该跋位于《合众丛钞》内。《丛钞》一册,宽 22 厘米,高 30 厘米,为顾廷龙在合众图书馆期间所抄写部分书籍的合订本。共收录《〈经典释文补〉条例》《庚申整书小记》等十四种,《诗考异再补》为其中的第一种。《丛钞》内每种书原为单独抄写在合众图书馆绿格稿纸上,顾廷龙在一张合众图书馆蓝格稿纸上写出目录,冠于卷首,并装订成册。《诗考异再补》共抄写十三页,顾廷龙用小字在末页左侧栏格外作跋,录文如下(图 8):

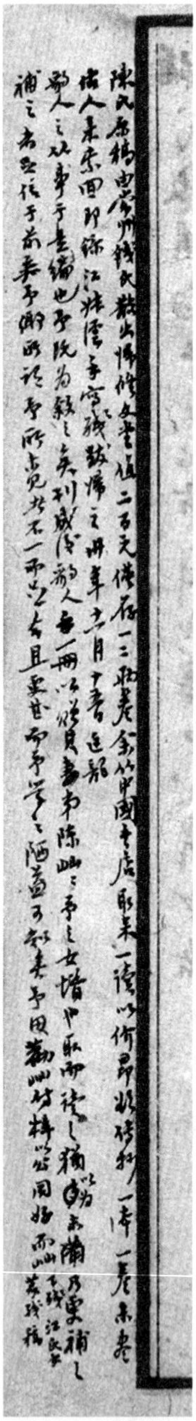

图 8 自抄《诗考异再补》题跋

陈氏原稿由常州钱氏散出,归修文堂,值二百元,仅存一、二两卷。余从中国书店取来一读,以价昂欲传抄一本。一卷未尽,估人来索回,即录江叔沄手写残跋归之。卅年十一月十五日。廷龙。

后接过录的原书内江叔沄(江声)残跋:"豹人之从事于是编也,予既为叙之矣。刊成后,豹人出一册以赠其妻弟陈岫。岫,予之女婿也,取而读之,犹以为未备,乃更补之。补之者足倍于前矣。予向所谓予所未见者不一而足,今且更甚,而予学之陋,益可知矣。予因劝岫付梓以公同好,而岫……"顾廷龙在残跋下方用双行小字书"下残,江氏手篆残稿。"

残跋中提及的豹人,即严蔚,曾作《诗考异补》。"卅年"为 1941 年。检《顾廷龙日记》,并无从中国书店取该书的时间,但将本书还给中国书店郭石麒时做了记录,为 1941 年 12 月 15 日,"郭石麒携钮匪石手稿求售……索价二百。因急于脱手,减估百元。余以其刊过却之,并《学文堂集》《诗考异再补》及《王季衡稿》还之"①。据《日记》,还书尚在作跋的一个月后,但顾廷龙在此期间并未继续抄录卷一剩余部分和卷二。

陈岫《诗考异再补》,稿本,存卷一、卷二,共一册,今藏清华大学图书馆,《中国古籍善本书目》著录②。此书至今尚未被影印或整理,仅有个别论文对其进行了介绍③。从顾廷龙跋可知,合众图书馆曾欲购该稿本,然因价昂未果。

六、陈陶遗书联题跋(1949)

馆藏号:J3323。对联二轴,帖心为藏经纸,宽 39.5 厘米,高 160 厘米。上联书:"静宜人事拙。偶卿同门兄大教。"下联书:"闲觉道

---

① 顾廷龙撰,李军、师元光整理:《顾廷龙日记》,中华书局,2022 年,第 204 页。

② 中国古籍善本书目编辑委员会编:《中国古籍善本书目·经部》,上海古籍出版社,1989 年,第 164 页。

③ 房瑞丽:《稀见清代三家〈诗〉学著作二种》,《文献》,2014 年第 6 期,第 177—183 页。马昕:《乾嘉学者对王应麟〈诗考〉的校、注、补、正》,《版本目录学研究》第 6 辑,北京大学出版社,2015 年,第 25—46 页。

腴真。止斋陈水。”钤印“止斋”（白文椭）。顾廷龙在二联卷轴外用小字写出该轴联文的内容，并在上联天杆下方另贴一纸作跋，宽3.9厘米，高21.2厘米，录文如下（图9）：

金山蒋倜卿先生昂为陈陶遗先生至交。此联尚系陶老早年更名时所书，余印陶老墨迹未及采入，殊为可惜。倜卿先生遂属高君宾君持以见赠，何其幸也。卅八年三月，顾廷龙识。

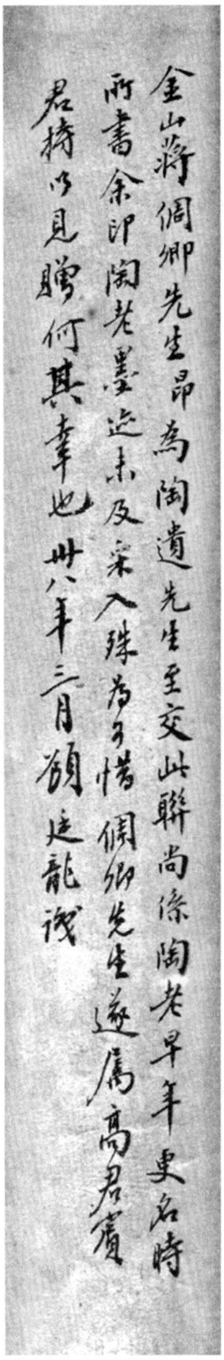
金山蒋倜卿先生昂為陶遺先生至交此联尚係陶老早年更名時
所書余印陶老墨迹未及采入殊為可惜倜卿先生遂属高君賓
君持以見贈何其幸也卅八年三月顧廷龍識

图9　陈陶遗书联题跋

“卅八年三月”，即1949年3月。联文“静宜人事拙，闲觉道腴真”为曾巩《寄郓州邵资政》诗中之句①。蒋倜卿，名昂，曾在江苏省教育会任职。高君宾（1902—1969），又名塝，号彬彬。高吹万幼子，娶姚光之妹姚竹心为妻，姚光去世后曾协助整理其藏书，自己亦多次向合众捐赠文献。

陈陶遗为合众图书馆元老，并担任合众第一任董事长。陈氏去世后，顾廷龙为其编《陈陶遗先生墨迹》，由合众图书馆印行，即跋中所说“余印陶老墨迹”事。书内所印目录、《陈陶遗家传》（陈叔通撰）和跋均为顾廷龙手书，上海图书馆至今存有9张其书写《陈陶遗家传》的草稿。该书所收作品均为陈氏中晚年所写，而据顾廷龙此跋，本联为其早年更名陈水时所书，较为难得，蒋昂因见书内未收此联，便请高君宾将其赠与合众图书馆。

七、检理冯雄赠书九种题记（1949）

该题记夹于《梦舟随笔》（馆藏号：长460300）内，宽9.7厘米，高19.5厘米，录文如下（图10）：

小册十本不题著者。书衣分志如下：

《梦舟随笔》《尊经课艺》《宰鄠笔记》志圭订。

《尺牍汇稿》道光□□孟秋湘岑《批存》湘北生题于成都节署之莲花书屋，道光丁未仲冬。

《卧云山房诗草》《鸿雪偶笔》附诗文钞《含英咀华》《锦江诗钞》

① （宋）曾巩撰，陈杏珍、晁继周点校：《曾巩集》，中华书局，1984年，第97页。

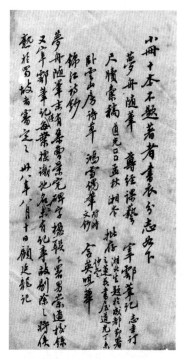

图 10　检理冯雄赠书九种题记

《梦舟随笔》末有集曹景完碑字楹联，下署男崇道校录。又《宰鄠笔记》仅每页标识地名一二，未有记事，故别除之，将俟熟于蜀故者审定之。卅八年八月十日，顾廷龙记。

"卅八年"即 1949 年。这批书开本不一，均钤有"南通冯氏景岫楼藏书""冯雄""彊斋行及""蜀中文献"等印，可知原为冯雄所藏。冯雄（1900—1968），字翰飞，江苏南通人。曾任商务印书馆编辑，在四川居住的十多年里，搜集了大量四川地方文献和水利资料，并陆续捐赠合众图书馆。1954 年，合众图书馆为其编印《南通冯氏景岫楼藏书目录》。然翻阅该目，仅著录了九种内的两种：

《尺牍汇稿》，清中江刘楚英（赤存）辑，稿本，二册。①

《卧云山房诗草》，清吴兴吴延珩（子砺）撰，清光绪五年汤可山手抄本，一册。②

陈先行在为《上海市历史文献图书馆藏书目录》做解题时曾述及："即使有的捐赠之书已编成分目，但也出于各种原因，同一个人捐赠之书有未入分目而入此目者……《合众图书馆藏书目录》二、三、四、五编亦大致如是。"③其后编印的《合众图书馆藏书目录》陆续收录本题记中涉及的剩余几种书，如《锦江诗钞》见于《二编》④、《含英咀华》见于《三编》⑤。

此外，这批书中的《锦江诗钞》一册，原封面缺失，顾廷龙在现存首页书写题名，并撰有题记（图 11），录文如下：

---

① 合众图书馆编：《南通冯氏景岫楼藏书目录》，油印本，1954 年，第 8 页 b。

② 合众图书馆编：《南通冯氏景岫楼藏书目录》，第 9 页 a。核该抄本原件，卷端题"汤可山手抄"，卷前尚有吴延珩手书自序，正文也有其亲笔校改，按今天的著录标准，可视为修改稿本。

③ 陈先行：《〈合众图书馆典藏目录汇编〉前言》，合众图书馆等编，陈先行汇编：《合众图书馆典藏目录汇编》（第 1 册），上海科学技术文献出版社，2022 年，第 12 页。

④ 著录为："《锦江诗钞》一卷，清阙名撰，稿本，一册。"合众图书馆编：《合众图书馆藏书目录二编》（下册），油印本，1954 年，第 32 页 a。

⑤ 著录为："《含英咀华》一卷，阙名撰，稿本，一册。"合众图书馆编：《合众图书馆藏书目录三编》，油印本，1954 年，第 8 页 a。

此册原无标题，因有诗成于锦江，即以此名之。卅八年八月十日，龙记。

落款为八月十日，与检理题记写于同一日，且可知该册之名为顾廷龙所定。

这批书开本大小不等，目前破损严重，但顾廷龙夹入其中的检理题记却完好无损，很可能捐赠入馆时已经处于今日状态。由于翻检困难，较难考订这几种书的作者和文本情况。这批书多为他处不见的稿抄本，颇具价值，希望今后有机会能对其进行修复，供学者们进一步研究。

以上介绍的这七种顾廷龙题跋，从时间上看，四种作于燕京大学时期，三种作于合众图书馆时期，最早为 1933 年，最晚是 1949 年。按所题跋的对象分，拓本二种、古籍三种、对联一种、自抄书一种，种类相当丰富。这批题跋所作之年，也多无日记留存，对了解当时顾廷龙的工作、交游都是有益的补充。

图 11　《锦江诗钞》题记

从顾廷龙《群玉楼四部书总目跋》说起

栾伟平

（北京大学图书馆）

一、顾廷龙《群玉楼四部书总目跋》

20世纪30年代，顾廷龙在燕京大学图书馆工作期间，负责中文图书采购，因此燕大图书馆收藏、现归北大图书馆的部分图书系顾先生经手并作跋语。

已经收入《顾廷龙全集》的有两种：

其一，《赵定宇书目》，（明）赵定宇藏编，民国二十四年（1935）燕京大学图书馆抄本，索书号 NC/9627/4833，顾廷龙有《跋赵定宇书目》。[1]

其二，《石城哈密纪略》，（明）马文升撰，民国二十七年（1938）燕京大学图书馆抄本，索书号 NC/2725/7202，顾廷龙有《跋石城哈密纪略》。[2]

笔者最近在北大图书馆见到《群玉楼四部书总目》一书，也有顾廷龙先生题跋，而未收入《顾廷龙全集》及《顾廷龙年谱》。

该书信息如下：

《群玉楼四部书总目》，曾朴藏编，民国二十四年（1935）燕京大学图书馆抄本，索书号 NC/9629/8649。

顾廷龙跋语如下：

> 群玉楼四部书为常熟曾朴所藏。朴字孟朴，别号东亚病夫；父之撰，字君表，家有虚廓园。光绪乙未、丙申间，翁松禅、吴窭斋、汪郇亭罢归后，文酒之会，时在其中。郇亭于孟朴甚激赏，以其子妻之。孟朴以所著《补后汉书艺文志》及《孽海花》名于时。前年市隐沪渎，设肆曰"真美善"，近闻藏书将散，顼刚得其目录，吾馆遂借录副本存之。廿四年六月顾廷龙记。

---

[1] 顾廷龙：《跋赵定宇书目》，《顾廷龙全集·文集卷》（上册），上海辞书出版社，2015年，第141—142页。

[2] 顾廷龙：《跋石城哈密纪略》，《顾廷龙全集·文集卷》（上册），第98页。

曾朴字孟朴,江苏常熟人,1872 年生。1904 年,曾朴与丁祖荫等人创办小说林社,出版有上百种小说,包括他创作的著名的《孽海花》,另创办有《小说林》杂志。1908 年小说林社结束。1927 年,曾朴在上海创立真美善书店,主要出版翻译小说,尤其是法国翻译小说,并经营《真美善》杂志,1931 年真美善书店歇业。1935 年 6 月 23 日曾朴去世。广陵书社 2018 年出版 10 卷本《曾朴全集》。

顾廷龙跋写于"廿四年六月",时在曾朴去世前后。其时曾朴藏书将散,顾颉刚得到群玉楼藏书目录,燕大图书馆誊抄录副。

北京大学图书馆藏《群玉楼四部书总目》顾廷龙跋

二、曾朴的藏书及流散

曾朴去世后,其藏书散出的原因与情形,在当时即有报道。

1935 年 6 月 28 日,《小日报》第 2 版刊出含凉的《东亚病夫死于穷》:

一代才人东亚病夫与世长辞了。他的致死之由,当然是病,可是致病之由却是为了穷。因为他虽然历任江苏省议员、江苏省长公署秘书长、江苏清理官产处处长、江苏财政厅厅长、政务厅厅长、代理省长等显职,不会弄钱,谢事以后,两袖清风、一肩行李,保持他的书生本色,但是官宦人家的排场,却从此而扩大了,应酬也烦了,消耗也多了。他到上海来开真美善书店,又亏去了好几个钱,所以他的生活渐渐陷入窘乡。前几年太夫人八十生辰,他在常熟大开寿宴,等到客散,他去见太夫人,太夫人非但不快活,反把他埋怨了一顿,以为今日之下,还要这虚荣则甚,再不省吃俭用,破产可立而待了。

传说他历年积欠田赋数目惊人,一时竟无法张罗,官府催课甚急。这种环境之下,无病者也得成病,何况老病之躯呢?去年我还瞧见他家的《虚廓居书目》,

说是要全部卖掉它,但是没有什么珍贵的孤本善本,书又多,价钱总得在万元以上。这个不景气的年头,那里来这大主顾呢?

他的大儿子虚白虽然在《大晚报》任总编辑,收入很不差,却只能自顾小家庭的生活,所以他老先生晚境的拂逆,真是无以复加了。

但是《孽海花》在旧的文坛、《鲁男子》在新的文坛,都有相当的地位,东亚病夫已可不朽了,"穷""病""死"庸何伤。

1936年2月10日《社会日报》第3版刊出《曾孟朴遗书出售,曾虚白不读父书》:

常熟曾孟朴,他的大名是不用介绍的,他的《鲁男子》《孽海花》就取得很不少的群众,同时他又是中国有数的法国文学研究者。他虽则迷法文,而中国古书也买得不少,并有很多珍本,但最近却以二千元的代价,卖给苏州某家了,包括全部中国书,法文的在外。

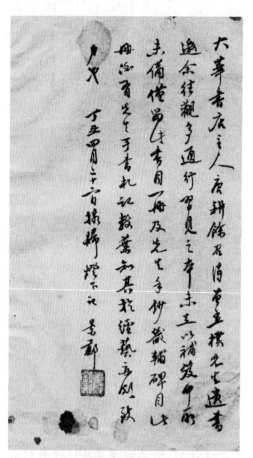

上海图书馆藏曾朴稿本
《群玉楼四部书总目》潘景郑题记

综上可见,曾朴去世后,其藏书散出的原因是曾家困窘的经济状况。1934年,曾朴还在世时,即有出让藏书的打算。曾朴去世后,其子曾虚白出售了曾朴的中文书籍,只卖了二千余元。买主是"苏州某家"。外文书籍另有安排,不包含在内。而曾朴著述的版权(仍保留在曾氏父子手中的部分),以二千余元卖给了"上海某书局"。

1936年2月22日,《娱乐》周报第2卷第7期刊出《二千数百金,曾孟朴遗稿价值》:

一代才人曾孟朴先生,殁世以后,文艺界中,为致痛悼。去岁,在虞山举行追悼会时,全国文人,均往参加。近闻曾孟朴生前,撰述文稿至夥,其间已售去版权者,亦复不少。今其公子虚白君,将其尊人未经售去版权之遗稿全部,售之上海某书局,代价二千数百元。或谓以曾之文章身价之重,逝世以后,何仅此区区代价,未免为文人心血呼冤。

那么,曾朴藏书卖给谁了呢？ 笔者从上海图书馆藏《群玉楼四部书总目》曾朴稿本中找到了线索。该稿本有潘景郑先生题记:

> 大华书店主人唐耕余君得曾孟朴先生遗书,邀余往观,多通行习见之本,未足以补笈中所未备,仅留此书目一册及先生手抄《畿辅碑目》。此册后有先生手书札记数页,知其于经艺亦颇致力也。
>
> 丁丑四月二十二日携归,灯下记。景郑。(钤"景郑题记"白文方印)

该题记未收入潘氏《著砚楼书跋》及《著砚楼读书记》。其中提到,"大华书店主人唐耕余"收购了曾朴藏书,请潘景郑前去挑选,丁丑四月二十二日(1937 年 5 月 31 日),潘景郑购买了曾朴的两种稿本,即《群玉楼四部书总目》及《畿辅碑目》。唐耕余处还有曾朴的其他书籍,但多是"通行习见之本"。

唐耕余,江苏吴江人,史学家唐长孺之父,南社成员,精于中国书画研究及鉴定。唐氏在民国时期经营大华书店,书店位于苏州景德路 255 号,在当时颇为知名。

曾朴书归唐耕余,正好与《曾孟朴遗书出售,曾虚白不读父书》报道的"卖给苏州某家"相对应。曾朴的若干藏书即从唐耕余手中散出。

既然曾朴的中文藏书有了去处,那么曾朴的外文藏书归于何处呢？

据曾虚白回忆,曾朴的次子曾耀仲留学德国期间,为曾朴购买了一位私人藏书家的全部法国文学图书,接近千册:

> 父亲研究法国文学,到我们开创真美善书店时期,已经有了二十九年的努力成效,再加上二弟留学德国时期给他以不满美金一千元的廉价拍卖购下一套整个私人图书馆将近千册,全是法国文学名家一部一部的皮面精装全集,因此他研究兴趣之高已达沸点,当然我也跟着他发狂了。①

此外,除了这一整套藏书外,曾朴也有零星购书的记载,例如 1928 年 9 月 26 日,他在上海法国图书馆购买过三种法文书:

> 法国图书馆附设的书店里,新来了许多书,我买到 Marcel Proust 的全集,计十六册。又 *La vie de Stendhal*, par Paul Hazard,又 *La Fayette*, par Josephe Delteil,共花去廿八元四角。②

那么,在曾朴身后,他的法文藏书归于何处呢？ 据《曾朴全集·后记》,2014 年,曾

---

① 曾虚白:《虚白自传》(上册),台北联经出版事业公司,1988 年,第 86 页。

② 曾朴:《病夫日记》,常熟市文化广电新闻出版局、《曾朴全集》编辑委员会编,苗怀明主编:《曾朴全集》第十卷,广陵书社,2018 年,第 246—247 页。

朴之孙曾墥到常熟打探曾朴所藏法文原版文学名著的下落：

> 说是那批书，曾朴交给张鸿的，有几麻袋之多。张鸿又交给了常熟县图书馆。[1]

张鸿（1867—1941），字映南，别号蛮公、燕谷居士等。江苏常熟人，光绪十五年（1889）举人，曾朴好友，因曾朴托付，撰有《续孽海花》，真美善书店1943年初版。曾墥称曾朴把外文书托付给张鸿，并由张鸿交给常熟图书馆事，不知所据。因曾墥先生已于2018年去世，笔者近期向叶黎依（2014年任常熟市图书馆古籍部副主任）咨询得知，2014年并未在常熟图书馆书库中找到曾朴此批法文书籍。鉴于常熟图书馆的藏书并未全部编目，笔者认为，也不排除未来有所发现的可能性。

关于曾朴的中文藏书，笔者在北大图书馆发现了一种，即：

北京大学图书馆藏《惜抱先生尺牍》
书衣曾之撰题记

《惜抱先生尺牍》八卷，姚鼐撰，清咸丰五年（1855）聊城杨氏海源阁刻本。索书号X/818.17/4217/C5。

书中钤有"曾之撰字诠仲一曰圣舆""虚廓居"朱文方印。书衣有虚廓居主人（曾之撰）墨笔题记：

> 计两册。丙戌三月，余自南都旋里，汪郎亭赠聊城杨氏所刻书四种，此其一。虚廓居主人记于渤海轮中。

即此书由汪鸣銮（曾朴的岳父）于光绪十三年（1887）年赠送给曾朴父亲曾之撰。

《惜抱先生尺牍》收录于《群玉楼书目》集部"古文家"类别之下，著录为"聊城杨氏刻《惜抱先生尺牍》二本，咸丰五年刊，连四纸。"[2]

曾之撰著有《群玉楼所收石刻拓本目录》不分卷（稿本，上海图书馆藏）。可见"群玉楼"为曾家藏书楼之名，《群玉楼四部书总目》中著录的书籍为曾氏父子的收藏。《群玉楼四部书总目》只有书籍，不包含碑帖，不知《群玉楼所收石刻拓本目录》中收录的曾氏家藏拓本，后来归于何处。

---

[1] 《曾朴全集》编辑委员会：《后记》，《曾朴全集》第十卷，第386页。

[2] 曾朴编：《群玉楼书目》，曾氏后代藏曾朴稿本。

上海图书馆收藏有曾氏父子的多种稿本,除曾之撰《群玉楼所收石刻拓本目录》外,还有曾朴的四种稿本:

《曾孟朴译文》二卷,曾朴撰。

《群玉楼四部书总目》一卷附录一卷,曾朴编,潘景郑跋。

《海虞金石待访目录》二卷,曾朴编。

《畿辅金石略》不分卷(即潘景郑题记中提到的《畿辅碑目》),曾朴辑。

即上海图书馆共计收藏有曾氏父子的 5 种稿本。《群玉楼四部书总目》和《畿辅金石略》为潘景郑旧藏,《曾孟朴译文》为方行旧藏。

目前所知的曾氏父子藏书,上海图书馆藏有 5 种稿本,北大图书馆藏有 1 种刻本。期待今后能有更多发现。

三、《群玉楼四部书总目》的版本、内容、分类及《补后汉书艺文志》

目前所知的《群玉楼四部书总目》共有四个版本,按照时间顺序列举如下:

(一)上海图书馆藏曾朴稿本。

该本题"甲午十月孟朴编",即由曾朴编纂于 1894 年,当时曾朴 22 岁,曾家的书籍也比民国时期少,只列出经、史、子三部,集部未列专名,其下只有 19 种书。

该目录总共收录书目 350 种左右,共十一号(架)书。经部包括正经正注、经注经说经本考证、小学三大类。小学类下又分四部分:说文、形体训诂、音韵、丛书。史部包括十四类,即正史、正史注补表谱考证、编年、纪事本末、古史、别史、杂史、载记、传记、奏议、地理、政书、谱录、史论。子部包括十类,即古子书、儒家、法家、医家、农家、术数、艺术、小说家、类书、古今合刻丛书。其中,儒家大类下又分理学之属、考订之属。而农家在子部开头的类别中列出,但没有具体书目。

(二)曾朴后代藏曾朴稿本。

该本封面墨笔题"郡玉楼四部书总目,孟朴手编",为曾朴手迹。卷端题"群玉楼四部书总目",目录正文字迹规整,应为抄手所录。

该本包括经、史、子、集四部,共二十一架藏书,最为完备。《群玉楼四部书总目》收录书籍总共 900 种左右,包括宋刻本 4 种(宋十行本《后汉书》残本 1 本,每半页十行,行十八字。宋纂图互注本老子《道德经》一本,每半页十一行,行二十五字。宋纂图互注《扬子法言》二本,每半页十二行,行二十六字。宋十一行本《列子》二本,每半页十一行,行二十一字),元刻本2种(元刻明印真氏《大学衍义》十六本,元大德六年崇文书院刻《大观本草》二十本),明刻本35种,钞本20种(如:抄本《明常熟先贤事略》一本,抄本龚立本《常熟县志》六本),批校本9种(如:钱批原刻《杜诗注》六本)。其余为清代刊本,且以咸丰、道光、同治刻本为多,显示曾朴藏书不以珍本见长,多为"通行习见之本",以应用类书籍为主。

该本按照经、史、子、集四部分类,大类下各有小类,具体是:

经部与上海图书馆藏稿本同。

史部:正史第一(正史之属、正史考证之属),编年第二,纪事本末第三,古史第四,别史第五,杂史第六,载记第七,传记第八,奏议第九,地理第十,政书第十一,谱录第十二,金石第十三,史评第十四,洋务第十五。即潘景郑藏本的"正史注补表谱考证"类并入正史类,成为正史类下面的"正史考证之属";另外,新加了金石类和洋务类。洋务类出现在古籍书目中比较少见。兹将此类下的32种书列举如下:

《中西纪事》八本。毛太纸。

《西国学校》一本,同治十二年印。毛太纸。

《格物探原》四本,光绪六年印。毛太纸。

《英俄印度交涉书》一本。连四纸。

《格致启蒙》四本。连四纸。

《东方时局论略》一本。连四纸。

《万国通鉴》六本。连四纸。

《化学鉴原》四本。连四纸。

《海道图说》十本。连四纸。

《日本海陆兵志》三本。洋连纸。

《法国志略》十本。连四纸。

《列国变通兴盛记》一本,光绪二年刻。毛太纸。

《巴西地理兵要》一本。连四纸。

《美国地理兵要》二本。连四纸。

《西征纪程》二本,光绪七年刊。毛太纸。

《法兰西志》二本。毛太纸。

汤氏《危言》二本,光绪十六年刻。毛太纸。

《米利坚志》二本。毛太纸。

《星轺指掌》四本。连四纸。

《环游地球新录》四本。连四纸。

《德国军制述要》一本,光绪乙未年刊。连四纸。

《地理全志》一本。洋纸。

王氏《格致古微》四本,光绪二十二年刊。毛太纸。

《中东战纪本末》八本。连四纸。

《普法战纪》十本。连四纸。

《四述奇》八本。连四纸。

缪氏《俄游汇编》四本,连四纸。

《各国事务类编》四本。

《盛世危言》六本。洋连纸。

《万国史记》十本。洋连纸。

《通商约章类纂》,天津官局刻,二十本,光绪十二年印。连四纸。

《法国水师考》一本。官堆纸。

子部包括:古子书第一,儒家第二(儒家理学之属,儒家考证之属),兵家第三,法家第四,农家第五,医家第六,天文算法第七,艺术第八,小说家第九,类书第十,丛书第十一。即与上图藏稿本相比,曾氏家藏稿本子部新加"兵家"类,"农家"和"医家"的顺序颠倒了过来。"农家"类下有了两种书。另外,"术数"类改为"天文算法"类。

变化最大的是集部。上图藏稿本原来只有 19 种书。在曾氏家藏稿本中,集部单列,且有了明确的分类,即:楚辞第一,别集第二(别集分两部分:历代别集之属、国朝别集之属。国朝别集之属又分:理学家、考订家、古文家、骈文家、诗家、杂家),总集第三(文类、诗类、词家),诗文评第四,自著丛书第五,词曲第六。

另,最后一架(第二十一架)附释书三种。

综上,曾氏家藏稿本《群玉楼四部书总目》中,虽然以常见应用类书籍为主,但已有了相对完备而自具特色的分类体系。这不仅让人想起曾朴所撰《补后汉书艺文志》一卷、《补后汉书艺文志考》十卷,清光绪二十一年(1895)常熟曾氏活字本。[①]曾朴完成《群玉楼四部书总目》初稿时在 1894 年,与《补后汉书艺文志并考》的出版时间非常接近。

---

① 　此书亦有现代整理本,朱新华整理:《补后汉书艺文志并考》,《曾朴全集》第四册,广陵书社,2018 年。

据曾朴《补后汉书艺文志并考自序》,其书较侯康《补后汉书艺文志》多出一百八十六部书。针对侯氏书"其分部悉依《隋志》,且阙集部,出入之间,亦多凌乱"的缺陷,曾朴将所录图书分为七类:六艺志内篇第一("纪《易》《书》《诗》《礼》《乐》《春秋》《论语》《孝经》、小学、纬候"),纪传志内篇第二("纪《史记》、杂史、旧事、杂传、地域"),子兵志内篇第三("纪儒、道、阴阳阙、法、名阙、墨阙、纵横、杂家、农、小说、兵"),文翰志内篇第四("纪诗、赋、杂文"),术数志内篇第五("纪天文、历谱、五行、杂占、形法"),方伎志内篇第六("纪医经、经方、神仙、房中"),道佛志外篇全。"大凡书内外篇、七志、三十七种、五百九十部,章篇卷数可考者八十一章、一千七百九十篇、二千三百二十一卷。"此书得到翁同龢的好评,光绪二十二年三月廿八日(1896 年 5 月 10 日),他得到曾朴赠书后,称赞曾朴"年才廿五,而著书博赡,异才也"①。

从《补后汉书艺文志》到《畿辅金石略》《海虞金石待访目录》,再到《群玉楼四部书总目》,曾朴的目录学研究和目录编纂实践覆盖了通代、地方、乡里和家藏,他不止在文学创作及翻译上成就斐然,在目录学方面也颇有建树:他既给自家藏书编目录,也给古人编目录,且拥有自己的一套分类系统,是一位富有成就值得重视的目录学家。

(三)顾颉刚藏抄本。此本笔者未见。

(四)北京大学图书馆藏 1935 年燕京大学图书馆抄本。

该本抄自顾颉刚藏本,与曾氏家藏稿本是同一系统,与曾氏家藏稿本相校,缺失个别文字或有错误:

曾氏家藏稿本第一架经部历朝经注经说经本考证中的"常熟鲍氏刊后知不足斋《郑志》一本,光绪十年刻",燕大抄本误为"光绪十四年刻"。

曾氏家藏稿本第三架经部小学丛书之属中的"殿本《钦定佩文韵府》,康熙五十年刊",燕大抄本误录刊刻时间为康熙五年。

曾氏家藏稿本第七架史部传记之属"诵芬堂原刻钱氏《列朝诗集小传》,康熙三十七年刊",燕大抄本误刊刻年代为"康熙二十七年"。

曾氏家藏稿本第九架史部地理之属中的"光绪十二年重修常州府志",燕大抄本误为"光绪十二年重修宜兴县志"。

曾氏家藏稿本第九架史部谱录之属中的"瞿氏家刻铁琴铜剑楼藏书目录"上方有

---

① (清)翁同龢著,陈义杰整理:《翁同龢日记》第五册,中华书局,2006 年,第 2898 页。

眉批"蔚若借去带京",燕大抄本无。曾氏家藏稿本中揭示书籍存放处的"藏冰梅橱中"有数处,燕大抄本均无。

曾氏家藏稿本第十五架子部丛书之属"大酉山房刊《龙威秘书》",燕大抄本为"大酉山房《龙威秘书》",漏"刊"字。

也有少数地方曾氏家藏稿本误,而燕大抄本有修改:

曾氏家藏稿本第十一架子部儒家类古子书之属"戴氏《管子校正》,同治壬申年刻",纸张信息误为"官堆子",燕大抄本改为"官堆氏"("氏"是"纸"的误写)。曾氏家藏稿本第十三架子部类书之属"凌刻《两汉隽言》六本,万历丙子年刊",纸张信息误为"连四字",燕大抄本改为"连四纸"。

另外,曾氏家藏稿本第一架经部正经正注第一中的"王氏《禹贡正字》一本",曾氏家藏本著录的纸张信息为"造关纸",燕大抄本为"白茧纸",未知孰是。

综上,《群玉楼四部书总目》至少有四个版本,其中,顾颉刚藏本笔者未见,此处不论及。其余三个藏本中,上海图书馆藏曾朴稿本最早,曾氏家藏稿本最为完善,燕大抄本最晚,但有个别地方可补曾氏家藏本之误。这三个版本可以互补,对于研究曾朴藏书的内容与流变较有意义。

此外,《群玉楼四部书总目》也有现代整理本,载广陵书社 2018 年版《曾朴全集》第十册,第 121—168 页,由周冬英以曾氏家藏稿本为底本整理。

四、顾廷龙在燕京大学研究院的就学经历及在燕京大学图书馆的任职经历

前面提及燕京大学图书馆 1935 年抄本《群玉楼四部书总目》,由顾廷龙经手钞藏并作跋语,同样抄写于 1935 年的还有《赵定宇书目》和《抱经楼书目》(索书号 NC/9628/5124.2)。在《跋〈赵定宇书目〉》中,顾廷龙云"吾馆力搜目录之部,余遂乞景郑借钞,以广其传"。顾先生负责采访,着力搜求目录书,体现了他的工作思路,体现了一位专业采访馆员对图书流通信息的敏感和重视,是顾先生投身图书馆事业初始阶段的实物记录。

在此,笔者拟进一步考察顾廷龙先生在燕京大学就学及工作的经历,对一些细节问题就教于方家。

(一) 顾廷龙在燕京大学研究院的就学及答辩经历

顾廷龙 1931 年入燕京大学研究院国文学系,1932 年毕业,学号 31429,韦氏拼音名字为"Ku Ting Lung",毕业论文题目《说文废字废义考》,住所为成府。以上经历大多在《顾廷龙年谱》中展现,兹不赘言。

关于顾廷龙的硕士论文答辩会,《顾廷龙年谱》中有这样一段记载:

> 先生曾对撰写论文和答辩有一段回忆,"当时按规定,若一年中可以完成论文,就能毕业。我在一年中作完论文,之后,黎锦熙将我的论文交给钱玄同看。钱提了一些意见,诸如解释欠妥、论述不清等问题,约二十条左右。我就按照钱的意见作了修改。答辩时,委员会中的主任是郭绍虞,他是国文系主任。其他人有我的导师容庚,还有吴文藻(文学院院长)、黎锦熙及高燕德(外籍人士)。答辩会结束,我的论文算是通过了"。(先生的回忆)①

这里的外籍人士"高燕德",应为"高厚德",即 Howard S. Galt(1872—1948),美国公理会传教士、神学博士,燕京大学建校元老之一,创办并长期主持教育系,1932 年任燕大研究院委员会主席,因此参与顾廷龙的论文答辩会。

关于顾廷龙获得硕士学位的日期,据《顾颉刚日记》,为 1932 年 6 月 21 日,当日还有胡适演讲:

> 本日为燕大第十六届毕业典礼,邀适之先生演讲。起潜叔于本日受硕士学位。

当日,顾颉刚宴请胡适夫妇、钱玄同、容庚、郭绍虞、顾廷龙等人。

> 今午同席:适之先生及师母、子通夫人、玄同先生、锡永、希白、绍虞、起潜叔、肖甫(以上客),予(主)。②

另据顾颉刚 1932 年 6 月 20 日日记,顾颉刚毕业后,继续领哈佛燕京学社下学年奖学金一年:

> 到研究所,审查学生成绩,定下学年颁奖学金者……今日评定领奖学金者八人:
>
> (甲)旧生　郑德坤　冯家升　罗香林　顾廷龙

---

① 沈津:《顾廷龙年谱》,上海古籍出版社,2004 年,第 25 页。
② 顾颉刚:《顾颉刚日记》第二卷,台北联经出版事业公司,2018 年,第 652 页。

（乙）新生 翁独健 吴世昌 李晋华 张维华①

《燕京报》1932 年 11 月 10 日第 4 版刊出《燕大国学研究所 学生著作甚丰高——共二十余种 本年新生选录八人》：

> 燕京大学国学研究所，乃哈佛燕京社所创设。成绩卓然，颇得佳誉。本年投考新生，有二三十人之多，但被录取者，只得八人。兹将各人姓名、学籍、研究题目、及已有著述，详细调查，列表于后。

其中，顾廷龙的研究题目为"宋代著录金文集释"，已有著述《古匋文集录》。即顾廷龙燕大国学研究所毕业后，继续领取一年的奖学金，以"宋代著录金文集释"为题目继续研究工作。

（二）顾廷龙在燕京大学图书馆的任职经历

关于顾廷龙在燕京大学图书馆任职的经历，他在《我和图书馆》中回忆：

> 一九三二年夏天，我从燕京大学研究院国文系毕业，应燕大图书馆馆长洪煨莲（业）先生的邀请，担任哈佛燕京图书馆驻北平采访处主任，前后搞了六年图书采购工作。给我留下较深印象的是，燕大有一个采购委员会，指导图书采购业务工作。当时该委员会除了洪先生外，还有邓之诚、容庚、郭绍虞、顾颉刚诸教授。他们学识渊博，又各有专长，随着各自学术研究的深入，需要材料广泛，因而对图书采购时常提出针对性意见，这些意见对我的工作启发与影响很大。尤其是顾颉刚先生，因曾在广东中山大学兼任过图书馆中文部主任，对图书采购作过专门的研究。②

从以上回忆中可以看出，顾先生 1932 年毕业后，即进入燕大图书馆工作，担任哈佛燕京图书馆驻北平采访处主任。沈津《顾廷龙年谱》也持同样观点。③

笔者对此有所疑问。首先，顾廷龙回忆中"应燕大图书馆馆长洪煨莲（业）先生的邀请"，洪业的职务不确。洪业从未担任过燕大图书馆馆长，他自 1930 年 9 月始，任燕京大学图书馆委员会主席。另外，关于顾廷龙在燕大图书馆工作的起始时间以及担任中文采访主任的时间，《燕京大学教职员名录》中的记载略有不同。

笔者检索了 1932—1939 年的《燕京大学教职员名录》，情况如下：

---

① 顾颉刚：《顾颉刚日记》第二卷，第 651—652 页。
② 顾廷龙：《我和图书馆》，《顾廷龙全集·文集卷》（上册），第 355 页。
③ 沈津：《顾廷龙年谱》，第 27 页。

1932—1939 年,燕大图书馆主任一直由田洪都担任。燕京大学图书馆设置的部门大致为:总务部、中日文编目部、西文编目部、采购部、出纳处(后改为阅览部)、杂志部、点查课、书库。

1932—1933 年度[①],采购部未设主任,有 4 位成员:李安宅夫人、傅振之、田纪堂任助理,关瑞林任书记。

1933—1934 年度,邢云林任采购部主任,李安宅夫人、傅振之、田纪堂、范国仁任助理。

1934—1935 年度,顾廷龙任哈佛大学图书馆驻平采访处主任,助理刘楷贤。同年,燕京大学采购部主任仍是邢云林,采购部成员与上年一致。同时,顾廷龙第一次出现在燕京大学"教职员通讯处"中,住址为成府蒋家胡同三号,即《禹贡》编辑部地址,也是顾颉刚的住处。

1935—1936 年度,顾廷龙加入采购部,主管中文图书采购事宜,兼任哈佛大学图书馆驻平采访处主任,助理刘楷贤,兼任中日文编目部助理。邢云林主管西文图书采购事宜。李安宅夫人、傅振之、田纪堂、范国仁任助理,关瑞林任书记。顾廷龙仍住蒋家胡同三号。

1936—1937 年度,采购部改为采访部,顾廷龙任中文采访主任,兼任哈佛大学图书馆驻平采购事宜。刘楷贤、关瑞林为哈佛大学图书馆驻平采访处成员。顾廷龙薪水每月 60 元,刘楷贤每月 30 元,关瑞林每月 30 元。[②]李安宅夫人兼任日文采访主任,邢云林任西文采访主任,傅振之、田纪堂、范国仁任助理,关瑞林任书记。

1937—1938 年度,顾廷龙任中文采访主任,兼任哈佛大学图书馆驻平采访处主任,刘楷贤、关瑞林为采访处成员。本年度,顾廷龙薪水每月 70 元,刘楷贤薪水每月 35 元,关瑞林每月 30 元。[③]采访部其他成员与上一年度相同。

1938—1939 年度,采访部改称采访组,顾廷龙任中文采访主任,邢云林任西文采访主任,日文采访主任改由刘选民(兼职)担任,傅振之、田纪堂、范国仁任助理。此年度,顾廷龙仍兼任哈佛大学图书馆驻平采访处主任,刘楷贤、罗维勤任助理,关瑞林任书记。

---

① 《燕京大学教职员名录》记录的是学年时间,即本年 7 月到来年 6 月底。1932—1933 年度,指 1932 年 7 月至 1933 年 6 月底,下同。
② 程焕文:《裘开明年谱》,广西师范大学出版社,2008 年,第 181 页。
③ 程焕文:《裘开明年谱》,第 211 页。

1939 年 6 月底,顾廷龙先生因筹备合众图书馆成立事,离开燕大图书馆。同年 7 月,燕京大学图书馆中文采访主任、哈佛大学图书馆驻平采访处主任改由高贻粉女士担任。

综上,据《燕京大学教职员名录》记载,顾廷龙自 1934 年 7 月份开始任哈佛大学图书馆驻平采访处主任,1935 年起,负责燕大图书馆中文图书采购事宜,这两项职务均担任至 1939 年 6 月底顾廷龙离开燕大时为止。那么,顾先生自己的回忆为什么与《燕京大学教职员名录》有所不同呢,有没有可能是顾先生记忆错误? 且看顾先生在《章氏四当斋藏书目跋》中的回忆:

> 辛未季秋,龙来燕京大学肄业,时先生亦方自津步就养旧都,始克以年家后进登堂展谒……逾年,龙既卒业,即佣书母校图书馆,仍得不时奉手。[1]

《章氏四当斋藏书目》由燕京大学图书馆印行于 1938 年 5 月,此跋亦作于同一年。跋中顾廷龙也自言 1932 年毕业后"佣书母校图书馆"。

笔者在此提出一个可能的解释:1932 年 6 月,顾廷龙自燕大国学研究所毕业后,领取一年的奖学金,继续研究工作。同时,开始在燕大图书馆"佣书",即做一些编辑或笔札工作。自 1932 年至 1934 年 6 月底,顾廷龙的工作并不固定,基本量事为酬,所以没有出现在《燕京大学教职员名录》中。1934 年 7 月开始,顾廷龙担任哈佛大学驻平购书处主任,成为燕大图书馆正式职员,一直到 1939 年 6 月底离京为止。顾先生晚年的回忆和燕大图书馆当年的记载没有根本冲突,他进入燕大图书馆工作确在 1932 年,而成为正式职员、从事图书馆核心业务的时间为 1934 年,但其回忆文章没有区分这些细节。对 1932—1934 年顾先生在燕大图书馆工作的具体经历,还期待进一步的资料发掘及研究。

今年 11 月 10 日为顾廷龙先生 120 岁诞辰,谨以此文向顾先生致敬。

---

[1]　顾廷龙:《章氏四当斋藏书目》,《顾廷龙全集·著作卷》,上海辞书出版社,2016 年,第 659 页。

顾起潜先生佚文一则及相关问题

柳向春

（上海博物馆敏求图书馆）

一、佚　　文

起潜先生名廷龙，上海图书馆前馆长，为学鸿肆，不拘一端，在文献学、目录版本学、文字学、书法创作等多个领域享有盛名，早为世人所周知。他的生平，可见于弟子哈佛燕京学社善本部主任沈津先生所编撰的《顾廷龙年谱》（上海古籍出版社，2004年）；他的文章和相关著作，也先后整理为《顾廷龙文集》（上海科学技术文献出版社，2002年）和《顾廷龙全集》（上海辞书出版社，2022年）。三书对于研究起潜先生的生平学术，都是最佳文本，但百密一疏也在所难免。因为顾先生生前交好甚多，遍布海内外，故其遗墨所在多有，偶有遗漏是可以理解的。

2007年，因上海博物馆参与文化部"中国古籍保护"和"古籍普查"项目的关系，笔者有幸对于上博所藏珍本秘籍得以一一展观，欣幸之际，又往往有所斩获，如所见起潜先生遗墨，就是其中之一。

顾先生遗墨是一篇题跋，端楷墨笔书于明何良俊《世说新语补》八卷卷前，其文如下：

中国活字制版之术输入域外，承受之者当以朝鲜为最早。国产富铜，因创用铜铸，实有发扬光大之功。余尝见明宣德三年铜活字本《文选》下季良跋有云："永乐庚子冬十有一月，我殿下发于宸衷，命工曹参判臣李藏新铸字样，极为精致。命申事臣金益精、左待言臣郑招等监掌其事，七阅月而工讫。恭惟我恭定大王作之于今，我主上殿下述之于后，而条理之密，又有加焉。"两朝活字之精进，于此略可考见。此《世说新语补》为万历以后铜活字所印，今甚难得。日人德富苏峰亦藏一帙，已著录于《成篑堂善本书目》中。海东外患迭乘，连年兵燹，遭遇尤惨，古本流传转恐绝迹矣。剑知先生其珍宝之。一九五三年一月一日顾廷龙获观题记。

文末钤"匋斋题记"白文方印,的是起潜先生手迹无疑。跋中所引高丽卞季良的题跋,全文可见于严宝善先生的《贩书经眼录》之中,原本是为"明宣德朝鲜铜活字本文选五臣并李善注六十卷"所作的①,现此书安藏于浙江省图书馆中。这一跋文可以考见朝鲜铜活字本的源流,所以特别为人所注意。起潜先生此处所引,与原跋稍有节略,但对于朝鲜铜活字兴盛、精美的状况,也足以说明了。

同书中又有该年冬吴铁声题记:

> 此书当为万历后之活字本。其字体倾斜,大小不一,框、范、边、角不相接,鱼尾左右露白,均其显证。是书万历明刊,尚为数见,而活字印本实所罕觏。癸巳孟冬,观于葫芦庵,欢喜题记。吴铁声。

下钤"吴铁声"朱文方印。

又藏家沈剑知本人题诗:

> 平生私淑画禅室,三世通家沧趣楼。莫问当年王谢事,已堪掩卷想风流。
>
> 老庄告退病相寻,客坐尘埋正始音。亦自开心惟药裹,从今不惜易人参。
>
> 此书得自螺江陈氏,盖香光旧物也。检翁。

下钤"宝董室"白文方印。

事实上,关于这部书及顾老的题跋,还有其他记载。曾见沈剑知 1953 年 3 月 2 日晚致起潜先生函二通,一通云:

> 起潜我兄坐右:
>
> 前函当达记室,承题铜活字本《世说》,竟觅得《成篑堂善本书目》著录为证,增价不鲜,感佩不尽。弟亦题二诗于后,另笺呈政。……
>
> 《世说补》明铜活字本,得自螺江陈氏沧趣楼,上有画禅室印,盖香光旧物也。
>
> 病中取以遮眼,聊题二诗卷端,即乞起潜我兄吟正。沈剑知呈稿。
>
> 平生私淑画禅室,三世通家沧趣楼。莫问当年王侯事,已堪掩卷想风流。
>
> 老庄告退病相寻,客坐尘埋正始音。亦自开心惟药裹,从今不惜易人参。

又一通则言:

> 起潜先生坐右:
>
> 奉示并《世说跋》,拜诵之余,感佩无既。此本初亦以为高丽活字板,复验纸纹又似不同,因而不能遽断,今得法眼鉴定,当可无疑。即乞得闲一挥,交与杨怀

---

① 严宝善编录:《贩书经眼录》,浙江古籍出版社,1994 年,第 316 页。

老带下。先此布谢。顺颂

撰祺

　　弟沈剑知顿首。

　　大稿附缴詧收，写时祈衬一纸，以免墨透隔叶，至荷。①

　　两封信前后相接，所言正是沈剑知商请顾起潜先生题跋之前情后事。物主沈剑知(1901—1976)，名觐安，号检翁，以字称。斋名残李书屋、茧屋、懒暝盦等。祖籍福建侯官，为清季名臣沈文忠葆桢曾孙。民国期间曾经任职海军部为秘书。1949年之后，则入上海文管委。至1952年，入上海博物馆工作，负责鉴别书画。少时才名藉甚，多往来于诸老辈之间，目无余子。工书善画，书学松雪、香光，山水则取径新罗，也算是一时之选。诗文亦佳，曾自称其"平生治诗，取色鲜于太白，取情绵于义山，取气于东坡，寓物抒情，夹叙夹议"②。可见他在文学创作上是转益多师的。郑逸梅又记剑知论画曰："沈剑知能画，谓画折扇：山水以平远为宜，花卉以折枝为宜，人物最好不布景，即有亦以简少为妙。金笺扇面要重色才压得住，作水墨画较好，能仿米家雨景，尤易入目，若作浅绛山水，则难于出色。"③皆为知道之言。著有《茧屋残稿》《黄山诗拾》和《世说新语校笺》。所撰《世说新语校笺》，载于1944年7月至1945年1月南京《学海月刊》第1卷第1至3期、第1卷第6期、第2卷第1期，起于《德行篇》"陈仲举"条，止于同篇"谢夫人教儿"条，又加汪藻《世说考异》3条，共计37条校笺，近16000字。沈氏《校笺》以王先谦思贤讲舍本为底本，又校以明袁氏嘉趣堂本、沈宝砚用传是楼宋椠校嘉趣堂本，同时又佐以宋汪藻本。而渠所以珍藏此何良俊《世说新语补》，想必与其从事《世说新语》研究有关。

二、版　　本

　　从起潜先生的跋文和沈剑知的两通信可知，沈氏所藏本系朝鲜活字本，且引证日人德富苏峰所存此版本以证明，判断自属无疑。德富苏峰(1863—1957)，本名德富猪一郎，号苏峰，明治时期著名政治家、评论家、学者和书法家。好藏书，自奈良平安时

<hr>

① 以上两函见沈津、丁小明整理：《顾廷龙友朋书札选》，《四库文丛》编委会、成都图书馆编：《四库文丛》(第一卷)，上海交通大学出版社，2013年，第121页。
② 张葆达：《序》，沈剑知：《黄山吟拾》卷前，1964年油印本。转引自林公武：《夜趣斋读书录》，河北教育出版社，2005年，第164页。
③ 郑逸梅：《艺林散叶》第1141则，中华书局，2005年，第86页。

期写经、宋元版汉籍、名家稿本、寺社文书,直至明治维新以后的西文书刊,无不倾注心力搜集。40 年间聚书 10 万册,藏于"成篑堂"中。在苏峰 70 寿辰之际,民友社曾出版《成篑堂善本书目》。苏峰一生嗜书如命,藏书印有"须爱护苏峰嘱""天下之公宝须爱护"。晚年将成篑堂珍藏之和汉稀见藏书售于御茶之水图书馆创始人石川武美,成为图书馆之一大特藏,称"成篑堂文库"。其他藏书,还有为追远其父所设"淇水文库",现归水俣市立图书馆。晚年座右所置之本现存同志社大学。此外,逗子市德富家追远文库、苏峰纪念馆、国立国会图书馆也有部分旧藏。

严绍璗《日藏汉籍善本书录》中,著录有"世说新语补四卷"一种,为明嘉靖三十五年(1556)刊本,四册。卷首题"明何良俊撰补、王世贞删定、张文桂(柳按:当作张文柱)校注、凌濛初考定",第一册卷末有德富苏峰手识文,题"大正乙卯霜月念五苏峰病客志"。又卷中有"读杜艸堂"、"东京溜池灵南街第四号读杜艸堂主人寺田盛业印记"等朱文印记。又记录此书现在为御茶之水图书馆藏本,是寺田盛业读杜艸堂、德富苏峰成篑堂旧藏本。①但严氏所言,似与顾老所言并非同一书。据川濑一马编著《新修成篑堂文库善本书目》②著录,事实上,大正四年(1915)前后,德富苏峰所获《世说》相关文献有数种,如:

世说新语补,二十卷,五册

朝鲜明万历十四年(序)刊。铜活字版。左右双边,有界。十行十八字,注双行。匡廓内纵七寸五分强,横五寸一分。大本,原装。原书衣纸背用刻本《历代君鉴》残纸裱衬,第一册封书衣背面有苏峰手跋。

世说新语,宋王义庆撰(案:日人原文如此),梁刘孝标注,三卷,六册

明嘉靖年覆宋刻本,美浓纸印本。卷末附有宋刻原跋(淳熙戊申陆游书)。某些破损处经苏峰用纸修补过,白棉纸本。初印。左右双边,有界,十行二十字,残存有朝鲜古封面纸(有朝鲜人手题)。苏峰从京城白书肆虫蛀狼藉的乱书堆中捡得,记有一跋。大正四年修补。第一册卷首钤有"晚斋藏书(阴文)"朱印(朝鲜人)。

世说新语姓汇韵分,十二卷,六册

朝鲜古活字本。单边,有界,十行十八字。注双行,匡边内纵长七寸四分,横宽四寸九分。卷首有嘉靖丙辰(十五年)王世贞的补序等。附有黄色原封面纸,

①　严绍璗:《日藏汉籍善本书录》"子部·小说家类",中华书局,2007 年,第 1263 页。
②　(日)川濑一马编著:《新修成篑堂文库善本书目》,石川文化事业财团,1992 年。此书多承复旦大学古籍所季忠平教授代为检得,且费心译文,特此致谢。

卷首有订正误植的挖补(正当纸背)的痕迹。这种活字被称为铁活字,但也混杂了许多木活字。卷十二末钤有"苏峰学人京城所获"的朱印。卷首有苏峰的识语,称这种样式是朝鲜人惯用的编辑方式。

此数种《世说》文献,尤其是川濑一马著录之三种,显然皆与朝鲜相关,而其中第一种,则当即顾老跋中所言之书。

《世说新语补》最初传入朝鲜,是在朝鲜宣祖三十九年丙午(1606,万历三十四年),由明使朱之蕃带至。朝鲜著名文人许筠时以从事官随同迎接明使,据其所撰《丙午纪行》:"(丙午年三月)二十八日,抵肃宁。上使招余入,问你国自新罗以至于今,诗歌最好者,可逐一书来。因问余科第高下,闻其魁重试曰,此唐宋制科规也。问何官,曰为礼宾副正,即中朝光禄少卿也,以职掌饩膳,故王国差遣,令饬厨传矣。又问履历,曰初授史官,升职方主客二员外,移给事中,升武选郎中为运判,升司业太仆,出守西郡,为今职矣。上使曰,否否,此子生中国,亦当久在承明之庐、金马之门,非获罪则何以翱翔郎署外郡也。因出《世说删补》《诗隽》《古尺牍》等书以给。"①自此之后,《世说补》即在朝鲜开花落叶,并滋生出如《世说新语姓汇韵分》等独有文本。

此朝鲜活字本《世说新语补》,韩国全寅初主编《韩国所藏中国汉籍总目》四"子部下"中共计著录两部又一残册,其第二部版本项著录为:"显宗实录字本/肃宗34(1708)/20卷7册,31.1×19.8 cm,左右双边,书匡 22.9×15.4 cm,10行18字,小字双行,内向黑鱼尾。"②再根据第一部著录,又可知此书为白口。事实上,台湾省"国家图书馆"中,也藏有此书一部,5册,著录为:朝鲜旧活字本。匡 22.7×16 cm。10行,行18字,注文小字双行,字数同,四周单栏,间杂左右双栏,版心白口,双黑鱼尾,中间记书名、卷第"世说补"。③徐浩修《奎章总目》卷三"说家类"有"世说新语补八本"条,云:"明王世贞辑,合《世说》、《语林》而稍删之。"④杜泽逊《四库存目标注》卷四十七"子部十六·小说家类"中"世说新语补四卷"条附录有:"朝鲜旧活字本,作《世说新语补》二十卷,题'宋刘义庆撰,梁刘孝标注,宋刘辰翁批,明何良俊增,王世贞删定,王世懋批释,钟惺批点,张文柱校注'。半叶十行,行十八字,白口,四周单边。有王世贞、王世懋、陈文烛序。朴现圭《台湾公藏韩国古书籍联合目录》著录为朝鲜肃宗朝(康熙十四

①　(朝鲜)许筠:《惺所覆瓿稿》卷十八《丙午纪行》,《韩国文集丛刊》第74辑,韩国民族文化推进会、景仁文化社,1991年,第291页。
②　《延世国学丛书》第52辑,学古房,2005年。
③　台湾省"国家图书馆"网站。
④　张伯伟主编:《朝鲜时代书目丛刊》(第1册),中华书局,2004年,第251页。

年至五十九年)显字实录字本。"①

今按,文中"显字"实际上是"显宗"之误。据曹炯镇《中韩两国古活字印刷技术之比较研究》介绍,为印制肃宗三年(1677,清康熙十六年)纂修完成之《显宗实录》二十二卷,朝鲜校书馆令铸字都监铸铜字四万八百二十五个。而此前之显宗十四年(1673,康熙十二年),民间曾铸铜活字三万五千八百三十个,称为洛东契字②。《显宗实录》字即两者合并而成,总数共计七万六千六百五十五字。从印本看,《显宗实录》字字体皆为晋体,端雅楷正,但铸造不很精巧,排列整齐,而印刷墨色不匀。此两种活字十分相似,难以区分。《显宗实录》印毕之后,因两种活字分开则不足印书,若合用则虽多卷之册亦足以印出,故未将洛东契字退还原主,而移藏校书馆,专以印制朝鲜王朝历代实录,故称实录字。至朝鲜末期,又以此字印刷一般书籍及各陵志等。现所知见之洛东契字印本三种,实录字印本共五十九种。③综上所述,则此《世说新语补》印成至早已在康熙十六年之后。顾老所言虽较宽泛,然以当时条件所限,固亦合情合理。

又题跋者吴铁声生平事迹不详,仅知其曾任职中华书局、竞文书局,又与胡道静、郑午昌为挚友,则其与沈剑知想来也是旧识。渠所题虽寥寥数语,但对判断活字本之方法,可谓要言不烦,当系斫轮老手。

三、藏　　印

沈剑知旧藏的这部《世说新语补》上,钤有不少藏印,有"闽陈懋复"白文方印、"陈东戾"朱文半通印、"河山故国有涛园"朱文方印、"剑知寓目"白文随形印、"画禅室"朱文半通印、"曾在沈剑知处"朱文方印、"懒暝盦"朱文方印、"郑铿"朱文圆印,又沈剑知跋文后钤"宝董室"小印。

从沈氏自跋可知,这部《世说新语补》得自螺洲陈氏。今书中之陈氏印信,正可印证。据张允侨《闽县陈公宝琛年谱》,陈懋复为闽县陈宝琛存世之长子,字几士,侧室

① 杜泽逊:《四库存目标注》,上海古籍出版社,2007 年,第 1311 页。
② (韩)李载贞:《明刻本宋体字传入朝鲜半岛后》:"1673 年,汉城东部地区的士大夫集资制作金属活字洛东契字(此后与《显宗实录》字一起使用),刊行《唐宋八大家文钞》;后来此活字放置在宫廷,用于刊行《显宗实录》等朝鲜王朝实录。"(《文汇报·文汇学人》,2017 年 9 月 1 日第 6 版)
③ (韩)曹炯镇《中韩两国古活字印刷技术之比较研究》,学海出版社,1986 年,第 126 页。按:关于显宗实录字,多承复旦大学古籍所陈正宏教授、《金融时报》艾俊川先生、韩国全南大学金大铉教授见教,特此致谢。

杨夫人出,光绪十八年七月二十七日生。光绪三十二年游学日本。①曾协助其父成《澄秋馆吉金图》。1938 年,出资刻其父《沧趣楼诗集》。又有"郑铿"一印,未知何人,或即乾隆间福建清流山水人物画家郑双玉。剩余之印,则大多为沈氏本人所有。

诸印中,尤其值得一提的有两方,一为"宝董室",一为"画禅室"。郑逸梅曾述"宝董室"一印之由来云:"沈韵初藏董北苑画,钱叔盖为刻宝董室印,是印后归吴湖帆。吴知沈剑知宝藏董其昌书画,即以是印赠之。"②"宝董室"这一斋号,源于沈树镛旧藏董源《夏山图卷》。沈氏于此极为宝爱,曾先后约请赵之谦、钱松、胡震为刻"宝董室"以志幸。赵之谦所刻之印,现存钱君匋艺术馆中,其边款云:"宝董室。北苑江南半幅,希世珍也,近为均初所得。又得《夏山图》卷,两美必合,千古为对。爰刻宝董室印,无闷。"另据桑椹《沈树镛与晚清印人交游考略:以碑帖鉴藏印为中心》一文介绍:上海图书馆藏吴湖帆旧藏《董美人墓志》及《宋拓皇甫诞碑》拓本册上均钤有钱松为沈树镛所篆"宝董室"印。《董美人墓志》册后吴湖帆题云:"先外祖韵初沈公藏董北苑《夏山图》卷及《溪山行旅图》轴,遂以'宝董'名其室。"③又据沈剑知题董其昌《行书临宋四家书》卷:"今日访湖帆,为题马月娇(马湘兰)、薛润卿(薛素)《墨兰画卷》。其及门朱梅村亦以思翁《汪氏墓志》真迹双卷属题,端匋斋(端方)旧物也,后者尤佳。又临宋四家卷,则远逊此卷。末题云'苏黄米蔡',宋时以蔡京为殿,已易之为君谟,当云'蔡苏黄米',虽欲尊子瞻,不妨以时代先后为次,知其服膺坡公至矣。湖帆又以其外祖均初先生(沈韵初)'宝董室'小印钱叔盖(钱松)所镌者赠余,曰:'吾子足称此印,其善藏之。'余受而归,即志以自勖,不知何时可无愧吾老友之言也。辛巳(1941)元正晦日懒瞑居士再识。"④并钤"宝董室"朱文印记,可知钱氏所篆之"宝董室"后归沈剑知所有,也即书上所钤者。沈氏获此馈赠之后,也以"宝董室"为名。⑤可惜的是,这枚钱松所撰之"宝董室",现在不知存于何处。除此之外,沈树镛请胡震所刻"宝董室",朱白文印各篆一方,其中阳文者,于 1983 年 9 月由华笃安夫妇捐上海博物馆,边款为"鼻山作"。

---

① 陈宝琛著,刘永翔、许全胜校点:《沧趣楼诗文集》(下册)附录三,上海古籍出版社,2006 年,第 725、738 页。
② 郑逸梅:《艺林散叶》第 2745 则,第 207 页。又《近代名人丛话》"赵扬叔书画双绝"条云:"(赵之谦)又与川沙沈树镛(均初)相投契,沈精鉴别、金石考古,颇多收藏。董北苑山水珍迹,竟得其二,扬叔为作'宝董室'印,树镛为吴湖帆外祖,树镛卒,此印入湖帆手。有闽人沈剑知者,善画工诗,著《懒眠庵诗文稿》,喜蓄董香光书画,颇多精品,湖帆即以'宝董室'印赠之,亦一佳话。"(中华书局,2005 年,第 17 页)与此说不同,当属误记。
③ 桑椹:《沈树镛与晚清印人交游考略:以碑帖鉴藏印为中心》,《荣宝斋》,2016 年第 12 期,第 217—218 页。
④ 上海博物馆藏件。
⑤ 如上海博物馆藏沈剑知题董其昌《行书内景黄庭经》卷,款署"岁在庚寅(1950)二月展玩于宝董室。"其后又钤"画禅室私淑弟子"白文方印、"尚书清节衣冠后"朱文方印各一。

阴文者,尚不知下落。需要注意的是,虽然这三家所刻的"宝董室"都是应沈树镛所请,但后来的作用,却有所不同。首先,在沈树镛而言,所"宝"之"董"为董源。到了吴湖帆继承这些印章之后,他所"宝"之"董",除了董其昌[①]之外,很有可能还指他最为珍爱的"既美且丑"中的《董美人墓志》。[②]至于拥有钱松所篆"宝董室"的沈剑知,其所"宝"之"董"则专为董其昌。

　沈剑知自跋中,曾言此书向藏董其昌。所以言此者,当以卷端所钤"画禅室"一印,盖董其昌斋号画禅室,且又有《画禅室随笔》传世。不过,此印实际上并非董氏所有。据郑逸梅记云:"吴湖帆有董香光'画禅室'三字印,乃彼四十寿叶遐庵所赠者。据丁柏岩谈,是印由彼在燕都购得,石经火乃损断,遂去其钮,叶遐庵见而喜之,即以贻遐庵。后经考证,始知是印非香光物,清乾隆帝曾命其臣工刻画禅室印凡四方,见香光画辄钤其上,而遐庵、湖帆始终未之知也。"[③]叶恭绰本人也曾记录此事,上海博物馆藏《画禅室小景》上存有此"画禅室"朱文半通印,其后叶恭绰题:"此章流至燕市,昔年丁闇公以赠予。故宫所藏江贯道《溪山无尽》长卷首骑缝,思白曾钤此章。此册思白自题《画禅室小景》,合为补印,以资印证。遐翁。"其下又有叶恭绰题"好事近"一阕,题云:"以董思白画禅室印章为湖帆四十寿,媵以此词。"词云:"画派衍华亭,衣钵香光能继。合与名章授菿,证南宗三昧。　　高斋玄赏喜同心,休滴砚山泪。愿比石交长久,共龙华佳会。"落款"遐庵叶恭绰",又钤"叶印恭绰"朱文方印。郑、叶所言来源不同,但丁柏岩本系闇公之子,故也不算扞格。事实上,董其昌所用印信中,仅有"画禅"朱文小方印,如《燕吴八景图》之一上所钤者。而"画禅室"一印,实系乾隆时弘历命人所制。众所周知,清帝自康熙帝玄烨以来即推崇董其昌,而乾隆帝弘历于董氏喜好尤极,甚至于宫中设堂以名。据《国朝宫史续编》卷五十五:"中间南向者曰咸福门。门内为咸福宫,皇上于嘉庆四年曾居是宫。……后殿恭悬高宗纯皇帝御笔匾曰:'滋德含嘉',联曰:'天倪超万象,神气领三无。'东室恭悬高宗纯皇帝御笔匾曰:'琴德簃',皇上御书联曰:'雨旸燠寒风,时庶征叙;水火金木土,谷六府修。'西室恭悬高宗

---

① 按吴湖帆在自藏《画禅室小景》上曾题:"先外祖韵初沈公收北苑《夏山图》大卷、《溪山行旅图》半幅图,颜居所曰'宝董',倩仁和钱叔盖治小印焉。此咸丰间事,粤今七十年,北苑二画俱不为沈氏有。小印由湘之表兄贻余,时戊午十月,适得思翁戏鸿堂摹古法帖十卷真迹,因延'宝董'之名名余小室。前年又获此册,乃思翁自怡物,虽仅四叶而精妙绝伦,胜人鹅溪十丈绢也。因识宝董之由。辛未三月十日又题。"上海博物馆藏件。
② 马承源主编:《上海文物博物馆志》第一章《人物传略》四十三"吴湖帆":"他购得隋《董美人墓志铭》碑帖,珍爱之至,特辟屋珍藏并取名'宝董室'。他平时将此碑帖随身携带,须臾不离,有时睡觉也挟册入衾,并曰'与美人同梦'。他爱碑入迷,竟以碑为'妻'。"上海社会科学院出版社,1997年,第481页。
③ 郑逸梅:《艺林散叶》第2011则,第152页。

纯皇帝御笔匾曰：'画禅室'。此西六宫之叙置也。"①此匾至今安存故宫，且除此之外，咸丰帝奕詝亦有御笔书"画禅室"至今留存。正因清室于董之推崇，董氏艺术理论及书法、画作在有清一代复绝一时。而乾隆帝在收藏鉴赏董氏作品之余，又曾制作组玺，如"画禅室"与"研精固得趣""契理亦忘言"相配，钤盖于董其昌书画作品之上。今各地所藏之董思白，偶然尚可见此②，故此印实与董其昌无关。遥思当年，沈剑知于书中见此"画禅室"一印，联想挚友吴湖帆所藏该印原作，其惊喜为何如。但遗憾的是，此印其实并非董氏所有。

---

① （清）庆桂等编纂，左步青校点：《国朝宫史续编》卷五十五《宫殿五·内廷二》，北京古籍出版社，1994年，第448页。
② 如2008年保利春拍之董邦达仿王维《雪溪图》上即钤有此数印。

顾廷龙先生《战后调查元僧血经及邾公牼钟始末》

顾廷龙 辑

袁 静 整理

（复旦大学中华古籍保护研究院）

1946 年 3 月 7 日，教育部清理战时文物损失委员会京沪区代表徐森玉正式聘请顾老为办事处总干事，主司笔札，参与编纂《中国甲午以后流入日本之文物目录》，并负责若干古籍文物的追索调查工作。在此期间，顾老曾亲赴苏州寻访"吴中巨宝"——龙寿山房藏元僧血经、玄墓圣恩寺藏邾公牼钟及手卷的下落，为此，与潘季儒、顾颉刚、蒋吟秋、单束笙、逯剑华等人有若干书信往还。调查工作告一段落后，顾老于当年 7 月将此番调研所涉私人信件、新闻报道、政府公函、调查笔录等资料汇辑一编，题为《战后调查元僧血经及邾公牼钟始末》。此稿现藏于上海图书馆（索书号：T26259），由顾老亲笔钞录在"合众图书馆"13×22 蓝格稿纸上，共计 19 通文献资料。2022 年上海辞书出版社整理出版的《顾廷龙全集》未收录此文，而近人所撰战后抢救保护此吴中两文物的若干篇文章[1]，均未注意到顾老在此事中发挥的重要作用，也不曾利用此稿，殊为可惜。顾老毕生致力于中国古籍文物保护事业，贡献卓著，此稿即为明证之一。今逢顾老诞辰 120 周年，兹谨整理标点此稿，并略加考释，以纪念并致敬顾老。

---

[1] 相关文章主要有《苏州七里山塘与龙寿山房"血经"》，《新民晚报》1957 年 7 月 29 日（转引自《一辈子的记者：之江六十年采写生涯纪实》，文汇出版社，2009 年，第 860—861 页）；吴县政协文史办公室：《护钟记》，《苏州文史资料选辑》第 14 辑，1985 年，第 136—137 页；甘兰经：《吴荫培》，吴县政协文史资料委员会编：《吴县历史名人》，1990 年，第 181—183 页；《苏州两部血写的经书》，《苏州市志》第 54 卷《杂记》，江苏人民出版社，1995 年，第 1226 页；邓子美：《疾风知劲草：吴地僧俗投身抗战散记》，邓子美：《吴地佛教文化》，中央编译出版社，1996 年，第 79 页；吴琴、陶启匀：《苏州文物》，苏州大学出版社，2000 年，第 209—211 页；嵇元：《西园寺：历尽劫波瑰宝在》，嵇元：《走读苏州》，浙江摄影出版社，2013 年，第 133—141 页等。

一、潘季孺先生来函(卅五年三月①二十九日)

起潜贤侄孙倩如见:

　　日前奉复挂号信一件,奉托代报损失书画,并附上忠敏奏折,谅已达览。所报损失,不知合格否?俭项想及虎阜龙寿山房元僧善继血书《华严经》及元墓山邴公铿钟,吴中巨宝,未识被劫否?血经,洪杨后先君子重新装治,有跋载《西圃集》卷二。此二物值得一查,惜无人可托调查。文物损失会事忙否?清出手折极多历史关系者,稍加整理,薙去空白尾纸,尚有八九寸高。《丰备义仓全案》二十余册,亦已索得,日后拟入应还承借之木柜,运送贵馆。霪雨兼旬,破书烂纸,尚有一部分未经入手清理者,运送只可稍缓时日。忠敏奏折,事在文襄将回鄂督之前。是日检阅已缮就各奏,俭在旁直言:目今驻防何为?且又防不胜防。忠敏半晌援笔窜造重缮,俭一时亦甚高兴,所以保存至今,幸未毁失。顺便附及。小孙之岳丈,近已返沪,孙妇省亲,小孙陪同前来。乘便附上前年友人所贻笔一枚、墨二笏,又牙牌数一本,并希惠存。另有秋谷藏烟一,托代转致叔通先生,因小孙匆匆不及前往也,拜托拜托。此颂日祺。愚睦先启。三月廿九日。

　　按:潘季孺,即潘睦先(1871—1963),号少圃,一号俭庐,吴县(今属江苏苏州)人。与先祖潘奕隽、父潘遵祁等均为苏州知名藏书家。据此信札,可知元僧血经及邴公铿钟的调查,始于潘睦先提供线索。潘氏家族与此吴中二宝俱有因缘。元僧血经系元至正年间,半塘寿圣教寺(后称龙寿山房)僧善继血书《大方广佛华严经》八十卷②,有明宋濂赞序。经书凡十七函(一至十六函,各置五卷,第十七函一卷),另有众善信题跋一函七卷。此经首尾题跋、钤印累累,自元代至民国,计有四百余人(一说千余人)。潘睦先《须静斋云烟过眼录》跋文中提到,元僧血经在太平天国战争中一度罹劫,由"先大夫(即潘遵祁)于兵燹后遍加搜访,几无知者。嗣在丛残梵夹中检获之,重付装治,仍归龙寿山房"③。事详见潘遵祁《西圃集》卷二《元僧善继血书华严经跋》。潘遵祁(1808—1892),字觉夫,一字顺之,号西圃,又号简缘退士。吴县(今江苏苏州)人。

---

①　原稿作"五月",据信札内容及《顾廷龙日记》1946年3月30日所记受赠笔、墨事(顾廷龙撰,李军、师元光整理,中华书局,2022年,第450页),应为"三月"。

②　寺内另有佚名血书《大乘妙法莲华经》一函七卷,与元僧血经一并收藏。

③　潘敦先、潘睦先:《须静斋云烟过眼录跋》,潘世璜:《须静斋云烟过眼录》,《美术丛书》第2集第4辑第2册,民国二十五年(1936)上海神州国光社铅印本,第24叶b。

潘奕隽孙、潘世璜子。道光二十五年（1845）进士，官翰林院侍讲，晚归乡里，著有《西圃集》。潘奕隽、潘世璜、潘遵祁、潘敦先、潘睦先等潘氏一族，在此血经上悉有题记，因此潘睦先尤为关注此血经下落。

邾公牼钟传世共四器，三器铸字，一器刻铭。玄墓圣恩寺所藏为第二器，钲间和鼓部铸铭文57字。邾公牼即邾宣公（春秋晚期）。清吴云《两罍轩彝器图释》载此钟"咸丰初年为人盗卖，冯林一宫允赎获之"①。"冯林一宫允"即冯桂芬。罗振玉《贞松堂集古遗文》亦有著录，"此器吴中冯氏桂芬藏，后置之圣恩寺"②。又据赵烈文《能静居日记》载，此钟寺僧不能守，"鬻之富民李氏，苏绅某赎归寺中"，"苏绅"盖指冯桂芬。"未久，守僧又欲持贿当事，求主寺，事未果。诸瞿既至，适潘尚书祖荫以忧归，谋取之，其族人翰林遵祁不可，乃假拓而返之，并装拓本为卷，以遗诸瞿。"③潘祖荫（1830—1890），字东镛，一字伯寅，小字凤笙，号郑庵，吴县（今属江苏苏州）人。状元宰辅潘世恩孙、潘曾绶子。咸丰二年（1852）探花。官至工部尚书，谥文勤。通经史，好收藏，储金石甚富。潘祖荫原本想谋取寺藏邾公牼钟，族人潘遵祁认为不可，潘祖荫于是借来此钟，拓装成卷，将其赠还寺院住持诸瞿，并跋云："大江以南，无专鼎在焦山，王子吴鼎在虎丘（已失），与此鼎峙而三矣。"④此手卷另有题跋数家，详见后文。

二、致吴县县政府公函(卅五年五月八日)

径启者：

敝处奉命清理战时文物损失，对于各地方著名文物，正事调查现在实况。查贵治龙寿山房所藏元僧善继血书《华严经》及《莲华经》，元明以来，名流题识甚夥，诗文笔记中亦多记载。又光福玄墓山圣恩寺藏有邾公牼钟一事、名流题咏手卷二件，皆为中外人士所慕名，游览吴中者无不首访及之，实为国家有数古物，弥足珍宝。敝处曾于四月十七日，浼总干事顾廷龙君亲赴龙寿山房调查，由该寺主持通性接见。据称沦陷期间，由顾得其酱园经理蒋伯如，及前镇长、公利旧货行经理曹伟成移藏他处，诘其详请，言语支吾，但允与蒋、曹二人相商后，书面作答。

---

① （清）吴云：《两罍轩彝器图释》卷三，清同治十二年（1873）刻本，第5叶b。
② 罗振玉：《贞松堂集古遗文》卷一，民国二十一年（1931）石印本，第17叶a。
③ （清）赵烈文撰，樊昕整理：《能静居日记》"光绪十三年（1887）二月二十二日"，中华书局，2020年，第2903页。
④ 张郁文：《光福诸山记》，《吴中小志丛刊》，广陵书社，2004年，第260页。

但忽忽匝月未见复,敬祈贵府严令该主持据实报告。又玄墓山未及前往,所有钟、卷情形未详,但闻沦陷期中亦曾移往他处,并乞令饬该管警察所着寺僧即日详报,俾便一并报部。至纫公谊。此致吴县县政府。

按:此札落款为 1946 年 5 月 8 日,据《顾廷龙日记》,应作于 5 月 7 日①。顾老从潘睦先处得此二宝线索,于 4 月 17 日开始在苏州当地访查,《日记》载:"访伟士,略谈,言及玄墓和尚曾专诚访伟士,报告邴公铿钟及手卷二沦陷期内为潘经耜、顾衡如以伪绅资格取去保管,迄今未还,请代索之。衡如已故,即与其子接洽云。……遂至半塘龙寿山房调查血经,现主持曰通性,其师明法。通性原在龙池,民廿八年接手,于血经支吾其词,惟称有顾得其经理蒋伯如及公利(洋桥堍)旧货店曹韦成(伪镇长)等共同保管。余属其将存亡情况详报。"②"伟士"即徐伟士,吴中收藏家,吴湖帆姐夫,徐玥之父。抗战后曾任吴县临时参议会委员。顾老首先从徐伟士处得知邴公铿钟及手卷被潘经耜、顾衡如二人代为保管,尚未归还。接着亲访龙寿山房,面询住持通性,并嘱其将血经存亡情况以书面作答。结果二十几日未见回音,于是致信吴县县政府,5 月 7 日《日记》载"写致吴县县政府信,请索龙寿山房复音"③。

潘经耜,生卒不详,名盛年,吴县(今属江苏苏州)人。历任工部即补郎中、贵州思州知府。顾衡如(1870—1944),名彦聪,字聪生,吴县(今江苏苏州)人。为晚清台湾布政使顾肇熙之子,善书法,嗜收藏。

三、龙寿寺血经无恙否(三十五年五月二日《铁报》载)

吴中多名胜,而附郭虎邱,尤为游踪所必至。山塘七里,中间有"五人之墓"及"龙寿血经",来游者往往驻足小憩,借以凭吊义士,观赏手迹。然五人之墓,得张溥《五人墓碑记》一文而名动大江南北;龙寿寺血经之见称,殊不及五人之墓之普遍也。寺在半塘之畔,藏元代僧善继啮指所书《华严经》全部,储石匮中。游客至,可向僧索阅。犹忆某岁,予随先师半兰先生往游,先师题一诗于其上,云:"继公血迹今初见,六百余年历几朝。笠屐来游龙寿寺,斜风细雨半塘桥。"以阅年久,血书暗淡,无复殷然之色。题识累累,多明清人遗墨,而伧楚亦有涂鸦于其间者,白圭之玷,甚为可惜。自经八年抗战,苏沪沦陷,处处戒严,遂废游事。或传

---

①③ 顾廷龙撰,李军、师元光整理:《顾廷龙日记》,第 455 页。
② 顾廷龙撰,李军、师元光整理:《顾廷龙日记》,第 452—453 页。

《华严经》被日人攫去,或谓尚保存无恙。予一再询之苏友,迄今不得其详。如此古物,无人顾问,抑何怪异。深祈保存无恙之说确实,则他日返苏之便得以重览遗迹,其忻幸有非言辞所能形容者矣。　　逸梅

按:此文为郑逸梅于 1946 年 5 月 2 日《铁报》上发表的短文,"先师半兰先生"即胡石予。文中提到血经"或传《华严经》被日人攫去",大概源自 1939 年 6 月 16 日《南京新报》的《龙寿山房血经失踪》以及 1939 年 6 月 18 日《申报》上《三吴古物:元代血经被劫　文献损失殊堪痛心》两则新闻。

前一则云:"吴县文物保管委员会举办之名胜史迹宣传展会,现正搜集图影等材料,一俟各城乡公所呈送齐集,即着手整理定期开幕。兹该会因据风传阊门外山塘中所藏元代高僧血经有失去情事,乃经派员于前日前往调查。据该寺住持僧称,此项血书《心经》,确已于前年秋事变时失去等语。该员据称后已返城将调查所得备交呈复保管委会核办矣。"[1]

后一则云:"苏州通讯:苏州山塘街彩云桥下塘龙寿山房,藏有元代高僧刺血所书《华严经》全部,平常另筑一石龛保存。经上字迹,因年代久远,作淡黄色,为吴中著名古物,载诸志乘。明清两代名人如翁同龢等皆有跋语,近人康南海、陈陶遗等均有题诗,殆不下千百通。该经不特有关三吴文献,即名为国宝,亦不为过。自苏城沦陷,龙寿山房幸仍存在。近日此经忽然失踪,据住持声称,系被劫去。从此中国古物又遭损失矣。"[2]

文中所述"或谓尚保存无恙"的传闻,可见下文。

四、吴中两古物无恙(三十五年五月二十日《新闻报》)

某年到苏州光福镇邓尉山去看梅花,在圣恩寺里吃素斋,那住持很慷慨地拿出几件古董来,一件是《一个蒲团外梅花图》[3],一件是邾牁鼎。后者是周朝的遗物,一度给寺僧盗卖,后来潘文勤公祖荫访寻到了,出重价买来,仍旧放在寺里宝藏着。另外有一个手卷,都是游客观摩以后的题咏。承蒙不弃,也要我题。我看明清两代的达官贵人、名士诗客,满目皆是,如见家珍,我如何可以厕身其间呢?

---

[1]　《龙寿山房血经失踪》,《南京新报》,1939 年 6 月 16 日第 5 版。
[2]　《三吴古物:元代血经被劫　文献损失殊堪痛心》,《申报》,1939 年 6 月 18 日第 4 版。
[3]　应作《一蒲团外万梅花图》,曹允源等:《吴县志》卷七十五上,民国二十二年(1933)铅印本,第 48 叶 a。

后来一想,这也是难得的机会,何妨一附骥尾呢? 因此就大胆老面皮写上一首诗,现在已记不起了。与此同为苏州古物的,有元僧善继血书《华严经》及《莲花经》,计有五十余册,字字工楷,一笔不苟。这种功德伟大可惊,虽然未必尽用血写,至少总得流一点血在银朱里罢。二十余年前,已建筑了一个石库收藏着,似乎上面也有名人题识,却没有像邾恺鼎的多,因为知道的人甚少。苏州沦陷,日寇倒没有想到这两件宝物,所以能够幸存。最近教育部派员去访问,都看到的,并没有损失。可是那寒山寺里的唐钟早给日本人盗去了,现在应当去索运来,以成苏州三宝。   阿蒙。

五、致单束笙先生书(卅五年五月廿二日)

束笙世丈尊鉴:

别来数月,想念为劳。敬维杖履安康,敬恭多吉,慰如所颂。四月中,龙返里数日,曾趋诣崇阶,适驾公出,未获一承麈教为怅。胜利后,徐森玉先生由教育部命为清理战时文物损失委员会京沪区代表,成立办事处,从事调查各地文物状况,龙相助其间。念及吾吴玄墓邾公恺钟及龙寿山房元僧血经,实为有数古物。龙言旋时曾以代表办事处名义,往龙寿山房访问。主持通性谓血经移放他处保存,询在何处及完全与否,则支吾其辞,但允与地方保管人士磋商作复,保管人顾得其酱园经理蒋伯如、前镇长曹韦成等。守候一月,未有复来,因由办事处函托县政府,饬该管警局索一回音。玄墓之钟,并请亦为一探,迄今尚无复函。昨日《新闻报》副刊(三十五年五月二十日)《新园林》载有阿蒙撰《吴中两古物无恙》一则,末谓"苏州沦陷,日寇倒没有想到这两件宝物,所以能幸存。最近教育部派员去访问,都看到的,并没有损失"云云。是项纪载,终有淆乱视听之嫌,不足为据。今必待县政府复到,庶可征信。窃念长者领袖群英,能否亦稍稍追询其下落,收效必宏。倘晤逯县长,乞以敝处去函促其早日作答,如得两古物确然无恙之讯,则不独一人一邑之幸也。祇请道安。侄龙顿首。

按:此札作于 1946 年 5 月 22 日,《日记》有"写信致季老、束老、颉刚"[①]的记录。单束笙,即单镇(1876—1965),又字俶生,号殿侯,吴县(今属江苏苏州)人。清光绪二

---

① 顾廷龙撰,李军、师元光整理:《顾廷龙日记》,第 457 页。

十九年(1902)进士,官至农工商部郎中。顾老见此前致信吴县县政府,久无回音,而沪上《新闻报》副刊《新园林》则刊载"两古物无恙"的消息,认为在未经过县政府调查核实、正式答复前,此新闻有混淆视听之嫌,因此希望借单束笙的私交与影响力,同吴县县长逯剑华交涉,催促其早日作答。

六、单束笙先生来函(卅五年六月二日)

起潜先生惠鉴:

　　别后时念。上次台从来苏,枉顾敝庐,适以事他出,失迓为罪。比奉手教,祇聆壹是。敬谂起居安适,撰述贤劳,慰如遥颂。承询龙寿山房元僧血经,昨与徐伟士兄谈及,据云确系地方人士保管,并未遗失。其郏公铿钟,据朱贯一兄(光福人,本会参议员)云,仍在元墓圣恩寺保存,事变时由寺僧葬在地中,日人屡次逼勒,利诱威胁,寺僧诡词避免。惟名人题咏手卷一轴,似系顾衡如携去,正在设法索取。特先奉复,端颂著安。挨老暨诸同人前均此致候。弟镇敬复。六月二日。

按:由单束笙复函,可知吴中两古物确未遗失,分别由地方人士、寺僧保管,但郏公铿钟的名人题咏手卷,似乎被光福乡绅顾衡如带走保管。单束笙此番所得消息,来源于徐伟士、朱贯一两人。朱贯一[1](1897—1963),字成器,吴县(今属江苏苏州)光福镇人。抗战后出任吴县县参议员,兼任吴县救济院副院长。又,1944 年 12 月 22 日《申报》上登载有顾衡如讣告,"顾衡如先生(毓麟先生之令尊)痛于民国卅三年十一月九日申时寿终正寝,寿七十有五岁"[2]。顾衡如作为保管铿钟名人题咏手卷的当事人,在两年前就已故去,为日后追索文物无形中增加了难度。

七、蒋吟秋先生来函(卅五年六月二日)

起潜我兄有道文席:

　　日前到沪,趋聆教言为快,又承领导观光,尤深感幸。叶退翁处旧藏"要离古碣",已托定友人设法运苏,致未奉烦。徒以匆匆返苏,致徐森老处未及再往,乞

---

① 朱德炎、朱兰佩:《回忆我们的父亲朱贯一》,《吴县文史资料》第 4 辑,1987 年,第 99—101 页。
② 《苏州顾宅讣告闻》,《申报》,1944 年 12 月 22 日第 2 版。

代致意。清点文物事,偏劳诸公主持一切,虽已略知经过梗概,以后如有关于此事之印刷品,如报告或纪录等,请检赐一二,是所至叩。五月十一日《明报》所载吴中古物消息,遵即照抄寄奉,即乞鉴存。我兄爱护文物,夙所佩仰,倘荷随时指教,无任企祷。此请道安。弟蒋镜寰顿首。(六月二日)

按:蒋吟秋(1896—1981),原名瀚澄,又字镜寰,吴县(今属江苏苏州)人。1935 年任江苏省立苏州图书馆馆长,抗战期间转移保护馆内数万册善本图书及重要文卷,抗战胜利后完璧得还。金松岑曾作《完书记》一文,表彰其事。顾廷龙 1946 年 6 月 4 日《日记》载:"得吟秋及单老函,皆为血经事。"[①]

八、吴中著名文献(卅五年五月十一日《苏州明报》)

元僧善继血经无恙,玄墓山邬公铿钟亦妥藏完善,清理文物委会派员来苏调查

本城山塘彩云桥堍龙寿山房所藏元僧善继血书《华严经》及《莲花经》,自元明以来,名流题识甚多,历朝诗文笔记中亦多纪载;再有光福玄墓邓尉山圣恩寺藏有邬公铿钟、名流题咏手卷,以上各物均为吴中著名文献,驰名古今,实国家有数古物,弥足珍宝。此次教育部清理战时文物损失委员京沪区代表办事处以本邑沦陷八载,该项古物是否曾为日寇搜刮,兹为查访该项古物藉资永垂纪念起见,爰派该处总干事顾廷龙于昨日来苏,分向各有关方面详密调查。经数日之博采咨访,已获悉龙寿山房之元僧善继血经两部,迄今仍告无恙,现已由山塘街顾得其酱园经理蒋伯如及山塘镇长赵伟成二人负责保管。而玄墓山之邬公铿钟,亦早经圣恩寺僧人于沦陷初期秘密移藏他处,八年来历遭敌伪搜索,均经寺僧坚决拒绝,故至今仍依旧完善无恙云。

按:此则新闻由蒋吟秋钞寄,顾老阅后,认为该新闻"即以本处致县政府函改装刊载,尤为荒谬,征见县府人员已吃和尚之药矣。束老一复,传闻之词,太不切实矣。即属颉刚致县长一函,本处再致《明报》更正之"[②]。前文中提及代理保管龙寿山房血经的地方人士之一"曹伟成",在此新闻中作"赵伟成",根据下文,可知此人实为"邵伟成",曾任山塘镇镇长。蒋伯如,一作蒋柏如,顾得其酱园经理,曾任虎丘镇镇长。

---

①② 顾廷龙撰,李军、师元光整理:《顾廷龙日记》,第 460 页。

九、颉刚致逯剑华县长函(卅五年六月四日①)

剑花县长先生伟鉴:

日前屈驾临舍,至为感荷。别后即来上海,晤家叔起潜先生,知山塘龙寿寺血经实无下落。而《苏州明报》诬张为幻,造作家叔踏查之事,谓为原物无恙。诚恐僧人手段通天,致七百年之古物沦亡。特此奉函,敬恳予以澈查是荷。刚下星期即归,届时当再走谒也。匆叩政安。弟顾颉刚顿。六月四日。

按:此札为顾颉刚致吴县县长逯剑华,作于 1946 年 6 月 4 日,《顾颉刚日记》有记录②。逯剑华,生卒不详,1945 年 9 月 9 日起任吴县县长,至次年 12 月调离。顾老因之前致信吴县县政府,始终未得答复,不得已托请顾颉刚出面,再次致信吴县县长。据 6 月 4 日《日记》载,顾老当日同顾颉刚夫妇等人赴郑相衡约③。顾颉刚(1893—1980),名诵坤,字铭坚,吴县(今属江苏苏州)人。著名历史学家,为顾老的族侄。

十、再致吴县县政府公函(卅五年六月五日)

函询前请调查龙寿山房血经及玄墓山邾钟实况如何由

五月八日曾上一函,奉恳催索龙寿山房主持将血经现在实况报告,未荷惠复为念。近由吴中人士抄示五月十一日《苏州明报》所载消息一则,竟称"爰派该处总干事顾廷龙于昨日来苏,分向各有关方面详密调查,经数日之博采咨访,已获悉龙寿山房之元僧善继血经两部,迄今仍告无恙,现已由山塘街顾得其酱园经理蒋伯如及山塘镇长赵伟成二人负责保管"等语。查敝处总干事前往调查,因寺僧佯言该血经移藏他处,不能出示原物,仅允与保管人商后作复,未得要领而返。守候兼旬,未有音讯,不得已,敬烦贵府严令该寺主持据实报告。今《明报》消息显与事实不符,恐淆视听,应请贵府切实调查,派员验视原物,并责令保管人出具负责保管证件。又玄墓邾钟及手卷现状如何,亦希赐示确信,实为公便。至纫公谊。此致吴县县政府。

---

① 原稿作"六月廿四日",据信件内容和《顾廷龙日记》记录改为"六月四日"。
② 顾颉刚:《顾颉刚日记》第五卷(1943—1946)"1946 年 6 月 4 日",联经出版事业公司,2007 年,第 671 页。
③ 顾廷龙撰,李军、师元光整理:《顾廷龙日记》,第 460 页。

按:此札作于 1946 年 6 月 5 日,《日记》载:"再致县府函,催询血经下落。"[①]

十一、致苏州明报馆函(卅五年六月五日)

径启者:

顷读吴中人士钞示五月十一日贵报所载,有《吴中著名文献》"元僧善继血经无恙,玄墓山邨公牼钟亦妥藏完善,清理文物委员会派员来苏调查"新闻一则。查敝处于四月十七日派总干事顾廷龙君到苏,专赴龙寿山房调查血经,晤主持通性。据云移藏他处,询其藏于何所及完全与否,则言语支吾,原物未能见到,但允将移藏经过及现在保存状况书面作答。顾君翌日返沪,守候多日,不获音讯,因函请吴县县政府向该僧索一回音,尚无复到。贵报所称"爰派该处总干事顾廷龙于昨日来苏",及"已获悉龙寿山房之血经两部,迄今仍告无恙"等语,查敝处派员并未见到原物,未接到该主持血经无恙之报告,显与事实不符。若果能无恙,何以通性不践书面作答之约? 在敌伪时期,应行秘藏,以免觊觎,现在何以尚不能公开? 即日公开尚非其时,何以不能将保管之人及保管之所详言之乎? 至贵报又称"现已由山塘街顾得其酱园经理蒋伯如及山塘镇长赵伟成二人负责保管"云云,据当日通性所称,保管人尚有数位,仅举蒋、曹(通性言曹,不知曹、赵孰是)二人,此皆敌伪时期保管之人,现在是否继续保管,年来有无变更,皆有问题。总之,敝处在未得县政府复函以前,尚未能信其无恙。素仰贵报言论公正,爱护地方文献亦力,尚祈惠予协助,倘有较确消息见告,甚所感盼。敝处以为,原物一时不克览观,其下落不可不明,至少应由保管人负责书面证明。至邨公牼钟,现亦未有确实消息,甚以为念。敬恳贵报将此函刊出,以资更正而正视听,实为公便。此致苏州明报馆。

按:此札落款为 1946 年 6 月 5 日,作于 1946 年 6 月 4 日,见前文《日记》记载。

十二、蒋吟秋先生来函(卅五年六月廿一日)

起潜先生道席:

前奉手教,诵悉一是。龙寿山房所藏元僧善继血经,曾向县政府教育局代达

① 顾廷龙撰,李军、师元光整理:《顾廷龙日记》,第 460 页。

尊意，请为调查确实。现县府已派教育局王芝九兄会同弟等，于本月十七日前往检视，确已见到，完整无损，即由保管人士及寺僧联名缮具笔录，转县具报部、会矣。知关系注，特此奉达。附上十八日《苏州明报》所载消息一则。此经在战乱之中，幸经地方人士蒋柏如、邵伟成两人协助寺中住持通性，苦心珍护，得告无恙。可否请教部方面或清理文物委员会行文县府，加以奖励。再查见经卷之中，往往为游人任意题记，竟有以铅笔、钢笔题写于经文行间者，殊为可惜。最好亦请会中颁发一纸公文，劝令游人重视名迹，切勿随意涂抹，如有题记，可在另备题跋之卷帙中书之，俾寺僧对游客说话时，有所依据而易于应付，未识尊意以为如何？清点文物会开会时，如弟不克到会，则请代弟签名列席，至叩至叩。专复，即请道安。弟蒋镜寰顿首。六月廿一日。

　　再启者，光福玄墓山邾公牼钟，据王芝九兄调查，曾向光福地方人士探询，此钟并未遗失，至今仍在寺中。惟寺僧珍藏甚秘，不易参观，容俟教育局派人确实目见后，再行奉函。弟秋又叩。

　　森老前乞为代致依驰。清点会中结束会议后，如有简单报告，倘荷摘示一二，尤深感感。

按：王芝九即后文所述王志瑞，时任吴县教育局长。蒋吟秋因亲自查阅血经，见经卷被游人随意涂画、题记，建议文物清点会发布公文，明令禁止游人任意涂抹，后文第十八通《县府布告保护血经禁止题跋或涂抹》（卅五年七月三日《苏报》载）即源于此倡议。

十三、检视善继血经(卅五年六月十八日《苏州明报》)

　　教育局王局长对于保管古物文献，最为关心。昨特会同省图书馆蒋馆长吟秋、县图书馆馆长吴君伟暨虎丘镇镇长及地方人士代表等，前往山塘彩云桥下塘龙寿山房，检视元代高僧继善血经。经检得该项血经共八十一卷，每卷装帧完善，分十七木函，第一函至十六函各置五卷，十七函一卷。又历代名人题跋一函，计七卷。另有无署名血书《妙法莲华经》七卷，装成一函。敌伪时期，幸经地方人士蒋柏如、邵伟成等协助住持通性保管，仍存该处，完好无缺。现蒋柏如业已物故，仍由邵伟成及虎丘镇长孙文才协助原住持继续保管。昨由有关人士缮具笔录，俾便保存此可贵之文献云。

十四、吴县警察局来函(卅五年六月二十四日行字第一三七号)

转报龙寿山房、玄墓山圣恩寺等住持僧所藏文物情形希查照由

案查接管卷内,前奉吴县县政府华秘字第六〇五七号训令,以准贵处理字第七七号函,为调查龙寿山房、玄墓山圣恩寺等住持所藏文物一案,饬责成各该寺住持僧将文物据实详报等因奉此。遵经令饬本局第四警察所及直辖光福分驻所,转饬各该寺住持僧据实报告。具报去后,兹据各该所先后报称,据龙寿山房住持通性称,所藏血经确在本寺密藏。惟前顾委员莅寺调查该项血经,因恐生意外,故未敢直言,并具函前来。又据玄墓山圣恩寺住持僧融宗报称,朱恝钟一具,吴昌硕先生等所书手卷一幅,幸存未失,刻因时局未靖,加之本寺地滨太湖,此类古物现仍密存某处各等情前来,相应检附龙寿山房住持通性原函乙件,函复查照为荷。此致教育部清理战时文物损失委员会京沪区代表办事处。局长赵维峻。

按:公函中玄墓山圣恩寺住持称,郳公恝钟及吴昌硕等手卷未曾遗失。该手卷题咏者仅列吴昌硕一人。吴昌硕(1844—1927),初名俊,后改俊卿,字仓石、苍石、仓硕、昌硕,一作昌石,号缶庐、缶道人、苦铁等。浙江安吉人。诗、书、画、印皆精,为一代艺术大师,西泠印社首任社长。据《缶庐别存》中《为诺上人画荷赋长句》诗"诺公好古乃有获,手拓万本恝钟铭",并注"诺公藏有周郳公恝钟"①一语,推测吴昌硕也曾在郳公恝钟拓本手卷上留有题记,但此手卷是否为潘祖荫拓装手卷,抑或下文"申文定公手卷",有待续考。

十五、附龙寿山房住持通性原函一件

径复者:

本寺元僧善继公血书《华严经》全部,相传迄今已有数朝,为吾苏文物之一,历经变故,相继宝藏。"八·一三"日寇侵犯,迨苏垣沦陷,该项宝贵之文物《华严》血经,由当地士绅蒋柏如、邵伟成监督贮藏该寺秘处。每年夏季督令日曝刷垢,至今完善。于本年五月初,教育部清理战时文物损失委员会京沪区办事委员

---

① 吴俊卿:《缶庐别存》卷一,清光绪十九年(1893)刻本,第3叶 a、b。

会顾廷龙莅寺调查该项血经,住持未敢直言,致支吾其词,使顾委员讳莫如深,函县转钧局调查,应将事实经过、妥为保管情形详实奉告,并恳层转,以释疑窦,实为公谊,谨呈。吴县警察局第四警察所第三分驻所巡官王、龙寿山房住持通性谨呈。中华民国三十五年五月二十四日。

十六、吴县县政府来函(卅五年六月廿六日华教字第七八六九号)

函复龙寿山房血经及玄墓邾牼钟等检视情形希查照由

案准贵处理字第一二七号公函,嘱调查龙寿山房血经及玄墓牼钟实况,责令保管人出具负责保管证件并赐示确信等由,准此。即经饬据教育局长王志瑞调查,复称职奉令后,即于六月十七日上午,会同省立图书馆馆长蒋镜寰暨县立图书馆馆长吴君伟,至山塘彩云桥下塘龙寿山房检视《华严》血经。得知敌伪时期,经地方人士蒋柏如、邵伟成等协助住持通性保管,完好无缺。当经逐一点验,制成笔录,送请鉴核。至邾牼钟,由玄墓寺僧保藏于地下,有地方人士朱贯一可资证明。惟申文定公手卷,闻已战乱中遗失。合并叙明等情前来,相应检附原笔录,送请查照为荷。此致教育部清理战时文物损失委员会京沪区代表办事处。县长逯剑华。

十七、附送原笔录乙份

民国三十五年六月十七日上午,检视吴县阊门外山塘彩云桥下塘龙寿山房所藏元僧善继血书《华严经》。检得该项血经共八十一卷,每卷装帧完善,分十七木函,第一函至十六函各置五卷,第十七函一卷。又历代名人题跋一函,计七卷。另有无署名血书《妙法莲华经》七卷,装成一函。敌伪时期,经地方人士蒋柏如、邵伟成等协助住持通性保管,今仍存该处,完好无缺。现蒋柏如已经物故,仍由邵伟成及虎丘镇长孙文才协助原住持继续保管。除详请另记外,特将检视概况制成笔录如右。

省立图书馆馆长蒋镜寰,吴县教育局长王志瑞,县立图书馆馆长吴君伟,龙寿山房住持通性,虎丘镇镇长孙文才,地方人士邵伟成、周培元、宋祥骥、陈准。

十八、县府布告保护血经禁止题跋或涂抹
(卅五年七月三日《苏报》载)

县府逯县长前据教局王局长签呈,称虎邱龙寿山房所藏之元末高僧善继血书《华严经》等名贵文献,常有游览人士随便题跋、任意涂抹等情,昨特张贴布告,加以劝阻云。兹将原文抄录如下:

案据教育局长王志瑞签呈,称查阊门外虎邱半塘龙寿山房,世藏元末高僧善继血书《华严经》文八十一卷暨无题名血书《妙法莲华经》七卷,为本县名贵文献,数百年来备受珍护,得以完整无缺。惟近查常有游览人士,对于是项血经随便题跋,任意涂抹,且有径书于本眉端或行间者,殊失爱护文献之意,恳予出示布告禁止等情。据此查该项血经为本县名贵文献,自应妥为保存,不得任意污损。据签前情,除指饬外,合行布告。仰游览人士务一体爱护,不得再有任意涂抹情事,用示珍惜地方文献之至意。其各遵照为要。

十九、函请追索玄墓申文定公手卷由(未发)

案准贵府六月廿六日华教字第七八六九号公函,复开龙寿山房血经及玄墓悭钟等检视情形等由,准此。该血经由地方人士蒋柏如、邵伟成等协助住持通性,于敌伪时期多方保存,获告无恙,殊可嘉佩。惟玄墓悭钟保藏地下,希属地方人士妥为照料。所称申文定公手卷闻已战乱中遗失一节,查此手卷,相传当年系由潘经耜(盛年)、顾衡如(彦聪)取去保管,现在顾衡如虽已故世,有其子在苏,而潘经耜亦尚健在,应请贵府调查属实,严加追索,以免干没,实为公便。仍希见复为荷。此致吴县县长逯。卅五、七、十一。

按:此通公函未发,落款为 1946 年 7 月 11 日,《日记》未见记录,而此年 7 月 12 日至年底,日记中止,因此无从知晓顾老追索玄墓寺手卷的下文。此函称手卷为申文定公手卷,与上述潘祖荫拓装手卷疑为两物。有此推断,依据如下:

一、潘祖荫借去圣恩寺邾公悭钟、拓装手卷一事,《能静居日记》载之最详。光绪十三年(1887)二月二十二日,赵烈文至圣恩寺,登还元阁,"主僧诺瞿,扬州人,久知余名,礼貌甚重。出示邾公悭钟……先是,此器寺僧不能守,鬻之富民李氏,苏绅某赎归

寺中。未久,守僧又欲持贿当事,求主寺,事未果。诸瞿既至,适潘尚书祖荫以忧归,谋取之,其族人翰林遵祁不可,乃假拓而返之,并装拓本为卷,以遗诸瞿……诸瞿请余作跋,因留数行"①。此拓本手卷亦见诸《潘钟瑞日记》"饭后,诸瞿出镇寺古钟,所谓邾钟者。字文极细,五彩斑斓。另有装成精拓本,郑庵弟首题之,题者数家。诸公亦以属余……返于阁下,为邾钟拓本上缀跋数语。"②"郑庵弟"即潘祖荫。《翁同龢日记》也有记录,光绪十五年八月十九日"题邾公牼钟拓本,寺中藏器"③。1915 年《谭延闿日记》载"僧圆通出视邾公牼钟,古色斑斓,请题名搨本,卷后潘郑盦、翁松禅题识在焉"④,翁松禅即翁同龢。1921 年 4 月 11 日《申报》有指严撰《邓尉探梅记(中)》一文,提到"寺藏邾牼古钟,僧出视之,蠡纽猬乳,古色黝然。别有拓本,多题咏,吴愙斋先生墨迹及其哲嗣讷士所跋,均可观"⑤。至此,可知拓本手卷上至少有潘祖荫、潘钟瑞、赵烈文、翁同龢、吴大澂、吴讷士、谭延闿等名士题跋。此手卷经潘祖荫装拓而成,因此题咏者只能为晚清民国人士。

二、上文第四通 1946 年 5 月 20 日《新闻报》中《吴中两古物无恙》所述,"另外有一个手卷,都是游客观摩以后的题咏",此手卷上"明清两代的达官贵人、名士诗客,满目皆是",第十六、十九通函件均题此手卷为"申文定公手卷",申文定公即明代申时行。仅从题咏者年代可判断,该手卷绝非潘祖荫拓本手卷。

这说明圣恩寺藏邾公牼钟手卷不止一种,目前已知有申文定公手卷、潘祖荫拓装手卷以及第十四通"吴昌硕所书手卷",详情究竟如何,有到底两种还是三种,留待日后考证。

二十、结　语

以上即为顾老辑录调查元僧血经及邾公牼钟始末的全文。作为教育部清理战时文物损失委员会京沪区办事处总干事的顾老,先是从潘睦先处得知吴中藏有二宝,即元僧血经及邾公牼钟,至为重要,需派人调查核实战后的下落,于是亲赴苏州考察。收藏家徐伟士向其报告,邾公牼钟及手卷在战时由当地乡绅潘经耡、顾衡如代为保

---

① (清)赵烈文撰,樊昕整理:《能静居日记》"光绪十三年(1887)二月二十二日",第 2903 页。

② (清)潘钟瑞撰,尧育飞整理:《潘钟瑞日记》"光绪十一年(1885)正月廿六日",凤凰出版社,2019 年,第 249 页。

③ (清)翁同龢撰,翁万戈编、翁以钧校订:《翁同龢日记(附索引)》,上海辞书出版社,2019 年,第 2347 页。

④ 谭延闿:《谭延闿日记》第三册"民国四年(1915)三月三日",中华书局,2019 年,第 356 页。

⑤ 指严:《邓尉探梅记(中)》,《申报》,1921 年 4 月 11 日第 14 版。

管,尚未归还。顾老接着面询龙寿山房住持通性,虽获知元僧血经尚存,但未能亲检此书,因此要求住持后续以书面作答。忽忽匝月,未得回复,顾老不得已致信吴县县政府,反映实情并要求彻查吴中两文物的去向。在此期间,沪苏两地新闻报纸亦关注此事,《新闻报·新园林》《苏州明报》发布未经核实的信息,顾老认为新闻有悖事实,混淆视听,致信报社,要求更正。与此同时,与单束笙、蒋吟秋(江苏省立苏州图书馆馆长)、逯剑华(吴县县长)互通书信,并委托族侄顾颉刚函催逯剑华处理此事。最终推动江苏省立、苏州县立图书馆联合当地教育局、警察局等部门以及地方人士,同赴龙寿山房,亲自检视血经,一一点验,制成笔录,并发布禁止题跋或涂抹血经的布告,以保护地方文献。而玄墓圣恩寺所藏郘公牼钟,由地方人士朱贯一证明仍保藏于地下,手卷则闻已毁于战乱。顾老又起草公函,要求吴县继续调查,严加追索手卷下落。但不知为何,此函件未发送。不过顾老此番调研走访、多方催询,最初目的已然达成,即查明两件吴中巨宝尚存于世。此后,由于龙寿山房日渐衰败,1959年,元僧血经连带着安置经卷木橱的铁幢石龛,一并转移至苏州西园戒幢律寺内。圣恩寺藏郘公牼钟亦为妥善保管,解放后由南京博物院收藏。[①]遗憾的是,圣恩寺郘公牼钟手卷,目前命运尚未清楚,或已毁于战乱,或为人干没,或仍藏于某处?顾老一生勤于笔耕,重视保留历史记录,此番调查所涉文书均由他逐字抄录,整理成稿。幸有顾老的及时记录,为后世了解此段历史保留了详实且珍贵的资料,同时提供了继续调查研究的线索。

---

① 15422号郘公牼钟乙(䵵公牼钟),见吴镇烽:《商周青铜器铭文暨图像集成》,上海古籍出版社,2012年,第13页。

典 / 藏 / 传 / 布

简论顾廷龙先生的藏书理念

——从《创办合众图书馆意见书》说起

柳和城

（上海文史学者）

1939 年 7 月，顾廷龙先生应叶景葵、张元济之邀，携全家由北平南下抵沪，入住辣斐德路 614 号合众图书馆筹备处，开始筹备图书馆事宜。几天后，一份《创办合众图书馆意见书》（以下简称《意见书》）送到了叶景葵先生的案头。叶、张二老在《意见书》上有多处批注，在肯定顾廷龙的基本设想基础上，又补充或修正了若干意见，从而形成了较为完整成熟的创办一家私立图书馆的办法。《意见书》所体现顾廷龙的藏书理念值得我们探讨，他主持合众的实践更值得我们后人敬仰和学习。

一

合众图书馆由叶景葵捐资创建，文献多来源于同人捐赠。叶景葵的卷盦藏书、张元济的涉园藏书、蒋抑卮的凡将草堂藏书等等，都以传统书籍为主。诚如顾廷龙在创办合众意见书中说："为保存固有文化而办之图书馆，当以专门为范围，集中力量，成效易著。且叶先生首捐之书及蒋先生拟捐之书，多属于人文科学，故可即从此基础，而建设一专门国粹之图书馆，凡新出羽翼国粹之图书附属之。"[1]张元济肯定了顾的基本观点，并把此定为图书馆的"宗旨"。他批注云："宗旨：一专取国粹之书，二不办普通阅览。宗旨既定，一切办法便可依此决定。张。"[2]叶景葵作了一条重要补充，他批注云："东西文之研究我国文化者，当与我国著述并重。叶。"[3]这条意见极富时代特征，显示创办者中西并蓄的博大胸怀和锐利眼光。藏书宗旨既定，接下来当然是图书管理与编目问题。

顾廷龙南下之前在北平燕京大学图书馆工作，熟悉图书馆管理事宜，他在《意见

---

① 顾廷龙：《创办合众图书馆意见书》，《顾廷龙文集》，上海科学技术文献出版社，2002 年，第 604 页。
②③ 顾廷龙：《创办合众图书馆意见书》，第 604 页。

书》中有关经费分配一节,指出:"各图书馆往往于图书费中有装钉费占其四分之一,以本馆情形言,装钉一项似可省去。"缘由为:

> 关于装钉一事,各图书馆为模仿西式,又便于与西书并列起见,北方及欧、美各馆均做布套。套式约三种:曰筒子套,曰三角套,曰折套。每个现价约四角至六角。南方各馆多改洋装。而洋装种类亦甚多:曰平装,曰硬装,又分皮脊布面,布脊纸面、全皮、全布、全纸等。每本六角至一二元不等。本馆书籍应否做套或改洋装,须加斟酌。其利弊如下:做套虽可使书本不致散失,足御风尘,陈列插架,可卧可立,极为便利。惟折套(即旧时通行式。)立置架上,取放不慎,书根每易擦损;筒子、三角套,则套中偶失一册,匆匆不易察及。南方卑湿,浆易脱性,又易生蠹。而沪上既乏专工,勉强招来,值昂而工劣,甚不相宜也。改装则仅足与西书并列,他不见其善处,其弊则甚多。①

改变旧书装帧既费工费时,又伤害原书,叶、张二老肯定顾的意见:"旧本不可改装,亦不必一一做套,卷帙多者做套则不易散失。当仿宿迁王氏之布套,不用黏糊,而用钮扣,俟物价稍平再做。叶。再加一木板,板上钻眼,与布缝合,取携较便,亦不伤书,记得涵芬楼中有此款式。张。"②顾廷龙认为,本馆专门国粹图书,不妨用旧式卧置之法,有布套或夹板者仍之,每一种夹一书签,借时调取亦甚方便。"书衣有破碎者,或换或加,脱线者重钉之,既可保存固有之式样,而架上可以多容书本,又省装钉之费。"③叶景葵批注说:"中国书宜平放,北平图书馆善本书亦平放。"④肯定了顾廷龙的意见。这一图书装帧、置架方式一直沿用了下来。解决了书籍陈列问题后,就是编目。

顾廷龙在《意见书》中比较了四库分类、美国杜威十分类和王云五中外图书统一分类三种分类法的各自优劣,认为"本馆以旧书为专门,则似以四库旧法为善。……若以为四库之法不善,则不妨用四库以前之法修改重订,总以不失中国固有分类法为原则,亦所以谋保存中国旧时藏书之遗风"⑤。张元济对此意见肯定的同时作了补充修正:"四库子部分目最欠妥贴,史部亦有可议之处,既以专收国粹书籍为限,则不妨悉仍旧贯,但遇有新出研究国粹之书加入时,稍费斟酌可耳。"⑥顾廷龙为编目事登门请教了张元济,二人进行了深入的探讨。张元济将这次谈话告诉叶景葵:

> 前日顾起潜兄来寓,谈合众图书馆编目事,并携有各家书目,均采四库而略

---

① ② 顾廷龙:《创办合众图书馆意见书》,第605页。
③ ④ 顾廷龙:《创办合众图书馆意见书》,第606页。
⑤ ⑥ 顾廷龙:《创办合众图书馆意见书》,第606—607页。

加变通者。其意以四库编次不无可议,拟就后出诸家择善而从。弟意本馆既以国粹为主,各家书目虽各有见地,而资格究在四库之下,且亦未必尽善。何去何从,颇难适当。不如悉从四库,较为持之有故,言之成理。惟起兄提出两条:(一)四库以丛书入杂家,现拟另编;(二)近人著哲学类可附入国粹者,应否增加哲学一门。鄙见丛书日新月盛,与四库成书时不同,自当变通。惟第二题殊难决定,或勉附杂家各门,似亦一道,谨请裁酌。①

叶景葵将张信转给顾廷龙。两位老人的修正把顾廷龙的藏书编目理念变得更为清晰,更为可供操作。丛书单独分类,近人哲学新著附入子部杂家,从此成为合众的编目特色。

二

对于捐赠及自购书,顾廷龙认为应当略加区别,藏书可分为善本与通行本两种。善本名目甚泛,难得标准,但还是应该拟订范围:

　　(一)珍本　一古本(明以前刻本),二精刻本,三流传不广之本。

　　(二)秘本　一批校本,二钞本。

　　(三)孤本　一稿本。②

叶景葵在顾廷龙《意见书》上述文字后批注云:"善本之界限极难分别,人文研究所不分善本与普通本,鄙意初步宜仿行之,俟本馆造成书库,则凡不易得之本,皆入特别库。凡入特别库者,皆得谓之善本。北平图书馆所谓善本书目,亦指善本书库所存而言。此意当否,乞与菊公斟酌定之。叶。"③张元济也主张"难得之本"借阅应有所限制,他说:"既不办普通阅览,自无须分别善本、普通本,但最难得之本于未建书库之前,鄙见似亦应特别储存,否则介绍入览之人,辄有请求,殊难应付。张。"④

众所周知,叶景葵的卷盦藏书以钞、校、稿本著称于世。其中清代地理学家顾祖禹的《读史方舆纪要》稿本,当属善本之列。叶氏收得此书时为一堆纸团,书页粘连,蠹虫成灾,他化了数倍书款的代价,请修书高手整理成册,从虫口夺回了这部珍本。1935年夏,顾廷龙与叶景葵开始通信,就是为了讨论校勘《方舆纪要》。由顾廷龙介

① 张元济:《张元济全集》第一卷,商务印书馆,2007年,第313页。
② 顾廷龙:《创办合众图书馆意见书》,第607页。
③ 顾廷龙:《创办合众图书馆意见书》,第607—608页。
④ 顾廷龙:《创办合众图书馆意见书》,第608页。

绍,国学大师钱穆加入了校勘队伍,成就了一段烽火年代的藏书佳话。卷盦藏书中的近代文献,包括赵尔巽档案、清人日记以及叶氏本人相关史料,无不属于秘本、孤本,显示合众图书馆藏品的特色与价值所在。接着,蒋抑卮、张元济、李拔可、陈叔通、叶恭绰等先后捐出各自藏书,内有大量清末名流的日记稿本、抄本及手札、电报稿等近代历史文献,使得合众的藏书更为宏富。1941年9月,蒲石路(今长乐路)馆舍落成前后,叶景葵与顾廷龙似乎更加关注近代文献的购藏。下面举几个例子。

清末著名维新派人物汪康年师友书札,其入藏经过颇具传奇色彩。顾廷龙写道:"一九四二年秋,合众图书馆与叶揆初先生先后移入新屋。揆老退居多暇,有时安步当车,访问附近亲友。一日至汪振声君家,见其检置资料一大堆,询其何为?则曰将以废纸弃去。盖深恐日本侵略军随时闯入搜查,如被发现,必致滋生祸端。揆老随手检视,则皆汪穰卿先生师友所贻手札,而经其弟颂谷先生手加整理者。"①颂谷,即汪康年之弟汪诒年。汪振声,号晓村,浙江吴兴人,银行家,时在重庆。叶氏所见拟将以废纸弃去者并非汪振声本人,很可能是其家属。如不是叶景葵及时发现拦阻并为合众购藏,这一大批历史文献恐怕早已成劫灰。1986年上海古籍出版社能出版《汪康年师友书札》,嘉惠学人,叶景葵抢救保存之功厥伟。

又如,孙宝瑄的《忘山庐日记》。孙宝瑄,字仲玙,清末重臣、民初政客孙宝琦之弟,维新派人士。其日记内容丰富,史料翔实,涉及清末政治、外交、文化等众多领域。为征集这部文献,叶景葵出面斡旋,"拟公函颜骏人之夫人,提议归合众图书馆保存,因仲玙之子,颇不更事,颜夫人为仲玙胞妹,或有力量可以玉成此事。余到京应试时,与仲玙常往来"②。颜骏人,即颜惠庆,叶景葵试图凭借此层关系,着力斡旋收藏《忘山庐日记》,只是最终"仲玙之子坚欲取回《忘山庐日记》,谓将由己手编印,不假他力,因再向商借抄一副,如仍不允,只好奉还"③。叶氏仔细阅读了日记,写下长长的题跋,对作者的思想作了高度的评价:"君极佩李文忠甲午之战主和,而反对与俄订密约。庚子以后,深知文忠之联俄,有救国之苦心。又佩项城之雄才,谓其赞助立宪,有功于国家。……君之论学、论政、论人、论事,皆平心静气,不执成见,不尚空谈。如苏、浙各省拒款筑路一事,此倡彼和,狃于路亡国亡之说,君独引各国已事为鉴,谓借款筑路,并非失策,可谓朝阳鸣凤。日记中于友朋酬酢、家庭琐屑,以及诙谐狎邪诸事,无不据

① 顾廷龙:《汪康年师友书札跋尾》,《顾廷龙文集》,第343页。
② 叶景葵:《卷盦札记》,叶景葵著,柳和城编:《叶景葵文集》(中册),上海科学技术文献出版社,2016年,第686页。
③ 叶景葵:《卷盦札记》,《叶景葵文集》(中册),第701页。

实直书,绝无隐饰,盖君固以'毋自欺'为宗旨者也。"①叶景葵与孙氏家属交涉之际,顾廷龙及时安排人抄录这部日记。顾廷龙1941年4月2日日记云:"撰丈来……又言孙慕韩之弟宝瑄有《忘山庐日记》,今访得十二册,闻遗失约十八册。"②是年秋,顾廷龙就安排人手抄录。1941年10月9日日记云:"秋农夫人来,携去《忘山庐日记》癸卯一册。"③12月4日云:"秋农夫人来,托表镜架心八幅,并缴《忘山庐日记》一册……今日起钞费润每千字以五角计(加一角)。"④1941年12月25日云:"秋农夫人来,《忘山庐日记》钞完,换抄《栩缘日记》,共六册,并交之(留彼纸有四百五十张)。"⑤前后花了两个半月时间,最终将十二册《忘山庐日记》抄完。顾廷龙亲自校勘一过。

顾廷龙日记提到"换抄"的《栩缘日记》,为其外叔祖王同愈的日记。1941年4月14日日记云:"赴三舅处,出示外叔祖随笔六册、日记七册,颇有可观,携归细读,年谱或可有成。"⑥叶景葵读《栩缘日记》后题识云:"此记虽系残帙,所足贵者,鉴别书画碑版精审无伦,固与吾家缘督先生如骖之靳,而于画学知行并进,为缘督所不及。余识先生已在苏路协理时,嗣后苏浙路同时收归国有,先生留任清算。而余亦被浙路股东举为清算处主任,所业既同,乃有商榷请益之机会。先生冲淡和平,论事极恕,诚大耄之征也。壬午正月读竟,叶景葵识。"⑦叶景葵与顾廷龙看重名家日记独一无二的版本价值外,还重视日记的研究价值,即试图通过日记寻找学问的证据,从而实现日记价值的最大化。

张元济在商务印书馆任职时留下三十五册《馆事日记》,曾寄存于合众图书馆,后取回。1949年末张元济中风,经过治疗后卧病在床,1953年春精神稍好,陆续整理自己的文件。顾廷龙回忆:"一日,余往省视,入其房门,见满装旧信五、六麻袋。其一袋之面上即为日记卅五册,其他均为信札。张先生对自己旧时给人的信以为不值得保存。翻阅旧时日记及信件亦即以为无用而投之字篓。余取日记翻阅,张先生亦接去翻阅,余言不可弃去,应交图书馆保存。张先生不作声。又取阅各信,余再说'你的日记及信件,不交图书馆保存,人家必骂我。'先生翻阅傅增湘先生信件后笑说:'谈收

①　叶景葵:《忘山庐日记跋》,《叶景葵文集》(中册),第827页。
②　顾廷龙撰,李军、师元光整理:《顾廷龙日记》,中华书局,2022年,第149页。
③　顾廷龙撰,李军、师元光整理:《顾廷龙日记》,第190页。
④　顾廷龙撰,李军、师元光整理:《顾廷龙日记》,第201—202页。
⑤　顾廷龙撰,李军、师元光整理:《顾廷龙日记》,第206页。
⑥　顾廷龙撰,李军、师元光整理:《顾廷龙日记》,第152页。
⑦　叶景葵:《栩缘日记题识》,《叶景葵文集》(中册),第824页。

书,可保存。'从此先生即每日检阅旧信。……最后通知我把麻袋中信携馆保存。日记一包于一九五三年四月五日送馆。"①

20世纪80年代初,商务印书馆先后整理出版了《张元济日记》《张元济书札》与《张元济傅增湘论书尺牍》等,就是根据当年顾廷龙努力保存下来的那些麻袋里的文献。另外一部分旧信,80年代后期张树年先生为编著《张元济年谱》做过整理,引入《年谱》。2017年出版的《上海图书馆藏张元济往来信札》煌煌十四巨册,则是这批信札的集大成者。如果当年这些宝贝给了别家保管,也许早已流散天涯!饮水不忘掘井人,顾廷龙先生为张元济研究做出了巨大贡献。

三

1956年,顾廷龙写过一篇文章,题为《我在废纸中抢救历史文献的一点体会》。虽则某些内容不可避免带有那个时代的烙印,但总体上是合众图书馆时期藏书理念的继续和发展。他从"抢救废纸"的实际工作中,发现各地文教部门对文献的理解有很大偏颇,导致许多珍贵文献被弃为废纸。他认为不仅是书籍,搜集范围还应该包括:"档案方面,例如:告示、报销、统计、公文、公报等,这些是实际的政治史料,反映了当时的统治制度。""家谱方面,例如:族规、分关书、家训、祖先图、世德记、姓氏考等,这是研究封建社会家族制度的重要材料。""社团记载方面,例如:报纸、杂志、报告、传单、章程、纪念册、人名录等,这些材料一定程度地反映了当时的社会活动情况。""个人记载方面,例如:日记、笔记、手札、讣闻、哀启、寿文、挽诗、传文等,这些材料一定程度上反映了学术、时事、风俗。""财簿方面,例如:商店的进货簿、营业簿、货价簿,工厂的物料簿、工资簿,地主家的收租簿、完粮簿,民众团体的征信录,家庭或个人的伙食簿、杂用簿,以及婚丧喜庆的用费簿、礼物簿等,这些材料,一定程度地反映物价和工资,工业品的生产情况及商品的销售情况,当时人民的生活水平和生活方式。""民间文艺方面,例如:小说、故事、戏本、弹词、鼓词、唱本、歌谣、宝卷、诙谐文等。""古典艺术书籍,例如:乐谱、棋谱、法帖、画谱、游戏书等。""图片方面,例如:照片、画片、金石拓片等。"他还强调指出,迷信书、科举时代的课艺、试卷、题名录等等,甚至小小的电影说明书,均有一定的史料价值,都在搜集的范围之内。②

---

① 顾廷龙:《张元济与合众图书馆》,《顾廷龙文集》,第570页。
② 顾廷龙:《我在废纸中抢救历史文献的一点体会》,《顾廷龙文集》,第639—640页。

　　从合众到上图,顾廷龙的图书馆工作始终贯穿了这一思想。1985 年 11 月他在与李希泌先生的对话中,进一步对文献的范围作了科学的界定,在 1956 年观点的基础上增加了教育书、少数民族文籍、基督教出版物及译书、古存简籍、著述稿本等共十六个方面。谈话中,他特别举了两个生动的例子。一、潘景郑先生收集到汪鸣銮家的账册,"后来并经冒鹤亭、张元济、顾颉刚先生加以题跋,张元济题署为《廉泉录》,从中可知当时京官清贫,依靠亲友门生资助的情况,这便具有一定的史料价值,足备清季京官的掌故"。[①]二、1931 年顾廷龙在北平时,书友得到一批沈曾植藏书,内有门簿一册,书友以为无用,顾廷龙认为可作史料,书友就送给了他。他带到上海后请教了张元济、冒鹤亭二位老先生。"张先生说:'京官宅子之门簿,阍人来访之客之姓名住址及来访之原因,或见或否,有时并及其官职及与主人之关系,以备酬答之用。'冒先生说:'中国礼俗尚于往来,老辈于寻常宾客若过五日不答拜则谓为不敬。此门簿之设之由来。而于婚丧祝寿尤极重视,不通庆吊者等于绝交。'又说:'往时京朝官往还率皆师生、同年、同乡、世交、亲串;无故而奔走权门者有之,则众目为钻营。'这种情况,恐怕所谓正书中是找不到的。"[②]图书馆工作者的藏书理念就应如此。

　　顾廷龙主持合众图书馆时,收集了大量明清两代科举试卷,俗称朱卷。应试人考场内所作称墨卷,考毕由考官安排用朱笔抄录的叫朱卷,后人刊印的也称朱卷。朱卷上详列卷主家世,其格式先载姓名履历,继载始祖以下尊属及兄弟叔侄、妻室子女,附载受业、受知师等。这些内容都属于传记范畴,其价值往往超过应试八股文本身。顾廷龙对李希泌讲了一段故事:"有一次,叶景葵先生要写熊希龄先生的传略,但对熊的家世不详。他来问我,我从熊的朱卷中查到了熊的详细世系,答复了叶,叶很满意。朱卷的史料价值是很高的,是传记学的重要参考文献资料。"[③]

四

　　图书文献,人类知识的载体,贵在传播和利用。中国古代藏书楼,主人大都偏重于"藏",图籍往往秘而不宣。这恐怕与旧时闭塞、保守的国民性有关。近代以来,西方公共图书馆思想的传入,逐渐改变了中国人的观念,一大批有识之士纷纷办起各式

---

① 顾廷龙:《从图书馆工作角度谈文献——与李希泌先生的一次对话》,《顾廷龙文集》,第 626 页。
② 顾廷龙:《从图书馆工作角度谈文献——与李希泌先生的一次对话》,《顾廷龙文集》,第 627 页。
③ 顾廷龙:《从图书馆工作角度谈文献——与李希泌先生的一次对话》,《顾廷龙文集》,第 629 页。

各样的图书馆，为传播科学和民主、改变人们的知识结构作出了重大贡献。张元济为商务印书馆办起了涵芬楼和东方图书馆，叶景葵发起创办合众的同时，上海已有明复、鸿英等多家私人图书馆。许多私家藏书楼也对藏书持开放的态度，自印家塾本或借与各书局承印珍本善本，顾廷龙在《意见书》中也专门有一节论及"秘笈力谋流布"：

> 本馆从事专门事业之理想，书籍专收旧本，秘笈力谋流布，当别设编纂处。即就叶先生藏书而论，名人未刻之稿当为刊传，批本、校本当为移录，汇而刊之。罕见之本当与通行本互校，别撰校记，以便学者。编纂目的，专为整理，不为新作，专为前贤行役，不为个人张本。图书馆之使命一为典藏，一为传布。秘籍展览仅限当地，一经印行，公之全球，功实同也。①

张元济批注云："刊布之事，似可俟图书充足，经费宽裕之日，再为之。张。"②这是善意的提醒，经费确实至关重要。限于当时"孤岛"险恶的环境和合众初创的现实，不可能一蹴而就刊印很多文献，但创办者们已有了远景规划。"收书、编书、印书"这一宗旨，贯穿顾廷龙主持图书馆工作的全过程。

先易后难。顾廷龙把一些篇幅不大又罕见的善本书籍，编印成《合众图书馆丛书》两集，第一集十四种，第二集一种，共十五种。书目如下：

第一集

　　恬养斋文集四卷补遗一卷　（清）罗以智撰　民国二十九年（1940）排印
　　吉云居书画录二卷补遗一卷　（清）陈骥德撰　民国三十一年（1942）石印
　　潘氏三松堂书画记一卷　（清）潘志万辑
　　吉云居书画续录二卷　（清）陈骥德撰
　　李江洲遗墨题跋一卷　（清）□□辑
　　朱参军画象题词一卷　（民国）叶昌炽辑
　　余冬琐录二卷　（清）徐坚撰
　　凫舟话柄一卷　（清）许兆熊撰
　　寒松阁题跋一卷　（民国）张鸣珂撰
　　闽中书画录十六卷首一卷　（清）黄锡蕃撰

以上民国三十二年（1943）石印

---

① 顾廷龙：《创办合众图书馆意见书》，《顾廷龙文集》，第604—605页。
② 顾廷龙：《创办合众图书馆意见书》，《顾廷龙文集》，第604页。

里堂家训二卷　（清）焦循撰　民国三十二年（1943）据稿本景印

论语孔注证伪二卷　（清）丁晏撰

东吴小稿一卷　（元）王实撰

归来草堂尺牍一卷　（清）吴兆骞撰

以上民国三十四年（1945）石印

第二集

炳烛斋杂著　（清）江藩撰　民国三十七年（1948）石印

舟车闻见录二卷杂录续集一卷续录三集一卷

端研记一卷

续南方草木状一卷

广南禽虫述一卷附兽述一卷[①]

顾廷龙编完第一集后撰写跋文云："本馆丛书之辑，志在使先贤未刊之稿或刊而难得之作广其流传，顾非一馆之藏之力所克胜任。缘商同志，谋集腋成裘之举。"[②]并作《合刊焦里堂家训二卷跋》[③]、《东吴小稿跋》[④]等，简明扼要地叙述了来源和价值。

顾廷龙还主持编印了二十七八种合众图书馆与后来上海市历史文献图书馆书目。包括捐赠人张元济的《海盐张氏涉园藏书目录》（1946 年）、叶恭绰的《番禺叶氏遐庵藏书目录》（1948 年）、叶景葵的《杭州叶氏卷盦藏书目录》（1953 年），以及蒋抑卮、李拔可、胡朴安、顾颉刚、潘景郑等人的藏书目；也包括各时期其他书籍、杂志、报纸、金石拓本等目录。内容之详实，持续时间之长久，在私人图书馆的历史上是不多见的。

合众创办人都积极向图书馆捐赠日记。叶景葵的《罪言之一鳞》，为其 1911 年 4 月至 7 月接任大清银行正监督期间的日记，记载了他奉命赴东三省调查币制与吉林省官银局大火案期间的活动。文献真实地反映了清政府最后数月经济活动的某些侧面，涉及众多与作者交往的人物。他所收藏叶瀚的《快余生自纪》、高梦旦的《懑斋日记》、袁昶的《渐西村人日记》，蒋抑卮藏谭献的《复堂日记》，顾廷龙购藏陈少石的《宝迂阁日记》等，都是难得的近代史料，弥足珍贵。张元济除了捐赠他在商务印书馆任

---

① 上海图书馆编：《中国丛书综录》，中华书局上海编辑所，1959 年，第 381—382 页。

② 顾廷龙：《合众图书馆丛书第一集跋》，《顾廷龙文集》，第 264 页。

③ 《顾廷龙文集》，第 209 页。

④ 《顾廷龙文集》，第 284 页。

职时的日记外,还将手录翁心存道光三十年日记一册,捐给合众图书馆。顾廷龙 1950 年 10 月 12 日日记云:"访菊老……菊老手录《翁心存日记》,缓日可送馆。"①翁心存,晚清重臣,翁同龢之父,其日记稿本共二十七册,现藏国家图书馆,其中二十五册为张元济捐赠,两册为翁之熹捐赠。今上海图书馆所藏一册,应即当年张元济手录之本。张元济 1925 年曾印行过《翁文恭公日记》(即翁同龢日记),他得到翁心存日记后也想印行出版,此事曾同顾廷龙探讨过。1945 年 4 月 3 日,顾廷龙拜访张元济,"谈及所得《翁心存日记》,现在钞其大事,将来可印,凡酬酢衣饰琐事均删去。余以为日常生活真应留后人知之。菊老不以为然"②。在张元济看来,印行这些日记可以删节,以凸显其中"有价值者",即选录日记作者参与的朝政大事,当年他整理印行翁同龢日记就有删节。顾廷龙不以为然,他很注意日记的日常生活价值,注意保存资料的完整性。两种方法孰优孰劣? 笔者以为,顾廷龙先生的方法无疑更胜一筹。

由此,笔者想到张元济友朋书札整理中存在过的同样问题。《上海图书馆藏张元济往来信札》出版之前,已有多种书札整理本行世,如《张元济书札》与《张元济傅增湘论书尺牍》还流传甚广。一般读者没条件见到原件,当然只能以整理本为准研究引用。见到原件影印件后,发现有些信件文字已被整理者随便删改、增添,甚至篡改原意,达到令人吃惊的程度。张元济阅读来信有个习惯,边读边在相应文字旁写下批注,即回复的要点。当时人们一般不署年份,甚至不署日期,而张元济在民国后常用阿拉伯数字批注收信或复信的年月日,正好补正来信无准确年份的缺憾。但是,有的整理者不知出于什么动机,一股脑儿删去了张元济的批注和所署日期。殊不知这些文字,本来就是这件文献不可分割的组成部分,删去了不就成了残件了吗?

随着印刷技术的进步特别是数字化储存与传播方式的普及,历史文献的复制变得更为快捷,大批文献的影印出版成为可能。近年上海图书馆所藏文献出版的大型汇编就有:《上海图书馆藏钞校本日记丛刊》(八十六册)、《上海图书馆藏张元济往来信札》(十四册)、《上海图书馆藏孙毓修稿钞本丛刊》(二十五册)与《上海图书馆藏孙毓修友朋尺牍》(四册)等。这些皇皇巨著一般个人无力购藏,主要为图书馆收藏。那么,排印本整理随之也成为必须。我不知道现今的 ChatGPT 或国产 AI 能否识别毛笔汉字,如果不能的话,还得靠懂书法的人来做释文工作,这里就有个原则即理念问

---

①　顾廷龙撰,李军、师元光整理:《顾廷龙日记》,第 551 页。
②　顾廷龙撰,李军、师元光整理:《顾廷龙日记》,第 418—419 页。

题。希望今后的整理者们能像顾廷龙先生当年主张的那样，保留文献的一切信息，完整地呈现历史文献的本来面目。

2024 年 6 月于上海浦东明丰花园南窗下

附记：今年是顾廷龙先生诞辰一百二十周年纪念，以此简论奉献顾老诞辰。

从上海图书馆藏文献看顾廷龙与燕京大学
图书馆的交往(1939—1951)

邓　昉

（上海图书馆历史文献中心）

1939 年 7 月，顾廷龙应叶景葵、张元济的邀请，辞去在燕京大学图书馆的工作，回到上海，进入合众图书馆。在合众图书馆，他被聘为总干事一职，负责图书馆的一切日常事务，包括文献采访、编目、典藏等。时值抗日战争爆发，中国的文化事业遭到日寇破坏，尤其是江南地区，大量的私人藏书和公共机构藏书被搜掠。因此合众图书馆成立之后，就尽全力于搜求文献，此举得到了许多私人藏书家和公藏机构的支持。这不仅仅是一所图书馆馆藏文献建设的基础工作，更是"合众"筹办时"保存固有文化之责任"的体现。

顾廷龙曾经工作的燕京大学图书馆保存有非常丰富的中文馆藏资料。由于得到哈佛燕京学社的经费支持，燕京大学图书馆实施了中文藏书建设计划。大规模的采购使其藏书量快速增长，1932—1933 年度其中文藏书量已达 22 万余册[1]。1940 年时，燕京大学图书馆已收集了大部分清代文集和地方志 2003 种[2]。在顾廷龙到合众图书馆后，正是通过他个人作为纽带，将初出茅庐的"合众"与成熟的燕京大学图书馆联系起来。两家机构分别以各自的馆藏为基础，结合上海、北京两地私人藏书家和旧书市场，通过赠送、代抄、补抄等方式互通有无、互补所缺。这种互相助益的文献交流与合作方式，为合众图书馆和燕京大学图书馆的馆藏文献建设起到了积极的作用。

一、顾廷龙与燕京大学图书馆的渊源

1931 年，顾廷龙考入燕京大学研究院国文系，学习语言文字、版本目录学。1933

---

[1] 王蕾：《图书馆、出版与教育：哈佛燕京学社在华中国研究史》，广西师范大学出版社，2018 年，第 312 页。
[2] 王蕾：《图书馆、出版与教育：哈佛燕京学社在华中国研究史》，第 318 页。

年研究院毕业后,他受当时燕京大学图书馆委员会主席洪业的邀请①,担任燕京大学图书馆中文采访部主任,同时兼任哈佛大学图书馆驻平采购处负责人。在燕京大学图书馆工作的6年间,顾廷龙努力寻找各种渠道采访购书,包括大量珍贵的古籍,如抄校稿本等。据笔者统计,在1933—1939年间,采购处的购书数量总计达到了3051种34716册②。工作之外,顾廷龙与洪业、田洪都、朱士嘉、聂崇岐等同事也都建立了良好的友谊。对于顾廷龙的离职,他们都表示了遗憾。聂崇岐在1940年11月5日致顾廷龙的信中曾提道:"日前偶以事与容希白闲谈,渠甚惜我兄之去,并云曾与洪公披露此意云云,揆其语气似当真实。"③更有如田洪都,对于邓之诚想请顾廷龙为燕京大学图书馆在沪代购书籍表示"极端赞成","并谓能请余回燕,尤所欢迎,征予之意如何"④。

虽然离开了燕京大学图书馆,但是顾廷龙与他们的友谊和联系并未中断。如1940年2月,顾廷龙收到了燕京大学图书馆寄到的出版物;1941年3月,顾廷龙寄信给田洪都,索要书目。从《顾廷龙日记》中可以发现,顾廷龙与老友们常有信件往来。根据《日记》记录统计,1940—1951年间,顾廷龙与田洪都往来信函有15通,与燕京大学图书馆往来信函有17通,而往来最多的是聂崇岐,信函计达95通之多。聂崇岐任职于哈佛燕京学社引得编纂处,专注宋史研究。顾廷龙曾于潘景郑处借得《宋遗民广录》一书进行钞录并加题跋文,赠送聂崇岐,可见顾聂二人交谊颇深⑤。通过这些往来信函,我们能看到合众图书馆时期的顾廷龙与燕京大学图书馆之间关于双方馆藏文献的交流情况。

二、燕京大学图书馆对合众图书馆的文献捐赠

在合众图书馆成立的第一年,燕京大学图书馆就向它捐赠了书籍,而这年的捐赠仅列藏书机构名而不列捐赠数量。根据合众图书馆1940年7月—1951年8月15日的历年工作报告统计,燕京图书馆分别在1940—1942年、1948—1951年间向合众图

---

① 燕京大学编:《燕京大学教职员学生名录1932—1933:汉英对照》,燕京大学,1932年,第1页。
② 王蕾:《图书馆、出版与教育:哈佛燕京学社在华中国研究史》,第337页。
③ 王蕾、梁益铭、肖鹏:《聂崇岐致顾廷龙信札考释(1939—1958)》(三),《高校图书馆工作》2021年第4期,第81页。
④ 顾廷龙撰,李军、师元光整理:《顾廷龙日记》1940年7月2日,中华书局,2022年,第90页。
⑤ 王蕾、梁益铭、肖鹏:《聂崇岐致顾廷龙信札考释(1939—1958)》(二),《高校图书馆工作》2021年第3期,第75页。
　　函中聂崇岐将该书写作《广宋遗民传》,实应为《宋遗民广录》。

书馆赠书 12 种 38 册①。

燕京大学图书馆捐赠情况：

机构 ＼ 数量	1940 年 7 月—1941 年 6 月	1941 年 7 月—1942 年 8 月	1948 年 8 月 16 日—1949 年 8 月 15 日	1949 年 8 月 16 日—1950 年 8 月 15 日	1950 年 8 月 16 日—1951 年 8 月 15 日
燕京大学图书馆	6 种 17 册	2 种 6 册	1 种 12 册	1 种 1 册	2 种 2 册

其中 1940—1941 年间，捐赠数量最多，为 6 种 17 册。1941 年 12 月，日本侵略军进驻燕京大学并封闭校园，直至 1945 年 10 月才复校。因此在这段时间内，两馆之间的交流被迫暂停。

1941 年 2 月 19 日的《顾廷龙日记》中，有一条记录如下："燕京图书馆赠《愚庵小集》《蓬庐文钞》《保甓文录》《艺风再续藏书记》《袖海楼杂著》，余与馆各一份。"②20 世纪 30 至 40 年代，燕京大学图书馆利用其馆藏较稀见的古籍稿抄底本，影印出版了一批古籍。经查阅上海图书馆藏发现，上述五种书皆有燕京大学图书馆牌记，其中《蓬庐文钞》《袖海楼杂著》两种有薛祈龄题"燕京大学图书馆丛书之一"。而在《保甓文录》（应为《保甓斋文录》）、《艺风再续藏书记》（应为《艺风藏书再续记》）中各有一张夹签，上印"敬请鉴存，燕京大学图书馆谨赠"字样。现将各书作一简单介绍如下。

《愚庵小集》十五卷补遗二卷，清朱鹤龄撰，牌记题"中华民国二十九年庚辰仲春燕京大学图书馆校印"，线装五册。朱鹤龄字长孺，江苏吴江人，以愚庵自号。该书集凡赋一卷、诸体诗五卷、杂著文九卷，末附《传家质言》十三则，补遗两卷。卷首有王光承、计东序，附薛祈龄跋文一篇。此版为燕京大学图书馆根据康熙十年序刻本排印，嗣得金闻童晋之梓行本，较前版多诸体诗七十九首、杂著文十八篇，因而为补遗两卷。值得注意的是，《补遗》卷一中的五言律诗《赠顾季任》一首，是由顾廷龙自沪上据他本抄寄燕京而补入的，"盖顾君亦曾经始校印是集者也"③。

《保甓斋文录》二卷，清赵坦撰，1938 年 12 月燕京大学图书馆铅印本，线装一册。赵坦字宽夫，号石侣，仁和人，性喜藏书及古金石文字。卷首有庄仲方《赵征君小传》、臧镛堂序。由于该书流传稀少，因此燕京大学图书馆借得盐城孙氏藏道光七年原刊

---

① 顾廷龙撰，李军、师元光整理：《顾廷龙日记》，第 660—754 页。
② 顾廷龙撰，李军、师元光整理：《顾廷龙日记》1941 年 2 月 19 日，第 139 页。
③ 薛祈龄：《跋》，（清）朱鹤龄：《愚庵小集》，民国二十九年（1940）燕京大学图书馆铅印本。

本影印葿部,"以广流传"。

《袖海楼杂著》十二卷,清黄汝成撰,1940 年燕京大学图书馆影印道光十八年刊本,线装二册。黄汝成字庸玉,号潜夫,嘉定人,惜年未四十而逝。其父榑父老人黄鉉辑其遗著,由毛岳生删定,成《袖海楼杂著》十二卷。书由《文录》六卷、《古今岁实考校补》一卷、《古今朔实考校补》一卷、《日知录刊误合刻》四卷组成,附李兆洛序、蒋彤序各一。

《艺风藏书再续记》不分卷,缪荃孙撰,1940 年燕京大学图书馆校印。该书原名《艺风堂新收书目》,收录缪荃孙癸丑(1913)后的收书目录,未经刊行。卷首有缪荃孙"艺风藏书再续记自序"一篇,后附田洪都、薛祈龄跋两篇。目录分为宋刻本、元刻本、明刻本附清刻本二种、旧钞本、校本、影写本、传抄本等七类。燕京大学图书馆访得此书时,"书皮题'艺风堂新收书目即再续藏书记稿本'十五字,全稿凡一百二十八叶,不记叶次,以纸捻装订,参差不齐",经薛祈龄加以整理后刊行于世①。

《蓬庐文钞》八卷,清周广业撰,线装四册。此书流传稀少,一向仅见传钞本,1940 年夏燕京大学图书馆据其馆藏旧钞本排印。原书每半叶九行,宽营造尺四寸四分,每行二十三字,高七寸半。卷首有周春、吴骞题序各一。今上海图书馆藏周广业《蓬庐诗钞》抄本中亦有此《蓬庐文钞》的相关信息。

上图《蓬庐诗钞》二卷抄本,系顾廷龙于 1940 年 12 月手抄完成,抄写用纸为合众图书馆专用,蓝格,每半叶 13 行。12 月 12 日顾廷龙为《诗钞》作跋文,跋后钤"匐谍题记"印。顾跋中提及,1939 年当他尚在燕京大学图书馆时,已发现有《蓬庐文钞》一书,并敦促馆方排印。到"合众"后,顾廷龙于潘景郑处见到潘藏《蓬庐诗钞》二卷本,"亟劝让归燕京,俾以附印并传。驰书相商,皆报曰可。余因手稿涂乙不易辨,手录一本存之"②。此即顾抄本《蓬庐诗钞》的由来。《诗钞》卷首录《海宁州志稿》③卷二十九《人物志·儒林》"周广业"条,按《海宁州志稿》卷十四《艺文志·典籍十三》录作《著述录》一篇,内相关批注有二:

《蓬庐诗钞》二十二卷　　眉首朱笔批:稿本藏潘氏仅两卷。

《蓬庐文集》八卷《愚谷文存续编》作《文钞》　　眉首朱笔批:稿本藏燕京大学,近已

印行。

① 薛祈龄:《跋》,(清)缪荃孙:《艺风藏书再续记》,民国二十九年(1940)燕京大学图书馆铅印本。
② 顾廷龙:《跋》,(清)周广业撰,顾廷龙抄:《蓬庐诗钞》,民国二十九年(1940)上海合众图书馆抄本。
③ (清)李圭修,许传霈纂,刘蔚仁续修,朱锡恩续纂:《海宁州志稿》,民国十一年(1922)铅印本。

将此《蓬庐诗钞》二卷抄本与上图馆藏《蓬庐诗钞》二十二卷本比对,可以发现二卷本首卷作"《吴歈》己卯"、二卷作"《江上吟》庚辰",与二十二卷本第五卷《吴歈》、第六卷《江上吟》卷首名相合,但内容则不尽相同。

三、合众图书馆与燕京大学图书馆之间的文献馆际交流

在时间跨度长达 14 年的《合众图书馆各年工作报告》中,仅 1939—1940 年、1940—1941 年两年记录有"馆际往还"一类,其内容是记录合众图书馆与各机构及个人钞录书籍、交换馆藏文献的情况。在这仅两年的记录中,燕京大学图书馆赫然在目:

1939—1940 年:"燕京大学图书馆:本馆托从彼藏外务部电档中钞录《赵尔巽电奏》一册。本馆代彼钞补《肃皇外史》二卷、《知希庵集》《不远堂集》。"①

1940—1941 年:"燕京大学图书馆排印《简松草堂文集》,乞本馆所藏稿本中佚文四篇印作补遗。"②

从以上记录可以发现,合众图书馆和燕京大学图书馆之间的"馆际往还"大略可分为以下几种情况:(1)"合众"委托燕大图书馆钞录未藏文献;(2)"合众"为燕大图书馆代钞未藏文献;(3)"合众"为燕大图书馆已有文献进行补钞。

(一) 合众图书馆委托燕大图书馆钞录未藏文献

合众图书馆曾委托燕京大学图书馆代钞《赵尔巽电稿》,"计一万三千字,纸五角,每千字四角,外酬二元"③。今上海图书馆藏《赵尔巽电稿》一册即为此抄本。该书封皮为顾廷龙手书,题"《赵尔巽电稿》,廿九年二月据燕京大学图书馆藏外务部电档录"。抄写用纸为红格稿纸,半叶 6 行,每行抄 20 字,版心下有"永丰德"字样,有"杭州叶氏藏书""合众图书馆藏书印"。经查阅相关资料,"永丰德"即位于北京西单北大街的永丰德纸店。由此可确认该《电稿》系来自燕京大学图书馆。

(二) 合众图书馆为燕京大学图书馆代钞未藏文献

《顾廷龙日记》中曾记录道:"又《知希庵稿》一种,为燕京传录。镜涵来,愿为钞

①　顾廷龙等:《一个图书馆的发展》,顾廷龙撰,李军、师元光整理:《顾廷龙日记》,第 665 页。
②　顾廷龙等:《一个图书馆的发展》,顾廷龙撰,李军、师元光整理:《顾廷龙日记》,第 673 页。
③　顾廷龙撰,李军、师元光整理:《顾廷龙日记》1940 年 2 月 20 日,第 52 页。

书,即交《不远堂集》(一百卅三页,未装)携去,亦为燕京所传。"①1939—1940 年工作报告中所记《知希庵集》,即为《知希庵稿》,明阳湖恽厥初撰,原钞本四册,第一册内容为诗稿、第二三册为文稿、第四册亦为诗稿。因未曾刊刻,仅有传钞,故王大隆题识称之"为人间未见秘籍,殊可宝重"②。1939 年,叶景葵从王大隆处借得该书,令人抄录一本后托顾廷龙复校,并嘱"校后径还之,欣夫所题请兄写入卷首"③。上海图书馆藏《知希庵稿》抄本一册,抄写所用为叶景葵个人"武林叶氏"专用纸。书封"知希庵稿"四字系顾廷龙手书,前有顾廷龙抄录王大隆题识、叶景葵题记,并顾廷龙跋,有"合众图书馆藏书印""起潜"印。今北京大学图书馆藏《知希庵稿》三卷,著录为"民国二十八年顾氏抄本"。

《不远堂文集》一册,明阳湖恽日初撰,1939 年叶景葵借得潘景郑藏本抄录。该文集为恽日初遗著,内收疏、笺、记、赋、书、跋、题、铭、赞、传、墓志、行述共 57 篇。书封有顾廷龙书"不远堂文集,廿八年十一月传钞"字样,目录后附顾廷龙记"翁广平有《恽逊菴传》,载《听莺居文钞》",下钤"匌諔"印。书内另有"合众图书馆藏书印"。

(三) 合众图书馆为燕京大学图书馆藏文献进行补钞

为了尽可能使文献以完整的形态保存下来,对同一版本文献进行补钞一直是古籍文献保存的方法之一。1940 年 5 月 2 日,"燕京属补《肃皇外史》,今由秋农钞就,即交康悌路邮局寄出"④。《肃皇外史》即《皇明肃皇外史》,全本四十六卷,"秋农"为合众图书馆杨敬涵。今《北京大学图书馆藏古籍善本书目》中关于此书的著录为:"《皇明肃皇外史》四十六卷(卷七至十抄配),明范守己编,明蓝格抄(有薛吟伯题记)八册,NC2721/4131。"⑤薛吟伯原为燕京大学图书馆中文秘书,《燕京大学教职员学生名录》中作"薛瀛伯"⑥,而 NC2721/4131 为原燕京大学图书馆馆藏号。

1941 年 4 月,燕京大学图书馆出版了《简松草堂文集》十二卷附录一卷补遗一卷,共四册。《简松草堂文集》为清张云璈所撰,是当时燕京大学教授张尔田、张东荪的曾祖。《文集》曾刻于张氏家塾,后遭战乱,原版被毁。为了保存这一文献,燕京大学图

① 顾廷龙撰,李军、师元光整理:《顾廷龙日记》1940 年 1 月 22 日,第 46 页。
② (明)恽厥初:《知希庵稿》,民国二十八年(1939)抄本。
③ 柳和城编著:《叶景葵年谱长编》(下卷),上海交通大学出版社,2017 年,第 946 页。
④ 顾廷龙撰,李军、师元光整理:《顾廷龙日记》1940 年 5 月 2 日,第 76 页。
⑤ 北京大学图书馆编:《北京大学图书馆藏古籍善本书目》,北京大学出版社,1999 年,第 82 页。
⑥ 燕京大学编:《燕京大学教职员学生名录 1932—1933:汉英对照》,1932 年,第 4 页。

书馆取张氏家藏本进行重印。当年 2 月 15 日,顾廷龙曾收到燕京大学图书馆的信函,"谓正印《简松草堂文集》,手稿佚文拟刊入,即手录之"①。很可能在此信中,燕京大学图书馆提出了请合众图书馆从所藏稿本中抄录"佚文四篇印作补遗"的请求。5 天后,补抄完毕的佚文随顾廷龙复信寄往燕大图书馆。

查阅《简松草堂文集》补遗可知,该卷收《一品夫人张母王太夫人八十寿序代》《位卑言高论》《与某公子书》《与马秋药侍御论州县书》四篇,皆出自上海图书馆藏稿本《简松草堂文稿》。《简松草堂文稿》不分卷,订为二册,绿格白口,为张云璈手书稿本。前附张云璈手迹黑白照片 7 张,目录后有沈坵题款:"道光己酉冬仲,补书目录,装成两册,珍藏于曼陀罗室东轩。吴郡后学沈坵季鲁氏并识。"然而,在补写此目录时,沈坵将之误题为《梁山舟先生手录自著文稿目录》。1940 年 3 月,叶景葵从北京的书商手中收得此书,审定为张云璈手稿,并发现"内有四篇,为文集所未收"。同年 5 月 28 日(庚辰四月二十二日),经王大隆借姚光藏刊本比对后,确认《一品夫人张母王太夫人八十寿序代》等四篇为《简松草堂文集》佚文②。巧合的是,上图藏燕京大学图书馆影印本《简松草堂文集》中亦有"燕京大学图书馆谨赠"夹签一纸。由此推知,它与前述《愚庵小集》等 5 种古籍共同构成了 1940—1941 年度燕京大学图书馆赠予合众图书馆的 6 种文献。

实际上,除了代钞、补钞以上数种古籍外,通过查阅《顾廷龙日记》和《顾廷龙年谱》后发现,合众图书馆至少还为燕京大学图书馆另外代钞和补钞古籍 5 种,包括有魏张揖、梁樊恭撰《埤苍辑本附广仓》、清宋翔凤撰《朴学斋文录》、清梅文鼎撰《绩学堂文钞》、清邵晋涵撰《南江文钞》、清孙承泽撰《山书》:

　　……为燕馆抄得《埤苍》,今本附《广仓》,二万数千字,以四角计,十一元有奇,请馆垫付。③

　　……敬涵抄《山书》毕,即寄燕京。④

　　……带回《南江文钞》,有陈、胡两序,即付杨敬涵君补钞。……⑤校《南江文钞》,寄燕京,并缮跋文。……⑥

① 顾廷龙撰,李军、师元光整理:《顾廷龙日记》1941 年 2 月 15 日,第 137 页。
② (清)张云璈:《简松草堂文稿》,上海图书馆藏稿本。
③ 顾廷龙撰,李军、师元光整理:《顾廷龙日记》1940 年 3 月 2 日,第 55 页。
④ 顾廷龙撰,李军、师元光整理:《顾廷龙日记》1940 年 11 月 1 日,第 113 页。
⑤ 顾廷龙撰,李军、师元光整理:《顾廷龙日记》1940 年 11 月 15 日,第 116 页。
⑥ 顾廷龙撰,李军、师元光整理:《顾廷龙日记》1940 年 11 月 18 日,第 116 页。

复燕京信,寄代钞《朴学斋文录》《简松草堂集》佚四篇。①

……秋农抄《绩学堂文钞》来,即寄洪都。②

……致田洪都信,索垫钞《南江诗钞》及《绩学堂诗文钞》两书款。③

1939年,叶景葵曾向私人藏书家借得数种罕见古籍进行钞录,入藏合众图书馆,《埤仓》即为其中之一。该书封皮由顾廷龙手书"《埤苍辑本附广仓》,廿八年十月据徐氏铸学斋钞本传录",版心印"武林叶氏"字样,内容分为《埤仓》上下部、《附埤仓辑本考异》《广仓部》《广仓辑文》《附广仓任马二家辑本考异》。今《北京大学图书馆藏古籍善本书目》中著录为:"《埤仓》二卷附《埤苍辑本考异》,魏张揖撰,清陶方琦辑,姚振宗考异,1930年燕京大学图书馆据上海合众图书馆藏钞本传钞,一册,NC5160.3/1354.70。"④实际上,燕京大学图书馆此本馆藏应为1940年所得,据1939年"合众"钞录的《埤苍》抄本再行钞录,而合众图书馆藏《埤苍》抄本所据则为潘景郑所藏徐氏铸学斋钞本。该徐氏钞本栏外刻"古越徐氏孟晋斋钞本"九字,经蔡元培校并作跋,钤盖"潘承弼藏书印""景郑心赏""元培""会稽徐氏学雪斋藏书印"等藏书印。徐氏钞本今亦为上海图书馆藏古籍善本。

(四) 燕京大学图书馆对合众图书馆藏《明词林人物考》的补钞

1940年3月24日,为了在编纂《明代版本图录》时参考明人传记,顾廷龙在来青阁书店以150元的价格买入了《明词林人物考》,入藏合众图书馆。4月10日,聂崇岐在给顾廷龙的信中提道:"……嘱填补之《明词林人物考》,今录竣寄上。燕校所藏者亦有缺叶,另片列上,得暇可否依尊处所藏者录补寄上。……(燕校之《明词林人物考》,于廿七年五月购得,价壹百六十元。)"⑤由此信可以推断,燕京大学图书馆1938年5月收入《明词林人物考》一书时,极有可能就是顾廷龙经手的,至少他是知道燕大图书馆藏有此书的。从"嘱填补""录竣""录补"等词可知,顾廷龙发现为"合众"所购此书有缺页时,即委托燕京大学图书馆进行补钞。而燕京大学图书馆在补抄时,可能发现其所藏本亦非全本,故聂崇岐信中提出将所缺列出,请"合众"代为补录。

《明词林人物考》全名为《皇明词林人物考》,又名《国朝词林人物考》,为明万历时

---

① 顾廷龙撰,李军、师元光整理:《顾廷龙日记》1941年2月20日,第139页。
② 顾廷龙撰,李军、师元光整理:《顾廷龙日记》1941年7月30日,第179页。
③ 顾廷龙撰,李军、师元光整理:《顾廷龙日记》1941年11月16日,第198页。
④ 北京大学图书馆编:《北京大学图书馆藏古籍善本书目》,第39页。
⑤ 王蕾、梁益铭、肖鹏:《聂崇岐致顾廷龙信札考释(1939—1958)》(二),第75页。

期小说家王兆云所撰，记载明洪武迄万历年间已故文人的传记，"取其生平履历，辑为是集"。《四库全书总目提要》称，该书录"凡四百二十三人，又补遗四十四人，共四百六十七人"①。

今上海图书馆和北京大学图书馆均收藏有该书。上海图书馆藏著录为明万历三十二年（1604）刻本，六册，除第一册外，每册卷首有"合众图书馆藏书印"，为原合众图书馆藏本（以下称合众本）。《北京大学图书馆藏古籍善本书目》著录为："《皇明词林人物考》十二卷，明王兆云辑，明万历刻本（有眉批）十二册，NC2259/1131。"②即原燕京大学图书馆藏本。又《四库全书存目丛书》本《皇明词林人物考》记"北京大学图书馆藏明万历刻本"，且卷首处有"燕京大学图书馆珍藏"印，可知即影印自原燕京大学图书馆藏本（以下称《存目》本）③。

将合众本与《存目》本比对后可见，两本都为十二卷，十二卷末又出《词林人物考姓氏补遗》。每半叶9行，行18字，从刻字、版式来看，两者应出于同一版。《皇明词林人物考》卷首有焦竑《题词林人物考》、李维桢《皇明词林人物考叙》、姓名录、凡例，合众本焦序以原刻配补钞在前、李序在后，且焦序无印，次为姓氏卷，再次为凡例；而《存目》本则李序在前、焦序在后，并有焦竑"弱侯""己丑状元"印，次为凡例，再次为姓氏卷。

聂崇岐曾提及："燕校图书馆所藏《明词林人物考》，现正改装。《吕枬传》俟该书装竣，再行抄录寄上。"④聂崇岐"改装"一词可能即指燕京大学图书馆对焦序、李序、姓氏卷和凡例的重排。6月24日，聂崇岐再致顾廷龙："前寄上之《吕枬传》及《吴沤烟语》序，谅已收到。"⑤聂崇岐两信中述及之《吕枬传》，实为《皇明词林人物考》卷五之《吕仲木》，仲木为吕枬字。笔者在合众本中发现有夹片4纸，分别记"缺方思远""缺吕仲木""缺余仲蔚""缺魏季朗、缺陈公献"。对照聂崇岐所述可知，合众本《吕仲木》传确系手抄自燕京大学图书馆藏并本补入。从抄写用纸、抄写字体来看，其余《俞仲蔚》（目录作"余仲蔚"）、《童子鸣》与《吕仲木》相同，应亦为燕京大学图书馆补钞后收入。

合众本与《存目》本的异同之处：

① （清）纪昀总纂：《四库全书总目提要》（第2册），河北人民出版社，2000年，第1709页。
② 北京大学图书馆编：《北京大学图书馆藏古籍善本书目》，第94页。
③ 《四库全书存目丛书》编纂委员会编：《四库全书存目丛书》（史部第111册），齐鲁书社，1996年，第630页。
④⑤ 王蕾、梁益铭、肖鹏：《聂崇岐致顾廷龙信札考释（1939—1958）》（二），第75页。

内容	上海图书馆藏本 (原合众图书馆藏本)	《存目》本 (据燕京大学图书馆藏本影印)
焦竑《题词林人物考》	原刻配部分手抄,无印	刻本,有焦竑"弱侯""己丑状元"印,在李序后
李维桢《皇明词林人物考叙》	原刻	刻本,在焦序前
姓氏卷	原刻	刻本,列于《凡例》之后
凡例	原刻	刻本,列《姓氏卷》前
卷五《方思远》	有目无传	有目无传
卷六《吕仲木》	手抄	刻本
卷十一《余仲蔚》	手抄	刻本
卷十二《童子鸣》	原刻配部分手抄	刻本
补遗《沈子田》	原刻补入,版心下注"又四十一"	无
补遗《刘子威》	原刻,版心下刻"四十一"	刻本,版心下刻"四十一"
补遗《魏季朗》	手抄,版心下写"四十二"	刻本,版心下刻"四十二"
补遗《陈公献》	影钞他本,版心下写"四十二"	无
补遗第五十五叶	无	无

据统计,以上两本姓氏目录收入人物皆为 472 人,与《四库全书总目提要》著录467 人略不同。两本中《孙仲衍》《王彦举》《黄庸之》《林子羽》《浦长源》《赵景哲》《罗文毅》《方思道》《陈大声》《胡懋礼》《金元玉》《黄首卿》《孔愿之》十三传均有目无传;又均比目录多出《陆延之》传一篇,与原《陆子余》作为合传。而合众本又比《存目》本多《沈子田》《陈公献》二传。

四、结　　语

创建初期的合众图书馆,在文献搜集、文献收藏方面做了很多努力。其中,顾廷龙在燕京大学学习和在燕京大学图书馆工作的经历,使他后来在经营合众图书馆期间,建立了两家图书馆之间的业务联系。通过对顾廷龙和燕京大学方面人员的书信往来、《顾廷龙日记》中相关记录以及上海图书馆馆藏文献的梳理,可以发现两馆的业务交流主要有文献捐赠、代钞、补钞等方式,而这种文献交流方式也是增加和丰富各自的馆藏文献的重要途径。

　　1952 年,燕京大学主要院系并入北京大学,其图书馆也随之合并入北京大学图书馆。而合众图书馆于 1953 年更名后,也在 1958 年与其他三个图书馆合并为上海图书馆。如今,合众图书馆和燕京大学图书馆都已成为历史,但是透过两馆之间的这段交往史和保留下来的珍贵文献,依然能感受到老一辈图书馆人在文献搜求和保护上所作出的努力和贡献。

从南洋中学到合众图书馆

——档案中的顾廷龙与王培孙藏书捐献始末

彭晓亮

（上海市档案馆接收征集部）

一、"决将全部捐献国家"

1952年9月21日，82岁的上海市私立南洋中学原校长王培孙致函该校校务委员会主任委员徐镜青，表示愿意将珍藏数十年的图书捐献给国家。[1]一个月后的10月21日，上海市私立南洋中学给上海市人民政府文化局上了一份呈文，内容如下：

> 查本校图书馆藏书系王培孙校长数十年所蒐集，总数量共一万余种约六万余册，内容以古代文献史料为主，方志部分尤为丰富，在效用方面系供专家研究史料之需，其中可供本校师生作一般研究参考用者为数不多，且本校僻处沪南，又无公开阅览之设备，致未能发挥应有作用。现拟酌留少数参考书籍约数千册外，决将全部捐献国家，俾使发挥更大效用。本校以该项藏书与本市合众图书馆性质相同，因此事前曾与合众图书馆数度洽商，该馆亦表示极愿接受。嗣查合众图书馆虽受钧局领导，但名义上尚系私立，恐与本校捐献国家之原意不甚相符，因之未能作最后决定，但本校自本学期增添班级后，原有之大礼堂已辟作教室，现急需以藏书楼辟成大礼堂，该楼藏书急待解决，用特专呈钧局，请予指示应如何处理，实为公便。谨呈

上海市人民政府文化局

　　附呈本校图书馆概况乙份。

私立南洋中学校务委员会主任委员徐镜青

一九五二年十月二十一日[2]

---

[1] 不著人名：《王培孙年谱》，《王培孙文集》编委会编：《王培孙文集》附录一，商务印书馆，2021年，第273页。

[2] 上海市档案馆藏上海市文化局档案，档号 B172-4-248。

细读私立南洋中学致上海市人民政府文化局呈文中的表述，"决将全部捐献国家"，表达了新中国成立初期一所私立中学将藏书捐予国家公藏机构的明确态度；"事前曾与合众图书馆数度洽商，该馆亦表示极愿接受"，也表明与合众图书馆经过反复沟通，达成共识。但有一个问题给校方与馆方带来了困扰，即合众图书馆的性质问题，虽受文化局领导，但"名义上尚系私立，恐与本校捐献国家之原意不甚相符"。现实问题是，南洋中学扩大招生增加班级后，已把原大礼堂改为教室，准备把藏书楼作为大礼堂，又必须为老校长王培孙呕心沥血保存下来的这些藏书找一个理想去处、好归宿，所以大量藏书"急待解决"，成为南洋中学迫在眉睫的难题。如何解决呢？研究下来，捐献给国家才是最妥善办法。因此有了上述致文化局呈文，请政府定夺。

关于南洋中学捐献图书的缘由，顾颉刚的记载提供了一种说法："上海南洋中学校长王培孙毕生集书，今春主校者厌其塞屋充栋，欲尽弃之，幸赖陈子彝君通知起潜叔，奔走文化局，请其移赠，乃得保存。险哉，险哉！"①

文化局接到呈文后，迅即安排该局社会文化事业管理处（简称"社文处"）办理，于10月22日中午拟具致上海市人民政府报告草稿，24日正式上报市政府，表示"属局素知南洋中学图书馆藏书多与文史有关，且质量较佳，拟予接受，并暂寄存属局领导的私立合众图书馆，因该馆藏书亦以文史为主，且尚有余屋可供寄存"②。

11月6日，市政府批复同意文化局接受南洋中学捐献："该中学如确系自愿，同意你局的处理意见予以接受。"随即，文化局社文处图书馆科科长张白山拟办意见："拟（一）电话通知南洋中学；（二）通知合众图书馆，双方研究搬运问题，我局适当给予帮助；（三）私人捐献书籍，数量如此之多，应代发新闻消息一则，以资鼓励。当否，请决定。"9日，社文处副处长沈之瑜批示"同意"。12日，张白山提出具体落实办法："书籍搬运曾由双方议定分头负责，我局负担搬运费，并已具文通知南洋中学与合众图书馆，另派李天真同志代表本局到场监督。发布新闻一节，一俟清理完竣，再行草拟。"③

书籍搬运工作于11月12日下午开始，13日中午完成。关于搬运过程的细节，顾廷龙作了记录："遂于一九五二年十一月十二日下午开始移运，翌午而毕，计三百七十篋，但以为时迫促，后先凌乱，本馆极四十日之力，检理甫竣。"④

---

① 顾颉刚：《王颂蔚遗稿》，转引自孙中旺：《陈子彝对图书馆事业的贡献述略》，昆山市图书馆编：《诗味自清尘自远——陈子彝纪念文集》，古吴轩出版社，2022年，第112页。
②③ 上海市档案馆藏上海市文化局档案，档号B172-4-248。
④ 顾廷龙：《检理王培孙先生藏书记》，《顾廷龙全集》编辑委员会编：《顾廷龙全集·文集卷》（上册），上海辞书出版社，2015年，第225—226页。

11月15日,合众图书馆顾廷龙致函张白山,报送书目,并准备清点。

白山科长:

南洋中学书目四十四册(另附概况一册)送呈察阅。希望今晚可以发下,俾明日开始清点。(请电话通知走领可也。)

因搬得太急促,没有做过准备工作,同时,书与原箱号已不全符,一箱之书,又经搬时倒乱,须先整理,所以检点较费时间。我们自当积极从事,俟有头绪,再行报告。此致

敬礼!

顾起潜上

一九五二、十一、十五①

11月20日,文化局复函南洋中学,指出:"希你校将捐献书籍造具清册一式三份(一份存你校,一份存合众,一份存我局),点交合众图书馆验收,作为寄存;搬运费用,由我局支付;除派李天真同志会同合众图书馆工作人员办理搬运书籍事宜外,我局对王培孙校长毕生所收藏书籍捐献国家的精神,深表钦佩!"②同日,文化局致函合众图书馆,明确要求"希出具寄存收据,妥为保管"。

12月24日,点交方南洋中学与点收方合众图书馆共同签署《南洋中学王培孙先生捐献藏书清册》上、下两册,并分别盖章:"总计图书清册两本共七万六千六百三十一册、十一卷、一张。点交人:上海市私立南洋中学;点收人:上海市私立合众图书馆。一九五二年十二月二十四日。"③

12月26日,合众图书馆董事长张元济出具收据:"兹收到上海市人民政府文化局寄存南洋中学王培孙先生捐献图书共计七万六千六百三十一册、十一卷、一张,又书箱三百七十只。此据。上海市私立合众图书馆董事长张元济。一九五二年十二月廿六日。"④

12月27日,南洋中学校长魏行之致函文化局,将《南洋中学王培孙先生捐献藏书清册》附呈。

二、顾廷龙与《检理王培孙先生藏书记》

1952年12月29日,合众图书馆举行王培孙捐献善本专题展览会,邀请众多名家

---

①②③④　上海市档案馆藏上海市文化局档案,档号 B172-4-248。

出席并作鉴定。顾廷龙作了记载:"本馆检理粗竣,即在先生藏书七万六千七百余册中,选取善本二百种,陈列两室,于一九五二年十二月二十九日举行展览会,简邀专家鉴定。出席者有江庸、柳诒徵、汪旭初、吴眉孙、尹石公、王佩诤、陈乃乾、郭绍虞、赵景深诸君,及上海市人民政府文化局图书馆科科长张白山、上海市人民图书馆汪岳年、鸿英图书馆李寅文、南洋中学同仁魏行之、徐镜青、顾因明、陈子彝诸君。"与会专家公认:"……明本之中,如焦竑《献徵录》、陈子龙《经世文编》、徐学聚《国朝典汇》、沈节甫《纪录汇编》、陈祖绶《职方地图》、张国维《吴中水利全书》、嘉靖《山东通志》、万历《湖广总志》、贯华堂《水浒》、李卓吾评《三国演义》、容与堂刻《玉簪记》、金陵唐氏刻《双盂记》;清本之中,如陈济生《启祯两朝遗诗》、方孝标《光启堂文集》、潘江《龙眠风雅》、曾燦《过日集》;稿本之中,如不著撰人《同书》、何如璋《管子析疑》;批校本之中,如江沅《诗音》、侯敞《颂天胪笔》;钞本之中,如魏齐贤《五百家播芳大全文粹》、黄宗羲《明文海》;佛经之中,如《楞严妙指毗婆沙论》,最为珍贵。"①

1953年1月9日,南洋中学又续捐王培孙藏书119册并附清单。1月17日,文化局复函称"藏书仍交合众图书馆保存,并连同前批赠书一并整理,以便供应读者阅览,对贵校之热心社会文化事业,表示感谢"②。顾廷龙记道:"其后陆续有所补送,即次第收存而整理之。"③

1953年5月,顾廷龙撰《检理王培孙先生藏书记》一文,计1350字,记载了王培孙捐献藏书及合众图书馆清点编目的来龙去脉,史料性极为详实,其中提到:"一九五二年夏,学校当轴拟改书楼为礼堂,以旧文化图书非中学生所切需,将使藏书发挥更大之作用,征得先生同意,决定呈献政府。复经陈君子彝建议,谓先生藏书与合众图书馆所储性质相类,最宜同度,以便学者参考,因于呈献上海市人民政府文化局时,请拨交本馆保管,当荷照准。"④顾廷龙并把王培孙藏书的特点和优点作了评价和归纳:"廷龙检理之余,综核先生所藏,以史籍为最富,亦最有裨于实用。次为方志,又次为佛经。而明末清初别集与词曲、杂剧,亦颇多珍本。先生治学之径途,亦于此可征。先生爱护藏书,雇工修缮,终年不息,故十八完整,无触手蠚落之叹。自不必绩角绢面而整齐划一,有什袭周至之功,此优点之一。书有难得或系残本,先生必多方觅配,不可

---

① 顾廷龙:《检理王培孙先生藏书记》,第226—227页。
② 上海市档案馆藏上海市文化局档案,档号B172-4-248。
③ 顾廷龙:《检理王培孙先生藏书记》,第226页。
④ 顾廷龙:《检理王培孙先生藏书记》,第225页。

得则借钞补足,使成完帙,此优点之二。又遇罕见旧本,残阙凌芜,则请人整理而流传之,此特点之三。夫某书人有残本可补我阙,某书今不多觏,应共谋录副,苟非寝馈其中胸有成竹者不知,又非不惮烦琐、锲而不舍者不办。凡此数端,均非寻常藏家所及。"①

1953 年 12 月 31 日,合众图书馆致函文化局:"南洋中学续赠图书三十八部,共计一百八十册,业已点收。兹开清册三份,除南洋与我馆各执一份外,一份呈送您局备查。此上上海市人民政府文化事业管理局。一九五三年十二月卅一日。"②

在清点过程中,合众图书馆形成一份《南洋中学所藏善本草目》,共 395 部合 4723 册。

从南洋中学到合众图书馆,王培孙藏书得到妥善处理。其中,顾廷龙、陈子彝等人,以及沈之瑜、张白山等上海市人民政府文化局相关人员为保存典籍发挥了非常重要的作用。文化传承绝非空话,顾廷龙等人的情怀与努力有档案为证,于兹可见。

三、题外话:王培孙去世时间

据陆象贤编《王培孙年谱》,王培孙去世时间为 1952 年 11 月 17 日。③《王培孙文集》附录一《王培孙年谱》沿用该去世时间。④而据陈子彝撰《王培孙先生墓表》记载,为"一九五二年十二月十七日未时卒"⑤,因此应以墓表记载的 1952 年 12 月 17 日为准。

---

① 顾廷龙:《检理王培孙先生藏书记》,第 226 页。
② 上海市档案馆藏上海市文化局档案,档号 B172-4-248。
③ 上海市南洋中学、南洋中学校友会自印本,2001 年,第 88 页。
④ 不著人名:《王培孙年谱》,《王培孙文集》附录一,第 274 页。
⑤ 陈子彝:《王培孙先生墓表》,《王培孙文集》,插图第 40 页。

顾廷龙与合众图书馆《收书随录》

吕晓闽

（上海图书馆典藏中心）

1939 年，叶景葵联合张元济、陈陶遗诸公拟办私人图书馆，以保存本国固有文化，取众擎易举之义定名"合众"，后成为中国近代以来私立图书馆的典范。到 1953 年捐献人民政府，合众图书馆已聚书 25 万册，金石拓片 15000 种，现已成为今日上海图书馆所藏历史文献的重要组成部分。

合众图书馆创议之初，顾廷龙便受邀南下共举其事，在"空无一人、空无一物"的情况下艰难创业，与首倡人叶景葵先生同为实际馆务的负责人，以及图书收购方针的首要制定者、实施者，为合众的发展作出了重大贡献。因此，对合众图书馆的研究，往往也是与顾廷龙分不开的。他曾将自己的工作谦虚而又精要地归结为六个字："收书，编书，印书。"①这确实是他一生功业的真实写照，日复一日埋首书堆，将毕生精力倾注到图书馆事业中。

上海图书馆仍藏有合众时期的《收书随录》，应为当时入藏图书的第一道正式登录本，逐条记录了筹备之初至 1950 年底所收图籍，贯穿合众的主要活动时期，未有中辍。这部《收书随录》也凝结着顾廷龙的图书馆学思想，所录概能与《顾廷龙日记》、诸家往来书信，以及合众图书馆的各类档案史料、馆编书目等相互印证，为我们提供若干涉及入藏、排架及编目等方面的工作细节，更具象地体知顾廷龙等先贤在图书馆事业中投入的心力。

一、合众图书馆《收书随录》的基本情况

今见《收书随录》稿本共十册，每册题名都由顾廷龙手书，均为老式红格账册，宽

---

① 顾廷龙：《我和图书馆》，《顾廷龙全集》编辑委员会编：《顾廷龙全集·文集卷》（上册），上海辞书出版社，2015 年，第 354 页。

22.5厘米,高15.5厘米,半叶十行,分上下两界。每页版心下方见纸品生厂商名号,每半叶版心中部戳印页码,诸册页码相连,共记录3840页①。条目大体上随收随录,日期连贯,但记录体例前后小有变化。其初每日先戳印日期,再分述当日所收各方来书。偶有日后补记者,标示"补某年某月某日收"。第二册以降则时有登录日期从略的情况,1944年后更时常不记年月。但始终注意标明不同的收书来源,每批记载首先列出来自某人、某机构捐赠,由某处购入抑或本馆传抄。

捐赠、求购、传抄正是合众图书馆藏书的三大来源,而尤以接收捐赠为主。叶景葵在顾廷龙草拟的《创办合众图书馆意见书》中即已批示:"本馆宜于廿八年底编一本馆藏书草目,目内加一栏,即捐赠人之姓名,如此则捐赠一二种者,亦可列入,以后每年增修。以后凡捐赠人要求编专目,如章氏四当斋者,本馆别分之,而仍列入总目,栏内书明'详○○○专目',以期望衔接。"筹备之初即已想定以捐赠各家分别编纂"合众图书馆某氏目录"②。可见《收书随录》的登录体例,也是早有考虑的。

为更好地揭示每册《随录》登载信息的大致起始时间,及所对应的页码,现制表如下。

编号	页码	簿册生产商	最早的日期记录	最末条日期
第一册	1—200	朵云轩静记	1939年7月23日③	1940年3月12日
第二册	201—500	大吉祥记	1940年3月12日	1940年12月30日
第三册	501—800	大吉祥记	1940年12月30日	1941年11月14日
第四册	801—1100	大吉祥记	1941年11月14日	1943年2月15日
第五册	1101—1398	大吉祥记	1943年2月16日	1943年7月13日④
第六册	1399—1598	大吉祥记	绝大部分条目不记日期,大致在1944年间⑤	
第七册	1599—1994	陈一鸿	绝大部分条目不记日期,大致在1945至1946年⑥	
第八册	1995—2394	陈一鸿	1947年9月12日	1947年11月1日⑦
第九册	2395—2794	陈一鸿	不记日期	
第十册	2795—3840	九华堂宝记	1950年11月9日	1950年12月30日

---

① 本文如引用上海图书馆藏《收书随录》,直接在正文中标示页码,不再逐一出注。
② 顾廷龙:《创办合众图书馆意见书》,《顾廷龙全集·文集卷》(上册),第316页。
③ 《随录》诸册间标示年月的方式不完全一致,为简省计,本表统一为公元纪年。
④ 本条见于第1225页,其后均无日期记录。
⑤ 本册仅1500—1521页间连续记载了一段收书日期,起1944年4月2日,迄当年6月30日,其后又付阙如。
⑥ 仅第1668至1669两页登录了日期信息,集中在1945年7月29至8月1日间。
⑦ 止于第2032页,绝大部分条目不记日期。

1939 年 7 月 17 日顾廷龙携眷抵沪,不日合众图书馆即正式运转,开始接受赠书、布置馆舍。本目第一条,便为叶景葵先生首批捐入该馆的精本八十四箱。至 1953 年捐献国家,后改为上海历史文献图书馆,共存续十四年。其间,1950 年年底,教育局两度指示合众增办普通阅览。针对此种情势,同人召开董事会临时会会议,基于开立之初便已酌定"专取国学之书"的宗旨,并以馆舍环境所限,决议"暂缓举办"。至 1951 年 3 月中旬,教育局仍迫切要求添辟普通阅览室,遂行调整馆舍整体布局,5 月 10 日试行开放①。此间馆务工作面临众多新的变化,以面向群众为急务,收书范围及流程等当也相应地有所调整。《合众图书馆第十二年工作报告》中"采购"一项正可确证此点:"本年购书费专添新文化书籍,以应急需,用购旧书者甚少。"②由此,《随录》最晚的登录日期止于 1950 年底也便不难理解。这批登录册大体上相当于覆盖了整个私立合众时期所收的图书资料。收书登记能以相对规整的形式,延续十余年之久,正可窥见该馆在筹备时期已作有充分规划,尤其是实际制订图书采购方针、经手各项细务的顾廷龙先生,历经日寇侵华,上海沦为孤岛等相当困难的时期,仍能始终有序地勉力维持本馆的发展壮大,不能不令人叹服。

《收书随录》的基本著录项主要由书籍来源、书名、册数三部分构成,部分批次仔细标注有作者名、版本信息、所用纸张等,亦见某某手跋、批、校、题字等信息。期刊均注意标明期数,古籍则注明阙卷,以备日后访求配齐。以笔迹度之,这些内容多为初步登录后再行附注。此外还载有许多附加信息,如条目侧边或书名、册数间的空白处,概标以架位信息。尤其是前期的几册,能见到编号、插架方案几经调整。每条记录的书名上方有花式繁多的圈点、核对符号,有时同时见于书名下或册数上,即单种书可能有超过 5 次以上的核验标记。每页栏线外靠近订口处,又见苏州码或各类数字标记,细审之,为当页所收书的书册数统计数据。此外,各册尚有若干夹条,或增补、修订登录数据,或为当年清点、编目过程中留下的夹签,还有些随手夹入的草片。凡此种种,都为我们提供了可资研究的信息。

① 顾廷龙等:《一个图书馆的发展——从合众图书馆到上海图书馆(1939—1958)》所收《合众图书馆议事录》,顾廷龙撰,李军、师元光整理:《顾廷龙日记》,中华书局,2022 年,第 920—924 页。
② 顾廷龙等:《一个图书馆的发展——从合众图书馆到上海图书馆(1939—1958)》,顾廷龙撰,李军、师元光整理:《顾廷龙日记》,第 751 页。

二、对《收书随录》各类标注的初步揭示与研究

（一）版本信息

虽然《收书随录》作为简要的入藏目录，似乎重在用来核对清点馆藏种、册数，其中大多数的记录只见书名、册数，但仍旧常能见到相关版本信息的附注，尤其是着意注明为稿、抄本，或是有某人题、跋、批、校等，也偶见标出"有圈点"者，以反映所收该种的版本价值。特别是叶景葵赠书的登录，对有手跋、手校等的均加以揭示，还留意标注其祖父叶尔安、叔父叶瀚的著述和题跋，这些都为日后书目的编纂工作奠定了一定的基础。

当某一藏书与别本有所不同，或有其特出者，多会在收书时留心标示，如第9页登录的《续资治通鉴长编》一种，百二十册，十二函，书名下小字标注为"爱日精庐活字本"。又，第32页，叶先生39年10月21日批送来的有《景庵日记》六册一函，标"稿本，四库底本"；《宫省贤声录》四册，标"四库底本"。

对于大批量送馆的捐赠图书，检理过程中如发现前后批次有重本者，也会加以标注。如1941年10月27日登录李拔可先生赠书，见《咏物诗选》（仿四库抄本）一册，架号0119/2，又注有"185.5重"（第765页）；当年11月14日批次李氏赠书，见《御定咏物诗选》（存卷四百二十三至六）一册，架号0185/5，复注以"与119.2重"（第797页）。同样的情况又如《冶父山志》，李拔可所赠10月27日、11月14日批次各一册（分见第767、798页），条目下也互注架位信息。应是整理硕果亭李氏书目时特别注意了副本的存在，不移动架位，但于前后两条间加作互注。

再则，该《录》历年间虽见有多人笔迹，但其他人登录入藏条目后，时能见及顾老再行附注所收的批校、题跋等情况，或是更正书名、指出阙卷等，可见合众的每部藏书几乎都经其目验，真正是事无巨细地投入到日常馆务中。又可以1941年张元济先生大批量捐入图籍的条目为例，其中，7月10日、8月12日、8月23日送到的几批（分见第709—716、737—738、744—746页）由顾老亲自登录，较之前后其他批次的著录明显要更为详细，如标记出精刻、稿抄本，注明有某人跋等。大概是考虑到这批入藏集中为嘉兴一地的前哲遗著，不同于《随录》的通例，还特别著录了每种书的著者信息，可说是因情施策。

另有一条值得介绍的记录，读《顾廷龙日记》，1940年1月26日，"景郑托代寄还

朱古微手批《词综》,以为出古老手者不多。余一翻阅,审为非一时所批,确出一手,留之"。27 日,"揆丈来电话,谓《词综》确古老笔,可留"。2 月 2 日,"揆丈送《词综》并《诗龥》返,《诗龥》犹承加注数则"①。今《随录》第 197 页见及"40 年 2 月 27 日/购自苏州存古书店"的《词综》十册,铅笔标注"朱祖谋批"。对读合众相关史料,方知此一论断并非全凭一人之经验学识能轻易得出,合众诸先生之间就选购书的鉴定也破费精力。其次,由此条收书记录又能得知,从阅肆或书商上门求售,抑或核验送到的书样、书单,到确认购买,最后正式入藏,通常需耗费许多时日。而《收书随录》所记年月,应为图书实际到馆、拆包登录的时间。

(二) 破损情况及修裱记录

如第 111 页,1939 年 12 月 6 日,叶先生送来何义门校本《后汉书》一种四十一册,标一"残"字,其后有标注:"改装二十册/去衬"。第 654 页,1941 年 5 月 21 日条有叶先生送来《文道希尺牍》《诗稿》一包;第 658 页,1941 年 5 月 30 日又送来《洪文卿与李文忠函札》一包,此二种均标注藏地为"橱",后附注"装表成册"。第 720 页,1941 年 7 月 26 日张先生送来第二十批杂书,有《古髓》二册,标示"要修"。

又,1939 年 12 月 1 日登录蒋抑卮先生赠书时,曾多次标注图书的残损情况,如第 75 页,《岭南杂事诗钞》"大蛀";第 80 页,《段氏说文注订》"线散面破";第 81 页,《庄子义证》"不全,面焦碎";第 82 页,《益都金石记》"线未装";第 96 页,毛边本《明史稿》"水渍"。

特别引人注意的是,这批蒋氏赠书每种均不厌其烦地标注了纸张情况,这点在其他入藏登记中比较少见。一般而言,只有在批量收录同一种书的不同印本时,才会标注用纸的区别,如 1939 年 9 月 5 日收到叶先生送来《谐声谱》九部,注明为"白纸六部,黄纸三部",每部十二册(第 9 页)。

按,蒋抑卮先生在合众筹议之初便慨然应允捐献毕生藏书,乃至成为赞助该馆"最出力的第一人",张柯在讨论合众图书馆的馆藏来源及特色时,曾专题讨论蒋氏藏书的捐入始末②。1939 年 8 月,因蒋氏藏书整理人员不足,叶景葵特与其商定,请顾廷

---

① 顾廷龙撰,李军、师元光整理:《顾廷龙日记》,第 47、49 页。
② 张柯:《合众图书馆馆史考略》第四章第二节《私人捐赠个案考察:蒋抑卮与合众图书馆》,华东师范大学硕士学位论文,2021 年,第 99—112 页。

龙前往相助董理、盖印约两星期,先将理出者送来①,即《随录》1939 年 12 月所见的三批次二百余包(第 54—159 页间)。

惜蒋先生于次年 11 月 18 日不幸病逝,叶景葵与蒋氏后人就后续捐书事宜初步达成协商结果,并告知顾廷龙,与其商议整理蒋抑卮生前捐献藏书的具体细节,略云:"其孤已商定重复者须留下,如送馆,作寄存,属开已送来书目",特因"蒋氏后人不知书,恐以书名相同即以为重复",顾廷龙即"函葵丈,嘱与蒋氏言明,凡板本不同,或印工先后、纸张优劣,皆不能以为重本,并言愿往相助选理云"②。盖由此才出现了将此前已捐入的几批赠书详尽标注版本,更及用纸、残损等信息。个别条目还记录有藏印,如《说文句读》三十卷十四册,"有朱学勤藏印"(第 64 页);见赠的《隶篇》若干种,其一有"吴平斋藏印",另一见"沈树镛先生研印记"(第 65 页)。

(三)各类圈点核对符号

《随录》所载诸条书名的上方(即天头处)多有各类勾画符号,有时也同时见于书名下方和册数附近。勾画的符号形式特别繁多,前后出现过盖印的蓝色或红色○、蓝紫色◎、红色●,毛笔○,铅笔○、△、√,盖印的数字 2、3,等等。总体上而言,前期入藏的书籍,以及叶景葵、蒋抑卮、李宣龚等大宗捐赠的批次,能见到更多道圈点、勾对的手续;自第四册起,即 1941 年 11 月以后,登录的书面明显要更为清爽,每页的核验符号减少到三种以下。

按李成晴研究日藏《陆心源藏书目录》稿本,就其天头处所见淡墨笔三角、圆圈、朱墨点等诸种符号,做出了若干推测,认为"一种可能是印章、符号表示曾取阅此书,故作标记",再则推测为"陆心源所雇理书之人清点书目时所作的标记,用不同的印章、符号表示藏书来源或收藏状况等涵义",且这种清点藏书的方式,也见于国家图书馆藏《吴郡陆氏藏书目录》,以及南京图书馆藏稿本陆氏《宋元板书目》等藏书目录中③。虽然《随录》的勾画符号较为庞杂,尚不能明确每一种勾画的意义,但考虑到图书馆藏书的清点需求,收书、移架后都需明确数量,其中多半很可能正是业经点数的标记。尤其是合众起初租借于辣斐德路六百十四号(今复兴中路思南路路口),1941年选定法租界蒲石路古拔路转角(今长乐路 746 号)自建馆舍,9 月 5 日迁移新屋,当

---

① 张柯:《合众图书馆馆史考略》,第 104 页。
② 顾廷龙撰,李军、师元光整理:《顾廷龙日记》,第 122 页。
③ 李成晴:《日藏〈陆心源藏书目录〉稿本述略》,《大学图书馆学报》2015 年第 6 期,第 87—92 页。

年 9、10 月间经历了繁重的藏书打包、搬运工作。迁入新的馆舍后,更需多费时日整理上架①,一定又经过几轮点数,并作相应标记。

此外,前后比对,可以发现《随录》中的外购书经常加以蓝紫色○、红●两种符号,或是与销售方正式确认购书清单后、支付款项后,抑或最后入库清查时进行核验的符号。不论具体对应哪种工作流程,都可以发见,购入书籍与诸家捐赠的勾画符号是存在不同的。此外,现代期刊与国学旧本也大体区别勾画。

又,《随录》第六至八册首页均有夹条:"凡有◎者已登入图书登记簿。"核以册中条目,加蓝紫◎者均为新书,如第 2007—2008 页,购自兄弟图书公司的《大凉山夷区考察记》《唐宋文学史》《中国近代史参考资料》《鲁迅全集补遗》;第 2103 页,购自大中国图书局的《青铜时代》《我在六十岁以前》。此"图书登记簿",很可能指 1951 年合众拟办普通阅览室时另编的新书目录。

比较特别的标记,如 1940 年 9 月 25 日起著录长乐高氏赠书,当页有夹条,书"印完"二字。这批书绝大多数天头都标一"印"字,约占十之八九(见第 332—370 页)。又,《随录》第 639 至 773 页间,录 1941 年间张元济先生所赠三十余批图书,主要为嘉郡著述,这些书籍的天头处大多加印了紫色花朵形印章。在 4 月 23 日送来的第一批的标题下特别作有说明:"[紫色花朵形印章]编过号"。由此可以获知,部分标注当是表示已编号,或已写目录卡片、已作提要等。

(四) 收书册数统计

《随录》每页栏线外靠近订口处,见有多种标识:第一册截至 1940 年 2 月底前有连续标记,均为苏州码②。第二册第 273 页起,起自 1940 年 6 月 14 日的记录,又改以阿拉伯数字,但并非每页连续出现。第三册 680 页起,再变为分数形式。细审之,这些实际上都是当页所收书的总数统计。

分析可知,第一种以苏州码标注当页书总册数,如遇同种书有两部或以上,只统计一部的册数。第二种阿拉伯数字计数,则变为仅记录当页叶景葵先生捐赠书的册数,而不及其他来源图籍。第三种形式,始自 1941 年 7 月 1 日张元济先生捐赠的"嘉

---

① 顾廷龙撰,李军、师元光整理:《顾廷龙日记》,第 185—189 页。
② 对于苏州码的了解和释读,可以参阅黄志繁:《民间契约文书的搜集与利用》,黄国信、温春来主编:《历史学田野实践教学的理论、方法与案例》上编第一讲,广西师范大学出版社,2017 年,第 3—22 页;王增宝:《〈王乃誉日记〉手稿与苏州码释读问题》,《嘉兴学院学报》2021 年第 4 期,第 5—13 页。

郡著述五"，且于册数之外还标记本页种数，例如 $\frac{9}{32}$，表示当页得书 9 种 32 册。此后，如该页尚有其他来源图书，则分别统计几批书的种/册数。

这些清点工作留下的痕迹，除能为我们了解合众当日的工作程序提供更多的材料，有时还能作为一种时间上的对照，来分析所录图书的相关情况。譬如第 21 页见《浙西水利备考》一种，原作"二册一函"，后圈涂为"四册"，然页边统计是以该种二册计，便可推知该条修改于册数统计之后的。

（五）排架号码

《随录》于诸书基本均标有架位号或其他存放地点，前期有用黑、红色笔标示的，后期统一以铅笔标注；前期多见记录在书名侧边者，此后的绝大部分则整齐地填写于书名与册数间的空白处，而后者若核以现藏上海图书馆的《合众图书馆藏书清册》所记架位号，则大体相符或相近。尤其是前期所标排架号，存在非常多的调整与变更，值得进一步结合馆所搬迁、移库以及重拟分类表等馆史加以研究。

从架位号上还可以看出，合众收书大体是随到随编，整批上架，日后可能再行调整。值得注意的是，不论善本与否，诸家赠书与其他购入书、本馆传钞本最初便有意识地分开存放，且总体上按捐赠人成批存藏，不去打散原有的藏书系统。例如，叶景葵起初送馆的图书，大都直接存放于书箱，个别写明"存平屋"或"另藏"。1939 年 8 月 15 日批次，与《谐声类篇》原稿（放逸字箱）一同送来的有《何孟春随笔》六册，书名边注云："以下藏书架"，并用红色毛笔标明架号"0019/1"（第 2 页）。其后 16 日、25 日几批仍为叶先生送来，标号大致顺次为 0019、0020、0021 的 1—5 等等。至 9 月 4 日收到从土山湾和北平来薰阁购入的几种外购书，架号变为 0259/1。而次日复由叶先生处收书，又重新改而接续前种编号。随后，9 月 19 日由求益书社购《藏晖室札记》四册，架位仍是 0259/1（第 17 页）。又，39 年 12 月 1 日收蒋抑卮送书，日后似乎移藏至楼上书架，再另起序列，编号自 1001.6 始（第 54 页起）。收李拔可赠书时，甚至专门新做了四架书箱，40 年 12 月 11 日完成上漆[①]，自然也是整批另外编号。

但对于某些类型的图书，似乎也有意识地抽取出来归类存放。譬如，册中诸页散见不少传钞本，分类号均为 0120/1 或 /2，书写笔迹相同，看起来像是同一批统一做的

---

① 顾廷龙撰，李军、师元光整理：《顾廷龙日记》，第 121 页。

架位调整工作；不同批次收入的大量朱卷，多被移入"英中"；后期有些明显作为工具书使用的图书，标"R"；明本刊板纪年者，好像也曾分别开列。

在图书馆实践中，顾廷龙先生屡次苦苦思索新的、适应于旧书、更便于利用的分类号。如1940年4月25日《日记》云："拟分类号及研究如何定一著者号，可使著者依生年顺序而列总。采四角号码总难办到，不采四角号码亦难假定。"次日"仍为著者号斟酌，不得佳法。赴东方参观，较燕京反尔简单，书多之后，易有困难"。5月中旬起，又着力重订分类表号码，连续多日的日记中都首先记录拟分类号这项工作，至6月6日"定分类号毕"①。加之41年9月迁入长乐路馆舍后，存藏地点产生变化；且馆藏愈益增多，库房格局时常需要调整，重新移橱插架；历十数年，就各类文献的存放方式也会形成新的考虑，故而排架号码自然也需行调整。

《随录》中另有一些稍为特殊的记录，不妨做些介绍。如1939年10月31日自富晋购入一批图籍，除《爱日精庐藏书志》（原刻本）十二册未注藏地，其余均注为"2060/1"。惟《传书堂善本书目》四册一函，条内架位号被划去，改为"编目室"（第34页）。又，40年3月19日购自"文殿阁"孙伯渊，有一种《续碑传集》卅册，应是先与同批书一起存放，记"0203/1"，划去后同时写有"440.1"和"阅览室"（第209页）。41年2月5日叶先生送来，有《士青全集》一册，删去原编号0248，标注"另置四楼重本库"（第543页）。

此外，第112—113页间夹有一页便笺，为顾廷龙手笔，以"某某页第某行某某书"的形式开列六种书刊，最末注"改0251.2"，即成批标记架号的改变。有意思的是，所用纸片为1944年3月12日的台历纸，亦即馆中时时在对藏书进行调整，且1944年无疑仍利用这部登录册开展后续工作。

（六）书价信息

《收书随录》中还能发见若干对图书价格的标记，包括货币符号加数字金额、汉字书写金额加单位、苏州码标记等多种记录形式，也有一定的资料价值，还多能与顾老日记、往还书信等资料中的相关记载互为表里。

按，合众图书馆于1939年七八月间所收均为叶景葵先生捐赠藏书，9月4日第一次登录了外购书四种："从土山湾购《欧亚纪元合表》一册，＄2.1；又《徐文定公集》四册，＄0.8；又《墨林集》一册。从北平来熏阁购《历代长术辑要》稿本，＄45.23。"（第8

---

① 顾廷龙撰，李军、师元光整理：《顾廷龙日记》，第74、75、78—79、85页。

页)其中三种都标有价格。查有叶景葵致顾廷龙便笺,肯定了"《长术辑要》的系稿本(《坤仓》一本留抄),价极便宜"。①

第32页,1939年10月21日,收叶先生送来书,其中有《唐两京考》徐松手稿一种一册,标价＄250.0。同批尚有《章实斋稿本》、《是庵日记》(稿本/四库底本)、赵烈文批并录《九家校积古斋款识》、《宫省贤声录》(四库底本)等,均有相当的版本价值,然唯独徐松手稿标以书价。

第111页,39年12月6日,同样是叶先生送来,《达叟文稿》一种四册,下有顾先生笔迹:"购自文禄,价二十元,入永箱,有卢学溥新跋。"按,叶景葵有便笺两度提及此书:"文禄一单拟留《石渠续编》(至多可五十元)、《达叟文稿》、《郑堂读书记》,此外有无可留乞示。价须稍减少,乞酌一数目示知。""《石渠续编》、《达叟文稿》留,余书乞交下。"②又,第124页,39年12月13日录叶先生送来《说文解字群经正字》八本,"购自文禄,价五十元"。前此,叶氏11月9日就该书留有意见:"《说文群经正字》系邵手书,敝藏邵氏《说文引经偶笺》著述残本(忘其名),可以核对,如肯贬价,亦拟留之。"③则知经由两人商议,此书终以较为合适的价格得以留馆。且由上述两条记载可知,"叶先生送来"也非即为叶氏所赠自藏书,或为互相寄送,最终酌定购入者。

此外,1940年3月18日有购自来青阁两种:《春岩居士诗集》一册,《桐花馆词钞》一册。书名下均以铅笔标注"4.50"(第203页)。此二种亦颇疑为书价,因架位号未见在点或斜杠后第二位余0者。按,顾廷龙40年3月16日《日记》:"阅肆,遇景郑于来青阁,得《桐花馆词钞》、《春岩居士集》、《默庵诗》六卷、《文续》三卷、《日记钞》十卷、《劝学浅语》一卷,皆抄本,似皆清稿本也。"次日,恰王佩诤来访,取《桐花馆词》示之,王氏熟识吴中掌故,指出此即常熟张鸿,与曹元忠为郎舅,惟已仳离。顾老当下"忆及曹氏有词一册,刊本有君直批注甚多,久在来青阁,约价八元,可索之"。再次日,季孺内叔祖来,因曹氏与有亲戚,又出视此书,一阅其字即谓出曹元燕手笔④。几经查问,得以确认该书的相关信息,认为值得购入,当是殊为快意,确有可能顺手在页边记录下价格。再者,此书16日获于书肆,18日确知谁人手笔,当日便登录在册,对比其他书籍从经眼到造册所需时日,实在是相当快速的。而《日记》中提到的《默庵诗》《文续》《日

---

① 王世伟、许全胜整理:《叶景葵致顾廷龙论书尺牍(便笺)》(五一),上海图书馆历史文献研究所编:《历史文献》(第一辑),上海社会科学院出版社,1999年,第36页。

② 王世伟、许全胜整理:《叶景葵致顾廷龙论书尺牍(便笺)》(七二)、(七四),第41页。

③ 王世伟、许全胜整理:《叶景葵致顾廷龙论书尺牍(便笺)》七四,第41—42页。

④ 顾廷龙撰,李军、师元光整理:《顾廷龙日记》,第59—60页。

记钞》《劝学浅语》等等,疑即《随录》第 215 页所见"购自来青阁"的《默庵全书》十册,登记于 1940 年 3 月 23 日。则其最终入藏,较《桐花馆词》又迟一月有余矣。

第 216 至 217 页,有 1940 年 3 月 26 日登录的一批购自书摊的入藏。每条下有苏州码标记,极似价格记录,应可释读为:《松客诗》一册,1 角;《鸣社二十年话旧集》一册,1 角;《沪渎同声续集》一册,2 角;《皇朝经世文三编》十六册,8 角;《鹤寮遗稿》一册,2 角;《寒翠居文草》一册,1 角;《三借庐剩稿》一册,2 角;《佚丛甲集》一册,2 角;《明十五完人手帖》一册,2 角;《棠荫诗社集》三册,5 角。类似的情况,又如 40 年 8 月 30 日"购自唐姓书贾",可释读为:《松江韩氏珍藏古书目录》一册,2 角;《胜国文征》二册,5 角;《小沧桑记》二册,1 元;《吟蕉馆诗钞》一册,1 元(第 304 页)。以上二例都属零星购自平日无有定期、大宗购书往来的书商,或即因此才记录价格于登录本。此外,1940 年 9 月 13 日自存古斋购入大批书籍,合 94 种,其中,仅第 325 页所载《水流云在馆词》一种一册见有苏州码标注,读为 8 角。按,此书天头处注明"不全",或缘此特为记价。

还值得注意的条目有,第 511 页录 41 年 2 月 14 日购自文友堂的五种书,分别为:《小谷口诗钞》二册,《小谷口纪事画引》一册;《天风环珮山房诗草》一册,《易简斋诗钞》二册,《青虚山房集》六册。书名后有苏州码,但未见价格单位。首条书名下又见:"邮 ✗"。按顾廷龙 40 年 12 月 24 日《日记》:"文友堂寄《青虚山房集》鹿刻本来,校稿本,多不同处。"28 日又记:"文友书亦决定退者,即付邮,还款托沈范思代付。"[1]《随录》此处所记概即退书产生的邮费,依苏州码记录规则,可读为 7 角 4 分。

(七) 册内夹页

《随录》诸册均有夹条,大体可分为写有文字信息的便笺,以及起到书签作用的白纸两类。

就前者而言,许多是补记收书信息的便条,另一些为统计册数的演算稿纸,工作过程中随手夹入册中相关页面处。如第 364—365 页载长乐高氏赠书,有夹条,一面记若干书名,似乎均已见于目中;另一面有计数,以竖式列出 1834 - 29 = 1805。第 370 页又有夹纸,补长乐高氏六种。此二纸均同草片用纸。

还有不少夹条用以统计馆藏报刊期数,如第三册张元济赠书部分得见两纸,分别按年逐期统计已经记录在册的《东方》《教育》杂志,存藏期刊的情况据此可以了然于

① 顾廷龙撰,李军、师元光整理:《顾廷龙日记》,第 123、124 页。

胸,便于日后配补。

末两册又夹有若干草片,均一式两份,一为手写、一为复写纸复写。其上主要著录作者、书名、版本三项,右上角记架位号,右下角为收书来源,有时左侧上、下角另有编号信息。

第二类夹签作用的夹条数量也不少。如第四册夹有许多空白草片,第六至八册夹账簿纸撕开制成的细长小条。仔细比对可以发现,夹条当页均见叶景葵赠书的信息,可以推测为制作书目时进行的前期工作之一。又,第五册夹有若干由绵白纸撕成的细长条,这些纸条原用来记录朱卷名称,而夹签当页概能见及朱卷、闱墨等类型资料的入藏。

(八) 信息变更

1. 退还图书

在《收书随录》最初的来书登录工作中,会将借书也记入册中,由此,还清后便产生了信息变更。如第19页,39年10月19日载叶先生送来《蒋抑卮先生藏书目》,共13册,特别标示为"借阅"。侧边注明:"廿八—十二—四日先还两册。""廿八—十二—廿一还清。"又,39年9月26日有"叶先生送来王欣夫处借《礼记注疏》(半部)八册",后删去,侧边记"廿八—十二—廿九还";次条"《知希庵稿》四册",亦是"廿八年十二月廿九还",并删去条目(第18页)。可以留意的是,查当页以苏州码统计的总册数为30册,并未计入这两种的册数,由此可知,统计册数的工作最初并未同步开展,至早也必然在1939年年底以后。

再如第310页,1940年9月7日购自中国书店的《京江耆旧集》,未记册数,直接标一"退"字。第769页,原有1941年10月30日"施伯彝先生赠:《东清路图》(俄文),一册",删去,条目下见顾老笔迹,作有详细说明:"当时送来求售,因索值过昂退回。误为赠送,匆匆登入,故取消。"

2. 补完全书

前已述及,《收书随录》在登录时对阙卷数会记录在案,便于日后配得全本。第17页,《唐文粹》书名右侧有后加的"局刻"二字,原作"卷四十一至一百,存八册",后删去,改为二函十六册。第29页,1939年10月25日登录叶先生送来的一批书中,有《项城袁氏家集》(阙《文诚公奏议》卷一),存廿九册。后删去阙卷记录,改为"全,五十六册"。核以页边的总册数统计数据,可知以上两条都是以配齐后的全套的数量计入总数的,即统计总册数前已经配全。

第 250 页,1940 年 5 月 10 日记有叶先生送来的《庭闻录》(卷五六)一册,铅笔标注"退",又以毛笔补书:"七月廿七日重送来,见二八四页。"查第 284 页,载《庭闻录》二册,乃补全后重又送至馆中收藏。

又,第 264 页 1940 年 5 月 31 日条,载叶先生送来《东国通鉴》七册,附注:"与五月一日送来一册合。"第 670 页,1940 年 6 月 11 日登录林子有先生赠书,内有《庚辰丛编》一种,存三册,注明缺首册。后圈去,改为四册,"首册 41 年 8 月 27 日送来"。故知登录后再行送到使成完璧的情况,都会在相应条目上进行更订。

3. 条目删汰

1940 年 2 月 23 日叶先生送来书中有大批《四部丛刊》本,合 33 种,已计入当页统计册数。这些书后被圈去,最末作有说明:"以上《四部丛刊》,另记。"(第 193—196 页)又,1941 年 2 月 25 日记有叶先生送来的若干种《敬乡楼丛书》,均被删去,也不在页边计数中(第 562—563 页)。推测为大部头丛书另行合并记录。

第 428—465 页,1940 年 11 月 28 日登录李拔可先生赠书一批,有不少条目被删销。或是直接加以删除线,或于天头画×。此后 12 月又有两批送书记录,均散见删去的条目。比较集中地出现登录后又删汰的情况,是其他批次收书工作中较少见到的。可能是收书时原清单阙如或存在问题,导致清点工作难免出现差错,也可能是核验过程中删汰了重复的条目,或则删去自留书,等等。

4. 出让转售

合众图书馆在设立之初筹措有一批资金,原拟用息不用本,无奈抗战时期物价上涨、币制贬值,不得不动用本金,经济一直处于困窘之中,面对宋元善本则只能望而兴叹,"在无钱时,连买普通书也困难,甚至把自行车和寄书的木板箱都卖掉来补充图书"[①]。出让复本以换补他书者亦不乏其例,如顾廷龙 1944 年 12 月 1 日致合众图书馆董事会信札:"兹以商务印书馆访求景印《天下郡国利病书》为配齐《四部丛刊》三编之用。查本馆除《丛刊》三编中已有外,卷盦藏书中尚有单本一部。承张菊生先生介绍,该馆愿以储券七千元为酬,是否可以出让,换补未备之书,当祈核示为幸。"又 1946 年 5 月 5 日致信董事会:"兹拟将重本《二十五史补编》六册出让,以资易书。"[②]核以

① 沈津:《顾廷龙与合众图书馆》,沈津:《伏枥集》,广西师范大学出版社,2019 年,第 69—70 页。
② 张柯整理:《上海图书馆藏合众图书馆档案文献汇录(一)》,上海图书馆历史文献研究所编:《历史文献》第 24 辑,上海古籍出版社,2023 年,第 425 页。

《收书随录》第 50 页，"收叶先生送来《四部丛刊续编》五百十册，又《天下郡国利病书》（四部丛刊三编本）五十册"，在《天下郡国利病书》条下补记："售去，有案"。又，第 884 页，1942 年 5 月 4 日录购自抱经堂《古今图书集成》八百另八册，"售去，董事会有案"。

转售的记录还可见于第 656 页，1941 年 5 月 23 日记叶先生送来《二十四史》（百衲本，连史纸），八百二十二册，并已计入页边总数，该条此后也标注为"出让"。凡此都可以增补合众藏书的相关史实。

三、《收书随录》的性质与价值

王煦华曾提及，因合众时期财力人力微薄，"日常收购及个人零星捐赠的书刊，仅用老式账本作一简单的登记"[1]，料想正是我们今日得见的这十册《收书随录》。如前所述，《收书随录》中实际还标示、补记有多种内容，如遇信息变更，又屡屡同步修改登载的数据，以备查验。由此可以明确，本目不止在图书入藏阶段起到一个清点册的作用，后期仍将之作为日常查用的资料工具。

虽说是"简单登记"，一方面，本文述及的各类附加信息却也不容忽视，为了解合众馆藏及文献发展提供了若干新材料，补充我们对其收书流程、排架编目等工作的认识。另一方面，这部《收书随录》更胜在首尾连贯，册中大半标记有馆藏登录的具体日期，且完整著录了每种书的入藏来源，保留着当日所收各批次书籍的原始面貌，足以与其他相关资料对勘。譬如，得益于日期的标注，能够为一些失却时间信息的材料（如论书便笺）划定年月，帮助我们更充分地利用诸种馆史资料。

《收书随录》虽见有多人字迹，但顾廷龙先生亲笔所书者占以很大的比例。而其他人登录的部分，也随处都能见到他的校订和补充，甚至说合众的每部藏书大都经其目验也不为过。细阅《顾廷龙日记》，不难获知顾老对馆内实务自书籍采访、馆舍布局、检理上架，到编写藏目、出版丛书，巨细靡遗均亲自过问，《收书随录》恰能将这些具象地呈现于读者目前。

---

[1]　王煦华：《序二》，沈津：《顾廷龙年谱》，上海古籍出版社，2004 年，第 5 页。

《合众图书馆典藏目录汇编》前言

陈先行

（上海图书馆历史文献中心）

正值上海图书馆浦东新馆落成开放之际，上海科技文献出版社出版《合众图书馆典藏目录汇编》，是一件很有意义的事情。合众图书馆是上海图书馆前身之一，以收藏历史文献为专门，上图能以富藏古籍、碑帖、尺牍以及近代档案等历史文献享誉海内外，离不开"合众"的贡献，可以说，"合众"是上图这所伟岸大厦的重要基业。而这批目录，不仅是"合众"藏书的实录，也是"合众"历史的记载，更是"合众"精神的体现，具有多方面的研究与实用价值。由于它们大多未正式发布，即使有若干种曾经出版，当今也难以寻觅，故予以汇编出版以飨读者，很有必要。

一

合众图书馆诞生于抗日战争时期。"七·七事变"之后，沿海各省相继沦陷，东南地区文物大量散佚，除日本侵略者大肆掠夺外，英、美各国也乘机四处搜罗。美国国会图书馆甚至有人宣称，将来研究中国历史文化非到美国去不可。在这我不自谋人已谋我的情况下，1939 年 5 月，叶景葵、张元济联络沪上文化界知名人士陈陶遗、陈叔通、李拔可等，为抢救保存濒临毁灭的文献典籍，通力组织创办了私立合众图书馆（1946 年 3 月改名"上海私立合众图书馆"），命名"合众"者，乃取"众擎易举"之义。

在"合众"成立之翌年，也是在上海，出于相同的历史背景，郑振铎等成立文献保存同志会，在得到政府调拨专款之下，维持活动近两年，为中央图书馆购得大批善本。客观而言，对于这两宗抢救保护历史文献事件，影响较大的是后者，因为其购书虽然不无波折，毕竟由官方机构主导，一时取得的收获，自非纯属民间行为之"合众"所能企及。更让人感叹的是，"合众"成员叶景葵、张元济、顾廷龙、潘景郑等虽然都是一流的版本学家，张元济甚至还法眼独具，建议文献保存同志会购买吴兴刘氏嘉业堂所藏稀见明本,遂使中央图书馆平添一宗特色收藏,奈何"合众"自家财力却十分有限,几无染指市场之可能。英雄无用武之地,眼睁睁看着与许多孤本秘籍失之交臂,殊为可惜。然而,创办"合众",乃化私为公之爱国义举,筹办经费,建筑馆舍,以及所拥有的大批基本藏书,皆由叶景葵先生与众多志士仁人无偿捐赠,意义非同寻常,精神愈加可贵。何况,各家捐赠的图书其实价值很高,即便在当时也不可多得。如主要发起人之一叶景葵先生捐赠的近三千部藏书中,名家批校者居十分之一,自为手校与题记者亦十分之一,而稿本、抄本有近七百部之多,稿本如惠栋《周易本义辨证》、钱大昕《演易》、顾祖禹《读史方舆纪要》、严可均《全上古三代秦汉三国六朝文》等,校本如顾千里校《冲虚至德真经》、王念孙校《管子》等,皆名扬书林之善本。其他各家的捐赠也自有特点,如张元济先生以嘉兴、海盐先哲遗著及张氏先世著述暨刊印评校藏弄之书为专门;蒋抑卮先生所藏多为印本较早的常用四部之书;李拔可先生以近人诗文别集称富;陈叔通先生以冬暄草堂师友手札及清末新学书刊见长;叶恭绰先生以山水、寺庙、书院等志为精;胡朴安先生除亲朋手札外,以经学、文字学及佛学书籍居多;顾颉刚先生所捐大都为近代史料;潘景郑先生所捐为大宗金石拓片及相关清人传记资料;周志辅先生所捐乃享有盛名的几礼居戏曲文献;胡惠春先生所捐则以明代刻本与名家校本为主。一个属私办性质的图书馆,竟有如许门类丰富的收藏,实属不易。故而,纵然有千艰万难,发起人、董事会以及总干事顾廷龙等,抱着不求近效,黯然日章,风雨如晦,鸡鸣不已的信念,因陋就简,惨淡经营。越十有四年,1953 年 4 月,在时任董事长张元济的主持下,慨将"合众"所积三十万册藏书连同馆舍悉数捐献上海市人民政府,在中国图书馆史上书下浓墨重彩的一笔。

合众图书馆的捐公,只是完成了它的阶段性历史使命,并未消亡。1955 年 2 月 25 日改名上海市历史文献图书馆,顾廷龙任馆长。1958 年 10 月 6 日与上海图书馆、上海科学技术图书馆、上海报刊图书馆合并为新的上海图书馆,顾廷龙先后任副馆长、馆长。从此,不仅"合众"的藏书成为上图的重要收藏,其办馆理念也始终影响着上图的发展,上图所取得的某些成就,实乃"合众"事业的赓续。譬如,上图一贯保持"合众"高度重视对历史文献抢救保护的传统,即便在特殊的"文革"时期亦如此,使大批珍贵文献免遭损毁;同时又以积极开放的态度为社会各界提供馆藏服务,读者近悦远来,有口皆碑。其影响所及,就像当年"合众"受到许多拥趸支持那样,自 1980 年至今,上图又接二连三获得私家不计其数的善本捐赠,其中荦荦大者,有闻名于世之丰润张氏、祁阳陈氏、常熟翁氏的收藏①，犹如百川灌河，锦上添花，使上图在国内外的影响与日俱增。再如，向建国十周年献礼而编纂的《中国丛书综录》，实际上早在"合众"时就开始酝酿筹备，是"合众"各原编目录丛书部分的踵事增华。该书的收录规模与学术质量超迈以往中外相关书目，是整理古籍、研究文史不可或缺的工具书，其成功问世，一举奠定了上图在目录版本学领域的重要地位。又如，在力谋秘籍流布方面，尽管"合众"经费支绌，但仍想方设法编纂出版了《合众图书馆丛书》一、二集，共有十八种清代先哲未刊稿本、抄本得以通行；而当顾廷龙跨入上图大门第一天起，就提出使孤本不"孤"的印书计划，并特地筹建了上图自己的影印工厂，仅在"四馆合并"以后至1966年"文革"开始之前不数年间，便有三十余种馆藏珍笈公诸于世，是那个时代影印历史文献数量最多的图书馆，甚至连出版界也有所不如②。

二

在大致回顾合众图书馆的历史及其对上海图书馆的影响之后，再向读者简要介绍"合众"当年的编目情况与影印这部《合众图书馆典藏目录汇编》的想法。

"合众"从创办伊始对藏书编目工作就有一个计划：凡来自各家的专藏，先编分目，复合馆中自购及零星受赠之目，汇为总目。先编分目的好处是，在财政竭蹶、人手紧缺情况之下，能够按部就班对大宗捐赠之书进行逐家清点整理。而编制这样的专目，既能查考各家捐献，又能向读者提供馆藏检索，还能充分反映出各藏书家的收藏意图、特点及其读书治学的倾向，使其别具学术研究意义，可收一举多得之效。一旦各分目有条不紊次第编成，将来汇而总之，便能反映全部馆藏。但实际上，仍然是因为经费与人手缺乏，分目并未完全编成，诸如尺牍、档案等馆藏，也皆不及整理编目，汇编馆藏总目的愿望当然未能实现。而且，后来的上海市历史文献图书馆乃至上海图书馆，即便是古籍，也一直未编成馆藏书本式总目，平时供读者与馆内工作人员使用的是卡片目录与据卡片目录制成的书目数据库。这就意味着，"合众"的这批六七十年前编就的目录，除了用于学术研究而外，至今仍具有上图馆藏溯源及检索之功

①　1980年，丰润张佩纶之孙张子美先生向上图捐赠家藏古籍450余部，其中包括宋元本53部；2012年，张子美之子恭庆、恭慈昆仲，复将一大批家藏张佩纶手稿及其与李鸿章等晚清重臣来往书札捐赠上图。1980年，陈叶爱锦女士将其先生祁阳陈清华寄存于上海之宋金元明刻本等670余部悉数捐赠上图。2016年、2018年，常熟翁同龢五世孙万戈先生先后将翁同龢日记手稿及一批其他书札上手稿及书札捐赠上图。
②　顾廷龙：《我和图书馆》，《顾廷龙文集》，上海科学技术文献出版社，2002年，第598—600页。

用。尤其是石刻拓片,上图目前尚未公开发布馆藏目录(包括可供读者检索的卡片目录或书目数据库),因此,实际编成于"合众"时代的《上海市历史文献图书馆石刻拓本分类目录》,至少是上图部分碑帖馆藏的反映,颇具利用价值。

"合众"的藏书以古籍为主体,虽然未编成总目,但因诸分目的编纂多出潘景郑、顾廷龙之手,质量很高,也颇有特点。潘先生是吴梅、章太炎的高足,长于词曲、经史及训诂,又擅版本目录、金石之学,张元济请其主司"合众"古籍编目,可谓得人。其著录之谨严,鉴定之精准,一时无出其右;于石刻拓本以分类编目,前所未有,令人耳目为之一新;在"合众"初期与顾廷龙合撰的《明代版本图录初编》,系填补古籍版本学空白之作。顾先生的学问亦淹贯博洽,由小学而经学,著有《古匋文音录》《尚书文字合编》;熟谙近代史,有《吴愙斋先生年谱》传世。早年从外叔祖王同愈研治版本目录学,所编《章氏四当斋藏书目》,根据章钰先生藏书特点分卷,间加按语,别出心裁,深获叶景葵、张元济赏识,其受叶、张二氏力邀南下任职"合众"总干事,洵非偶然。他于编目强调实用,主张须著录作者的籍贯,这样于书名、著者、分类之外,更可专门编排出一套作者地域卡片,作为地方文献备考之用。故"合众"的目录皆如是著录。此事看似极简单,却未闻别家图书馆做过,唯独顾先生想到,原因在于他重视乡邦文献的搜集,并了解搜集的困难;也在于他研治目录之学不是停留在理论上,而是注重实验。专家编目,非同寻常,相信这部《合众图书馆典藏目录汇编》在古籍编目方面也会给人以启示与借鉴。

此番汇印的目录凡二十二种,其中有五种是以"上海市历史文献图书馆"题名的目录,因为难以与"合众"完全切割,一并予以收入。如题"分编之九"的《上海市历史文献图书馆藏书目录》,实为合众图书馆藏书目录初编,只是编成于1955年,时馆名已改,故未用"合众"之名;而《上海市历史文献图书馆石刻拓本分类目录》,版心仍题"合众图书馆",印成适遇更易馆名。再如王培孙先生之旧藏,"合众"接受捐赠在1952年,编印目录则在1957年。至于《上海市历史文献图书馆藏书目录五编》,实与《合众图书馆藏书目录四编》相衔接,其中也含"合众"时期未编之书。

在这批目录中,出现看似与其他相关目录著录重复者有两种:一是编写于1954年的《上海市合众图书馆藏书清册》,之前编成的各分目著录之书应当包括在内,但其著录过于简单,只是一个排架目录,可充当基本的财产账簿用备查核,但不能替代诸分目所具有的为读者服务、学术研究功能;另一是《上海市历史文献图书馆期刊目录》,所收品种包括并大幅超过《合众图书馆期刊目录初编》,但因著录略有异同,且可窥该馆期刊收藏整理的前后演变,故各自有其功用。

这部《合众图书馆典藏目录汇编》采用影印而非排印的方式出版,有其道理。诚然,这批目录大部分为刻蜡纸油印之本,有些版面文字漫漶莫识,影响利用,如予以重新排印,效果肯定比影印要好。然而,从版本学征信角度出发,保持原本面貌远较改版为善;若以研究抗战史、文化史、图书馆史眼光视之,则它们不特提供检索,还是考察"合众"的原始文献实物,倘若改变原貌,难能踪迹历史,体会创办、维持"合众"之匪易,此次出版的意义因之将有所缺失。须知当年"合众"连刻蜡纸油印的费用都无力支付,端赖志愿者之义务;即使前三种分目能正式出版,也是得益于众人赞助,根本没有馆务专款,为了节省人工、纸墨,不得不印成巾箱小本,甚至《番禺叶氏遐庵藏书目录》之石印,若非顾廷龙自当抄胥,手写上版,恐难以成就(《合众图书馆丛书》的多种石印本亦如是)。故在笔者眼中,这批目录虽"其貌不扬",却因蕴含着"合众"坚韧不拔、孜孜以求的精神而显得美丽可爱。摩挲观览,敬佩之情油然而生。不过,考虑到实用性,对油印本存在某些文字模糊、缺损的现象自然不能置之不顾,兹由罗毅峰以校勘记方式分别标示而出,附于本文之后,庶几弥补影印本之不足。

三

为了便于读者利用,笔者不揣浅陋,对这批目录作逐种简介,以供参考。不当之处,请批评指正。

一、海盐张氏涉园藏书目录四卷

涉园主人张元济(1867—1959),字菊生,浙江海盐人。光绪壬辰(1892)进士。曾任清刑部主事、总署章京,因参加维新运动,戊戌政变时被革职。此后致力文化教育出版事业。创建涵芬楼,广搜善本,校印《四部丛刊》初、二、三编与《百衲本廿四史》,成就卓著。所撰《涵芬楼烬馀书录》,堪称版本学经典之作。1939 年与叶景葵等发起创办私立合众图书馆,1946 年 5 月当选董事长,直接主持馆务。

此目由潘景郑编撰;末附《张氏世系》一卷,为顾廷龙所辑,民国三十五年(1946)排印本,凡一册。卷一为嘉兴先哲遗著,卷二为海盐先哲遗著,卷三为张氏先世著述及刊印评校之书,卷四为张氏所藏其他书籍。前三卷之书,不啻一部嘉兴艺文志,张先生初有捐献家乡之意,故先寄存"合众",后在日寇侵略战火之下,"鉴于祠屋半毁,修复无力,本地图书馆之建设更属无望,遂改为永远捐助"①。20 世纪 80 年代,海盐建立张元济图书馆,在顾先生主张下,上海图书馆据张先生所捐之书复制一套平片赠送该馆,亦可谓了却张先生之夙愿。

此目卷端题"合众图书馆藏书分目之一"。《凡例》与叶景葵先生序文中均提出了"合众"编印馆藏目录之计划,即先据各家专藏编纂分目,复合馆中自购及零星受赠之目汇为总目。此则为发表的第一部分目。

该目编制有两个显著特点。一是采用国学图书馆分类法。该法在《书目答问》增加丛书部基础上又增期刊部,实际仍以《四库》分类为主,因书制宜,有所调整变通。故凡无期刊者,或后来期刊专门编目,则"合众"诸种以古籍为主的目录分类皆为经史子集丛五部。二是著录作者之籍贯与字号。《凡例》强调籍贯主要按本书原题,凡用古名称者,如海盐曰武原、曰盐官、曰东海,均仍之,不为划一。至于字号之著录是否亦同籍贯,《凡例》未作交代。之所以要著录作者之籍贯、字号,有深意在焉:如果按籍贯编排一套馆藏目录,即为一部地方文献专目,颇便研究利用,故"合众"曩昔制有四套卡片目录,书名、作者、分类三套而外,更有一套以作者籍贯编排的目录;而著录作者字号,若汇而辑之,则为非常有用的传记资料。这种著录特点,由顾先生率先在《创办合众图书馆意见书》中提出,经与叶景葵、张元济等先生慎重讨论研究而定②,"合众"乃至上海市历史文献图书馆、上海图书馆的其他古籍著录皆一以贯之。

二、番禺叶氏遐庵藏书目录一卷

叶恭绰先生(1881—1968)号遐庵,广东番禺人。曾任北洋政府交通总长、国民政府铁道部长,解放后任中央文史研究馆副馆长、代理馆长。工诗词,善书画,精文物鉴定,收藏颇富。1942 年移居上海时,了解到合众图书馆办馆性质,慨将数十年收集之山水、寺庙、书院、古迹等专志,连同其他图籍、友朋书札等捐赠"合众"。

此即叶先生所捐地理类藏书专目,由潘景郑初编,顾廷龙重编并缮写,民国三十七年(1948)石印本,凡一册。卷端题"合众图书馆藏书分目之二"。叶先生其他所捐之书,或散见于后来编制的"合众"藏书目录,并未如该目《凡例》所设想地,"别为续编"。

《凡例》中有一条说明值得关注:"目中所注作者籍贯字号以本书原题为准,缺者补之。"按从编纂"合众"各目录直至后来上海图书馆编纂《中国丛书综录》,关于著录

---

① 顾廷龙:《张元济与合众图书馆》,《顾廷龙文集》,第 562 页。
② 顾廷龙:《创办合众图书馆意见书》,《顾廷龙文集》,第 606—607 页。

作者籍贯与字号的问题一直存在分歧:一,作者籍贯是否要统一? 二,包括字号在内,原书缺如者是否要据别本或相关传记资料增补? 笔者的意见是,应当一依原本,既不统一,也不增补,即所谓客观著录,因为就版本学而言,古籍著录须以保存原本面貌为第一要务,否则会混淆版本眉目。倘若出于实用目的一定要作统一或增补,则应当分别在备注项中加以说明。

三、杭州叶氏卷盦藏书目录五卷

卷盦主人叶景葵(1874—1949),字揆初,别署存晦居士,浙江杭州人。曾任汉冶萍铁厂经理、中兴煤矿公司董事长、浙江兴业银行董事长。"旧所藏书,多属常本。当丁戊间,吴昌绶斥明刊旧抄四十种为嫁女之资,公实受之,是为搜罗善本之始。""尤笃好稿本校本,以先贤精神所寄,不忍视其流散也。"[1]

叶先生是合众图书馆最初发起人,"首出所藏为倡,名曰'合众'。或劝以叶氏为名者,公谓图书馆当公诸社会,将赖众力以垂久远,不宜视为一家之物,不许"[2]。

此目由顾廷龙、潘景郑编制,1953 年排印本,凡一册,卷端题"合众图书馆藏书分目之三"。

据顾先生《后记》,该目"计唐写本二,宋本、元本九,明本四百四十一,稿本、抄本六百六十六,清以来刊印本一千七百十,域外刊本、抄本四十五,拓本五,都二千八百七十八部三万一千五百六十七册十三卷六百三十张,其中经名家手校者居十之一,君手校及题记者亦十之一。综君所集稿本抄本,为全目之最"。顾先生专门对叶先生藏书的善本予以揭示,尤其强调其稿抄校本之特点,颇有意味。盖叶先生、钱穆先生等当年相与鉴定顾祖禹《读史方舆纪要》稿本之事,书林至今传为美谈。而张元济、顾廷龙、潘景郑与叶先生趣味相投,不仅具有重视稿抄校本之卓识,并且皆为鉴定稿抄校本之高人,上海图书馆得以富藏明清名家稿抄校本而称扬四海,主要归功于四位前辈之杰出贡献。

有关叶先生所撰题跋,顾先生先后辑入《卷盦书跋》(1957 年古典文学出版社出版)及《叶景葵杂著》(1986 年上海古籍出版社出版)。2013 年,吾辈复将之印入《上海图书馆善本题跋真迹》(上海辞书出版社出版)以供赏鉴。

---

① 顾廷龙:《叶公景葵行状》,《顾廷龙文集》,第 546 页。
② 顾廷龙:《叶公景葵行状》,《顾廷龙文集》,第 545 页。

四、杭州蒋氏凡将草堂藏书目录六卷

凡将草堂主人蒋抑卮（1874—1940），号鸿林，浙江杭州人。浙江兴业银行创办人之一，与叶景葵相知。藏书大都得自钱塘汪氏（鸣銮）万宜楼。

此为其捐赠图书目录，并非其藏书之全貌，据顾廷龙编校序言，原有蒋先生标识"留阅"者以及复本，不在赠馆之列。与此情况相类似，当时杭州朱氏（名钟琪，叶景葵岳父）兰笑楼藏书之捐赠，亦由顾先生先事挑选，凡属"合众"已有之复本，也未予以接受。

此目与《番禺叶氏遐庵藏书目录》同年编成，早于《杭州叶氏卷盦藏书目录》，意者当时欲如张氏涉园、叶氏遐庵两目正式印行，故卷端题"合众图书馆藏书分目之三"，或以为误题，其实非也。惜最终出版未果，仅存此 1948 年油印本，称专供校订所用之初稿，凡一册。事实上直至 1954 年，"合众"仍在做校补该目工作[①]。后来蹑接张、叶两目正式印行者乃《杭州叶氏卷盦藏书目录》，故于卷端题"合众图书馆藏书分目之三"，则此目实际上成为合众图书馆藏书分目之四，兹列于叶氏卷盦目录之后。

按蒋先生藏书四部颇备，丛书（包括经史子集各部类编之书）尤伙，故此目《凡例》对其著录有专门说明，谓"丛书类凡完全无缺，与《丛书大辞典》及《日本东方文学院京都研究所汉籍目录》所载种数相同者，不列子目。若为两书所无，或有多寡者，则详列之"。自是，包括《杭州叶氏卷盦藏书目录》及之后"合众"编制的所有馆藏目录，凡涉及丛书，皆依此例著录。这种做法显然含有节省人力、物力及时间之合理性，但客观上也有不便利用之消极一面，且不说《丛书大辞典》与《日本东方文学院京都研究所汉籍目录》颇有差异，后者更非一般读者案头能备。其实，依据日人书目，只是一时的权宜之计，前辈们心有未甘，后来顾廷龙主持编纂更为实用、权威的《中国丛书综录》问世，可谓了却了"合众"人之心愿。

五、闽县李氏硕果亭藏书目录五卷

硕果亭主人李宣龚（1876—1953），字拔可，福建闽县人。曾任商务印书馆经理兼发行所所长。1941 年合众图书馆成立董事会，作为董事之一，李先生先后将藏书捐赠"合众"，其中以近人诗文集称富，另有师友书札、图卷等。

---

① 顾廷龙等：《一个图书馆的发展》，顾廷龙撰，李军、师元光整理：《顾廷龙日记》，中华书局，2022 年，第 789、791 页。

此目油印本,凡一册,书皮右上方贴一红纸,上有"草稿呈政,请勿外传"八字。卷端题"合众图书馆藏书分目之五",没有序跋、凡例,也未载油印年代。据顾廷龙《合众图书馆第十二年工作报告》,该年度编成胡氏(朴学斋)、李氏(硕果亭)、潘氏(宝山楼)三种目录[①],则油印当在1950年。

六、泾县胡氏朴学斋藏书目录六卷

朴学斋主人胡朴安(1878—1947),名韫玉,以号行,安徽泾县人。南社成员,追随孙中山加入中国同盟会。曾执教持志大学等校,顾廷龙是其门下弟子。抗战胜利后任上海通志馆馆长。殁后翌年,其夫人胡朱昭女士暨子女辈遵遗命,将其研治经学、文字学、佛学所用诸籍以及乡邦文献、手自校跋之书、亲朋书札等皆捐赠合众图书馆。

此目油印本,凡一册,卷端题"合众图书馆藏书分目之六",没有序跋、凡例,也未载油印年代。据顾廷龙《合众图书馆第十二年工作报告》[②],当印于1950年。前五卷为经史子集丛各部书籍,卷六含三部分:胡朴安先生著述之部、胡寄尘先生(名怀琛,朴安弟)著述之部、胡氏一家著述之部。

此目于史部不见目录类,径将应属于目录类之"解题考订之属""类录之属""题识赏鉴之属""家藏书目之属""公藏书目之属""特编之属""丛录之属""版刻之属""书影样本之属""藏书史之属""义例之属""图书馆之属"等列于政书类后,颇疑是刻写疏漏导致,而非有意为之。

七、顾颉刚先生藏书目录五卷

顾颉刚先生(1893—1980)名诵坤,以号行,江苏苏州人。早年曾执教中山、燕京等多所大学,解放后任中国社科院历史所研究员。1947年5月与钱钟书、潘景郑受聘为合众图书馆顾问。1949年将所藏八百六十种图籍捐赠"合众","其中清末民初之章程、报告、概况、传记,及河工、海防等工料、薪粮、公费清册都是有价值的资料"[③]。时顾先生任诚明文学院中国语文学系主任,翌年复介绍毕业学生王煦华到"合众"任职。

此目油印本,凡一册,没有序跋、凡例,也不载油印年代,卷端题"合众图书馆藏书分目之七",书皮贴有"草稿呈政,请勿外传"红纸;上海图书馆古籍公务目录著录为

①② 顾廷龙等:《一个图书馆的发展》,顾廷龙撰,李军、师元光整理:《顾廷龙日记》,第752页。
③ 顾廷龙:《介绍顾颉刚先生撰购求中国图书计划书》,《顾廷龙文集》,第616页。

1950年油印本，而王煦华跋《合众图书馆议事录》谓此目编成于1953年①。刻印略显仓促，未及校正讹字，如卷一经部书类第一种《尚书隶古定释文》为清嘉庆九年刻本，"嘉庆"误作"集庆"。至1954年，由王煦华负责该目校补工作②，可惜未能重印。

八、吴县潘氏宝山楼藏书目录六卷

宝山楼主人潘景郑（1907—2003），原名承弼，字良甫，晚号寄沤，江苏吴县人。著名版本、金石学家，喜藏书，精鉴别。从合众图书馆、上海市历史文献图书馆乃至上海图书馆，捐赠藏书未有间断。直至20世纪80年代初落实政策，发还"文革"中被抄没之书，他仅留若干常用工具书，其余无论善本抑或普通古籍，悉数捐给上图。

此为潘先生当年相继捐赠"合众"图籍之汇总目录，之后其仍有捐赠，该目不及载录。卷端题"合众图书馆藏书分目之八"，书皮贴有"草稿呈政，请勿外传"红纸，油印本，凡一册，没有序跋、凡例，也不载油印年代。据顾廷龙《合众图书馆第十二年工作报告》③，似应印于1950年。但不无疑问：在顾先生《合众图书馆第十三年工作报告》中，记载潘先生又捐赠473种2214册书，其中珍本列举了明天启五年花斋刻本《春秋繁露》、稿本《冯申之先生日记》、稿本《郋亭日记》三种④，今检此目录，前一种已见著录，后两种则未入目，则该目录编成后又有所增益，最早当印于1951年。

按潘先生所捐书中有不少难得之清人传记资料。如顾先生在《合众图书馆第十二年工作报告》中有云："潘景郑先生赠清名人行状八十五种，题名录五十三种，齿录二十三种，同官录二十二种，搢绅录二十六种，又小说、章回弹词唱本六十种，皆不易搜集者也。"⑤20世纪80年代末，吾等协助顾先生编纂《清代朱卷集成》（1992年台北成文出版社出版），其中潘先生捐赠"合众"之清代朱卷共一千余册在焉。

九、上海市历史文献图书馆藏书目录五卷

此目油印本，凡上、下二册，下册书皮有"请批评""上海市历史文献图书馆赠"戳记。没有序跋、凡例，不载印刷年代，上海图书馆古籍公务目录著录为1956年油印本。卷端括号注"分编之九"。按合众图书馆所编分目不见第九，而其藏书目录有二至五

---

① 顾廷龙等：《一个图书馆的发展》，顾廷龙撰，李军、师元光整理：《顾廷龙日记》，第935页。
②③ 顾廷龙等：《一个图书馆的发展》，顾廷龙撰，李军、师元光整理：《顾廷龙日记》，第789页。
④ 顾廷龙等：《一个图书馆的发展》，顾廷龙撰，李军、师元光整理：《顾廷龙日记》，第757页。
⑤ 顾廷龙等：《一个图书馆的发展》，顾廷龙撰，李军、师元光整理：《顾廷龙日记》，第750页。

编却无初编,意者此即分目之九,亦即合众图书馆藏书目录之初编,只是用了历史文献图书馆之名,可能当时诸目录系根据建馆以来不同时间段之入藏书籍分头编纂,而此编完成于 1955 年①,时馆名已改,故未用"合众图书馆藏书目录初编"之名。

该目可关注者有如下几点。一,凡向"合众"捐书因数量少不够编制专目者,在此目相关条目之下分别注明捐赠者,不特以示存念,亦可于收藏进行追根溯源。20 世纪50 年代《北京图书馆善本书目》也著录捐赠者,业界称善,而"合众"实做在其先。二,即使有的捐赠之书已编成分目,但也有出于各种原因,同一个人捐赠之书有未入分目而入此目者。三,有的书在分目中已出现,而此目又收录,是因为有复本,而非单本的重复著录,如胡朴安所著《周易古史观》即是。四,此目所收较杂,间有民国文献、外国人著述,有合众图书馆抄本与民国精、平装本。

以上数端,合众图书馆藏书目录二、三、四、五编亦大致如是。

十、合众图书馆藏书目录二编五卷

此目油印本,凡上、下二册,书皮右上方贴有"草稿呈政,请勿外传"之红纸。没有序跋、凡例,不载印刷年代,上海图书馆古籍公务目录著录为 1954 年油印本。版心下有"合众图书馆"五字。据《合众图书馆藏书目录三编》卷端所题推断,此本当为分目之十。

十一、合众图书馆藏书目录三编五卷

此目油印本,凡一册,书皮右上方贴有"草稿呈政,请勿外传"之红纸。没有序跋、凡例,不载印刷年代,上海图书馆古籍公务目录著录为 1954 年油印本。版心下有"合众图书馆"五字,卷端题"合众图书馆藏书分目之十一"。

十二、合众图书馆藏书目录四编五卷

此目油印本,凡一册,没有序跋、凡例,版心下有"合众图书馆"五字,卷端题"合众图书馆藏书分目之十二",不载印刷年代。检览合众图书馆 1954 年下半年度工作计划,中有"油印书本目两种。一,馆藏四编;二,冯氏赠书目"②,则此目油印当在1954 年。

① 顾廷龙等:《一个图书馆的发展》,顾廷龙撰,李军、师元光整理:《顾廷龙日记》,第 836 页。
② 顾廷龙等:《一个图书馆的发展》,顾廷龙撰,李军、师元光整理:《顾廷龙日记》,第 788 页。

十三、上海市历史文献图书馆藏书目录五编五卷首一卷

此目油印本,凡上、下两册,不载印刷年代。相较于前四编,此编大量收录民国时期中外出版物,也有少量解放初期出版物;在分类方面,增设"马克思列宁主义之部"作为卷首,在史部正史类之后增设"革命史类",专门著录有关中国共产党革命史的著作(至于封建社会农民革命史及中华民国革命史著作,仍入杂史类)。据该馆《1955年第三季度计划》,有"改变分类法中关于马列主义经典著作的类目"之举措,指出"马列主义经典著作应该居于首要地位"①,但在同年编印的《上海市历史文献图书馆藏书目录》(分编之九,即所谓"初编")中,该举措并未有所体现,直至此目之编纂方得到落实;而在1957年《下半年度的打算》中,有"拟编印1953—1956年馆藏图书目录"②的计划,意者此目或即该计划之成果,则其编印当在1957至1958年之间。

另外,此编著录了每部书的登录号,这也是与前四编的不同之处,反映了在编制此目时,该馆藏书的正式登录已基本完成。从登录号可看出,该馆藏书登录是一册一号。由于在编写此目初始未作统一规定,经部多册之书仅著录第一册之号,至史部之后方著录完全,这是读者须留意者,因为该登录号实际上也是索书号,上海图书馆一直保留使用至今。

按上图自1958年"四馆合并"之后,原来各馆所藏古籍的登录号并未取消;各馆原来的登录簿照样留用,若藏书情况发生变化(如提善或调拨等),必须及时在登录簿上注明。其好处在于:一,观其登录号便知其书之来源,便于进而考其版本流传情况;二,资产账目分明,不易流失。倘若改变各馆原来面貌,进行合并重编给予统一登录号,万一有所闪失,难以发现。

十四、南通冯氏景岫楼藏书目录三卷

景岫楼主人冯雄(1900—1968),字翰飞,江苏南通人。曾任商务印书馆编辑。长于版本目录之学,藏书万卷,偏重地方文献。旅蜀十年,所搜蜀中文献以及四川水利局所编印之计划表、报、图册等,皆捐赠合众图书馆。

此目油印本,凡一册,卷端题"合众图书馆藏书分目之十三",没有序跋、凡例,也不载油印年代。上海图书馆古籍公务目录著录为1950年油印本,但据合众图书馆

---

① 顾廷龙等:《一个图书馆的发展》,顾廷龙撰,李军、师元光整理:《顾廷龙日记》,第833页。
② 顾廷龙等:《一个图书馆的发展》,顾廷龙撰,李军、师元光整理:《顾廷龙日记》,第869页。

1954 年下半年度工作计划,中有"油印书本目两种。一,馆藏四编;二,冯氏赠书目"[1],则此目油印当在 1954 年。刻写偶有讹误,此本间有顾廷龙钢笔朱校。

十五、至德周氏几礼居藏戏曲文献录存一卷

几礼居主人周明泰(1896—1994),字志辅,安徽建德(今东至县)人。曾任北洋政府总统府秘书、内务部参事,后从事实业。酷爱戏曲,著有《几礼居戏曲丛书》《几礼居随笔》《读曲类稿》《枕流答问》等。

1949 年周先生由上海移居香港前,将所藏戏曲文献寄存合众图书馆,新中国成立后,其将该批文献正式捐献"合众"。检该馆 1954 年《上半年度总结》,有"点收周志辅先生几礼居赠书,并写印清册"一条[2],则其捐赠当在其时。此目油印本,凡一册,没有序跋、凡例,也不载油印年代,版心有"合众图书馆"五字。据该馆《1955 年度工作计划》,有"周氏几礼居"编目起草一项[3],或此本油印亦在其时。

卷前粘贴有目次,凡分杂剧、传奇、选本等二十七类及附录。在"清内廷戏曲类"中,有《江流记》《进瓜记》各一册,乃清内府四色精抄本,钤有"五福五代堂宝""八征耄念之宝""太上皇帝之宝"三印,曾经乾隆御览,无别本流传,最见珍贵。卷末有顾廷龙手书"共计贰仟捌百柒拾陆册三仟玖百捌拾三张。附注:一折作一册,一个、一轴、一幅都作一张计算"两行。

十六、上海市历史文献图书馆藏书目录五卷(王培孙旧藏)

王培孙先生(1871—1952)名植善,以字行,嘉定南翔人。同盟会、南社成员,上海南洋中学校长。1952 年 11 月 12 日,慨将七万六千七百余册藏书捐赠合众图书馆。11 月 17 日不幸驾鹤西去。同年 12 月 29 日,"合众"选取其藏书中二百种善本举行展览会,邀请有关专家鉴赏,详见 1953 年 5 月顾廷龙所撰《检理王培孙先生藏书记》[4]。

此目油印本,凡上下二册,不载油印年代。"合众"《1956 年工作总结(1957.4)》中提到,"把南洋中学赠书一万余种编写书本目录,八月开始,仅六个月即誊写完成"[5],则此目当印于 1957 年。

① 顾廷龙等:《一个图书馆的发展》,顾廷龙撰,李军、师元光整理:《顾廷龙日记》,第 788 页。
② 顾廷龙等:《一个图书馆的发展》,顾廷龙撰,李军、师元光整理:《顾廷龙日记》,第 785 页。
③ 顾廷龙等:《一个图书馆的发展》,顾廷龙撰,李军、师元光整理:《顾廷龙日记》,第 804 页。
④ 《顾廷龙文集》,第 634—635 页。
⑤ 顾廷龙:《一个图书馆的发展》,顾廷龙撰,李军、师元光整理:《顾廷龙日记》,第 849 页。

卷前有凡例五条。一，简单揭示王氏藏书特点：明代著述多稀见版本；清代诗文集与地方总集等收罗颇富。二，明确以四库分类。按此条颇有深意，值得关注。盖王先生曾延陈乃乾编目，于民国八年刊行，顾先生曾有"其分类一扫《四库》旧习，以学术系统为指归"之评语。但此目在顾先生主持下，却未采纳其原来的分类。三，明确所藏丰富的方志、佛经另编专目。本意是想与其他收得之方志、佛经汇编成实用之专题目录，但直至20世纪70年代，上图方编出一部馆藏方志目录，佛经专目则一直没有机会编制。四，凡习见之丛书不著录子目。这是颇为粗简的做法。五，交代编纂此目时间不到半年。可知三、四两条，实乃仓促之下因陋就简的无奈之举。

与《上海市历史文献图书馆藏书目录五编》类似，此目亦著录有每部书的登录号，然稽核相关文献并检阅原书可知，该登录号实为捐赠时依照登记之先后顺序添加的流水号，所以如今已不具备检索之功用，这也是需要提请读者留意的。

十七、上海市历史文献图书馆石刻拓本分类目录

此目封面题"上海市历史文献图书馆石刻拓本分类目录"，卷端则题"上海市合众图书馆石刻拓本目录"，版心下亦题"合众图书馆"，为此，卷前《说明》有曰，"我馆于今年三月十二日更用今名，此目已在编印中，每卷标题不及追改"，则此本当油印于1955年。

该目为潘景郑先生所编，收录约一万五千种，绝大部分为拓本，也有若干珂罗版及石印本。其中以叶景葵所捐为基础，故造像较为丰富；又因杭州顾燮光（1875—1949）晚年将河朔访碑所得拓本以廉价转让"合众"，故著录河朔碑志尤多；此外还有杭州、苏州府学内的石刻拓本全份。其他各家所捐也多，如潘先生时有数量不等之捐赠，较多者如1950年8月至1951年8月期间，捐赠石刻拓片387种1266张、3册①。但是，日后潘先生向历史文献图书馆有更大宗的捐赠，并不在其中②。

此目每种主要著录品名、刻石年月与地点，于重刻本、朱拓本、私人藏石以及私人捐赠等皆予以注明。或因条件限制，未及详考拓本之新旧，但对刻石有疑，或难以确定年月者，凡有相关信息，亦作提示，用备考订。如于文素松所藏《汉熹平石经尚书残石》条，注"徐森玉先生鉴定为伪刻"；于北魏无年月《杨大眼为孝文皇帝造象》条，注

① 顾廷龙等：《一个图书馆的发展》，顾廷龙撰，李军、师元光整理：《顾廷龙日记》，第758页。
② 上海市历史文献图书馆《1955年度工作总结》中有"石刻拓本约三万余种"语，数量激增一倍，其中当有潘景郑先生的大宗捐赠。顾廷龙等：《一个图书馆的发展》，顾廷龙撰，李军、师元光整理：《顾廷龙日记》，第845页。

"钱辛楣（大昕）云当在宣武初年"。

按分类编制是该目录的显著特点。前人于石刻编目，无论公私藏目还是知见目录，一地一门之专目抑或类似清人王昶《金石萃编》之综合目录，或以时间次序，或以地域编排，而此根据石刻内容为主，兼及地域、形式而分类编成的综合目录，可谓绝无仅有。石刻的价值不仅限于书法与文物，人们早就从不同治学需求去利用石刻文献，尤其到清代，对石刻的研究已形成专门学问，惟于编目一道，却始终陈陈相因，客观上造成了对石刻资料充分利用的阻碍。而潘先生以其长年喜好金石的素养及其研究目录学的独到眼光，将"辨章学术，考镜源流"植入石刻编目之中，洵属可贵的革新。此目分古史、传志、碑记、艺文、题榜、题名、释教、道家、医方、目录、画像、用品、国外、法帖、砖瓦、汇编凡十六类，眉清目晰，方便实用；卷首《分类条例》说明分类编排指归，虽寥寥二三千言，却精义蕴蓄，是一篇不可多得的论述石刻分类之佳作。

十八、上海市合众图书馆藏书清册

合众图书馆的藏书，从 1939 年至 1953 年，大致做了三项整理工作：陆续编制著录简繁不等的草片；初步登录；编纂书本目录。1953 年 5 月政府接管后，"为了重视人民财产，必须求得藏书正确数字。展开清点工作，编造清册"。清点工作从当年 9 月开始，到年底基本结束。翌年又进行了校对，同时集中零星书刊，加以清理造册，直到 8 月始告完成[1]。由于此番清点主要按书库排架进行，故该清册被视为"可以代替排架片及总登录"。

此《清册》为复写本，凡二十四册，仅著录架号、书名、册数三项，较为简略。架号以格为单位编次；由于书籍平放架上，每格又以自左至右每墩（迭）书编次并统计册数（根据书本大小，通常每格置放 4 至 6 墩不等），第一册至第十一册基本如此著录。从第十二册（579 页）开始，或不著录架号；或有架号但不著录墩号；或前漏后补；或著录置于书架顶上存放之书（多为部头大的丛书、《东华录》与搢绅全书之类）；或著录置放在原配书箱者，如《四明丛书》《汉魏丛书》等（按"合众"存放图书有书架、书橱、书箱三种载体，后二者多为随书捐赠之物）。有的如叶景葵藏书，多置于书箱，系依杜甫《偶题》诗中"文章千古事，得失寸心知。作者皆殊列，声名岂浪垂""后贤兼旧制，历代各清规。法自儒家有，心从弱岁疲。永怀江左逸，多病邺中奇""漫著潜夫论，虚传幼妇

---

① 顾廷龙等：《一个图书馆的发展》，顾廷龙撰，李军、师元光整理：《顾廷龙日记》，第 769、781 页。

碑"句,《史记·太史公自序》中"厥协六经异传,整齐百家杂语"句,刘孝标《广绝交论》中"颜冉龙翰凤雏,曾史兰薰雪白,舒向金玉渊海,卿云黼黻河汉"句排次。凡成批捐赠置放一起者,多以捐赠者姓氏表明,如李拔可先生赠书,以"李1""李2"排次。

需指出的是,第十八册从872页始,著录的"善"字头书籍,并非都是善本,其中夹杂不少普通古籍,甚至民国时期国内外出版物。从887页始,著录"杂"字头书籍,则古籍与民国出版物皆有。第19册从915页始,至第21册前半部分,多为解放前后出版的精、平装书,在"架号"栏里没任何注明。自21册1050页起,"架号"栏里注"办"字,多为辞典、索引、目录等工具书,估计是存放在办公室的书籍。第23、24册著录馆藏解放前后期刊、杂志、报纸,共约3000种。

此外,第14册首页即675页天头有"叶揆初先生赠书"字样,701页天头有"李拔可先生赠书"字样;第17册835页天头有"张菊生先生赠书""顾颉刚先生赠书"字样,865页天头有"池上草堂张氏捐赠之书。捐书人张珍怀"字样,皆顾廷龙手书。

十九、合众图书馆期刊目录初编

此目油印本,凡一册,书皮贴有"草稿呈政,请勿外传"红纸。凡收1729种,其中清末期刊有光绪二十一年至二十二年《万国公报》(月刊)、光绪二十二年至二十四年《时务报》(后改《昌言报》)、光绪二十三年《湘学报》与《湘学新报》(旬刊)等66种,其余为民国期刊,末附日文报刊(主要为期刊)34种,按刊名以四角号码编次。该目未注明编印时间,当在1953年4月《合众图书馆报纸目录》编成之前,因其与此目互见之品种皆作备注故也。题名"初编",意者当时尚有未及整理之期刊,且数量不少,有待续编耳,检1958年编印之《上海市历史文献图书馆期刊目录》,盖可知晓。

二十、合众图书馆报纸目录

此为写本,凡一册,书皮顾廷龙题"合众图书馆藏报纸目录",而卷端所题无"藏"字,今据卷端。凡著录清光绪至20世纪50年代初各类报纸115种,其中发行于光绪、宣统者有44种。详细著录品种名称及其所存日期。设有"备注"一栏,主要注明:一,与期刊目录互见之品种(按:因期刊目录没有备注,知期刊目录先事编成);二,间有缺佚者;三,难得完备之本。卷末附馆藏杂件9种。

此目虽未注明编写时间,但可以推断。盖其所著录之《解放日报》《新闻日报》《文汇报》《光明日报》《新民报晚刊》《人民日报》《中国青年报》《劳动报》《东北日报》《工人日报》及《新华社新闻稿》等十一种，日期下限都著录为"一九五三年四月"，其中"四"字原空，皆后来所补写，故字型略大，可知补入之日，当即此目编成之时。

二十一、上海市历史文献图书馆期刊目录（1832—1949）

此目油印本，凡一册，封面题"1958年9月印行"。著录中文期刊5002种，杨鉴编；另附日文期刊214种，西文期刊289种，梁玉龄编①。封面题"1832—1949"，应当理解为所收最早者是1832年印行的期刊，而1949年则为收录的截止期，即如《说明》所言"以解放前出版的期刊为限"。但粗检一过发现：一，中文期刊最早者在清光绪初年，如《格致汇编》（1876—1892）、《寰瀛画报》（1877—1880）、《益闻录》（1880—1898）等，发行于1832年即清道光十二年者，乃属附编的西文期刊 *The Chinese Repositopy*（注：在《汇编》第十五册第309页）；二，1949年之后的期刊也偶有收录，有的或许考虑连续性，如上海市佛教青年会编印的《觉讯》（1947.7—1954.1）；但有的却不明收录原因，如《商情汇报》（1950.5—1951.11）、《起点》（1950），而所附日文期刊，甚至将1953年至1954年北京外文出版社出版的《人民中国》也一并收录。

之前编有《合众图书馆期刊目录初编》，可能仅著录当时馆藏业经整理部分；而此目则限于1949年以前，既包含了曩时未编部分，又以时间限制，凡解放以后的馆藏期刊皆排除在外，因此，尽管该目在品种数量上已大大超过《初编》，却未必反映馆藏期刊的全部。

此外，在著录上，此目与《初编》略有不同，《初编》于刊名未反映之日刊、周刊、旬刊、半月刊、月刊、季刊之属等分别予以注明，此目则大多省略，惟于特殊者作注。如于《震旦大学杂志》注"年刊"，于《古今》注"原为月刊，自1942年10月起改为半月刊"。同单位编印的同名刊物，也会加注以作区别，如南京中国科学化运动协会编印的《科学的中国》，注有"体育专号"与"半月刊"之别。另有供备考之注，如《扬子江白话报》（1904）注："查无发刊年月，大约与《扬子江报》同时。"

二十二、合众图书馆接受文物整理仓库调拨图书碑帖清册

据上海图书馆古籍公务目录，此为1953年复写本，凡一册。记录分两类，一为图书，主要是民国时期中外有关东亚文化史方面的精、平装出版物，1958年10月"四馆

① 顾廷龙等：《一个图书馆的发展》，顾廷龙撰，李军、师元光整理：《顾廷龙日记》，第933页。

合并"之后（"合众"旧址称为长乐路书库，以存放线装书为主），与其他精、平装出版物一起陆续抽出，移置上图南京西路总馆民国文献书库（俗称旧平装书库）。另一为碑帖，大部分为拓本，有卷轴（称"轴"者）、拓片（称"张"者）、裱本（称"册"者），最后著录有若干石印、影印之本。由于人力、时间缺乏等因素，这批拓本虽在接受调拨时稍事整理，但仓促之下，难免粗糙，只能视为草目，那些品名之前所冠"明拓本""旧拓本"之类，疑据原本旧题，而非经过详考的正式鉴定结果；反倒是有些加括号的注文值得重视，其中有的很可能是编制草目时所作的版本鉴定，如《元公姬夫人墓志铭》注"精拓本"，《东魏李仲璇修孔子庙碑》注"清初拓本"，《李孟初神祠》注"多字旧拓"，《魏司马昞志》注"翻本"，等等。该草目可能亦为潘景郑先生所编。

顾廷龙与《续修四库全书》

——以选目为中心

郭 冲

（上海古籍出版社）

顾廷龙先生（1904—1998）作为著名版本目录学家、图书馆事业家，撰述甚多，成就累累，长期以来对我国的古籍整理、图书馆事业做出了突出贡献。顾廷龙晚年（1997年）在总结自己的工作时说："归结一下只有六个字：收书，编书，印书。"①可见，编纂和出版书籍在顾廷龙一生事业中占有重要分量。顾廷龙主编或参与编纂的《中国丛书综录》（1960年）、《中国古籍善本书目》（1980—1997年）、《尚书文字合编》（1996年）、《续修四库全书》（2001年）等图书，皆在新中国古籍整理事业中具有里程碑意义。

关于顾廷龙与《续修四库全书》，上海图书馆黄嬿婉撰有《顾廷龙与〈四库全书〉》②一文，详细罗列了顾廷龙对于《续修四库全书》编纂体例、收书范围、版本遴选等方面提出的建议。2014年适值顾廷龙诞辰一百周年，原上海古籍出版社社长李国章撰写了纪念文章《从〈中国丛书综录〉到〈续修四库全书〉——顾廷龙先生与上海古籍出版社的情谊》③，回顾了顾廷龙长期以来与上海古籍出版社的业务往来和交谊情缘，叙述了顾廷龙先生对《续修四库全书》项目的支持建议。以上二文，为我们大致勾勒出顾廷龙参与《续修四库全书》编纂始末以及所作贡献的基本情况。本文即以顾廷龙对《续修四库全书》选目的指导建议为中心，结合项目的自身特性和特定文化经济社会环境，重新审视《续修四库全书》部分选目的得失，并以此探讨顾廷龙的文献学思想理念。

---

① 顾廷龙：《我和图书馆》，载《顾廷龙全集·文集卷》（上册），上海辞书出版社，2015年，第354页。
② 黄嬿婉：《顾廷龙与〈四库全书〉》，《图书馆工作与研究》2009年第8期，第49—52页。
③ 见上海图书馆编：《顾廷龙先生纪念集》，上海科学技术出版社，2014年，第52—58页；又见李国章：《双晖轩集》，文汇出版社，2019年，第27—35页。

一、宏观性选目建议

乾隆间纂修《四库全书》,是中国传统学术的一次集成和总结,然而有各种主客观条件的限制,其存在诸多遗漏、失当之处。乾隆以后学术继续发展,特别是朴学大兴,出现了诸多著述成果。此外,出土文献、敦煌遗书、域外汉籍、宋元版本等文献的发现,为传统学术发展提供了新材料、新视野。署名顾廷龙的《〈续修四库全书〉编纂缘起》一文,梳理了自嘉庆阮元、光绪王懿荣、民国叶恭绰、金梁等学者续修《四库全书》的倡议或尝试,可见续修《四库全书》不仅具有重要的学术意义,而且百年来民族文化的接力传承。然而,清代至民国二百多年续修未能成功,也说明了这项工作的艰巨性。对此,顾廷龙有很清楚的认识,"《续修四库全书》则要先定选什么书,再定选什么版本,工程浩大,非常困难,应把各书看过,加以比较才能定",与《四库全书存目丛书》相比是像是"无轨电车"[①]。前人著述浩如烟海,要从其中择选有价值、具有代表性的著作,并且还要选定适合的版本,纂修工作其实是对传统学术,特别是乾隆以来的学术成就的进行系统性梳理、评价和总结,即所谓"辨章学术,考镜源流"。因此,选目工作极具有挑战性,要求主事者要有极高的学术水平和眼光。

1994年7月,顾廷龙应邀担任《续修四库全书》主编,次年1月,顾廷龙写下了《我对〈续修四库全书〉的一点想法》,共计八条:

一、我们的"续",是广义的,不是狭义的,不是完全跟乾隆走,所以亦不赞成用"上承""遵循"的字样。

二、我想象的《续修四库》,可否先续编四部没有收的书,就是先把宋、元、明及乾隆以前的书尽量编印。

三、我们《续四库》的任务和对象,是为专家科研服务,为保存古籍服务。

四、续编的宗旨是:网罗放佚,发潜阐幽。讲求版本,力避重复,多印稀见之书,就是流通尚多、尚广之书,暂不考虑。近见三批书目,似乎习见之书为多。

五、现在是第一次续修《四库》,以后不妨再续、三续,把古籍全部来一次更新。古书由于当时印数太少,流传不广,为它重印是很有必要的。

六、建国初,华东文化部组织人力在抢救废纸中得来的古籍善本,如《蟫室老

---

① 沈津:《顾廷龙年谱》,上海古籍出版社,2004年,第772页。

人集》宋刻本(全),在南图;《五臣注文选》宋刻本,残存一册,北京大学图书馆原有一册(见《中国版刻图录》),书虽不全,极为难得,亦可印。

七、又如旅美的翁万戈先生藏宋本《集韵》一书,是现存各本之祖本,某单位印翁家书,独此不印,《续修四库》可印。

八、凡例中云,敦煌遗书之零篇断简,悉从省略。它的零篇断简作用实在大,要比辑佚书大得多,拟改"敦煌遗书专辑"何如?[①]

以上八条要言不烦,是顾廷龙对于《续修四库全书》编纂思想、收书原则的指导性意见,对于纂修工作的一些关键性问题进行了回应。

首先,乾隆时期纂修《四库全书》在文化史、学术史上具有重大意义和贡献,但除去其中"寓禁于征""寓毁于修"的政治因素,还存在馆臣学术上门户之见、对于小说戏曲的排斥等缺陷。在20世纪90年代开展的续修工作,应该在总结前代的基础上,具备更加兼容并包、持论公允的学术价值取向,"不是完全跟乾隆走"。

其次,既然续修的任务是"为专家科研服务",解决学者取阅古籍的困难,那么就存在轻重缓急的问题。顾廷龙提出的"先把宋、元、明及乾隆以前的书尽量编印","多印稀见之书",暂不考虑"流通尚多、尚广之书",并具体列举了宋本《蟠室老人集》《五臣注文选》《集韵》等书,即优先提供学者难以获取之书,可以说充分考虑到了续修工作的根本宗旨和读者的急切需求,极具见地。

再次,顾廷龙单独强调了敦煌遗书的重要价值,"零篇断简"仍然不可忽视。其实不止敦煌遗书,域外主要是日本所藏汉籍古抄本,同样价值非凡。这些古抄本中除了有佚籍,还保存了传世文本的唐前面貌,往往与宋代以来的刊本存在异文,是校勘考订、追索文献流传演变的关键文献。近年,敦煌遗书被列为了国家重大古籍出版工程,可见其价值一直为学界所认可。

总之,顾廷龙对于续修工作的指导性意见,兼顾了中华古典学术传统与丛书编纂的现实需求,也是其"孤本不孤"、保存文献、服务读者的文献学思想的体现。这份意见的核心思想在《续修四库全书》最后定稿的凡例中亦有所体现:

一、《四库全书》失收(遗漏、摒弃、禁毁)而确有学术价值者。

二、《四库全书》列入"存目"而确有学术价值者。

三、《四库全书》已收而版本残劣,有善本足可替代者。

---

① 沈津:《顾廷龙年谱》,第755—756页。

四、《四库全书》未及时收入的乾嘉以来著述之重要者。

五、《四库全书》所不收的戏曲、小说,取其有重要文学价值者。

六、新从域外访回之汉籍而合于本书选录条件者。

七、新出土的简帛类古籍且卷帙成编者。①

最终成书的《续修四库全书》5213 种、共计 1800 册,收录了大量具有重要价值的稿抄刻本,在一定程度上满足了传统文史哲研究的文献需求,基本实现了凡例中所提出的"冀为中国传统学术最后二百年之发展理清脉络"的学术目标②,与清修《四库全书》共同构成了中华基本典籍的书库。

二、依违于学术与现实考量之间

除了上述宏观目标的实现,顾廷龙对于选目提出的具体建议,有些也得以落实。如"上图有清初吴颖芳《说文理董》,可能传抄本,马叙伦、胡朴安皆有长跋。可与原国学图书馆石印本《后篇》同印入《续四库》"③,《续修四库全书》即以上海图书馆藏缪氏艺风堂抄本《说文理董》与《后编》为底本影印。又如"《中兴礼书》三百卷,续编八十卷,大兴徐松编次,共二十二册,北图有一抄本,并经叶老先生校过"④,《续修四库全书》即以国家图书馆藏蒋氏宝彝堂抄本影印。另外,《续修四库全书》虽然没有设置"敦煌遗书专辑",但是仍收入了几种重要的残卷,如易类有伯二五三〇、二五三二、二六一六、二六一九四件《周易》王弼注残卷,伯二六一七《经典释文·周易》残卷;书类收入了伯三三一五《经典释文》之《尧典》《舜典》二篇残卷;诗类有伯二九七八《毛诗故训传》残卷,伯三三八三《毛诗音》等等,吉光片羽,甚为珍贵。

然而也要看到,顾廷龙的一些选目建议并没有落实,另有《续修四库全书》中还有其他一些值得商榷的选目。在这其中,自然不乏编纂者学术认知的分歧,但重新审视《续修四库全书》的运作机制,我们就会发现有些选目其实是多重因素共同作用下的取舍。

作为由国家主导的文化工程,《四库全书》自从乾隆三十七年开始,至四十六年才

---

① 上海古籍出版社编:《古籍整理出版的宏伟工程——续修四库全书》,上海古籍出版社,2002 年,第 8 页。

② 如谢思炜分析《续修四库全书》集部收书 1048 种,其中《四库全书》存目书 114 种,未收 495 种,《四库全书》成书后问世 421 种,《四库全书》已收而底本不同者 18 种。《续修四库全书总目提要》编纂委员会:《续修四库全书总目提要·集部》,上海古籍出版社,2014 年,前言第 1 页。

③④ 顾廷龙:《我对〈续修四库全书〉的随想》,《顾廷龙年谱》,第 757 页。

完成第一部抄写工作,历时十年,广泛发动各地征书献书,汇集众多学人进行编纂、校勘、誊录,可谓举全国之力。与清修《四库全书》的工作相比,《续修四库全书》极具有特殊性,即由政府和社会力量共同发起、运作。项目投入的资金,主要由上海古籍出版社自行筹措。当时政府的资金支持主要是深圳市南山区政府的投资,但是除了传承弘扬优秀传统文化的社会效益的考量,还基于上海古籍出版社影印文渊阁《四库全书》所取得的市场成功,认为《续修四库全书》拥有广阔的市场销售前景[1]。上海古籍出版社承受着巨大的经济压力:

> 当时我社还面临一个重大的实际困难,二十世纪八九十年代,正是我社基建重大发展时期,古籍印刷厂、西郊厂房、仓库、大量的职工住房都在兴建,处处要钱,而挤压着《续修》的资金投入,社内部分同仁为此担心。[2]

在各项直接成本中,向各馆藏机构支付的底本费就是一笔巨大的开支,这在一定程度上影响了底本的选择。另外,《续修四库全书》既然要体现二百年间学术发展脉络,选书与选版本、品种与体量之间的矛盾也需要协调。《续修四库全书》成书规模为《四库全书》的 1.5 倍,不仅在新中国古籍出版史,在中国图书编纂史上可谓规模空前。因此,《续修四库全书》运作模式不同于历史上所有官方主导的大规模文化工程,需要在纂修选目的学术水准与人力、物力成本、时间节点中寻找平衡。最终,依靠科学的项目管理机制和合理的市场运作,《续修四库全书》历时八年得以完成,取得了良好的社会效益和经济效益。

三、部分选目平议

如上所述,《续修四库全书》选目的结果在很大程度上是诸多因素共同作用的结果。下面就结合顾廷龙的一些具体建议,对《续修四库全书》部分选目进行分析。

顾廷龙提出:“对于《续修四库》底本,不宜收《皇清经解》本,因为太常见,又非初刻。”[3]道光、光绪所汇刊《皇清经解》,虽便于学界取用,风行一时,然而多有删削,如有初刻本存世,不宜用作影印底本。齐召南为乾隆四年武英殿校刻《尚书注疏》作有考证,原附在殿本《尚书注疏》各卷之后。《皇清经解》汇集诸条目,然较殿本所存裁剪甚

---

① 《投资〈续修四库全书〉始末》,编委会编:《深圳市南山区志》,方志出版社,2012 年,第 1236—1240 页。
② 李国章:《盛世修书继往开来——回顾〈续修四库全书〉编辑与出版历程》,《双晖轩集》,第 27—35 页。
③ 沈津:《顾廷龙年谱》,第 772 页。

多,如《尚书注疏序》《尚书序》《尚书注疏原目》之考证皆未取;又如卷一考证七条、卷二考证八条皆仅取其三。但是原考证为分条目,并未成书,《续修四库全书》以《皇清经解》本影印自然无可厚非。顾廷龙明确指出的李富孙《七经异文释》有家刻本存于上图、北图,"不必用《皇清经解》本"①。然而《续修四库全书》最终还是以上海辞书出版社图书馆藏《皇清经解》本为底本影印。

又顾廷龙曾建议:"经部,五经单疏,必要收《尚书》,只有日本景印本,其它北图都有。嘉业堂刻本是据传抄本,不及宋本好。"②顾廷龙所重视的单疏本,是群经义疏最早的流传形式,到南宋出现经注疏乃至释文合刻本,单疏本式微乃至湮没。经注疏合刻时为统摄弥合,对疏文体裁体例乃至文本篇幅进行编纂加工,疏文本身面貌遂被改变。单疏本保存了义疏较为原始面貌,是认识经典流变、校勘整理的重要文献。今所存五经单疏本,有国家图书馆藏《周易》、日本宫内厅书陵部藏《尚书》二种宋刻完帙,以及宫内厅书陵部藏《左传》抄本完帙;另有日本杏雨书屋藏《毛诗》、身延寺藏《礼记》宋刻残本。《续修四库全书》收入了《周易》单疏本,以及《周易》《尚书》《春秋》三经宋刻八行本,并没有影印《尚书》单疏。而当时宫内厅书陵部开放程度尚不及今日,日本影印《尚书》单疏亦不易获得。

丁晏所撰《论语孔注证伪》,现藏上海图书馆藏有稿本一部,系合众图书馆旧藏,"曾经仪征刘文淇,宝应刘宝楠,镇洋盛大士,同邑李续香、许汝衡诸家审阅,各有签注,讨论润色,语皆直谅,足相订补,具见良朋赏析之乐",民国三十四年顾廷龙为保存文献、存进流传,将该本抄录石印,"兹将续录各条依所标注,分别次入两卷之中,又各家按语亦录注句下",收入《合众图书馆丛书》③。那么顾廷龙所作校录之本,实际上已经形成了新的版本。《续修四库全书》所用底本为《合众图书馆丛书》石印本,已非原稿旧貌。

清编《全唐文》是总集编纂的代表性著作,成书于《四库全书》纂成后的嘉庆间。《全唐文》与康熙间所纂《全唐诗》皆是中国古代总集编纂的代表性著作。1983年,中华书局单行影印了《全唐文》,1986年和1990年上海古籍出版社先后单行影印了《全唐诗》《全唐文》,流传甚广。时至今日,学界使用《全唐文》主要还是依据单行本。《续修四库全书》收入的《全唐文》洋洋一千卷,影印本有17册之多。《四库全书》收入了

---

①② 　顾廷龙:《我对〈续修四库全书〉的随想》,《顾廷龙年谱》,第757页。
③ 　顾廷龙:《论语孔注证伪跋》,《顾廷龙全集·文集卷》(上册),第30—31页。

《全唐诗》,《续修四库全书》的选目有反映乾隆以后二百多年学术面貌的职能,收入《全唐文》自然有其缘由。然而从实用角度来看,《全唐文》作为单一品种所占篇幅较大,且此前已有单行本流行,似乎正是顾廷龙所说的"习见之书"。

类似的情况还有《三才图会》一百六卷,此书为《四库全书》存目书,以丰富的图像著称,是晚明类书的代表性著作。1988 年上海古籍出版社据上海图书馆藏万历三十七年刻本影印单行,此后一直为学界主要的引据之本。《续修四库全书》子部类书类分 5 册影印,与单行本为同一底本。

《群书治要》节录了大量唐前经、史、子三部文献,是辑佚和校勘的重要文献,宋代以后在中国亡佚,日本在镰仓时代(相当于南宋时期)有一部抄本,所据抄本当为唐高宗时本,现藏日本宫内厅书陵部。1661 年以后,日本出现了据该抄本刊刻而成的本子,即天明刻本。嘉庆间,天明本传入中国,阮元收入《宛委别藏》,作为《四库全书》未收书进呈。甫一回流,清代学者即认识到该书的独特价值,如严可均、洪颐煊辑佚《孝经》郑注,王念孙、孙诒让等据以校勘古籍,在中国学术史上发挥了重要作用。民国间《四部丛刊》据《宛委别藏》本影印。《续修四库全书》子部杂家类据《四部丛刊》影印本影印。然而,中国学界通行的天明本系由所见原典回改之本,已失此书存旧之真。1941 年,日本宫内厅用胶卷拍摄并复印了金泽文库本,并分送日本各学校,时值日本侵华时期。1989 年由日本汲古书院以 1941 年影印本进行影印,仅印发 300 套。直到21 世纪之后,复旦大学吴金华得到了一套汲古书院影印本,于 2003 年在《文献》上发表了《略谈日本古写本〈群书治要〉的文献学价值》一文,利用《群书治要》校勘《三国志》等文献,取得一系列成果,古抄本才渐渐为中国学界所了解和利用[1]。

《文馆词林》情况与《群书治要》大致相似,是唐高宗时纂修的一部总集,宋代以后中土亡佚,日本藏有弘仁时期抄本。民国间董康在高野山发现了抄本十八卷,占今存抄本一半,珂罗版影印百部,上海图书馆即藏有四部。《适园丛书》汇刻二十四卷,较董康本内容为多,《续修四库全书》取以影印。1969 年,日本古典研究会汇编影印了现存古抄本,为《文馆词林》残卷之集成。

南朝顾野王所撰的《玉篇》宋代以后失传,后有残卷在日本被发现,黎庶昌、杨守敬辑刻《古逸丛书》予以影刻,然已失写本原貌。日本昭和七年到十年(1931—1934),东方文化学院将原本《玉篇》以卷子原装形式珂罗版影印,是为现存残卷最全之本。

---

① 吴金华:《略谈日本古写本〈群书治要〉的文献学价值》,《文献》2003 年第 3 期,第 118—127 页。

1985 年中华书局《原本玉篇残卷》汇编影印本以《古逸丛书》影刻本为主单行,流行至今。然而该本已经失去古抄本原貌,并非善本。《续修四库全书》以中国科学院图书馆藏日本珂罗版为底本影印,被称为"目前国内最可信赖最全面的《玉篇》残卷影印本","最为接近原卷面貌","但是并未引起研究者的关注,其文献价值似乎一直不为大家所知道",学界引据更多还是中华书局的单行本①。《续修四库全书》能择选原本《玉篇》善本影印,当与出版项目的参与者上海古籍出版社编辑吴旭民、李伟国对《玉篇》早有研究有关,二人早在 1984 年就发表了《原本〈玉篇〉的发现和传抄的时代》②一文。

以上所举几例并非苛责前人,而是意在说明,《续修四库全书》的有些选目存在可商榷处,但应立足于具体的学术背景和整个项目的运作机制下综合考量。或许,顾廷龙所提出的"以后不妨再续、三续,把古籍全部来一次更新",可能正是包含着分阶段进行、不断寻找更佳更善本予以完善的编纂思想③。

四、余　论

《续修四库全书》自完成距今已经有二十多年时间,在这期间古籍影印急速膨胀,各公共藏书机构的上架空间已经被大大挤占,然而再也没有出现像《续修四库》这样规模宏大、收书广泛而具有代表性的影印丛书。快速推进的古籍数字化也在很大程度上影响了影印出版行业,国内外各馆海量古籍数字资源得以公开,据 2023 年 10 月发布的"全球汉籍影像开放集成系统"统计,世界各大古籍馆藏机构已经公开影像的汉籍约有 26 万部又 28 万册,其中包含了中国国家图书馆、美国哈佛燕京图书馆、日本国立公文书馆等馆藏,并且各大馆数字化的进程仍在推进。这一趋势使得读者获取古籍的渠道更为多样和便利,也为古籍影印出版带来挑战。新挑战、新业态下古籍影印该何去何从,是出版界和学术界应共同探索的新课题。而无论时事如何变换,选目仍然是古籍影印的关键。顾廷龙在《续修四库全书》选目中所体现出来的文献学家高明的学术眼光,以及保存古籍、增广流传、服务读者理念,则永远是古籍影印的核心

① 苏芃:《原本〈玉篇〉残卷国内影印本述评》,《中国典籍与文化》2008 年第 4 期,第 51—54 页。
② 吴旭民、李伟国:《原本〈玉篇〉的发现和传抄的时代》,《辞书研究》1986 年第 6 期,第 129—135 页。
③ 如《文选集注》日本有残卷存世,1994 年周勋初从日本携回的复印件,1997 年上海古籍出版社决定列入出版计划,并于 2000 年出版了单行本,即《唐钞文选集注汇存》。此后《续修四库全书》集部也收入了该书,底本与单行本同。

思想。

2002 年 4 月,《续修四库全书》全部 1800 册完成出版,而此前顾廷龙已经于 1998 年逝世,未能看到项目完成。最后,就以《人民日报》2002 年 5 月 10 日第 2 版刊载的《当代伟业　旷世盛举——〈续修四库全书〉编纂出版纪实》对顾廷龙的对《续修四库全书》的贡献为本文结尾:

　　德高望重的古籍版本目录学家顾廷龙先生一生致力于古籍的整理,九十高龄欣然担任《续修四库全书》的主编,为这项"过去想也不敢想的文化工程"倾注了极大的心血,他参与了《续修四库全书编纂缘起》和《续修四库全书凡例》的起草,在全书的选目过程中发挥了重要的作用,并为全书题写了书名。如今斯人已逝,但由他题写书名的《续修四库全书》将名垂青史。

笔／参／篆／籀

顾廷龙书法艺术研究

牛　程　王鹏飞

（四川文化艺术学院　济源职业技术学院）

一、顾廷龙的学书历程

顾廷龙于 1904 年出生于苏州吴县顾氏家族。苏州顾氏旁支众多,规模较大的有三个分支,分别为花溪祠顾氏、过云楼顾氏以及唯亭顾氏,而顾廷龙所在的唯亭顾氏更是其中翘楚,曾被康熙誉为"江南第一读书人家"。唯亭顾氏历来人才济济,贤哲辈出,古籍书画收藏极多,在经籍研究、诗文书画等领域有很多前贤之士。如顾廷龙的八世祖顾嗣立、祖父顾祖庆、父亲顾元昌,以及同宗的顾颉刚,都是博通经史兼善书法的学者。唯亭顾氏家族厚重的文化积淀,以及广泛的交游网络给了他极大滋养,使他博通版本目录学、文字学以及书法。

顾廷龙虽然并未把自己当成专业书家,但是从其学书经历来看,自幼习书,取法高古,一生笔耕不辍,五体兼有涉及,与专业书家并无太大差距。顾廷龙 5 岁时便开始学习书法,每晚侍立父亲顾元昌左右,观其作书,对书法有着极大兴趣,并"开始描红,既而映写,然后临摹"[1]。在父亲的耳濡目染之下,他在幼年时便可以写一手工整的楷书,偶尔还可以为邻人书联。六岁开始临摹吴大澂《论语》《孝经》的大篆范本,从此与吴大澂书法结缘。

1924 年,顾廷龙在上海南洋大学读书,后转至上海持志大学学习古文字以及版本目录学。求学期间,在外叔祖王同愈处学习古文字学以及书法,涉猎真、篆、隶诸体。同时,他在潘氏攀古楼遍观所藏尺牍与青铜器物,其中有著名的大盂鼎、大克鼎等,皆为存世名品。除此之外,攀古楼书画碑帖也收藏甚富,顾廷龙从中受益匪浅。这一时期顾廷龙也曾去拜访吴湖帆,观赏吴氏所藏金石器物以及拓片。大量金文文字的实

---

① 沈津:《顾廷龙年谱》,上海古籍出版社,2004 年,第 10 页。

物资料,不仅对其文字学的研究至关重要,也对他大篆的学习有着巨大提升。从此顾廷龙在大篆书体上深耕,不久后也小有名气,常有人向其求书。

顾廷龙在燕京大学求学时,在容庚的指导下攻读古文字学,进一步提升了对文字义理的理解,自然就解决了书写篆书的字法问题。他还在此时研究了诸家所藏的陶文拓片,辑录成《古匋文卺录》,对古陶文书法形成深刻的理解。

1939 年,顾廷龙任职合众图书馆之后,在其中常整理抄录古籍,遇到珍贵古籍时,往往不辞辛苦地以小楷校对誊抄,使他形成了深厚的小楷功底,从这样的抄本中可见其优秀的笔墨控制能力。图书馆的合办人张元济、叶景葵,妻弟潘景郑等人皆是精通书画之人,也非常注重金石拓片以及书画手札,勤于采购搜集。顾廷龙时常校对名人手札以及金石拓片,使他具有广泛的见识以及不俗的鉴赏能力,从而提升了其书法水平。1944年叶恭绰亲自帮顾廷龙定润例,以便鬻书,意味着顾廷龙的书法在当时已被市场认可。

中华人民共和国成立之后,由于顾廷龙的声望以及不俗的书法水平,当时上海古籍出版社、人民文学出版社、商务印书馆等出版的许多新书,都请顾廷龙书写题名。到了晚年,顾廷龙的书法名气更盛,求书者络绎不绝。1996 年,上海图书馆举办了顾廷龙书法展,展出其作品一百余件,功力深厚,人书俱老,惊艳众人。

二、顾廷龙书法艺术特征

顾廷龙的书法得益于其金石学及文字学的积累,大量的金石拓片收于眼底,加上其对于字理的深入理解,使其能够将多种书体融会贯通。他兼善篆楷行草诸体,书风古朴内敛,典雅刚正,点画简洁而温润,有着深厚的笔墨内涵。他的书法整饬严谨,追求在平正中出变化,在平淡中见神韵。

(一) 古朴雅正的大篆

顾廷龙幼年时就已开始临摹篆书,再加上早年在文字学上的深入研究,解决了篆书创作中的核心字法问题,使其在创作中可以无碍。顾廷龙早年在外叔祖王同愈处及潘氏攀古楼中见到大量青铜铭文,在合众图书馆期间,也校阅了众多金文拓片。其眼界宽广,习篆取法自然就能高古。他对于大篆多习商周金文以及三代陶文,取法《盂鼎》《虢季子白盘》《史颂簋》《秦公镈》等,书风古朴而雅正。

顾廷龙早年书风来源于吴大澂处为多。"廷龙童年得篆文《论语》《孝经》于家,喜而摹之,取以校读本,喜其诘屈。"①其幼年在家中见到吴大澂的篆书册后,便倾心于此,整日临摹学习。后来在上海求学时,他与吴大澂之孙吴湖帆同客一寓,观其篆法之外,又得以一睹吴大澂所书碑记、石刻、墨迹,并临摹其真迹。顾廷龙对于吴大澂不仅学其书,还十分景仰其为人治学,并在钦佩之下为其编撰了《吴窓斋年谱》,在对其全面的了解下,顾廷龙对吴大澂书法的学习也就不仅是学其形态,还能得其神韵。

吴大澂的大篆学三代金文,并且他也是位严谨的学者,在金石考证以及文字学上卓有成就。他的篆书风格十分古雅,呈现出温润的韵味。在用字方面,他以商周钟鼎铭文为法,使得字形古朴方正。在用笔方面,他较少使用碑派书法的振颤涩进之笔,而是专注于表现严谨整饬的美感和秩序感。同为学碑之人,他不像何绍基、康有为等人注重写意与金石质地,从而展现出一种更为雅静浑穆的风格美感。

从吴大澂与顾廷龙对联作品的对比中可以看出,顾廷龙的大篆在笔画的质地以及结构的方整上与吴大澂较为接近,同时也有所不同。二人的用笔都融入了小篆笔法,用笔圆润挺秀,藏头护尾,圆起圆收,使篆书线条呈现出匀整光洁之感。顾廷龙的不同之处在于,下笔力量加重,同时用笔动作进行了省简,使得气息更加内蕴。其结构较吴大澂也更为规整,笔画的形态变化以及起收笔的细节减少,但是由于作了简省并且少了棱角,所以也显得更加简洁,更浑圆有力。

图 1　吴大澂《古钵藏书》联　　　　图 2　顾廷龙《周田日月》联

① 顾廷龙:《吴窓斋先生年谱叙例》,《顾廷龙文集》,上海科学技术文献出版社,2002 年,第 525 页。

顾廷龙喜作篆,也与其温润而坚毅的性格有关。他在合众图书馆时,面对大量的古籍校对传抄工作,一丝不苟地去完成,这样的工作非细致而有耐心的人难以做好。书如其人,尤其是篆书这种静态书体,其笔画的质地以及韵味必然由千锤百炼而来,才能从笔墨中体现出作为一个学者的深厚学养以及其严谨不懈的坚毅心性。正如刘熙载所说的:"书,如也。如其学,如其才,如其志,总之曰如其人而已。"①他的古朴刚健的篆书风格,体现了他在书法艺术上持续进取、坚持不懈的精神,也能让人体会到作为学者书家对笔墨表达的独到韵味,温润、内敛而有神。

图 3　顾廷龙《家居画在》联　　　图 4　顾廷龙《名随心与》联　　　图 5　顾廷龙《李白诗》中堂

(二) 工整自然的楷书

顾廷龙早年学习欧体,幼年就可以替其父以欧体为邻人书联,受到好评。之后他在北京求学时受刘半农、钱玄同的影响,学习敦煌写经。从他的书迹中可以看出其楷书不局限于某家,而是以唐法为主,融入晋韵。

顾廷龙由于从事了大量的古籍抄录工作,所以楷书中以工整小楷为最多,其 1994 年书写的《尚书文字合编前言》便是其晚年小楷的代表。此时顾廷龙已经 91 岁,但控

---

① 华东师范大学古籍整理研究室编:《历代书法论文选》,上海书画出版社,2012 年,第 715 页。

笔能力依旧出色,这样的功力非等闲可比。其用笔自然流畅,起止不见锋芒,力量内含而不拘束。其结体舒展,随势赋形,做到了大字"结密而无间",小字"宽绰而有余"①。

　　小楷的用途决定了其实用性,所以写得精美而工整,然而顾廷龙又不止步于工整,而是既要符合规范、讲究技法,不矫揉造作;又要崇尚自然,流露性情,自成风格。正如古人工整一路的简牍以及写经,虽然是以实用为主,但在整饬之外依然神采飞扬,书者的性格也能得以体现。

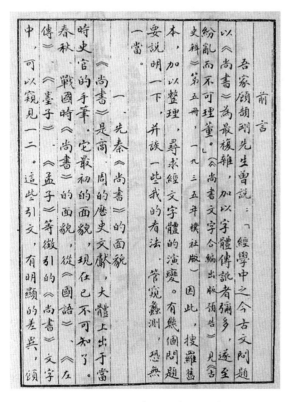

图6　《尚书文字合编前言》局部　　　　　图7　《歇浦五洲联》

　　其楷书大字点画质感极为厚重,从中可以看到其篆书功底对其笔墨的影响。他的楷书对联多为索书者书,上列《歇浦五洲》楷书联,其结字以欧字为底,掺以写经体,端庄古朴而温雅大方。用笔含蓄而自然,起笔顺势藏锋,收笔自然停顿,呈现出内蕴之势。

① （宋）苏轼著,李之亮笺注:《苏轼文集编年笺注》卷六九,巴蜀书社,2011年,第541页。

图 8 　《顾廷龙书题留影》其二

顾廷龙晚年书名渐显,求书者不断,更是曾题写过超 700 余种书籍题名。其中书体篆隶楷行草都有,并且每个题名都可以看作是一张书法作品。其中尤以楷书最受欢迎。题名中的大字楷书在工整中有灵动,字之间上下的承接关系十分自然。顾廷龙曾在上海图书馆看到苏东坡《郁孤台法帖》,受到打动并评价道:"有苏书大字数叶,气势雄伟,结构严紧,拜观再三,敬仰不止!"[1]上面两幅书题中,字形扁宽的体势,加之厚重的点画,体现了苏轼对其的影响。

顾廷龙认为中国书法所追求的高境界,是以清、和、深、远的艺术表现为高旨趣。所谓"清",是要能静下心来研习,将庸俗浅媚摒弃,而多去汇集清雅,追求纯粹而脱俗;"和",是志气平和,不急不躁,求淡雅的韵味。"深",是要注重学习字的源头,脚踏实地地逐渐精进,避免轻浮焦躁,浮于表面;"远",意味着追求宁静安心,不急于求成,志向高远。其楷书正体现了"平和之气"以及"淡雅之韵",虽结字多以平整,但以实取胜,平中见奇,所以顾廷龙才能够"渐老渐熟",最终人书俱老。

(三) 蕴藉含蓄的行草

顾廷龙的行草书可以分为两类,一是小品手札,多见于与师友的信件以及书画题跋中,二是大幅行草书,多为应人之请而书。手札是书家用最自然的书写状态写就,

---

[1]　顾廷龙:《苏东坡法书石刻目录跋》,《顾廷龙全集》编辑委员会编:《顾廷龙全集·文集卷》(下册),上海辞书出版社,2015 年,第 628 页。

是书家的书法水准的重要参考,顾廷龙一生交游广泛,与众多的学者名人皆有书信来往,所以其手札信件有大量存世,上海图书馆编有《顾廷龙手札精选》,选印了25通信件,可从其中了解大致面貌。

我们从其《致叶景葵函》中的第一幅可以看到,小字行书非常稳重,笔墨极扎实,结字整体平稳,在自然的书写中随意变化,带出浑然天成的行气来。另一张则稍显恣肆,但是草法依旧严谨,技法完备,与蔡襄行草书风格接近。

顾廷龙论书重意韵。黄庭坚在《北齐校书图题跋》中说:"书画以韵为主。"他认同黄庭坚的看法,书法要以韵胜。而要做到有意韵是有难度的,需要靠精神去领悟,从人品中来滋养。重意韵要含蓄,隐去锋芒,还能够使得书写生动而无板滞之病。

他还认为行草书也要从工整规矩中求,无论是篆书,还是楷书、行书,都应力求工整,力求不写别字,不写人家看不清楚的行书或草书。这是顾先生对作书一丝不苟的态度,也表达了书家最应具备的基本素养。

在20世纪八九十年代,一部分书法家浅薄地借鉴了西方的抽象艺术而创造出所谓"现代书风",尽管其中一部分是优秀的作者以先锋艺术的观念创作的作品,也有大量粗制滥造的作品冠上创新之名登堂入室,造成了乱象,其中尤以行草书为多。顾廷龙的行书从大量实践中来,法度严谨而能自如表达,毫不拘束,其批评是有实际价值的经验之言。

图9 《致叶景葵函》(其二)局部　　　　图10 《报基妙理》联

三、顾廷龙的书法艺术观念

一位学者的书法观念,与其时代背景及经历有着密切关系。作为民国时期的学者,顾廷龙与同时期以研究金石文字为主的学者相似,相较书法的技巧,他们更为注重书法的精神内涵,表现出一种严谨之中又有创造的风范。再加上顾廷龙的图书馆工作经历,使其进一步形成"以实用为先"的书法观念。

(一) 民国时期学者书法背景

顾廷龙生于晚清,他书法观念的形成与清末至民国时期的思想以及学术环境有着莫大的关系。这一时期的学者书家继承自清代文人书法传统,与乾嘉学者书家以及晚清遗民书家都有密切关系。在书法之外他们有些注重金石考据,有些研究文学诗词,通常在历史学、文字学、金石学、文学等多种学问上有建树,从而反哺到其书法艺术水平。再加上当时殷墟甲骨、西北简牍、敦煌文书的发现以及墓志碑刻、刻石砖瓦、商周金文的进一步出土,取法材料的广度与深度都是之前的时代所不及的,使他们的书法整体面貌也得以一新。

以罗振玉(1866—1940)为例,他是一位晚清遗老和清末民国时期的学者型书法家,其学术涵盖甲骨学、金石学、农学、教育学等多个领域。他非常重视中国史学资料的保存和整理,特别是甲骨骨片、敦煌遗书、汉晋简牍和清朝内阁大库档案等。在20世纪,随着金石考据学的兴起,人们对地下文物的关注度大幅提高,其中甲骨文成为人们关注的焦点。作为甲骨"四堂"中导夫先路的雪堂,罗振玉在甲骨文的研究中起到了开创性的作用。他不仅是一位金石学家,也是一位甲骨学专家,对甲骨文的挖掘和研究做出了巨大贡献。

罗振玉同时也是甲骨文书法的开拓者,甲骨文作为上古时期的文字,难以辨识,但是罗振玉通过不断地考释,让甲骨文材料得以应用于书法。罗振玉的书法风格充满学者风范,严谨而大气,用笔精细,结字整饬。在清末民初,书法界追求新变,各具特色,而罗振玉的书法也是独树一帜的。虽然甲骨文本身结字不够严谨,用笔率真,章法也不规则,但罗振玉吸收了甲骨文的笔法、字法和章法,并融合自己的书学观念和技巧,对甲骨文书法进行了重新编排。他整饬并发展了甲骨文的空间、线条和章法,形成了以学者修养为内涵的书法风格。尽管罗振玉在甲骨文书法方面有着很大成就,然而其书名却远远不及其学术名声。

与罗振玉相似的还有容庚(1894—1983),他在文字学、金石学和收藏鉴定方面卓有成就,著有《金文编》《商周彝器通考》。他一生研究金文,将其见到的青铜器"集其铭以为《秦汉金文录》,集其字以为《金文编》,意天下可乐之事未有过乎此也"①。又编印了《宝蕴楼彝器图录》《秦汉金文录》《颂斋吉金图录》《武英殿彝器图录》《海外吉金图录》。他的主要精力在于金石学,而他的书法得益于他对金文的大量研究,也具有了深度。他的书法,平淡中寓神韵,可以让人细细品味,其书风雍容典雅,有学者风度,尤其以晚年所作的篆书为精。

除了研究金石的学者之外,还有在文学上有成就的书法家,如谢无量(1884—1964)。他自幼学习经、史、子、集,还曾东渡日本学习,有《中国大文学史》《中国古田制考》《诗经研究》《佛学大纲》等多部著述,是一位在文学、哲学、历史学都有建树的学者。与其他学者一样,他虽不以书家自称,仅将书法作为余事,但是他的书法却极具影响力。他在学书时,从不拘泥点画形似,而是追求随手挥洒,自然佳妙的境界。不追求形似,却能将各碑帖的精神融会贯通,形成了其率真稚拙,自然随性,一派天机的书法风格,被人称为"孩儿体",被于右任赞为"笔挟元气,风骨苍润,韵余于笔"②。由于谢无量打破了固有传统书法的形态,在当代书法学界备受重视,并且有诸多书家效仿其风格。

除此之外,民国时期的学者型书家还有章太炎、马一浮、王国维、董作宾、王献唐等,他们都在其他领域有耀眼的学术成就,从而促进了其书法水平。在他们当中,除了以谢无量为代表的书法形态较为特别的书家在书坛被重视,其他大多传统学者书家尽管书法水准很高,但是对当代少有影响。

他们的书风大多相对朴实,笔墨形式较为传统,而且由于他们在传统文化上的深入理解,所以就更加注重笔墨的精神和韵味,从而重"道"而不重"技"。他们书法中的神韵,更多来自"字外",这种"字外功夫"既在艺术中赋予了他们的书法内蕴,又在艺术外盖过了他们的书法水平。在我们当代的书法研究中,书坛认可其水准却又没有给予相应的书法地位。

(二)"以实用为先"的书法观念

顾廷龙作为一名传统学者,对于书法首重实用,认为以实用为基础才能进一步追

---

① 容庚:《颂斋述林》,中华书局,2012年,第819页。
② 刘君惠:《谢无量先生书艺管窥》,《中国书法》1986年第1期,第11—12页。

求神韵。再加上他一生精力主要奉献于图书馆工作,涉及版本目录学以及古籍抄录的工作,更促使其形成了"以实用为先"的书学思想。在《悼念郭绍虞先生》一文中,顾廷龙非常赞同其求实的书法观念:

> 艺术,原从实用中来,书法艺术之实用关系,似乎更密切一些。由于从实用中来,所以不应说得太玄妙……昔人之讲书法,不是说得太玄,教人无从下手,便是示人以难,使人不敢问津。①

顾廷龙也认同书法是一门艺术,但也具有实用性。他认为艺术来源于实践,特别是书法艺术与实际应用有着更加密切的关系。正因如此,对待书法不应故弄玄虚,首先讲求其实用性,使学者易于上手,打好基本功。米芾曾经感叹古人论书的辞藻华而不实:"'龙跳天门,虎卧凤阙'是何等语?"②顾廷龙在之后的研究工作中,进一步实践和深化了"以实用为先"的态度。

1. 书法与版本目录学互相促进

顾廷龙学习书法有服务其版本目录学的目的。20 世纪初,敦煌文书横空出世,一些人开始以其为取法对象,如刘半农、钱玄同等人对敦煌写经的取法就较为成功。顾廷龙也开始学习敦煌的写经体书法,除了受到当时风气的影响,还有一个重要的原因是为了能够鉴定古代手写经卷的真伪。顾廷龙在合众图书馆任职期间,敦煌文书也是图书馆的重要采购部分,在采购回来之后,顾廷龙需要对其进行鉴定真伪以及断代,而自然也会手摹其书,以深入体会。所以他认为,学习书法是非常有助于古籍版本工作的,是古籍工作者必不可少的技能。

对顾廷龙自身来说,其版本目录学与书法是相互促进的,在古籍整理的工作中顾廷龙提出书法修养的重要性:"稿本和亲笔尺牍,都是很重要的资料,假使字不认识,以意改之,全失真意;必致误己误人。希望培养古籍整理人才者,注意及之。"③他自己在对《读史方舆纪要稿本》的校对中从书法的角度进行鉴别考订,从而得出结论:

> 进而考察稿本中其他字迹,所书不同字体,其中最易区别的有五种字体,有褚书、蔡书、欧书、赵书,以及字体在欧、褚之间者。④

顾廷龙对此书的稿本字迹以及作者的尺牍书法进行了对比,看出字迹相似处为

---

① 顾廷龙:《悼念郭绍虞先生》,《顾廷龙全集·文集卷》(下册),第 984—985 页。
② 华东师范大学古籍整理研究室:《历代书法论文选》,第 360 页。
③ 顾廷龙:《古籍整理二三事》,《顾廷龙全集·文集卷》(上册),第 417 页。
④ 顾廷龙:《中国古代的抄校稿本》,《顾廷龙全集·文集卷》(上册),第 282 页。

多,然而有各种字体掺杂其中,所以断定此书为几人彼此之间商定和校改而成。在这个案例中顾廷龙对书法的应用,使他对古籍的版本能够形成更准确的判断,并且也加深了其对书法的学习。

顾廷龙在图书馆工作之前本身就对书法有着深入的学习,而在古籍整理以及版本目录学的工作上,意识到需要深厚的书法修养才能做得更好,以此进一步促进了其书法水平的提高。

2. 严谨的古籍校抄

图书馆工作常常涉及到古籍的整理传抄,与书法的实用性有着紧密的联系。"余谓以实用为主,尤以图书馆古籍工作者写一书签、抄补缺叶,以用行楷为繁。整理明清人批校本及尺牍,均须熟识行书草书。"①而除了上述工作之外,还常常需要抄书。顾廷龙在合众图书馆工作期间,对古籍善本进一步复制保存,则需逐字译读,然后整理为抄本。

传抄是对古籍的一种极为重要的保护,顾廷龙在遇到珍贵古籍的时候,往往不辞辛苦,亲自抄写。当时战火纷飞,古籍被毁是常有的事,顾廷龙的抄本使一些因战火散佚的书籍得以存续,如晚清《孙宝瑄日记》、翁方纲旧藏宋本《施注苏诗》等。在其生涯中,抄写古籍乃是家常便饭,并且全是用工整楷书写成,这需要一丝不苟的态度来保证抄本的正确性。在古籍的抄录中,顾廷龙从实用的践行中锤炼书艺,其用功之深也使得书艺有着恒久稳定的进步,这进一步使顾廷龙形成了作书崇实尚用的宗旨。

3. 积学而致远的践行

正因顾廷龙崇尚朴素的"实用",所以在学书上,他强调字外功的积累。他将书法看成中华文化的重要部分,书法的内涵体现了传统文化精神以及哲理,所以与其他学问的关系非常密切。他又认为书法水平的增长需要依靠积累。刘勰的《文心雕龙》提出"积学以储宝",认为"积学"是强调文艺创作时,必要的学养积累和准备,积累到一定程度再创作可达到"通变",这与书法创作的规律不谋而合。顾廷龙一生任职于图书馆,经手的金石碑帖、名人手迹等不计其数,极大地拓宽了眼界,并且一生临池不辍,积累了深厚的功力,才能最终成就其温厚朴实、富于韵味的书法风格。

顾廷龙在实用一途的实践可谓深远,中华人民共和国成立之后,由于其书风享誉一时,各文化古迹相继请为题写,如苏州怡园藕香榭、曲园乐知堂等都有其题字。他

---

① 顾廷龙:《跋智永真草千字文》,《顾廷龙全集·文集卷》(下册),第 627 页。

还受邀为大量古籍图书题签,而且广受好评。其弟子沈津在筹备集结《顾廷龙书题留影》一书时,大致统计出顾廷龙所书写过的题签超 700 种,并从搜集到的图片中精选了 100 余种出版,这一成就在当代除启功先生之外别人难以望其项背。

顾廷龙在版本目录学以及古籍工作中,形成了"以实用为先"的书法观念,这一观点虽然朴素,但是经过实践得来,是一位谦虚学者的内心之言。"以实用为先"也是其人格的反映,使其在书法上一直走着传统的"正路",坚实而稳定地形成了其刚健而典雅的书法风格。

四、总　结

顾廷龙的一生跨越了晚清、民国而至于新时代,他深厚的学识和书法修养使他在书法史上不容忽视。民国时期,科学民主思想与传统文化交融,当时有开放的文化环境,丰富多元的思想背景,以及大批金石文物的面世。顾氏书法得益于此,在取法上较为多元,加之受顾氏学养的浸润与支撑,因而具有了不俗的气息与格调。

顾廷龙的成就首先得益于其家学渊源。顾廷龙自小便在其家族网络内接受了扎实的正统教育,顾氏家族深厚的学养积累,不仅为其金石文字的学习打下了良好基础,使他具备了开阔的眼界,也对他书法上的学习有一定的促进作用。顾廷龙在图书馆的工作给了他大量接触珍贵古籍、金石器物及书法拓片的机会,同时他与众多学者、书家保持着长期的交流往来。此外,顾氏在版本学和目录学上取得了突出成就。他在学术上的成就,以及古籍工作的经历,使他的书法具有了深厚的学者气质,也促使他形成有学者色彩的书法观念。其注重"积学",强调眼界的开阔以及书写功夫的深厚。他又持有"以实用为先"的观点,将实用作为书法艺术的前提,强调书写要在规矩法度之中,具备了法度之后再追求韵味和性情的抒发。

顾廷龙五体书法兼善,在篆书、楷书和行书方面较为突出。顾廷龙在金石学、文字学上建树颇多,这些对他的书法产生了积极影响。金石学的研究使他有机会大量接触古文字,进而开阔了眼界,也积累了丰富的古文字资料,这让他得以在篆书上力追先秦。文字学的研究则加深了他对汉字造字规律的体认与理解,由此,在篆书创作上,他不仅能合乎字理,也能进一步表现出篆书的神韵。顾氏的篆书上追三代金文,通过追溯篆书的文字源头,取其自然神韵,进而融会贯通,形成了雄浑、端庄的书法风格。顾氏的小楷工整而有韵味,他在图书工作中所做的大量古籍抄录工作,使他在小楷书法方面投入颇多而功力深厚。顾氏的行书法度严谨而表达自如，自然流露出其学者书法的人格涵养。

综上所述，顾廷龙的书法根植于其丰富厚重的学识之上，知识的积累，眼界的开阔，使其书法具有深厚的内蕴。书如其人，顾廷龙坚毅无私的人格，与他刚健含弘的书风相映成趣，让我们能从中有所收获。

顾廷龙书法艺术与文献学的核心素养与内在理路

李殿瑞

（陕西师范大学美术学院）

顾廷龙（1904—1998），原名潜，字廷龙，号起潜，后以字行，江苏省苏州人氏。生于书香世家，父亲顾元昌是吴中书法家，曾担任书法教师。顾廷龙就这样在良好的家学传统中打下了相对扎实的书法基础。其外叔公王同愈是苏州著名藏书家、版本目录学家、书画家。顾廷龙后又在王同愈家中学习，对版本目录学及金石书画有了进一步的认识与提高。在良好的家学背景下，顾廷龙的书法与文献学打下了坚实的基础。家学渊源的顾氏家族也在两类学问中有着自身的独到见解，而顾廷龙生平对于古籍研究的部分理念正是基于顾氏家族对传统文献及书学的理解的最新体现。

顾廷龙的书法在长年累月地摘抄古籍中逐步确立了以实用美观为宗旨的书写标准。他从不以书家名号自居，而其书法却具有极高的造诣和成就。在社会上以"奇巧怪拙"为标榜的书法风气下，并不随波逐流而是坚持书法艺术应以实用为主的己见，他主张写字首先要工整，具有可识读性。书法艺术必须植根于书家深厚的文化素养和学问根基，书法艺术与研究学问应当是相辅相成的两个方面。顾廷龙具有开阔的文献学研究的视野，也就因此对书法艺术提出了更高层次的要求。"顾先生认为书法要注重实用性和观赏性，要面向大众，这是书法家必须做到的。另外，多做学问也是一个书法家所应该具备的修养，一个成功的书法家首先要靠他的文化素养和艺术根底，反之，将会被社会淘汰。"[1]正是在传统古典文献学与中国传统书法的相互结合下，顾廷龙的生平成就在这两种紧密联系的学科中不断得到演化推进。

---

[1] 杨泰伟：《顾廷龙和他的书法艺术》，《中国书法》1997年第3期，第10—15页。

一、书法艺术对稿校抄本工作的助推

顾廷龙的文献整理工作大多是在上海进行的。1939年,顾廷龙应文化界知名人士张元济、叶景葵、陈陶遗、陈叔通等之邀,南下上海创办合众图书馆。在图书馆创办之初,多数书籍只得靠创办者以毛笔抄写,顾廷龙在抄写摘录古籍中担任主要任务,贡献最多。在日复一日的书籍抄写工作中,书法学科对于版本目录题签及古籍分类等工作提供了诸多灵感,顾廷龙深厚的古籍文献学成就也与其书法艺术紧密联系,甚至一定程度上得益于书法学科的助推。

爬梳顾廷龙的生平,自从事古籍图书工作以来,书法艺术便一直悄无声息地紧随其右。早在合众图书馆的创立之时,限于经费短缺缘故,大多图书皆以抄校稿本为主,担任此类任务的顾廷龙先生不辞辛劳,其十分重视抄校稿本的重要性,并认为此举可使"古人心血赖以不湮,后人钻研有所取法"。①顾廷龙对于稿校抄本划分得很细,其认为:"作者的原稿通称稿本。稿本还可细分为作者亲笔写的称手稿本,誊清的称清稿本,据以抄写或刻印的本子称底稿本,还有誊清稿本经作者手校本,有请名人审阅过的稿本等等。"②对于同一本书用不同的资料校勘或用不同版本核对过的称为校本。而对于稿本、校本之外,还将抄本以年代之远近进行划分:"凡是用墨笔传写的,都称抄本。一般说,清乾隆以前的称旧抄本,清末民初称近抄,民国以后的称新抄。"③如此重视此类稿校抄本自然与作者书法有关,通过研究不同书家书写时的状态结合此本的流传情况可对稿校抄本的作者进行大致断定。顾廷龙对于稿校抄本感兴趣,还注重引入书法学科对抄本上留下的字迹进行考证,他从对古籍文献的研究视角出发,将墨笔书写的稿本纳入研究范畴,通过观察字迹书写特征及变化特点,延伸考证出书写作者,为古籍文献的抄校流传提供自身之线索。

稿校抄本是研究文献最原始的资料,却因字迹草写难以识读从而影响其公开发行,因此书法学科介入对其进行编撰整理就显得尤为重要。一些稿校抄本因出自名家之手能增加手稿价值而多有作伪现象,致使流传版本有误,所以对于稿校抄本的整理研究不仅仅需要浅层面的书法书写技艺,更多的还在于以书法学科介入后的

---

① 顾廷龙:《杭州叶氏卷庵藏书目录跋》,《顾廷龙文集》,上海科技文献出版社,2002年,第141页。
② 顾廷龙:《中国古代的抄校稿本》,《顾廷龙文集》,第464页。
③ 顾廷龙:《中国古代的抄校稿本》,《顾廷龙文集》,第466页。

广博知识与明察秋毫的洞察能力。按照常规的操作方法,书画艺术的鉴赏需结合当时特定的历史背景及书家生平经历,对特定的书画文物从其正文书体、所落款识、钤盖印章乃至于其所用笔、用墨、用纸上进行判断,若此书画作品历经流传并有名家鉴赏收藏,还可通过名家所留题跋进行辨别。

顾廷龙先生将其对于稿校抄本的鉴定方法应用于书画鉴定上。以书者心态为判别标准,通过敏锐地观察感知文字的书写状态,对重要转折处的自然与矫揉造作进行辨别。此外,名家所书的抄本文字整体章法连贯且自然,胸有成竹似的书写出妙笔华章,整体气韵上也有着生动之形态,不会显得呆板无力。据此便成为鉴别稿校抄本的一大重要方法。

此外,顾廷龙先生尤为关注稿校抄本的搜集与出版等方面,不仅大力出资搜集购买遗落在民间的稿校抄本,还用其所学将搜集到的稿校抄本文稿进行梳理编排,最后付梓出版社以待发行。在文稿搜集方面,将稿校抄本列入古籍善本行列进行采购。

> 惟善本名目甚泛,难得标准,兹拟订范围如下:
>
> (一)珍本—一、古本(明以前刻本),二、精刻本,三、流传不广之本。
>
> (二)秘本—一批校本,二抄本。
>
> (三)孤本—稿本。①

顾廷龙先生在鉴别整理这些稿校抄本后,更是期望古籍出版社能够将这些未经刊登发行的稿本出版发行。稿校抄本是研究书家学者的最为原始的资料之一,其所蕴藏的价值不言而喻。在征集此类抄本时,顾先生也针对遇到的难题给出了合理化的建议,提倡:"征求专门著作。刻本已很难得到的,稿本、抄本未经刊行的,可就近送交各省、市、自治区图书馆拍摄胶卷备用。原书发还主人。"②正是基于书法学科角度,顾廷龙深刻认识到这些稿校抄本的价值,在大力搜集这些资料的同时,利用自身学养去伪存真,将"片言只字"的史料纳入文献梳理中,并期望通过出版社的力量将这些收集整理过的稿校抄本刊登发行以供后人继续深入研究。

顾廷龙在搜集梳理稿校抄本时,充分运用自身书法艺术知识为辨别稿校抄本的真伪、书家学者对于稿校抄本的所作批注及文字感触、古籍善本及抄校稿本所用的手自笔录提供了极大的帮助。顾廷龙正是基于传统的书法家学,对于书法艺术了解得越深,对古籍抄本的珍贵程度也就越有体悟。

---

① 顾廷龙:《创办合众图书馆意见书》,《顾廷龙文集》,第 607 页。
② 顾廷龙:《整理出版古籍小议》,《顾廷龙文集》,第 676 页。

二、书牍手札所延伸的版本目录整理

顾廷龙先生一生在学术方面中最用心的还是在古籍版本目录方面。对于书牍手札的整理方法开启了其毕生从事版本目录学研究的先河。学术研究面对浩瀚繁杂的资料文献需按图索骥，鉴别书籍真伪，设立专门的目录便可磨刀不误砍柴工，完成功在当代、利在千秋之事。顾廷龙先生此生最大的版本目录成就在于编纂了《中国丛书综录》和《中国古籍善本书目》两套书，而他有关版本目录的编纂整理工作，一定程度上也有古籍书牍与手札所带来的启发。

顾先生将目录当作学术研究的入门之径，而其目录分类之法还与中国古代传统书法艺术有着某种联系。顾先生除不遗余力亲自手写上版抄成《东吴小稿》和《论语孔注证伪》（卷下）外，还为出版发行的大型书目，学术界古籍研究整理的史料文献，影印本和工具书题签。顾廷龙的题记序跋不仅考镜源流为前人文献研究提供己见，更难得的在于题记序跋本身即是研究目录版本学、校勘学、历史史料等学科极为重要的资料。传统古籍中，多有书法题签而便于检阅其中之内容，而中国古代书籍中所更迭的形态多种多样，传统的经折装、卷轴装、包背装、蝴蝶装、线装、鳞装数不胜数。为便于翻检，在蝴蝶装所盛行的时代特设立书耳。梳理古籍中顾廷龙沿用古代书籍装帧检索方法，以书法题签之形式为书籍检阅提供便利，此外顾廷龙将书法题签功能延伸至更新版本目录学，将繁复多样的文献梳理得井然有序。

顾廷龙先生的书法素养还对其经学书籍的校定有所裨益。传统经学讲究关注《尚书》文字，石经不仅是书法研究重要的资料，也是研究经学的一手资料，被称为校勘《尚书》文字的较好版本。"由于年代久远，文字多变，辗转传抄，以误传误。自汉至宋，多次校订，刻之石碑，所谓'石经'。'石经'之刻，在某一时期有校定成为标准本的意义"①。顾廷龙还将稿本和亲笔尺牍列为重要研究之资料，并认为在古籍整理研究过程中，稿本和亲笔尺牍的识读显得尤为重要，完全可以列为古籍整理研究的第一步，将文献学与书法素养紧密联系在一起。其曾言："要整理古籍、整理稿本，不识字怎么行？稿本和亲笔尺牍，都是很重要的资料，假使字不认识，以意改之，全失真意，必致误己误人。"②由此可见，顾廷龙的书法艺术与其毕生所为之奋斗的文献学并非南辕北

---

① 顾廷龙：《整理出版古籍小议》，第 675 页。
② 顾廷龙：《古籍整理二三事》，第 680 页。

辙,相反确是相得益彰互为补充,书法素养在顾先生看来是研究文献文字识读的第一步,若没有翔实深厚的书法素养,仅凭自身的意思去盲目猜测,最终研究的结论也断难以服众、毫无学术价值且会贻误后世学者。

以版本目录学为主要成就的顾廷龙将书法艺术列在比版本更重要的地位。学术造诣方面,他自认为排列顺序第一是小学,第二是书法,第三才是版本。①然而此三者并非单独排列没有联系,相反却是相互促进的。张涛在《顾廷龙先生经学片论》中提及:

> 正是因为深于小学,顾先生才能对各体书法率皆精善;也正是因为深于小学,顾先生才能深刻体会到前辈大家的价值所在,为吴大澂撰作年谱,为王同愈编纂遗著,为出版孙诒让的《古籀余论》校订篆文讹误。②

书法艺术对于顾廷龙先生古籍研究的帮助无疑是功不可没的,即使顾老先生对于自身书法的评价十分谦虚,并不将自己视为书家,但在自述中他将这一项同受益于书法学科最深的古籍整理研究放到一起来说:“自己不是书法家,而是一个普通的图书馆工作者,在为整理古籍而写字。”③

顾廷龙的书法研习与古籍整理有着相互促进的关系,不光在于书法艺术对其文献整理有所影响,对书籍的雅好也对其书法艺术有着较好的推动。其曾自述:“龙早年往来外叔祖王公棑缘家,时见其伏案检校,盖补正《说文通检》之末一卷,名曰《说文检疑》。后龙学作小篆,往往为疑难字所困,读公书始有所获。”④不仅如此,因家族缘故顾廷龙常可见到其他人所难以触及的金石书画文物,将其拓下拓片后与所识好友分享并依次题记序跋。序跋中不仅对这些金石文物进行分析研究,还可借此对文人交游进行考证。此后,顾先生的文献整理也多用到这些知识,得到这些经历的滋养。

书法书牍手札对于顾廷龙的学术研究起到了重大作用,特别是在编纂年谱方面,书法尺牍一跃成为修订年谱最为亲切的材料。沈津言:“先生尝谓,近三百年来先贤年谱,其材料得自尺牍中者最为亲切,故余亦甚留意于此。也正是如此,先生昔日多次告我,整理、鉴定、运用尺牍的重要性。”⑤以书法书写的书信、手札等字迹被顾廷龙视若珍宝般地保存,并经整理充分运用到编纂先贤年谱上面。

---

① 赵林然:《顾廷龙文献学成就研究》,河北大学硕士研究生论文,2014 年,第 3 页。
② 张涛:《顾廷龙先生经学片论》,《图书馆杂志》2014 年第 11 期,第 79 页。
③ 沈津:《顾廷龙年谱》,上海古籍出版社,2004 年,第 788 页。
④ 顾廷龙:《〈小篆疑难字字典〉后记》,《顾廷龙文集》,第 36 页。
⑤ 沈津:《〈顾廷龙年谱〉编纂小记》,《国家图书馆学刊》2004 年第 3 期,第 90 页。

三、培养新一代古籍人才的书法要求

古籍整理研究,最重要的莫过于对新一代古籍人才的培养。在顾廷龙多年的工作实践中,他逐渐意识到培养新一代古籍人才的重要性。其多次呼吁应加重培养古籍鉴定、古籍修复方面的人才。在当下古籍研究群体中,顾老先生有先见的认识到"古籍情况复杂,中青年人不多"①的现实境遇,而对于如何培养中青年古籍研究人才,顾先生将书法摆在第一要位,认为古籍鉴别与整理修复都要有书法作为铺垫:

　　　　要整理古籍,整理稿本,不识字怎么行? 稿本和亲笔尺牍,都是很重要的资料,假使字不认识,以意改之,全失真意,必致误己误人。②

古籍整理研究中遇到的汉字识读需要书法学科进行辨别,反之书法艺术也可为古籍鉴别与梳理工作提供不可替代的作用。简而言之,古籍整理研究人才要能够辨别认识繁体字,对特定的字法、特殊通假字的简繁混用进行甄别。此外,在古籍整理中,对于部分手稿抄本中运用行草体写法的情况也需要以书法知识进行鉴别,只有在充分感触传统书法艺术所带来的深厚的文化素养与精神内涵后,才会更加珍惜眼前的文献古籍并对其进行梳理研究。在顾廷龙的古籍人才培养方案中,新一代古籍研究群体掌握书法知识是必不可缺的一方面,识读一般古体、篆书、隶书、楷书、行书、草书等书体不同写法显得尤为重要。特别是在修复古籍中,每个字都需要仔细甄别,这都需迫切要书法学科介入,没有深厚的书法功底作为铺垫难以做到。

顾廷龙的书法艺术与古籍整理相互促进,对于后来学习古籍文献整理的学者,他也以每日习字一小时为要求,鼓励并支持古籍研究者习字。而楷书对于古籍校勘实用性更多一些,自然也就成为临习书法中的首要书体。正如顾先生之子顾诵芬所说:"父亲 70 年来一直勤奋做学问,他亲自作了大量的古籍校勘过录工作,他以工整楷书密行细字写了大量的眉批和注录。"③顾廷龙校勘及题签古籍书本时,也会对古籍版本递藏、文字源流及异同多处进行考究。他不仅是这样做的,也是这样要求其学生进行的。特别在于部分异体字的校对勘正方面,对于考订者书法涵养的要求会更高一些。

顾廷龙的书法艺术既对古籍文献的整理有着不可替代的作用,自身书法也因常

---

①　沈津:《顾廷龙年谱》,第 674 页。
②　顾廷龙:《古籍整理二三事》,《顾廷龙文集》,第 680 页。
③　王世伟:《论顾廷龙先生的护书精神》,《图书馆论坛》2004 年第 6 期,第 253 页。

年与书籍打交道而有着文人书卷气。王元化给予其书法很高的评价：

> 雅量之美，淳厚浑穆，神明内敛，气静机圆；书林之中诸葛孔明，谢太傅是也。
> 雅量之美，谈何容易！融厚柱之学养、博洽之闻见、清澄之心地、沉着之干才于一
> 炉，全幅人格之呈显，即《礼记》所云："清明在躬，志气如神。"①

顾廷龙先生常年研究金石古文字学且常年与古籍书本打交道，在日复一日地为古籍题写序跋中，其书法也渐有书卷之气。学者因而在评价其书法时提道："顾廷龙先生金石文字、书法艺术为世人所称道，不但是因为他师出苏州吴氏名门的缘故，更是得力于其非凡扎实的国学功底和广博的文化素养。"②得益于书法艺术与文学素养双重促进与推动，顾廷龙由是因之以成事业。他多次参加文物鉴定整理工作，成博学多闻的古籍版本鉴定大师。顾廷龙先生于历史文献中的唐写本、宋元明清刻本、明清尺牍、抄校稿本、碑帖书画、近现代革命文献等均有所研究③。在文物鉴定工作中，顾廷龙反复与善本书刊及书画文物等打交道。这些书画鉴定经历不仅成为影响顾廷龙学术生涯的几件大事，也为其知识基础及学术视野做好坚实的铺垫。

四、结　语

综上所述，顾廷龙的书法艺术在其版本目录学、古籍校勘及文献梳理过程中起到了显著之作用。整理其年谱及学科思路不难发现，书法学科始终伴随着顾廷龙学术生涯的一生，并为其不断提供学科价值与核心素养，成为其版本目录学及古籍研究的一大法宝。书法学科毕竟与文献学等学科有所差距，但书法学科所给顾廷龙先生提供的灵感与养料促使顾廷龙先生成为版本目录学乃至学术界具有突出贡献的大家也是不可争议的事实。

书法核心素养的铺垫对顾先生从事图书文献整理工作也有着重要的影响。梳理古籍文献之后深厚的文字学储备为富有美感的汉字书写提供源泉，顾廷龙先生文献学素养与书法艺术密不可分，此两种学科一同致力于先生毕生所奉献的科研领域中，为我国图书馆事业学、版本目录学贡献力量。本文细数其中源流只可为先生此生宏大之事业提供微小的分析研究，旨在抛砖引玉，不足之处期望得到业内专家的宝贵指教。

---

① 王世伟：《论顾廷龙先生的护书精神》，第 254 页。
② 张军：《顾廷龙的学问与书法》，《收藏》2011 年第 7 期，第 63 页。
③ 王世伟：《影响顾廷龙先生学术生涯的几件事》，《国家图书馆学刊》2006 年第 2 期，第 74 页。

顾廷龙篆书艺术探赜

董泽衡

（韩国京畿大学研究生院）

顾廷龙作为古籍版本学巨擘，在当代的文史领域中有着极大的影响力，亦有丰硕的学术成果。同时，顾廷龙先生在书法方面有独特的艺术风貌，其书法与学术修养相辅相成，体现了深厚的文化底蕴和高尚的品格。本文通过研究顾廷龙先生现存的书法作品及其学术著作和题跋，探讨其书法艺术特质和篆书艺术风格。尽管顾廷龙先生的书名曾一度被其学术成就所掩盖，但其在书学方面的独特见解和实践，对书学发展起到了重要的推动作用。因此，对顾廷龙篆书的研究，旨在全面揭示顾廷龙先生在书法领域的卓越贡献及影响。通过对顾廷龙先生的书法作品和书学理论考察，为后世提供一个深入理解顾廷龙先生书法艺术与思想的视角，从而进一步丰富中国近现代书法艺术史的研究。

在中国近现代史发展的历程中，顾廷龙先生不仅以其卓著的史学成就为中国作出了宝贵的学术贡献，更以他独有的书法艺术和书学思想，为后世留下了重要的书学遗产。

借助清代金石学的深厚积累，近现代古文字学者们拥有了丰富的考古文物和文献资料，这些资料的传播与保存远超前代。这些学者在继承前人传统治学方法的同时，也进行了创新，推动古文字学的发展。无论是完善和推进前代已有的小篆、金文等文字学研究领域，还是建立并发展当时考古发掘的甲骨文等领域，近现代古文字学者都付诸了巨大努力，由此以古文字为载体的书法艺术在取法空间上取得了突破。文字学的创新和推动，使得每一次考古新发现都为书法史增添了新的篇章。

顾廷龙（1904—1998），字起潜，室名晚成堂、淮吴精舍，晚号匋老人，江苏苏州人，先生是一位集历史学家、古文字学家、图书馆学家、书法家于一身的多面手。在民国时期文艺争鸣的时代背景下，他潜心于图书馆学事业，深耕古文字领域，将书法艺术与个人学养及历史观念相结合，实现了书法艺术与社会文化的和谐共生。

作为一位杰出的近现代古文字学者,顾廷龙先生在篆书方面展现了其深厚的功底,在其书法创作中,篆书风格占据了较大部分。尤其先生的大篆作品,植根于文字学,用字颇为讲究,后人所识亦是有迹可循。这既是先生对待学术的严谨风格,以及对于书法艺术的认真态度,更是体现了"书如其人"的文人美学。

先生的书法生涯跨越时间维度极广,经历了不同社会的变迁,从甲骨发掘到印刷技术的革新等,但其思想始终列于时代前列,并能将这种思想带入到书法艺术之中。其篆书作品既有学者的文人风范,亦有文化深度与意蕴,从而尽显高古朴拙。顾廷龙篆书研究的重要价值与意义,不仅在于对一个历史人物艺术成就的发掘与评价,更在于通过其书法艺术实践,展现一个学者在社会变革时期如何将个人学识与社会需求相结合,实现书法艺术与社会文化的和谐共生。顾廷龙先生的书法艺术是历史的深度、学识的广度与艺术的高度相统一,这为当代书法艺术家和教育工作者提供了丰富的思考与启示。

一、民国金石学的发展

清代考据学的繁荣,带动了文字学和金石学的快速发展,访碑活动、金石著录与考释研究之风兴盛一时,为书法艺术的实践提供新的对象。同时,基于古代碑版的发掘与出土,一些金石考据学者在考订碑版、钟鼎彝器的同时,亦成为清代碑学的中坚力量。亦如王昶、翁方纲等著名的金石学者,直接推动了清代碑派书法的繁荣。他们的研究不仅扩展了书法的取法范围,亦影响了书法的审美趋向,极大地拓宽了书法在当时发展的空间。篆书作为古文字中的主要一环,从清代书法的发展进程侧面所看,亦是篆书在书法史中得到进一步的复兴与发展。

至清末民初,得益于金石学的兴盛和甲骨文的发现,篆书于此时迎来了新的发展机遇。这些珍贵的古文字资料,为书家提供了广阔视野与新的方向。前人碑学书法中的"粗狂",在金石学考订中逐渐减弱,相反,增添了雅逸的审美特点,古朴雅致的篆书风格表现出文字学学者型书家的谦和面目,亦为20世纪古文字研究提供了前提条件。清末民初的古文字研究,标志着文字学研究逐渐走向了科学化的道路。民国时期,金石学的发展并未因清王朝的覆灭而停滞,反而在新的历史背景下获得了更多的生命力和创新空间。此时金石学的研究不仅仅局限于传统的铭文考释与形制分析,而是开始注重实物与文献的双重论证,以及对古代文化的整体性探讨。古文字研究不仅继承了清代考据学的精神,又受到西方学术思想的熏染与影响,各学科之间联系地更为紧密,相互交叉。历史学、考古学和语言文字学等逐渐形成体系,学术研究的视角也更加多元化,古文字学在这一阶段得到了进一步的发展和完善,为后世的学术研究奠定了坚实的基础。

顾廷龙先生作为近现代古文字研究领域的重要学者,其研究范畴与书法实践二者之间相互依存。书法以文字为基石,而篆书则依赖于古文字。古文字作为篆书创作的根基,在已经退出日常应用的背景下,识别与应用成为主要问题。辨识并且理解古文字成为篆书实践的理论基础,亦决定篆书的表现形式。因此,文字学者作篆字亦要有书法艺术的审美眼光,把握好学识与书法技术之间的平衡关系。顾廷龙先生在古文字研究方面,一边投身于学术研究中,同时注重于书法技术的表现,其篆书即是学识与技法精妙的结合。

二、顾廷龙文字学成就

顾廷龙先生在文字学领域成就显著,学术成果丰硕,在学术界有深远的影响,同时,文字学成就作为其篆书艺术的基石。1931年先生于持志大学时,便随胡朴安、闻一多等诸家治小学。其后进入北平燕京大学研究院国文系后,容庚为其指导老师,又作学位论文《说文废字废义考》获文学硕士学位。顾廷龙先生攻于文字学专业甚久,转益多师,为其后撰写文字学专著大有裨益。清代学者吴大澂对顾廷龙先生在金石文字学方面影响颇深,先生并撰有《吴愙斋年谱》,其中亦记有个人习古文字之经历:

> 廷龙童年得《篆文论语》《孝经》于家,喜而摹之,取以校读本,奇其诘屈,迄未详为谁氏之手笔也。过庭请问,乃知吴愙斋先生集古文字以书者。先君子且告之曰:"是与吾家有连,昔先曾祖姑姊、妹归韩氏桂舲(尌)、履卿(崇)先生昆仲,愙斋先生乃履卿之外孙,因为中表亲也。"廷龙于是识先生之名而惜不获见焉。比长,从伯舅王董宬先生习古文字之学,繇秦篆而进窥古籀,遂读先生所著《说文古籀补》《古玉图考》《权衡度量实验考》,于是于抚习书法之外,更得研求先生之学术矣。[①]

由此可知,先生于幼时尤爱经典,临摹古字,后知其书者为吴大澂,又因先族与吴大澂有中表亲之关系,故得称吴氏之嗣孙吴湖帆为表兄。其后与伯舅王董宬比较系统地学习古文字,识读秦篆古籀,以启小学之径。于1934年吴大澂百岁诞辰时,顾廷

---

① 顾廷龙:《吴愙斋年谱》,《顾廷龙全集》编辑委员会编:《顾廷龙全集·著作卷》,上海辞书出版社,2016年,第12页。

龙先生撰成《吴愙斋年谱》,由哈佛燕京学社出版。其中记载吴大澂之藏器、古文字考据、交游题记等,先生总结吴氏金石文字之学云:

> 综先生之研讨古文字、古器物,冥心远绍,直接商周,凡其所戛然独造者,今日以出土文物之繁,皆得证而成之,谓非继往开来之一人乎![1]

顾廷龙先生对吴大澂推崇备至,受其影响颇深,以其为金石文字之楷模,继承其学术与文艺精神。清代以来,随着金石碑版的发掘,大量的古陶亦随之出土。吴大澂作为古陶文字的先驱,在该领域中多有创见,顾廷龙先生得其影响,又编著《古匋文者录》《尚书文字合编》等古文字学著述。对于研究古陶文字的重要性,先生在《古匋文者录自叙》:

> 殷有卜辞,周有铭刻,秦汉有小篆,皆可表其一代之制,寻其变迁之踪,而七国陶文实为枢纽,尤可贵已。[2]

顾廷龙先生深谙文字演变之道,认为古陶文字在汉字发展史上占据举足轻重的地位。这些文字不仅承载着特定时代的文化特色,更在文字发展史上扮演了关键的枢纽角色。先生在文字学研究领域精耕细作,凭借深厚的学术积累,于书法艺术,尤其是篆书领域,取得了令人瞩目的艺术成就。

三、顾廷龙篆书艺术

顾廷龙先生的书艺启蒙,启于家学,得益于父亲的亲身传授。先生恪守庭训,以勤学博览为宗,于平淡之中追求卓越。其父曾言:"书法无他诀,横平竖直,布置安详。"此言成为其书学之基石。年至弱冠,又得王同愈先生指点,于欧体书法中汲取精华,注重字之骨力与结构,以此作楷书基础。先生主张临帖须广涉多体,方能超越;深知任何艺术,非经长期砥砺,难以成就。此外,在顾廷龙先生书法艺术的传承中,吴大澂对其书法影响深远,非止家学所及。吴大澂在书艺领域,成就斐然,尤以篆书著称于世,对古文字书法倾注了极大的心力与情感。顾氏曾潜心研摹吴氏篆书杰作,如《论语》与《诗经》等,其精妙之处,可见一斑,展现了对吴氏艺术风格的高度认同与追随。

顾廷龙先生对吴大澂的书艺推崇备至,赞曰"婉畅颖奇、质朴古雅",并认为吴大澂的篆书艺术并非单一的技巧展现,而是其博大学识与艺术精神的完美融合,彰显了

学术修养与艺术表现的高度统一,是精神与学识的外化。同时顾廷龙先生进一步指出,学术底蕴与书法艺术之间存在着密不可分的联系,从其篆书作品中亦可看出。

图1　顾廷龙篆书《周恩来诗立轴》
释文:大江歌罢掉头东,邃密群科济世穷。
面壁十年图破壁,难酬蹈海亦英雄。

　　顾廷龙先生所作篆书七言诗《周恩来诗立轴》,风格古朴文雅,在章法上,改变了钟鼎彝器铭文有行无列的章法,行列排布有序。在字法上,取法有源,结字将金文中的点画长短及结构等方面趋于对称平整。

表一　顾廷龙、吴昌硕篆书与西周金文"东"与"图"二字比对表

顾廷龙篆书《周恩来诗立轴》	吴昌硕篆书《临散氏盘铭立轴》	西周《散氏盘》	西周《格伯簋》
东	东	东	东
图	图	图	

　　由上表对比可知,西周《散氏盘》与西周《格伯簋》中的"东"字,点画长短不一,用笔轻重明显,字的内部空间分割并不均匀,整体字势有左倾态势。吴昌硕篆书《临散氏盘铭》中"东"字有较强的动感,点画苍劲,墨色亦有浓淡变化,更强调书写性。顾先生所书"东"字,点画匀称,未有明显的轻重变化,尤其中间部分,空间分割均匀,以中间竖画为中线,两边几乎成轴对称,并且整体字势平稳。表中所对比"图"字亦如此,吴昌硕所临《散氏盘》与西周《散氏盘》更强调文字点画与内部空间的变化,顾廷龙先生所书"图"字点画平整,字的内部空间分割均匀。由以上之字对比可知,虽顾廷龙先生所书篆书在书法的艺术性表达上不及吴昌硕等,但实际上,这是因为对于篆书的认识,以及书写目的有不同之处。无论是钟鼎彝器中的铭文还是似于吴昌硕专业类型的书家,其目的在于对艺术的追求与表达。顾廷龙先生作为文字学者,在对古文字考据的过程中,首要的即是文字的辨别与识读,并进行记录考释。记录是以严谨、清晰为前提,故顾廷龙先生在书写古文字时,以"规范"的形态来书写。其目的不同,最终对书法的表达亦不相同。顾廷龙先生亦认为书法同时具备实用性与艺术性,书篆书以强调实用性为目的,将古文字的点画长短、轻重平整化,字的内部空间均匀化,他的篆书取法金文较多,追求婉畅浑厚,韵味隽永的风格,达到平稳、自然的审美效果。

　　顾廷龙先生篆书艺术融合自身的观念,在字法与笔墨语言中进行表达,在章法上与多数的篆书书家亦不相同。同时期书家作篆多以有行无列为主,还原钟鼎彝器铭文的排列方式,顾廷龙先生作篆在整体章法上行列排布均匀。无论是先生篆书的章法还是字法上,均强调"中正"的审美观念,这种"中正"的审美体验亦是受到吴大澂篆书之影响。吴大澂临西周金文《录伯菽簋》《段簋》《蔡姞簋》用笔均匀,在字形的处理上,去掉了金文烂漫的成分,文字空间分割整齐端正,通篇体现出中正典雅之风格。顾廷龙先生幼时多仰慕吴大澂,其后在学术方面以及书法艺术上,均承接吴大澂衣钵。顾廷龙先生曾云:

　　　　虽犹未能尽见先生之为人,或可为先生少洗过情之诬乎?是则廷龙纂述之
　　志也。若夫读而向往,闻之兴起,以先生之心为心,不介介于一时之毁誉,惟求心
　　之所安,以抚育我黎民,保卫我家国,世将有其人乎?是又廷龙所馨香祷祝以求
　　者也。先生之精神不死,谅不必索知己于千载后耳。①

---

① 顾廷龙:《叙例》,《顾廷龙全集·著作卷·吴愙斋年谱》,上海辞书出版社,2016年,第16页。

顾廷龙先生承吴大澂之精神,在学术与艺术中始终秉持严谨的态度,力求尽善尽美,所作篆书其笔力丰茂雄浑,体现质朴与古雅之美,反映出人格与书格相得益彰。

四、顾廷龙篆书艺术品格

顾廷龙先生的书法艺术,是其学识与人格的外化,笔墨之间即是他对历史、文化与艺术的深邃洞察。先生以笔为舟,以墨为帆,将个人的学术修养与艺术志向巧妙铺陈,同时传达了"字显心性"的美学真谛,即书法之作,无不透露其内在气质与精神境界。西汉扬雄云:"言,心声也;书,心画也。"①唐柳公权云:"心正则笔正,笔正乃可法矣。"在顾廷龙先生的笔墨之下,书法不仅是技艺的展示,更是一种文化的传承与创新的实践,以学养书,融学识于笔墨,充分体现了他作为一位学者、书法家的深厚学识。书法作品反映出书家的品格与学识,刘熙载《书概》中云:"书,如也。如其学,如其才,如其志,总之曰如其人而已……书可观其识,笔法字体,彼此取舍各殊,识之高下存焉。"②学识不同,对于技法的选择,风格特点的理解亦不相同。"贤者之书温醇,骏雄之书沉毅,畸士之书厉落,才子之书秀颖。"③顾廷龙先生,文雅之风吹拂千古,其书风醇厚而颇具儒者气象,笔法刚健而细腻入微。先生深知,书法艺术非孤立之技艺,而是集书写者之学识、才华、卓识、抱负与个性于一体的艺术展现。故而,先生的书作,宛如其在史学研究中所展现的严谨与深邃,每一笔画间,皆透露出博雅的学问底蕴。

康有为《广艺舟双楫》中云:"上通篆分而知其源,中用隶意以厚其气,旁涉行草以得其变,下观诸碑以备其法,流观汉瓦、晋砖而得其奇。浸而淫之,酿而酝之,神而明之。"顾廷龙先生博览碑帖,其眼光并不局限于书法艺术的本身,遍临碑铭、出入名家,以深厚经史学识滋养其书法,书作之中尽显"书卷"与"金石"之韵味。顾廷龙先生作为"书人"学术的楷模,秉持内在修为与学养的至高境界,于学术之余,沉浸于笔墨之间。其书法作品宛若一面明镜,折射出其博学、儒雅与谦逊的学者风范。

① 汪荣宝撰,陈仲夫点校:《法言义疏》,中华书局,1987年,第159、160页。
② 上海书画出版社、华东师范大学古籍整理研究室编:《历代书法论文选》,上海书画出版社,1979年,第108、460页。
③ (清)刘熙载:《艺概》,上海古籍出版社,1978年,第170页。

五、余　论

　　清朝金石学的兴起，不仅令篆书艺术重焕生机，加之大量古文字资料的发掘，学术研究蔚为大观。在此背景下，众多擅长书法的古文字学者凭借研究之便，对篆书进行深化与拓展，引入甲骨文与金文等，逐渐形成了一股具有文化深度和学术价值的古文字学者书法风格，并持续丰富着书法史的史料，成就斐然。

　　在民国时期这一社会巨变的浪潮中，顾廷龙先生不仅亲历了历史的转折，更以书法艺术为载体，深刻反映时代精神。书法于他而言，不仅是情感与技巧的流露，更是承载着文化延续与革新的重任。先生深知个中三昧，其书作不仅展现了个人的学术造诣与艺术天赋，更透露出对社会文化走向的洞察力以及对历史变迁的深刻理解。先生将书法艺术定位为传统与现代之间的桥梁，其作品不仅传递了个人对社会文化转型的独到见解，更映射出对历史观的深度反思。

　　顾廷龙先生一生勤勉不懈，学术修为与艺术造诣相得益彰，成为近现代学者型书法家的典范，对近现代书法艺术的探索与发展产生了深远的影响和指导作用。先生以其深邃的人格魅力，不仅在书法作品上，更在其书学思想中，给予后人积极的启迪与引领。秉持"通会"理念，先生具备宏观的视野和博学的知识体系，其对书法艺术的研究超越了单一维度的探讨，而是从历史观、文化观的高度进行审视。作为一位恪守传统的文化学者，先生以学术为基，以书法为乐，其书作不仅展现了精湛的技艺，更透露出独到的书学见解。以史学与文字学为根基，先生运用传统书法手法，创造出"技近乎道"的艺术境界。在书法创作中，先生增添了历史深度和文化广度，通过对出土文物艺术性的重新发掘，揭示了书法艺术的社会文化价值，使书法成为连接个体与社会、传统与现代的桥梁。

师／友／相／资

顾廷龙燕大岁月述略

马晨阳　　姚伯岳

（天津师范大学历史文化研究院　　天津师范大学古籍保护研究院）

顾廷龙(1904—1998)，字起潜，别号匋誃，出生于苏州的一个书香世家，其八世祖顾嗣立(1665—1722)以其秀野草堂的藏书、刻书闻名于世。顾廷龙早年即跟从国学大师金天翮研习诸子及古文辞，在上海持志大学时师从胡朴安、闻宥等学者学习经学、文字学、音韵学等。1931 年 7 月，顾廷龙考入燕京大学攻读硕士研究生，师从著名文字学家、金石学家容庚学习古文字；毕业后留校任燕京大学图书馆采访部主任，兼任燕京大学图书馆哈佛购书处采购负责人，直到 1939 年 7 月南下到上海合众图书馆任总干事，共在燕京大学度过了 8 年时光。以往对顾廷龙的研究，多集中于他在上海合众图书馆和上海图书馆时期，而对他在燕京大学时期则较少涉及，这无疑是一个极大的缺憾。有鉴于此，本文拟对顾廷龙在燕京大学时期的学习、工作、生活经历及其研究成果做一初步的探讨，或许能起到抛砖引玉的作用。

一、求学于燕京大学

燕京大学是 1919 年由美国及英国基督教教会在北京联合创办的一所教会学校，作为民国时期的一所高质量学校，燕京大学在当时培养了许多顶尖人才，例如著名历史地理学家侯仁之、历史学家周一良、社会学家费孝通等。

顾廷龙于 1931 年 7 月考入燕京大学研究院国文系攻读硕士研究生，拜容庚为其导师，习语言文字、目录版本之学[①]。仅一年，便完成了毕业论文《说文废字废义考》的撰写和答辩。顾廷龙曾对其毕业论文的撰写和答辩有一段回忆："当时按规定，若一

---

① 　沈津：《顾廷龙年谱》，上海古籍出版社，2004 年，第 22 页。

年中可以完成论文,就能毕业。我在一年中作完论文,之后,黎锦熙将我的论文交给钱玄同看。钱提了一些意见,诸如解释欠妥、论述不清等问题,约二十条左右。我就按照钱的意见作了修改。答辩时,委员会中的主任是郭绍虞,他是国文系主任。其他人有我的导师容庚,还有吴文藻(文学院院长)、黎锦熙及高燕德(外籍人士)。答辩会结束,我的论文算是通过了。"①

《说文废字废义考》一文以许慎《说文解字》为依托,又依段玉裁《说文解字注》之言,并参考吴大澂、容庚等人的学说,撰述了自东汉以来字形、字义增废的情况。有关《说文废字废义考》这篇论文的选题,据顾廷龙的回忆,始于在持志大学上胡朴安的课时注意到的,"说文中有些字从简单到复杂,再回复到简单,从中可以看出文字的演变发展。所以我的毕业论文,就选了这个题目"②。

研究古文字非一朝一夕之功,也非一蹴而就之事。《说文废字废义考》不仅是顾廷龙多年研习古文字的成果,更是针对当时社会上关于汉字废存争议的一份回应。顾廷龙在其论文末尾有云:"当今中国为普及教育,而苦字体认辨,时间不能经济,一辈学者急求废灭汉字,采用拼音。但骤然改革,每多困难,宜谋一过渡之法,则惟创行简笔字为善。作简字之旨,当本历来文字存废之原因,由渐进以推变,毋急进之改革,则习用者不感其异也。则此著倘可为参考之资乎?"③

但燕京大学研究生的培养方式是:"要求学生在校修业两年,撰写毕业论文,并需参加由学社面试委员会组织的面试,通过者为硕士待位生,于毕业时方授予学位。"④燕大研究生要求修业两年,从顾廷龙 1932 年 10 月 2 日的日记也能够看出,日记载:"余即询及今年应否注册? 云照章非注册不可。"⑤10 月 3 日载:"晨,入校。先至注册课,领注册证。"⑥10 月 4 日载:"十时入校,验身格,即往缴费十八元。"⑦如此来看,1932 年下半年至 1933 年上半年应当为顾廷龙在燕大求学的第二年,且顾廷龙在求学的两年间皆获得哈佛燕京学社的资助,每年 500 法币。所以,尽管顾廷龙提前一年完成了毕业论文及论文答辩,但实际的毕业年月还是 1933 年 6 月。

---

① 沈津:《顾廷龙年谱》,第 25 页。
② 沈津:《顾廷龙年谱》,第 24 页。
③ 顾廷龙:《说文废字废义考》,《顾廷龙全集》编辑委员会编:《顾廷龙全集·著作卷》,上海辞书出版社,2022 年,第 468 页。
④ 刘金生:《民国时期燕京大学研究生教育的变迁与发展研究》,华中师范大学硕士学位论文,2016 年,第 24 页。
⑤⑥⑦ 顾廷龙撰,李军、师元光整理:《顾廷龙日记》,中华书局,2022 年,第 1 页。

二、燕大图书馆采访部主任

顾廷龙一生都在图书馆工作。他与图书馆的缘分，应当是从他在燕大求学时便开始了。1931 年 9 月，北平图书馆文津街新馆落成开幕，并举办展览会①。刚刚考入燕京大学的顾廷龙即前往参观，并在此后常去北平图书馆阅书，也因而结识了许多学者，如谢国桢、向达、贺昌群、刘节、赵万里、胡文玉、孙楷第、王庸、胡鸣盛、王重民等，与之相谈甚得，获益良多。这对顾廷龙此后终身服务于图书馆事业，从事目录版本之学有深刻的影响。

1933 年 6 月 21 日，是顾廷龙的毕业之日，当天燕京大学举行本年度的毕业典礼，邀请胡适做"往哪里去"的演讲。典礼结束后，与顾颉刚同住蒋家胡同 3 号的顾廷龙陪同胡适到顾家参加顾颉刚举办的家宴，其他客人还有钱玄同、洪业、容庚、黄子通等。当时洪业看到顾廷龙桌上放着一部《郘亭知见传本书目》，对顾廷龙非常欣赏，之后很快就向顾颉刚提出希望顾廷龙担任燕大图书馆采访部主任的邀请。据顾廷龙回忆："当时燕京图书馆中文采访部没有人，洪业为图书馆委员会主任委员，他要我去帮助工作，搞图书采购。"②

对于洪业的邀请，顾廷龙欣然同意。因为当时北平文化氛围浓厚，留在燕大图书馆，既可以在学术上得到增益，又可以接触更多古籍。从此，顾廷龙开始了他整整 6 年的燕大图书馆采访生涯。这一时期，顾廷龙在图书馆的主要工作是鉴书、买书、校书、编书、录书、借书，事务繁多，不得稍歇。

当时燕大图书馆采访业务有专门的采购委员会来管理，顾廷龙回顾说："采购部原有规定，各书店每周一、三、五送样书三次，馆里一、二月开采购委员会一次。委员有容庚、邓之诚、郭绍虞、洪煨莲、顾颉刚。我去后，不限书店，也不限送书日期，可以多见难得之本。小书店自己书不多，但接触藏家多，往往可交流调剂。"③燕大图书馆十分重视对古籍的扩充和整理，采购的图书多为中文古籍，且以学生所需、学术研究所用为主，也有一定数量的善本古籍。

尽管有采购委员会的指导，顾廷龙本人对图书的采购也有自己的想法：时人多看

---

① 沈津：《顾廷龙年谱》，第 23 页。
② 沈津：《顾廷龙年谱》，第 30 页。
③ 沈津：《顾廷龙年谱》，第 27 页。

重宋元刻本,而"我搞图书采购特别看重抄、校、稿本"①,"其他图书馆收藏的大多是刊本,燕京大学则是珍贵的稿抄本居多,尤其是乡土志为多,比如湖北、陕西等地的乡土志稿本,都是罕见者"②。"凡有价值之版本,皆广事罗致,其孤本则借抄以藏之,古刻珍本亦尽力而求。以地方志、诗文集、丛书、金石、类书为大宗。"③到 1936 年,燕京大学收藏的地方志,已经在全国图书馆界首屈一指。"1940 年时,燕京大学图书馆已经收集了大部分清代丛书和 2003 种、20021 册地方志。"④能取得这样的成就,很大程度上要归功于顾廷龙的卓越见识和辛勤付出。

顾廷龙为燕京大学图书馆购买古籍,其突出贡献体现在对古籍的鉴定、购买及编目之中。图书馆的采购与编目是一项繁琐又考验能力的工作,而顾廷龙主要负责中文古籍的采访,所有进馆古籍均需由其亲自过目鉴定。当时送书给燕大图书馆的书店主要有修绠堂、直隶书局、德友堂、景山书社、文奎堂、宝文书局、来薰阁等,顾廷龙也时常前往这些书店看书及购书,为丰富燕大图书馆古籍收藏不遗余力。如:

1937 年 1 月 4 日:"校《赵城藏》经《大威光明镫仙人问疑经》两张,此卷为《宋藏遗珍》中未及,以五十二元为馆得之。"⑤

1937 年 1 月 5 日:"修绠堂送到《滇考》一部,康熙间冯苏撰,湘乡陈毅阙慎堂红格钞本。先生备录其跋文。但以燕大馆有此书康熙原刻本,且天头有批,为钞本所未有,故不购。"⑥

1937 年 1 月 11 日:"宝文送洪武御制大诰,计七十三条,录其序目。全书六册,价四百元。"⑦

顾廷龙注重对古籍书目的收藏,并百计访求。此种事迹从 1935 年 6 月 5 日顾廷龙跋《赵定宇书目》中可见一斑:"赵氏身世不可详,观目中'明儒文集'题曰'本朝文集',是必明季学人也,所藏裨统一。书近已无传,并罕见著录,今赖以存,亦可贵矣。是目原本,藏余妇弟潘君景郑处,册首有'楝亭藏印''玉雨堂藏印',知从曹氏、韩氏展转而出。余见《楝亭书目》尝载之,他家藏目尚均未有,想犹未经传钞者耳。吾馆力搜

---

① 沈津:《顾廷龙年谱》,第 70 页。
② 张彧:《燕京大学图书馆古籍工作管窥(1928—1952)》,《大学图书馆学报》2021 年第 2 期,第 117 页。
③ 张琦、王蕾:《哈佛燕京学社北平办事处与燕京大学图书馆的藏书建设》,《大学图书馆学报》2013 年第 2 期,第 112—118 页。
④ 王蕾:《燕京大学图书馆哈佛购书处历史研究》,《国家图书馆学刊》2013 年第 6 期,第 102—113 页。
⑤ 顾廷龙撰,李军、师元光整理:《顾廷龙日记》,第 19 页。
⑥ 沈津:《顾廷龙年谱》,第 58 页。
⑦ 顾廷龙撰,李军、师元光整理:《顾廷龙日记》,第 24 页。

目录之部,余遂乞景郑借钞,以广其传。"①

　　顾廷龙在燕大图书馆工作的 6 年,为历史上燕大图书馆发展的辉煌时期,这当中自然有顾廷龙的一份功劳。而在燕大图书馆的工作经历也为他后来南下就任合众图书馆总干事积累了丰富的经验。

三、燕京大学图书馆哈佛购书处采购负责人

　　1928 年,哈佛燕京学社(Harvard-Yenching Institute)在哈佛大学正式成立。为配合研究,1931 年学社在哈佛大学创办"汉和图书馆",专藏中、日文书籍,到 20 世纪 40 年代末,馆藏达 10 万册,为汉学研究提供充足的文献保障。当时尚在攻读哈佛大学经济学博士学位的裘开明被聘为汉和图书馆首任馆长。1931 年 8 月,田洪都被聘为燕京大学图书馆主任,并与裘开明正式达成哈佛燕京学社汉和图书馆与燕京大学图书馆在北平联合购买书籍的协议。1932 年,哈佛燕京学社正式设立"北平燕京大学图书馆哈佛大学汉和图书馆办事处",俗称燕京大学图书馆哈佛购书处②。

　　最初,燕京大学为汉和图书馆所购之书品质存在良莠不齐的情况,一度使得汉和图书馆不再愿意委托燕大购书。为了能够继续与汉和图书馆合作并获得燕京学社的资金支持,燕京大学急需一位专业人士来担任为汉和图书馆采购古籍之任。"为此,燕京大学图书馆于 1934 年正式任命顾廷龙为燕京大学图书馆哈佛购书处采购负责人,洪业则负责善本鉴定。顾廷龙自 1932 年起任燕京大学图书馆中文采访部主任,长于古籍善本鉴定,加之洪业的亲自参与,购书处工作迅速改善,此后为汉和图书馆购入的古籍善本渐多,代购工作有显著改善。"③

　　燕京大学图书馆为协助哈佛燕京学社汉和图书馆采购书籍,制定了专门的采购程序。《燕京图书馆概况》载:"哈佛燕京学社图书费,专为购置国学有关之中西书籍。……中文书籍之选购,先由中文书籍审购委员会审定,然后再由本馆购置之。"燕京大学图书馆哈佛购书处书籍选购工作具体由顾廷龙负责,洪业负责审购,中文书籍审查委员会委员也参与审查④。

　　当时燕大图书编目采用卡片式目录。顾廷龙回忆:"哈佛卡片在燕京编后,复印

①　沈津:《顾廷龙年谱》,第 44 页。
②③④　王蕾:《燕京大学图书馆哈佛购书处历史研究》,第 102—113 页。

一式数张,亦由余主之。皆经裘开明先生同意而行,亦旧例也。印卡片,先用紫墨水写实片样张,覆盖胶布上,可连印若干份,很方便。"①后来顾廷龙在合众图书馆专门从事图书编目的工作时,也非常注重对卡片的应用。

此外,顾廷龙还协助裘开明编撰《美国哈佛大学哈佛燕京学社汉和图书馆汉籍分类目录》。"这一时期,汉和图书馆在古籍善本、地方志、丛书、新文化书籍等方面发展尤为卓著,裘开明、洪业、顾廷龙、田洪都、容庚、陈鸿舜等人做出了卓越的贡献。哈佛燕京图书馆现藏之三十余种宋元刻本,一千四百余部明刻本,二千余部清初刻本,一千余部稿本、抄本,以及唐人写经、明清学者尺牍、民国名人手札、舆图、石刻拓片等,多数购于汉和图书馆和哈佛购书处时期。"②

四、参编《禹贡》

在担任燕大图书馆采访部主任的同时,顾廷龙还参加了《禹贡》半月刊及《边疆丛书》等期刊和丛书的编纂工作。

禹贡学会是民国时期中国学者研究历史地理的群众性学术团体,由顾颉刚及中国历史学家、历史地理学家谭其骧于1934年2月在北平发起,并创办《禹贡》半月刊。《禹贡》的主要参编人员为燕大同仁,燕大还负责《禹贡》的印刷。顾廷龙受顾颉刚委托帮办《禹贡》,可谓是尽心尽力。当时他不仅负责《禹贡》的组稿、审稿、编校,还负责监督刊印乃至发行之事。

《禹贡》系私人创办,成立初期的经费基本都来源于创办人的捐款和会员的会费,稿件的征集也需费尽心思。从1934年顾廷龙致顾颉刚的书信中,可以看出当时《禹贡》编撰的艰辛和不易。

8月21日信:"星期往晤季龙,信及稿均面交。据云陈源远已南归,于编《禹贡》四期颇有难色。绥老、宗老处,龙或能索得一二篇,龙亦当尽绵力以助焉。"③

8月24日信:"《禹贡》发行事半月一次,并不繁,暇为之。二卷一期在印刷中,校字恐不能甚精耳。振铎、王君文当先校,付二三期刊之。"④

①　沈津:《顾廷龙年谱》,第31页。
②　王蕾:《燕京大学图书馆哈佛购书处历史研究》,第102—113页。
③　顾廷龙:《致顾颉刚》(二),《顾廷龙全集·书信卷》(上册),上海辞书出版社,2022年,第98页。
④　顾廷龙:《致顾颉刚》(三),《顾廷龙全集·书信卷》(上册),第99页。

8月29日信:"《禹贡》谭其骧代之,而有同学帮忙,开学后文章亦可多来,按期出版大致不难。……足下主张,并不欲立刻生效,已得社会上之赞叹,故只能有佳作出版为第一。日前奉示,属托仙泉从事出版,往晤未值。"①

9月4日信:"《禹贡》第一期想入览,以发稿太促,校未能精,且文章篇数太少。第二期大致可齐,拟今明即先付排。大约维持四、五期决无问题,至多有些毛病耳。"②

9月10日信:"《禹贡》第二卷第一期想已鉴及,必多粗率之处,幸随时赐示。大约纸版尚未打也。第二期正在印刷,再校时当奉样张。推销一层,士嘉毫无意见,谈到登报则亦茫然,察其情形,似甚忙碌,恐不暇及。嘱其出方志专号,虽然首肯,若无把握。"③

此外,顾廷龙在协编《禹贡》时受顾颉刚影响,对西北历史地理也颇为关注,尝为禹贡学会辑印《边疆丛刊》,出版《西域遗闻》《敦煌随笔》《敦煌杂钞》《哈密志》《科布多政务总册》等书。

《禹贡》对中国历史地理学的发展起了重要的奠基作用。张国淦的《中国古方志考》(原名《中国方志考》)1935—1936年在《禹贡》半月刊上连载。朱士嘉的《中国地方志综录》最初也是在《禹贡》上连载。1937年"七七事变"后,日本全面侵华战争开始,顾颉刚被迫离校远走西北,《禹贡》随之停办。顾廷龙自始至终参与了《禹贡》编刊的全过程,功不可没。

1936年春,顾廷龙与妻潘承圭、子顾诵芬在颐和园

---

①　顾廷龙:《致顾颉刚》(四),《顾廷龙全集·书信卷》(上册),第101页。
②　顾廷龙:《致顾颉刚》(六),《顾廷龙全集·书信卷》(上册),第105页。
③　顾廷龙:《致顾颉刚》(八),《顾廷龙全集·书信卷》(上册),第110页。

五、编撰《吴愙斋先生年谱》

吴大澂(1835—1902),字止敬,号恒轩、愙斋等,江苏吴县(今苏州)人。清同治七年(1868)进士,授翰林院编修,曾任广东巡抚、湖南巡抚及河道总督等职,一生宦海沉浮,勤劳于国事,在整饬边防、对俄勘界谈判中都有过突出贡献,只因甲午战争中对日作战兵败被罢而为当时人所诟谤。但吴大澂在古文字学及金石、书画方面的造诣和成就是举世公认的。

顾廷龙受良好的家学渊源影响,自幼即对古文发生兴趣,早年曾随外祖父王同愈学习金石目录学,故对吴大澂这位同乡前辈极为敬仰,早有为这位乡贤撰写年谱之计划。至燕大之前,顾廷龙已寻访亲友,搜其故物,得其同乡及连襟吴大澂嗣孙吴湖帆等人相助,获集吴大澂许多手稿等旧物。1931年进入燕大之后,他一直未曾停止《吴愙斋先生年谱》的编撰工作,而且得以前往故宫博物院文献馆查阅军机处的档案,查阅到吴大澂在政务方面的大量事迹。

值得一提的是,当时顾廷龙在故宫高大殿查抄档案时,偶然认识了边疆史地专家吴燕绍,得知其为吴江人,又与顾颉刚等人相熟,甚为亲切。吴燕绍曾任清内阁中书,又担任过理藩院主事,编纂有《清代蒙藏回部典汇》一书。吴燕绍与顾廷龙"相谈颇得,邀往其寓"[1]。吴燕绍为顾廷龙撰写《吴愙斋先生年谱》提供了很多帮助和指导。顾廷龙又得以与吴燕绍之子、版本目录学家吴丰培相识,并为禹贡学会共同编印了《边疆丛书》数种,成为学界一段佳话。

在《吴愙斋先生年谱》中,顾廷龙对有关吴大澂重要事迹进行考证并附加按语,为世人展现了真正的吴大澂。顾廷龙在《吴愙斋先生年谱·叙例》中云:"先生于古文字、古器物开近代研究之先河,在一生学术中为最要。"[2]《年谱》中记录了吴愙斋关于《积古斋钟鼎款识》的批语,又辑录其《论古杂识》的稿本,这些都是此前未有载录的。在《年谱》之后,附录有吴大澂"著述目"与"藏器目",全面反映了吴大澂在古器物、古文字上的考据研究成果及其日记、函札乃至未完之作。

《吴愙斋先生年谱》为后世之人研究晚清政局演变及吴大澂本人提供了颇为珍贵的资料,也为学者研究古文字学提供了高质量的参考书目。此书于1935年3月由哈

---

[1] 顾廷龙撰,李军、师元光整理:《顾廷龙日记》,第8页。
[2] 沈津:《顾廷龙年谱》,第34页。

佛燕京学社出版,为燕京学报专号之十,内封书名为陈宝琛题署①,而此年正是吴大澂百岁诞辰之年。

六、编撰《章氏四当斋藏书目》

顾廷龙曾说:"在燕大读书与工作时,有位长者对我关心帮助很大,他就是吴中名宿、寓居京师的章钰先生。"②

章钰(1865—1937),字式之,一字坚孟,又字茗理,别署蛰存等,晚号北池逸老、霜根老人,江苏长洲(今苏州)人。清光绪二十九年(1903)进士,官至外务部充一等秘书庶务司,兼京师图书馆纂修职。辛亥革命后退居天津,以藏书、校书、著述为业。1914年任清史馆纂修,晚年移住北平。

1931年秋,顾廷龙到燕大后不久就结识了章钰。两人一见如故,相谈甚欢。在燕大期间,顾廷龙常入城拜谒章氏向他请益,章钰对这位同乡后辈也颇为赏识和喜爱,"或示以孤拓珍本、名书法绘,相与赏鉴;或备述乡邦掌故、前朝旧闻,昭示愚昧"③。顾廷龙传录《竦翁寓意编》并撰有书跋,此书便为章氏所藏之书。

除了在学术上深受章氏教导之外,顾廷龙在燕大图书馆采购古籍之事也深受章氏之赞赏,两人相识六年,亦师亦友,相知相契。1937年章钰去世,临终前,他感念燕大办学之不易亦如自己藏书之不易,因此将所藏之书大部分捐赠燕京大学。1937年10月23日,燕大与章钰遗媍章王丹芬及子女签订了《赠与及寄托霜根老人四当斋遗书契约》,其家人将其藏书全部寄存于燕京大学图书馆。对章钰藏书进行整理编目的重任自然就落到了与章钰有故交情谊的顾廷龙身上,于是便有了《章氏四当斋藏书目》。顾廷龙也在该目题跋中特地表达了对这位长者教导之情的感念。

《章氏四当斋藏书目》共30万字,编撰时长仅10个月,作为顾廷龙编撰的第一部书目,他在吸收前人编书目的精华的同时又有所创新。他将章氏所藏之书大致分为三类,在继承传统四部编目法的基础上,根据章氏藏书的具体情况,对经章钰校勘及传抄之书和他珍藏的宋元旧刻、明清精刻等善本两类书,"采取前人藏书志编例,凡章氏的题跋、友人的识语及章氏移录前人题记不经见者全部备录"④。这样的著录方法,

① 沈津:《顾廷龙年谱》,第43页。
②③ 沈津:《顾廷龙年谱》,第70页。
④ 沈津:《顾廷龙年谱》,第71页。

清晰地反映了章氏藏书的特色,也突出了章钰的校勘成果和治学特点。此外,"凡校证之本有章氏假自前人者,我还在各题识之后加以按语,就见闻所及,记其姓氏、爵里、行谊之概略,以详渊源"①。这些按语的加入,使得书目的体例更加完备,对章氏校正之本题识的考证"在当时可作析疑之助,在后来可充文献之征"②。由章目的编纂体例中,我们可以看出顾廷龙的编目理念,即私家藏书目录不仅要反映其藏书特点,也要尽可能体现藏书家个人的学问所在。这便是顾廷龙所讲求的因书制宜,后之学者可以通过目录来研究藏书家本人及其所藏之书,题跋的著录及源流的考证有助于后人对书籍内容、版本等的研究。

《章氏四当斋藏书目》是顾廷龙编撰的首部书目,在章目之外,顾廷龙还对章氏所藏史部类书目撰写有校记,对这类藏书的版本情况及校对情况做了更加详细的论述。

七、编撰《古匋文舂录》

在燕大图书馆工作期间,顾廷龙仍钟情于古文字学的研究,在金石文字研究方面用力尤深。例如校读郁华阁金文墨拓并撰《郁华阁金文记》,跋《金石补录》等。而这一时期编撰出版的《古匋文舂录》,更是顾廷龙在古文字研究上的又一代表之作。

顾廷龙早在前往燕大求学前,便留意于对古匋文拓本的搜集,但匋文拓本量少且难觅。顾廷龙曾从其妻兄潘博山处研读过不少古匋文的墨拓。后来在燕大求学时,他在友人周一良先生的叔父、著名收藏家周进家中见到了大量的古匋文拓片,得以对其进行系统研究。

《古匋文舂录》中所载匋文为战国时期刻在陶器上的文字,其形状多奇觚,难以辨识。顾廷龙将从拓片中收集到的八百余字古匋文字进行筛重、校对、考释,再加以亲手临摹,参考吴大澂在《说文古籀补》及孙诒让的《古籀余论》等著作,又依《说文解字》进行分编,遂成《古匋文舂录》十四卷(附编一卷)。此书作为《国立北平研究院史学研究会文字史料丛编》之一,于1936年由国立北平研究院总办事处出版课印行,封面题签为马衡书,内页为王同愈题③。

古匋文和甲骨文、金文等,都是研究古文字的重要资料,但彼时学界一直没有一

---

①② 沈津:《顾廷龙年谱》,第71页。

③ 沈津:《顾廷龙年谱》,第54页。

部专门而系统地研究古匋文的书籍,顾廷龙此书弥补了古匋文研究领域的空白。《古匋文舂录》收载战国时期匋文,为后世研究中国文字演变提供了珍贵的参考资料。《燕京大学图书馆报》第 92 期特为此书刊登广告并附编者按云:"古文字不同之体态,其大别曰甲骨、钟鼎、匋器、玺印以及小篆,各有专编以资检阅,匋文实为枢纽而独未有。今顾君此编一出,古文字之脉络贯通矣。"①

八、编撰《尚书文字合编》

《尚书文字合编》为顾廷龙与顾颉刚合辑,系汇集历代不同版本、不同字体的《尚书》而成,用以探究历代文字之演变,溯本清源。《尚书文字合编》虽然直到 1996 年才由上海古籍出版社正式出版,但顾廷龙在燕大期间对该书的编校所作的前期工作不容忽视。尽管当时顾廷龙忙于馆务,但是对《尚书》隶古定之研究不仅是其佄顾颉刚所托,更是顾廷龙自身兴趣所在,他还以"隶古定居"作为自己书室之名。这一时期顾廷龙致力于对《尚书》各种版本的收集,并将其亲自过录下来以进行比勘。

顾廷龙回忆:"一九三二年秋,余暑假返校,颉刚先生欣然告以他有研究《尚书》的计划,其中有《尚书文字合编》一项属予相助。"1935 年,"时向达先生赴英,王重民先生赴法了解敦煌古籍,颉刚先生即恳托两君将所见《尚书》照相见示。余在灯光上蒙薄纸书之,书就几页,即发刻几页"②。

1936 年致胡道静信云:"比闻山东图书馆藏有《尚书》汉石经与石,颇欲得其拓本,因念吾兄与王献唐先生订文字交甚久,倘能为吾索致一份,感幸无似,如必须价购,亦当照缴也。拜托拜托。"③

1936 年 2 月 23 日致叶景葵信云:"前承惠假镛堂批本《古文尚书撰异》,过录仅三分之一。缘拙编《古匋文舂录》急待写付石印,遂以搁置,大约尚需两星期方可续录,秘本稽归,心殊不安。龙又以写刊隶古定本(从敦煌所出)卷子本照片模写《尚书》,已刻成二十余篇。将来拟作校勘记,于《撰异》颇多参考,臧批必多卓识可据,是以一再迁延,必欲校读一过为快。"④

---

① 沈津:《顾廷龙年谱》,第 53—54 页。
② 沈津:《顾廷龙年谱》,第 28 页。
③ 顾廷龙:《致胡道静》,《顾廷龙全集·书信卷》(上),第 301 页。
④ 沈津:《顾廷龙年谱》,第 52 页。

后因忙于编刊《禹贡》半月刊,《尚书》工作暂时搁置。1937 年《禹贡》停刊后,顾廷龙又立即恢复对《尚书文字合编》的编撰,顾颉刚的托付他始终铭记在心。

九、保护顾颉刚藏书

顾颉刚藏书在抗战中得以保存,多赖顾廷龙之力。

顾颉刚(1893—1980),原名诵坤,字铭坚,江苏苏州人,著名历史学家、民俗学家、古史辨学派创始人,现代历史地理学和民俗学的开拓者、奠基人。1929 年 5 月,顾颉刚任燕京大学国学研究所研究员兼历史系教授;1936 年 5 月,任燕京大学历史系主任。

顾廷龙虽比顾颉刚小 11 岁,论辈分却是顾颉刚的堂叔,在燕大读书期间,他一直住在顾颉刚家中,顾颉刚对他关照和提携甚多。1935 年 9 月 8 日,顾颉刚受聘担任北平研究院史学研究会历史组主任,主编《史学集刊》。为方便办公,顾颉刚迁入城内枣林大院一号居住,原成府蒋家胡同 3 号寓所则请顾廷龙一家居住,代为照看①。

1937 年"七七事变"后,顾颉刚因受到日本人通缉而只身离开北平出走西北。所有存留在燕京大学成府寓所的藏书、稿件、信札,均交由顾廷龙代为保管。随着形势日趋紧张,顾廷龙感到成府寓所已不安全,遂找侯仁之相助,由侯氏出面找到燕大总务处蔡一谔商议,将这批书稿存入燕大临湖轩司徒雷登校务长住宅之地下室内。顾廷龙买了 20 多只大木箱,连同顾颉刚原有的若干书箱,将成套之书(约有 35000 册)放入;讲义和稿件分装另外两箱,还有一箱是信札。装箱时,顾廷龙还将自己用红、绿、赭、蓝、黑五色过录吴大澂、潘祖荫等人批校,并有顾颉刚、王同愈、容庚、商承祚、董作宾、徐中舒、唐兰、刘节等人题记的《积古斋钟鼎彝器款识》精校本和另一部珍贵藏书也放了进去。顾颉刚的另外一些藏书约万余册,也由顾廷龙存入燕京大学学生宿舍四楼楼顶上②。顾廷龙还将这批藏书编列了书目。

当时,章钰之子元善、元群因为形势紧张,便与顾廷龙商议,欲将章钰所遗书稿存入天津美英租界之中国银行仓库。顾廷龙认为天津有水陆交通,日后出路较北平方便,遂征得顾颉刚夫人殷氏同意,将两箱顾颉刚手稿随同章家物件存至天津中国银行仓库。太平洋战争爆发后,日本人接收该银行,章元群与顾廷龙又将此批物件及手稿

---

① 沈津:《顾廷龙年谱》,第 45 页。
② 沈津:《顾廷龙年谱》,第 61 页。

转存叶景葵主政的浙江兴业银行。抗战胜利后,顾颉刚于 1946 年 2 月 28 日接回原物时,打开木箱,凡昔年日记、笔记、游记、信稿皆一一呈现,不禁"热泪夺眶,若获亡子"①。

十、与叶景葵的交往

叶景葵(1874—1949),字揆初,号卷盦,别号存晦居士,浙江杭州人,与章钰同为光绪二十九年(1903)进士。曾为赵尔巽幕僚,掌理财政、商矿、教育,因代为起草《条陈十策》而闻名当时。庚子事变后,弃政从商,走实业救国的道路,曾任东北财政总局会办、大清银行正监督、浙江铁路公司和汉冶萍公司经理等职,主持浙江兴业银行 30 余年,是首位担任银行董事长的中国人。叶景葵自小饱读诗书,生平钟情于藏书,尤其喜爱收藏稿本、抄本和批校本。经数十年积累,其藏书多达 2800 余种,3 万余册,1939 年全部捐献给他与张元济、陈陶遗等合办的上海合众图书馆。

在与叶景葵相识之前,顾廷龙常从章钰处听到有关叶氏之事,便于 1935 年 6 月 30 日致信叶氏,求其所藏《谐声谱》全稿,并将自撰《吴愙斋先生年谱》一部奉寄叶氏。顾廷龙在这封信中还表达了希望能亲眼目睹叶氏所藏先哲稿本的意愿,而这个愿望正好切中叶景葵的一桩心思,这就是叶氏所藏《读史方舆纪要》稿本的真伪鉴定。

《读史方舆纪要》是清初顾祖禹编撰的一部历史地理名著,对研究我国古代州域形势有重要参考价值。1925 年左右,叶氏从杭州抱经堂主人朱遂翔处购得《读史方舆纪要》稿本,惊喜异常,但对其真伪的鉴定却一直苦无良方,长期困惑无解。接到顾廷龙的信后,他知道顾廷龙当时正担任《禹贡》编辑,而《禹贡》刚刚发表了时任禹贡学会理事的钱穆所撰《跋康熙丙午刊本〈方舆纪要〉》一文。叶景葵于是复信顾廷龙,欲携带稿本赴平请钱穆鉴定。顾廷龙随即将叶景葵的这封信发表在《禹贡》半月刊上,信后还附上一"编者按语":"本刊方发表钱宾四先生所著之《跋康熙丙午刊本〈方舆纪要〉》,而叶揆初先生即将以所藏《读史方舆纪要》稿本见假,可谓奇缘。叶先生现已抵平,希望钱先生见此本后,再写一篇精博之考证,登入下期本刊。"②

据沈津《顾廷龙年谱》,叶景葵 1935 年 10 月中旬确有北平之行,并与顾廷龙在章钰家中初次见面,讨论版本目录之学,很投契③。二人讨论的话题应该就是稿本《读史

---

① 沈津:《顾廷龙年谱》,第 61 页。
② 禹贡学会编:《禹贡》第 4 卷第 6 期,1935 年,第 81 页。
③ 沈津:《顾廷龙年谱》,第 47 页。

方舆纪要》的鉴定问题。随后顾廷龙介绍叶景葵与钱穆相会,因此促成了钱穆在北方、叶景葵在南方对《纪要》进行的南北分校。顾廷龙还在《禹贡》半月刊上将关于这一学术研究的往来信札以《讨论〈方舆纪要〉函札六通》为题及时刊载公布,与学界同好分享①。这一做法使得原先叶景葵、顾廷龙、钱穆间小范围的学术讨论,转变成以《禹贡》杂志读者群为背景的广为人知的现代学术研究事件,并使这部稿本在后来的《读史方舆纪要》整理研究中发挥了非常重要的作用。最终,在顾廷龙的推动下,《读史方舆纪要》稿本于1993年由上海古籍出版社影印出版。

叶景葵对顾廷龙极为赏识并颇多关切,例如当他知道顾廷龙在收集《尚书》不同的版本时,便"邮寄杨守敬传抄日本古卷子唐写本《古文尚书》(即罗振玉所惜为人书俱亡者),助先生勘校"②。顾廷龙将其编目初作《章氏四当斋藏书目》寄呈叶氏,叶氏回信极力称赞:"《四当斋书目》一部,体例极善,足以表章式老劬学之里面,吾兄可谓能不负所托矣。"③后来,顾廷龙也将叶景葵所撰近350篇题跋编为《卷庵书跋》一书,1957年由古典文学出版社出版。

1939年,叶景葵和张元济、陈陶遗等在上海发起创办合众图书馆,急需一年轻得力之人主持馆政,叶景葵首先想到的人选就是顾廷龙。他向张元济推荐顾廷龙,并将顾廷龙所撰《吴愙斋先生年谱》《章氏四当斋藏书目》交给张元济审阅,张元济阅后极表赞成,并于5月25日亲自给顾廷龙写信,请他速来上海赴任。这一年,叶景葵与顾廷龙的通信非常频繁,自3月15日至6月9日,叶景葵致顾廷龙信凡10封,均讨论顾廷龙南下事,并为顾廷龙及其家人在沪居住、生活、工作等安顿好了一切。

7月13日晨,顾廷龙夫妇携子诵诗、诵芬启程离平赴沪。燕大同仁聂崇岐、王伫云等皆来帮助搬运行李,邻居黄兆临夫妇设早餐为之饯行,田洪都、谢景升、高贻汾、薛慕莲、聂崇岐、王伫云、朱士嘉等在校门相送,赵肖甫、顾培懋、李书春则亲送至火车站。当日黄昏顾氏一家抵塘沽上船,7月17日船抵上海太古码头,顾廷龙从此开始了其在上海的新生活。

十一、结　语

从1931年7月到1939年7月,在燕京大学的8年时间里,顾廷龙取得了多方面

---

① 禹贡学会编:《禹贡》第4卷第9期,1936年,第43—46页。
② 沈津:《顾廷龙年谱》,第51页。
③ 沈津:《顾廷龙年谱》,第74页。

的成就,除了求学和为燕京大学图书馆及美国哈佛燕京学社汉和图书馆购书之外,在古文字研究方面,先后撰写了《说文废字废义考》《古匋文菒录》(后成为其在古文字学研究方面的代表作),并进行了与顾颉刚合编《尚书文字合编》的大半工作;在文献学方面,编撰出版了《吴愙斋先生年谱》和《章氏四当斋藏书目》,显示了他卓越的古籍整理研究能力。他全程参与了《禹贡》半月刊的编撰出版工作,并在禹贡学会《边疆丛书》的出版和顾祖禹《读史方舆纪要》稿本的整理研究方面出力甚多,为中国历史地理学的发展做出了独特的贡献。

　　本文就顾廷龙在燕京大学期间的经历做了一个简单陈述。顾廷龙在燕京大学学习、工作的 8 年可以说是他人生的真正起点,在燕大积累的深厚学识、丰富经验和良好人脉奠定了他未来发展的基础,对其影响深远。最重要的是,燕大图书馆的工作开启了他此后投身于图书馆的征程,并为图书馆事业奉献终身。

顾起潜与容希白二先生交谊述论

李福标

（中山大学图书馆）

东莞容希白先生（1894—1983），乃海内著名古文字学家、考古学家、书法篆刻家、文物收藏家，也是岭南藏书名家。其人著述等身，有《金文编》《商周彝器通考》《殷商青铜器通论》《颂斋书画小记》等。苏州顾起潜先生（1904—1998），乃著名古籍版本学家、目录学家。但顾先生早年以小学为专门，自幼即对金石文字及书法产生强烈兴趣。他说：1925 年入章炳麟长校的国民大学，"家长希望我为将来谋职业方便起见，不学工则学商。而我自己喜欢文字学……当时教授经学、文字学为胡朴安，音韵学为闻宥，诗歌为胡怀琛，六朝文为刘三，我从各位老师那里得到了很多知识和方法。我在古典文学方面，没有进一步钻研，而在语言文字方面，获得了一定的途径"①。1928 年又从王同愈阅读了不少有关金石目录的书籍，汇录各家批注《四库全书简明目录》传本及各家阅读《积古斋钟鼎款识》校语②。1931 年入燕京大学研究院，又选择文字学为主攻方向，而导师正是容希白先生。据《容庚先生年表》载，希白先生在燕大任教期间，得学生 12 人，较著者有孙海波、陈梦家、顾廷龙、周一良、郑德坤、吴世昌等③。《容庚传》并提供一件师弟相处的生动细节，称："顾廷龙在燕京大学读书时，是容庚的学生。他酷好碑帖之学，常跟老师容庚一起到琉璃厂浏览古籍和碑帖，站立在书架旁，一看几个小时，有时甚至天黑才回家。"④然而就这个痴迷文字之学而与希白先生关系亲密的弟子，往后走上了看似"无甚学问"的图书馆系列，颇是耐人寻味。师弟间交往情形究竟何如？惜乎无人专意及此，故不避浅陋，稍事掇拾。至于深入、完善，则有俟异日，且寄望高明者。

---

① 顾廷龙自传第二部分"求学时期"，写于 1956 年 3 月 31 日，载上海图书馆顾廷龙档案。转引自王世伟：《顾廷龙先生之〈集韵〉研究》，《图书馆研究与工作》2005 年第 2 期，第 2 页。
② 王世伟：《顾廷龙先生之〈集韵〉研究》，《图书馆研究与工作》2005 年第 2 期，第 2 页。
③ 林颖：《容庚先生年表》，《大学书法》2021 年第 1 期，第 35—43 页。
④ 易新农、夏和顺：《容庚传》，广州花城出版社，2010 年，第 137—138 页。

一、顾起潜师容希白，以《说文废字废义考》硕士毕业

1931 年下半年，顾起潜先生考入燕大，师从容希白，二人年龄相差约十岁。从《顾颉刚日记》本年中得知，12 月 20 日，"到希白处，合宴何富德及煨莲等。十时归。今晚同席：何富德夫妇　洪煨莲夫妇　张文理（以上客）　希白夫妇　容女士　予夫妇　起潜叔（以上主）"①。此中"容女士"，即希白妹容媛也。顾颉刚与容希白作为燕京同事，交往颇密，今在《顾颉刚日记》中能找到数百处记录。起潜先生能与颉刚先生以"主"人身份在容希白家招待客人，可见或因顾颉刚先生的纽带，师弟二人关系实非同一般。

1932 年间师弟二人之交往，光就《容庚北平日记》所载，大抵如次：

1 月 15 日，晚沈勤庐、顾起潜来。23 日，与顾起潜往访张寿林。25 日，洛阳商场四德堂寄来《晋大学碑》……其余顾起潜购之。27 日，晚写讲义二页。顾起潜来，还甲骨拓本十元、《金文录》十元，代汇四德堂五元五角五分。

3 月 5 日，将杲明遗稿寄去，箸文目顾起潜代填。28 日，七时燕东园在米德家聚餐。瞿润缗、顾起潜来谈，十时半去。

4 月 5 日，黄焕文、罗根泽、顾廷龙、张文理来。

5 月 21 日，与顾起潜、孙海波往访马叔平先生。

6 月 2 日，顾廷龙口试。20 日，二时开奖金审查会，洪煨莲、顾颉刚及余三人。旧生保留者，郑德坤、冯家升、顾廷龙、罗香林四人。新取者吴世昌、翁独健、张维华、李晋华四人。②

顾先生在燕京肄业未一年，即于 1932 年 4 月 16 日撰成毕业论文《说文废字废义考》，获硕士学位。此论文是对其治学基础的深化，乃从金石文字转向探讨更深入的文字起源及流变问题。文中引用不少古文字研究的成果，间亦指出《说文》在形体结构和造字本义上的失误，对于研究汉字字形、字义的变迁有很大意义。如此飞速而撰成，非有天分以及湛深根柢，再加名师指点，是戛乎其难的。起潜冠以《说文废字废义考叙》，文长不妨摘录如下：

余弱冠始习许书，从事段、桂、王、朱之书，得识文字之义例。四年而后读器铭卜辞，其文字则真商、周遗型矣。吴（大澂）、孙（诒让）诸家之悬解，于许君或以

---

① 顾颉刚：《顾颉刚日记》第二卷，台北联经出版事业股份有限公司，2007 年，第 592 页。
② 夏和顺整理：《容庚北平日记》，中华书局，2019 年，第 245、246、247、255、258、259、264、266、269 页。

证明,或有订补,叹为古旨斯达。时值举世学者侈言研究古文字惟从甲骨文、金文求之,薄《说文解字》者东汉字书耳,不足以言古焉。余遂潜志金文、甲骨文,于有清钟鼎款识、贞卜文字之箸述,各若干种,或购或借,校读再过,观诸家释字,别创理解,新奇可喜者固不少;而言人人殊,牵强附会者亦甚多。探其考释之法,无非以许氏之说为根据,有以与《说文》貌似而定即某字,往往不得造字之旨以阐古义。大都以《说文》之本义即为甲骨文、金文之本义者,或从其引伸义以立说,亦即有用以订正许氏者。容师希白之《金文编》、商君锡永之《殷墟文字编》可谓两种古文字之总汇:其字金文共二千三百六十字,二百年来,所识得若干;甲骨文共一千五百七十余字,三十年来所识得若干。已识者,以金文可信为多,甲骨文则恐不及半耳。而两书《附录》与《待问编》,至今能新识者几何? 余尝因循数年,绝无所获,既而思之,甲骨文、金文者,其原则为记事,重在史迹,并非重文字之缔造焉。因欲考史实,而文字奇古,用先识字,并非所出者为殷、周二朝之整个文字也。顾古文字之探索,端赖许书之精研以会通。当许君痛彼时"诡更正文,乡壁虚造,变乱常行,叙篆文,合古籀,博采通人,至于小大,信而有证,稽撰其说",是其志在具体之纂集古今文字,俾"前人所以垂后,后人所以识古",似较从断烂之器铭卜辞而冥索,为有凭借。据《说文》以溯金文、甲骨文,是为阶梯。故《说文》一书,敝屣而不能不金玉视之。余尝言于颉刚(见中山大学研究所周刊),至今尚以此语为不谬。

《说文》既为叙合篆古籀者,虽与金文、甲骨文多乖异,而与《三字石经》古文则皆合,是其古文字在汉、魏间之孑遗如此也。字体结构,当有陈沿,《说文》古文、石经古文,与铜器古文、甲骨文,截然两系,要本一干,自有相互出入,足资印证者。即非与金文、甲骨文为一系,而篆籀之中亦得踪其变迁之迹。夫欲为古文字之研究,当以整理《说文》为前提。

……去秋负笈来研究院,获从容师希白游,即愿研究《说文》废字废义为请,承许教导,历时一年,方告卒业。兹事体大,本非短期可就,盖余平日阅读之时,随加留心,已积年之预备矣。①

可见在古文字学方兴未艾、乱花迷眼的档口,找准《说文》的方向,且以"废字"为突破口,这太重要、很关键,故其刃新发于硎即获斯利。起潜先生于希白先生的感激是无以言表的。

---

① 顾廷龙:《顾廷龙文集》,上海科学技术文献出版社,2002年,第24—26页。

二、硕士毕业后与容希白之交往

起潜先生硕士毕业之后，即在燕京图书馆任采访部主任，工作中与容希白先生的接触自然是频繁的。《容庚北平日记》中记录者如下：

1933 年 3 月 25 日，八时进城，与顾起潜访福开森、于思泊、唐立广。

4 月 2 日，往燕京同学会访顾颉刚，同行者有顾廷龙等 15 人。

5 月 12 日，顾起潜云，拓本《金石跋》似是郑业敬所作，考之良确。

1934 年 4 月 18 日，早授课。顾起潜来。

12 月 5 日，与顾起潜进城购《定厂集》，一元半；《天根文集》，一元。在鸿春楼晚餐。九时回家。

1935 年 2 月 28 日，下午于思泊来，顾起潜来，蒋恩钿来。

3 月 18 日，孙海波、顾廷龙、王振铎来。

7 月 7 日，顾廷龙、李书春等请午饭。14 日，三弟及顾起潜各取《海外吉金录》二部代售。

10 月 12 日，十二时顾起潜请潘博山，嘱余夫妇作陪。三时与博山至余家。13 日，八时进城，与潘博山游琉璃厂。六时请博山东兴楼晚餐，约谭瑑青、徐中舒、李棪、顾廷龙等作陪。18 日，早授课。十二时顾起潜请章式之食饭，作陪。借起潜《积古斋款识》。

1936 年 2 月 10 日，六时归。顾廷龙、李书春来，九时去。

8 月 4 日，早至学校。一时顾起潜偕杭州图书馆员陈某来。25 日，商锡永、于思泊、魏建功、孙海波、顾起潜、唐立厂（按：原文如此。厂，与广字同，实庵字异写也）及三弟来吾家，作竟日之聚。

10 月 28 日，请陶北溟兄弟、顾起潜、陈梦家夫妇、于思泊、瞿润缗晚饭。

1938 年 8 月 21 日，十二时顾廷龙等招饮玉华台。二时半回家。

1939 年 1 月 10 日，作"箸录"章毕。至图书馆。顾廷龙来借潘氏《款识》去。

2 月 11 日，早阅《三希堂法帖》。下午顾廷龙来。18 日，作下编"鼎"。顾廷龙来。

3 月 20 日，顾起潜来。

5 月 1 日，顾起潜来。

　　7月3日,七时请李剑华夫妇及为顾起潜夫妇饯行,郭绍虞、凌敬言夫妇作陪。[①]

　　当然,起潜先生与其师希白先生的交往之密,并不全都记录在《容庚北平日记》里。例如,1933年4月2日,容希白先生参加燕京大学哈佛燕京社考古团至正定隆兴寺(即大佛寺)作考古旅行,同行者博晨光、刘兆蕙、顾颉刚、许地山、滕圭、张颐年、顾廷龙、熊正刚、牟传楷、赵澄、翁德林、雷洁琼、郭笃、容媛等十四人[②]。这应该是一次重要的社团文化学术活动。又,《顾廷龙年谱》1934年7月据《履历表》载,"容庚、徐中舒、董作宾与先生等发起金石学会(后改名为考古学会),先生为会员"[③]。这同样也是一次重要的学术活动,但容氏日记里就都没有记录痕迹,其他可想而知。

　　又,1939年3月18日,顾起潜先生有《潘氏攀古楼所藏彝器辑目》之辑,也得容希白的悉心指导和无私帮助。起潜先生并撰《潘氏攀古楼所藏彝器辑目序》云:

　　　　文勤收藏彝器之备,鉴别之精,审释之慎,当为研究金文之圭臬。乃薨逝后,所藏多流散,幸赖介弟仲午比部之善守,获存其十五。余生也晚,不及接文勤之謦欬,比部为余妇之叔祖,乃得悉闻其绪论,尝随内兄弟辈摩挲览赏。曾几何时,遽遭丁丑之变,玄黄易位,六丁忽降,毁失殆尽。耗音传来,叹劫运之所届,桑田沧海,复何暇为区区惜哉!第念文勤一生搜求考订之辛勤,云烟等过,而未及成著,以垂后学。所撰《攀古楼彝器款识》仅三十器,皆同治壬申、癸酉所得,其他重器,则多得于光绪戊己之间,故有待考述者方多。前年,景郑内弟尝就所存,悉按旧例,踵事编纂,经此丧乱,成稿散佚,非一时可以杀青。余遂出囊时所辑藏器目,重加编订,以资纪念。昔灵鹣编刊诸家藏器目甚备,而独遗攀古楼,是或可弥其缺憾。余所据者,容希白师新得《攀古楼彝器款识》拓本八册,精整完好,类别器盖,钤识分明,至为罕觏。又参阅《郁华阁金文》,采获亦多,其他各家景印之本,皆有补苴。攀古墨本,虽流传不广,而均有文勤印记,可以此为准也。编竟,乞希白师、景郑弟校正一过,庶足征信矣。

　　　　……廿余年来,为金文之学者甚众,多仅以景印之本为据,器之真赝,随人所定。惟希白吾师,既遍观清宫及善斋所藏,又自蓄亦渐富,遂能鉴别独精,非朋侪可及。考释文字,尤为矜慎,不故立奇论,强构古史,得不蹈文勤所言之三蔽,时

<hr>

① 夏和顺整理:《容庚北平日记》,第307、308、312、367、392、407、409、422、423、434、435、449、468、471、478、545、562、565、566、569、574、580页。
② 林颖:《容庚先生年表》,第35—43页。
③ 沈津:《顾廷龙年谱》,上海古籍出版社,2004年,第35页。

风众势不为移,抑亦难矣。承示新获《攀古楼彝器款识》拓本八册,因据以重编旧辑《攀古楼藏器目》,编竟,呈师审定,属以目序书于端。当今俶扰之世,独燕京弦歌不改,师其继文勤而宏劝后学,使斯文无坠于地,不亦盛乎!即乞教正。①

此事《容庚北平日记》亦未之载。又,起潜先生有致希白先生信一通云:

希师座下:

所录盛伯熙批《筠清馆金文》数叶,如看不清楚,龙可极半日之力为之录正也。簠斋与窸斋论及从古堂款识者一二则,谅师鉴及,姑检出以备参考。

又潘文勤公与窸斋书,龙抄来丛杂又潦草,恐长者检阅费时,因为摘录其言及款识者数则(皆系便条,重要者除此之外,亦无多矣)奉览(无须掷还)。龙尝见陈、吴、潘、张中一人曾评及《长安揽古编》,今则遍检不得,恨当时笔懒少一记耳。商务印《簠斋尺牍》中,当有一二材料可找也。

明晚如能偷暇,当趋谒一谭。匆上,祗颂

著安!

弟子龙顿首。②

此信收录于《顾廷龙全集》书信卷中,然未署年月。观信中内容,揆之情事,当作于 1933 年 1 月至 1934 年 5 月希白先生编辑《金文续编》的一段时间内③。

三、《尚书文字合编》与容希白

1940 年 7 月 26 日,起潜先生有致顾颉刚信云:"《尚书》仍在续刻,惟刻资每百字加四角,合二元,百物昂贵,实在情理之中。现在逐续整理,每晚一二时,俾细心校改。此事稽迟太久,皆吾之过,但实生活不能安定所致,公能谅吾,恐希白不能谅公耳。此间情形一如平中。"④其中牵涉希白先生。然"希白不能谅公"语究为何事? 容希白与顾颉刚之《尚书》研究计划有何关系?《顾廷龙年谱》等文献并无明确交代。又据《容庚北平日记》1940 年 8 月 21 日记:"修正'覛'章。寄罗子期、邓㠾望、顾起潜信。"⑤此信亦未知何等内容,是否涉及《尚书文字合编》事不可知。又据《顾廷龙年谱》10 月 24 日,

---

① 沈津:《顾廷龙年谱增补》据原件草稿 0048—50,未刊稿。

② 顾廷龙:《顾廷龙全集·书信卷》(上册),上海辞书出版社,2017 年,第 205 页。

③ 林颖:《容庚先生年表》"1933 年(民国二十二年)四十岁"条,第 37 页。

④ 沈津:《顾廷龙年谱》,第 131 页。

⑤ 夏和顺整理:《容庚北平日记》,第 626 页。

起潜先生接北平燕京馆转来《尚书正义定本》卷三、卷四，对之滋愧，云："余以人事牵率，创稿不能写定。余之所得，在彼之外，余虽视为终身之业，特不知何日可成耳。"①

四、穷极无聊中的容希白与顾起潜之交往

据《容庚北平日记》："1941 年 5 月 11 日，逛琉璃厂。十二时至谭宅聚餐。二时回家。寄子期、起潜信。"②时《商周彝器通考》由哈佛燕京学社铅印出版未久，为燕京学报专号之十七。5 月又作《颂斋读书记》，载《文学年报》第 7 期。然于丹青用功最勤，有临仿杨晋《山水》轴、吴历《高亭暮秋》轴、钱谷《雪景》、笪重光《云山》、文徵明小幅、宋濂题元人《山水》轴、吴镇《竹》册、王石谷《山水》、任月山《双鸟》轴、萧晨《山水》册、唐寅《山水》小幅、吴历《湖山春晓》、曹云西《山水》、顾凝远《山水》、宋克《竹》、王湘碧《山水》卷、顾正谊《溪山秋爽图》轴、钱叔宝《赤壁图》卷、李流芳《山水》卷、大痴《山水》轴、夏圭《山水图》轴等数十幅之多④。据夫子自道，溺于绘事，实以纾闷也（见下引自述）。

图　容庚绘《野树山光图》③

据《顾廷龙年谱》1942 年 5 月 5 日据顾起潜先生日记载：得聂崇岐信，先生盼之久矣，"闻希白（容庚）、因白（郑骞）皆入北大讯，为之叹息，尤以希白为可惋惜，生计逼人，复何言哉？"⑤知师者莫若其弟也。据林颖《容庚先生年表》载，该年 4 月 21 日，由伪北京大学聘为教授，讲授甲骨文、金石学、文字学概要、《说文》四门课⑥。

1943 年 11 月，容希白为顾起潜作《野树山光图》（见左图），水墨纸本。款识："野树霭晴辉，山光落杯酒。昔日吴王来，于兹贺重九。仿沈石田贺九岭小景，寄似起潜兄一粲，容庚。癸未十一月。"钤"容庚之印"白文印。并即寄往起潜。《顾廷龙年谱》据日记载：本月 25 日得容庚信及见赠画一

①　沈津：《顾廷龙年谱》，第 144 页。
②　夏和顺整理：《容庚北平日记》，第 653 页。
③　容庚绘赠顾廷龙"野树山光图"，来源于"孔夫子旧书网"。
④⑥　林颖：《容庚先生年表》"1942 年（民国三十一年）四十九岁"条，第 39 页。
⑤　沈津：《顾廷龙年谱》，第 245 页。

轴①。希白先生此举,无乃"嘤其鸣矣,求其友声"之谓欤。

按希白先生自述云:"比京沦陷于日寇,穷极无聊,乃以书画遣日,力所不能得者,则临摹之如小儿仿本,略得形似而已。自 1939 年起,至 1945 年止,7 年间,得画 100 卷轴。"②

又,《顾廷龙年谱》1947 年 7 月 19 日据日记载:"容庚来电话,自北平经沪赴粤,往晤于来熏阁。又魏建功师母自台湾来沪,先生十余年不见矣。"③乱离悬念,溢于楮墨之外。

五、20 世纪五六十年代的文字交

1956 年 4 月 26 日,顾起潜致容希白信一通云:

希白吾师:

昨奉手书,敬悉。承示日本所出金文书目,甚感!

大著已询人民出版社历史组一位同志,经他探悉,须六月份才能审查完毕,似称久稽抱歉之意。

"攀古"拓片,龙颇爱好,当量力而行,下半年中必可筹出此款。郭老函借昊生钟拓本,已寄去,谓补《两周金文辞大系》。复颂

撰安!

学生龙顿首　一九五六、四、廿六④

此中所谓"大著",大约是 1958 年 10 月由科学出版社出版的《殷周青铜器通论》(与张维持合著);"攀古"拓片,即前十数年容希白所示《攀古楼彝器款识》拓本八册也,见前引顾起潜《潘氏攀古楼所藏彝器辑目序》所叙者。郭老,即郭沫若。所借单伯昊生钟拓本,钟为西周中期古乐器,原器藏上海博物馆。

1956 年 9 月 13 日,顾起潜又致容希白信一通云:

希白吾师:

久疏笺候为念!

攀古楼金文拓片款捌十元,兹特汇奉,久稽,歉甚! 此稿《攀古楼图录》,原由

---

① 沈津:《顾廷龙年谱》,第 311 页。

② 东莞市政协编:《容庚容肇祖学记》,广东人民出版社,2004 年,第 3 页。

③ 沈津:《顾廷龙年谱》,第 415 页。

④ 顾廷龙:《顾廷龙全集·书信卷》(上册),第 207 页。

上海出版社介绍于古典美术出版社,忽忽一年,杳无信息。近闻有文物出版社之设,或为介绍于彼,不知有希望否?

"攀古"藏器,爵之比重较大,是否精简?吾以为提供材料,越多越好,但恐有人看法不同,只得将就。不知尊意以为何如?便希酌示。

师为郭老增补之《两周金文辞大系》,何时可出?念念!匆请

撰安!

学生顾廷龙顿首(一九五六年)九、十三①

1961年3月2日,容希白致顾起潜信,请查阅吉金书籍材料,有云:"弟现作《清代吉金书籍述评》一文,其中谈及吕调阳著《商周彝器释铭》一书(《观象庐丛书》本,六卷),弟所见本卷五缺去十七、十八两页,卷六二十二页,'商壹'以下缺。又见一初印本,只得四卷。请兄代购一部,(如仍是缺页,则不必买,或借,)立即寄来。如未有,请代向你馆借出若何?三五天即可奉还。弟定于下月往各大城市,参观博物馆,八日前后可到上海见面,再细谈。"②

1962年7月14日,顾起潜致函容希白,欲借《甬上明人尺牍》中明王嗣奭手札数通,作为资料搜集。顾起潜很快收到《王嗣奭帖》一册,拍摄照片后挂号寄回。9月7日,他再致函容希白,称"当时因它事所牵,竟忘肃笺致谢,殊为歉疚",此册"虽非宋元刻石,但欲再觅一本竟不可得"。顾起潜称在张氏约园藏书中访得王嗣奭所撰诗集,"殆有前缘"③。

六、20世纪七八十年代的文字交

1974年5月23日,顾起潜致容希白信一通云:

希白吾师:

久阙奉候起居,想念为劳!上周奉手书,快如良觌!藉稔兴居迪吉,字里行间,尤见精神矍铄,快慰莫名!

属查十二人事迹,现已查到五人,详另纸。如再有查出,当即续呈。

长者以八十高年,尚孜孜于《金文编》之补正,曷胜钦仰!希望能早日出版,

① 顾廷龙《顾廷龙全集·书信卷》,上册,第208页。
② 沈津:《顾廷龙年谱增补》,据原信240,未刊稿。
③ 夏和顺:《琉璃厂故事78名人手札》,《深圳商报》2021年7月15日。

嘉惠学人。建国以来,各地新发现的铜器甚多,不识都能得其拓本否?

去夏锡永先生来沪,曾蒙枉顾,惜匆匆未能畅叙耳。想吾师必常晤面,便烦致念!

马国权兄去年亦曾一晤,想其工作必很繁忙。近亦久疏通问矣。

龙于一九六七年秋丧偶以来,一人在沪,小儿一家均在沈阳。我每届春节,往往匝月。幸身体健适,亦虚度七十一矣。每天到馆,现与青年同志同作《盐铁论简注》,力争年内完成。如遇困难,当向师门求教。

匆匆泐复,不尽百一。祗请

撰安!

学生顾廷龙敬上　一九七四年五月二十三日

听说尊藏丛帖俱在,不知《帖目》已否编完?《帖考》曾否进行? 甚念甚念!①

锡永先生,即商承祚(1902—1991),号驽刚、蠖公、契斋,广东番禺人。古文字学家、考古学家、金石篆刻家、书法家,中山大学古文字学教授。马国权(1931—2002),字达堂,祖籍广东南海。中山大学古文字学副博士研究生毕业,师事容希白先生。信末附言及《帖目》《帖考》云者,据《容庚先生年表》1973年条称:"6月,再作《丛帖考》题记,决定更名《丛帖目》。"②则1973年间,容希白先生当有致顾起潜信一通言及此事,惜无缘目验。

另,顾起潜先生有致容希白信一通,未署年月,云:

希白吾师:

久疏音敬,驰念良殷。敬维阖府安康为颂。

比闻大著《法帖考》将由广州人民出版社出版,极为兴奋。我馆近亦于碑帖颇事搜罗,恒苦参考之书,得此获益必多。不知何时可出? 念念。

又闻张伯英著《帖考》,已归高斋。上海文管会所得《凤墅帖》(已拨给我馆),有为张伯英旧藏而未有题记,不知《帖考》稿中载及否? 便中乞检示一二。沪市碑帖不多靓,粤中何如?"清秘"有何新品? 念念。专此,祗请

撰安,并贺新禧。

学生顾廷龙敬上　二日③

---

① 顾廷龙:《顾廷龙全集·书信卷》(上册),第209页。
② 林颖:《容庚先生年表》"1942年(民国三十一年)四十九岁"条,第42页。
③ 顾廷龙:《顾廷龙全集·书信卷》(上册),第206页。

按，所谓"法帖考"，容希白先生或并无此著作，惟 1952 年有《淳化秘阁法帖考》一文，登于《岭南学报》第十二卷第一期（1952 年 6 月）。然味顾起潜先生信中语，似非一文，而是一部大著作，否则遥隔数千里，何谈"极为兴奋"？故此"法帖考"乃 1974 年函中所谓的《丛帖考》，亦即 1980 年 1 月、1981 年 6 月、1982 年 9 月由中华书局香港分局连续出版之《丛帖目》也。言"广州人民出版社"者，殆传闻之讹。容希白早在 20 世纪 30 年代初，即着意广事搜集各种书帖。他除了自藏外，先后在国内各地选购及借阅丛帖，亲自抄录，精心研究，反复考订，经三十余年，共录目 310 余种，于 1964 年编成《丛帖目》凡二十卷，然中华书局香港分局仅出版一、二、三册共十五卷。此目分历代、断代、个人、杂类、附录五类，以丛帖为主，旁及杂类。不仅择要录入各家题跋，间或参以己见，较系统地总结前人的经验，有一定的学术贡献。甫一出版即颇受欢迎，1983 年获广东省社会科学研究优秀成果奖①。则顾起潜此信当作于书即将出版之 1980 年，而中有"并贺新禧"语，署"二日"，则作于 1980 年 1 月 2 日无疑。

七、容希白去世后顾先生的追念

1988 年 10 月 7 日，顾起潜先生在其早年硕士论文《说文废字废义考》封面上写："郭绍虞、容庚、吴文藻、黎锦熙、钱玄同、胡玉缙诸先生审阅。尚须修订。将来请孙启治同志详校修改。"②则先生仍于早年蒙容希白先生指导完成硕士学位论文之恩德念念不忘，欲修订重版。时希白先生已过世五载有奇矣。

1995 年 12 月 29 日，李文有信致顾起潜，提及所写关于顾起潜在抗日战争中感人事迹的文章已经发表。顾起潜在此信上写有"燕京抗日十人团，洪业、容庚、顾颉刚、郭绍虞、张应麟、容媛、蒋大沂、洪思齐、□□□、吴世昌，当时容先生编一刊物曰《火把》。抗日十人团有一份宣言，用宣纸，毛笔写，后面签名，单张一卷，未装裱"③。按：顾起潜信上所写十人名字大概凭记忆所得，而据容希白当年编不定期刊物《火把》第 7 期（1931 年 10 月 13 日）刊载《抗日十人团消息》称：

> 抗日十人团，系本校容庚教授所发起，已于昨日下午 8 时在东大地容宅召集第一团团员，讨论进行办法，当决定警词，由团员签名，兹照录如下：

---

① 陈修纮：《容庚教授著作书录及论述年表》，《中山大学学报》1984 年第 3 期，第 137—148 页。
② 沈津：《顾廷龙年谱增补》，据原件影印本，未刊稿。
③ 沈津：《顾廷龙年谱增补》，据原信 756，未刊稿。

余等誓以至诚,拥护中国国土之完整,故有抗日十人团之组织。在日本军队未离中国疆土,赔偿其所给予我国一切损失以前,凡我团员绝对不为日人利用,不应日人要求,不买卖日人货物,并各自努力于抗日有效之种种工作。如违背此誓,甘受其他团员之严厉制裁,作人格破产之宣告,谨誓。

而下署"抗日十人团第一团",签名以笔画为序依次为:吴文藻、吴世昌、余瑞尧、洪业、容庚、容媛、郭绍虞、蒋焕章、顾颉刚、黄子通。此后校中仿其形式陆续成立十人团①。数十年后顾起潜先生记忆相混,是自然的。希白先生当年为生计所迫,入职伪北大,起潜先生是深为痛惜的。后希白受不公正待遇而南下,故起潜先生于垂暮之年,仍耿耿致意其师,欲为作不平之鸣。

八、一点浅论

(一) 二人于交游记录的不对等

以上是从各本文献中搜罗的一点信息,当然还绝非文献中能搜得的顾、容二先生交往的全部,就《顾廷龙年谱》一书而言就还有十数处,不赘录。从以上的若干信息中,足可揣摩顾先生履历和志趣,他本可成为文字学专家、大家,却因故改弦更张,由关注录略之学而最终转向图书馆事业。或许正因此,今从容希白所存的《容庚北平日记》中,多见其与顾起潜交往之记载,以起潜先生自1932年硕士毕业即入燕京图书馆采访部主任职,希白先生多有借重于起潜先生故;而从顾起潜所存《顾廷龙日记》中反少见与其师容希白往还之记录②,以其所关注、从事者乃图书馆事业,交游颇广,百务丛集,于早年小学之专门研究心有余而力不足,自然联系颇稀,读者勿怪也。

(二) 仍以小学相标榜

即使在多半个世纪的图书生涯中,顾先生仍时时不忘他的根基所在。据沈津《顾廷龙年谱》记载:1973年,"上海图书馆成立批孔小组,指定先生任组长,盛巽昌为副组长。在一次闲谈中,先生说,他最有研究的还是小学,当年在燕京大学时就是学的这个,版本鉴定、书法都还是后来才搞的。因此,排列是一小学,二书法,三才是版本研

① 易新农、夏和顺:《容庚传》,第112—113页。
② 顾廷龙撰,李军、师元光整理:《顾廷龙日记》,中华书局,2022年。

究。"①在当时的极端特殊的氛围中,起潜先生仍以小学为一生第一值得标举之事,其说殆有二端:其一,顾颉刚所托之编辑《尚书文字合编》的重任在此,始于 20 世纪 30 年代,仍时挂怀;其二,其所从学者在此,治学志趣亦在此。其晚年仍在文字学上做出了突出的贡献,最终编成《尚书文字合编》一书,1996 年方斯出版。此书是目前最系统、最齐全的《尚书》文字数据合集,为研究界提供了丰富的文献资料,影响甚巨。当然,这是后话。

(三) 起潜先生图书事业仍受希白先生之启迪

即使在图书馆做收书、编书、印书的具体事务中,追溯开去,仍是深受希白先生等人的影响。他在九十四岁高龄回首往事时说:"早年曾承晚清湖北学政外叔祖王同愈授以目录版本之学。入大学,先后受胡朴安、闻宥、姚明辉、容庚、郭绍虞、魏建功、黎锦熙诸师之教导,习语言文字、目录版本之学。……如今近一个世纪过去了,回首其间,我干的最多的是图书馆工作,整整六十五个年头。"②又说:"一九三二年夏天,我从燕京大学研究院国文系毕业,应燕大图书馆馆长洪煨莲(业)先生的邀请,担任哈佛燕京图书馆驻北平采访处主任,前后搞了六年图书采购工作。给我留下较深印象的是,燕大有一个采购委员会指导图书采购业务工作。当时该委员会除了洪先生外,还有邓之诚、容庚、郭绍虞、顾颉刚诸教授。他们学识渊博,又各有专长,随着各自学术研究的深入,需要材料广泛,因而对图书采购时常提出针对性意见,这些意见对我的工作启发与影响很大。"③

顾先生对于文献的整理有着崭新观念,即:只要是有用的,甚至是无用的、坏的文献也酌情收入,供研究家之参考。这个观念就深受顾颉刚、容希白等师友的启迪。他曾说:"我对文献资料范围起初也不明确,在燕京大学图书馆任采购工作,在邓之诚、郭绍虞、容庚、顾颉刚诸先生的指导下(他们是收购委员会委员),通过实践,逐步认识的。顾颉刚先生在民国十六年(1927)为广东中山大学图书馆收购图书数据,编写、出版过一本题为《购求中国图书计划书》。他指出:'以前收集图书,目光所注,至为隘狭。例如西汉《七略》不收当代律令,清代《四库》不收释、道二藏及府县志等。'他提出'要能够用了材料的观念去看图书,能够用了搜集材料的观念去看图书馆的事业'。

---

① 沈津:《顾廷龙年谱》,第 581 页。
② 《我和图书馆》,《顾廷龙文集》,第 590 页。
③ 《我和图书馆》,《顾廷龙文集》,第 590—591 页。

因此，‘要把记载自然界和社会的材料一起收来；无论什么东西，只要我们认为是一种材料就可以收下，不但要好的，并且还要坏的。’……起初，我们对这些琐碎的文献资料怎么使用法，有什么作用，不大懂，后来从说明中得到启发，觉得很有意思。”[①]其实，“用了材料的观念去看图书”，不仅顾颉刚先生如此，纵观容希白先生的学术经历与成就，他也无疑同样持这一观念和方法，而影响及顾起潜先生的。

（四）同蹈民族之危亡，同扬吾国之文化

顾先生之转向，或更有说者。顾先生晚年撰《我和图书馆》一文，称："我自幼随父亲学习书法，对古文字产生浓厚兴趣，并先后拜王怀霖、胡朴安、闻宥等先生为师。我在燕大的毕业论文是《说文废字废义考》，而后又撰写了《古匋文孴录》。所以有人对我选择图书馆职业不甚理解，也有人认为搞图书馆工作无甚学问。确实，图书馆工作是为他人作嫁衣，但对保存与传播文化起着重要作用，很有意义。当初叶景葵、张元济先生相邀南下办‘合众’时，我曾说过这样的话：‘人不能自有所表现，或能助成人之盛举，亦可不负其平生。’”[②]起潜先生南下办合众图书馆，固与叶景葵、张元济诸老私交关系甚重，然则此可以“助人为乐”之为说乎？似则似矣，是则不是。所谓“成人之盛举”，此“盛举”何为乎而来哉？揆诸1939年8月《创办合众图书馆意见书》称："抗战以来全国图书馆能照常进行者，仅燕京大学图书馆一处，其他或呈停顿，或已分散，或罹劫灰。私家藏书亦多流亡，而日、美等国乘其时会，力事搜罗，致数千年固有之文化，坐视其流散，岂不大可惜哉！本馆创办于此时，即应负起保存固有文化之责任。”“编纂目的，专为整理，不为新作，专为前贤行役，不为个人张本。图书馆之使命一为典藏，一为传布。秘籍展览仅限当地，一经印行，公之全球，功实同也。”[③]此实是以“小我”投入“大我”之中，诚非“助人为乐”所能范围之“盛举”也明矣。站在民族危亡的历史转折点上看，其师容希白又何尝不如是也？据容肇祖《容庚传》云："他（按：指容庚）曾说：‘我什么痛苦都可忍受，可是不能没有事业。’他不能抛弃这批珍贵的古铜器，这是国家的宝藏，他认为绝不能由他丢失。为了保全祖国文化、历史稀有的珍品，他压抑着受屈辱的民族自尊心，忍受着沦陷耻辱，留在北平。他运用他见到的和掌握的资料、古物、书籍，不知疲倦地夜以继日地闭门著述，写出空前之创作《商周彝器通考》

---

① 《从图书馆工作角度谈文献——与李希泌先生的一次对话》，《顾廷龙文集》，第624—626页。

② 顾廷龙：《顾廷龙文集》，第601页。

③ 顾廷龙：《顾廷龙文集》，第604—605页。

《颂斋吉金图录》《西清彝器拾遗》《颂斋读书记》等。这些著述为后代研究我国古代文物历史，作出了不可磨灭的贡献。"①易新农、夏和顺《容庚传》据现存中山大学档案馆原件云，希白先生被迫入伪北大，亦出于"我有子女等人来教，人有子女亦等我来教，则出来任教是我的责任"②。《容庚北平日记》书末容氏后人撰《后记》云：

> 他是一位伟大的爱国者。在他心中，博大精深的中国传统文化遗产，首先要由我国学者来研究。个别日本学者扬言中国没有这方面的人才和能力，还得靠洋人来研究。父亲年轻时得知此歧视中国的论调就痛下决心从事这方面的研究，用成果来驳斥那些洋人的傲慢与偏见，为祖国增光争气。日本帝国主义在"九一八"和"芦沟桥事变"后，强占我国领土，奴役我国广大百姓，父亲联合燕京大学抗日教授成立燕京大学中国教职员抗日会，并被推选为该会主席，他积极宣传抗日救国主张，组织捐款给英勇抗日的部队，在家中教育子女抵制日货，不做亡国奴。③

这或许就是顾先生在 92 岁高龄时仍深情回忆容师希白在燕京组织抗日十人团的往事的缘故吧。顾先生放下其早年的专业，用了他宝贵的一生，宁苦其心志，貌似做着"无甚学问""专为前贤行役"的图书馆琐事，而放眼千秋后世，他实是在践行其保存我民族文化之大任，与钻研、发扬中华学术之事业，同一壮丽。夫子不云乎哉："述而不作，信而好古。"（《论语·述而》）顾先生在购书、编书、印书过程中，也实在不负顾颉刚、洪煨莲、容希白等先生之敦厉、鼓舞，且彰往圣先贤之遗意矣。

① 东莞市政协编：《容庚容肇祖学记》，广东人民出版社，2004 年，第 13 页。
② 易新农、夏和顺：《容庚传》，第 141 页。
③ 夏和顺整理：《容庚北平日记》，第 881 页。

顾起潜与胡适之

许全胜

（复旦大学文史研究院）

今年是顾廷龙（起潜）先生（1904—1998）诞辰一百二十周年，上海图书馆征文纪念，因略述顾先生与胡适先生（1891—1962）的交往，以见这位 20 世纪中国图书馆事业奠基人生平之一斑。

顾先生比胡适小十三岁。目前所知顾胡两人交往有几件事值得一说。

一、1932 年顾先生为写《吴愙斋年谱》，向胡适借阅吴大澂致胡传书简。

二、1934 年胡适为考订王韬（即上太平天国书的黄畹），向顾先生写信求助。

三、胡适为搞清戴赵公案广泛搜罗《水经注》各种版本，1946—1949 年间曾多次向顾先生求助。

兹参考《顾廷龙全集》《顾廷龙日记》《顾廷龙年谱》《胡适全集》《胡适日记》《胡适年谱》并结合其他文献，考述如下。

一

1929 年冬，顾先生开始写《吴愙斋先生年谱》，至 1935 年 3 月由北平哈佛燕京学社（燕京学报专号之十）出版（见图 1），历时六年。其间自 1931 年 7 月至 1932 年 6 月，顾先生在北平燕京大学研究院国文系读研究生，曾师从容庚（1894—1983）教授学习古文字学[①]，对他写作吴大澂年谱当有帮助。

1931 年 6 月 21 日上午，燕京大学举行第十六届毕业典礼，邀请胡适来演讲，题为"毕业生到那里去及应作什么"。同时顾先生被授予文学硕士学位。典礼结束后，中午顾颉刚（1893—1980）在家中宴请胡适夫妇、钱玄同（1887—1939）、黄子通（1887—

[①] 《容庚北平日记》记到与顾先生见面三十余次，始于 1932 年 1 月 15 日"顾起潜来"，终于 1939 年 7 月 3 日"为顾起潜夫妇饯行"（容庚著，夏和顺整理，中华书局，2019 年，第 245、580 页），皆可补《顾廷龙年谱》之遗。

图 1 吴愙斋先生年谱

1979）、洪业（1893—1980，号煨莲）、郭绍虞（1893—1984）、容庚（字希白）、商承祚（1902—1991，字锡永）等人，顾先生才第一次见到胡先生。是日《胡适日记》《顾廷龙日记》皆失载①，而顾颉刚、容庚日记及顾先生笔记皆有记录，三者可以互补。

《顾颉刚日记》云：

> 玄同先生、胡师母来。送胡师母到子通处。锡永、希白来。子通夫妇来。……今午同席：适之先生夫妇、子通夫人、玄同先生、锡永、希白、绍虞、起潜叔、肖甫（以上客）、予（主）。本日为燕大第十六届毕业典礼，邀适之先生演讲。起潜叔于本日受硕士学位。②

《容庚日记》云：

> 学校行十六届毕业典礼。胡适之演讲"毕业生到那里去及应作什么"。颉刚请胡适之夫妇及钱玄同，邀余作陪。③

顾先生笔记有云：

> 吾毕业之日，校方请胡适博士讲演，题为"往那里去？"就是以他的名字作题。典礼毕，我和胡先生同往蒋家胡同。是日，颉刚邀的客人有钱玄同、洪煨莲、黄子通、容庚等。吾桌上放的一部《邵亭知见传本书目》，洪先生看了很欣赏，后来邀我到图书馆担任哈佛燕京图书馆驻平采访处主任，余欣然应命。④

按：从顾先生记洪煨莲事来看，这天对他日后从事图书馆事业很关键⑤。而所记胡适演讲"以他的名字作题"，显然是将"胡适"读作"何适"，因为吴方言胡、何两字同音，而

① 按：《顾廷龙日记》（顾廷龙撰，李军、师元光整理，中华书局，2022 年）1932 年部分今仅存十月、十二月。
② 顾颉刚：《顾颉刚日记》，联经出版事业公司，2007 年，第 652 页。《顾颉刚日记》记顾廷龙事甚多，可大量增补《顾廷龙年谱》。
③ 容庚著，夏和顺整理：《容庚北平日记》，第 269 页。
④ 沈津：《顾廷龙年谱》，上海古籍出版社，2004 年，第 26 页。
⑤ 顾廷龙：《我和图书馆》，《顾廷龙全集》编辑委员会编：《顾廷龙全集·文集卷》（上册），上海辞书出版社，2015 年，第 355 页。

胡字本身并没有"哪里"的意思。

是日顾先生出示《吴愙斋年谱》稿本向胡适请教,第二天即到胡府借到吴大澂致胡适尊人胡传手札一册九通①。暑假后读毕录副,又略为考证,于同年10月10日作《吴愙斋致胡守三手札跋》,略云:

> 今夏六月廿一日,在颉刚坐上获识适之先生,即以拙稿请政。承示先世与吴氏通好,藏有其手札,翌日亟诣乞假,都一册,皆与其尊人守三公者。公与余外叔祖王胜之先生同客吴幕,极相契洽,吴氏尤重之。余侍外叔祖,为言师友之敬佩者每及公,故心识久矣。旋暑假南下,呈诸外叔祖,感怀旧雨,即为题记,皆当时轶闻也。返平后出而玩读各札,虽不纪年,大致可考,装表无差。②

按:检《吴愙斋年谱》光绪八年八月初二日条,顾先生按语引吴大澂致胡传书四首,似即胡适旧藏此册中内容。年谱附录一《愙斋先生著述目》"未刊各书"下《愙斋尺牍》条亦提及录得吴氏致胡传书札事③。1936年11月12日《天津益世报》刊登罗尔纲《读〈吴愙斋先生年谱〉小记》,罗氏利用胡传手稿、日记对顾著年谱作了一些补订。④胡适、罗尔纲后来研究王韬的化名"黄畹"也求助于顾先生,可谓有缘在先。

二

1931年,北京大学史学系学生谢兴尧(1904—2006)写了《王韬上书太平天国事考》(后刊登在国立北京大学《国学季刊》1934年第4卷第1期)⑤。谢文考证清人陈其

---

① 吴大澂与胡传手札一册,今藏北京大学图书馆。沈津:《顾廷龙年谱》1932年10月10日条,第28页。耿云志《胡适年谱(修订本)》1932年6月21日条简述胡适在顾颉刚处得识顾廷龙,翌日顾先生往借胡适藏吴大澂致胡传信札等事(福建教育出版社,2012年,第167页)。沈津:《顾廷龙年谱》1932年6月21日条,第26页。

② 《顾廷龙全集·文集卷》(下册),第1034—1035页。按:《顾廷龙日记》1932年10月10日条(第3页)未记写此跋事。

③ 《愙斋尺牍》条略云:"余近录得先生书札甚多,致吴云、左宗棠、曾国荃、阎敬铭、张曜、汪鸣銮、夏同善、沈树镛、张之洞、王良善、胡传者不下百数十通。"顾廷龙:《吴愙斋年谱》,《顾廷龙全集·著作卷》,上海辞书出版社,2016年,第380页。

④ 罗尔纲《读〈吴愙斋先生年谱〉小记》略云:"我因年前在胡适之师家编录其尊人胡铁花先生手稿,在其书启、日记里,略知吴愙斋之生平梗概,故读顾先生书更感兴趣。……其遗稿记愙斋事颇多,其中有可与他书参证者,亦有他书失载而可以考见于此者。"(顾廷龙:《吴愙斋年谱》,第434页)

⑤ 国立北京大学《国学季刊》编辑委员会编:《国学季刊》第4卷第1号,1934年,第31—49页。谢氏1934年8月27日在文末附识云:"这篇东西,还是三年前作的。本暑期中,清理旧稿,正拟取回修改,而季刊已排定。"谢兴尧生年,一般作1906年,兹据柯愈春《读书种子谢兴尧》记谢氏自述:"早年到北京后,我的英语不好,补了两年英语,我隐瞒年龄两年。"(徐俊主编,严晓星执行主编:《掌故》第2集,中华书局,2017年,第199页)

元《庸闲斋笔记》卷十二所记王畹上天平天国忠王李秀成书陈攻取上海之策[1]（见图2），认为即故宫所藏军机处档案中太平天国文献钤有“苏福省黄畹兰卿印信”的禀文，王畹与黄畹为同一人，即王韬。

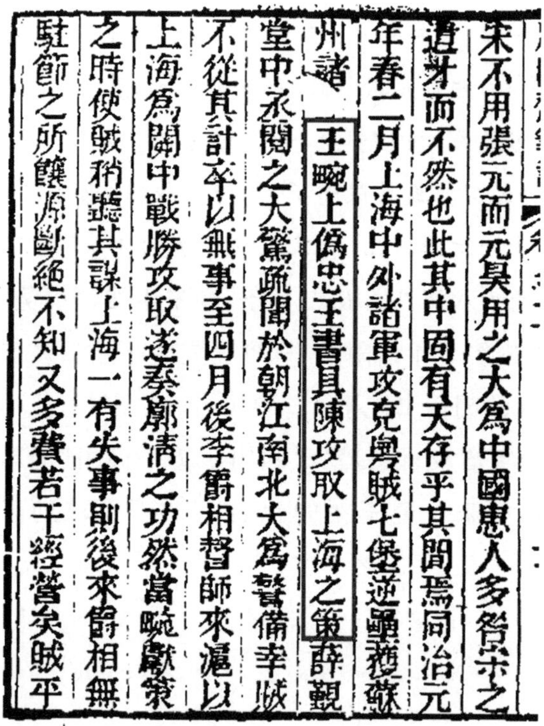
未不用張元而元昊用之大爲中國患人多咎宋之遺才而不然也此其中固有天存乎其間焉同治元年春二月上海中外諸軍攻克粤賊七堡逆壘獲蘇州諸王畹上僞忠王書具陳攻取上海之策薛觀堂中丞聞之大驚疏聞於朝江南北大爲警備幸賊不從其計卒以無事至四月後李爵相督師來滬以上海爲關中戰勝攻取遂奏廓清之功然當畹獻策之時使賊稍聽其謀上海一有失事則後來爵相無駐節之所饟源斷絶不知又多費若干經營矣賊平

图2　陈其元《庸闲斋笔记》卷十二《王畹上李秀成陈攻上海策》

谢兴尧写论文前曾与胡适讨论过此事，其文略云：

前余曾与胡适之先生论及王韬上书事，适之先生云：“凡考据一事，当以本人之语言文字为根据，以同时人之记载为旁证。如王韬虽世传其曾上书太平天国，并传其曾为太平天国状元，然其《自传》《文集》，均深自否认曾通太平军，则上书事，其真伪尚须详证。”[2]

① （清）陈其元《庸闲斋笔记》，有陈氏同治十二年（1873）序，有同治十三年（1874）初刻本。中华书局1989年杨璐点校本前言云“有光绪初年的初刻本”，不确。王畹上书陈攻上海之策条见卷十二，略云：“同治元年（1862）春二月，上海中外诸军攻克粤贼七堡逆垒，获苏州诸生王畹上伪忠王书，具陈攻取上海之策。薛觐堂中丞闻之大惊，疏闻于朝，江南北大为警备。幸贼不从其计，卒以无事。至四月后，李爵相督师来沪，以上海为关中，战胜攻取，遂奏廓清之功。然当畹献策之时，使贼稍听其谋，上海一有失事，则后来爵相无驻师之所，饷源断绝，不知又多费若干经营矣。”（第296—298页）

② 国立北京大学《国学季刊》编辑委员会编：《国学季刊》第4卷第1号，1934年，第33页。

谢氏又云：

> 《黄畹禀》之内容，虽与世所传《王畹策》相合，然此禀后署名乃黄畹，而非王畹，名同而姓殊，似系二人。疑者遂以为或声音之误，本黄畹而误为王畹矣。不知当时太平天国之文字，所改甚多，……而凡姓"王"者，则改为"黄"或"汪"。禁令之严，境内无敢犯者。……盖既上书于其国以求致用，又焉能不守其条规，反故犯其禁令？①

又比较策文语气与王韬文集相类，事实亦多相合，其计策与王韬《弢园尺牍》中内容也相合。

正好 1934 年夏罗尔纲也在研究这个问题，写了《上太平军书的黄畹考》一文的初稿。他后来在《师门五年记》中回忆说：

> 我在这一年的夏天写成初稿，断定"黄畹"即王韬，"黄畹"为王韬的化名，送呈适之师看。适之师看了，说证据不够，叫我慢慢的补充证据，不要赶着发表。到了秋天，我逐渐的增添了几条证据，重写过一遍，再送呈适之师。适之师仍认为证据还不够，但说已经比初稿站得住了。于是适之师帮我访寻那些我还没有见过的王韬著作，来和"黄畹"的上太平军书作辞句上的比较研究，借北平图书馆收藏的王韬手迹，来和"黄畹"的上太平军书作字迹上的对勘；写信给苏州顾廷龙先生，请代查王韬入学的名字，以考和"畹"字有没有联系。后来各种材料都收齐了，我动手写成第三次草稿，送呈适之师。适之师才认为证据充足，结论站得住。他把我这篇考证送到北京大学《国学季刊》去发表。这是我第一篇在国内外著名的学术刊物上发表的考证。②

按：罗尔纲的《上太平军书的黄畹考》发表于《国学季刊》1934 年第 4 卷第 2 期（123—149 页），末署"廿三，九，廿九日，改定于北平"。胡适大概受到谢文与弟子罗尔纲初稿的影响，又帮罗寻找资料，所以他也开始研究此问题，为此胡适曾两次致函顾先生。第一次原函未见，大约作于是年 8 月，事见罗文，略云：

> 王韬在他的《弢园老民自传》里曾经说过："老民姓王氏，素居苏州城外长洲之甫里村。……初名利宾，十八岁以第一入县学。……旋易名瀚，字懒今。遭难后避粤，乃更名韬。"……后来我去请吾师胡适之先生指示。胡师说："你要考王韬避祸前的名字，最好去查他中秀才的榜上的名字。"他并为我请顾起潜先生访

---

① 国立北京大学《国学季刊》编辑委员会编：《国学季刊》第 4 卷第 1 号，1934 年，第 40—41 页。
② 罗尔纲：《师门五年记·胡适琐记》，三联书店，2012 年，第 41 页。

查。顾先生查《长元(和)[吴]三邑诸生谱》,发现道光廿五年的长洲榜上第一名乃是蒋兆桢而不是王韬;全榜都没有"王畹"或"王利宾"的名字。……不久,胡师从北平图书馆藏的王韬手稿中发现了两条重要的新材料,忽得新解,推测王韬入学是昆山籍或新阳籍,因再请顾先生访查。胡师给顾先生的信道(略)。胡师推测王韬学籍的假定,果然给顾先生在《昆新青衿录》上证实了。他中秀才不是在长洲而是在新阳;他入学的名不是"王畹"而是"王利宾",但他的表字正是"兰卿"!又王韬的名次不是第一而是第三。顾先生复胡师信道(略)。我们虽然没有寻得"王畹",顾先生已经替我们发现出"王兰卿"来了!"黄兰卿"即"王兰卿"现在是证实的了。①

按:1934年9月12日夜,胡适细读北平图书馆藏王韬手稿七册,发现两处署名,一为"甫里村民王瀚兰君",一为"新阳王瀚漫笔",于是致顾先生第二函,略云:

> 我忽得新解:(一)他入学是昆山籍,或新阳籍,而不是长洲籍。……(二)他自传中说他入学后"旋易名瀚,字懒今",也是自讳其名字。他入学之名当是王畹,字兰君,取"余既滋兰九畹"之义。……他上太平天国书中用"黄畹",是他原入学的学名,以示郑重。后来他出了乱子,就永讳其名畹,但"兰君"之表字仍不易讳饰,故取音略同之"懒今"。……现在已请罗尔纲君去查光绪五年修的昆山新阳合志,不知能得秀才名籍否?最好还请你向昆山、甪直一带的旧家去访求道光廿五年的诸生籍,证明那年昆山或新阳的县学第一是否王畹。②

顾先生当时正好有事回里,故未及时作答。9月22日胡适作《跋北平图书馆藏〈王韬手稿〉七册》③,其中论及王畹之名,与致顾先生书意思差不多。10月,顾先生写信回复胡适,略云:

> 在平两奉手书,均悉。时因有事旋里,未即裁答为歉。先生于王韬学籍,推测至确。深佩深佩!归来后即访《昆新青衿录》(光绪二十七年编刊),展卷一览,果于道光二十五年乙巳张宗师(名苻,字小浦,陕西固城人)科试新学榜中得王氏之名。榜录如后:"新学十三名……朱懋曾(积斋,丁卯)、汪克昌(俊民,拔贡。壬

---

① 罗尔纲:《上太平军书的黄畹考》,《国学季刊》第4卷第2期,1934年,第124—127页。按:罗文所引《长元和三邑诸生谱》,当作《长元吴三邑诸生谱》,长元吴即长洲、元和、吴县。

② 胡适:《致顾廷龙书》,原载《国立北平图书馆馆刊》第8卷第3号,1934年;又收入《胡适全集》第24卷,安徽教育出版社,2003年,第195—196页。罗尔纲文中也引了部分内容。

③ 此文后刊于《国立北平图书馆馆刊》第8卷第3号,1934年,胡适、顾廷龙往来通信亦附载该号。胡颂平:《胡适之先生年谱长编初稿》1934年9月12日、22日条,台湾联经出版事业公司,1984年,第1261、1263页。

子阁中)、王利宾(兰卿)……"先生又疑王氏曾名"畹",极有可能。……惜尚无见其署"王畹"之名以一证耳。此事舍亲曾为转询,甬人正在修《甫里志》,于王氏事迹本甚简略,闻今将从事详订云。①

按:沈津《顾廷龙年谱》据顾先生《致顾颉刚书》9月19日云"龙廿二日行,廿六以后可到杭"、10月9日云"此次游杭,乃承优渥逾恒……七日由翔抵舍"、11月2日云"龙于十月十九日返平"等语②,考9月22日顾先生"由北平返苏州",10月19日"由苏州返北平",故系此书于1934年10月③。但罗尔纲1934年9月29日定稿之文已引此书,当为罗氏发表时补入者。顾先生既云"归来后即访《昆新青衿录》",则此札当作于10月19日之后数日。

三

　　胡适晚年的一项重要学术工作是研究《水经注》赵戴公案,为他的乡贤戴震洗冤。从1943年11月至1949年4月离开大陆,五六年间为调查研究《水经注》各种版本,花费了许多精力。其中1946—1949年间,胡适屡次向顾先生求助,顾先生不仅为胡适寻找《水经注》版本资料,而且帮忙校对,还写文章支持他的考证结论。顾先生晚年曾刊布上海图书馆藏胡适有关《水经注》的手稿书信并作《胡适之先生水经注论著附手札识语》④,还数次回忆起这段时期的往事⑤。

---

① 顾廷龙:《致胡适书》,原载《国立北平图书馆馆刊》第8卷第3号,1934年,附录于胡适信后。按:陈玉兰《王韬上书太平天国考实》(《历史研究》2022年第4期)又对此问题有新的考证,其中一节指出"虽然以《离骚》诗句逆推黄畹即王韬确为正解,但并非胡适、罗尔纲所认为的那样,王韬在家乡的时候就叫王畹",可参观。
② 顾廷龙:《致顾颉刚》(九)、《致顾颉刚》(十)、《致顾颉刚》(十一),《顾廷龙全集·书信卷》(上册),第106、107、108页。
③ 沈津:《顾廷龙年谱》,第40—41页。
④ 顾廷龙:《跋胡适先生水经注论著及手札》略云:"一九七九年春,《中华文史论丛》编辑郭群一同志,见此胡氏《水经注》论著及书札一束,以为有学术价值,为言于罗竹风、李俊民两同志,为真正贯彻双百方针起见,决定于《论丛》一九七九年第二辑发表。"[《顾廷龙全集·文集卷》(上册),第84页]按:此跋在《胡适之先生水经注论著附手札识语》一文后又重出[《顾廷龙全集·文集卷》(上册),第83页],当删去。《中华文史论丛》1979年第2辑刊出胡适遗稿《水经注》校本的研究(第145—220页),题目为编辑所加。按:顾先生《识语》作于1979年10月2日,当时已七十多岁,回忆三十多年前事,偶有误处,如说胡适"一九六二年十二月十七日殁于台湾"[《顾廷龙全集·文集卷》(上册),第83页],"十二月十七日"与胡适生日混淆,当作二月二十四日。其他还有些不准确处,见下文。
⑤ 如1995年6月12日顾先生致"胡适与中国新文化国际研讨会"筹备组信云:"回忆往事,如在目前。(下略)"(沈津:《顾廷龙年谱》,第764页)同年11月15日,顾先生在天津参加《续修四库全书》编委会第五次会议,晚间对李国庆、白莉蓉、任光亮、陈秉仁"谈起三十年代,胡适向天津图书馆借阅全祖望校本《水经注》一书之经过,其中细节述之极详,在座四人皆叹服先生的记忆力"(《顾廷龙年谱》,第771页)。按:胡适借天津图书馆全校本《水经注》在1947年5月,所记"三十年代"当作"四十年代",参观下文所引1947年9月5日《顾廷龙日记》、1948年5月16日《胡适日记》,胡适《记全祖望的"五校《水经》"本》。

1943 年 11 月 8—9 日《胡适日记》：

> 得王重民书，附一文，《跋赵一清校本〈水经注〉兼论戴赵全赵两公案》。重民
> 治学最谨严，但此文甚不佳。今日独坐，取《水经注》聚珍本、《戴东原集》、《鲒埼
> 亭集》、《观堂集林》及《别集》，试复勘此离奇之公案。……客散后，我写长信给重
> 民，到天亮六点半才睡。
>
> 我生平不曾读完《水经注》，但偶然检查而已。故对此案，始终不曾发一言。
> 但私心总觉此案情节太离奇，而王国维、孟森诸公攻击戴震太过，颇有志重申
> 此案。①

按：《胡适日记》1947 年 11 月 9 日略云："四年前的今天早上一点钟，我写了一封长信
给王重民先生，写到天亮才完。……后来重民力劝我担任重审《水经注》百年疑
案。……在这四年里，我做了不少的侦查工作，收集了全部的证件，写了几十篇大小
题目的文字。案情已大致明白了，判决书还没有写成。"1948 年 11 月 9 日云："我治
《水经注》整五年了。"都与 1943 年日记吻合。胡颂平《胡适之先生年谱长编初稿》1943
年 11 月 5 日条略云：

> 王重民寄给先生一信……先生当时有长信答他（未见留稿）。到了一九五〇
> 年三月十四日夜，先生在王重民的原信上写了下面的一段话："重民此信与此文
> 作于民国三十一年十一月，寄到后，我写了长信答他，表示此案并不是'已成定
> 谳'。后来我废了五六年工夫来重审此案，都是重民此文惹出来的！"②

可知胡适审查戴赵公案之缘起。兹据顾先生《胡适之先生水经注论著附手札识语》
（下简称《识语》）、《顾廷龙日记》、《胡适日记》及胡顾往来书信等，略考顾先生帮助胡
适研究此公案之经过。

（一）1946 年的交往

顾先生《识语》云：

> 《胡适之先生年谱简编》称："一九四六年七月五日抵上海，对记者说：'这几

---

① 胡适著，曹伯言整理：《胡适日记全编》将此段日记都放在 11 月 8 日条下（安徽教育出版社，2001 年，第 544—545
　页）；胡适著，曹伯言整理：《胡适全集》第 33 卷《日记》(1938—1949)相同，但有页下注曰："当时胡适所用是马萨诸
　塞州布兰克图书公司出版的日记本，其中年月日均已印好，每日一页。胡适按日作记，不另写日期。……凡此文
　字上的连续和时间上的分日，均保留原貌。"（安徽教育出版社，2003 年，第 529 页）所以此版将 2001 年版日记 11
　月 8 日条胡适所作札记的部分内容放到 11 月 9 日。但据内容可知，"客散后……到天亮后六点半才睡"及以后札
　记部分显然是 11 月 9 日所记，只是放在 8 日的页面上而已。
② 胡颂平：《胡适之先生年谱长编初稿》，第 1839 页。

年干《水经注》这个案子。'在很短的时间里,全上海所藏的《水经注》都看到了。"胡氏于一九四六年七月回国,叶揆初丈即往访之。胡氏为言其考证全祖望《重校本水经注》,出于王梓材伪作。揆丈告以全校稿本为其所藏,今归合众图书馆。因偕胡氏来馆,并介余相见。渠犹忆余在燕京时即已相识。粗阅全稿,疑非亲笔。①

按:胡适于 1952 年 12 月 19 日在台湾大学文学院作"《水经注》考"的演讲时回忆了当时的情景:

> 我为了这个问题,在外国把所有的材料都翻了,但找到的材料很少。三十五年回国,想在国内大登广告找材料,所以船到中国,还没有进口,新闻记者乘海关汽艇到了船上问我:"胡先生有什么话说?"我就告诉他们:"这几年干《水经注》这个案子。"我说这个话的目的,是请他们代我登广告。不错,第二天各报都把我的话登出来了,所以大家便知道胡适之弄《水经注》。所以一到上海,一个朋友把他看到的《水经注》告诉我,那个朋友也把他收藏的《水经注》给我看,问我:"你看过这个本子没有?"很短的时间,全上海所藏的《水经注》,我都看到了。②

胡适所说的这个上海朋友当然就是顾先生提到的"叶揆初丈"——合众图书馆创始人之一叶景葵先生(1874—1949)。胡适《上海合众图书馆有叶揆初先生收藏的全谢山〈水经注〉校本三种》第三稿略云:

> 民国三十五年七月,我从美国回到上海,当时已有许多朋友知道我在海外费了三年光阴审查全祖望、赵一清、戴震三家《水经注》的疑案。所以叶景葵(揆初)、顾廷龙(起潜)两先生邀我去看合众图书馆藏的三种全氏校本。③

是年 7 月的《胡适日记》有多日未记,而 7 月 9 日《顾廷龙日记》云:"检《水经》本子。"当是为胡适检出叶景葵旧藏全祖望《水经注》校本三种,顾先生日记是年 7 月 11 日后不存,顾胡见面当在 7 月中下旬④。

---

① 《顾廷龙全集·文集卷》(上册),第 77 页。按:《顾廷龙全集》整理者将《年谱简编》语标点作:"对记者说:'这几年干《水经注》这个案子。在很短的时间里,全上海所藏的《水经注》都看到了。'"显然是错误的。

② 胡颂平:《胡适之先生年谱长编初稿》1946 年 7 月 5 日条,第 1925 页。同日《胡适日记》略云:"直到五点,打晚饭钟了,尚无入港消息。我们都去吃饭,饭后大家在船面眺望,忽见两只船向我们的船开来。一只船上似有中国人,细看是张景文(福运)与祖望,开进了始见顾一樵,馀人是报馆记者等等。"可参观。

③ 胡适:《胡适全集》第 16 卷,安徽教育出版社,2003 年,第 161 页。

④ 胡颂平:《胡适之先生年谱长编初稿》1946 年 7 月记胡适行程很简略:"先生在上海,住在华懋饭店里。……在上海住了几天,先到南京,也住了几天,然后再到北平去,大概已二十几了。"(第 1925 页)按:华懋饭店即今和平饭店。7 月上旬胡适"在上海住了几天",中旬去了南京,但据《胡适日记》7 月 18 日"早七点一刻到上海北站",是从南京回到上海,不是直接"再到北平去",29 日"五点半三刻离开 Broadway Mansions(百老汇大厦)……七点半起飞",才返回北平。百老汇大厦即今上海大厦。所以胡适很有可能是在 7 月 18 日至 28 日期间到合众图书馆去看书的。

(二) 1947 年的交往

顾先生《识语》云：

　　一九四七年三月胡氏又来上海，乞徐森玉先生来借全校本复阅。是秋陈援庵先生来沪，到馆看全校《水经注》，审定校改之处，确为全氏手笔。陈氏返平后，即向胡氏证明全氏之笔不伪。一九四八年九月胡氏又来上海，到馆阅览三次，最后承认书中校改是属全氏亲笔。[①]

1947 年 3 月 19 日《顾廷龙日记》云：

　　偕森老访适之先生，座中有友三夫妇，遂畅谈《水经注》。任鸿隽来，遂散。[②]

按：3 月 18 日晚胡适从南京赴上海，19 日《胡适日记》云："十八夜车去上海，十九早到，仍住国际饭店。与叔永、垚生长谈。"叔永即任鸿隽(1886—1961)，但未记王重民(1903—1975)、刘修业(1910—1993)夫妇、徐森玉(1880—1971)、顾先生到访事。大约就在这两天，胡适还买了黄省曾刻本《水经注》[③]。

　　8 月 14 日《顾廷龙日记》云：

　　陈援庵先生偕乐素昆仲来，出全校《水经》示之，断为谢山手笔。[④]

8 月 15 日顾先生再访陈垣，未值。当天日记云："森老来，言援老乘轮北上矣。"[⑤]8 月 27 日顾先生致函陈垣略云："暌违雅范，忽忽十馀年，……比辱枉教，快幸奚如。翌日奉访，悉已清晨返旆，为之怅惘。"[⑥]后来顾先生函告陈垣长孙陈智超：

　　此次来合众，是看全谢山《水经注》稿本，适之先生起初不承认为全氏手笔，经令祖鉴定后，遂亦信之。[⑦]

凡此皆可与上引《识语》相印证。

　　顾先生《识语》又云：

---

① 顾廷龙：《胡适之先生水经注论著附手札识语》，《顾廷龙全集·文集卷》(上册)，第 77 页。

② 顾廷龙撰，李军、师元光整理：《顾廷龙日记》，第 476 页。

③ 《胡适日记》3 月 20 日："到飞机场，没有飞得成。"21 日："9 点半北飞，下午两点到北平。"27 日："王重民到北平，替我带来来薰阁陈济川卖给我的黄省曾刻本《水经注》。我到上海时，陈君送此本给我看，我说，我买不起太贵的书。他说：'别人须出六十万，胡先生买，我只要三十万。'我就买了。……此是我收买《水经注》的最后一部。凡《水经注》的刻本，除宋元刻本外，我全得了。"可知胡氏购书当在 19 或 20 日。

④⑤ 顾廷龙撰，李军、师元光整理：《顾廷龙日记》，第 499 页。

⑥ 陈智超编注：《陈垣来往书信集(增订本)》，生活·读书·新知三联书店，2010 年，第 672 页。又收入《顾廷龙全集·书信卷》(上册)，第 56 页。

⑦ 陈智超编注：《陈垣来往书信集(增订本)》，第 672 页注 2。

　　　　九月,胡氏又来上海,由徐森玉先生借访瞿氏铁琴铜剑楼观明钞本《水经注》。借到后,托森老代校,森老以属余,余又约胡文楷为助。十一月校毕,适魏建功先生返平之便,即托其带交,将在十二月十三日北京大学五十周年纪念并举办"《水经注》版本展览"中列为展品。①。

按:此处顾先生把 1947 年 9 月胡适到上海借书和 1948 年 12 月北大五十周年展览两件事混为一年中的事了。

1947 年 9 月 5 日《胡适日记》略云:

　　　　八点十五分到上海,徐森玉先生来接,先到国际饭店,住 1301 号。吃了早饭,同到瞿旭初先生家(爱文义路 1290)看铁琴铜剑楼的明抄宋本《水经注》。②

同日《顾廷龙日记》:

　　　　访适之先生,未值。心晖来电话,询胡先生住址。午后,胡先生至森老处,森老招往,畅谈。胡先生谓天津图书馆全谢山五校《水经》,有四明抱经楼藏书印,惟所见目三种,皆无此本。③

按:顾先生上午访胡适,因徐森玉带胡到瞿家看书而未值。胡适日记未记下午访森老及与顾先生谈《水经注》事。

1948 年 5 月 16 日《胡适日记》略云:

　　　　去年五月初,我从天津图书馆借得全谢山五校《水经注》。五月底我开始把这里面的全氏校记完全过录在薛刻本之上,用红笔(后用紫笔)抄全校,用绿笔抄我的说明或判断。……这工作很费时间,有时一天只能过录十多页。今天全部过录完毕,费时将近一年。

胡适 1948 年 9 月 4 日开始动笔写《记全祖望的"五校《水经》本"——天津图书馆藏的赵一清、全祖望〈水经注〉稿本第二跋》,略云:

　　　　前几年我在纽约读傅沅叔先生(增湘)的"宋刊残本水经注书后"(《图书季刊》二卷二期),其中有一段:"余生平癖古嗜书,多得旧本。顾于郦书特有奇遇。惜督学畿辅,曾于南中得全谢山五校本……"……我民国卅五年七月底回到北平。那时傅沅叔先生正在大病之后,还不能说话行动,但心神始终很清明。我不

---

① 《顾廷龙全集·文集卷》(上册),第 78 页。
② 胡适 1947 年 9 月 13 日所作《记铁琴铜剑楼瞿氏藏明钞本〈水经注〉》开头云:"民国卅六年九月五日,我同徐森玉先生去访问常熟瞿家兄弟,见着瞿旭初先生,承他拿出他家铁琴铜剑楼旧藏的明抄本《水经注》来给我们看。我当时写了一点笔记,回到北平之后,才写这篇题记。"《胡适全集》第 15 卷,第 356 页。
③ 顾廷龙撰,李军、师元光整理:《顾廷龙日记》,第 502 页。

敢多惊动他……我等到去年(民国卅六年)四月,看见他老人家精神更好了,才敢问他那部"全谢山五校稿本"现在何处。沅叔先生记忆力还很好,用大力气说出"天津"两个字。恰好此日唐立厂先生(兰)到天津去,我就托他向河北省立天津图书馆商借这部稿本。这部稿本不曾被著录在《直隶省立图书馆书目》里,承馆长井守文先生的好意,在善本书的架上去寻找,居然在灰堆里寻出了一大包,果然是傅沅叔先生在前清末年买到的"全谢山五校水经注"的真本! 唐先生把这部稿本带回北平给我看。①

1947 年 9 月 5 日胡适到上海,与徐森玉、顾先生谈及《水经注》全校本,一定说了上面的借书经历。而顾先生九十多岁时还与友朋津津乐道"胡适向天津图书馆借阅全祖望校本《水经注》一书之经过,其中细节述之极详",他的记忆力的确很好②。

(三) 1948 年的交往

1948 年 3 月 21 日至 5 月 8 日间,胡适曾两次到上海③,四五月间住了一个月左右。其间还第二次借校瞿氏明钞本《水经注》,此事《胡适日记》失载。其《记铁琴铜剑楼瞿氏藏明钞本〈水经注〉》附件一《第二次借校〈瞿本〉的笔记》自注:"三十七年春,我住在徐士浩兄处。"④《胡适之先生年谱长编初稿》1948 年 4 月 3 日条胡颂平追记当日胡适在南京时语,略云:

> "这里不能再住了,我不得不作一个短期流亡,我马上要到徐士浩先生家中去暂避几天。"先生把徐家的电话号数开给我。

按:徐士浩(1899—1961)曾是胡适的学生,当时上海有名的大律师,寓所徐家花园在今淮海中路 1857 弄 63 号,当时是霞飞路 1813 号⑤,可知胡适当年就住在此处。这段时期胡适是否到过合众图书馆,胡、顾二人日记皆缺载,但可以考出。

《顾廷龙全集·文集卷》中有一篇《跋水经注》:

> 借约园所据王本(屠康侯藏)传钞本校,卷首为胡适之先生携去,遂未卒业,俟他日续校也。卅七年五月七日,龙记。

---

① 《胡适全集》第 16 卷,第 1—2 页。
② 沈津:《顾廷龙年谱》,第 771 页。关于全谢山五校《水经注》的具体情况,还可参观李晓杰、杨长玉、王宇海、屈卡乐:《古本与今本:现存〈水经注〉版本汇考》,复旦大学出版社,2021 年,第 212—225 页。
③ 《胡适日记全编》1948 年 3 月 21 日:"南飞。到上海已快天黑了。"25 日:"早七点到南京。中央研究院的评议会。"5 月 9 日:"八点半从上海起飞。……十二点半到北平。"可参观。
④ 《胡适全集》第 15 卷,第 361 页。
⑤ 宋露霞、徐景灿:《徐家花园的如烟往事》,《新民晚报》,2017 年 12 月 31 日《夜光杯》版。

此跋虽然极短，但据其落款时间，可知1948年四五月间胡适确实到过合众图书馆。顾先生《识语》云：

> 卅七年十月廿一补签名一函，是在全稿鉴定后所写。补签名一函，提到约园钞的王梓材原本。此书系揆丈倩鄞人屠康侯设法借来。……一九四八年五月，余以约园抄本与薛刻校四卷，揆丈则以薛刻与全稿校过。①

而《胡适全集》第25卷有一札《致顾廷龙》，略云：

> 今早太匆匆，十分不安。承先生代抄叶藏王梓材书诸件，影描逼肖，十分可爱，十分佩服！多谢多谢！张氏约园藏的钞本，所有序跋诸件，我都校过了。此次得见揆丈所藏诸残本，又得见约园钞本，对于此案，甚有补订之益。②

按：此札《胡适全集》整理者系于1947年，今据上引顾先生的《跋水经注》和《识语》，结合信中内容，可判定当作于1948年四五月间。

前已引顾先生《识语》：

> 一九四八年九月胡氏又来上海，到馆阅览三次。最后承认书中校改是属全氏亲笔。

1948年10月21日《胡适日记》云：

> 再到合众图书馆。我此次南行，在南京见到六种《水经注》。……在上海审定了合众馆所藏"重校本"确是谢山的书，有他的改稿③

按：10月21日当天胡适还致函徐森玉与顾先生④。《胡适日记》10月22日云"飞回北平，此次出外三十六日"，10月13日云"我九月十六南飞"，与"此次出外三十六日"相合。据《胡适日记》，他9月18日已在南京，一直到月底皆在南京。10月1日坐船往武汉，7日从武汉飞南京，13日晚从南京赴上海，14日抵上海，18日到杭州，20日回上海⑤。顾先生说"九月胡氏又来上海"，"九月"当是"十月"之误。又云"到馆阅览三

---

① 顾廷龙：《胡适之先生水经注论著附手札识语》，第77—78页。
② 此函原收入《胡适遗稿及秘藏书信》第19册，此据《胡适全集》第25卷，第308—309页。
③ 胡适：《上海合众图书馆有叶揆初先生收藏的全谢山〈水经注〉校本三种》中提及此本时说："其上有墨笔加入的批校，确是谢山的亲笔，毫无可疑。我从前怀疑此本，是我错了。"（《胡适全集》第16卷，第172页）
④ 胡适：《致徐鸿宝、顾廷龙》："在上海时，承两先生特别帮忙，十分感谢。"原载《中华文史论丛》1979年第2辑，第210—213页。收入《胡适全集》第25卷，第370—375页。
⑤ 胡颂平：《胡适之先生年谱长编初稿》于1948年9月胡适的行程未详述。今既知"九月十六南飞"，《胡适日记》9月18日、19日皆记在南京借阅《水经注》事，23日记"中央研究院院士会议开幕"，29日记"晚八点在总统官邸吃饭"，可知9月16日胡适从北平直飞南京，到月底没有去上海的可能。10月1日记"与周鲠生、熊同到招商局码头……一九三七年九月八夜，自南京坐江轮往汉口，到今天已十一年了"，7日记"中午飞南京"，13日记"今晚离开南京"，14日记"上海情形甚不佳"，17日记"竹垚生兄邀吃饭"（竹氏是胡适上海的朋友），19日记"昨来杭州"（可知18日至杭），20日记"下午四点快车回上海"，皆可参观。

次”,则前两次应该在 10 月 14 日至 17 日间,《胡适日记》虽缺载,但 21 日云“再到合众图书馆”,说明之前确已到过。

胡适离沪后的两个多月,给顾先生写很多信,都是探讨《水经注》版本方面的,目前所见计有 1948 年 10 月 30 日、31 日,11 月 2 日、14 日、26 日、28 日,12 月 13 日、29 日,1949 年 1 月 3 日,凡九札。①顾先生《识语》中特别提到其中的三封信被胡适索回:

> 卅七年十一月二夜信,所说:“昨日寄出两长信”,临行时谓未留稿,请予携去。卅七年十二月廿九函中叙及十二月十三日半夜一信,记得亦在索还之列。②

胡适此次在上海受到顾先生的帮助,回北平后他受顾先生委托代问傅增湘父子沈钦韩《水经注疏证》抄本下落。又广为宣传,终于由杨钟健告知在西北大学图书馆发现此书的稿本,使合众图书馆得一钞本,堪称一段书林佳话。③

(四) 1949 年的交往

1948 年 12 月 14 日《胡适日记》云:

> 晚上公宴钱端升,主人是北大的行政首领居多,故我们大谈。我最后说,我过了十二月十七日(五十周年纪念日),我想到政府所在地去做点有用的工作,不想再做校长了。不做校长时,我也绝不做《哲学史》或《水经注》! 至于我能做什么,我自己也不知道。

事实上,胡适一直没有停止《水经注》的研究,1949 年到上海,仍一如既往地到合众图书馆看书。

顾先生《识语》云:

> 一九四九年二月在上海,撰《戴震校水经注最早引起[的]猜疑》一文,寓上海

---

① 《胡适全集》第 25 卷,第 370—375 页 1948 年 10 月 21 日函,第 376—377 页 10 月 30 日函,第 377—380 页 10 月 31 日函,第 382—383 页 11 月 2 日函,第 384—385 页 11 月 14 日函,第 387—388 页 11 月 26 日函,第 389—394 页 11 月 28 日函,第 398—399 页 12 月 13 日附 29 日短札,第 400 页 12 月 29 日函,第 403 页 1949 年 1 月 3 日函。

② 《顾廷龙全集·文集卷》(上册),第 79 页。

③ 顾先生《识语》略云:“后来胡氏来谈《水经注》,余因告以沈氏有《疏证》,久访未得。胡氏谓要宣传,必能发现。渠即多方探问,后果由杨克强先生在西北大学图书馆得之,确为宣传之力。美中不足者,存三十五卷,尚缺五卷耳”[《顾廷龙全集·文集卷》(上册),第 79—80 页]。1948 年 11 月 9 日胡适《致傅晋生》略云:“顷得上海顾起潜先生来信,谈起沈文起《水经注疏证》一书,稿本原藏嘉业堂,于卅一年卖书时失去。顾君听人说沅叔丈昔年曾传抄一部,不知尚在手边否? ……因顾君托我代请求吾兄准他设法传抄沈氏《水经注疏证》,以广其传。我竟不知文起有此书,故乐为代请。”11 月 26 日胡适《致顾廷龙》略云:“今天有绝妙的喜报报告你,请你看附件。万想不到《水经注疏证》稿本(或抄本)竟会在国立西北大学发现! 写信的人是校长杨克强先生。他是北大毕业的有名地质学者,中央研究院的院士。”(《胡适全集》第 25 卷,第 383、387—388 页)11 月 28 日、12 月 13 日、12 月 29 日胡适《致顾廷龙》也论及此事,皆可参观。

霞飞路一九四六号。其处在今武康路天平路口，当时为上海商业储蓄银行分行，楼上东首，有室数间，可以迎宾。该行为陈辉德光甫所创。陈、胡交挚，因留寓于此。①

按：实际上胡适一月已到上海，1949 年 1 月 15 日《胡适日记》：

今早到上海。陈光甫先生邀我住在上海银行的招待所（霞飞路福开森路口）。

福开森路即今武康路，"霞飞路福开森路口"即今淮海中路武康路口，与顾先生说的"今武康路天平路口"是一回事。陈光甫（1881—1976）为上海著名金融家，1915 年创立上海商业储蓄银行，霞飞路分行所在地今为上海工商银行（见图 3）。胡适《戴震校水经注最早引起的猜疑》末署："一九四九、二、十一，上海霞飞路一九四六号"②，即为顾文所本。《全谢山〈水经题辞〉写成的年月》则作于二月十六日夜③。

图 3　霞飞路（今淮海中路）1946 号上海商业储蓄银行分行位置

顾先生《识语》又云：

胡适之先生《水经注》论文，忆是一九四九年三月来沪时，常至合众图书馆阅书，谓将修改有关《水经注》文章，并出所著诸跋见示。余即随手请杜干卿君录副，每抄就一篇，余即校读一过，储之箧衍，忽忽（四）[三]十年矣。④

《年谱简编》："三月有上海合众图书馆叶揆初先生藏的全谢山《水经注》三种

---

① 《顾廷龙全集·文集卷》（上册），第 79 页。所记胡适文题目脱"的"字。
② 此文录副本原载《中华文史论丛》1979 年第 2 期，第 209—210 页。收入《胡适全集》第 16 卷，第 125—126 页。
③ 参观《胡适全集》第 16 卷，第 127—129 页。末署"卅八年二月二十六夜，上海霞飞路一九四六号"。
④ 《顾廷龙全集·文集卷》（上册），第 77 页。按：此文作于 1979 年，原文"四十年"当作"三十年"。

的第一次试稿及第二次试稿,以后第三稿、第四稿,当是到美国后所写。"又云:"四月六日在上海坐威尔逊总统轮船到美国去。"是月经常来我馆,有写读竟日。《全谢山水经注三种跋》文,似即在合众属草。离沪日亦曾来馆,并写字数幅,又为先父遗墨题记云:"程明道作字时,甚敬。他说,'非欲字好,即此是学。'我在儿童时,读朱子《小学》,记得此语,终身颇受其影响。今见竹庵先生病中遗墨,一笔不懈不苟,即是敬的精神。"是日来馆与胡适话别者,有陈济川、胡厚宣。①

按:《全谢山水经注三种跋》,即《胡适全集》第 16 卷《上海合众图书馆有叶揆初先生收藏的全谢山〈水经注〉校本三种》②,其第一稿自注"卅八年三月"(134 页),第二稿眉批"三十八年三月尾"(155 页)。3 月 22 日胡适曾到台湾,在台北住了七天,月底回到上海③。1949 年 4 月 6 日《胡适日记》云:

> 早饭在王雪艇、雷儆寰处。上午九时离开上海银行,九点半到公和祥码头。十点上 President Cleveland(克利夫兰总统号)船,十一点开船。此是第六次出国。

据此,《识语》所引《年谱简编》"威尔逊总统轮船"有误④,而顾先生谓胡适"离沪日亦曾来馆"云云亦不准确,1995 年 6 月 12 日顾先生致"胡适与中国新文化国际研讨会"筹备组信云:

> 回忆往事,如在目前。胡先生临别时,想起给我的信,他说:"吾给你的两封长信,没有留底,请你还给我吧。"我即检还,亦未及抄录。次晨,先生即登轮远航了。⑤

这个回忆显然更准确,胡适到合众图书馆告别当为离沪之前一日,即 4 月 5 日上午。⑥

顾先生能为胡适提供馆藏资料并参与校勘工作,是有学术基础支撑的。在胡适重审《水经注》公案之前,顾先生对《水经注》其实早有研究,从 1939 年 9 月 9 日所作

---

① 《顾廷龙全集·文集卷》(上册),第 79 页。
② 《胡适全集》第 16 卷,第 138—206 页。按:1948 年 10 月 31 日胡适《致顾廷龙》云:"今天开始写合众馆三本跋,有一点须请教。"可知此文第一稿是这天开始写的,到 1949 年 3 月写毕。
③ 胡颂平:《胡适之先生年谱长编初稿》,第 2081 页。又《胡适全集》第 33 卷《日记》编者曹伯言按。第 724 页。
④ 顾先生所引《年谱简编》即胡颂平撰《胡适先生年谱简编》,有大陆杂志社 1971 年 12 月初版、1979 年 3 月再版校正本,顾先生所引当是前者。胡颂平:《胡适之先生年谱长编初稿》仍沿"威尔逊总统轮"之误(第 2082 页)。
⑤ 沈津:《顾廷龙年谱》,第 764 页。胡适向顾先生索还两封长信事,可参观前引《识语》。《顾廷龙全集·文集卷》(上册),第 79 页。
⑥ 《胡适日记》1949 年 4 月 1 日至 5 日记载极简单,多记时间及姓名,当是与沪上友朋约会告别。4 月 5 日记:"12:30 翁宅(电话 30278)西康路 621 号(旧名小沙渡路)。下午去徐家。"按:翁应即翁文灏(1889—1971),小沙渡路 1943 年改名西康路,整理者误作"少沙渡路"。徐家当是徐士浩的徐家花园。胡适下午去翁、徐两家,到合众图书馆与顾先生等话别当在上午。

《季锡畴传王峻批本水经注跋》看,他那时对清人研究《水经注》的情况已十分了解,对王峻批本也十分重视。①

1949 年 3 月 17 日顾先生作《杨惺吾致梁节庵论水经注手札跋》,肯定了胡适《跋杨守敬论〈水经注〉案的手札两封》一文考订陈垣藏札年份的正确②,指出陈氏考证未谛,并进一步提供证据支持胡适的结论③。跋文略云:

> 杨惺吾致梁节庵论《水经注》两札,胡适之先生考定为光绪十九年所作,又以后札有昨论仲脩日记语,因谂日记初到武昌,书中有言戴赵《水经注》事,致四月十一日席上引起杨惺吾、叶浩吾之议论,其说甚确。陈援庵先生据梁氏家乘,壬辰至丙申节庵在焦山及南京,断定此札须移后四年,实有未谛。

顾先生再引谭献著、徐彦宽辑录《复堂日记续录》,指出"光绪十九年六月以前梁节庵在武昌无疑",又比勘张之洞《广雅堂诗集》、梁鼎芬《节庵先生遗诗》、易顺鼎《琴志楼诗集》相关诗题,推论云:

> 综观上记节庵踪迹,盖自光绪十八年九月至十九年五月,皆客广雅湖广督幕,可为适之先生结论之明证也。④

顾先生的结论无疑是坚实可靠的。1947 年 8 月,陈垣鉴定合众图书馆藏全祖望校本为全氏真迹,纠正了胡适疑伪说。此次胡适与顾先生两跋则纠正了陈垣考订的错误,堪称《水经注》研究史上的佳话。

---

① 顾廷龙:《季锡畴传王峻批水经注跋》:"王氏案语,分析经注,极为精核,改订误夺,亦皆确当。……王氏所批时为乾隆十三年,犹在赵本流传之前,迄乎挽近始有知之者。当先谦撰合校时,所得批校本甚富,而此独未见,不免遗珠之憾。至其校语与赵、戴两本多所暗合,想见前贤读书精邃,造车合辙,往往所见相同,第著述显晦实无定,有幸有不幸也。"顾廷龙全集·文集卷》(上册),第 73 页。按:顾先生所见为抄本,王峻批校稿本今藏复旦大学图书馆。当代《水经注》研究者指出此本是"有突出性成绩的著述。惜该本流传不广,后来治郦者甚少提及,王峻其人及其在郦学上的贡献,迄今未受到应有的重视",又云"今检有关郦注版本学的著述,亦未见有专门论及王峻校本的文字"(李晓杰、杨长玉、王宇海、屈卡乐:《古本与今本:现存水经注版本汇考》,第 183 页及注三)。不知顾先生早已论及之矣。

② 参观 1948 年 8 月 14 日胡适所作《跋杨守敬论〈水经注〉案的手札两封》(附杨守敬手札)、1948 年 12 月 7 日陈垣《致胡适书》、1948 年 12 月 13 日胡适《答陈垣书》,原载《中华文史论丛》1979 年第 2 辑,第 185—194、216—218 页。胡跋又收入《胡适全集》第 15 卷,第 467—479 页。此跋的修改稿及附录 1949 年 12 月 15 日夜胡适所抄上述陈垣来信、胡氏答函及顾廷龙先生跋,见《胡适全集》第 15 卷,第 480—496 页。另有 1953 年所作此跋的再改未完稿,见《胡适全集》第 15 卷,第 497—520 页。

③ 《顾廷龙全集·文集卷》(上册),第 74—76 页。

④ 按:(清)梁鼎芬《节庵先生遗诗》卷四有《孝达尚书招同陈(三立)陈(维垣)杨(锐)江(奉辰)集八旗馆露台展重阳作(九月十九日)》,与顾跋所引张之洞诗《九月十九日八旗馆露台登高赋呈节庵孝通伯严斗垣叔峤诸君子》同为光绪十八年壬辰九月十九日作,惜顾先生漏引。

陈陶遗与顾廷龙交往述略

陈　颖

（上海图书馆历史文献中心）

作为合众图书馆（以下简称"合众"）的发起人之一，陈陶遗与顾廷龙保持有近八年的交谊，而这八年正是"合众"发展最关键的八年。遗憾的是，现存陈陶遗本人的文章著述甚少。而幸运的是，《顾廷龙日记》（以下简称《日记》）流传了下来，成为研究部分时段内顾廷龙个人及其友人交往的重要史料①。本文以《日记》为主要依据，辅以其他史料，梳理两人的公私交谊。一方面凸显了包括陈、顾两人在内的"合众"先贤的君子品行、风骨气节以及彼此间真挚的友谊，另一方面也从一个侧面反映了"合众"在自觉承担起保存中华优秀传统文化使命的实践中艰难曲折的历程。

一、陈陶遗与顾廷龙的初识

陈陶遗（1881—1946）是同盟会元老，民国时期有一定的社会威望。早年参加过同盟会成立大会，担任过同盟会江苏支部部长。辛亥革命成功后，被选为南京临时参议院副议长。二次革命时，远赴东北创办实业，为争取收回东北三江的航权等做出努力。1925 年在"好人政治"的影响下，被张謇等推荐担任江苏省省长一年。1926 年，因不满孙传芳反对北伐，挂印辞官。回沪后，任上海临时参议会秘书长。抗战期间，汪精卫、冈村宁次等曾力邀他担任上海市市长等要职，他坚辞不就，曾对其子陈端白、陈修白说："但愿得一清白之躯足矣，富贵非我等所欲求也。"蒋介石也曾电邀其赴蓉担任要职，他则回复："古井不波。"陈陶遗一生清贫，晚年以鬻书自给，1946 年于贫病中逝世。

陈陶遗参与创办"合众"，缘于 1937 年举办的上海文献展览会。这个展览会是当年上海文化界的一件大事，汇集了沪上机构和民间所藏珍贵文物、文献，并与后来上

---

① 现存《顾廷龙日记》始于 1932 年，终于 1984 年。其间多有缺失，1940 年至 1951 年相对较完整。

海博物馆的筹建有着不解之缘。展览会由叶恭绰联合当时文化界名流张元济、陈陶遗、吴湖帆、柳亚子、黄炎培、周越然等十人发起,叶恭绰任会长,陈陶遗任副会长,张元济则是展览会的直接组织者。陈陶遗也因此与张元济熟知,张元济在 1937 年 9 月 3 日的日记中特别记下了陈陶遗的地址①,两人正式定交。而陈陶遗与叶景葵、顾廷龙则是"合众"筹办后才相识,因而应该是受张元济邀请,陈陶遗参加了"合众"的发起。张元济之所以邀请陈陶遗,一是因为他当时的社会威望,张元济主理商务印书馆和东方图书馆,深知在乱世中办文化机构,需要一位有名望、能够安抚各方势力的人物,以尽量避免各种侵扰与胁迫,而陈陶遗正好符合这个条件;二是通过上海文献展览会,他看出陈陶遗热心于保护中国传统文化,因为陈陶遗不愿担任国民党要职,更不屑担任伪职,却积极参与上海文献展览会这样的文化活动。于是张元济在与叶景葵商议后,决定邀请陈陶遗共同发起创办"合众"。

陈陶遗的名字最早出现在《日记》中是 1939 年 4 月 18 日,在叶景葵致顾廷龙的函札中:"鄙意组织愈简愈好,大约即以弟与菊老及陈陶遗(彼在江苏声望极隆)三人为发起人,即为委员。"②两人第一次见面则是在 1939 年 7 月 20 日,顾廷龙由京来沪,叶景葵为其接风,并介绍认识了一些在沪友人,当天在座的就有陈陶遗。自此以后,一直到陈陶遗去世,两人一直有着密切交往,尤其是 1941 年 8 月"合众"成立董事会后,几乎每周都会见面,关系也愈加亲密,有时甚至"畅谈,忘帽"③。顾廷龙对陈陶遗的称谓也由"陶老"而变为"陶遗",关系也由上下级变为了忘年交。

二、共同应对"合众"馆务

顾廷龙与陈陶遗的交往大多围绕着"合众"馆务。在留存的"合众"档案里,有一张合众图书馆董事表,其中陈陶遗一栏下写着"董事长兼经费管理人"(见图 1),所以但凡有文件需要提交,或是有经费需要支取,顾廷龙都会骑车去离"合众"不远的赫德路择邻处(现常德路、康定路口)陈陶遗住所,请其签名、定夺或批示。而当"合众"遇到问题需要解决时,顾廷龙总会第一时间和叶景葵、陈陶遗、张元济商议,四人共同设法解决。

---

① 张元济:《张元济日记》,商务印书馆,2018 年,第 889 页。
② 顾廷龙:《顾廷龙文集》,上海科学技术文献出版社,2002 年,第 558 页。
③ 顾廷龙撰,李军、师元光整理:《顾廷龙日记》,中华书局,2022 年,第 199 页。

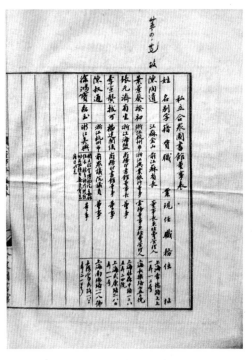

图 1　合众图书馆董事表

（一）四次申请免除房捐的努力

房捐是当时一项重要税收。法领事署公布的《上海公董局征收房捐章程》规定，凡供居住或经营工商业的一切房屋或土地，须照租值按公董局税则表上的规定征税，征税标准以公董局核定的房租为基础，按比例收取，最初是房租的 8％，后一直呈不断上涨趋势。到了 1941 年 6 月，由于连年的战争，公董局因入不敷出，将房捐提高到历史最高点——房租的 30％。"合众"作为民间文化机构，也需按规定缴付房捐，而经打听，与"合众"情况相似的鸿英图书馆，却获得免除房捐的优待①，于是顾廷龙与几位董事商议，希望能设法免去这笔不小的开销。

首先是由张元济请法国汉学家伯希和从中周旋此事。在一封 1941 年 3 月 22 日张元济致伯希和的信函中有这样的文字："……所以吾的至好朋友叶揆初先生、陈陶遗先生和吾三个人，发愿以私人的力量，创办一个中国国学的图书馆，命名为合众图书馆……但是我们力量极为微薄，建筑馆屋已费钱不少，完工迁入之后，每年应纳地捐和房捐为数更不少，经济上很觉困难。查法租界中有鸿英图书馆，亦敝国私人所创办，现设在法租界霞飞路一四一三号，昔年创办之时，蒙法租界当道，免去一切捐项。现在合众图书馆事业相同，亟拟援例陈请。但吾等和贵国现任驻沪总领事 Roland Jacquin de Margeries 不相识，不敢冒昧的去相恳。因此想及先生是位西方的汉学泰斗，为贵国外交界的先进，又是吾的老友，对于我们的事业，当然格外的了解与赞助。所以吾相信你必能替我直接或间接的跟现任驻沪总领事 Margeries 极力关说，使我得到这个合理的要求，那是感激不尽的了。"②十分清晰地说明了事情的前因后果。之后张元济又向伯希和发出过三封救助信，但不知是信件遗失，还是伯希和感觉为难，免捐并未得到解决。

---

① 顾廷龙撰，李军、师元光整理：《顾廷龙日记》，第 139 页。
② 顾廷龙等：《一个图书馆》的发展，顾廷龙撰，李军、师元光整理：《顾廷龙日记》，第 1012—1013 页。

到了1941年6月,叶景葵再托姜绍亮、赵志游设法解决免捐之事。6月24日《日记》:"揆丈来,商请免捐事。"①第二日:"访姜绍亮(华中煤业公司副理),此君即为接洽商请免捐者,据云明日拟访gioloio,如何情况,以电话见告。"②7月4日:"揆丈来电话,告齐青云言,赵志游已见高某。"③这里所指高某,有可能是时任公董局华人教育处处长的法国人高博爱④。赵志游曾任杭州市市长,还是中法联谊会副会长,与法公董局关系自然较为密切,因此第二日即有反应:"姜绍亮来电话,谓高某已见过,属备正式公函,请求准予设立及免地捐、巡捕捐事。"⑤但高某似有所图:"先是,姜称能否以名誉顾问名义畀之,使其对此事别有兴趣。兹复称,渠系行政人员,不能担任此名等语。即电告揆丈。丈已备函并章程草案,与陈陶老、张菊老商定签署。对于章程草案所定董事五人,发起人为当然董事,则尚缺两人,拟暂空,俟将来再聘。菊老称有空穴来风之患,不如即行聘定为妥,因拟请拔可、叔通二翁最为相宜。"⑥由此可见,高某愿意帮忙,却另有企图,张元济等为防患于未然,果断填补了所缺董事空额,而这次的努力可能也因此搁置。因同年8月6日法巡捕房政治部又派人来调查,顾廷龙猜测是请免捐之信已送达,但重新调查说明事情再遇波折。

两次失败后,顾廷龙等再次设法,这次准备通过工部局华人教育处出具相关凭证,证明"合众"与鸿英图书馆属于同等性质,再请陈陶遗找曾经担任过外交部次长的老朋友——朱鹤翔⑦,希望通过朱鹤翔在外交部的人脉解决此事。1941年8月7日,顾廷龙"访陶老,交调查底,并略述向华人教育处大概,俾便托友规说"⑧。这之后,一直到11月4日才有了动静,高博爱亲自来调查:"晚,高博爱偕翻译来调查,参观书库。盖以朱鹤翔托震旦校长转请免捐,特来覆查。最后,渠称因我目录未曾编出,外人求阅不易,免捐事或于下年再说。"⑨于是顾廷龙再次找陈陶遗商议,11月5日:"访陶老,告昨日高博爱调查经过。"⑩陈陶遗再次找朱鹤翔设法周旋,1941年11月29日:"陶老来,谓朱鹤翔已赴香港,请免捐事由其弟步兰续为请托,属开一节略送去,底另存。"⑪

①② 顾廷龙撰,李军、师元光整理:《顾廷龙日记》,第172页。
③ 顾廷龙撰,李军、师元光整理:《顾廷龙日记》,第174页。
④ 高博爱(Grobois,Ch.),译名格罗布阿,法国人,时任法公董局华人教育处处长。
⑤⑥ 顾廷龙撰,李军、师元光整理:《顾廷龙日记》,第175页。
⑦ 朱鹤翔(1888—?),字凤千,江苏宝山人,北洋政权时期外交次长,曾任外交部顾问,驻比利时公使,抗战爆发后离任赋闲。
⑧ 顾廷龙撰,李军、师元光整理:《顾廷龙日记》,第181页。
⑨⑩ 顾廷龙撰,李军、师元光整理:《顾廷龙日记》,第196页。
⑪ 顾廷龙撰,李军、师元光整理:《顾廷龙日记》,第200页。

可惜的是,这次努力也以失败告终,到了 1942 年 1 月 27 日:"晚,揆丈又来,谓陶老交到筠记捐基金万元,属出收据,并告法公董局未能批准免捐理由。"①至此,前三次申请免捐均告失败,从中可以看出由于当时"合众"位于法租界,既受制于公董局,又有汪伪政权当道,还有日本人在背后,几位先贤又极为洁身自好,加之他们的故旧好友当时又多远离权力中心,甚至离开上海,因而"合众"当时办事极其艰难。

至于免房捐之事,一直到抗战胜利后才得到解决。1946 年,通过商务印书馆编译所所长高梦旦之女、时任上海特别市教育局督学高君珊的帮助,"合众"再次申请豁免房捐。1945 年年末,上海特别市教育局派人来视察,顾廷龙"颇思乘教育局多熟人,不如及早立案之为便,与揆丈高之,极赞成。当访高君珊先一谈"②。1 月 21 日:"君珊电话,谓欢迎我去立案。"③第二日顾廷龙立即起草呈文《呈为设立合众图书馆申请立案事》。1 月 23 日:"再访陶老,陶老阅呈,以为后半不需要,删去。极是。归,与揆老商定重缮。访菊老,盖印。"④呈文上报后,在高君珊关注下,2 月 23 日教育局派员来检视,又经财政局审定,最终于 4 月 9 日:"得财政局批准,免房捐。"⑤这次是"以补助费名义免捐"⑥,并且从此之后不再需要每年申请,自此免房捐一事终于得到彻底解决。

(二)共同应对外界侵扰和调查

"合众"成立于日伪占领上海期间,虽地处法租界,依然会受到来自日方及一些地方势力的侵扰。如《日记》1942 年 3 月 18 日记:"忽有日人来叩门,不知其来意,疑为误来,问讯者因即将门闭上,其人复重按门铃,咆哮称不应关门。余即告以与汝既不相识,汝又无介绍函,又无名片,故不便接待。汝既有事,汝即言之。渠始出其名片,曰山本鹤模。据云渠为法租界日本人会第八分会代表,知此地为一图书馆,拟商借此间每月初八分会开会一小时,此外尚须在此打疫针。余云,本馆系私人所办之图书馆,尚未公开阅览,尚不能招待借作开会之所,实难应命。渠极言彼此帮忙、中日和平等词,又自言日人如何负责,决不致有何意外,再三要余重加考虑。余即谓,本馆有董事,容与商夺。渠遂约廿五日再来,乃去。访揆丈商此事。丈即电约张音曼⑦来,商定

① 顾廷龙撰,李军、师元光整理:《顾廷龙日记》,第 215 页。
② 顾廷龙撰,李军、师元光整理:《顾廷龙日记》,第 428 页。
③④ 顾廷龙撰,李军、师元光整理:《顾廷龙日记》,第 440 页。
⑤ 顾廷龙撰,李军、师元光整理:《顾廷龙日记》,第 451 页。
⑥ 顾廷龙撰,李军、师元光整理:《顾廷龙日记》,第 911 页。
⑦ 张音曼,浙江兴业银行高级职员。

先探明山本身份,再谋与之婉却。丈赴匋老处,告此事经过,亦可托人分头调查。"①两日后又记:"张音曼来电话,谓昨会诸日人,皆不知山本其人,有关领事者,允为电话通知其勿来借用。俟其来,即嘱其与关领事商洽可也。匋翁访揆老,招余往谈。匋翁以为不宜以领事馆压之。揆老意,招张访山本婉却之。"②又二日后记:"张音曼来,即约山本一晤。渠即来馆,由张陈述本馆困难之处,请其物色他所,见允。此事遂解决。"③类似的情况有多次。如 1942 年 6 月 21 日保甲办事处派人来,说想要以"合众"为办公处,后经陈陶遗、叶景葵等周旋,最终也令其知难而退。

　　此外,应对来自公董局、警察局不同名义的调查,也是当时较为令人头痛的事情。这是因为各种调查背后的目的都不单纯,稍有不慎便会惹来不必要的麻烦。比如沈津在《"合众"在解放前的困境》一文中说:"可是法巡捕房政事处认为,在这时候居然办起图书馆来,非和国民党必和共产党有关,否则谁愿办这只有支出而无收入的事业。同时因前市中心的上海市立图书馆的书不见了,又因'合众'馆名'合众'有一'众'字,遂以为与邑庙的群众图书馆有关了。"④从这段话可以看出,当时无论是法公董局还是后来的国民党,都对合众有着莫名的怀疑,因而"不明来历的调查的不少"⑤。《日记》中如此的情况也有很多,如 1941 年 1 月 17 日公董局派督察朱良弼来调查,1941 年 8 月 6 日公董局巡捕房政治部派冷峰来调查,1941 年 11 月 4 日公董局教育处主任高博爱来调查,1943 年 11 月 2 日伪第八区教育处来调查,1943 年 11 月 22 日伪上海第一警察局特警处特高科文化股派刘淇沛来调查,1943 年 12 月 21 日常熟路分局特高科派侯云根来调查,1944 年 3 月 15 日常熟路分局特高科派禹忠宪来调查,等等。其中就有一些不明就里的调查,对这类情况,顾廷龙等非常谨慎,每回都是在利用可靠关系打探清楚具体情况和目的后,才做出应对。如 1943 年 11 月 2 日《日记》记:"接第八区教育处调查表,属填。就陶老、揆老商酌。陶老商诸蒋竹庄⑥,据言是项调查不甚顶真。"⑦1944 年 11 月 17 日:"今日《申报》载警察局布告,令各团体登记,文化一类亦在其列。本馆难免矣。商诸揆丈,似只可登记之。托子毅一探外面情形,再商陶公定之。"⑧

① 顾廷龙撰,李军、师元光整理:《顾廷龙日记》,第 226 页。
②③ 顾廷龙撰,李军、师元光整理:《顾廷龙日记》,第 227 页。
④⑤ 上海图书馆编:《顾廷龙先生纪念集》,上海科学技术文献出版社,2014 年,第 41 页。
⑥ 蒋维乔(1873—1958),现代哲学史家、佛学家、教育家。字竹庄,别号因是子。江苏武进(今常州)人。曾任江苏教育厅长、东南大学校长、上海鸿英图书馆馆长等职。
⑦ 顾廷龙撰,李军、师元光整理:《顾廷龙日记》,第 338 页。
⑧ 顾廷龙撰,李军、师元光整理:《顾廷龙日记》,第 401 页。

第二日"访陶公,亦以为暂不去登记,俟派人来再说"①。

顾廷龙最后一次拜访陈陶遗,是在1946年3月29日:"访陶老,将案上关于参议会通告等携来。"②也是为"合众"馆务,而此时距陈陶遗去世已不到一个月。由上可见,在"合众"创办之初,顾廷龙等除业务工作外,还投入了大量的精力和时间应付馆务。乱世之中,来自各种势力的侵扰多且复杂,而在此过程中,合众诸先贤所发挥的正是"众擎易举"的"合众"精神,才使"合众"在那个风雨飘摇的乱世中得以安然生存。

三、合众先贤交谊的见证

图2　合众图书馆丛书第一种
《恬养斋文钞》题签

陈陶遗曾多次为顾廷龙题签、题跋,所题为公为私皆有。第一次题签是在1940年3月28日:"午后,访陶老,请写《恬集》签。"③所谓《恬集》即《恬养斋文钞》(见图2),是"合众"在"校印前贤未刊之稿,以广流传,嘉惠后学"办馆宗旨之下,所刊印的《合众图书馆丛书》的第一种。

(一)《涉园图咏》与《秀野草堂图》的合庋

顾廷龙还请陈陶遗题跋过另两件见证"合众"先贤情谊的画卷《涉园图咏》和《秀野草堂图》。1942年11月29日顾廷龙在《日记》中记:"又访陶遗……余以《涉园图咏》及《秀野草堂图》乞题。"④陈陶遗为张元济题下《题〈涉园图〉》七绝二首,其一曰:"风节当年撼近臣,故园丘壑亦经纶。旧朝台殿经桑海,可似螺浮一角春。"⑤为顾廷龙题下《题〈秀野草堂图〉》五古一首,其中"图存堂即存,不必怨阳九。吾闻之旧京,别墅抗万柳。

---

①　顾廷龙撰,李军、师元光整理:《顾廷龙日记》,第401页。
②　顾廷龙撰,李军、师元光整理:《顾廷龙日记》,第450页。
③　顾廷龙撰,李军、师元光整理:《顾廷龙日记》,第64页。
④　顾廷龙撰,李军、师元光整理:《顾廷龙日记》,第280页。
⑤　上海市合众图书馆辑:《陈陶遗先生墨迹》,民国三十七年(1948)影印本,第8页a。

图出禹鸿胪,并此成嘉耦。会当合剑津,君其菁荷负"①,赞许之外颇有安慰之意。

涉园是浙江海盐张元济张氏家族的祖园,建于清初,清代中期以后,成为江浙一带藏书、刻书以及文人墨客雅集之地。康熙年间,张元济先祖张胎请画家王补云将涉园诸景绘成长卷,并遍征当时名士题咏。太平天国战争时,涉园遭毁。《涉园图》后来也毁于火灾。1927 年,张元济以 400 元银洋的价格收到一幅《涉园图》的副本,此副本由张元济七世叔祖张柯(东谷)请画家查日华临摹而成,虽非原迹,却也格外珍贵。张元济得此图后非常高兴,遍征当时社会名流题跋,其中就包括叶景葵、陈陶遗、顾廷龙等"合众"先贤。

秀野草堂则是苏州唯亭顾廷龙顾氏家族的祖园,位于苏州因果巷,康熙二十七年(1688)三月落成,由顾廷龙的八世从祖顾嗣立建造。顾嗣立与朱彝尊等是好友,常与友朋在秀野草堂举办文酒之会。朱彝尊撰《秀野堂记》曰:"插架以储书,又竿以立画,置酒以娱宾客。"②康熙三十二年(1693),顾嗣立另一好友黄玢捉笔为图,记录下秀野草堂之盛景。画成后,汪荃、尤侗、黄玢、史周、张远等题诗题词。后又由乾隆至嘉庆年间文人潘奕隽题端,均为手书,尤为珍贵。传至顾廷龙手中,顾也遍征当时学界名流继为题诗题词,张元济、叶景葵、陈陶遗三人皆为之题诗。

后张元济、顾廷龙将《涉园图咏》和《秀野草堂图》两卷画卷捐入"合众",两图合庋,现藏上海图书馆,也成为"合众"几位先贤友谊之见证。顾廷龙在《涉园图卷跋》中记录下了这段合众奇缘:"今涉园与草堂皆赖图咏以留鸿雪,而两图又皆展转为楚弓之得失,卒得同庋于合众图书馆,为文献之征,亦奇缘已。"③张元济也撰写《秀野草堂图跋》详述顾、张两家三百年间藏书历史,并感叹:"三百年世交,恐世间不多得也!"④

(二)《陈陶遗先生墨迹》的刊印

《陈陶遗先生墨迹》是陈陶遗身后唯一的作品集,既是诗文作品,也是书法作品,而它的刊印正体现了陈陶遗与顾廷龙之间深厚的忘年之交。

1946 年 4 月 27 日午间陈陶遗去世,叶景葵得到消息后,立时赴"合众"告知顾廷龙。两人"为之嗟悼不止"⑤。顾廷龙当即撰挽联三副,第一副代叶景葵撰:"竟槁项寂

① 上海市合众图书馆辑:《陈陶遗先生墨迹》,第 8 页 b。
② 上海图书馆编:《我与上海图书馆》,上海科学技术文献出版社,2002 年,第 19 页。
③ 顾廷龙:《顾廷龙文集》,上海科学技术文献出版社,2002 年,第 240 页。
④ 上海图书馆编:《我与上海图书馆》,第 19 页。
⑤ 顾廷龙撰,李军、师元光整理:《顾廷龙日记》,第 454 页。

寞而终,是国家社会诸般之不幸;以黔首饥溺为念,非游侠隐逸两传所能赅。"①第二副:"开国著勋劳,抚辑乡邦,历劫中兴怀硕德;遗经筹采集,追随杖履,论书两汉忆花朝。"②署名"后学顾廷龙"。第三副:"课余茶话悲陈迹;劫后黎光失导师。"③署"合众图书馆全体"。张元济亦撰联:"安乐故人多,犹见扁舟范少伯;凄凉寒食了,谁旌縣上介之推。"④第二天,顾廷龙、叶景葵亲赴追悼会悼念。当年7月7日,金山同乡会公祭陈陶遗,顾廷龙再次冒雨前往。

陈陶遗去世一年后,顾廷龙依然心存故旧,赴陈陶遗周年祭,并开始搜集陈陶遗墨迹,筹划刊印《陈陶遗先生墨迹》以兹纪念。1948年4月3日,顾廷龙致信陈乃乾(见图3):

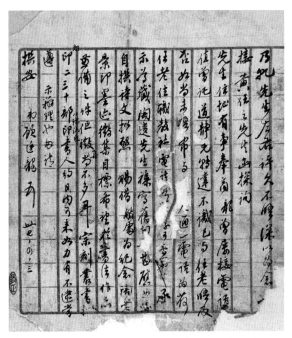

图3　顾廷龙致陈乃乾函

乃乾先生左右:

　　许久不晤,深以为念。……承示尊藏陶遗先生杂写旧句,甚慰。如系自撰诗文,拟恳赐借敝处。为纪念陶老景印墨迹征集目标,希望于书法、作品兼备之件,但征集尚不多耳。宗刻丛书拟勉印二三十部,以谋流通。印书人约日内可来,如力有不逮,当尊示办理也,匆请撰安。弟顾廷龙顿首。卅七、四、三。

①②③　顾廷龙撰,李军、师元光整理:《顾廷龙日记》,第454页。
④　张元济:《张元济全集》第4卷,商务印书馆,2008年,第148页。

经顾廷龙努力,《陈陶遗先生墨迹》于 1948 年 4 月陈陶遗逝世两周年时,由"合众"出面影印刊行。顾廷龙亲自抄写了陈叔通所撰《陈君陶遗家传》,还撰并写有《跋》一篇:

> 陈陶遗先生为本馆第一任董事长,没将两稔,忆当年风雨飘摇之际,端赖擘画匡扶,幸得成立。先生建国有殊勋,抚辑乡邦,遗爱在民。迨归隐淞滨,不问世事,以鬻书终。……毕生所为诗文,均不留稿。雅好书翰,得者珍如拱璧。……兹搜访墨迹得十七帧,付之景印,冀垂久远。承董和甫、严惠宇、叶揆初诸先生助纸捐款,始克有成。吉光片羽,乌足以表先生之丰功伟业耶!①

顾廷龙对陈陶遗的书法非常推崇:"早岁笃嗜篆隶,中年出入六朝碑版,晚而致力章草,盖服膺郡学叶石林。所摹《急就篇》刻石,得史游之真传,意趣高旷,肖其生平。"②此外,此书还收入张元济所题陈陶遗像(见图 4)、叶景葵篆书所题"陈陶遗先生墨迹"(见图 5)。而《陈陶遗先生墨迹》也成为"合众"先贤相濡以沫、相携共进的又一历史见证。

图 4　张元济题陈陶遗先生小像　　　　　图 5　叶景葵题《陈陶遗先生墨迹》

---

①② 上海市合众图书馆辑:《陈陶遗先生墨迹》,第 14 页 a。

陈陶遗为官清廉,自己虽无资产和大批藏书可捐,但也尽力而为。"合众"创建伊始,就向筠记①筹资一万大洋捐入"合众",并将家中仅藏佳本捐入馆中。如《日记》1941 年 12 月 19 日:"访陶老,取来唐鸣时捐《苏藩政要》及陶老赠常熟新印《三峰寺志》。"②1943 年 10 月 26 日:"陶遗电话,告《续行水金鉴》下半部已印出,属往取。"③1943 年 10 月 27 日:"陶遗赠《再续行水金鉴》六至十五河水部分。"④去世后,其子陈端白、陈修白也曾尊从乃父遗愿,多次将遗留下来的书籍资料捐入"合众"。1947 年 3 月10 日,《日记》中记有:"陈叔通先生来,交到匋老致在君信。虽皆旧札,后人不愿公开,切属密藏。"⑤这里"匋老致在君信",是指陈陶遗在 1925 年至 1926 年任江苏省长时与丁文江(字在君)的通信,丁文江去世后,其后人将这些信归还给陈陶遗,信的内容事关当时上海会审公廨收回,以及陈陶遗辞去江苏省长时的行踪和思想。"后人"应该是陈陶遗长子陈端白。又如 1950 年 4 月 30 日《日记》:"陈修白自青岛来,检得《碛砂藏》经,愿以赠馆。渠在山东大学授水产。"⑥5 月 3 日《日记》:"取匋遗先生遗书,计六箱。"⑦陈陶遗还常劝身边好友捐书,唐鸣时是当时上海名律师,抗战时期全家一直借住在陈陶遗家⑧。受陈陶遗感召,唐鸣时曾通过陈陶遗捐出所藏郑官应家尺牍等资料⑨。

顾廷龙与陈陶遗交往时间仅八年左右,两人亦师亦友,共同守护"合众"。从《日记》中两人的交往可以看出,顾廷龙对"合众"的贡献不仅仅在于图书馆访书、编书等业务工作,还为"合众"在乱世中能免受各类侵扰,以最大限度保护珍贵文献费尽心思。顾廷龙收入极低,但还经常用自己的收入为"合众"购书,陈陶遗更是不取分文,并自始至终全力支持顾廷龙的工作。郑伟章曾向顾廷龙请教做人、做学问最深的体会是什么,顾廷龙回答了两个字:"无我。"⑩也许这正是顾廷龙、陈陶遗、张元济、叶景葵等"合众"先贤当年创办合众图书馆的精神所在,他们始终有一个信念,那就是"肩负起保存固有文化之责任"⑪,而这也正是他们留给后世最宝贵的精神财富。

---

① 筠记,胡筠记证券号,由买办胡筠籁兄弟四人创办。
② 顾廷龙撰,李军、师元光整理:《顾廷龙日记》,第 205 页。
③ 顾廷龙撰,李军、师元光整理:《顾廷龙日记》,第 336—337 页。
④ 顾廷龙撰,李军、师元光整理:《顾廷龙日记》,第 337 页。
⑤ 顾廷龙撰,李军、师元光整理:《顾廷龙日记》,第 475 页。
⑥ 顾廷龙撰,李军、师元光整理:《顾廷龙日记》,第 536 页。
⑦ 顾廷龙撰,李军、师元光整理:《顾廷龙日记》,第 537 页。
⑧ 中国人民政治协商会议上海市委员会文史资料委员会编:《上海文史资料选辑》第 70 辑《上海人物史料》,上海市政协文史资料编辑部,1992 年,第 81 页。
⑨ 顾廷龙撰,李军、师元光整理:《顾廷龙日记》,第 203 页。
⑩ 郑伟章:《记文章渊薮顾廷龙先生》,《中国图书馆学报》1999 年第 5 期,第 71 页。
⑪ 顾廷龙等:《一个图书馆》的发展,顾廷龙撰,李军、师元光整理:《顾廷龙日记》,第 643 页。

风尘澒洞之际两个读书人

——顾廷龙与姚光

陈福康

（上海外国语大学文学研究院）

顾廷龙先生（1904—1998），字起潜，是我国近代著名的文献学家、图书馆学家和书法家。这个是大家都熟知的。顾老的名和字都与龙有关，今年是龙年，我们纪念他老人家双甲周年诞庆。本文要写到的顾先生的朋友姚光先生，可能知道的人不是太多，需要作一点介绍（以下敬称省略）。

姚光（1891—1945），号石子，又号复庐，上海金山张堰人。他比顾廷龙年长13岁，明年是他逝世80周年。姚光为1909年成立的南社的发起人之一高燮的外甥，为南社首批社员，也是当时最年轻的社员。1918年南社内部发生分歧，发起人之一柳亚子辞职，姚光遂由社友推举继任南社主任。在20世纪二三十年代，姚光从事过爱国政治活动。1937年10月，他到上海市区办婚事，本拟婚后回张堰，不料11月5日侵华日军在金山卫登陆，当天张堰便沦陷了，从此便蛰居上海市区。姚光一生嗜书，刻有藏书章"书淫"。他的藏书虽在日寇侵华劫火中损失不少，但仍为江南著名藏书家之一。顾廷龙与姚光最大的共同点就是，他们都出身于"世代清德，家风儒素"①的书香门第，都无比热爱古籍文献，都有很高的学术修养。同时，他们又都是坚贞的爱国者。

顾廷龙与姚光在抗日战争上海"孤岛"时期结为忘年之交。用姚光的话来说，他们相识于"荒江寂寞之滨"，"又际风尘澒洞之会"。他俩的交谊值得我们后人回顾和感念。此前，顾廷龙学生沈津撰写的《顾廷龙年谱》②、顾廷龙哲嗣顾诵芬和师元光编著的《自将摩挲认前朝——〈宋绍定井栏题字〉释注》③，已根据顾廷龙日记写了顾、姚

---

① 姚光：《复泉山馆后记》，姚光著，姚昆群等编：《姚光集》，社会科学文献出版社，2000年，第167页。

② 上海古籍出版社，2004年。

③ 上海科学技术文献出版社，2017年。

两人交往的史实。近年,《顾廷龙日记》①正式出版,《姚光日记》②也出版了,两位的日记可以互相印证,互相补充,使我们能据以更详细地研究和论述二人的交游。下面,我主要辑录引用非常宝贵的二位当年的日记原文,并略加笺注和评论。(对出版的两部日记书中的错字和错误标点有所改正,不一一注出。)我认为直接引用日记最能真实地反映历史的原生态。

1939 年 7 月 20 日顾廷龙日记:"晚,揆丈招饮,座有王佩净、王欣夫、姚石子、陈陶遗、陈仲恕、陈叔通、博山、景郑及龙。"③同日姚光日记:"傍晚,至白利南路兆丰别墅五十一号叶揆初处,应其招饮。同席为顾起潜、潘博山、潘景郑、王佩净、王欣夫、陈陶遗、陈仲恕、陈叔通。八下钟返。"④这一天就是顾、姚二位结识之始。当时顾廷龙 35 岁,姚光 48 岁。"揆丈"即叶景葵,字揆初,著名实业家,浙江兴业银行行长,也是文献学家和藏书家。这年春,陈陶遗、叶景葵、张元济"每痛倭寇侵略之深,辄念典籍为文化所系,东南实荟萃之区,因谋国故之保存,用维民族之精神"⑤,遂以"三人合众"之意,发起筹创合众图书馆,专注于集纳、守护、传承中国传统文史典籍。而顾廷龙就是应叶景葵、张元济的盛情邀请,毅然辞去北平燕京大学图书馆尚属稳定的职业,携家来到上海,来负责创办合众图书馆具体工作的。这天,正是顾廷龙刚到上海的第三天。姚光日记首先写到顾廷龙,很显然,这正是为顾洗尘的欢迎会。叶景葵邀请作陪的,全是著名的文献学家和藏书家。

8 月 2 日顾廷龙日记:"王欣夫借座晋隆招饮,座有冒鹤亭、瞿良士、高吹万、姚石子、吕诚之、张芹伯、钱宾四、施云秋、博山、景郑及余。"⑥同日姚光日记:中午"至……晋隆饭店,应王欣夫招饮。同席为时舅,冒鹤亭,瞿良士,吕□,张芹伯,潘博山、景郑,顾起潜,施韵秋等。下午三点多钟散。"⑦"时舅"就是高燮,字时若,号吹万。是日高朋满座,也全是著名学者。

①　中华书局,2022 年。
②　复旦大学出版社,2023 年。
③　顾廷龙撰,李军、师元光整理:《顾廷龙日记》,第 32 页。
④　上海市金山区档案局(馆)编:《姚光日记》(下册),第 1552 页。
⑤　陈陶遗等:《呈为设立私立合众图书馆申请立案事(私立合众图书馆董事陈陶遗等呈上海市教育局)》,王世伟整理:《上海市私立合众图书馆发展史料二则》,《历史文献》第 3 辑,上海科学技术文献出版社,2000 年,第 18—20 页。
⑥　顾廷龙撰,李军、师元光整理:《顾廷龙日记》,第 33 页。
⑦　上海市金山区档案局(馆)编:《姚光日记》(下册),第 1555 页。

8月6日后顾廷龙日记中辍。9月9日姚光日记:"顾起潜来。"①9月11日姚光日记:"上午,至辣斐德路六百十四号候顾起潜。是处叶揆初等将设合众图书馆,顾君为之筹备也。少坐,略事浏览,出。"②"辣斐德路"为今复兴中路,合众图书馆初办于此。楼下是筹备处,楼上是书库,顾廷龙一家即住楼上。草创时的艰苦,尽在姚光的目中。而正当顾廷龙辛勤操劳之际,9月26日长子不幸病故,顾廷龙痛苦万分。但他化悲痛为力量,继续努力工作,丧事也不声张。连亲属顾颉刚也迟至11月中旬才得知噩耗,19日写来唁信。11月27日姚光日记:"上午,至辣斐德路六百十四号晤顾起潜。"③姚光当来表示慰问。

1940年3月28日顾廷龙日记:"校《恬稿》。石子来。"④是日姚光日记失记去访。"恬稿"指《恬养斋文钞》,清人罗以智著,顾廷龙编。5月29日顾廷龙日记:"谒陶老、石子、季老,皆赠《恬集》。"⑤同日姚光日记:"顾起潜来。"⑥顾廷龙在23日收到刚印好的《恬养斋文钞》⑦,29日即送给姚光。

8月6日姚光日记:"上午,至辣斐德路六百十四号晤顾起潜。"⑧同日顾廷龙日记:"石子来,并借示欣夫藏《画扇斋丛录》,并属书扇面。"⑨可知当时顾廷龙书法已经很有名气,姚光特请顾廷龙书写扇面。可惜该扇面今未见,亦不知所写内容。11月4日姚光日记:"作信致……顾起潜。"⑩该信已佚。信中当有向顾廷龙借清人全祖望《鲒埼亭集》事,因6日顾廷龙日记:"访姚石子,以杨秋室《鲒埼亭集》借之。"⑪同日姚光日记:"顾起潜来。"⑫"杨秋室"即清人杨凤苞,杨氏评校过《鲒埼亭集》。

11月15日顾廷龙日记:"与严鸥客通电话,询悉揆丈安好,大慰。旋赴浙兴,鸥客为述当时详情。揆丈亦来,欢然把晤,亦述大略。……校《朴学斋文集》毕,借自姚石子君者,即还。"⑬"严鸥客"名江,是叶景葵的表弟。叶景葵14日被人绑架(严江也在

---

① 上海市金山区档案局(馆)编:《姚光日记》(下册),第1561页。
② 上海市金山区档案局(馆)编:《姚光日记》(下册),第1562页。
③ 上海市金山区档案局(馆)编:《姚光日记》(下册),第1574页。
④ 顾廷龙撰,李军、师元光整理:《顾廷龙日记》,第64页。
⑤ 顾廷龙撰,李军、师元光整理:《顾廷龙日记》,第82页。
⑥ 上海市金山区档案局(馆)编:《姚光日记》(下册),第1608页。
⑦ 顾廷龙撰,李军、师元光整理:《顾廷龙日记》:"《恬集》三百部亦送来。"第81页。
⑧ 上海市金山区档案局(馆)编:《姚光日记》(下册),第1620页。
⑨ 顾廷龙撰,李军、师元光整理:《顾廷龙日记》,第97页。
⑩ 上海市金山区档案局(馆)编:《姚光日记》(下册),第1635页。
⑪ 顾廷龙撰,李军、师元光整理:《顾廷龙日记》,第114页。
⑫ 上海市金山区档案局(馆)编:《姚光日记》(下册),第1636页。
⑬ 顾廷龙撰,李军、师元光整理:《顾廷龙日记》,第115—116页。

场），好在有惊无险。这天顾廷龙日记未记去姚宅，姚光日记亦未记顾来访，因此《朴学斋文集》一书大概是通过叶景葵向姚光转借而还的。11月21日姚光日记："下午……至辣斐德路六百十四号晤顾起潜。"①同日顾廷龙日记："姚石子来，慰揆丈受惊，并还《鲒埼亭集》秋室批本。"②

1941年2月4日姚光日记："上午，至……辣斐德路六一四号合众图书馆晤顾起潜，并晤及潘景郑。"③潘景郑是顾廷龙的亲戚，也是同事。同日顾廷龙日记："姚石子来，检假《绩学堂诗文集》，为燕馆访者。"④

2月9日姚光日记："下午，至合众图书馆顾起潜处，晤洪煨莲（名业，燕京大学教授）及李拔可。起潜先曾招饮，以中孚等在，未赴也。"⑤同日顾廷龙日记："今日约洪煨莲午膳，内子自煮，请拔可、石子饭后始来、景郑及张天泽为陪。出顾校《史通》共赏。《史通》，蜀刻也。洪以《史通》版本专家自命，认为张鼎思本，则大谬。拔可谈及冒孝鲁声称揆老办图书馆，而书不借人，办之何用！不知本馆方在筹备，何能出借？即开幕后，亦须有相当限制，用功书总须自备。"⑥洪氏亦著名图书馆学家。冒氏当时对合众图书馆的批评显然过苛，所以顾廷龙在日记中作了反批评。

2月11日顾廷龙日记："阅《中和》，从石子借来，颇有掌故可观。雪桥先生《来室家乘》今改名为《自订年谱》，载故事甚多，体例不固执，详简得宜，自订年谱之佳作也。"⑦"雪桥"即杨钟羲，以清遗民自居的老学者，去年刚去世。顾廷龙所阅杨氏《自订年谱》亦借自姚光。17日顾廷龙日记："从石子借《雪桥年谱》，有记余往谒一则：'……起潜名廷龙，与王胜之同年有连。甲戌冬，胜之年八十矣，居南翔，为作书介绍来见。能读书，著《古匋文眷录》，乞余书"匋簃"横额，有其乡先生郑盦、窬斋之风。'"⑧

3月10日顾廷龙日记："燕京寄书目，蓝晒纸制法，及为石子晒《武陵山人制义》。"⑨3月29日姚光日记："下午，作信复……起潜。"⑩8月4日顾廷龙日记："访姚石

① 上海市金山区档案局（馆）编：《姚光日记》（下册），第1638页。
② 顾廷龙撰，李军、师元光整理：《顾廷龙日记》，第117页。
③ 上海市金山区档案局（馆）编：《姚光日记》（下册），第1654页。
④ 顾廷龙撰，李军、师元光整理：《顾廷龙日记》，第135页。
⑤ 上海市金山区档案局（馆）编：《姚光日记》（下册），第1655页。
⑥ 顾廷龙撰，李军、师元光整理：《顾廷龙日记》，第136—137页。
⑦ 顾廷龙撰，李军、师元光整理：《顾廷龙日记》，第137页。
⑧ 顾廷龙撰，李军、师元光整理：《顾廷龙日记》，第138页。
⑨ 顾廷龙撰，李军、师元光整理：《顾廷龙日记》，第144页。
⑩ 上海市金山区档案局（馆）编：《姚光日记》（下册），第1664页。

子,还《绩学堂诗文钞》,未晤。"①9月5日姚光日记:"下午,至辣斐德路六百十四号候顾起潜,……不值。"②同日顾廷龙日记:"石子来,未晤,留下《柚堂文存》。"③这天姚光去辣斐德路访顾廷龙未遇,是因为合众图书馆新馆房子刚刚建好,顾廷龙正忙着开始搬家。14日顾廷龙把家搬到新馆④,26日去叶景葵新家祝贺⑤,10月6日开始有友人来参观⑥。这时,正值顾廷龙丧子二周年,他的心情悲喜交加。

10月8日姚光日记:"上午,至蒲石路古拔路口合众图书馆晤顾起潜、潘景郑。该馆自建房屋新近落成迁入,爰以《武陵山人遗书》《舒艺室全集》赠之。"⑦同日顾廷龙日记:"石子来,赠书,并告《浪迹丛谈》有罗以智序。"⑧姚光是合众图书馆新楼建成后最早赶来祝贺并赠书的人,此后他还多次赠书(见下引日记),足见他对顾廷龙的支持。"蒲石路"即今长乐路,"古拔路"即今富民路。这座房屋由华盖建筑事务所著名设计师陈植主持设计,如今已成为后人永远凭吊的文化遗址了。

10月29日姚光日记:"上午,至合众图书馆晤顾起潜。"⑨同日顾廷龙日记:"姚石子先生来,赠顾校《内经》。"⑩10月30日顾廷龙日记:"揆老偕访石子,未晤。"⑪同日姚日记失记顾来访未晤。11月15日姚光日记:"至合众图书馆晤起潜,并拟答候叶揆初,闻其抱恙,未往(叶君住在相近,曾与起潜来过)。"⑫同日顾日记失记姚来访。

1942年1月2日顾廷龙日记:"还石子《柚堂文》,未值,交其婢手。"⑬同日姚日记失记顾来访未值。1月10日姚光日记:"上午,至合众图书馆晤顾起潜,并拟答候叶揆初先生,以闻出外未往,在馆少坐,返。"⑭同日顾日记失记姚来访,但记"陈聘丞来阅《太平御览》,正式来馆阅书之第一人也,揆丈来谈……"⑮。隔一天1月12日姚光日记:"上午,至合众图书馆,同起潜往候叶揆初先生。图书馆系揆初先生所创立,其住

① 顾廷龙撰,李军、师元光整理:《顾廷龙日记》,第180页。
② 上海市金山区档案局(馆)编:《姚光日记》(下册),第1690页。
③ 顾廷龙撰,李军、师元光整理:《顾廷龙日记》,第185页。
④ 顾廷龙撰,李军、师元光整理:《顾廷龙日记》:"第一次搬书,第二次搬余家具,第三次搬余家具,第四次搬书箱,第五次搬书箱及杂件,第六次搬杂件。会庆正式迁入。"第186页。
⑤ 顾廷龙撰,李军、师元光整理:《顾廷龙日记》:"揆丈进屋,往贺。"第188页。
⑥ 顾廷龙撰,李军、师元光整理:《顾廷龙日记》:"夏地山先生率子来参观。"第190页。
⑦ 上海市金山区档案局(馆)编:《姚光日记》(下册),第1697页。
⑧ 顾廷龙撰,李军、师元光整理:《顾廷龙日记》,第190页。
⑨ 上海市金山区档案局(馆)编:《姚光日记》(下册),第1700页。
⑩⑪ 顾廷龙撰,李军、师元光整理:《顾廷龙日记》,第195页。
⑫ 上海市金山区档案局(馆)编:《姚光日记》(下册),第1703—1704页。
⑬ 顾廷龙撰,李军、师元光整理:《顾廷龙日记》,第209页。
⑭ 上海市金山区档案局(馆)编:《姚光日记》(下册),第1715页。
⑮ 顾廷龙撰,李军、师元光整理:《顾廷龙日记》,第210—211页。

在即与馆壁邻也。坐谈数刻,返。"①同日顾廷龙日记:"石子来,陪访揆老谈。"②

3月25日顾廷龙日记:"访石子,前赠《武陵山人制艺》已与董伯骧各加一跋,见示。借来录副。"③同日姚光日记:"顾起潜来。"4月8日姚光日记:上午"至合众图书馆晤顾起潜及潘景郑。观《同声》杂志。"④同日顾日记失记姚来访。8月24日姚光日记:"上午,至合众图书馆晤顾起潜、潘景郑。"⑤同日顾廷龙日记:"石子来,赠《吹万文集》《逋居士集》。"⑥

1943年2月16日姚光日记:"上午,至合众图书馆晤顾起潜、潘景郑。观《中和》月刊。"⑦同日顾廷龙日记:"石子来,赠《安雅堂集》,即以新刊报之。"⑧3月4日姚光日记:"下午,至合众图书馆晤叶揆初、顾起潜。"⑨同日顾廷龙日记:"姚石子来。"⑩3月23日姚光日记:下午"至合众图书馆晤潘景郑、顾起潜"⑪。同日顾日记失记姚来访。

4月23日姚光日记:"作信致顾起潜。"⑫未记访顾。而同日顾廷龙日记:"石子送《清仪阁录苏斋文》一册,属跋。"⑬亦未记姚来访。可知当是姚派人送信与书给顾,请顾为书题跋。4月26日顾廷龙日记:"为石子跋清仪阁录《复初斋文》。"⑭按,顾廷龙在去年4月11日曾为合众图书馆藏清人翁方纲(号覃溪,斋号复初斋、苏斋)《复初斋文集》校读后题过跋,此次见到姚光送来的清人张廷济(斋号清仪阁,晚号眉寿老人)抄本,又再次题跋。这篇跋文学术价值非常高,是顾廷龙最精彩的古籍跋文。今重新校点引录于下:

> 右清仪阁录存《复初斋文》,附眉寿老人手书《苏斋书跋》一篇,以翁、张所著检校一过。按,老人跋文载《清仪阁题跋》中,翁文有刻有未刻。若《吴谷人诗序集题同学一首送别吴谷人》,据魏稼孙校注,撰年为丁巳三月,与此亦合。《致莒

①　上海市金山区档案局(馆)编:《姚光日记》(下册),第1715页。
②　顾廷龙撰,李军、师元光整理:《顾廷龙日记》,第211页。
③　顾廷龙撰,李军、师元光整理:《顾廷龙日记》,第228—229页。
④　上海市金山区档案局(馆)编:《姚光日记》(下册),第1729页。
⑤　上海市金山区档案局(馆)编:《姚光日记》(下册),第1754页。
⑥　顾廷龙撰,李军、师元光整理:《顾廷龙日记》,第258页。
⑦　上海市金山区档案局(馆)编:《姚光日记》(下册),第1785页。
⑧　顾廷龙撰,李军、师元光整理:《顾廷龙日记》,第296页。
⑨　上海市金山区档案局(馆)编:《姚光日记》(下册),第1788页。
⑩　顾廷龙撰,李军、师元光整理:《顾廷龙日记》,第299页。
⑪　上海市金山区档案局(馆)编:《姚光日记》(下册),第1792页。
⑫　上海市金山区档案局(馆)编:《姚光日记》(下册),第1797页。
⑬　顾廷龙撰,李军、师元光整理:《顾廷龙日记》,第307页。
⑭　顾廷龙撰,李军、师元光整理:《顾廷龙日记》,第308页。

限书札》,集无。《用前韵奉送石公秘检假归苏州》诗,略有缺误,即为校补。其前似有缺页,所用前韵,检是集,首章《为文渊阁直庐同年绚斋宫赞赋(三月廿九日)》,诗云:"曝书犹是谶馀春,直舍轮番入及晨。绿树红窗尘不到,琅函玉字庋来新。官联艺苑兼芸阁,掌故先程更后陈。七载充衔无寸补,静看砖景画廊循。"后半所书与友论诗语,疑从手札录得者。两诗盖写示其友者也。《商距末》为逸文之一,见刘氏嘉业堂刻《集外文附逸文目》。《铜戈跋》集题《跋芈子戈》,于"胡有铭五字曰芈子之䤵戈云"句止,魏氏校注,撰年为甲午;又有"后尚有二百余字考'芈子'字者,盖临刻删去,今钞入外集,不补于此"云云。今外集未见流传,刘刻亦未采及,此犹全文也。《诅楚文跋》两篇,皆不见集中,老人附记亦不见。《清仪阁题跋·建初尺》一文,载《两汉金石记》,略有异同,记刻在后,当经修正矣。《清仪阁古器款识跋》及《张叔未藏五铢泉范》《汉张迁碑跋》《郑固碑跋》《兰亭十三跋考》,集皆未收。《汉延年益寿瓦》《褚河南真草阴符经》二种,集亦未有,而附刻于《清仪阁题跋》中。张、翁有金石之契,文字传诵,随见随录,今赖以传。苏斋佚文甚多,余曩为燕京大学图书馆访得方小东辑《苏斋题跋》一册,多集外文,而犹有在佚目之外者。近时各家景印碑版书画,往往有翁跋,若眷而录之,所获甚可观。即老人所著《清仪阁题跋》外,文无专集,享寿既长,笔墨又勤,平生撰文,奚止仅此。合众图书馆藏杨宝镛校《清仪阁题跋》,录补题识若干则,可征所佚亦不在少。倘好事者掇拾遗文,俾习金石之学者有所观摩焉。一九四三年四月廿五日,顾廷龙识于合众图书馆。[1]

4月28日顾廷龙日记:"访石子,还书,并求题先君字卷及宋阑拓本。未值,留件。归后,以电话恳之。"[2]同日姚光日记:"下午,顾起潜来过。"[3]顾廷龙所还之书,即已题跋的《复初斋文集》。而这次他也要请姚光题跋了。"先君字卷及宋阑拓本"就是有顾廷龙父亲生前题字的宋代绍定年间古井石栏文字的拓片。(已装订成册,所题诗文者甚多,章太炎、张元济、陈叔通等都先后应邀题跋。)这次顾廷龙赴姚宅未遇,不仅留件请姚题词,而且回家后还专门打电话恳求。4月29日姚光日记:"下午,观《宋绍定井阑拓片题记册》。系顾起潜送来属题也。"[4]5月6日姚光日记:"观顾竹庵先生遗墨手

①　(清)翁方纲撰,(清)张廷济辑:《复初斋文》一卷,上海图书馆藏抄本,索取号:763521。《顾廷龙全集》编辑委员会编:《顾廷龙全集·文集卷》(下册),上海辞书出版社,2015年,第816—817页。
②　顾廷龙撰,李军、师元光整理:《顾廷龙日记》,第308页。
③④　上海市金山区档案局(馆)编:《姚光日记》(下册),第1798页。

卷。先生系起潜之尊人也。"①5月7日姚光日记:"上午,拟草《复泉山馆后记》。"②5月9日姚光日记:"上午……续草《复泉山馆后记》成,为顾起潜作。"③可知姚光对顾廷龙所托是非常郑重其事的。他观读后,深知顾廷龙送来的不只是其先人的遗墨,更是一件重要的文物,所以就写了一篇专文《复泉山馆后记》。

5月21日姚光日记:"至合众图书馆晤顾起潜及潘景郑。"④同日顾廷龙日记:"午后,石子来,承为撰《复泉山馆后记》。渠工于文,至可喜,惟奖借过情,为可愧耳。渠谦逊甚,未肯写题册首,屡请始允。见借《刘杨合刻》,为菊老辑《戊戌六君子集》时所未见,因即送其一阅,希将来再版可补入之。"⑤姚光的《复泉山馆后记》是一篇非常精彩的文章,不仅记录了他和顾廷龙的交谊,追写了顾家的往事,论述了井阑拓片的文物价值,而且更可贵的还表达了对抗战胜利的坚定信心。兹亦重新校点引录于下:

> 余曩读吴县顾君起潜著述,久契其学问,而君早岁负笈燕京大学,卒业后旋掌校中典籍,南北暌隔,未相习也。自遭丁丑国难,余避地沪滨,己卯君亦南归,应叶揆初先生之招,任职沪之合众图书馆,余始识君于叶先生席上。及馆舍落成,与余寓居又近在咫尺,因时得奉手。今君复以先德竹庵先生之遗墨,及宋绍定井阑拓本题记卷册与夫行述墓志见示,不以余之固陋,属为复泉山馆之记。复泉山馆者,盖即因宋绍定井阑题字而起也。先是,竹庵先生兄弟奉亲养志,侍荫孙翁,卜宅苏州城中严衙前之东,当经营之顷,于荒榛瓦砾间发见古义井阑,剔藓摩挲周刻文字,知为宋绍定三年沈某以其妻王氏产难而亡,凿兹义井,普施十方,后更有"顾衙复泉"四大字,则明崇祯七年所勒也。苏城多有以第宅称衙,而即以姓氏系之者。是此井昔已为君家所有矣。竹庵先生爱以井阑置于宅中,结蕗草庐之东序,而颜其室曰"复泉山馆",命起潜拓其字迹,绘图征题以寄意。余尝读金石文字,觉宋元人造桥开井,多为追荐亡者而作。此较六朝造佛像、李唐建经幢,同用以资冥福者为有实际于世矣。顾氏世代清德,家风儒素。竹庵先生笃于内行,幼学工书。展其遗墨,渊雅冲穆,想见其风度,具干济才,有志于经世而未竟其用,居平以利济为怀,俭于自奉,博于所施。盖其学行,足以阆后而型家,为乡党之望。元配王夫人,懿德淑行,志铭能传。乃生起潜昆仲,而未及见其成立。吾知先生读沈某纪念其贤俪之辞,有必黯然而神伤者矣。然起潜恂恂儒雅,治学

---

①②③ 上海市金山区档案局(馆)编:《姚光日记》(下册),第1800页。
④ 上海市金山区档案局(馆)编:《姚光日记》(下册),第1802页。
⑤ 顾廷龙撰,李军、师元光整理:《顾廷龙日记》,第312页。

甚博，而尤竺于金石流略，善继清芬，珍护遗泽，南北奔波不改其度，仍兀兀穷年，闭户读书不辍。余以不才，得相守于荒江寂寞之滨，披诵君之所述淴卷册，备谛流风余韵，益深钦企之思矣！呜呼，此井阑之经历已及八百载，宋之绍定，明之崇祯，皆将玄黄反复之秋，而今者又际风尘澒洞之会。夫剥极必复，《易》曰："复，其见天地之心。"泉为智水，本源有自。他日海晏河清，起潜言归故宅，棣萼联辉，肯堂肯构，食德服畴，追念劬劳，仰承先志，于是启读楹书，重抚乐石，摅蓄念，发幽情，其必能出其所学，更宏著述，而伟为国光。则此复泉山馆者，实有关于家国之故矣！余遂不辞而为之后记。中华民国三十二年五月九日，金山姚光。①

6月19日顾廷龙日记："访石子、季老，皆不值。还石子书，留交其仆人。"②同日姚日记未记此。6月24日姚光日记："夜，顾起潜来。"③同日顾日记未记此。6月26日顾廷龙日记："访石子，借《田间诗集》，还《陶庐杂录》。"④同日姚光日记："顾起潜来。"⑤6月28日姚光日记："下午，时舅来，即同至合众图书馆晤顾起潜、潘景郑。"⑥同日顾廷龙日记："石子侍吹万先生来，见借《里堂家训》卷。"⑦

7月10日姚光日记："上午……至孟德兰路护国禅寺。潘博山开吊，往奠。晤及顾起潜、王欣夫、瞿凤起、王佩净诸人。"⑧7月27日姚光日记："下午……至合众图书馆晤顾起潜，并晤叶揆初。"⑨同日顾廷龙日记："石子来购《训真书屋集》，并赠以《刘贵阳集》。"⑩（顾廷龙7月9日日记记收到"朱桂老寄《训真书屋遗集》来，四十七部"⑪，托代销。当是第二天10日在潘博山丧吊会上向姚光推荐，今日姚来购。）

8月31日姚光日记："上午，至合众图书馆晤顾起潜及潘景郑。"⑫同日顾廷龙日记："石子来，见借《古今》，并借去《群书斠识》《艺兰室文存》。"⑬9月10日姚光日记："上午……至合众图书馆晤顾起潜并候潘景郑，不值。"⑭顾日记未记此。9月17日顾

① 姚光著，姚昆田等编：《姚光集》，第166—167页。引用时标点略作改动。
② 顾廷龙撰，李军、师元光整理：《顾廷龙日记》，第318页。
③⑤ 上海市金山区档案局(馆)编：《姚光日记》(下册)，第1808页。
④⑦ 顾廷龙撰，李军、师元光整理：《顾廷龙日记》，第319页。
⑥ 上海市金山区档案局(馆)编：《姚光日记》(下册)，第1809页。
⑧ 上海市金山区档案局(馆)编：《姚光日记》(下册)，第1811页。
⑨ 上海市金山区档案局(馆)编：《姚光日记》(下册)，第1814页。
⑩ 顾廷龙撰，李军、师元光整理：《顾廷龙日记》，第322页。
⑪ 顾廷龙撰，李军、师元光整理：《顾廷龙日记》，第320页。
⑫ 上海市金山区档案局(馆)编：《姚光日记》(下册)，第1819页。
⑬ 顾廷龙撰，李军、师元光整理：《顾廷龙日记》，第328页。
⑭ 上海市金山区档案局(馆)编：《姚光日记》(下册)，第1821页。

廷龙日记:"还石子书。"①姚日记未记此。9月18日姚光日记:"下午,至合众图书馆晤起潜、景郑,……"②顾日记未记此。9月27日姚光日记:"下午……至合众图书馆一晤起潜,……"③顾日记未记此。

10月30日姚光日记:"上午,为顾起潜写《复泉山馆后记》册叶。"④10月31日姚光日记:"上午……续写《复泉山馆后记》册叶。"⑤11月1日姚光日记:"上午,续写《复泉山馆后记》册叶。"⑥11月2日姚光日记:"上午,续写《复泉山馆后记》册叶,毕。下午,至合众图书馆晤顾起潜,坐谈数刻。"⑦同日顾廷龙日记:"姚石子来,为题《复泉山馆后记》一篇。"⑧这就是5月21日顾廷龙日记说的"渠谦逊甚,未肯写题册首,屡请始允",终于题写在册首了。12月9日姚光日记:"上午,至合众图书馆晤顾起潜、潘景郑。"⑨顾日记未记此。

1944年1月5日姚光日记:"至合众图书馆晤顾起潜、潘景郑。"⑩顾日记未记此。4月18日顾廷龙日记:"访石子,示欣夫钞《研溪文钞》、姚[春]木《洒雪词》。又雷君彦藏松江图书馆劫余《明史稿》属跋,携归。"⑪同日姚光日记:"顾起潜来。"⑫5月4日姚光日记:"上午,迪前来,同至合众图书馆晤顾起潜、潘景郑,参观一周,坐谈数刻而返。"⑬同日顾廷龙日记:"石子偕其戚周□□来参观。"⑭5月13日姚光日记:"至合众图书馆晤起潜。"⑮同日顾廷龙日记:"石子来,还《明史稿》。"⑯此书在顾廷龙处留存了近一月,顾应该写了跋文,但今未见收于《顾廷龙全集》。待考。

5月23日姚光日记:"上午,至合众图书馆晤顾起潜、潘景郑。"⑰顾日记未记此。8月10日姚光日记:"上午,至合众图书馆晤顾起潜、潘景郑。翻阅《经史百家杂钞》。"⑱

---

① 顾廷龙撰,李军、师元光整理:《顾廷龙日记》,第331页。
② 上海市金山区档案局(馆)编:《姚光日记》(下册),第1823页。
③ 上海市金山区档案局(馆)编:《姚光日记》(下册),第1824页。
④ 上海市金山区档案局(馆)编:《姚光日记》(下册),第1829页。
⑤⑥⑦ 上海市金山区档案局(馆)编:《姚光日记》(下册),第1830页。
⑧ 顾廷龙撰,李军、师元光整理:《顾廷龙日记》,第338页。
⑨ 上海市金山区档案局(馆)编:《姚光日记》(下册),第1836页。
⑩ 上海市金山区档案局(馆)编:《姚光日记》(下册),第1842页。
⑪ 顾廷龙撰,李军、师元光整理:《顾廷龙日记》,第369页。
⑫ 上海市金山区档案局(馆)编:《姚光日记》(下册),第1858页。
⑬ 上海市金山区档案局(馆)编:《姚光日记》(下册),第1860页。
⑭ 顾廷龙撰,李军、师元光整理:《顾廷龙日记》,第371页。
⑮ 上海市金山区档案局(馆)编:《姚光日记》(下册),第1861—1862页。
⑯ 顾廷龙撰,李军、师元光整理:《顾廷龙日记》,第372页。
⑰ 上海市金山区档案局(馆)编:《姚光日记》(下册),第1863页。
⑱ 上海市金山区档案局(馆)编:《姚光日记》(下册),第1875页。

顾日记未记此。8月15日姚光日记:"下午……至合众图书馆晤起潜、景郑,并晤及叶揆初先生。"①顾日记未记此。8月26日姚光日记:"下午,至合众图书馆晤起潜,并适晤及谢刚主,新自北平来沪也。"②同日顾廷龙日记:"刚主来。石子、仲芳先后来。"③

9月9日顾廷龙日记:"访石子,见示钱塘诸匡鼎虎男选《今文短篇集》,康熙刻本,所[收]当时人之文章,亦有今所不见者矣。"④同日姚光日记:"顾起潜来。"⑤10月3日顾廷龙日记:"石子藏原刻《秀野草堂诗集》五卷,前有人题诗一首:'三雅居然号六军,横刀仗剑角奇文。英雄名士真男子,我爱长洲顾侠君。道光乙未书于盐邑沙湖之寄庐。'"⑥

10月5日姚光日记:"顾起潜来。"⑦顾日记未记此。10月12日姚光日记:"上午,至合众图书馆晤顾起潜,并适晤及潘季孺。"⑧同日顾廷龙日记:"石子来,见借《端虚勉一斋集》,《常州先哲遗书后编》本。"⑨12月30日姚光日记:"下午,至合众图书馆晤顾起潜、潘景郑。"⑩同日顾廷龙日记:"石子来,借《南浔镇志》去。"⑪

1945年1月7日姚光日记:"上午,至合众图书馆晤顾起潜。"⑫同日顾廷龙日记:"石子来。"⑬1月15日姚光日记:"下午……至合众图书馆晤起潜。"⑭同日顾廷龙日记:"石子来,借《辅仁学志》。"⑮1月25日姚光日记:"上午,至合众图书馆晤顾起潜、潘景郑。"⑯顾日记未记此。2月2日姚光日记:"上午,至合众图书馆晤起潜。"⑰顾日记未记此。2月9日姚光日记:"上午,至合众图书馆晤起潜、景郑。"⑱顾日记未记此。

2月21日姚光日记:"下午……至合众图书馆,晤顾起潜并适晤及王佩诤。"⑲同日

① 上海市金山区档案局(馆)编:《姚光日记》(下册),第1876页。
② 上海市金山区档案局(馆)编:《姚光日记》(下册),第1878页。
③ 顾廷龙撰,李军、师元光整理:《顾廷龙日记》,第385页。
④ 顾廷龙撰,李军、师元光整理:《顾廷龙日记》,第389页。"[收]"为笔者所加。
⑤ 上海市金山区档案局(馆)编:《姚光日记》(下册),第1880页。
⑥ 顾廷龙撰,李军、师元光整理:《顾廷龙日记》,第393页。
⑦ 上海市金山区档案局(馆)编:《姚光日记》(下册),第1884页。
⑧ 上海市金山区档案局(馆)编:《姚光日记》(下册),第1886页。
⑨ 顾廷龙撰,李军、师元光整理:《顾廷龙日记》,第394—395页。
⑩ 上海市金山区档案局(馆)编:《姚光日记》(下册),第1898页。
⑪ 顾廷龙撰,李军、师元光整理:《顾廷龙日记》,第406页。
⑫ 上海市金山区档案局(馆)编:《姚光日记》(下册),第1900页。
⑬ 顾廷龙撰,李军、师元光整理:《顾廷龙日记》,第408页。
⑭ 上海市金山区档案局(馆)编:《姚光日记》(下册),第1901页。
⑮ 顾廷龙撰,李军、师元光整理:《顾廷龙日记》,第409页。
⑯ 上海市金山区档案局(馆)编:《姚光日记》(下册),第1903页。
⑰ 上海市金山区档案局(馆)编:《姚光日记》(下册),第1904页。
⑱ 上海市金山区档案局(馆)编:《姚光日记》(下册),第1905页。
⑲ 上海市金山区档案局(馆)编:《姚光日记》(下册),第1908页。

顾廷龙日记:"季老、仲芳、佩诤、石子、笋玉等来。"①2月27日姚光日记:"下午……至合众图书馆晤起潜。"②顾日记未记此。4月15日顾廷龙日记:"访石子,还《古文辞类纂》。"③同日姚光日记:"上午……顾起潜来。"④4月20日姚光日记:"上午,至……合众图书馆晤起潜。"⑤顾日记未记此。

1945年5月7日,姚光写下最后一篇日记,成为他的绝笔。十天后17日,他因病逝于大华医院,年仅五十四岁。而顾廷龙日记写到4月29日中辍,直到11月1日顾廷龙续写日记,并记云:"日本投降前后,观局势之浑沌,意趣索然,遂不能日日作记。"⑥因而我们未能见到顾廷龙关于姚光逝世及参与悼念活动的日记。

1950年3月19日顾廷龙日记:"君宾来,商石子藏书。适森老来,即介绍相谈捐献文物会。"⑦"君宾"是姚光舅父高燮之子。4月6日顾廷龙日记:"访君宾,谈姚氏捐书事。访森老,告与高氏接洽经过。"⑧可知姚光所遗藏书在解放初捐献给国家,是通过顾廷龙之手的。同年5月27日顾廷龙日记:"公祭姚石子冥寿。"⑨顾廷龙参加了姚光六十(虚龄)冥寿的纪念活动,同时也是姚家献书仪式。当时上海市长陈毅还专门撰文表彰姚家献书义举。

1982年7月顾廷龙为姚光之子姚昆田补书了"金山姚石子先生周甲遐庆致语"云:"一九五〇年五月,为故友姚石子先生六十遐庆之期,哲嗣昆群、昆田兄弟等九人,笃念先人毕生聚书之辛劳,冀得永护,以慰先灵,特举复庐遗箧都数万册,悉以捐献上海市人民政府。陈毅市长为文称许,并由沈尹默先生楷书直幅付之姚氏昆仲携归,悬诸厅事,引为光宠。不幸内乱中失去,梦影前尘,深为痛惜。比与昆田时相过从,素论余与先生旧契,属为补书,以资纪念。"⑩这是姚光逝世三十七年后顾廷龙满怀深情地为故友旧契所做的一件事。

今我仅以此文怀念风尘颎洞之际两位前辈!

---

① 顾廷龙撰,李军、师元光整理:《顾廷龙日记》,第414页。
② 上海市金山区档案局(馆)编:《姚光日记》(下册),第1909页。
③ 顾廷龙撰,李军、师元光整理:《顾廷龙日记》,第420页。
④ 上海市金山区档案局(馆)编:《姚光日记》(下册),第1917页。
⑤ 上海市金山区档案局(馆)编:《姚光日记》(下册),第1918页。
⑥ 顾廷龙撰,李军、师元光整理:《顾廷龙日记》,第422页。
⑦ 顾廷龙撰,李军、师元光整理:《顾廷龙日记》,第532页。
⑧ 顾廷龙撰,李军、师元光整理:《顾廷龙日记》,第534页。
⑨ 顾廷龙撰,李军、师元光整理:《顾廷龙日记》,第539页。
⑩ 顾廷龙:《书金山姚石子先生周遐庆致语后》,《顾廷龙全集·文集卷》(下册),第982页。

顾廷龙与刘承幹交游考

——基于上海图书馆藏刘氏史料三种的考察

陈　谊

（浙江图书馆古籍部）

　　刘承幹（1882—1963），字贞一，号翰仪，宣统后称翰怡，别署求恕居士、嘉业老人，浙江湖州南浔人。刘氏祖籍浙江上虞，清初迁南浔，至祖父镛（字贯经，1826—1899），以丝业起家，兼及盐务、茶叶、典当、垦牧、地产等，渐至南浔巨富，为时称"四象八牛"之首。本生父锦藻（1862—1934），谱名安江，字澄如，号橙墅等，为刘镛次子。母金氏，亦出南浔望族。刘承幹本为锦藻长子，祖父刘镛以长子安澜早亡，故以承幹出继长房，继母邱氏。刘镛故后，刘承幹以长子、长孙，更兼祧长房香火，袭堂名尊德。

　　顾廷龙（1904—1998），号起潜，苏州人。1904 年 11 月 10 日生于苏州混堂巷旧宅。幼承庭训，从祖父受读五经四书，1922 年毕业于江苏省立第二中学，1931 年毕业于上海持志大学，1932 年毕业于北京燕京大学研究院国文系，获文学硕士学位。因早年曾承外叔祖王同愈授目录版本之学，故一生从事图书馆事业，先后担任燕京大学图书馆采访部主任，上海私立合众图书馆总干事、董事。1949 年后，历任上海历史文献图书馆馆长、上海图书馆馆长。亦曾先后兼任暨南大学、光华大学、华东师范大学教授。著有《说文废字废义考》《四当斋书目》《顾廷龙书法选集》等。合众图书馆由张元济、叶景葵、陈叔通等于七七事变之后创办，这个时期收藏保护下来的古籍及近代中外珍贵文献，此后成为上海图书馆馆藏的重要组成部分。

　　上海图书馆藏有刘承幹重要史料三种《求恕斋日记》《求恕斋信稿》《求恕斋友朋书札》。这三种历史文献，都是刘承幹身后，由其家人手中到上海图书馆的，里面记载了刘承幹每日的生活活动、书信往来、人际交往，是研究近现代史、刘氏藏书史、江南经济史的重要史料。顾廷龙先生是上海图书馆创建之初的主政者，顾先生对于上海图书馆的馆藏建设作出了巨大贡献，刘氏三种史料也是在顾先生做上海图书馆馆长期间，成为上图馆藏的。刘承幹在藏书楼建成后，刊刻丛书，向国内各类图书馆捐赠所刻书,也曾因顾先生之手向上海图书馆(当时的合众图书馆)赠书。又由于刘氏与国内许多书估个人和出版机构关系密切,顾先生也曾经托刘氏为图书馆购图书等。以上各项,都能在《日记》《信稿》《友朋手札》中得到一一覆按。然顾刘两人之关系尚不仅仅定格于公务往来的平面意义,刘承幹长顾廷龙22岁,我们在这两代与中国文献紧密关联的人的交往中,可以看到文献传承层面的内在脉络。

一、刘氏史料三种简介

上海图书馆现藏刘氏稿本三种,计《求恕斋日记》51册、《求恕斋信稿》94册、《求恕斋友朋手札》75册,共220册。其内容如下:

(一)《求恕斋日记》(登录号:862624—74)

《日记》51册,时间跨度半个世纪,起宣统二年,迄20世纪60年代,分为三段(1910—1927、1930—1957、1959—1960),其中稍有缺卷。所存稿本誊写工整,格式统一,逐日纪录刘氏及其家族从事政治、实业、藏书、捐赈及家族内部活动,以及刘氏个人及家庭生活实况,具有连续性和可信度;

《求恕斋日记》已由国家图书馆出版社于2016年影印出版,其中加入了藏于复旦大学图书馆的光绪二十六年部分。

(二)《求恕斋信稿》(登录号:862675—768)

《信稿》94册,其起自1909年,刘承幹时年二十八岁;终于1960年,下距刘氏逝世已不到三年,覆盖其大半人生。其间公私信件底稿,以及呈文、启事、诉状等各类文稿若干,为刘氏生平致友朋书信之底稿,多出于刘氏自撰(部分由秘书代撰),历年寄出信札,均据此缮写而成。全稿数量庞大,涉及人事众多,不仅对刘承幹相关研究具有重要意义,亦不失为研究近代社会历史的上佳材料。《信稿》已于2024年由浙江古籍出版社影印出版,编成七十册,收入"浙江文丛"。

(三)《求恕斋友朋手札》(登录号:5095—169)

《手札》75册,时间跨度与《日记》《信稿》相同,为刘氏逝世前五十年间所积累之友朋书札原件,经刘氏汇订而成。此书将由复旦大学出版社影印出版。

以上三种求恕斋文献稿本,包含大量清末至民国前期政治史、商业史、家族史、藏书史之原始文献。刘氏长期生活于湖州及上海,于清末民初社会变迁中个人政治立场偏于保守(如曾获清廷嘉奖,蒙赐"钦若嘉业""抗心希古"等匾额,捐资修缮崇陵,为溥仪贺婚祝寿、传抄《清史稿》及《实录》,并参与复辟活动等),又大量参与近代经济、文化活动,交游多近代史上知名人士,其记录于晚近史事及湖州地方文献关系至重,故亟待发掘整理。

二、顾刘交游之始

顾廷龙与刘承幹之交往起于何时,从目前能够考察到的文献史料来看,是有出入的。最直接的记录为刘承幹《求恕斋日记》①所载(图 1):

1940 年庚辰

四月三号【二月二十六日】,嘱刚甫作函致施伯彝、王君九、顾起潜。【苏州人,名廷龙,章式之弟子。叶揆初办合众图书馆,延其来作主任,以本在北京燕京大学充教授也】

根据刘承幹《求恕斋日记》的编写惯例,都是在某人第一次出现的时候,开具名字号、出生地,及社会身份等。此处在小字注文中,说明了顾先生的籍贯、名字,师从,以及身份,可以说是一个虽然简洁也是很准确的个人简历。其中"章式之弟子"很重要,这是因为,章式之名钰,四当斋也是当时的藏书家,其身后藏书目录由

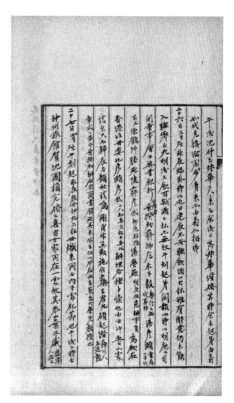

图 1

顾先生编纂,这些事情,同为藏书家,两人是有交往的。"叶揆初……延其来"云云,则重点在说明现在的公共身份跟叶揆初有关,而叶与刘同为浙人,相交熟稔。此日记"嘱刚甫作函致……顾起潜",刚甫是曾刚甫,为这一时期在刘处代笔的秘书,此函由

---

① 《求恕斋日记》,稿本藏上海图书馆,国家图书馆出版社 2016 年影印。

曾刚甫拟定。据此,我们检《求恕斋信稿》可得信稿原文:

第五十六册(第 17124 页)①,"庚辰年信稿上"1940 年 4 月 3 日(图 2):

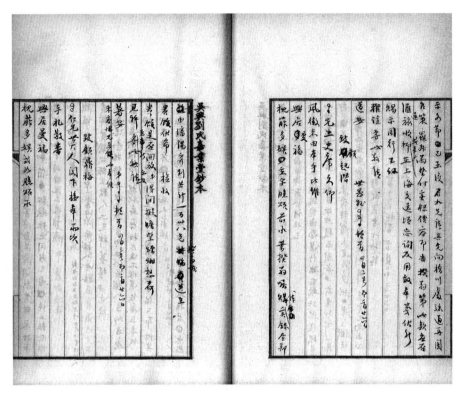

图 2

致顾起潜

　　○○先生史席:久仰风徽,未由奉手。比维兴居曼福,枕葄多娱,定孚臆颂。前承叶揆翁嘱购《清实录》全部,业由沈阳寄到,共计一百卅八包。揆翁嘱送至贵馆,伏希检收。贵馆是否开放? 弟得闲拟瞻望缥缃,想荷见许。并祈示及。专此,祗请著安　　弟○○○顿首。四月三号即二月廿六日

　　朱容孺兄并此奉候

根据信稿的内容,我们可以看到,顾与刘此前没有交往,且此次通信,也是因为叶景葵托刘承幹从沈阳为合众图书馆代购《清实录》一套 138 包,书购定后由沈阳直接发至上海合众图书馆,交顾先生清点接收。刘函即以此事相询问。同时还打听一下,合众图书馆是不是可以开放参观了。就这两件事情,顾先生在当日收到信也有回信。顾函

---

① 《求恕斋信稿》,浙江古籍出版社,2024 年。原书稿本藏上海图书馆,此册次页码是影印本,下引《信稿》皆如此。

收录在《求恕斋友朋手札》稿本第 55 册，现影印出版编为《求恕斋友朋手札》①第四集卷二，"庚辰（1940 年）正二两月"（图 3）：

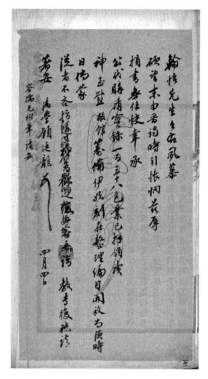

图 3

> 翰怡先生台右：凤慕硕望，末由晋谒，时引怅惘。兹辱损书，无任快幸。承公代购《清实录》一百三十八包，业已拜领。渎神，至感。敝馆筹备伊始，刻在整理编目，开放尚须时日。倘蒙从者不吝指导，极为欢迎。缓日容再诣教。专复，祇请著安　　后学顾廷龙顿首
> 四月四日
> 　　容孺兄附笔请安

根据顾先生的复函，我们能够看出顾与刘确实是第一次通信，因为不管是刘函中的"**久仰风徽，末由奉手**"，还是顾函中的"**凤慕硕望，末由晋谒，时引怅惘**"都属于传统信札用语中的套话，其意义即第一次跟对方联系，所用敬语和自用谦辞。稿本的《手札》在该函黏贴的底纸边，还有墨笔注："字起潜，吴县人。合众图书馆主任"，估计是刘承幹在整理归拢黏贴的时候加注的，这也是旧时收集友朋往来信函的习惯做法。顾先生复函中，一一回复了刘函的两个问题，包括《清史稿》册数也是准确无误。并且说明图书馆现在还不能开放接待读者，但是刘作为藏书家来，是可以进馆的，从顾函中我们可以读出对于前辈藏书家的敬意。另，谊按：《顾廷龙全集·书信卷》②上册有与叶揆初第十六函，言及购《清实录》事，当时《清实录》只印三百部，流通未广。顾先生提出要为合众图书馆购此书入藏，我们也可以见到顾先生对于图书馆馆藏建设之擘画及远见。

通过上述描述，顾刘二人互通音讯在 1940 年 4 月，因为《清实录》事建立联系，似乎没有问题。然而，在《顾廷龙全集·书信卷》中载有 1930 年致刘承幹一函（第 76 页）（图 4）：

---

① 《求恕斋友朋手札》，原书稿本藏上海图书馆，今引用由复旦大学出版社 2024 年影印出版，册数页码指此。
② 《顾廷龙全集·书信卷》，上海辞书出版社，2017 年，第 31 页。本文引顾廷龙书信，都出于此。"尚须"在《顾廷龙全集·书信卷》（上册）作"尚需"（第 78 页）。

翰怡先生饔席企印
懿行久膺懷抱自維室巷末數未敢肅一書上瀆
典籤去歲峇〻聽日不禁寥穀茲由麗文天笙領到承
賜精槧十二種敬謹拜嘉感謝不可言宣廷龍竊維往者先
民殫章潛學雕刊秘籍為世歸美嘯皆時會隆污縱容弦
誦人民熙是始護樽舞辟雖今則墨學西漸我籍淪胥際
此世變各無安業碩學鋪儒又相繼殂落國學之危亡已繫
千鈞于一髮天下學子咸彝詭號呼其無所歸廑而
先生能編刻先儒遺著廣為流傳冀其不絕如縷維數十年
墜緒國粹主持于悤〻之中此天不欲學術之靡〻擇人以寄
先生應運而起負荷仔肩俾學問之道得以漸茲其盛業之

图 4-1

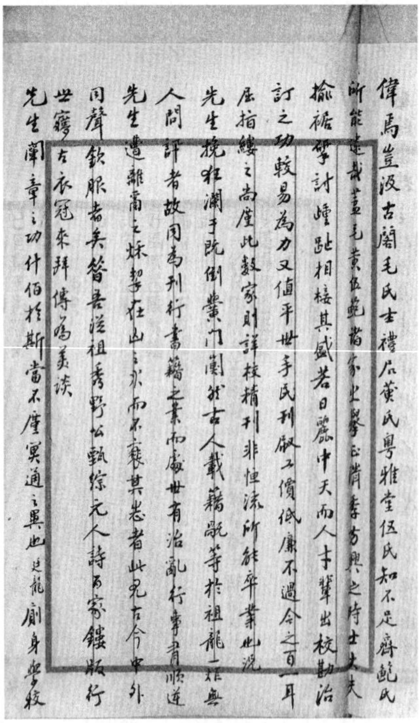
偉焉豈汲古閣毛氏士禮居黃氏粵雅堂伍氏知不足齋鮑氏
所能逮哉蓋毛黃伍鮑諸家生學術方興之時士大夫
揄揚學討嬗趾相接其盛若日麗中天而人才輩出校勘治
訂之功較易為力又值平世手民刊版工價低廉不過今之百一耳
屈指縷之尚屢此數家則詳校精刊非惟流所能卒業也況
先生挽狂瀾于既倒叢殘闡於古人載籍既等於祖龍一炬無
人問訊者故同為刊行書籍之業而處世有治亂行事有順逆
先生遭離亂之殊挈在山之水而不衰其志者此兄古今中外
同聲欽服者矣昔從祖秀野公甄綜元人詩為家鐫版行
世寤古衣冠來拜傳為美談
先生闡章〻之功什佰於斯當不僅冥通之異也廷龍肩身學校

图 4-2

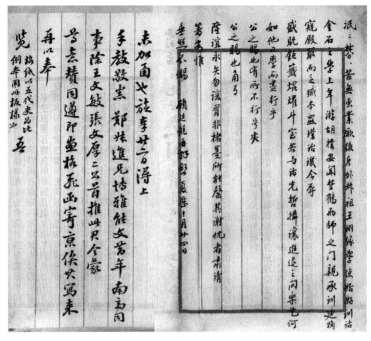

图 4-3

翰怡先生纂席：企印懿行，久膺怀抱。自维蓬荜末学，未敢肃一书上渎典签。山仰拳拳，无日不蒙梦毂。前由庞丈天笙颁到承赐精刊十二种，敬谨拜嘉，感谢不可言宣。

廷龙窃维往者先民弹章潜学，雕刊秘籍，为世归美，然皆时会隆平，从容弦诵，人民赡足，始获博舞辟雍。今则墨学西渐，我道沦胥，际此世变，各无安业，硕学通儒又相继殂落，国学之危亡正系千钧于一发，天下学子咸奔走呼号其无所归向，而先生能遍刻先儒遗著，广为流传，冀其不断如缕，维数千年垂绝国粹，主持于忧患之中。此天不欲学术之靡遗，择人以寄，先生应运而起，负荷仔肩，俾学问之道得以渐展，其盛业之伟焉，岂汲古阁毛氏、士礼居黄氏、粤雅堂伍氏、知不足斋鲍氏所能逮哉！盖毛、黄、伍、鲍诸家之举，正清季方兴之时，士大夫揄裾研讨，踵趾相接，其盛若日丽中天，而人才辈出，校勘治订之功较易为力。又值平世，手民刊刷，工价低廉，不过今日之百一耳。屈指缕之，尚仅此数家，则详校精刊，非恒流所能卒业也。况先生挽狂澜于既倒，黄门阒然，古人载籍祸等于祖龙一炬，无人问计者，故同为刊行书籍之业，而处世有治乱，行事有顺逆。先生遭离乱之秋，挐在山之水而不衰其志者，此尤古今中外同声钦服者矣。昔吾从祖秀野公甄综元人诗百家，镂版行世，梦左衣冠来拜，传为美谈。先生阐章之功，什佰于斯，当不仅冥通之异也。

　　廷龙厕身学校，泯泯棼棼，苦无专业，厥后肩外叔祖王栩缘学使，始好训诂金石之学。上年游胡朴安、闻野鹤两师之门，亲承训迪，犅窥殿最而乏臧本，鼠璞诒讥。今辱盛贶巨签，焜耀斗室，若与诸先哲揖让进退之间，乐也何如！他日学而尽行乎，公之赐也；有所不行兮，亦公之赐也。角弓隆谊，永矢勿谖，有非楮墨所能罄其谢忱者。肃请著安，惟垂照不偶。　　　　顾廷龙再拜启　（一九三〇年）

夏历十月廿四日

此件七百余字，在通信中已算是长函，顾先生在信中叙述了一件事情，就是通过庞天笙的介绍，顾先生得到刘承幹的赠书，一共是十二种，未开列详细书名。刘承幹嘉业堂刻书起始于 1913 年，到 1930 年已接近尾声，所以究竟是哪些书籍，不得而知。《求恕斋日记》该日并没有赠书之记录，在《求恕斋信稿》第三十四册（第 9875 页）"丁卯信稿"丁卯九月二十日（1927 年 10 月 15 日）载有致庞天笙函云：

致庞天笙　九月二十日

　　天笙太姻叔大人尊鉴：前敝沪号附到手笺，敬悉种切。本即贡复，适为俗尘牵绊，遂致久稽。嗣晤莱臣叔，知台旆近亦在浔，得讯稍迟，不及走谒。承为顾君劫郎垂索拙刊，自问疏谫，选择不精，豕鱼多误，奚足应人之求？顾重以鼎言，焉敢敝帚自享。昨已函属敝处管理书籍者，检集若干，以待鸿便到申，饬人向取。惟核来目，有已印而送罄者，有甫刻而未印者，种类纷繁，不复省忆，幸原之。虚名吓鼠，自怜生是谂痴，异癖嗜痂，何啻逐夫腥秽。他日陈书邺架，能免大雅所笑乎？

《信稿》收刘承幹致庞天笙函五通底稿，多数谈经营商业事，仅此函，说到庞天笙为顾劫郎向刘承幹索要嘉业堂所刻诸种书籍。顾先生通过庞天笙向刘承幹求书，是开有目录的，在刘承幹看来此目录所列之书，有的已经送完没有存书，有的刻好但是没有刷印，故不能全部按照顾先生开的书目提供，只能让在南浔嘉业藏书楼管理书籍的伙友，即施韵秋检集能送出的带到上海，若庞氏有便人来沪上可取。凡此皆可见刘氏之周全。然顾先生取到书，并给刘承幹写去感谢函，表明自己得书之后的向学志趣，已经是快三年以后了。刘氏致庞天笙函稿与顾先生此函，相互发明，可以补刘承幹日记之阙漏。庞天笙（1871—1954）是南浔庞氏之族长，与刘承幹有姻亲关系，庞氏在 20 世纪 30 年代曾任苏州商会会长，[①]其时顾先生尚未到燕京大学读书，信函中顾先生还描

---

① 　庞天笙资料，承南浔文史专家陆剑先生赐告，在此感谢。

述了自己的家世和师承,如从祖顾嗣立(秀野)编纂《元诗选》,以明自己也是文献之家,又说到王同愈、胡朴安、闻宥,说明自己也是有目录版本之学名师指点的,这次都是在向刘氏说明,刘的赠书会得到一个好的利用,不至于覆瓿遗鼠,由中亦可见一位年轻学子对于前辈藏书家之垂青观照的敬重之意。尤其是对于刘氏在时代变革、国家民族受到外力侵略,内部又有各种思潮波澜壮阔的冲击之时,能够坚守传统,不计心力,不计成本,刊刻古籍,维系绝学,所谓天命所托之人。顾先生认为在这种特殊时期的刻书,比毛、黄、伍、鲍等不知要艰苦卓绝多少倍,因此更具有时代之价值。其服膺之心情若此。我们根据此函,则顾刘之通信交往,应早在十年之前的 1930 年,而不是 1940 年。

三、顾刘交游之要事

顾刘两位对于书籍都有同好的同道交往,必然以与书籍相关的事情为主要内容。与书籍有关,对于刘承幹来说,就是能够到合众图书馆参观,了解合众的藏书情况,是不是有自己尚未见过的书籍。对于顾先生来说,刘承幹作为藏书家、刻书者的身份,一个是替图书馆收书,请刘先生把自己的刻书捐赠图书馆,另一个请刘先生代图书馆访书购书。这些方面,我们在刘承幹的《求恕斋日记》里可以看到,如刘承幹到合众图书馆参观,日记有两次,分别是:

1940 年庚辰

五月廿一号【四月十五日】,韵秋来谈良久,与之同往合众图书馆参观,由主任顾起潜名廷龙【苏州人】,办事员朱子毅【寿门之侄】、杨敬涵,至楼上观书,又纵谈良久。见吴印丞各种笔墨,起潜汇而装订之,云得之北京书摊。王玖伯之《默盦诗文稿》续文三卷,尚未印行者也,云此次之战事后,书估从南京移来,彼以五十元买之者。此馆为叶揆初所创办,而蒋抑厄之书亦捐入。谈至六时后,天将晚而归。

1942 年壬午

五月二十号(四月初六日),出至合众图书馆参观,见顾起潜。潘景郑持片至揆初处,遂过来,茗谈良久。

刘承幹两次来合众图书馆参观,都有顾先生接待导览。而顾先生向刘氏为合众图书馆索书,在此次刘氏来访之后,顾先生就去信请刘氏就自己谈话中答应的给合众图书馆未藏的书籍,进行函件落实,顾先生致刘承幹函收录在《求恕斋友朋手札》第四集卷二。庚辰岁(稿本第 56 册)：

翰怡先生台右：一昨获聆教益为幸。承慨许检赠尊刻诸书，深感。四史已询揆丈，未有藏弃，便请先惠。其它俟查明所阙，再行奉恳。祈见赐嘉业堂刊行书目一两册为祷。附呈先君墓志一份，敬乞詧存。顺颂著祺　　后学顾廷龙顿首　　廿六日

谊按：此信用写经格笺纸。无月份，根据刘承幹整理归册之规律，前后信函都是十一月者，则此亦当在十一月。《顾廷龙全集·书信卷》上(第 79 页)载此函。刘承幹复信的底稿载在《求恕斋信稿》第五十七册(第 17493 页)，"庚辰年信稿下"1940 年 12 月 27 日，

致顾起潜

○○仁兄大人史席：前辱枉存，倾谈为幸。昨奉手教，承觇先德？志，不胜仰止之思。拙刊各书多数皆在敝楼属以呵禁綦严，运带至感不易。兹就寓中所存者，检奉《八琼室金石补正》一部书目一册，藉被贵馆插架，余俟异日再行奉上。汪子砚太守事略，已拜读一过，此外如有遗民行履，还祈广为甄采为感。肃此陈谢。祇请著安　　弟○○○顿首　　十二月廿七号即十一月廿九日

第五十八册(第 17781 页)，"辛巳年信稿中"1941 年 6 月 21 日

致顾起潜

○○仁兄大人史席：梅炎溽暑，敬维兴居曼福，即事多欣为颂。拙刊《嘉业堂丛书》一部，近日自故乡寄到，亟先奉呈贵馆插架。比来船只稀少，运带非常不便，故致濡滞。此外拙刊异日倘能觅便带出，容再续奉左右也。专此，敬请著安

弟○○○顿首　　六月廿一号即五月廿七日

揆翁前乞代致意

第五十九册(第 18115 页)，"壬午年信稿正月至七月"1942 年 7 月 3 日

致顾起潜

起潜仁兄大人箸席：别来时深驰系，敬维兴居佳胜为颂。揆初先生前索拙刻诸书，以事变后未经重印，沪寓所存者尤属寥寥，曾送上《嘉业堂丛书》一全部，以备贵馆插架。日前，又托舍弟补索其他各丛书。兹再凑呈《留余草堂丛书》一全部，敬希台收。尚有《嘉业堂金石丛书》，已嘱浔楼配齐，俟有民船，即可寄出，当再续奉。《吴兴》《求恕斋》两丛书，有书者不过十之一二，零星检上。恐贵馆处理困难，且俟异日再计，非敢有所吝也。敬烦转告揆老是幸。前在贵馆晤及张菊生

丈,述悉百衲本《魏书·乐志》内缺一叶,现已觅得。贵馆如已传抄竣事,即乞惠借转录,不胜欣感之至。专此奉布,敬颂

　　台安　　弟〇〇〇顿首　　七月三日即五月二十日

　　第五十九册(第 18217 页),"壬午年信稿七月至年底"1942 年 9 月 9 日

致顾起潜

　　〇〇仁兄大人阁下:比辱枉存承教为幸。敝镇近况泯棼,虽间有船载客,而书籍检查綦严,无可带出。业已函知书楼,视形势稍缓,讥察稍宽,即将拙刊陆续寄出,所有《吴兴丛书》《求恕斋丛书》,其已奉赠,单行各种,敬祈开示目录,以便将未赠各种,属书楼补寄来沪奉上。揆老与弟纪群之交已敦两世,区区拙刊,苟能带出,决不有靳也。兹先检奉《南浔镇志》一部,藉被贵馆插架。敝《镇志》汪谢城广文所辑者,板藏镇上。其新志为周湘舲丈所辑,板存杭州。自经兵事,两版俱毁。敝寓止留数部,亦硕果之仅存矣。涵芬楼百衲本《魏书·乐志》所阙一叶,曩在贵馆遇菊生丈云,已由傅沅叔发见寄到,可以写补。如菊生丈处交来,敬祈代为借下影抄,俾成全璧,至深纫感。专此奉布,祗请

　　著安　　弟〇〇〇顿首　　九月九日即七月廿九日

由顾刘二人往复函件,我们可以看出两位爱书之人在文献史料互通上的殷殷之心,虽时在国事纷扰之中,为保存文献都在用尽心力,今日观之,仍令人不免心生感佩。

　　在《求恕斋日记》里也记录有刘承幹给合众图书馆赠书事,如 1942 年 7 月 3 号日记载,嘱韵秋作函致顾起潜,赠《留余草堂丛书》一部与合众图书馆也。1942 年 9 月 5 号日记载,顾起潜来,为合众图书馆讨书也。

　　书籍互通还表现在刘承幹向合众图书馆藏书中借抄,以补足自己藏本所阙内容,在《求恕斋信稿》里有这样的函件,除了前述 1942 年 9 月 9 日函件外,第六十三册(第19444 页),"丙戌年信稿"1946 年 7 月 3 日致顾起潜:

　　〇〇仁兄大人史席:久暌音尘,良殷景企。屡从鉴资兄谈,悉枕葄清娱,著述侈富,为颂无量。敝藏影印《清实录》缺失乾隆朝一册,拟从贵馆抄补。曩已商承揆老垂许。兹因杜兄干卿在馆之便,即托其乘长夏之日,公余之暇,从容移录,由弟酌赠写费,俟纸购就,即送上。先此奉商,定荷悉允。临颖拳拳,祗颂道履

　　弟〇〇〇顿首　　七月三日即六月初五日

　　　揆老均此致意

刘承幹藏本《魏书·乐记》是缺了一叶,因为听张元济说,缺的这一页已经经傅增湘先

生找到补齐，因此刘函请顾先生，如果合众的本子已经抄好，则借来补抄以成完帙。刘藏《清实录》则是缺乾隆朝的一册，此次抄补，由合众图书馆馆内觅员代抄，刘承担抄写费用。由此我们也可以看到旧时藏书家之间互相借抄藏本，以求补完的基本模式，此等函件为不可多得的历史文献资料。

顾刘二人交往，除了书籍之间的事情之外，就是共同认识的朋友庆吊宴席之相见，《求恕斋日记》的记载比较详实。如：

1950 年 8 月 7 日【六月廿四日】

午后，即至上海殡仪馆吊金篯孙之丧。晤葛荫梧、芃吉、钱冲甫、张仲木、商笙、姚虞琴、李叔美、沈慈护、高君实【吹万长子】、陈巨来、顾起潜、培余弟。

1952 年 10 月 26 日【九月初八日】

晴。午后，至万国殡仪馆吊李拔可之丧。宾客甚多，挽联、花圈盈目。晤徐森玉、柳翼谋、尹石公、杨千里、吴湖帆、吴眉孙、金巨山、朱象甫、严孟蕃、瞿兑之、陈病树、陈诒先、沈慈护、姚虞琴、商笙伯、叶扶霄、卢涧泉、徐子高、孙伯纯【直斋子】、姚伯南【菊坡胞侄，杭州人】、黄霭农、顾起潜、高君宾、沈成武、冒鹤亭、孝鲁、杜干卿【杨子勤之戚，昔时权作用人者】。闻拔可嗣子功受在美国，此次殡仪馆连西式棺在内，共七百万元。【即日下窆于虹桥公墓，地系拔可自买，太夫人亦葬于此】

两次的记载都是在友人丧礼上，一是金兆蕃（篯孙），一是李宣龚（拔可），皆是两人共同的友人，所以在此种场合的交往只能是比较匆忙简单，故日记仅具名而已。在《求恕斋日记》里还记载了顾刘两人同在张元济处见面，如 1950 年 10 月 16 日记载：

午后，诣张菊生，在楼上卧室延见，神采如旧，自言眠、食如常，暇时浏览小说及笔记，以资消遣。近日，有兴，特改作入泮时之八股文一篇，可见此老尚能用心。又言，时局不会起变化，土地改革是国策，不能动摇，如捐税等有正当理由，尚可请减云云。顾起潜亦在座。

1951 年 3 月 22 日记载：

诣张菊生丈，适顾起潜、徐凤石【善祥，常州人，商务书馆董事】在座。

在顾刘二人交往中，也能看到顾先生将自己的著作寄送给刘承幹，如《求恕斋信稿》（第 17796 页），"辛巳年信稿中" 1941 年 6 月 30 日：

致顾起潜

〇〇仁兄大人阁下：前奉惠复敬悉。承示绍定井阑拓片，仰见世德蝉媒，楚弓楚得，若有阴相之者。介甫争墩，转为多事矣。晞慕之余，谨题七绝二首，诗固

浅劣，聊应嘉命而已。原册送还，敬希詧存。专此，祇请著安　　弟〇〇〇顿首

　六月卅号即六月初六日

第六十册（第18610页），"癸未年信稿五月至年底"1943年1月26日：

致潘景郑、顾起潜

　　起潜、景郑仁兄大人著席：久违麈教，想念深之。接奉琅函，快同良晤。承惠尊编《明代版本图录》一部，搜罗宏富，印刷精良，足备胜明雕椠程式考镜之资，于《留真谱》《宋元书影》外，特树一帜。拜领之余，不胜感佩。专此申谢，敬颂岁安

　　弟〇〇〇顿首　一月廿二号即十二月廿六日

《求恕斋日记》1943年1月29日记载：

　　夜，阅石印《明代版本图录初编》，潘景郑、顾起潜所编辑，新近所赠者也。

刘承幹在函件里，对顾、潘所编《明代版本图录》之特点和价值十分肯定，也能看出虽寥寥数语，亦非虚发。

《求恕斋信稿》第六十一册（第18829页），"甲申信稿上闰四月至八月（李如登拟）"1944年7月17日：

复顾起潜（蒲石路七百四十六号）

　　起潜仁兄大人惠鉴：前奉手笺，并大著王胜之丈行状，记载详赡，曷胜钦佩。兹抄录黄叔颂丈及吴文安公传各一篇，以副尊嘱。抄件不必交还，执事博征文献，可留备参考也。再尊处如有遗民事略，亦祈检示一二为盼。专覆，顺颂著安

　　愚弟刘〇〇顿首　　七月十七日即五月廿七日

《求恕斋信稿》第七十册（第21886页），"庚子信稿"1960年5月4日：

复顾起潜

　　起潜吾兄著席：阔别多时，每殷驰想。只因贱躯衰羸日甚，不能外出，朋好过从，邈焉旷绝，益深离索孤陋之感。比维勤搜文献，嘉惠士林，遄听曷胜歆佩。顷承惠示，询及《章氏遗书》附刊一节，当时所得稿本，实无此二种，是以无从刊入。

　　谨据所忆奉复，即希詧照。藉颂著祺　　弟刘〇〇拜启

通过上述诸函件之底稿，我们可看到刘承幹对于顾先生之认可以及在文献资料上的支持，而1960年一函，除了回答顾先生询问的《章氏遗书》附录情况外，信中所显示出刘氏晚年老境凄清，及得老友信函之振喜，至今读之仍不免令人歔歟。然顾先生文集之书信卷只收顾先生致刘承幹函件三封，而《求恕斋友朋手札》内仅有三封函件，1930年长函原件没有在《友朋手札》册中，未详何故。

　　在顾廷龙先生与刘承幹先生两代书人交往之中,从 1930 年始,到 1960 年,三十年的时光中,两人所经历时代变化、国事变迁、人事更替,令人目不暇给,身不由己,然其中更有不变者在,那是对书籍的爱护,对文化的炽热,对自己所从事文献保护事业、古籍传承精神的高度认可,也是在这个层面上,顾先生对刘氏高度评价,在二十来岁的第一次通信中就非常推崇,而刘承幹对顾先生的垂青看重,和在对合众图书馆馆藏文献上的无私赠书,都体现出两代人之间的精神互通。这种互相印可、互相尊重、互相依存的精神往来,也成为时代变迁、世运转徙过程中,前辈与后辈之间的互相嘘呵、同心传承、代际相携的基本模式。我们对于顾刘交游的文献考察,也还有非常多的空间值得探索,这一点正是古典文献研究者应该保持的温情。映照历史,用细节缝补人类情绪的各种层次,从而对当下人际和社会提供强有力的案例支撑。

　　今年(2024 年)是顾廷龙先生诞辰一百二十周年,又是刘承幹嘉业藏书楼建成一百周年,也是刘承幹辞世六十周年,我们整理刊布馆藏历史文献,钩稽两先生交往始末,谨以此向百年来对吾国古籍文献、图书馆事业有重大贡献的两位前辈致敬。

顾廷龙与王欣夫交往事辑

——以《王欣夫日记》为中心

吴 格

（复旦大学中华古籍保护研究院）

【整理者按】顾廷龙（起潜，1904—1998）与王大隆（欣夫，1901—1966），均为近世文献学大家。两老生同里闬，长于吴门，自幼歧嶷，器识卓异，年少问学，皆曾列名于吴江金天羽（松岑，1873—1947）先生门下，敦品励学，而抱负殊俗。入世以还，顾老北上南下，以图书馆事业终其生，欣夫先生则青毡半世，执教庠序以尽其职。处 20 世纪风气丕变之时代，两老皆孜孜以存亡继绝、网罗故国文献为职志，为此访书藏书、抄书校书、编书印书，终身事之，乐而不疲，旨趣所归，声应气求，讫为同道，而遗爱于斯土斯民。回溯两老平生活动，皆与近世古籍之流转抢救、整理保护相关，为近代文献史、图书史之重要掌故，天生瑜亮，成此双璧。顾老逝世以来，同侪追怀文字已多，欣夫先生谢世较早，两老交谊始末，世人知之有限。兹因整理《王欣夫日记》（复旦大学出版社，2024 年）之役，辑录两老活动与交游事迹，重温前贤精神人格，用志景仰之忱，并与有志文献学者分享。辑录文字悉据《日记》原文，文末标示稿本册次及年月日，并略缀提示语以作关联。长编初就，未遑剪裁，成稿仓促，校订有待，文献同志，匡我不逮。

欣夫先生与顾老交往事迹，《日记》最早记载，见于 1928 年初之藏书互借（其时欣夫年廿八，顾老年廿四）。

> 借到顾起潜（廷龙）之《文艺杂志》六册，松江雷君曜所编印，中有曹君直（元忠）先生《宋元本书题跋》及诗词，又《荷香馆琐言》，为老友常熟丁秉衡（国钧）遗著，中记掌故极多，拟为录存。丁君东南朴学，所著《晋书校文》《艺文志》，久已风行寰内。十年前订交虞麓，踪迹极密，自归道山，时兴怀旧之感。闻又详注王次回《疑雨集》，未知尚有流传否也。【03-19280205】
>
> 顾起潜（廷龙）去年借去之张畊《古韵发明》《切韵肆考》，由其尊翁竹庵先生（元

昌)带来,竹庵盖女中同事也。【03-19280218】

欣夫先生与顾老,成年后教读沪上,休沐良辰,往返苏沪,观书治食,时相遇于书肆酒楼。

游百双楼。二元购平津馆原刊白纸初印《古文尚书考异》,二元购原刊《蒙古游牧记》。遇百耐、巍成、景郑、起潜,至晚而归。【06-19290911】

偕伯彦高长兴小酌,味雅饭,用去二元。遇顾起潜、潘景郑。【06-19291027】

顾老苏寓所居称"复泉山馆"(今苏州十梓街116号),为清江苏布政使朱之榛旧宅,民国四年(1915)由乃祖祖庆公购得迁入,宅内有"宋井""顾衙""复泉"等古迹。顾老曾以井栏文字拓为《复泉山馆图》征题,并嘱欣夫先生加题。

晤顾起潜,属题《复泉山馆图》。【06-19300901】

三十年代初,顾老负笈北上,肄业燕京大学,毕业后就职燕大图书馆,寒暑节假返苏,仍与欣夫先生时相过从。文献同好,往复渐密。顾老收集乡先辈清吴大澂(愙斋,1835—1902)诗文遗墨,欣夫先生曾为之助。乙亥(1935)夏,顾老返苏,欣夫先生所辑《荛圃藏书题识续录》刻成,适顾老撰《吴愙斋年谱》亦印成,遂互赠新作。

函景郑,索抄千里跋,又赠顾起潜《荛圃题跋》。【12-19350626】

起潜赠所撰《吴愙斋年谱》,景郑抄示宋本《算经》顾跋。【12-19350627】

应问舅召,晚归。起潜来,未值。【12-19350720】

访佩诤、起潜,皆不值。又访善先、韶兄。【12-19350731】

起潜约吴苑茗叙,以事未赴。【12-19350812】

晚起潜来,抄与愙斋诗及金石跋二种。【12-19350815】

起潜代校《春树闲钞》,并录诸家题跋。【12-19350818】

暑期过后,顾老北返,欣夫先生致函章钰(式之,1864—1937),为所辑《思适斋书跋》请序。式之老人祖籍浙江诸暨,寄籍长洲,光绪进士,清季宦游京师,民国后寄寓京津,读书校勘以终。章氏于欣夫及顾老为乡先辈,久已属意两位吴中后进,指授奖掖,关怀备至。

今夏顾起潜兄旋里,得闻杖履安和,撰游益富,以忭以颂。近于千里、荛圃二家题跋独有深嗜,《黄跋》已刻二册,后又续得六十余种;顾跋所得尚不足二百,编为《思适斋书跋》四卷,已付剞劂,冬初可成。傅沅老为题封面,而弁首之言,必得学问似千里者为之,庶足为其书增重,故敢九顿以请于左右,尤幸许为速藻掷赐,俾得从容校刻。尝谓千里得红豆之传,其学当在经儒中分一席,不徒以校雠名家。

其题识每发一论,洞彻表里,与空谈赏鉴者有异。春晖所刻《遗集》漏略既多,校又不精,今以《书跋》别编成书外,其他文之不载集中者,为《补遗》一卷,惜其《与茂堂论学制第一书》尚未访得耳。隆于惠氏之学,亦尝尽心焉,据所见定宇校读之书,案条辑录成《松崖读书记》,已得廿余种,见闻孤陋,尚待拾补,列目别纸,祈大君子之教其不逮,幸甚幸甚。新辑陈南园文一册,敬以奉教。【12-19350916】

本年秋冬,欣夫先生迭函顾老,请代查北平图书馆藏黄丕烈临惠栋校本《国语》,嗣又托传校该书,因故未成。

接起潜北平片,即覆。【12-19350902】

函起潜,托查北平图书馆校本《国语》。函式之丈,寄《顾跋》刻样。【12-19350923】

接起潜覆,告北平图书馆藏校本《国语》,其一为莞圃临松崖评阅本,并将跋尾抄示。【12-19351004】

函起潜,为托传校北平图书馆惠校《国语》事。【12-19351007】

善先来,转示起潜函,北平图书馆惠校《国语》,以时局关系,什袭他处,暂不能借抄。【13-19351214】

丙子(1936),欣夫先生为辑录顾广圻(千里,1770—1839)题跋事,与书商某等生嫌隙,因友人周暹(叔弢)、顾廷龙(起潜)等皆表关切,遂"草辑刻顾跋经过",投稿《大公报》介绍原委。

晨往吴、邹、黄各处贺年。又至徐积余姻丈处,谈少顷。午后至复礼师处贺年,长谈至晚而归。晚积余丈来答拜,未晤,由仲兄招待。接起潜函。【13-19360126】

接叔弢函,寄示《大公报·图书副刊》,中有《顾千里书跋之辑刊》一则,论列余辑本与邹辑本,措词颇有味,疑起潜投稿也。函式之丈。【13-19360201】

校《舆地广记》。接起潜寄来《燕大图书馆报》。【13-19360207】

分函天津周叔弢、瑞安张宋顺、北平顾起潜。又将所撰《居易堂集补遗》跋寄凤起,托转交张菊老。【13-19360213】

草辑刻顾跋经过,投登《大公报·图书副刊》。因友人中若叔弢、起潜皆欲知其详,以代作报书耳,然却字字实录,无虚词也。近日欲校之书甚多,《舆地广记》已毕,尚有瞿氏藏顾千里《易林》、刘氏藏劳季言校《广韵》、徐氏藏何义门校《世说新语》,及自藏之黄莞圃校《五代史补》、顾千里较《文选》三种,皆欲传校一部,而叔弢又以宋本《新序》见属,真有日不暇给之势。【13-19360222】

欣夫先生与合众图书馆创办人之一叶景葵(揆初,1874—1949)交往,始见日记。叶氏杭人,光绪进士,长期从事实业及银行业,好藏书。

接叶揆初函,言顾氏《方舆纪要》手稿已与起潜同整理,杭游归,欲来访。【13-19360319】

顾老持赠所撰《古匋文香录》,欣夫先生报以新刻成《思适斋书跋》。与此同时,欣夫先生又参与《丧礼郑氏学》校刻。

起潜赠所撰《古匋文香录》。函凤起。谒复礼师长谈,以《公羊》单疏、《顾跋》各一部敬呈。携归张闻远先生《礼经郑氏学》十九册写清稿本。【14-19360721】

函起潜,并赠《顾跋》。片覆韵秋。以《顾跋》分赠伯刚、公硕。【14-19360723】

接起潜覆。松师赐新印《秦蜀游草》,又谈因果事。吴颖芝姻丈(荫培)前身为云南某山寺僧,赵剑川(藩)前身为一老猿。【14-19360819】

年末,欣夫先生以新编《丙子丛编》等书寄顾老,托转赠燕京大学图书馆。华北形势日趋紧张,顾老寄至新印《边疆丛书》等。

函起潜,并寄《丙子丛编》等书,托转赠燕京大学图书馆。函故宫图书馆何澄一,赠先人《家训》。【14-19361103】

报传绥远战事颇急。接起潜函。【14-19361119】

起潜寄赠新印《边疆丛书》第一种,归安陈克绳《西域遗闻》。接青在函,即寄《既夕郑氏学》写样属校。捐劳绥军洋三元。【14-19361126】

接哲东汉口、起潜北平函。寄日本服部宇之吉、吉川幸次郎两函。又寄吉川刘维廉《诗经叶音辨伪》《思适斋书跋》《爨龙颜碑考》各一部。【14-19361208】

欣夫先生又以新印成明傅国《辽广实录》(后收入《丁丑丛编》)寄赠燕京大学图书馆及顾老等。

新印傅国《辽广实录》单本装成,邮赠燕大图书馆、顾起潜、谢刚主各一部,谢纂《晚明史籍考》,未见此种也。【14-19361212】

丁丑(1937)年初,顾老自北平归,与欣夫先生谈及式之老人病情。

寄赠故宫图书馆书九种(《庞氏音学遗书》《思适斋书跋》《茗圃题识续录》《匋斋古玉图》《佛遗教三经藕益解》《辽广实录》《三百堂集》《半六楼诗抄》《复驾说斋文初编》)。顾起潜自平归来谈,知式之丈病略愈。【15-19370125】

五月,欣夫先生以新辑印《劳氏碎金》寄赠章式之、高阆仙、莫天一、顾起潜等。

辑《松崖读书记·周礼》。分寄《劳氏碎金》与章式之丈、高阆仙、莫天一、顾起潜,及日友太田太孝郎、吉川幸次郎、桥川时雄、小川环树。【15-19370501】

六月,欣夫先生偕友人游历北平。寻访名胜之馀,参观故宫博物院及各图书馆,与顾老数次相晤,观书论学,访友聚餐。此行十三日出发,廿八日返苏,半月之游,极旧都壮观、朋簪相与之乐,而南归之日,距"卢沟桥事变"发生相去未十日。

……与颉文雇车游颐和园,本有汽车可达,今乘人力车者,虽费时稍久,可细览沿途风景也。先至燕京大学,访起潜,略谈即行。十时抵园,其伟大华丽,洵世所无先。吊耶律文正墓,登排云殿,沿长廊缓步,水亭茗坐,即在午餐。欣赏至四时始归,经十刹海,昔时名士游览之区,今则商贩杂沓,不耐久留,大非三海之比,缓行一周即归寓。【15-19370616】

……九时,偕颉文游故宫博物院。今日开放中路及外东路,建筑之伟大华丽,陈设之光怪陆离,非笔墨所可形容。二时始出,赴北海仿膳进餐,坐赏至暮而返。澄一来答访,留刺未值。起潜柬订十九午饭。【15-19370617】

……颉文有大同、云岗之游,为期三日。余因有起潜之约,未能同行。九时乘汽车至燕京大学,访起潜,观善本多种。如吴兔床《论语皇疏参订》手稿,盛伯羲《郁华阁金文》手稿,方浚益《缀遗斋彝器考释》手稿四函(溢出印本者甚多),沈子敦代姚伯昂撰《国史地理志》手稿,姚伯昂批校《关中金石记》,陈兰甫批校《潜掔堂集》,皆佳。见容希白(庚),观所陈彝器。午刻同至起潜寓所,肴馔甚佳,同座为顾子虬、颉刚乔梓,田洪都、郭绍虞、谢刚主(国桢)、钱宾四(穆)、朱士嘉诸君。知李木老藏书归国有,已有成议。刚主携观窦斋致篝色尺牍六巨册,议论精博,诵写工美,北平图书馆新以巨价购得,即将整理影印。饭后子虬、刚主、起潜同游清华大学,已放暑假,教职员皆散,仅从外部周览而已,仍返至起潜所。出观所藏薛允升《丧服》手稿,又言昔年曾有书估送观旧家出售,同一册中有茇翁手跋二十余种,皆未见著录者,后即索去,终不知为谁氏物云。五时,天有雨意,本欲游万牲园,因作罢。乘颉刚自备车,偕宾四等进城返寓。颉刚赠近作《春秋时代的县》《九州岛之戎禹》二文印本。付《边疆丛书》印费念元,颉刚所主办也。【15-19370619】

……颉文晨自大同归,述其胜概。偕至国子监,石鼓已移南京,蒋书《石经》及进士题名,皆丰碑林立,正兴工修理,尘沙扑面,不可久留。折至雍和宫,须下午开放,仅观殿外而已。饭后独至北平图书馆访刚主,适赵斐云(万里)自天津观李氏书还,述其收藏之美富,殆无与匹。出观馆中新得善本,如宋椠九行十六字大字《晋书》残本;宋椠《文苑英华》残本,蝴蝶装,为宋景德时旧装,有题字;野竹斋抄《太平广记》全部;吴方山藏《法书要录》。皆惊人秘籍。《晋书》得诸广西唐氏,从未见于著录,《英华》得诸宝应刘氏,《广记》得诸武进某氏。又言有旧抄《广记》一部,为陈仲鱼校宋,亦以贱值得诸沪肆,可为双璧。五时,斐云、刚主同至北海仿膳设筵相款,并邀起潜同座。八时雨,雇车归寓。【15-19370621】

函颉刚、起潜、刚主、斐云,皆赠书。覆韵秋。接伯彦片。【15-19370701】

戊寅(1938),顾老蛰居北平,欣夫先生教授沪渎,两人书信往复,仍以保存文献、继绝存亡为念。

函北平顾起潜。【16-19380419】

接起潜覆,索《丛编》。【16-19380504】

覆起潜、惠任。【16-19380507】

起潜寄来《四当斋集》。【16-19380525】

接起潜函,知宾四在滇,哲如返东莞,病偏中。【16-19380616】

清晨至大陆监考。午后看卷。覆起潜。【16-19380617】

函起潜。【16-19380707】

饭毕至中国书店,购《太炎文录续编》,遇无恙、凤起。接起潜、景郑函。【16-19380731】

本年,因顾老受命整理式之老人四当斋遗书,欣夫先生请其接洽传钞章氏旧藏稀见抄稿本事宜。

接起潜复。章式之丈所藏未刊秘籍可充《丛编》材料者,因病未能检出,曾为起潜言之。今遗书悉在燕京大学图书馆,许指定传抄,以竟丈之遗志。【16-19380801】

接起潜覆,传钞四当斋书,以契约关系,必先得章氏后人之许可通知书。又言北京人文科学研究所图书馆新出简目,洋洋大观,当遗书索之。【17-19381019】

接起潜函,托抄式之丈藏书已在进行。接澄一片,桂文灿《论语皇疏考证》抄成,即寄来。【17-19381215】

校郝兰皋《颜氏家训斠记》,脱误甚多,山西排印本不足据也,当重校印入《丛编》以广其传。覆起潜。【17-19381216】

欣夫先生自甲戌年(1934)始,连续编纂《八年丛编》,刊布小种稀见文献,选书筹款,多得南北友朋襄助。

接兑之、公渚覆,《丛编》之印,北中颇多赞成者,别汇来五十元。又兑之尊人文慎公笔记,已在抄副寄来。又吴江沈君治丞(国均)亦附一股,将交其祖文定公《蜀辒日记》一种印入。起潜寄《边疆丛书》六种各五部。【16-19380828】

接巨川函,附前日兆丰之游七律两首。作片致澄一、起潜。【16-19380831】

寄赠兑之、公渚《丁丑丛编》各一部。接起潜、澄一函片。【17-19380915】

顾老自燕京寄赠《四当斋藏书目》,此目为顾老书目编纂之滥觞,体例内容,均具特色,欣夫先生为之激赏。

接起潜片。【17-19380920】

起潜寄赠《四当斋藏书目》,翻阅不觉竟日。其中秘籍,式之丈曾有抄寄印行之约,起潜前函亦允代为抄出,以竟丈遗志,今检出元和李继沅《张易参义》,歙汪宗沂《逸书事纬》《逸礼定论》,吴县钮树玉《九经古义参证》,宝山毛大瀛《戏鸥居词话》五种,作函请先传录。中惟《逸礼定论》余先从故宫抄得六卷本,题为《逸礼大义论》,此为手稿,据汪氏自序,知后多增益,此为定本矣。余本有付梓之意,故尤所愿读也。【17-19380929】

覆韵秋,托翰怡丈转去。覆起潜。作片与苏各书肆,物色曹氏遗书。【17-19381023】

接学南函,寄来《冠服》图样校正,并言曹氏笺经室藏书四巨篋,仅以五元售与元妙观李估,皆抄稿批校本,可叹。君直先生藏书,即极寻常之本,亦多精书题识,若汇录成书,殊有趣味。因思章式之丈书捐赠燕大,得起潜为之编目,于题识一字不遗,其风义真不可及也。【17-19381102】

接翰丈函。函起潜,并寄《逸礼大义论》托校。【17-19381125】

己卯(1939)元月,顾老寄至夏孙桐所书"戊寅丛编"题签,欣夫先生为顾老向宗氏后人索宗舜年(子岱)墓志。

接起潜覆,并寄夏闰枝先生(孙桐)书《戊寅丛编》签。【17-19390103】

函宗礼白,为起潜索子岱丈墓志。【17-19390105】

同月,欣夫先生作钞本《塔尔巴哈台事宜》书录,谓此书应收入顾老等(禹贡学会)所编《边疆丛书》。

《塔尔巴哈台事宜》四卷(皮纸旧钞本。四册)

收藏有"句吴曹氏收藏金石书画之印"。签题《塔尔巴哈台事宜》。戊申孟冬凌榭书。

嘉庆七年果斋贡□序,嘉庆十年宗室兴□序,嘉庆十九年宗室伊□序,道光戊子颜札氏彦□序。

附湘乡陈毅从曹元忠借书札。

案,新疆塔尔巴哈台立于乾隆三十一年,参赞永公于壬子岁曾汇纂《事宜节略》一册,嗣后递有增修,见各家序文。今则改为塔城县,商务甚盛,惜毗近俄界,几同沦亡。此册犹为道光时原写本,旧为曹氏笺经室所藏,湘乡陈诒仲曾从借读,虽仅钞撮公牍,犹可考其山川风土物产制度之概,边塞风云,频年不靖,今则大地河山,半沦□□,披卷之馀,不胜感叹。此书向无刊本,吾友顾君起潜集印《边疆丛书》,诚为当今急务,此书如能刊布,则幸矣。至嘉庆所修《一统志》,寥寥数页而已。此册恐为人间孤帙,可不宝诸。【17-19390106】

接起潜函,《塔尔巴哈台事宜》北平有传抄本,多误字。昔袁忠节公欲印入《渐西村舍丛书》未果,近欲印入《边疆丛书》亦未果,至“图说”则皆未有也。《西南备边后录》未见著录,恐是孤本。燕京大学所藏吴兔床《论语皇疏参订》手稿,许为传抄。【18-19390317】

欣夫先生传钞四当斋遗书秘本计划,经顾老联络章氏后人,自上年至此,已略有成果。

《后村长短句》退还景文阁,函覆天津周晦园。又覆学南、起潜。【17-19390112】

接起潜函,寄来传钞钮树玉《九经古义参证》、李沇《周易参义》、传影汪宗沂《逸书事纬》《逸礼定论》,钱泰吉《宋椠汉书考异》、汪文台《淮南子校勘记》、毛大瀛《戏鸥居词话》七种(计润十三元四角七分),皆四当斋藏未刻本也。【17-19390127】

晨荣康茗,伯彦、伯刚、清澄。覆起潜。【17-19390128】

临校《周礼注疏》。函起潜。【17-19390205】

接陈伯弢行述。接起潜函。【17-19390218】

接叔彦师手谕,并附致翰怡丈函。又接学南、吹万覆。寄起潜函。【17-19390220】

叶景葵先生为抢救存世文献,倾力收购并传钞所知见稿抄本,秘本访求,欣夫先生及顾老皆为其臂助。

揆初先生还《知希庵稿》,函言近从高君野侯借得《笺经室书跋》一册,有四十余篇,即走访索观,则为清写本,前编文集时所未见,《宋嘉祐二体石经跋》为集中有价值文字,而原稿已佚,屡从公鲁求之不得,今此册内有之,并有《明刻龙川志略跋》等数篇可补逸,大喜过望。俟揆老抄成后,当借录也。又言从韩氏所得有常熟王艮斋(峻)《水经注广义》稿本。又前得文文肃《覽史》手稿,孔广林《传奇》手稿。某书局沈子芳书求售,有孙志祖《申郑轩文集》抄本一册,亦可购得云。余携录戴东原重校《大戴礼记》相赏,揆老颇疑为孔葓谷手笔。铁桥《说文翼》手稿,已函托起潜物色之。【18-19390315】

三月,顾老为欣夫先生寄赠黄丕烈遗像照片,并传录黄氏《勺园集序》并诗三首。

> 接起潜函,寄赠荛翁遗象摄影,云前年从黄校《稽古录》首借摄者,源出宋刻《挥麈录》。又抄寄荛翁卷《勺园集序》并诗三首,可感也。【18-19390318】

> 分函复体师、傅沅老,并寄赠《平湖经籍志》,陈澄中、赵斐云、顾起潜、双嫂。【18-19390320】

未几,欣夫先生又以新印《群经冠服图考》(《戊寅丛编》本)寄赠顾老及燕大图书馆。

> 覆起潜,赠《冠服图考》,又附赠燕大图书馆各一部。【18-19390327】

四月,顾老连续寄至为欣夫先生传钞之四当斋所藏未刊秘笈多种。

> 起潜寄来传影四当斋藏书六种:明王穉登《客越志》二卷,金匮徐鑅庆《石经备考》一卷,长洲吴翌凤《古欢堂经籍举要》一卷,宝山李保泰《入蜀记》一卷,明吴江吴骥《同里先哲志》一卷、章梦易《续志》二卷、《闰德志》一卷,宝山蒋敦复《万言书》一卷,皆未刊秘籍也。【18-19390402】

> 接起潜函。【18-19390413】

> 起潜寄来传抄《国难睹记》《菊圃残稿》,传影《明史随笔》(长洲吴邦达)、《戏鸥居词话》(前影一本不清楚,故重影)。皆四当斋藏书也。【18-19390414】

> 通百来,交代征印书款。覆起潜、学南、韵秋。接叔弢覆。【18-19390415】

> 寄起潜片。午后答访苏厂,携赠《荛圃题识》。【18-19390426】

六月,欣夫先生寄赠顾老《对树书屋丛刻》,顾老报以《四寸学》《申郑轩遗文》等影印本。

> 函起潜、学南。接学南函。【18-19390603】

> 寄赠起潜《对树书屋丛刻》。【18-19390604】

> 函乃乾。接起潜覆。【18-19390620】

> 起潜寄来复印件《四寸学》《申郑轩遗文》。暑校开学,余任两课。【18-19390629】

同月,欣夫先生访叶景葵,获知诸老将筹办合众图书馆,并聘顾老南下主其事之计划。

> 四时访揆老,知斥资十万,并将募集足五十万,立一图书馆,购地在蒲柏路,暂租拉斐德路四百十六号为馆所,聘起潜主其事,不日南下,以张菊老总其事,而揆老自掌出入焉。从此沪上得一研究学术之所,有功士林,真匪细也。【18-19390629】

七月二十日,欣夫先生出席合众同人欢迎顾老莅沪宴会。未久,即走访顾老于拉斐德路合众图书馆。

> 揆老约明晚陪宴,大约起潜来矣。作长函覆学南。【18-19390719】

> 五时赴揆老约。与起潜长谈。同席为陈陶遗、陈仲恕(汉第)、叔通(敬第)、石子、

佩诤、起潜、博山、景郑,肴甚佳。张菊老未到。【18-19390720】

饭后至拉斐德路六百十四号合众图书馆访起潜,遇同乡顾君雍如(敦镥),今任燕京大学教授。少顷,博山来,畅谈收藏,渠贮明清两代尺牍,洋洋大观,有屈翁山、张力臣、陈芳绩等致顾亭林者。起潜出观影传秘籍多种,可谓上下古今。不觉至晚,起潜留饭,九时归。【18-19390727】

八月,欣夫先生于晋隆饭店宴寓沪诸师友,顾老等出席。

十一时至晋隆饭店,客陆续到,冒鹤亭、瞿良士、高吹万、吕诚之、姚石子、张芹伯、施韵秋、钱宾四、顾起潜、潘博山、潘景郑,以病辞者叶揆初、刘翰怡,约而未到者蒋苏厂,瞿济苍、旭初、凤起昆仲,雅谈风生,二时半散,费国币廿六元。【18-19390802】

合众图书馆开办后,欣夫先生与顾老游踪益密,鉴书谈艺,交流书讯,借钞秘本,传递邮件,几无虚日。

访起潜。观吴枚庵《岐韵备览》手稿五册,中国书店以五十元售与京估,今索三百元。【18-19390804】

接起潜函,附致北平夏闰枝、张孟劬二老介绍函。灯下作致二老函,并各送所刻书。【18-19390811】

午后访起潜长谈,快甚。《甲戌丛编》所印之明无名氏笔记,据云即明吴履震所撰之《五茸志逸随笔》,全书有八卷,人文图书馆藏抄本。案此本学南据常熟某氏藏旧抄本,删节其语涉怪诞者付印,某氏本后为余得,不分卷,知学南所删将过半,然决无八卷之多,恐尚非足本。甲戌余丁内艰,精神迷乱,印书事由学南与王君慧言任之,及乙亥以后,余始与学南约,无论何书不能删节,以存其真,免蹈明人刻书之陋习。从借传抄《靖康稗史》七种、《南沙志》九种,程敏政《宋纪受终考》,皆未刊秘籍,《靖康秘史》尤急宜付印者。起潜言清史无杭大宗、翁覃溪传,夏闰老言覃溪事实无可考,余言有原刻《翁氏家事纪略》,起潜大喜,怂恿寄闰老补为立传,惜在苏不能取也。又言近为燕大图书馆收怀宁方小东(朔)辑《覃溪题跋》,中有刘氏刻集外文附目待访者。【18-19390821】

接起潜、蒙庵函。晚访揆老,请题《莐跋》书签,适有客在座,稍谈即行。折访伯刚。【18-19390828】

覆起潜。片澄一。伯彦在蜀腴燕媒,邀陪。笺经室旧刻《十七史》,其孙以贱值分散零沽,宋刻元明递修本《宋书》《北周书》归景郑,元刻《隋书》归仲兄,明监本《辽

史》有宋实颖及君直先生长跋者归余。今又见明监本《金史》白纸印者。【18-19390829】

午后访起潜长谈,遇瞿君润缗。至中国书店,遇振铎、斐云,购无名氏录莫子偲校《说文解字》,甚佳。又购乾隆秀水陈氏依宋本重雕《五代史补》《五代史阙文》《五代春秋》《五国故事》。郭若祺云,昨有明抄《席上辅谈》,有述古堂藏印,顾伊人跋云为钱遵王所赠,仅以廿五元为景郑买去。至功德林聚餐。【18-19390906】

午后访揆老,缴前借传录何校《华阳国志》。又前起潜言,揆老欲借余姚椿录惠校《礼记注疏》,先带去八册。又代苏厂赠《清道人集》,长谈至晚。【18-19390923】

九月,顾老为欣夫先生转至燕京大学张尔田(孟劬,1874—1945)来信及赠书。

起潜转来张孟劬先生覆,并赠所著《遯堪书题》《屏守斋日记》。课后疲倦,卧读终卷,开益神智不少。

欣夫先生有道:忽奉惠书,并承赐佳刻,眷逮不遗,弥益惭荷。先生湛深考据校勘之学,著书满家,犹复留心文献。曩读《丛编》诸刻,钦迟久矣。近更赓续前书,增广义例,嘉惠后学,甄表先贤,尤佩盛谊。先高祖《四寸学》,式之师所藏系一钞本,哲嗣曾以归我,弟以家藏刻本易之,两本皆海内孤笈,刻本较钞本无大出入,惟钞本少自序一篇,而有俞曲园丈一序,将来似可补载也。弟昔与孙隘堪同志共学,隘堪殁,遂无赏心谈艺之友,踽踽凉凉,以迄于今。闻先生师事金、曹两君,松岑吾同门,叔彦又世好也,一别金阊,邈焉坠雨,晨星落月,恨恨如何。倘便通书,望致拳拳。至尊意欲弟序佳刻,何敢方命,惟经历乱离,又兼多病,文思晦涩,不握管者已两年矣,恐无以副雅望。若必谓非拙文不可,则俟屏体少健,兴到或可一挥耳,幸勿敦促之。拙著《日记》《书题》两种,托起潜兄转呈就正,聊答尊贶,不足言著述也。复颂撰祺,不一。弟张尔田顿首。【18-19390919】

十月,顾老以长子之丧告欣夫先生。

起潜来函,知近丧长子,甚为悲悼。附北京夏闰老覆函,并见惠诗集一册。【18-19391003】

欣夫先生与顾老均好搜罗整理前贤稿钞校本,后即为合众图书馆及蛾术轩藏书之特色所在。

午后访起潜长谈。借秉衡手抄《靖康稗史》。观明抄《隶释》,又李南涧、翁松禅两校本,桂未谷校《隶续》,皆宗氏怤园旧藏,今归揆老者。【18-19391006】

《虞山先哲小纪》稿本,景郑既欲竞购,因托起潜赠与之,并题识于首,申倦圃《流

通古书约》之义，而诋竞购秘藏之非。【19-19391103】

午后访起潜，还前借书，送《逸礼大义论》。观校本胡刻《文选》，有顾千里、张子实印，余定为千里晚年手校而子絜传录者。又抄本陶子缜辑《坤苍》六百余条，附《广苍》，有姚振宗跋，皆出任氏《小学钩沈》、马氏《玉函山房辑佚书》之外者。起潜言，有人考得卢抱经《群书拾补》出其弟子某手，所据宋本有不可信者。【19-19391110】

岁末，顾老寄赠新印清黄承吉《梦陔堂文集》(燕京大学图书馆铅印道光刻本)，欣夫先生答访长谈，为所辑《松崖读书记》寄北平稿之浮沉抱忧，并同观王绍兰(南陔)手稿两册。

起潜函，赠新印黄承吉《梦陔堂文集》。【19-19391214】

至仲兄处，午饭后访起潜，知上月三十一日北平邮车失火，寄与孟劬先生之《松崖读书记》计日适与相近，恐成灰烬，容再至邮局问之。观王南陔手稿两册，上册为《读夏小正》《读吕氏春秋》《读礼学卮言》《经学卮言》《读说文》(此种似即《段注订补》)、《读通菽录》，下册为经说，察其手迹，颇与心叔之《仪礼图》相类而较苍老，或彼为早岁笔耶。赠与《东涯集》，长谈至晚。【19-19391227】

身处孤岛，欣夫先生与顾老皆忧心忡忡，关切故家文献之流转命运。

博山言，许博明善本十箱，陈澄中选购外，售与教育部，得七万金。吴瞿安表兄所藏词曲，亦归教育部。邓孝先年伯藏书，欲售二万金。刘公鲁藏书已售与集宝斋。起潜言，徐积余姻丈藏书之售与京估群玉斋者，计三千余种，万二千金，清儒著述罕见者甚多云云。【19-19391227】

起潜送回惠校《礼记注疏》，为据别本增补粘附，又抄本《知希庵稿》，为加题记。【19-19391229】

庚辰(1940)岁初，欣夫先生与顾老曾返苏城，同游诸书肆。

护国寺吊孙伯渊母，饭后偕起潜游各书肆，无所获。【19-19400102】

欣夫先生将《靖康稗史七种》编入《己卯丛编》，顾老从《东国文献通考》中辑得朝鲜传本中遗德跋。

起潜覆，为从抄本《东国文献通考·王系考》中查得《靖康稗史》遗德跋，所称之"先忠烈王讳□"，改"谌"，又改"昛"，元宗太子，宋度宋咸淳十年甲戌立，元武宗至大元年戊申薨，赠谥忠烈恭愍王，加谥景孝云云。然则《稗史》编者耐庵氏编成于咸淳丁卯(为度宗三年)，而朝鲜传抄已有忠烈王图印，相去不过十年，盖原本

必为宋元时抄本矣。耐庵跋谓高宗朝搜禁私家纪述，而不知东藩既有传本，历数百年而无恙也。【19-19400105】

三月，欣夫先生至合众馆，为叶景葵新购图书估价，并与顾老畅谈，知拟编《严九能年谱》，同时获见馆中正传钞缪荃孙友朋尺牍（潘博山藏）。

> 至合众图书馆，为揆老所购孝先年伯所藏义门、千里校《华阳国志》，孝琪校通津草堂本《诗外传》，明抄《洪武圣政记》等四书估价。何校乃定宇手录，余前假读时未觉也，为定至低价四百元。与起潜畅谈。见博山藏各家致缪荟风尺牍数十册，洋洋大观，正在传抄。先假君直丈一册归。又见许勉甫校《淮南子》等。晚始归。京估孙实君有《顾栋高文集》十巨册，欲计字作价，每千五金，则几千金，河汉无极矣。《松邻遗集》，失收我家叔祖母《贞节陈宜人祠堂碑》。《李木斋书目》六巨册、叶誉虎《山水志书》一册，均传自抄本。式之丈录严九能批《鲒埼亭集》，间有自注，于沈果堂墓志注，果堂《应鸿博试卷》，在君直丈处。起潜拟编《严九能年谱》。【19-19400302】

为助顾老《严九能年谱》之编，欣夫先生向赵诒琛借得抄本《严九能尺牍》一册（计十五通）。

> 学南寄来抄本《严九能尺牍》一册，计十五通，系致无锡医士丁育莘者，中有买得宋刻《仪礼要义》手抄已半，又从莘古斋以二十金得宋刻《夷坚志》等佚闻。前因起潜编《九能年谱》，故向学南借来。【19-19400310】

欣夫先生恪遵师命，辑集曹元忠（君直，1865—1923）、胡玉缙（许厂，1859—1940）等前贤著述，亦得顾老等同道支持帮助。

> 重荣又寄其曾祖实甫先生诗词稿，即覆。又覆起潜片。【19-19400315】

> 函绥之年伯，覆起潜。【19-19400416】

> 接起潜函，附润老撰补稿。【19-19400417】

> 午后至正华家国文会议，议毕访起潜，长谈。【20-19400421】

> 饭后访起潜，赠《丛编》。遇景郑，拟合辑许勉甫所校书为《许氏碎金》。【20-19400515】

六月，欣夫先生访叶景葵与顾老，同观叶氏新得之未刊钞稿本多种。

> 访揆老，适起潜在座，畅谈。观近得罗竟泉《蔡中郎集举正》，孙隘堪手稿五种，周季贶、傅节子校抄秘籍四种，皆未刊佳书。【20-19400626】

十月，顾老为欣夫先生抄得黄跋一则（潘季孺藏黄校《苏学士集》），并为茏圃画像篆书题签。

季孺太姻丈所藏黄校《苏学士集》，揆老曾从借录，有跋一则，前所未见，今托起潜为抄得。【20-19400426】

起潜还《画扇斋丛录》。【20-19401013】

覆玉良、培孙、起潜。【20-19401021】

起潜为题莌圎象篆签。【20-19401024】

前辈学人罗振玉（雪堂，1866—1940）五月逝世，欣夫先生因少日曾受罗氏奖掖，所编《乙亥丛编》中《遂初堂集》跋语，又承罗氏垂教正误，特撰挽联致哀，并托顾老代为书写。

访起潜长谈，托写挽罗联。访正华长谈，商索住宅事。晚饭后归。【20-19400722】

翰丈招燕，肴值百金，甚佳。同座为诗孙、起潜、博山、景郑、咏莪、子美、韵秋、刚甫，归已十一时。【20-19400727】

晨访正华，饭后访起潜，皆作长谈。【20-19400808】

访起潜，借罗氏影唐写本《文选集注》《离骚》二册，欲校道骞《楚词音》。【20-19401107】

饭后访起潜长谈，还《文选集注》。赠罗雪堂赴告。起潜近抄得无锡华玉淳、吴江翁广平文集，皆无刻本，他日亦可传抄。【20-19401228】

季孺太姻丈抄赠《陆谨庭自定义年谱》，亦由起潜转交。谱中略及金石书画，有翁覃溪题语。【20-19401228】

辛巳（1941），欣夫先生整理曹元忠《笺经室集》及胡玉缙遗著，多与顾老商讨。

起潜函，问绥老遗稿事。【21-19410208】

访巨川，不值。访起潜、景郑长谈。【21-19410215】

起潜主将《笺经室集》付石印，甚有理，当忖量之。【21-19410215】

片起潜。【21-19410321】

四月，欣夫先生访顾老，适遇王重民自海外归，承赠敦煌文献摄影（《孝经》《六韬》），还赠《思适斋题跋》等书。

饭后访起潜，适王君有三（重民）自海外归，长谈，知所摄敦煌照片中有郑注《孝经》，仅首尾略有残缺。【21-19410414】

有三、起潜来，偕观图书馆。有三将以敦煌《六韬》摄影寄赠，余赠以《顾跋》、屈诗。【21-19410417】

欣夫先生访问书肆,凡遇志传题词册、批校抄稿本,个人无力问鼎者,必即告顾老,以期合众馆能予选购。

> 偕正华至石湖草堂,见袁绥阶所集先代志传题词册,自吴文定始,至竹汀、渊如数
> 十家,可宝也。又新收文素松家书数十箱,多抄校稿本。见旧抄《清容居士集》,
> 亦绥阶手校。余正在窘乡,无暇问鼎,即访起潜告之,或能为揆老选购数种也。
> 【21-19410428】

孤岛时期,文献同志保存会抢救故家藏书活动,欣夫先生与顾老皆同经历。

> 翰丈今晚邀燕。客为徐森玉、张咏霓、叶揆初、何炳松、张芹伯、郑振铎、顾起潜、
> 瞿凤起。余以晚归不便,又大雨辞之。且闻此燕为售书而设,余两度往浮,饱窥
> 清闷,今受人诼张,贬价易主,不无怅触,故亦不欲参与也。【21-19410510】

乙未(1955),三月,顾老告知欣夫先生,上海南汇学者于鬯(1854—1910,香草)遗稿已捐归合众馆。本年,合众图书馆易名上海历史文献图书馆。

> 起潜来谈。于香草(鬯)遗稿九十余册,悉捐与合众图书馆,中有《战国策注》及
> 《香草校书续编》最完整。其已刻之《香草校书》则仿俞氏《群经平议》,未刻《续
> 编》则《诸子平议》也。【22-19550304】

> 荣康茗话。接李拔可、李佩秋覆。函封衡甫、顾起潜、雷君彦。【21-19410713】

> 晨至合众图书馆,今改历史文献图书馆,看起潜,索观高邮王氏父子手校《管子》,
> 其未入《读书杂志》各条,拟在暑假中专往传录之。观南汇于鬯《香草续校书》钞
> 清本十五种。【22-19550319】

五月,欣夫先生与顾老等十二位苏州籍学人,联合为乡贤单镇(束笙,1886—1965)八旬之庆,公宴祝寿。

> 午赴国际饭店十四楼,公宴单束老八旬寿,湖帆、蘅裳、起潜、百耐等十二人作主
> 人,用西菜。【22-19550502】

> 单束笙先生八秩寿,在锦江饭店设筵,中午赴贺,座有冒鹤亭先生及陟岵、湖帆、
> 蘅裳、百耐、起潜诸君。与孟符长谈。【22-19550619】

欣夫先生好友如皋任铭善(心叔,1912—1967)长于三礼之学,因知顾老收得清王绍兰礼学遗稿,遂以旧藏《仪礼图》让归历史文献图书馆(今藏上图,有任铭善、王欣夫及顾廷龙跋)。

> 接心叔函,谓起潜函告收得王绍兰《礼堂集义》稿本,因以旧藏《仪礼图》归之。知
> 惠衣谓苏州文管会收得者,传闻之误也。【22-19551031】

丙申（1956）春，顾老来函借阅《日知录札记》，盖欣夫先生弱冠时曾从常熟丁国钧（秉衡）问学，素重丁氏遗著收集。

前日起潜函借丁国钧《日知录札记》，先作覆，俟检出交去。【23-19560209】

下午治《管》。以丁国钧《日知录札记》钞本寄起潜。【23-19560327】

五月，郑振铎过沪，由顾老安排，邀集欣夫先生等于老半斋餐叙，杂议古籍整理及书物流转等趣闻。

起潜来电话，为振铎约明晚六时老半斋晚宴。【23-19560507】

四时偕妻赴沪，为应振铎之宴。妻赴咸寓。余以时早，先游来青阁，振铎适来，即拉同步至老半斋，谈半时。中央正欲从事整理《十三经》《二十四史》，勉我钻研旧业，谓为已成海内凤毛。少顷，徐森玉、章锡琛、沈子槎、罗伯昭、陈乃乾、顾起潜、潘景郑陆续来。杂谈文物古书，多属创闻：冯梦龙曾任广东县令，殉难；振铎有《张小山词》《许自昌集》，均秘本；何如璋《管子析疑》稿，昔年有人携往南洋中学，愿售五十元为返乡川资，培孙如数予之，不知其何人也；赵万里《墓志集录》系纂取罗振玉之稿，而手段甚巧妙；某有燕王之玺，为长方形；徐家汇天主堂中方志之明刻者，已被法人携至国外；房山石经因有二塔筑在文字上面，须折塔然后可施拓，故工价每份万金；顷于废纸中检得太平天国粮串三纸，随录一二，以志不忘。

余又以印传《松崖读书记》《鄦顪集林》等面托振铎向出版社介绍。畅谈至九时始散，余即住咸寓。【23-19560508】

戊戌（1958）七月，欣夫先生苦心孤诣，廿载辛苦，所辑胡玉缙《许顾学林》（《许顾遗书》之一）终获出版，顾老为之盛赞。

以《许顾学林》分赠慎老、起潜、运熙、友仁、贞白、季海，及友仁为友代索各一部。【24-19580814】

接起潜覆，谓绥丈遗书辑印传世之志，终得实现，苦心孤诣，殊深钦佩。【24-19580816】

函予同、凤起，赠《许顾学林》。函雪耘、起潜，赠《慎园诗文选》。【24-19580912】

欣夫先生又长期关注云间学人张锡恭（闻远，1858—1924）遗著刊行，因与松江韩氏、钱氏、封氏后裔均有往复，又与沔阳卢弼（慎之，1876—1967）交好，缟绠谊深，诗文投赠，时与顾老等沪滨学人分享。

覆苏盦，并介访起潜。函圣一，赠《云间两征君集》。【24-19581207】

函王瑗仲、王佩诤，均代赠《慎园诗文选》。函雪耘、起潜。【24-19581020】

己亥(1959)四月,欣夫先生与顾老等同赴《辞海》编辑部,出席古籍整理出版规划座谈会。

　　上午授课。下午赴陕西北路《辞海》编辑所,应中华书局总经理金灿然之约,座谈古籍出版计划,以影印《永乐大典》为首要。余力主别选完书而有用者若干种印单行本,以便读者,又主多印未刊稿本及工具书。至晚而散。中华列席者有金兆梓、吕贞白,并晤起潜、凤起。【25-19590410】

　　上午查书。下午通知自学,因赴历史文献图书馆访起潜、凤起。【25-19590516】

六月,欣夫先生赴历史文献图书馆,与顾老等会议苏州修志事。

　　接起潜函,汪旭初为苏州修志事,约廿一日至历史文献图书馆会议。【25-19590615】

　　上午至馆查书。下午教研组会议。覆起潜。【25-19590616】

　　二时应旭初约,赴历史文献图书馆,议苏州修志事。至则旭初因事返苏,即与佩诤、起潜、景郑略拟建议数条而散。佩诤数年不见,今年政七旬矣。【25-19590621】

八月,文化老人张元济(菊生,1867—1959)、冒广生(鹤亭,1873—1959)相继谢世,耆旧凋零,极感伤怀(菊老九十生日时,欣夫先生有贺寿诗六章,抢扬大雅,极见情怀)。

　　阅报惊悉张菊生先生于十四日逝世。菊老与鹤老同卧病于华东医院,三日之间,二老相率仙去,南东耆旧,凋零殆尽。当抗战时,余困守沪滨,饔餐不继,先生为诸老首创订例卖文,最为可感。近年虽疏于趋候,犹时向起潜、凤起问及下走。从此不能再闻绪言,后生将安仰耶?享寿九十三岁。【25-19590816】

同月,欣夫先生与顾老等同赴科学会堂,出席中华书局召开之会议。

　　清晨赴南昌路科学会堂,中华书局编辑所所召会议,陈向平主席,到徐森玉、周予同、瞿兑之、顾起潜,由京来者王伯祥、赵万里、陈乃乾,中华列席者金兆梓、吕贞白。八时始,十时散。【25-19590821】

庚子(1960)八月,《中国丛书综录》总目册编印告成,欣夫先生受邀参加分类目录册审订。

　　接上海图书馆函,属审《丛书综录》第二册分类目,并约十八日参加会议。【26-19600816】

　　函起潜、凤起,告明日《丛书综录》会议不能出席。【26-19600817】

辛丑(1961)四月,顾大荣(翼东,1903—1996)来访,顾氏为复旦大学化学教授,出身姑苏世家,曾向苏州文管会捐赠清顾沅《吴郡文编》稿本(二百四十六卷,八十册),携至《今雨集》二十四卷,曾经宗氏递藏,系由顾老自京中书肆代为购回。

顾翼东携《今雨集》来借读，即昔年见于宗子岱丈家者，后流入京肆，起潜代为购归，共廿四卷，道光己酉刻本，有秦恩复、王宝仁、左晖春三序，翻阅至暮。【26-19610417】

壬寅（1962），欣夫先生撰作《蛾术轩箧存书录》之馀，仍继续搜集黄丕烈、顾千里题跋，并撰有《黄顾遗书导言》（发表于《复旦大学学报》）。

函汪旭初、王巨川。函圣一，赠《旧山楼藏书目》。函子美、起潜，均为慎老赠所著书。【27-19620108】

接子美、起潜覆。下午政治学习。【27-19620112】

函起潜，乞钞上海图书馆新获《铁崖诗集》黄跋。【27-19620129】

函赵斐云、陈乃乾、潘圣一，并寄《导言》单本。又分寄顾起潜、瞿凤起诸君，皆关怀其事者。【27-19621107】

苏州王謇（佩诤，1888—1969）为欣夫先生同学老友，曾任职华东师大及上海文管会，年末忽有海外东坡之传闻。

传闻佩诤同学逝世，大惊，函起潜、友仁探问。【27-19621124】

接起潜覆，佩诤身体甚好，有人与通电话亲自接听，知前传乃误。【27-19621128】

覆逸声、定侯、起潜、曹仲渊。函宋颀。【27-19621217】

癸卯（1963），顾老寄赠新辑叶景葵《卷盦剩稿》，顾老于张元济、叶景葵诸老遗著，一如欣夫先生之于曹元忠、胡玉缙等前辈，悉心辑校，不遗余力。

起潜赠叶揆老《卷盦剩稿》一册，其札记多涉书林掌故，大似《复堂日记》，又多齿及鄙人，读之兴怀旧之念。【27-19630103】

覆慎老。函起潜。【27-19630110】

接起潜函，属抄叶揆老书跋。【27-19630124】

欣夫先生拟据《黄顾遗书》重编《黄荛圃集》《顾千里集》，搜求小像、书影等，多向顾老商求借印。

检理《荛圃遗书》首附小像等件，尚缺手校及尺牍。函起潜，向上海图书馆借印之。【27-19630618】

覆中华编辑所，并将起潜为选黄校《读书敏求记》《萧台公余词》《与毛榕坪尺牍》备制书影之函附去，以待将来之用。于是不得不叹印书自有缘法，若《黄顾》者，搁置五六年，多经挫折，仍功败垂成，可信矣。【27-19630710】

函起潜，附去慎老函。【27-19631118】

甲辰(1964)岁初,欣夫先生获见夏孙桐(闰枝,1857—1941)《悔庵词》新印本,因与顾老商议辑印先师金天羽《天放楼前集》事。

　　接起潜覆,知参加赴日书法代表团刚返。【28-19640110】

　　接北京夏慧远(纬明)函,并闰老《悔庵词》新印本两册,前托起潜转索者。近日能
　　印此等书,非陈叔老之力不办。【28-19640120】

　　覆夏慧远。覆邵茗生,抄去倬盦佚诗。函顾起潜,商辑《天放楼前集》。【28-
　　19640224】

本年三月,欣夫先生整理之胡玉缙遗著《四库全书总目提要补正》,历经周折,终于出
版,分赠同道,莫不称善。

　　中华送书来,印刷精良,烫金硬面,堂皇美观,摩挲不释。中华赠十部,校订本一
　　部,价购三十部。已赠王佩诤、王巨川、朱季海、顾起潜、瞿凤起、潘景郑、吕贞白、
　　胡道静、杨友仁各一部,中有曾施诬蔑及阻梗者二人,仍赠之以愧其心。【28-
　　19640306】

友人郑翼(雪耘,1901—1969),曾助欣夫先生整理《四库全书总目提要补正》,经介绍亦
与顾老及卢弼相识通信。

　　接雪耘函,并附慎老函。接起潜覆,并赠潘由笙先生《芯庐遗稿》新印本。【28-
　　19640528】

　　覆顾起潜。【28-19640612】

　　接雪耘函,附慎老函,并托转起潜短札。【28-19640720】

　　代慎老寄起潜函。覆巨川明片。【28-19640725】

乙巳(1965),欣夫先生日记止于此岁,次年即归道山,与顾老之交往记录,遂亦止于本
年六月(《王欣夫日记》以外之书信、日记等记录,又待有心人为之辑补)。

　　接起潜函,转来慎老函及诗词,犹两年前所寄,其公忙可知。【28-19650621】

　　覆起潜,附还慎老函件。【28-19650622】

【补记】王欣夫先生逝世后,蛾术轩藏书大部幸存,今藏复旦大学图书馆等处。欣夫先
生遗著及其传钞校录之前贤著述,刮垢磨光,重见天日,正陆续出版,为人引重。顾老
则渊渟岳峙,历乱不移,尊享高寿,至20世纪末始辞世。顾老毕生"收书、编书、印书",
而一秉"专为前贤形役,不为个人张本"宗旨,晚岁主持《中国古籍善本书目》《续修四
库全书》等大型古籍整理出版项目,一呼百应,众望归之,功成身退,世所同钦。

王大隆致顾廷龙函十五通释读

南 丽

（上海图书馆历史文献中心）

2018 年，顾廷龙家属慨然向上海图书馆捐赠顾廷龙先生在沪寓所文献，其中包括藏书、往来信件、手稿、各类证件等，具有很高的文献价值。本文所述王大隆①致顾廷龙②函十五通，即笔者在整理这批文献时所发现，但皆未标注相关年份。经笔者查证，此批书札集中在 1935 年至 1939 年。主要内容为王大隆与顾廷龙之间的抄书、赠书、换书与印书以及友朋交往活动之事，并涉及王大隆所辑《八年丛编》《思适斋书跋》《思适斋集补遗》《匋斋古玉图》《松崖读书记》《荛圃藏书题识再续录》《笺经室遗集》等书编印事。现依原稿移录如下，并论其写作年代，释其所涉事迹。

一（1935 年 10 月 7 日）

起潜仁兄姻世大人阁下：

奉惠书，敬聆一是。北平图书馆之校本《国语》果是惠氏批阅，曷胜欣慰。跋尾既承抄示，乃弟尤所注意者在其批阅案语，虽不多亦拟传临一本，但不知用何底本，及该馆传抄部能觅稍具校书常识者，为之照临纤悉不误否？其润资若干当照汇，统祈吾兄为之道地，见覆是感。《春树闲钞》刻已印成，单册添印时已不及，

---

① 王大隆（1901—1966），字欣夫，号补安，江苏吴县（今苏州吴中区）人，原籍浙江秀水，近代著名古文献学家。室名有学礼斋、抱蜀庐、蛾术轩等。尝问从金松岑、曹元弼等。曾任太湖水利工程局书记，执教于省立苏州女子中学、上海圣约翰大学，1952 年高校院系调整，转入复旦大学任教。著有《补三国兵志》《黄荛圃先生年谱补》《蛾术轩箧存善本书录》《文献学讲义》等，汇辑《八年丛编》《黄顾遗书》《匋斋古玉图》《孙渊如先生文补遗》《松崖读书记》《笺经室遗集》等。

② 顾廷龙（1904—1998），字起潜，号匋誃，江苏苏州人，是我国杰出的图书馆事业家，又是近代著名古文献学家与书法家。历任北平燕京大学图书馆中文采访主任、上海私立合众图书馆总干事、上海历史文献图书馆馆长、上海图书馆馆长，亦曾任暨南大学、光华大学、华东师范大学、复旦大学兼职教授。编著有《吴愙斋先生年谱》《古匋文香录》《章氏四当斋藏书目》《明代版本图录初编》（与潘景郑合编）、《尚书文字合编》（与顾颉刚合编）等，并主编《中国丛书综录》《中国古籍善本书目》。

尤所抱歉者。此书当弟开学来沪之初，匆匆交付手民，及印成而竟将颉刚先生一跋漏去，已不及补印矣。近于顾广誉《悔过斋札记》中（附文集之末），见有与窬斋关系记载一条，似为尊辑年谱所未采，其书贵馆定有之，故不再抄寄。北平图书馆传抄事，前由王君重民介绍与某君接洽，乃去函经年，迄未得覆，遂无从进行，吾兄与该馆定有熟人可托，亦祈代为绍介为荷。公余时赐雅教为盼。专复，顺颂大安。姻世弟王（禅）大隆顿首。十月七日。

按，《春树闲钞》为顾廷龙八世祖顾嗣立所撰，1934 年 8 月王大隆请顾廷龙代校此书①，后编入《乙亥丛编》（1935 年）。《乙亥丛编》为《八年丛编》中之一集。1934 年，王大隆与赵诒琛、王保譓等组织甲戌学会，至辛巳共辑成《甲戌丛编》《乙亥丛编》《丙子丛编》《丁丑丛编》《戊寅丛编》《己卯丛编》《庚辰丛编》《辛巳丛编》八集，后人统称《八年丛编》。对于《丛编》一事，王大隆计划至少编印十集，然"自辛巳后，筹印维艰，遂用中辍"②。函中言"《春树闲钞》刻已印成"，即《乙亥丛编》刻印之事，则此函应写于 1935 年。至于刻印《春树闲钞》时所漏去顾颉刚先生之跋，现于《宝树园文存》中可见③。又"顾广誉《悔过斋札记》中（附文集之末），见有与窬斋关系记载一条，似为尊辑年谱所未采"，为顾廷龙所撰《吴窬斋先生年谱》事，此年谱 1935 年 3 月发表在《燕京学报》专号之十。

二（1935 年冬）

起潜仁兄姻世大人足下：

《乙亥丛编》一部敬以奉赠，又一部拟托转向贵校交换《尚书骈枝》《吉金贞石录》《历代石经考》三书，但所愿较奢，不知能惠许否？明年续印《丙子丛编》，吾兄如亦加入，极为欢迎，附奉缘起数纸，乞为介绍同好。《秀野年谱》亦拟印入，兄如欲添印单本者，望即示知，因此种不日即付梓人也。拙刻《顾跋》，因修板稽延，尚未印成，今百耐邹君以旬日之力，即告发行，极为可佩，至跋尾所言，吾兄早知其详，无俟弟之言也。弟以寒假返里，赐示请寄苏为荷。专此，顺颂著祺。姻世小弟王大隆顿首。

---

①　（清）顾嗣立：《春树闲钞》卷下，赵诒琛、王大隆辑：《乙亥丛编》，民国二十四年（1935）铅印本，第 12 页 b。

②　王欣夫撰，鲍正鹄、徐鹏整理：《蛾术轩箧存善本书录》（中册），上海古籍出版社，2021 年，第 758 页。

③　顾颉刚：《宝树园文存》卷五，顾颉刚：《顾颉刚全集》（第 37 册），中华书局，2011 年，第 281 页。

按,函中既称"明年续印《丙子丛编》",且言"弟以寒假返里",则本函当写于1935年冬。且《乙亥丛编》刻印于1935年,按两人交情,在印成后当即"奉赠"顾氏,可增一佐证。《秀野年谱》,即顾嗣立撰《闾邱先生自订年谱》,现于《丙子丛编》中可见。另"拙刻《顾跋》,因修板稽延,尚未印成,今百耐邹君以旬日之力,即告发行",《顾跋》即《思适斋书跋》,此为是书刻印之事。1936年1月30日《大公报·图书副刊》有刊新书预告《顾千里先生书跋之辑刊》:

> 《思适斋书跋》,吴县王大隆辑,刊本,即日印行。《思适斋集外书跋》,乌程蒋祖诒、吴县邹百耐同辑印本,苏州百拥楼排,定价洋一元二角。……去年九月间,尝读《燕京大学图书馆馆刊》第八十一期,载有章钰撰王大隆(欣夫)所辑《思适斋书跋》题辞,知王已属意于此,刊行在即。正盼快睹,遽见蒋祖诒(谷孙)、邹百耐所辑印之《思适斋集外书跋》先行于时,出乎想望。……惟两本辑刊之先后,则甚难言。盖王辑本于去年九月间闻即竣事,章题可证,但今尚未见其印出。蒋、邹辑本,序跋均成在去年冬月,而先已行世。实则木刻铅植,其工事之迟速迥异耳。[1]

《顾千里先生书跋之辑刊》新书预告中,王大隆刻《思适斋书跋》及邹百耐刻《思适斋集外书跋》事与此函相合,盖知邹辑于1935年冬已印成行世,而王辑虽1935年9月已竣事但至1936年方始印行。由此也可知此函为1935年冬所写。

三(1936年7月24日)

起潜仁兄姻大人足下:

> 承赐大著《古匋文香录》,搜采宏富,橅写精雅,诚空前巨著,拜领谢谢。拙刻《思适斋书跋》先印数十部,谨以一部奉赠,乞加正误,又一部及《家训》一册请转赠贵校图书馆。弟欲得《三十余种传记引得》《仪礼注疏引得》《太平御览引得》,但价值不能相抵(《顾跋》每部寄售实五元),拟稍缓再寄上拙编端忠敏公《匋斋古玉图》(此书来青阁出版,请勿先购)再商交换,不知可否?《顾跋》之刻叠起纠纷,海上有《逸经》月刊,其第一、第十两期中皆有关此书问题,今书已印行,真相想或可大白,尚望兄撰一文以表彰之也。又有《思适斋集补遗》二卷,皆有关经术之

① 坏:《顾千里先生书跋之辑刊》,《大公报(天津)》图书副刊第115期,1936年1月30日第9版。

文,尤为可贵,亦已刻成,因待曹复礼师序文,故尚未开印。《国闻周报》中有吴君之《乙亥丛编之史料》一文,可谓《丛编》第一知音,兄识其人否?前三星期曾有一函及《顾跋》等书四种,挂号寄至式之丈处,久未得复,想不至遗失。函中并请为《丙子丛编》锡以序言,今《丛编》已将印完,专待序文印成,即可装订分发。如兄便晤式丈时,恳为一探问之,至感至感。弟辑惠定宇《松崖读书记》,已得三十种共十六巨册,无力付梓,故将交商务石印。北平图书馆之《国语》校语,当时未急传抄,殊为耿耿,但拾遗补阙本无穷尽,见闻固陋,尤赖同志之友代为随时留意也。《邃雅斋目》有翁广平《听莺居文钞》钞本,定价甚巨,此为吾吴先哲未刻遗著,如用蓝晒以广其传,极为佳妙,兄能谋之否?公余望时时赐教。专此,顺颂夏祺。弟王大隆顿首。七月廿四日。

按,顾廷龙所作《古匋文䀪录》于 1936 年 6 月印行出版[1]。此函言《思适斋书跋》已印出,接上函(1935 年冬函)《思适斋书跋》因修板稽延,于 1936 年方印行。又王大隆所编《匋斋古玉图》有牌记"民国二十五年孟夏上海来青阁景印"[2]。所以此函年代应是 1936 年。

函中所言"《顾跋》之刻叠起纠纷",是指 1936 年三篇文章所述之事:1 月 30 日《大公报·图书副刊》新书预告"圻"撰《顾千里先生书跋之辑刊》、3 月 5 日《逸经》第一期白蕉撰《关于顾千里书跋之辑刊》及 7 月 20 日《逸经》第十期王欣夫(大隆)撰《书关于顾千里书跋之辑刊后》。《大公报》文中对王大隆与蒋祖诒、邹百耐两本辑刊先后有所疑问,并言"尝闻王、邹系姻娅至戚,向多往还。今同拜挹涧蘋,同为涧蘋功臣,何若未相知者耶"[3],而"纠纷"之事主要来自白蕉文,文中言王与蒋、邹二书源出一本,皆来自陈乃乾早年间所辑《顾跋》。对此,王大隆在《逸经》第十期中说明其所辑《顾跋》并非陈乃乾版,其辑《顾跋》于十余年前即从事之,后由瞿凤起从宗惟恭(礼白)处借得陈乃乾辑本一观,仅有一种为王辑本无,且王辑本三倍于蒋、邹,与蒋、邹本并非同源,并附陈乃乾致王大隆二函以证。

函中"《国闻周报》中有吴君之《乙亥丛编之史料》一文",应该是指《国闻周报》第十三卷第二十二期(1936 年 6 月 8 日出版)李鼎芳所作《乙亥丛编中的史料》,王大隆先生言"吴君"或是笔误。

① 风:《新书介绍:古匋文䀪录》,《图书季刊》第 3 卷第 3 期,国立北平图书馆,1936 年,第 167 页。
② (清)端方撰,王大隆编:《匋斋古玉图》,民国二十五年(1936)上海来青阁影印本。
③ 圻:《顾千里先生书跋之辑刊》,《大公报(天津)》图书副刊第 115 期,1936 年 1 月 30 日第 9 版。

"式之丈"即章钰(1865—1937),字式之,晚号霜根老人,有四当斋藏书。晚年"自津步就养旧都"。顾廷龙"以年家后进,登堂展谒",章氏"以龙于金石目录之学有同耆焉"遂"引而教之"①,两人成为忘年交。故王大隆请顾廷龙便晤时"一探问之"。

关于《松崖读书记》,《蛾术轩箧存善本书录·甲辰稿》卷三"松崖读书记二十二卷附更定四声稿四卷增辑松崖文钞二卷"中,王大隆自述:"一九三八年五月,写定拟刊,人事变迁,垂成而中辍者屡矣。"②漆永祥《王欣夫先生〈松崖读书记〉蠡测》一文,载其曾在复旦大学图书馆得见《松崖读书记》尚存稿二册,其中曹元弼、张尔田序文及王大隆辑例与《蛾术轩箧存善本书录》文字存在多处差异③。可知《松崖读书记》一书多经修改,而作此函时,王先生已得三十种,与《蛾术轩箧存善本书录·甲辰稿》卷三所载总数相合(若加上附录之《更定四声稿》与《增辑松崖文钞》则三十二种),盖此为王先生所辑《松崖读书记》之较早稿,而后又经多次修改。

四(1936 年 8 月 13 日)

起潜仁兄姻大人足下:

前上一函并拙刻《思适斋书跋》两部,一以奉赠,一请转交图书馆,想荷登达。兹又挂号寄上《匋斋古玉图》《虹亭诗稿》《二垞诗稿》《素心簃》等四种共八册,仍请转赠图书馆。弟意欲贵校出板之各种《引得》,尤所盼望者为《仪礼注疏》《三十余种传记》《太平御览》等,不知可否代请于馆方,至以为恩。弟《顾跋》之刻,以广流传及收归成本计,坊间有寄售,每部实洋五元。尊处如有推销机会,乞示知寄奉,但如同好之友及嗜古学士不在此例,尽可赠送,祗须示知耳。闻揆初先生言贵馆近收得姚伯昂《国史地理志》稿本,是否即沈子敦所代纂者? 诚佳书也。又闻贵馆亦有蓝晒之法,如可代办,乞将秘籍抄目见示,当恳商印也。专此,顺颂署安,不一。姻愚弟王大隆顿首。八月十三日。

按,此函言"前上一函并拙刻《思适斋书跋》",与上函(1936 年 7 月 24 日函)"拙刻《思适斋书跋》先印数十部,谨以一部奉赠,乞加正误"相承接。又上函言稍缓将寄上《匋斋古玉图》,而此时已寄奉顾廷龙先生。故此函时间当紧接上函,应为 1936 年。

---

① 顾廷龙:《顾廷龙文集》,上海科学技术文献出版社,2002 年,第 136 页。
② 王欣夫撰,鲍正鹄、徐鹏整理:《蛾术轩箧存善本书录》(中册),第 1316 页。
③ 漆永祥:《王欣夫先生〈松崖读书记〉蠡测》,《图书与情报》2004 年第 6 期,第 50—54 页。

"揆初"即叶景葵(1874—1949)，银行家兼藏书家。关于姚元之(伯昂)《国史地理志》稿本，顾廷龙先生曾作《国史地理志稿本跋》，言此书确系姚元之原稿，而沈垚(子敦)参与校订[1]。

五(1938年4月18日)

起潜仁兄姻大人足下：

去岁北海一别，不图风云顽洞，一至于此。颉刚先生南下，得知覃祉吉羊，深以为慰。弟去年游地洞庭，岁初始返，直至前月方挈眷来申。浩劫之余，苏地十室九空，所好群书尚未全失，差为幸耳。北方情形，想为较好。木犀轩藏书作何归结，颇欲闻之。前日晤叶揆老，知式丈遗书悉捐入贵校，甚庆得所，将来校记一一刊行，庶慰式丈在天之灵。其《四当斋集》闻初板存书无多，敢请代向元美世兄一述，式丈与弟交谊非同恒泛，务恳惠赐一部以资拜读，幸甚感甚。《边疆丛书》之辑想在停顿中，以前已出各种，弟皆无之，能否寄一全份？《丁丑丛编》幸早印成，因赞同者颇众，弟仅分得六部，转瞬送罄，稍缓将乞邻奉赠。子虬先生一股书已面交颉刚，便乞转告(今年决仍续印，虬老想仍赞同，亦乞代致为感)。清初有藏书家吴人顾霖，字悫儒，又字可潜，藏书处曰勤有堂，其藏印于宋本书中往往见之，不知是否华宗？现在南北邮通，至盼时时赐教。弟仍住梵王渡校内，一时并不他迁。专此，祗颂春祺。弟大隆顿首。四月十八晚。

斐云、刚主地址乞示为感。

按，此函所提多去岁之事，即1937年事。1937年6月6日，王大隆从苏州出发，北上游北平[2]，6月19日中午，顾廷龙于燕京大学设宴，王大隆亦在席中[3]。所以函中"北海"应是指北京之北海。"七七事变"后，顾颉刚被列入日本人抓捕名单，于是决定南下，自7月21日行，途经绥远、大同、太原、石家庄、郑州、徐州等，于8月8日抵苏，9月14日又离苏辗转去往西北[4]。此即"颉刚先生南下"事。1937年抗战起，圣约翰大学暂时停学，是年秋王大隆携眷避居洞庭东山[5]，旋即苏州沦陷，至王大隆1938年初

① 顾廷龙：《顾廷龙文集》，第77—80页。
② 吴格：《王欣夫致王献唐书札小笺》，《山东图书馆学刊》2009年第3期，第63页。
③ 顾颉刚：《顾颉刚日记》卷三，顾颉刚：《顾颉刚全集》(第46册)，中华书局，2011年，第656—657页。
④ 顾颉刚：《顾颉刚日记》卷三，第667—692页。
⑤ 吴格：《吴县王大隆先生传略》，陈尚君编选：《蛾术薪传》(下册)，商务印书馆，2019年，第628页。

返苏,所幸藏书尚未全失。所以此函写于 1938 年。1937 年 5 月 9 日章钰去世,9 月其哲嗣章元善、章元美、章元群编订《四当斋集》,10 月 23 日章夫人王丹芬将四当斋藏书分别赠与及寄存燕京大学①。此所谓"式丈遗书悉捐入贵校"之事。1936 年 5 月 24 日,禹贡学会召开成立大会,选举第一届职员,并决定由吴丰培、顾廷龙主编《边疆丛书》②。10 月始出版第一种《西域遗闻》,至次年七月又先后出版《哈密志》《科布多政务总册》《西藏日记》《敦煌杂钞》《敦煌随笔》,后因"七七事变",《边疆丛书》辑印停顿,虽多种已排竣但未及印出③。函中所言"子虬先生"即顾子虬,为顾颉刚之父,曾多次资助《八年丛编》辑印。

六(1938 年 7 月 4 日)

起潜吾兄大鉴:

手示诵悉。绍虞先生南下,知罩祉吉祥为慰。《戊寅丛编》决计续印,附奉缘起数纸,请介绍同志。今年旧友星散,或经济不敷,或消息难通,招募较难,乞兄有以助之。余季豫、杨遇夫、赵斐云、谢刚主诸君不知在平否?请各将缘起致之是恳。令兄子虬先生仍允加入,甚荷。但汇款不易,适弟须付故宫博物院图书馆何澄一君国币拾元,请即将此款划付,以省两方手续。附上致何君一札,便乞交去,取得何君收据寄下,即据以收入《戊编》入股账册,费神感感。《禹贡丛书》得读为幸。此请大安。弟隆顿首。七月四日。

澄一先生大鉴:

手示诵悉,稽答为歉。兹托顾起潜兄,送上国币拾元,乞察收。付据写件已成者,望即寄下,格子纸不多,可即将素纸代之。专颂公绥。弟王欣夫顿首。七月四日。

惠覆仍寄上海梵王渡圣约翰大学。

按,上函(1938 年 4 月 18 日函)提及顾子虬资股《丁丑丛编》,而此函接上,顾子虬允诺将继续资股《戊寅丛编》。又函末言"《禹贡丛书》得读为幸",此《禹贡丛书》即《边

① 容媛编:《国内学术界消息(二十六年七月至十二月)》:(甲)学术机关消息:章氏四当斋藏书寄存及赠与燕京大学,《燕京学报》第 22 期,哈佛燕京学社,1937 年,第 281—285 页。

② 王煦华:《顾颉刚先生学术纪年》,尹达等主编:《纪念顾颉刚学术论文集》(下册),巴蜀书社,1990 年,第 1042 页。沈津:《顾廷龙年谱》,上海古籍出版社,2004 年,第 53 页。

③ 顾潮:《顾颉刚年谱》,中华书局,2011 年,第 294—295 页。

疆丛书》，正接上函"《边疆丛书》之辑想在停顿中，以前已出各种弟皆无之，能否寄一全份"句。可知此函在 1938 年 4 月 18 日之后。另，此时顾子虬（1939 年 1 月 8 日去世①）仍在世，且 1939 年 4 月 14 日函（见下文）提到《戊寅丛编》已印成，但尚未发行。故此函当在 1939 年之前，应写于 1938 年。

函中所言"何澄一"，曾做过梁启超学生及秘书，后供职于故宫博物院图书馆，编有《故宫所藏观海堂书目》。《己卯丛编》之《逸礼大义论》，王大隆跋言"先从故宫图书馆传钞"②，其故宫图书馆《逸礼大义论》抄本，极有可能是请何澄一代谋抄录。

七（1938 年 9 月 29 日）

起潜吾兄先生大鉴：

　　手书及《章氏书目》先后拜登。收据谨签名附上，乞转致贵馆。承为招得贵馆与哈佛印《戊编》股分，甚荷。今年因时局关系，旧友或不通消息，或无意及此，故征集倍难，迄今仅得五十余股，拟中秋后即付手民，能于年内出书为佳。子虬令兄之款，顷已汇来，勿念。《边疆丛书》遽行中止，殊觉可惜。已印各种无一不佳，所收材料必不少，许借数种印入《丛编》否？式之丈藏秘籍，当日曾有抄赐印行之约，今检目开列别纸，请觅抄胥传录寄下，以竟丈之遗志，其抄资（或先约计字数见示）当照缴不误。目中有传录惠校《国志》，此书弟所见者皆寥寥不多，此册不知如何，恳示及。刚主款已由黄公渚兄汇下，斐云或交去稍后，顷旧京股款多托公渚代收也。敬言兄函乞转交。匆复，即颂秋祺。弟王大隆顿首。九月廿九日。

　　请传抄四当斋所藏书目：

　　《张易参义》　元和李继沆

　　《逸书事纬》　歙汪宗沂

　　《九经古义参证》　吴县钮树玉

　　《戏鸥居词话》　宝山毛大瀛

　　《逸礼定论附录》　歙汪宗沂

　　此书弟有抄本题《逸礼大义论》者六卷而无附录，今读汪氏后序，言多有增

① 顾颉刚：《宝树园文存》卷六《顾子虬先生讣告》，《顾颉刚全集》（第 38 册），第 274 页。
② （清）汪宗沂：《逸礼大义论》卷六，赵诒琛、王大隆辑：《己卯丛编》，民国二十八年（1939）铅印本，第 8 页 b。

益,则当以此手稿为定本。弟极爱此书之精博,故付诸剞劂,已写成宋字两卷,因乱搁置,今见此册,必求得以为据。务请与上四种同付抄胥,并乞详校,至感至感。世事不可知,能速则尤妙。东厂胡同之书曾允传抄,久不践诺,顷报载失火,甚可念也。如敬言兄有款交上,即乞代收作为抄资可也。

按,《章氏书目》即顾廷龙所编《章氏四当斋藏书目》,1938 年 5 月由燕京大学图书馆印行①。上函(1938 年 7 月 4 日函)提及王大隆请顾廷龙为《戊寅丛编》帮助招募入股者,此函则已招得燕京大学图书馆与哈佛入股。且及顾子虬入股款已汇到,并《边疆丛书》停顿事,遂知此函当接上函之后。函中除《戊寅丛编》集款一事,亦讲四当斋书传抄之事。王大隆在 1938 年 4 月 18 日函(见上文)中提到因晤叶景葵而知章氏书入燕京大学图书馆,时顾廷龙在燕京大学图书馆工作,因是有请其助抄四当斋书之事。故此函当系于 1938 年 4 月 18 日函后的 9 月 29 日。

函中提及的"黄公渚"即黄孝纾,字公渚。1924—1936 年,"馆于刘承幹嘉业堂,负责整理图书、编辑提要、考订版本、校勘古籍",后至山东大学中文系任教,1938 年去往北京工作②。王大隆所辑《八年丛编》现存之四集有资印人名单者及《笺经室遗集》资印人名单中,皆有刘承幹之名,可见刘承幹对王大隆印书的支持。黄孝纾在嘉业堂期间应与王大隆亦有来往。至黄孝纾去往北京后,王大隆即托其代收《八年丛编》之北京股款。"敬言"即凌景埏,又名敬言,江苏省吴江县人。昆曲学研究名家。1938 年"8月,经郭绍虞先生介绍,北上赴燕京大学国文系任讲师,兼研究生导师"③。

八(1938 年 10 月 23 日)

起潜吾兄足下:

手示拜悉。四当斋传抄因格于定例,不能即抄,自当函商元美昆仲得其许可,弟不知其香港寓址,顷已函问揆初先生矣。陈同叔所抄似多词章家言,先抄四种,成后自当续抄数种付印。贵馆股款廿元已汇到,兹具正式收据二纸,乞转缴。其书年内或不及出板,则迟至明年春间,并望声明。前附函系致贵校新聘国文教员吴江凌君敬言(景埏)者,便乞袖交。其款如缴到,即乞代收,以作传抄润

① 顾廷龙编:《章氏四当斋藏书目》,燕京大学图书馆,民国二十七年(1938)铅印本。
② 李振聚:《黄孝纾家世、生平及著述考》,《满族研究》2019 年第 2 期,第 90—91 页。
③ 赵秉禹:《曲家凌景埏先生学术简表》,《文教资料》2011 年第 34 期,第 106 页。

资,祗须示知,以省转汇手续。斐云股款不知是否交与黄公渚,兄便晤请一问。吴君玉年所编书均甚有用,不知《丛编》可加入一股否?霜根丈一生聚书,今得足下为详编目录,得一知己可以无憾,此弟所倾倒无地者也。此颂秋安。弟王大隆顿首。十月廿三日。

按,此接上函(1938年9月29日函)四当斋传抄之事,要先征得章钰遗属同意。章钰家人与燕京大学有《赠与及寄托霜根老人四当斋遗书契约》,其中有一条:"(子)(丑)两类书籍所有之校语或未经刊行之本,乙方得先征得甲方同意,随时发表;但须载明'霜根老人手校'或'四当斋藏本'等字样。"[①]此或即函中所言"四当斋传抄因格于定例,不能即抄"。《戊寅丛编》中有四当斋藏书《戏鸥居词话》,此书为昔年陈同叔手抄赠章钰,为上函所请传抄书目之一。陈同叔,原名升,后改名如升,字同叔,宝山人,生于清道光十年(1830)十一月初九,卒于清光绪二十九年(1903)十二月初二,著有《搴红词》《尺云楼词钞》《尺云楼诗钞》[②]。章钰藏书中抄本最多者为刘履芬,次则陈如升,共十五部。因四当斋传抄事需征得章钰遗属同意,原拟1938年内出版的《戊寅丛编》则"年内或不及出板",事实上《戊寅丛编》也是在1939年才得以出版。"吴君玉年"即吴丰培。"所编书"当指《边疆丛书》,并希望吴丰培入股《丛编》。函末又提及顾廷龙所撰《章氏四当斋藏书目》。故此函当写于1938年。

九(1938年12月16日)

起潜吾兄足下:

手示敬悉。敬言兄在沪允入半股而未缴款,故托兄问之,今知与绍虞先生各入半股,甚荷。附上收据,即恳代向一收。前函托抄各书,知有曾经刻过者请为除去,弟见闻浅陋,全目中或尚有未刻佳书,请兄诏示补抄,至感。用晒印,费省而存真,最好能一律晒印,愿缴损装之费。《礼经类编》未见过,但明人不善说礼,内容不知若何?笺经藏书尽散,殊可惋惜,闻遗著甚多,其子护若头目,秘不示人。弟于七年前奉叔彦师命,为编定文集二十卷,录一清本,考据、词章兼擅其长,真不朽之作。清本、稿本向存叔彦师处,去年战事起,其子坚索去,携以赴乡,不图没于寓次,其孙年少不读书,遂以至贱之值尽售楹书与书估。弟闻而急追文

---

① 顾廷龙编:《章氏四当斋藏书目》,燕京大学图书馆,民国二十七年(1938)铅印本。
② 陈曾琅:《陈同叔事略》,上海图书馆藏清抄本。

稿,多方寻访,竟不知踪迹,恐已湮灭,痛惜奚似。闻刘翰怡丈曾愿授梓,其子拒不交出,今竟散佚,如尚存天壤,珠光剑气终不可闷,然非所期矣。叔彦师本拟为传,今即将动笔,其遗象去年翰怡丈拟续刻沧浪名贤像时已征得,吾兄拳拳先贤之意至可钦也。宗子岱丈有邓孝先年丈撰墓志,俟觅得拓本寄奉。咫园藏书在虞者悉付劫灰,有精本一部分留沪上者,近亦悉售去,丈书素无印记,又无目录,一生辛苦所聚后将无从查考,可慨也。《丛编》已请冒鹤亭先生撰序,陶兰泉先生书封面,其题签拟求夏闰老(其大小照《丁编》),敢乞吾兄代求,不知便否? 如能早日掷下尤感。专复,即颂大安。弟王大隆顿首。十二月十六日。

按,函中所言《丛编》即《戊寅丛编》,有夏孙桐(闰枝)题签,陶湘(兰泉)书封面,冒广生(鹤亭)撰序。冒广生序尾署"戊寅冬"。函中提及"去年战事起",即指"七七事变"起之战事,所以此函应写于1938年。函中提到两处藏书,一为曹元忠笺经室藏书,一为宗舜年咫园藏书。曹元忠晚年因经济问题,藏书即开始流出,至其去世后,则藏书逐渐散尽。王大隆曾师从曹元忠从弟曹元弼(叔彦),并受师命,为其编订《笺经室遗集》。笺经室清本、稿本先存放于曹元弼处,曹元忠病重时"欲将残稿送弟(曹元弼),为我(曹元忠)善后"[1]。"既没之八年,叔彦吾师以丛稿一束,命大隆校理编次"[2]。对于编辑曹元忠遗书,其孙曹凤年也有所帮助,"谋刊兄(曹元忠)书,凤年遍搜劫余遗稿致欣夫资补辑"[3]。函中言"七七事变"战事起,曹元忠子曹岳觐携父遗书归乡,后其孙曹凤年"尽售楹书与书估",此事冒广生于1938年12月也有提到:"夏癯禅告以曹君直批校书四箱,其孙以五金漫售与人,中多词集校本。"[4]然据王大隆后来所作《笺经室遗集跋》言"先生孙凤年幸将清本保藏未失"[5],可知曹凤年并未将笺经室藏书尽数售去,而有自留部分。咫园藏书为宗舜年(子岱)藏书,其去世后邓邦述(孝先)为作《上元宗君墓志铭》。咫园藏书部分存放于常熟故居,抗战爆发后,故居被焚,此部分书悉付劫灰,另有其子宗惟恭携沪之精者,亦被售出[6]。前《乙亥丛编》中所录顾嗣立撰《春树闲钞》即来自咫园藏书,昔顾廷龙从宗舜年处借得抄本录副,而后顾子虬又为传抄,王大隆借得顾子虬传抄本,又请顾廷龙代校,并录入《乙亥丛编》出版。

① 曹元弼:《诰授通议大夫内阁侍读学士君直从兄家传》,曹元忠撰,王大隆辑:《笺经室遗集》卷前,民国三十年(1941)吴县王氏学礼斋铅印本。
② 王大隆:《跋》,曹元忠撰,王大隆辑:《笺经室遗集》卷后附。
③ 曹元弼:《诰授通议大夫内阁侍读学士君直从兄家传》,曹元忠撰,王大隆辑:《笺经室遗集》卷前。
④ 冒怀苏:《冒鹤亭先生年谱》,学林出版社,1998年,第420页。
⑤ 王大隆:《跋》,曹元忠撰,王大隆辑:《笺经室遗集》卷后附。
⑥ 江庆柏:《近代江苏藏书研究》,安徽文艺出版社,2000年,第31—38页。

十(1939年2月5日)

起潜吾兄大鉴:

　　前奉复一函,谅先达到。宗丈墓志钞得附上,但文中于收藏事甚略。咫园善本既无簿录,又乏印记,与丁氏缃素楼同,一经转徙即无能考,将来即有撰《藏书纪事诗续》者,将何所据邪! 平估在南收书甚多,兄必见之,乞略举其尤见示。顷有人送阅抄本道光时纂《西南备边后录》卷五一册,为沿边土司记上,无撰人姓名,黄绫面,似恭缮进呈底本;又抄本嘉庆时纂《塔尔巴哈台事宜》四册;又光绪时纂《图说》一册,皆不知有刊本或传抄本否? 吾兄热①于边疆书籍目录,务乞查示。又有友人示抄本翁氏《苏斋笔记》残存四卷,《记》从目录书中见有民初影印本,但未睹原书(不知内容相同否),坊间亦不能得,贵校谅有之,亦请查示。以上诸书如无刊本,皆拟陆续印入《丛编》也。大著《汉金文记》拜读佩甚。弟尝欲据各家印谱,集瞿木夫未见各印,为《古官印考续补》,于唐宋以后官印尤宜留心(惜贞松书外无有专书)。荏苒多年,未能着手,吾兄博学多闻,曷不从事于斯? 亦不朽之业也。四当斋书续影各种请先鉴定内容,然后付影,《戊编》拟先采印一二种,其余或专编一集为《己卯丛编》,如何? 公余乞常惠教。专此,即颂大安。弟大隆顿首。二月五日。

　　按,"宗丈墓志钞得附上"正接前函(1938年12月16日函)"宗子岱丈有邓孝先年丈撰墓志,俟觅得拓本寄奉"所言。笔者于2018年顾廷龙家属所捐顾廷龙文献中确见有邓邦述《上元宗君墓志铭》抄件,抄于版心署"新教育书局制"红格旧稿纸上,或是函中所言"钞得附上"之宗舜年墓志,但非王大隆手迹,或请他人代为抄录。《汉金文记》,即顾廷龙所撰《读汉金文小记》,发表在1938年12月出版的《史学年报》上。故此函时间应去1938年12月不远,当为1939年2月5日。

　　函中请顾廷龙代为查找之四部书《西南备边后录》《塔尔巴哈台事宜》《图说》《苏斋笔记》,最后皆未编入《八年丛编》。其中《塔尔巴哈台事宜》是吴丰培、顾廷龙所主编《边疆丛书》的一种,后因"七七事变"未及行世,至1958年又重新印入《边疆丛书续编》发行,遂未印入《丛编》。翁氏《苏斋笔记》残本,即"昔在刘氏嘉业堂见平安馆钞残

---

① 疑当作"熟"。

帙,共存四卷"①,清宣统二年(1910)北洋官报印书局有影印手稿本,故亦未印入《丛编》。另外两种《丛编》所无者,则不知是何原因。

函中欲为章氏四当斋所藏部分书专编一集为《己卯丛编》,但检今之《己卯丛编》并非章氏书专集,只其中《逸礼大义论》,为故宫图书馆传抄本与章氏所藏手稿本比勘后编入。

十一(1939年2月19日)

起潜吾兄先生左右:

　　手示诵悉。凌陈二君收据附上,请转交,费神谢谢。前函奉叩《西南备边后录》残本不知何人所撰,且既称后录,则必有前录,吾兄熟于边疆掌故,祈有以示之。或一问吴君玉年如何? 四当斋传景各书承允过旧历新年即从事,感感。弟所拟之目或恐有遗珠,请兄鉴定,凡无刊本而有价值者,将悉景一副。今将先检小品一二种印入《丛编》,余则已编辑为专集,尊意以为如何? 贵馆所藏吴槎客《论语皇疏考证》,不知可否传抄或晒景? 弟有槎客他稿未刊者,将以一人之作合为一集印行之。荛翁题识续得者编为三卷,即将付梓,闻北平图书馆所得海源阁书荛跋出《楹书隅录》外者甚多,久思钞得合刊,一则不知其书尚在馆中否,一则应托何人始可传抄,不甚明了,祈兄详示之。属题《春树闲钞》,以得附名卷末为幸。专复,顺颂校绥。弟王大隆顿首。二月十九日。

按,"凌陈二君",皆为《戊寅丛编》资股人,"凌"为凌景埏,"陈"则不知何人。此函接上函(1939年2月5日函),重言《西南备边后录》及四当斋书传影事。"今将先检小品一二种印入《丛编》",即上函所说先采一二种四当斋书印入《戊寅丛编》。此"一二种"即《戊寅丛编》所收《戏鸥居词话》与《客越志》。所以此函当在1939年7月顾廷龙南下之前,应为1939年2月19日。

函中所言"吴槎客《论语皇疏考证》"即吴骞所撰《皇氏论语义疏参订》,此书现仍藏于哈佛燕京图书馆。"荛翁题识续得者编为三卷"指王大隆所辑《荛圃藏书题识再续录》,之前亦辑有《荛圃藏书题识续录》。

---

① 王欣夫撰,鲍正鹄、徐鹏整理:《蛾术轩箧存善本书录》(中册),第1325页。

十二（1939 年 3 月 20 日）

起潜吾兄史席：

　　前日由景郑兄转到大函，尚未奉覆，又得手书并赐莞翁小象及诗文，开函雀跃，百朋之锡，曷胜感谢（如能得千里小象以成双璧，恳为留意）。莞翁小象曾见《玄机诗思图》所摹，因物主矜重，未能借摄。宋刻《挥麈录》今在南海潘氏，正请陶兰泉先生借出摄影，今得此可作罢矣，他日当用制玻璃版，订诸卷首，并志大惠于不谖也。《塔尔巴（哈）台事宜》从友人借读，以卷帙稍多，且无写人，未能传录。《西南备边后录》仅存卷五残本，容谋录存，但中记道光初年事，非明人所撰。槎客《论语参订》承许录副，感感。曾见有《拜经楼诗话续编》《海宁防○纪略及辑佚》二种，异日当汇印之。北平书馆善本运沪，丁丑之春本可设法展览，适弟以例假旋苏，至失良机，顷已专函斐云，乞其录示，尚祈吾兄便中怂恿怂恿，是感。《藏园题记》昨从张菊老借读，似无可补，沈刻《三妇人集》《倚杖吟》均见过，铁桥《说文翼》手稿揆老已驰书托兄物色，可如愿否？率覆，顺颂校绥。弟王大隆顿首。三月廿日。

　　按，函中开头所言"莞翁小象"事详见下函。上函（1939 年 2 月 19 日函）请为传抄或晒印吴骞（槎客）《皇氏论语义疏参订》，此函时已得到回复"承许录副"，且又及上两函（1939 年 2 月 5 日、2 月 19 日函）所提《西南备边后录》与《塔尔巴哈台事宜》，故此函时间当紧接上函，为 1939 年 3 月 20 日。

　　《庚辰丛编》有辑印桂文灿所撰《论语皇疏考证》，文后王大隆跋言："已往见海宁吴氏骞《皇氏论语义疏参订》稿本，亡友歗吴氏承仕亦据日本所传旧钞十种详为比勘，成校理若干卷，他日得而并刊之，庶为治《皇疏》者之一助乎。"[1]王大隆有汇印吴骞文集之志，函中所及《皇氏论语义疏参订》《拜经楼诗话续编》《海宁防○纪略及辑佚》皆在其计划内。其《海宁防○纪略及辑佚》未曾见，是否与吴骞所撰《海宁倭寇始末》[2]有所关系则不得而知。

---

[1]　（清）桂文灿：《论语皇疏考证》卷十，赵诒琛、王大隆辑：《庚辰丛编》，民国二十九年（1940）铅印本，第 3 页。
[2]　原稿本曾藏于北平图书馆，另有抄本藏在国家图书馆。

十三(1939 年 4 月 14 日)

起潜吾兄史席:

　　大示敬悉。今日又接传印书四种,感谢之至。《论语皇疏参订》如尊处之款除传影各种已不敷者,则暂缓亦可。又请晒影刻本《四寸学》一种,此书前年武昌友人(徐君行可)曾示抄本,嘱印入《丛编》,尚未能也。盛氏愚斋藏书原有书目十巨册,前年藏书全部赠与敝校,附来排印目一部,后知存书尚多,往索仅得二三部,殊不解其矜惜之故,其余恐皆作为燃料矣。前年有人借去传抄一部,托蟫隐庐售得善价,实则其中益无佳书,编次又多错误也,俟与图书主者商之,如能有副本最佳。适国文部需要贵校所编《引得》各种,如可交换更妙,今则姑妄言之耳。承示《丛编》以编目方便起见,宜冠一总名,前亦有人说过,但此书以集款而成,不便以己之斋名冠之,今已印成五集,中途变更又不一列,故拟俟印成十集后,再冠总名。盛氏书中所有词曲、丛书两部完全提出自留(一说赠与交通大学),故自刻之《常州丛书》理所必有而竟一册都无,初编尚然,何论二编,此亦不可能者。《定庵集》中有未刻文否? 苊翁遗象前年见《元机诗思图》中所摹,即江谱卷首所出者,未能借摄。又见《诗梦图》中所摹并四状元者,他日或能摄得。项又有友人摄赠袁寒云属吴观岱画者,亦源出《挥麈录》,《挥麈录》今藏南海潘氏,其原本为孙子潇所画,今正设法借摄,惟此影似为晚岁所绘,若初校《挥麈》四十之年,恐无此苍老也。昨有苏人来,谈及令兄子虬先生有海外东坡之传,不知如何? 吴瞿安表兄没于滇之大姚,吾吴学者又弱一个,至可痛惜。乔估所收笺经室手校书,兄所见几种,其段注《说文》意必甚佳,不知见否? 南中书佳者不多,自平估麋集后,几至竭泽而渔,我辈遂无所见。贵校学报想仍出版,将来《戊编》出版后,求作佳评附登报中以资号召为幸。郝兰皋《颜氏家训斠记》曾附印单本别邮奉赠(一本赠图书馆)。郝校书在清华图书馆,前年曾托施君设法传抄传校,方将着手而事变起,运至他处,至今耿耿也。北平图书馆有晒影办法,不知近仍可接受委托否,更不知乙库善本未他迁否,此事必须有熟人接洽方能便利也。专复,祗颂校绥。弟大隆顿首。四月十四日。

　　按,函中言"吴瞿安表兄没于滇之大姚"事,指吴梅(瞿安)1939 年 3 月 17 日卒于云南大姚李旗屯[1]。所以此函应写于 1939 年。

---

[1]　王卫民:《吴梅年谱》,吴梅:《吴梅全集·日记卷下·附录》,河北教育出版社,2002 年,第 983 页。

按函中"今已印成五集""将来《戊编》出板"之言,知此时《戊寅丛编》业已印成而尚未发行。其所言郝懿行(兰皋)《颜氏家训斠记》即《戊寅丛编》中之一种,为重校山西图书馆本。清华大学图书馆有郝懿行未刊遗稿,王大隆"前年曾托施君设法传抄传校",但"方将着手而事变起"。1935 年,清华大学图书馆便未雨绸缪,着手图书南迁之事,"七七事变"至日军进城期间,又抢救出一批书籍,运至城中某处,后随馆一起南迁①。函中"郝校书"应在"七七事变"后所运出书之列,又为此函写于一九三九年添一证据。

又及徐恕(行可)示《四寸学》抄本嘱印入《丛编》,此书不仅在《戊寅丛编》中"尚未能也",而且已卯至辛巳三集《丛编》中也未录入,不知是何缘由。

函中亦言盛宣怀愚斋藏书捐赠事。1933 年 12 月《中华图书馆协会会报》上有"约翰大学将建盛氏圕"一文:

> 久为全国知识界景仰之盛氏(盛宣怀)藏书楼,搜储国学新旧善本图书达数十万册之巨,平素封秘珍藏,外人莫窥其奥,闻今夏已由盛氏后裔全部捐赠梵王渡圣约翰大学,士林赞美,以较浙江天一藏书之终不免于散失,为善多矣。特盛氏不捐于其先人所手创之交通大学,而转赠与外人统制之约翰大学,似犹令人寻味。个中人言,此事系约翰大学旧同学,国府前财长宋子文先生介绍之力,该校现已准备另建三层大厦之新圕以藏之且命名为"盛宫保圕",目下第一箱书已到校,云。②

可知盛氏藏书在 1933 年捐赠给圣约翰大学,函中"前年藏书全部赠与敝校",此"前年"并非确指,而当为"前些年"之意。盛氏藏书虽大部分捐与圣约翰大学,但并未全部捐与此校,另有部分捐与上海交通大学及山西铭贤学校。按函中"盛氏书中所有词曲、丛书两部完全提出自留(一说赠与交通大学)",查《愚斋图书馆藏书书目》③(即函中所说盛氏愚斋藏书十巨册,为捐赠圣约翰大学之书目)确无词曲、丛书两大类。"自刻之《常州丛书》"即《常州先哲遗书》,共两集,由盛宣怀出资、缪荃孙编辑。王大隆认为不在词曲、丛书之列的《常州先哲遗书》理应在捐赠目中,但实际确无,对于此事,其深感疑惑。

又接上函言荛翁小像事。黄丕烈曾购得南宋陈道人书棚本《鱼玄机集》,后请周云岩绘成《玄机诗思图》,此图后一直由黄丕烈后人收藏。江标《黄荛圃先生年谱》卷首之荛翁小像便是来自《玄机诗思图》,即函中"江谱卷首所出者"所指。按李军《王欣

① 何玉:《抗战烽火中的清华图书馆》,《人民政协报》,2017 年 11 月 2 日第 11 版。
② 中华图书馆协会:《约翰大学将建盛氏圕》,《中华图书馆协会会报》第 9 卷第 3 期,1933 年,第 25 页。
③ 愚斋图书馆辑:《愚斋图书馆藏书书目》,民国二十一年(1932)大成印务局铅印本。

夫先生编年事辑稿》,王大隆于稍后几年得细赏此图,并为题诗:"(1941年)黄荛圃后人与先生友人宜兴潘伯彦(嗣昌)家联姻,其家因以所藏《玄机诗思图》请潘伯彦转嘱先生题词,先生得留观玩月余,尽录其题咏,先生复题八绝。"[1]了却未能"借摄"之心愿。南海潘氏宝礼堂藏有宋刻《挥麈第三录》三卷一册,曾为黄丕烈旧藏,卷首有黄丕烈小像[2],此宋刻本现藏在国家图书馆。"袁寒云属吴观岱画者"则指袁克文所藏《详注周美成词片玉集》中所画,此书袁克文跋云:"首册尾附叶吴观岱临荛翁小像,自宋刊《挥麈录》中孙子潇绘本摹出。"[3]王大隆欲借摄荛翁小像,乃是要置于其所辑《荛圃藏书题识再续录》中,此书卷首有荛翁小像并顾廷龙题签,王大隆跋言"顾君起潜(廷龙)从宋椠《挥麈录》所摹小像摄影寄赠,据印于首以志景慕"[4]。

十四(1939年春末夏初)

起潜吾兄史席:

　　大作《演繁露跋》拜读中,有一故事请为左右述之。今涵芬所印之宋本十卷原为弟家旧物,二十年前家兄荫嘉与许君辅庭交好,向借其所藏卢雍《苏州府志》,而许君亦借《演繁露》去。卢《志》嗣为佩诤兄转借去,以撰《平江城坊图考》者也。后许君在沪得病将归,而卢《志》适佩兄来还,即送至其家。忽许君病没沪寓,后屡向其家索《演繁露》而不可得。未几许书尽出,急往物色并愿出重价,书估知其故而秘之不肯言。微闻归咫园,问诸子岱丈,亦讳言之,盖恐多纠纷也。吾兄弟耿耿至今未能忘,宗散归蒋,而今在刘氏善斋矣。莫楚生先生书往往有自书题记而不署名,尊跋之明刻本疑为楚生跋而非善征,且其所见宋本疑即一本,盖莫、宗素稔,容见之,而宋刊十卷海内孤帙,决无第二部也。前函恳传影《四寸学》,谅蒙察及(新印《孙渊如文》别寄奉赠)。今又请传影王绍兰《许郑学庐》、孙志祖《申郑轩》二集,须款不敷,得示即汇,盼极盼极。即颂校绥。弟隆顿首。

　　按,"前函恳传影《四寸学》",此接上函(1939年4月14日函)"请晒影刻本《四寸学》"。《演繁露跋》即顾廷龙所撰《明嘉靖本演繁露跋》,刊行在1939年5月1日出版

① 李军:《王欣夫先生编年事辑稿》,沈乃文主编:《版本目录学研究》第4辑,北京大学出版社,2013年,第501页。
② 潘宗周藏,张元济撰,程远芬整理:《宝礼堂宋本书录》,上海古籍出版社,2020年,第152页。
③ 柳向春:《袁克文藏书概略》,宫晓卫主编:《藏书家》第13辑,齐鲁书社,2008年,第65页。
④ (清)黄丕烈撰,王大隆辑:《荛圃藏书题识再续录》,民国二十九年(1940)秀水王氏学礼斋刻本。

之《燕京大学图书馆报》第一百三十期。顾廷龙所见明嘉靖本，"前序简端有'顷见宋刊本半叶十一行，行二十字，只十卷，此序在卷末，不审初刻仅此耶，抑因阙而移置耶？惟通体繁皆作蕃'朱笔六行，疑出善徵手书"[1]。"善徵"即莫祥芝，而王大隆则疑为莫棠(字楚生，莫祥芝第三子)手书，且认为其所见宋本十卷应为一本，即原王大隆家旧藏。又下函(1939年6月3日函)所涉内容在此函之后，故此函当为1939年春末夏初之际所写。

此函言王謇(佩诤)曾借《苏州府志》以撰《平江城坊图考》(即《宋平江城坊考》)。王大隆《〈洪武苏州府志〉识语》中载："我苏地志，范氏《吴郡志》后，断推卢氏《苏州府志》，而洪武刊本希若星凤，得者宝逾宋前椠。余旧一部，纸墨精良，系胡珽琳琅秘室物。同学佩诤宗兄撰《平江城坊考》，曾假与助其成书。"[2]由此可知，函中所说"《苏州府志》"当为洪武《苏州府志》。据王謇《宋平江城坊考》，其参考书之一即有卢熊所撰洪武《苏州府志》，[3]且国家图书馆、南京图书馆及原国立北平图书馆藏明洪武刻本《苏州府志》撰者均作"卢熊"，则此函中"卢雍"之"雍"字或是王大隆笔误。

本函言宋刊《演繁露》之流传，此书本为王大隆家旧藏，次被"许君"借去，后为咫园宗舜年(子岕)购得，"宗散归蒋，而今在刘氏善斋"。"蒋"系蒋汝藻，有密韵楼藏书。"刘氏善斋"即刘体智(字晦之，号善斋)。蒋氏"后以营商失败，尽捐其所有，宋元本多归刘晦之"[4]。

十五(1939年6月3日)

起潜吾兄足下：

　　前日接到晒印《小草庐丛谈》等一包，适有小极，迟未作覆，歉歉。前恳晒印《四寸学》、传抄吴骞《论语皇疏参订》，谅邀惠允，兹又拟请晒印王绍兰《许郑学庐文稿》、孙志祖《申郑轩文集》(揆丈近获稿本，拟与一校)二种，屡渎罪罪。《戊寅丛编》候装成即由苏寄上，乞分致。惟子虬先生一份应寄何处，请示知，别邮寄上。《对树书屋丛刻》两部，一以奉赠，一请转赠贵馆，盼有交换品以致赵君。专

① 顾廷龙：《顾廷龙文集》，第252页。
② 弓月：《王欣夫〈洪武苏州府志〉识语》，《苏州史志资料选辑》1990年第2辑，第26—27页。
③ 王謇：《宋平江城坊考》，民国十四年(1925)铅印本。
④ 伦明等：《辛亥以来藏书纪事诗(外二种)》，北京燕山出版社，2008年，第54—55页。

此,即颂校绥。弟大隆顿首。六月三日。

　　按,此函所言《四寸学》《皇氏论语义疏参订》接上文 1939 年 2 月 19 日、3 月 20 日、4 月 14 日、春末夏初函。"兹又拟请晒印王绍兰《许郑学庐文稿》、孙志祖《申郑轩文集》"接上函(1939 年春末夏初函),时间应在上函之后,故为 1939 年 6 月 3 日。《对树书屋丛刻》为赵诒琛所辑,函中所言"赵君"即赵诒琛,并盼燕京大学有交换品予赵氏。

小　　结

　　《八年丛编》为集资而成,其中仅《乙亥丛编》《丙子丛编》《丁丑丛编》《辛巳丛编》后附集印人名单。除却《八年丛编》汇辑者王大隆与赵诒琛对所涉四集全部有出资外,此十五通信函所涉人物中,亦有多位出资人:王謇(佩诤),入股《乙亥丛编》《丁丑丛编》;吴梅(瞿安),入股《乙亥丛编》《丙子丛编》《丁丑丛编》;徐恕(行可),入股《乙亥丛编》《丙子丛编》《丁丑丛编》;凌景埏,入股《乙亥丛编》《丁丑丛编》《辛巳丛编》;邹百耐,入股《乙亥丛编》;顾子虬,入股《乙亥丛编》《丙子丛编》《丁丑丛编》;刘承幹(翰怡),入股《乙亥丛编》《丙子丛编》《丁丑丛编》《辛巳丛编》;黄孝纾(公渚),入股《丙子丛编》;杨树达(遇夫),入股《丙子丛编》;余嘉锡(季豫),入股《丙子丛编》《丁丑丛编》《辛巳丛编》;冒广生(鹤亭),入股《辛巳丛编》;郭绍虞,入股《辛巳丛编》。《戊寅丛编》未附集印人名单,此批书札中有四函(1938 年 7 月 4 日、9 月 29 日、10 月 23 日、12 月 16 日函)提到顾子虬、谢国桢(刚主)、赵万里(斐云)、凌景埏、郭绍虞均入股《戊寅丛编》,可稍补《戊寅丛编》未附集印人名单之缺憾。

　　以上十五通信函,在时间与内容上皆有连续性,为 1935 年至 1939 年所写。其间,王大隆任教于上海圣约翰大学,顾廷龙在北平燕京大学图书馆工作。王大隆先生酷爱藏书、醉心文献且致力于辑印前人秘籍,遂二人所通书信也多涉王大隆请顾廷龙帮为查找、传抄、晒印并交换书籍之事。如辑印《八年丛编》托请查找各种书籍;又辑惠栋《松崖读书记》,于未能传抄北平图书馆之《国语》校语而耿耿;亦治黄丕烈、顾千里之学,辑《荛圃藏书题识再续录》《思适斋书跋》《思适斋集补遗》;并意欲燕京大学所编《引得》各种,祈用他书交换;而作为藏书家,又对木犀轩藏书、笺经室藏书、咫园藏书之去向极为关注。对王大隆所请传抄、晒印之书,顾廷龙也尽力为其谋定,函中不乏王大隆对其的感激之情。此十五通信函,不仅见证了王、顾两位文献学大家之间的学术互动,而且对了解同时代其他学者和藏书家的事迹也多有裨益。

《顾廷龙全集》所见与周一良先生之交谊及其他

——读新版《顾廷龙全集》

孟繁之

（北京大学人文社会科学研究院）

今年是顾廷龙先生诞辰 120 周年，也是周叔弢先生逝世 40 周年。记得去年 11 月 25 日在北大历史学系开"周一良先生诞辰 110 周年学术纪念会"时，因会上周启锐先生赠阅的纪念文集中有孙启治先生的一篇《我与大舅的文字缘》，会后不少师友曾以此谈起顾廷龙先生，特别是论及顾先生的古道热肠，及与周一良先生的交谊。月前获读上海辞书出版社最新刊出之新编《顾廷龙全集》，皇皇十巨册，收顾老毕生著作，包括尚未整理而仅予影印的两编"读书笔记"，读来感佩良深。内中除"书信卷"收有致周一良先生函十三通，致周叔弢先生函四通，致周志辅先生函一通，致周绍良先生函二通，"文集卷"上下两册，更有六七篇或叙或跋或题识或专文，是关涉与建德（今东至）周氏特别交谊的，均见殊胜文字因缘，爰成此篇，以为纪念。

一

顾廷龙先生是 20 世纪中国图书馆业走向现代的转型人物，也是一位承前启后的标志性坐标人物、领袖人物。[1]《全集》卷前"编者的话"，称顾先生是"我国著名的图书馆事业家、古籍版本目录学家、书法家"，以现代学术史眼光回视，"事业家"之评价顾先生是当之无愧的。顾先生在很年轻的时候，即树立"想为保存历史文献做点事情"之宏愿。"文集卷"收有他的《我和图书馆》《书海沧桑》《新岁谈往》，包括他所写纪念

---

[1] 钱存训先生《怀念顾廷龙先生》，称顾先生是"中国图书馆界的前辈"，"在当代中国文化事业发展的长河中，顾廷龙先生是一位学养丰厚，终身从事图书馆专业的领袖人物"。钱存训：《留美杂忆：六十年来美国生活的回顾》附录五《师友怀念》之六，黄山书社，2008 年，第 311 页。

郭绍虞、顾颉刚、张元济、叶景葵等先生的文字,均谈起他当初的这一职业选择,虽有因缘际会的层面,但均可见先生的志业之在,终生不渝。如在《我和图书馆》一文中,顾先生如是说:

> 一九三二年夏天,我从燕京大学研究院国文系毕业,应燕大图书馆馆长洪煨莲(业)先生的邀请,担任哈佛燕京图书馆驻北平采访处主任,前后搞了六年图书采购工作。给我留下较深印象的是,燕大有一个采购委员会指导图书采购业务工作。当时该委员会除了洪先生外,还有邓之诚、容庚、郭绍虞、顾颉刚诸教授。他们学识渊博,又各有专长,随着各自学术研究的深入,需要材料广泛,因而对图书采购时常提出针对性意见,这些意见对我的工作启发与影响很大。尤其是顾颉刚先生,因曾在广东中山大学兼任过图书馆中文部主任,对图书采购作过专门的研究。他认为前人受封建道统观念的束缚,收书眼光甚为狭隘,如西汉《七略》不收律令,清代《四库》不收释、道二藏及府、县志。他提出必须打破传统观念,"能够用了材料的观念去看图书,能够用了搜集材料的观念去看图书馆的事业","要把记载自然界与社会材料一起收,无论什么东西,只要我们认为是一种材料就可以收下,不但要好的,并且还要坏的",使普通人可以得到常识,使专门家可以致力研究。为此,他专门写了一份《购求中国图书计划书》,详列许多应当收购而容易被人们忽视的资料,如档案、哀启、账簿、戏本、歌谣、宝卷、金石拓片、宗教迷信书刊、各类著述稿本以及有记载性的图画照片等。作为一个史学家,颉刚先生在古代史、历史地理、民俗学诸学术领域进行了广泛而又深入的研究,唯其如此,方能理解图书资料的内容,真正懂得图书资料的运用,高度重视图书资料的搜集与整理。我十分佩服他对图书资料的真知灼见,并以搜集、整理材料作为一生办馆治书的方向。①

并说:

> 我自幼随父亲学习书法,对古文字产生浓厚兴趣,并先后拜王怀霖、胡朴安、闻宥等先生为师。我在燕大的毕业论文是《说文废字废义考》,而后又撰写了《古匋文香录》。所以有人对我选择图书馆职业不甚理解,也有人认为搞图书馆工作无甚学问。确实,图书馆工作是为他人作嫁衣,但对保存与传播文化起着重要作用,很有意义。当初叶景葵、张元济先生相邀南下办"合众"时,我曾说过这样的

---

① 顾廷龙:《我和图书馆》,《顾廷龙全集·文集卷》(下册),上海辞书出版社,2022年,第844—845页。

话:"人不能自有所表现,或能助成人之盛举,亦可不负其平生。"如今我对人生仍作如是观,并且努力在有生之年为图书馆事业多做点事情。①

再如《新岁谈往》中,顾先生也谈到:

> 七七事变后,沿海各省相继沦陷,东南地区文物大量散亡,除日本侵略者大肆掠夺外,英美各国也乘机四处搜罗。美国人甚至扬言,将来研究中国历史文化的人都要到美国去研究。在这我不自谋人已谋我的情况下,上海文化界知名人士张元济、叶景葵、陈陶遗、陈叔通、李拔可等创办了私立合众图书馆,藉以保存濒临毁灭的文献典籍。因我在北京常为叶景葵先生买书,他知道我有爱惜历史文献之心,于版本目录之学也有所研究,遂向张元济等人推荐,聘我任"合众"总干事,具体负责馆务。在南下之前,我将多年来搜得的文献资料捐给了燕大图书馆。②

顾先生的这些话,朴质无华,迄今读来犹令人感佩无已,感染无似,也使人想起《晋书·儒林列传》里品评范毓的话来:"少履高操,安贫有志业。"且"我将多年来搜得的文献资料捐给了燕大图书馆",更见"一片冰心在玉壶"!但这无论在当时及现在,均是很不容易做到的,非有大愿力、广阔心量不办。过去大家谈起图书馆,多从学问培养层面去胪陈,也会举先贤的例子,但很少有将此作为毕生志向与事业的。即使今日论起,图书馆在当下国内外科研、高校体制内皆属研辅、教辅行业,尽管众所周知其重要性之在,但人文社科领域的学生(特别是文史哲博士生),毕业选择就业时,也很少会有考虑去图书馆的。但也正是有顾先生这样的伟杰之士,为这个行业树立了典范,也确立了该行业的尊严。

顾先生对于上海图书馆的贡献,谈之者已多,且大家有目共睹,毋须赘言。读顾先生全集,印象深刻者,一是他对图书馆行业标准的贡献,二是他对人才的培养。行业标准即所谓图书馆业到底要做什么?是简单的收书、编目、提供阅览,还是?读顾先生《我和图书馆》等篇,他实是将收书、编书、印书,包括图籍著录规则等琐细,作为一家图书馆常备的功能与技能的,并不止是仅言他个人一辈子图书馆工作的业务总结。再如《创办合众图书馆意见书》《从图书馆工作角度谈文献》《图书馆工作者的愿望》《〈中国丛书综录〉的编纂经过》《〈中国善本书目〉编纂工作总结》《整理出版古籍小议》《关于整理出版稿本丛刊的管见》《古籍整理二三事》等篇,更是谆谆心语、体大思

---

① 顾廷龙:《我和图书馆》,第 856 页。
② 顾廷龙:《新岁谈往》,《顾廷龙全集·文集卷》(下册),第 863 页。

精,见规模格局、看问题眼光,今日上图包括整个图书馆业的诸多举措、功能展示,现今回溯,实均由顾先生肇其端、筑其基、指明方向,如是方有今日国内图书馆业花果繁盛之局面。且他的不少经验、所确立标准规则(如古籍收录标准、凡例拟定、校勘原则等),也为后来大型古籍整理,如《儒藏》编纂等,树立了典范。

顾先生 1989 年 2 月赴美参加国际中国善本总目编纂会议,会后返沪,休息半个月,即专门致函时任《中国古籍善本书目》副主编、北图(今国家图书馆)善本组冀淑英先生,言:"冀大姐:我返沪已有半月,栗六未有稍暇,幸贱躯尚健适。您参加政协,亦甚忙碌,现在大会已毕,可稍安适。在美讨论编《中文善本书目》事,我将我们的收录范围、著录规则等,及普通古籍的著录规则(国家标准),介绍给他们参考,他们立即复印若干份,可以人手一册。原来他们并无条例,着重在如何编入电脑。我们的条例如采用,所谓国际目录可得一致。其他我无什么意见可提。"①并可见顾先生参与确立的中国善本古籍收录范围、著录规则,在已成为国内行业标准的同时,在八十年代末已为国际瞩目,视为一准通例,具有国际意义。

人才培养方面,顾先生对沈津、严佐之、陈先行,包括对孙启治先生等,皆见其用心之在,俱为典型的例子。顾先生 1988 年 3 月 18 日寄沈津先生函,内中有云:

> 我从天津开会归后,即承任继愈馆长由冀大姐陪同降舍,谈培养问题。任公即言要象对你培养这样来培养点研究古籍人才。你与吴织同志实皆自学成才,我何敢贪天之功以为己力? 你信中亦以你的成绩与我联系,增我汗颜。与任公谈话中,他感到我们不能"礼失而求诸野"。闲谈之后,我颇兴奋,就再写了一封信给他,补充了一些事。回忆当年上级领导的支持,可以说十分信任的,我亦比较大胆。现在自顾年迈废学,又不适应于新环境。但是总感到古籍不能任其散亡,古籍数量上是不会大发展,而古籍整理工作是要大大发展,古籍工作者要大大培养。人皆不体会我们的工作与古籍研究所和图书馆学系的大不相同。真不能"礼失而求诸野"啊! 是将望你们继而为之。②

这是因任继愈先生相询,进一步引出的话题。联系顾先生 1994 年 8 月 19 日致上海市委宣传部杨如英函中所言:"龙近年致力《尚书文字合编》之作,皆仗大力鼓励及相助之力。今年四月旋沪,已基本定稿,只待序文,现在构思属草之中。孙启治君相助亦已十年,他有读古书基础,较为适合,颇得其相助之力。非仗台端嘘植,难能有成。明

---

① 顾廷龙:《致冀淑英》(五),《顾廷龙全集·书信卷》(下册),第 403 页。
② 顾廷龙:《致沈津》(十八),《顾廷龙全集·书信卷》(下册),第 560 页。

年拟再旋沪,定谋握晤,以释积愫。最近北京、上海、深圳有《续修四库全书》之举,承邀参加工作,固所素愿焉。惟辁材任重,当努力为之。"①具见顾先生之为人格局,待人真挚诚恳、谦和不伐。顾诵芬先生《纪念父亲诞辰 110 周年》文,举列所知第五件事即是"关于培养接班人",说:"我父亲不仅自己刻苦用功地收集整理中国古籍,而且也注意培养年轻人。1961 年下半年根据上海市文化局和上海图书馆培养稀少专业人才的计划,他收沈津(当时 16 岁)为正式弟子,悉心指导他学习古籍图书、碑帖、尺牍的整理、编目和鉴定,有系统地进行目录学和版本学的训练。1962 年 5 月吴织同志由组织安排,从上海图书馆的方法研究部门调入特藏组,追随我父亲和沈津一起学习古籍版本的整理、编目和鉴定。这是我父亲带的正式学生,实际上上图古籍部的很多年轻同志也都受到我父亲言传身教的指导,如任光亮、陈先行等,他们现在都成为国内古籍方面的知名专家了。"②并说及此次任先生、冀先生访视之事:"1988 年 3 月北京图书馆任继愈馆长由冀淑英先生陪同来我家,和我父亲讨论培养古籍研究人才,因为他们已感到我国在这方面将面临断层。任馆长在交谈中希望能像对沈津先生那样培养点研究古籍的人才。我父亲认为沈津和吴织都是自学成才的,自己不敢贪功。他感到我国古籍数量上是不会大发展,而古籍整理工作是要大大发展。'古籍工作者要大大培养,人皆不体会我们的工作与古籍研究所和图书馆学系的大不相同',希望沈津先生等后辈继而为之。"尔时顾先生已是八十五岁高龄,联系寄沈津先生函,皆可见其忧心之在。诵芬先生文又云:"我父亲培养研究古籍人才主要是通过工作实践,他一方面要求沈津先生抓紧业余时间多读些典籍,并且要练字。另一方面要多做具体工作,如为读者到书库去找书和还书,跟着老同志去旧书店收购等等,虽是琐碎工作,但做得多了就知道馆藏内容和读者研究需要连到一起。……我父亲对年轻人要求不要锋芒毕露,要大器晚成。沈津先生 20 世纪 70 年代末想编《明清室名别号索引》和《明人文集篇目索引》,我父亲力劝他不要去做,劝他把精力还是放在编好上海图书馆的善本书目卡片上,不要锋芒毕露,眼光放远些。学术研究必须脚踏实地去做。他也赞成工作的同时还应该做研究以提高业务能力,所以 20 世纪 60 年代初,他给沈津先生出了个题目,他认为翁方纲是乾嘉时代的重要学者,很多有名的碑帖都经过翁鉴定,其题

---

① 沈津:《顾廷龙年谱》,上海古籍出版社,2004 年,第 749 页。《顾廷龙全集·书信卷》(下册)收录致杨如英信,文字略有不同(第 439 页)。

② 顾诵芬:《纪念父亲诞辰 110 周年》,上海图书馆编:《顾廷龙先生纪念集》,上海科学技术文献出版社,2014 年,第 9 页。

跋在《文集》里有一些,但大多数都没有收入,可以细查馆藏的各种善本、普通古籍以及金石拓本、尺牍,把它们都抄录下来,数量一定很可观,将来有条件再写一本《翁方纲年谱》,沈津先生终于在 40 年后编成出版了这本巨著。在我父亲的关爱和指导下,上海图书馆古籍部也成长起了一批古籍版本目录专家,他们在国内也是领先的。"①

据沈津先生《顾廷龙年谱》及诵芬先生回忆,顾先生在"文革"后为华东师范大学、复旦大学古籍研究所等多家学术机构所聘,帮助带研究生,因此他寄沈先生函中的"人皆不体会我们的工作与古籍研究所和图书馆学系的大不相同,真不能'礼失而求诸野'啊",当有他自己对图书馆、高校古籍研究所、图书馆学系各自培养人才之侧重有清醒认知。这点研究现代学科发展史者,颇须注意。

二

顾先生 1904 年 11 月 10 日生于苏州,周一良先生 1913 年 1 月 19 日生于青岛,顾先生长一良先生八岁。当一良先生 1932 年秋自辅仁转学燕京大学,插班入历史系二年级,受教于邓之诚(文如)、洪业(煨莲)两位先生时,顾先生已于当年的夏天自燕京研究院毕业,应时任燕大图书馆馆长洪煨莲先生的邀请,担任该馆中文采访部主任,从此开始了他的图书馆职业生涯。几十年后,一良先生撰写自传《毕竟是书生》,谈及"燕京旧侣",对顾先生有如是记述:

> 燕京大学的学生人数不多,约八百人,历史系又是比较小的系。……研究生中我最熟悉的是邓嗣禹先生。……另一个研究生朋友,是国文系的顾廷龙(起潜)先生,由于古文字的共同爱好而熟识起来。顾先生精于甲骨、钟鼎文,以后扩展到版本目录之学,解放前为筹办及主持上海合众图书馆出了大力。解放后主持上海图书馆,领导全国善本书目的编纂,作出巨大贡献。一九八九年美国组织编纂国际中国善本总目,以备输入电脑。顾先生和我一同应邀参加其顾问委员会。五十余年老友,分别年过八十和七十,南北睽违已久,竟得联袂远飞,亦足称快事了。②

《顾先生全集·文集卷》上册所收《沈子它敦拓本题记》,撰成于 1989 年 7 月,时年八十有六。顾先生此文附有"沈子它敦原拓诸家题记",对旧题诸家均有作者小识,其

① 顾诵芬:《纪念父亲诞辰 110 周年》,第 9—10 页。
② 周一良:《毕竟是书生》,北京十月文艺出版社,1998 年,第 22—23 页。

中于周季木先生原题后，加按语云："按周进字季木，一字季穆，为一良之胞叔。富收藏，著有《居贞草堂所藏汉晋石影》。一九三二年由一良引往晋谒，出示所藏匋文拓本两大厚册，承慨予见假，置余案头者数年。妇兄潘君博山（承厚）亦有簠斋藏匋拓本相借。因于一九三九年成《古匋文䜌录》一书，高谊可感！丈所藏匋拓于一九四三年其婿孙君师白编印成书，曰《季木藏匋》，属余序之，可谓匋拓之总汇矣。"①据此，可见一良先生转学燕京历史系不久，即与顾先生熟稔，并带其晋谒尊长。一良先生对这位四叔，感情是甚深的，他于1988年1月7日写给孙启治先生的信中曾说："当年在京津住家的四、五两位叔父，我与四叔父关系确较密。因我也喜搞搞金石，而四叔父又喜唱京戏，养蛐蛐、蝈蝈（冬天常给我们——连同葫芦），都是孩子们喜欢的。一九三〇年我到北京燕京大学读书，周末必去你外公家。"②孙启治先生回忆一良先生的文章也写道："他是史学大师，著作等身，又是我的长辈，但从不摆架子，对后学不仅善于诱导，鼓励发言，而且讨论问题平等对待，从不托大。在馆期间，大舅先后两次托人带给我几箱子书，都是古文字学、金石学方面的，还有许多《汉石经》拓片。他说：'你现在搞《尚书》古文字，虽在大图书馆，接触资料方便，但自己有一点拓片样本，也是好的。'书中有一册《古匋文䜌录》，是顾老民国时所撰，其中也利用了我外公所藏古匋。外公曾在书上写了近六十条眉批，大舅用朱笔小楷将眉批过录到顾老赠他的一册上，前面还写了小引，叙述当年大舅介绍顾老见我外公之事。后来我整理馆里陈介祺（簠斋）所藏古匋拓片，曾利用过此书和大舅过录的外公眉批。"③很可惜孙先生提到的这些赠书，在他身后都流散出来了，否则捐入上海图书馆，将是很好的纪念。

顾先生按语中提及的《季木藏匋》，线装四册，由孙师白、孙师匡昆仲于1943年检理自费印出。是书卷前有柯昌泗、顾廷龙、周明泰（字志辅）三家序。志辅先生序慨叹季木先生"释文手迹乃不知存于何所，积年心血付之泡影，致可惜也"，"虽释文尚付阙如，然与兄生前所印《居贞草堂石影》并行，亦可以发扬其抱残守阙之志，而庶几得补珏社之缺憾也欤！"后至八〇年代，经周绍良先生特邀李零先生帮助释文，"分类考释"，始再有《新编全本季木藏陶》，然又至1998年，方由中华书局正式出版。季木先生于1937年10月下世，此事先后跨度逾六十年。

---

① 顾廷龙：《沈子它殷拓本题记》，《顾廷龙全集·文集卷》（上册），第225页。

② 周一良先生寄孙启治先生函，赵和平主编：《周一良全集》第十册第四编"传记与杂记·书信"，高等教育出版社，2015年，第242页。

③ 孙启治：《我与大舅的文字缘》，周启锐等编：《一代良师：周一良先生诞辰110周年纪念文集》，自印本，2023年，第263—264页。

　　顾先生《季木藏匋叙》，表彰季木先生"于匋文考释，每具卓见，余已采摭入录（按指《古匋文孨录》），复有订余之失，著于简端，亦多精辟。……凡是正若干，则无不令人心折。惜盛年殂谢，未倾所蕴，吉光片羽，皆为他山之石，虽不足以尽万一，借见绩学之一斑。今师白昆仲恪承遗志，撰纂成编，俾所蓄得尽表襮于世，用以见先生藏匋之富，允集大成，而是书甄录菁英，又为匋器文字之总汇。拙著即为是编之通检可也。"①然顾先生对这部书的贡献并不止于这篇序。据顾先生 1942 年日记："十月十三日，……孙师白来，属撰《季木藏匋》序，不能辞也。言及太初夫婿有信，皆安好云。"②"十一月二十日，……孙师白来，商匋拓类次，催序。"③"十二月二十五日，孙师白来，催《季木藏匋》序。……起序稿。"④"十二月三十一日，……《序》改定缮正。"⑤1943 年元旦，"《季木藏匋》呈揆丈（按指叶景葵先生）正。孙师白出示平估寄来新出铜器拓本四十五张，即托其代购一份，联钞卅五元。……归，再改《序》文。"⑥四月二十五日，"师白赠《季木藏匋》，刚出书也。"⑦先后越半年光景，并可见《季木藏匋》的类次编排，也得力于顾先生。师白先生是一良先生的表兄，在天津叕翁家里长大，理工科出身，曾在老清华主持发电厂，是后来在化工界与侯德榜齐名的硫酸制造工艺方面有创造性成就的老专家，他与顾先生相识，当也缘自一良先生之绍介。

　　顾先生同周叔弢、周志辅两位先生相识，虽有别的因缘，但一良先生的尊长辈，当也是特别的因素。过去周景良先生校理印行《自庄严堪藏诸家批校本〈前尘梦影录〉》，倩沈津先生为序，沈先生在序中说："顾先生之批注又见《顾廷龙全集·文集卷》。我不知道顾与周叔弢先生是如何认识的，仅知他与周叔弢的长子周一良（太初）是燕京同学。"⑧此次展读新版《顾廷龙全集》，研读《自庄严堪勘书图跋》《沈子它毁拓本题记》，始知顾先生正式拜识两位前辈，为抗战开始顾先生南旋之后。如《自庄严堪勘书图跋》即明言："抗战初，龙应叶揆初丈之招，南归创办合众图书馆于上海，逾年先生来沪，偕哲弟志辅同访揆初丈，并莅'合众'，始得以后学奉教，忝闻绪论。"⑨从顾先

① 顾廷龙：《季木藏匋叙》，《顾廷龙全集·文集卷》（上册），第 261—262 页。
② 顾廷龙撰，李军、师元光整理：《顾廷龙日记》，中华书局，2022 年，第 265—266 页。
③ 顾廷龙撰，李军、师元光整理：《顾廷龙日记》，第 278 页。
④ 顾廷龙撰，李军、师元光整理：《顾廷龙日记》，第 284 页。
⑤ 顾廷龙撰，李军、师元光整理：《顾廷龙日记》，第 286 页。
⑥ 顾廷龙撰，李军、师元光整理：《顾廷龙日记》，第 287 页。
⑦ 顾廷龙撰，李军、师元光整理：《顾廷龙日记》，第 308 页。
⑧ 沈津：《序》，（清）徐康撰，章钰、顾廷龙等批校，周景良校理：《自庄严堪藏诸家批校本〈前尘梦影录〉》，国家图书馆出版社，2016 年，第 4 页。
⑨ 《顾廷龙全集·文集卷》（上册），第 336 页。

生日记及景良先生处藏弢翁致叶景葵先生函牍复印件,合众创办伊始,弢翁兄弟即是大力支持的:

> 揆老仁兄先生大鉴:
>
> 　前奉手书,敬悉一切。
>
> 　家叔师古堂及舍弟志甫所刻书,已分别寄上,闻已收到矣。自事变以来,遑伏处津沽,罕与世接,刻书之兴大减。亦因纸墨昂贵,力有不足耳。兹检上《十经斋遗集》《魏先生集》《氾凫亭印撷》及亡弟《居真草堂汉晋石影》并《遗墨迹》各一部,乞查收。当时或已寄呈也。
>
> 　一月以来,天气酷热,未知上海何如? 近三四日得透雨,稍凉爽矣。菊生年丈曾编《涵芬楼善本书目》,闻未刊行,不知可传抄否? 便中祈为一询。今日涵芬楼书有可零星出让之说,有人拟得其戏曲全部也。
>
> 　专此,敬请
>
> 道安。
>
> 姻愚弟周暹书
> 七月十六日

此函过去李国庆先生编撰《弢翁藏书年谱》,系于 1939 年。[1]此次重新研读,复据李军、师元光整理《顾廷龙日记》,顾先生 1942 年 6 月 22 日记:"谢周志俊函(赠师古堂刻书)。"[2]1942 年 7 月 8 日记:"复周志俊、志黼谢函。"[3]则二者可能指同一件事。周志俊先生所寄,极有可能即是弢翁函中所言的"家叔'师古堂'及舍弟志甫所刻书",时间亦可对得上,否则何必又再提志辅先生? 按志俊先生本名明焯,志俊其字也,又字明甫,号艮轩,是周学熙先生的次公子,志辅先生的胞弟,为当时周氏在企业界及对外的头面人物,由他汇寄,亦在情理之中。《涵芬楼善本书目》,或指《涵芬楼烬馀书录》。

顾先生同周叔弢先生的交往、交谊,过去白莉蓉及梁颖几位先生均有详细的记述与考证,周珏良先生于弢翁身后所撰《我父亲和书》,也曾特别谈及弢翁 1980 年 2 月得顾先生复书后,为 1974 年上海书画社翻元本木刻影印《稼轩长短句》所作题记,均见特别文字因缘。弢翁于是篇题记中云:"雕版印刷是我国流通书籍所用之传统方法。始于隋唐,盛于赵宋,元明以降至清末而渐衰。辛亥革命以后,南北藏书家曾提倡仿刻宋元,其

---

① 李国庆编著、周景良校定:《弢翁藏书题跋、年谱(增订本)》,紫禁城出版社,2007 年,第 165 页。
② 顾廷龙撰,李军、师元光整理:《顾廷龙日记》,第 248 页。
③ 顾廷龙撰,李军、师元光整理:《顾廷龙日记》,第 251 页。

他诸书仍沿用横细直粗所谓宋体字,不脱刘文奎、刘文模之规模。今见此书秀丽精美,直欲上继康熙时扬州诗局之遗风,不禁惊喜。惜仍承袭轻视劳动人民之旧习,不著书手刻工姓名。因函询顾君起潜,请示其详。旋得复书,录示书手刻工姓名,并告我刻书原委。上海书画社前身是朵云轩,曾感木刻书籍之技术已将告绝,因访求老工人并招集知识青年加以训练,数年之久,乃有此成绩。后因主其事者以无利可图,遂解散此机构。中国雕版一线之传不得复苏,殊可惋惜。兹录书手刻工姓名于书端,以张其艺术之精湛,后之读是书者或不以我为多事而笑我也。一九八〇年三月弢翁记,时年九十。"弢翁 1983 年寄珏良先生家书,言:"《纪念册》,黄裳外,可请顾廷龙写一则。我在上海熟人不多。"①可见在弢翁心目中,顾先生也是"人熟交情够也"的一位。

三

《顾廷龙全集·书信卷》,收与周一良先生通函凡十三通,注明"由周一良先生家属周启锐先生提供"。检读之下,特别是对勘沈津先生《顾廷龙年谱》,遗珠不少,且尚有不少舛误。兹据《周一良全集》第十册,按即第四编"自传与杂记·书信"所收致顾先生三通,依《顾廷龙全集·书信卷》原整理者排定次序,校读、笺注如下,希为将来研究者提供资料参考。

(一) 1973 年 8 月 17 日

太初同志:

别逾廿稔,音问鲜通,曷胜怀仰!比奉手书,快如良觌。每从报端藉悉尊况佳胜,深为喜慰!

属查《日日新闻》,已托有关部门查过,我馆所藏仅有一九二九年十一月—一九三六年十二月,而中间短缺不少。沪市各单位藏旧报者不多,容向复旦探询。如有,当再奉告。"文化大革命"以来,我馆所藏报刊的阅览或复制手续,须经市革会文教组、组织组同意。如外宾需要,恐尚须通过外事部门。

听说北大编印一种内部刊物,似其名为《国外社会科学研究情况》,我馆很想有一份,以资内部工作上的参考。不知我兄可为代索一份否? 我馆近亦对外开

---

① 此函原件今藏北京周景良先生处,李国庆先生《弢翁藏书年谱》曾予援引。

放,很有了解一些国外情况的必要。幸试图之。

　　叶氏一再移居,尚未得其新址。朱老太太近况,容探问后再行奉告。

　　匆此奉复,不尽一一。此请

撰安!

顾廷龙

一九七三年八月十七日

【校读】

　　是年顾先生六十九岁,周一良先生六十岁。从函中所言内容看,这是顾先生在收到周先生来信后所作的复信。《日日新闻》,按即《上海日日新闻》,系由日本人宫地贯道于1914年10月1日在上海所创办,专报道中国政局内幕及经济事务,1937年9月停刊。《上海日日新闻》初期为全日文报刊,后同时发行华文版、英文版。《上海日日新闻》同《上海周报》《上海经济新闻》(后改名《上海每日新闻》)等,俱为民国上海的老牌日文报纸。

　　是年顾先生情况,沈津先生《顾廷龙年谱》言之已详。周一良先生方面,从1968年底被宣布"劳改"结束,"各系'院士'归本系红卫兵'监改'",到1974年初被北大党委由历史系调入"清华北大两校大批判组",这一段时光,是十年中他相对轻松的五年。周先生在《毕竟是书生》中自记:"一九六九年初到一九七四年初这五年,教师们是在工、军宣队领导之下的。历史系领导班子以解放军营教导员老高同志为首,辅以几位工人师傅。五年共计一千八百二十五天,现在回忆竟想不起具体做了些什么。只记得先去长辛店二七机车车辆厂劳动,是所谓'六厂二校'之一。我在探伤车间劳动,活儿不重。但经过长期所处'牛鬼蛇神'地位,一旦与本系红卫兵同吃同住,感到非常拘束,很不自在。以后系里招进头一批工农兵学员,到门头沟煤矿开门办学。记得由陈庆华、徐万民两同志教中国近代史,我参加矿史的编写,同时定期下到坑道去劳动。我无力从事挖煤,分配的任务是把开采下的煤用铁锹铲进斗子车里运出去。当时自己的思想是,我家是开滦煤矿大股东,多年吃剥削矿工的饭,亲自尝尝矿工艰苦而危险的劳动的滋味,是很应该的,所以比在二七厂劳动更带劲一些。以后又随同学'千里拉练',背着行李每天徒步几十里。那时我已接近六十,在拉练的教师中算年龄最大的。然而我精神抖擞,胜任愉快。只有一次急行军,夜幕已经降临,而我远远落在大队之后。幸而同学浦文起接过我的行李,一人背起两份,帮我赶到宿地,大伙已经休息了。"[1]而这五年之中,

---

[1]　周一良:《毕竟是书生》,第70—71页。

一九七三年对于周先生又是最特别的一年。是年组织发还了一九六七年抄家时抄走的图书,而且安排周先生参加以廖承志为首的中日友好协会代表团访问日本,周先生后来回忆:"这是我学日语教日语近五十年之后,第一次踏上扶桑国土。虽是初访,却又似曾相识,不觉陌生。只是代表团随例跑码头,转了好几个城市,应酬各方面,没有什么学术活动。"①

另据周先生 1973 年 2 月 1 日致谭其骧先生函所言:"我名义上负责系务,实际能力有限,主要工作有一位精明强干的付主任抓。总支一元化领导比'文化革命'前大大加强,因此工作较易推动。我大致三分之一的时间开系里的会,三分之一搞外宾接待,另有三分之一时间搞点科研。本想研究日本武士道的发展,从而探讨近代军国主义的一个侧面。中日邦交恢复后,两国人民经济文化交流方面的知识颇需要,故而改了题目,以期更能为政治服务。日本人在这方面写过不少东西,但我们用自己的立场观点来处理,总应写出点中国的特色来。目标如此,究竟能否达到尚不可知。日本史本身,将来也还是要研究,不过目前班子人马不齐,只好先调干搞交流史。你研究中国历史地理多年,我看现在已经到了写一部总结性著作的时候了,似宜向领导反映,集中精力促成之。"②这或许即是周先生给顾先生去函,嘱代查《日日新闻》的背景之所在。

(二) 1981 年 6 月 17 日

太初吾兄:

昨奉手书,欣悉图卷已取到,慰甚! 草率将事,恐有失辞,幸予指正。

令甥顷承其见顾,恂恂儒者,适宜于编校工作。我属其写一份简历,以便进行。最近领导上欲为我配一助手,而我急欲整理者,为四十余年前颉刚先生属我助其编校之《尚书文字合编》一书。自顾垂暮之年,非得一年富力强者相助为理,终成废纸,于心何安! 现在年轻人不很欢喜治文字,因此找人亦不易。文字有因缘,尚待努力。

王廉生会试卷为缪力荐(同考官)得中,徐桐尚疑之,缪力争当为恩师。复颂著安!

顾廷龙上

一九八一、六、十七

---

① 周一良:《毕竟是书生》,第 89 页。
② 赵和平主编:《周一良全集》第十册第四编"传记与杂记·书信",第 40 页。

【校读】

此通亦是顾先生接到周先生来函后的复函。"昨奉手书,欣悉图卷已取到,慰甚!草率将事,恐有失辞,幸予指正",所指当是顾先生受命为弢翁《自庄严堪勘书图》题识,题好并寄还事。按顾先生《自庄严堪勘书图跋》,文见《顾廷龙全集·文集卷》上册,自题撰成于1980年6月。其撰述缘由,跋文中尝言明:"今年恭值先生九十华诞,太初适以《自庄严堪勘书图》命题,因书龙所获承教者,附赘卷末。"①一良先生原函今不存,顾先生所署"六月",当为旧历,非新历。拜览白莉蓉女史刊于《图书馆杂志》2004年第10期之《古籍版本学界的长者:周叔弢与顾廷龙》,及沈津先生《顾廷龙年谱》,顾先生于是年公历5月10日自沪抵京,6月13日上午由白莉蓉女史陪同往津沽,是日午后至睦南道拜谒周叔弢先生;14、15两日参访天津图书馆,观览宋元善本;16日返京,22日"偕沈津、谷辉之同游琉璃厂",27日"听刘季平作关于图书馆发展的报告",是月并参加赵万里、刘国钧两位先生的追悼会。诸事丛脞,且在客中,又多在路上,似无暇静心撰述长跋。且若是6月13日前顾先生已接到一良先生之嘱,当日同弢翁相晤,必会谈及。然白文及顾先生事后自记,均未道及。顾先生自记,见沈先生所编《顾廷龙年谱》1980年6月13日条:"先生也曾回忆和周先生见面时的情景,有云:'下午访周叔弢先生,九十高龄,手足轻健,望之如七十许人。谈版本问题,颇相契合,亦说明我的想法是合理的。例如要对两朝之间的版本鉴定作点研究,冀大姐也感到这一问题了,但我们的工作已到了编目,来不及补课了。'"②想是当日谈话契合,弢翁同一良先生言及,且逢弢翁九十寿,子弟欲纪念,方有是请也。弢翁生于光绪十七年辛卯六月十三,相传旧历六月为荷花神生日,弢翁三十岁生日,"联圣"大方(方地山先生)尝赠寿联:"生日似荷花,六月杯盘盛瓜果;宗风接莪圃,三郎沉醉在图书。"

复按广州可居室藏周珏良先生致大哥一良先生函十八通,其1981年4月13日函云:"大哥:今日得到通知,美国文学学会在沪开会。弟订十八日飞沪,需留十日,不知顾起潜住址吾兄知否? 在沪有暇,拟去问一下《勘书图》题写情况也。北图冀淑英同志有信来,云父亲藏书目已编就,不日当寄副本来。就当前形式(势)看来,在天津觅一出版机会,当不甚难也。"③

①　《顾廷龙全集·文集卷》(上册),第337页。
②　沈津:《顾廷龙年谱》,第619页。
③　珏良先生此函,参见周景良、王贵忱、孟繁之、王大文编著:《可居室藏周叔弢寄周一良函(附周珏良致周一良函)》,广东人民出版社,第272—273页。

《自庄严堪勘书图》,今藏北京周景良先生处。是卷为张㤉先生于1931年受弢翁嘱所绘,许保之先生题峀,傅增湘先生撰序。1980年,弢翁九十寿,周氏兄弟特邀谢刚主、顾起潜两位先生为撰《自庄严堪勘书图》跋,以介眉寿。谢老《跋自庄严堪勘书图》,尝同《弢翁藏书题识》一起,刊于《文献》1980年第三辑,今见杨璐先生编《谢国桢全集》。

"令甥",按即孙启治先生。一良先生于此前6月5日有寄启治先生函,云:"昨得顾起潜兄来信,希望和你见见面,因写一介绍信,盼便中去找他。他一般上午在馆,下午、晚间在家,地址是淮海中路1751号201室(高安路口)。如上海图书馆有可能,我看你也不妨去那里工作,当年向达、王重民、谭其骧、谢国桢诸公,都是在北图任馆员培养出来的。此意我在给顾的介绍信中未写,因不知你意如何? 如有意,似可当面提出也。"①此事缘起,顾先生尝于《尚书文字合编后记》中自言:"一九八〇年余奉命主编《中国古籍善本书目》来京,顾先生又以《尚书文字合编》工作相促,余无以应,内疚无地,未几而先生以心脏病去世,殊深痛悼! 翌年,书目工作携沪整理。一九八二年六月屡蒙上海市委宣传部干部杨如英同志过访,鼓励将未竟之稿,继续完成。遂决意将先生遗愿《尚书文字合编》一书,商之杨同志,承允配备得力助手,遂延孙启治君来馆……"②

另据孙启治先生《我与大舅的文字缘》:"《说文解字注》出版后,我又回到里弄生产组,越来越'不安心工作',年逼'不惑',想找个'归宿',不能总在里弄糊纸盒也。我想另谋出路,来个'毛遂自荐'。'自荐'英文乎? 古文乎? 我无法决定,因为只能机会来找我,不由我决定机会。我把这个跟大舅说了,他回信只说:'能兼通古文和英文的人不多了,英文也别放弃,总有用。'他没有代我决定,但他的意思我明白了,认为我还是适合搞古文。他的这封回信,让我'理论上'决定搞古文专业,但同时,他也在'行动上'帮助了我。不久后,一天他突然来我家作了不速之客,这是我们第二次也是最后一次见面。他说这次来沪开会,顺便看我说事。就是他向老同学、上海图书馆名誉馆长顾廷龙推荐了我,并给了我顾老的地址,如愿意在图书馆工作,可去找顾老。他说:'你根柢甚好,如进图书馆,看书多了,自然开阔眼界,于学业大有助益。前辈许多学人,治学之途都是经由图书馆开始的。顾先生是搞目录学的,你跟从他必有收获,但你不要放弃自己的特长(指训诂学等)。进去后,自己努力发展。'就这样,再经顾老鼎助,由市委宣传部出面,我终于作为顾老的工作助手,正式调入上海图书馆,那年我四十岁。"周珏良先生1981年5月11日致大哥函,言:"听说大哥去上海参加《百科全书》

---

①　赵和平主编:《周一良全集》第十册第四编"传记与杂记·书信",第231页。
②　《顾廷龙全集·文集卷》(上册),第19页。

的会,不知去多久? 我刚从上海回来,还到扬州去了一趟。大树巷老宅的园子(小盘谷)在修复中,住宅已改为旅馆了。"①如是,可知一良先生在 1981 年 5 月中下旬有上海之行。据赵和平先生《周一良先生传略》,一良先生在八十年代为《中国大百科全书·中国历史卷》魏晋南北朝史一段的主编,并参与撰写"南朝"等条目。孙毓棠先生去世后,又接替孙先生担任《中国历史卷》(三卷)的常务副主编,而主编侯外庐先生长期卧病,后期的协调、组织、审阅、决策等工作,都由一良先生在编辑部的协助下完成。对此,孙晓林女史也曾有专门的回忆。另孙启治先生撰于 2001 年的《跋经韵楼初印本〈说文段注〉》中亦有言:"吾舅南来,晤于沪寓,曰:'汝治《说文》小成,我已语之顾先生,托先生设法矣。汝若入图书馆,读书愈博,见识愈广,循循日进,于学有益,前辈学人多由此为治学之途也。'"②则此事之前后经由可知也。

而孙先生终不负两位老先生之鼎力相助。据沈先生《顾廷龙年谱》,1994 年,顾先生九十一岁,"八月十九日,致杨如英函,谢赠参茶等滋补之品。又云:'龙近年致力《尚书文字合编》之作,皆仗大力鼓励及相助之力。今年四月旋沪,已基本定稿,只待序文,现在构思属草之中。孙启治君相助亦已十年,他有读古书基础,较为适合,颇得其相助之力。非仗台端嘘植,难能有成。明年拟再旋沪,定谋握晤,以释积愫。最近北京、上海、深圳有《续修四库全书》之举,承邀参加工作,固所素愿焉。惟轻材任重,当努力为之。'(先生笔记复印件)"③此次伏读顾先生全集"著作卷",更见《说文废字废义考》卷前作者 1988 年 10 月 7 日自题:"郭绍虞、容庚、吴文藻、黎锦熙、钱玄同、胡玉缙诸先生审阅,尚须修订。……将来请孙启治同志详校修改。"④均可想见顾先生对启治先生的倚重。

(三) 1981 年 12 月 27 日

太初学长:

久未通信,时深念系。昨奉手书,敬悉一一。

尊公《藏书目录》编印,不胜欣慰。承命撰序题字,均当应教。希将《书目》全称见示,序文至迟日期见告。当尽力为之。

孙君事,已有眉目。可能先借,随后再调,调的手续,尚需时间。我希望较切,

① 珏良先生此函,参见周景良、王贵忱、孟繁之、王大文编著:《可居室藏周叔弢寄周一良函(附周珏良致周一良函)》,第 278—279 页。
② 齐鲁书社编:《藏书家》第 4 辑,齐鲁书社,2001 年,第 14—15 页。
③ 沈津:《顾廷龙年谱》,第 749 页。
④ 《顾廷龙全集·著作卷》,上海辞书出版社,2022 年,第 3 页。

决定还是暂借。孙君来后,增一臂助,可能多做出一点工作。承兄介绍,极为感荷。

《善本目录》征求意见稿巳油印若干本,分乞专家赐正。兄处巳寄上(单位外发的面不广,因太粗糙),幸抽暇指其纰缪。能批改最好,或即作一符号,我们查改。种费清神,不安之至。复颂

撰安!

弟龙上
(一九八一)十二、廿七

【校读】

此函落款未标年份,仅署"十二、廿七",整理者订为 1981 年,无误。《自庄严堪善本书目》于 1985 年由天津古籍出版社印行,封面题签为赵朴初先生法书,顾先生题签见于扉页,自署"一九八二年三月"。

"孙君事,已有眉目",据沈津先生《顾廷龙年谱》:1982 年 11 月 25 日,一良先生尝致函顾先生,告知在美之行见闻,并转达邓嗣禹、王伊同等问候;同时申谢顾先生为《自庄严堪善本书目》题签及收孙启治为助手事。[①]

(四) 1989 年 8 月 19 日

一良学长:

别来忽已五个月,时以为念。我来京已三个月,勉成《沈子它毁拓本题记》一篇,复写两份,一份呈教,一份已寄钱先生。是否可用,请吾兄多提意见。

因为供《纪念集》需要,特原题录人,又加案语,拉长篇幅耳。将来若要写到轴上,只要一段即可。务望吾兄多提意见为幸!

吾本拟八月中旬回沪,听说钱先生八月廿三日要来参加全国书展举行之图书馆界座谈会,因而多留旬日,以图一晤。

如蒙赐复,请寄"上海图书馆转交"可也。

匆复,不尽一一。顺颂

潭安!

顾廷龙敬上
(一九八四年)八月十九夜

---

① 沈津:《顾廷龙年谱》,第 642 页。

【校读】

此函未注何年，仅署月日，整理者定为1984年，恐不确。据顾先生《沈子它殷拓本题记》落款"一九八九年七月"，及"别来忽已五个月"，可推知为1989年矣。

(五) 1988 年 11 月 10 日

太初吾兄：

久疏音问，时以为念！

美国将有编辑《中文善本书目》之举，函邀龙参加他们顾问咨询会议。据安芳湄说，我兄亦将参加这一会议。

我已同意前去，但究已年高，尤以近年外出，都有人陪同，今若独自远游，语言隔核（阂），家属不放心。我想兄熟悉彼国情况，如能结伴同行，则甚最理想。但一南一北，是否可同机而行？是一问题。据说到美出机场，查看证件，很多手续，迎接的人，可否进机场？我均不了解。

兄旅行海外各国较多，便中请指示一一，曷胜盼幸！本想挂长途与兄一谈，可是上海近来电话时有阻塞，不如一札之为速也。匆请

著安！

弟顾廷龙上

（一九八八年）十一、十

【校读】

此函时间无误。唯须说明者：1989年2月，美国组织编纂国际中国善本总目，以备输入电脑，邀请顾廷龙、周一良两位先生出席。几年前林小安老师告诉我，这次会议本来是邀请宿白先生，宿先生以自己虽撰有《唐宋时期的雕版印刷》，但已多年不研究版本目录，特推荐顾廷龙先生为之代，且又考虑顾先生不懂外语，出国綦难，特又推荐周一良先生一起。今林先生奄化作古，禀问周启锐先生，启锐先生回复："这里细节没听父亲讲过，但对于善本家父似不甚精通，顾先生应是这方面专家，配以家父对善本略知一二，又会英文，我想是个好的组合。"询之杭侃先生，杭先生说宿先生留有日记，可进一步查考。

(六) 1989 年 2 月 14 日

太初兄：

昨夜电谈，获得消息为慰。

　　我机票已领到,飞机时间表,我是乘日航到东京,兄是民航到东京,据说如吾兄到东京多等一些时候,这样我们可在成田相晤,即可同机到西雅图了。此间的时间表寄上,请查照。

　　美方尚无信及文件寄来,恐尚须等待。

　　庄馆长有话希望兄相晤时见告。到华盛顿无人接,亦一难题。匆请

俪安!

顾廷龙上

(一九八九年)二月十四午

【校读】

此函时间考订无误。按一良先生 1989 年 2 月 2 日寄孙启治先生函:"我二月下旬赴美开会,与起潜兄同行。会后到纽约小儿启博处小住,可能四月间返国。飞机恐不经沪上,顾老或须来京候机。"[1]2 月 20 日再去函:"我定于本月廿五日起飞(老伴俟取到 visa 后自己走),与顾先生在东京碰头,同机飞美。善本书我实所知不多,只能从用书角度提些看法。美方准备工作有沈津及张家璩参加,沈当是你馆专家,张则来自天津,其父与我家对门而居,乃老太爷好友也。《清代学者画像传》仍乞代留意! 我三月初去纽约,大致四月下旬返京。美国如有事望来信,地址:略。"[2]

(七) 1991 年 2 月 19 日

一良兄:

　　前承枉教为幸! 属书小联,写得金不金、甲不甲,好在兄要人去猜,那就无妨了。写了两副,请审政。今晚回沪,过春节再来。即颂

台安!

弟龙顿首

(一九九一年二月)十九

【校读】

"属书小联",按即顾先生为一良先生所书之"不如意事常八九,可与人言无二三"联,今悬周启锐先生宅。启锐先生回忆:"在'百般委屈难求全'的遭遇中,心中的愤懑无处发泄,请老友顾廷龙写幅对联:'不如意事常八九,可与言人无二三'。结果我还

---

① 赵和平主编:《周一良全集》第十册第四编"传记与杂记·书信",第 244 页。

② 赵和平主编:《周一良全集》第十册第四编"传记与杂记·书信",第 245 页。

给传错了,传成'可与人言无二三'了。这会被曲解为有一肚子不可告人的秘密。我将此事讲与吴小如伯伯。他是'梁效'非正式调入成员,也受到审查。吴伯伯听后笑了。"

(八) 1991 年 8 月 30 日

一良吾兄:

久未奉函为念! 属题拓本,已涂就。适老友许宝骙兄来沪,即日返京,因即面交其带去。他的地址详另纸。惜其家中电话,忘记号码,故未开上。他在上海至多两三天勾留。他负责《团结报》,可向《团结报》询问其已否返京。

拙题如须复印寄美,希望多印一二张给我为盼! 我因急于送交许君,来不及付印了。

匆请

著安!

一九九一年八、卅

许君与尊府有戚谊,兄必能探悉也。拙跋草草,乞予指正。又及。

(九) 1994 年 3 月 7 日

一良学兄:

久未晤教,甚念!

承示读《自传》,文笔流畅,生动活泼,佩甚佩甚! 颇有效颦之想,目前为《尚书文字合编》工作,尚未交稿,无暇它顾。《合编》需要一"前言",正在草拟。关于隶古定文字,日人小林信明有《古文尚书的研究》一书。我们材料收集不少,启治在整理与古籍出版社联系。我在草"前言",俟脱稿,必须求兄审正,然后定稿。闭门造车,要出门合辙,亦非易事,届时再趋诣。吾普通话说不好,听力亦差,不能通电话,怅怅!

天津图书馆函来,属书先德遗著书签,已寄去,谅洽。匆请

撰安!

弟顾廷龙敬上

(一九九四年)三月七日

（十）1984 年 4 月 19 日

太初吾兄：

　　日前拜奉手书，敬悉一一。

　　承属搜集先德遗札。查我馆藏有致徐积余先生四通，致叶揆初先生二通。又托人从张家璩处找到一通。家璩为重威之郎，现在华东师大古籍整理研究所工作。

　　兹特一并复印奉阅。

　　刚主先生处，曾与其女纪青联系过，尚未检得，允为续检。敝处仅有为拙著《严久能年谱》题一封面。匆复，祗颂

台安！

弟顾廷龙上
（一九九四年）四月十九日

【校读】

　　此函未注何年，仅署月日，整理者推定为 1994 年，误。函中所言张家璩先生，查询网上简历，1981 至 1985 年在华东师大古籍所任助理研究员兼古典文学研究室副主任，1985 年赴美往哥伦比亚大学任访问学者，旋于 1987 年入 Long Island University 读硕士学位，1989 年移民加拿大，如是则不可能是 1994 年矣。

　　另据一良先生 1984 年 4 月 13 日寄启治先生函："老人丧事情况，谅你父亲已谈到。工商联拟出一纪念册。所藏善本书已由北京图书馆编成目录，连同题跋、书影，印在一起。本为九十诞辰纪念，而迟到今日还在印刷中，可叹。他还有谈图书版本小册子，和《文献》杂志所辑书跋中未及收入的题跋若干篇，我们拟汇集成《弢翁遗稿》。此外还想搜集一下他给人讨论图书版本的信札，已从赵万里先生家征得四十余通。据赵家说，这只是一小部分，绝大部分'文革'中被抄走遗失了。我已函顾起潜先生，问他处有否，盼能惠寄覆制，然后奉还。谢国桢先生之女在复旦，我亦托顾先生代为打听。他事很忙，你便中能否再催询一下？又你父亲处有这类信札否？亦希代问。"[①] 再 1999 年 10 月 21 日寄启治先生："老人逝后，我即搜求遗札，印在张舜徽主编之《中国历史文献研究（一）》，顾先生提供了你馆所藏六通，致叶（景葵）二，致徐乃昌四，今后须再广泛征求，尽量多些才好。此事望吾甥注意及之！"[②]

---

① 　赵和平主编：《周一良全集》第十册第四编"传记与杂记·书信"，第 233—234 页。
② 　赵和平主编：《周一良全集》第十册第四编"传记与杂记·书信"，第 252 页。

（十一）1994 年 5 月 3 日

一良吾兄：

　　燕园之会，得与贤伉俪把晤，甚为快幸！但昔日交游不广，今感熟人寥寥。小儿所摄照片，敬奉一帧，聊以留念！

　　龙拟于五月中旬返沪一行，约勾留两三月，目下体力尚可支持，急欲将《尚书文字合编》一书发稿，聊慰颉刚先生于泉下。开始至今，已跨周甲，愧何如之！幸得启治兄为助，争取今年完成。

　　专此，祗请

俪安！

弟顾廷龙敬上
五、三

【校读】

　　该函未注年份，列于第十一。据上海图书馆编《顾廷龙先生纪念文集》①卷前所附彩照，"燕园之会"，当为 1994 年顾先生返燕园参加燕京同学会之事及合影。

（十二）1986 年 3 月 16 日

一良兄：

　　昨得晤谈为快。

　　兹有启治所草两文（请对两文，写几句评语，以便代他申请）：

　　一、《唐写本别体字变化类型举例》

　　二、《隶古定尚书诸问题述略》

　　（尚有两三篇）敬祈便中为之审阅，大致能相当于讲师助研水平否？

　　兄所见较广，衰年索居，不知外面行市，希指示。还件请寄"上海南京西路三二五号上海图书馆　顾廷龙"为荷。

　　明晨旋沪，不获再谒，怅怅。

廷龙上
十六

---

① 上海图书馆编：《顾廷龙先生纪念文集》，上海科学技术文献出版社，1999 年。

【校读】

此函未注年月,整理者亦无考订。按《周一良全集》第四编"自传与杂记·书信"寄孙启治部分,1986 年 3 月 31 日函云:"顾先生交我两文,是想让我写评审意见,以备你提职用。我认为从文章本身及所体现之功力看,晋升助研或讲师毫无问题,已复函告知。唯内举虽不避,究竟是否合适,亦请顾先生酌定矣。……你关于'隶古定'的意见很新颖,我看有理据,虽然提不出不同看法。近有美国学者对向来目为伪书的今本《竹书纪年》也平了反,与你的工作很相似。"①兹再据"昨得晤谈为快"句,核检《顾廷龙全集·书信卷》所收起潜先生 1986 年 3 月 21 日致侯忠义先生函,有谓:"春节前赴沈探亲,近始返寓。……龙于三月初曾到京一行,并访北大图书馆。惟时间匆促,未克遍访诸友。"②则可推知此函为 1986 年 3 月 16 日所书也。

(十三) 1992 年 7 月 21 日

一良学长大鉴:

久疏音问,时以为念!贱恙近来大好,古籍组开会时实已能行动自如,只以通知寄沪寓,寓中无人,未能转递,遂未出席。否则可以见到好多老朋友,怅怅!

钱存训先生寿集抽印本寄到,兹寄上一册奉正。如不是兄出这题目,我真无法交卷。

我来京以后以小中风卧病半月,现在虽均恢复,但写字究不灵活,年岁不饶人,不能不信。

专此,祗请

撰安!

弟顾廷龙上
七、二一

【校读】

此函未注何年,仅署月日,整理者未作考订。按一良先生 1992 年 8 月 5 日寄启治先生函:"顾先生所写跋文,近日寄来单行本,复制一份寄供留念。原拓本及题字,我在美曾复制多份,回国后不记得放在何处,迄未觅出,一俟发现,定当检寄一份也。"③

① 赵和平主编:《周一良全集》第十册第四编"传记与杂记·书信",第 237—238 页。
② 《顾廷龙全集·书信卷》(下册),第 483 页。
③ 赵和平主编:《周一良全集》第十册第四编"传记与杂记·书信",第 247 页。

并可参见顾先生致绍良先生函所涉，及沈津《顾廷龙年谱》，可进一步推知此函为1992年所书矣。

四

综上如是，笔者过去在整理弢翁致赵万里先生函时，对于前辈学人函札用于学术史研究，曾有认识，认为：

> 清以来讫民国政要、社会影响人物、前辈学人函札、日记、电报、公牍逐步发现，作为历史材料运用于人物专题、学术史、思想史、文化史、社会生活史甚或政治史研究，有其独特之价值及优势，尤其之于细节研究，别具视角。研究者可藉此贴近了解所研究、所关注对象当日之生活圈、交谊圈、交集圈、戚友往来、公牍往还、上传下达、人际脉络，甚或身体景况、心灵细微及相关贯连，即有可能藉此将所关注之对象、所研究之人物，所牵涉之史事、现象及人物日常居恒、进退出入、史事前后、彼此因果、相关系连，"体贴"并大体"复原"出来。而所"体贴"并大体"复原"出之生活圈、交谊圈、交集圈、戚友往来、人际脉络、人物身体景况、心灵细微、前后史事、相关贯连，又反过来有助于增进研究者之"历史感"（进或"历史现场感"），使研究者知世论人，"读其文而想见其为人"，进而对所关注、所研究之对象于思想、文化、生活、境遇、社会政治、彼此系连，有较清晰之认知与了解，心不迁拘，思维明通，即可做到诚如陈寅老所谓"了解之同情"，慧眼只具，启开研究新层境。

现在看来，若无贴近事主、熟悉事主之追述、回忆，只言片词点拨，涉及一些事端关键，总不免停留悬想，出入于材料之间，冥思徘徊，或就所见材料说话，或敷衍于材料之间，见其所见，不见其所不见，材料深层，鲜能明悟，其所得自是离真相尚远。

学人日记、往来函札运用于学术史研究，是一条"新学术之路"，并不仅仅是"证经补史"。材料与材料之间总会有缺环，有空白。此对研究者提出的挑战，是见其所见，知其不见，能于所见材料，及习焉不察之中，特别是材料与材料夹缝之中，发现前人（或别人）未曾注意到的联系与问题。世间的研究，往往继武、踵迹前代的评说论议、思想意绪，或依违同异往复于社会"主流"话题话语，对于所谓范式"正音""正典"之外的其他"潜在研究""隐型撰述"，兴致冲淡，缺乏搜阅的雅志及应有的关注，除非以特别因缘或所必需涉猎者。因此这也对研究者的思维认知，提出极高的挑战。学术想象力,并不是一个负名词。

五

涉及 20 世纪学术思想史,特别是学科发展史的研究,近年虽材料俯拾皆是(如大量书信、日记、个人回忆录、访谈等的出版),但禁忌亦多,八卦、小道飞短流长,在网站、微信圈以奇闻轶事的"文学"形式广泛流转,虽然其中不乏新材料、新见解,但局限于形式,也限于研究者的水平,此样的描述常常流于肤浅,或者陷入只是对事主个人生活或情感世界的无端猜测,对学科历史的厘清,学术史、思想史研究,并无助益。且因许多档案看不了(特别是限于组织和人事),大家对此是关注者多,真正研究者少。而且因为挨得近,许多现象、问题不容易看清,总会自觉不自觉"因人依倚""随人喜怒",要么"八股",么么"八卦",鲜有能突破二此者。况研究者往往出身或着力于一家一派,或多或少受事主自我叙事、情绪影响,不免踵武前代门户,步趋规矩于亲领密承之间,回复折旋于互畅交阐之际,各峻城堑,伐异党同,细节"碎片化"相形严重。因此此中既须有学术史的观察,也须有应对的态度。

如章开沅先生《历史研究,要细节,不要"碎片化"》一文所指出的,局限于函札、手稿、日记、电报、公牍的研究,或多或少会不免偏重于细节,流于历史研究之碎片化的问题。章先生于此文中说:"特别是近现代史,公私档案、报刊书籍乃至各类未刊文献之繁多,简直难以想象。这些客观条件,极其有利于个案研究,有利于从细节上再现历史情境,然而却大大增加了宏观把握的困难。同时,由于学术理念的进步,人们愈来愈重视社会史与群众史的研究,特别是下层群众的研究,而许多此类研究又属于起始阶段,这样也不免增加了研究视角'细化'的权重。"①此话诚然。面对这些研究材料,研究者既须能于所关涉史事有全面通识与把握,同时亦要有对史事细节的史海钩沈与精审考订。要能大中不遗其小,小中以见其大,二者相辅相成,不可偏废。

甲辰立秋

草于京西燕东园

---

① 《北京日报》,2012 年 9 月 10 日第 19 版。

　　附记：余生也晚，对于顾先生，向以未获抠衣晋谒、近瞻岱岳为憾。此次获读顾先生全集，始知先生高祖半梅公春芳先生，嘉庆、道光间曾任散乡山西辽州（今左权县）知州，心底莫由更增一层亲近感。今年是顾廷龙先生诞辰 120 周年，披读先生全集，想见其为人，特成此文，以为纪念！同时亦纪念周叔弢先生、周一良先生并周景良先生也！

上海图书馆藏钱存训致顾廷龙书信六通考释①

陈　雷

（上海图书馆历史文献中心）

钱存训（1910—2015），字公垂，号宜叔，生于江苏泰县，金陵大学（今南京大学）文学学士，美国芝加哥大学图书馆学硕士、博士。历任南京金陵女子大学图书馆代理馆长、上海交通大学图书馆副馆长、北平图书馆上海办事处主任、美国芝加哥大学东亚语言文明系兼图书馆学研究院教授、远东图书馆馆长等职，著有《书于竹帛：中国古代的文字记录》《中国科学技术史·纸和印刷》（有中、英、日、韩文版），《中国书目解题汇编》《古代中国论文集》《区域研究与图书馆》（英文版），以及《中国古代书史》《中国古代书籍纸墨及印刷术》《中国纸和印刷文化史》《中美书缘》《东西文化交流论丛》（中文版）等。

顾廷龙（1904—1998），字起潜，号匋諓，江苏苏州人。上海持志大学文学学士，北平燕京大学研究院国文系硕士。历任燕京大学图书馆采访部主任、私立合众图书馆总干事、上海图书馆馆长等。中国图书馆学会第一、二、三届副理事长，国务院古籍整理规划小组顾问，文化部国家文物鉴定委员会委员，华东师范大学，复旦大学兼任教授。著有《吴愙斋年谱》《章氏四当斋藏书目》等，编有《明代版本图录》（与潘景郑合编）、《尚书文字合编》（与顾颉刚合编），主编《中国丛书综录》《中国古籍善本书目》等。

钱存训与顾廷龙同为图书馆界的泰斗级人物。二人相识于孤岛时期的上海，钱存训时任职于北平图书馆驻沪办事处，顾廷龙则从 1939 年起担任上海私立合众图书馆的总干事。他们在抗战期间都致力于保护中国珍贵古籍，常有往来，《顾廷龙日记》中有多处记载。如：1945 年 3 月 31 日，徐森玉先生陪同钱存训前往拜访顾廷龙②。1947 年 1 月 2 日，钱存训来访，顾廷龙介绍他与陈鸿舜相见，钱、陈二人为同乡世交，

———————————

① 本文在查阅英语材料及台湾地区材料时，得到了同事杨雪薇女士、台湾大学中文系介志尹博士的帮助，谨致谢忱。
② 顾廷龙撰，李军、师元光整理：《顾廷龙日记》，中华书局，2022 年，第 418 页。

相谈甚欢；晚上众人在大来西餐社聚餐，徐森玉与顾廷龙皆在座①。7月7日，顾廷龙访钱存训，将当时合众图书馆为庆祝张元济80岁大寿新编的《海盐张氏涉园藏书目录》赠与了他②。后钱存训作为交换馆员即将赴美，顾廷龙欲为其送行，但未能如愿③。此去一别，二人直至1979年方得重逢。钱存训曾撰有《怀念顾起潜先生》一文④，深切怀念他与顾廷龙多年的友谊。

　　2018年，顾诵芬先生将乃父在淮海路寓所遗存的文献捐赠给了上海图书馆。其中有钱存训写给顾廷龙的书信六通，都作于20世纪80年代。当时中美之间通信不便，故在这六封信中，虽有直接通过邮寄的，更多则拜托友人顺路转交。其中三封又有顾先生的来信或回信互为印证，今将全文公布，略加考释，作为二人学术交往及私人交友的掠影。

一

　　起潜馆长吾兄：

　　　　友人万惟英兄现任米西根大学⑤亚洲图书馆馆长，现随该校校长代表团到沪访问，特介绍前来晋谒，即请惠予接待，是所至幸。

　　　　兹趁万兄告便，带上计算机一只，拟恳转交贵馆杨律人先生，藉答代制木刻图解之盛意，一切多蒙驰助，谨再申谢。

　　　　专此顺颂

　　　　近安！

钱存训上
1980.4.18⑥

　　案：信封有钱存训题字"敬烦/惟英兄告便/带交/上海图书馆/顾起潜馆长/钱托/另件"。万惟英（1932—2016），毕业于台湾师范大学国文系，历任台北"中央图书馆"采

---

① 顾廷龙撰，李军、师元光整理：《顾廷龙日记》，第467页。
② 顾廷龙撰，李军、师元光整理：《顾廷龙日记》，第493页。
③ 顾廷龙撰，李军、师元光整理：《顾廷龙日记》1947年8月23日，第500页。
④ 上海图书编：《我与上海图书馆》，上海科学技术文献出版社，2002年，第34—37页。《国家图书馆学刊》2002年第4期，第75—77页。后更名为《怀念顾廷龙先生》，收入《东西文化交流论丛》《回顾集：钱存训世纪文选》《钱存训文集》等。
⑤ 现一般译作密歇根大学。
⑥ 钱氏信中所署日期，有的采用阿拉伯数字，有的为中文数字，本文以原貌著录。

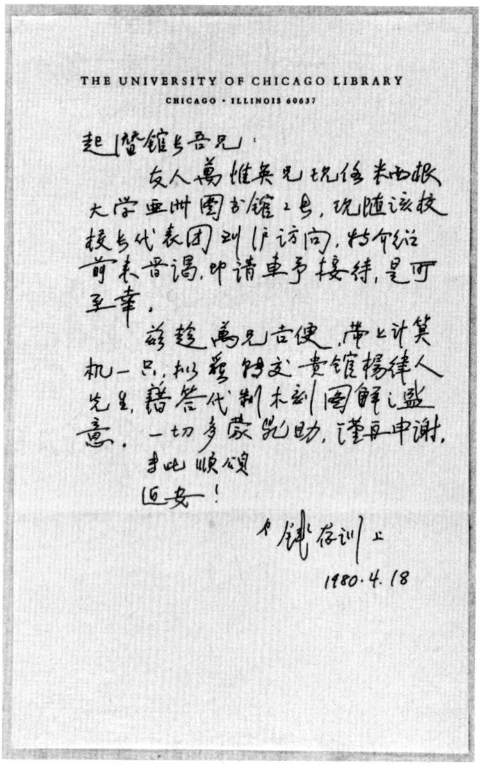

图1　钱存训 1980 年 4 月 18 日函

访组主任、美国密歇根大学亚洲图书馆中文部主任、耶鲁大学东亚图书馆馆长等职。信中提到的密校校长代表团访华，当指 1981 年由该校校长哈罗德·夏皮罗（Harold Shapiro）率领的代表团，访问了中国的北京、上海、西安三座城市，前后历时两周①。访问的主要目的是为中国教育部提供咨询，与中国主要科研机构开展项目合作，万惟英随行②。而此信的落款为 1980 年，然笔者所见史料中，并未发现 1980 年有密歇根大学代表团访华的记载。则顾先生接到这封信时，已是一年之后③。限于所见，姑存疑。

信中提到的上海图书馆杨律人及代制木刻图解云云，是指杨律人在顾先生的授意下，为钱氏所著《纸和印刷》提供插图素材一事，待下文详述。

二

起潜馆长先生：

接奉四月二十四日手教，附下代绘木刻图解及照片各一套，又承惠赐"花格"样张，均已照收。图片承杨律人先生代为摄影绘制，并访问刻字工友，观察过程，

---

① 参见 The Michigan Daily（May 20，1981），https://digital.bentley.umich.edu/midaily/mdp.39015071755347/193，报导虽未提及访华的准确时间，但以时效性推断，当在报道前不久。

② 原文为"In 1981 he again was part of the official University of Michigan delegation and provided consultation with the Chinese Ministry of Education to develop cooperative exchange programs with major Chinese institutions"，参见 https://lsa.umich.edu/content/dam/lrccs-assets/lrccs-documents/WAN-Wei-Ying-Obituary.pdf. 又见（美）周原著，刘春银编译：《常愿书为晓者传》——万惟英先生小传，《"中华民国"图书馆学会资讯》，2006 年第 14 卷第 1、2 期合刊，第 22—26 页。

③ 因信的落款月份与《密歇根日报》（The Michigan Daily）报导代表团访华的月份相近，疑落款年份可能有误；当然，这种情况的可能性较小。

绘制精确,烦劳至感。承兄安排指点,多方协助,尤深感幸。将来当在书中申明道谢。该书仍在修订之中,如另有疑难问题,当再请教。代付费用,亦请见示,至当归赵。

承惠下张、庄两文,亦已收到,并此道谢。前寄有关新罗经卷朝文两篇,据道静兄函告,谓已经译出。如属可能,拟恳复印一份寄示一阅。因此件印刷品关系重大,李氏文中谓为新罗自印,而非传自中国,则朝鲜为世界上印刷发明最早国家,但其论据颇多牵强,拟加驳斥。惟弟对朝文所知有限,极盼阅读全部译文,以免乖谬。故极盼早日寄下一阅,不胜盼祷之至。

近来国内团体来美访问者络绎不绝。闻国内图书馆界亦有组团来访之说,极望吾兄能到此一游,自当倒屦相迎也。

专此申谢,顺颂近安!

钱存训上
一九八〇.五.二三

附上拙文《美国东亚图书馆之沿革》一文,即在沪所作报告之全文,乞正。

附顾廷龙来信:

去年台驾来沪,获聆教益,深为快慰!承惠大著两种,均经拜读,受益匪浅。《新罗塔经》景片并文章两篇,得广闻见,感荷之至。我去年经常赴外地开会,又以馆务鞅掌,忙懒交并,稽迟裁答,致劳远系,歉何如之!今年又承见惠《塔经》全份,当即交胡道静览观。道静笔勤,即恳其先行奉覆,谅邀察及。前嘱请人代画付梓图式,即请我馆杨律人君作画。我因当时来样不甚清楚,今按卢前所说分画五幅,由杨君访问了书画出版社刻字工人,并观看其刻字过程,拍摄了照片,并作画图五张,以供参考。(一)上板(附花格纸一张);(二)发刀;(三)扯刀,亦称扯线(为开刻的第一工序);(四)挑刀;(五)打空。兹将图照一并寄上,如有错误或不明确处,望来信,当再改定。何谓"夹空三线",非样不明。"花格",我馆尚有存者,特以赠览。张志哲、庄葳两文,知道静兄已先将该刊寄奉。我实先已复印,迟未付邮。现在明知失晨之鸡,还是附呈,以志我过。承赠我馆之书,已先后收到,当由馆中另行函覆。盛情感谢不尽。[1]

案:这封信是接到顾廷龙4月24日信之后写的回信,信封有钱氏亲笔中文"上海图

---

[1]　沈津:《顾廷龙年谱》,上海古籍出版社,2004年,第616页。

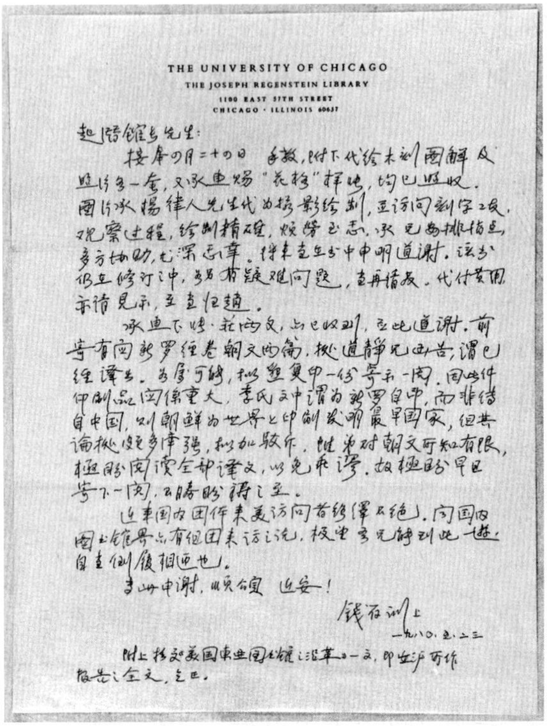

图2 钱存训1980年5月23日函

书馆/顾廷龙馆长"及英文打字"Mr. Ku Ting-lung/Director/Shanghai Library/Shanghai/People's Republic of China",寄信人作"Tsien/THE UNIVERSITY OF CHICAGO/THE JOSEPH REGENSTEIN LIBRARY"。1979年,钱存训随美国图书馆界代表团访华,在北京、上海、西安、苏州等地开展了一系列学术与交流活动①。此信写于访华后的1980年,主要涉及以下两件事情。

其一,为顾廷龙提供雕版印刷技术方面的材料道谢。《纸和印刷》是李约瑟主编的《中国科学技术史》第五卷第一分册。1979年钱氏访华时曾有意收集相关资料,尤其是实物类的材料。到上海后,顾廷龙曾介绍他去书画出版社及朵云轩等处实地观摩雕版刻印的工艺流程。此后,他又请上海图书馆员工杨律人(上海市美术专科学校毕业)通过摄影、绘制等方式,将该流程制成图解、照片,寄予钱存训,并写信对照片进行说明,后作为插图收录于《纸和印刷》书中②。钱氏不仅在之后两人的通信中多次表达谢意,也如信中承诺,在《纸和印刷》的自序中致谢。

1980年春,顾廷龙在写给周叔弢的信中谈及钱存训的这次到访以及朵云轩雕版印刷技艺传承现状时这样写道:

> 原上海朵云轩曾感木刻书籍之技术已将告绝,因谋一线之传,访求老工人,招收知识青年学写学刻,已有多年,成绩颇显著。刻成书有三种,第一种为《共产党宣言》,第二种《楚辞集注》,第三种《稼轩长短句》,原拟第四种刻《大唐西域记》。

> 原主其事者为茅子良君,茅君经始时常来商谈。前年茅君调职,继者亦曾一晤。此后,即乏联系。兹奉来示,属询《稼轩长短句》刻工姓名,因电话询问该部

① 钱存训:《中美图书馆代表团首次互访记略》,《钱存训文集》(第3卷),国家图书馆出版社,2012年,第148页。
② 钱存训:《纸和印刷》,图1135、1136,李约瑟:《中国科学技术史》第5卷《化学及相关技术》(第1分册),科技出版社、上海古籍出版社,2018年,第176页。

门负责人，托言修理房屋，搬迁他处，不得要领。最后询之茅君，始知出版局有一位副局长，因该项工作不赚钱，决定撤销。老年工人退休，借调者回原单位。青年分配各部门，有改学司机，有学财会等。去秋，美国图书馆代表团成员之一钱存训先生（犀盒①之孙）曾要求参观刻书，经坚请始允，恐操作过程未能得见。方冀该社能为版刻传统线一线之传，今又告辍，殊为可惜。②

可见当日朵云轩传统雕版印刷这项技艺的传承已不容乐观。在钱存训到访之前，顾廷龙已在致力于保存木刻书籍技艺，朵云轩在他的指导下，刊刻了《共产党宣言》等新善本。对于朵云轩青黄不接的现状，他更是希望今后能够刊印一些稀见之本，从而保留工匠队伍，也希望周叔弢能够利用个人影响力向出版局反映情况，使雕版印刷"绝而复苏"③。

其二，深入研究韩国发现的《无垢净光大陀罗尼经》。《陀罗尼经》于 1966 年在韩国庆州佛国寺石塔中被发现，因此也被称作《新罗塔经》。据学者考订，约是在公元704 年到 751 年之间刊印。这一发现在当时学界引起轰动，但在中国大陆由于特殊时期，音信阻隔，直至 1979 年，钱存训访问上海图书馆时，将复印本、相关报导及研究资料赠与顾廷龙，国内学界方才了解此事。韩国学者李弘植撰写了《从木版印刷看新罗文化——庆州佛国寺释迦塔发现的陀罗尼经》，即信中提到的"李文"，认为此经是新罗当地印刷的，这就意味着中国不再是印刷发明最早的国家。钱存训认为此文颇为牵强，但对韩语所知有限，希望顾廷龙能托人将全文译出。顾廷龙委派馆中许玉善、卢调文二位合作翻译，不仅将译文提供给钱存训，还把相关的材料送请国内专家研究，引起了国内学界的热议④。诚如钱氏所说，这一问题在国内引起重视和开展讨论，最初是由顾廷龙主导和安排所作出的结果⑤。后钱氏发表《现存最早的印刷品和雕版实物考》一文，对韩国学者的观点进行了全面驳斥。

事实上钱存训在写这封信时，李氏论文已经在翻译的过程中了，顾廷龙在 1980 年

①　即钱桂森，晚清教育家、藏书家。钱存训当为其曾孙。

②　顾廷龙：《致周叔弢函》（四），《顾廷龙全集·书信卷》（上册），第 86 页。周叔弢回信及朵云轩刻书事可参见李国庆编著，周景良校定《弢翁藏书年谱》，黄山书社，2000 年，第 209—211 页。茅子良《精品木刻书稼轩长短句——读〈弢翁藏书年谱〉补记》，《艺林类稿》，上海书画出版社，2009 年，第 97—100 页。本文不再赘述。

③　顾廷龙：《致周叔弢函》（四），第 87 页。

④　相关文章如胡道静：《世界上现存最早印刷品的新发现》，《书林》1979 年第 2 期，第 3—4 页。张秀民：《南朝鲜发现的佛经为唐朝印本说》，《图书馆研究与工作》1981 年第 4 期，第 1—4 页。又可参见《钱存训文集》（第 1 卷），第 281页注释 4 学术回顾。

⑤　钱存训：《怀念顾起潜先生》，上海图书馆编：《我与上海图书馆》，第 35 页。

元旦写给张秀民的信说:"近有美籍友人(即钱存训)寄示高丽大学李弘植的文章,题目是《从木版印刷看新罗文化——庆州佛国寺释迦塔发现的陀罗尼经》……高丽原文,正请人译,不知先生已有所闻否?"①张秀民于1月26日回信道:"蒙示知南韩发见唐刻佛经,谢谢。关于此事去夏在京时曾早有所闻,后蒙上海出版社胡道静同志见告。去年年底钱存训博士自美寄来其论文,文中有此经部分照片,惟李某文章未见,不知已译好付印否?如有复本,望惠赐一份为盼。"②最终,在各位学者的努力下,最终基本确定该佛经为中国唐代传至朝鲜半岛的印刷品。

此外,信中提到的"张、庄两文"或指张志哲《印刷术发明于隋朝的新证》及庄葳《唐开元〈心经〉铜范系铜版辨——兼论唐代雕刻印刷》,均载于《社会科学》1979年第4期③。另信封内未见所附《美国东亚图书馆之沿革》,查潘铭燊整理的《钱存训教授著作目录》④,或为《美洲东亚图书馆之沿革和发展》的初稿。

三

起潜馆长先生:

　　兹介绍我校郑炯文先生前来晋谒,请予指导。

　　前承惠赠《艺风堂友朋书札》二册,资料丰富,校印精致,至深感谢。对贵馆将所藏珍本复印流传,有助学术研究,尤表景仰之忱。

　　随函付呈拙作日译本一册,其中增入日文参考资料,并新出土资料,可补中英文两本之缺。又托郑先生带呈纪念品一件,聊表远思!

　　顺候年安!

钱存训上

1981.12.17

案:信封有钱存训题字"郑炯文先生告便带交/上海图书馆/顾起潜馆长/钱存训

---

① 沈津:《顾廷龙年谱》,第613页。
② 上海图书馆中国文化名人手稿馆编:《妙笔生辉——上海图书馆藏名家手稿》,第196页。笔者按:李弘植的论文后由许玉善、卢调文合作译出,发表在《图书馆学研究》1980年第6期,第45—48页。另关于《陀罗尼经》的研究,顾廷龙、钱存训、胡道静、张秀明等学者多有书信来往。参见韩琦:《印刷史研究中的一段佳话——记钱存训先生和张秀民先生的学术交往》,庆祝钱存训教授九五华诞学术论文集编辑委员会编:《南山论学集——钱存训先生九五生日纪念》,北京图书馆出版社,2006年,第176—178页。
③ 分见该刊第154—155、151—153页。
④ 《回顾集——钱存训世纪文选》,第326页。

拜托"。可知,此信为郑炯文 1981 年访沪时带给顾廷龙的。

郑炯文,毕业于香港中文大学新亚书院,历任芝加哥大学东亚图书馆馆长、加州大学洛杉矶分校东亚图书馆馆长、哈佛燕京图书馆馆长等职,钱存训弟子。

信的内容大体为二人互赠学术著作。"艺风堂"为近代藏书家、著名学者缪荃孙的室名,《艺风堂友朋书札》共收录了 150 多人写给他的书札。原为潘博山旧藏,顾廷龙主持合众图书馆时,曾请人过录。在1978 年《中华文史论丛》的复刊座谈会上,顾廷龙表示上海图书馆将提供一批具有学术价值的稿本,以推动相关研究。《书札》即其中之一,最终以合众过录本为底本,于 1980 年 10 月作为《中华文史论丛》

图 3　钱存训 1981 年 12 月 17 日函

的增刊由上海古籍出版社出版,顾先生亲任校阅。

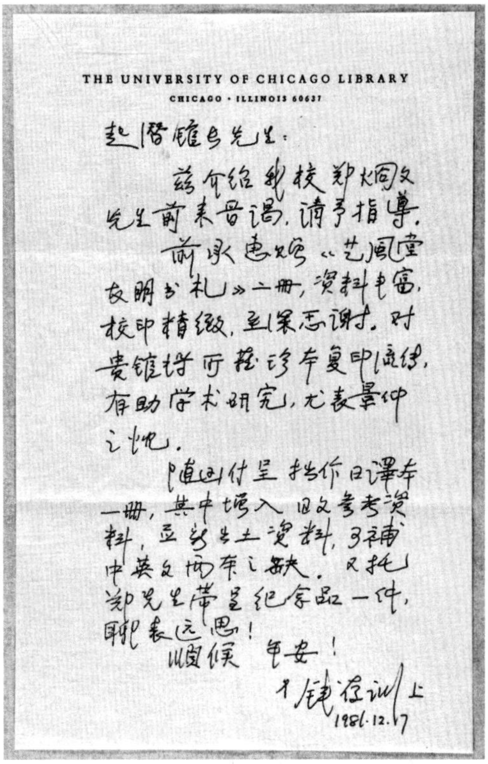

至于钱存训赠送顾廷龙的著作,信中虽未明说,查《钱存训教授著作目录》,当为《书于竹帛》的日文版《中国古代书籍史——竹帛に書す》,由宇都木章、泽谷昭次、竹之内信子、广濑洋子合译,平冈武夫作序,东京政法大学出版局 1980 年出版。该书为钱先生的代表作之一,英文原版 *Written on Bamboo and Silk：The Beginnings of Chinese Books and Inscription* 于 1962 年由美国芝加哥大学出版社出版,中文版自1975 年起先后由香港、北京、台北及上海的多家出版机构增订发行,日文版晚则于二者,并且又有所增补,故谓"可补中英文两本之缺"。

四

起潜馆长吾兄:

前承惠书,并告《善本目录》进展情况,至深感谢。

兹趁芝大郑炯文兄到沪之便带呈纽约华美协进社主办之《中国善本书》展览

目录一册,敬请指正。内有拙文一篇,多承相助指导,至深感企,谨再申谢。

　　月前去台,曾往探视在台寄存之前平馆善本书 102 箱,现由台方"故宫博物院"代管,仍在原箱中,有铁皮固封。善本书库有温度湿度调整器,保存尚称妥善,并此付告。

　　《全国善本联合目录》如已印就,希望先睹为快。

　　专此敬请

　　年安

钱存训上
1985.1.25

另拙文复印件二份乞转交胡道静及张秀民两位先生,并谢。

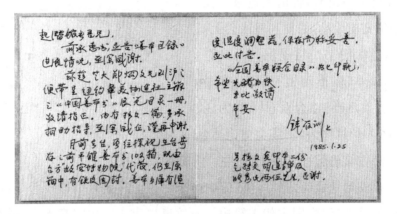

图 4　钱存训 1985 年 1 月 25 日函

　　案:信封题"敬烦/郑炯文兄告便带呈/上海图书馆/顾起潜馆长/钱存训拜托/外书一册"。信中提到的《善本目录》《全国善本联合目录》即《中国古籍善本书目》。《善本书目》是为了完成周恩来总理"要尽快地把全国善本书总目录编出来"的遗愿,集全国之力编纂而成的我国善本古籍总目,收录了国内除台湾地区以外的 781 个公藏单位收藏的约 6 万多种、13 万部善本古籍,至今仍是古籍从业者最重要的工具书之一。顾先生担任《善本书目》主编,为此倾注了大量心血。钱氏来信的 1985 年年初,《善本书目》已进入定稿阶段,同年 10 月,《经部》定稿在上海完成,由上海古籍出版社正式出版①。

---

① 　顾廷龙:《中国古籍善本书目编纂工作总结》,《顾廷龙全集》编纂委员会编:《顾廷龙全集·文集卷》(上册),上海辞书出版社,2015 年,第 449 页。

　　通过郑炯文带呈的《中国善本书》展览目录，结合 1985 年 6 月 18 日顾廷龙致钱存训信函（详见下文）来看，当指由美国汉学家艾思仁（Soren Edgren）主编的《中国善本展览图录》（*Chinese Rare Books in America Collections*）。1984 年 10 月 20 日，纽约华美协进社举办了名为"中国古籍"的展览，这是在西方第一次举办相关专题展，展品中有多部常熟翁氏收藏的善本古籍，也是翁氏藏书赴美后初次与世人见面。展览配套图录不仅收录了展品的书影，还有艾思仁、钱存训及翁同龢五世孙翁万戈等学者撰写的论文①。钱氏发表了《雕版源流技法》（"Technical Aspects of Chinese Printing"）一文②，即信中提到的"拙文"。正是由于这次展览，让中国国内的学界、收藏机构注意到了翁氏藏书，最终在 2000 年，翁氏藏书由翁万戈先生整体转让给了上海图书馆，回归故国，共计 80 种、542 册，其中宋刻本 11 种、元刻本 4 种、明刻本 12 种、清刻本 26 种、名家稿抄本 27 种。此后，翁氏后人又多次向上海图书馆捐赠翁氏文献，成就了一段书林佳话。

　　向顾廷龙谈及"平图善本"一事，则是缘于 1984 年，钱存训回国参加在北京召开的第三届国际中国科学史讨论会（会期 8 月 21 日至 25 日）。会后他特地到上海会晤顾先生。期间谈及太平洋战争前夕，钱存训冒着生命危险，从上海秘密运送原北平图书馆（今中国国家图书馆前身）古籍善本交由美国国会图书馆暂存一事③。这批善本于 1934 年因抗战形势紧迫，随北平古物南迁上海，后因时局进一步恶化，于 1941 年被运往美国。在客居美国多年后的 1965 年，经台湾地区相关部门与美方协商，最终运回台湾"寄存"，抵台后暂由"中研院"史语所接管④。又因"中央图书馆"新馆尚未建成，而台北故宫博物院设施完备，故移存其处保存。顾先生对此事非常关心，详细询问，并表示当年这批善本运离上海，未遭敌军掠夺，是十分明智的决定，希望这批国宝能早日完璧归赵⑤。

　　同年 11 月，钱存训应邀参加在台北故宫博物院举办的"古籍鉴定与维护研习会"，

①　翁万戈：《翁氏藏书及文献与我》，上海图书馆编：《翁氏藏书与翁氏文献》，上海书画出版社，2016 年，第 354 页。
②　潘铭燊整理：《钱存训教授著述目录》，《回顾集——钱存训世纪文选》，第 321 页。
③　钱存训：《怀念顾起潜先生》，《我与上海图书馆》，第 35—36 页。
④　此事件资料颇多，可参见钱存训：《北平图书馆善本古籍运美迁台始末》，《钱存训文集》第 3 卷，国家图书馆出版社，2012 年，第 128 页。文中 1984 年 11 月台北会议作"古籍鉴定与维护研讨会"，从下文 1985 年 8 月 22 日钱氏信札及正式出版的《古籍鉴定与维护研习会专集》（1985 年中国图书馆学会出版），或当作"研习会"。又见钱存训述，林世田采访：《国宝播迁话沧桑——钱存训先生采访录》，吴格编：《坐拥书城，勤耕不辍——钱存训先生的志业与著述》，国家图书馆出版社，2013 年，第 103 页。
⑤　钱存训：《怀念顾起潜先生》，《我与上海图书馆》，第 36 页。

于库房见到了"平图善本",保存状况良好,钱先生深感欣慰,并向同样关注这批"国宝"的顾先生写信"报平安"。

五

起潜馆长先生:

接奉六月十八日托吴付馆长带下手教,拜读至快。承对《善本图录》多所指示,不胜钦佩,并已转达翁先生。伊处所藏《施顾注苏诗》年前在台影印出版,不知见及否?

去秋别后,又匆匆去台参加一"古籍研习会",有来自欧、美、日、朝、新、港等地参加者五十余人。弟曾报告《欧美所藏中国古籍概况》,奉上校样一份,乞加指正。其中缺少东欧及苏联资料,如有所闻,请加补正。日昨晤及北图胡沙付馆长,要求在《文献》转载,但其中错误及遗漏必多,即请得暇过目后示及,以便修订后再为发表,是所至幸。

敝馆馆长 Martin Runkle 及郑炯文君将于下月初到京、沪等地访问,并作报告,届时拟到贵馆拜候,谨此先容。

为《中国科技史》所作《造纸与印刷》一册,牵延十有五载,最近方在英出版,蒙我公相助,已在前言中道谢。付大纲一份,乞正。另嘱剑桥出版社寄赠一部作书评用,如收到,乞兄告。

国际图联本周在芝举行年会,国内来此参加者十余人,盛况空前。今日下午将来敝校参观,即匆匆数言,仍托吴付馆长告便带呈,并候

安健!

钱存训拜上
一九八五、八、廿二

附件　又胡道静兄一份,乞转交
　　　　并代问候。

附顾廷龙来信:

存训先生:

去秋枉顾,快慰无似,惜匆匆别去,至为怅惘!冬间郑炯文先生来馆,带到承蒙惠赐《中国善本展览图录》一册。首载大文《雕版源流技法》,论述精详,恐在国

外尚未有言之者,国内亦未见为之图解者,不胜钦佩之至！稍一相助,乃荷齿及,愧何如之。

《图录》不仅印刷精良,海外孤椠秘笈,琳琅满目,如获至宝。其中两书为龙尤感兴趣者。一为宋刻《集韵》,五十年前尝治《集韵》之学,因知段玉裁仅见毛抄,校正曹刻甚多,后之学者展转传录。虽闻宋本为翁氏所藏,未详究竟。今见书影,不胜欣慰。我馆藏有述古堂影宋抄本,当为同出一源。因怂恿古籍出版社影印问世(毛抄现藏天一阁,龙曾登阁览观)。又一为《施顾注苏诗》,此宋刻

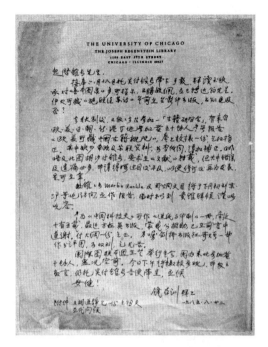

图 5　钱存训 1985 年 8 月 22 日函

相传存两部。一为翁方纲所藏,余外叔祖王胜之先生(同愈)任湖北学政时曾见之,首册题跋累累,抄成一册,龙曾传抄。此书后归袁思亮。袁氏失火,烧去一半。余尝在书友处见及烬馀之本(后归"中央图书馆")。

今两书如新,保存诚匪易也。翁先生博学精鉴,主编此录,无任佩仰。

兹适我馆副馆长吴建中君访美,将参观贵馆,草泐数言,以当面谈。贱躯健好,知念附闻。

敬请

著安,顺颂潭福！

顾廷龙手肃　一九八五年六月十八日①

案:1985 年 8 月上海图书馆吴建中、复旦大学图书馆麦芷兰等人赴美国芝加哥参加第 51 届图联大会②。信中"国际图联本周在芝举行年会,国内来此参加者十余人"云云,即指此事。顾廷龙来信及钱存训回信都由吴建中副馆长代为转呈。

钱存训寄呈《中国善本展览图录》一事,前文已述。《图录》中的两种宋版《集韵》

① 此信影印件见上海图书馆:《顾廷龙手札精选》,上海图书馆,2004 年,未标页码。录文见《顾廷龙全集·书信卷》(上册),上海辞书出版社,2017 年,第 252—253 页。
② 《上海图书馆事业志》编纂委员会编:《上海图书馆事业志》,上海社会科学院出版社,1996 年,第 445 页。

《施顾注苏诗》①引起了顾先生的兴趣,他曾作《影宋抄本集韵跋》②及《读宋椠苏施顾注题跋抄记》③对相关文献进行考订,并向钱先生略述研究心得。钱氏感佩之余,透露翁氏所藏宋本《施顾注苏诗》已在台湾全文影印出版④。

1984年秋二老见面后,钱存训赴台参加"古籍研习会"。会上他发表了《欧美所藏中国古籍概况》一文,原载《古籍鉴定与维护研习会专集》(1985年中国图书馆学会出版),应当时的北京图书馆副馆长胡沙之邀,拟在《文献》转载,故此寄来校样,请顾廷龙补充东欧及苏联资料,并加以指正。此外,钱氏另一部代表作《纸和印刷》(*Paper and Printing*,即信中提到的《造纸和印刷》)写作计划始于1968年末,英文版于1985年由剑桥大学出版社出版。他寄来大纲及成书一本,亦请顾廷龙指点。

六

起潜姻兄为握:

华府及芝城两次聚晤,得再聆教益,何幸如之! 别后想早安抵国门,沿途有无困扰,时在念中。长途跋涉,必感疲劳,尚祈多多休息,并加珍摄是祷。

嘱查《容闳日记》一文,因不知《亚洲杂志》出处,中文或西文,迄未查到。如有较详引文来源,并请见告。

拙作《纸与印刷》一书之成,多承相助,至深感幸,曾在叙言中道谢,顷经人译出发表,附上一份,乞正。又同处刊出郑如斯有关去夏在圣的哥科技史及印刷小组研讨会报导,亦付上一份供参阅。

华府、芝城两地留影数帧,足资留念,奉上一份,即请查收。

专此顺候

近安!

钱存训上
89-4-29

沈津先生问候。

---

① 笔者按:即宋明州刻修补本《集韵》,宋嘉定六年(1213)刻景定修补本《注东坡先生诗》。
② 《顾廷龙全集·文集卷》(上册),第37页。
③ 《顾廷龙全集·文集卷》(下册),第765页。
④ 翁氏藏宋本《施顾注苏诗》早在1969年已由台湾艺文印书馆影印,题《宋刻施顾注苏诗》。钱先生说"年前",可能是虚指。

附顾廷龙回信：

别忽半年，时在念中。承惠大著，谢谢。在美多承照拂，并蒙款待，深为感刻。龙来京忽已三月，勉成《沈子它毁拓本题记》一篇，拟以应马泰来先生等之征文，为公祝寿。兹寄马先生处并请赐正。闻台驾近将有来京之讯，龙因此推迟旋沪，冀得把晤。拙文多古文繁体，恐不便排印，则留记室以为纪念可也。《沈毁》拓本，闻周一良先生已寄呈，谅邀察及。拓本覆印件如何插入文中，即请丈与马先生商定可也。龙因丈之介，得承汤沺文先生推屋乌之爱，热诚接待，偕游旧金山。汤先生于傅兰雅极有研究，至为钦佩！从旧金山经东京旋沪，一路安善，承垂念至感。①

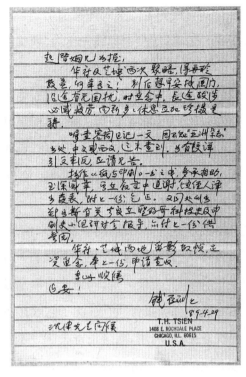

图 6　钱存训 1989 年 4 月 29 日函

案：信封上有钱存训亲笔题写中文"上海/上海图书馆/顾起潜先生"及英文打字"MR. KU TINGLONG/SHANGHAI LIBRARY/SHANGHAI, CHINA"。信封有顾廷龙亲笔"1989/5/12 到"字样，又附钱存训《中国科学技术史·造纸与印刷·自叙》、郑如斯《记一次国际性的中国印刷史学术讨论会》二文。

1989 年 3 月，顾廷龙与钱存训应美国研究图书馆联合会邀请，出席了该组织举办的中文善本联合目录国际咨询会议，二人再次见面。此后，在钱存训的邀请下，顾廷龙参观了芝加哥大学东方图书馆，又由钱先生介绍，参观了加州大学伯克利分校东方图书馆，在美前后凡二十天②。这也是二人最后一次见面。顾廷龙的回信中期待的在京见面似遗憾未能如愿。顾氏回国后，二人虽保持联系，但多为通过友人传话③。

钱存训信中改称顾廷龙为"姻兄"，是由于二人在访美闲谈时，发现顾先生的继母

---

① 沈津：《顾廷龙年谱》，第 702 页。笔者案："《沈毁》拓本"，《年谱》标为"《沈毁拓本》"。
② 顾廷龙：《应邀赴美国参加中文善本书联合目录国际咨询会议汇报》，《顾廷龙全集·文集卷》（上册），第 471 页。
③ 钱存训：《怀念顾起潜先生》，《我与上海图书馆》，第 36—37 页。

许葆真与钱先生的夫人许文锦是姻亲①。顾先生虽然年长,却自认是晚一辈,故在《沈子它殷拓本题记》中称钱先生为"姨丈"。

与顾廷龙一同访美的还有周一良。赴美翌日,他即去看望其族叔周志辅(谱名明泰),顾先生因有事未及同往。周先生带回了《沈子它殷》拓本请顾廷龙作跋。此拓本原为刘体智旧藏,后归周志辅,有柯昌泗、唐兰、周进、容庚、商承祚等名家及周志辅本人的题跋,因顾廷龙长于金石小学,而题跋的这些人中又多为他的师友,故此周志辅、周一良叔侄请顾廷龙题写识语②。恰逢钱存训弟子马泰来欲为其编八十祝寿文集,顾先生即以此为题应征。

顾廷龙甫一回国,周一良即来信催稿:"《沈子它殷》拓本,在此间静电复制,尚清晰可辨认,寄呈一份,以便大著早日动笔。家叔九十余,我兄八十余,一良七十余,虽在华府,未克会聚一堂,同为此拓本及题跋之力,亦小小盛世也。"③顾先生虽在5月的信中向钱存训报告"勉成《沈子它殷拓本题记》一篇",实则到了是年7月,仍"请王煦华兄提意见,如可用,既缮正寄去"④。直到9月前后,周家方才收到《题记》,周一良在给顾先生的信中说道:"跋文从异体字着眼,别出机杼,不落旧套,至佩至佩!尊稿已转呈家叔,老人极感欣悦。"⑤后《沈子它殷拓本题记》为《中国图书文史论集:钱存训先生八十生日纪念》所收录⑥,而且顾先生还为《论文集》题写了书名。

嘱查《容闳日记》一事,顾廷龙先生相关史料未见记载。已知容闳有1902年日记存世,2015年选入《美国所藏容闳文献初编》,现存美国耶鲁大学。

同年,《造纸与印刷·自叙》及李约瑟序言已先行由人译出,发表在《中国印刷》第23期上。钱先生寄来复印件,请顾廷龙指正。一年后,《纸和印刷》全书由上海古籍出版社与科学出版社联合出版。

自1979年钱存训来访之后,他与顾廷龙的书信往来络绎不绝。见诸史料者,如钱

---

① 钱存训:《怀念顾起潜先生》,《我与上海图书馆》,第36页。
② 顾廷龙:《沈子它殷拓本题记》,《顾廷龙全集·文集卷》(下册),第546页。据《题记》可知,抗战胜利后,周叔弢与周志辅赴台众图书馆看望叶景葵,方与顾廷龙相识。1948年,周志辅将所藏戏曲文献寄存合众图书馆,后这批藏书随合众一同捐献人民政府。周一良与顾廷龙为燕京大学同学,因顾稍长,周故称"起潜学长"。
③ 沈津:《顾廷龙年谱》,第700页。
④ 沈津:《顾廷龙年谱》,第705页。
⑤ 沈津:《顾廷龙年谱》,第706页。
⑥ 钱存训先生八十生日纪念论文集编辑委员会编:《中国图书文史论集:钱存训先生八十生日纪念》,第266页。此集又有台北中正书局1990年版。

先生在《怀念顾廷龙先生》文中提到的,顾先生不仅提供了雕版过程的绘图,还多次来信向他详细说明,今所见仅一通;又如 1984 年,顾先生在给钱先生的信中回复了钱氏询问的黄杨木用于刻书、卢前生平及旋风装等问题①;再如顾先生晚年主持《续修四库全书》,想请钱存训为欧美所藏中国古籍珍本提供意见,钱先生于 1995 年回信表示接受②。

　　这六通书信原件虽为吉光片羽,但涉及钱存训巨著《纸和印刷》的写作过程、学界围绕《无垢净光大陀罗尼经》的研究、翁氏藏书因中国古籍善本展览现身美国等重要事件,令后学可以一窥二位大师的学术往来与君子之交。顾廷龙因长期从事版本学研究,钱存训多向他请教古籍方面的实践问题,专著或论文也寄请顾廷龙指正,足见他对顾先生人品与学识的肯定,亦体现了他对待学术研究孜孜不倦、精益求精的精神。顾先生则知无不言,言无不尽,正如他自谦的名言"人不能自有所表现,或能助成人之盛举,也可谓不负其平生",对待钱先生如此,对待其他众多前来咨询的学者亦是如此。本文希望通过对馆藏钱札的粗浅释读,抛砖引玉,对相关课题更深入的研究有所帮助。

---

① 沈津:《顾廷龙年谱》,第 655 页。
② 钱存训:《怀念顾起潜先生》,《我与上海图书馆》,第 37 页。

挹／诵／仁／风

我的研究生论文是如何写成的

王世伟

（上海社会科学院信息研究所）

一、引　　言

　　2024 年是顾廷龙先生(1904—1998)诞辰 120 周年,这不禁让我回忆起 1982 年至 1985 年从顾先生问学并撰写研究生学位论文的往事。1982 年,我从华东师范大学中文系本科毕业,因本科学习期间,对文字训诂之学颇有兴趣,并曾参加上海古文字学社和中文系古文字研究小组,在文学训诂学术领域的初步试水促使我向往在这一学术

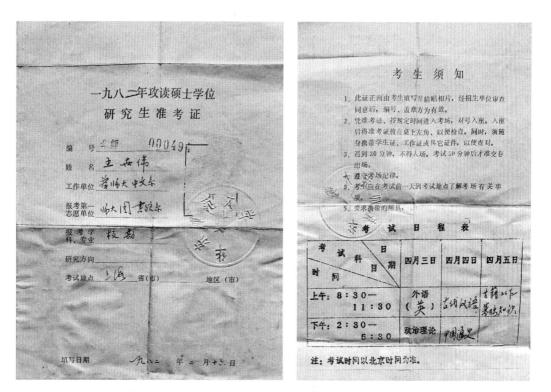

图 1　1982 年 2 月 16 日王世伟报考华东师范大学图书馆系
中国古典文献专业校勘方向研究生时的准考证

领域继续学习深造。20世纪80年代初,研究生招生开始不久,招收学生的专业、数量和导师尚十分有限。根据自己的兴趣,我在寻检研究生报考目录时发现了华东师范大学图书馆系正招收"中国古典文献"专业的研究生,导师有顾廷龙、潘景郑(1907—2003)、吕贞白(1907—1984)、胡道静(1913—2003)诸先生。其中顾先生我在大学本科参与编纂《说文部首汇释》时已久仰,故下定决心跨系跨专业报考了图书馆系的中国古典文献专业的研究生。

　　在准备报考的日子里,我有针对性地阅读了一些相关书籍并学习和补习了相关的知识,记得当时还与报考本校古籍研究所的陈如江同学一起请历史系的教授帮忙补了中国通史的相关知识。1982年4月3日至4月5日先后进行了研究生外语、政治理论、古代汉语、中国通史和古籍整理基础知识共5门课程的笔试。在最后一天古籍整理基础知识的考试中,有一道题是考"《十三经注疏》",由于我事先在古典文献知识方面的准备,故在答题中将《十三经注疏》的汉魏唐宋注疏学者一并写全了,当时监考的政教系周尚文教授见我答题文字甚多,在我身边站立观看考卷许久,让我感到有些紧张。当年我28岁,青年气盛,有着较强的报考录取的愿望和自信。在报考研究生的三天中,我曾在所住宿舍去往考场的路上,骑着自行车,口中哼着当时电视剧的主题歌"胜利在向你招手,曙光在前头",信心满满地进入考场。学术生涯的运气让我心想事成,1982年6月,我以考分居前的成绩有幸被录取为图书馆系中国古典文献专业的

图2　1987年夏王世伟与导师顾廷龙先生在上海淮海中路吴兴路口顾老寓所前合影

研究生,师从顾廷龙先生。与我同时录取的还有本校中文系毕业的孔毅和历史系毕业的金良年,我们三人成为三年研究生学习住同一间宿舍的同窗好友。

二、研究生论文题目的确定

1982 年 6 月,我被确定录取为图书馆系中国古典文献专业的硕士研究生,并明确了顾廷龙先生作为我的研究生导师。顾先生 20 世纪 30 年代初在燕京大学研究院国文系就读研究生时完成了《说文废字废义考》的研究生论文,故当我开始研究生学习生涯时,顾先生便将研究生论文的题目作为第一个需要思考并落实的学习问题。20 世纪 80 年代初研究生培养中所做的学位论文题目大都由导师拟定。顾先生知道我在大学本科学习时曾进行过文字训诂的学习研究,于是拟定了《敦煌别体字研究》的论文题目,而别体字研究正是顾先生自燕京研究院研读时就起步的研究主题,也许顾先生想借此来弥补当年由于抗日战争爆发而"此事遂废"的学术遗憾。在初步确定研究生论文题目后,我便开始了文献的调研和收集工作。文献调研一是收集当时已出版的相关著作和论文,二是收集与敦煌文献有关的馆藏境内外目录,三是收集与别体字相关的古籍与工具书。经过几个月的文献检索收集,我也购买了一些出版的著作,并做了一些读书笔记,但似乎收获较为有限;特别是敦煌文献未曾公开(收藏于国内外诸多的文献文物机构)的居多,在当时的条件下不要说实现研究文献的竭泽而渔一网打尽,就是大陆范围内的文献获取,由于当时各文献收藏机构普遍尚未确定开放获取的理念,要想观看复制也是极为困难的事情。我的师姐邱健群 1980 年至 1982 年期间在师从顾先生进行古籍版本学研究时的研究生论文题目为《略论康熙刻本》,她在撰写论文的过程中,在顾先生的关照下曾经眼了 286 种康熙刻本,其中有不少是上海图书馆的馆藏,但即便是如此有利的条件,她在上海图书馆调阅古籍的过程中也曾遇到了不少的困难。

有此前车之鉴,顾先生在了解我对敦煌文献的调研情况后,决定依实际情况更换研究生论文题目。中华书局 2024 年 5 月出版了荣新江所著《满世界寻找敦煌》,说明研究敦煌学是要读万卷书,也要走万里路的,这也从一个侧面说明当时顾先生决定更换研究生题目是学术研究中实事求是的决定。根据我研究生就读"校勘学"的研究方向,同时根据我的文字训诂的兴趣和学习基础,顾先生又拟定了论文题目,这就是后来我撰写完成的《孙诒让校勘学研究》。与《敦煌别体字研究》相比较,《孙诒让校勘学

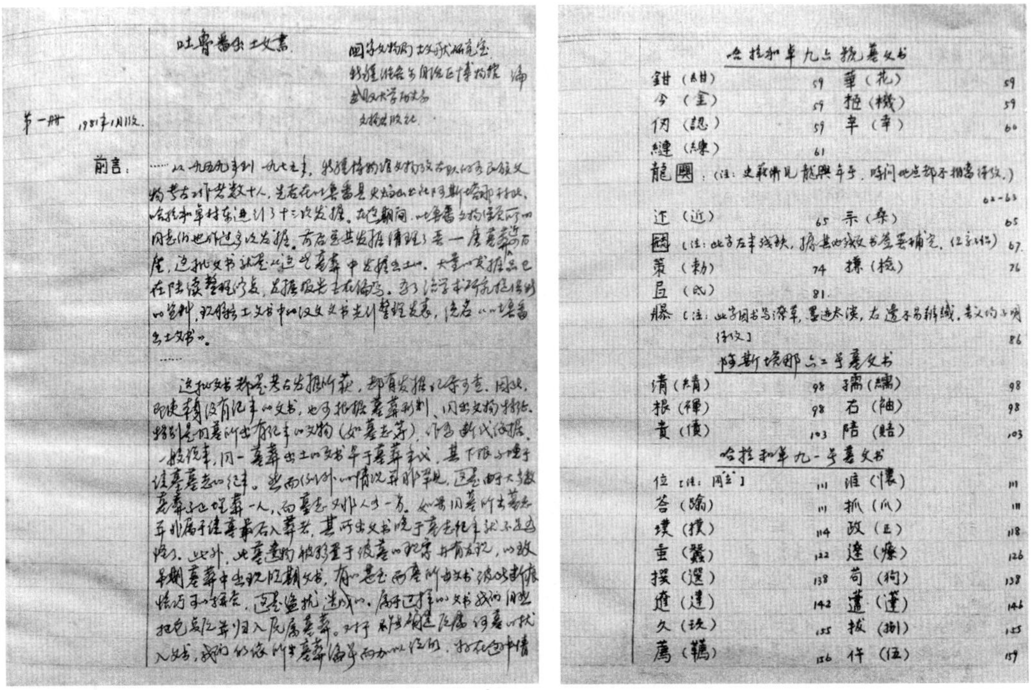

图3 1982 年王世伟研究生入学后围绕别体字研究所做的部分读书笔记

研究》同样具有文字训诂的特点,同时这一题目尚未有学者进行过系统的研究,在校勘学上具有重要的学术价值;而孙诒让(1848—1908)的主要学术著述大都已公开出版,获取较易。这样,在研究生入学后的 1982 年底,我的研究生论文题目在经过变更之后就确定下来了。

三、论文研究重点的确定

孙诒让是清末著名的校勘学家,一生校理古籍不下百种;而其校勘的质量为学界所公认,所谓:"每下一说,辄使前后文皆怡然理顺。阮文达序王伯申先生《经义述闻》云:使古圣贤见之必解颐曰:'吾言固如是。数千年误解,今得明矣。'"①孙诒让古籍校勘的成就为学界所叹服,是清代三百年绝等无双的学术巨人和清代学术殿军人物。研究孙诒让的校勘学究竟应当从何入手,研究的重点应放在何处,这是论文开始撰写时需要明确的问题。经对文献的初步调研,在顾先生的指导下,我决定将论文的研究

---

① (清)俞樾:《俞序》,(清)孙诒让:《札迻》,中华书局,2012 年,第 1 页。

重点集中于四个方面：一是《札迻》，二是《墨子间诂》，三是《周礼正义》，四是孙氏校勘学学理化的初步总结与阐释。之所以确定这四个研究重点，原因是《札迻》《周礼正义》和《墨子间诂》是孙诒让校勘学的代表作，也是学界公认的古籍整理的高水平研究成果。如《札迻》被认为可与王念孙（1744—1832）的校勘名著《读书杂志》相比肩，《墨子间诂》则是自有《墨子》以来未有之书，《周礼正义》被誉为清代新疏之冠①。而孙诒让在校勘学上也形成了自己独具的特色和方法，并对校勘学作出了重要的贡献，应当予以总结和表彰。如孙诒让的《札迻序》中的论述，实际上已初具后来陈垣（1880—1971）所总结的校勘四法的雏形，孙氏诸多富有创意的校勘实践，对古籍整理的求源、求是、求全等，都具有重要的启示价值，应当予以学理化的总结。这样，在1983年初确定了论文的主攻方向后，在接下来的两年中，论文撰写研究的重点就确定了，这对于论文撰写准备中对研究对象的集中专注与持续深耕起到了重要的作用。

四、相关文献的查阅与访学

从1983年初开始，在顾先生的指导下，我开始进行论文的文献查阅与研读。在上海，主要通过华东师范大学图书馆和上海图书馆，前者古籍收藏较为丰富，后者现代期刊聚藏也独步海内；在浙江，主要通过杭州大学（后合并至浙江大学）古籍研究所和图书馆以及温州图书馆古籍部，这些图书馆都收藏有孙诒让的著作和相关研究文献。令我感动的是，当时华东师范大学图书馆古籍阅览室的管理老师不仅为我提供了进入教师阅览室的便利，而且根据我需要大量浏览各类古籍的研究需求，在古籍书库专门为我预留了专门的阅览桌，这样我可以每天进入古籍书库进行阅览研读，而不必每天借还所读古籍，为研究提供了极大的便利，也大大提高了研究的效率；而在古籍书库的开架取阅中，也发现了相关主题的更多文献。《札迻》所校古籍达78种，《墨子间诂》和《周礼正义》所涉文献也有不少，如果按照常规每天填写借阅单取书、闭馆前还书，第二天周而复始，这将大大影响文献查阅的效率；在20世纪80年代前期图书馆古籍部能够为我提供如此的个性化便捷服务，真是自己撰写研究生论文时的幸运。1983年，我还在上海福州路的古籍书店发现了《周礼正义》中华书局1936年8月的第

---

① 王世伟：《论孙诒让校勘的特点和方法》，《华东师范大学学报（哲学社会科学版）》1985年第3期，第84—89页。

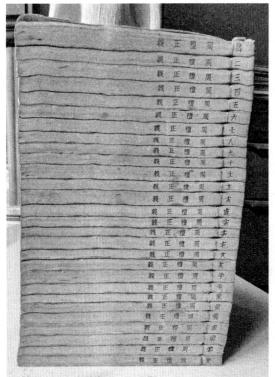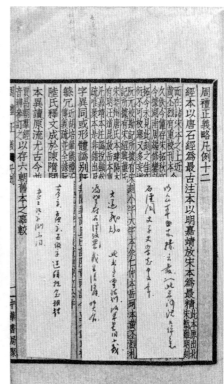

图 4　1983 年王世伟所购中华书局 1936 年 8 月第四版《周礼正义》(左)
与研读中随文所做的摘要笔记(右)

图 5　王世伟围绕《孙诒让校勘学研究》所做的文献调研和读书笔记

4版,全28册,1936年的售价是国币九元六角,1983年作为古书出售时价格也不便宜,多少价格已记不清了。这样我研读《周礼正义》就方便多了。1983年夏季,我在上海居所阳台上冒着酷暑研读《周礼正义》并随书笔记的场景,至今脑海中还历历在目。

　　1983年至1984年,金良年、孔毅和我在当时研究生班主任周茹燕老师(1941—2017)的带领下,曾赴南京大学和武汉华中师范大学分别拜访了中国古典文献研究的前辈程千帆先生(1913—2000)和张舜徽先生(1911—1992),同时我们同学三人在研究生论文外出调研中,也曾赴中国国家图书馆(当时是北京图书馆)拜访了古籍版本学家李致忠先生,还曾到西安陕西师范大学拜访了古籍整理专家黄永年先生(1925—2007)。我本人在顾先生的介绍安排下,于1984年分别到杭州大学和温州及瑞安进行了实地调研,在杭州大学古籍所方建新老师的热情帮助安排下,向杭州大学孙诒让研究专家雪克先生(1927—2023)进行了当面请教,并在杭州大学查询了相关文献。在温州图书馆,与古籍部的潘猛补同志进行了交流,并到瑞安玉海楼进行了实地探访。同时,在顾先生的介绍下,我还在上海沈文倬先生(1917—2009)家中向先生请教了相关的礼学研究命题。以上这些调研和实地考察,开阔了自己的研究视野,丰富了论文的文献,增加了许多感性的知识信息,也收获了学术前辈们的学术研究智慧和鼓励后学的学术风范,对研究生论文的撰写也起到了重要促进作用。

图6　1984年夏在武汉华中师范大学拜访张舜徽先生时合影
左起:周茹燕、王世伟、张舜徽、金良年

图 7　1984 年王世伟前往沈文倬先生在上海的寓所请教礼学时与沈先生合影

五、论 文 的 撰 写

　　《孙诒让校勘学研究》的撰写按照确定的重点从四个方面展开。我在论文的引言中指出:"孙诒让作为一个著名的校勘家,其校勘学向无系统而全面的研究,本文试图就这一问题进行论述。孙诒让一生校书约百种,就校勘而论,其最有代表性的著作就是《札迻》《墨子间诂》《周礼正义》三书。本文以这三部著作的研究为主,兼及其它。同时,对孙诒让的家庭、师承、交游及校勘特点和方法进行一些探讨,以期对孙诒让的校勘学能有一个比较全面的认识。对校勘学的有关理论问题和校勘工作中遇到的一些实际问题,也谈一些笔者的体会。"我在论文的结语中又指出:"孙诒让是清代经古文学强有力的殿军。孙诒让兼采众长,成为乾嘉考据学的总结性人物。乾嘉学派的治学方法,尽管有它的局限性,但是它的发凡起例、分析归纳、文学训诂、声音通假等方法,无疑都具有科学性,即使今天整理古籍,研究古典文献也还要借助这些方法。而孙诒让身上,正是集中地体现了乾嘉学派的治学特点。对于孙诒让的校勘学进行研究,不仅对于孙诒让本人,而且对于校勘学和校勘学史,对于整个清代的学术研究,都具有一定的意义。"

　　在第一章《札迻》研究中,我从四个方面进行了论述:一是概述了《札迻》的撰写及其内容,经笔者清点明确了《札迻》所校书籍为 78 种,并指出《札迻》内容是经过孙诒让选择的，一些举证未尽周密或立说未尽平允的校释，均未被采入。二是从六个维度对《札迻》所有校本进行了分析，即如何选择底本与校本、传世最早的本子、传世校勘善本、名家校勘的本子、稀见本子、传世众版据以刊刻的本子。三是从比较中看《札迻》的校勘成就，从四个角度进行了举例阐述，即所校同竹帛写本相符、所校同古注类书引据相符、所校同唐以前文献记载相符、所校同传世古本相符。四是论述了作为校勘学重要文献的孙氏《札迻序》，从四个方面进行了分析研究，即校字权舆说、陈垣校勘四法的雏形、历史的方法和辩证的方法、校勘的主要对象是先秦两汉齐梁古书。

在第二章《墨子间诂》研究中，我也从四个方面进行了论述：一是概述了《墨子间诂》的撰写与刊刻，其中指出，1894 年的初印聚珍本与 1910 年的《定本墨子间诂》各有所长。二是考证了《墨子间诂》校勘所用版本，包括明吴宽写本、明茅坤刻本、毕沅《墨子注》、顾千里校《道藏》本、《墨子间诂》校勘所用底本。三是评述了《墨子间诂》的校勘成就，包括采撷旧校之成就、补苴旧校之未备、匡纠旧校之讹误、考订《经说》上下篇旁行句读、订正兵法篇之讹文错简。四是总结了《墨子间诂》在《墨子》校勘史上的地位，认为《墨子间诂》既是清代《墨子》校勘的总结，也是 20 世纪墨学兴盛的基础。

在第三章《周礼正义》研究中，我从三个方面进行了论述：一是以众本对校辨明版本优劣，包括唐石经、明嘉靖仿宋本、陆德明《经典释文》、阮校宋十行本贾公彦疏。二是以文字训诂考定异文是非，包括文字训诂与校勘、文字考释（古今字、俗字、省文、隶变、变体）、训诂通假（对文散文、析言浑言、本义引申义、假借）。三是以广征博引评判旧校是非（杜子春校字、郑玄注、贾公彦疏、段玉裁《周礼汉读考》、阮元《周礼注疏校勘记》）。

在第四章孙诒让校勘的特点与方法的研究中，我从五个方面进行了归纳总结和研究阐述，包括孙诒让的家庭与交游、永嘉学术、玉海楼藏书、学术师承、考证派的校勘。论文中写道："综而论之，校勘之学二途，版本派的校勘意在求古存真，考证派的校勘意在正讹求是，然殊途同归，总的目的均在恢复古书的本来面目。孙诒让虽属考证派的校勘，然却兼采两派之长，既深喜卢文弨的《群书拾补》，又推崇王念孙的《读书杂志》，在校勘方法上形成了自己的特点，故其校勘成就也能超越前人。"

《孙诒让校勘学研究》论文从 1984 年初开始动笔，至 1984 年底初稿完成，1985 年前三个月又经过了反复修改，至 1985 年 4 月正式定稿，约 5 万字。

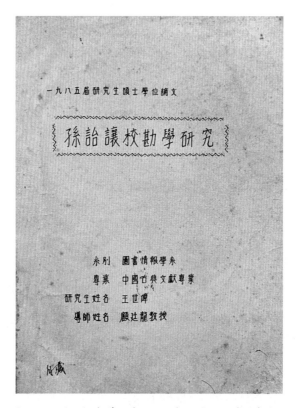

图 8　《孙诒让校勘学研究》1985 年 4 月论文手稿复印稿
（手稿原件按规定交存华东师范大学档案馆）

六、研究生论文的答辩

我的研究生论文答辩安排于 1985 年 6 月，根据我的论文研究内容，顾廷龙先生与图书馆系共同商定了论文答辩委员会名单，参加我论文答辩的专家有：戴家祥（1906—1998）、潘景郑、沈文倬、胡道静、顾廷龙。戴家祥先生出生于浙江瑞安，与孙诒让是同乡，精于文字学与校勘学；潘景郑先生也长于文字训诂与版本校勘；沈文倬先生为礼学宗师，在礼学和经学等领域多有建树；胡道静先生早年曾撰有《校勘学》一书，为著名的古籍整理专家和文献学家。这样，包括导师顾廷龙先生在内的论文答辩委员会可以称得上是极具学术的权威性。在答辩会上，我介绍了论文撰写的情况和研究的心得，戴家祥和胡道静先生先后就清代学术和校勘学等向我提问，我也就自己对这些问题的学习体会进行了汇报，答辩的决议由沈文倬先生起草拟定，对我的论文给予了充分的肯定。戴家祥先生对论文表示了称赞，他曾提到他所接触的一些学生对于《周礼正义》连看都看不懂。由于当时还不具备繁体字计算机打印的条件，顾廷龙先生对我用繁体字认真书写的5万字研究论文稿也向研究生班主任周茹燕老师表示了肯定。记得答辩后不久，顾先生请我和孔毅、金良年同学一起，在上海龙华寺共进了素斋，以庆贺我们研究生论文的完成和答辩的顺利通过。

图9　1985年6月王世伟研究生论文答辩时的场景

七、论文研究成果的发表

1985年4月，在我研究生论文定稿后，得到了学术前辈的关心提携和热情鼓励。先是潘景郑先生联系《社会科学战线》杂志编辑，积极推荐了我论文中的第一章，即《孙诒让〈札迻〉之校勘学研究》。《社会科学战线》在20世纪80年代前期属于社会科学研究的顶刊，即使在职的大学教师当时在上面发表文章也是极不容易，基于潘景郑先生在学术界的名望和对潘先生的信任，《社会科学战线》在1985年第4期就刊发了《孙诒让〈札迻〉之校勘学研究》这篇1万多字的论文，这无疑给了我以很大的学术研究的激励。与此同时，在上海外国语大学学报主编李良佑先生的鼎力推荐和《华东师范大学学报》（哲社版）副主编李光宇先生的积极安排下，论文中的第四章1万多字以《论孙诒让校勘的特点和方法》为题发表于《华东师范大学学报（哲学社会科学版）》1985年第3期，在我研究生毕业前夕，传来了我研究生论文成果首次发表的信息，这让图书馆系、中文系和历史系的一些同时毕业的研究生们羡慕不已。由于有了《社会科学战线》和《华东师范大学学报》发表论文的学术基础，此后我论文的第二章内容以《〈墨子间诂〉校勘述略》为题发表于中国国家图书馆的《文献》1987 年第 2 期,论文第三章的内容以《〈周礼正义〉校勘述略》为题 1990 年发表于中华书局所编文史研究顸刊《文史》第 33 辑。至此,我所撰写的研究生论文(5 万字左右)在毕业后的五年中全部正式发表。

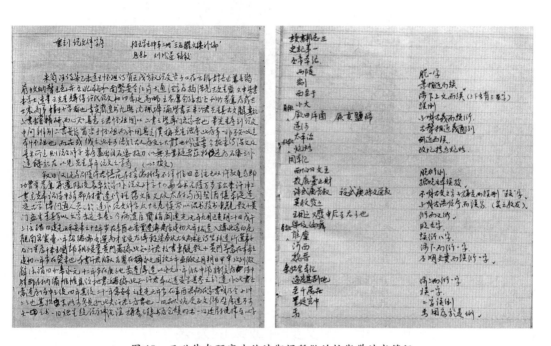

图 10　王世伟在研究生就读期间所做的校勘学读书笔记

八、研究生论文对自己学术生涯的影响

在顾先生的指导下,1982 年至 1985 年这三年的中国古典文献专业研究的学习生涯,对我此后数十年的学术研究产生了重大的影响,主要体现在以下三个方面。

一是积累了学术研究的基础。如果说在大学本科之前我主要看了文学、历史、哲学等方面的通史和中外经典作品以及传记作品,大学本科主要看了文字训诂方面的专业文献,则研究生三年在顾先生指导下较为系统全面地阅读了目录、版本、校勘方面的著作。如目录学方面的《汉书·艺文志》《隋书·经籍志》、晁公武《郡斋读书志》、陈振孙《直斋书录解题》、纪昀《四库全书总目》、张之洞《书目答问》、瞿镛《铁琴铜剑楼藏书目录》、上海图书馆编《中国丛书综录》等;版本学方面的黄丕烈《士礼居藏书题跋记》、顾广圻《思适斋集》、叶德辉《书林清话》、王重民《中国善本书提要》、北京图书馆编《中国版刻图录》等；校勘学方面的陆德明《经典释文》、段玉裁《经韵楼集》、王念孙《读书杂志》、阮元《十三经注疏校勘记》、陈垣《校勘学释例》等。在系统研读这些专业基础著作时，我做了大量的摘录、注释、对校等方面的笔记。1984 年中，顾先生还安排我在上海图书馆长乐路书库进行了古籍编目的实习，使我有机会进入书库一览丰富的古籍馆藏，并做了大量的笔记。研究生期间的专业阅读，为我此后的《尔雅》研究、历史文献研究以及公共图书馆研究、智库研究等都形成了重要的研究积累，为以后教学和科研以及专业演讲奠定了重要的学术基石。

图 11　1985 年 6 月华东师范大学图书馆系中国古典文献专业研究生毕业论文答辩时合影
后排左起：冀淑英、潘天桢、胡道静、沈文倬、潘景郑、戴家祥、顾廷龙；
前排左起：王世伟、孔毅、金良年

　　二是建立了学术求索的自信。在顾先生的指导下，三年的研究生学习让我进入了中国古典文献的学术王国，领略这一学术领域群峰和顶峰的壮观和精彩，初步体验了在这一领域进行学术深耕、创新求索的路径和方法，也对在这一领域需要十年板凳坐冷的研究艰辛有了充分的思想准备。而研究生论文在学术领域重要期刊上的集中发表，增强了自己对未来学术发展的自信和勇气。

　　三是促进了学术人脉的建立。所谓独学而无友，则孤陋而寡闻。顾先生作为研究生导师，让我学习并见识了他的研究精神、研究方法和学术的朋友圈，让自己在研究上有取法乎上的学术追求，还提供了向本领域的最权威的大家学者群体当面请教的机会，获得了见多识广的不平凡的丰富学术经历。这些学术经历和学术人脉，为此后我负责编辑首版《中国大百科全书图书馆学情报学档案学卷》中的文献学分支条目、中文参考工具书的研究、图书馆古籍整理工作的研究与管理以及《古文字诂林》编辑联系工作等都打下了良好的基础。

图 12　2001 年 12 月 22 日在京中苑宾馆的《孙诒让全集》编纂工作会议

前排左起：曾大满、廖可斌、项力克、赵振铎、宋一夫、许嘉璐、裘锡圭、雪克、王云路、李建国、祝鸿熹；
后排左起：李仞、潘猛补、金柏东、王世伟、张涌泉、高跃新、虞万里、李解民、朱小健、祝鸿杰、朱瑞平、汪少华、史光辉

　　我研究生论文撰写完成已近四十年了，回顾研究生论文的撰写过程，更是对导师顾先生充满了敬仰和感激之情。如今纪念顾先生诞辰 120 周年的最好方式，就是发扬顾先生的学术精神，继续为历史文献研究和图书馆学研究的高质量发展添砖加瓦。

2024 年 4 月 20 日初稿

2024 年 6 月 27 日定稿于上海凯旋北路清水湾

　　附记：本文写作过程中，承蒙复旦大学汪少华教授提供《孙诒让全集》编纂工作会议照片中的人物信息，谨表谢忱。

来自顾廷龙先生的函件①

（日）小野和子 撰　程　郁 译注

（日本京都大学人文科学研究所　上海师范大学人文学院）

　　昭和年间，我作为研究助理刚进入（京都大学）人文科学研究所，熊本藩细川家的永青文库②将《明文海》（又称为《皇明文海》）寄放在本所，这是一部175卷、170册的抄本巨作（该书现已归还，本所仅存照相本）。依本人管见，此为天下孤本，也许是稿本。如此珍贵的古籍寄放于本所，是因为细川护贞在京大读书期间得到狩野君山先生

永青文库与永青文库所藏北宋梅瓶

---

① 原文发表于《飚风》第62号，2023年3月。小野和子，1932年生，1954年自京都大学文学部毕业，日本的中国学家，研究方向为中国近世史和中国近代女性史，原为京都大学人文科学研究所教授，退休后为京都橘女子大学教授。获2000年度美国亚洲学会（AAS）特别功劳奖。已译为中文的学术著作有《东林党社考》（上海古籍出版社，2013年）和《中国女性史——1851—1958》（四川大学出版社，1987年）。

② 据永青文库主页，细川家是武家名门，始于日本战国时期，曾为室町幕府的三管领之一，第1代当主是藤孝（幽斋），其家代代文武双全。永青文库由第16代当主护立于昭和25年（1950）设立并命名，保存着这个家族收藏的历史文献与文物，并进行研究。自昭和47年（1972）该文库对一般民众开放。地址为：〒112-0015　东京都文京区目白台1-1-1。2018年6月，在《中日和平友好条约》缔结40周年之际，日本前首相、永青文库理事长细川护熙将细川家族三代珍藏的36部四千余册汉籍无偿赠予中国国家图书馆。上图为该文库的照片与所藏北宋瓷器。

的照顾,作为报答希望给研究助一臂之力,所以与神田喜一郎等先生商量,将此书暂寄于东方文化研究所(人文科学研究所的前身)。众所周知,狩野君山先生自熊本藩的藩儒家庭出身,生于明治元年,与细川家不仅同县更有同藩之谊。①

与焦竑《国朝献征录》相同,《皇明文海》亦收录明人碑传文,凡收 3600 篇,但有一点不同,《献征录》收录断限止于明万历中期,而《皇明文海》收录明遗民的碑传文。在清朝异民族的统治之下,收录明遗民的碑传文,看来有特别的意义。而且,说到《明文海》,读者会立即想到黄宗羲所编的同名书,但这一本的内容与黄宗羲那本完全不同。本书序署《元诗选》编者顾嗣立大名,②序文内容却借用了明薛熙《明文在》之序。古城贞吉早已指出,本书上述诸点十分奇特。

我的毕业论文是有关黄宗羲政治思想的研究,自然对本书十分关注,在大病初愈的岛田虔次先生指导下,我编出《皇明文海目录》及《皇明文海索引》,以本所历史研究室的名义印出较简陋的油印本,但关于本书的探究却进展不大,陷入迷茫。因此,当时只能归纳有把握的事实,拙稿《有关细川护立氏(永青文库)藏〈皇明文海〉研究》(《东方学报》第三十四册,1964 年)发表③。其后,大庭修(已故)《江户时代唐船携来书籍研究》(关西大学东西学术研究所,1967 年)④一书出版,根据该书,本书携来日本的时间是我国明和二年乙酉,即乾隆三十年(1765)(见大庭修书 720 页。目录所载书名为《明文海》,而未冠"皇"字,所以这本书也有可能是黄宗羲的《明文海》,但仍可推测当时携入本国的就是本书。这批书在送至日本前,可能曾重整体裁,于是仓促之下便将顾嗣立之名冠于薛熙所作序文之上了)。

关于该书,以后似乎也并没有新的发现。本文主要想谈谈被上海文化名人书稿

① 即狩野直喜(1868—1947),号君山,为"京都支那学"的开创者,较早利用敦煌文献,为日本中国学实证主义学派中最重要的一个组成部分。1906 年至 1928 年,于京都帝国大学主持中国哲学讲座 22 年。其著作中译本有《中国小说戏曲史》(江苏人民出版社,2017 年);上图藏有其日文版《中国哲学史》(岩波书店,1957 年)。

② 顾嗣立(1665—1722),字侠君,号闾丘,江苏长洲(今常熟)人,中国清代诗人,学者。康熙三十八年(1699)举于乡,圣祖南巡,进所撰《元诗选》,受褒奖。康熙四十四年,南巡召试取中,至京中分纂宋、金、元、明四朝诗选,议叙内阁中书。康熙五十一年中进士,改翰林院庶吉士。康熙五十三年荐入武英殿,纂辑《鸟兽虫鱼广义》。康熙五十四年,告病请归,卒于家。

③ 《皇明文海目录》《皇明文海索引》与小野和子《细川護立氏(永青書庫)藏「皇明文海」について》一文抽印本,2018 年与顾廷龙先生信同赠上海图书馆。在永青文库公开的藏品中未见《皇明文海》,也未见于该文库捐赠国图的书目。但在国图公开书目中有《皇明文海》缩微文献,注明原本藏永青文库。国图亦藏有小野和子所编该书目录与索引。

④ 大庭脩(1927—2002),日本著名学者,曾任日本关西大学教授、皇学馆大学教授、校长,大阪府立飞鸟博物馆馆长等。其治学领域涉及中日交流史、秦汉法制史、秦汉简牍研究,著述宏富,影响深远。《江戸時代における唐船持渡書の研究》(關西大學東西學術研究所,1967 年),上海图书馆原藏有日文版,2018 年小野和子又捐赠一册。中译本题《江户时代中国典籍流播日本之研究》,戚印平等译,杭州大学出版社,1998 年。

馆收藏的一封信。围绕该书,我曾与当时的上海图书馆馆长顾廷龙先生通信,追溯这一过程,正可窥见老先生们文化交流的绵密足迹。

我在撰写有关《皇明文海》论文时,因该书序文作者被冠以顾嗣立的大名,当时研究所的教授平冈武夫先生(已故,1909—1995)①劝我写信向顾廷龙先生请教。如前所述,《皇明文海》的序文是假借来的,而且被冠以顾嗣立大名。所谓苏州顾氏,是文人辈出的名门望族,顾廷龙先生应是顾嗣立的族孙。平冈先生曾于1936年至北京留学,有机会与中国文人密切交往。他说:因战争爆发,他即将离开北京,顾廷龙等先生特地设宴送别,一桌由顾颉刚先生坐主席,另一桌由顾廷龙先生充主人,平冈先生被安排在顾颉刚先生的正对面。顾颉刚先生(1893—1980)是顾廷龙先生的外甥,却比顾廷龙先生(1904—1998)年长,这在中国的大家族中并不罕见。顾颉刚因著《古史辨》而名满天下。战后平冈先生刚在岩波书店出版其翻译的《古史辨自序》(1956),题为《一位历史学家的成长经历》,在其后记中,吐露出对两位顾先生的殷殷深情。②

当时,日中之间几乎没有交流,中华人民共和国成立之后的中国状况也不为日本所知。但在平冈先生看来,顾先生是如此令人怀念的同学,宛如昨天刚在北京分别。是否也正因为他的介绍,顾廷龙先生才给一个素未谋面亦不认识的异国年轻人以郑重的回信,为此我感铭至今!

只是有点遗憾,我用日文写的信似乎没把意思全部传达,先生(尽管已知书名与目录不合)勉为其难地在回信中列举各种资料,细细说明这本《明文海》就是黄宗羲编的那本。

信有四页,用毛笔一字字工整地写在“上海历史文献图书馆”的公笺上。这封信先珍藏于自己的研究室,后来收纳于自家书库。我退休后,年过85岁,自家书库也不得不结束其使命了,这时我开始考虑如何处置这封信,思索种种方案之后,觉得最好还是归还上海图书馆。于是,与上海社会科学院历史研究所的罗苏文先生和上海师

---

① 平冈武夫(1909—1995),日本中国学权威,日本学士院会员,京都大学荣誉教授。1936年平冈至北京求学,师从国学名师傅增湘先生,其间,与顾颉刚建立亦师亦友的亲密关系。1939年回国后,即在日本东方文化研究所经学文学研究室工作,主要研究《尚书》。1948年,该所并入京都大学人文科学研究所。1950年代,平冈任人文所中国古典校注及编纂组组长,主持日本文部省的重大项目,又成为唐代文化史专家,已译成中文的著作有《唐代的行政地理》(上海古籍出版社,1989年)、《唐代的长安与洛阳》(上海古籍出版社,1991年)等。

② 据刘起釪《悼念日本的中国学权威平冈武夫先生》(《中国史研究动态》1995年第8期),早在1940年,平冈武夫即翻译出版顾颉刚《古史辨》第一册《自序》,书名《古史辨自序》,即在学术界产生重大影响。1953年岩波书店版为第二次改译。1987年,岩波书店出版该书第三次改译本,收入长达万言的《顾颉刚先生忆念》一文。

范大学的程郁先生商谈,通过两位的介绍最终促成此事。

　　原馆长顾廷龙先生的信函返回故国,上海图书馆格外高兴,因为新建的上海图书馆新设"文化名人手稿馆",主要收集活跃于上海的作家、学者的亲笔遗稿。图书馆还特地举行了此信的捐赠仪式,上述二先生代替我出席该仪式。

　　从此,对我来说,便与这个图书馆有种因先生而结缘的轻松情愫。不久,该馆选择馆藏的部分文化名人亲笔原稿结集,编成《妙笔生华——上海图书馆藏名家手稿》(上海人民出版社,2019 年)一书。顾廷龙先生的这封信,作为一朵"华"装饰其中一页。本书收集中华人民共和国成立前后文化名人的手稿,它们大多用钢笔写在所属单位(即公共机关)的粗薄简陋的便笺上,令我特别高兴的是,以书法家著称的顾廷龙先生的毛笔楷书书简在其间大放异彩。

　　其间,上述两位女士作了一些调研,告知我全然不知的一些往事:顾廷龙先生曾为如何给我回信而为难,便写信给在北京的顾颉刚,就日本所藏《明文海》进行商讨。顾颉刚回信道:"也不能完全排除此书为秀野公(顾嗣立)所编,为逃避文字狱,书稿未加刊刻便送往日本了。"(《顾廷龙年谱》1959 年 56 岁条)我完全不知道,顾廷龙先生与顾颉刚先生曾有这样的交换意见。这些书简皆为两位先生的全集收录。①

　　其后,上海图书馆寄来周德明、刘明辉主编的《妙笔生华——上海图书馆藏名家手稿》,这是一本精美巨册,大约作为我将老馆长的信送还故国的郑重还礼。然而,我的书库已终结使命,已无法收纳如此大部的书籍,便转赠予(京都大学)人文科学研究所,以供更多人借阅。这一经过约略如上。

　　文革后一段时间,上海图书馆位于南京路原上海跑马场的旧址,当我想起那些在简陋的阅览室里与顾廷龙先生亲切交谈的日子,深感这一切皆由顾廷龙先生的阴德所致。②

───────────────

① 顾廷龙 1959 年 3 月 29 日致顾颉刚信曰:"上月忽有日人小野和子来书询《明文海》著者,我以为即黎洲之稿,不信有秀野之作。今得寄来照片,确属侠君公之名。遍查家乘年谱等,均无叙及。读序文,属稿时侠君公年事尚幼,可疑一;序文与选文不合,可疑二(序文言重在文章,与黎洲编者相近,而所选之文均系传记,若碑传集)。若曰伪作,又谁伪此巨编,疑莫能释。惟查《通奉公(岩卜公)年谱》(男尔昌撰)康熙十五年云:'先是,三母舅逊修公(似即宋大业)有《明文选》,未竟而殁,府君因与研谿惠公、乾斋陈公相与校雠,剖厥成集,得行于世。'此《明文选》与彼《明文海》,不知亦有关系否? 不得旁证。照片托王、杨二君带呈,幸鉴定赐下为盼。"[《顾廷龙全集·书信卷》(上册),上海辞书出版社,2017 年,第 178 页]又顾廷龙 1959 年 5 月 17 日信曰:"日人小野和子所寄秀野《明文海》序目照片,看书名与目录似不相合,我疑其伪,但无佐证,不知公以为何如? 如何作答,颇踌躇,便希教之。"[《顾廷龙全集·书信卷》(上册),第 180 页]顾颉刚 7 月 24 日复信曰:"侠君公《明文海》一稿,诚为创见。大约因所选文中对清朝有诋毁处,以文字狱日紧,故不敢刊印,亦不敢登入年谱,而竟流传至日本,真意外事矣。"(沈津:《顾廷龙年谱》,上海古籍出版社,2004 年,第 535 页)

② 小野和子第一次与顾廷龙先生会面在 1963 年 12 月 10 日,详见下文。

译者后记：

笔者将顾廷龙先生与日本友人交往的相关史料附注如上，限于所见资料，除与小野和子信之外，尚见《全集》所收致高桥智的十七封信件。史料未及搜全，却有两点令人印象深刻：

首先，顾先生与日本第一流的中国学家结下深厚的友谊，并与几代日本学者有更广泛的交流。

顾廷龙《访日游记》中提到的吉川先生，即著名学者吉川幸次郎（1904—1980），字善之，号宛亭，日本神户人。1923年，考取京都帝国大学，师从著名汉学家、"京都学派"创始人狩野直喜教授。1928年，赴北京大学留学，拜杨锺羲为导师，与中国学人结下深厚的友谊，打下坚实的功底。1931年回国，最初于京都大学任教，后于东方研究所从事研究，主讲《毛诗正义》，研究《尚书正义》，成为著名的汉学家。1969年，获得国际汉学界的"儒莲奖"。其全集有26册之巨，已译成中文的著作甚多，如《中国文学史》（四川人民出版社，1987年）；《中国诗史》（复旦大学出版社，2001年）；《宋元明诗概说》（复旦大学出版社，2012年）等。

1930年代，顾先生即与平冈武夫、吉川幸次郎等在华学习的青年学者结下深厚友谊。先生1937年1月6日日记曰："致景郑书，托转恳吉川代映敦煌《尚书》。"又1938年1月2日日记曰："命诵诗将金刻《尚书》照片装粘成册，照片是吉川善之君所赠，共二十八叶，原本藏江安傅氏。"又1938年3月20日日记曰："访平冈，出示林之奇《尚书全解》第卅四。"①

1963年末，顾廷龙先生参与中国书法家代表团访日时再见平冈、吉川等先

1979年顾廷龙先生与平冈武夫先生于京都博物馆前

① 顾廷龙撰，李军、师元光整理：《顾廷龙日记》，中华书局，2022年，第21、25、29页。

生。顾先生《访日游记》曰：十二月八日"六时至京都，住京都饭店，小野信尔先生来访，渠为小野和子之夫，告我吉川、平冈两先生均欲与我相晤。闻之喜甚，夜不成寐"。九日"午后至织锦厂，平冈在彼相候，快获良晤，寒暄数语，即听主人介绍其织锦"。十日，"出赴人文研究所见平冈先生及所长森鹿三先生。又见薮内清、藤枝晃两先生，小野和子女士，贝塚茂树夫人等。小野和子女士曾由平冈之介通过信。所长赠《唐律疏义校勘表》，平冈赠访所藏目录二册，藤枝晃赠《北魏写经影本》一册。小野出示《明文海》照片，谛视秀埜公序，似非亲笔。……晚观剧。平冈君来赠《文选索引》两册，三与四为我馆所缺者。并同观剧。承平冈君介绍剧情，略能了解。平冈君为余言，渠见余与王煦华合作《汉书选》，曾即用作课本，购买六十本，以授学生，并云此册较为简要。"十一日赴京都滋贺书道同人宴，"见平冈先生，又见吉川先生，均二十年未见矣。寒暄后，赠《知非集》，想为十年前旧作也。宴会开始，吉川先生陪团长座，平冈陪余座。酒半，两人换座相陪。吉川先生言已读完《元诗选》全部，甚为钦佩！"是日晚"八时，平冈、小野夫妇及岛田来访。小野信尔及岛田系欢迎学术代表团者。小野和子赠《期刊联合目录》一册，并托其代索《大典目》"①。老友相隔二十年再见，顾先生"闻之喜甚，夜不成寐"；而在京都逗留数日，平冈武夫先生竟每日都设法见到顾先生；拳拳深情，溢于言表。上列平冈先生与顾廷龙先生的合影摄于十六年后，更是一次难得的会面。1979 年 5 月，顾先生再随中国书法代表团访日，他在 8 月 12 日致顾颉刚先生信中写道："在日获晤平冈武夫先生，渠与沪总领事交挚，总领事去函通知，平冈遂候于京都博物馆，否则不易相晤也。"②1978 年，平冈先生以学术交流团团长身份率团访华，已年近古稀。当时已允许中外学者个人相见，他独自访问顾颉刚先生的北京寓所，"见面即热泪纵横地抱持了顾先生，连声称呼'老师！''老师！'这种学术上肝胆相照的动人深情，使在旁者无不感动"③。可见平冈先生亦为性情中人。

《访日游记》中还提到不少更年轻的日本学者，他们皆对顾先生十分敬仰。如 12 月 7 日于天理大学图书馆见管中文书的今子和正，"以曾阅余著《明代版本图录》，致仰慕之意"。8 日，认识小野信尔。④小野信尔，1930 年生，日本有关中国近代史的专家，研究方向为中国革命史。京都大学博士毕业，于京都花园大学历任讲师、助教授、教

① 《顾廷龙全集》编辑委员会编：《顾廷龙全集·文集卷》（下册），上海辞书出版社，2017 年，第 689—691 页。
② 沈津：《顾廷龙年谱》，上海古籍出版社，2004 年，第 610 页。
③ 刘起釪：《悼念日本的中国学权威平冈武夫先生》，《中国史研究动态》1995 年第 8 期，第 19 页。
④ 《顾廷龙全集·文集卷》（下册），第 687、689 页。

授,任副校长。著作如《救国十人团运动研究》(中译,中央编译出版社,1994 年),《五四运动在日本》(汲古书院,2003 年)等。10 日,于京都大学人文研究所,"见编目人员岛田君,渠谓久知我名,特来一见"。

其次,顾先生非常注重向日本学界学习,积极获取更多资讯与文献。

在创办合众图书馆期间,顾先生曾学习《东洋文库十五年史》,请人译出"组织"一章。①

1960 年,由顾先生倡导并主持的《中国丛书综录》编成,成为几代学人的必备工具书。顾先生在笔记中写道:"编此目,我是由日本京都大学汉籍分类目录而得到启发。我在燕京时,为章式之先生遗书编目,一日吉川幸次郎先生来访,赠予《日本京都东方文化学院汉籍分类目录》,又另编一册,有书名及子目索引。凡丛书子目,均分别各类,作者版本著录甚详,使用方便,余甚好之。"②杜泽逊《顾廷龙先生生平学术述略》记先生所述略同。③

《访日游记》颇多这类记录:如:12 月 7 日参观天理大学图书馆善本库,见所藏《永乐大典》散册,"《永乐大典》已拍胶卷送北京图书馆,库中所见七皆未出示。余询尚有藏者否?则出目录,著录者三卷。七皆疑未印过"。11 日,"藤枝云研究所有人编日本所藏《大典》目"。当晚,即嘱日本友人"代索《大典》目"。④

12 月 20 日晚,"余由大冢偕访长泽规矩也先生,约在大安书店楼上。是日为长泽授和汉印制史。学生七人,皆大安店员,有一女子为某大学图书馆馆员,它们即名为书志研究会。旋即同谈。长泽出新发现之《金瓶梅词话》及《元刻笺启》,均从毛利文库未整理书中得之,均已影印出版。承各检壹部相赠。谈及博多版,渠即属及门取书影来,略述博多版之历史,与大东急文库主者所言可相补充"⑤。长泽规矩也(1902—1980),字士伦,号静庵,神奈川人,日本著名文献学家,曾先后为静嘉堂文库等三十多家藏书单位整理和搜集中国古籍。其著作中译本有《中国版本目录学书籍解题》(书目文献出版社,1990 年)等。上图藏有其日文版《関東現存宋元版書目》(日本书志学会,1938 年)。

又"二十一日晨,杉村来偕往东洋文库参观。馆长岩井大慧先生出见,年已古稀。

① 顾廷龙撰,李军、师元光整理:《顾廷龙日记》1941 年 3 月 20 日,第 147 页。
② 沈津:《顾廷龙年谱》,第 536 页。
③ 《书目季刊》1998 年第 32 卷第 3 期,第 9 页。
④ 《顾廷龙全集·文集卷》(下册),第 688、690 页。
⑤ 《顾廷龙全集·文集卷》(下册),第 695 页。

坐后即承赠所著《永乐大典收藏情况表》及其《年谱还历纪念》抽印本各一册。由助教授某陪入书库参观。库共五层,最上两层是中国书,丛书、类书、家谱等。在传记类见《快雪堂日记》一本,似钞本,非稿本,冯梦龙稀见。又《石仓诗选》明诗一部亦不少,此书可能亦比较足。归后再查。大本书集中一库,此法较好,我亦早有此意。地图及其他图片放在似抽屉式的阁板上,每格一寸左右之板,抽出即可取阅。大张亦平摊。阁板有大有小,甚便阅览"①。

① 《顾廷龙全集·文集卷》(下册),第 695 页。

陌生而又熟悉的顾老

李勇慧

（山东省图书馆/山东省古籍保护中心）

余生也晚，与顾老平生只见过一面，那是三十五年前。因当时三位主要的当事人顾老（1904—1998）、王绍曾先生（1910—2007）、徐明兆主任（1956—1999）均已辞世，经多方求证与查阅《全国高校古籍整理研究工作委员会人才培养工作会议于 10 月 16 日至 18 日在济南舜耕山庄召开》（《古籍整理研究学刊》1989 年第 6 期）、《顾廷龙先生年谱》《顾廷龙全集》等资料，并与时任山东大学文史哲所青年教师冯建国、山东大学古籍整理研究所杜泽逊两位老师，《顾廷龙先生年谱》的作者沈津先生以及我馆特藏部当时在场的另外四位同事多次请教，共同还原了大部分经过。

据冯建国教授回忆，1989 年 10 月，高校古委会在济南舜耕山庄开会。那一年因故将几个会议集中在一起开，会期一月有余。冯老师受高校古委会之托，负责舜耕山庄那次会议的会务。顾老参加的那个部分，好像是项目的选题之类，时间只有一两天，开完就走了。会期较长的部分是一部丛书的审稿。上海方面的章培恒参加了全部会议。顾老和上海古籍出版社的钱伯城同行，来参加了其中的一个会议。顾老来山东省图书馆看敦煌卷子，应该是会议之后的事情。杜泽逊老师回忆："顾廷龙先生来济南开会，我跟着王绍曾先生去宾馆看望。顾先生戴着鸭舌帽，一只手放在裤兜子，从楼梯走下来。没说几句话，省图同志来了，就去省图了。王先生去了，我没有。王先生回来说，省图拿了两个卷子给顾老看。顾老很快看完，说唐人写卷。馆里同志一直觉得不真，所以很想知道顾老的根据，就请教顾老。顾老说，第一，唐朝的纸不一样，比较厚，坚硬。第二，唐朝毛笔不一样，有些笔画后来毛笔写不出。第三，有些异体字唐朝常用，后来不用了。——指着卷子解释。王先生还说顾老饭量好，王先生给顾老盛了两碗圆鱼汤，顾老都吃了。对顾老鉴定古籍的水平，王先生深表钦佩，赞不绝口。"

杜泽逊老师回忆中的"省图同志"，是我馆特藏部主任徐明兆。徐主任是复旦大学历史系七八级学生，1982 年 7 月毕业分配到山东省图书馆特藏部工作，1985 年起担任主任。徐主任人很和蔼,对同志们非常关心,工作也很有章法,学术方法得当,在图书馆史研究方面发表了《关于〈山东创建图书馆记〉》(《山东图书馆季刊》1984 年第 1 期)、《战火中的山东省图书馆》(《山东图书馆季刊》1995 年第 2 期)等论文,惜其因病英年早逝,未能讲出他与顾老的故事。

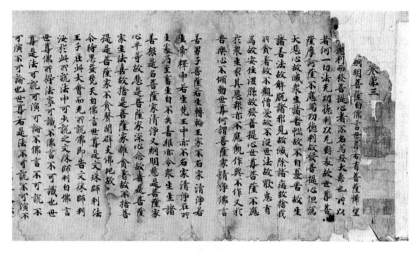

山东省图书馆藏唐写本《思益经》

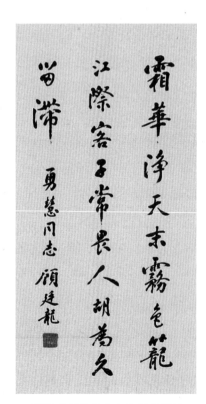

1989 年顾廷龙先生为笔者题辞

我馆有两轴唐人写经,其中之一是《思益经》。顾老看了后肯定地说,从纸张墨色、书写风格来看,确为唐人写经无疑,他还具体地指出了"德"字在唐写经中的特殊写法。随后徐明兆主任请他为我馆题词,顾老想了想,当场录了唐虞世南《咏蝉》诗:"垂緌饮清露,流响出疏桐。居高声自远,非是藉秋风。"徐主任又请顾老给特藏部每位同志赐字一幅,顾老欣然答应,说让我们把要写的内容给他。顾老回上海后不久就写了寄过来,记得有八、九幅之多,每位同事一幅,多是行楷写就的五言古诗,只有一位同事收到一幅更珍贵的小篆,我们打趣说是因为这位同事是当代著名历史学家、古文献学家、方志学家、谱牒学家仓修良(1933—2021)的硕士研究生,而当时在交谈时只有他接上了顾老提到的一个知识点。我收到的是唐王勃《别人四首》:"霜华净天末,雾色笼江际。客子常畏人,何为久留滞。"

　　1989年,顾老85岁,王绍曾先生79岁。当时王先生穿着一件中山装,顾老鉴定唐人写经时,他一直站在桌子旁边。两位先生在特藏部看书一个多小时就离开了。当时我馆古籍还藏在大明湖路275号,古籍库房与我们的办公室均在一楼,一墙之隔。这是1936年落成的老建筑,名"奎虚书藏"。该楼是王献唐先生主馆时盖的,楼名也是他起的,以二十八星宿分野名之,寓意"奎星主鲁,虚星主齐",楼前署榜也是王献唐馆长请著名学者傅增湘题的。说来也是惭愧得很,因以前我未得到系统的文献学知识训练,对顾老提出的那个已经没有记忆的知识点还不了解。而且当时我刚刚被徐主任安排写王献唐传记,并不知晓顾老与王馆长在半个世纪前有过学术交流,更无从请教他当时来到我馆时的心情。

1936年山东省立图书馆落成"奎虚书藏",傅增湘署榜

　　关于顾老来我馆的具体日期,现在还没有确论。冯建国教授回忆,舜耕山庄的会议开了一个多月,有多个议题,每个议题有不同的人参加。1989年10月16—18日在舜耕山庄举办的全国高校古籍整理研究工作委员会人才培养工作会议,是其中的第一个会。参加者周林,是教育部长兼高校古委会主任,古委会就是他成立的,第一个会结束后他就走了。顾老与钱伯城没有参加人才会。顾老与钱先生参加的这个会,参会者还有许嘉璐。许先生是以北师大古汉语研究者的名义与会,会议具体议题已记不清了。沈津先生则明确说顾老1989年10月19—21日回了老家苏州,还提供了一封1989年4月24日王绍曾先生致顾老函,邀请顾老参加山东大学古籍整理研究所

举办的古文献学学科理论建设讨论会。信中说："久疏音问，时切神驰。辰维杖履康胜，著述日宏，定符臆颂。……今年十月，敝所接受国家教委高校古籍整理委员会委托，在济南举行古文献学学科理论建设讨论会，并交流古籍整理经验（具体时间未定），意在通过讨论，明确古文献学系综合性学科，内容兼赅哲学、社会科学、自然科学各个方面，应有其自身体系，不能从属中文、历史（目前，中国古文献学属于汉语言文学系，中国历史文献学属历史系），使中国古文献学提高其应有之地位，得以健康发展。自党中央提倡古籍整理以来，正式讨论学科理论建设，尚属首次。届时周林同志（原高校古籍整理委员会主任委员）、在京委员，及国内高校古籍整理研究所、室有关同志均将云集济南。敝所拟邀请先生届时拨冗莅临，以便集思广益，向国务院学位委员会提出建议。会议期间，拟安排一定时间赴泰岱、阙里参观。前年本拟邀请我公来济讲学，惜已蒙俞允，未能成行，未知今年十月能一偿宿愿否？一俟确定开会时间，再当奉告。"因此，关于顾老来我馆的具体日期、来济南开会的时间与参会议题还需继续考证。因拙文到了必须交稿的时间，先写到这里，也希望在这次会议上能有些许进展。

我是 1981 年 9 月考入山东大学历史系世界历史专业的。1981 年是恢复高考后的第五届，我们 9 月份入学时，1977 级的学长们还在学校完成他们大四的最后一个学期。因此，1981 年的秋冬季，高校呈现"五级同堂"的特殊盛况。当时校园里学术氛围极浓，大家都在如饥似渴地学习、讨论。山东大学世界史的教学和研究历史悠久，1901 年山东大学堂初创时，外国史即与中国史并列为"中外史学"开设，先后有众多著名世界史学大家在此任教，古希腊史、中世纪史、国别史（德、加、法、英、美、日、韩）、东亚史等研究在全国均居于领先地位。1981 年，教育部设立世界史本科专业，山东大学与北京大学、南开大学、武汉大学四校，即为全国最早招生的四所教育部直属高校，我们读的专业教材是周一良、吴于廑主持，举全国世界史研究力量通力合作编写的新中国第一部综合性四卷本《世界通史》。1985 年 7 月我本科毕业时，主动要求分配到山东省图书馆工作，目的是想去看书，选择了特藏部工作。该部有古籍、拓片、雕版以及民国文献，在部门老同志的带领下，参加了古籍与民国文献的鉴定与分编、各书库的管理等工作。1986 年春夏季，我被单位推荐到山东大学古籍整理研究所，参加了山东省教育厅面向全省教学科研机构举办的为期一个学期的古籍整理培训班，学习了音韵训诂、版本校勘等专业课程，所长董治安先生等全国知名文献学专家授课。虽说到 1989 年顾老来我馆时，我已工作学习了三年，古籍知识学习与实践有了一些进步，但仍然未能向顾老请教更多的版本学知识，至今回忆起来，也很遗憾。至今年，我在山东省图书馆工作已整四十个年头，现在想来，却一直在顾老等前辈的影响与指导下工作、研究、生活，对顾老也越来越熟悉，有时感到他就在我身边，激励并鞭策着我前行，并实现了从想看（kàn，阅读书籍）书到真看（kān，看护书籍）书的质变。

一、文献资源建设

主要谈一点我馆的地方志与家谱收藏与顾老的关系。顾老是图书馆界的文献资源建设大专家，上海图书馆的家谱收藏享誉世界。徐明兆主任当时也非常重视地方文献的搜集工作，或许是受到顾老等前辈的启发，他在接受山师大古籍整理研究所所长、教授安作璋先生提出"省馆能否在对地方文献进行整理的基础上，搞一个地方文献馆，或一个地方文献库"的建议后，开始在全国大规模地搜集馆里缺藏的山东地方志，得到了各馆大力支持，有的寄来了缩微胶卷，有的寄来了复印件，极大地丰富了我馆地方志专藏。1987年，徐主任派一位经验丰富的老同志带上年轻的我，我们二人到上图、南京中国地理研究所等查阅一周。1996年我接任特藏部部门管理工作，在继续搜集地方文献同时，又重视了山东新旧家谱的搜集工作，至现在已蔚为大观。我还派新入馆的年轻同事参加上图发起的《中国家谱总目》编纂会，尽量使每一位同志在全面发展的同时能学有所长，使山东旧谱的撰写工作很顺利。鉴于当时参加了两岸五地的古籍联合目录工作遇到的困难，我撰写了《由〈中国家谱总目〉谈馆际合作》（《图书馆工作与研究》2002年第2期），从准备充分、体例得当、可操作性强，组织严密、分工明确，管理高效，经济措施和行政手段相结合等方面，谈《中国家谱总目》得到迅速而高效完成给业界跨区域进行联合目录编纂的启示，向业界介绍上图经验。2002年春天，我从历史文献部主任调任办公室主任之后，在馆领导安排下，较好地完成了我馆地方文献部的筹建工作。二十多年过去了，该部还是当年的框架，为读者进行山东地方文献研究提供了保障。

二、《中国古籍善本书目》数据核对

20世纪80年代，全国古籍界各大馆多在参与顾老等前辈领衔的《中国古籍善本书目》的编纂工作，我来馆时只遇上收尾中的善本书目核对工作，既有我馆的，也包括山东省内其他收藏机构核对数据的联系工作。接到《善目》编委会核对信函后,便进书库——核对书名、著者、版本、行款等数据。虽说最终《善目》出版时没有行款,但从此我知道了行款在版本鉴定时的重要性,自己在工作与研究中,就会很小心地数行款,而且在负责《山东省图书馆馆藏海源阁书目》《易庐易学书目》《山东省图书馆藏善本书目》(待出版)以及指导山东全省古籍普查登记目录时也一定要加上行款。

1981 年《中国古籍善本书目》部分编纂人员在南京栖霞山合影
(前排右二为顾廷龙,前排右一为潘景郑,后排右二为冀淑英)

　　编书目是项很辛苦的工作,又同其他为读者服务的工作一样,有如庖丁烹调盛宴为主人享客,自己则不得染指,因而"怕吃苦者远之,逐名利者避之,更有视其为雕虫小技而讥之",然而书目编制对文献的保存与利用具有至关重要的作用,不应轻视。而真要将书目编得有质量、有特点,其实并不是一件容易的事。顾老《章氏四当斋藏书目》(1938 年燕京大学印行)目录页之前,印有一纸《赠与及寄托霜根老人四当斋遗书契约》,将四当斋藏书的来龙去脉,以及捐赠之后的遗书使用要求,都规约得十分清楚,堪称近代藏书家捐赠遗书契约的"范本",对了解近代私人藏书捐赠流程以及当代各机构接受捐赠也有相当大的参考价值。这一点,我在负责编纂《屈万里书信集·纪念文集》(齐鲁书社 2002 年版)也有体现,我在该书最后加上屈万里先生后人向我馆两次捐赠屈万里遗作与藏品的目录、捐赠时间地点及参加人员,令屈万里先生后人非常满意,二十多年过去了,我们还保持着友好的联系。此亦涉乡邦掌故,有史料价值。

三、古籍保护与修复

2007年国务院实施"中华古籍保护计划"之际，为提高古籍修复水平，经国家古籍保护中心推荐，我馆自2008年起特聘著名古籍修复师潘美娣老师作为我馆青年修复馆员的修复导师。我省先后正式拜师的有11位，其中包括我与山东省委党校图书馆王爱云副馆长。我是为了指导山东艺术学院美术专业文物鉴定与保护专业的专硕，只学了一点基本技法。潘老师毫无保留地把自己四五十年的古籍修复技艺与经验传授给我们，从搓纸捻开始，沿用传统的师带徒方式，手把手地教。她带领年轻修复师成功修复了宋刻本《文选》、清拓本《妙法莲华经》、旧日文地图……尤其是《文选》修复，是迄今为止山东省古籍修复史上最重要、最有意义的一次修复，不仅锻炼、培养了人才，被国家古籍保护中心誉为珍贵古籍修复科学管理的有益尝试，在全国推广。直到今年，我馆八位青年修复馆员在国家古籍保护中心主持、在著名修复师的见证下正式出师，她们不仅是山东全省最重要的一支古籍修复队伍，也培养了山东其他数十家机构的古籍修复从业人员。

在此期间，潘美娣老师告诉我们的关于顾老对上图古籍修复人员的培养方法也使我们受益匪浅。潘美娣是幸运的，才及笄年的她，周围有一批德高望重、卓荦冠群的大师级人物，有修复大师张士达、曹有福、肖振棠、黄怀觉。曹有福的"空心纸钉"，张士达的"整旧如旧""点浆""蝴蝶装金镶玉"，让她初入门就受到再正规不过的专业训练；还有目录版本大师顾廷龙、潘景郑。潘美娣在修复之路上，有幸遇到了著名版本目录学家顾廷龙等先生。1965年，潘美娣结束了在北京两年的学习，回到上海图书馆工作，此时，顾老任上海图书馆馆长，他直接负责古籍整理和修复工作。无论是对书的热爱还是对修复人员的高要求，作为潘美娣的领导、同事，同时也是老师，顾老对她的影响是全方位的。顾老对年轻一代的培养非常用心，修复人员修什么书，他都会提出要求和建议，并给以解释。而顾老对修复人员"执毛笔""端书本""片纸只字都是宝"的要求，是他对古书热爱与尊重之情的外化，他用"爱书""护书"将潘美娣与古书联结在一起，使她具备为古书续命的最基本的情感基础。对潘美娣影响最大的，是顾老最常说的一句话："对于古籍而言，片纸只字都是宝。"作为一名著名的版本目录学家，顾老深知一个字、一个印章、一个看似不起眼的断板痕迹等，都会对古籍版本鉴定起到关键作用。古籍版本鉴定不准确，就无法确定古籍的价值。顾老的这一理念也对潘美娣的修复生涯起到至关重要的影响。

　　站在大师身后,因着这得天独厚的高起点,潘美娣比同龄人成长得更快。在大师的引领下,学艺不到十年,她就接手修复上海嘉定明墓出土的唱本"书砖";学艺二十年,她从容应对江苏太仓明墓出土的"饼子书"。在大师的引领下,她用她灵巧之手,握如椽之笔,将工作中的心得写就论文和教材,继其师肖振棠成为第二位中国古籍修复教材的撰写者。潘老师回忆说,顾老一直重视古籍工作,他对书籍无比热爱的情感,直接感染着大家,而且对古籍保护人员有具体的要求。一是对刚进馆的青年修复师,他要求最好能够每天坚持有一个小时练写毛笔字,因为那个时候上图修复古籍残损书叶后还要补栏、画栏,他说若修复人员的毛笔掌握不好,你怎么去画? 二是教育工作人员要爱古籍,而且要尊重古籍。告诉工作人员拿古书的时候,必须是双手捧着书,然后书底下要有个书夹板撑着,书口要朝自己的胸口,不能书口朝外,因为你走动的时候,它有风,会把那个书叶吹起来。如果谁随手拿着书进去给他看,他就会很生气。说不能在我们手中毁了这个书,我们要把书的寿命延长,让它能够留存更长的时间。对古籍应该怎么修,他能够提要求的,他就会给你提出要求。每次修复人员修完的书还回到书库的时候,他就到书库旁边玻璃橱放书那儿去看,看谁修的怎么样。有些书修得哪个地方有问题,他就会提出来。他每次都会看,看过以后,经过一段时间,他就会提出什么书给什么人修。1984—1986年潘美娣修复太仓明代处士施贞石夫妇合葬墓出土的明刻本《居家必用事类全集》等四十余册,因书籍在尸体霉菌和潮湿环境下已变成颜色黝黑、滑腻的臭"饼子书",修复难度极高,且无操作先例可以借鉴,潘美娣就采用不同的水温清洗除臭、夹揭等方法。顾老鼓励她将该书的修复装帧流程与技法整理出来为业界做参考,并亲自安排在《图书馆杂志》1987年第5期发表了题为《太仓明墓出土古籍修复记》一文。此后在顾廷龙、潘景郑等多位前辈指导下,于1995年出版修复专著《古籍修复与装帧》。顾老专门题写书名,并于1989年11月17日向上海人民出版社写了推

潘美娣著《古籍修复与装帧》封面

荐信。信中说："兹为推荐《古籍修复与装帧》一书出版事。作者潘美娣同志于一九六三年来我馆即分配其修理古籍工作。这项工作,将有失传之虞。……她通过长期工作实践,一九八七年她写了一篇短文,我很赞赏,发表在《图书馆杂志》上。我就劝她,多写一点出来。两年功夫,她写成了这本《古籍修复与装帧》,比较有系统的叙述,把她长期积叠的工作体会也写进去了。这类著述,目前国内尚不多见,出版后必有需要的读者。国内各大专院校、各省市自治区有古籍的图书馆都要参考。英、美、日本等国都有中国古书,亦均要修理,也必需要这种书的。自古以来修书工人,自己不作记录。这本书可以说是总结了二十多年的经验。我认为很可贵的。特此推荐,请予审查为盼。"该书一经出版,就成为业界可资参考的修复工具书。今年我在山艺又招了一名学习古籍修复的研究生,她在准备入学考试时自己就买了该书。

1997 年顾廷龙(前排右四)在上海图书馆(前排右三为潘美娣)

顾老主政上图期间,培养了赵嘉福、潘美娣、童芷珍等一批国内顶尖的修复专家、碑刻专家,使上图成为国家古籍修复的重镇,在当代尤其是"中华古籍保护计划"以来,他们也为全国培训了人才。

的确,了解古籍版本与古籍保护常识对提高修复技艺大有裨益。我在部署馆内普查工作时,要求古籍修复人员也要进书库普查书籍,一是让她们更好地了解古籍的状态,更重要的是使她们能大量地触摸品相好的古籍,大量地经眼古籍的各种形态,而不是满脑子里都是古籍破损的模样,这对其更好地从事修复工作是大有裨益的。

2016 年 12 月 16 日,在潘美娣老师 70 岁生日之际,我带领同事们制作了纪录片

《修·行》,编纂出版了专著《修·行——潘美娣与古籍修复》(线装书局 2017 年版),这是迄今为止第一部为健在古籍修复师所做的传记,希冀通过潘美娣半个世纪的从业经历,既可窥见中国近百年古籍修复史,亦可见证国务院实施"中华古籍保护计划"以来中国古籍保护与修复事业蓬勃发展的现状,尤可彰显潘美娣及所有参与中国古籍保护事业的同道们在这其中所起到的"功在当代,利在千秋"的作用。

四、学术研究:顾老与献老

献老指王献唐。王献唐(1896—1960),主要活动于上世纪 20 至 50 年代,他是一位奇才,学识渊博,生平对于文字、音韵、训诂、金石、考古、史学、目录、版本、校勘等领域均有著述,在诗词、书画、篆刻方面也深有造诣。主要著作有《炎黄氏族文化考》《中国古代货币通考》《国史金石志稿》等。王献唐自 1929 年任山东省立图书馆(山东金石保存所)馆长长达 20 年,新中国成立后任山东古代文物管理委员会副主任兼山东博物

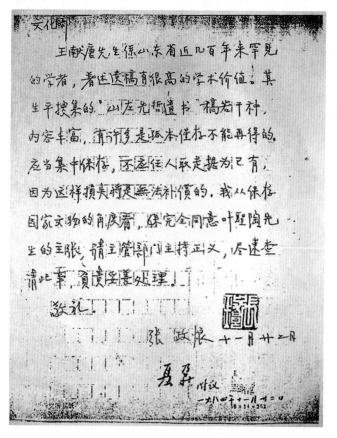

1984 年 11 月 22 日张政烺、夏鼐就保护王献唐遗稿事致文化部函

馆筹备处副主任,对山东近现代图书馆、文博与考古事业做出了不可磨灭的贡献。尤其对山东乡邦文献锐意搜罗整理,编纂《山左先喆遗书》,乡贤未刊之遗著多赖之以传,兼收钟鼎彝器、泉币、封泥、石刻,耗费大量心血进行整理、拓印,使之得以流传,当时他所主持的山东省立图书馆和山东金石保存所,即被誉为"北方图书文物之重镇"。1984年著名学者张政烺、夏鼐两先生致函文化部,请求对王献唐先生之遗著及其所搜集的山东先哲遗书稿本及时采取得力的保护措施,以免这些具有重要学术价值的文献散失,函中评价王献唐为"山东省近几百年来罕见的学者"。郭沫若(1892—1978)也尊称比他小四岁的王献唐为"献老"。

1988年,徐明兆主任安排我为《山东现代社会科学家传略》(山东教育出版社1991年版)一书撰写老馆长王献唐的传记,从此开启了我三十多年的王献唐研究之路。其中在王献唐亲属保存的珍贵的王献唐日记手稿中发现了1937年间献老与顾老之间的学术交往,后经沈津、李军等先生提供二老之间的通信,以及李军《王献唐〈吴窗斋先生年谱校记〉书后——顾廷龙、王献唐两先生交往事迹拾补》(《天一阁论丛》2016年第14辑),让我们见识了老一辈学者们之间学术交往的纯正,现略作补充。

王献唐有广泛的学术交游,他与近现代著名学者如罗振玉、傅斯年、吕振羽、王重民、傅增湘、柳诒徵、孔德成等一大批人士,均有过学术切磋或书信往来,学者们服膺其学问渊博,坐拥书城的王献唐亦热心于为学者解困,顾老就是其中一位。顾老比献老小八岁。1936年顾老任职北平燕京大学图书馆,为编订《尚书文字合编》在全国各地搜集资料,12月25日写信给在上海通志馆工作的胡道静(1913—2003):"兹有恳者,比闻山东图书馆藏有《尚书》汉石经勒石,颇欲得其拓本,因念吾兄与王献唐先生订文字交甚久,倘能为吾索致一份,感幸无似,如必须价购,亦当照缴也,拜托拜托!"12月30日,胡道静遂将函件转寄王献唐:"顷闻贵馆藏有《尚书》汉石经,拟得拓本,属为代乞一份(原函附呈)。"此为二老交往之始。

顾老内弟潘景郑与王献唐亦有金石之交,次年即1937年2月23日,潘景郑致函王献唐:"前函拟恳贵馆藏石拓墨之赐,不知能邀俯允否? 兹先邮呈家刻若干种,敬希察存。如荷酹赐画像、造像、墓志等拓,无任感戴矣。"所寄13种书籍及自藏石墨三种中,即有顾老《吴窗斋先生年谱》一册。王献唐得读该谱,于1937年2月27日在其《五灯精舍日记》写道:"手不能释,……此书编辑甚精密,近人撰年谱之最上乘者也。"并于3月2日晨"写《窗斋年谱》校语,得七纸","十二时半回家,致景郑一函,将《窗斋年谱校语》寄去"。3月9日,潘景郑覆王献唐函:"叠奉手教,并拜拓墨之赐,高谊云天,感何可言。伏读尊撰《愙斋年谱校记》，精确至佩！当遵嘱转寄顾姊丈，俾他日重辑定本时，有所匡正耳。"顾廷龙自潘景郑处得校记，当即覆函感谢，惜其未存。未数日，3月29日，王献唐再覆顾廷龙函："前承景郑兄赠大著《愙斋年谱》，竭两夜之力拜读一过，博瞻缜密，谓百年以来之编年谱者莫若此也。读时臆度所及，随手札记，寄景郑兄，作芹曝之献。初无当于大雅，不意俯承采录，愧荷无已。弟处存愙斋书画间有可补入者，容俟一并钞寄。"并告知自已欲为乡先辈许翰编年谱。

在获读王献唐覆函之后，顾廷龙悉其有《齐鲁陶文》之拓，乃将新作《古匋文畲录》附函寄赠。王献唐接信后，即于4月4日作覆云："承惠大著《古匋文畲录》，百朋之锡，感纫无量。刻下尚未读毕，展籀首卷，矜慎通明，搜采之博，审识之密，前无古人矣。弟亦夙治此业，只限山左一区，皆以出土地域分别研肆，迄未汇成一书。今读大著，益增愧汗。陶文多以印文钤成，簠斋求钤陶器印多年未获，弟幸收数纽，具为临淄出土，陶质，手下适存拓本二纸，今以奉鉴。"

献老对《愙斋年谱》非常重视，1937年12月为避日军炮火，载山东全省图书文物精品南下曲阜、四川时亦带此书。据王献唐手稿《双行精舍日记》，1944年8月19、21—22、24—25日，用五天的时间，第二次阅读《愙斋年谱》，这在王献唐的阅读史上是极其罕见的。如1944年8月19日记曰："八时起，今日为济之之老太爷生日，此间考古组及博物院诸人，共聚资设筵为祝，外人加入者，余与吴均一、陶孟和，共三人。九时许，与彦堂同下山。余先往李庄推头。午饭后，略购什物，即至博物院。五时开筵，六时许早回。天极热。看《愙斋年谱》，十一时睡。"

附记：余生亦有幸，在图书馆工作及与夫君张书学教授编纂《王献唐先生年谱长编》《王献唐全集》中，得以慢慢地领略顾老、献老等无数优秀前辈风范，从陌生到熟悉，并指引我们在守护文脉的孤寂中，孑孑踽踽，砥砺前行。

高山仰止忆顾老

吴锡祺

（吴丰培先生哲嗣）

顾廷龙先生是德高望重的老一辈著名学者。文为德表，敬者身基，无愧为当代学人宗师。

顾老与我祖父吴燕绍是结识于 20 世纪 30 年代初的老朋友。1944 年 7 月，吴燕绍去世，顾老撰挽寄荃丈（燕绍先生）联，录文如下：

忧时识边情，记曾亲历内外蒙疆，著述等身，千秋留巨编，令子克家绳绝学；

阅档承謦咳，犹忆接席大高殿庑，诲言如昨，一旦传恶耗，故都垂泣失遗型。①

他与我父亲吴丰培，相交一甲子，过从更密，曾写给父亲八封珍贵信札。另外，顾老在为《吴丰培边事题跋集》所作序言中，回忆了与祖父及父亲的交往：

余于 1932 年夏负笈燕京大学从事《吴愙斋先生年谱》之辑录，时往大高殿检阅清代军机处档案，读者不多，而有老辈数人经常上下午皆至，认真检录，余以初事阅读档案，幸蒙燕绍先生之教导，获益良多。其后颉刚先生创办禹贡学会，编辑出版《禹贡》半月刊，得与丰培兄过从较密。丰培为燕绍先生之哲嗣，克传家学，发起编辑《边疆丛书》。未几，抗日战起，余应张元济、叶景葵两先生之招，旋沪筹备合众图书馆，保存历史文献。于是南北迢递，形迹遂疏。君偶一来沪，略得欢谈。1978 年 3 月余以编纂《中国古籍善本书目》来京，君时在民族学院图书馆，时访余寓所，得商讨边事史料，颇以为乐。嗣后，每岁春节来京，晤时，往往谈所见边事资料为乐。1992 年余就养来京，寓居北郊，君则久住苏州胡同，相隔甚遥，幸有电话可以相通，借得交谈为快！君仰承家学，编纂蒙藏史事，成绩卓著，实深企佩！近年研究蒙藏史事者往往就君有所探讨。一代专家，遽尔作古，实深腕悼！今贤郎锡祺与夫人于敏辑君遗稿将付刊行，命为一言。衰朽不文，因书两

---

① 顾廷龙撰，李军、师元光整理：《顾廷龙日记》1944 年 9 月 8 日，中华书局，2022 年，第 388 页。

家夙谊归之。一九九七年三月顾廷龙于北苑,时年九十又四。①

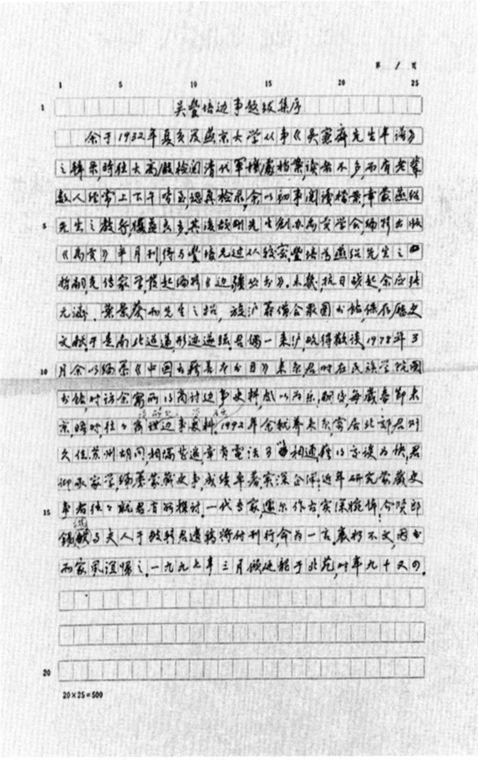

图 1　顾廷龙《吴丰培边事题跋集序》

余生也晚,同顾老年龄足足相差三十二岁,敬仰之情深埋心中,然而我与顾老直接交往是在 1996 年父亲过世之后。跨越时间隧道,我回忆起 1997 年 3 月 22 日下午 3 点钟,我叩开顾老在北京北苑的住所,走进客厅时,顾老已经坐在沙发等候。他亲切又和蔼地询问我的健康与教学工作,接着聊起他与父亲自 1936 年参与顾颉刚领导的禹贡学会,二人负责主编《边疆丛书》开始合作,以"澹泊明志,宁静致远"的心胸,实现"收书、编书、印书",献身于图书馆事业整整六十年。他说"玉年以'述而不作,信而好古,困而学之,至老弥笃'为自律",而顾老自己"专事整理,不为新作,专为前贤形役,不为个人张本"(《创办合众图书馆意见书》),因此他在上海图

图 2　1943 年 9 月 7 日顾老赠予吴丰培的扇面

① 吴丰培著,马大正、吴锡祺、叶于敏整理:《吴丰培边事题跋集》,新疆人民出版社,1998 年,第 1 页。本文所录据顾廷龙先生手稿,与该书所刊序言略有差别。

书馆除收藏外，更强调的是为读者服务。顾老提出：图书馆之使命一为典藏、二为传布，与我父亲理念完全一致。顾老与我父亲志同道合，都热爱国家与民族文化，将毕生精力都用在收藏、保护和发扬有悠久历史的中华传统文化上，由此结下深厚的友谊。他还说："玉年一生很勤奋，努力一辈子，专注于蒙藏回史料文献的收藏研究与薪火相传，是稀见之专家。"顾老这些动情的回忆与缓缓的叙说，让我心潮涌动，永志不忘。随后我取出已经排版打印的《吴丰培边事题跋集》初稿，请顾老审校及撰写"序言"。顾老立即停止了对话，仔细阅看父亲的"自序"，以及附录一《吴丰培已刊论著目录年表》、附录二《本刊所收跋文篇目索引》。他频频点头赞许。我向顾老表明自己是学工科的，从教四十余年，文史知识极差。此书稿的编例，及论文文章选定都是时任边疆史地研究中心主任的马大正先生予以指教确定的，并请顾老前辈题签作序，以追念逝者，激励生者！对此顾老欣然接受，并告知，当晚即写，不拖太久！

　　果然在 3 月 25 日上午，我即接到顾老的电话，说题签与"序"已经写就。当日下午，我即赶赴顾府。这次再见顾老，我前天心里曾经出现的忐忑已经全无，九十四岁高龄连夜赶写"序文"不论，还赐题四幅本书的题签，供我挑选，并将我前天告知顾老正在组稿的、由西藏自治区主席多杰才旦撰写"序言"的《吴丰培藏学论文选集》的书签也一并写了交给我，真令我几乎泪奔，情不能已，无比感动，紧握顾老之手拜谢！

图 3　顾老为吴丰培著作所题五张题签

　　当天下午我在顾老家停留时间较长,顾老所坐长沙发的背墙悬挂着一副用金文大篆体书写的长对联,我站立观看良久。上联是:周甲开基,宏猷大展。下联是:江河行地,日月经天。我是边猜边问顾老,才念出来的。我问顾老后,始知此联是1981年党的生日顾老恭祝中国共产党建党六十周年撰写,赠送给儿子顾诵芬,作为激励与期盼。(诵芬兄是中国航天工业奠基人之一,中国科学院院士、中国工程院院士,1964年接手歼-8战斗机设计,亲自上天试飞最终成功,在航空事业耕耘七十载,2021年获得国家最高科学技术奖。)"周甲开基"指开创基业六十年,"宏猷大展"是取得无比伟大功勋与成就。"江河行地,日月经天"是一句成语,它出自《后汉书·冯衍传》,其原文为:"其事昭昭,日月经天,河海带地,不足以比。"意思是太阳和月亮每天经过天空,江河永远流经大地。比喻人或事物永恒与伟大。

图4　1998年5月下午作者在顾廷龙先生家中拜访顾老

　　1982年顾老七十九岁时,申请加入中国共产党,经中共上海文化局党委批准,当年6月30日参加入党宣誓,上海《新民晚报》发表《书城五十年,访新党员顾廷龙》,反响强烈。顾老从此获得新的生命,找到了自己归宿①。

　　这一天我还有额外的收获,是我内弟叶于晖荣获顾老的题字。内弟是上海市公安干部,一级警督,曾任上海市人大代表,仰慕顾老盛名,求我寻机求字。当我向顾老

---

① 沈津:《顾廷龙年谱》1982年1月19日、2月19日、6月30日条,上海古籍出版社,2004年,第633、635、637—638页。顾诵芬:《纪念父亲诞辰110周年》,上海图书馆编:《顾廷龙先生纪念集》,上海科学技术文献出版社,2014年,第10页。

提此请求时,顾老竟不顾一个下午谈话的疲劳,欣然走进内室取出纸墨,用金文篆书,书写"退思居"三个大字,真是精品之作。我有幸在顾老身旁观其作书,他对于一幅书法作品的构思布局反复思索,对一些冷僻字或拿捏不准时,还去查找字典核定清楚,直至不出谬误。作为一代大书法家,他对索书求字每一幅作品都如此认认真真,杜绝差次作品出门。书籍题签以楷书为主,一条二条重写再写,端庄古雅独具特色。归根到底一句话"文如其人""字如其人",这是卓然的书品和人品。每每想到这一天,顾老赋予我的体恤、厚爱与观摩感受,感念恩泽,永记不忘。

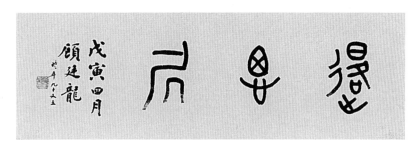

图 5　顾老题字"退思居"

1997—1998 年间,我还有多次与顾老交谈、求取图书题签的机会。由于顾老在古文字学领域、甲骨文、金文、玺印文以及古陶文的考释研究最精,博学多才,学识丰硕,对文献版本目录潜研之深已为人所共知,所以北京图书馆领导与人员登门向顾老求教者络绎不绝,其中北图下属"全国图书馆文献缩微复制中心"李竞主任、刘燕远女士、陈翔华先生等,尤其希望得到顾廷龙老前辈的指导,他们出版的数百部影印的古籍图书,有大半题签皆为顾老所题,题签与书籍相映成辉,为书籍锦上添花,使人叹美不止。每每他们到顾老住处拜访求教,大多也邀我一起前往,因顾老吴音软语,以及九十高龄老人听力下降,他们与顾老交谈时有点不便,由此我成了他们之间的"传声人"乃至"传信者",从中获益不菲。现藏顾老赐札二件,亦可作佐证。

(1) 1997 年 8 月 13 日

锡祺兄:

昨谈为快。

命为先德遗著题签,兹已涂就,不知可用否?请审定。如不佳,可重写。

复颂著祺!

弟龙上

（一九九七年八月）十三①

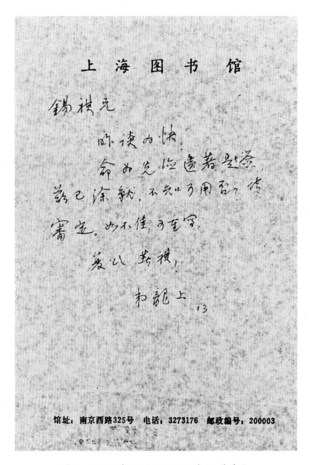

图6　1997年8月13日顾老致作者札

(2) 1997年11月30日

锡祺世兄：

日前枉教为幸!

缩微复制中心题词,已涂寄。便中请兄问问燕远同志,是否要写成立轴大幅? 今写一页,如已可用,最好。

---

① 此信收入《顾廷龙全集》编辑委员会编:《顾廷龙全集·书信卷》(下),上海辞书出版社,2017年,第469页。

明日上海图书馆来人要我写字。大约两三天后可完成。以后即可清理积欠矣！匆复，即颂

　　著安！

弟龙上

（一九九七年十一月）卅日午①

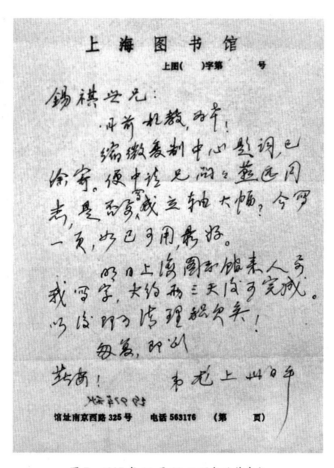

图7　1997年11月30日顾老致作者札

顾老接见北图工作人员来访时，留下若干幅合影，可见顾老的人格风范。

最末一次陪伴顾老的活动是在1998年5月19日，北京文津街北京图书馆老馆要进行大修，北图的领导以及缩微中心李竞主任、刘燕远女士等盛情邀请顾老前往善本书库以及馆阅览室等参观。当天顾老的儿媳江泽菲陪同，顾老也约我一起参加。在

---

① 此信收入《顾廷龙全集·书信卷》（下），第470页。

善本书库停留良久,他边看边问,年轻时在大高殿及北图检读的情景如现目前。走进阅览室区,多间已经搬空,大量的地方文献和工具书已经装箱,惟见馆中辟一专室,还陈列了台湾等地研究中国历史文献的各类研究资料,有读者在室内阅览,顾老印象最深,并最为赞赏。之后,还到馆外院观看从圆明园废墟搬迁来的石碑及华表等,并拍照留念。

图 8   1998 年 3 月 27 日顾老为"吴丰培文库"题字

图 9   1998 年 5 月 19 日顾老参观北图书库

当天午餐由北图领导在"大三元酒家"设宴款待,餐后顾老提议,前往北京协和医院看望正在住院医治的老朋友、故宫博物院老院长单士元。单老九十一岁，顾老九十五岁，两位高龄老人相聚，甚为难得。我亲目所见，二老相见相拥一起的情景，二人既喜悦，又目含泪花。顾老翘着大拇指，对单老说："你是我们同门中的第一美男。"单老用手掩面而笑，反说顾老"才子"。二人站立对视数分钟，方才坐下交谈。单老患疾已有半年多，病症加重方肯住院，明日即将进行手术。单老安然稳定，心态平和而达观。二人交谈二三十分钟，顾老起身告辞，单老女儿单嘉筠为二老拍照留念，单老不顾多人劝阻，坚持送到电梯口，挥手惜别。半个月后噩耗传来，单老于6月2日病逝，此次二老一晤，对于肝胆相照七十余载的老朋友而言竟成永别。

图 10　1998 年 5 月 19 日顾老参观北图老馆院内石碑

更加不幸的是顾老于当年 6 月 21 日发病，颇不愿入医院。在入院后，大夫劝他安心，他执着地说："我有很多事等我去做。我还是在家带病延年。"6 月 22 日病情加重，不得不进行手术，手术虽然成功，然而癌扩散全身，8 月 22 日晚 9 时 5 分，顾老长辞于世。

顾老离开我们整整二十六周年了，今年 11 月 10 日是他一百二十周年生日，缅怀前辈，感念恩泽，道德文章，风范永存。

坐与书海观虚盈

——怀念顾廷龙先生的书缘情怀和笔墨春秋

陈燮君

（上海博物馆）

在纪念顾廷龙先生诞辰 120 周年的日子里，我们特别思念这位著名版本目录学家、图书馆事业家、书法家。顾老也是我们敬爱的长辈、德高望重的老馆长。

世纪老人一生的九十多个春秋，都与书海、书城、书香、书法有缘；顾老离开我们虽已二十多个年头，可我们依然长久地诉说、传颂着他的"读书、护书、知书""收书、编书、印书""与书结伴、以书为友"的故事；在图书馆业界和亲朋好友中，大家仍然深切怀念顾老的学术建树、管理睿智、人文情怀和笔墨气象。在本文行笔之前，先作诗一首，以表达对顾老的无限的怀念："步步书香岁岁情，图书馆缘学界敬。墨池春秋文华动，坐与书海观虚盈。"

一、岁月步步留书香

顾廷龙先生一生结缘书海梦，岁月步步留书香，早年探索古文之学，欣喜少年能缀文。我们可以从以下三个方面进行深入探讨。

一是形成"收书、编书、印书"的主线。顾廷龙先生的收书始于 1932 年。那年夏天，他从燕京大学研究院国文系毕业，应燕京大学图书馆馆长洪煨莲先生的邀请，担任哈佛燕京图书馆驻北平采访处主任，前后做了 6 年图书采购工作。后来，笔者在访问美国哈佛燕京图书馆时，与在那里担任图书馆善本书室主任的沈津先生谈起顾先生的这段工作经历，思绪万千。我们指着身边的成排书柜说，在这些穿越历史风尘的中国善本书中，恐怕就有当年顾先生采购的图书。沈先生曾任上海图书馆特藏部副主任，追随顾先生研习目录、版本之学，他意味深长地说，前几年在撰写《美国哈佛大学哈佛燕京图书馆中文善本书志》时，脑海中就经常浮现顾先生的身影。早在20世纪30年代，顾先生已是中美文化交流的使者！每当回顾这6年的收书生涯，顾廷龙先生总显得兴致勃勃。当年给顾先生留下深刻印象的是，燕大有一个采购委员会指导图书采购业务工作。该委员会除了洪先生外，还有邓之诚、容庚、郭绍虞、顾颉刚等教授。他们学识渊博，又各有专长，随着在各自学术研究领域的长驱直入，需要文献资料的支撑，他们时常对图书采购提出指导意见，这些意见对顾先生颇有启发。在许多年以后，顾先生还回忆起当年顾颉刚先生曾专门写了一份《购求中国图书计划书》，详列许多应当收购而容易被人们忽视的资料，如档案、哀启、账簿、戏本、歌谣、宝卷、金石拓片、各类著作稿本以及有记载性的图书照片等。顾先生遵循颉刚先生对图书资料的独到见解，持之以恒地走上了收集、整理图书资料之路。谈到收书，最令人难忘的是1955年的一个秋夜顾先生在废纸堆中拾宝的故事。那天晚上11点钟左右，顾先生得知上海造纸工业原料联购处从浙江遂安县收购了一批约200担废纸送造纸厂做纸浆，其中可能有线装书。顾先生星夜前往，彻夜未眠，翌日率员，及时翻检。经过11天的辛劳，抢救了大批珍贵文献史料，包括史书、家谱、方志、小说、笔记、医书、民用便览、阴阳卜筮、八股文、账簿、契券、告示等。其中有传世孤本明万历十九年刻《三峡通志》，流传稀少的明本《国史纪闻》《城守验方》，明末版画上品《山水争奇》，以及不少旧抄与稿本，还有大量有关经济、教育、风俗等的史料。这次"废"中拣宝，还挑得清代朱卷与家谱，进一步丰富了上海图书馆在这方面的收藏特色。说到朱卷，当年张元济、叶景葵先生等为保存文化典籍在上海创办合众图书馆时，先是以重价购得海盐朱氏寿鑫斋所藏朱卷两千余册，后又接收了吴县潘氏著砚楼捐赠的一千余种。50年代"合众"改为上海市历史文献图书馆，继而与上海图书馆合并，顾先生重任在肩，继续努力，搜集不辍，使馆藏朱卷总量计达八千余种，蔚成大观。数十年的收书细流终成大海，在顾先生和几代上图人的共同努力下，今天上图的馆藏尽显风采。顾先生的"书缘"还在于编书。早在燕京大学图书馆任职时，顾先生就以编《章氏四当斋藏书目》而得到章珏（字式之）先生的知交叶景葵先生的赞许："体例极善，是以表彰式老劬学之里面，吾兄可谓不负所托矣。"章先生博学通掌故，聚书两万卷，读书求善本，发愤校群籍。章先生取宋人尤袤"饥读之以当肉，寒读之以当衣，孤寂读之以当朋友，幽忧读之以当金石琴瑟"语，称其居曰"四当斋"。章先生逝世后，根据遗嘱，家属将其藏书的一部分捐给燕大图书馆，一部分委托代为保存，后捐给北京图书馆。顾先生受燕大图书馆的委托，对这批图书进行了编目。顾先生依据章氏藏书分为手校及传抄之书，宋元旧刻、明清精刻及名家抄本，普通习用古籍等三类，遂分为三卷，每卷列以经、史、子、集，对前两类书，又循前人藏书志编例，且备章氏题跋、友人识语、章氏移录前人题记不经见者，有序有方，堪称目录学名著。顾先生把印书视为保护文献古籍、弘扬民族文化的有效途径。燕京春秋，顾先生与吴丰培等先生为禹贡学会编印的《边疆丛书》系印书之初试。沪上"孤岛"时期，"不求近效，暗然日章"，"风雨如晦，鸡鸣不已"，以石印省经费，以手写降成本，顾先生说那时熬一夜，抄写三千字，每日至凌晨4时方收笔。《合众图书馆丛书》一、二集就是这样陆续印成的，丛书收了18种，多为清代先哲未刻稿本与抄本。岁月步步留书香，循着"收书、编书、印书"的主线，顾廷龙先生的"书梦"逐步成真，渐渐舒展。

二是"加强文化自主和自信"。在"收书、编书、印书"的过程中，顾廷龙先生努力加强文化自主和自信。顾先生等主编的《中国丛书综录》，涵盖北京图书馆、上海图书馆、中国科学院图书馆及全国主要高等院校图书馆收藏的丛书2799种，体例之善，成为共识。在顾先生的力促下，上海图书馆根据馆藏，又编印了《中国近代现代丛书目录》，计收丛书5549种，子目30940种，足见先生之远见卓识和学术韧性。"要说一生中编纂的书目哪一部最费心力、最有意义，则当推《中国古籍善本书目》了。"顾先生在生前常常提及《中国古籍善本书目》编纂过程的艰辛不易。他曾撰写专文总结《中国古籍善本书目》的编纂工作，认为此书目惊动专家数千人，单位近千个，涉及收藏单位近八百家，所写款目约六万条，收录我国现存于大陆的明朝及明朝以前的绝大部分和清朝的有价值的大部分古籍善本书，采用五部分类法，依分类体系组织编排。它不仅著录书名、卷数、著者时代、著者姓名、著作方式、版本时代、版本责任人、版本类别及批校题跋，还著录藏书的存缺情况和收藏单位，开创了中国古籍全国性书目的先河，体现了我国当代古籍目录学、版本学研究的水平。顾诵芬先生在怀念父亲顾廷龙先生的文章中也高度评价他的"文化自主和自信"。他说："1945年抗战胜利后，徐森玉先生主持'清点战时文物损失委员会'，他聘我父亲为委员会办事处的总干事。当时徐森玉先生接受有关部门委派，要通过联合国向日本索赔被掠去的我国文物。徐老先生一时想不出办法如何编，于是找我父亲协助。三天后我父亲把这件事报告了叶景葵老先生，他是合众图书馆的常务董事，叶老先生不置可否。于是我父亲向徐老先生再三推辞，也推不掉，只能硬着头皮干。我父亲因为看的书多，最后想出了一个办法，就是从日本人刊印的我国文物的图谱中，找出他们掠夺走的我国文物。这种图谱当时'合众'有40种，我父亲的挚友、文物收藏家李英年先生有20种，再从各地收藏家和图书馆借到这种图谱122种。当时徐森玉先生办公室地点就在富民路裕华新村，离合众图书馆仅百米之遥。因此徐老先生和我父亲商量编目的场地就在'合众'的阅览室，他们又聘请了一些大学教授，如王以中、沈文倬等，具体组织工作都是谢辰生先生做的。经过9个月的努力，终于编出了《甲午以来流入日本文物目录》，里面列出珍贵文物15245件，还列出日本在我沦陷区发掘出来的文物作为附录。这份目录当时只复写了9份，送南京政府教育部2份，张道藩1份，傅斯年1份，李济2份，森老自留1份，合众图书馆留1份，我父亲也留了1份。这材料送到联合国有关部门，驻日美军认为没有提供文物流失的时间地点，所以不受理。我父亲感到这份材料对向日本索赔掠夺的文物还是有重要作用的。同时这份目录也凝聚了学者们的心血，当时傅斯年对它评价很高，认为不仅在外交上可供依据，在学术价值上亦为重要文献。1981年时，我父亲觉得复写的目录只存了2份，恐难长久保存，于是向国家文物局领导请示后，又油印了一些供参考。30年后上海中西书局正式出版了，2012年9月15日还为这个目录的正式出版，开了个首发式，这也可告慰我父亲在天之灵了。"

三是"推动文化遗产系统性保护"。在"收书、编书、印书"的过程中，顾廷龙先生重视赓续文脉，构建中华文明标识体系，推动文化遗产系统性、传承性、动态性保护。20世纪50年代末，顾先生主持筹建了上海图书馆影印工场，在短短的几年中，即有30余种馆藏珍贵文献公之于世，包括宋本《唐鉴》《孔丛子》《侍郎葛公归愚集》《韵语阳秋》，明刻本《松江府志》《三峡通志》，清刻本《康熙台湾府志》，稿本《古刻丛钞》《刍牧要诀》《稼圃辑》，尺牍诗翰《纳兰成德书简》《龚自珍魏源手批简学斋诗》等。20世纪70年代末以后，上图又先后印出元刻孤本《农桑辑要》、明写本《永乐大典》（"郎"字韵一册）以及《孙中山先生遗札》《柳亚子先生遗札》等。又与中华书局、上海古籍出版社、上海书店等出版社合作影印宋本《元包经传》《钜宋广韵》《周髀算经》《九章算术》《孙子算经》《张丘建算经》《东观余论》《杜荀鹤集》《嘉祐集》《王荆公唐百家诗选》，元本《颜氏家训》《文心雕龙》，稿本《玉函山房辑佚书续编》等。元刻孤本《农桑辑要》，其内容是根据古代诸官书有关文献辑录而成，编辑出版时又增添了新的材料，收录农艺著作30余种，有《农桑要旨》《韩氏直说》《务本新书》《博闻录》《士农必用》《桑蚕直说》等，其书原本均已不传。《农桑辑要》所录证明了自古以来我国已有"理水治土""深耕细作"等农业生产技术，至元代更加发展，并积累起相当丰富的经验，出现了专门著述。顾先生主持印书业绩斐然，使珍藏"流布"，孤本不孤，古籍今印，文化传承。陈秉仁先生回忆"家谱大抢救"时说："'四馆'合并后，上海图书馆所藏的明代家谱总共不满50种，且多为抢救家谱中的零星残本,善本书库所藏则几可罗雀。经过家谱大采购,共有179种明代家谱入藏上海图书馆,约占采购总数的14%,其中以明代徽州地区(包括原属徽州今归江西的婺源)家谱最为突出,如明成化刻本《新安孙氏重修宗谱》(成化四年修)、《新安泽富王氏宗谱》(成化六年修)、《新安汪氏族谱》(成化十六年修)、《新安程氏统宗世谱》(成化十八年修),明弘治刻本《新安汪氏族谱》(弘治二年修)、《休宁陪郭叶氏家谱》(弘治四年修)、《王氏会通世谱》(弘治十四年修),明正德刻本《歙县罗氏宗谱》(正德二年修)、《新安毕氏族谱》(正德四年修)、《新安休宁长垄程氏本宗谱》(正德十一年修)等,皆为海内外罕见之本。又如明嘉靖刻本《祁门金吾谢氏宗谱》(嘉靖九年修)、《婺源溪源程氏本宗续谱》(嘉靖十二年修)、《休宁检潭琰溪吴氏同续谱》(嘉靖十二年修)、《休宁戴氏家谱》(嘉靖二十一年修),明万历刻本《祁门沙堤叶氏家谱》(万历七年修)、明天启刻本《休宁丹阳洪氏宗谱》(天启七年修),明崇祯刻本《婺源重修洪氏统宗谱》(崇祯间修)等,都已成为传世孤本。另外,明正德刻本《长沙青山彭氏大宗谱》《长沙青山彭氏会宗谱》(正德十五年修)、明抄本《青溪徐氏福禄寿三派总谱》(成化五年修),则是湖南、浙江现存最早版本的家谱,从而缩小了与北京图书馆明代家谱收藏规模的差距。纵观当时国内各古旧书店流通的明代家谱,几乎全部落入北京图书馆与上海图书馆的囊中。这些明代家谱每种价格一般在人民币20~60元间,其中最贵的明嘉靖刻本《祁门金吾谢氏宗谱》2册100元,《休宁戴氏家谱》4册120元,《祁门张氏统宗世谱》4册120元。这些价格,现今看来似乎低廉得微乎其微,但在当时也算一笔不小的数字,作为主管的顾廷龙先生功不可没。"家谱"大抢救"积极助益于文化遗产的系统性、传承性、动态性保护。

二、图书馆缘学界敬

放飞睿智养雅韵,图书馆缘学界敬,顾廷龙先生在图书馆管理和专业研究上硕果累累,有口皆碑。

顾先生谈到文献资料时曾列举上海图书馆所藏的日记、尺牍、传记、目录和图咏。顾先生如数家珍地谈论清末孙宝瑄的《忘山庐日记》等大部日记,认为孙宝琦的弟弟孙宝瑄的日记闻见颇广,记事详尽,见解独特,所反映的晚清史料翔实。他说,书法家何绍基的日记、清末政论家王韬的日记等则为短篇,同属难得的文献资料。尺牍方面有大部的,如《汪康年师友书札》,已抄成60册,约80至90万字,是他编《时务报》时同方方面面的来信,内含丰富的晚清史料。又如缪荃孙的《艺风堂友朋书札》,抄成 10 册,约 50 万字,多谈金石书画、古籍版本,也有晚清时事、诗词唱和。传记方面有杭州叶翰(号浩吾)的《块余生自记》,叶为清末有志之士,谋求教育救国,提倡学习科学,学习外语,赞成变法,曾与汪钟霖合办《蒙学报》,民国后任北京大学教授,研究领域很广,社会影响力较大。《陆瑾庭自订年谱》也属馆藏,陆精于鉴别,清乾隆间在苏州以收藏碑帖书画而著名。在目录方面,有湖南巴陵方功惠的《碧琳琅馆书目》,收有较多明本;编《明诗纪事》的贵阳陈田有《听诗斋所藏明人集目》。这两本书目,都没有刻过,学术价值较高,是标注《千顷堂书目》所载诗文集的传本,很有用处。另外,沈复粲的《鸣野山房贴目》、惠兆任的《集贴目》和没有著者姓名的《历代帖目汇抄》,都没有刻本,后人只是辗转传抄,十分难得。在图咏方面,如清康熙间山东历城王苹(秋史)的《二十四泉草堂图咏》、浙江海盐张鹤徵的《涉园图咏》、苏州顾嗣立(侠君)的《秀野草堂图咏》、蒙旗法式善(梧门)的《诗龛图咏》,收有出于同时人手笔题跋、题咏,掌故性强,曾传抄得几种,有的原件已不知去向。正是由于顾先生和老一辈馆领导、专家对文献资料的悉心呵护,使上海图书馆的文献资料收藏极为丰富。在图书馆工作中,顾先生对整理古籍和修复古籍给予了极大的文化关注。顾先生对于整理古籍有着丰富的实践经验,在 20 世纪 80 年代初,他又有过系统的建言。他精辟地指出:"古籍浩如烟海,整理起来,有难有易。对于容易的,可集合一些人进行标点、注释和翻译。难的要培训一些专业人员,作好充分准备,才能开始。老中青三结合是一个好办法,但是班子要搭得好,要真能'结合',否则劳而无功,过去是有过教训的。古籍中难整理的是《十三经》和先秦诸子。章学城早就说过'六经皆史',这些书记载着我国古代的政治、军事、经济、文化等历史资料。如考证甲骨、钟鼎、简牍、帛书等,都必须参考这些书。可是这些古书由于年代久远,文字多变,辗转传抄,以误传误。自汉至宋,多次校定,刻之石碑,所谓'石经'。'石经'之刻,在某一时期有校定成为标准本的意义,但还是错乱很多。自宋代版刻盛行,版本多了,但均流传不广。清嘉庆间阮元重刻宋本《十三经》并撰校勘记,当时虽聘请了通经之士参加工作,然而遗留问题依然不少。由此可见,古籍整理实在不易。要培训专研人员。大学文科应设古典文献学系,创设研究所,将素有研究者组织起来。大学生或研究生都必须具有一定的文字、音韵、训诂、目录、版本的基本功,将来各专一经,分别研究。已经有人翻译或注释的古书,应从速付印。容许'百家争鸣',不必'只此一家'。整理古籍要有标点。古籍规划小组应定出一个条例,各种标点符号应该怎样用法,要有一个统一的条例。"顾先生对于修复古籍工作极为关怀。他在 20 世纪 80 年代中期说,上海图书馆现藏有家谱 10000 种,75000 册,数量很多,不过有一个问题,纸张已经很破旧。这使我联想到一个问题,是古籍整理工作中,修补古籍是第一步。应该把培养古籍修补人才列入规划。顾先生对整理古籍和修复古籍的真知灼见已化为上海图书馆的自觉行动,上海图书馆在整理古籍和修复古籍方面一如既往,日显优势。同时,在图书馆工作中,顾先生对版本学予以高度重视。

1995 年 10 月,上海图书馆与上海科技情报研究所合并,上海图书馆新馆建设进入了最后冲刺阶段。上海图书馆和上海科技情报所的新领导班子经常就新馆建设的重大问题请教顾先生。顾先生住北京,我们经常上北京求教,或通信请教。顾先生回上海,我们则抓住机遇,虚心讨教。顾先生每次回上海,上图职工都是喜出望外,除了表达敬意,更多的是求教管理学问。顾老曾多次指出,上海图书馆与上海科技情报研究所合并,图情并轨,体制改革,迎来了新的发展机遇。上海图书馆新馆发展的逻辑起点无疑要与上海建成国际经济、金融、贸易中心的奋斗目标相一致,与确立上海国际经济中心城市的地位相一致,与上海继续探索具有中国特色、时代特征、特大城市特点的发展新路相一致,与上海物质文明建设和精神文明建设紧密结合、实施科教兴市战略的总体思路相一致。上海图书馆新馆的目标定向是“国内先进、世界一流”,其主要内涵是,基本形成重视图书文献资源的优化配置、具有世界先进水平、可持续发展的中心图书馆格局,基本形成文化积淀和教育功能、信息集散的枢纽功能、信息加工的增值功能、信息营销的市场功能的多功能定位,基本形成为上海改革开放、经济建设和社会发展提供各种图书文献和专题信息的图情网络,基本形成以信息资源网络化为主体的上海信息港的枢纽之一,基本形成国内外有影响的图书情报研究中心,基本形成以促进人的全面发展为重心的精神文明建设的重要基地。顾老亲自为上海图书馆新馆知识广场题字,为《新馆开馆纪念集》题字,为上海图书馆新馆落成挥写书法“读万卷书,行万里路”,以“读书破万卷,行路逾万里”勉励上图职工和广大读者。1996 年 12 月,上海图书馆新馆开馆,顾老专程赶来上海参加庆典活动。他在上图新馆与上图领导研究了盛宣怀档案整理工作的意义和具体整理方法,欣然同意与王元化先生一起担任上图盛宣怀档案整理课题的顾问。他多次提醒要在图书文献大搬迁工作中注意保护每一本图书、每一件文献资料,做到不缺、不乱、不损。1997 年 5 月至6 月间,顾老又来上海,专程到新馆家谱修补工场参观,当他看到有近 20 位修补人员在抢救修补家谱时,喜道“这批家谱交运了”。他还对整理盛宣怀档案采用现代计算机技术大为称赞。上海图书馆的新馆建设是顾老等老一辈图书馆工作者和图书馆管理专家的夙愿,顾老为此倾注了大量心血!

三、墨池春秋文华动

长怀清风和明月,墨池春秋文华动,顾廷龙先生以著名书法家而遐迩闻名。

顾老真草隶篆各体俱佳。中堂、立轴、横批、手卷、册页、题签、尺牍、题跋、匾额、碑文俱涉,榜书与蝇头小楷皆长。其书法作品洋溢金石之味、书卷之气、学者之识,足见近百年积累起来的文化内涵和书法神韵。顾老的传世佳作十分注重古人的书道书诠,却又执着地融入了时代精神;他把人格力量汇入了书品"雅量",寻求书品与人品的统一;他既从容不迫地登上了书法艺术的制高点,又平静地给不平静的书坛一个世纪性的回眸。我曾作诗吟诵顾老书法:"以楷入手求淳清,由篆深入觅遒劲。以隶相辅见法度,温良敦朴透灵性。笔歌墨舞放雅量,金声玉振留新景。遨游书法入书坛,熔铸艺品出人品。"顾先生的楷书始习欧阳修,继学赵孟頫,又"脱胎于苏东坡",于而立之年受敦煌遗风的感召,追寻遒劲朴厚、清朗俊逸之点画,回环缭绕、参差穿插之结体,精气内含、英光外溢之气韵,深谙经典书道。顾先生从金文中得开张之力、豪放之气;喜爱清人钱坫、吴大澂的篆书;还喜临"石门颂",求索"隶中草书"之妙,探究其古拙自然,富于变化,起笔于毫端逆锋,运行于遒缓之势,收笔于圆劲回锋,字势奇趣逸宕……他以强烈的书法激情化典丽于艺术土壤,在秀美中显示博大,蓄历代强悍粗犷的金石之味,渗智者铿锵坚挺的书法之韵,融典籍古雅淳化的书卷之气,铸贤哲温淳俊雄的壮丽书景。顾先生在书中融汇心理时空和物理时空,在尺幅之内追求千年书艺之演化、万里书道之贯通,以谦恭的风度探索了悠长博大的书艺时空,在显示深厚的书法功力的同时,又体现了鲜明的时代精神,更为难能可贵的是,把人格力量汇入书品"雅量",因此赢得了学界书坛深深的敬意。尚"实",是顾老书品和人品的重要特征。他不求虚名,不尚空谈,一步一个脚印,不断踏上新的书艺台阶。顾老写字讲究实用,他辩证地看待书法的"脱离实用、趋于成熟"与"坚持使用、更趋成熟"的关系。他反复阐述这样的观点:字是写给人看的,首先要使人看得懂;写字要使人明白,最重要的是需要符合规范;书法要实用,书法艺术要在使用中求发展。出于实用,顾老的字上了不少江南名胜古迹的匾额,如苏州的狮子林、沧浪亭、留园、虎丘等;出于实用,顾老为《康熙字典》《续修四库全书》《中国文物精华大辞典》等数百种书籍题写书名签条；出于实用，上海地铁文化长廊需要顾老题名，他及时应允挥写……作为一个世纪老人，顾老留给后人的不仅是启迪智慧的学识、著述和陶冶性情的墨宝佳作，而且是催人奋进的艺术精神、人格力量。

长期以来，我一直想向他请教学习书艺之路，他简言作答："楷书喜临敦煌写经等。30年代来京，钱玄同、刘复两先生都喜写六朝写经体。我亦颇爱好，因此，也学过一个时期。我写篆字，长期学习是临摹金文。清人的篆书是爱钱坫、吴大澂。钱的小篆平正中有创新，吴则参金文为多。他写信用篆书，极优美。我学篆得到吴大澂之孙吴湖帆的教导为多。看到他的写篆书的过程。吴大澂写的碑记拓本，吴湖帆装裱后送给我馆一套。写篆字要按规律，不能杜撰。临摹金文为多。金文中我爱写《虢季子白盘》《墙盘》《秦公镈》等。隶书则喜临《石门颂》。"顾先生的书法从楷入手，由篆深入，以隶相辅。顾先生精通金文。金文即青铜品刻辞，《虢季子白盘》《墙盘》《秦公镈》等奇丽瑰玮，神完气足，结体婉转，风姿绰约，都是金文名品。顾先生从中得开张之力、豪放之气，所书金文纤细而不寒碜，清癯而带丰润，凝重而不失活泼，沉着而不失自如，豪迈不羁却不失章法，跌宕旷达而充满情致。顾老喜爱清人钱坫、吴大澂的篆书。在由他题签的《中国文物精华大辞典》中，收入了钱坫篆书五言联和吴大澂篆书联，前者字体修长，用笔枯硬，结体方折，颇具金石气息，足见作者对于金石铭文积学甚深，并富于通融变化，意境拓展。后者为七言联，体势严谨，意态古朴，实为篆文佳作。顾老倾心于钱、吴篆书，在20岁时，又有幸与吴大澂之孙吴湖帆同客一寓，目睹吴大澂墨迹，细细体会吴湖帆作篆之法，故而书艺大进。

1979年5月，顾老和著名书法家胡问遂先生等一起随上海市书法友好访问团访问日本。在大阪期间，访问团出席了"上海大阪友好城市书法交流展览会"的开幕式，举行了书法座谈会和书法交流会。在座谈会上，中日书法家回顾了两国书法交流的传统友谊，畅谈了目前两国书法界的现状，还就作品的雅与俗问题交换了意见，强调了各自应在传统技艺的基础上进一步创造具有独特民族风格的新的书法艺术。访问团在日本期间，还访问了上海的另一个友好城市横滨，并游览了京都、奈良、东京、箱根等地。顾老回国后，与我多次谈到胡问遂先生的书学、书艺之道。依据顾老的引领，笔者后来写成了《问遂书赋》："正大气象，铸就风范长存；美丽经典，崛起书法丰碑。生于绍兴，人杰地灵；千古兰亭，留驻华章。唐代知章，明朝青藤，籍居于斯，文脉传承。文豪鲁迅，名驰中外。伯父之光，引领书艺。勤于笔墨，日临百字。行至海上，终遇良师。尹默先生，众望所归。耆宿门下，收为弟子。遵循察之尚精，拟之贵似；沉醉古代翰墨,品其精髓。临写《自书告身》,继之《郑文公碑》,遗貌取神,岁月悠长。早年书习柳公权,进而转入颜鲁公。取褚字端庄缜密,学智永王系墨迹,追随《二王法书管窥》,回溯唐初欧虞法度。《张猛龙》《高贞碑》,《崔敬邕》《始平公》,古人浩然之气荡涤胸怀,先辈宏肆之志生于笔下。真书风范岁月滋养,行草标格自然从之。行草书不失真趣,精气神听从调遣。米芾'刷字'笔势开张,东坡笔迹墨气淋漓。山谷书风沉着痛快,张旭笔致遒健挺劲。怀素气势流畅无羁,草书真谛取其意象。圆笔之秀美不可偏废,方笔之劲拔更应开创。关注帖与碑,帖重'入'与'出',书品与人品并重,师道与书道并蓄;书艺与书史相兼,澹泊与辉煌融汇。牵动千万只习字之手,提升千万人的审美情趣。噫嘻!宽博雄健,'文心雕龙';黄钟大吕,濯古来新。书坛开派兮,气场自雄。文脉拓展兮,气象正大。"

1996年12月20日,在跨世纪的文化工程——上海图书馆新馆进行隆重庆典之际,上图举办了顾廷龙先生首次个人书法展,同时,出版了《顾廷龙书法选集》。数百平方米的现代化展厅里,展示了顾老真草隶篆各体佳作百余幅,时间跨度达六十年,作品洋溢着北书之骨,南书之韵,金石之朴,学者之睿,从中亮常识,显悟性,见气势,传精神,向我们述说着一位"遨游书海入书坛"的世纪老人,娓娓地介绍着他近百年积累起来的文化含量和书法神韵。王元化先生盛赞顾老书法:"雅量之美,淳厚浑穆,神明内敛,气静机圆;书林中之诸葛孔明、谢太傅是也。雅量之美,谈何容易!融厚柱之学养、博洽之闻见、清澄之心地、沉着之干才于一炉,全幅人格之呈现,即《礼记》所云:'清明在躬,志气如神。'"顾老把启迪智慧、陶冶性情的墨宝佳作和享用不尽的艺术精神、人格力量留给了后人。

文末,抄录笔者专为顾老所作诗一首,以缅怀他的书缘情怀和笔墨春秋:"无言之章话深沉,无声之诗吟经纶。坐拥书城放眼量,驾驭古今求纯真。千年典籍卷风尘,万里足迹觅奇珍。墨池天天容睿智,心地处处见清澄。"

清／芬／世／家

缀网成书：石刻文献的创造性衍生

——读《宋绍定井栏题字册》

程章灿

（南京大学古典文献研究所）

宋理宗绍定三年(1230)十二月①，苏州沈某为其妻王二娘三十岁难产身亡而"建造义井，普施十方"，并在井栏上刻字七行。明思宗崇祯七年(1634)四月，不知谁何复于井栏上刻"顾衙""复泉"四字，并署年月。井栏由是又被称为"顾衙复泉井栏"。1915年，顾祖庆(1859—1919)购下苏州严衙前（今望星桥西塊十梓街116号）一个院落，在修葺过程中发现了这个井栏及其铭刻，井栏所镌"顾衙复泉"之名，让顾祖庆欣喜不已，以致将其书室命名为复泉山馆。1929年12月，顾祖庆之子顾元昌(1876—1933)先命其长子顾廷龙椎拓井栏文字，制成拓本，继而对井栏来历作了一番考索，撰成《宋绍定井栏记》一文②。从1930年到1943年，顾廷龙(1904—1998)邀请当世名贤48人，在此井栏拓本册上题字、题诗、题词或作画，持续14年的努力，终于形成了一本《宋绍定井栏题字册》（以下简称《题字册》）。如果加上顾元昌、顾廷龙父子两人，在这本《题字册》上留下墨迹的，正好50人。在中国文化史上，"50"是一个具有完整自足意义的数字，耐人寻味③。

宋绍定井栏一直被珍藏于顾氏旧宅之中，外人难得一见。1981年11月，顾廷龙将顾氏旧宅所藏宋绍定井栏捐赠苏州博物馆，私物转为公藏，有了更好的保护与利用的条件。《题字册》一直收藏于顾廷龙父子手中，2016年11月，顾廷龙哲嗣顾诵芬院士将其捐赠苏州博物馆，私家珍藏遂转为博物馆公藏的宝物。2017年12月，上海科学技术文献出版社出版了顾诵芬、师元光合作编著的《自将摩挲认前朝——〈宋绍定

---

① 陈垣：《二十史朔闰表》，绍定三年十二月一日对应为1231年1月5日。中华书局，1962年，第144页。此处仍按常规，将绍定三年标注为1230年。

② 以上叙述皆据顾元昌：《宋绍定井栏记》，顾廷龙编：《宋绍定井阑题字册》，国家图书馆出版社，2018年，无页码。按：据顾元昌自叙，其记文撰于"己巳十一月"，换算成西历，已是1929年12月。

③ 譬如，南朝梁刘勰所撰《文心雕龙》，分总论、文体论、创作论、批评论，共计50篇，这是其体大思精的突出表现之一。

井栏题字〉释注》(以下简称《释注》)①,释注详细,给读者提供了十分友好的阅读界面。次年2月,影印线装本《宋绍定井栏题字册》在国家图书馆出版社出版,印制精美,得虎贲中郎之似。至此,这本罕见的珍贵文献,终于化身千百,呈现于广大读者面前。正是:"旧时王谢堂前燕,飞入寻常百姓家。"

一、名贤聚集与文献衍生之道

从1915年顾祖庆重新发现顾衡复泉井栏,到2016年顾诵芬将《题字册》捐赠苏州博物馆,其间历时101年。这百余年间,从顾祖庆、顾元昌,到顾廷龙、顾诵芬,顾家四代人顾护顾衡复泉井栏及其题字册,岁月沧桑,而矢志不改,创造了一段文献传承的佳话。其中,顾廷龙的贡献无疑是最大的。在《题字册》上留下墨迹手泽的50位前贤,虽然都已成为历史人物,却因为在这本《题字册》上"同题共作",完成了一场文字聚会,结成了难得的翰墨与学术的双重因缘,令后人怀想不已②。从这个角度上可以说,《题字册》不仅是一册围绕宋绍定井栏拓本的石刻题跋集,也是一部具体展示民国时代文人学士交游史的社交文献集。

《释注》围绕顾元昌、顾廷龙父子与48位文人学士的交游,作了详细考释,极有价值。以下依照影印线装本《题字册》的顺序,参考《释注》,将50家名贤题字列表如下:

姓 名	生卒年	籍贯	题写内容	系年	备注
顾廷龙	1904—1998	江苏苏州	外盒篆书题字		顾元昌子
王同愈	1856—1941	江苏苏州	外封隶书题	1930	顾廷龙外叔祖
容 庚	1894—1983	广东东莞	内封篆书题字	1931	顾廷龙导师
姚 光	1891—1945	上海金山	复泉山馆后记	1943	筹办合众图书馆同道
吴湖帆	1894—1968	江苏苏州	宋井栏顾衡复泉图	1930	顾廷龙姑丈,姻亲
顾廷龙	1904—1998	江苏苏州	顾衡复泉井栏拓本	1929	顾元昌子
顾元昌	1876—1933	江苏苏州	宋绍定井栏记	1929	顾廷龙父
王同愈	1856—1941	江苏苏州	题记	1930	顾廷龙外叔祖

---

① 顾诵芬、师元光编著:《自将摩挲认前朝——〈宋绍定井栏题字〉释注》(以下简称《释注》),上海科学技术文献出版社,2017年。

② 程章灿:《一场同题竞赛的百年雅集——读南海霍氏藏本罗聘〈鬼趣图卷〉题咏诗文》,《文艺研究》2011年第7期,第70—79页。此文最早提出,题跋集是一种"同题共作"创作方式的展现。

续表

姓　名	生卒年	籍贯	题写内容	系年	备注
金天羽	1874—1974	江苏苏州	顾衔复泉井栏题记题辞并系诗	1930	顾元昌邀约，世交
王怀霖	1872—1943	江苏苏州	七古一首	1930	顾元昌妻兄，顾廷龙伯舅
顾柏年	1869—1939①	江苏苏州	题记并七古一首	1930	顾元昌族侄
张一麐	1867—1943	江苏苏州	七古一首	1931	乡前辈，姻亲
王季烈	1873—1952	江苏苏州	七律一首	1931	乡前辈，与顾元昌相识
吴　梅	1884—1939	江苏苏州	五律一首	1931	乡贤
徐中舒	1898—1991	安徽安庆	观款	1931	徐商容访古吴中
商承祚	1902—1991	广东番禺	观款	1931	与徐中舒同观
许厚基	1896—1959	浙江吴兴	观款	1931	寓苏州，藏书家
宗舜年	1865—1933	江苏南京	跋尾	1931	住常熟，应顾元昌邀题
汪荣宝	1878—1933	江苏苏州	七律一首	1932	乡贤
许同莘	1878—？	江苏无锡	跋尾	1932②	为顾元昌题
钱玄同	1887—1939	浙江吴兴	观款	1932	顾廷龙在燕京大学老师
黄子通	1887—1979	浙江嘉兴	观款	1932	顾廷龙在燕京大学老师
胡　适	1891—1962	安徽绩溪	观款	1932	与顾廷龙多有交游
闻　宥	1901—1985	江苏常州	五律一首	1932	顾廷龙燕大老师
郭绍虞	1893—1984	江苏苏州	七绝一首	1933前?③	顾廷龙燕大老师
潘昌煦	1873—1958	江苏苏州	七律一首	1932?	顾廷龙燕大老师
俞陛云	1868—1950	浙江德清	七绝一首	1933前?④	当在燕大时相识
章　钰	1865—1937	江苏苏州	跋尾	1932	题于燕京，世谊
祝文白	1884—1968	浙江衢县	七律一首，杭州吴雷川书	1933	顾廷龙燕大老师
商衍鎏	1875—1963	广东番禺	七绝二首	1933	为顾元昌题
唐　兰	1901—1979	浙江嘉兴	丑奴儿词一首	1933	为顾元昌题
祝文白	1884—1968	浙江衢县	七古一首⑤	1933	顾廷龙燕大老师

① 据《释注》考证，顾柏年卒于民国二十七年夏历十一月十八日（第60页）。按：今检《二十史朔闰表》，十一月初一是1938年12月22日，则十一月十八日是1939年1月8日。
② 顾诵芬、师元光书编著：《释注》，第95页。
③ 郭绍虞题诗落款有"竹庵姻丈教正"，顾诵芬、师元光书编著：《释注》，第115页。竹庵（顾元昌）卒于1933年，则郭诗不晚于1933年题写。
④ 俞陛云题诗称"竹庵先生世大人教正"，顾诵芬、师元光书编著：《释注》，第126页。则俞诗之作当在1933年之前。
⑤ 此诗为七古，三十六句，九转韵，平仄韵相间。《释注》称其为"三十六句的排律"（第145页），似不确。

续表

姓　名	生卒年	籍贯	题写内容	系年	备注
张尔田	1874—1945	浙江杭州	采桑子词一首	1933	曾居苏州,时在燕大任教
刘节	1901—1977	浙江永嘉	七绝二首	1933	时在北平图书馆,与顾廷龙相识
胡玉缙	1859—1940	江苏苏州	七绝三首	1933	乡前辈,时在北平
林葆恒	1871—1951	福建闽县	七绝二首	1942	与顾起潜为姻亲
费树蔚	1883—1935	江苏苏州	五古一首	1933	乡贤
胡朴安	1878—1947	安徽泾县	七绝一首	1933 前①	顾廷龙就读国民大学时的老师
王謇	1888—1968	江苏苏州	七绝四首自注甚多	1933 前	乡贤,为顾元昌题
张元济	1867—1959	浙江海盐	七绝二首	应在抗战中	合众馆创始人
陈叔通	1876—1966	浙江杭州	五律一首	1941②	合众馆董事
潘承弼	1907—2004	江苏苏州	洞仙歌词一首	1933	顾廷龙妻弟
章炳麟	1869—1936	浙江杭州	观款	1934	寓苏州,与顾相识
叶景葵	1874—1949	浙江杭州	跋尾	1938	合众馆创始人
单镇	1876—1965	江苏苏州	七律一首	1939	时寓沪,多书事往来
杨钟羲	1865—1940	世居辽阳	五律一首	1940 前③	晚寓北平,顾为燕大图书馆访书时相识
夏孙桐	1857—1941	江苏江阴	五律一首	1941 前④	时寓沪,多有书事往来
邵章	1872—1953	浙江杭州	七绝二首	1939	因合众馆而有交往
李宣龚	1876—1953	福建福州	七绝二首	1940⑤	合众馆董事
钱钟书	1910—1998	江苏无锡	七绝三首	1944	合众馆读者、捐书者
刘承幹	1881—1963	浙江湖州	七绝二首	1941	藏书家,多有来往
叶恭绰	1881—1968	广东番禺,祖籍浙江余姚	四言诗一首	1942	时寓沪,多有书事往来

---

① 胡朴安题诗落款称"竹庵先生正题",顾诵芬、师元光编著:《释注》,第 169 页。可以推知此诗题于 1933 年顾元昌去世前。

② 顾廷龙撰,李军、师元光整理:《顾廷龙日记》1941 年 5 月 4 日,中华书局,2022 年,第 159 页。顾诵芬、师元光编著:《释注》引此条日记,第 196 页。

③ 顾诵芬、师元光编著:《释注》,第 229—231 页。

④ 顾诵芬、师元光编著:《释注》,第 231 页。

⑤ 顾廷龙撰,李军、师元光整理:《顾廷龙日记》1940 年 10 月 30 日,第 112 页。沈津编著:《顾廷龙年谱》1940 年 10 月 30 日,上海古籍出版社,2004 年,第 145 页。顾诵芬、师元光编著:《释注》,第 240 页。

从上表可以看出，诸位名贤在《题字册》上出现的顺序，大体上是按照题字先后来排列的，但并不十分严格。最突出的例子是姚光于1943年题写的《复泉山馆后记》，其时间较晚，但却排在《题字册》册首。此文对顾廷龙之家世、学术以及复泉井栏的来龙去脉，都有相当全面的介绍，一方面称赞顾氏肯堂肯构，食德服畴，另一方面突出井栏有关家国之故，立意高美，虽然题为"后记"，却相当于一篇《复泉山馆序》。检《顾廷龙日记》可知，顾氏恳请姚光为之题写册首，但姚氏"谦逊甚，未肯写题册首，屡请始允"①。最后，姚光推辞不过，乃将其文字命题为《复泉山馆后记》，表示不敢僭居册首之意。尽管如此，顾廷龙仍然将其裱装于册首，赋予其全书序引的功能。这个例子说明，顾廷龙在编排装订《题字册》之时，首先考虑这部题跋集的结构需要，其次才考虑题字的编年顺序。

另一个例子，则与前例情况不同。《题字册》的最后四页，分别是1939年的邵章题诗、1940年的李宣龚题诗、1944年的钱钟书题诗（以上二诗同一页）、1941年的刘承幹题诗、1942年的叶恭绰题诗。除了钱钟书题诗之外，其他四家题诗皆按系年先后排序②。钱钟书题诗之所以插在刘承幹题诗之前，是因为李宣龚题诗之后尚有余纸，正宜插置此间。总之，如果前一个例子体现的是《题字册》的结构性特色，那么，这个例子体现的就是《题字册》的物质性特色。

从年龄上分析，50位题字名家中，最为年长的是出生于19世纪50年代的王同愈（1856），其次是夏孙桐（1857）和胡玉缙（1859），最为年轻的是出生于20世纪的钱钟书（1910），其次是潘承弼（1907）和顾廷龙（1904），最年长者与最年轻者年龄相差54岁，差不多是三代人之差。以1933年顾元昌去世为界，此前的题赠对象是顾元昌（竹庵），题字者亦多与顾元昌相识，而此后的题赠对象则是顾廷龙，题字者多是顾廷龙的师友。有时候，这个界限是模糊的。例如费树蔚题诗落款云："癸酉夏五，起潜世大兄将竹庵丈命见视，吉语纷披，古藻间出，爰搜剩义，以写予怀。"③可见，顾元昌、顾廷龙父子同是这次题赠的对象。

根据籍贯统计，50位题字名家中，苏州籍人士占19位，非苏州籍人士占31位。在苏州籍人士中，很多彼此之间有世交，或者与顾氏有姻亲关系，例如王同愈是顾廷

---

① 顾廷龙撰，李军、师元光整理：《顾廷龙日记》1943年5月21日，第312页。
② 叶恭绰题诗云："山下出泉，不远而复。是汲是溉，复我邦族。……桑海再更，发散散馥。夫惟大雅，其曰可读。世德维馨，泽流渗漉。……"顾诵芬、师元光编著：《释注》，第263页。立意甚高，关照全面，以叶恭绰题诗殿后，似有总结全篇题跋之意，结构上是合适的。
③ 顾诵芬、师元光编著：《释注》，166页。

龙的外叔祖,吴湖帆是顾廷龙的姑丈,顾柏年(顾颉刚之父)则是顾廷龙的族兄①,不胜枚举。在非苏州籍人士中,有两类人值得注意,一类人曾经寓居苏州,如时任燕京大学教授的浙江杭州人张尔田,就曾寓居苏州杉渎桥,此地曾发现苏州另一处宋代井栏②。另一类人则与顾氏有姻亲关系,如林葆恒,其夫人潘承昆,与顾廷龙夫人潘承圭同属苏州潘氏家族,并且是同辈③。像林葆恒这种背景的人,往往也有寓居苏州的经历。

综上所述,《题字册》中的名贤主要包括三个交游圈子:一是苏州背景的乡绅名贤,二是顾廷龙就读大学尤其是燕京大学时的老师,三是他在上海筹建合众图书馆时交往的同道。这三个圈子组成了一个以顾廷龙为中心的社交网络。交游之道,礼尚往来,这是中国文化的传统。《礼记·曲礼上》云:"礼尚往来。往而不来,非礼也;来而不往,亦非礼也。"④文人学士之间的交往,集中于书籍交流与文字往来,也遵循礼尚往来的规范。《题字册》中所展现的顾廷龙与其他题字人的交往,大多数都是有来有往,延续多年,甚至贯穿一生的。以顾廷龙与林葆恒之间的交往为例。检《顾廷龙日记》,1941年6月10日,顾廷龙经叶景葵介绍与林葆恒相识:"揆丈来,属访林子有,有赠书,即刻往见,年七十许,藏词集称富,捐本馆书近人集数十种。"⑤自此以后,两人往来频繁。《释注》根据《顾廷龙日记》整理出详细条目,今摘录其中1941—1942两年间的往来记录,如下:

(1941年)九月一日,林子有赠自印图册两种,见假词目一册。

(1942年)二月九日,林子有来还《林文直奏稿》,即面还其《藏词目》。

七月八日,林子有来,出扇属书。

八月九日,为林子有写扇。

八月十一日,访林子有,缴扇。

十月十一日,访林子有,持《张忠肃年谱稿》,请其审定,并以先君遗墨及复泉拓求题。

十月二十五日,林子有送还题件及《张忠肃年谱》。⑥

① 顾诵芬、师元光编著:《释注》,第27、58—60页。
② 顾诵芬、师元光编著:《释注》,第147页。
③ 顾诵芬、师元光编著:《释注》,第161、163页。
④ (汉)郑玄注,(唐)孔颖达正义:《礼记正义》卷一《曲礼上》,(清)阮元校刻,《十三经注疏》,中华书局,2009年,第2665页。
⑤ 顾廷龙撰,李军、师元光整理:《顾廷龙日记》1941年6月10日,第169页。
⑥ 顾诵芬、师元光编著:《释注》,第162—163页。

顾、林二人交往，先是以书为媒，继而多有文字往返，亦可谓先结书缘，再结翰墨之缘。彼此之间的文字往返，不限于也不止于这一《题字册》，而是时有交集、相互激发、绵延不绝，衍生出许多文本文献。其衍生力之强大，几乎可以用生生不息来形容。在文献衍生的过程中，不仅社交网络得以逶迤展开，日益坚牢，文献也层累了越来越深厚的文化资本。

二、类事见义与文本衍生之术

井栏是一种特殊的石刻文献，源远而流长，其源头可以上溯到南朝梁天监年间①。它与特定的乡土、民生、历史与地理等的广泛联结，使其成为蕴涵丰富的文化符号，倍受世人关注。《题字册》中，50 位文人学者各显神通，通过类事见义，深入挖掘宋绍定井栏及其文本内涵，从而缀结成一张意义之网。

以下择其要者，从四个方面展开论析。

第一，同乡共井与乡思题咏。

李白最脍炙人口的诗作《静夜思》云："床前明月光，疑是地上霜。举头望明月，低头思故乡。"有人认为，"床前明月光"中的"床"，指的是井床，也就是井栏②。人们的日常生活，离不开水井。因此，望见井栏前的月光，诗人就油然想起了故乡。在成语"背井离乡"中，井所具有的乡土意义也突显无遗。

嘉庆道光年间，南京学人陈宗彝（字仲虎）寻访江宁、句容等地的井栏题刻，汇辑得十一种，并将其书斋命名为"井天斋"。这个斋号有两层含义：一是以井为天，井就是一切；二是坐井观天，自谦一介寒儒，见闻有限。画家、诗人汤贻芬曾看过陈宗彝收藏的这批拓本，为之感赋《建康古井栏歌》。此诗开头两句云："此十一井同乡土，谁访得之陈仲虎。""井同乡土"，让人联想起南京城南老门西的一处地名，叫作"同乡共井"。西晋末年五胡乱华，北方人民纷纷南渡，很多人在南京落户安居，共同饮用这里的井水。同乡共井，日积月累，井遂成为与乡土文化认同的重要符号。

在《题字册》中，被顾元昌、顾廷龙父子邀请题跋的，很多是顾氏父子的苏州同乡。他们在题跋中，情不自禁地表达自己的乡土情怀。如章钰题跋云：

> 吾郡城中旧井阑极多，敝箧所收拓本，计宋代者七（绍兴、淳熙、嘉定二、绍

---

① （清）叶昌炽撰，柯昌泗评，陈公柔、张明善点校：《语石·语石异同评》，中华书局，1994 年，第 243 页。

② 胥洪泉：《李白〈静夜思〉研究综述》，《重庆社会科学》2005 年第 7 期，第 47—50 页。

定、景定、咸淳),元代者二(大德、至正),不辨何代者四,此记绍定年者即其一也。毡墨所施,不出城中坊巷,而此刻文乃有"虎丘乡采云里"等字,蓄疑者久矣。兹承年家竹庵顾丈寄示全拓,方知近在严衙,为新居所有,考订详明,顿开牗见,后刻"顾衙复泉"四字尤为吉祥止止。邵氏真《义井记》有曰"繁荣重庆""指心而授",窃举其词为高门颂焉。

　　　　壬申腊月初吉长洲章钰旧都织女桥寓斋记。[1]

章钰是长洲(今苏州)人,他写这段题跋之时,身在"旧都"(今北京),可谓"背井离乡"。顾云昌寄来的井栏拓本,特别是拓本中提到的"虎丘乡采云里"等地名,激起了他的乡思。他在跋尾标注原籍及现居住地,无非是要表达周邦彦《苏幕遮·燎沉香》词中那种"家住吴门,久作长安旅"的感慨罢了[2]。

　　桑下三宿,不免有情。张尔田虽然是浙江杭州人,却曾住在苏州,其旧居就在杉渎桥边,就是发现咸淳亨泉井栏之地,昔年他曾为此井栏题字。1933 年,时在燕京大学任教的张尔田应顾廷龙之邀为复泉井栏题字,他想起了自己当年的经历,"杉渎桥边,曾照朱颜,一别金阊十五年",抚今追昔,"思吴之念益深矣"[3]。

　　第二,顾氏顾衙与楚弓楚得。

　　清代苏州涌现出一批金石学家,章钰、叶昌炽(1849—1917)就是其中的两位。他们都很重视井栏。在《语石》中,叶昌炽将井栏独立归为一类,他还是较早从事井栏石刻拓本搜集与研究的学者。光绪十六年(1890)叶昌炽里居期间,曾亲自搜集整理家乡苏州的井栏石刻:

　　　　余庚寅里居,取郡志按图索骥,仅搜得宋元十余通。亡友管申季明经,家杉渎桥,门前有古井,颜曰亨泉,宋咸淳戊辰泗洲寺僧所立,有记有诗。申季即以亨泉自号,并拓一通见贻。严衙前有复泉,余欲物色之分树一帜,彳于荒榛瓦砾中,竟不可得。大成坊有智井,宋绍熙中立,嘉定改元重整,为姚公子公蓼所得。圆明院方便泉,在画禅寺东,元大德十年立,皇庆元年重修。字小于豆,清朗未损。余所得井栏,以此三刻为最精,其余皆残泐或无年月。大凡年月题字之前,必有"义井"两大字,如碑额,阴文深刻,亦有四围阴文一线,而中仍作阳文凸起者。[4]

---

[1] 顾诵芬、师元光编著:《释注》,第 130 页。
[2] (宋)周邦彦著,孙虹校注,薛瑞生订补:《清真集校注》卷上,中华书局,2007 年,第 50 页。
[3] 顾诵芬、师元光编著:《释注》,第 147 页。
[4] (清)叶昌炽撰,柯昌泗评,陈公柔、张明善点校:《语石·语石异同评》,第 343—344 页。

他所搜集的三件"最精"的井栏,皆在苏州,其中两件是南宋石刻,更为珍贵。他的同乡朋友管礼耕(字申季)家住杉渎桥,门前有南宋咸淳四年(戊辰,1268)古井,名曰亨泉,与叶昌炽一样有好古之癖的管礼耕遂以亨泉自号,令叶昌炽羡慕不已。但叶昌炽最为惦记的,却是费心寻找而不获一见的严衙复泉。叶昌炽辞世较早,未及在《题字册》上留题,但早与复泉井栏结下寻访之缘。没有想到,在《语石》初次刊刻六年之后①,"严衙复泉"井栏就以"顾衙复泉"的面目出土了。

究竟是"严衙复泉"还是"顾衙复泉"呢? 面对新出土的宋绍定三年井栏,这是一个不可回避的问题。作为这件出土石刻的第一发布者,顾元昌爬梳、征引乡邦文献,推断严衙是原地名,而顾衙是后起之名,其命名者若非明代万历年间的进士顾宗孟,就是顾麒。其他题跋者,如王季烈、宗舜年、金天羽、顾柏年等人,都从金石学的角度,发表自己的看法,并表达了对前贤叶昌炽的怀念。无论顾宗孟或顾麒的说法是否正确,崇祯时代铭刻的"顾衙复泉",在几百年后,竟然终于重新找到了顾姓的主人,难怪王同愈、顾柏年等人都称之为"奇缘"②。顾柏年、张一麐、王季烈、宗舜年等人不约而同地使用了"楚弓楚得"的典故,以赞叹这一奇迹③,顾氏顾衙与楚弓楚得,古典与今典妙合无间。这样的奇迹之所以发生,在宗舜年看来,是顾元昌"奉亲养志"的"德门瑞应"④。

顾衙复泉井栏的出现,也催生了顾元昌的复泉山馆,这与管礼耕以杉渎桥亨泉自号如出一辙。值得注意的是,顾元昌不仅在《宋绍定井栏记》篇首详述其父发现井栏的经过,在篇中命其子顾廷龙椎柘征题,而且在篇末署明"子廷龙、廷凤侍",这明显是以此井栏宝物传家之意⑤。一年后,顾柏年为此册题诗,曲终奏雅云:"主人仍归顾虎头,仿佛秦庭完赵璧。如此奇缘亦前缘,传与子孙用无斁。"诗后并署"子颉刚侍"⑥,可谓顾元昌之知音。祝文白题诗云:"派衍虎头绵世泽,视同龟甲宝殷墟。三吴乐石多沦没,珍重传家一草庐。"⑦祝氏所谓"传家一草庐",就是指"复泉山馆",他祝愿顾氏子

---

① 姚文昌《〈稿本语石〉出版说明》:"《语石》撰写始于清光绪二十六年(1900),最终刊刻于宣统元年(1909)。"(清)叶昌炽著,《稿本语石》,浙江古籍出版社,2022年,卷首第1页。
② 顾诵芬、师元光编著:《释注》,第45、59页。按:王同愈、顾柏年题跋分别作于1930年与1931年,1933年,胡玉缙题诗亦有"等是奇缘亦古缘",可以视为对王、顾二跋的回应。
③ 顾诵芬、师元光编著:《释注》,第59、63、68、87页。
④ 顾诵芬、师元光编著:《释注》,第87页。
⑤ 顾诵芬、师元光编著:《释注》,第33页。
⑥ 顾诵芬、师元光编著:《释注》,第58页。
⑦ 顾诵芬、师元光编著:《释注》,第134页。

弟将此物珍重传承,祝愿顾氏世泽绵长。无独有偶,汪荣宝题诗也拈出"传家"二字:"访旧泉逾杉渎古,传家石比郁林珍。"①上句将复泉与杉渎桥管氏亨泉相比,下句以三国时代的郁林太守吴人陆绩载石还乡之事相比,意在突出泉水和石刻的苏州背景。复泉井栏不仅是顾氏一家所珍藏的文物,其中也蕴涵着特有的苏州文化精神。所以,许同莘题跋说:"故家文献,一国精神之所寄也,贤子孙搜故物之丛残阙佚者而保守之,使一族之人食德服畴之念油然而生,则根柢深厚,国家必受其益。吴中旧姓,首推顾陆,郁林片石,至今以为美谈。"②汪、许二人同样提到了郁林石,许同莘题跋又紧接在汪荣宝之后,让人不由得推测许氏可能受到汪氏的启发。

　　第三,复泉井栏与沧桑见证。

　　"两刻年月存,冥想观时政。"③复泉井栏上刻有两个明确的时间坐标,一个是宋理宗绍定三年(1230),距离南宋王朝灭亡只有49年,林葆恒题诗有句云"绍定山河已夕阳",正是此意。另一个是明思宗崇祯七年(1634),距离大明王朝覆亡只有10年。这两个时间点都离王朝覆亡不远,可以说,复泉井栏目睹了宋、明王朝的覆亡,是历史兴亡、时代沧桑的见证。费树蔚抓住"绍定""崇祯"这两个时间坐标,发挥想象,大事铺叙,将家国大事与沈郎为亡妻立义井以及明末顾衙复泉的铭刻糅合在一起,格局开张,感慨深沉④。与此形成印证的另一段苏州古井故实是,宋亡之后,客居苏州的诗人郑思肖(号所南)将自己所作诗文命名为《心史》,封在铁函即铁盒之中,沉埋于苏州承天寺眢井中,直到崇祯十一年(1638)才被后人发现,被称为"铁函史",亦称"铁函心史"。吴梅作为苏州人,自然熟悉这段故实,故其题诗有云:"恐有铁函史,重逢郑所南。"⑤吴梅题诗作于1931年,那时,侵华日军正步步进逼,吴梅诗末提及"铁函心史",其中隐含着深深的爱国忧思。

　　1933年3月,侵华日军占领山海关,威逼滦东,唐兰为复泉井栏题词,调寄《丑奴儿》,怀古伤今,悲慨跃然纸上:

　　　　中原曾痛沦豺虎,南渡衣冠,亲见偏安,谁辨当时一井栏。

　　　　顾衙风物今犹昔,待引新泉,望信桥边,更阅兴亡几百年。⑥

---

①　顾诵芬、师元光编著:《释注》,第91页。
②　顾诵芬、师元光编著:《释注》,第94页。
③　顾诵芬、师元光编著:《释注》,第165页。
④　顾诵芬、师元光编著:《释注》,第165页。
⑤　顾诵芬、师元光编著:《释注》,第74页。
⑥　顾诵芬、师元光编著:《释注》,第141页。

旧井栏固然是兴亡的见证,新泉则预示了新生的希望。数年之后,上海全面沦陷,张元济题诗也从"南渡"一事入手抒发感慨,而表达得更为沉痛:

　　惊心岁月思南渡,犹见君家旧井栏。石不能言应自痛,几经水剩更山残。

　　剥而必复天之理,饮水思源记此泉。改邑由来不改井,有生终见中兴年。①

抗战期间,无论是在苏州的顾衔复泉,还是生活于上海沦陷区的张元济,都共同目睹了中国历史上又一次"水剩山残",井栏之石虽不能言,却能感知苦痛,有情有知之人,其苦痛更可想而知。张元济诗中还用到"改邑不改井"之典,此典出自《周易》。叶景葵跋尾中曾提到此典:"《易》曰:'改邑不改井。'又曰:'复,其见天地之心。'"②单镇题诗亦云:"天心剥极终期复,片石摩挲吉谶留。"③此处"复"字既是《易经》一卦,也关涉"复泉"之"复",失而复得,衰而复兴,用意甚美。值得注意的是,单镇题诗于1939年,叶景葵题跋于1938年,与张元济题诗一样,都是在抗日战争期间写作的,在同一本《题字册》上,他们的用典互文见义,构成了相互联结的意义之网。他们怀念家国、渴望祖国中兴的愿望,通过顾衔复泉的题跋,得到了强烈的表达。

　　第四,稀见典故与隶事竞技。

　　有关井的典故,尤其是井与兴亡相关主题的典故,人们比较容易联想到景阳宫井。但是,景阳宫井之典的六朝化与政治化的色彩过于深厚,难以与宋明井栏联系起来,因此,用此典者罕见。《题字册》中有刘承幹题诗两首,第一首云:"衔悲一念成功德,儿女钟情亦可伤。终胜景阳宫里井,未曾家国预兴亡。"第三句跳出前两句的儿女之情,转进到英雄事业一层,庆幸此井不预家国兴亡,看似轻松,如果联系其第二首题诗:"剔藓披苔旧刻存,凄然问石石何言。纷纷七百年来事,重见江山半壁痕。"④则可知两诗都寄寓了悲伤沉痛。

　　在题跋人中,原籍福建闽县(今福建福州)的同光体诗人李宣龚(1876—1953)的题诗有别出心裁之处:

　　十室存忠信,泉幽不用名。请看心匪石,真见水如城(闽方言,有源之水曰有城)。愿力关儿女,波澜属老成。故家专一壑,井里潄余清。⑤

---

① 顾诵芬、师元光编著:《释注》,第179页。
② 顾诵芬、师元光编著:《释注》,第215页。
③ 顾诵芬、师元光编著:《释注》,第223页。
④ 顾诵芬、师元光编著:《释注》,第257页。
⑤ 顾诵芬、师元光编著:《释注》,第238页。

井水当然是泉水,出自幽深的地下,故此诗有"泉幽不用名"之句。接下来,"真见水如城"一句,尽管李宣龚加了自注,对于不通福州方言的一般读者来说,仍然有相当的理解难度。在福州话,"泉"(亦即"有源之水")字的读音与"城"相同,但二者的读音其实与普通话中的"城"的读音相去甚远。此诗"名""城""成"三韵,若用福州话朗读,谐韵效果更佳。李宣龚作此诗,为什么要在诗名中引用这个闽方言词呢? 一方面,那是因为他在构思之时,乡思涌动,才产生了这样的联想;另一方面,这位同光体诗人发掘他独有的方言文化资源,锻成巧对,希冀在用典中出奇制胜。从这一角度来看,《释注》中对李宣龚其人的介绍中,脱漏其里籍,有点美中不足①。

《题字册》中最年轻的作者钱钟书,与李宣龚、陈衍等人皆有交游,其诗作深受同光体影响②。钱钟书所题七绝三首,显示出好用且善用典实之特长。三首诗中,第一首用典最为精巧,通篇不着一"井"字,却处处关涉井栏。诗云:"片石韩陵拓尚完,早秋执热一传看。不须汲古求修绠,二八飞泉想已寒。"首句所谓"片石韩陵",用"韩陵山一片石"之典,隐指井栏石刻。典故出自《朝野佥载》卷六:"时温子升作《韩陵山寺碑》,(庾)信读而写其本,南人问信曰:'北方文士何如?'信曰:'唯有韩陵山一片石堪共语。薛道衡、卢思道少解把笔,自余驴鸣犬吠,聒耳而已。'"③第三句"不须汲古求修绠",亦围绕"井"字生发。末句"二八飞泉"典出宋人钱昭度诗。"二八"即"二八三八"之缩略语,合为"五八",古人用作"井"的谜语。宋人邵博《闻见后录》卷十七:"钱昭度有《食梨》诗云:'西南片月充肠冷,二八飞泉绕齿寒。'予读《乐府解题》,井谜云:'二八三八,飞泉仰流。'盖二八三八为五八,五八四十也。四十为井字。"④首尾两句所用典故,为他人所未道,可圈可点。

总之,上述四个方面各有侧重。第一、二两方面侧重于空间角度,第三、四两方面侧重于时间角度,地理的、名物的、历史的、文化的,各种角度的意义挖掘相互支撑,增加了这册特殊形式的总集的文化深度。题跋者各骋巧思,用典各具特色,有逞才角力之意。在这种角力中,典实与意义纵横交错,缀成了复杂的意义之网。

---

① 顾诵芬、师元光编著:《释注》,第239页。
② 钱钟书著:《石语》,中国社会科学出版社,1996年。
③ (唐)张鷟撰,赵守俨点校:《朝野佥载》卷六,中华书局,1979年,第140页。按《释注》注1:"韩:古时又作'涵',《说文解字》为井垣之意,就是水井周围的栏圈。"第250页。应是误解。
④ (宋)邵博撰,李剑雄、刘德权点校:《邵氏闻见后录》卷十七,中华书局,1983年,第132页。

三、结　语

我曾在一篇旧文说过:"书是一张网。网的特点,亦即其长处之一,就是可以无限制地向外编连、扩张。书的好处,也像网一样,可以围绕某一核心点,无限地向外衍生。"①结网,既是书的物质生成之道,也是书的意义建构之道,还是书的存在与传播之道。《题字册》以其生动的案例,为我们理解文献网状衍生提供了新的角度。作为创意师、组织者、制作者和保护者的顾廷龙,他在这一过程中的创造性设计与贡献,赢得了我们崇高的敬意与深切的怀念。

---

① 程章灿:《书是打捞学海"沉舟"的网》,《中国社会科学报》,2017 年 6 月 23 日第 8 版。

顾廷龙与顾颉刚先生家族史料拾遗

——以《重修唯亭顾氏家谱》为中心

赵灿鹏

（暨南大学古籍研究所）

　　顾廷龙与顾颉刚先生，叔侄二人俱为现代中国的著名学者，以古文献学与史学研究的杰出成就著称于世。他们出身于苏州唯亭顾氏家族，为千年诗书世第，自清代以来有"江南第一读书人家"之誉①。其家族史料中有一部《重修唯亭顾氏家谱》十四卷，清顾来章、顾光昌、顾之义等纂修②，清光绪二十九年（1903）刻本，计十六册③。《重修唯亭顾氏家谱》（下文简称《家谱》）存世有多部，中国国家图书馆、中国科学院图书馆、

---

① 唯亭或写作维亭。顾颉刚《玉渊潭忆往》云："及康熙帝下江南时，风闻我家文风之盛，乃誉曰：'江南第一读书人家。'其时我家的气势，本已很可观，及得此崇誉后，更有不可一世的气概，不但在大厅上高高悬挂着'江南第一读书人家'的大匾，凡与亲友交往的名片、礼券、礼匣上都印着这一句话，以示荣崇。"韦力《书楼寻踪二集（下）》（载《天一阁文丛》第13辑，浙江古籍出版社，2015年，第8页）载顾颉刚先生之子顾德辉先生回忆："我们家都不喜欢做官，只喜欢读书，清朝有个皇帝来，忘了康熙还是乾隆，还曾给我家题过一个匾'江南第一读书人家'，后来这块匾在太平天国的时候被烧了，我们家被整得很惨，顾家败落也跟太平天国有关。"苏州市地方志编纂委员会办公室等编印：《苏州史志资料选辑》第二辑，1984年，第10页。
② 纂修者题名，国家档案局二处等编《中国家谱综合目录》署清顾光昌、顾之义修（中华书局，1997年，第718—719页），王鹤鸣等主编《上海图书馆藏家谱提要》（上海古籍出版社，2000年，第1160页）、王鹤鸣主编《中国家谱总目》（上海古籍出版社，2008年，第八册，第4995页）署清顾来章等纂修，此处系据三书综合而成。《家谱》卷首，有光绪十年顾来章撰《续修宗谱新添凡例二则》；又有光绪二十六年吴大澂撰《重修唯亭顾氏宗谱序》，云："元和顾抑如、廉军两君修谱成请序……"《家谱》卷六《传文》载光绪十四年汪亮钧撰《太学生顾少游先生家传》云："今先生曾孙元昌、之义校修族谱……"《家谱》卷一三《祠宇》有光绪十九年顾之义撰《后叙》，卷一四《墓图》有光绪十七年顾元昌撰《后叙》，《家谱》后附《庄规》卷首有顾光昌撰《小叙》，皆可为证。据《家谱》卷一《世系·十四世》，光昌字仲谦，号溢如（吴大澂序作"抑如"）；元昌，字潮伯，号仞之；之义字渐之，号廉军。仞之公为顾颉刚先生嗣祖父，廉军公为其本生祖父（详见下文）。《家谱》扉页牌记题"光绪甲申仲秋开雕癸卯季秋下澣刊竣"，按光绪十年甲申，二十九年癸卯，此为《家谱》经过顾氏族人相继纂修之证明。检《家谱》卷一《世系·十二世》、卷六《传文》载潘遵祁撰《顾玉松小传》，来章，字有庆，号玉松，生于道光五年（1825），卒于光绪十三年，年六十三，未克参与光绪后期《家谱》之纂修工作。
③ 现存唯亭顾氏族谱似仅见光绪谱一种。1947年顾廷龙先生等编有《唯亭顾氏现丁录》（参见周志永：《"江南第一读书人家"——唯亭顾氏的近代学术嬗变》，上海师范大学硕士学位论文，2015年，第18、41页）。（清）沈藻采编撰，徐维新点校《元和唯亭志》（方志出版社，2002年，第163页）卷一三《人物·顾昇传》引《唯亭顾氏支谱》："顾昇，字允斋。由珍珠坞徙居唯亭。"顾云传（第163页）引《唯亭顾氏近谱》，《顾用霖传》（第171页）引《顾氏宗谱》。按《元和唯亭志》撰于道光年间，所引《唯亭顾氏支谱》、《顾氏宗谱》当系光绪谱之前纂修者；《唯亭顾氏近谱》为康熙初年尼备公（嗣曾）创修（详见下文），《元和唯亭志》卷一九《艺文》著录顾嗣曾纂《唯亭顾氏近谱》十卷，疑皆佚。

中国社会科学院历史研究所图书馆、中央民族大学图书馆、上海图书馆、苏州博物馆、苏州大学图书馆等处有藏①。在中国国家图书馆、上海图书馆、苏州博物馆网站上,都可以全文阅览,非常方便;尤其是苏州博物馆网站,展示的是整叶彩色图版,可以看到家谱原貌。此谱并曾收入国家图书馆地方志家谱文献中心编《清代民国名人家谱选刊续编》(北京:北京燕山出版社,2006 年)影印出版。就已有唯亭顾氏家族研究论著的观感②,这部家谱的使用尚不够充分,有关顾廷龙与顾颉刚先生家世生平的论述还存在着一些错误。笔者昔年供职于上海图书馆历史文献中心谱牒部,期间曾拜读家谱一过,写有读谱笔记若干则。今将旧日笔记整理录出,谨供学者参考。本文修订中,所依据的是上海图书馆藏本影像,公布于上海图书馆"中国家谱知识服务平台"(https://jiapu.library.sh.cn/#/jiapu:STJP006835)。

一、世 系 之 一

根据《家谱》卷一《世系》梳理,顾廷龙先生的祖先世系如次:

1 昇(允斋公)→2 云(东山公)[一]→3 俤(小山公)[二]→4 应麒(兰台公)[三]→5 所树(骏甫公)[四]→6 其蕴(大来)[五]→7 思容(亦彦)[六]→8 秉忠(蔡如)[七]→9 伟(济吾)[八]→10 文燿(若初)[九]→11 春芳(燮臣)[一○]→12 绍丙(襄汉)[一一]→13 祖庆

---

① 参见国家档案局二处等编:《中国家谱综合目录》,第 718—719 页。王鹤鸣等主编:《上海图书馆藏家谱提要》,第 1160 页;王鹤鸣主编:《中国家谱总目》,第八册,第 4995 页。按顾廷龙、顾颉刚先生皆藏有《家谱》,顾颉刚先生于 1926 年撰写《古史辨自序》,即引述《家谱》卷首大来公(其蕴)《原序》,及自书于《家谱》之批语(顾颉刚编著:《古史辨第一册·自序》,上海古籍出版社 1982 年影印本,第 10—11 页)。至 1970 年代检寻藏书不获,顾廷龙先生即另外赠送一部与顾颉刚先生。《顾颉刚全集·顾颉刚书信集》(中华书局,2023 年,卷二,第 538 页)载致顾廷龙书之二九(1973 年 9 月 14 日):"吾家谱牒,一九五四年迁京时亲交装箱,故自谓必能在后房找到,但到今一月许,迄未找到。家谱不值钱,偷去不能易衣食,或者放在高头,今无法取到。尊处如有之,乞将杏楼公全条钞寄,并乞代查他是秀野公几世孙,我的几世叔祖。"《顾廷龙全集·书信卷》(上海辞书出版社,2017 年,上册,第 186 页)载致顾颉刚书之五九(1973 年 9 月 25 日):"杏楼公事迹,从家谱检得《行略》一篇,及杏楼公为夫人所撰《行略》一篇,又《艺文》一册,交邮寄呈。我有家谱两部,你如果要,我拟分给你一部,寄去的两册,不必寄还。"又《顾颉刚全集·顾颉刚书信集》(卷二,第 541 页)载致顾廷龙书之三○(1973 年 10 月 10 日):"家谱承允赠一部,至感。已收两册,即留此处。"按杏楼公讳元凯,字辅虞,又字佐虞,号杏楼,又号印娄,官至广西浔州府知府,《家谱》卷七《行略》有顾翼基等撰《显考杏楼府君行述》,及杏楼公撰《继室徐恭人事述》。

② 近年有关唯亭顾氏家族的研究,比较重要的成果有以下几种:陆林:《金圣叹与长洲唯亭顾氏交游考——兼论顾予咸与清初三大史狱之关系》,《艺术百家》2002 年第 2 期;收入氏著:《金圣叹史实研究》,人民文学出版社,2015 年,第十章《唯亭顾氏交游考》。田晓春:《苏州唯亭顾氏文化世族论略》,《文津学志》第 3 辑,国家图书馆出版社,2010 年。周志永:《坚守传统与与时俱进——苏州唯亭顾氏家族学术嬗变的内在理路》,载苏州市传统文化研究会编:《传统文化研究》第 21 辑,群言出版社,2014 年。周志永:《"江南第一读书人家"——唯亭顾氏的近代学术嬗变》,上海师范大学硕士学位论文,2015 年。

（绳武）[一二]→14 榮昌（仲平）[一三]→15 廷龙[一四]

小注：

［一］云（东山公），生子二：俸（小山公），爵。

［二］俸（小山公），一字君荣，东山公长子。生二子：应麒（兰台公），应骥（蕙台公）。

［三］应麒（兰台公），一字国祥。生五子：所肩（宏甫公），所居（仁甫公），所载（岳宗公），所树（骏甫公），所葆（纯甫公）。

［四］所树（骏甫公），生二子：其蕴（大来），予节（甘吉）。

［五］其蕴，原名予泰，字大来，号空五。生五子：思敬（圣向），思谭（绘先），思况（亦诗），思容（亦彦），思秘（亦真）。

［六］思容，原名思荣，字亦彦，号逸岩。无子，以弟思秘（亦真）子秉忠为后。

［七］秉忠，字葵如，号赘也，本生父为思秘（亦真）。生二子：伟（济吾），俭（汝贤）。

［八］伟，字济吾。以弟俭（汝贤）长子文燿为后。

［九］文燿，字若初，号稼轩，又号瀛斋，本生父为俭（汝贤）。配宋氏。生三子：晋芳（受于），联芳（捷三），春芳（燮臣）。

［一〇］春芳，字燮臣，号半梅。生七子：绍熊（襄虞），绍濂（希周），绍丙（襄汉），绍烈，绍煜，绍炘，绍申（辅周），烈、煜、炘三子俱殇。

［一一］绍丙，字襄汉，号吉甫。配王氏，直隶芦台场盐大使荫轩公女①。生二子：祖庆（绳武），烜庆（百禄）。吉甫公为顾廷龙先生的曾祖父。

［一二］祖庆，字绳武，号荫孙，生于清咸丰元年辛亥（1851）闰八月初九日。配陈氏，生于咸丰元年辛亥三月二十二日②。生四子：兜昌（敬伯），榮昌（仲平），锡昌（叔蕃），淇昌，淇昌殇。绳武公为顾廷龙先生的祖父。

［一三］榮昌③，字仲平，号竹庵，又号宇临，绳武公次子，为烜庆（百禄）后，即

---

① 沈津编著《顾廷龙年谱》（上海古籍出版社，2004 年，第 4 页）记曾祖母宋氏，貤赠一品夫人，疑误。《家谱》卷一《世系》载若初公（文燿）"配宋氏，诰封宜人，晋赠恭人，累赠一品夫人"，当涉此而误。按《家谱》卷六《传文》载汪麟昌撰《外舅顾吉甫先生家传》亦谓"配王宜人"。

② 《顾廷龙年谱》（第 4 页）记祖父祖庆、祖母陈氏均生于咸丰九年，疑误。

③ 《顾廷龙年谱》（第 6 页）谓"原名先昌"。按竹庵公后改名元昌，与松交公支四房元昌（字潮伯，号仞之，即顾颉刚先生嗣祖父）同名，二人辈份相同，皆为第十四世。《顾廷龙全集·文集卷·先考行述》（上海辞书出版社，2015 年，下册，第 971 页）、章钰《四当斋集》（台北文海出版社影印本，1966 年，第 235 页）卷八《吴县顾君墓志铭并序》、胡朴安《顾元昌传略》（载苏州市地方志编纂委员会办公室等编印：《苏州史志资料选辑》1990 年第 2 辑，第 24 页）并谓竹庵公别号冰谷。

顾廷龙先生之父。聘高氏,未娶先卒;配王氏,生于光绪五年(1879)己卯正月二十七日①,为顾廷龙先生之母。生三子,廷莹,廷龙,廷凤。廷莹幼殇。

兜昌②,字敬伯,号菊畦,绳武公长子,为顾廷龙先生之伯父。

锡昌,字叔蕃,号杏林,绳武公三子,为顾廷龙先生之叔父。

[一四]按《家谱》刊刻于清光绪二十九年(1903),时顾廷龙先生尚未出生,故家谱世系中未载其名。

二、世 系 之 二

顾颉刚先生的祖先世系如次:

1 昇(允斋公)→2 云(东山公)→3 俸(小山公)→4 应麒(兰台公)→5 所载(岳宗公)[一]→6 予咸(松交公)[二]→7 用霖(雨若)[三]→8 尔昌(鲁常)[四]→9 芝(聚东)[五]→10 家珍(象六)[六]→11 师范(志襄)[七]→12 璜(仲卿)[八]→13 继蓉(黼明)[九]→14 元昌(潮伯)[一〇]→15 柏年(贞白)[一一]→16 诵坤(铭坚)[一二]

小注:

[一]所载(岳宗公),字恒甫,为应麒(兰台公)三子。生六子:予临(咸吉),之玑(在钦),予咸(小阮),予壮(贞吉),予鼎(五玉),予有(岁其)。

[二]予咸,字小阮,一字以虚,号松交。生八子③:嗣邵(二弥),嗣荣(怀一),嗣和(八谐),用霖(雨若),延(世及),嗣皋(汉鱼),嗣协(于克),嗣立(侠君)④。

[三]用霖原名嗣悦,字雨若,号岩卜。生一子:尔昌(鲁常)。

---

① 《顾廷龙年谱》(第 7 页)记王氏于光绪五年四月初九日生,存疑待考。

② 《顾廷龙年谱》(第 5 页)作"棨昌",疑误。按绳武公四子,兜昌、棨昌、锡昌、淇昌之名,首字均依据五行而起。

③ 顾颉刚《玉渊潭忆往》(第 10 页)谓松交公生十一子,第十子迁客公。《家谱》卷五《杂撰》载松交公《雅园居士自叙》后,有雨若公识语云:"先大夫于丁未春,携三兄嗣和就婚秦补念先生官署,归舟自叙生平……冬十月,为用霖娶妇,即手授析箸训言。是时长兄嗣邵,仲兄嗣荣才弱冠,六弟延方就外傅,八弟嗣皋、十弟嗣协、十一弟嗣立俱在襁褓……四男用霖百拜识。"识语中说"十一弟嗣立",是知十一子之说为确。识语未提及、《家谱》未载者为松交公第五、七、九子三人。又《家谱》卷七《行略》载顾尔昌撰《显考岩卜府君行述》云:"……先王父松交公其行三也,生八子,府君行四,与迁客十叔父、秀野十一叔父……"既谓松交公"生八子",又言"迁客十叔父、秀野十一叔父",疑《家谱》未载松交公第五、七、九子三者幼殇。

④ 《顾廷龙年谱》(第 3 页)记顾嗣立卒年五十四,疑误。按《家谱》卷一《世系》载顾嗣立于康熙四年乙巳五月二十九日生,康熙六十一年壬寅三月初六日卒,年五十八;卷七《行略》载汪钧撰《秀野顾公行述》云:"康熙六十一年三月初六日卒于家,享年五十有八。"卷八《墓志》载杨绳武撰《外舅顾秀野先生墓志铭》亦云:"先生生于康熙乙巳,卒于康熙壬寅,年五十有八。"检朱寿彭编著,朱鳌等整理《清代人物大事纪年》(北京图书馆出版社,2005 年,第 214、508 页),亦记顾嗣立于康熙四年乙巳(1665)五月二十九日生,康熙六十一年壬寅卒,享年五十八。

〔四〕尔昌,字鲁常。以熙(哲如)子基、炆(恂如)子芝、箧(竹师)子孙庆为后。

〔五〕芝,字聚东,号列圃,本生父为嗣和(八谐)之子炆(恂如)。生一子:家珍(象六)。

〔六〕家珍,字象六,号半樵。生二子:师范(志襄),治(克襄)。

〔七〕师范,字志襄,号少游。生二子:琦(步韩),瑛(仲卿)。

〔八〕瑛,字积承,一字仲卿,号容庵。兄琦字力承,一字步韩,号雨香。容庵公生二子:光照(黼明),光熊(维祥)。

〔九〕继蓉,原名光照,字黼明,号东生。兼祧父琦(步韩)。生子二:元昌(潮伯),之义(渐之)。东生公为顾颉刚先生曾祖。

〔一〇〕元昌,原名凤高,字潮伯,号仞之。之义原名鸿吉,字渐之,号廉军。廉军公生二子:柏年(贞白),松年(干青)。柏年为仞之公后。仞之公为顾颉刚先生嗣祖父,廉军公为本生祖父。

〔一一〕柏年,字贞白,号子虬。松年,字干青,号子蟠。子虬公配周氏,光绪二十七年正月十三日卒,年三十二。子虬公为顾颉刚先生之父,周氏孺人为顾颉刚先生之母。

〔一二〕诵坤,字铭坚,号颉刚。贞白子。光绪十九年癸巳三月二十三日生。

综上,顾廷龙先生属大来公支四房第十五世,顾颉刚先生属松交公支四房第十六世。顾廷龙、顾颉刚先生在唯亭顾氏家族中为从叔、从侄关系。家族内部谱系的分支,简而言之,四世祖应麒(兰台公)生五子,四子所树(骏甫公)—其蕴(大来)之下为顾廷龙先生所属,三子所载(岳宗公)—予咸(松交公)之下是顾颉刚先生所属。

三、先世说之一

唯亭顾氏家族以昇(允斋公)为一世祖,于明成化年间(1465—1487)始迁唯亭。《家谱》卷一《世系》曰:

> 一世允斋公讳昇,相传远祖吴丞相雍从子容,居姑胥山,子孙家焉。明成化间,公始迁长洲之唯亭。

《家谱》卷七《行略》载顾曾撰《先高祖松交府君事略》云:"至明嘉靖间,有允斋府君者,始僻居昆山之西。"此处说允斋公始迁唯亭在明嘉靖年间(1522—1566),当为误记。唯亭顾氏家族自三世祖俸（小山公）起，已有明确生卒年记录。小山公生于正德八年癸酉（1513），则允斋公始迁唯亭年代不可能在嘉靖年间，当以成化年间为是①。

在唯亭顾氏家族早期文献中，以三世祖俸（小山公）、四世祖应麒（兰台公）的传记资料值得注意，尤其以小山公墓志在家族史料中显得最为重要。《家谱》卷五《杂撰》曰：

> 吾家谱牒散亡，无由远追始祖，求其近而可徵者，惟高祖小山公墓志，考其始迁维亭，隶籍长洲者，为允斋公，实小山之祖也。

《家谱》卷八《墓志》载明万历年间冯时可撰《前明故处士小山顾先生德配张硕人合葬墓志铭》云②：

> 其先始自丞相雍从子容，居姑胥，子孙因家焉。历累朝迄明，代有闻人。成化间，允斋公昇始徙唯亭之顾港。

《家谱》卷七《行略》载明崇祯十二年（1632）宏甫公（所肩）撰《明文学先考兰台府君暨先妣陈硕人行略》曰：

> 府君讳应麒，字国祥，别号兰台，吴丞相雍从子容之后。世居吴中，传至高祖允斋公，徙居唯亭沙湖之南。

小山公墓志铭说允斋公先世"居姑胥"，姑胥即姑苏，为苏州别名。兰台公行状说"世居吴中"，"吴中"如非泛言，通常亦指吴县一带③。小山公墓志铭后，有康熙十一年壬子（1672）郑敷教跋云：

> 顾子尼备，捧小山府君志铭相示，怃然曰："吾顾之家于姑胥者，同源异流，实称繁盛，以门族相高，宗属无间。然中间失其世次者多矣。"

顾嗣曾（1633—1709），字尼备，号樗全，一字省吾，是唯亭顾氏家谱的创修者④。《家

---

① 顾颉刚先生《玉渊潭忆往》（第9页）说"我先祖明末清初卜居地唯亭"，按成化年间在明代中期，"明末清初"之说不确。

② 墓志铭未书撰写年月，末署"赐进士第嘉议大夫浙江按察司按察使前提督四川贵州学校按察司副使眷生冯时可顿首撰"，按冯氏约于明万历二十五年至三十七年之间（1597—1609）任浙江按察使，参见"中研院"历史语言研究所"人名权威人物传记资料库"（https://newarchive.ihp.sinica.edu.tw/sncaccgi/sncacFtp?ACTION=TQ, sncacFtpqf, SN=012141, 2nd, search_simple）。墓志铭于清康熙七年经过顾嗣曾（尼备）缀辑补订，篇题中"前明"两字当亦为其所加。

③ 参见王国平主编：《苏州通史·导论卷》，苏州大学出版社，2019年，第269—271、275—276页。

④ 《家谱》卷首载乾隆二十九年甲申（1764）顾文铉撰《唯亭顾氏家谱续序》曰："家乘创自曾伯祖尼备公，……"乾隆三十年顾篑撰《重刻近谱序》亦云："吾家近谱之刻，创自樗村伯父，溯本穷源，斑斑可考，盖为旁搜志述，弥补残缺，具见苦心，原非易有之成书。"按"樗村"当亦指顾嗣曾其人。《家谱》卷九《艺文》载顾嗣曾撰《雁行集叙》，末署："康熙岁次庚午九月武陵第三人沙村樗全曾撰"；卷一一《园亭》载韩菼撰《浣雪山房记》云："先生姓顾名嗣曾，今更名樗，沙村其地也，即以自号云。"可为佐证。又《家谱》卷首载道光元年（1821）顾曾重撰《续修宗谱凡例八则》之八云："是谱创于在钦公，迄四十余年，尼备公始成之。"顾之玑（1611—1668），字在钦，生三子：嗣曾、嗣思、嗣孟。然则唯亭顾氏家谱之创修，亦经在钦公、尼备公父子两世辛劳撰著，始克完成。

谱》卷首载康熙七年戊申(1668)尼备公《原序》曰:

> 是谱之托始于允斋公者,余小子之所逮闻止此耳。上焉者无徵焉,故曰近
> 也。其系之维亭者何?顾之为族繁矣,自孙吴丞相以后,代有闻人,凤推江南四
> 望之一。其后播迁四方,支分派衍,谱之传者,亦未可更仆数,而余宗缺如。吾恐
> 后之人忘其所自,而假窃傅会,以乱吾宗也,故谱而系之曰维亭,明所别也。

按尼备公谱序,以及郑氏引述尼备公之言,意谓苏州顾氏"同源异流",宗门远出三国
吴丞相顾雍,而支派不同,传承千载,下至允斋公(昇),年湮代远,世系不知其详。因
而尼备公创修家谱,将远源截断,以"近谱"为名,始迁祖断自允斋公(昇),以示审慎,
由此确定唯亭顾氏家族谱系的基本结构。《家谱》卷首又载顾其蕴(大来公)于康熙七
年同时所撰《原序》云:

> ……此尼备从侄之近谱,所以不宗鹿城而宗维亭也。维亭距鹿城不数十里,
> 有农家者流,繁衍于上二十一都之乡,地名顾港,此吾支之所自。乡之先达已蒙
> 称述,信为文康公之支矣。而尼备以宗其所疑,不若宗其所信,宗其所信,而苟有
> 一毫之可疑,无庸宗也。所以宁维亭而不敢曰鹿城,重原本也。然则尼备其纯孝
> 矣哉!

大来公谱序中包含着一些重要的信息,头绪较为复杂,需要加以疏理。

上文提到,顾颉刚先生于1926年撰写《古史辨自序》,曾引述《家谱》所载大来公谱
序。在顾颉刚先生的引文中,加有小注:"鹿城:昆山","文康公:顾鼎臣"①。相传昆山
为春秋时期吴王寿梦养鹿狩猎之地,故有鹿城之称②。顾鼎臣(1473—1540),初名全,
字九和,号未斋,明弘治十八年(1505)乙丑科状元,嘉靖年间宰臣,卒谥文康。文康公
家族世居苏州府昆山县雍里村(今昆山市玉山镇)③。

大来公谱序说:"……乡之先达已蒙称述,(吾支)信为文康公之支矣。"与大来公
撰写谱序约略同时,《家谱》卷五《杂撰》载松交公(予咸)于康熙六年(1667)撰《雅园居
士自叙》亦云:"吾宗相传系出昆山,自五世祖允斋公徙居昆山之西,地名维亭。"《家
谱》卷一二《祭文》载康熙八年《公奠松交顾公文》曰:"惟公为三吴甲族,发源玉峰,继

---

① 顾颉刚编著:《古史辨第一册·自序》,第10—11页。
② 参见王卫平主编:《昆山史纪》,苏州大学出版社,2021年,第29页。
③ 参见廖峰:《嘉靖阁臣顾鼎臣研究》,巴蜀书社,2012年,第一章、附录一《顾鼎臣大事年表》,第22—57、187—205
　 页。廖氏又以顾鼎臣宗法思想为例,论及明世宗朝"大礼议"事件之后,民间社会宗法思想观念出现的变化。它表
　 现为在认同大宗的同时,在实践层面重视小宗,纂修家谱等宗族活动以务实为尚,秉持不冒认、不攀附的原则,仅
　 追溯到有据可考的小宗(第五章,第155—167页)。这是一个富有启发意义的思路,有助于理解清代初期尼备公
　 创修《近谱》的思想渊源。

迁茂苑,子姓繁多。"玉峰即玉山,指昆山雍里顾氏。可以看出在明末清初,关于唯亭顾氏的族源,已普遍有来自昆山的说法。

　　唯亭顾氏家族文献中,另外有一份重要的史料。松交公(予咸)于康熙八年(1669)七月初五日卒后,昆山雍里顾氏族人共计六十人,于八月二十日亲临致祭。《家谱》卷一二《祭文》载其文曰:

　　　　维康熙八年岁次己酉八月辛酉朔越二十日庚辰,玉峰宗人震恪、震省、震恭、震武、锡介、锡璇、锡申、垂绪、袁咸、锡智、升选、升霄、见龙、升华、升晙、升彦、升公、升祚、升迥、升昀、升罔、升辅、鉴存、化瀛、秀存、伦谂、后伸、后荣、存谟、锽升、哲升、秀存、慈升、暲升、封泰、垣泰、屏永、祚泰、成存、慧升、昊宁、鲁鳌、需立、需镜、需枚、需任、需遇、诚久、宏宪、维祯、仁隆、蔚文、华需、诲需、容需、济需、泓需、淑需、焕仁、雯皞等,谨以瓣香絮酒之仪,致祭于清故奉直大夫吏部考功司员外郎松交公之灵曰:……忆我上祖千十二公以来,子姓振绳,家于玉峰之雍里者,为福五公。福五公有兄七人,皆散处四方,而福二公独居郡,发祥余庆,数传以迄于公……

此处署名的六十位昆山雍里顾氏族人,在乾隆《雍里顾氏族谱》中[①],基本都有记载[②]。祭文明确指出:先祖千十二公后裔,有福二公、福五公等兄弟八人;唯亭顾氏家族为福二公之后,福二公居于苏州郡城,"数传以迄于(松交)公";昆山雍里顾氏族人为福五公之后。应该看到,此处所谓福二公为唯亭顾氏家族先祖的认识,是后起的一种谱系叙述,并非雍里顾氏家族原生的传统[③],需要查考其他族谱资料加以考察,不能冒然确定为信史,但此种叙述不会凭空产生,应该是有所根据的[④],由此可知,至迟在清代前

①　《雍里顾氏族谱》十八卷,(清)顾茂等纂修,清乾隆五十五年(1790)刻本,藏于苏州图书馆,该馆古籍资料库网站有部分书页影像公布(https://fzk.szlib.com/pc/book/info?id = 156)。国家档案局二处等编《中国家谱综合目录》(第 719 页,编号:14640)著录作:[江苏昆山]《顾氏族谱》十八卷首一卷末一卷,纂修者不详,清乾隆五十五年(1790)刻本,十八册,藏江苏吴县图书馆;王鹤鸣主编《中国家谱总目》(第八册,第 4995—4996 页,编号:603-0107)略同。按《雍里顾氏族谱》卷首《总目》,卷端署名作:"五世孙良始辑,八世孙邦石、潜续辑,十世孙咸正、咸建续辑,十二世孙晋璠、锡畴增修,十三世孙升辅续修,十五世孙茂增订。"卷首《附增订款目》之四云:"旧谱传志考后,附载碑记、寿言,不肖茂推广斯意,凡有名言笃论,如字说等篇,以及先世祭文,悉为补刻。"可知是谱成于顾茂之手。谱名据扉页所题,卷端作《顾氏族谱》。

②　因为写作时间的限制,未能通检全谱,就浏览所及,卷二《世系图》之《桂轩公后仲房总图》有锡介、锡璇、锡申三人,《桂轩公后季房总图》(即文康公鼎臣房)有升选、升霄、见龙、升华、升晙、升彦、升祚、升迥、升昀、升罔、升辅等十一人。

③　《雍里顾氏族谱》卷一载明正德十四年(1519)顾潜撰《西岩府君谱图序》云:"……始祖千十二公,旧亡其名。公生德辉,德辉之子八人,第八子福五府君,寔为予六世祖。其七祖之子孙,不知流衍何所,抑尚有其人否乎? 凡我兄弟暨子若孙,有事于四方,邂逅同姓之士,访求其世,而万一有合焉,尤予之至愿也。"可知在明代中期雍里顾氏族人的谱系认知中,还没有建立福二公与唯亭顾氏家族的联系。

④　上文引述顾鼎臣的宗法思想之时,已经提及雍里顾氏族人纂修家谱的态度较为谨慎,秉持不冒认、不攀附的原则,仅追溯到有据可考的小宗。《雍里顾氏族谱》以千十二公—德辉—福五公三代,为确定的祖先世系。族人叙述福二公、福五公兄弟行关系,似乎没有妄加捏造、攀缘比附的理由。

期已经有比较明确的认识,唯亭顾氏与昆山雍里顾氏,二者有亲缘关系,但分属顾氏二个支派,并不存在唯亭顾氏的族源来自昆山的情况。

《雍里顾氏族谱》卷二《一世至六世总图》、卷三《世系表上》、卷四《世系考》载有千十二公至福五公世系,卷四《世系考》内容较详,兹录出如次:

第一世:千十二公,元万户,讳字俱无考。子一:德辉。

第二世:德辉,千十二公子,字道彰,元万户。子八:真二,真三,宁一,宁二,福二,福三,福四,福五。(卷三《世系表上》原注:"(福四)已上七支俱无考。")女三:真一,适金伯坚;真四,适盛里长;福一。

第三世(前七支俱无考):福五,道彰第八子。按呆庵公志称千十四翁,名士恭①。洪武四年给户帖时,年四十岁。相传葬二保白塔港(小叔字圩)。配董氏。子三:大本,斗孙,成。女一,胜奴。

《雍里顾氏族谱》卷一载《福五府君户帖》,详细记录福五公家庭成员及财产信息:

福五府君户帖

户部洪武三年十一月二十六日钦奉圣旨:"说与户部官知道:……钦此。"除钦遵外,今给半印勘合户帖,付本户收执者。

一户民顾福五,苏州府昆山县第二保七伴社长王福三界。

男子四口。

成丁一口:本身,年四十岁。

不成丁三口:男金宝,年一十四岁②;

男斗孙,年一十一岁;

男阿喜,年九岁。

妇女五口:妻董安一娘,年四十三岁;

妻母董庆九娘,年六十七岁;

---

① 《雍里顾氏族谱》卷一三《传志考》载吴愈撰《呆庵公墓志铭》云:"公讳良,字士良,姓顾氏,世居昆山之雍里。曾大父讳德辉,大父千十四翁,讳士恭。父颐庵,讳大本。"同卷载张大复《桂轩府君传(附父良)》云:"顾之先有千十四翁像,元服而戎靴,环其耳。每见梦其家,辄有显者。顾氏家老,以千十四翁为始祖。或曰翁之父名德辉,其谱系可考也。"

② 按《雍里顾氏族谱》卷四《世系考》载第四世:大本,福五长子,字道中,号颐庵,元至正十三年癸巳生。配蔡氏。子二:贤,良。斗孙,福五次子,后无考。成,福五第三子,小名阿喜,赘十一图袁氏。子二:忠,信。据此,知金宝即大本小名。惟元至正十三年癸巳(1353)生,至明洪武四年(1371),年已十九岁;下文记"男妇蔡福四娘,年一十九岁"(户帖与《世系考》"配蔡氏"对应),夫妇二人年纪相仿,可为佐证。按明代赋役制度,"丁曰成丁,曰未成丁,凡二等。民始生,籍其名曰不成丁,年十六日成丁。成丁而役,六十而免"(《明史》卷七八《食货志》二),十六岁至六十岁之间均须服役,户帖记"年一十四岁",当为逃避丁役之考虑。

男妇蔡福四娘,年一十九岁;

女胜奴,年一十三岁;

女喜奴,年一岁①。

事产:田地四十四亩七分。

右户帖付民户顾福五收执,准此。

洪武四年十一月　日。

(全印)

洪字叁拾柒号

(半印)　押　押　押

押

部　押

押

此为明洪武四年户部颁发户帖,出自雍里顾氏族人顾式(字有斋,即顾鼎臣之兄)收藏,又抄录刊印于族谱之中。这份户帖经与现存明代户帖各份文本比对,有着较高的可信度②。

《家谱》卷首载道光元年顾曾重撰《续修宗谱凡例八则》之二曰:

吾宗自允斋公以上,世次难纪,遂为始祖。大来公原序曾言为文康公之支,然按松交公祭文,明言福二公之后。文康公为福五公之支。昆山、唯亭之分,实始于此。是以尼备公言宜宗唯亭为可信。

该条凡例对尼备公纂修的家谱系统,作了简明扼要的总结。据此,大来公谱序及松交公《雅园居士自叙》引述唯亭顾氏来源于昆山的说法,是不确切的③。

《家谱》卷一二《祭文》载康熙八年雍里顾氏族人祭松交公文云:"忆我上祖千十二

① 按《雍里顾氏族谱》卷四《世系考》载第三世:福五,女一:胜奴。第四世:大本,女一:喜奴,赘张谦。如此则喜奴为福五公孙女。

② 有关明代户帖制度的研究,较早的有梁方仲《明代的户帖》(《人文科学学报》第 2 卷第 1 期,1943 年 6 月,第 85—91 页),近年比较重要的成果有吴滔《百姓日用而不知:明洪武十四年后户帖的流传》(载陈春声等主编:《遗大投艰集:纪念梁方仲教授诞辰一百周年》,广东人民出版社,2012 年,第 514—524 页)等,吴文讨论明代户帖的流传情况、保存动机、祖先记忆及虚构作伪问题,颇见新意。

③ 顾颉刚《玉渊潭忆往》(第 9 页)说:"自汉以来,史书上屡见有声名澎湃的江南顾氏的记载,如……明代顾鼎臣、顾亭林等是。虽然因为谱谍失散,已无明文可考这些闻人与我先祖的关系如何,然而从我先祖明末清初卜居地唯亭,与二顾的故乡昆山相去如是之近,多多少少沾些血统上的关系。"顾先生推测唯亭顾氏与昆山顾氏家族,可能有亲缘关系,此论犹在疑似之间,盖未细考《家谱》卷首顾曾重撰《续修宗谱凡例八则》,以及卷一二《祭文》载康熙八年雍里顾氏族人祭松交公文。

公以来，子姓振绳，家于玉峰之雍里者，为福五公。福五公有兄七人，皆散处四方，而福二公独居郡，发祥余庆，数传以迄于（松交）公。"所述唯亭顾氏先祖福二公生平，仅止于此。福二公其他事迹无考。按民国间顾祖培等纂修《南通顾氏宗谱》卷二《世系表》一载①：

> 始迁祖福二公，又讳昌，字嘉猷。润之公次子。先世居吴郡，公以元季之乱，寓居高邮，旋迁通州，筑室城西家焉。时在明太祖洪武元年，……娶凌氏。继范氏。……子五：寿一，寿二，寿三，寿四，寿五。

卷八有陈大科撰《顾氏始迁祖福二公家传》，内容略同；卷首《远代志略》载润之公，父名八一秀，润之公五子：福一，福二，福三，福四，福五②。《南通顾氏宗谱》所载福二公其人，时代约略仿佛；惟《雍里顾氏族谱》卷四《世系考》载福二公祖名千十二公，父名德辉，字道彰；二者不相对应，事迹亦无关涉，当非一人。

四、先世说之二

关于唯亭顾氏先世来源，另外还有一种说法值得注意。李巨川先生《唯亭顾》一文云：

> ……顾昇，字允斋，生卒年不详，由太湖西岸的光福珍珠坞迁来。据《（顾氏）祠堂志》，顾昇远祖是南朝梁国名臣顾野王。光福珍珠坞，是顾野王第五个儿子、陈国征西侯顾允南一支的后裔集中居住地。顾昇是顾允南第 59 世孙。顾昇为何离开光福，不见记载。③

此处引述的《（顾氏）祠堂志》，当系《金阊陈乡贤顾将军祠堂志》，全书八卷，苏州图书馆藏清抄本，该馆古籍资料库网站有部分书页影像公布（https://fzk.szlib.com/pc/book/info?id = 1474）。此书已收入南京凤凰出版社 2021 年出版《江苏文库·史料编》，题名作《顾氏金阊祠堂志》（下文简称《祠堂志》），清顾宗甲、顾震涛等编，影印清光绪五年（1879）顾传德抄本。

---

① 参见国家档案局二处等编《中国家谱综合目录》（第 716—717 页）、王鹤鸣等主编《上海图书馆藏家谱提要》（第 1160 页）、王鹤鸣主编《中国家谱总目》（第八册，第 4989 页）。《中国家谱总目》著录信息作：[江苏南通]《南通顾氏宗谱》十卷首一卷，顾祖培等纂修，1931 年南通翰墨林铅印本，四册。

② （清）顾步青等纂修《武陵宗谱汇编》（清嘉庆十八年刻本）卷一《列传》记五十世润之，八一秀次子，字可泽，行元二，判官。子五：福一，福二，福三，福四，福五。五十一世福五，润之子，字乐善，居胶山。永乐初讨寇有功，诏旌义士。此福五亦与昆山雍里之福五公生平事迹不同，并非一人。

③ 李巨川：《唯亭顾》，《江苏地方志》2011 年第 3 期，第 53 页。

根据《祠堂志》卷八《分支总线图》所载，昇（允斋公）祖先世系如次：

　　1 安朱（始居苏州大姚村）→2 摇①→3 昭襄→4 建→5 贵（始居光福山）→6 翱→7 纶→8 龙→9 大成→10 邦→11 安（始居娄关）→12 综→13 林→14 奉→15 通→16 融（始居聚坞山）→17 向→18 雍（分吴丞相支）→19 济→20 垫→21 显→22 炯→23 盛→24 平叔→25 延之→26 璪→27 昌衍→28 时秀→29 烜→30 野王

　　→31 允南（征西侯支）→32 觉→33 璞→34 仲连→35 况→36 非熊→37 在镕→38 琳→39 懋→40 秀来→41 德文→42 晋之→43 珽玉→44 勤→45 凤→46 明德→47 绛→48 小十二秀②→49 仲六秀→50 胜一→51 正三→52 恒伦→53 正八→54 恭一→55 然三→56 允武→57 琼→58 纶之→59 昇（分唯亭顾港支）③

《祠堂志》所载世系，偶有错误，如第二世"摇"误作"瑶"，第十四世奉与第十六世融之间，脱落第十五世通；第四十八世"小十二秀"之"二"字误作"三"。《祠堂志》系据道光二十六年（1846）顾兆熊刊本抄写（扉页录有道光刊本牌记）。我们把它和清顾步青等纂修、嘉庆十八年（1813）刻本《武陵宗谱汇编》相比较，世系内容基本相同，可知不是凭空杜撰而成④。

《武陵宗谱汇编》卷一《列传》世次只记到 49 仲六秀，曰：

　　仲六秀，小十二秀子。子三，长胜一郎，生正一、正二、正三；次胜三郎，徙居云南；季升十郎，失考。

50 胜一以下至 59 昇阙载。故卷首《分支考》特别说明："又正三，恬如载失考，而认庵、醒轩、嗣铿、迁客四公本，载其后八世孙昇，由钱家坎徙维亭，分顾港支。"此处恬如载当指《列传》世次原本，认庵、醒轩、嗣铿、迁客四公本，则为另外四种顾氏谱录，迁客是唯亭顾氏松交公子嗣协（生于康熙二年［1663］，卒于康熙五十年），可知此种谱系梳理的时代较早。《武陵宗谱汇编》卷三《总线图》则载有 50 胜一以下至 59 昇世次，并且完全对应。

《祠堂志》所载昇（允斋公）祖先世系，其中的世次关系，在其他传世文献中也有佐证。顾震涛撰《吴门表隐》卷六云：

---

① "摇"，原作"瑶"，据（清）顾步青等纂修《武陵宗谱汇编》卷一《列传》、卷三《世系总图》改。
② "小十二秀"，原作"小十三秀"，据《武陵宗谱汇编》卷一《列传》改。按《武陵宗谱汇编》卷三《总线图》亦作"小十三秀"。
③ 李巨川《唯亭顾》（第 53 页）云"顾昇是顾允南第 59 世孙"，此说不确，世系自安朱起计，始为第五十九世。
④ 这个整齐无缺的家族谱系，当然不能排除其中有人为建构内容的考量，但从本质上说，家族谱系不是纯粹生物学意义的血缘关系记录，而更多地是历史记忆与文化认同等因素的表现。此非本文关注重点，姑置不论。回到实证史学的立场，以研读族谱资料的通常经验而言，家族谱系远古部分大多难以信据，随着时代后移，其可信度也相应增加。

宋高士顾凤暨配姚令人墓在潭东弹山。（隶吴邑十九都六图福字圩。）子太常明命、侍御明德祔。……傍有双寿庵，凤夫妇皆年九十建次，孙彦恭为僧守之，并有祠。嘉熙二年，僧净了重建（久废）。元孙宋学士仲六秀墓，在骑龙山。历宋元明，后裔咸祔，土人呼姚官坟。①

此处所记宋高士顾凤、子侍御明德、玄孙宋学士仲六秀，即《祠堂志》所载世系中的 45 凤、46 明德、49 仲六秀。另外，《吴门表隐》所记苏州玄妙观三清殿东首石柱所刻南宋时期题名，也有仲六秀的生平信息，文曰：

（玄妙观）三清殿石柱各镌天尊圣号，东首尚全，西首已多更换。下有小字，文多漫漶，所见有"平江府长洲县道义乡众善桥西街信士朱振并妻张氏七四娘暨家眷等，奉道助钱伍拾贯，置殿柱壹座，超荐先考朱一郎、先妣沈氏八娘、丈人张□、丈母沈氏六娘"。又一刻"宋淳熙三年教宣郎泰州海陵县黄彦修"。又一刻"顾仲六秀并妻赵氏五娘保佑"。又一刻"迪功郎陈"。又一刻"吉祥如意"，余皆剥落。②

在阅览《武陵宗谱汇编》卷三《总线图》时，我们有一个特别的发现。《总线图》所载五十七至五十九世世系如次：

五十七世：琼。

五十八世：纶之。子五：昇，昪，旭，昺，昶。

五十九世：昇，分唯亭支。

　　　　　昇，子一：雾。注：乏。

　　　　　旭。

　　　　　昺（僧）。

　　　　　昶。

这个世系图记载了唯亭顾氏始迁祖——昇（允斋公）的家庭成员信息，是一份珍贵的族谱资料。昇兄弟五人：昇，昪，旭，昺，昶，其中昺出家为僧。六十世仅载昇之子雾一人，如与《家谱》对读，昇（允斋公）之子名雲（东山公），昪之子名雾，按"雾"与"雲"字皆属"雨"部，兄弟子侄取名从字辈，或取譬相类，这是《祠堂志》及《武陵宗谱汇编》所载昇（允斋公）祖先世系，有相当可信度的一个有力证据。

《家谱》卷一二《祭文》载康熙八年无锡顾氏族人顾宸（1607—1674，字修远，号荃

---

① （清）顾震涛撰，甘兰经等校点：《吴门表隐》卷六，江苏古籍出版社，1999 年，第 71 页。
② （清）顾震涛，甘兰经等校点：《吴门表隐》卷五，第 62 页。按"教宣郎泰州海陵县黄彦修"之"教宣郎"疑误倒，当乙作"宣教郎"。

宜,无锡人,著名藏书家)等祭松交公文中,追溯其先世曰:

> 江东四姓,吾顾为蕃。爰自希冯,肇居云间。是作鼻祖,史传班班。梁陈之际,伏节抗颜。清风激厉,往矣不还。乃产五龙,周夏盛鸿。吾祖允南,惟师文中。蝉联奕世,笃生逋翁。后嗣绵绵,茂如瓜瓞。支别吴淞,裔分楚越。谱失真传,遂疏一体。族遍三吴,散不可纪。凡我家人,希冯孙子。惟君先世,卜居苏台。伯寿之裔,历代栽培……

顾野王字希冯,为顾氏鼻祖,生有五子:盛南、鸿南、周南、夏南、允南,允南为本支祖。逋翁名顾况,唐著作郎,在上文列举世系中为第三十五世。这个谱系叙述与《祠堂志》及《武陵宗谱汇编》亦大体吻合,但后面说“伯寿之裔”,似不确切。按顾伯寿由吴中徙居昆山①,则涉及维亭顾氏的昆山族源问题,上文已经作过讨论,此不赘言。

五、结　语

清康熙初年,尼备公(嗣曾)创修唯亭顾氏家谱,确定家族谱系的基本结构。尼备公以“近谱”为名,将家族谱系的渊源问题予以化解,始迁祖断自允斋公(昇),这当然是审慎严谨的表现。然而族谱的渊源,毕竟是一个有实质意义的问题,可以化解于一时,终究无法全然消除。

顾颉刚先生幼年时曾经在《家谱》上写有批语道:

> 甚哉谱必以大宗言也! 不以之言,则昧于得姓传递之迹,而徒见十数世而已。吾族之谱始自允斋公,遂谓允斋公为始祖。夫公非始得顾姓者,而曰始祖,亦太隘矣!②

---

① 顾伯寿之子瑛(1310—1369),又名德辉,为元末江南文化名人(参见李峰主编:《苏州通史·人物卷》,苏州大学出版社,2019年,上册,第296—297页)。(明)朱珪撰《名迹录》(台湾商务印书馆影印《文渊阁四库全书》本,1986年)卷四《金粟道人顾君墓志铭》:“金粟道人姓顾名德辉,一名阿瑛,字仲瑛,世居吴,谱传野王裔,未必然否也。大父以上皆宋衣冠,大父仕皇元为卫辉怀孟路总管,始居昆山之朱塘里。父玉山处士,隐德不仕在养。”(清)鲍廷博辑录《玉山逸稿》(清嘉庆四年桐川顾氏刻《读书斋丛书》本)附录《墓志铭》:“君讳德辉,字仲瑛,姓顾氏,世为苏之昆山人,盖四姓之旧也。……父伯寿,晦德弗炫,号玉山处士。”(元)陈基撰《夷白斋稿外集》(影印《文渊阁四库全书》本)卷下《尊贤堂分韵赋诗序》:“玉山高士世为吴中巨族,居昆山界溪之阳。”(清)沈藻采撰《元和唯亭志》(第203页)卷一七《流寓·顾德辉传》云:“昆山人。曾家于里南顾浦。”(明)顾鼎臣撰《顾文康公文草》(《四库全书存目丛书》影印明万历至清顺治顾氏家刻本,齐鲁书社,1997年)卷五《闲云篇序》:“吾宗为吴中四大姓之一,代有奇士……其在元有处士讳仲瑛,自号片玉山人,逸迈不凡,博极群书,通折三教,座客常满,所与皆海内知名之士。”以“吾宗”相称,可知顾伯寿一系,与昆山雍里顾氏并非同支。雍里顾氏家族第二世亦名德辉,然与顾瑛生平事迹不相似,当非一人。马一平论文《顾野王昆山后裔考》(载《苏州教育学院学报》,2021年第4期,第50—53页),将昆山雍里顾氏始祖千十二公——德辉(道彰),与伯寿(玉山处士)——德辉(仲瑛,片玉山人)父子混为一,不可信据。

② 顾颉刚编著:《古史辨第一册·自序》,第11页。

据顾廷龙先生1930年代记述,其尊人竹庵公,曾经详考顾氏家族谱系源流,记曰:

> 先君尝以相传大江南北无二顾,然吾吴同姓甚多,皆出吴丞相之后,而谱莫能通。盖遭元季之乱,流寓四方,此系往往失其连贯。每疑同姓中,或有一二有心人留意宗谱,明查审记者,若能保存一本,迄今必多奇遇,遂遍向同姓,假读谱牒,或钞本,或刻本,得十数家,颇欲详考诸顾之源流,手录其迁徙之踪迹,及元明间之世系,积十余册藏于家。[①]

从某种意义上说,从个人身世到家族谱系的追根溯源,不仅契合于孝悌仁义敦本睦族的传统道德诉求,而且也是人类认知的天性所致。在现代史学的立场看来,尼备公(嗣曾)于康熙初年创修《近谱》,如果能够在求真的同时,依据先贤"多闻阙疑"之义,信者传信,疑者传疑,采用外编或存疑的方式,将有关文献史料聚合成编,以供后世考镜源流之用,则功莫大焉。此心此理,古今一揆。笔者草此小文,仰承竹庵公与顾颉刚先生的遗意,把唯亭顾氏家族先世谱系问题稍加疏理,目的即在于此。而今家谱文献资料的数字化建设已达到较高的程度,给研究者创造了极便利的条件,可以预见在不远的将来,关于唯亭顾氏家族史料的收集、整理和研究,会有更多实质性的进步。这篇粗浅的小文,只是抛砖引玉而已。

附记:1998年的夏天,业师严佐之教授携我至上海图书馆历史文献中心谱牒部,参加馆藏家谱提要的撰写工作。因此机缘,次年夏末博士毕业之后,有幸入职谱牒部,从事家谱的整理研究工作。回想任职上图三年期间,在学习、生活、工作各个方面,获得馆所诸位领导师长朋友的关爱、支持、指导和帮助,这是我永远感念的。承蒙历史文献中心黄显功主任垂眷,获邀参与顾廷龙先生诞辰120周年纪念学术研讨会,感觉荣幸之至,爰于教学科研繁冗之余,勉力草此小文。在师承而言,严佐之师授我版本目录学,渊源于顾廷龙、潘景郑、周子美诸位先生;又师从谢维扬教授攻读先秦史博士学位时期,以《古史辨》为代表的顾颉刚先生的论著,是我极重要的一份学术资粮。数十年间亲闻目睹,在顾颉刚先生的倡导之下,由顾廷龙先生树立基础的中国家谱整理研究事业,在上海图书馆获得蓬勃兴旺的发展。作为上图家谱研究曾经的一名小卒,谨藉此小文,表达我心中对于顾老和顾颉刚先生的深深的敬意!

---

① 顾廷龙:《先考行述补记》,《顾廷龙全集·文集卷》,下册,第976页。

顾氏清风　山高水长

——顾廷龙家风管窥

黎在珣

（安徽省安庆市文艺评论家协会）

一、引　言

每个人的成长都离不开其生活的时空环境和文化背景。如果"我们把知足或满足定义为某人置身其中，而无需或懒得采取任何行动的状态"①，那么，行动则是"能够付诸实施而转化成某种效能的意志，它针对某些目的或目标，是自我对外部刺激和环境条件所作的有意义的反应，是一个人面对决定其生活的宇宙所作的有意识的调整"②。这种"有意义的""有意识的"调整是个体人的自我完成，显示其作为带理想追求的超越性存在，是个体主体性亦是群体独特性的表现，亦是其尊严的体现。

马斯洛认为，自我实现是一个人对潜能的最大自我发挥和愿望的最终完成的一种倾向性。健康人本性中永远是有"向上"和"向前"发展的自我实现动机，它是"无止境的，从不会得到完全满足"③。一个地区，一个家族出现一两个极其优秀者，可能带有一定的偶然性；但是，如果优秀者接力赛似的持续出现，或者说出类拔萃者成群地涌现，那就蕴含一定的必然性了。如果认真爬梳、溯源的话，一定能够发现其引领者言行举止所散发的魅力及其孕育的良好环境对后世所产生的非同寻常的影响。这种影响会以一种认同的方式，形成一种满足群体中个体归属感的集体记忆和心理机制，让群体中的个体自觉不自觉地去范式楷模，从而不断促成自身的某种趋向、转化。从心理学的角度看，这种认同会形成"一个将外在的理念、标准内化于心、外化于行的社会心理过程"④。在这里，价值认同由人们对某类（某些）价值观念的记忆和认可而产

---

①　（奥）米塞斯著，余晖译：《人的行动》（上册），上海人民出版社，2013 年，第 20 页。

②　（奥）米塞斯著，余晖译：《人的行动》（上册），第 17 页。

③　（美）马斯洛著，许金声等译：《动机与人格》，中国人民大学出版社，2007 年，第 179 页。

④　李建华：《情感认同与价值观认同》，《光明日报》，2018 年 5 月 28 日第 14 版。

生相应的具有趋同性(或相似性)的行为。而"价值认同是情感认同的基本内容,而情感认同又是实现价值认同的关键,二者常常合二为一,没有情感认同,就没有真正的价值认同"①。经由对历史上那些名门望族的长时段考察,不难发现,他们优良的家风无一例外地经历由外到内、由认知经由情感再到意志、由观念到行为的不断推进、丰富、凝聚并对此加以定位的过程。

皮·耶尔在接受采访时说:"……我开始写作没多久,我们在加利福尼亚的住宅被一场森林大火夷为平地,我站在废墟旁,所有虚幻、抽象的想法都变成了眼前的惨烈现实:我可以称之为家的实体结构没有了,连同我所有的财产(甚至还有构成我接下来三本书的内容的手写笔记)。我意识到家的载体一定得是灵魂……"②如果说"家的载体一定得是灵魂",那么,在中国,灵魂里与"神秘的熟悉感、某种程度的归属感"相通的应该有家风,那个凝聚家庭家族共同信念、共同追求、共同价值、共同命运的家风。

人类社会中个体人会因文化土壤的不同而产生差异,这也许是孟母之所以三迁的缘由吧。在历史人类学视域里,"历史进程中的空间,并不是一种纯粹、客观的地理空间,而是人类所感知或认识的、可以利用的……它既包括传统意义上的地理空间,也包括……政治空间、社会空间与文化空间"③,"……地理空间在很大程度上指导、制约或影响着人们在空间里的行为,形塑或改变了社会行为的基本方式和构架"④。苏州唯亭顾氏不断开枝散叶,几百年长盛不衰,与其家风应该有着密切的关联。德国思想家赫尔德认为,"若要彻底理解一个民族的哪怕一个思想或行为,必得先进入它的精神",而这个精神可以概括提炼为一个词,"你必须找到一个人其骨髓的词,通过它深入理解一切","领会灵魂的那个本性";这个高度凝练的词须"统摄一切,人的所有倾向和能力都依着它安排,即便最细微的作为也摆脱不了它的影响……"⑤家风中那个深入家庭家族精神骨髓的词不仅影响个体成员,还关涉一个家庭一个家族长远发展的愿景,而愿景构成一个家庭家族尊严的重要内容。那么,用个什么词能够彰显唯亭顾氏这个苏州文化世族的家风呢?"清洁",亦即清正雅洁,也许差强人意。

① 李建华:《情感认同与价值观认同》。
② (英)卡里尔·菲利普斯、(英)皮·耶尔著,吕有萍译:《何为家? 何以为家?》,《世界文学》2023年第4期,第230—231页。
③ 鲁西奇:《空间的历史与历史的空间》,《澳门理工学报(人文社会科学版)》2021年第1期,第16页。
④ 鲁西奇:《空间的历史与历史的空间》,第8页。
⑤ (德)赫尔德著,张晓梅译:《反纯粹理性——论宗教、语言和历史文选》,商务印书馆,2010年,第2页。

二、从唯亭顾氏之前世今生说起

明朝成化年间,顾昇自吴县珍珠坞迁至唯亭,繁衍成一名门大族,这就是后来有"江南第一读书人家"美誉的苏州唯亭顾氏。从顾昇延绵至今,唯亭顾氏在文学、仕途、学术、科学、教育等领域皆有可圈可点的建树。唯亭顾氏首开甲科者为六世祖顾予咸,顺治四年(1647)进士,"两举卓异,擢刑部主事,调吏部,迁考功员外郎"①。就在仕途通达、前景一片光明之时,顾予咸毅然"以病归里,杜门不与外事。立'少年文社',奖励后学,教育英才,非郡中有大事,则不出"②。顾予咸虽然清正廉明,治政有方,有造福一方乃至经天纬地之才;惜其志不在此。顾予咸大事则出,可见其勇于担当,富有责任感。退隐期间面对巡抚朱国治上门"讲情",顾予咸没有曲意逢迎,而是大义凛然,耿介不阿,"答以道义",惹得朱愤恨顿生:"此老倔强,利不可动,将来必长短我!"③

顾予咸从兄顾其蕴,"幼具异姿,禀承庭训,淹贯史传,笺释六经奥义,多汉儒所未及。晚尤研精理学,进窥濂洛之奥。……尝著顾东吾、徐俟斋先生传,以见志和。……筑宝树园于城之东偏。方袍幅巾,啸歌自得。……日与尤侗、沈荃、宋实颖辈饮酒赋诗"④。乃一饱读诗书之方外之士。与郑敷教、韩馨并称"平江三逸"。顾家那些才情俊朗者的为人处世、言行举止具有某种示范效应,逐渐沉淀为家族文化中的血脉渊源和精神底色。清赵翼云:"古人习一业,则累世相传,数十百年不坠。盖良冶之子必学为裘,良弓之子必学为箕,所谓世业也。工艺且然,况于学士大夫之术业乎!"⑤长期的以文化人,顾家先人那些也许无意示范的示范者轻政治经济、重文化学术教育科学的言行有助于形成清正雅洁之家风。

家风虽然看不见,摸不着,嗅不到,闻不了,但是,对家族来说,家风是一个家庭家族区别于其他家庭家族的重要文化标识;对个体来说,家风具有根基性、守护性,内蕴一个家庭家族的文化基因。西晋潘岳《家风诗》通过讴歌祖德,称颂自己的家族传统

---

① (清)沈藻采:《元和唯亭志》卷十三《人物·顾予咸》,《中国地方志集成·乡镇志专辑》(第7册),江苏古籍出版社、上海书店、巴蜀书社,1990年,第182页。

② 无名氏:《辛丑纪闻》,《丛书集成续编》(史部第25册),上海书店出版社,1994年,第151页。

③ (清)顾予咸:《雅园居士自叙》,《丛书集成续编》史部第25册,第162页。

④ (清)沈藻采:《元和唯亭志》卷十三《人物·顾其蕴》,第182页。

⑤ (清)赵翼著,王树民校证:《廿二史札记校证》卷五"累世经学",中华书局,1984年,第100页。

以勉励自己[1]。陆机在《祖德赋》《述先赋》等作品中称述其祖先功德。正如北周庾信在《〈哀江南赋〉序》中说:"潘岳之文采,始述家风;陆机之辞赋,先陈世德。"[2]唯亭顾氏后人如顾廷龙父子经常称颂顾氏先人对他们的影响,以此激励自己孜孜矻矻。《诗·大雅·下武》中"王配于京,世德作求"[3]是说,武王之所以配居镐京,是因为与先祖之德匹配。由此可见,家风与"世德"相随而行,有积世德,成大功之义。一个家庭家族拥有远大理想,并矢志而行,会让置身其中的个体感受生活的充实和人生的价值,获得生命意义感;会让其成员依据生活于其间的自然环境和社会环境作出一定的调适。不断演变拓展的历史过程和文化积淀,形成一定的家庭伦理和精神风貌,它们存在于个体成员的日常生活中,表征在他们的举手投足上,从而形成具有一定特色的氛围及其文化,这就是家风。各具特色的伦理、道德、精神以"润物细无声"的方式潜移默化着群体成员的言行举止,内化为成员个体成长的足印,层累为成员行为处事的价值准则和行为规范。

优秀家风从来不只是家庭家族的良好氛围、令人称道的行为习惯,还意味着开阔视野、卓识见识、文化品位,和灵魂深处的非凡素养。举一件小事也是雅事为例,1915年,顾其蕴七世孙顾祖庆买下苏州严衙前街的一个院子,在其西院意外发现了晚清金石学名家叶昌炽曾寻而未得的 600 多年前的复泉井栏。八世孙顾元昌在经过一番考证之后,让儿子顾廷龙将井栏拓片和他所写的文稿装订成《宋绍定井栏题字册》。而后的十几年间,邀胡适、钱玄同、章炳麟、张元济、叶恭绰、钱锺书在内的五十多位社会贤达为该册页写跋语。1981 年,顾廷龙将这宋代井栏捐献给苏州博物馆。2016 年,其子顾诵芬又将凝聚顾廷龙生命、情感、遭际和个性的《宋绍定井栏题字册》原本捐献给苏州博物馆。家风作为一个家庭一个家族精神文化的结晶,得以形成,不断提升,源于其时空环境和文化土壤,其间内蕴家庭家族文化传承的密码。古人云:"福之兴莫不本乎室家,道之衰莫不始乎梱内。"[4]福兴、德衰莫不源于家庭。蔡元培认为:"家庭者,人生最初之学校也。一生之品性,所谓百变不离其宗者,大抵胚胎于家庭中。"[5]就

---

[1] 徐震堮校笺:《世说新语校笺》卷上《文学第四》刘孝标注曰:"岳《家风诗》,载其宗祖之德,及自戒也。"中华书局,2004 年,第 138 页。

[2] (北周)庾信撰,(清)倪璠注:《庾子山集注》卷二,中华书局,1980 年,第 94 页。

[3] (汉)郑玄笺,(唐)孔颖达正义:《毛诗正义》卷十六之五,《十三经注疏》(上册),上海古籍出版社,1997 年,第 525 页下栏。

[4] (汉)班固:《汉书》卷八十一《匡衡传》,中华书局,1962 年,第 3340 页。

[5] 蔡元培:《中国伦理学史》,商务印书馆,2017 年,第 157 页。

个体来说,家风是人们忘记了在家庭家族这所最初学校所学的一切后所留存的那部分内容。我们往往能够从一个人身上看到其家庭家族的影子,也由此管窥其家庭家族文化之品位。

"清洁"虽为一词,却有着丰富的内容。清正雅洁意味着特定的兴趣、热爱,意味着责任感、勇于担当,它们若与开阔视野、高远眼光相连,则意味着心无旁骛、勇猛精进、清朗廉洁、正气凛然、刚正不阿。下面结合顾廷龙父子的相关事迹从远见卓识、清朗担当、尊重自主、家国情怀、儒雅熏陶等五个方面对顾氏清正雅洁这一家风做些简陋的爬梳及阐释。

三、远 见 卓 识

历史是过去的现实,而当下的现实又构成未来的历史。中华民族几千年历史中蕴藏的哲学思想、人文精神、道德理念等沉淀为中华文化的血脉,内化为中华文明的基因,形塑着中国人的思维、行为和精神等各个维度,在很大程度上影响着中国的未来走向,还为人类解决当下面临的许多难题提供有益启迪。重温历史、研究历史、借鉴历史成为中华民族长期延续不断的传统,以致有人说历史是中国人的宗教。

史料的搜集是未来对传统文化进行研究、诠释和创造性转化、创新性发展的基础和前提。在上海"孤岛"时,顾廷龙先生参与创办的合众图书馆保存了大量他处不经见的珍贵文献。解放初,中央宣传部派员到上海征集有关革命史料,在合众图书馆惊喜地发现一大批这方面的珍贵史料,他们盛赞顾先生"真有远见"。"远见"不仅表现在顾廷龙先生能够见人之未见,在他人未曾意识到这些资料的未来价值时予以多方搜求,设法保存;还表现在他行他人之不为,须知当初搜罗这类革命文献有一定风险。有一次,顾先生从贵州大学图书馆搜罗到一批革命文献,将其秘藏在合众图书馆的书架顶端与天花板接合之处,得以保存传世。

远见来自卓识,来自开阔的视野和独到的眼光。顾廷龙先生在参与筹办合众图书馆前,曾在燕京大学做了六年的图书采购工作。整理考订文献史料是治学的基础,在此期间,顾先生完成了《章氏四当斋藏书目》等编撰工作。顾先生编撰《章氏四当斋藏书目》时既守正又创新,采取前人藏书志编例,凡章氏题跋、友人识语及章氏移录前人题记不经见者全部备录,以资读者查阅参考;凡校证之本有章氏假自前人者,还在各题识之后加以按语,记其姓氏、爵里、行谊之概略,以详其渊源,便于读者按图索骥。

这样条分缕析的编撰,既可作析疑之助,亦能充文献之征,引起有心人叶景葵先生的关注,叶景葵先生致信说:"体例极善,是以表章式老劬学之里面,吾兄可谓能不负所托矣。"①

无论是对图书馆学的理解、对图书编撰的素养态度,还是对行业的认知与责任感、对历史文献的传承担当,顾廷龙先生都堪为表率。这是他成为图书馆事业家、目录学家的内因。

在顾廷龙心目中,"为事业不能为个人利益矣",在给叶景葵的回信中顾先生这样写道:"窃谓人不能自有所表现,或能助成人之盛举,亦可不负其平生。"②因此,尽管当初在燕京大学硕士毕业论文是《说文废字废义考》,本可在古文字学方面取得更大成就③,但他毅然接受叶景葵的力邀南下,从事历史文献的抢救、整理和研究。将民族国家、历史、社会等置于个体生命之中,既拓展个体生命的基本视域,又拓展生命意义的多种可能性,丰富了人生的维度。

顾廷龙一丝不苟地建造、运营维护图书馆,精心保管书籍,包括一再向专家请教灭虫方法,经常和儿子开近百扇窗通风,拉窗帘防晒。合众图书馆虽然设施简陋,但10多年都没出现过蛀虫事故。顾廷龙的抱负④、担当和精进,渐渐博得各界人士的关注认可,譬如上海南洋中学创办人王培孙就将他收藏40年的古籍捐给合众图书馆。所有这些,顾诵芬都看在眼里,烙在心里。有学者认为:"中国人的时间观念中有一种超越的思想,即所谓'荣落在四时之外',就是悬隔时间,截断时间之流,撕开时间之皮,到流动时间的背后,去把握生命的真实,拷问永恒的意义,思考存在的价值。"⑤顾廷龙对事业的执着和孜孜矻矻的精神深深地影响了顾诵芬,孕育了他敬业精神、务实作风。

---

① 顾廷龙:《张元济与合众图书馆》,《顾廷龙文集》,上海科学技术文献出版社,2002 年,第 557 页。案:本小节文字内容参考王鹤鸣:《抗日烽火中诞生的合众图书馆——纪念合众图书馆创办 80 周年》,《文汇报》,2019 年 9 月 27 日第 5 版。

② 顾廷龙:《致叶景葵函》(十八),《顾廷龙文集》,第 754 页。

③ 顾廷龙自己曾排序:一、小学;二、书法;三、版本研究。裘锡圭先生认为,虽然顾廷龙在图书馆、版本目录学、书法方面的成就享誉学界,但"他在古文字学上的成绩也是很值得我们重视的"。转引自张涛:《顾廷龙先生与经学》,上海图书馆编:《顾廷龙先生纪念集》,上海科学技术文献出版社,2014 年,第 73 页。顾诵芬说:"我父亲在燕京大学研究生毕业的论文,就是《说文废字废义考》,那时是研究文字学的,还出了一本《古匋文舂录》。我们在家也偶然说起过,如果不搞图书馆吧,他在文字学上,肯定还有很大成就。"佚名:《88 岁顾诵芬怀念父亲顾廷龙家风垂教》,https://ysg.ckcest.cn/ysgNews/1739776.html。

④ 在合众图书馆创办之初顾廷龙就树立了要与日本的东洋文库比高低的目标。师元光:《顾诵芬 一代学人,中国脊梁》,《新民晚报》,2019 年 9 月 1 日第 12 版。

⑤ 朱良志:《中国美学十五讲》,北京大学出版社,2006 年,第 185 页。

杨凤田院士在《我心目中的顾诵芬》中告诉我们,因长时间、超负荷紧张工作,造成疲劳过度,顾诵芬 1980 年 4 月 13 日在沈阳飞机设计研究所办公室里摔了一跤,昏迷不醒,连续抢救了 7 个多小时,睁开眼睛跟他说的第一句话是:"(会)我去不了,你一个人去,到北京找老管(管德院士)。"接着又昏了过去。①顾诵芬几十年如一日把事业和工作放在第一位,影响了,也激励了一代又一代航空人。这是顾氏家风的溢出效应。

四、清朗担当

"人生存于其间的文化传统,乃是由一系列惯例或行为规则之复合体构成的"②,一个人成就的最后模样,与家风中"那些产生于人之行动而非产生于人之设计的"③因素有极大关联。人们的日常实践和社会活动为个体的存在和历史的形成提供了拓展空间。一方面,顾氏家族的传统,包括家风形塑着顾廷龙,使他深受家风的影响,通过日常生活中沉浸体验式的熏陶,实现个体与自然、个体与社会、个体与家族、个体身心的和谐,形成知行合一、经世致用的人生取向;另一方面,他在不断家风化、家族化的同时,又努力影响乃至改变生存发展的环境,包括影响乃至创造新的家族历史,因而他既创造了展示自身主体性的"历史",也创造了家族的"历史"。这样,他的历史,家族的历史呈现一种带有他"人格性"的"主体化"特征。这是顾廷龙作为主体内化为客体化的一面。

顾廷龙有责任感,勇于担当,源自其雅洁的品质。这体现在其人生的不同阶段和方方面面。受人之托,忠人之事。抗日战争爆发,顾颉刚为躲过日本人的抓捕,离开北平时很匆忙,存留在寓所的书籍、稿件、信札等是顾廷龙在他人的协助下存放在燕京大学校长司徒雷登住所的地下室里而得以保存。

抗日战争爆发后,随着形势愈来愈严峻,全民抗战的到来,"……全国图书馆能照常进行者,仅燕京大学图书馆一处,其他或呈停顿,或已分散,或罹劫灰。私家藏书亦多流亡,而日、美等国乘其时会,力事搜罗,致数千年固有之文化,坐视其流散,岂不大可惜哉!"④正是不能坐视"数千年固有之文化"这么"流散"的强烈历史责任感,顾廷龙

---

① 杨凤田:《我心目中的顾诵芬》,《军工文化》2012 年第 1 期,第 50 页。
② (英)哈耶克著,邓正来等译:《法律、立法与自由》(第一卷),中国大百科全书出版社,2000 年,第 16 页。
③ (英)哈耶克著,邓正来等译:《法律、立法与自由》(第一卷),第 22 页。
④ 顾廷龙:《创办合众图书馆意见书》,《顾廷龙文集》,第 604 页。

先生应邀离开北平,放弃心仪的古文字,南下上海参与创建合众图书馆,自觉和志同道合者"负起保存固有文化之责任"。合众图书馆的灵魂人物叶景葵写于1939年12月的一段文字充分体现了自己和顾廷龙等保存历史文献和传布固有文化的自觉:"景葵近与二三同志创办合众图书馆,搜残编于乱后,系遗献于垂亡,已将敝斋旧藏悉数捐赠,此书亦在其列。今由馆出资排印……其余箧衍稿,本当竭绵力,陆续刊行,以传布先哲精神于万一。"①顾廷龙指出,创建合众图书馆主要基于两方面的考虑,或者说有两个目的"一为典藏,一为传布":"书籍专收旧本,秘笈力谋流布,当别设编目纂处。即就叶先生藏书而论,名人未刻之稿当为刊传,批本、校本当为移录,汇而刊之。罕见之本当与通行本互校,别撰校记,以便学者。编纂目的,专为整理,不为新作,专为前贤行役,不为个人张本。图书馆之使命一为典藏,一为传布。"②没有典藏,何以传布?因此,典藏是将来研究、传承(传布)、发扬光大固有文化的基础。顾廷龙一生专为前贤行役,并不为个人张本。

在搜求、整理文献史料的过程中,顾廷龙意识到目录学和版本学对传统学术有着非同寻常的价值:"前人的劳动果实遗留那么多,怎样可以全面了解,有所稽考? 这必须依靠从事目录学者辛勤访求,详加著录。历代《艺文志》就有这个作用。"③在他看来:"治学而不习目录版本之业,犹访胜境而徘徊于门墙之外也。"④于是,他毅然放弃古文字学,转向目录学和版本的研究。也正是在研究的过程中,不断深化对目录及相关版本、校勘的认识。在下面这段文字中顾廷龙强调了目录学和版本学在学术研究中的基础性和重要性:"夫古今之著述无量,而一书之传本至夥,遂不能簿录以总汇之,由简入详,自成专门之学。别流略以明其义例,审版本以定其善否,慎校勘以识其正误,娴夫三者之指归,于是覃研所好,由博返约,洞究其根极支裔,蔚成一家之言。若不习目录而率尔操觚,则前贤卓论未及闻见,徒贻井蛙之讥。言目录而不明版本,则孰善孰否,无所抉择,易致盲从之失;言版本而不加校勘,则怡神悦性,等诸玩物,无足论矣。"⑤搁置自己的爱好,文人看重的学术,投身于偏冷的目录学和版本学,这种牺牲精神,和"专为前贤行役,不为个人张本"的主动担当都是清洁精神的体现。这种敬业精神深深地影响了其子,顾诵芬曾说:"我受父亲的教育,最深刻的一个,就是做什

① 叶景葵:《恬养斋文钞》,《卷盦书跋》,上海古籍出版社,2006年,第154页。
② 顾廷龙:《创办合众图书馆意见书》,第604—605页。
③ 顾廷龙:《四部总录艺术编序》,《顾廷龙文集》,第218页。
④ 顾廷龙:《朱伯修手批四库简明目录跋》,《顾廷龙文集》,第156页。
⑤ 顾廷龙:《明代版本图录初编叙》,《顾廷龙文集》,第158页。

么事情,都不能'拆烂污'。"①"不能'拆烂污'"就是做事要有担当,勤勉不怠,善始善终。为了弄清楚飞机存在的问题,从未接受过飞行训练的顾诵芬将生命置之度外,瞒着家人乘飞机歼教-6三上云霄,在万米高空带着望远镜、照相机拍摄歼-8飞机的飞行动态,还详细记录歼-8飞机后机身和尾翼上毛线条的飘动情况。经过仔细观察,刻苦钻研,不断尝试,顾诵芬和他的团队终于解决了飞机跨音速飞行中气流分流引起的抖振。

文献史料的真实可靠是治学的起点。顾廷龙看不惯那些做事马虎,贻误后世的行为,疾之如仇,他在日记里指斥缺乏责任心的行为"卑鄙之极":"撰何孟春注《家语书》跋,阅刘世珩札记,录何校多误,不仅不足信,实能贻误后学,以此盗名,卑鄙之极,其后有张钧衡者亦如此。《尚书札记》亦多讹,相传为缪筱珊所代作。"②这种崇尚学术治学严谨的风骨熏陶了顾诵芬,使他敢于直言,即便面临来自学术权威、高层领导也不隐讳自己的观点和见解,他的战友说"他不畏人言、不唯上,以对国家事业负责的大无畏精神,坦诚地发表自己的独立见解"③。

前文提到,顾廷龙认为:"人不能自有所表现,或能助成人之盛举,也可谓不负其平生。"他不仅是这样说的,还是这样做的。学者严佐之说:"2005年,我同当时复旦古籍所的章培恒先生联合举办了一个古典文献学的学术研讨会,探讨顾老在古籍研究人才培养方面的成就。我们一致认为,古籍事业的传承,人是第一位。我们这一辈人,很少没有受到过顾老教诲的,只不过多一点少一点。"④在不断攻坚克难的漫漫长途中,顾诵芬也非常关注年轻人的成长,他培养的人才中有一位科学院院士、三位工程院院士、两位型号总指挥和众多型号总师。晚年接受记者采访时他说:"我现在能做的也就是看一点书,翻译一点资料,尽可能给年轻人一点帮助。"⑤

顾诵芬给予人的甚多,要求于人的甚少,他经常说:"党和人民给了我很多、很高的荣誉。这些荣誉应归功于那些振兴中国航空工业的领导和默默无闻、顽强奋斗的工人、技术人员。"⑥既是淡泊名利的流露,也体现了他自觉的担当意识。

---

① 师元光:《顾诵芬　一代学人,中国脊梁》,《新民晚报》,2019年9月1日第12版。
② 顾廷龙撰,李军、师元光整理:《顾廷龙日记》,中华书局,2019年,第109页。
③ 佚名:《88岁顾诵芬怀念父亲顾廷龙家风垂教》。
④ 郭时羽:《从章培恒先生致顾廷龙先生的一封信说起》,《中国典籍与文化》2021年第4期,第156页。
⑤ 吴晓东:《顾诵芬:心怀"国之大者"　逐梦蓝天70载》,《中国青年报》,2021年11月4日第2版。
⑥ 师元光:《顾诵芬　一代学人,中国脊梁》。

五、尊　重　自　主

顾廷龙虽然有意培养顾诵芬文史意识，在大儿子不幸早夭后，更是寄厚望于顾诵芬继承自己的事业。但看到顾诵芬从小喜欢鼓捣车船枪炮，并不干涉其对器械制造的浓厚兴趣。见到小小的顾诵芬对毁坏的飞机模型伤心不已，就带他去买大航模，还送他一套里面有怎么做航模的《小学生文库》。顾诵芬按照相关内容，动手学做航模，由此开启他的航空梦。顾诵芬后来在央视节目里回忆道："我小时候喜欢航模，可许多材料很贵，家里没什么钱。我从《小学生文库》里看到，竹条也可以替代。当时没有快干胶，就自己配制。办法，要自己想。"[1]父亲对他爱好的尊重，并助力其爱好的经历有助于培养他的自主意识，养成了他独立思考、自己动手的习惯。

读中学时学三角，顾诵芬在合众图书馆里阅读了徐光启翻译的三角著作；读大学时，他阅读了不少课外读物，一本《水利工程计算手册》让正学材料力学的顾诵芬获知大量所需数据……顾廷龙一再嘱咐顾诵芬在多读多思多学的基础上认真做好每一件事："多读书，多思考，努力学习，认真做好每一件事。"[2]顾诵芬曾回忆："父亲要管的，一是写字，从小要求我描红。另外是要求我阅读经典之作……他主张我要独立自主学习。"[3]顾廷龙重视打基础，强调规范意识，培养经典读书和自主学习的习惯让顾诵芬受益终身。

参与设计飞机初期，条件异常艰难，顾诵芬就和同事们边学边干，在学中干，在干中学："当时我们学的都是英美上世纪40年代的教科书，而且都是螺旋桨飞机。搞喷气式飞机，你得自己学，最终都要靠自己干。"[4]自主学习，自己动手，积极创新，既是成就许多事业的先决条件，也是现代文明的应有之义。

六、家　国　情　怀

与西方"国家—社会"这一建构不同的是，中国长期存在"家国""家国关系""家国同构"这一传统。中华民族之所以绵延几千年，中华文明之所以薪火相传，赓续不断，

---

① 张萌：《立德立行，父亲对顾诵芬的家风垂范》，《中国妇女报》，2021年12月27日第6版。
② 吴晓东：《顾诵芬：心怀"国之大者"　逐梦蓝天70载》，《中国青年报》，2021年11月4日第2版。
③④ 张萌：《立德立行，父亲对顾诵芬的家风垂范》。

一个重要原因是我们有着深厚的家国传统,一代又一代中华儿女为国家赴汤蹈火,为民族舍生取义,为文化的传承毁家纾难。现实是历史的延续,历史是现实的起点,中华民族的历史是中华儿女安身立命的基础,蕴含着中华民族代代相传的文化基因。中国有"收百世之阙文,采千载之遗韵"①的传统,传统文化中那些跨越时空的思想观念、人文精神、道德规范是中华民族的精神命脉,也是我们赖以生存发展的根和魂。

任职合众图书馆前,顾廷龙写成《吴愙斋先生年谱》。写作年谱的过程,也是不断对话不断被熏陶的过程。吴大澂那些治黄河、反侵略、争国权的事迹会在顾廷龙先生灵魂深处留下烙印。抗日战争爆发后,"日、美等国乘其时会,力事搜罗"中国历史文献,所以在叶景葵、张元济等人的盛邀之下,经燕京大学同意后,顾廷龙离开北平南下上海参与创建合众图书馆,抢救历史文献和保存传统文本,饱含浓浓爱国情。浓郁的爱国氛围,加上置身于深重灾难的特定时代,让顾诵芬他们孕育出强烈的爱国情怀和担当意识。在他看来,"只有将天空权牢牢掌握在自己手中,才能不再任人欺凌"②,因此,他逐梦蓝天,矢志不渝。耄耋之年的顾诵芬对记者说:"回想我这一生,谈不上什么丰功伟绩,只能说没有虚度光阴,为国家做了些事情。"③又说:"我只想对年轻人说,心中要有国家,永远把国家放在第一位,要牢牢记住历史,珍惜今天的生活。多读书,多思考,努力学习,认真做好每一件事。"④顾廷龙、顾诵芬"父子二人,一个为存民族精神而担当,一个为强国家基石而奋斗,穷尽毕生心血"⑤。

中国人既重国,也重"家",从某种意义上讲,中国文化是关于"家"(国是大的家)的文化。秦汉以后的中国,儒家文化成为延续两千余年的主流文化,而儒家文化从某种意义上可以称之为情感文化。中国源远流长的传统里蕴含着深厚的人本乎祖的孝敬感恩情愫和仁爱的思想资源。"孝悌仁爱"可以理解为中国先人对"我是谁?"的回答。朱熹认为先王制礼缘于人情:"先王制礼,本缘人情。吉凶之际,其变有渐。"⑥现代学者蒙培元认为"情感……是儒学理论的出发点","儒家始终从情感出发思考人生问题,'存在'问题,并由此建立人的意义世界和价值世界"。⑦在此基础上,蒙培元提出

---

① （晋）陆机著,杨明校笺:《陆机集校笺》卷一《文赋并序》,上海古籍出版社,2020年,第7页。
②③　吴晓东:《顾诵芬:心怀"国之大者"逐梦蓝天70载》。
④　吴晓东:《顾诵芬:心怀"国之大者"逐梦蓝天70载》。
⑤　师元光:《顾诵芬　一代学人,中国脊梁》。
⑥　（宋）朱熹:《晦庵先生朱文公文集》卷三十六《书·答陆子寿》,朱杰人、严佐之、刘永翔主编:《朱子全书》(修订本)(第21册),上海古籍出版社,2010年,第1558页。
⑦　蒙培元:《情感与理性》,中国社会科学出版社,2002年,第26页。

"人是情感的存在"①的命题。

　　与西方注重以个人为中心的、独立的、自主的伦理政治文化不同,重视人伦道德是中国文化一大传统,也是中华文明的一大特征。中国人由家之亲情很自然延伸出故土思、家乡情。世世代代的中国人对故乡故土有着天然的深厚感情。故乡犹如捏着风筝线的手,是国人心之所系,所以,有"魂归故里"一说。狄尔泰说,我们总是带着旧神进入新居。对游子来说,故乡那根割不断的精神脐带就是旧神。鲁迅写道:"……凡在北京用笔写出他的胸臆来的人们,无论他自称为用主观或客观,其实往往是乡土文学,从北京这方面说,则是侨寓文学的作者。"②虽然顾诵芬飞得很高很远,但他一直心系故乡。顾廷龙去世以后,顾诵芬将父亲留下的大量宝贵文物、书籍、字画等捐赠上海图书馆、苏州博物馆、名人馆、苏州一中等单位。2019 年,苏州美术馆和苏州市名人馆曾主办"清芬可挹:两院院士顾诵芬"展,娓娓讲述顾诵芬这位从江南文化世家走向中国航空科研尖端的两院院士的家族谱系和精神脉络。

七、儒 雅 熏 陶

　　现实中个体的成长、发展都会受制于他们的生活环境和家庭文化背景。俗语道"读书是前世事",书香的氤氲,氛围的熏陶,会潜移默化置身于其中的个体,影响其人生发展。顾廷龙本出身"江南第一读书人家"——苏州唯亭顾氏,与之联姻的是来自"天下无第二家"的苏州名门"贵潘"的潘承圭,一个当时少有的知识女性。而潘承圭高祖为太傅、武英殿大学士潘世恩,曾祖为兵部郎中、刑部郎中潘曾玮,祖父是光禄大夫、户部侍郎潘祖同,堂叔祖有晚清名臣、古玩名家潘祖荫,父亲为光禄寺署正、附贡生潘亨谷,其兄潘承厚、弟潘景郑皆为近代藏书家、版本目录学家,一个书香层累甚深甚厚的文化世家。比顾廷龙还小的族侄顾颉刚先生是著名的历史学家。而顾、潘两家还与吴大澂、吴湖帆、王同愈等吴中名门望族代有姻亲。这是一个空气里都弥漫着书香文化的家族。

　　顾廷龙故居堂楼与大厅间的砖雕门楼上面是"四朝元老"潘世恩题写的字牌"恭俭庄敬"。哈布瓦赫认为"保证集体记忆传承的条件是社会交往及群体意识需要提取

①　蒙培元:《人是情感的存在——儒家哲学再阐释》,《社会科学战线》2003 年第 2 期,第 1—8 页。
②　鲁迅:《中国新文学大系·小说·二集序》,《鲁迅全集》第 6 卷《且介亭杂文二集》,人民文学出版社,1981 年,第 247 页。

该记忆的延续性"①,这类不断建构、共享、传承的标的物有助于促进家人族人共同情感体验,沉淀为他们群体记忆中标志性的元素,维持群体类别化特征,由此窥见顾家书香凝敛,文脉相继。其子顾诵芬之名源自晋代陆机《文赋》"咏世德之骏烈,诵先人之清芬"②,寄托了长辈的殷切期望。我是谁? 从哪里来? 到哪里去? 这不仅是三个带有终极性的哲学问题,也是人人须面对的人生问题。晚清书法家、收藏家王同愈所取的"诵芬"实际上回答了三个人生问题中的两个:"世德""先人",昭示了我来自何处;而"咏""骏烈","诵""清芬"彰显应该成为一个品德高洁的人,亦即解决往何处去的问题。简而言之,顾、潘两家的家里家外都弥漫着浓浓的书香,都流淌传统文化的深厚底蕴。家庭的文化氛围,包括层累的家学,既是文化的传承,又构成能力的培育,还有助于家庭家族成员良好习惯的养成。

　　顾诵芬说:"父亲对我教育,从不去娱乐场所,只去博物馆和工厂。对我喜欢的航模,则带我去上海仅有的航模店,很少带我去商店。"③长期浸染于这种儒雅的家风,就会养成一种儒雅的行为习惯。1939年7月,顾诵芬随父母住进合众图书馆,直至大学毕业。往来其间的有不少学界名流、文化名人,如胡适、钱锺书、叶景葵、张元济、顾颉刚、冯其庸、秉志、刘厚生等。合众图书馆的这段经历对他的人生有着重要影响:一方面,他如饥似渴地在知识的海洋中遨游,贪婪地汲取营养,培养了他善用资料的能力;另一方面,从不同名家身上濡染了不一样的滋养,开阔了视野,提升了治学境界。

　　王绍曾在《顾廷龙文集》序中写道:"先生文集,以序跋居多,生平虽以馆为家,诸务丛脞,但晨抄夕纂,无间寒暑,每有所睹,辄随手题记,一如向歆旧事,往往条其篇目,撮其指要,记其版本行款,或校其异同,别其是非,究版刻之时地而定其精粗,于抄、校、稿本尤为注意,盖所以辨章学术,考镜源流……"④在勤勉查核勘误、校其异同、定其精粗的过程中,镶嵌着顾廷龙关于古籍保护、文献收藏、目录学版本学校勘学等方面领域的丰富的思想和成就。

　　顾廷龙的敬业精神,"随手题记"、勤勉不已的良好习惯应该也影响了顾诵芬。"顾总多次推掉名目繁多的担任顾问、名誉主席这样的邀请,他希望把更多的时间拿

---

① (法)莫里斯·哈布瓦赫著,毕然、郭金华译:《论集体记忆》,上海人民出版社,2002年,第40页。
② (晋)陆机著,刘运好校注整理:《陆士衡文集校注》,凤凰出版社,2007年,第6页。
③ 佚名:《88岁顾诵芬怀念父亲顾廷龙家风垂教》。
④ 王绍曾:《王绍曾序》,《顾廷龙文集》,第19—20页。

来学习钻研、看书、看杂志、上网搜集科研方面的信息或处理与飞机设计、航空科研有关的工作。"①他"除了吃饭、睡觉和工作,就是读书,连睡前洗脚时都在读"②。在上个世纪那个不堪回首的时代,有人向领导告顾诵芬的状,"罪名"是说他不问政治,"连晚上洗脚都看书"③。

八、结　　语

家风不只是名词,更是动词。家风会影响家庭家族中的个体成员,使得他们的言行举止、观点态度等带有家风的一些特征;同时,家庭家族中那些优秀者,如顾其蕴兄弟,如顾廷龙父子,他们人生中的亮点又会不断充实、丰富家风的内容,提升家风的品质。无论是家风造就个体的过程,还是个体丰富、提升家风的过程,都是以日常实践为中介。

借助抓铁有痕,踏石留印的日常实践,个体因家风的继承而恪守正道、固本培元,家庭家族因杰出个体的创新创造而顺时应势、贯古通今。这样,家风就成为个体的家庭家族性与家庭家族的人格性的辩证统一体。这种传承性与创造性辩证统一的持续互动让家风与时俱进,吐故纳新,催生出璀璨的文明之花,为社会的安定发展、民族的生生不息提供源源不断的滋养和动力,也激励人们为国家的富强奋勇前行。

---

①　师元光:《两院院士　实至名归》,《中国科学报》,2016 年 1 月 4 日第 8 版。
②　杨舒:《顾诵芬:想对年轻人说　永远把国家放在第一位》,《光明日报》,2021 年 11 月 4 日第 9 版。
③　矫阳:《顾诵芬:让中国"雄鹰"振翅高飞》,《科技日报》,2021 年 11 月 4 日第 6 版。

"若获亡子":抗战后顾颉刚遗失藏书追索考

——以顾颉刚、顾廷龙往来信札为中心

丁小明　边志府

（华东师范大学古籍研究所）

若干年前,笔者曾在顾颉刚《辛未访古日记》一书的《序言》中读到过一节印象深刻的文字,具体如下:

> 抗战军兴,日寇见迫,南行仓卒,一卷未携。九年以来,流离转徙,每怀旧作,若思亡子。意其终不可见,未尝不自悔过于矜持也。予既离北平,从叔起潜先生为之安顿书物,若干置燕京大学校园,若干藏城中禹贡学会等处所,而以稿件之较整齐者存于天津中国银行仓库。及太平洋事变起,敌人蹂躏英美人居地益酷,留燕大者捆载而去,寄天津者付之拍卖。吾物已被卖矣,为章元群先生所知,代为收赎,改存浙江兴业银行。去秋敌降,予乃于今春自渝北飞,整理劫后余物。至津,发木箱,凡昔年写作一一呈于目前,热泪夺眶,若获亡子。《辛未访古日记》,其一种也。①

1937年"七七事变"后,顾颉刚等二十余人致电宋哲夫,勉其抵抗日寇,故其名列日寇欲捕人员名单之中,这就是上文所说"抗战军兴,日寇见迫,南行仓卒,一卷未携"的背景。而情急之下,顾颉刚是只身出奔,家属与书籍均暂留北平。再其后家属陆续南下,他的书籍则如文中所说"从叔起潜为之安顿",其安顿的方式,据文中所说是一分为三,即分置于燕京大学校园、禹贡学会与天津中国银行仓库三处。只是太平洋战争一起,原存放"燕大者捆载而去,寄天津者付之拍卖"。所幸的是天津拍卖的部分后由故人之子章元群代为赎回。当他在1946年2月底抵达天津,"发木箱","整理劫后余物",并看到包括《辛未访古日记》原稿在内一批手稿时,不禁"热泪夺眶,若获亡子"了。

---

① 顾颉刚:《〈辛未访古日记〉序言》,叶圣陶编:《开明书店二十周年纪念文集》,中华书局,1985年,第221—222页。

　　书籍之于学者,不过分地说就是第二生命。没有了书籍,不但无法著书治学,恐怕连人生的乐趣也所剩无几。所以,顾颉刚当年仓皇出京而一卷未携,这才有他在其后九年的流离转徙中"每怀旧作,若思亡子"的伤痛。而当他能在战后"失而复得"地找回部分书籍与手稿时,其心中那种"若获亡子"的激动是可以想见。当然,顾颉刚在抗战中书籍散佚及战后寻索的过程我们之前只是见之于一些零星的记载中,其具体经过究竟如何,学界一直未有详细之揭橥。

　　笔者因数年前受命整理《上海图书馆藏顾廷龙友朋信札》,因此注意到其中的一批顾颉刚、顾廷龙往来信札,其内容除关涉治学与家事之外,对于抗战后顾颉刚书籍寻索一事亦多有言及,再加上已整理出版《顾颉刚日记》《顾廷龙日记》与《顾颉刚殷履安抗战家书》等文献均有相关内容可供钩沉与相互参证。因此,笔者通过对以上材料的综合梳理,重现抗战后顾颉刚藏书的散佚、追索与重聚的过程,进而考察顾廷龙在此期间保护、找寻书籍做出的贡献,并探讨藏书散佚对顾颉刚学术事业的影响。

一、战时顾颉刚书稿存藏考述

　　顾廷龙即上文为顾颉刚在抗战中"为之安顿书物"的"从叔起潜先生",以辈分论,小顾颉刚 11 岁的顾廷龙,是顾颉刚的族叔;以学业论,毕业于燕京大学国文系的顾廷龙,则又是顾颉刚的学生。全面抗战爆发以前,二人曾有密切的学术合作:顾颉刚创办并主持禹贡学会,顾廷龙承担了大量日常会务工作;顾颉刚研究《尚书》,顾廷龙也是其主要助手之一。抗战期间,二人隔绝两地,顾廷龙长期在沦陷区上海的合众图书馆工作,力图于战火中保存珍贵而脆弱的古代典籍;顾颉刚则辗转于川渝大后方,在艰苦的环境中继续从事学术研究与高等教育事业。

　　顾颉刚在战前任燕京大学历史系主任,1930 年 9 月"迁家于蒋家胡同三号"[1]。据沈津先生《顾廷龙年谱》1935 年 9 月:"顾颉刚迁入城内枣林大院一号居住,以便去北平研究院办公。原成府寓所,则请先生一家住入,代为照看。"[2]顾颉刚 1935 年曾描述当时藏书、用书的情形:"更有一种痛苦,为今年所独有者,则研究材料之不集中是已。三十年来,积书十室,在燕大时,书居正屋而人住厢房,欲查一事,取之即得。自移寓

---

[1]　顾潮:《顾颉刚年谱》,中国社会科学出版社,1993 年,第 188 页。
[2]　沈津:《顾廷龙年谱》,上海古籍出版社,2004 年,第 45 页。

城中，感于时局之不安，书籍大部仍置城外，要时时上图书馆，实为此种生活之下所不许。"①顾颉刚 30 年来在成府寓所"积书十室"，研究查书"取之即得"，颇为便捷。而移居城内枣林大院后，基于对时局的担忧，仍然将大部分藏书置于成府寓所。既然顾廷龙当时受邀入住成府寓所，则顾颉刚的大部分书籍也应当由顾廷龙代为保管。

1937 年北京战火后，为避日人追捕，顾颉刚匆忙撤至西北，未暇整理、携带城内、城郊的藏书。顾颉刚后来在《待运书目跋》中如此回忆当时的藏书情形：

> 此履安手钞之予之藏书目也。予书在北平，自民国二十四年后分两部：一在城，一在郊。此在城者也，以史学书为多。二十六年卢沟变起，予仓促离平，履安为予装箱寄存同乡汪孟舒君处，即此目所载者是。其在燕京大学者，由起潜叔存入司徒校务长所居之临湖轩。自日美宣战，燕京一部遂不可问，而孟舒亦迁寓，予书改存李延增君处。②

顾颉刚藏书在 1935 年后分存两部，一在北京城内枣林大院，一在城郊成府蒋家胡同三号。七七事变后，顾廷龙"感到成府寓所已不安全"③，将藏书转移至燕京大学校务长司徒雷登住所之地窖中。存于城内枣林大院之书，则由顾夫人殷履安整理、编目、装箱，寄存于同乡汪孟舒寓所，1941 年日美宣战后，又转至李延增寓所。顾廷龙、殷履安二人当时保护顾颉刚藏书的过程，在殷履安致顾颉刚的家书中有所反映。殷履安在 1937 年 11 月 1 日致信顾颉刚云：

> 成府书都装箱，存在校中。托起潜卖，一是翻取不易，二则书店人不到学校，三则此时卖去更不值钱，还是以后再说。在城中的，我们临走时租二三间房存放，好吗？存在七姨母家的，均已搬回家内了。④

对于成府寓中的书籍，顾颉刚本拟托顾廷龙售出，但殷履安考虑到战时翻取不易、书店不能上门领取，且价格低廉，故决计寄存临湖轩。北京城内的书籍，殷履安计划租两三间房屋存放。原存在七姨母家的书籍已搬回家内，再做打算。殷履安同年 12 月 31 日致顾颉刚信又说："龙叔处书寄存临湖轩已满了，不能再放了，在家里的当再想法有熟人家寄存。"⑤因燕大临湖轩已存满书籍，城内枣林大院的藏书只能另作

---

① 顾颉刚：《编者按》，《禹贡》第 4 卷第 10 期，1936 年，第 64 页。

② 顾颉刚：《待运书目跋》，顾洪、张顺华：《顾颉刚文库古籍书目》卷二，中华书局，2011 年，第 1003 页。

③ 顾潮：《顾颉刚先生与顾廷龙先生的交谊》，上海图书馆编：《顾廷龙先生纪念集》，上海科技文献出版社，2011 年，第 127 页。

④ 殷履安：《致顾颉刚》（1937 年 11 月 1 日），顾潮整理：《顾颉刚殷履安抗战家书》，中华书局，2023 年，第 247 页。

⑤ 殷履安：《致顾颉刚》（1937 年 12 月 31 日），《顾颉刚殷履安抗战家书》，第 270 页。

打算。

殷履安在 1938 年 1 月 20 日致顾颉刚的信中提到,想把城中藏书寄放在中法大学校长李麟玉处①,1 月 23 日的信中又说:"关于书的事,龙叔昨天来,说临湖轩已放满了,现在司徒已赴上海,没有负责的人,不能想法再放别处了,大约没有地方可以再存。我意拿到城外也很麻烦,如圣章先生能存,最好;不能的话,钱太太说吴郁周家里有三间空房,我们两家向他租,他家是自己的房,最好;如再不能,拟向吴玉年商量,能不能向他租几间。如书有安置的地方,别的东西就好办了。"②由于顾廷龙告知燕大临湖轩已经放满藏书了,且运输不便,因此只能就近寻找其他地点。

从殷履安 1938 年 2 月 23 日的信中可知,顾颉刚当时打算将这批将书籍全部运到自己身边,但殷履安回复道:"几千元的运费我如何出得起啊? 此是办不到的,只好安放在一处,过后再说罢。"③与此同时,殷履安整理城中书籍的工作也在持续进行,其 3 月 17 日致顾颉刚的信中说:

> 书籍差不多快装完了,但存放的地方还未定妥,真是为难。这次印章打得不好,因太匆促,又多人打,有许多是很模糊的,等将来再加一印吧。④

殷履安当时特地赶制了一枚藏书章,用以临时加盖在城中的书籍上,以作标记。因时间匆促,印章颇为模糊。至 3 月 23 日,殷履安已经完成了城中藏书的整理工作:"书籍已装好,寄存处还未定,你说要运至云南,在现在的局面中,搬运很麻烦,运费又太贵,只得往后再说罢。"⑤顾颉刚曾设想在成府胡同中租房放书,但殷履安在 3 月 28 日的信中认为:"租房成府放书是不妥当的,龙叔与郭先生住得很远,如何照顾得到呢?"⑥殷履安当时已经准备离开北平,在 4 月 26 日的信中说:"书籍我想暂时勿运,俟我们去后再说,因他们也没有直接信来,我如何好去接洽呢? 很多的运费,非说妥不能办的。"⑦最终这批书籍还是没有运出北平。

顾颉刚在 1938 年日记的最后,记录了平津藏书情形,较《辛未访古日记》的记载更加详细,可以视作抗战时藏书的简明目录:

---

① 殷履安《致顾颉刚》(1938 年 1 月 20 日)云:"贮放书籍事上信告你写信给圣章先生,你已写去吗? 我想除此外没有别的好地方,你在平中有熟识可靠的朋友吗?"《顾颉刚殷履安抗战家书》,第 281 页。
② 殷履安:《致顾颉刚》(1938 年 1 月 23 日),《顾颉刚殷履安抗战家书》,第 283 页。
③ 殷履安:《致顾颉刚》(1938 年 2 月 23 日),《顾颉刚殷履安抗战家书》,第 293 页。
④ 殷履安:《致顾颉刚》(1938 年 3 月 17 日),《顾颉刚殷履安抗战家书》,第 298 页。
⑤ 殷履安:《致顾颉刚》(1938 年 3 月 23 日),《顾颉刚殷履安抗战家书》,第 301 页。
⑥ 殷履安:《致顾颉刚》(1938 年 3 月 28 日),《顾颉刚殷履安抗战家书》,第 303 页。
⑦ 殷履安:《致顾颉刚》(1938 年 3 月 26 日),《顾颉刚殷履安抗战家书》,第 314 页。

　　　汪孟舒　东斜街家　书廿四大木箱　又两黑木书箱系大学丛书　每月出租费三元，半年一付，廿七年七月一日起　托起潜付，书目亦存彼处

　　　天津中原公司　两大木箱　由章元美经手存入　收据存中法工商银行　每月六角，廿六年十月一日起，已付六个月

　　　北平中法工商银行　保管箱一只（金器等）　柳条箱一只　保管箱每年廿元，廿七年八月九日起　柳条箱每年四十元，廿七年七月一日起　托王姨母付，图章（子虬）在彼家，钥匙在此，收条在保管箱内

　　　禹贡学会　存书一间，系杂书　在宿舍内

　　　燕京大学　大小五十余箱存司徒校长地室　又木器存宿舍楼顶　又一箱，皆国学基本书籍，由丕绳存刘厚滋处①

　　根据来源，汪孟舒、天津中原公司、北平中法工商银行的藏书都源自顾颉刚城内枣林大院寓所，燕京大学的藏书源自城外成府蒋家胡同寓所，禹贡学会的藏书是禹贡学会宿舍中的一些杂书。现将顾颉刚城内外两处寓所的藏书情况分别叙述如下。

（一）城内枣林大院藏书

　　顾颉刚城内枣林大院藏书的主体部分经殷履安整理后，存放在汪孟舒、李金声寓中。殷履安又将顾颉刚多年来保存的信札、日记、稿件等，寄存在天津中原公司与北平中法工商银行中。

　　一、汪孟舒、李金声寓中。汪孟舒当时仓皇在东斜街觅得一处寓所，将顾颉刚在城内枣林大院的藏书存放其中。殷履安在离开北平前，曾悉心整理城内藏书，并手抄一份《待运书目》。该处藏书每月要承担 3 元的出租费，半年一付，由顾廷龙代付，自1938 年 7 月 1 日开始。1939 年 7 月，顾廷龙应叶景葵、张元济之邀，南下上海就任合众图书馆工作，但仍关切顾颉刚在北平的藏书。顾廷龙 1940 年 5 月 6 日致顾颉刚信中提及这批书籍云："孟舒来信，租费先后由王太太、栾先生两处送到一年，惟言书箱笨重，无法翻晾为虑耳。其实平地干燥，决无问题，如在南中则皆毁矣。"②顾廷龙判断北京气候干燥，即使长时间静置也不会造成书籍的蛀蚀。顾颉刚在 1941 年 10 月 29日致顾廷龙信中说："承示汪孟舒先生催迁，自当遵办。现在李金声君（燕大史系毕

① 顾颉刚：《顾颉刚日记》卷四，中华书局，2011 年，第 179—180 页。
② 顾廷龙：《致顾颉刚》（1940 年 5 月 6 日），《顾廷龙全集》编辑委员会编：《顾廷龙全集·书信卷》（上册），上海辞书出版社，2017 年，第 126 页。

业,近大约进研究院,在平赁屋而居)肯将侄书籍移置其寓,此事甚好,敬烦吾叔函告孟舒为荷。李君住处侄尚未知,而舍姨丈则已知之(侯仁之君亦知之),故可托其转告也。"①1941 年 10 月因汪孟舒迁居,须转走顾颉刚之书,遂经顾廷龙中转消息,汪孟舒处之顾书便转存于燕大历史系毕业生李延增(即李金声)处。顾廷龙 1941 年 11 月 14 日致顾颉刚信云:"尊藏书籍有李金声君处可寄,好极,已告孟舒矣。书目存龙者,归时留交植新,刻已嘱植新寄来,录副奉上不误。"②又《顾廷龙日记》1941 年 11 月 7 日云:"闻履安患肾结核……渠平书已接洽,存放李金声处(燕大学生)。为之大慰。"③这批存书之后一直存放在李金声处,直至抗战结束。

二、天津中国银行两大木箱。据顾潮回忆,1937 年章钰过世后,其子章元善、元群欲将章钰所遗书稿存入天津英美租界中国银行仓库中。顾廷龙长期师事章钰,知悉这一消息后,认为天津租界交通便利,较北京相对安全。因此,在与顾柏年、殷履安商议后,二人将顾颉刚在北平城中的两箱手稿与章家的藏书一同存放在中国银行仓库④,每月 6 角。

顾颉刚在日记与书信中,最初将天津中国银行误作天津中原公司。《顾颉刚日记》1939 年 3 月 10 日记载:"在《西北论衡》中,见平津两地之中原公司均烧毁之消息。履安前年将予稿件装两木箱,托章元美君存入天津中原公司地室,此讯如实,不知予稿尚存在否,为之急死。苟竟烧去,则予未发表之稿件及十五六年之日记均不存在矣,岂不可痛!因嘱履安即函起潜叔询问。"⑤由此可知,这两只木箱原来藏于北平城内,由殷履安转交章元美,存入天津中国银行中原公司之地下室。其中有开头提到的《辛未访古日记》、顾颉刚民国十五、十六年的日记以及其他未发表的稿件等,对于顾颉刚本人的价值不言而喻,因此当听说平津两地的中原公司均被烧毁时,不由"为之急死",立即命殷履安联系顾廷龙。不过,因为天津中原公司原是顾颉刚的误记,所以这些书籍实际上没有遭受灭顶之灾。

日伪接管天津中国银行后,寄存该行的这批书籍被迫转移至浙江兴业银行天津支行,《顾廷龙日记》保留了转移过程中的细节。据《顾廷龙日记》1942 年 8 月 25 日记

---

① 顾颉刚:《致顾廷龙》(1941 年 10 月 29 日),顾颉刚:《顾颉刚书信集》卷二,中华书局,2011 年,第 499 页。

② 顾廷龙:《致顾颉刚》(1941 年 11 月 14 日),《顾颉刚书信集》卷二,第 500 页。

③ 顾廷龙撰,李军、师元光整理:《顾廷龙日记》,中华书局,2022 年,第 196—197 页。

④ 顾潮回忆云:"其时,章钰之子元善、元群因为形势紧张,欲将章钰所遗书稿存入天津美英租界之中国银行仓库。先生知悉后,认为天津有水陆交通,日后出路较北平方便,故与顾颉刚夫人殷氏将两箱顾颉刚之手稿随同章家物件存至银行仓库。"顾潮:《我的父亲顾颉刚》,人民文学出版社,2009 年,第 210 页。

⑤ 顾颉刚:《顾颉刚日记》卷四,第 208 页。

载："章元群来称，虬兄托其附带寄存之书画两箱，现在存放处催出货，惟出货须经日人监视检查，特询箱中有无违碍之物，属余考虑答复。"①日记中的"虬兄"是顾颉刚的父亲顾柏年，当时已经去世，这两箱藏书原本由他代为寄存至天津中国银行。经章元群转告，银行催促这两箱书出货，但出货时须由日人检验，故特来询问顾廷龙。《顾廷龙日记》1942 年 8 月 27 日记载："晨访元群，谈存书如能取出存放一层，可托朱振之，并示以揆丈致振之书，渠称振之系熟人，事或易办矣。"②朱振之是叶景葵的亲戚，时任浙江兴业银行天津支行经理，顾廷龙拟托他代为办理转存书籍事宜。

此事在很长一段时间内并未成行，可能是因为书箱中有当时违禁的资料。《顾廷龙日记》1943 年 8 月 23 日记载："章元美来电话，言明自平返，天津中国银行栈房存件催领。余代子虬兄托寄之箱，须余备函负责，其中有目下违禁之品，约明日面商一切。"③天津中国银行再次催促后，章元美不得不与顾廷龙面商。《顾廷龙日记》次日记载："元美来，交虬兄出面委托存放字画等二箱，年月填廿六年十月九日，能备而不用，幸甚。"④这两箱藏书寄存天津中国银行的时间在 1937 年 10 月 9 日，顾廷龙代顾柏年委托章元美出面取回。

《顾廷龙日记》1944 年 9 月 11 日云："午后，得元美电话，谓存津之书画等件两箱已遭军部拍卖处分，幸由其熟人所承购，现已赎返矣。惟属余即日设法寄存之处。归，即乞揆丈致书朱振之，俾存浙兴也。依元美意，务须电达，明日再定。当时不知何以一念运平，铸成此错，费人之力，又耗款项。虬兄、履安经手其事者皆古人矣，独吾在此，深悔此举之无益也。"⑤寄存在天津中国银行的藏书一度遭日方军部拍卖，幸而由章元美托熟人赎回，顾廷龙于是决计托叶景葵联系朱振之，设法寄存浙江兴业银行天津支行。次日，顾廷龙请叶景葵电告朱振之云："起潜书箱两只，向元群取回暂存。"⑥1944 年 9 月 16 日，朱振之复信叶景葵："奉尊电，敬悉。起潜兄书箱两只，已由元群交来收存行中。请公洽。"⑦至此，顾颉刚的天津藏书终于安全转存浙江兴业银行天津支行，顾廷龙在 1944 年 9 月 23 日的日记中感慨："此事交涉已一年矣，今得存入浙兴，为之大慰。此两箱何以竟遭拍卖处分，实不可解（日伪接管仓库后处理），所幸

①② 顾廷龙撰，李军、师元光整理：《顾廷龙日记》，第 258 页。
③ 顾廷龙撰，李军、师元光整理：《顾廷龙日记》，第 326 页。
④ 顾廷龙撰，李军、师元光整理：《顾廷龙日记》，第 326—327 页。
⑤⑥ 顾廷龙撰，李军、师元光整理：《顾廷龙日记》，第 389 页。
⑦ 顾廷龙撰，李军、师元光整理：《顾廷龙日记》，第 391 页。

已经赎回,不过花费金钱,否则何以对颉刚,每一念及,终觉耿耿。"①

　　三、北平中法工商银行柳条箱。这批藏书存于柳条箱中,每年中法工商银行收取保管费40元,自1938年7月1日起托王姨母代付,图章亦存彼处,箱子的钥匙在顾颉刚自己手上。因北平中法工商银行未受到较大的战争冲击,故战后完好无损。顾颉刚战后亲自前去拿取,《顾颉刚日记》1946年2月20日记载:"到中法工商银行,晤马效实,看铁箱及稿箱。"②又次日记载:"将存在中法银行之柳条箱取出,打开看之,皆履安检理之稿件信札。每包均签名作封记。每开一包,心辄作痛。噫,我将何以报之!"③可知这部分所藏主要是顾颉刚的稿件和信札,先前藏于成府寓所,由殷履安整理后分藏于中法工商银行。

(二)城外成府蒋家胡同藏书

　　顾颉刚文库中有殷履安手抄《成府藏书目》一份,包括21箱、4橱、3架图书,共有古籍约800种9000册,其中很多明刻本、清代精刻本、原刻本、家刻本、批校本④,据顾潮判断,应为1937年前殷履安编订,可以使我们了解成府藏书的概况。不过,顾颉刚后来称自己的成府书籍在50000册以上⑤,可知这份目录记录的仍非全貌。顾颉刚在日记中说成府藏书达五十余箱,据顾廷龙后来回忆:"平中尊物,蒋家胡同书籍全部装箱,存校中临湖轩(大柜中信札亦装木箱存入),书架桌椅存一楼、四楼。"⑥可知这批藏书是从顾颉刚成府寓所中搬出,分作两批,分别存放在燕京大学临湖轩和学生宿舍四楼。

　　第一批藏于燕京大学临湖轩,是顾颉刚寓所藏书的大宗,顾廷龙后来回忆这批书的情形云:

　　　　为刻字书箱以及黑书箱,又木板箱,仓卒之中未有目录,时隔多年,记忆不清,大致唱本全部,及所有信札均在内(张石舟撰《亭林年谱》稿本似亦在内)。又书匣内之另种讲义全部,其他书名不能详矣。当时幸得仁之之力(原欲寄四楼,蔡一谔不准),特承司徒先生厚意许置其宅(校中人知者不多),方喜万全之虞。⑦

①　顾廷龙撰,李军、师元光整理:《顾廷龙日记》,第391页。
②③　顾颉刚:《顾颉刚日记》卷五,第611页。
④　顾洪:《顾颉刚藏书记(上)》,《文献》2002年第1期,第204页。
⑤　顾颉刚:《顾颉刚日记》卷四,第692页。
⑥　顾廷龙:《致顾颉刚》,《顾廷龙全集·书信卷》(上册),第137页。
⑦　顾廷龙:《致顾颉刚》(1945年11月13日),《顾廷龙全集·书信卷》(上册),第141页。

这批藏书并没有完整的目录，据顾廷龙叙述，除了"积书十室"的大量古籍外，还有顾颉刚三十年来的大量信札（并非顾廷龙说的"所有信札"）、张石舟《顾亭林年谱》的稿本，以及所有讲义。这批藏书原来打算存放在图书馆储藏室，但由于体量较大，未获得燕京大学总务处处长蔡一谔的准许。在司徒雷登的同意下，最终整体存藏于其燕大住宅临湖轩。1941 年 1 月 29 日，郭绍虞曾询问临湖轩的藏书的书箱数，顾廷龙次日即托时任燕京大学图书馆主任的田洪都与侯仁之清点①。

1941 年 12 月 8 日，美国对日宣战，太平洋战争爆发。同日，具有美国教会大学性质的燕京大学被日军控制，司徒雷登及部分燕大师生被捕，其余师生被驱散，教学终止。这一突变使得存放在临湖轩的第一批书籍散佚。同年 12 月 16 日，顾颉刚得到消息，在当天日记中写道："报载日寇已接收燕京大学，予存校书籍、稿件、什物，恐将不可问。如竟失去，万分可惜，然而管不得矣。"②临湖轩藏书随后在 1942 年 6 月被日方攫去，《顾颉刚日记》1942 年 6 月 7 日记载得知此消息后的心境云：

> 得刘克让君转来之赵宗乾君函，知予存在司徒校务长住宅之图书完全给敌人攫去，予数十年之心血化为云烟矣。此固料想得到之事，然而人孰无情，谁能遣此。又予许多稿件亦随沦没，更是不可挽回之损失。大约此项图书约有五万册，稿件、信札等则自十余岁至四十余岁三十年中之积累也。③

存于司徒雷登处的图书，包括图书五万册，十余岁至四十余岁跨越三十年的各种稿件、信札，可以说是顾颉刚学术前半生涯的结晶，均被日方攫去。这对于学者来说，正是对其学术生命的掠夺，因此顾颉刚发出了"人孰无情，谁能遣此"之慨叹。

第二批藏于燕京大学男生宿舍四楼，据顾廷龙后来回忆："第二批原列在炕上两架及中间靠窗老式书架，又书房内各处书，随后装四箱（及书架等件［有单］），则有简目交履安夫人，又钞出两份，一份在龙处。"④这批成府藏书被装入 4 只书箱，存于燕大学生宿舍四楼楼顶。当时有一简目，经殷履安抄出两份后，将一份交给顾廷龙。只是这份简目暂未见到。顾廷龙最早在 1940 年 5 月 6 日致顾颉刚信中，汇报这批燕大男生宿舍四楼藏书的详情：

---

① 顾廷龙撰，李军、师元光整理：《顾廷龙日记》，第 134 页。
② 顾颉刚：《顾颉刚日记》卷四，第 617 页。
③ 顾颉刚：《顾颉刚日记》卷四，第 692 页。
④ 顾廷龙：《致顾颉刚》（1945 年 11 月 13 日），《顾廷龙全集·书信卷》（上册），第 141 页。

燕京尊处家具存一楼者,据绍虞来信谓总务处须收寄费,因与冯先生商定移置其家代存矣。谅有函告。尚有书架、书箱存四楼顶(图书馆储藏室总务处不管)者。项洪都来信云:"四楼顶由兄经手所存顾先生物件,日前冯先生来,请将该项物件移置郭绍虞先生处,当以吾兄离校时未曾提及,不便擅许。如须仍寄此楼,亦无不可,或须转置他处,亦听自便,均乞示知,俾便处理。"龙即去复云:"舍侄什物承公厚爱,特许存寄四楼,弥感大德。今后仍许续放,并无变更,尤胜欣幸,自不必多一移置也。冯先生并无信来提及此事。惟舍侄存一楼之物,郭先生来信谓总务处忽须收寄费,价似甚昂,因与冯先生商定移存郭家,此次欲移四楼之物或亦恐收费两百,此意郭先生处烦渎已甚,先生既许续放,则不欲偏其劳矣。"龙因书箱有五只,当时未有细单,恐移出之后难免不致借用,借用之后难能还原,四楼顶甚安妥,平常无人上去,尊意以为何如? ⋯⋯四楼物至不能存时再设法可也。[①]

顾颉刚在燕大宿舍一楼存有成府寓所的家具,燕大总务处处长蔡一谔突然提出要收取高达 200 元的寄存费用。顾颉刚当时在天津中原公司的保管费不过每月 6 角,北平中法工商银行也不过每年 40 元,可见这笔 200 元的费用实难以负担。于是顾廷龙与冯世五商定,拟将这批藏书转移至郭绍虞家。田洪都询问顾廷龙,是否要将宿舍四楼的藏书也一并转移至郭绍虞家。顾廷龙考虑到,四楼顶的藏书搬运至郭绍虞家后,难免被拿出借阅。由于仅有简目而没有详细书单,借出后难以一一收回,必然导致散佚。因此,顾廷龙决定继续照旧存放在男生宿舍四楼顶,能够最好地保护顾颉刚这批藏书的完整性,除非蔡一谔再次提出寄存费用的问题。

综上所述,顾颉刚自 1935 年从城郊成府蒋家胡同迁居城内枣林大院后,其藏书主体就分为城内、城外及禹贡学会宿舍三大部分。抗战时期,顾颉刚匆忙离京后,城内枣林大院由殷履安整理,将书籍部分存于汪孟舒、李金声寓所,信札、日记、稿件存于天津中国银行与北平中法工商银行,天津中国银行处藏书后转于浙江兴业银行天津支行。城外成府蒋家胡同藏书由居住其中的顾廷龙转移至燕京大学之临湖轩与男生宿舍四楼。燕大藏书在 1941 年日美宣战后,大部被日人掠去,有待战后进一步追寻下落。

---

① 顾廷龙:《致顾颉刚》(1940 年 5 月 6 日),《顾廷龙全集·书信卷》(上册),第 125—126 页。

二、顾颉刚、顾廷龙联手寻书

太平洋战争爆发后，顾颉刚在燕京大学的存书固已凶多吉少，但他除了保持关注与询问友人外，也并无更好的办法。不过抗战胜利后，顾颉刚就立即联手顾廷龙开始了颇为艰辛曲折的寻书之旅。从 1945 年 9 月始，顾颉刚已向洪业、吴玉年、顾廷龙、侯仁之、陆志韦等人写信询问燕大存书消息。1945 年 9 月 3 日，顾颉刚向顾廷龙询问自己藏书的下落，顾廷龙在同年 9 月 18 日回复顾颉刚，再次述及顾颉刚燕大存书：

> 平中尊物，蒋家胡同书籍全部装箱，存校中临湖轩（大柜中信札亦装木箱存入），书架桌椅存一楼、四楼。但自日本占领后，不知情形如何，向燕校最后出来之人打听，亦未能得其确信，或言日军进临湖轩查见后，即云顾某人物应充公，并问谁与相识者，欲加盘诘，下文不得而知，写信不能问，吉凶莫卜。八月十二日胜利讯传之翌日，即函托冯世五君会商植夫先生相机照料，不知此信已达否？（冯君处亦久不通信矣，现在平中情形尚不明了。）请公就近函托司徒校务长照拂何如（报载在渝）？①

燕大临湖轩藏书被日军充公后吉凶未卜，顾廷龙已函友问讯，尚未得回复。顾颉刚也在 1945 年 9 月 5 日的日记中说："报载司徒雷登先生来渝谈话，谓燕大图书仪器已被劫一空，然则予所存书必已无望。此中有三十余年之信札及零碎稿件，尤足惜也。"②可见，顾颉刚尤为关心的是他三十年间所存的信札及各种文稿。1945 年 11 月 5 日，顾颉刚致信顾廷龙云："平中物件多承垂注，至所感荷。月前曾函仁之、延增诸君，俱未得复，想邮件尚未通利也。沪上倘有消息，幸即见告，以释悬悬。"③顾颉刚仍然期待得到更多存书近况，请求顾廷龙一有消息便即转告。

顾廷龙在同年 11 月 13 日致顾颉刚信中，详尽地陈述了燕大存书情况。存于临湖轩的藏书"混乱略定，遂亦不欲移动，移动亦无处可容"④。这批书的具体下落，顾廷龙已函询侯仁之。存于男生宿舍四楼的藏书，顾廷龙函询当时正在整理燕大图书馆藏书的聂崇岐，聂崇岐回复称，此批藏书已在日本接收燕大后流散，现在在图书馆乱书

---

① 顾廷龙：《致顾颉刚》（1945 年 9 月 18 日），《顾廷龙全集·书信卷》（上册），第 137 页。
② 顾颉刚：《顾颉刚日记》卷五，第 523 页。
③ 顾颉刚：《顾颉刚日记》卷三，第 503 页。
④ 顾廷龙：《致顾颉刚》（1945 年 11 月 13 日），《顾廷龙全集·书信卷》（上册），第 141 页。

堆与白色书架中发现了部分残存。最后,顾廷龙表示将继续联系侯仁之与聂崇岐,加紧查询两批书籍下落①。顾廷龙此信发出后不久,就得到了聂崇岐的回复:

> 颉刚先生之书存临湖轩者,在华北综合研究所未成立前,已属倭贼盗运一空,存四楼者尚有一部分保存,俟图书馆工作到达清理私人存书阶段,当据开来目录点查,残毁如何,再函奉告也。颉刚先生前曾有信致陆先生,亦为书事,陆先生近将有信直复矣。②

聂崇岐谓顾颉刚存于临湖轩之书"已为倭贼盗运一空",存于男生宿舍四楼者尚有一部分保存。11 月 18 日,顾廷龙即致信顾颉刚告知了此事。然而,对于临湖轩遗失之书,顾廷龙在信中表示仍有寻回之可能:"好在一部分箱上刻有某人藏书标签,其他木箱亦均贴有'顾○○寄存'排印字条,或易觅致。"③由于书箱上贴有标记,且顾廷龙推测临湖轩遗失之书大概仍在北平,故建议顾颉刚请求北平当局设法调查,并可托请沈兼士、王世襄、萧一山等人帮助。顾廷龙自己则将继续联络冯世五、栾植新探听当日顾颉刚藏书遗失之线索。顾廷龙又提建议:最近有赴日调查遗失文物组织成立,其中不乏顾颉刚熟人,亦可请托④。

1945 年 11 月 21 日,顾颉刚收到此信,并记于当日日记:"接起潜叔信,悉予藏书在临湖轩者,得筱珊函,已证实全部为敌人携去。"⑤如果说,关于燕大存书的此前种种消息均指向其流失,但并未确证,那么这次来自聂崇岐的消息无疑是一锤定音。尽管顾廷龙对寻回其书尚表示一定乐观态度,但顾颉刚似已不抱多少希望,在其往后的日记里,不见寻找旧书流散线索的尝试。

因陆志韦时任燕京大学代理校长,主持燕京大学复校工作,顾颉刚曾在 1945 年 10 月 30 日致信陆志韦询问藏书情形⑥,并在 11 月 30 日收到了陆志韦当月 26 日来信,言及顾颉刚燕大存书:

> 日前接上月杪快函,欣慰悉如。……所嘱一节,叠向关系方面察问,家具已荡然无存,文稿信件亦无着落,所存书籍凡在校务长住宅地窖者剽窃无遗,惟冷摊上间或发见一二册,不足应用。其在男生宿舍楼顶者,尚留一部分,在乱书堆中发现,年前或可整理清楚,当将细目奉告。损失之巨,至堪痛心。⑦

---

① 顾廷龙:《致顾颉刚》(1945 年 11 月 13 日),《顾廷龙全集·书信卷》(上册),第 141 页。
②③④ 顾廷龙:《致顾颉刚》(1945 年 11 月 18 日)附,《顾廷龙全集·书信卷》(上册),第 144 页。
⑤ 顾颉刚:《顾颉刚日记》卷五,第 560 页。
⑥ 《顾颉刚日记》1945 年 10 月 30 日:"写陆志韦……信。"《顾颉刚日记》卷五,第 548 页。
⑦ 陆志韦:《陆志韦来书》,《顾颉刚书信集》卷三,第 263 页。

　　大部分书籍已无着落，唯冷摊中可见一二，乱书堆中残存一些，可知这批书籍可能已经被翻动过。在 11 月 30 日的日记中，顾颉刚原文抄录了此段回信。下附感慨曰："三十余年之收集，竟及身见其散佚，伤哉痛哉！"[①]悲痛之余，他又念及"予苟不办通俗读物社，则战事起时必不离北平，起潜叔亦必不代存司徒住宅地窖，致有此损失也"[②]，故"予为事业而牺牲，为救国而牺牲，予能有此，心转自慰"。[③]沉重的失书悲痛，或许只有借此浩然之家国情怀，方可稍稍化解。

　　顾颉刚曾向洪业、吴玉年询问燕大存书，因通讯不畅而未得回复。直至 1946 年 1 月 29 日，他才得到二人的回音。洪业回信中称"秋间复校时，临湖轩内一无所有"[④]，再次印证了临湖轩存书已完全遗失。信中又称"图书馆内书籍乱堆如山，据闻多系从各楼顶移来者……其中亦时发见有吾兄之书"[⑤]。另外，洪业回信中称"一年以前东安市场已常见有吾兄藏书"[⑥]，可印证陆志韦所言"冷摊上间或发见一二册"。吴玉年的回信则是告知顾颉刚其部分藏书发现于日本人所办近代科学图书馆。顾颉刚在日记中感慨曰："予书竟如此散法。"[⑦]

　　顾颉刚见到了从北平返渝的袁同礼，袁时任北平图书馆馆长，也是清理战时文物损失委员会委员之一。他带给顾颉刚一则消息：顾颉刚之书被劫后存于日本领事馆，而今领事馆自动缴出，现已存于教育部平津区特派员办事处。顾颉刚在 1946 年 1 月 23 日致信顾廷龙："伫以北平藏书已由日本领事馆缴至教部特派员处，急欲前往清理，俾知实际损失。"[⑧]顾颉刚在 1 月 26 日前往教育部，顾廷龙在 1946 年 2 月 19 日回复顾颉刚云："日前接奉手书，欣悉文斾已到北平，四楼存书一部分已从教部特派员处收回，损失已不少。"[⑨]据 1946 年 2 月 19 日开列的《教育部平津区特派员办公处清理近代科学图书馆所存敌方掠取顾颉刚教授图书目录》，顾颉刚从教部领回的书共书籍 243 种，3013 册，又散本书 1465 册，原装六箱，共计书籍 4478 册[⑩]。

　　1946 年 2 月 22 日，顾颉刚抵达燕大，即至图书馆访聂崇岐，由聂崇岐陪同到化学楼寻检残存之书，又与冯世五到燕大图书馆检书[⑪]。2 月 23 日，顾颉刚继续在燕大图

①②③　顾颉刚：《顾颉刚日记》卷五，第 565 页。
④⑤⑥⑦　顾颉刚：《顾颉刚日记》卷五，第 598 页。
⑧　顾颉刚：《致顾廷龙》，《顾颉刚书信集》卷二，第 510 页。
⑨　顾廷龙：《致顾颉刚（三十六）》，《顾廷龙全集·书信卷》（上册），第 151 页。
⑩　《教育部平津区特派员办公处清理近代科学图书馆所存敌方掠取顾颉刚教授图书目录》，《顾颉刚文库古籍书目》，第 1002 页。
⑪　顾颉刚：《顾颉刚日记》卷五，第 612 页。

书馆检书,当日日记中,他做出如下推断:

> 予书籍存临湖轩地窖者,尽为日本一八二一部队经理部劫去,时卅一年春也。今未知何在。其在四楼楼顶者,为华北综合调查研究所所取,于卅四年春间散出,一部分存燕大图书馆,一部分存日本大使馆(即教部特派员所接收者),又一部分则为日本人及中国人所偷盗,即书铺所见者。①

至此,顾颉刚的燕大藏书流向已基本了然。第一批原存临湖轩者,1942 年被日本一八二一部队掠去,至今下落不明,有待后续追赔。第二批原存燕大男生宿舍四楼楼顶者,日军占领燕大后被华北综合调查研究所取去,1945 年春散出;其中一部分后来仍存于燕大图书馆,已由顾廷龙领回;另一部分存于日本大使馆,已经前往教育部特派员处取回;少部分被人偷盗流入书市,难以逐一追回。

除燕大藏书外,城内书籍因存于机构或个人,故得到完好保存。

关于天津中国银行的藏书,顾颉刚在 1945 年 9 月 3 日致信顾廷龙云:"胜利突来,普天欢庆,为期非遥,东土握晤,快甚快甚! ……章元美先生近在何处? 前存在天津中原公司之物中多侄之稿件,尤望早知其下落也。"②顾颉刚仍然十分关切包括《辛未访古日记》在内的天津中国银行的藏书,只是信中尚误作"中原公司",且他还不知道,这批藏书已经被及时转移到了浙兴银行处。顾廷龙在 1945 年 9 月 18 日的回信中说道:"章元美先生存放之箱已移寄浙江兴业,稿件均在,可请勿念。……移存天津浙兴箱曾嘱该行经理朱振之先生(又系挈丈至亲)亲自启点。"③可知章元美后来及时将两只木箱从中原公司转存至浙江兴业银行天津分行。经理朱振之先前曾致信叶景葵汇报清点情形云:

> 顾起潜兄寄存大木箱两只,顷已约同廑甫兄帮同开箱检视,该箱容积甚大,系装货之木箱,一一将箱内成书书籍逐一清理,钞就目录一份,至祈台察。箱内大部分为讲义、文稿,文稿中关于史地、历史、游记、札记、经义为多,均未成书。有纸包者,有绳扎者,尚有其他北方流行小本书及歌谣本及圆式汉瓦三块,颇为复杂,故就其成书有书名者抄本后,仍将各件装入原箱,妥为封钉存行,并祈察洽。④

---

① 顾颉刚:《顾颉刚日记》卷五,第 613 页。
② 顾颉刚:《致顾廷龙》(1945 年 9 月 3 日),《顾颉刚书信集》卷二,第 501 页。
③ 顾廷龙:《致顾颉刚》(1945 年 9 月 18 日),《顾廷龙全集·书信卷》(上册),第 137—138 页。
④ 顾廷龙:《致顾颉刚》(1945 年 9 月 18 日)附,《顾廷龙全集·书信卷》(上册),第 138 页。

顾廷龙在 9 月 18 日致顾颉刚的信中转引了上述信文，并总结道："就此信所言，在中原公司司机房中时及搬入浙兴前，未经他人开过，尚不至有损失，可请勿念。"①以示箱内书稿概无损失。从朱振之的汇报来看，这批书籍除了上文提及的《辛未访古日记》等文稿外，还有各种讲义、文稿、汉瓦当等。

至 1946 年 2 月 19 日，顾廷龙致信顾颉刚：告知其存放天津浙兴银行之书稿有待顾颉刚前往检点，"检视后或存或取均可"②。2 月 28 日，顾颉刚赴天津，前往浙江兴业银行寻取书稿，《顾颉刚日记》2 月 28 日记载："雇车到梨栈浙江兴业银行，晤朱振之经理，接洽取物住宿事。将旧存两大木箱打开，置入住室清理。……存入银行之物，以稿件为多，凡予日记、笔记、游记、信稿，皆一一呈现，若睹密友。"③顾颉刚此后连续三日整理书稿。3 月 1 日："整理书稿。"3 月 2 日："将书稿装入柳条箱，凡五件，由仆人捆好。……向振之、跃如两君辞别。"3 月 3 日："至车站，将柳条箱结行李。……下午一时到北平。"④在日记中，顾颉刚并未提及书稿的损失，可以推测浙兴银行图书基本完好，并将这部分书整体带走。

关于禹贡学会处藏书，顾廷龙在 1945 年 11 月 13 致顾颉刚的信中，提到抗战时禹贡学会在赵贞信离开后由吴丰培管理，"其人管理此屋当无问题"⑤。顾颉刚在 1946 年 2 月 14—17 日前往禹贡学会整理这批藏书⑥，据其日记记载："禹贡学会书，尘封四年，往整理时，如入埃及古墓。书稿为鼠啮者亦多。"⑦可知这批藏书除因长时间存放而遭鼠啮外，没有遗失。

关于汪孟舒处藏书，顾廷龙在 1945 年 9 月 18 日致信顾颉刚说："原存汪孟舒处书箱后经植夫先生商寄李延增处，必甚安好。"⑧1946 年 2 月 19 日，顾廷龙再次致信顾颉刚："汪孟舒（之昌孙、开祉子，住东斜街 52 号），曾存尊藏书籍（当时仓黄觅屋，其情可感），公如得便一访，渠必极诚欢慰也。"⑨这批书最终完整地保存了下来，顾颉刚到李延增寓所取书时，"见予书装箱封识宛然，而履安已殁，为之雪涕"⑩。关于中法工商银

---

① 顾廷龙：《致顾颉刚》（1945 年 9 月 18 日），《顾廷龙全集·书信卷》（上册），第 138 页。
② 顾廷龙：《致顾颉刚》（1946 年 2 月 19 日），《顾廷龙全集·书信卷》（上册），第 151 页。
③ 顾颉刚：《顾颉刚日记》卷五，第 615 页。
④ 以上内容均出自顾颉刚：《顾颉刚日记》卷五，第 615—618 页。
⑤ 顾廷龙：《致顾颉刚》（1945 年 11 月 13 日），《顾廷龙全集·书信卷》（上册），第 142 页。
⑥ 顾颉刚：《顾颉刚日记》卷五，第 608—609 页。
⑦ 顾颉刚：《顾颉刚日记》卷五，第 608 页。
⑧ 顾颉刚：《顾颉刚书信集》卷二，第 502 页。
⑨ 顾廷龙：《致顾颉刚》（1946 年 2 月 19 日），《顾廷龙全集·书信卷》（上册），第 152 页。
⑩ 顾颉刚：《待运书目跋》，《顾颉刚文库古籍书目》卷二，第 1003 页。

行处藏书,前已提及,顾颉刚在 1946 年 2 月 20 日到中法工商银行取回一箱稿件信札。

经过顾颉刚、顾廷龙联手追索遗失藏书后,最终的结果如下。存于天津中国银行仓库包括《辛未访古日记》在内的藏书被整体取回。《辛未访古日记》中说"置燕京大学校园"的部分:第一批原存于燕大临湖轩,被日本一八二一部队掠去后,下落不明;第二批原存燕大男生宿舍四楼楼顶,被华北综合调查研究所取去后,顾颉刚、顾廷龙追回了部分存于燕大图书馆与日本大使馆的书籍,尚有不少被人偷盗而佚失。《辛未访古日记》中说"藏城中禹贡学会等处所"者,包括禹贡学会宿舍、李延增(原汪孟舒)寓所、中法工商银行三处藏书,也已整体取回。也就是说,顾颉刚战后遗失的藏书,集中在燕大校园中被日人掠去者。

三、燕大临湖轩藏书的索赔

陆志韦在 1945 年 11 月 26 日来信告知顾颉刚燕大图书馆损失殆尽,同时建议顾颉刚由顾颉刚草拟一份说明,包括失书的原委,藏书的大致情形,方便燕大开具正式的证明,帮助顾颉刚向教育部索赔①。于是,顾颉刚自 1945 年 12 月 28 日开始起草"文物损失呈文",至 1946 年 1 月 1 日校改完成②。该呈文收于《顾颉刚书信集》,题名"致教育部清理战时文物损失委员会"。一开头,顾颉刚先总述了自己抗战前的藏书情况:有家传"木刻旧籍约两万册",加以自己累年购书,共至约七万五千册。接着报告失书过程:抗战爆发,顾颉刚只身赴南,"所有存置燕京大学东门外蒋家胡同三号屋中图书、古物一概未携"③,后转存于临湖轩地窖内,然而燕大被日军占领后全遭劫掠。又叙从燕大校长陆志韦处问知燕大存书已全部损失。

呈文主体部分是对所藏图书、文物的分类罗列,共分十类:(一)经学子学书;(二)文字学书;(三)史学书;(四)文集及笔记;(五)丛书及工具书;(六)报纸杂志及近代史料;(七)社会史料及家庭史料;(八)信札;(九)古物书画;(十)稿本。此时,顾颉刚手头并无整全的临湖轩藏书书目,故所列内容多凭记忆,多为举要,并非全部。而后,又列出其藏书之四项重要性,以证其价值。信中顾颉刚自估这批藏书文物价值两亿元,并

---

① 陆志韦:《陆志韦来书》:"燕大自应备函证明,以便先生持向教部追索赔偿。最好由先生拟一草稿,备述原委,由此间照录,加章寄奉,以免辞句上与事实参差,不知有当尊意否。"《顾颉刚书信集》卷三,第 263 页。

② 顾颉刚:《顾颉刚日记》卷五,第 585 页。

③ 顾颉刚:《致教育部清理战时文物损失委员会》,《顾颉刚书信集》卷三,第 256 页。

提出自己的追偿意见：可向日方追偿现金，若不能，则"拟恳饬由敌方赔偿史学应用图书十万册"①。

据清委会要求，申报文物损失赔偿之个人或机关，除了文物名称和重要性等必要条件之外，还须登记敌伪负责人姓名或机关部队名称，该项文物目前下落、文物图样照片②。而这些信息顾颉刚实未掌握。故顾颉刚一方面在呈文末提出自己身处后方，此类材料信息难以备齐，请求免缴，另一方面也尽可能地搜集相关信息。

顾颉刚2月9日在东厂胡同查书时，手头并无书目参考，只能做一大概估计。2月12日，顾颉刚日记记录："得起潜叔书，渠得筱珊函，知予书原存燕大四楼顶及临湖轩两处，存燕大楼顶者一部分存燕大，一部为教部接收。存临湖轩者为日军取去，查无下落。此部分似未经新民会手，或能全部发现，或竟全部消灭。"③顾颉刚在东厂胡同检出的书，是这批"四楼顶"之书的一部分，另一部分"四楼顶"之书此时仍存燕大。而临湖轩存书，仍不知下落。

2月13日，顾颉刚用顾廷龙寄来之书目与东厂胡同存书进行核对，发现其中所缺甚多，且"较精之本皆未见"，顾氏推断这批图书已被日军"选择一过"，被取走之书不知何往。这一检书经历记录于顾颉刚当日日记，根据时间判断，顾颉刚应是在2月12日所收的顾廷龙信中，得到其寄来的书目④。

2月14日，顾颉刚回复姚绍华信，称自己损失之书约有三四万册，"痛心之甚"⑤。所指主要应为临湖轩存书。接下来几日，他继续在东厂胡同检书，至2月19日，方对东厂胡同的书清理完毕，并对其中所得做了编目，包括书名、函数、册数、版本，对有所缺册的书也做了备注。该目名《教育部平津区特派员办公处清理近代科学图书馆所存敌方掠取顾颉刚教授图书目录》，共计书籍243种，3013册。又有在东厂胡同中检点出散本书计1465册，此批未编书目⑥。

1946年2月19日，顾廷龙致信顾颉刚云，期望通过当时的亲历者萧正谊，调查当时进入燕大掠夺藏书的详情，包括日军部队名称等。顾颉刚后来曾寻访萧正谊问询⑦，

① 顾颉刚：《致教育部清理战时文物损失委员会》，《顾颉刚书信集》卷三，第261页。
② 刘劲松：《抗战时期中国图书馆界研究》，商务印书馆，2018年，第299页。
③ 顾颉刚：《顾颉刚日记》卷五，第607页。
④ 顾颉刚：《顾颉刚日记》卷五，第608页。
⑤ 顾颉刚：《致姚绍华》，《顾颉刚书信集》卷三，第244—245页。
⑥ 顾颉刚：《教育部平津区特派员办公处清理近代科学图书馆所存敌方掠取顾颉刚教授图书目录》，《顾颉刚文库古籍书目》卷二，第994—1002页。
⑦ 顾颉刚：《顾颉刚日记》卷五，第614页。

惜终无结果①。2月22日,顾颉刚在聂崇岐的陪同下,前往燕大图书馆检索书籍,终于在2月23日的日记中,提到从聂崇岐处得知自己临湖轩处的图书是被日军一八二一部队掠去。1946年3月5日,顾颉刚致信教育部特派员办事处云:

> 抗战后颉刚西行,所有个人存留燕京大学教员宿舍之藏书,由家叔廷龙分成两部代为寄存,一部存在燕大临湖轩校务长室地窨,多为巨帙;一部存燕大学生宿舍四楼,多为零种。自民国三十年冬燕大被占,颉刚再三托人打听,均未明其下落。上月自渝来平,知贵处接收颉刚旧藏书一批,即经领回;又燕大图书馆中亦被敌人留置一批,复经检领;又隆福寺街修绠堂书铺去春曾收得颉刚藏书二十六套,并经备价赎回。合此三处,校以家叔开来目录,知皆寄存四楼之物,虽仍多缺失,而已十得其六;至寄存临湖轩者则一无所见。询问燕大图书馆主任聂崇岐先生,知该处藏书尽为日本一八二一部队经理部所劫,其时间常在民国三十一年春,即燕大已被封闭,综合调查研究所尚未创立之时。此项被劫之物至今查无着落。查该处颉刚藏书计有三十六箱,除一箱为私人书札,二箱为所编讲义外,悉为成套书籍,约计三万五千册之谱。四出查访,均未发现,似由敌人安置一处未经散出,拟恳贵处代追求,物归原主,俾颉刚研究工作可以继续,不胜盼切!至存置学生宿舍之书,失去小半,燕大洪教授业、临大余教授逊并曾在东安市场中原书店等处见有颉刚书籍多种,合之修绠堂所得,足证其早经敌人盗卖,理合赔偿。又大套书中往往失去一二册,遂致残缺,亦至可惜。拟恳贵处饬令敌人照现价抵赔,以维产权,无任铭感!②

从此可见。该信陈述了燕大存书的得失,信中明确了燕大存书的流散经过和现今状况。燕大四楼顶之存书已收回十分之六七,剩余者或散入书市,或不知所终。而临湖轩存书至今查无下落,顾颉刚推测可能是被敌人安置某处,未经散出。同时,信中概述了临湖轩存书的体量和内容:"计有三十六箱,除一箱为私人书札,二箱为所编讲义外,悉为成套书籍,约计三万五千册之谱。"这可补充顾廷龙前信所言。

提交赔偿申请书后,顾颉刚在北京停留了十余日,直至3月17日离京赴渝。这期间,顾颉刚的主要精力转向组织筹划复建禹贡学会,追寻旧书已退居次务。检顾氏日记,其间有关旧藏书的内容如下:

---

① 顾颉刚:《致顾廷龙》(1946年3月27日),《顾颉刚书信集》卷二,第513页。
② 顾颉刚:《致教育部特派员办事处》(1946年3月5日),《顾颉刚书信集》卷三,第265页。

在汉学研究所亦见有予书《痴华鬘》等，谓去年于西单购到者。（1946 年 3 月 6 日）①

为燕大草证明书。算损失账。（1946 年 3 月 7 日）②

到引得校印所请植新代钞损失单。到校访志韦，未遇。访蔡一谔，渠派蒲绍昌伴至学生宿舍四楼二楼看木器，又到临湖轩地窨看旧日存书箱处。（1946 年 3 月 8 日）③

写聂崇岐信……看修绠堂所送书。（1946 年 3 月 10 日）④

到东安市场中原书店、五洲书局访书，得予旧藏《诸子平议》一部。……闻桥川言，予存临湖轩书，经日本军部运至英国大使馆，此后即不知其下落。（1946 年 3 月 13 日）⑤

写……教部特派员处信。（1946 年 3 月 15 日）⑥

此一阶段，顾颉刚仍不时遇见其散落各处的零碎旧书，而此一部分多凭机缘，难以有意寻回。于是，他开始以清点损失、申请赔偿为主务。同时，对已经检点一过的旧书，他也开始加以进一步整理、储藏，顾颉刚 3 月 10 日致信聂崇岐即是为此。

顾颉刚在燕大多次检书后，托冯世五将其检认之书带进北京城内寻地储存，而聂崇岐不许，因其中不少书不能确证为顾书。于是顾颉刚致信聂崇岐，向其说明原委："刚书上大都无印，亦多未题签批校，而家叔所开之目又多未备"⑦，因而顾颉刚在乱书堆中检书时，不得不多凭一己记忆，很多书都在疑似之间，只好"疑似成分多即舍之，成分少则取之"⑧。由此可一窥检书之难。

3 月 13 日，顾颉刚从桥川时雄处打探得知：予存临湖轩书，经日本军部运至英国大使馆，此后即不知其下落。3 月 17 日，顾颉刚离京赴渝，标志其寻找旧书经历的正式结束。而后，他便全心投入于国民参政会的事务中⑨，至 3 月 27 日始得闲暇，致信顾廷龙，对自己平津寻书的最终结果做了简要总结：

临湖轩书完全遗失，（系三十年冬日本一八二一部队之经理部所取，先存英

---

① ② 顾颉刚：《顾颉刚日记》卷五，第 620 页。

③ 顾颉刚：《顾颉刚日记》卷五，第 621 页。

④ 顾颉刚：《顾颉刚日记》卷五，第 622 页。

⑤ 顾颉刚：《顾颉刚日记》卷五，第 624 页。

⑥ 顾颉刚：《顾颉刚日记》卷五，第 625 页。

⑦ ⑧ 顾颉刚：《致聂崇岐》（1946 年 3 月 10 日），《顾颉刚书信集》卷三，第 267 页。

⑨ 顾颉刚：《顾颉刚日记》卷五，第 625—630 页。

国大使馆[集中营]，后不知下落。）四楼木器亦完全失散。其他各地存书，则损失不多。萧正谊君曾见数面（今彼亦来渝），彼亦无从为力，已请教部索赔矣。存津文稿，赖章元群兄之努力，居然无损，感甚。叔影写龚橙手稿，已在燕大中发现，现置禹贡学会中。①

从 1945 年 9 月，至 1946 年 3 月，前后历时半载，多方追索，而临湖轩所藏三万五千册之巨，终未能寻回。

1946 年 5 月，顾颉刚抵沪，与阔别数年的顾廷龙相晤。在合众图书馆，顾颉刚看到了一份尘封已久的藏书目，并作跋语，见前文所引。

这则跋语中，顾颉刚提到"今年二月到北平，入李君室，见予书装箱封识宛然"②，李君即指李延增，由此可印证：这批原存于北平城内，后寄存汪孟舒处，最后转存至李延增处的藏书，应基本无损。据顾洪统计，这份藏书目中所录共计 15 箱，有 1300 多部，万余册书③。

5 月 14 日，徐森玉告知顾颉刚："中国向日本索取文物作赔偿，毫无结果，以美国人不愿也。美国人之所以不愿，为其欲扶助日本复兴也。"④据此可推测，顾颉刚虽屡向教育部申请追偿其损失，然而难得结果。检其《日记》《年谱》等材料，并不见其得到政府赔偿的记录，索赔事宜终究不了了之。

四、藏书散佚对顾颉刚的影响

顾颉刚作为现代学术史上最重要的学者之一，尤以开展"古史辨运动"而著名，因而他的藏书自然与上古史研究息息相关。顾颉刚在《致教育部清理战时文物损失委员会》中概括自己的藏书时说："研究先秦及两汉经子及汉以前之中国史者，颉刚所藏纵不能谓毫无缺遗，实已大体完备，等于一个专科图书馆。"⑤这批相当于上古中国史专科图书馆的藏书，曾给顾颉刚带来"欲查一事，取之即得"的便利。战后藏书的散佚对于顾颉刚的上古史研究有极大的不便。顾颉刚在 1951 至 1953 年期间，曾大批量购入书籍，并作了一份《顾颉刚所购书目录》。谛审该目录，最主要的部分正是上古史研

①　顾颉刚：《致顾廷龙》（1946 年 3 月 27 日），《顾颉刚书信集》卷二，第 513 页。
②　顾洪、张顺华编：《顾颉刚文库古籍书目》卷二，第 1003 页。
③　顾洪：《顾颉刚藏书记（上）》，《文献》2002 年第 1 期，第 206 页。
④　顾颉刚：《顾颉刚日记》卷五，第 659 页。
⑤　顾颉刚：《致教育部清理战时文物损失委员会》，《顾颉刚书信集》卷三，第 261 页。

究方面的原始史料与学者论著，可以看作是为了弥补抗战的散书①。如 1952 年 12 月顾颉刚购入《魏正始石经残字》，题云："此书乃乾初印成，即以赠予。卢沟战后，已不知流落何处。顷校《尚书》，需此甚切，适来薰阁有之，遂购一部。"②又如 1953 年 10 月购入《训纂堂丛书》，题云："此书予所旧有，抗战中失之，迩来想念不置，苦其流传之少不能得也。昨过修文堂，见之列架上，问价则须十二万元，亦以其鲜见也。予囊中如洗，而宋翔凤《帝王世纪》、章逢源辑《古史考》为予治学所不可缺，遂以十万元得之。此事之所无可奈何者，爰记于此，以谂来者。"③

顾颉刚一生与书籍为友，其藏书多有校勘、批点、题跋。燕大藏书源自成府寓所，虽然没有详细完整的书目，但通过殷履安手抄的《成府藏书目》，仍然可以帮助我们了解其中的一部分内容。《成府藏书目》中有 116 种书籍标有"手批"，102 种书籍标有"手校"、"有校语"或"有校勘记"，56 种书籍标有"手跋"④。临湖轩藏书应该也有不少顾颉刚手批、手校、手跋本，这些批校本是顾颉刚学术生命的一部分，也随着抗战时的书籍散佚而消逝。如顾颉刚藏《续汇刻书目》题云："予少年颇致力目录之学。此书初出，予即购取，略有批注。继而出有闰集，因综为一函，芦沟变作，遂失之。及胜利后居沪，又得此书，而闰集则不可复见矣。"⑤

受父亲影响，顾颉刚有志于《水经注》研究，其所藏《水经注》题识云："此书为先父子虬公所点。公时任职浙醾署，日挟一卷以往，公务稍闲即以点书自遣，以是所点殆逾千册。今距逝世二十年矣，予遭世动荡，迄无所成，抚兹手迹，为之长叹。"⑥又题识云："予宿志将《水经注》手写一过，分析经文、注文及校正讹字，评其错失，而人事侵寻，迄难如愿，奈何奈何。"⑦顾颉刚一直想要接续前贤，厘析《水经注》的经、注，并"校正讹字，评其错失"。之所以后来"迄难如愿"，一个重要的原因就是他的《水经注》手批本在抗战中散佚了。《成府藏书目》载有武英殿本戴校《水经注》手批本，又戴氏遗书本戴校《水经注》手批本⑧。戴校《水经注》是乾嘉学派治《水经注》之集大成者，可见顾颉刚在校勘《水经注》上曾花费很大工夫。随着这些学术积累的遗失，顾颉刚想要

① 《顾颉刚所购书目录》，《顾颉刚文库古籍书目》卷二，第 959—980 页。
② 顾洪、张顺华编：《顾颉刚文库古籍书目》卷二，第 764 页。
③ 顾洪、张顺华编：《顾颉刚文库古籍书目》卷二，第 819 页。
④ 《成府藏书目》，《顾颉刚文库古籍书目》卷二，第 925—958 页。
⑤ 顾洪、张顺华编：《顾颉刚文库古籍书目》卷二，第 780 页。
⑥⑦　顾洪、张顺华编：《顾颉刚文库古籍书目》卷二，第 773 页。
⑧ 《成府藏书目》，《顾颉刚文库古籍书目》卷二，第 945、949 页。

重新校勘《水经注》也几乎不可能了。

　　藏书、手批本散佚对顾颉刚原有的学术计划也有着不小的影响。顾颉刚《致教育部清理战时文物损失委员会》云："颉刚拟对于汉代谶纬书作一集录,故此类搜求最全,自《古微书》以下,若赵氏《七纬》,乔氏《纬攟》,殷氏《正纬》,及蒋氏《纬学兴废源流考》等,凡得七种,其后得明本纬书,似为天一阁中故物。"①顾颉刚所谓的天一阁故物,就是明代青丝栏抄本《礼纬含文嘉》,是顾颉刚所说的"绝版书及孤本书"。该书本在抗战中散佚,顾颉刚后来失而复得,又在题记中说:

　　　　当民国十八年秋返北平,即笃志治经学,谶识纬书为汉代经学之大支流,甚欲集录各家辑本为一编,凡孙氏《古微书》、赵氏《七纬》、乔氏《纬攟》、殷氏《集纬》、马氏《玉函山房辑佚书》、《黄氏逸书考》,皆搜得之,雇工钞写,其事未竟,俄遘九一八事变,遂遭搁置。及太平洋变作,燕京大学为敌占,而所集之材料乃不可问。抗战既胜利,归北平整理劫余文物,乃得此于东方图书馆,以所置之柜刊有颉刚藏书字,犹得璧返,然《七纬》等书,则不可见矣。②

顾颉刚还获得了《考正古微书》,在题记中说:

　　　　予尝欲综明清两代所辑纬书为《谶纬集录》一书,着意求之,因得此本及殷元正《集纬》写本等。方将编写而日寇侵华,北京不可复居,弃藏书而西行,此志不获实现。乱定归来,所藏已残损,而章、殷两家善尚存,喜而题之,不知此生尚能从事否也?③

　　1929年秋,顾颉刚笃志于研治经学,而谶纬书为汉代经学之大支流,使他十分想要集录各家辑本为一编,先后搜集了孙毂《古微书》、赵在翰《七纬》、乔松年《纬攟》、殷元正《集纬》、马国翰《玉函山房辑佚书》、黄奭《黄氏逸书考》等辑佚书,并雇人抄写,因九一八事变而搁置。抗战后,这批纬书随燕大临湖轩藏书一同下落不明。顾颉刚后来虽然找回了《礼纬含文嘉》《考正古微书》等少量相关书籍,但仍有大量辑佚纬书未能找回,如《成府藏书目》中标有嘉庆十四年侯官赵氏小积石山房刊本《七纬》,为顾颉刚手批本④,即散佚于抗战期间。这直接导致顾颉刚的纬书整理与研究工作被迫搁浅。

　　这批藏书中,不仅有顾颉刚收藏的各种史料,也有研究顾颉刚相关的诸多原始史

---

① 顾颉刚:《致教育部清理战时文物损失委员会》,《顾颉刚书信集》卷三,第257页。
②③ 顾洪、张顺华编:《顾颉刚文库古籍书目》卷二,第763页。
④ 《成府藏书目》,《顾颉刚文库古籍书目》卷二,第942页。

料。这其中最重要的，莫过于顾颉刚收藏的信札与手稿。顾颉刚有整理信札的习惯，自谓"予一生所得他人信札均不废弃，仿机关档案例保存"①。关于抗战前顾颉刚所藏友朋信札的情形，《致教育部清理战时文物损失委员会》中有着详细的介绍："信札：三十余年中亲友所贻信件悉数留存，分月包扎，约三万通左右。其中普通问候及托办事物者固多，而讨论学术、记载见闻、抒写思想者并不少，亦为认识现代社会所当取资者。"②可知顾颉刚在抗战前三十余年中，共收藏了约三万通信札。其中有一些信札被殷履安寄存在北平中法银行的柳条箱中，得以保存下来，而存放在临湖轩的信札则随藏书一同散失。顾颉刚在1945年9月5日得知自己临湖轩藏书恐无法追回后，在日记中感叹道："此中有三十余年之信札及零碎稿件，尤足惜也。"现在所见到的顾颉刚抗战前的友朋信札，只是顾颉刚生平整理保存的沧海一粟而已。

顾颉刚提到自己藏书中的家庭文献，包括先祖、祖父之著作、日记、画像、照片等，顾颉刚认为称这些家族文献"在他人眼光中似是无足轻重，而自我家之立场观之，则为无价之瑰宝"③。话虽如此，以顾颉刚在现代学术史上的地位，顾颉刚家族的学术渊源也是研究其学术思想的一个十分重要的方面。顾颉刚藏书中多有父亲子虬公阅读、批点过的书籍，目前以集部居多④，但从顾颉刚的藏书题记来看，子虬公对经史书籍也颇有关注。例如顾颉刚藏《诗毛诗传疏》题云："先父一生所读书皆加评点。少年时资力不足，所点多石印书，此亦其一。惜抗日战争中已有若干损失，每思及之，使我不自安耳。"⑤又如顾颉刚藏《范氏二十种奇书》本《竹书纪年》题云："我父得之珍为秘笈，亲补其缺页。"⑥只不过，许多相关的家族文献在抗战后散失，例如顾颉刚藏《东洋史要》题云：

> 先父少年尝读是书，朱墨烂然。日寇发难，遂尔散失，予时时念之。今日到东安市场，见摊上有此，喜而购之，然先父手泽则不知投向何所矣。一九五五年二月十五日，顾颉刚记。⑦

桑原骘藏《东洋史要》立足于中国国史，同时关注与他民族、他国之间的相互影响，由王国维作序、樊炳清翻译，对于中国近代影响深远。从顾颉刚的记述来看，子虬

---

① 顾颉刚：《顾颉刚日记》卷十，第568页。
② 顾颉刚：《致教育部清理战时文物损失委员会》，《顾颉刚书信集》卷三，第260页。
③ 顾颉刚：《致教育部清理战时文物损失委员会》，《顾颉刚书信集》卷三，第261页。
④ 顾洪：《顾颉刚藏书记（上）》，《文献》2002年第1期，第213—214页。
⑤ 顾洪、张顺华编：《顾颉刚文库古籍书目》卷二，第984页。
⑥ 顾洪、张顺华编：《顾颉刚文库古籍书目》卷二，第766页。
⑦ 顾洪、张顺华编：《顾颉刚文库古籍书目》卷二，第770页。

公批读《东洋史要》至"朱墨烂然",可见饶有兴致,只是这一家族文献在抗战后散失。这些文献对于我们更好地了解顾颉刚的家学渊源,进而探讨顾颉刚学术思想的演变过程无疑均有着相当的帮助作用,可惜的是由于相关文献抗战中散佚殆尽,如今我们只能扼腕浩叹、徒唤悯然了。

　　顾颉刚的藏书、信札、稿件等在抗战中散佚,是我国学术史、书籍史上的一段痛史,无论是对于顾颉刚本人的研究,抑或是今人研究顾颉刚生平、学术、思想,都带来了巨大的不便。首先,顾颉刚藏书多有校勘、批点、题跋,藏书散失实乃学术积累、学术生命之失。其次,顾颉刚勤于搜集各类史料,其中不乏稀见乃至珍贵的名人手稿等孤本,顾颉刚有意识地要将他们整理成集。藏书的散佚,也使一些文献整理的工作被迫搁浅了。最后,顾颉刚散佚的藏书中也包含的大量信札、手稿及家族文献,对于学界还原顾颉刚抗战前的事迹与家学渊源,造成了很大的难度。当然,这批临湖轩藏书既然下落不明,就有可能尚存天壤间。其中的一些藏书,当时就流向了书肆。因此,未来仍可能会有顾颉刚抗战前所藏的大宗文献出现,帮助我们接续顾颉刚的未竟之业,推动对于顾颉刚的研究。

五、结　语

　　经过上文的梳理,我们可知顾颉刚寻找遗失藏书的过程历时半载,大致可分三个阶段。1945 年 9 月至 10 月为第一阶段,主要进行旧藏书近况的探听。这一阶段里,顾颉刚曾致信上海的顾廷龙,北平的洪业、李延增、侯仁之、陆志韦等人,询问其京津存书近况。1945 年 11 月至 1946 年 1 月为第二阶段,顾颉刚继续探听旧藏书下落,且寻找对象逐渐聚焦于燕大存书。1946 年 2 月至 3 月为第三阶段,顾颉刚在京津两地亲自寻检旧书,主要精力仍用于燕大存书的清理和寻找。最终,此番赴北寻书以临湖轩存书完全失去,其他各地损失不多结束。综观顾氏寻书历程,可谓复杂而曲折。在前两阶段,旧藏书的情形在友朋间的多次书信往来中才得以逐渐明晰。第三阶段,因交通不便、存书流散、所据书目不全等原因,导致实地寻检也颇费时日,顾氏旧藏书最终亦未能完璧。

　　正如田洪都在《章氏四当斋藏书目序》中所说:"乔木风烟,终归零落。华林铅椠,转就榛芜。"[1]学者注意到在研究书籍史的过程中,我们一者是面对典籍会聚宝藏的幸

---

[1]　顾廷龙编:《章氏四当斋藏书目》,北京图书馆出版社,2007 年,第 11 页。

史，另一者又将遭遇著作零落榛芜的痛史。只是，当我们从诸多文献中回溯抗战后顾颉刚遗失藏书的追索艰辛而曲折的过程时，这其中既有顾颉刚对其藏书失而复得、"若获亡子"的狂喜，也有从此天人永隔、渺不可复见的伤痛。当然，在此过程中，我们依然能看到，在国家危亡之际，顾廷龙、殷履安等亲友为保护顾颉刚藏书，不避艰危，挺身而出，缜密筹划并稳健地推进，最终将顾颉刚藏书妥善寄存在银行、公司、私人住宅、校舍、学会等各个机构。特别是顾廷龙先生，在抗战后还全力协助顾颉刚追索遗失藏书的举止，可谓善始克终，不负顾颉刚当初之嘱托。与此同时，我们还能看到，除了顾廷龙、殷履安，尚有叶景葵、章元美、章元善、章元群、汪孟舒、李金声、朱振之、赵贞信、吴丰培等亲友在保护顾颉刚藏书一事上作出过的贡献，他们为顾颉刚藏书的妥善安顿而奔走联络甚至承担风险的身影尽管已隐藏在历史的深处，但即便是在那样烽火连天的乱世中，他们对道义的担当，对文化典籍的坚守，对友人书物的爱惜，如同一道蕴藉的光熹照映在那片灰色的时空里，并给笔者这样后世探访者以不寻常力量与慰藉。

顾颉刚《尚书》注释的特点与成绩

林登昱

（台湾古籍保护学会）

讨论顾氏《尚书》注释，将以《禹贡》《尚书文字合编》、16 篇校释①及散见于《读书笔记》②者作为依据。

顾氏之《尚书》校勘具有解释功能，且是 16 篇"校释"的重要支柱，故被纳入讨论范围。至于散见《读书笔记》的，按此书目录将有关《尚书》条记统一整合而分为：1.《今文尚书》，2.《伪古文尚书》，3.《书序》，4.《尚书大传》，5."辞例"，6.《尚书》传本及文字，7.《尚书》学，8.《尧典》以下各篇等几项类别③，其中 1—3 及《尧典》《皋陶谟》等篇的解释带有浓厚的辨伪目的。比较有纯字词训诂特点的是"辞例"、"《尚书》传本及文字"及《大诰》以下各篇的文句散注。

顾氏于晚年屡叹云"予之治学由目录而入史学……至于声韵、文字之微，则曾未入门，而今居然以整理古书为专业，思之愧怍"④，又叹云：

> 予父、祖好治文字学，而予少年气盛，不乐为此烦琐之业，独喜研稽史实，比勘异同，以明识其先后真伪之序。……予于音、义、训诂皆仅粗涉藩篱。⑤

这看似谦逊之语，不过比起当代曾运乾、杨筠如、于省吾乃至高本汉，顾氏之文字训诂学确是有所不逮，这使他的注释往往依据了近人之说。不过顾氏对于《尚书》从校勘到注释，仍有他一定的成绩，平心谓：

① 所云十六篇，为八篇《周诰》，加下《禹贡》《甘誓》《高宗肜日》《汤誓》《盘庚》《西伯戡黎》《金縢》《微子》等八篇。

② 顾氏尚有《逸周书简注》。沈颎民（沈延国之父）致顾氏书云："以公之功力，数十年之心得，同时撰《逸周书简注》巨著，闻之喜不能寐，盼早日杀青，以惠后学。"顾氏在信后杂记云："予欲选为《简注》，则诒后人一读本也。……予以此书与《尚书》为姊妹篇，治《尚书》不可不兼治《逸周书》，沈君既有此稿（指《逸周书集释》），即给与我莫大便利。"顾颉刚：《壬寅秋日杂钞》，顾颉刚：《读书笔记》（以下简称《笔记》）卷八上，台北联经出版公司，1990 年，第 6085—6087 页。

③ 《笔记》"篇目分类索引"将顾氏有关《尚书》讨论分为五大类别（第 4—36 页）。此对研究上甚为便利，可免去归纳之苦。

④ 顾颉刚：《壬寅秋日杂钞》，《笔记》卷八上，第 6102 页。

⑤ 顾颉刚：《读尚书笔记》（六），《笔记》卷八下，第 6481 页。按顾氏年轻时即云"我对于语言文字之学是不近情的"。顾颉刚：《自序》，顾颉刚等编：《古史辨》第 1 册，台北蓝灯文化公司，1987 年，第 15 页。

　　　　顾颉刚先生治《尚书》有数十年的历史,积累了大量的材料和见解。他以渊
　　博的历史知识和丰厚的治学经验,对这部古书作过多方面的探索。往往为了解
　　决一个问题,不惜穷年累月,长途跋涉,广泛地搜集资料,苦心钻研,因此发明甚
　　多,成就甚巨。①

这里看到顾氏以一个史家注释《尚书》的特点。史家的性格,让顾氏能跳出文字的框
架,以博大宏观而灵活的手段、有效地去厘清词义或句义的解释。事实上顾氏的《尚
书》校释,自有他严谨而精确的一面,尤其他对《尚书》的今译,确是一种贡献。唯顾氏
有一段轰轰烈烈的辨伪起源,其学术过程难掩《古史辨》的性格,在注释中的字里行间
总会刻意流露批判的动机。

　　对于顾颉刚,一般人都把焦点放在他的辨伪上,而忽略了他在注释上的成就,本
文基于这个认识,要从校勘特点、文字注解特点及今译成绩等几个方面,对顾氏的《尚
书》注释学进行重点评述。

一、富于诠释性的校勘特点

(一) 对校勘的重要认识

　　顾氏的《尚书》注释,也颇重视于基础的文字校勘,《今译》即将之列为“流水作业”
的第一顺序②,他举了一个错误用药的例子,以比喻校勘的必要:

　　　　《金台纪闻》云:“金华戴元礼,国初名医,尝被召至南京,见一医家迎求溢户,
　　酬应不间,元礼意必深于术者,注目焉。案方发剂,皆无他异,退而怪之,日往观
　　焉。偶一人求药者既去,追而告之曰‘临煎时下锡一块’麾之去。元礼始大异之,
　　念无以锡入煎剂法,持扣之,答曰‘是古方尔’。元礼求得其书,乃曰‘饧’字尔。元
　　礼急为正之。呜呼,不辨饧锡而医者,世胡可以弗谨哉!”按此条所述,大可以警不
　　讲版本、校勘者。《尚书》中尤多误字,若随文敷义,几何其不以“饧”为“锡”哉也。误
　　于用药,则足以损人之健康;误于释经,则足以损人之神智。呜呼,其勉之哉!③

这里说明文字校勘的重要性,也确实针对草率的注解一记当头棒喝,尤其“舛误之甚”
的《尚书》,顾氏作了比喻说,不校勘就会损人神智,则它的影响就不仅仅限于读者一

---

① 　平心:《从〈尚书〉研究论到〈大诰〉校释》,《历史研究》1962 年 5 期,第 62 页。
② 　顾颉刚:《〈尚书·大诰〉今译(摘要)》,《历史研究》1962 年 4 期,第 27 页。
③ 　顾颉刚:《愚修录》(四),《笔记》卷九上,第 6774 页。

人,还会误导别人。这一条例子的说明,同时反映了校勘在顾氏解释认知里的绝对地位,他的《校点禹贡》及《尚书文字合编》应该都是在这种因素下产生编纂动机的。

为了显示校勘对《尚书》的重要性,顾氏特别写了《尚书版本源流》《尚书隶古定考辨》两篇文字,借此解释了今古文及隶古定的纠葛。《尚书版本源流》原是顾氏“‘《尚书》注疏集校说明’的一部分。为了使读者一看篇名就知道文章的内容,就改为‘版本源流’这个名称”①;《尚书隶古定考辨》则是感慨“今古文问题为经学上一大公案,而《尚书》一经之症结为尤甚”②而作。这两篇文字互有重垒,归纳其主要论点有以下数项:

第一,“王莽喜欢托古改制,所以看重古文书籍及古文字体,……可见古文、奇字之学在王莽执政时代是盛极一时的,那时既不可能对于古文字作客观的研究整理,那么当时所出现的许多古文经典必然含有很浓重的西汉末年的经师们的主观成分在内。杜林本《古文尚书》、《说文》所引《古文经》、魏《三体石经》内的古文,都出于王莽、刘歆之后,就都不能免除西汉末年古文家的一套文字形体及其学说”。③

第二,但比较起来,《说文》、三体石经等毕竟有部分的真古文;《伪古文尚书》则是伪造品,这部《尚书》是科斗文与隶体的混合物,它杜撰若干篇,也用隶古体写(隶古定),成为一部簇新露面的经典。这个版本到了宋、齐时,有一派人嫌其古字太少而欲全以古体书之,但求之不得乃依傍字部而杜撰之,是为篡乱本。

第三,到了唐玄宗下诏改字,卫包于是改古文从今文,并将所有的字体改成楷书,唐文宗刊石经(唐石经)。但卫包不是深研经学的人,改错的地方不少。用这一部居于独尊的唐今文经本,至今已历一千二百年了,是今本的最古版本。

第四,至于薛氏《书古文训》所据隶古定本,顾氏以四大理由质疑它的来源④,但他用《史记》《汉书》《说文》、汉石经、《玉篇》、汗简等相较,而发现相同者共有数十条(见

---

① 顾颉刚:《〈尚书〉版本源流》附王煦华“后记”,《古籍整理与研究》编辑部编:《古籍整理与研究》第4期,中华书局,1989年,第7页。
② 见顾颉刚:《尚书隶古定本考辨》,按此文附在《校点禹贡》后(《尚书研究讲义》二册),也就是《尚书文字合编》的“代序”。本文所引文字据顾颉刚、顾廷龙辑:《尚书文字合编》(第1册),上海古籍出版社,1996年,第1页。
③ 顾颉刚:《〈尚书〉版本源流》,第3—4页。
④ 顾氏之不信《书古文训》为真古文的四项理由是:1.《史记》所采若为古文,为何仅录二十字? 如果回答是因司马迁要使它通俗,又为何要录那二字? 2.若东汉真有此一古文本,以引用旧文、变易甚少的《汉书》所录古文,何以仅有三十字? 3.何以本篇文字不见于《说文》,甚至是篆文者,多至四五十字? 4.何以敦煌本《经典释文》所录异文与此篇合者仅有十余字?(此《尚书隶古定本考辨》的质疑)顾氏又云“自1923年后,三体石经大出,取以校薛氏书,则‘若’作‘𦫵’,‘肆’作‘𦱡’,‘游’作‘𢪛’,‘嗣’作‘𠧡’,‘于’作‘𧃒’,皆相似。更证之《隶续》所录残字,则‘历’作‘𦥑’,‘蠢’作‘𢿥’,亦相合。是知郭忠恕所录即据三体石经之古文,或加增益,故不可尽信耳。《书古文训》之本,更由郭氏所录扩充,使其整篇皆为古文奇字”。顾颉刚:《愚修录》(一),《笔记》卷九上,第6648页。

下），因而顾氏相信它部分可用于校勘。

第五，《经典释文》所引真隶古定流传到日本（如足利学所藏古本），它保存卫包改字前的原貌，对校勘大有帮助。到了光绪时出土的敦煌经卷，又发现隶古定《尚书》孔《传》若干卷，凭照片也可以提供校勘。

按顾氏从《书古文训》中考得《禹贡》异文如下例：

> 与《史记·夏本纪》校，其同者有岳、雍、鉊、畲、渠、都、浲、旄、汶、藙、骊、璆、昆仑、盟、濳、迤、洮、栞、原诸文。与《汉书·地理志》校，其同者有栞、岳、章、镃、沛、雍、中、柴、惟甾、濒、鉊、藙、壄、狄、渠、瑻、旄、稴、盟、顷、傑、昆、倍、岷、傅、迤、原、内、夏诸文。与《说文》中之古文校，其同者有𠘧、梧、豐、圣、奥、𦥑、上、丁、𢎧、隢、𦨒、𥩓、后、沿、𠚔、𡩟、式、𤰔、壄、岑、𢎥、正、𨥏、𦬊、荊、減、云、杻、匜、𤲮、𦥑、炎、犣、𠈉、灸、珥、夗、会、雒、𠕎、𢷡、濳、𡍨、𡇕、劓、咸、𦣻、厎、珪、𠂤诸文。与《说文》中之篆文校，其同者有㘝、𡪢、栞、无、𥁋、壺、纘、亐、𡊥、𠚔、𨓹、遒、臭、𡸏、𠦛、𠁥、𡨄、甾、濒、庠、𡏳、遰、𦮖、苞、又、𢀡、渠、𦱤、筱、篔、瑻、𪎶、瘳、𣏐、砅、枯、𢫦、𠯡、𦭶、𢾭、勿、璆、𦣞、尾、𡳐、𠦝诸文。与汉碑校，其同者有攸、纘、𪉲、𢾭、𠬝、𣂴、丑诸文……[1]

顾氏云"……其与诸书符合若此，可谓有来历者"[2]。

另外，其他三体石经中考得《皋陶谟》《大诰》《吕刑》《多士》《无逸》等异文四百余条，其中《多士》的异文如：

> "格"作"佫"，"恭"作"龚"，"绰"作"绍"，"变"作"蠻"，"攸"作"所"，"哉"作"才"，"否"作"不"，"违"作"韦"，"知"作"智"，"威"作"畏"，"坠"作"隧"，"率"作"衔"，"允"作"兄"，"啻"作"商"。[3]

顾氏解释了版本、今古文字的概况，这是前人多少已经提过的，不过顾氏归纳性并带有解释性地做了总说明，在这当中，魏石经、《书古文训》、足利学本及敦煌本在校勘上都占了一席之地，它们分别成为《尚书文字合编》的重要版本依据之一。唐石经被顾氏批判错得不少，但它毕竟以今本最早的版本而成为《合编》的底本。

（二）利用甲骨、金文

顾氏对版本下了一番功夫，借以窥知今古文的面貌，这对于解决问题严重的《尚

---

[1]　顾颉刚：《尚书隶古定本考辨（代序）》，第11—13页。

[2]　顾颉刚：《尚书隶古定本考辨（代序）》，第15页。

[3]　顾颉刚：《读尚书笔记》（三），《笔记》卷八下，第6364页。

书》文字具有指针作用的。此外，他对《周诰》及《盘庚》的校勘也普遍运用了新起的甲骨文、金文。顾氏云：

> 甲文、金文，非不欲为，而恒若无时以为之。其书亦多置备，偶一展览，知其大概而已。同时为此学者，于省吾、容庚、唐兰、商承祚、孙海波，日夕相晤，凡甲、金文之关于古史学悉请解答，而予遂不劳深入矣。①

按甲、金文的研究亦颇为古史辨当代所重视，它在二三十年代之际曾是"中大周刊"的热门学术之一②。顾颉刚说非不欲为，只是没时间，这是废话，应该直接说，因为它偏重在于史学。不过顾氏对于用甲骨文、金文以校《尚书》的新观念是充分理解的，如他对"有攸不惟臣"的新解，按《孟子》所引"有攸不惟臣，东征，绥厥士女"，"攸"字历来都解作"所"③，但顾氏校以甲骨文"癸卯卜，黄贞：王旬亡猷，在正月，王来正人方。于攸侯喜啚，永"，"□在正月，王来正人方，在攸"，发现商代有攸国，是攸不训"所"，他说：

> 商王征人方，攸侯喜实佐助之，而攸即鸣条，属东夷，可知攸在东方之力量。孟子所引《逸书》云"有攸不惟臣"，是武王克殷之后，攸犹自恃其力，不肯归降；武王死，三监叛，攸为三监之支持者，故周公东征，以攸为其主要目标，而史臣遂指斥其"不惟臣"也。……至孟子时，已误解"绥"义为"安"，亦忘却攸为东方大国，遂将惨酷之掠夺错释为和平解放。……倘使甲文、金文之学不兴，攸字……之真义不著。④

---

① 顾颉刚：《读尚书笔记》(六)，《笔记》卷八下，第6481页。

② 中山大学对甲骨文、金文的研究曾是热衷的，如：黄仲琴：《甲骨、金石书目分类略述》，《国立中山大学图书馆周刊》第2卷第3期，1928年，第5—7页。胡光炜：《金文释例》，《国立中山大学语言历史学研究所周刊》第2集第17期，1928年，第113—120页。胡光炜：《金文释例(续)》，《国立中山大学语言历史学研究所周刊》第2集第18期，1928年，第135—146页。余永梁：《金文地名考》，《国立中山大学语言历史学研究所周刊》第5集第53、54期合刊，1928年，第1—29页。谢彦华：《金文地名表》，《国立中山大学语言历史学研究所周刊》第7集第81期，1929年，第23—31页。闻宥：《研究甲骨文字的两条新路》，《国立中山大学语言历史学研究所周刊》第9集第100期，1929年，第1—6页。(日)林泰辅著，闻宥译：《甲骨文地名考》，《国立中山大学语言历史学研究所周刊》第9集第104期，1929年，第1—7页。(日)林泰辅著，闻宥译：《甲骨文地名考(续)》，《国立中山大学语言历史学研究所周刊》第9集第105期，1929年，第17—30页。闻宥：《甲骨文字中义文之研究》，《国立中山大学语言历史学研究所周刊》第11集第125至128期合刊，1930年，第1—7页。商承祚《殷虚文字用法之研究》，《国立中山大学语言历史学研究所周刊》第11集第125至128期合刊，1930年，第8—17页。说明其对于甲骨、金文研究风气，盛极一时之情况。

③ 《孟子》所引"有攸不惟臣"，如《伪孔传》、蔡《传》、赵岐《注》、孙奭《疏》及焦循《孟子正义》都把它解作"有所不惟臣"，顾氏的新解才发现"攸"是一个国家。

④ 顾颉刚：《读尚书笔记》(六)，《笔记》卷八下，第6487页。按董作宾《甲骨文断代研究例》云"王襄……释'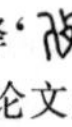'为古'攸'字，亦即'条'之省文，……疑攸即鸣条，其说甚是"[中央研究院编：《庆祝蔡元培先生六十五岁论文集》(上册)，民国三十二年(1943)铅印本，第372页]，此亦为顾氏所根据。

而唐兰《天壤阁甲骨文存并考释》证明甲骨文"宙""重"字即《多方》"予不惟多诰"之"惟",亦即《多方》"尔曷不惠王熙天之命"、《文侯之命》"惠康小民"之"惠"(前人训为"顺""仁爱"者皆误),顾氏得此校勘而大快云:"千年疑滞,一旦发蒙,何其快也。"①

这都是因为甲骨文带来校勘上的革命性转变而有的欢呼,此为清人所不曾有。

又如校《大诰》"格"字,顾氏据《殷契粹编》"王各,夕厶","弜徦之,若,其徦,又正?弜徦?"而得知:

> 各,甲文作凶,示足有所至之形,为"来格"之"格"本字,"格"、"逐"皆后起加义旁字。②

又如校甲文"翟"即《洪范》之"霁",顾氏据《殷虚文字后编》"庚寅卜,翌辛丑,雨,翟"而云:

> 按《洪范》文,雨为雨天,霁为晴天,则翟为阴天可知。阴天有不同之气象,多云,一也;有雾,二也;霢霖(毛毛雨),三也。此甲所占,则问翌日辛丑,雨乎?阴乎?③

又如据卜辞时见之"多君""多尹""多臣""多父""多老""多寇",而校《尚书》中:多士、多方、多罪、多瘠、多材、多艺、多邦、多诰、多先哲王、多仪、多子、多正、多修、多盘,都具有"群"义④。

甲骨文的校勘确能辅助《尚书》不少的新解,按顾氏之《读书笔记》第六册大多记载这方面,文繁不录。至于金文,顾氏曾说"金文和《周书》时代相同,正可拿来比较"⑤,又说"予拟将金文之篇幅较长者录于《尚书今译》之后以资比较异同"⑥。按《大诰今译》及《盘庚》《汤誓》等篇之校释,俱见其对于金文的利用。

(三) 富于解释性

顾氏对《尚书》校勘另一个特点是,具有浓厚的解说性。他能从增字、改字等几个

---

① 顾颉刚:《读尚书笔记》(六),《笔记》卷八下,第6536—6538页。
② 顾颉刚:《读尚书笔记》(六),《笔记》卷八下,第6512页。按顾氏此条是据郭沫若《殷契粹编》及杨树达《卜辞求义》的研究成果。
③ 顾颉刚:《读尚书笔记》(六),《笔记》卷八下,第6522页。此亦据郭沫若、杨树达的研究成果。
④ 顾颉刚:《读尚书笔记》(六),《笔记》卷八下,第6514页。按叶玉森《殷虚书契前编集释》卷一:"殷人谓群曰'多',《尚书》中屡见,此习语,多君、多尹、多臣、多父、多老、多寇等亦时见于卜辞。"台北艺文印书馆,1966年,第34页。杨树达《卜辞求义》引叶玉森此段文字,群联出版社,1954年,第13页。此即顾氏之根据。
⑤ 顾颉刚:《〈尚书·大诰〉今译(摘要)》,第28页。
⑥ 顾颉刚:《读尚书笔记》(一),《笔记》卷五上,第2765页。

方向批判字体变迁的情势或借以表达文字的动态,使他的校勘富于诠释的观点。首先从"校勘增字"看,顾氏批评"增误之字,一部《尚书》中不知有几许? 一个材料,经过几个转手之后,可能与本来面目大相径庭",如校《大诰》"献仪""閟毖":

> 《大诰》"民献有十夫",此《古文尚书》也。《尚书大传》引作"民仪有十夫",知《今文尚书》献作仪。而《汉书》载王莽《大诰》则作"民献仪九万夫",莽《诰》用今文,盖后人以《古文尚书》校之,写献字于仪字之旁,再经抄写,遂合为"献仪"矣。又"天閟毖我成功所"……则"毖"亦有"劳"义。盖原文只作"天毖我成功所",读者或以閟字书于毖字旁,本意用以注音,而后人抄录,并作本文,遂成"閟毖"矣。①

这是很富于逻辑性的解释了"献仪""閟毖"的篡增之由,并还原其本来面目。其次从"校勘篡改"看,如校《禹贡》"荥波既猪":

> 惟《周礼·职方》豫州"其浸波波溠",郑注云"波读为播,《禹贡》曰'荥播既都'",其意盖欲以《职方》之波傅合于《禹贡》之播,有此暗示,而《伪古文尚书》之文即易作"荥波",其后遂相承而不改矣。……及蔡沈作《集传》,乃云"荥波,二水名……",始得波水独立之证。元邹季友《书传音释》驳之曰:……如上讨论,可知波水原为《职方》之问题,此水之有无尚不可知;其牵连而入于《禹贡》,使"荥播"易为"荥波",且发生一水或二水之问题者,则由于郑玄之以《禹贡》释《职方》。今既扫兹尘障,故仍定为一水之名。②

这类校勘实为不易,它必须具备精锐眼光,所谓一水或二水之问题,完全由于郑玄以《禹贡》释《职方》,这种说明非常简单、有力,并在效果上,对"荥播"为一水,具有清晰的解释性③。

校勘的目的在使经文回到本来面貌,它是训解文义很重要的第一步,清人对它已做过可观的成绩④,顾氏的校勘固然是在清人的基础上发展,但他除了能直窥今古文

---

① 顾颉刚:《读尚书笔记》(一),《笔记》卷五上,第6562页。
② 顾颉刚:《校点尚书禹贡篇》,《说文月刊》第4卷合刊本,1944年,第347页。又如校《禹贡》"东流为济,入于河;溢为荥":"《夏本纪》作泆。《汉·地理志》作轶,《周礼》郑注《职方氏》引书与《夏本纪》同。王筠曰《伪孔传》作溢固谬,《史记》作泆,泆者水所荡泆也,亦不得其情,乃泆轶同声假借耳。《说文》'轶,车相出也'。济泲贯浊河,故以车相出之轶状泲之勇。郦氏《泲水注》云《晋·地道志》泲'泲在大伾入河,与河水斗,南泆为荥泽'。斗与泆同一譬况之词矣。"《校点尚书禹贡篇》,第352页。
③ 顾颉刚:《愚修录》(一),《笔记》卷九上,第6618页。
④ 清人除了致力于文字训诂、资料考求之外,又进一步用金石资料考订经籍,其《尚书》方面如胡渭《禹贡锥指》、蒋廷锡《尚书地理今释》、沈彤《尚书小疏》、惠栋《古文尚书考》、江声《尚书集释音疏》、王鸣盛《尚书后案》、盛百二《尚书释天》、程瑶田《禹贡三江考》、段玉裁《古文尚书撰异》、孙星衍《尚书今古文注疏》、阮元《尚书校勘记》、焦循《尚书补疏》,乃至清末俞樾、吴大澂、孙诒让的《尚书》研究,对相关校勘做了庞大的贡献。但时势是发展的,顾颉刚的校勘自有他的新材料、新眼光,及新的研究环境(如甲骨文、金文在当时的研究情况,这一部分顾氏能充分利用)。

的痕迹,并能极生动活泼地诠释文字的衍变及其道理,这就与清人有着不同的特点。顾氏的校勘实有丰富的创造性内容,按《尚书》文字在诸经中问题较多,顾氏能做扎实的基本校勘,对于一个辨伪家且处于一个热烈辨伪的时势而言,可说至为不易。但又从相反的角度看,顾氏对《尚书》的文字校勘,却也充分表达了批判的内容,校勘在清人是基于"由词以通其道"的思辨,对顾氏来说则不是,从他对校勘的解释程度看,实隐藏着强烈的辨伪目的性,这个基本欲求,又使他与清人因此划上一道清楚的界线。

二、顾氏疏解《尚书》文句的方法

(一)"集腋成裘"的注解办法

集腋成裘者,选狐腋之皮毛制成上好皮衣也,这里指的是顾氏之精选近代注释之新说。顾氏云:

> 为了前人的注解无法信守哪一家,所以只得用"集腋成裘"的办法,汇集各家言而精选一番,凡是客观性强,合于当时的情形和语言的口气的,我们就抄下、凑集拢来,打破今、古文和汉、宋学的藩篱;而且偏重近代,因为时代越近,比较材料越多,就越能推翻前人的误说而建立近真的新说。[1]

基本上就是不擅语言、文字的顾氏的注释模式,同时也是古史辨以求新的思维模式。顾氏注释明言精选"客观性强",及"越能推翻前人的误说"的"代近"者,这让顾氏注释多了客观及选择,它可分为引据清人及引据当代两个概念。

顾氏之引据清人较常见的是孙星衍、段玉裁、王引之、牟庭、戴钧衡及俞樾的说法,如《酒诰校释》之用孙《疏》九条,用俞樾《群经平议》八条;《大诰今译》之用王氏《经传释词》二十条,及《盘庚》等数篇校释之参用牟庭《同文尚书》、戴钧衡《书传补商》、段玉裁《古文尚书撰异》等。至于引据当代的新说,较常见的是于省吾、杨筠如、曾运乾等,如《酒诰校释》之用于氏《尚书新证》十条;《大诰今释》之用于氏《新证》、杨氏《尚书核诂》、曾氏《尚书正读》各五条;《盘庚校释》之用《核诂》十五条、《新证》七条、《正读》四条,此外,杨树达的积微居系列著作有关《尚书》说法也常被引据。总的说,顾氏采择前人的标准,往往就是建立在"推翻旧说"及"建立新说"的注释思考上,有时顾氏甚至会以"后出转精"的姿态自出新解。

---

① 顾颉刚:《汤山小记》(十),《笔记》卷七上,第 5151 页。

我们可以看以下几个例子：

1.《大诰》"若兄考，乃有友伐厥子，民养其劝弗救"。

曾氏《正读》谓"友"为衍文，于氏《新证》谓"劝"为"观"之误，顾氏据而改之，成为"若兄考，乃有伐厥子，民养其观弗救"，按，这一校改，文义是差很多的。

2.《大诰》"我有大事，休，朕卜并吉"。

顾氏据曾氏《正读》谓"休，犹说好呀！"按，此为曾氏新说。

3.《大诰》"爽邦由哲"①。

顾氏据《正读》谓"爽，犹尚，表命令或希望之词，和下文矧相呼应"。按，此亦为曾氏新说。

4.《盘庚》"盘庚作"。

"作"，俞樾以为与《孟子·公孙丑》"汤至于武丁贤圣之君六七作"、《易·系辞传》"神农氏作""黄帝尧舜氏作"之"作"同（《平议》），甚是。但俞樾与黄式三《启幪》均解释为君主即位，则不确。当如赵岐释为"兴"（《孟子》注），意即"兴起"。可体会为现代语所说的"登上历史舞台"②。按，此顾氏借俞樾解而进一步以现代语沟通，自是新义。

这都是顾氏对于近人博引而精释之例，并往往带来新解，它就是集腋成裘的注释效果。

（二）组合性的对比剖析

顾氏对《尚书》的文句疏解，又有一个基本特点，即是善以组合的方式对文义进行对比性的剖析，这种注释方式为《尚书》注释建立不少新义，也借它确诂了诸多容易混淆的字义，在注释上似有它的新效果。

组合式的对比剖析，是以对比的概念去分化。在这种思维基础下，如顾氏从大范围分判《尚书》的语言性质，他说《尚书》中确有白话、文言两派，"《大诰》《洛诰》，周之语体文也，史官所记统治者口语，其辞直，其句长；以其为方言，为后世所不易了。《吕刑》《文侯之命》，周之文言也，其辞为史官所作，近于诗歌，恒以四字为句；以其为文言，历久而不变，故为后世所易了"。又把佶屈聱牙的《周诰》分为东、西方语言，谓：

> 周公对本族人讲的是西方语言，此一方式之语言记录存留的太少……故不易解，如《大诰》《康诰》《梓材》《洛诰》等篇是。周公对东方民族讲的是东方语言，此一

---

① 以上三条见顾颉刚：《〈尚书·大诰〉今译（摘要）》，第 46、41、44 页。

② 顾颉刚、刘起釪：《尚书校释译论》（第 2 册），中华书局，2005 年，第 902 页。

方式之语言记录直贯春秋、战国、秦、汉,存留的资料多,为后人诵读的书如《论语》《孟子》《墨子》《庄子》等皆是,故比较易解,如《召诰》《多士》《多方》等篇是。①
那就是,前者是方言,后者是普通话。而《尚书》之杂以方言记录,其实朱子已先论及②。至于分东、西二大民族,顾氏以为周之灭殷,是东、西方二大民族斗争的结果③,自然就把《周诰》也分为东、西方语言,这种解释明显是依附在史学思维之下,但这种结构上的划分,却凸显了《尚书》解释的对比层次,思维所及,这个方式即普遍的被运用在《尚书》文句的疏通。

顾氏之注文句,以《读书笔记》所见为例,如:《德与刑对举》《文祖与文祖丁》《大与天》《邦与国》《小子、冲子皆"予"之说明》《小子与孺子》《子童与孺子》《老夫与小子》《余小子与小子王》《我的孩子与孺子、小子》《不杯鲁休与丕丕基》《册用与祝用》《衣与殷》《乃言曰与乃歌曰》《予惟小子与汝惟小子》《虚字与实字难分》《大卞即于变,燮和实时雍》《庸违与康回》《五官之藏与五官失法》《告祠高庙与格于艺祖》《十二土与十二州》《九旒扩为十二旒,犹九州岛扩为十二州》《司即夏后,后稷为司稷》《讯为生禽,馘为死割》《人与民有别》《赏于祖,戮于社》《〈盘庚〉之民与众为贵族》《心腹肾肠与优贤扬》《亚与旅》《王极与度民极》《自然与人事》《业族犹言友邦,业友读为有佑》《民献与献民》《十夫与十人》《〈大诰〉同一僭字而分为僭、替二字义》《君父、臣子有相对之道德》《殪戎殷与一戎衣》《寡妻与寡兄》《刵与刖》《邦司伯与夷司王臣伯》《僚与友》《司里与里君》《颉密即劼毖》《殷见与殷祀》《恭先与孚先》《岁祭与延年》《周田观、割申劝与厥乱劝》《虞人入材与命士须材》《吕命与说命》《哲人惟刑即折民惟刑》《人王与天帝》《大邦与小邦》,等等④,这些都具有对比性解释的结构层次。

对比性解释,是透过并释的手段沟通经文,对于前人不易说明或误释的字词具有疏通之效,其方式是透过文义相同或相反的并释,而达成衬托以凸显文义的解释效果。如《康诰》"惟乃丕显考文王克明德慎罚","告汝德之说于罚之行",顾氏云:

① 顾颉刚:《尚书学杂记》,《笔记》卷八下,第6568页。
② 按(宋)朱熹《朱子语类》卷七八云:"疑《盘》《诰》之类是一时告语百姓,盘庚劝谕百姓迁都之类,是出于记录。至于《蔡仲之命》《微子之命》《冏命》之属,或出当时做成底诏告文字,如后世朝廷词臣所为者。"
③ 笔者博士论文《〈尚书〉学在古史辨思潮中的新发展》第六章第四节第一项专论"周公称王及三监问题的考证",指出顾颉刚对于"三监"的历史背景有详细辨证,并有了新的说辞,主要认为三监是支持旧殷的,是在民族斗争下而有的反叛及平定。中正大学中文研究所,1999年,第292—297页。
④ 依序分见《笔记》,第2738、333、6559、2741、2749、1301、5339、5891、6527、6535、1075、1104、6949、6204、1540、7427、1581、1802、7115、6420、6421、6205、6251、596、2715、2663、6757、6252、6445、6372、6254、6515、154、2514、2807、6420、2745、2748、6520、6244、2809、6308、6204、585、579页。

以德与罚对举,历来注者都以修德之义解之,遂不与罚对立。按《左》僖二十五年传曰"德以柔中国,刑以威四夷"。宣十二年传曰"叛而伐之,服而舍之,德刑成矣。伐叛,刑也;柔服,德也,二者立矣"。成十六年传曰"德以施惠,刑以正邪",……皆以德与刑对举。德为施惠与怀柔之义,刑为正邪与戡乱之义,译以后世之语,则德即恩赏也。《康诰》之德罚即《左传》之德刑。①

德是什么? 罚是什么? 它是一个相对的意思。此处拿《左传》中德、刑并释,才廓清了前人对德的错解。它确实较经本文的单一解释来得有效力。又如《康诰》"天乃大命文王殪戎殷,诞受厥命",但转入《中庸》则成"壹戎衣而有天下"。顾氏云:

郑《注》"戎,兵也。衣,读如殷,声之误也。……壹戎殷者,壹用兵伐殷也"。《释文》则曰"衣,……《尚书》依字读,谓一着戎衣而天下大定"。……《传》曰"衣,服也,一着戎衣而灭纣,言与众同心,动有成功"。是"壹戎殷"为武力,"壹戎衣"为德化。一声之转,意义殊绝。②

则"壹戎殷"是什么?"壹戎衣"又是什么? 它也是一个相对的意思。至于发现伪《武成》是德化现象,此点或是顾氏解释的动机,但他却借此使后人免于再混淆视听,具备了高度的灵活解释性。

(三) 文法的解释特点

文法学是顾氏辨伪时代的方法之一,就《尚书》言,在顾氏影响之下,有何定生《尚书的文法及其年代》一书应景③。故顾氏以文法诠释《尚书》,只是反映了时代特点。

在文法使用上,顾氏表现最丰富的在于《盘庚》三篇之校释,如解"不其或稽"云:

不其或稽,就是"一点也不考察这个",这是古代文法中否定句宾词为代词时提置动词前的句法,与《左传·僖十五》"秦不其然"用法同,亦与《诗·蝃蝀》"莫之敢指"句法全同。

又如解"予岂汝威"云:

汝威,威……金文及古籍中常假"畏"为"威"。此为宾位倒置动词前,意即"威胁汝"。

---

① 顾颉刚:《法华读书记》(二),《笔记》卷五上,第 2739 页。
② 顾颉刚:《读尚书笔记》(一),《笔记》卷八下,第 6254 页。
③ 笔者博士论文第四章第四节专论何定生《尚书的文法及其年代》,认为何氏"写作背景正值古史辨学风炽盛之时,其研究动机自是有一定的目的性,笔者在前面已经指出,何氏是彻底执行顾颉刚辨伪指导方向的人"。第 127 页。

又如解"乃有不吉不迪"云：

> 乃有，"乃"字在此作为假设连词，同"若"（杨树达《词诠》）。乃有，即"假若有"
> "倘使有"。

可以想象使用文法，解决了不少难释的词句，在《盘庚》校释中这种例子甚多，是顾氏的一大特点。

在文法解释方面，顾氏固然云"予治《尚书》，亟需有专治古文法者来助予"①，但他强调了一个主张，就是注重虚词词气体会的注解途径，并且借此隐含了一个批判古人的动机；再者，以词气贯通经义，清人王引之及民初的曾运乾都擅长此途，本非顾氏所发明，唯审词气乃是偏于较抽象的理解，这对于凡事都要讲一个具体解答的顾颉刚，自然就是比较特别了。

虚词的词气体会在顾氏的观点上是极重要的，他借此树立注释上的特点。如在《大诰今译》上他批评"两千年来经师们所作的《尚书》注释不知有几百种，可是大抵望文生义，没什么科学性"，如：

> 那"越予小子考翼不可征王害不违卜"一句，本是邦君、御事们对周公说的话，他们不希望遵从了占卜的吉兆而出征，《伪孔传》却说……照这说法，这句话应点作"越予小子考翼；不可征，王害，不违卜"，变成了周公的话，又把"曷不违卜"的否定语气变成了"故宜从卜"的肯定语气，意思恰恰相反。

这是因为不擅于审词气而解成了相反的意思。他因此批评经师们常因为不明白虚字的体会，"就牵文字，把虚词当作实义讲，因此发生了很多错误"，如下例：

> "无毖于恤"这一句，从字面上看，好像是"毋劳于忧"，是劝止之辞；不知道这"无"乃是发语词，"无毖于恤"即是"毖于恤"，乃是励对方动脑筋；如果真是"毋劳于忧"，又哪里能"成乃文考图功"呢？又古人常用假借字，用了本义解便错。如"丕"是"大"义，"不"是"弗"义，这是容易分别的，但"不克远省"写成了"丕克远省"，就会使人误会为"大能远省识古事"，而不知道周公说这句话的意思正是责备旧人们的不能记得前事，不能像文王时一样地振奋赴敌，所以下文便发"尔知文王若勤哉"的一问。

这是对于虚词的正诂而不致使文义走向相反。文义相反，正是何等的可怕！果若如此，则可想象历来经学家之误人不浅。

---

① 顾颉刚：《读尚书笔记》（四），《笔记》卷八下，第6410页。

审词气实被顾氏视为解释《尚书》的利器,他一方面借以清算古人的是非,另一方面看重它的功能性,顾氏说"自宋人释经,注重体会语气,开了桐城文家这一派的经说,清代从王引之以来又注意语法,近来又注重甲文、金文和经典的比较研究,有了这种方法,才可以使得整理古籍的工作出于幽暗而入光明"①。虚词的词气体会固是文法中的一环,但顾氏却单独把它提升到和甲文、金文相同的重要性,明白肯定了它的地位。

看来顾颉刚释《尚书》也走宋学路线,这一点与曾运乾、周秉钧类似。但他与曾运乾仍然不同,这主要是他反经学的心态在作祟,如他欣赏曾运乾的"理",但又批判曾氏"扫清《书序》之烟幕……伪托孔子之有以威慑其心,使其不得不对偶像而下拜"②,这种反对经学的注疏,使顾氏对经义始终有不能相契之处。这是观察顾注的同时,也应该注意的一点。

(四) 以今释古的特点

以今释古,或是以古议今,都是用后世观点去沟通《尚书》文句的方式,顾氏的解释也有这方面的倾向。

如《酒诰》"庶士、有正越庶伯、君子,其尔典听朕教",顾氏释云:

> "庶伯"当指各氏族之长,"君子"当指各氏族的贤者。"庶士、有正"为政治组织,"庶伯、君子"为社会组织。③

按此句孙星衍《疏》云:

> 有正、庶伯,正、伯皆长也。君子者,《释诂》云"君,大也",子者,马氏注《论语》云"男子通称也";典者,《释诂》云"常也"欲令众士正长大德之人常听朕教。④

民国杨氏《核诂》、曾氏《正读》,都难脱孙《疏》的解释范围;因此顾氏进一步提到所谓"政治组织""社会组织",恐是后人的观念。又《酒诰》"宏父定辟",顾氏云:

> 宏父为司工,何以言定辟? 按《扬殷》曰:"王若曰:'扬,作司工,官司罗田甸,眔司居,眔司刍,眔司寇,眔司工司'",知司工一职,凡田土、住宅、饲料、防盗、工

---

① 顾颉刚:《〈尚书·大诰〉今译(摘要)》,第29页。
② 按,对《正读》解《尧典》之批评《伪孔传》割裂"慎徽五典"以下为一篇,顾氏许为"娴文理"。但对于《正读》分《顾命》《康王之诰》,顾氏就批评"曾运乾于伪孔本驳云……是于《书序》之强作主张,截一为二,原已看出;顾不能扫清《书序》之烟幕,仍以之冠各篇之首……"《愚修录》(九),《笔记》卷九上,第7407页。
③ 顾颉刚:《〈酒诰〉校释译论》,《文史》第33辑,中华书局,1990年,第2页。
④ (清)孙星衍:《尚书今古文注疏》,台北文津出版社,1988年,第377页。

程诸端,皆为其事,盖合公安、建设、农业、畜牧为一官者,故可以定辟也。①

这是顾氏的新见,明显的是以后人的制度释古。

按训诂本是以今语释古语,但顾氏的方法却有他在思想方法上的关连性,他曾提出"扬禹不得不抑鲧"论:

> 至其(鲧)不幸被贬,则由禹故事日益扩大,惟其扬子,不得不抑父。犹玄奘取经,打破重重难关,实具有极大毅力,后人高度景慕,遂致成为神话人物,而有《唐三藏取经诗话》。然《诗话》中助之取经之猕猴故事日益扩大,八十一难悉出彼手平定,而后唐僧乃无事可为,成一怯懦人物。……故尧之无能,以舜太能也;鲧之无能,以禹太能也。所谓"相形见绌"者非耶?②

这和他从看戏得到"层垒地造成的中国古史说"的情况雷同,都是从自己熟悉的经验中去诠释古史,古史辨主题的爆发,与这个特点密切有关。顾氏之诠释历史与注释经文,一是可天马行空,一是必受例证的限制,此二者之研究手段自是不同。但对于以今释古的解释思维来说,顾氏的手段似有跳脱的迹象,它有时缺少证词,但富于思辨。

三、论顾氏《今译》的成绩

当代的今译《尚书》,最早应该推顾颉刚,他 1925 年在《语丝》上发表《盘庚中篇的今译》就说:

> 二年前,在家中读书,曾将《尚书》译出数篇。那时没有发表,就随手搁置了。现在把《盘庚》中篇钞出,付与《语丝》。③

那就是说,自 1922 年顾氏就开始译《尚书》了。又说:

> 《尚书》一经,十余岁即有兴致,其后辨论古史,其中心亦在是,而翻译工作亦曾得到多人称许,社会上亦确有此需要,故半年以来,一得暇即为之。日来已将最难读之《周诰》译讫。④

依据在期刊上发表的来算,顾氏在 20 年代共译出了《盘庚》二篇、《金縢》一篇;中间隔

---

① 顾颉刚:《〈酒诰〉校释译论》,第 4 页。
② 顾颉刚:《愚修录》(九),《笔记》卷八下,第 6404 页。
③ 《古史辨》第 2 册,第 43 页。时发表于《语丝》第 11 期,1925 年。
④ 1951 年致王伯祥信,《〈酒诰〉校释译论》附王煦华"后记",第 8 页。

了一大段时间注重于辨伪,到了50年代才又译出《周诰》及《盘庚》等诸篇。在当时的《尚书》今译,顾氏恐为较早,其成绩也应是较好的,它熔合了校勘、解释、今译与评论于一炉,并不是简单的读本而已。

大约从30—50年代的《尚书》今译方面,唯沈维钧《商书今译》、方孝岳《尚书今语》、颜虚心《盘庚今绎》、高本汉《尚书注释》、顾颉刚《尚书今译》几家。沈、方、颜都限于少数篇幅,真正卓有成绩的,是高本汉《注释》与顾颉刚的《今译》。但沈、方、颜、高都可以与顾氏做比较,以见顾氏《今译》的特点。高本汉《尚书注释》之论曾详于笔者博士论文《〈尚书〉学在古史辨思潮中的新发展》第五章[1],下面我们比对顾氏之与沈、方、颜。

沈氏30年代初期完成《商书今译之一:汤誓》,云"以文体言,当古难于今,无有今难于古者;且文法格调,与《盘庚》《微子》等篇,全不相类,则《汤誓》之不为商初作品,显而易知",此为辨伪之作。沈氏又云"昔顾颉刚先生作《盘庚今绎》,学者便之,因师其意,作《商书今译》,先成《汤誓》一篇,余俟续焉"[2],此是受顾氏影响,自然他的评价要在顾氏《今译》的光环之下。

至于方孝岳《尚书今语》,事实上此书只有《尧典》《皋陶谟》《禹贡》数篇。《尚书类聚初集》对该书提要云:

> ……是书……于经文之下,每句出以白话语译,意欲以便初学者,殆《尚书》今译之最早者。其于注释,能出己意,颇有胜义。惟根据《史记》等书,割弃经文,未免失之轻率。[3]

此书有语译与注释,与顾氏类似,其注释"能出己意,颇有胜义"也有部分事实,但方孝岳的注解出于30年代,则不是今译之最早者。至于它惟据《史记》而"割弃经文"、失之草率的解释态度,从某个角度说,就与顾颉刚有很大不同了[4]。

现在看可以与顾氏实地比较的颜氏《盘庚今绎》,此文发表于1944年[5]。它在每句依传统方式注释之后,给予今译。但他在语译技巧上与顾氏有段距离,如译《盘庚》

---

[1] 笔者博士论文第五章第三节第二项专论高本汉《尚书注释》。第193—200页。

[2] 《史学年报》第4期,1930年,第176页。

[3] 杜松柏编:《尚书类聚初集》第5册,新文丰出版公司,1984年,第246页。

[4] 按笔者博士论文《〈尚书〉学在古史辨思潮中的新发展》(第283页)谓方孝岳之所以与顾颉刚不同,在于:第一,方氏相信司马迁,如他注《尧典》时云"司马迁《尚书》之学传自孔安国,多见古文旧书……其历史价值在于此",……则他对《尚书》文字的校勘出现了问题;顾颉刚则详辨今古文流变,对版本多所考证。第二,所谓"割裂经文",表示文义必然混乱,顾氏的注释并未依从一家,并能审词气以体会文义,这比起割裂,毕竟不同。

[5] 颜虚心:《盘庚今绎》,《说文月刊》第4卷合刊本,1944年,第361—376页。

下篇"盘庚迁于殷,民不适有居,率吁众戚,出矢言曰,我王来,既爱宅于兹,重我民,无尽刘。不能匡胥以生,卜稽曰其如台……"颜氏注云"曰者,民之言也。……其如台者,《史记》三引书作'其奈何',言考之于卜,得繇辞曰'无可奈何',示不祥也。盘庚迁殷,迫民从行,必有大屠杀之事发生,云重我民,无尽刘者,此盖反语",而译为:

> 盘庚既迁于殷之后,人民不宜于目前之所居,相率呼吁贵戚近臣,口出矢誓之言。

> 民曰我王迁都而来,既曰作邑于殷,珍重吾民,不加杀尽。惟草莱不辟不能相救,以存其生。考之于卜,则其繇曰无可奈何![1]

颜氏将说话者看作民(此据吴汝沦《尚书故》),将"刘"视为屠杀,并将此文以下列为下篇,都与顾氏不同。按顾氏将此句译为:

> 盘庚迁到了殷,他的臣民住不惯这个新地方。他于是唤了许多亲近的臣子,教他们把誓言来晓谕一班民道:"我们的王所以换了一个居住的地方在这里,原为看重你们的生命,不让你们在旧邑中死尽了。你们反对他没有占卜,其实你们若不能遵守法度的生活,即使占卜了也没有什么用处!……"[2]

顾氏在译这段文字之前是有一番详细考辨的,先不论其考辨过程,光从这语译的文句看,实较颜氏活泼。其一,颜氏视"刘"为"屠杀",顾氏则视为"饿死",这与迁都更有逻辑上的关系。其二,颜氏视说话者为人民,但顾氏提出反问"如是他的臣民,他们原是不愿意迁徙的,何以又说天其永我命于兹新邑?"于是他同意俞樾"盘庚因迁殷之后,民不适有居,用是呼众戚近之臣,使之出而矢言于民"的观点,而把说话者看作是"亲近的臣子",这也是较为细腻的眼光。这都是颜氏所不及。

此外,颜氏之译参杂文言,顾氏则彻底为白话,做到真正的"今译",这在当代的评价仍是有差别的。如顾氏《盘庚中篇今译》一出,陈彬龢即评述云:

> 我前在《语丝》第十一期上读了顾先生的《盘庚中篇今译》,非常喜欢!平日视为畏途而难解的《尚书》,现在有了顾先生这样平易的译笔,不啻走在荆棘中找到康庄大道似的了。后来我就把这篇抄给我们的学生读。结果很好,他们读了很有兴趣;并有读《盘庚》全篇的要求。[3]

从民初重视白话文的角度看,这个评价似乎符合了当时社会价值;并且若是评价属

---

① 颜虚心:《盘庚今绎》,第 371 页。
② 顾颉刚:《盘庚上篇今译》,《古史辨》第 2 册,第 57 页。
③ 陈彬龢语,附在顾颉刚《盘庚上篇今译》之前,《古史辨》第 2 册,第 50 页。

实,顾氏今译的贡献几近改变风俗了。再从《古史辨》主张揭开古文神秘面纱的角度看,顾氏《今译》之重视"易知",亦符合当代学术思维,顾氏20年代的《尚书》译文具备了这些特征。

不过顾氏对他的今译并不满意,他承认为表达原文的意义而加入的话太多,无法"改得它锱铢悉称,惬心贵当"①。到了50年代的《周诰》今译仍然有它的问题,以《〈尚书·大诰〉今译(摘要)》为例,第一,顾氏以为"古人用的词语和今人不同,要一一把现代语言配上去也有很多困难",如曾运乾《康诰》的"爽惟民迪吉康……矧今民罔迪不适"和"爽惟天其罚殛我……矧曰其尚显闻于天",看出"爽"和"矧"是对用的连挈词,因此知道《大诰》"爽邦由哲,……矧天降戾于周邦"也是一气呼应的话。但到了作译文的时候,真要把这一段话译得前后呼应,却是不容易作到的。第二,顾氏以为"古人语简,许多该说的话往往咽了下去没有说,而在我们今天译为现代语则有必须代他补说的",如周公向上帝祷告说"我有大事"(盖指出兵),如果单译成"我准备出兵",语气不完足,因此应该补上"问问您(上帝)可以不可以"才合适。第三,顾氏为了做文从顺的工作,有些地方只能勉强讲通,如"考翼"解作"父兄","兄考"解"兄死",虽使文气通顺,然究竟是单文孤证而不为定论,但为今译需要得暂时当作定论看。这三点使得顾氏的《今译》走上歧路②。

但50年代毕竟不同,顾氏云"《尚书》问题万千……予若率意为之,若三十年前之译《盘庚》者,不但无以安己心,而对国家亦为不克尽职"③,这是相对进步的迹象,其《盘庚三篇校释》及八篇《周诰》校释译论的新成果,代表了他50年代《今译》的成绩。"古书是翻译不好的"④,这是顾氏译《盘庚》时就有的喟叹!他老实地提出译《尚书》所碰到的困难及处理的方式,实际上是代表了一种负责任的态度,如译《大诰》"在下面加上黑点,表明在原文里是没有的"⑤,并告诉读者说:

> 希望读者们多多原谅我们所处的困境,千万不要看作问题已经完全解决才是。⑥

---

① 顾颉刚:《盘庚中篇今译》,《古史辨》第2册,第49页。
② 笔者博士论文第七章《古史辨时代尚书学的历史定位与得失》核心论点是,古史辨的《尚书》研究是新方法、新经学,但因起源辨伪动机,而限制了学术成就。顾颉刚自20年代的辨伪,到50年代的校释,是明显的转折,但对于晚年回到传统校释,不知对当年的辨伪理论,是否有过调整。
③ 顾颉刚:《读尚书笔记》,《笔记》卷八下,第6201页。
④ 顾颉刚:《盘庚中篇今译》,《古史辨》第2册,第50页。
⑤ 顾颉刚:《〈尚书·大诰〉今译(摘要)》,第30页。
⑥ 顾颉刚:《〈尚书·大诰〉今译(摘要)》,第29页。

原则上这是求真求确的精神,顾氏 50 年代的《今译》,是建立在这项考释的层次上。

　　应该说,顾氏对《尚书》进行基础性的考释,其出发点应该仍是在于建立史事研究的基础,若抛开其动机,仅纯就古书今译的贡献言,顾氏的《尚书今译》应占有重要的一席之地,无论如何,所谓注释与今译,其相较于辨伪对于传统的破坏性,毕竟是较为扎实的传统学术及可爱之举,这同时是顾颉刚从 20 年代到 50 年代在《尚书》学上关键的转变所在。

文／史／探／赜

实物版本、文本版本与古籍稿本的整理

——以陈三立早年诗集稿本《诗录》的整理为例

陈正宏

（复旦大学古籍整理研究所）

一

中文中的"版本"一词，目前为止有两个层面的意思：一是指同一种书籍的不同实物，一是指同一种书籍的不同文本。前者可称为实物版本，后者可称为文本版本。①而目前为止中国古籍界所指称的"版本学"，主要指的则是有关实物版本的学问。文本版本方面的问题，好像约定俗成是归校勘学的。

中国古典文献学作为一个学科专业，它下属了版本学、目录学、校勘学三个分支，而校勘与版本、目录三者，其实是不在同一个逻辑层面上的东西：校勘是一种学术研究的方法，而版本和目录都是实有所指的东西。因此严格地说来，文献学的三个分支，称为文本学、版本学、目录学可能更为合适，一个是书的文本内容，一个是书的物质形态，一个是把群书按一定方式排序的目录。东亚邻国日本、韩国的传统学问——书志学，其中都有专门的文本学。西方文献学里面，"text"（文本）和"edition"（版本）的区分也是清楚的。但在汉语的语境里，用到"版本"一词时，是有歧义的：在有些场合是指实物的版本，而另一些场合是指文本内容。图书馆系统的学者容易重视实物版本而忽视文本版本，大学系统的学者则相反，容易重视文本版本而忽视实物版本。两者其实都各有偏差。考虑到目前的实际情况，我觉得暂时不必去改变版本学、目录学、校勘学三分支的名称，而可以把文本版本和实物版本均归入版本学的范畴加以讨论。

在这样一种内容有所扩充的版本学框架下，讨论实物版本与文本版本的关系，有几个基本的通则应该说明。

---

① 类似的区分，前此版本学界也有学者做过，如严佐之教授在所著《古籍版本学概论》里，将版本分为"物质形态"和"文字内容"两个方面。

首先第一条,实物版本不同的书,文本版本可以完全相同。比如古籍刻本方面,一个试印的朱印本,和一个后来正式印的墨印本,两个本子从实物上来讲是不同的,最直观的是二者的颜色就不同:一个是红色的,一个是黑色的。但从文本上来说,它们可以是完全一样的,只要它们用同一副版片刷印,且不加任何的剜改。即使从实物上说,同一种书,一个是写本,另一个是印本,实物版本完全不同,它们的文本版本也可以完全相同,比如对写本底本的文本面貌作忠实复制的影印本即是。

第二条,反过来,文本版本不同的,实物版本肯定不同。写本的实物因为原则上每一个都是孤本,所以即使文本相同的,也是不同的实物版本,则文本不同的当然是另一个实物版本。印本则只要其中有一个字改了,那么它的实物就发生变化了,或者是剜版,或者是重刻,实物肯定也不同了。

第三条,文本版本相同的,实物版本可能相同,也可能不同。可能相同,是因为在印本一系中,同一印次的本子,也就是图书馆古籍部通常所说的"复本",实物版本原则上是相同的。可能不同,其最典型的例子,是写本即使是同一个人抄的,再抄一遍也是另一个实物版本了。

当然,任何一部古籍都是实物和文本二者的统一体,对其作实物版本和文本版本这样的二分法,目的不是要割裂二者,而是提醒研究者,在面对一部古籍时,应充分考虑其实际存在的文本与实物的双重性,这对于完整地阅读理解其内容,是十分重要的。而在整理古籍时,这样的认识尤其重要。

二

古籍整理的基本规则,通常是首先选定底本和校本,然后进行合乎规范的校勘。具体的整理方法,则因为印刷术普及之后复本和后印本的出现,宋代以前和宋代以后的古籍应有所不同;而宋代以后古籍的整理,印本为主的和写本为主的亦应有所不同。尤其是明清两代,印本系统中同一种书籍的同一刻本的各次印本大量存在,写本系统中互为关联的抄本以及更为原始的稿本乃至手稿本不乏其书,整理古籍时若完全不考虑同一种书籍的版本具有实物和文本的双重性,则整理的结果,恐难免会事倍功半,甚至南辕北辙。

明清两代现存印本古籍的整理,涉及的问题颇为复杂。上海图书馆历史文献中心研究员郭立暄所著《中国古籍原刻翻刻与初印后印研究》(中西书局,2015 年),对相关问题的基本面第一次作了比较全面深入的廓清,从研究内容上说,是古籍版本学领域内,围绕着中国刻本的原刻本、翻刻本和初印本、后印本等诸多不同的实物与文本表象,第一次系统、全面地加以揭示和解释的重要成果。对于文史学界正确认识中国古籍在版本方面超乎想象的复杂性,意识到不仅书名相同者可能版本相异,就是同一刻本也时常会因刷印的先后而出现不同的文本,该书的研究具有不可替代的切实功效。而该书基于诸多实例总结出的鉴别中国古籍原刻翻刻本和初印后印本的基本方法,也是迄今为止相关归纳表述中最为周密完备并具有明显的操作性的,值得古籍整理从业人员一读。

写本方面,因为涉及学科更多,而最基础的非书法家墨迹鉴定,和中国书写用纸的时地判别,仍处于几乎空白的境地,故未来的工作较印本古籍方面更为艰巨。目前可以一试的,是从相对著名的作者的手稿本入手,通过具体实例,逐步清理出一些古籍稿本尤其是手稿本的整理规则,或许对今后学界系统而规范地展开相关的工作,有所裨益。

三

提到古籍稿本的整理,个人印象最深的一个例子,是晚清大诗人陈三立的早年诗稿《诗录》。该稿现藏南京图书馆,其中收录了陈氏写于戊戌变法以前的 376 首诗作,大多是此前从未刊布的佚诗,因而具有重要的文史价值。2006 年,苏州沈燮元先生得知我在整理陈三立的诗歌,主动给我提供一份该诗稿的复印件,据此我撰写了《新发现的陈三立早年诗稿及黄遵宪手书批语》一文,发表在《文学遗产》2007 年第 2 期上。文章分为六个部分,在介绍该稿本的实物特征的基础上,先考订此稿所收,最早之作在光绪六年(1880)庚辰或稍前,下限与全稿的成书年代一致,为光绪二十一年(1895),时陈三立四十三岁。因知与通行的收诗上限为光绪二十七年(1901)辛丑的《散原精舍诗》相较,《诗录》所收全部为《散原精舍诗》未收的陈三立写于戊戌(1898)以前的早年诗。继而,文章初步探讨了该稿本不同于散原后期诗习见风格的早期学六朝唐人的面貌,勾勒了陈氏光绪十七年前后诗风的首次变化,特别指出,诗稿的第三、四两卷与前两卷颇有差异,而陈氏对此两卷修改频仍,又从一个侧面显现了他对于这一转变的重视。最后,对黄遵宪在诗稿上手书的批语作了分类叙解,提出了进一步追踪陈三立早年其他佚诗的设想。

拙作发表后不久,我读到了江西人民出版社 2007 年出版的《散原精舍诗文集补编》(潘益民、李开军辑注,以下简称《补编》),其中的第一部分《陈三立诗录》,底本就是拙作所介绍的南京图书馆所藏稿本。其时我已基本完成该稿的校勘,粗读《补编》一过,发现其中虽对陈三立诗有所注释,却似乎完全没有做任何的校勘,因此没有一条校勘记。这令我十分吃惊。不过考虑到该书是在辑注者某个晚上忽然"决定推开一切"的突然情形下,快速完成的(参见书末"后记"),《诗录》的整理者也非古籍整理专业人员,能将这样重要的文学史料以如此快的速度公开出版,终究是值得嘉许的事,加上我自己生性疏懒,杂事丛集之后,就不得不暂时放下这一个案了。

最近因为考虑稿本古籍整理的规范问题,把《补编》的《诗录》部分,重新稍微仔细地翻看了一遍,并与自己的校勘稿比对,发现其中有些问题从古籍整理的方式方法上说具有普遍性,因此写一点事实和感想在下面。

四

《补编》的《诗录》部分,虽然有将稿本原名《诗录》臆增为《陈三立诗录》,将已经鉴定的稿本仍误题为"手钞本"这样的非专业用语等问题,但都不如其将原稿中的修改痕迹一概削除,且削除的标准并不统一更令人遗憾。

举一个最典型的例子。《诗录》卷三有一首歌行体长诗,题《浔阳江上别李二兵备之官高州余亦自兹寻庐山因为长歌》,《补编》所录文本是这样的:

> 白日照渡头,一片柳条色。澹荡伴行人,将携忘主客。飙轮呼吸踔千里,电挚河山风掠耳。暮辞汉树月明中,朝看庐阜云端里。浔阳城郭参差是,万叠岩峦相向起。披衣四顾天地寒,但有愁心满江水。故人循良今第一,领郡武昌声藉藉。腹中韬钤未概施,境外讴歌已无匹。政成七载谒天子,映照九衢佩金紫。平明便殿立召入,前席垂询在尺咫。是时寰宇初和戎,东南又火祆神宫。群黎那识怀柔意,健吏稍翘搏击功。君念折冲关治忽,惨淡经营抒胸臆。对罢屡颔圣人颐,似许小臣能戆直。归来须史明诏下,移巡岭峤施行马。回睇舻棱梦欲飞,重辞蔀屋泪如写。走也交君拟昆弟,置酒谬论天下事。击楫畴为士稚才,领缨空负终童志。坐对中流回素襟,长波卷雪连春阴。沾来鹦鹉洲边雨,听罢琵琶亭畔砧。嗟君苍茫东入海,膻腥窟宅分明在。斩鲸驱鳄欲何如?带牛佩犊更谁待?余亦拂袖寻名山,日夕望君霄汉间。休论仕隐殊喧寂,万里精魂知往还。

但我们检阅原稿,其中"故人循良今第一,领郡武昌声藉藉。腹中韬钤未概施,境外讴歌已无匹。政成七载谒天子"五句,后仅保留第一句的"故人"二字,和第五句的"政成""谒天子"五字,成"故人政成谒天子"一句,余皆以墨点抹除的形式删去了。这样看来,似乎《补编》的《诗录》部分是以保留最初原稿的原则录诗的。但是到了下面的"领缨空负终童志"和"坐对中流回素襟"两句,情况又发生了变化:原稿是作"请缨空负终军志"和"坐对中流共素襟",其中的"请""军""共"三字后点去,分别旁改为"领""童""回",据此《补编》的《诗录》部分又似乎是依据最后的改稿录诗的。同一首诗,整理的标准就如此不统一,更不要说其中还有不规范、不严谨处,如将"击楫畴为士雅才"之"士雅",通过理校径改为"士稚"而不出校记;对"置酒谬论天下事"句之"事"字原稿一度点去,旁改为"人",后又恢复那样的复杂情状,完全没有反映,等等。

　　类似的例子,还有卷三的《秋夜同范仲林汪隶圃黄修原见江亭坐月仲林诵落解闱作感叹系之》和《邓山长保之太守出箑索题因赠》两首,原稿中前一首是删除之作,后一首是补足之诗,尽管两诗内容了无关联,后者只是顶替了前者被删后的空缺位置,但两诗显然不是并列层次的,而《补编》的《诗录》部分不加分别与说明,均予录入。

　　事实上,通检《补编》的《诗录》部分,可知其基本的整理原则,是仅录原稿中整理者以为的最终稿,而不顾及稿中呈现的丰富的修改经过的。像卷四《黄州游诗五首》的第一首中,原稿有"寻常登览情,乃与俦伍共"两句,后被作者点去,《补编》的《诗录》部分亦无此两句。上述《浔阳江上别李二兵备之官高州余亦自兹寻庐山因为长歌》等诗有关情形的出现,恐怕是整理者不熟悉古文献原稿上的传统标记符号所致。而作为一种古典文学文献,陈三立《诗录》的价值,却远不止于其纸面的最后定稿,如果能从稿本的实物版本入手,细致地解析每一首留下了陈三立乃至黄遵宪手书修改痕迹诗作的书写过程样态,我们对于陈三立的创作特色、早年诗风转变等当会有更直观、具体的体认,而古籍稿本文本版本的复杂性,也会因此得以直观地呈现。

五

　　基于《诗录》在稿本一系中属于非誊清稿本,并且局部带有十分明显的手稿特征,整理的重点,我想应该是恢复其修改的过程或者说层次。考虑到目前以自然科学方式鉴定中国纸墨的时间特征,尚无法达到年份那样精确的程度,比较现实的方法,是首先观察手稿中的两种特殊的实物版本特征:(1)删节或恢复符号;(2)墨迹。更具体地说,凡出现统一的删节或恢复符号,且墨迹大致在同一层次(颜色、墨色深浅、用笔习惯相同或非常近似),或者修改的字迹具有明显的趋同性(字形的正侧、楷书字体的大小、明显的墨色不同等基本面完全相同),则可基本推断其为同一时期修改的文本。

以陈三立《诗录》原稿为例,卷二《八月十三夜琴湖官阁登望一首》初稿内容如下:

> 桂树秋阴络纬残,携壶斜月在阑干。回塘雁影兼云落,遥夜波声背郭寒。万帐箫箳尘外断,九霄灯火梦中看。时清坐对还惆怅,拟向江村问钓竿。

而稿本纸面上除了最后一联"时清坐对还惆怅,拟向江村问钓竿"没有修改的痕迹,其他各句都有一二字的改动。其中"桂树秋阴络纬残"句"秋"字后点去,"阴"下加一"连"字。"携壶斜月在阑干"句"斜"字后点去,旁改为"缺"。"回塘雁影兼云落"句"回"字后点去,旁改为"林"。"遥夜波声背郭寒"句"遥""波"二字后点去,分别旁改为"日""江"。"万帐箫箳尘外断"句"箳"字原脱,后补书于"箫"字右下侧;"尘"字后点去,旁改为"香"。"九霄灯火梦中看"句,"梦"字曾点去,似作"镜",后又恢复。不过虽然看似句句都改,而其删除之法相同,均是点去,且其删除点几乎全部点在原字的左侧,墨色相同,改字均写在原字的右侧,且字形大小基本一致,用笔大都略显干渴,因此可以推定是同一次所改。故本诗在《诗录》中实际形成前后两个文本版本,修改本为:

> 桂树阴连络纬残,携壶缺月在阑干。林塘雁影兼云落,日夜江声背郭寒。万帐箫箳香外断,九霄灯火梦中看。时清坐对还惆怅,拟向江村问钓竿。

当然,这还是《诗录》中层次最为简单的文本叠加情形,仅有两个文本版本。更复杂的例子,如卷二《鹿角夜泊》。此诗拙作《新发现的陈三立早年诗稿及黄遵宪手书批语》已加征引,但当时碍于文章体例,未得详细说明。兹再引用,并加解说。其初稿为:

> 湖色凄迷带一山,霄长羁鹄亦飞还。放船转觉波涛便,解佩依然蘅杜间。动夜酸风摇恨去,向人明烛与春闲。相招更有巴陵酒,盼断楼台何处攀。

从纸面痕迹判断,该诗至少进行过两次修改。第一次和第二次的删除符号,虽然都是同样的点在文字左侧的斜点,但第一次的某些点,显然点得更细长些;修改的文字,则第一次的字形较小,用渴笔,第二次的字形相对较大。文本方面,第一次修改时,"相招更有巴陵酒"句中,"相招更有"四字后点去,旁改为"九州莫负";"盼断楼台何处攀"句中"何处攀"四字后点去,旁改为"鬓渐斑",以此第一次修改本为:

> 湖色凄迷带一山,霄长羁鹄亦飞还。放船转觉波涛便,解佩依然蘅杜间。动夜酸风摇恨去,向人明烛与春闲。九州莫负巴陵酒,盼断楼台鬓渐斑。

之后的第二次修改，文本上"湖色凄迷带一山"句中"带"字后点去，旁改为"拥"。"九州莫负巴陵酒"句中第一次修改的"九"字又点去，改作"六"；"莫负"点去，改为"剩有"。"盼断楼台鬓渐斑"句中"盼断"二字点去，旁改为"绰约"；第一次修改的"鬓渐斑"亦点去，在下面的套格纸空格中加书"为破颜"三字。由此形成的再次修改本为：

> 湖色凄迷拥一山，霄长羁鹄亦飞还。放船转觉波涛便，解佩依然蘅杜间。动夜酸风摇恨去，向人明烛与春闲。六州剩有巴陵酒，绰约楼台为破颜。

这样，该诗在《诗录》中实际存在三个文字不同的文本版本。

考虑到《诗录》的后半部分出现了一种以浓墨将修改的文字直接覆盖在底稿原文上的情形，其字迹扁方拙朴，显然是陈三立自己的笔迹，且时间上似较上引例证中的三个文本版本的文字笔迹都晚，加上黄遵宪时而以俊逸而斜侧的行书，为陈诗字句作修改，则目前存世的这部《诗录》里，至少留下了陈三立本人的四次修订痕迹和黄遵宪的一次修订痕迹。

六

对于古籍稿本中的文本层次，作这样严格到几乎细碎程度的区分，是有意义的举措么？也许有人会提出这样的质疑。我想就陈三立这样在中国诗歌史上有特殊历史地位的诗人的作品研究而言，答案是肯定的。其意义，具体而言体现在以下两个方面。

第一，对于诗人创作的具体经过，可以有更为直观、感性的展示。如卷三《诵仲林山亭见落木诗题此和之》，原稿是：

> 吾爱范生句，能令万壑清。酒怀当叶下，悲唱挟江鸣。槛断鱼龙影，矶回隼鹊晴。相携在天地，杯底看秋城。

其末句中的"杯底看"三字，曾点去而旁改为"凉唾散"，之后又点去"凉唾散"，以三角符号恢复"杯底看"，可见陈三立创作时反复斟酌的实态。又如卷三《鹤梅堂晚坐同严铁吾范中林梁节庵易中实作分韵得草字》诗，原稿中有"天云荡翠光，碎影不可扫"一联，作者先将"荡"字圈去，旁改为"霏"；继将"碎"字点去，旁改为"风"；之后的"影"字亦点去，所改之字似为"涛"字，但已为再改之"高"字覆盖。最有意思的，是"不可"二字旁有曾拟改的"自不"二字，但所拟改的那个"不"字还没写全，就又被点去了，诗人创作时的纠结心态，由此可见一斑。再如卷三的《夜饮答仲林》，最初稿如下：

看君豪议挟江河，每趁虫声挈榼过。离合十年今夕贵，凄凉万古一灯多。眼中儒侠纷云散，梦底池亭奈酒何？为忆飘零好兄弟，秋风关海阻悲歌。（原双行小字注：君兄客天津，弟客肃州。）

此诗曾经三度修改，而所改除了诗题中"仲林"之前加一"范"字，其余均集中在第四句"凄凉万古一灯多"：第一次最简单，是将"凄凉万古"改为"提携终古"；第二次稍微复杂，是在"提携"二字上加三角，似欲恢复"凄凉"二字，但在天头又另书"荒唐"二字，并把"多"字点去，后来再恢复，纠结之态，毕现于文辞间；第三次是非作者的黄遵宪登场，在"凄凉万古"等点去后，又拟改了"笑啼万绪"四字。这样，同一句诗，前后经历了四个版本：

初　稿：凄凉万古一灯多

改　稿：提携终古一灯多

三　稿：荒唐终古一灯多

黄改稿：笑啼万绪一灯多

其中三稿和黄改稿，还是同一层面上的两个文本版本，因为它们最终都被保留在稿本中，未见取舍。据此可见陈三立、黄遵宪当时对于诗意的提炼和讲求，确乎到了字斟句酌的程度。

第二，通过比较，在更大的意义上，可以见出诗人诗风的前后变化。以《诗录》卷三《晓去南桥入德安口号》为例，该诗最初共有三首，除第二首仅改动两个字外[1]，其余第一首初稿被钩除，另改作一首，继而对改作的这首也有不满，又加以大幅度的修改。第三首改动的幅度虽不如第一首大，也是多见勾乙的痕迹。二诗的具体修改经过如下。第一首原稿云：

晓岸烟微花柳重，春风吹歇梦还慵。匡君怜我雄心尽，就赠云霄万剑锋。

此首正文前后用折号表示删除，而于原诗右侧另作一首，初稿为：

岩花林叶已纷纷，缥缈灵峰宿大云。四海雄心消一展，□□向背看匡君。

继在"缥缈灵峰宿大云"句中，圈去"缥缈灵峰"，旁改为"灵鼙龙鸾"；又圈去"龙鸾"，再改为"当霄"。"□□向背看匡君"，"□□"改为"真教"；继在"真教向背看匡君"句中，圈去"真教"改书"教余"，又曾点去"教余"之"教"，旁改为"劳"，旋恢复"教"字；圈去"看"，改为"却"，再圈去"却"，改为"揖"。故其最终稿为：

---

[1] 第二首原稿云："看尽千村黄叶花，摇天杨柳与疏斜。行人历历伤春地，十里鹊声五里蛙。"其中第一句"叶"字后点去，旁改为"菜"。第四句"鹊"字后径改为"鹃"。

　　岩花林叶已纷纷，灵鹫当霄宿大云。四海雄心消一层，教余向背揖匡君。

第三首原稿云：

　　残阳唤渡绕城楼，芳树葳蕤转白鸥。两岸霞生波似绮，浮杯艇子在中流。

第一句中"绕"字后点去，旁改为"曳"。第四句"浮杯艇子在中流"，点去前六字，旁改为"欲移琼岛障青"，如此则修改稿为：

　　残阳唤渡曳城楼，芳树葳蕤转白鸥。两岸霞生波似绮，欲移琼岛障青流。

之后"欲移琼岛障青"复点去，改书"笑翻碧落狎春"，插于"流"字前，故第三稿为：

　　残阳唤渡曳城楼，芳树葳蕤转白鸥。两岸霞生波似绮，笑翻碧落狎春流。

按《晓去南桥入德安口号》在《诗录》中的排次，是在"辛卯始春"也就是光绪十七年（1891）初春所作的《登靖港镜湘楼作》（收入卷二）之后，光绪十九年（1893）年元宵节所作《癸巳元夕述怀次前韵》（收入卷三）之前。由于《诗录》卷二倒数第二首为《八月十三日夜琴湖官阁登望一首》，卷三第一首为《武昌提刑官廨除夕》，第二首为《人日得易仲实镇江舟中寄诗感和二首》，故参以诗中语词，可基本断定排次在《人日得易仲实镇江舟中寄诗感和二首》之后的《晓去南桥入德安口号》，当初撰于光绪十八年（1892）的春天。而如拙作《新发现的陈三立早年诗稿及黄遵宪手书批语》已经指出的，大致以光绪十七年为界，陈三立的诗风发生了首次比较重大的变化。上述《晓去南桥入德安口号》第一、第三两首的删改情况，结合陈三立的诗歌创作历程，正可以见出诗风转变的印痕。具体地说，第一首的原作，和之后重新撰写的文本及其修改版，虽然都有"匡君""雄心"一类宏阔的意象，但就整体诗风而言，二者有明显的差异。原作（"晓岸烟微花柳重"）色泽明丽，尚存一丝六朝初唐诗式的慵懒脂粉气息，修改的两稿则已洗净铅华，尤其是最终稿，"缥缈灵峰"一转为"灵鹫当霄"，色彩陡然凝重，类似宋诗的风神，与初稿比真可谓天差地别了。第三首虽然不是重作，但将"残阳唤渡绕城楼"中的一个平实温婉的"绕"字，改为不免拗口的"曳"字；把一句相对直白的陈述"白浮杯艇子在中流"，一改为豪阔大言的"欲移琼岛障青流"，再改为不免有些诡异的奇句"笑翻碧落狎春流"，也与清新自然的六朝诗风渐行渐远，而带有一些不太成熟的黄山谷体的样貌了。

七

　　其实从更广阔的意义上看，对于《诗录》这样的留下了作者诸多修改痕迹的稿本，从实物入手,对其文本版本做比较细致的梳理,对于理解比文学更宽泛的当日历史情状,进而理解特定的历史时代和历史人物,也都不无益处。

可以举两个例子。《诗录》卷四《黄州游诗五首》①原稿第五首云:

> 步上坡仙亭,长江宛带幅。冥茫万祀思,旷莽千里目。雪堂未可寻,寒翠剩一掬。东城自秀映,背市临花竹。遂造扬云居,凭启郑虔楄。(原注:黄冈教谕杨性吾学博别宅,饶林亭之胜,兼藏海外秘籍、金石古器甚富。)秘函胎灵芬,欲持校天禄。宝书百二国,足正后生读。昬刻竭钻仰,眼眩虑梦罷。圣文天所开,重幽更秉烛。嗟君信异士,海外有箸录。摆落穷老怀,蹈藉娜嬛福。吾侪比鼹鼠,饮河暂满腹。移舸雾雨空,梦堕临皋麓。

诗中改动的部分,集中在"嗟君信异士,海外有箸录。摆落穷老怀,蹈藉娜嬛福。吾侪比鼹鼠,饮河暂满腹"六句。"信异士"三字后点去,旁改三字,其第一字又圈去,再改为"探",后二字为"海槎"。"海外有"三字后点去,旁改为"万怪窥"。"摆落穷老怀,蹈藉娜嬛福"两句,除末字"福"外,余后皆点去,旁改为"焚坑脱秦政,留遗狪徐福",其中"脱""留遗"三字亦非初改之文,而为再改之字。"吾侪比鼹鼠,饮河暂满腹"两句中,"比鼹""河暂"四字曾点去,另改字,后以三角符号勾除改文,恢复原文。如此,该诗中改动最大的四句的修改结果为:

> 嗟君探海槎,万怪窥箸录。焚坑脱秦政,留遗狪徐福。

按"杨性吾学博"即当时海内外著名的大学者、藏书家杨守敬。比较原稿的相关四句可知,最初陈三立只是将杨氏视为"异士",并将杨氏的海外访书单纯地理解为"摆落穷老怀,蹈藉娜嬛福",换句俗话说就是忽然发了财,去了幸福地,言语中不免隐含着一点轻微的嘲讽。而修改本显然已经了解了杨守敬在日本访书所获得的实质性成果,因此对其在东瀛发现久已佚失的中国古籍,以宋诗体的语言作了肯定的评价。

另一个例子是卷三的《戏赠郑刑部同年》,修改本诗题改为《菱湖行戏赠郑刑部同年》。因为文本较长而修订处较多,兹以表格对照的形式呈现如下(修改本中黑体字部分,是与原稿不同之处)②:

---

① 题中"黄州游"三字后点去,而于其右侧书"游武昌西山经黄州杂"九字,勾补入"诗五首"前。
② 所录原稿文字,"念投计巧干司命"句中,"投计巧干"四字为第一次修改本,原作已被涂抹,不能辨识;该四字后亦被圈去,旁改为"倾赏财正"。"又恐无裨反可耻"句中,除"又"字外,余六字均为第一次修改本,原作已被涂抹,不能辨识;该六字后亦被圈去,旁改为"称耿介了不喜"。

原　稿	修改稿
刑部才名动朝市,更以奇术决生死。	刑部才名动朝市,更以奇术决生死。
莽荡神州阅万人,龟册者流畴与比。	莽荡神州阅万人,龟册者流畴与比。
昔传人表戏僚属,差等天寿列恢诡。	**往**传人表戏**偶**,差等天寿**托**恢诡。
谈言乙乙有微中,王侯贵人惊倒屣。	**前知詹尹巫阳干**,王侯贵人惊倒屣。
	土鹊灵乌噪大屋,帷车怒马泻泥滓。
坐厌求索去京国,埋头削迹五千里。	坐厌求索去京国,**窜入荒墟**五千里。
	面目黧黑博士冠,躬伍伦父不愧耻。
年时始肯出姓名,来过武昌聊试技。	年时始肯出姓名,来过武昌聊试技。
梁聋汪生各动色,张郎羸病亦冷齿。	梁聋汪生各动色,张郎羸病亦冷齿。
(原注:视梁节厂、汪穰卿、张君立寿不得长。)	(原注:视梁节厂、汪穰卿、张君立寿不得长。)
指我性命差苟延,五十无闻其死矣。	指我性命差苟延,五十无闻其死矣。
文章独用穷屯显,禄仕难期晚节美。	文章独用穷屯显,禄仕**遑云**晚节美。
纵累功行高邱山,与龄未得逾一纪。	纵累功行高邱山,与龄未得逾一纪。
吾怪造化颇倔强,何以唯阿顺君指?	吾怪造化颇倔强,何以唯阿顺君指?
念投计巧干司命,又恐无裨反可耻。	**倾货财正干司命,又称耿介了不喜。**
四人相视杂涕笑,准备骸骼饱蝼蚁。	四人相视杂涕笑,准备骸骼饱蝼蚁。
不尔服膺危苦词,浮云富贵置誉毁。	(此两句修改本删)
春风吹酒酦湖唇,满堂宾从罗盘珍。	春风吹酒酦湖唇,**瑄**堂宾从罗**羞**珍。
蜉蝣修短焉足道,君视谁为雄骏人?	蜉蝣修短焉足道,君视谁为雄骏人?
方今边隅日多事,蛮夷猾夏宁天意。	方今边隅日多事,蛮夷猾夏宁天意。
国家乏才绌大计,斡排元黄孰匡庇?	国家乏才绌大计,斡排元黄孰匡庇?
卫霍甘陈世所贤,虎头猿臂沧中涓,	卫霍甘陈世所贤,虎头猿臂沧中涓,
请君遍访英少年。	请君遍访英少年。

按本诗所咏的"郑刑部同年",即郑筬,乃光绪间出没于京城的一位号称善于为人看相算命的奇人,其事亦见于易顺鼎《琴志楼诗集》卷九"编年诗录"之《赠郑筬刑部》和《郑刑部相余不能贵寿相劝学佛赋此示之》。陈三立此诗修改稿的特异处,在反较初稿更无忌讳,前半首极尽讥讽之能事,后半首则转谐为庄,以"请君遍访英少年"为结,寓国事之促迫。

八

中国传统文献学十分重视校勘,故校雠学一名在相当长的历史时期内是可以通指文献学的。20 世纪现代图书馆在中国得以生根并普及,目录学因此成为文献学的中心,编目、鉴定也主要为古籍编目服务。个人以为现在的文献学已经到了应该以广义的版本学为中心的阶段。在对古籍的实物版本和文本版本的双重性质有透彻了解的前提下,提倡在古籍整理工作中采用专业性更强且更为细致的校勘方式。

中国传统的古籍整理,以求"善"为最终目标,也的确取得了相当的成绩。不过这种单一的求善方式，在整理明清以来版本复杂的文学和历史文献时，会因方法的褊狭，失去原书所存留的许多有价值的信息。现代意义上的古籍整理，应以求多面性的"真"为目标，所谓多面性的"真"，就是承认每一个印本或写本都有其存在的合理性和研究价值，并将之细分对待。

这种以求多面性的"真"为目标的整理中国明清古籍的方法，在施用于稿本尤其是在历史上有重要地位的作家、学者的手稿本的整理中时，尤其应重视通过实物形态的辨析，和文本本身的校勘，以区分出源自作者亲笔修改或勘定的不同的文本版本，并在此基础上对相应的文本年代和内容作出比较准确的释读，如此方能对作为个体的大家在文化史中的作用，获得真切的体认。

附记：本文初撰于2015年，主要内容曾在复旦大学一小型工作坊上作简要报告，全文一直没有正式发表。但其中文字，已为年轻学者在论著中征引。兹因上海图书馆纪念顾廷龙先生诞辰120周年征文，思此旧作，与顾先生生前重视近现代名人稿本的搜集与整理或不无合辙处，故略改误字，投稿应征，兼求版本学与古籍整理界同仁批评指正。

汪藻《元符庚辰以来诏旨》考

顾宏义

（华东师范大学古籍研究所）

汪藻于南宋绍兴年间撰成的《元符庚辰以来诏旨》一书,亦省称曰《元符以来诏旨》《元符诏旨》《诏旨》等。宋高宗后期纂成的《徽宗实录》,即大量取录《诏旨》文字"十盖七八"①,李焘撰《续资治通鉴长编》、李心传撰《建炎以来系年要录》诸史籍,其涉及徽宗朝政事者,也多引录《诏旨》文字以补充、订立史事。但因《诏旨》一书早已亡佚,故后世关注者少。故本文裒辑相关史料,对汪藻此书的纂修始末、编纂体例与内容、文献价值等做一探讨。

一、纂修始末

汪藻字彦章,饶州德兴人。中进士第,调婺州观察推官,历迁江西提举学事司干当公事。"徽宗亲制《君臣庆会阁》诗,群臣皆赓进,惟藻和篇众莫能及。时胡伸亦以文名,人为之语曰:'江左二宝,胡伸、汪藻。'寻除九域图志所编修官"。因与王黼不和,出通判宣州,提点江州太平观。"投闲凡八年,终黼之世不得用"。钦宗即位,召为屯田员外郎,再迁太常少卿、起居舍人。高宗初,召为中书舍人,兼直学士院,拜翰林学士。历知湖州、抚州、徽州、宣州。"言者论其尝为蔡京、王黼之客,夺职居永州,累赦不宥"。二十四年(1154)卒。"秦桧死,复职,官其二子"。传载《宋史》卷四四五《文苑传》。

《诏旨》始撰于绍兴初年汪藻除龙图阁直学士知湖州时。汪藻为翰林学士时,尝上言:

> 太上皇元符以来,至上建炎之元,并无日历,可谓阙典。古者有国必有史,有史必有官。汉法,太史公位在丞相上,天下计书先上太史公,副上丞相。自唐至

---

① （元）脱脱等:《宋史》卷四四五《汪藻传》,中华书局,1985 年,第 13132 页。按,《元符庚辰以来诏旨》,下文省称《诏旨》。

本朝,亦以宰相监总。国之重事,愿留圣心。

高宗欣纳其言。寻除龙图阁直学士、知湖州①。汪藻出知湖州在绍兴元年(1131)九月辛酉日②。至绍兴二年十一月,知湖州汪藻上言:"自太上皇帝、渊圣皇帝及陛下建炎改元,至今三十余年,并无日历。……苟旷三十年之久,无一字之传,何以示来世? 望许臣编集元符庚辰至建炎己酉三十年间诏旨,缮写进呈,以备修日历官采择。"得高宗允准③。

因"自军兴,史官记录靡有存者。(汪)藻尝于经筵面奏,乞命史官纂述三朝日历。会朝廷多事,未克行。比出守湖,而湖州不被寇,元符后所受御笔、手诏、赏功罚罪等事皆全,藻因以为张本,又访诸故家士大夫以足之,凡六年乃成"④。孙觌《汪公墓志铭》记载:"公搜揽阙文,参稽众论,远至闽、蜀数千里外,近在寓公、寄客之家,或具公移,或通私书,旁搜博采,远近毕至,分设科条,以类注解,才十二三。"⑤王应麟《玉海》也称"绍兴二年十一月壬午,藻守湖州,请以太上道君皇帝逮上登极所降御笔手诏、赏功罚罪文字,自元符庚辰至建炎己酉,凡三十年事,分年编类"⑥。至绍兴四年三月,知湖州汪藻"上所编《元符庚辰以来诏旨》二百卷,诏送史馆"⑦。据熊克记载,汪藻"编《元符崇宁大观诏旨》,先进二百卷"⑧。则此时汪藻所编成的《诏旨》乃自元符三年(庚辰,1100)徽宗即位至大观初年间部分。

绍兴四年五月,翰林学士兼史馆修撰綦密礼上言:

> 检会知湖州汪藻得旨编类元符庚辰至建炎己酉三十年事迹,本所见已开局,自建炎元年五月一日以后纂修日历,窃恐更不须在外别行编类。乞下藻,将搜访到建炎以后文字,赴本所照使。

① (宋)孙觌:《鸿庆居士集》卷三四《宋故显谟阁学士左大中大夫汪公墓志铭》,《文渊阁四库全书》(第1135册),台湾省商务印书馆,1986年,第361页。
② (宋)李心传:《建炎以来系年要录》卷四七绍兴元年九月辛酉条并注,上海古籍出版社,2018年,第876页。按,下文省称《要录》。
③ (宋)李心传:《要录》卷六〇绍兴二年十一月壬午条,第1069页。按,李心传又注曰:"熊克《小历》:'绍兴元年九月,初,翰林学士汪藻言:"自元符以来,并无日历,此国家大事,愿留圣心。"上纳之。既而宰执请所付,上曰:"无以易藻矣。"至是除藻知湖州,诏领日历如故。'按克所书,止据《藻墓志》,与《日历》不同。兼藻奏疏亦称'昨于经筵面奏,未见施行',则知藻在翰林,未尝得旨也。今不取。"又《要录》卷四七绍兴元年九月辛酉条注(第876页)也载李心传辨析云:"孙觌撰《藻墓志》,载藻知湖州仍领日历事,其实谬误。熊克《小历》不深考,又因而书之。"
④ (宋)李心传:《要录》卷六〇绍兴二年十一月壬午条,第1069页。
⑤ (宋)孙觌:《鸿庆居士集》卷三四《宋故显谟阁学士左大中大夫汪公墓志铭》,第361页。
⑥ (宋)王应麟:《玉海》卷六四《绍兴编元符以来诏旨》,江苏古籍出版社、上海书店,1988年,第1216页。
⑦ (宋)李心传:《要录》卷七四绍兴四年三月癸酉条,第1260页。
⑧ (宋)熊克:《中兴小纪》卷一六,福建人民出版社,1985年,第199页。按,熊克:《宋朝中兴纪事本末》卷二八所载同,凤凰出版社,2022年,第418页。

从之①。按，《宋史·汪藻传》称当时"史馆既开，修撰綦崈礼言不必别设外局，乃已"②。《綦崈礼传》云其"又奏：'知湖州汪藻编类元符庚辰至建炎己酉三十年事迹，乞下藻以已成文字赴本所。'并从之。先是，藻奉诏访求甚备，未及修纂，崈礼取而专之"③。所述皆含糊其辞，并颇有不确处。即綦崈礼所言的，乃指史馆已开始编纂高宗《日历》，故不需汪藻"在外别行编类"建炎元年五月一日高宗即位以来事迹，而并未要求汪藻将徽、钦两朝资料也一同上进史馆。是年七月，知湖州汪藻"上所编《建炎中兴诏旨》三十七册，诏送史馆"④。于是汪藻所编纂的《诏旨》不再包括高宗朝事迹。

此后汪藻移知抚州。"初，藻守吴兴，被旨编辑（《诏旨》），未就而去"。不久"予祠"，提举江州太平观。绍兴六年，史馆修撰范冲上言："失今不就，事浸零落可惜。"于是诏汪藻"续次编类《元符庚辰以来诏旨》"，次年三月又"加赐史馆修撰餐钱，官给笔札"⑤。孙觌《汪公墓志铭》称"会翰林侍读学士范冲疏言：'日历，国之大典，比诏汪藻纂集，更涉岁月，稍见功绪。书未成而中止，积久散逸，后益难措手矣。方今就问，可降诏令依旧纂集为一书，俾三朝文物著在方册，非小补也。'于是有旨复命公许辟官属二员，赐史馆修撰餐钱，辞不受"⑥。《要录》云当时诏许汪藻"所辟编类诏旨官二员，并理在任月日，俟成书投进日，比附自来修书体例，取旨推恩"⑦。

绍兴七年四月，汪藻"再进《大观政和诏旨》，凡六年事，且言：'已置史馆见修日历，此后臣不当豫。'诏藻仍续编进"⑧。据《要录》载汪藻时"言：'先奉诏编次《元符以来诏旨》，今史馆既修日历，恐此书非私家可为，乞住罢。'诏藻接续编类"⑨。史载汪藻于次年初又进"政和三年以后《诏旨》"⑩，故推知此时所进者乃大观元年至政和二年间《诏旨》。《玉海》卷六四也云："至六年编成庚辰以后凡十三年《诏旨》。"⑪自徽宗即位

① （宋）李心传：《要录》卷七六绍兴四年五月丁巳条，第1283页。
② （元）脱脱等：《宋史》卷四四五《汪藻传》，第13132页。
③ （元）脱脱等：《宋史》卷三七八《綦崈礼传》，第11682页。
④ （宋）李心传：《要录》卷七八绍兴四年七月辛酉条，第1312页。
⑤ （宋）李心传：《要录》卷一〇二绍兴六年六月癸卯条，第1719—1720页。
⑥ （宋）孙觌：《鸿庆居士集》卷三四《宋故显谟阁学士左大中大夫汪公墓志铭》，第361—362页。
⑦ （宋）李心传：《要录》卷一〇五绍兴六年九月辛巳条，第1765页。
⑧ （宋）熊克：《中兴小历》卷二一，第259页。按，熊克：《宋朝中兴纪事本末》卷四〇所载同。然二书仍称汪藻知湖州，误。
⑨ （宋）李心传：《要录》卷一一〇绍兴七年四月甲寅条，第1852页。
⑩ （宋）熊克：《中兴小纪》卷二四，第285页。
⑪ （宋）王应麟：《玉海》卷六四《绍兴编元符以来诏旨》，第1216页。

712 功标册府——顾廷龙先生诞辰百廿周年纪念文集

之元符三年下数十三年,正政和二年。据汪藻《谢进书赐银合茶药表》有"伏蒙圣恩,以臣再投进编次《元符庚辰以来诏旨》一百册,赐臣茶药并银合各一具"云云①。据《要录》,高宗"赐龙图阁直学士汪藻银合茶药,以其纂缉《诏旨》之劳也"在绍兴七年六月②。则汪藻此次上进之《诏旨》计一百册。

绍兴八年正月,汪藻"又进政和三年以后《诏旨》,其未成者,乞从史馆论撰。癸丑,诏藻仍旧纂集"③。按,此次所进乃自政和三年至八年(重和元年)《诏旨》。

是年十一月,龙图阁直学士、提举江州太平观汪藻"上所编集《元符庚辰至宣和乙巳诏旨》终篇,凡六百六十有五卷。拜藻显谟阁学士。其属官右朝散郎鲍延祖、左宣义郎孟处义各又进一官"④。然熊克乃称汪藻此时"复进《宣和以后诏旨》"⑤。则汪藻此时所进者乃宣和元年至七年(乙巳)间之《诏旨》。

汪藻《诏旨》成书未久,时人程俱因其书"颇繁杂",遂"删辑成"《徽庙实录》二十卷,"附以靖康、建炎时事"⑥。虽李焘《长编》、李心传《要录》等多有引录《诏旨》文字,但除《郡斋读书志》尝著录一"未全"之三卷本外⑦,陈振孙《直斋书录解题》、《宋史·艺文志》等皆未有著录。元袁桷《修辽金宋史搜访遗书条列事状》中所列元朝史院缺书目,其内即有《元符诏旨》⑧。此后则未再见世人述及、著录,推知其书因卷帙繁多,当时传布不广,而亡佚于宋、元之际。

二、纂修体例与内容

汪藻于绍兴八年所进之《诏旨》,《宋史·汪藻传》、《要录》卷一二三等皆称作《元符庚辰至宣和乙巳诏旨》,当属其书全称。按徽宗于元符庚辰(三年)即位为帝,宣和乙巳(七年)退位为太上皇,则汪藻此书实记载徽宗一朝之事迹。但宋人尝引录过钦宗朝、高宗朝的汪藻《诏旨》。如王明清《玉照新志》卷五载靖康元年姚平仲率军夜袭

---

① (宋)汪藻:《浮溪集》卷五《谢进书赐银合茶药表》,上海商务印书馆《四部丛刊》本,第72页。
② (宋)李心传:《要录》卷一一一绍兴七年六月辛亥条,第1970页。
③ (宋)熊克:《宋朝中兴纪事本末》卷四三,第633页。按《中兴小纪》卷二四所载同,第285页。
④ (宋)李心传:《要录》卷一二三绍兴八年十一月丁未条,第2075页。按《宋史》卷四四五《汪藻传》所载同,第13132页。
⑤ (宋)熊克:《中兴小纪》卷二五,第299页。按《宋朝中兴纪事本末》卷四六所载同,第675页。
⑥ (宋)晁公武撰,孙猛校证:《郡斋读书志校证》卷六《徽宗实录》,上海古籍出版社,1990年,第237页。
⑦ (宋)晁公武撰,孙猛校证:《郡斋读书志校证》卷六《元符庚辰以来诏旨》,第237页。
⑧ (元)袁桷:《清容居士集》卷四一《修辽金宋史搜访遗书条列事状》,上海商务印书馆《四部丛刊》本,第1195页。

金营,李纲当宋军"初出师,以为功在顷刻,令属官方允迪为露布"。此露布,"汪彦章《靖康诏旨》云方会之文,非也①。又《要录》卷七于宋齐愈因推戴张邦昌为皇帝而被诛一事,李心传考辨曰:"熊克《小历》云'赐齐愈死',按《诏旨》云'依法定断',非赐死也。"②诛杀宋齐愈在高宗建炎元年七月,因《要录》注引《诏旨》大都指汪藻所撰者,则准《靖康诏旨》之例,此似可称作《建炎诏旨》。因汪藻起初欲"编集元符庚辰至建炎己酉三十年间诏旨"③,但此后因翰林学士兼史馆修撰綦崇礼奏言史馆已开始编修高宗《日历》,故要求汪藻"将搜访到建炎以后文字,赴本所照使"④。故是年七月,汪藻"上所编《建炎中兴诏旨》三十七册,诏送史馆"⑤。则知汪藻确尝修纂钦宗靖康、高宗建炎年间《诏旨》成编,只是未编入《元符庚辰至宣和乙巳诏旨》而已。

　　汪藻《诏旨》卷帙,诸书多称自元符庚辰至宣和乙巳"终篇,凡六百六十有五卷"⑥,但周麟之《轮当转对奏状》、周必大《同赵相王枢因四朝史志成书乞与李焘推恩》皆云汪藻此书凡"八百余卷"⑦,或称共八百册⑧。据汪藻《进书札子》云其所欲纂修者为年表、官阀、政迹、凡例四部分:

　　　　臣自绍兴二年承指挥编次,字字缀缉,七年于兹。本欲毕区区之愚,每类各为一书,以备史官采择。既功力浩渺,非岁月可成,又恭闻近开史院,修《徽宗皇帝实录》,事体宏大,非臣疏外敢为。今于每类各修成一门,除凡例一门已具,重修元符庚辰以后三年诏旨,节次进呈讫,今修到年表门具元符、建中、崇宁年臣僚旁通六册,官阀门具宰相十三人、执政三十三人,累历十册,政迹门具青唐弃地复地本末、金人请盟背盟本末十二册,共二十八册投进,通前总八百册。⑨

如此则知《诏旨》一书计"节次进呈"者为六百六十五卷,合计年表门、官阀门、政迹门所撰者乃八百册,若以卷计则为八百余卷。

---

①　(宋)王明清:《玉照新志》卷五,上海古籍出版社,1991年,第81页。

②　(宋)李心传:《要录》卷七建炎元年七月癸卯条注,第189页。

③　(宋)李心传:《要录》卷六〇绍兴二年十一月壬午条,第1069页。

④　(宋)李心传:《要录》卷七六绍兴四年五月丁巳条,第1283页。

⑤　(宋)李心传:《要录》卷七八绍兴四年七月辛酉条,第1312页。

⑥　(宋)王应麟:《玉海》卷四八《绍兴徽宗实录》注(第912页)称《诏旨》"凡八百六十五卷",其"八百"当为"六百"之误。

⑦　(宋)周麟之:《海陵集》卷五《轮当转对奏状》,《文渊阁四库全书》(第1142册),第38页。(宋)周必大撰,王瑞来校证:《周必大集校证》卷一四四《同赵相王枢因四朝史志成书乞与李焘推恩》,上海古籍出版社,2020年,第2194页。

⑧　(宋)孙觌:《鸿庆居士集》卷三四《宋故显谟阁学士左大中大夫汪公墓志铭》,第362页。按,《玉海》卷六四《绍兴编元符以来诏旨》并注所载同,第1216页。

⑨　曾枣庄、刘琳主编:《全宋文》卷三三七九汪藻《进书札子》,上海辞书出版社、安徽教育出版社,2006年,第157册,第155页。按,"元符庚辰以后三年"似当作"元符庚辰三年以后"。

《诏旨》编纂体例,汪藻自言是"分年编类"①。其《诏旨》属"凡例门"。何谓凡例?汪藻解释道:

> 以祖宗实录考之,有一月之例,有一季之例,有一年之例,有三年之例,缺一不录,不为全书。如占星象、奏灾祥、赐高年、旌孝弟,与夫县镇之废置、神祠之加封,率于月尾书之,一月之例也。原庙四时酌献、百官春秋大宴,虽有定月,而卜日不同,一季之例也。大辽、夏国贺正旦、生辰,及押赐夏国礼物官,皆当书其姓名,岁终户部奏天下主客户口增耗、刑部奏天下断过大辟、宗正奏宗子命名授官,皆当书其人数,一年之例也。郊祀、明堂、夏祭、贡举,前期降诏,郊祀肆赦,殿试正奏名、特奏名、武举进士策问,皆当书其全文,大礼差五使三献官,后妃封赠三代,臣僚、蕃国加恩宣麻,贡院差知举及殿试官,诸文武进士释褐,皆当书其人数,榜首皆当书其姓名,受誓戒、宿斋、恭谢、饮福,皆当书日,正进士释褐三名前注授,诸班直转员,皆当书其恩数,三年之例也。其例之不可以年月见者,犹不与焉。②

可见《诏旨》乃年月为序,年月之下再按内容归类编纂。如《群书考索》后集引《诏旨》云:"大观三年四月壬日,知枢密院事郑居中等上《大观重修国子监太学辟雍并小学敕令格式》,总四十八册,设改正十三条,余悉诏行之。"③

因"始建炎兵火后,史院片纸不存。汪彦章内翰守湖,以湖州独不被兵,当时所颁赏功罚罪等事咸在,乃因以为张本,又访诸士大夫间,编集元符庚辰以来诏旨至宣和乙巳,上之"④。故《诏旨》多直接载录诏令、公文之原文。

如李焘《续资治通鉴长编》卷四二二载监察御史王彭年上进两奏疏,云:"彭年累奏俱不报,崇宁末,乃检会施行。"注曰:"彭年二奏,据《诏旨》崇宁四年闰二月二十八日丙申赠彭年谏大夫时所载增入。前奏以元祐四年二月十五日,后奏以三月六日,今并此。彭年奏尚余四篇,今不复取,其二奏要亦不足取。又崇宁四年闰二月二十八日检会,或有所假托,未必彭年当时果有此等奏也,须更考详。"⑤按,《诏旨》于崇宁四年闰二月二十八日记载宋廷赠王彭年谏议大夫,于其下收录王彭年于元祐年间所上六篇奏疏,李焘择要选录其中两篇文字入《长编》。

---

① (宋)汪藻:《浮溪集》卷二《乞修日历状》,第44页。
② 曾枣庄、刘琳主编:《全宋文》卷三三七九汪藻《进书札子》,第157册,第154—155页。
③ (宋)章如愚:《群书考索》后集卷二八《士门·学法类》,《文渊阁四库全书》(第937册),第381页。
④ (宋)李心传:《建炎以来朝野杂记》甲集卷四《徽宗钦宗高宗孝宗光宗实录》,中华书局,2000年,第109—110页。
⑤ (宋)李焘:《续资治通鉴长编》卷四二二元祐四年二月丙辰条,中华书局,2004年,第10221页。按,下文省称《长编》。

《长编》卷四三四载元祐四年环庆路经略使范纯粹两通上奏与宋廷诏书，注曰："诏语用《旧录》所载增入，仍全载《旧录》本文如后。……《旧录》载环庆路奏具此，然《诏旨》却是答纯粹奏安疆寨外事宜，环庆两奏，《旧录》但载其一，虽文稍简略，却失事实。今并存两奏元本，仍以《旧录》所载附注其下。"①按，范纯粹两奏，《哲宗旧实录》仅载录其中一篇，李焘遂据《诏旨》所收将另一篇奏疏补入《长编》。

《长编》卷五一五载元符二年九月右正言邹浩上疏谏哲宗册立刘妃为皇后，李焘注曰："浩之本章，绍圣间即焚之，今所降者，伪疏也。此据汪藻所编《诏旨》。"②按，《长编》所载的邹浩奏疏，乃据《诏旨》抄入。

《长编》又载"宣和四年正月辛酉朔，御制《艮岳记》"。注曰："《诏旨》具载记文。"③

又如王明清《挥麈后录》卷八云："黄太史鲁直本传及文集序云太史罢守当涂，奉玉隆之祠，寓居江夏，尝作《荆南承天寺塔记》。湖北转运判官陈举承风指，采摘其间数语，以为幸灾谤国，遂除名，编隶宜州。时崇宁三年正月也。明清后阅《徽宗诏旨》，云：'大观二年二月壬午，淮南转运副使陈举奏。'"云云，又云"奉圣旨：'陈举特罚铜二十斤。其进开通钱并青虫儿涂金银合封全，并于东水门外投之河中，以戒诡诞。'敬缀于编，仰见祐陵圣聪，明察奸欺"④。按，所谓《徽宗诏旨》，即此汪藻《诏旨》，收录有陈举奏章全文，遂为王明清所抄录。

因汪藻编纂《诏旨》乃"以备修日历官采择"，其编年纂修之例也略同于日历体，故其也编纂有人物附传。汪藻于《进书札子》中云："以祖宗实录考之，朝臣自馆职而上，差除悉书。文臣自卿监，武臣自刺史，宗室自小将军而上，皆当立传。而徽宗临御二十六年间，当书差除者八千余人，当立传者二千余人。"⑤现传宋人文献中时见记载《诏旨·某某传（附传）》者，汇录如下。

苏颂。《长编》卷一九〇嘉祐四年八月甲戌条、卷二八四熙宁十年八月己丑条、卷三〇二元丰三年二月壬戌条、卷四八一元祐八年二月丙寅条皆引录引汪藻所编《（元符）诏旨·苏颂（附）传》⑥。

李清臣。《长编》卷二二一载熙宁四年三月辛丑"又诏：'庆州叛兵亲属缘坐者，令

① （宋）李焘：《长编》卷四三四元祐四年十月乙卯条，第 10469—10470 页。
② （宋）李焘：《长编》卷五一五元符二年九月甲子条，第 12254 页。
③ （宋）杨仲良：《皇宋通鉴长编纪事本末》卷一二八《万岁山》，《宛委别藏》本，江苏古籍出版社，1988 年，第 4000 页。
④ （宋）王明清：《挥麈后录》卷八，《全宋笔记》（第六编）本，大象出版社，2013 年，第 186—187 页。
⑤ 曾枣庄、刘琳主编：《全宋文》卷三三七九汪藻《进书札子》，第 157 册，第 154 页。
⑥ 按，《诏旨·苏颂传》佚文见下。

环庆路经略司检勘服纪、年申。应元谋反手杀都监、县尉,捕杀获者,其亲属当绞者论如法,没官为奴婢者,其老、疾、幼及妇女配京东、西,许人请为奴婢,余配江南、两浙、福建为奴;流者决配荆湖路牢城。非元谋而尝与官军斗敌,捕杀获者,父子并刺配京东、西牢城,老、疾者配本路为奴。诸为奴婢者,男刺左手,女右手;余亲属皆释之。'叛军家属皆诛者,凡九指挥。李清臣谓韩绛:'军士谋叛,初不告妻子,宜用恩州故事,配隶为奴婢。'绛奏从其言,故有是诏"。注曰:"此据清臣《诏旨》内附传。"① 又卷二二一熙宁四年三月辛亥条云"诏韩绛应宣抚司未结绝文字并付李清臣赍赴阙"。注曰:"《诏旨·清臣传》可考。"②

李琼。《长编》卷二二六载熙宁四年八月"丁卯,屯田员外郎、知阳武县李琼权利州路转运判官。役法初下,琼处之有理,畿内敷钱独轻,邻县挝登闻鼓,愿视阳武为比,故召对擢用焉"。注曰:"此据《诏旨》内所载《琼本传》,《实录》因之。"③

舒亶。《长编》卷三一三载元丰四年六月己巳,"判司农寺舒亶言:'司农寺前后积滞文字,不惟本寺失催举,兼诸路提举司多是因循。其提举官已有条,岁终分三等考校。乞自今以提举司承受本寺文字,岁终以十分为率,会计结绝件数。'从之。亶又言:'役法未均,责在提举官。'上曰:'提举官未可责也。近臣僚有自陕右来者,欲尽蠲免中下之民,朕谓不然。夫众轻易举,天下中下之民多而上户少,若中下尽免而取足上户,则不均甚矣。古谓"均无贫",朝廷立法,但欲均耳。卿可更讲求以闻。'"注曰:"此据《诏旨》内《亶传》。"④

章楶。《长编》卷四七八元祐七年十月辛酉条载:"初,知庆州章楶数遣轻兵出讨,斩获甚众,并边部族不敢宁居。楶策其必报,乃取黠羌,啖以厚利,阳笞而遣之,若得罪而逸者,因使事贼,刺其举兵所向,即驰归以告,果知羌人将寇环州。楶乃料精兵才万余,统以二骁将,使营绝塞而授之策曰:'贼进一舍,我退一舍,彼必谓我怯为自卫计,不复备吾边垒。乃衔枚由间道绕出其后,或伏山谷,伺间以击其归。'又以境外皆沙碛,近城百里有牛圈,所潴水足以饮人马,乃夜遣寘毒。贼围环数日,无所获而归。所使骁将折可适屯师洪德城,贼过,识其母梁氏旗帜,城中鼓噪而出,驰突蹓轹,贼大败而去。斩首千余级,获牛、马、橐驼、铠仗以万计。过牛圈,饮其水且尽,人马被毒,

① (宋)李焘:《长编》卷二二一熙宁四年三月辛丑条,第5383页。按,"清臣《诏旨》内附传",似当作"《诏旨》内《清臣附传》。"
② (宋)李焘:《长编》卷二二一熙宁四年三月辛亥条,第5394页。
③ (宋)李焘:《长编》卷二二六熙宁四年八月丁卯条,第5505页。
④ (宋)李焘:《长编》卷三一三元丰四年六月己巳条,第7588页。

而奔迸踩藉,堕壍谷而死、重伤而归者,不可胜计。梁氏几不得脱,尽弃其供帐襜褕之物而逃。前此边上功状多虚,或以易为难,或夺甲与乙,广张俘级,习以为常,窸独核实第劳无少欺。侥幸者不悦,颇有谤言,窸弗恤也。"注曰:"自'初知庆州'以下,据《诏旨》内《章窸传》增入。"《章窸传》又云:"窸言:'夏人不知义,惟嗜利而畏刑,不稍惩革,边未得宁也。古者诸侯有罪,贬爵削地,甚则六师移之。今既惮用兵,宜稍收入其土疆,如古削地之制。举西人之师,止当我一路,请诸道豫具版筑,俟一入寇,即诸路皆出师,择要害地而置城砦,彼虽猖獗,壤地偏小,不过一再举,而势蹙力窘矣。'又请复安疆砦以固吾圉,招部族以离其众。"又云:"鄜延奏,夏人乞入朝谢罪。窸亟奏曰:'夏每犯边,必得所欲,今所至有请,朝廷能餍足之,固得利矣。苟为不能,尚足款我师,且获岁赐金帛十万,愿勿遽听。不然,取轻损威,边患未弭也。'后皆如窸言。"又云:"明年召权户部侍郎,谤者不止,中道改知同州。"①

钦圣献肃皇后,即神宗向皇后。王明清《挥麈后录》卷一有"乾道辛卯岁,明清因观《元符诏旨·钦圣献肃皇后传》载元丰末命,其所引犹存绍圣谤语"云云②。

钱遹。《挥麈后录》卷十一有"汪彦章《诏旨》中作《遹传》"云云③。李焘尝云《诏旨》内《舒亶传》"大率据《亶墓志》为传",且"《徽宗实录》因之"④。知其所撰诸臣传,多取材于碑志行状,但也有据其所见所闻而撰作者。据王明清引录方务德《闻见手记》所记钱遹事:"钱遹为侍御史,有长子之丧,闻曾文肃失眷,亟上弹章,既施行,然后谒告。寻迁中执法,吴伯举天用当制,其词云:'思蹇蹇以匪躬,遂呱呱而弗子。'未几,击吴罢去。郑亨仲云:'腊寇犯浦江境上,遹具衣冠迎拜道左,对渠魁痛毁时政,以幸苟免。寇谓遹受朝廷爵秩之厚如此,乃敢首为讪上之言,亟命其徒杀之。'亨仲居浦江,目睹其事。汪彦章《诏旨》中作《遹传》,亦甚诋之。"⑤检元吴师道《敬乡录》卷三云钱遹"中熙宁丙辰进士第五人",后"以待制知秀州,又夺待制,久之还故职,改述古殿直学士、朝散大夫、工部尚书、文安郡开国侯。宣和辛丑,奉祠家居。睦寇犯兰溪,公集众趋之,遇于灵泉寺,力战冒阵死,赠大中大夫。梅尚书执礼铭墓,识其详"。并又引录《挥麈录》之记载⑥。即所谓"睦寇犯兰溪,公(钱遹)集众趋之,遇于灵泉寺,力战冒阵

①　(宋)李焘:《长编》卷四七八元祐七年十月辛酉条并注,第11383—11384页。
②　(宋)王明清:《挥麈后录》卷一,第75页。
③　(宋)王明清:《挥麈后录》卷十一,第227页。
④　(宋)李焘:《长编》卷三一三元丰四年六月己巳条,第7588页。
⑤　(宋)王明清:《挥麈后录》卷十一,第226—227页。
⑥　(元)吴师道:《敬乡录》卷三,《文渊阁四库全书》(第451册),第276页。

死"的说法,乃出自梅执礼所撰的《钱遹墓志铭》,而汪藻《诏旨》所云乃依据郑亨仲"在浦江目睹其事"后之讲述等,而未取《钱遹墓志铭》之说。按,《宋史·钱遹传》对其死亡是如此记载的:"方腊陷婺,遹逃奔兰溪,为贼所杀。"①可见《徽宗实录》或《四朝国史》的《钱遹传》乃糅合梅执礼、汪藻的相关文字而成,既未取《诏旨·钱遹传》"亦甚诋之"之评,也未取《钱遹墓志铭》"力战冒阵死"之叙,而改书作中性的"为贼所杀"。

三、文 献 价 值

宋室南渡,朝廷所藏文籍扫地而尽,故汪藻主要利用湖州所藏诏令文书编纂成《诏旨》,甚为时人所关注。绍兴末年,《徽宗实录》编成,尚书右仆射、监修国史汤思退上言:"故追复显谟阁学士汪藻尝纂《元符以来诏旨》,比修《实录》,所取十盖七八,深有力于斯文。"②时人周麟之《轮当转对奏状》也云:"故翰林学士汪藻尝修《元符以来诏旨》等书八百余卷,于《(徽宗)实录》最为有力。"③周必大称"汪藻修《元符以来诏旨》八百余卷,《实录》多所取正"④。如《长编》卷二二六载李琮自知阳武县擢权利州路转运判官,注曰其据《诏旨·琮本传》,"《实录》因之"⑤。又如李焘称《诏旨·舒亶传》"大率据《亶墓志》为传",而"《徽宗实录》因之"⑥。不仅《徽宗实录》,即于孝宗初年编成的《徽宗国史·本纪》中也有据《诏旨》记事者⑦。

但宋人又云汪藻纂《诏旨》,"其后修《徽录》官皆仰之,然犹多脱略"⑧,故李焘于编纂《长编》相关内容时,多有依据《诏旨》文字补充、修正《实录》缺误者,也据其他文献对《诏旨》记事不确或疏漏者予以订正、补缺。如《长编》卷三四四注曰:"(吴)居厚进《检察勾考事件》两册,据崇宁二年八月三日《诏旨》增入。"⑨又如《长编》所载徽宗崇宁元年五月臣僚上言"今奸党姓名具在,文案甚明,有议法者,有行法者,有为之唱者,有

① (元)脱脱等:《宋史》卷三五六《钱遹传》,第11202页。
② (宋)李心传:《要录》卷一八〇绍兴二十八年九月甲子条,第3166页。按,《宋史》卷四四五《汪藻传》所云同。
③ (宋)周麟之:《海陵集》卷五《轮当转对奏状》第38页。
④ (宋)周必大撰,王瑞来校证:《周必大集校证》卷一四四《同赵相王枢因四朝史志成书乞与李焘推恩》,第2194页。
⑤ (宋)李焘:《长编》卷二二六熙宁四年八月丁卯条,第5505页。
⑥ (宋)李焘:《长编》卷三一三元丰四年六月己巳条,第7588页。
⑦ (宋)杨仲良:《皇宋通鉴长编纪事本末》卷一四四《金兵上》(第4517页)云:"五月二十七日,《诏旨》差马扩为接伴金国谢登位副使。扩自序亦云。《本纪》因《诏旨》,遂书'金人遣使来告嗣位'。"又据(元)马端临:《文献通考》卷一九二《经籍考十九》著录《四朝国史》,引《中兴艺文志》云:"绍兴末,始修神、哲、徽《三朝正史》,越三年纪成,乾道初进。"中华书局2011年版,第5586页。
⑧ (宋)李心传:《建炎以来朝野杂记》甲集卷四《徽宗钦宗高宗孝宗光宗实录》,第110页。
⑨ (宋)李焘:《长编》卷三四四元丰七年三月丁未条注,第8256页。

从而和者。罪有轻重,情有浅深,使有司条析,区别行遣,使各当其罪"云云,注曰:"据邹余奏议,其文颇有与《诏旨》不同者,当考。"①九月乙亥,"御批付中书省:应系元祐责籍并元符末叙复过当之人,各具元籍定姓名人数进入,仍常切契勘,不得与在京差遣"。注曰:"《诏旨》及《宣和录》俱有此。"②十月,诏"中大夫、知徐州刘奉世落职,提举崇福宫、光州居住";"降授承议郎、知濮州谢文瓘管勾玉隆观,并本处居住"。注曰:"奉世落端明、知徐州在崇元五月四日,此犹带端明,《诏旨》误也。《诏旨》又误以光州为沂州,今改之";"文瓘此年二月三日已罢给事中、濮州,《诏旨》此云罢给事中,误也。"③又注曰:"此据《宣和录》崇宁元年十月二十五日事。《诏旨》系之八月二十五日,今不取。但《宣和录》不载责降人前官及差遣,今却取《诏旨》所载增入,其差误者仍改正。《诏旨》又于八月二十五日载刘安世、范纯粹居住光、鄂,皆误也。八月二十五日,安世,秘罢沂州,十月二十五日,乃令光州居住。纯粹罢金州在十月六日,其居往鄂州亦在十二月十五日。《诏旨》并罢及居住于一日载之,今不取。《诏旨》又载吕仲甫落集撰于八月二十五日,今从之。《宣和录》于十月二五日亦不载吕仲甫姓名也。《宣和录》于十月二十五日胡田下又有孟在姓名,今从《诏旨》,移入八月二十五日。"④崇宁二年四月,"诏焚毁苏轼《东坡集》并《后集》印板"。注曰:"臣僚上言,当考姓名明著之。只云'从某人之言',即可不失事实,其言不须具载,《诏旨》有之。"⑤又引录《诏旨》云:"臣僚上言:'谨按通直郎致仕程颐学术颇僻,素行谲怪,专以诡异,聋瞽愚俗。顷在元祐中,因奸党荐引,朝廷遂命以官。劝讲经筵,则进迂阔不经之论,有轻视人主之意。议法太学,则专出私见,以变乱神考成宪为事。'诏:'程颐追毁出身以来文字,除名。其入山所著书,令本路监司常切觉察。'"⑥

因此,李焘以外的南宋学者也多有利用汪藻《诏旨》来订正史籍记载的缺失。如李心传主要据《高宗日历》撰作《要录》,但于追述徽宗、钦宗二朝事迹时,也多引用《诏旨》文字。卷一于"兵马大元帅康王军行次阳谷县"下注曰:"《日历》四年正月封康王,《会要》及熊克《中兴小历》并云四年三月封王,误也。盖三年冬进封,明年春乃出阁耳。今从汪藻所编《元符庚辰以来诏旨》。"⑦又于金军俘辽天祚帝事下注曰:"天祚被

①　(宋)杨仲良:《皇宋通鉴长编纪事本末》卷一二一《禁元祐党人上》,第3750—3751页。
②　(宋)杨仲良:《皇宋通鉴长编纪事本末》卷一二一《禁元祐党人上》,第3764页。
③　(宋)杨仲良:《皇宋通鉴长编纪事本末》卷一二一《禁元祐党人上》,第3767—3768页。
④　(宋)杨仲良:《皇宋通鉴长编纪事本末》卷一二一《禁元祐党人上》,第3770—3771页。
⑤　(宋)杨仲良:《皇宋通鉴长编纪事本末》卷一二一《禁元祐党人上》,第3774页。
⑥　(宋)杨仲良:《皇宋通鉴长编纪事本末》卷一二一《禁元祐党人上》,第3775—3776页。
⑦　(宋)李心传:《要录》卷一建炎元年正月条,第1页。

擒,《国史》载之宣和七年正月末,盖因马扩《自叙》及汪藻《背盟录》所记兀术献捷年月,蔡絛《北征纪实》亦同。然《元符诏旨》童贯《贺表》乃云:'契丹昏主以二月十九日北走,二月二十七日准大金牒,昏主已出首前来。'则在七年二月矣。诸书皆误。"①卷五有注曰:"《日历》(王)时雍无前衔。按《元符诏旨》,时雍宣和六年以朝议大夫除户部侍郎,今增入。"②卷六注因赵子崧《中外遗事》:"建炎元年,今上皇帝中兴,子崧除延康殿学士知镇江府,上谢表。黄潜善在中书,乃令进奏官退回,为不合不著姓。因欲见沮,而不考著令也。至今虽大宗正司,宗室亦称皇叔、皇兄,具官仍著姓,矫枉过正,误矣。"李心传考辨曰:"按《元符诏旨》,宣和五年六月乙未御笔:'内外宗室,并不称姓。'七年八月戊午御笔:'宗室外官除见辞榜子外,余依熙宁法著姓。'此即子崧所请也。今乃云潜善'见沮,而不考著令',误矣。"③

徽宗朝党争激化、政局动荡,故《长编》记当时朝政等事,多有利用《诏旨》订正其他史籍讹误者。如记载邹浩于哲宗元符年间上奏章谏止册立元符刘皇后,其注曰:

　　浩之本章,绍圣间即焚之,今所降者,伪疏也。此据汪藻所编《诏旨》。今浩上疏实元符元年九月,藻误称绍圣间,合改正。《徽宗实录》乃削去,但于《邹浩传》载浩本章及诏耳。《旧录》于此年闰九月二十六日乙未越王薨,因载崇宁元年闰六月十八日手诏,并元符皇后谢表。《新录》辨证曰:"初,元符皇后之立,邹浩上疏极论,坐贬新州。太上皇帝即位,遂复召用。时蔡京浸用事,忌浩,因求浩旧疏不得,乃使其党作伪疏,曰'臣闻仁宗皇帝垂拱四十二年'至'丐惇之首以谢天下'。此疏盛行,而实非浩疏也。继而京执政,故有是诏,及皇后刘氏上表。"按,《实录》止合载当时之事,以事系日。以上三项系事在三年之后,见合删修入《徽宗实录》。今去全文一千三十七字,然《旧录》初不载邹浩伪疏。又今所修《徽宗实录》既删去崇宁诏书及刘后谢表,但于《邹浩传》略载浩本疏及诏书耳。又《哲录》旧本元亦不载浩伪疏及元符皇后上皇太后表,盖蔡京当日假手施行,寻亦自知不可欺世,故于《旧录》即加删削此段。今据汪藻《诏旨》编入。史院诏旨又除去上皇太后表,只作上皇帝,比前《诏旨》,亦复删削,不知何故也。《玉牒》云右正言邹浩坐奏疏言皇子茂非后出,诬罔宫闱,削仕籍羁管新州。此《玉牒》所书犹以浩伪疏为据也。④

---

① (宋)李心传:《要录》卷一建炎元年正月条,第9页。
② (宋)李心传:《要录》卷一建炎元年五月丁酉条,第127页。
③ (宋)李心传:《要录》卷一建炎元年六月壬戌条,第152页。
④ (宋)李焘:《长编》卷五一五元符二年九月甲子条注,第12254—12255页。按,《旧录》、《哲录》旧本乃指蔡京等编成于徽宗时之《哲宗实录》,《新录》指于高宗绍兴年间重新修撰之《哲宗实录》。

又载崇宁五年正月戊戌徽宗因"彗星出西方"而诏"应元祐及元符末系籍人等人,今既迁谪累年,已足惩戒,可复仕籍,许其自新。朝堂石刻,已令除毁。如外处有奸党石刻,亦令除毁,今后更不许以前事弹纠,常令御史台觉察,违者劾奏"。并注曰:"《诏旨》有此,《实录》乃削去,不知何意也。"①又载大观二年三月戊辰、六月戊戌敕元祐党人"取情理轻者与落罪籍,特与甄叙差遣"事,注曰:"《诏旨》六月十九日可考。……《实录》并不载党人出籍事,甚无谓也。"又曰:"《诏旨》故事三月二十八日可考。《实录》无党籍事。"②

如上所述《诏旨》载而《徽宗实录》未载之现象,乃因高宗绍兴年间编纂《徽宗实录》时,为开脱徽宗迫害元祐党人、激化党争之责,故对相关内容多有删节、讳避。由此后人尚可通过比勘诸史籍引录的《诏旨》佚文,一探徽宗时党争之真面目以及南宋编纂《徽宗实录》时删略、讳饰史文的深层原因。

因汪藻撰成《诏旨》,稍后宋廷编纂《徽宗实录》"因之","所取十盖七八",而《四朝国史》之徽宗部分,又大抵取材于《徽宗实录》,再至元史臣纂修《宋史》"多本于"宋"国史"③。此下即以《苏颂传》为例,比勘《诏旨》与《宋史》相关文字之源流关系。

诏旨·苏颂传	宋史·苏颂传
嘉祐初,诏礼院议立故郭皇后神御殿于景灵宫,颂以谓敕书云"向因忿郁,偶失谦恭",则无可废之事。又云"朕念其自历长秋,仅周一纪,逮事先后,祗奉寝园",此则有不当废之悔。又云"可追复皇后,其祔庙谥册并停",此则有合祔庙谥册之议。请祔郭皇后于庙,以成追复之议,备荐享之礼。众论未决,一日,白事都堂,曾公亮问曰:"学士议郭皇后事甚善。然郭后是上元妃,若祔庙,则事体重矣。"颂曰:"国朝祖宗三圣,贺、尹、潘皆元妃,事体正相类,今止祔后庙,则岂得有异同之言。"公亮曰:"议者以谓阴逼母后,是恐万岁后配祔之意。"颂曰:"若加一'怀'、'愍'、'哀'之谥,则不为逼矣。"公亮叹重久之,然事终不行。④	嘉祐中,诏礼院议立故郭皇后神御殿于景灵宫,颂谓:"敕书云:'向因忿郁,偶失谦恭。'此则无可废之事。又云:'朕念其自历长秋,仅周一纪,逮事先后,祗奉寝园。'此则有不当废之悔。又云:'可追复皇后,其祔庙谥册并停。'此则有合祔庙及谥册之义。"请祔郭皇后于后庙,以成追复之道。众论未定,宰相曾公亮问曰:"郭后,上元妃,若祔庙,则事体重矣。"颂曰:"国朝三圣,贺、尹、潘皆元妃,事体正相类。今止祔后庙,则岂得有异同之言。"公亮曰:"议者以谓阴逼母后,是恐万岁后配祔之意。"颂曰:"若加一'怀'、'愍'、'哀'之谥,则不为逼矣。"公亮叹重。

①　(宋)杨仲良:《皇宋通鉴长编纪事本末》卷一二四《追复元祐党人》,第 3844 页。

②　(宋)杨仲良:《皇宋通鉴长编纪事本末》卷一二四《追复元祐党人》,第 3872—3875 页。

③　(清)赵翼撰,王树民校证:《廿二史札记校证》卷二三《宋史多国史原本》,中华书局,1984 年,第 498 页。

④　(宋)李焘:《长编》卷一九〇嘉祐四年八月甲戌条注,第 4583 页。

诏旨·苏颂传	宋史·苏颂传
故事,使北者冬至日与北人交相庆。是岁,本朝历先契丹一日,契丹固执其历为是。颂曰:"历家算术小异,则迟速不同。谓如亥时节气当交,则犹是今夕,若蹄刻,则属子时,为明日矣。或先或后,各从本朝之历可也。"北人不能屈,遂各以其日为节。使还,奏之,上喜曰:"朕思之,此最难处,卿对极得宜。"因问契丹山川形势、人情向背,颂曰:"通盟岁久,颇取中国典章礼义,以维持其政令,上下相安,未有离贰之意。昔人以为匈奴直百年之运,言其盛衰有数也。"上曰:"契丹自耶律德光至今,何止百年?"颂曰:"汉武帝自谓高皇帝遗朕平城之忧,虽久勤征讨,而匈奴终不服,至宣帝,呼韩邪单于稽首称藩。唐自中叶以后,河湟陷于吐蕃,宪宗每读《贞观政要》,慨然有收复意,至宣宗时,乃以三州、七关归于有司。由此观之,夷情之叛服不常,不系中国之盛衰也。"①	使契丹,遇冬至,其国历后宋历一日。北人问孰为是,颂曰:"历家算术小异,迟速不同,如亥时节气交,犹是今夕;若蹄数刻,则属子时,为明日矣。或先或后,各从其历可也。"北人以为然。使还以奏,神宗嘉曰:"朕尝思之,此最难处,卿所对殊善。"因问其山川、人情向背,对曰:"彼讲和日久,颇窃中国典章礼义,以维持其政,上下相安,未有离贰之意。昔汉武帝自谓:'高皇帝遗朕平城之忧,虽久勤征讨,而匈奴终不服。'至宣帝,呼韩单于稽首称藩。唐自中叶以后,河湟陷于吐蕃,宪宗每读《贞观政要》,慨然有收复意。至宣宗时,乃以三州、七关归于有司。由此观之,外国之叛服不常,不系中国之盛衰也。"颂意盖有所讽,神宗然之。
会牵复前侍御史贾易知苏州,争之不决,至论于上前。颂曰:"易与臣本无雅故,以其为御史不避权要,号为敢言,又法应牵复,既已为监司矣,乃徙知苏州,则是经恩反下迁,赦令为虚文矣。"众欲加易以馆职,颂又以为不可。时有谓易奸邪者,颂曰:"士大夫立朝奸邪,岂易当也? 须以实事论之。既无实事,安可谓之奸邪?"有旨再议。而谏官杨畏、来之邵言颂稽留诏命。颂闻之,即归私第待罪。上谓李执曰:"言者论列中书省稽滞,而不及侍郎何也?"时范百禄为中书侍郎,有旨出知河中,而数遣使召颂,颂三上章乞致仕,不许。因以老病辞去,乃拜观文殿大学士、集禧观使。他日入谢,上曰:"相公求去位甚力,朝廷不得已从所请也。"九月,出知扬州。②	贾易除知苏州,颂言:"易在御史名敢言,既为监司矣,今因赦令,反下迁为州,不可。"争论未决。谏官杨畏、来之邵谓稽留诏命,颂遂上章辞位,罢为观文殿大学士、集禧观使,继出知扬州。

可证《宋史·苏颂传》内容多源自《诏旨·苏颂传》,其间文字或稍修润,或大加删略,但也有据其他史料略有增补者。此一情况也存在其他臣传中,说明汪藻《诏旨》内容已经《徽宗实录》《国史》而成为《宋史》徽宗朝部分的重要史料来源,从而颇具文献、学术价值。

---

① (宋)李焘:《长编》卷二八四熙宁十年八月己丑条,第6952—6953页。
② (宋)李焘:《长编》卷四八一元祐八年二月丙寅条注,第11448—11449页。

关于日本建仁年间(1201—1203)刻本《成唯识论》

(日)高桥智 撰　刘斯伦 译

(日本庆应义塾大学文学部)

一、缘　　起

日本宽治二年(1088)刊刻的《成唯识论》是被称作春日版的南都(奈良)刊刻佛经的先驱。春日版佛经主要刊刻于镰仓时期,以南都兴福寺为出版中心,内容大多为法相宗经典《成唯识论》及其注释书,属于日本最早的出版物之一。

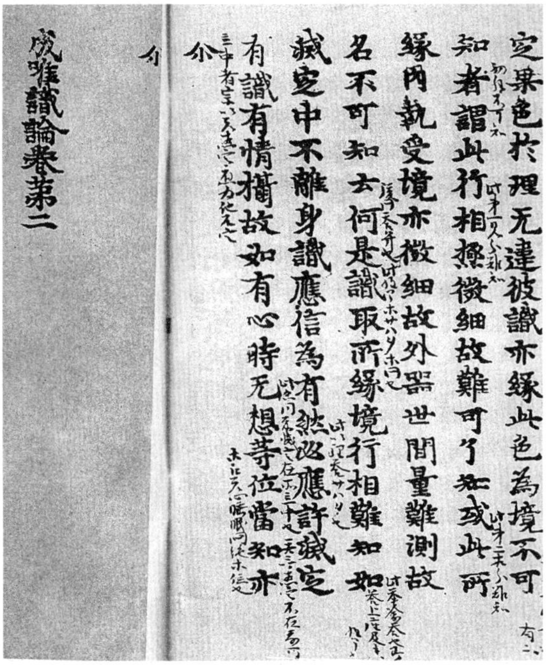

成唯識論卷第二

定果色於理无違彼識亦緣此色爲境不可
知者謂此行相極微細故難可了知或此所
緣內執受境亦微細故外器世間量難測故
名不可知云何是識取所緣境行相難知如
滅定中不離身識應信爲有然必應許滅定
有識有情攝故如有心時无想等位當知亦

图 1　《岭南书艺》1989 年第 2、3 期
日本建仁二年《成唯识论》书影

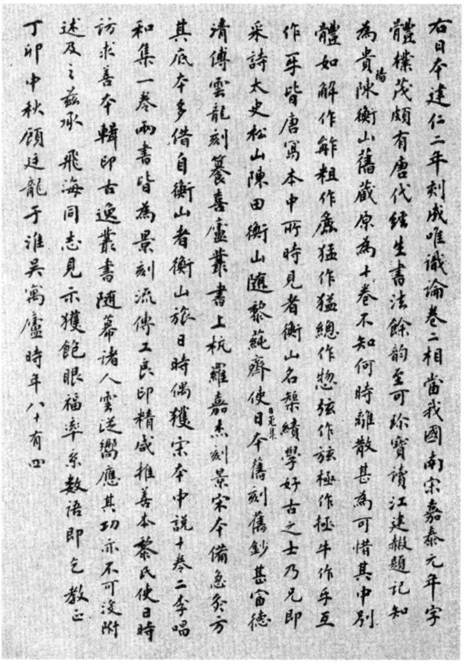

右日本建仁二年刻成唯識論卷二相當我國南宋嘉泰元年字
體樸茂頗有唐代經生書法餘韵至可珍寶讀江建霞題記知
爲貴陽陳衡山舊藏原爲十卷不知何時離散甚爲可惜其中別
體如解作觧粗作麁猛作猛總作惣弦作絃極作極牛作手互
作乎皆唐寫本中所時見者衡山名榘績學好古之士乃兄即
采詩太史松山陳田衡山隨黎蒓齋使日本舊刻舊鈔甚富德
清傅雲龍刻纂喜廬叢書上杭羅嘉杰刻景宋本備急灸方
其底本多借自衡山者衡山旅日時偶獲宋本中說十卷二李唱
和集一卷兩書皆爲景刻流傳工良印精咸推善本黎氏使日時
訪求善本輯印古逸叢書隨幕諸人奔走響應其功亦不可沒附
述及之茲承　飛海同志見示獲飽眼福率系數語即乞教正
丁卯中秋顧廷龍于淮吳寓廬時年八十有四

图 2　顾廷龙先生《跋日本建仁
二年刻本成唯识论》

1987 年，顾廷龙先生曾为春日版《成唯识论》撰写题跋，跋文内容现收录于《顾廷龙全集·文集卷》，题为《跋日本建仁二年刻本成唯识论》[①]。此本《成唯识论》仅存 10 卷中之第 2 卷，《岭南书艺》1989 年第 2、3 期合刊曾影印全文（图 1），先生题跋（图 2）亦同时揭载。[②]1989 年冬潘景郑先生偶然以此杂志相赠，我才得知此跋文的存在，当然潘先生题写的跋文也刊登在其中。

如今回忆起这段缘分，结合日本专家对春日版《成唯识论》刊刻的研究成果，我想在这里略述其意义和历史，作为对先生跋文的补充。

二、日本早期印刷文化与春日版

日本印刷文化建立在佛教传入并兴隆发展的基础上，出于护佑国家的目的，神护景云四年（770）雕造了内部供奉有陀罗尼经的小木塔上百万座，即所谓的"百万塔陀罗尼"，这正是日本印刷文化的发端。这些陀罗尼经共印刷了六个种类，关于其工艺有木版印刷及铜版印刷的不同观点。百万塔陀罗尼的印刷技术或许来源于中国，但它比被认为是带有年号的最古老的印刷品——唐咸通九年（868）刊刻的《金刚般若波罗蜜经》早了约百年。

然而，尽管佛经的抄写在日本极为盛行，但现存的刊刻经典却难得一觌。百万塔陀罗尼之后最早的印刷品现仅存宽治二年（1088）版《成唯识论》10 卷。书中有刊记："兴福伽蓝学众诸德，为兴佛法利乐有情，各加随分财力，课工人镂《唯识论》一部十卷模，宽治二年三月廿六日毕功……模工僧观增。"由此可以清晰地看到，奈良兴福寺的刊刻事业代表着日本印刷文化的起点。此书现藏于奈良正仓院圣护藏中。

兴福寺与同样位于奈良的春日神社从平安时代开始即保持着密切联系，考虑到这些兴福寺的出版物可能曾被供奉于春日神社，因此以宽治版《成唯识论》为先驱，镰仓时代和室町时代在南都奈良出版的佛教典籍被统称为春日版。

《成唯识论》的注释书《成唯识论述记》10 卷也在大约 20 年后，即 1113—1119 年间（天永四年—元永二年）由兴福寺的延观刊行，其中第 7 卷和第 10 卷分别现存于庆应大学图书馆和京都国立博物馆。《成唯识论》是奈良法相宗最为重视的经典。

据推测往后至平安时代后期（11—12 世纪），在奈良抄写及刊刻的佛经典籍已达

---

① 《顾廷龙全集》编辑委员会编：《顾廷龙全集·文集卷》（下册），上海辞书出版社，2015 年，第 746 页。
② 《岭南书艺》1989 年第 2、3 期合刊，第 4—65 页。

到相当庞大的规模,但现存实物的刊刻时期大多由题跋中的年号推测而来,也就是说出版时期不晚于跋文的书写时期。

根据《宁乐刊经史》①等书,可以举出以下等例子:

保安元年(1120)、天喜元年(1053)题跋《佛说六字神咒王经》1卷

承历四年(1080)题跋《妙法莲华经》卷2

宽治五年(1087)、保安三年(1122)题跋《大孔雀明王经》卷下

永久四年(1116)题跋《成唯识论了义灯》卷1

保延四年(1138)题跋《成唯识论了义灯》卷4

康治元年(1142)题跋《成唯识论述记》卷10、同卷7　各1卷

久安四年(1148)题跋《法华玄义释签》卷3、4、5

久安六年(1150)题跋《大乘法苑林章》7卷　存卷1、2、4、6、7

保元二年(1157)题跋《成唯识论述记》卷9

嘉应二年(1170)、治承五年(1181)题跋《大乘法苑林章》7卷　存卷1、2、5、7

安元三年(1175)、治承二年(1178)题跋《法华摄释》存卷1、2、3、4

养和二年(1182)、元历二年(1185)题跋《成唯识论述记》卷2。

三、镰仓时代前期(13世纪前半)的南都复兴与《成唯识论》

平安时代末期的治承四年(1180),平重衡(平清盛第四子)火烧南都,兴福寺与东大寺同被焚毁,其中经卷也遭受了巨大损失。尽管如此,兴福寺出版事业的复兴速度令人瞩目,从镰仓时代初期到中期,以《成唯识论》为中心的经典刊刻更加活跃。同样根据大屋德城的《宁乐刊经史》等资料,平安时代末期到镰仓时代前期的著名刻本至今尚存者包括以下等例子:

建久三年(1192)题跋《成唯识论》卷6

建久六年(1195)刊《成唯识论述记》卷9(版木)兴福寺

建仁元年一二年(1201—1202)刊《成唯识论》10卷　建仁三年识语

承元二年(1208)刊《成唯识论义灯》7卷

承元三年(1209)刊《妙法莲华经普门品》(版木)兴福寺

---

① （日）大屋德城:《宁乐刊经史》,内外出版,1923年。

建历三年(1213)弘睿刊《瑜伽师地论》100 卷

建保三年(1215)题跋《成唯识论》卷 9、10

承久二年(1220)题跋《唯识论演秘》7 卷

承久三年(1221)弘睿刊《成唯识论》10 卷

贞应元年(1222)弘睿刊《辨中边论》(版木)

贞应元年(1222)弘睿刊《因明正理门论本》

贞应三年(1224)性如刊《般若波罗蜜多心经幽赞》2 帖

贞应三年(1224)题跋《观普贤经》1 卷

贞应三年(1224)刊《佛母大孔雀明王经》3 卷

四、建仁二年刻本的刊记

据上文可知,建仁二年刻本《成唯识论》在现存带有春日版刊记的印刷品中,时代仅次于宽治二年和天永四年的版本,实际上位居第三。这在法相宗刊经史、镰仓时代奈良刻书史以及日本古代印刷文化史上,都具有极其重要的意义。然而,虽然朝仓龟三在《日本古刻书史》中介绍过本书的存在[①],但至大屋德城编写《宁乐刊经史》时已不曾见到原书,故而原书的全貌仍不清晰。据说美国纽约的唐纳德·海德藏书中有一部带有建仁三年识语的版本,但详情未明。

朝仓著作中记载的本书刊记如下:

为报春日四所之神恩,敬雕《唯识》十轴之论模,为圣朝安稳,天下泰平,兴隆佛法,利益有情矣。建仁元年八月十三日始之,至同二年六月廿日终其功毕。施入沙门要弘。[②]

此跋文明确记载了开版意在供奉春日神社,可谓奈良兴福寺春日版的代表性刊记。

五、马飞海先生藏本

1987 年顾先生所见到的马先生藏本,清光绪年间由贵阳陈衡山携回。这时正是

---

① (日)朝仓龟三:《日本古刻书史》,国书刊行会,1909 年,第 27 页。

② (日)朝仓龟三:《日本古刻书史》,第 30 页。

杨守敬(1839—1915)等访日人士将大量古籍善本回流至中国的时期。江标(1860—1899)认识到此书价值,并撰写了题跋。根据江标题跋,本书原为十卷,现仅存第 2 卷残卷,原第 10 卷末有前述建仁二年要弘的刊记。尽管这一卷末刊记现已散佚不复可见,但本书仍可谓是了解建仁二年刻本面貌的珍贵现存本。

顾先生在跋文中提到,此卷中包含唐代写本中常见的异体字,尚有唐代经生书法的遗风。春日版的雕刻技法因为与宋刊本的覆刻字体有所不同也被称为"和样",但更有可能的情况是,此类日本早期的印刷文化同时受到中国唐代写本和宋刊本的影响,经历了复杂的发展过程。顾先生的跋文是从中国版本学角度揭示日本古印刷品价值的宝贵文字。

此外,影印本中可以看到,此书行间有古代日本学僧的校语批注,未施加训点。此外还可以见到弘安三年(1280)的墨书识语。

由《访日游记》谈《容台集》
松江本的印本问题

栾晓明

（上海市闵行区图书馆采编部）

一、访 日 游 记

1963 年底，顾廷龙先生作为中国第一批书法家访日代表团的成员首次访问日本，当年 12 月 17 日的日记中记载："杉村陪至高岛菊次郎家看字画……董其昌撰《项子京墓志铭》原本，杉村说不见其集，实则《容台集》有两个本子，一足本中载之。董作此文在崇祯八年，有题记，不及备录。"①此后，陈先行、郭立暄两先生在编制柏克莱加州大学东亚图书馆中文古籍善本书志时，依据顾老发现的这条题记，覆按《容台集》原书，认为两个版本的《容台集》均当刻于崇祯八年（1635）以后，其理由如下：

容台文集九卷诗集四卷别集四卷

此本上海图书馆藏有一部，首有序，题"崇祯庚午七月朔友弟陈继儒顿首撰"，并有"顾绍勋镌"一行，此本佚。《中国古籍善本书目》据此定为"崇祯三年董庭刻本"。按《容台集》明刻有两种，此其一也。另一部《中国古籍善本书目》定为"崇祯八年刻本"，其卷端题"华亭董其昌玄宰甫著，海上叶有声君实甫较，冢男祖和、冢孙庭辑"，文字较此本为多，首陈序与此本文字同。《顾廷龙文集》载《访日游记》一文，谓曾于日本友人高岛菊次郎许见董其昌撰《项子京墓志铭》原本，该文作于崇祯八年，有题记。今《容台集》二本均有此篇，知二本刊刻均不早于崇祯八年，《善本书目》著录不尽准确。②

---

① 顾廷龙：《访日游记》，《顾廷龙全集》编辑委员会编：《顾廷龙全集·文集卷》（下册），上海辞书出版社，2015 年，第 693 页。

② 柏克莱加州大学东亚图书馆编，陈先行主编，郭立暄副主编：《柏克莱加州大学东亚图书馆中文古籍善本书志》，上海古籍出版社，2005 年，第 297 页。

董其昌的《容台集》，现存明刻本共两个版本，一本十七卷，计文集九卷、诗集四卷、别集四卷，由董其昌冢孙董庭刻于松江，以下简称松江本；一本二十卷，计文集十卷、诗集四卷、别集六卷，由董其昌长男董祖和刻于福建建宁，以下简称闽本。相较于十七卷的松江本，二十卷的闽本增加了文集一卷、别集两卷，文集增加的一卷为《神庙留中奏疏汇要》部分的笔断。此外，闽本每卷在松江本的基础上增加了少数篇目。顾老所称的"足本"，当即闽本。依照传统而言，二本的刊刻年份均以序款年月为依据，松江本依陈继儒序款定为崇祯三年刻本，闽本依黄道周序款定为崇祯八年刻本。

二、《项子京墓志铭》与《容台集》松江本的刊刻时间

《项子京墓志铭》，现存董其昌原本题"明故墨林项公墓志铭"，已由顾老当年访日时的主人高岛菊次郎捐赠至日本东京国立博物馆收藏。《容台集》松江本文集卷八收录此文，题为《太学墨林项公墓志铭》，闽本同题，收录于文集卷九。日本东京国立博物馆藏本后有董其昌本人题记一则：

> 墨林雅士，名满吴越间，余此志亦具其神照。次孙相访，请余书且以镌石，亦王谢子弟家风也，书此应之。崇祯八年乙亥子月，董其昌题。①

题记前正文内提及："公与配钱孺人殁数十年，而次君德成图公不朽，属余以金石之事。"②与题记并读，此"崇祯八年"所书者为应项元汴次孙所请而重书，墓志铭原文则为应项元汴次子项德成之请而作。就在董其昌撰作此墓志铭的同时，项德成另请黄承玄作《明故墨林项公暨配钱孺人墓表》，其文有云："公与孺人钱殁而就葬，距今廿有七载，而仲子德成惧懿行之终泯灭也，手自状公。既乞铭于李太史，而复欲余表隧道之石。"③查项元汴殁于万历十八年（1590），当年落葬④，下推二十七年，黄文约作于1617年，董文的完成时间应与之近似⑤，远远早于《容台集》松江本崇祯三年（1630）的序款时间。

在落款为"崇祯庚午（三年）七月朔"的这篇书序中，陈继儒最后给《容台集》松江

① （清）陆心源纂辑，陈小林点校：《穰梨馆过眼续录》卷八《董文敏书项墨林墓志铭卷》，上海书画出版社，2018年，第1038页。
② （清）陆心源纂辑，陈小林点校：《穰梨馆过眼续录》卷八《董文敏书项墨林墓志铭卷》，第1037页。
③ （明）黄承玄《盟鸥堂集》卷十，转引自陈麦青：《关于项元汴之家世及其它》，《学术集林》卷14，上海远东出版社，1998年，第247页。
④ 封治国：《与古为徒——项元汴书画鉴藏研究》，中国美术学院博士论文，2011年，第254页。
⑤ 陈广宏主编，何立民副主编：《陈继儒全集》卷三十七《广西参议喻庵秦公墓表》："墓志以藏诸阴，衮而史，则请之董宫保；墓表以揭诸阳，野而史，则请之眉道人。"（上海人民出版社，2021年，第1382页）

本的刊刻提了一个小小的建议:"若《留中奏议纂要》如干卷,曾经宣付史馆,尚未流布人间,确然元老晚年之定论、神祖大事记之权舆也。《实录》竣期,敢忘嚆矢。尔庭梓之,请俟异日焉。"①由此可见,当时的陈继儒已经能够看到《容台集》松江本的概貌,并诚恳指出了其中未收《神庙留中奏疏汇要》的阙憾。稍后的闽本显然汲取了陈继儒的这一建议,将《神庙留中奏疏汇要》中董其昌本人创作的"笔断"汇辑起来,新增为一卷。

此外,闽本黄道周序中亦谓:"云间沈公祖建牙闽中……甲戌(崇祯七年)冬下,公祖贻书称董长公于建宁重刻《容台集》,属周为序……乙亥(崇祯八年)春,又再至,乃知是实,非复梦中。"闽本《容台集》书名页题"重刻董宗伯容台集",是在松江本的基础上增益而成,这也从另外一个侧面左证,至少在崇祯七年以前,松江本已经刊刻完成。

三、《项子京墓志铭》的收录

那么作于约 1617 年的《项子京墓志铭》,是否有可能如杉村所说的"不见其集"?当时对杉村回以"一足本中载之"的顾老,其本人所见的《容台集》松江本,一个非足本,也是收录有《项子京墓志铭》的。上海图书馆庋藏的一部《容台集》中,夹有顾老手书签条一张:"董书《墨林墓志》刻《清啸阁帖》,有各家题记,惜略残耳。一九五〇、九、九,龙记。"②

然而细绎松江本《墨林项公墓志铭》一文,杉村说法的可能性还是存在的。《墨林项公墓志铭》全文总计四叶篇幅,版心叶码依次为"三十""又三十""三十一""又三十一",后一篇《徐豫庵隐君暨配王孺人合葬墓志铭》以"三十二"为始。也就是说,在《墨林项公墓志铭》的位置,原书只预留了两页篇幅,最后却刻进了四页文字,不得已而在页码前标注"又"字,使人不禁悬猜,在某一印本中,由于刻书者撤下了某篇两页篇幅的文章,转而将《墨林项公墓志铭》临时替换上去。

这种在页码前标注"又"字以进行篇目调整,不单单出现于董其昌《容台集》,也大量出现在陈继儒的《陈眉公先生全集》中,两书刊刻、校阅过程中都有许经③参与。陈

---

①　(明)陈继儒:《叙》,(明)董其昌:《容台文集》卷前,明崇祯三年(1630)刻本。

②　(明)董其昌:《容台文集》卷八,上海图书馆藏明崇祯三年(1630)刻本(索书号:447065-68)。《清啸阁帖》本《项子京墓志铭》据以上石的底本即现日本东京国立博物馆藏本,卷后金森跋可证:"此项墨林先生墓志卷,向藏华亭王氏。曩余从兄耐田刻《清啸阁帖》,以重价购求不得,因借钩上石。"

③　(清)谢庭熏修,(清)陆锡熊纂,上海市地方志办公室、上海市松江区地方志办公室编:《娄县志》卷二十四《人物传五》:"许经,字令则。从陈征君继儒游。高才绝学,所作行卷,遍满数郡。而《毛竹谣》《义田叹》《开河行》诸诗,感时触事,矢口长谣,人谓一时诗史。"(上海古籍出版社,2011年,第488页)

梦莲在《陈眉公先生全集》前的《识语》中提到："即今一刻中，新旧间杂，亦从友人处抄入幸存者插入，以备博览。"例如卷二《盛唐二大家叙》版心标"又十三"，置《邵康节先生击壤集叙》后。卷十一《汲古阁题辞》版心标"又二十三"，置《超然诗叙》后。卷五十《跋毛子晋家藏仇十洲画阿罗汉卷》《跋沈石田长卷》版心标"又十二"，置《跋邹茂叔家藏宣和画卷》后。

《容台集》与《陈眉公先生全集》稍有不同，《陈眉公先生全集》以篇目插入为主，《容台集》则涉及篇目的撤换。这一点，上海书画出版社的《董其昌全集》校点者已然发现，他们以清华大学图书馆藏本（《四库全书存目丛书》集部第 171 册据以影印）为"原初面貌"本，北京大学图书馆藏本（《四库禁毁书丛刊》集部第 32 册据以影印）为"后印本"，两相对照发现，"清华本"中的《太学俟庵何公元配马孺人墓志铭》一文到"北大本"中被替换为《参军静吾贺公墓志铭》与《文学虹山汪公墓志铭》。《太学俟庵何公元配马孺人墓志铭》被撤是因为此文为陈继儒代作，非董其昌所作，明刻《陈眉公集》卷十五收录此篇，题下注小字"代"，编者失察，误辑入《容台集》中，觉察之后再行撤换。《太学俟庵何公元配马孺人墓志铭》处于全卷最后位置，页码调整比较方便，《墨林项公墓志铭》居于卷中，只得留下页码前的"又"字痕迹。

四、印本的先后

上海书画出版社版《董其昌全集》校点者通过对校，发现了"清华本""北大本"两种印本的区别。今通过将可见的各个松江本印本列表比较，发现除去这两种印本之外，至少还存在一种印本，姑以印本甲、乙、丙称之。印本乙比较罕见，仅见于国家图书馆藏本（善本书号：CBM1775），印本丙则较常见，除表中所列，日本内阁文库所藏三本、美国加州大学伯克利分校图书馆藏本、哈佛大学燕京图书馆藏本都属于印本丙。

根据对照各印本中的误字，印本乙、印本丙改正了印本甲中的误字；对照别集卷三、卷四中题跋的数量，印本甲与印本乙相同，印本丙分别增加了五则、一则，由此可推论出各印本的先后顺序为：印本甲＞印本乙＞印本丙。各印本中，印本甲的台图藏本（索书号 402.6 12842）文集、诗集保留有每一卷卷末的"门人徐士竑、许经阅"，别集保留有每一卷卷末的"门人徐士竑阅"，首尾最为完整，印证了印本甲作为最早印本的说法。

表一　松江本各印本误字、题跋则数比较表

印　本	类别	卷八王隐君墓志铭（页二十七左）	别集卷四（页二右）	别集卷三	别集卷四
台图藏本（索书号 402.6 12842）	印本甲	别号间庵	神恀则石恮		
清华大学藏本	印本甲	别号间庵	神恀则石恮		
国图藏本（善本书号：CBM1775）	印本乙	别号润庵	神恀则石恪	同印本甲	同印本甲
北京大学藏本	印本丙	别号润庵	神恀则石恪	比印本甲、印本乙多出五则	比印本甲、印本乙多出一则
国图藏本（善本书号：16486）	印本丙	别号润庵	神恀则石恪	比印本甲、印本乙多出五则	比印本甲、印本乙多出一则

以各印本先后为序，开列三个印本中的不同篇目，发现印本乙有一篇《太学裁吾汪公墓志铭》，在印本丙中被《文学虹山汪公墓志铭》所替换。《太学裁吾汪公墓志铭》的铭主为汪体义，字子宜，别号裁吾，汪用威之父。陈子龙《太学生汪君董之行状》中言："裁吾公以儒术起家，有名太学，志其墓者，我乡董宗伯玄宰也。"①似乎可以佐证《太学裁吾汪公墓志铭》为董其昌所作，撤换的理由不明。

表二　松江本各印本篇目对照表

印　本	类别	卷八第十六篇	卷八第十七篇
台图藏本（索书号 402.6 12842）	印本甲	太学俟庵何公元配马孺人墓志铭	无（墨丁）
清华大学藏本	印本甲	太学俟庵何公元配马孺人墓志铭	无（墨丁）
国图藏本（善本书号：CBM1775）	印本乙	参军静吾贺公墓志铭	太学裁吾汪公墓志铭
北京大学藏本	印本丙	参军静吾贺公墓志铭	文学虹山汪公墓志铭
国图藏本（善本书号：16486）	印本丙	参军静吾贺公墓志铭	文学虹山汪公墓志铭

在各个印本的比较过程中，"清华本"比较独特，这一本的许多错字只有该本独有，并不代表印本甲类别。由于《四库全书存目丛书》的影印较为模糊，无法判断其致误缘由，但可以肯定其底本有一定程度污损。

---

① （明）陈子龙：《安雅堂稿》卷十四，国家图书馆藏明崇祯刻本。

表三　"清华本"错字对照表

印　本	类别	卷六熊赠公传（页二右）	卷六吴礼部敦之传（页六右）	卷六吴礼部敦之传（页七左）	卷六韩太公传（页三十右）	卷六李太公传（页三十二左）	卷六督同杜公赞传（页六十四右）
台图藏本（索书号402.6 12842）	印本甲	虽复工	岁终虑囙	非吴君，几失子	止平恕二字也	就其塾者趾相错也/延长诗书之泽	乃相戒曰：是红狼
清华大学藏本	印本甲	虽复上·	岁终虑因·	非矣君，几失子	止平恕二子也·	就其塾者趾相错也/诗尝之泽	乃相成曰：是红狼
国图藏本（善本书号：CBM1775）	印本乙	虽复工	岁终虑囙	非吴君，几失子	止平恕二字也	就其塾者趾相错也/延长诗书之泽	乃相戒曰：是红狼

　　印本丙数量众多，其内也有先后之分。例如"北大本"与国家图书馆藏本（善本书号：16486）同属印本丙，但是两者的书名页有显著差别。"北大本"的封面作"缥缃剑合，皮数珠还。"国图本作"缥缃合剑，皮薮还珠。"由于保存完好的封面不多，所以无法作进一步的比较判断。

图1　左为"北大本"封面，右为国家图书馆藏本封面（善本书号：16486）

以上的讨论都是基于同一版本为前提,至于有书志提到:"南京图书馆藏本板式、刻工全同,字体似而微异,卷一7、8、29、30等页四周单边。"①隐隐提出《容台集》松江本有存在翻刻本的可能性。经将可见的各印本板框断口处比较,可以确认为同一底版,目前所见没有翻刻的迹象。

表四 松江本各印本板框断口对照表

印　本	类　别	目录页六右（江南春题词,词字右）	目录页七右（原心亭记馆课,课字右）	卷一素雯斋集序（页三十三,易字右）
台图藏本（索书号 402.6 12842）	印本甲	阙一	阙一	阙一
清华大学藏本	印本甲	阙一	阙一	阙一
国图藏本（善本书号：CBM1775）	印本乙	阙一	阙一	阙一
北京大学藏本	印本丙	阙一	阙一	阙一
国图藏本（善本书号：16486）	印本丙	阙一	阙一	阙一

五、结　语

由顾老《访日游记》的一条新发现,引发了关于《容台集》松江本的一通讨论。目前可以确认的是《容台集》松江本于崇祯三年刊刻完成,此后刷印过程中不断撤换、修改,至少留存有三个类型以上的不同印本。顾老在《版本学与图书馆》一文中叙及:"所称'底本',又称'必先定其底本之是非',是谓究极根源,求得其祖本,以明其是非。"②近年来,随着古籍文献图像化数字资源的不断发展,为实现"究极根源"插上了翅膀。有学者提出,对于古籍的理解,正从"刻本"层面转入"印本"视角③。刻本时代,需要寻找出众本中的"祖本",避免传刻中的讹误;印本时代,则需要通过对不同印本的时间线梳理,找出时间点上最靠后的定本,两者都少不了顾老所强调的"究极根源"。高山仰止,式摭清芬,谨以此文纪念顾廷龙先生 120 周年诞辰。

---

① 崔建英:《明别集版本志》,中华书局,2006 年,第 495 页。
② 《顾廷龙全集·文集卷》(上册),第 260 页。
③ 郭立暄:《印本视角与目录之改进》,《文献》2023 年第 6 期,第 98 页。

刘寿曾续纂《左传》新疏再探

——兼论《左疏》的成稿模式*

陆骏元

（浙江大学古籍研究所）

仪征刘氏四世传经，所著《春秋左氏传旧注疏证》虽止笔"襄公五年"，但仍为晚清以来士林所称道。然而关于是书的撰稿过程，则仅有大略的概述。刘师培（字申叔，1884—1919）《读左札记》卷首曰："昔先曾祖孟瞻公昌明左氏之学，……作《左传旧注疏证》，……长编甫具，纂辑未成。伯父恭甫公赓续之，至襄公四年后成绝笔；旁治《左氏》凡例，亦未成书。"①依申叔所述，《左传》新疏②的撰述主力为刘文淇（字孟瞻，1789—1854）、寿曾（字恭甫，1838—1882）祖孙，盖孟瞻肆力于长编，甫作《疏证》未成；恭甫续作疏，纂至襄公年间而殁。另一方面，在《疏证》以外，刘氏四世旁治《左氏》凡例而未成书。至于文淇子寿曾父刘毓崧（字伯山，1818—1867）在其中的角色，史料记载同样模糊。恭甫《先考行状》叙乃父之学曰："先祖湛深经术，尤致力于《左氏春秋》，所著《左传疏证》一书，长编已具，先考思竟其业，……因历采秦、汉已来，发明《左氏》一家要谊者，咸甄录之，拟编为《春秋左氏传大义》。"③《行状》仅言毓崧"思竟其业"，而所谓甄录"发明《左氏》一家要谊"者，是外于《左疏》的别种著作，未尝述其作疏的具体作为，这就为后人揣摩仪征刘氏作疏的分工提供了空间。④

---

* 作者为浙江大学古籍研究所博士后，本文系中国博士后科学基金第 17 批特别资助项目（2024T170789）阶段性成果；本研究由"国家资助博士后研究人员计划"（GZB20230660）资助。

① 刘师培：《读左札记》，《刘申叔遗书》，江苏古籍出版社，1997 年影印民国二十五年本，第 1a 页。

② 为求简便，下文简称《春秋左氏传旧注疏证》为《疏证》，或为《左疏》。以清儒观念而论，刘文淇萌发为《左传》作疏，是唐孔颖达（字冲远，574—648）《春秋正义》后第二次作疏，是为"新疏"；对作为原典的《左传》而言，是《左传疏》，清人固多以"《左疏》"相称。

③ （清）刘寿曾著，林子雄点校：《刘寿曾集》，"中研院"中国文哲研究所筹备处，2001 年，第 108 页；《清史稿》《清儒学案》等对刘毓崧学行的记述，基本上本于恭甫《行状》。

④ 刘建臻即以刘氏后人追述时均未言及伯山的具体作为，而认为乃寿曾担任续撰的主要工作（刘建臻：《清代扬州学派经学研究》，江苏人民出版社，2018 年，第 264 页。此书初版于 2004 年，此处两版观点相同）；对此，郭院林则认为《疏证》稿本中"未标示疏注姓名的按语"，"部分是刘毓崧所作"，并比勘伯山《大夫以上先庙见后成昏说》与对应《疏证》内容，进行了论证（郭院林：《清代仪征刘氏〈左传〉家学研究》，中华书局，2008 年，第 108—110 页），（转下页）

上海图书馆藏《春秋左氏传旧注疏证》原稿七册(索书号:线善 T46158-64)、副稿七册(索书号:线善 T46165-71),另有题为"春秋左氏传旧注疏证卷第一"的写定原稿(索书号:线善 863003,下文简称"写定稿"),是刘氏后人分别于 1954 年、1983 年两次捐献的文稿。[①]稿本的存在,为厘清各本间的相互关系,寻绎刘氏成稿模式与分工情况提供了切实依据。自中国科学院历史研究所第一、二所资料室点校《疏证》,研究者对《左疏》稿本的探索逐渐深入。今若在全面掌握各层次稿本面貌的前提下,体会清儒撰述新疏的四阶段之差异,并结合对《左传》新疏经解特性的理解分析,就能够大致还原《左疏》的成稿模式,以及刘寿曾等人分任的情况,庶几解决前人面对传闻歧异的疑惑。本文第一节叙述顾廷龙(字起潜,1904—1998)、李树桐等人对稿本的认识;第二节借助刘葆儒(字次羽,1899—1952)整理稿本时的识笺,揭示各级稿本的层次;第三节综理《左疏》稿本间的相互关系,结合新疏修撰的一般历程,对其成稿模式进行总体归纳;第四节根据稿本所见撰稿情况,以及《左传旧注疏证》的经解特点,重新评议所谓刘寿曾"续撰"之说法。

一、顾廷龙对稿本情况之认识

顾廷龙因徐森玉(1881—1971)介绍,于 1941 年 4 月 29 日登门拜访刘氏第五代刘葆儒[②],获见《春秋左氏传旧注疏证》原稿八本、清稿七本,时顾氏主持合众图书馆,其日记详细记载了对所见稿本的认知:

> 徐森玉来,约晚间访刘次羽,阅其祖庭所撰《左氏疏》稿。……见次羽,年约四十余,从三楼捧出《春秋左氏传旧注疏证》,**第一卷为刘文淇**,以后为刘毓崧及寿曾撰矣,实出寿曾手为多。计原八本(大六开),清稿七本,清稿中有贴签甚多。……前闻人谓刘氏三世所撰《左传疏》,失于此次避乱蜀中,实系误传。次羽

(接上页)尔后十五年,郭氏整理《春秋左氏传旧注疏证》,持同样观点未变(国家图书馆出版社,2023 年,第 1—10 页)。曾圣益依违二氏之说,复稽考伯山礼说之内在义理,认为渠应以"整理及编辑"《左疏》相关数据为主,但从疏证的内涵特性来看,"无法看出其作为",故笼统统称为刘氏之学(曾圣益:《考据斠雠与应世:仪征刘氏经学与文献学研究》,文史哲出版社,2011 年,第 24—29 页、第 96 页);张师素卿根据恭甫《行状》,认为刘毓崧"大抵缵承前业","可能又补辑资料以为佐助",但又提出疑问:"既有八十卷长编,何以又增录补辑,而非先纂修撰稿?"是以阙疑待后多闻(张素卿:《清代汉学与左传学——从"古义"到"新疏"的脉络(增订版)》,五南图书出版公司,2020 年,第 219、240 页;此书初版于 2007 年,里仁书局)。

① 关于刘氏后人捐书始末,参杨丽娟:《顾廷龙、上海图书馆与扬州"青溪旧屋"刘氏往来考略》,《扬州文化研究论丛》第 6 辑,广陵书社,2011 年,第 153—157 页。

② 初,徐森玉编《刘申叔先生遗书》,与同学南桂馨(1883—1968)多所往来,由是结识次羽,详参前注杨丽娟文。

云,辛亥间曾由申叔携去蜀中,又传申叔续纂甚多,亦非事实。次羽出示申叔《遗书》,(武宁)[宁武]南氏所排印,当时托钱玄同经理其事。南与徐森翁山西同学,故曾助搜稿本甚勤。①

顾氏初见《左疏》稿本,以第一卷属刘文淇,目验后诸卷疏证笔迹,认为"实出寿曾手为多",但并不否认两组稿本亦出自刘家众人。另外,民元前后,坊间盛传刘师培意欲续纂《左疏》,因此疏证似出其所撰者甚多,但据日记转载刘葆儒交谈语,盖并非全部事实。由是可知,即便刘师培确有赓续先祖事业之记录,甚至留下了相关《左传》的经解著述,就经次羽董理后的理解,其性质属于围绕《疏证》的周边关联著作;然若限定于刘家原有的两组稿本范围,文献面貌所示申叔参与程度并不高。值得注意的是,顾廷龙当时所见原稿有八册、誊清稿七册,这与后来整理者与研究者所得信息皆有不同,所差之一册,即今馆藏题为"春秋左氏传旧注疏证卷第一"的写定稿。以上为顾氏首次与刘葆儒见面,对稿本的认知,基于初步的阅览以及与次羽的交谈。

翌年,顾廷龙致信刘葆儒,期再次见面晤谈,函曰:"去年四月,承徐森玉先生介绍,得识荆州,并获拜展先德遗稿,感幸无似,匆匆未能细读为恨。兹敝馆于客秋迁移来此,适与尊寓相邻,颇思一聆雅教,以匡不逮。星期日(二十日)上午十时,当趋前奉访,倘执事无暇,请指示时日为盼。"②信末题署"卅一年九月十九日",查 1942 年当月顾氏日记,并无访刘记载。1952 年,刘葆儒于上海遇车祸物故;1954 年,刘家后人将《疏证》稿本捐献至上海市合众图书馆;1950 年代后期,中国科学院历史所欲整理此书,故得向上海历史文献图书馆③借调两组稿本,李树桐《整理后记》载馆长顾廷龙对此稿撰述情况的说明,顾氏回信曰:

> 刘稿相传为文淇、毓崧、寿曾三代所著。管见以为第一卷外实寿曾一人之笔。副本一部分系寿曾之孙次羽(已故)所补钞。我在一九四〇年曾见次羽,闻其所言,当时惜未细谈。……检毓崧遗著及传记,亦未有言及续纂《左传疏》事。独惜长编数十巨册,久不知下落何所耳。④

① 顾廷龙撰,李军、师元光整理:《顾廷龙日记》,中华书局,2021 年,第 156—157 页。
② 王强、巫庆编:《仪征刘氏遗稿汇存》,巴蜀书社,2023 年,第 3 册,第 1100 页。
③ 民国三十年(1941),叶景葵、张元济、陈陶遗等正式组建私立合众图书馆;1953 年 4 月,张元济等人将图书馆连同藏书一并捐予上海市人民政府;1955 年 2 月 25 日,原合众图书馆改称上海市历史文献图书馆;1958 年 10 月 6 日,上海市辖下四大图书馆合并为今上海图书馆。因此,当刘家第一次捐书之 1954 年,馆名作"合众图书馆",性质则为公有。
④ 李树桐:《整理后记》,收入(清)刘文淇等著,中国科学院图书馆整理:《春秋左氏传旧注疏证》,科学出版社,1959 年,书末第 4 页。

细绎"当时惜未细谈"语,似顾、刘二人仅有一次会面,然无论如何,至少迟至刘家献书后,顾廷龙业已细读《左疏》遗稿,是故回信对《疏证》执笔的意见,是其最新观点:盖渠认为原稿卷二以下,基本上均为恭甫一人所撰,而誊清稿之一部分乃刘葆儒所抄录。在信中,顾氏隐约认为刘毓崧未曾续纂《左疏》,这当然是针对具体的原稿立论。随后详细整理《疏证》的李树桐等人认同顾说,并补充云:"所以说此稿除第一卷外,'实寿曾一人之笔'是可靠的。但据我们现在接触到的材料看来,这稿也有贵曾、富曾(或显曾,但可能性很小)参与过的痕迹。"至于刘师培,"虽然曾经整理过左氏长编,但是他做的不是《左传》的旧注疏证,而是《春秋》经文的旧注疏证。……师培这一辈,……其他师苍、师颖、师慎都没有参加这一工作的证明"①。由此观之,整理者依原稿,认为卷一以后疏证主要执笔者是刘寿曾,贵曾、富曾仅是参编而已,刘师培一辈兄弟四人,在实务上均未参与编纂。综合可知,这与顾廷龙的最终意见基本相同。

需要更进一步辨析的是,科学院等同仁仅见两组七册稿本,并未见到写定稿,而此一册稿本实对吾人探绎刘氏成稿模式与分工起至关重要的作用,请试论之:两组各七册的稿本封面题写格式相同,第一组题"春秋左氏传旧注疏证 原稿",右上角云"一共七册",封面叶钤"上海市历史文献图书馆藏"朱文长方印,故称为"原稿"。第一册起自隐五年,第七册讫至襄五年。由于第一册卷首原题"春秋左氏传旧注疏证卷弟二",后被圈画删去,后稿连缀无页码,研究者咸以为原稿是刘寿曾等人接续孟瞻之业,撰写疏文时的撰修稿;第二组题"春秋左氏传旧注疏证 副稿",右上角亦云"一共七册",封面叶钤印相同,是谓"副稿"。第一册起自隐元年,第七册讫于宣十八年。张师素卿描述副稿前后差异曰:

> 首页第一行题有"春秋左氏传旧注疏证卷弟一",由此至隐四年,各页有蓝色版框及行线,隐五年以下则版框、行线俱无,前后版式明显不同;而抄手笔迹也不一致,出于众手。②

张师指出,副稿隐公一卷与后卷的版框、格式、字迹明显不同,孙诒让(字仲容,1848—1908)《刘恭甫墓表》云:"(孟瞻)草创四十年,长编褒然,《疏证》则仅写定一卷,而先生遽卒。"③对比原稿与副稿,张师认为此隐公一卷者,即刘文淇"写定一卷"者。而后卷

① 李树桐:《整理后记》,《春秋左氏传旧注疏证》,书末第5页。
② 张素卿:《清代汉学与左传学——从"古义"到"新疏"的脉络(修订版)》,第241页。研究者俱见原稿、副稿面貌,其中由于《续修四库全书》已将副稿影印,故学者寓目时多便用此本。素卿师早年访书时,幸得见原稿面貌,是以"蓝色版框"云云为影印本、善本数据库等经黑白扫描者所不睹。对两稿描述以素卿师最详尽,兹移录之。
③ (清)孙诒让撰,雪克整理:《籀𫗋述林》卷九,中华书局,2010年,第296页。

图 1　原稿刘葆儒题写之封面

图 2　副稿刘葆儒题写纸封面

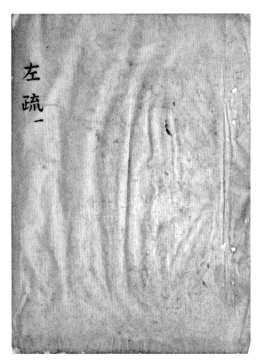

图 3　原稿内叶

图 4　副稿内叶

诸副稿,均为刘家陆续誊清稿,性质上与题"原稿"之撰修稿异。立基于原稿与副稿,学者对两稿的描述与结论大抵有相近的看法。①今进一步观察,原稿封面叶之内,即有"左疏　一"之题名辨识,副稿封面叶之内,有"一"之题名辨识,字迹均与封面叶不同。由是判断,刘寿曾至师培时所持稿本仅有内页字迹,两稿封面叶题名形制与笔迹之所以相同,乃刘葆儒因整理先人遗稿需要,后来添写的结果(见图1—4):

上图藏写定稿一册(索书号:线善863003),封面叶有刘文淇亲笔题名(见图5):

春秋左氏传旧注疏证卷第一　庚子七月②

图5　刘文淇写定稿卷第一

此稿半叶十四行、行廿八廿九字不等,无版框栏,全卷文字悉出孟瞻之手。基本为誊清稿性质,而上有浮签六条,其中四条是孟瞻略加修改之迹,两条为刘岳云签注,乃审阅孟瞻定稿后提出的意见。③在执笔《疏证》以前,刘文淇撰有《左传旧疏考正》,根据今存修订过程中的各级稿本,可知孟瞻于每一阶段文稿写定,均交由师友指正,并在浮签中记录、产生修改建议,以利下一阶段作者的斟酌取舍,④此卷一写定稿亦然。标题页署"庚子七月"者,殆刘文淇写定此稿之道光二十年(1840)。对比此册与副稿中的卷一部分,明显可知本册可指实为刘寿曾、孙诒让当日所知的"写定一卷"稿,而副稿中行款、形制特异的卷一,是对写定稿的再次誊清稿。今研究者与整理者恐皆不知有写定稿,盖自科学院借调时已然,⑤

① 刘建臻:《清代扬州学派经学研究》,第261—263页;北京大学《儒藏》编纂与研究中心编:《校点说明》,《春秋左氏传旧注疏证》,北京大学出版社,2022年,第2—3页;郭院林等整理:《整理说明》,《春秋左氏传旧注疏证》,第5—9页。
② (清)刘文淇:《春秋左氏传旧注疏证》卷第一,索书号:线善863003,电子文件第1页。
③ 刘岳云字佛青,光绪丙戌(1886)进士,官浙江绍兴知府。岳云为刘宝楠族子,承楚桢父子、成蓉镜之学,故与刘文淇等均熟稔,卷一写定稿即孟瞻书成而畀岳云观览者(岳云行历略见徐世昌编:《清儒学案》卷一六〇,中华书局,2008年,第4231页)。
④ 上图藏《左传旧疏考正》卷一(索书号:线善863016)、卷五(索书号:863017)之撰修稿,又有六卷《考正》誊清稿(索书号:线善863006-08),笔者曾据此探绎刘文淇修订《考正》的具体历程,参拙文《刘文淇〈春秋左氏传旧疏考正〉撰作考述——兼论道光戊子二刘新疏之约》,《文史》2021年第4辑,第209—239页。
⑤ 现有三版《疏证》点校本均不及写定稿,而前云相关研究者亦未之见。最新成果,惟刘建臻、周望《刘文淇〈尚书传疏大意〉稿本探析》在比对孟瞻字迹时利用写定稿截图,但并未再作叙述(《扬州文化研究论丛》第29辑,广陵书社,2023年,第50—58页)。

究其根源,实由历史原因造成。

　　前文已云,1941 年顾廷龙初次登门拜访刘葆儒时,据日记记载实见"原八大本"。
至 1953 年,刘家在梅鹤孙(名鈫,1894—1964)的建议下献书上图,乃第一次献书,梅氏
《青溪旧屋仪征刘氏五世小记》述云:

　　　　我便与徐森玉、尹石两先生联系,与顾廷龙馆长约定,由次羽胞弟崇儒亲捧
　　《左疏》原稿七册,清抄稿七册,与我会同徐、尹两先生送到馆内,由顾君接收,出
　　具收据。不久,北京中国科学院就知道这部书,随即向文献图书馆借阅。①

此次献书已然是"原稿七册、清抄稿七册",不但当日接收的顾馆长所见,而且后来中
国科学院所调阅的稿本,均是外界熟知的两组各七册者。因此,其后的研究者、整理
者,均以这两组稿本为《疏证》稿,并不知有写定稿的存在。由于是稿亦为抄清形态,
内容几乎与副稿中卷一部分无异,不影响点校整理,这也是被后人忽视的原因之一。②
今捐书清单无存,从馆方钤印与编号差异,可证写定稿在刘家后人于 1983 年第二次捐
献的书籍中。两组稿本封面均有历史文献图书馆的钤印,内页又钤"合众图书馆藏书
印"朱文长方印、"上海图书馆藏"朱文方印,而写定稿仅卷首钤"上海图书馆藏书"朱
文长方印,显示为不同时期入藏时所盖;在馆方编录索书号方面,原稿七册依次为"线
善 T46158-64"、"线善 T46165-71",乃十四册连号。写定稿索书号为"线善 863003",
反与刘氏《春秋左传地名考》一卷(线善 863004)、《扬州水道记》不分卷(线善 863005)、
《左传旧疏考正》誊清稿六卷(线善 863006-08)、《春秋五十凡例》不分卷(线善
863009)、《春秋左传贾服注辑录》不分卷(线善 863010)、《刊上精舍文集》(线善
863011-15)、《考正》撰修稿卷一(线善 863016)、撰修稿卷五(线善 863017)等系列稿本
连号。刘家第二次献书时,上图发给扬州市文管会一份公函,其中提到捐献内容有
"刘文淇的稿本《春秋左氏传旧疏考证》",此即《考正》③,综合可知,写定稿一卷也在此
次献书中,而索书号所示顺序,应是当初馆员录入时的叠放次序。至此,写定稿与原/副
稿十四册合璧,方为当年顾廷龙在刘葆儒家所见、为日记记载之"原大本、清稿七本"。

　　刘家的两次献书,事后来看,是以稿本的重要程度作为划分,两组《疏证》显然最
为重要,是晚清以来极负盛名的《左传》新疏正稿,故刘崇儒手捧之入馆捐献;而第二

---

① 梅鹤孙著,梅英超整理:《青溪旧屋仪征刘氏五世小记》,上海古籍出版社,2004 年,第 16—17 页。
② 早年间在古籍阅览室中,稿抄本凭借书号而提出。后因应数字化趋势,重要善本制作、刻录光盘于计算机中读取,
又经技术革新,变为在数据库中检索、阅览。然而善本如是之多,其扫描、制作、录入数据库公开,容有时间先后。
清人十三经新疏非热门学术议题,且有整理本出版在前,自然无检索需求与必要。
③ 据刘葆儒胞弟崇儒子刘模之女婿、扬州收藏家巫庆所藏。

次献书,是将其余刘稿基本捐出。之所以造成写定稿在两组之外者,须追溯至刘葆儒经手整理《疏证》所做的工作。今对《疏证》修撰情况的描述,无外乎依据仪征刘氏记录讲述,抑或直观地面对稿本。从研读稿本的顾廷龙、李树桐等人的描述来看,自然较外界传闻信实。职是之故,当日最了解刘家稿本情况,并几度希望出版行世的刘葆儒①,其整理稿本之纪录应最具有启发与参考价值,然则新见刘葆儒之笺识,正可细化以上对《疏证》修撰过程的认识。

二、刘葆儒笺识所示稿本层次

新近出版的《仪征刘氏遗稿汇存》,影印了上图收藏之外部分仪征刘氏四世的文稿、尺牍与文物,其中有刘葆儒《左传旧注疏证稿本概况》之介绍:

> 原稿大部分为恭甫公手录,其中隐、桓二公有墨迹稿、有誊清稿;庄、闵二公仅有誊清稿;僖公元至二十二年有墨迹稿,其誊清稿则大半出自先三叔祖谦甫公手(誊清稿元年至十六年《经》为全文,自十六年《传》至二十二年仅见引证书名);文、宣、成、襄四公有墨迹稿;文、宣二公一部分有先三叔祖手抄,成、襄二公由葆儒手抄。原稿墨迹有不易辨识者,则阙疑。原稿共分装七册,誊清稿分装十一册,稿上附笺为当时著者征得之各家意见,惟出诸何人,多不可考,书头批注亦然。其在本文添注字句,显出先三叔申叔公手。书中夹条乃葆儒记录,有关襄公以后各年文字,而引文散见襄公前各年本文者。②

今人之所以得稿本而仍困扰于疏文撰写分工,实因原稿、副稿中笔迹纷杂,即便当日一人主力,但由于刘氏四世传经,父辞子继、兄终弟及,不免于同一稿上增累笔迹,后人难以辨识区别,是故无复综理,只得言其大概。熟悉稿本、了解当日情境者莫如刘葆儒,《概况》初步勾勒了稿本层次,其所谓"墨迹稿"者即今原稿,"誊清稿"对应今副稿:首先,在"撰写疏文"的"原稿"层次,次羽确定大部分是刘寿曾书写,佐证了顾、李之观点。而对原稿所贴浮签、天头眉批等,当日恭甫搜讨诸儒意见,已无法辨别区分。不过,仍可知稿本正文部分"添注字句",乃刘师培所写,此应是申叔欲续撰

---

① 参杨丽娟:《〈春秋左氏传旧注疏证〉整理与出版史料新考》,《刘师培家藏文献研究初集》,商务印书馆,2017年,第127—141页。

② 王强、巫庆编:《仪征刘氏遗稿汇存》第1册,第7—8页。此概况杨丽娟曾整理揭示,唯个别文字小异,曰:"原件系用铅笔在宣纸上写成",并考证"这份总结是写于1945年抗战胜利后至1952年秋之间"。杨氏系年是也,但根据此次新见材料,实是用毛笔书于刘氏家藏《疏证》残叶之后,显然是抗战胜利后,次羽因整理两组稿本而作的总结。杨氏所谓铅笔稿云云,恐是刘氏再行抄录,抑或毛笔誊写前的草稿。

时所为①。另外,原稿中时有以铅笔书写的夹条,据次羽自陈,为其记录襄公以后各年文字见于前《传》者。结合成、襄二公的副稿(或云誊清稿)均是刘葆儒移录的事实,知原稿铅笔夹条,是葆儒根据"原稿"整理、誊录为"副稿"的预备工作②。复次,在誊清过程中的"副稿"层次,隐、桓、庄、闵四公皆有誊清稿,次羽未言为何人抄录。然谓僖公之誊清稿大半由刘富曾(字谦甫,1847—1928)抄录,文、宣二公之一部分亦富曾所抄。检核副稿,以形制、版式相同的隐五年以后《左疏》而言,隐五年至闵公似为多人笔迹;僖公之后,元年至二年《经》为又一人笔迹;僖二年《传》至十六年《传》,以及其后之"提纲稿"(即次羽所云"引证书名")均为富曾所抄无疑;文、宣二公之誊清稿分隶两种字迹,宣四年《传》"以示子家曰"至宣十五年《传》"子反惧与之盟"显然出富曾笔③,其余似不同人所书而付之阙如。

其次,刘葆儒自述成、襄两公稿乃其自抄。今所见副稿末第七册止于宣公十八年,知刘氏后人献书时以次羽之前所抄为限。上文云"原稿共分装七本,誊清稿分装十一本",则誊清稿余下数本是次羽钞本④。值得注意的是,刘葆儒整理稿本时已明确分为"原稿共分装七册",或已排除刘文淇写定稿一册,这与其为原稿、副稿题写封面各七册之举适正互相证明。

再次,刘葆儒记录僖元年至十六年《经》、僖廿三年至三十三年全为疏文,而其中夹杂有僖元年至廿二年之提纲稿,僖十六年至廿二年之誊清稿阙失。在稿本存阙的客观记录上,刘氏与点校整理的李树桐等人相同。李氏据此,得出刘家作疏的工作程序:"先做长编,根据长编做提纲,再按照提纲查编,然后清抄。"⑤其后整理者从之甚众,张师素卿辨析曰:

"提纲"一词亦首见于《整理后记》,如僖公元年以下,誊清抄本只录存人名或书名,**这是依原稿提纲,先录存引述之人名、书名,以利覆查原书**。<u>殆因原稿为刘寿曾之手稿,删抹增修之处极多,颇难辨识,重查原书比对,乃可减少引述上的错误</u>。

---

① 正文部分申叔之添注字句,多集中在副稿卷一。
② 《青溪旧屋尺牍》《通义堂尺牍》中亦夹有若干纸条,是刘葆儒整理时所夹,其事一也。参林登昱、黄显功主编:《稀见清代尺牍》第 1 辑,经学文化事业有限公司,2021 年。
③ (清)刘文淇等:《春秋左氏传旧注疏证》副稿(索书号:线善 T46165-71),电子稿第 43—293、295—300、301—569、744—839 页。
④ 刘葆儒对稿本另有整理记录,曰:"抄稿须补:僖公十六年《传》四页,十七年至廿二年、廿一页;成公元年至八年、七十五页(次羽已抄),九年至十八年、九十七页(已抄);襄公元年至五年,三十九页(已抄);共须补钞二百三十六页。"(转引自杨丽娟:《刘师培家藏文献研究初集》,第 130 页)
⑤ 中国科学院历史所整理:《春秋左氏传旧注疏证》,书末第 5 页。

誉清稿既题"副稿",已表明后出,这是誉抄的清稿,故文字相当工整,虽仍有眉批及删修,已不像原稿本那般删删改改,大段涂抹,然后增补于行间、地脚,甚或重抄后黏上而覆盖底稿,或将增补文字另纸浮贴于底稿之上。如上所述,原稿主要是寿曾一人之笔,且眉批曾出现"二弟酌"等语;相对的,誉清抄本显然晚出,在寿曾、贵曾卒后,部分提纲稿出自富曾手抄,故将"寿曾案"改作"先兄案",并出现"二兄"之称。①

张师说极是,《整理后记》混淆了"原稿""副稿"之层次。今暂毋论原稿浮签、眉批以及刘氏后人增注的修改字迹,仅以原稿疏文书写者而言,亲验稿本的刘葆儒、顾廷龙以及李树桐等人均认定大抵出恭甫一人手②。刘寿曾根据长编撰写原稿至"襄公五年"绝笔,原稿自然增删、斟酌痕迹颇多,吾人今见原稿,确实"删抹增修之处极多,颇难辨识",如是均位处"原稿"层次。刘家欲继其业,至少需要将增删杂乱的"原稿"誉抄,此即三弟富曾承担了大量"副稿"誉清工作之动因,这一项誉清作业至葆儒仍在继续。然而富曾、葆儒叔侄之移录已转移到"显然晚出"的"副稿"之上,从新疏的编纂形态而言,只有撰写疏文时须使用长编,③而移录、誉抄乃整理性质。比勘富曾"提纲稿"引证内容,与"原稿"所示无二,适足证明富曾之誉录忠实于乃兄寿曾。再以稿本存阙论之,"副稿"存僖元年至十六年《经》,廿三年以后存,所阙的十六年《传》至廿二年,正是谦甫当日尚未及时抄录而中辍者,这在在证明"提纲稿"是俾富曾如实誉录"原稿"的辅助工具,非撰疏工序之一环,此亦反证恭甫为执笔疏证的主力。

最后,《概况》并未提到的写定稿是刘氏撰写、誉清《疏证》进程中的中间环节。前已云写定稿中六条刘文淇自写的浮签,从内容来看,并非根据师友审阅建议进行修改者,实际上是因纸面空间不足,只得粘贴笺签补钞多余文字而已,这在清儒誉稿时极为常见。因此,有必要再次誉录一过,这就形成了"副稿"中形制特出的第一卷。寻绎第一卷字迹,与《春秋左氏传旧疏考正》六卷誉清稿一致,应属孟瞻亲定。④聚焦于写定稿与副稿卷一,归纳刘文淇从撰疏到誉抄的顺序:第一,撰写疏文;第二,依疏证原稿进行初步誉录,形成写定稿;第三,分交师友,提出审阅意见;第四,再次誉抄为最终稿,形成副稿卷一。观察誉清稿抄录者的更易,可援此及彼、推而广之,将孟瞻工序如

① 张素卿:《清代汉学与左传学——从"古义"到"新疏"的脉络》,第 241、247 页。
② 张师素卿验看过原稿后亦曰:"(原稿)除部分天头、地脚之注记,及几处重新粘贴或浮贴纸增补笺注外,'原稿'本七册的笔记大抵同出一人。"(第 240 页)
③ 副稿中亦有部分浮签、眉批增补疏证,这不妨为后人从长编摘录者。但"继续撰疏"的前提是先整理完毕恭甫原稿。若整理前稿、继续撰疏同时进行,则不便操作而有悖常理。
④ 正文中略有添加字句一二,查核笔迹,殆属刘师培,盖申叔在宣统元年(1909)以后整理《疏证》的痕迹。

法炮制至其后各誊清稿,今略整理副稿誊录层次如表一:

表一

原稿(撰修稿)	执笔者	副稿(誊清稿)	执笔者
<u>(隐公　元年至四年)无原稿</u> ⓪ 隐公　元年至四年(写定稿)	**刘文淇**	① 隐公　元年至四年	**刘文淇**
① 隐公　五年至十一年	刘寿曾	隐公　五年至十一年	(刘寿曾时)
② 桓公　元年至十八年 <u>庄公　元年至三十二年</u> <u>闵公　元年至二年</u>	刘寿曾	② 桓公　元年至十八年	(刘寿曾时)
		③ 庄公　元年至三十二年 闵公　元年至二年	/
③ 僖公　元年至二十二年 <u>二十三年至三十三年</u>	刘寿曾	④ 僖公　元年至十六年经 ⑤　　　二十三年至三十三年 附:僖元年至廿二年提纲稿	刘富曾 (大部分)
④ 文公　元年至十八年 ⑤ 宣公　元年至十八年	刘寿曾	⑥ 文公　元年至十八年 ⑦ 宣公　元年至十八年	刘富曾 (部分)
⑥ 成公　元年至十八年 ⑦ 襄公　元年至五年绝笔	刘寿曾	<u>成公　元年至十八年</u> 襄公　元年至五年终	刘葆儒

　　表中数字符号表示原稿/副稿册数,标下划线者,表明该部分书稿不存,存阙情况俱依李树桐《整理后记》。执笔者原稿中恭甫,副稿中谦甫、次羽均据前引《概况》①。由于副稿僖公以后,在新疏编纂过程中不属于"撰写疏文"层次,是后人整理遗稿的结果,即便抄手不限于富曾,但不影响研究②。今须再深入辨析层次者,是副稿"隐公五年至十一年"以及桓公两个部分。刘文淇两次缮写的四步程序,嗣后寿曾续撰,自当熟悉。据《行状》《墓表》记载,孟瞻精力旺盛,乃偶发染疾猝逝,故其生前独任新疏撰写工作,未必如刘宝楠(字楚桢,1791—1855)、恭冕的合作模式。③孟瞻卒时,恭甫已作童生,接手修纂《左疏》,应一定程度遵循乃祖程序。"卷第一"在刘文淇时已有誊录写定稿,提示吾人当刘寿曾撰写疏文时,亦可能早已同步形成部分誊清稿,寻绎稿本,适有

① 关于原稿、副稿存阙册数之统计,以中国科学院历史所附表(书末第6页)最为详明,表一结合刘葆儒《概况》中的字迹归属移用之。

② 刘建臻、张师素卿根据扬州市图书馆藏刘师培致姊夫林宝麟三信之记载,认为誊清稿或为1909年申叔由日本回国后,筹划"赓续"《左疏》时,敦请三叔富曾合作"发抄"的结果(刘建臻:《清代扬州学派经学研究》,第383页;张素卿:《清代汉学与左传学——从"古义"到"新疏"的脉络(修订版)》,第246页)。如此,则并不属于撰写疏文阶段。

③ 刘毓崧《先考行略》:"金谓积善至深,宜享上寿,即不孝,亦谓精神爽健,耄耋可期。不意项侧生痈脓,虽出,而体甚虚。俄顷之间,气息渐微,倏已弃养。"[《通义堂文集》卷六,《续修四库全书》(集部1546册),上海古籍出版社,2003年,第69b页]刘宝楠《墓表》:"孙四人,寿曾甫成童,余幼。"(转引自《青溪旧屋仪征刘氏五世小记》,第81页);刘宝楠父子合作撰写《论语正义》的模式与历程,参拙作《〈论语正义〉之撰作缘起与成书过程再探——以刘氏父子〈论语〉诸稿本为考察中心》,《台大中文学报》第74期,2021年9月,第99—166页。

多重文献证据支持此一推断。

1930 至 40 年代,刘葆儒曾对原稿、副稿中加页、加笺的情况做过详细统计。文稿撰写与誊抄的过程中,因修改、增删、移录等加页属正常现象,而值得注意的是"加笺"的状况,往往细致地记录了文稿前后更易、改动的过程。表二摘录刘氏有关两稿加笺的记录:①

表二

原稿(撰修稿)	副稿(誊清稿)
每页二面算,共⋯⋯笺十一处⋯⋯。 隐公元年至四年,缺。 　　五年至十一年,卅七页。 　　内附笺共八处:经五年二处、五年传四处、八年传二处;⋯⋯ 桓公元年至十八年,七十三页。 　　内附笺八年经一处;内加页一处:十七年经。 庄、闵,缺。 僖公元年至十一年,六十五页; 　　内附笺共二处:五年经一处、传一处。 ⋯⋯	隐元年至四年,卅页,内加页二面。 　　五年至十一年,四十二页。 　　内加笺:五年经,四处; 　　　　　　传,八处; 　　　　六年传,三处; 　　　　七年传,二处; 　　　　八年传,一处; 　　　　十一年传,一处。⋯⋯ 庄元至卅二年,一百零四页。 　　内十一年传加笺一处; 　　卅一年传加页一面。 共一千零七页,⋯⋯加笺廿处。

今将纪录核验稿本,盖次羽所谓"加笺"者,主要指浮签,也包含一部分眉批。细绎其内容,多是刘氏将写成的疏文呈送师友所得修订意见:原稿中,桓八年《经》的浮签一处,是刘毓崧学生郭阶之问安帖,乃寿曾偶夹于稿中,非关撰修疏证②;僖五年《经》《传》贴浮签两处,分别是寿曾、贵曾添写注文与疏文,与师友所加修订意见无关③。因此,原稿的修订意见集中在第一册"隐五年至十一年";副稿庄十一年《传》加笺曰"孺谨案"云云,盖贵曾师成蓉镜(后改名孺,1816—1883)的审稿意见,其余"加笺处"之师友意见亦集中在"隐五年至十一年"之第一册中。综合两稿面貌可知,表二"加笺"纪录有关修订者均在第一册,两稿庄、闵以后几无分呈师友的浮签或眉批④。联系刘文淇

① 转引自杨丽娟:《刘师培家藏文献研究初集》,第 128—132 页。原纪录中,原稿题"墨迹稿",副稿题"清稿"。
② 据梅鹤孙述其外家故实,刘毓崧咸丰五年(1855)受聘于淮阳观察使郭沛霖,郭氏命其子阶从学伯山。后郭沛霖战死定远,伯山仍教授郭阶,时湖北巡抚胡林翼(1812—1861)两次敦请入幕,伯山固辞不往(《青溪旧屋仪征刘氏五世小记》,第 15 页)。今《通义堂文集》中有《郭生子贞周易汉读考序》,郭阶专精于《易》学,作《周易汉读考》,而刘毓崧为之作序以为期许。庄二十二年《传》"故曰其在异国乎"下疏证有郭阶考证语,盖补汉儒《易》说,特申其所长(副稿电子稿第 232 页)。这也是郭氏唯一一处考证,容为分请师友之增订语。
③ (清)刘文淇等:《春秋左氏传旧注疏证》原稿,索书号:线善 T46158-64,电子稿第 153、167 页。副稿,索书号:线善 T46165-71,电子稿第 197 页。
④ 此处非谓两稿庄闵后无眉批、浮签等修改,而是指庄闵以后的增修痕迹,主要限于刘家后人。

写定稿送呈刘岳云,再次斟酌誊清卷一的步骤,可知至少在刘寿曾接手续撰隐公余下疏证时,也参照同样的模式,将每阶段的成稿征求师友的意见,以利后续修订。以今存稿为参照基准,恭甫的"誊清稿"相当于孟瞻的"写定稿"层次,然则若在理想状态下,恭甫应据誊清稿上的意见再作一次斟酌、修定,形成真正的定稿。①

由刘葆儒笺识的启示扩大范围,若一一核对副稿中隐公(五年以后)、桓公两本誊清稿,可辨析出部分刘寿曾及好友刘恭冕(字叔俛,1824—1883)的笔迹:恭甫多针对疏文修改发表意见,或径直添加字句增修,如隐五年《传》"鸟兽之肉,不登于俎",眉批曰:"查王氏《述闻》改。"同年《传》"夫舞所以节八音而行八风",眉批曰:"李说当删。"隐六年《传》"周任有言曰",《疏证》末增一句曰:"《东观汉记》杜林《疏》引周任语,则'善者信矣'作'畏其易也',即延易义矣。"隐七年《经》"春,王三月,叔姬归于纪",眉批曰:"刘、贾说须查出处。"同年《传》"谓之礼经",眉批指出疏文"此当修改"。同年《传》"发币于公卿",眉批曰:"郑(元)[玄]《礼记注》'币,帛也'。"同年《传》"郑伯盟,歃如忘",眉批曰:"《异义》:'古《春秋》左氏说云:周礼有司盟之官,杀牲歃血,所以盟事神明。'"隐十一年《传》"及大逵弗及,子都怒",《疏证》增一句曰:"《说文》:'馗,九达道,似龟背。'馗即逵,许君亦用《尔雅》说。"同《传》"隰郏",眉批增补"王引之云……非邑"一段;桓二年《经》"蔡侯、郑伯会于邓",旁批增注文曰:"服云:邓,曼姓。(《楚世家·集解》)"疏文增:"《世本》:'邓,曼姓。'"同《传》"以临照百官,百官于是乎戒惧",旁批增补云:"'灭德立达'与'昭德塞违'正相反。"以上共 11 处增补,在经解内容上分为辨析贾服旧说界限、补充左氏古义之解说两类,观察笔迹,与原稿同,故知出寿曾笔;可落到实处的刘恭冕笔迹集中在桓公,桓五年《传》"启蛰而郊",针对注文,眉批曰:"'雩祭山川而祈雨也'乃服解下句之别一义,宜移入下句注中。"同《传》"过则书",针对疏文,眉批曰:"不旱而雩,不甚近情。《愈愚录》有此条,宜补入。";桓六年《经》"秋大阅",眉批曰:"'比年简徒'云云,何人注语,宜补明。"②盖均对注疏编纂、疏文内容等进行指摘、建议。继刘文淇、刘宝楠后,恭甫、叔俛续撰《左传》《论语》新疏,宜乎互相切磋。以上文献例证更能证明,至少副稿第一册隐五年后、第二册桓公,刘寿曾尝经手,乃循刘文淇例,撰写

---

①　从刘文淇的写定稿往前推,那么其初撰疏文时,也应该有征求师友意见而形成的浮签等痕迹。当然不排除另一种可能,刘寿曾续撰疏证之初,仍须如刘毓崧等长辈指点,待其掌握要领,则再独自撰述。

②　(清)刘文淇等:《春秋左氏传旧注疏证》副稿,索书号:线善 T46165-71,电子稿第 49、53、57、58、60、61、78、82、88、97、116、119 页;今按,第二册中仍有部分眉批,观其字迹疑为刘恭冕说,然不能确然指实,姑阙疑;本文引副稿浮签、眉批时尽量用上图公开电子稿,但因数据库后台设定关系,部分浮签无法显示文字内容时,则参《续修四库全书》影印本。影印本虽有文字,但对比电子稿,可知《续修四库全书》影印时,为了使浮签、眉批文字全部显示在天头,对其影像缩放处理,如此则虽可显示内容,但使得字迹失真,增加辨认执笔者的难度。

图6　副稿第三册内叶(后装订)

疏文时兼及移录清稿也。前第一节指出,原、副两稿各七册之标题页为刘葆儒整理时后装。今逐册检视,副稿第一册内页另有封皮,列大字"一",而第二册内页封皮题"左疏二",字迹与第一册同,而形制与原稿内页相近(见图6)。合理推测副稿第一、二册早在富曾誊抄前已然存在,最早似可追溯至寿曾在世时。若欲进一步综理《左疏》稿本的相互关系,则仍须回到两稿的具体面貌详加论析。

三、《左疏》稿本综理与成稿模式蠡测

《左疏》稿本按性质分撰修稿、誊清稿两种,撰修稿因应作者写作进程,不仅存有后期师友所示意见,甚或增补文字,也必然包含前期撰写者不断修改痕迹与提示,姑不待言;今已知誊清稿中有一定数量的修改痕迹[1],就仅征刘氏四世传经而言,若能排除后期富曾、师培等添入内容,考定部分刘寿曾时代的修订面貌,则可对《左疏》的成稿模式的认识有相当的推进。前节已胪列部分浮签、眉批笔迹作出判断,本节兹举代表性例证,抽绎从原稿到清稿的成稿模式,加强相关认知。

隐五年《传》:"臧僖伯谏曰:'凡物不足以讲大事。'"《疏证》:"《世本》:'臧僖伯彄,孝公之子。孝公生僖伯彄,彄生哀伯达,达生伯氏瓶,瓶生文仲辰。'"原稿本有师友浮签曰:

　　"孝公生僖伯彄,彄生哀伯达"至"文仲辰"拟删。

　　　　　　　　　　　　　　　　　　　存。[2]

签条上前行嫌《世本》此句辞费,指出可删,观察字迹,应是师长所写。后行"存"字乃刘寿曾笔,意在回应意见,经斟酌,认为此条材料仍须存之。转至誊清稿,所誊录正文确实保存了《世本》一句,不过誊清稿又有师友浮签曰:

---

[1]　顾廷龙《日记》初次看稿,已认识到"清稿中贴签甚多"(第156页),仅以浮签而言,刘葆儒统计原稿"加笺"11处,副稿加笺20处,现明多集中在隐、桓两公。

[2]　(清)刘文淇等:《春秋左氏传旧注疏证》原稿,索书号:线善 T46158-64,电子稿第10页。

"孝公生僖伯彄"至"瓶生文仲辰"似可删；"下"字疑误。①

细察笔迹，此签与原稿贴签出两人笔，但也同样指出《世本》此句可删；"'下'字疑误"，是针对本叶另一浮签意见，指出《传》"其材不足以备器用"下杜《注》的问题，与此《传》无关。值得注意的是，两相对照原稿与副稿，可间接证明刘寿曾参与到了此《传》副稿的编修中：原稿"存"出恭甫之意，因此本文并未标删去符号，誊清稿整句保留。而对于誊清稿中"可删"的意见，由于副稿未作进一步动作，故整理者为保持稿本原貌，在整理本中不删。对比两阶段过程中的作为，知誊清稿阶段的抄手，实贯彻了刘寿曾的修订意志。或可谓此段若是刘家后人誊写，也可根据原稿浮签所示"先兄"意见进行录写。但细绎副稿整帙，在明确为富曾等人誊写处，为了尽量维持刘寿曾定稿面貌，誊录者大致忠实于原稿。另一方面，副稿"僖公以后"几无请人审阅的浮签、眉批，以誊录者立场思索，富曾、师培等后人之"发抄"，是为了赓续《左疏》撰修的事前整理。从情理上揣度，整理阶段必须尽可能维持原来面貌，以利下一步的接续。是故后期的增修，主要是刘氏后人直接进行增删，而不需要分请师友审阅商榷。否则，他人商榷的浮签与眉批，不会仅限于隐、桓两册而已②。反向再论，正因刘寿曾踵继乃祖的撰修模式，在每段疏文撰写过程中，均呈师友审阅，谨慎定稿，才会产生副稿前期隐、桓两册签条、批注上师友往还讨论的记录，一如孟瞻写定稿交由刘岳云然。

辨认字迹，多少存在主观因素，但若结合文献内证，容能尽量减少论断偏差。前节所示誊清稿中十一处刘寿曾添写笔迹，论其内容，亦与原稿中撰疏时的态度相合，略举三例：隐七年《经》："春，王三月，叔姬归于纪。"旧注："贾云：书之者，刺贵纪叔姬。（本疏）"刘氏取孔《疏》所遗贾逵注作解，并引李贻德《左传贾服注辑述》为说，而于其后疏释曰：

> 按，李说是也。└贾义指为刺贵叔姬者，盖以庄二十九年十二月《经》书"叔姬卒"；三十年八月《经》书"叔姬葬"。然纪既告卒、告葬，则纪侯平昔之贵叔姬可知。贵之，故特书以刺之。┘此经《公羊》无传，《谷梁》但解不言卿逆，则贾义当系古左氏说，不得斥为妄。③

唐人孔《疏》引贾逵说而驳之，以为《传》无其事，乃妄说，且与其他文献记载略显扞格。

---

① （清）刘文淇等：《春秋左氏传旧注疏证》副稿，《续修四库全书》第126册，第65页。
② 以此例而言，若誊清稿第二次签条仍是建议删除《世本》一句，刘氏后人大可径直删去此句，或欲保存，亦可在旁圈画留下意见。之所以无任何修改痕迹或指示，实因此处已然是"先兄""先叔父"时缮写面貌，后人不便断然更动，抑或尚来不及修订。
③ （清）刘文淇等：《春秋左氏传旧注疏证》副稿，电子稿第58页。

在誊清稿版本,《疏证》为解释贾注,故论证其所言为变例,并引李贻德《辑述》为证,再于其后辨证义理。比勘原稿,原疏在辨析贾注理路后,方用增入符号添补《辑述》说(见图7)。

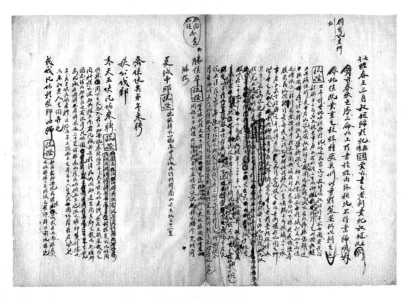

图7　原稿隐七年《经》处

今案,《辑述》最初为朱兰于同治四年(1865)所见,即嘱时在幕中的刘恭冕校勘,据刘毓崧撰写的《后序》可知,朱兰为孟瞻同年,且伯山对《辑述》内容了解甚悉。刘文淇卒于咸丰年间,合观稿本面貌,推知《辑述》的相关内容应为毓崧等人采入长编中,而寿曾作《疏》文时补录之。誊清稿层次,天头有寿曾笔迹之眉批曰:"刘贾说须查出处。"①指的是须重新查核《辑述》中所引刘贾说出处。清儒撰疏新疏,先作资料长编,然长编内容多辗转引证,大抵间接转引,未必径用、遍及一手资料。因此,若严谨对待,就需要复核原书,恭甫眉批意在此也,其又用"ㄴ"符勾去"贾义……以刺之"一段论证,显然认为在李说基础上不必再迂回论证,应删除此段②。吾人若从原稿誊录之清稿层次设想,若是富曾、师培等人移录,在《疏证》内文并没有论述错误的前提下,对寿曾生前已撰成的疏文,查核尚可,删去则大可不必。综合誊清稿眉批字迹,以及从原稿到清稿的演变轨迹,足以显示"查核""删去"均属刘寿曾修订。同样的,隐六年《传》:"善郑以劝来者,犹惧不蔇。"《疏证》引焦循(1763—1820)说,而谓其训诂太泥,誊

---

① (清)刘文淇等:《春秋左氏传旧注疏证》原稿,电子稿第23页;副稿,电子稿第58页。
② 今整理本仍保存此句,应出于尽可能维持誊清稿原貌的考虑。

清稿在"是暨有'及''至'二训,及犹至也"的训诂结论后曰:

> 此虚拟郑之不至,下实言郑之不来,无嫌于复。焦说似泥。①

"焦说"前一句被点读删去,故整理本亦不存。细审内容,是解说《传》文以驳焦氏"均复矣"之辞,无碍于论证表达,职是之故,点读删去亦应出自刘寿曾自为,而非待其殁后富曾、师培所作也。

另外,原稿天头多有恭甫自批,如"查《周礼·大司马》疏""此条待查""此条注酌"等语,此殆其在撰疏后重新检核之提示语,俾疏文严谨臻善。誊清稿中亦有字迹相同的类似提示语,如隐五年《传》:"鸟兽之肉,不登于俎。"对于誊抄的《疏证》,刘寿曾批曰:

> 查王氏《述闻》,改。②

此传《疏证》仅引李贻德《辑述》论证为说,《释文》:"鸟兽之肉,一本作'其肉'。"面对陆德明(?550—630)所见一本,王引之(1766—1834)《经义述闻》论证一本为是。③刘氏眉批意在检查高邮王氏说,在《疏证》中融入王说进行改写。显然,原长编中并未辑录《述闻》说,恭甫在疏证写定时提醒自己改写。

与刘寿曾同时段师友的眉批、浮签,亦可增加部分誊清稿完成于恭甫撰疏时的论证力度。前云桓公册中有刘恭冕所添眉批。二刘两家累世相交,道光初,刘文淇、刘宝楠已相约操作新疏。同治四年,当刘寿曾持续撰写《左疏》时,刘恭冕已誊抄《论语正义》,并进入逐卷刊刻的进程。④当时叔俛受命校勘《左传贾服注辑述》,前述伯山亦知其事,且为《辑述》撰序。是以刘恭冕与寿曾切磋《左疏》,不仅是世谊所致,更在新疏撰写以及《左氏》学内部方面,均有交流经验的必要。桓五年《传》处叔俛眉批提到《愈愚录》,此为乃父刘宝楠的考订札记,于光绪间始有刻本。批语所以提及者,盖用稿本也,当日他人未必知之,宜为叔俛所补。⑤另外,副稿庄公以后唯一的加笺,是成孺所加,庄十一年《传》:"桀纣罪人,其亡也忽焉。"清稿贴浮签曰:

> 孺谨案:《论语·尧曰篇》文势与他篇不类,疑即《古文尚书》逸文,"万方有罪,罪在朕躬",此汤之罪己也。似可加证否?⑥

① (清)刘文淇等:《春秋左氏传旧注疏证》副稿,电子稿第58页。
② (清)刘文淇等:《春秋左氏传旧注疏证》副稿,电子稿第49页。
③ (清)王引之著,虞思徵等整理:《经义述闻》卷一七,上海古籍出版社,2014年,第967页。
④ 二刘新疏相约始末,以及刘宝楠父子撰述《论语正义》的时间线,参拙作《刘文淇〈春秋左氏传旧疏考正〉操作考述——兼论道光戊子二刘新疏之约》、《〈论语正义〉之撰作缘起与成书过程再探——以刘氏父子〈论语〉诸稿本为考察中心》。
⑤ 《愈愚录》原稿本今藏中国国家图书馆,索书号:A02812。
⑥ (清)刘文淇等:《春秋左氏传旧注疏证》副稿,电子稿第197页,影印本第355页。

签条旁又有眉批,改"孺谨案"为"成孺《经学骈支》",并删末"似可加证否"一句,其余重抄之。是知浮签上实成孺当日自写,而眉批应是后人重新移录整理的产物。芙卿之学兼采汉宋,精研历法。同治间入曾国藩幕,校勘金陵书局中①。先后与刘毓崧、寿曾父子订交,伯山与之相善,并为其《禹贡班义述》作序②。贵曾从芙卿习历算,尽通三统四分之术,因此《疏证》原稿颇有贵曾以历学助纂痕迹。根据墓表等史志记载,成氏于同治十一年(1873)离开金陵书局,光绪六年(1880)主讲长沙校经堂,故其贴签于《左疏》副稿,最晚也在光绪六年以前,其时恭甫尚健在也③。如是种种,历证寿曾在修订疏文时,确实兼行誊录事。

综合两稿中字迹辨别比对、前后面貌演变等内部证据④,以及刘寿曾与师友的外部行历,可证至少隐、桓两册誊清稿,在刘寿曾时已然录写。无论誊写抄手何人,恭甫仿效乃祖孟瞻的工作流程,于撰修疏文同步录写清稿。概言之,自刘文淇起意作《左传》新疏,先为长编数十册,再根据所集资料荟萃折衷而撰写疏文。在"撰写疏文"阶段,分为三个层次:第一、起撰、修改疏文至写毕初稿;第二、分送师友审正,并根据意见再行修改;第三、及时誊录为清稿,再行呈送师友,并进行小幅度增修至最终定稿。由于《左传》卷帙浩繁,故须分卷分帙重复上述程序,此在刘文淇时已然,而至刘寿曾时仿效之。这不仅体现刘氏撰疏的严谨,在实务上也提高了撰写效率,优化了工序。由是观之,若恭甫未中道猝逝,此过程应循环往复操作;相反地,及富曾等人誊抄时,也应该是分部分批作业。然则,从以上工序而论,除了隐桓两册外,至少仍有部分誊清稿之缮写容在1909年刘师培示意富曾"发抄"以前。

清儒撰述新疏,其历程遵循一定的顺序,林庆彰在《焦循〈孟子正义〉及其在孟子学之地位》作概括揭示,认为有"编纂《长编》""开笔撰写""增删"与"录写"等四个阶段⑤。准以《左疏》,大致亦然:第一,刘文淇编纂长编多有记载,如陈立(1809—1869)

---

① (清)张文虎著,陈大康整理:《张文虎日记》,上海书店出版社,2009年。

② 刘文淇父子与成蓉镜相识,最早应追溯到咸丰初年,盖孟瞻曾向刘恭冕打听成氏,而芙卿系叔偍表兄(详见《青溪旧屋尺牍》刘恭冕部分)。

③ (清)冯煦:《蒿盦类稿》卷二四,上海古籍出版社,2010年,《清代诗文集汇编》第757册,影印民国二年本,第2—3页;卷二六,第1a—3a页。如果进一步从刘、成两人行历轨迹考察,可能成孺离开金陵书局以后,已无贴浮签于刘家稿本的机会。

④ 副稿誊抄出自众手,刘葆儒笺识陈述加笺、眉批笔迹,"出诸何人,多不可考",只能就三叔祖富曾、二叔师培字迹略加辨认。笔者所辨寿曾字迹,多非在浮签、眉批上,又是只言词组,非详细比勘两稿而不得。至于刘恭冕,次羽时代已隔两代,自然不甚熟悉。最重要的是,当刘葆儒之时,首要任务是影印、整理先世稿本,非详细离析、分辨校语归属。

⑤ 林庆彰:《清代经学研究论集》,"中研院"文哲所,2002年,第312—316页。

《上刘孟瞻先生书》："前闻孟慈先生言,称夫子近治《左疏》,长编已具,明春即可从事编纂。"①其"长编"即指孟瞻之长编,所谓"明春编纂"者,指的是进入"开笔撰写"阶段。又刘毓崧《先考行略》:"(《疏证》)草创四十年,长编已具,然后依次排比,成书八十卷。"②其"依次排比"的长编有八十卷之多;第二,"开笔撰写"等三个阶段,虽有时间次序的先后,但对于卷帙浩繁如《左传》者,如前所述,乃是分卷分帙撰写的。换言之,对于每卷每册而言,先撰写疏文,再进行"增修",最后"录写"。但前一卷之录写与后一卷之开撰容可同时兼有,据上文探论,刘寿曾撰隐公、桓公时即如此。以孟瞻、恭甫分野论说,孟瞻撰写、写定、誊清第一卷,以后均属恭甫"撰写疏文";第三,刘寿曾物故,刘氏后人虽断断续续有续撰之志,但总体以整理、"录写"为主。落实到《左疏》稿本,至少"僖公以后"的副稿,乃富曾等人所誊清。由于主力执笔者的过世,使得"开笔撰写"与"录写"两阶段的差异,体现在《左传旧注疏证》上尤为显著。今若明晰撰述新疏的每阶段区别,更可知副稿中僖元年至廿二年的"提纲稿",乃出于富曾整理时所用,断无可能据长编作提纲,而再据提纲查编撰写。试想,若撰写、增修、誊录者均为寿曾一人,则自当熟悉原稿中疏文,径直录写即可,何必再需提纲?而正因为寿曾已逝,录写者换成了对原稿撰修内容并不了解的富曾,为了准确保持先兄稿本原貌,自然需要预先制作"提纲稿"以清眉目,为自己下一步的整理、誊写提供便利③。1909年,刘师培着手"赓续""发抄"《疏证》,以欲尽早刊版行世,其家书曰:

《左疏》旧稿现已发抄,嗣后定当随编随刻,以期速成。④

当时撰修与录写的工作落在刘富曾、师培身上。而在"发抄"阶段,又期"随编随刻",恰与刘文淇、寿曾时随撰随录的模式相映成趣。

对勘两组稿本的文献面貌并寻绎前后增删的内部文证,印证了前文归纳的认知:刘文淇撰成第一卷后,随着执笔者更易,"开笔撰写"阶段的主要责任者转为寿曾,《左疏》原稿如实反映于此;而由于《左传》篇幅庞大,故在实务操作中,"录写"与撰疏两阶段容有一定程度的重叠。稿本可证,至少副稿中的一部分有刘寿曾参与的痕迹,其模式复刻刘文淇两步写定卷一耳。而至恭甫殁后,刘富曾、师培等人继续《左疏》之业,但以整理、誊录为主,在1909年以前业已"发抄"一部分。在明晰了上述成稿模式以

① 收入刘师培:《左盦题跋》,《刘申叔遗书》,第28b页。
② (清)刘毓崧:《通义堂文集》卷六,第68a页。
③ 经笔者统计,提纲稿中提及"二兄"者共5次。提纲改称"大兄"为"先大兄",而未称"先二兄",则似提纲稿撰写时在刘贵曾(1845—1899)生前。然"二兄"之称也未必不能兼涉"先二兄",所以此处暂时存疑。
④ 此函手稿藏扬州市图书馆,今据刘建臻:《清代扬州学派经学研究》,第383—386页。

后,方能适切平议刘寿曾"续撰"说。

四、再论刘寿曾之"续撰"

清末民初,极负盛名的《左传旧注疏证》为学界引颈期盼[1],仪征刘氏累世经营新疏,即便著者只署刘文淇之名,读者亦知《疏证》蕴含几代人的心血。然而,其撰修模式与细节仍是历来研究的焦点所在。自从刘家献书,外界获睹两组稿本后,学者如顾廷龙、李树桐等,得出了第一卷以外的疏文,主要出自刘寿曾一人之笔的一致结论,[2]此殆亲验原稿笔迹后的强烈印象。这与晚清以来的外部记载若合符契,与刘寿曾为至交的孙诒让,其《刘恭甫墓表》曰:

> 伯山先生继其业,亦未究而卒。……(恭甫)念三世之学未有成书,创立程限、锐志挈纂,属稿至襄公四年,而恭甫又卒。……恭甫得之则大喜,报书谓编《左疏》已至襄公,而以早成《周官疏》为勉。[3]

孙诒让受刘恭冕、寿曾影响而以撰著《周礼》新疏为任,自至金陵以后,与恭甫等人多所研讨,故对《左疏》之纂修进程有一定的了解[4]。《墓表》首云孟瞻写定第一卷,而至伯山时,仅泛云"继其业""未究而卒",并未指实撰疏也。及恭甫时,则明确其订立科程、属稿编疏的过程,此仲容所亲历也。同样过往甚密的挚友刘恭冕,致函恭甫,亦提到其编《左疏》:

> 今岁无事,纂《左疏》甚力,十数年之后,衰然成书,不得之于今,乃得之于继志述事之大君,复何所憾邪?[5]

刘恭冕得知寿曾"纂《左疏》甚力",恭甫来书必叹力犹未逮,成书无期。叔俛覆信则报以有继其志之子续疏,而不必担心,足证同任《论语》新疏之好友亦知恭甫肆力《疏证》。至于刘家内部的记述,辅佐其兄修撰《左疏》的刘富曾,撰《亡侄丁酉科举人师苍

---

[1] 梁启超《中国近三百年学术史》云:"乾隆以前未有专注此传(引者按:谓《左传》)之人,到嘉道间刘孟瞻、伯山父子继续著一部《左传正义》,可惜迄今未成书。……此书若成,价值或为诸家新疏之冠,也未可知。……刘家子弟闻尚有人,不审能把家藏稿本公之于世否? 就是缺了昭、定、哀三公也无妨呀。"(商务印书馆,2011年,第233、243页)足见梁任公之期待。

[2] 顾、李对稿本笔迹的描述,与刘葆儒合。次羽多次表明原稿笔迹为先祖恭甫公之笔,刘葆儒致四叔师颖信曰:"查《左疏》原稿悉为恭甫公手录。"(转引自杨丽娟《学海遗珍:仪征刘氏家藏书札笺注》,广陵书社,2014年,第83页)

[3] (清)孙诒让:《籀庼述林》卷九,《续修四库全书》(子部第1164册),上海古籍出版社,2003年,第10a—11a页。

[4] 关于孙诒让《周礼正义》的撰述因缘,详参拙作《孙诒让校读〈论语正义〉考略——兼论其"重疏《周官》"的学术因缘》,《中国典籍与文化》,待刊稿。

[5] 陈烈编:《小莽苍苍斋藏清代学者书札》,人民文学出版社,2014年,第802页。

墓志铭》曰：

> 吾家先世治经，先祖为《左氏正义》，长编已就，先兄继之，仅及其半。[1]

富曾明言刘文淇撰新疏，主要纂成长编，继任续撰者是"先兄"寿曾，并未言及大伯毓崧。由此可知，在时人的观念中，"续撰"新疏者仅寿曾一人而已。这就提醒吾人，新疏的编纂过程是一个漫长的历程，需要分阶段分工作方可明晰各人职司。所谓刘寿曾"续撰"说，应限定在"开笔撰写"阶段，对应到稿本则主要聚焦于原稿。反观刘家余人主要工作是助纂，李树桐等整理者目光敏锐，在顾廷龙"实寿曾一人笔"的基本论断之后，言原稿"也有贵曾、富曾参与过的痕迹"，既谓"参与"，就非主要撰写者。从原稿的角度来看，即便寿曾是主纂者，遇到专业知识如历算者，犹须兄弟襄助。《整理后记》云：

> 事实上，我们在疏证文字中也看到许多"贵曾案""贵曾曰"，<u>这都是有关古历方面的</u>。因为刘贵曾从成蓉镜学三统历法，遂精此道，著有《左传历谱》。[2]

整理者体认到，对于牵涉多方面专业知识的大经《左传》，为其撰述新疏确实需要协助，所以原稿上自然也应兼有助纂者的字迹，只是二者在"撰写疏文"阶段的角色不能颠倒。职是之故，所谓"实寿曾一人笔"也是仅局限针对原稿面貌的认定，未曾抹煞刘家余人的功绩。再回到刘寿曾在文集、信札中自称作《疏》，均以"编"或"纂"统称，虽看似概括而能如实地反映当日情境。

其实，关于刘寿曾以外，刘氏在"开笔撰写"阶段的工作，三弟富曾略有透露，其《亡侄师培墓志铭》曰：

> 盖曾<u>戢理</u>先祖《左氏长编》，并习三统天算，欲继大兄二兄所编之业为之也。[3]

据此，当"大兄"寿曾撰写疏文时，富曾等人也有从旁综理刘文淇时所遗之长编八十卷。所谓"戢理"也者，不仅包含简单的整理工作，也包括补入后见资料，甚至加入一定的编案与考证。从此细究，容可反思、推测刘毓崧的角色。外部材料叙述刘毓崧时，因其为孟瞻子恭甫父，很难想象没有直接参与《疏证》的编写工作，然而无论行略、行状、墓表等相对一手的史料，均仅称其缵续《左疏》而未竟其业，似暗示伯山未曾撰疏。曾圣益对刘毓崧留下的著作进行全面的梳理研究，认为其学术思想特色惟在会通经义、通经致用两端，故谓其学术成就集中于旧疏考正及斠雠纂辑上，"惟刘毓崧以

---

① 梅鹤孙：《青溪旧屋仪征刘氏五世小记》，第 92 页。

② 中国科学院历史所整理：《春秋左氏传旧注疏证》，书末第 5 页。

③ 梅鹤孙：《青溪旧屋仪征刘氏五世小记》，第 93 页。

整理及编辑《左传旧注疏证》相关资料为主,但未进行抄录,故据书稿无法看出其作为",所论精实;①而郭院林据隐八年《传》"先配而后祖"疏证,认为与《通义堂文集》卷三《大夫以上庙见后成昏说》述义相合,故称《疏证》中部分按语意见出伯山之意,眼光锐利。②曾、郭二氏意见若准以"开笔撰写"阶段,有一定的龃龉处,但若放置到新疏编纂的四阶段整体,则实怡然理顺。盖刘毓崧在孟瞻殁后,除了将其考正唐人旧疏的工作从《左传》扩展至《尚书》《周易》两经,亦应参与到长编的"戬理"之中,这就兼有补入资料与一定的按断与考证。以隐八年《传》"先配而后祖"疏文的发展脉络论之,长编中刘文淇必有相当的论述,伯山参编后,因裒集相关材料论述陆续作《大夫以上先庙见后成昏》三篇。曾氏指出,此文原名似为"先配后祖贾服义",显为疏释隐八年《传》而作。尔后因与刘端相互驳论,形成系列著作,最后由子寿曾汇集、整合、完善,成《昏礼重别抡对驳义》两卷。③因此,当伯山按原题《先配后祖贾服义》时,确如郭氏所言,乃其所发明的论断。是故,回归到编纂长编的情境,刘毓崧有其撰述角色。今原稿隐八年《疏证》为刘寿曾笔迹,属于"开笔撰写"阶段,固宜属恭甫所写。然疏证经过两代的发展,主要观点承继未变,但限于"疏"之体例与篇幅,精要概括疏释,因融汇前后说法,径直视为仪征刘氏之学即可,则不必在"按"前遽冠名姓④。读者若欲细究此段礼学争议,移观伯山文集或《昏礼重别抡对驳义》,无须在疏证中分其轩轾。职是之故,曾氏将此统视为仪征刘氏三世乃至四世发展之学,并认为毓崧似未参与作疏亦甚合理。李树桐的《整理后记》对写定稿以后仍有颇多"文淇案"表示疑问,其实如此可反证仪征刘氏在长编中,已有一定的研究论断,反映其累世修撰的成果,惜长编亡佚,无法细探其中内容。综合考论,刘毓崧对《疏证》的结晶应体现在长编中,而其与寿曾在隐五年疏文撰写伊始,既已作好明确分工。

　　如果从稿本流转、收藏的角度,也可确立刘寿曾在"续撰"阶段的位置。就"撰修疏文"的原稿本而言,其向来由"大房"家保存。除了恭甫去世后,因撰写需要一度存

---

①　曾圣益:《考据斠雠与应世:仪征刘氏经学与文献学研究》,第 22—54 页。

②　郭院林等整理:《春秋左氏传旧注疏证·整理说明》,第 9—10 页。郭氏观点,于《清代仪征刘氏〈左传〉家学研究》(2008)中既已拈出。

③　对从刘毓崧发展至刘寿曾的《昏礼重别论对驳议》的内涵讨论,以及仪征刘氏与刘端在礼学上的差别与争议,曾圣益《〈昏礼重别论对驳议〉疏论》介绍、梳理其始末尤为明晰,可参氏著《考据斠雠与应世——仪征刘氏经学与文献学研究》,第 83—110 页;而至于回归礼学,平议并最终解决仪征刘氏与刘端的礼学争议,详参虞师万里:《昏礼阶级异同说平议——以〈士昏礼〉与〈昏义〉〈曾子问〉为中心》,《中国经学》第 16 辑,广西师范大学出版社,2016 年,第 53—75 页;《昏礼阶级异同说平议:以〈士昏礼〉与〈春秋三传〉〈列女传〉为中心》,《中正汉学研究》2014 年第 1 期,第 161—186 页。

④　就刘寿曾乃刘毓崧子的位置而言,若长编中有"毓崧按",其作疏不容不标出如"文淇案"然。

于二房之刘师培处,嗣后仍复归大房。与顾廷龙相见之刘葆儒,为寿曾子师苍长子,葆儒过世后,1954 年第一次献书上图之刘崇儒是其胞弟,1983 年前后第二次献书的刘模为崇儒之子,前后俱有脉络可循。今人细分仪征刘氏撰述《疏证》执笔者,是对顾廷龙、李树桐以来研究的发展、深化,但其论说基础,理应在对稿本面貌的完全掌握,以及对新疏编纂四阶段的深刻理解之大前提上。《左传》新疏因其体量庞杂、头绪繁多,撰述者荟萃各家经说、解诂而折衷之,是其编纂的分工不仅有益于掌握清人成稿的细节与掌经过程,更融汇有独特的经解意涵。《左疏》原稿首叶存《注例》,曰“服虔;贾逵;贾服以为;贾服云;贾服以;旧注”①,与刘文淇在《与沈小宛先生书》中所揭櫫的“先取贾、服、郑君之注,疏通证明”解经策略相合,以《左传旧注疏证》而言,实缘汉儒古注旧说亡佚,只得求诸先秦两汉群书辑存的古义,对其疏通证明②。据此而论,《左传》新疏虽标举“例精义博”“义证宏通”,但仍因循“尊汉学”“倡古义”的经解偏向,并非如《清经解》正续编中一般的解经作品。埋首执笔的经学家在撰写的过程中,虽各有特点,但无不遵循此例。是故就仪征刘氏四世传经表现的成果来看,其治经方法与解经思路具有连贯性,仅就《疏证》而言难分彼此歧异。同时,在撰写疏文的过程中,因应经典诸端解释需求,会产生多重种类、系列的考证、经解专著。今若综观刘文淇、毓崧、寿曾乃至师培的文集与《春秋》经著,多为参与编纂《旧注疏证》而衍生的各级著述。然则各人研究偏好为何? 经解差异何在? 这与当日新疏的成稿模式与具体分工,均有密切的关联。而未来的研究重点,宜乎须在细勘两组稿本后,对刘氏四世的诸人分工,以及前后著作的变化作更细密、全面而详尽的分梳③,最后在此基础上再演绎、归纳《疏证》在晚清民初经学史上的意义与价值。

---

① (清)刘文淇等:《春秋左氏传旧注疏证》原稿,电子稿第 5 页。
② 关于清代十三经新疏的定义,以及学术史的发展,参张师素卿:《清代新疏在经学史上的意义》,收入师编:《清代汉学与新疏》,五南图书出版公司,2020 年,第 1—44 页。
③ 对于此议题,笔者另撰有《〈春秋左氏传旧注疏证〉纂修与成稿蠡探——兼论仪征刘氏诠〈左〉策略及其解经模式》一文(未刊稿),再详论之。

上海图书馆藏新见端方旧藏汉刻碑拓述略

沈传凤

（上海图书馆历史文献中心）

端方（1861—1911），满洲正白旗人，托活洛氏。字午桥、午樵，号匋斋，又号宝华庵主人。谥忠敏。光绪八年（1882，壬午）举人，官至四川总督，辛亥年率鄂军入川，于资州遭遇兵变殉难。《清史稿·端方传》云"端方性通侻，不拘小节，笃嗜金石书画"①，藏有彝器六百余件、汉至宋元碑碣千余品，可谓"集古今中外之大成"②。

2023 年 11 月上海图书馆举办"大汉雄风"汉碑善本展之际，新见未编端方藏汉刻碑拓十七种，皆蓝色封面，线装，纵 43.6 厘米，横 27 厘米，册后有题跋、题诗、观款若干。现将之介绍如下，以飨同好。

图 1 《三老讳字忌日记》
张之洞题签

一

（一）三老讳字忌日记

东汉建武末年至永平年（约 52—75）刻立。此咸丰初拓本，右栏第四列第一行"次子邨"之"次"字右上角界栏垂直交汇处尚存，即"次字不损本"。此册封面有张之洞题签"精拓汉三老石刻"，内有张廷济题内签。（图 1）计拓本七叶，题跋四叶。钤有"清泉""周世熊印""余姚客星山周清泉手拓""余姚周清泉金石书画记"印。

此本为周清泉手拓，黄绍箕赠与端方者。有光绪二十八年（1902）李葆恂、陈兆葵题记，光绪二十九年顾

---

① 赵尔巽等撰：《清史稿》卷四六九，中华书局，1977 年，第 12786 页。

② 褚德彝：《金石学录续补》卷上，民国八年（1919）余杭褚氏石画楼铅印本，第 26 页 b。褚德彝原名德仪，为避溥仪讳，宣统后改名彝。本文依时代区分其名，各存其旧。

印愚题诗,光绪三十四年王瓘、张祖翼、汪树堂题跋及震钧题记。有光绪二十八年张之洞、李佳继昌、周钺观款。册前有黄绍箕致端方札一通。

此刻因出土较晚,文献多不见载,张德容《金石聚》卷二有载①。李葆恂、汪树堂题跋对刻石的年代均提出考证②。此刻与《跳山地券》《禹陵窆石》并为"浙江三宝",是浙东金石之冠,金石僧六舟曾叹为"两浙第一碑"③,故出土不久,便有重刻本。

(二) 三公山神碑并额阴

汉代三公山碑有三,均在直隶元氏县:一为元初四年(117)《祀三公山碑》;一为光和四年(181)《三公山碑》,碑额旁隶书"封龙君灵山君"六字;一即此《三公山神碑》,四面刻文,由吴式芬访得,碑面漫漶,拓本稀见。

此庄缙度藏本。虽残缺漫漶不可尽读,拓本行间有庄氏墨笔释文,并题记曰"原释一百九十五字,补释一百〇六字,改释十五字,共得三百〇一字",但碑阴、额俱全,属精足之本。(图 2)封面有费念慈题签"祀三公山碑",实误。内有庄缙度题旧签二:一曰"汉三公山神碑",一曰"汉顺帝阳嘉二年建"。计拓本二十叶半,题跋五叶半。钤有"裴斋鉴赏""眉叔所藏金石""小蓬莱阁""黄雁山人珍藏""裴斋""眉叔"等印。

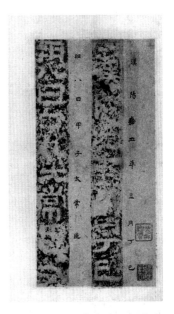

图 2 《三公山神碑并额阴》拓本

此册有光绪二十八年(1902)李葆恂、褚德仪、王秉恩题跋,光绪二十九年金蓉镜题记,光绪三十四年王瓘、陈伯陶、张祖翼、汪树堂题跋,吴广霈、杨寿昌题记。有光绪二十七年张之洞观款。王秉恩的长跋详叙了法食之制及公牍文字格式,民国十八年(1929)由其子王文焘转录于家藏本卷首④。

---

① (清)张德容《金石聚》卷二,清同治十年(1871)二铭草堂刻本,第 1 页至第 3 页。卷二目录下记载曰"三老忌日碑 建武□年　前人未有著录　浙江余姚"。

② 见此本李葆恂题跋:"……详其文义,乃纪其高祖三老讳通者,卒于建武间耳,以此推之,其世代当在建武后百余年,就隶势时断之,确为汉人刻石,但非必在汉初光武之世,或在永建、阳嘉间,未可知也。"又汪树堂题跋:"……碑额断缺……尝自跋云建武纪元有七,惟光武有二十八年,且有壬子,碑纪其母忌,即值壬子,以时推之定为东汉初文字无疑。"

③ 仲威:《善本碑帖过眼录(续编)》,文物出版社,2017 年,第 17 页。

④ 上海图书馆编:《大汉雄风——上海图书馆藏汉碑善本》,西泠印社出版社、上海科学技术文献出版社,2023 年,第56—59 页。王文焘题跋曰:"右家大人为端忠敏公跋所藏阳嘉眉叔湖庄剪裱册也,稿久逸失。今夏于侯官陈淮生许见之,因亟假归录于家藏本之首,壬寅至今二十有七载矣。"

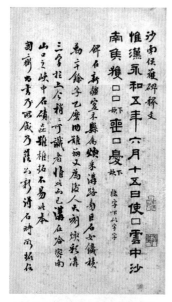

图3 《沙南侯获碑》李葆恂
释文并题跋（部分）

（三）沙南侯获碑

东汉永和五年（140）刻立，石在新疆哈密宜禾县焕彩沟。此萨迎阿初拓本。碑文止前三行，后有萨迎阿道光八年（1828）冬跋刻，此跋语往往不拓或割弃，此本存此后跋，洵堪宝贵。封面有费念慈题签。计拓本十八叶半，题跋七叶。钤有"壬甫""张季达读碑记""生时世界尽莲花"等印。

有光绪二十八年（1902）李葆恂、王仁俊、金蓉镜题跋，光绪三十三年吴广霈题跋，光绪三十四年王瓘、陈伯陶、张祖翼、汪树堂题跋。有光绪二十八年程颂万、张之洞、李佳继昌观款、光绪二十九年文悌观款、俞廉三观款。李葆恂、王仁俊、张祖翼均有释文，奈何碑地荒远，又石理疏泐，文字损甚，不易辨识，故三家释文皆存异同。（图3）

（四）景君碑并额

东汉汉安二年（143）刻立。此嘉道拓本。第三行"身殁"之"身"字泐左上半，第八行"残伪易心"之"残"字"歹"部上横泐，第十一行"商人空市"之"市"字泐存右下小部分，倒数第三行"绥元兮"之"绥元"未全损，"兮"已泐。此本少碑阴，乃庄缙度旧藏，道光二十八年（1848）夏于骆氏搜访得之，并亲自裁粘成册，又于拓本行右朱笔释文。封面有张之洞题签，拓本前有庄氏题内签。册内有庄缙度题跋并抄录都穆《南濠诗话》、翁方纲《两汉金石记》、钱大昕《潜研堂金石文跋尾》等相关内容。计拓本二十叶半，题跋六叶。钤有"查嗣瑮印""鹤水家声""阳湖庄缙度章""庄氏""石痴"等印。

有光绪二十八年（1902）李葆恂、瞿廷韶题跋，光绪三十三年杨守敬题记，光绪三十四年张祖翼题跋及王瓘、金蓉镜题记。有光绪二十七年张之洞观款、光绪二十八年李佳继昌观款、光绪三十三年王瓘观款、光绪三十四年沈邦宪观款。

（五）石门颂

东汉建和二年（148）刻立。此乾嘉拓本，墨色黝黑，疑为烟墨拓。第二十一行"或解高格"之"高"字下半剥蚀泐白，"高"字下半尚未添刻出"口"部。封面有张之洞题签，册前有张祖翼摹额"故司隶校尉楗为杨君颂"。计拓本三十八叶，题跋一叶半。

有光绪二十八年（1902）李葆恂题跋、光绪二十九年俞廉三题记、光绪三十四年张祖翼题跋。有光绪二十八年周钺、张之洞、李佳继昌观款，光绪三十三年杨守敬观款及金蓉镜观款。

（六）鲁相韩敕造孔庙礼器碑并左侧

东汉永寿二年（156）刻立。此道光拓本。第五行"修饰宅庙"之"庙"字"月"部几乎泐尽，第九行"圣人不世"之"圣"字"壬"部首笔损，底横起笔处已损，第十一行"水通四注"之"通"字中竖与右侧石花泐并，第十五行"陶元方三百"之"三"字已与下石泐连，"百"字损半，字中小撇已不可辨。

此本存左侧，纸墨与碑阳不同，当取他本缀补。封面有李葆恂题签，册前有张祖翼题内签。计拓本二十四叶，题跋二叶半。有光绪二十八年（1902）李葆恂、褚德仪、胡棣华题跋，光绪二十九年邓邦述题记，光绪三十三年张祖翼题记。有光绪二十八年张之洞观款、光绪二十九年邓嘉缜观款、光绪三十三年郑孝胥观款。

（七）郑固碑并额

东汉延熹元年（158）刻立。此嘉道拓本。第二行"遂穷究于典籍膺"之"籍"字已泐，第七行"遭命陨身"之"命"字末笔下端未与石花泐连，第十三行"贡计王庭"之"庭"字，延字底损。此本为庄绶度旧藏，道光二十八年（1848）夏得于骆氏，拓本旁有朱字释文。封面有张之洞题签，册内有张祖翼、庄绶度题签，有庄氏题跋。计拓本十四叶半，题跋三叶。

有光绪二十八年（1902）李葆恂、褚德仪题跋，光绪二十九年章钰题跋，光绪三十三年震钧、张祖翼题记。有光绪二十八年张之洞、李佳继昌观款，光绪二十九年俞廉三观款，光绪三十三年杨守敬观款。

（八）孔宙碑阴

东汉延熹七年（164）刻立。此嘉道间拓本，楮墨淡雅，泐为精微。此本为庄绶度旧藏，道光二十八年（1848）十一月得自藤花馆，仅见碑阴，存四十二人，下阙门童一人、故吏八人、故民一人、弟子十人，计阙二百一十六字，旁有庄氏朱笔释文。（图4）封面有李葆恂题签，册内有庄绶度题签并题跋。计拓本二十一叶，题跋五叶。

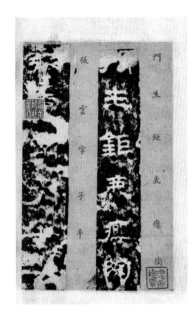

图 4 《孔宙碑阴》拓本

有光绪二十八年（1902）李葆恂、褚德仪、金蓉镜题跋，光绪二十九年周德馨题诗，光绪三十三年张祖翼题记。有光绪二十八年张之洞观款、光绪三十三年杨守敬观款。

（九）史晨碑

东汉建宁二年（169）刻立。此清初拓本。第二行"阐弘德政"之"弘"字"口"部未与右上石花渻连。第五行"乾（川）坤所挺，西狩获麟"之"获"字右上角草字头未渻去。第七行"德亚皇代，虽有褒成"之"褒"字捺笔未连及石花。第十一行"臣辄依社稷出王家谷春秋行礼"之"秋"字首撇及第二笔横画已渻去，"王"字稍损，"家"字渻去右下一大块。此本纸墨深古，封面有张之洞题签"旧拓鲁相史晨奏祀孔子庙碑"。计拓本十五叶半，题跋三叶。

有光绪二十八年（1902）李葆恂、诸可权题记，褚德仪题诗，光绪三十三年杨守敬题记，光绪三十四年张祖翼题记。有光绪二十七年张之洞观款、光绪二十九年俞廉三观款。其中诸可权题跋道出当时帖贾割取"秋"字，移补异处，以充旧拓的作伪手段①。

（十）析里桥郙阁颂

东汉建宁五年（172）刻立。此册碑字不全，乃付装时剪去坏字，留出空格之故。此本前后纸墨不同，系两本联合，前半稍古，后半较新。第八行"开石门元功不朽"之"功""力"部已渻去，"工"与石花渻连，"不朽"已割去。第九行末"校致攻坚"四字不损。封面有

图 5 《析里桥郙阁颂》李葆恂题签

---

① 见此本诸可权题识："碑中'春秋'字凡三见，一曰'故作《春秋》，以明文命'，一曰'出王家谷，春秋行礼'，一曰'乃作《春秋》，复演《孝经》'是也，三'秋'字末一字漫灭已久，中一字国初拓本已仅存火旁，末笔完好者惟最前一字耳。……近来帖贾渔利之术命工往往从前段'到官，行秋飨'句割取'秋'字，移补是处，以充旧揭，纸墨一色，颇易乱真，非取旧本对勘而细审之，何由辨其伪哉？"

李葆恂题签,册前有张祖翼题内签。(图5)计拓本十六叶半,题跋四叶。有文悌钤印"仲恭审定"。

有光绪二十八年(1902)李葆恂、褚德仪、杨钟羲、邓邦述题跋,光绪三十三年吴广霈题跋,光绪三十四年王瓘题跋及张祖翼、震钧、汪树堂题跋。有光绪二十八年张之洞、李佳继昌观款,光绪二十九年俞廉三观款。

(十一)尹宙碑并额

东汉熹平六年(177)刻立。此乾隆拓本。第十三行"位不福德"之"德"字极漫漶,全碑字画虽损,但一字不缺,仍可谓"全文本"。封面有宝熙题签,册前有张祖翼、王瓘篆书题额。(图6)计拓本十三叶半,题跋二叶半,有文悌钤印"仲恭审定"。

有光绪二十八年(1902)李葆恂题跋,光绪二十九年金蓉镜题跋,光绪三十三年杨守敬题记,光绪三十四年沈邦宪、张祖翼题记及王瓘、杨钟羲、俞廉三题跋。有光绪二十七年张之洞观款。

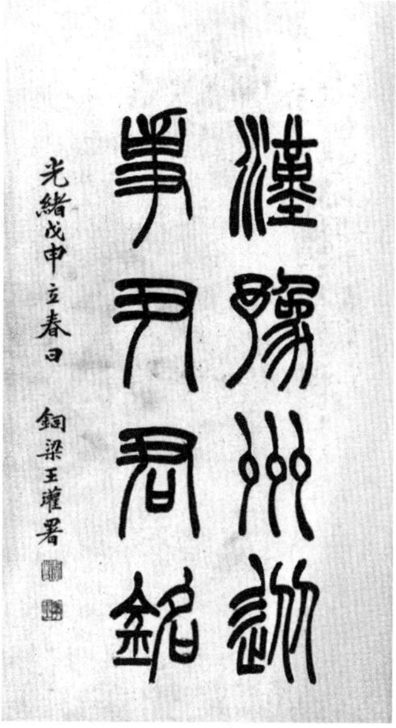

(十二)白石神君碑并额阴

东汉光和六年(183)刻立。此嘉道拓本。第六行"高等"之"等"字漶连石花,第九行"火无灾□"之"□"字完好,第十一行"峻极太清"之"清"字首点已损,第十三行"匪奢匪俭"之后一个"匪"字未损。此本碑阳与碑额、碑阴拓片不是同时期,碑阴稍逊。封面有李葆恂题签。计拓本四叶半,题跋四叶。

有光绪二十八年(1902)李葆恂、王仁俊、杨钟羲、邓邦述题跋,光绪三十四年张祖翼题跋。有光绪二十八年张之洞观款,光绪三十三年郑孝胥观款及宝熙观款。

(十三)樊敏碑

东汉建安十年(205)刻立。此同光拓本。字体虽漫漶,循行仍可读,字画雅重浑厚。第九行"号曰"之"曰"完好,第十六行"有物有则"下"模楷"之"楷"左半部漶损,第十七行"大选"之"大"下半漶损。封面有张之洞题签,册前有张祖翼题签。计拓本十九叶,题跋二叶。

图6 《尹宙碑并额》王瓘题额

有光绪二十八年(1902)周钺、李葆恂、宋育仁题记,光绪三十四年张祖翼题跋及金蓉镜题记。有光绪二十八年张之洞、李佳继昌、郑孝胥观款。

(十四) 高颐阙

东汉建安十四年(209)刻立。阙在四川雅安,与金鸡关遥遥相对,左右阙俱在。左阙现存主阙,耳阙已失,阙身背面柱间有四行二十四字隶书铭文。右阙建制完整,由台基、阙身、楼部和顶盖四部分构成,阙身背面亦存二十四字隶书铭文,顶盖第一层下有二十四只外露的枋头,上各刻隶书铭文一字,计二十四字。

图 7 《高颐阙》拓本

此本旧拓,既收录左右阙柱间铭文,包括右阙"汉故益州太守阴平都尉武阳令北府丞举孝廉高君字贯光"、左阙"汉故益州太守武阴令上计史举孝廉诸部从事高君字贯方",计拓本十二叶,又收录右阙顶盖枋头铭文二十四字,即"汉故益州太守阴平都尉武阳令北府丞举孝廉高君字□□",计拓本六叶。(图7)因后者在顶盖高处,棰拓不易,往往失拓,此册俱存,实属难得。封面有费念慈题签,册前有张祖翼题签。

有光绪二十八年(1902)李葆恂、褚德仪、邓邦述题跋,光绪三十四年王瓘、张祖翼题跋。有光绪二十八年张之洞、李佳继昌观款,光绪三十三年杨守敬观款。

(十五) 蜀中诸阙合册

此本收录蜀中石阙六种,皆刘喜海为辑《三巴汉石纪存》搜访时拓本①,合一册。是册封面有张之洞题签"蜀中诸阙",册中有光绪二十八年(1902)杨钟羲、周钺题记,光绪二十九年金蓉镜题记,光绪三十四年王瓘题跋。(图8)有光绪二十八年李佳继昌观款,光绪三十三年杨守敬观款。

是册其一《高颐阙》,计拓本十二叶,存左右阙柱间铭文,共左阙二十四字、右阙二十四字,其中"诸""君""光"漫漶不清。前有张祖翼题签"高颐阙"。有光绪二十八年李

---

① 见此本王瓘题跋:"匋斋尚书所藏此册《蜀中汉阙》,皆刘燕庭方伯辑《三巴汉石纪存》时搜访初拓本,内中所缺者惟《王稚子阙》《贾公阙》《上庸长》《王君阙》暨《高颐阙》上横之字。"

图8　《蜀中诸阙》王瓘题跋　　　图9　《蜀中诸阙·高颐阙》张大千题诗

葆恂、陈绍炘题跋,光绪三十四年张祖翼、王瓘题记及杨守敬题记。其中杨守敬跋曰:
"阙横梁难拓,又每字一纸,故翻刻为整石。"因右阙横梁枋头铭文往往失拓,二十四个
枋头各刻一字,内容与柱间铭文相同,故杨氏将右阙柱间铭文误为横梁铭文,才定为
翻刻,而王瓘即对此说纠误:"此阙横梁在最高处,每字一石,曩年未有拓者,故仅有左
右二阙之字……杨君星吾以整石为翻刻误,盖不知梁上字为又一事也。"末存张大千
题诗一首:"朝登金凤山,夕攀高颐阙。雅雨与黎风,郁此山水窟。"此为张大千在民国
三十六年(1947)西康之行中,与杨孝慈共游雅安时所作。(图9)

其二《李业阙》,在四川梓潼县。阙身正面左上方刻隶书两行八字,其下刻清道光
乙巳年(1845)周树棠题识,记移阙置祠之事。此阙隶势瘦劲,与《蜀侍中杨公阙》同一笔
意。拓本流传稀少。是本张祖翼题内签"李公阙",计拓本二叶,存隶书八字"汉侍御史李
公之阙"。后有光绪二十八年李葆恂、陈绍炘题记,光绪三十四年张祖翼、王瓘题跋。

其三《杨宗阙》,在四川夹江县,存双阙。左阙阙身正面柱间刻隶书铭文两行,计
十四字。是本有张祖翼题内签,计拓本四叶,存铭文"汉故益州牧杨府君讳宗字□仲
墓",此旧拓本,其中"牧""杨"字存右半,"杨"字"易"旁下"勿"笔道尚清晰,"讳"字存下
半。后有光绪二十八年李葆恂、陈绍炘题记,光绪三十四年张祖翼、王瓘题跋。因拓
本中"讳"字存下半,且下有石花似四点,李葆恂识之为"谯",陈绍炘沿袭此说,张祖翼
予以考辨纠正。

　　其四《冯焕阙》,在四川渠县。东汉永宁二年(121)刻立。现存东阙,阙身正面有隶书铭文两行。是本有张祖翼题内签,计拓本四叶,存铭文廿字"故尚书侍郎河南京令豫州幽州刺史冯使君神道"。后有光绪二十八年李葆恂、陈绍炘题记,光绪三十四年张祖翼、王瓘题跋。此阙虽石花剥落,字迹消磨,然其隶书险奇,字极奔放,有"快马入陈之势"①,王瓘叹为"蜀中各阙之冠"②。

　　其五《杨公阙》,在四川绵州梓潼。现存右阙主阙,阙身正面刻两行隶书"□故侍中□公之阙"。是本有张祖翼题内签,计拓本三叶,末隐约间刻有"杨□□"等楷书小字二行,疑乃后人题记。后有光绪二十八年李葆恂、陈绍炘题记,光绪三十四年张祖翼、王瓘题跋。此本石花剥蚀,铭文后小字题刻多不见,正如陈绍炘题记中言:"《杨公阙》所见者小字多不可识,此本尚能辨识数字,洵属早年旧拓。"

　　其六《沈府君阙》,在四川渠县。现存双阙,相向而立。左阙存铭文十五字"汉谒者北屯司马左都侯沈府君神道",右阙存十三字"汉新丰令交阯都尉沈府君神道",在阙前立有清道光二十九年(1849)王椿源《沈府君神道碑亭记》。是本张祖翼题内签"沈府君二阙",计拓本四叶半,存双阙文字计二十八字。后有光绪二十八年李葆恂、陈绍炘题记,光绪三十四年张祖翼、王瓘题跋。此阙书法波磔飞扬,遒古秀逸,与《冯焕阙》异曲同工,尽显蜀地石阙的开张奔放。

(十六) 昌阳严刻石

　　清光绪初年由于泽春访得,正面铭文曰"昌阳严",背面铭文为"严掾高",计六字。是册封面有费念慈题签,册前有王瓘篆书题签"汉昌阳刻石"。计拓本三叶,题跋四叶。有光绪二十八年(1902)李葆恂、王仁俊、褚德仪题跋,光绪三十三年王瓘题记,光绪三十四年沈邦宪、张祖翼题跋及王闿运、于霖逢、程道存、梁鼎芬、沈曾桐题记。有光绪二十八年张之洞观款、光绪二十九年俞廉三观款、光绪三十三年杨守敬观款。(图10)

图 10　《昌阳严刻石》王瓘题
内签　张之洞观款

---

① 见此本张祖翼题记:"《冯焕阙》字极奔放,有快马入陈之势。"
② 见此本王瓘题记:"《冯焕阙》字体当为蜀中各阙之冠,孝禹记。"

此刻石发现较晚,因当地村人禁拓,拓本传世不多,光绪十七年(1891)端方曾命荣城姚少初夜潜三冢村传拓数纸,光绪十九年正月将其转赠王瓘①。此事在王瓘题跋本册时有所提及:"匋斋尚书曩年曾以拓本见惠,并为余言土人禁拓伺察甚严,于君泽春篝火夜往偷施毡蜡,几为土人所窘,亦可谓耆古者矣。"

(十七)仓龙庚午等字残碑

此残碑出山东滕县,碑石漫漶,尚能辨认者约七十余字,曾归端方,今藏故宫博物院。是册文字漫灭不可卒读,首行有"仓龙庚午孟春之月",中有"永寿□年"等句,故《匋斋藏石目》以"□郡太守功德刻石"标题之②。封面有张之洞题签:"汉永寿残碑,石出山东滕县,今归匋斋。"册前有张祖翼题签。计拓本四叶,题跋二叶半。

有光绪二十八年(1902)李葆恂、周钺题跋,光绪二十九年王闿运、褚德仪题跋,光绪三十三年杨守敬题跋,光绪三十四年王瓘、张祖翼、汪树堂题记及吴广霈题记。有光绪二十八年张之洞、杨钟羲观款及俞廉三观款。

二

如上将新见十七种拓本略作梳理著录。从中可见,每种册后题款盈册,前文辑录之题跋观款近一百九十余条,涉及约四十人,一百多年前雅集赏鉴的盛况可见一斑。除于霖逢、程道存、梁鼎芬、沈曾桐等未署年代外,这些题记(款)时间大致集中于两个时段,现将大致情况统计如下:

表一　光绪二十七年至二十九年(1901—1903)题跋统计表

序号	人　名	生卒年	过眼种数	题记(诗)种数	观款种数
1	李葆恂	1859—1915	17	17	0
2	张之洞	1837—1909	16	0	16
3	李佳继昌	1852—1908	9	0	9
4	褚德仪	1871—1942	9	9	0
5	金蓉镜	1855—1929	8	7	1
6	俞廉三	1841—1912	7	2	5

① 上海图书馆编:《大汉雄风——上海图书馆藏汉碑善本》,第822—823页。

② (清)端方辑:《匋斋藏石目》,上海图书馆藏抄本。

序号	人 名	生卒年	过眼种数	题记(诗)种数	观款种数
7	周 钺	生卒年不详	5	3	2
8	杨钟羲	1865—1940	5	4	1
9	邓邦述	1868—1939	4	4	0
10	王仁俊	1866—1914	3	3	0
11	王闿运	1832—1916	2	2	0
12	陈兆葵	1862—?	1	1	0
13	王秉恩	1845—1928	1	1	0
14	程颂万	1865—1932	1	0	1
15	瞿廷韶	1838—1903	1	1	0
16	胡棣华	生卒年不详	1	1	0
17	诸可权	生卒年不详	1	1	0
18	宋育仁	1857—1939	1	1	0
19	陈绍炘	生卒年不详	1	1	0
20	宝 巽	生卒年不详	1	0	1
21	顾印愚	1855—1913	1	1	0
22	文 悌	?—约1900	1	0	1
23	邓嘉缜	1845—1915	1	0	1
24	章 钰	1865—1937	1	1	0
25	周德馨	1883—1952	1	1	0
26	杨寿昌	生卒年不详	1	1	0

表二　光绪三十三年至三十四年(1907—1908)题跋统计表

序号	人 名	生卒年	过眼种数	题记(诗)种数	观款种数
1	张祖翼	1849—1917	17	17	0
2	杨守敬	1839—1915	10	5	5
3	王 瓘	1847—?	10	10	1
4	汪树堂	生卒年不详	5	5	0
5	吴广霈	1854—1918	4	4	0
6	郑孝胥	1860—1938	3	0	3
7	震 钧	1857—1920	3	3	0
8	沈邦宪	生卒年不详	3	2	1
9	陈伯陶	1855—1930	2	2	0

　　第一时期即光绪二十七年至二十九年(1901—1903)，时端方担任湖北巡抚，后擢升湖广总督。张之洞、李佳继昌、程颂万、宝巽、文悌、邓嘉缜等仅留下观款，尤以张之洞为多。光绪二十七年(1901)是题记中的最早时间，此年仅见张氏观款，以此可推测在邀友分题之前，端方即请张之洞先行过目。此外李葆恂、褚德仪、杨钟羲均在端方幕府中，搜集整理古文物，从题跋数量可见一斑，而王仁俊、王秉恩、程颂万、顾印愚或之前在张之洞幕，或正在张之洞幕府中，这众多学者被延致幕中，并在拓本上题跋观款，可见端方广纳贤士、结交同好的豪迈性情。第二时期即光绪三十三年至三十四年(1907—1908)，端方时任两江总督兼南洋大臣，创建江南图书馆，开设省咨议局。这一时期，"陶斋开府江南，广致文士，评校金石，宾从之盛，一时无两"①。张祖翼、王瓘、杨守敬在端方幕府中，时陈伯陶正任江宁布政使，亦得观端方收藏。

　　由统计得知，频繁留下题跋的有第一时期的李葆恂、褚德仪、金蓉镜、杨钟羲、邓邦述，(图 11)第二时期的张祖翼、王瓘、杨守敬、汪树堂、吴广霈等等，这充分体现了他们在端方金石鉴藏活动中的重要性和活跃度。无论在武昌寓舍，还是江宁节署，端方周围都有一批渊雅闳通的文人学士，或饮酒清谈，或摩挲金石，或鉴赏评骘，并留下了洋洋洒洒的题款跋语。这些题跋在考订名物制度、训释铭刻文字之余，亦凸显了晚清金石家群体访石鉴碑、博雅好古的时代气象。

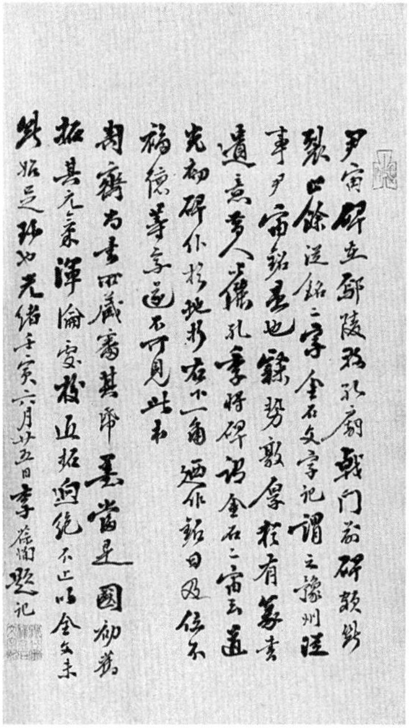

　　他们不再仅满足于书斋坐谈鉴定、摩挲传玩，而是更愿意置身荒崖断谷，搜奇剔隐、访碑抚石，从而拓而存之。譬如李葆恂在题记中就多次提及实地访碑、亲拓碑文的经历：

图 11　《尹宙碑并额》李葆恂题跋

　　　　光绪乙未冬、庚子秋客游任城，两至碑下，手模其文，见石虽残泐，尚可辨识，惟墨本则漫漶已甚，非旧拓本不可读耳。(题《景君碑》)

　　　　葆恂光绪乙未冬访碑紫云山下，遂至任城与僧复初手拓各碑，见此石与《季宣碑》残泐最甚。(题《郑固碑》)

<hr />

①　王揖唐著，张金耀校点：《今传是楼诗话》，辽宁教育出版社，2003 年，第 348 页。

又如新见《高颐阙》拓本，因右阙横梁枋头与柱间均有铭文，且内容相同，杨守敬将之混淆，以整石为翻刻，王瓘即以"余友沈君鹤子亲至阙下，绘其全图并拓梁上字寄示。杨君星吾以整石为翻刻误，盖不知梁上字为又一事也"辩驳之，极有说服力。

他们题跋不再单纯崇尚考据训诂、求古证史，随着碑学兴起，鉴赏书体、研习隶法亦成品评碑刻的新趋向。如张祖翼在题跋中多次品论书法：

此又极旧拓本，更可宝贵，字体峭厉，已开魏晋之风，实非后人重刻，惜碑阴少逊。（题《白石神君碑》）

隶法浑古不作波折，似是西汉人手笔。（题《昌阳严刻石》）

碑字颇似《武斑》，亦有轻云笼月之致，若《白石神君》则峭厉太甚，不似此碑也。（题《仓龙庚午等字残碑》）

图 12　《蜀中诸阙》张祖翼题跋

这是由隶法书势断碑版风貌，却又不囿于书法风格。张祖翼还从空间与时间双重维度来论书品鉴，独具新意。比如他论及《蜀中诸阙合册·沈府君阙》时曰："汉人隶书不独因时而变，亦因地而变，如山东诸碑多方整，陕西诸碑多流动，而四川诸阙又皆奔放，至《沈府君二阙》而极矣。"（图 12）张祖翼肆力于金石收藏，所积拓本不下一千五百种，认为金石之学考据、鉴别、临摹三者缺一不可，"夫考据可以证经史之得失，鉴别可以辨字体之良窳，与夫毡蜡之新旧，而临摹日久则又暗与古合，一望而知其真赝，非易事也"[1]，实为卓见。

他们多是学问渊通，精于考订目录金石学之人，虽为幕宾，却与端方一样嗜好金石书画[2]。这种新型的主宾关系突破了传统的幕府关系，两者以碑拓为介质，相互馈赠，共同收藏，形成了以金石鉴藏为主要活动的更融洽的学人游幕生

---

[1]　张祖翼：《序》，张祖翼：《磊庵金石跋尾》，上海图书馆藏稿本。

[2]　劳乃宣：《〈端忠敏公奏稿〉序》："公事既毕，乃麕集朋俦，摩挲金石，评骘书画，考订碑版典籍，把酒咏歌，诙谐谈笑，有时商略古今，纵论时事，俯仰百世，往往通夕忘倦。"劳乃宣：《桐乡劳先生遗稿八卷》卷二，民国十六年（1927）桐乡卢氏刻本，第 11 页 a。

态。王瓘之例,前文《昌阳严刻石》已有提及。有关汉碑收藏,端方和王瓘之间还有更

多的关联。如馆藏《阳三老石堂画像题字》卷轴装,乃端方旧藏孔氏十府初拓本,光绪十六年(1890)十月廿日转赠王瓘①。作为幕主,端方还热衷于参与幕僚朋侪间的金石鉴藏雅集,可见馆藏卷轴《延年石室题字》②。此为王瓘藏初拓本,拓片周围有光绪三十二年恽毓鼎、端方、翁斌孙题跋,光绪三十三年杨钟羲、缪荃孙题跋,还有光绪三十二年七月罗振玉、方若、刘铁云观款。(图 13)时杨钟羲与王瓘同客端方幕中,王瓘博雅好古,常尽出收藏,与同好相赏析,缪荃孙也在端方幕中,襄助其搜剔整理古物,并编撰《壬寅销夏记》。

　　端方收藏宏富,除了石刻,还致力于书画、青铜器、砖瓦、玺印、玉器等,正是这批志趣相投、热爱金石的学人名士,在如此平等和谐的幕僚关系中,为端方的金石收藏建言献策、题跋考订,使其收藏活动更具系统化与学术性。

　　这些新见藏本正是端方汉碑收藏活动极好的实物证明,他曾自言由光绪初年开始收藏汉魏旧刻③,其来源或为友朋赠予,譬如此次新见《三老讳字忌日记》即黄绍箕④所赠,拓本前有黄绍箕致端方札一通:"昨失迓甚怅。精拓《三老石刻》奉赠,乞察入。尊藏石拓求赐至幸。从者何日在寓,拟走谈,并示为荷。午桥老弟阁下。箕拜。十四日午刻。"此札便是两人间互赠拓本、金石交往最好的佐证。(图 14)或源自庄缙度⑤旧

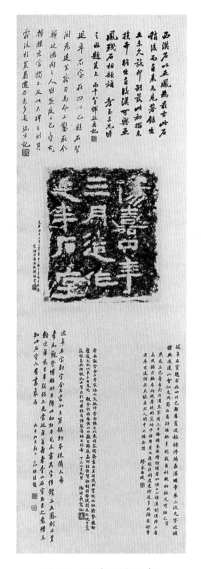

图 13 《延年石室题字》
上海图书馆藏

---

① 上海图书馆编:《大汉雄风——上海图书馆藏汉碑善本》,第 77—78 页。有端方题记:"阳三老碑出于曲阜,孔氏十府收之,孝禹书雅类此,因以检赠。"

② 上海图书馆编:《大汉雄风——上海图书馆藏汉碑善本》,第 150—151 页。

③ 仲威:《善本碑帖过眼录续编》,第 111 页。

④ 黄绍箕(1854—1908),浙江瑞安人。字仲弢,号鲜庵,光绪六年(1880)进士。黄体芳子。

⑤ 庄缙度(1799—1852),江苏阳湖人。字眉叔,号裴斋,别号黄雁山人。道光十六年(1836)进士,官户部主事、山东运河同知。藏碑拓甚富,著有《裴斋碑目》。

藏,如新见《三公山神碑并额阴》《景君碑并额》《郑固碑并额》《孔宙碑阴》等四种即是。庄缙度和黄易,在乾隆、道光年间,曾先后同官山东运河同知,两人均嗜好搜藏金石,且亲至寻访椎拓。黄易、李东桥所藏汉碑旧拓本皆归庄缙度,而庄氏近百余通汉碑拓本又归藏端方①。(图 15)

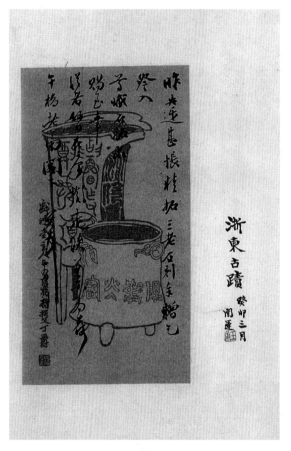

图 14 《三老讳字忌日记》黄绍箕致端方札

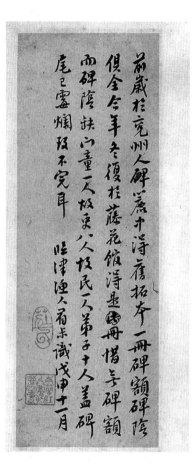

图 15 《孔宙碑阴》庄缙度题跋

端方搜集金石甚富,向不以重复而摒弃,凡善拓必纳入,故同一种碑刻往往有数本,这在许多题跋中多有涉及。今以新见拓本为例,将其中题跋所涉之副本描述统计如下:

---

① 李葆恂:《三邕翠墨簃题跋》卷一《郭有道碑残字》条曰:"……近见湨阳陶斋尚书收眉叔旧藏汉碑百余通。"民国李放刻本,第 14 页 b。

表三　题跋中所涉及副本描述统计表

题　名	题跋内容	题跋者
《景君碑并额》	所见涭阳尚书藏本,此已第五次矣。	张祖翼
《石门颂》	陶斋尚书所藏此帖余得见四本。	俞廉三
	戊申七月朔桐城张祖翼读第三本谨记。	张祖翼
《鲁相韩敕造孔庙礼器碑并左侧》	匋斋尚书藏此碑宋明旧拓已见十余本。	李葆恂
	光绪丁未祀灶日张祖翼审识第二本。	张祖翼
《郑固碑并额》	即如《郑伯坚》一碑就钰所得读者,已有六七本之多。	章　钰
《孔宙碑阴》	光绪戊申六月桐城张祖翼读第五本记。	张祖翼
《史晨碑》	光绪三十四年戊寅六月桐城张祖翼拜观第二本。	张祖翼
《析里桥郙阁颂》	匋斋尚书藏《李翕析里桥郙阁颂》数本,皆明季国初时旧拓。	王　瓘
	陶斋尚书赐示所藏第二本谨记。	张祖翼
《尹宙碑并额》	匋斋尚书赐示第四本谨记。	张祖翼
《白石神君碑并额阴》	匋斋尚书藏此碑已见七八通,尽明拓本。	李葆恂
《樊敏碑》	戊申六朔张祖翼读第二本记。	张祖翼
《高颐阙》	匋斋尚书藏此阙拓本甚多,顷以此拓见示。	褚德仪

　　仅以上十七册中的零星记载,所涉的同种石刻拓本已达几十本,而题跋中也多有赞叹端方收藏繁富之语:

　　　　匋斋尚书藏汉唐石刻数百种、古拓二千通,金石之学突过前人。(见李葆恂题《石门颂》)

　　　　匋斋尚书师收藏之富并时无多,往往同一石墨果属精本,即随时著录,不以复重之故有所屏弃,固鉴赏家之博大真人也。(见章钰题《郑固碑并额》)

　　　　陶斋尚书辑诸阙旧拓本为一册,出以见示,并示汉魏以来旧拓四十种属为题识,适戊明日将有金陵之行,不及一一标识。(周钺题《蜀中诸阙》)

　　由以上题跋可推知,此类开本阔大、装裱统一的藏本数量绝不在少数,除了此次新见的十七种外,馆藏曾见《衡方碑》(雍乾拓本)①(图16)、《鲁峻碑并阴》(乾隆拓本)②、《曹全碑》(康熙拓本)③、《潘宗伯韩仲元李苞阁道摩崖题名》(清初拓本)④四种,

---

① 仲威:《善本碑帖过眼录》,文物出版社,2013年,第17页。
② 仲威:《善本碑帖过眼录续编》,第66页。
③ 仲威:《善本碑帖过眼录续编》,第81页。
④ 仲威:《善本碑帖过眼录续编》,第111页。

图 16　《衡方碑》上海图书馆藏

上海博物馆、芝加哥菲尔德博物馆等亦藏有数种①。有如此鲜明装潢特征的端方藏本究竟有多少，我们不得而知，而黄士陵曾为端方刻有一章"陶斋藏旧拓本汉碑千本之一"②，或可据此揣测一二。褚德仪曾在题跋中将此类藏本称为"文库"③。"文库"一词源自日本，指一套装帧简洁、力求轻巧的普及性丛书。若以此标准衡量，褚说或非全然率意称之。此类拓本以线装亦非偶然，择取轻简的装帧，便于翻阅携带，再辅之以可观的体量、当世金石学者的考订题跋，从而体现端方幕府的学术活动，来实现他普及金石文化的收藏初心也不无可能吧。

　　民国三年（1914）端方子继先曾有意将家藏金石字画售予北洋政府，越两年因"移居天津，物经散佚，无从汇辑"④而作罢。至此端方藏品大量流散，分藏于世界各地。

　　以此线装碑帖"文库"本为例，最初或多达数百种（册），现存世止见十之一二。王文焘曾在家藏卷轴《三公山神碑》⑤上题跋云："忠敏藏拓册至夥，家君曾为跋十册，年来得睹者四册耳，当续求之，或可全得也。"由此可知，其父王秉恩曾为端方藏拓题跋十册，民国时仅得见其中四册。即便如此，我们以仅见藏本，还能捕获些许散佚之后的递藏信息。芝加哥菲尔德博物馆中藏有七种，为李宗侗所藏⑥。其中《韩仁铭》后有易培基题记："去岁获匋斋旧拓夥颐，此其一也。戊辰冬至日，易培基记，时客海上。"⑦据题跋，民国十六年易培基在上海获藏端方旧拓本多种。前文已述，新见《三公山神

① 浙江省博物馆、上海博物馆编：《金石书画》第六卷《上海博物馆藏善本碑帖专号》，上海书画出版社，2022 年，第 5 页。张忠炜：《芝加哥菲尔德博物馆藏秦汉碑拓七种题跋辑录》，《国学学刊》2013 年第 2 期，第 60 页。又近年拍卖市场出现多种此类端方藏本，未及统计，暂不赘述。

② 故宫博物院编，郭福祥主编：《故宫博物院藏青田石》，故宫出版社，2020 年，第 208 页。

③ 褚德仪题新见《鲁相韩敕造孔庙礼器碑》："此本为匋斋尚书文库中福本之一。"又《孔宙碑》跋八褚德仪题曰："此特其文库之福帙，而精美已如此，诚可谓无聚所好矣。"张忠炜：《芝加哥菲尔德博物馆藏秦汉碑拓七种题跋辑录》，《国学学刊》2013 年第 2 期，第 63 页。

④ 中国第二历史档案馆：《北洋政府收购端方所藏文物有关文件》，《民国档案》1995 年第 2 期，第 5 页。

⑤ 此卷轴现存上海图书馆，可参见上海图书馆编：《大汉雄风——上海图书馆藏汉碑善本》，第 56—59 页。

⑥ 李宗侗（1895—1974），河北高阳人。字玄伯，室号小诒砚斋。曾出任故宫博物院秘书长等职，抗战期间护送故宫文物南迁。史学家，亦富收藏。

⑦ 易培基（1880—1937），湖南善化人。字寅村，号鹿山。曾任北京政府教育总长、故宫博物院古物馆长。

碑》民国十八年存于陈淮生处①。又见馆藏《曹全碑》(康熙拓本)有民国十八年三月潘飞声为雪庵先生题诗,时为周鸿生(雪庵)收藏。②民国十六年至十八年(1927—1929)易培基、陈淮生、周湘云都不约而同获藏了端方藏本,同时期沪上多家出版社也影印出版了多种端方"文库"碑拓③。20世纪40年代李祖韩曾有收藏④。戚叔玉亦藏有多种端方"文库"本⑤。显而易见,民国间此类端方藏本已然零落失散,不可多得。

如龚锡龄《匋斋藏石记》序中言:"夫物之有聚而不能无散也,有存而不能无亡也,此数定者也。"⑥人和物的聚散存亡无可避免。从20世纪二三十年代开始,此类端方藏"文库"碑拓零星辗转于不同的藏家之手,尚能留存一二。纵使古物文献流散不尽,汇辑无望,是为不幸,但碣石碑拓上的墨色钤印、题跋款识中的辨讹订阙,依然能将晚清士风学术、金石文化传承至今,确已大幸。

---

① 陈承修(1886—?),福建闽侯人。字淮生。嗜金石,精鉴赏。
② 仲威:《善本碑帖过眼录续编》,第82页。周鸿孙(1878—1943),字湘云,号雪庵,室名有趫鼎楼、宝米室、月湖草堂等。沪上地产商、金石书画收藏家。
③ 譬如民国十八年(1929)神州国光社影印金石类、民国十七年(1928)中华书局"历代碑帖大观"均收录有端方藏本。
④ 新见《蜀中诸阙合册·高颐阙》后张大千为"左庵大兄"题诗。李祖韩(1891—?)字左庵,精山水,沪上收藏家,李秋君兄。
⑤ 戚叔玉(1912—1992),山东威海人。原名璋、鹤九,以字行。参见浙江省博物馆、上海博物馆编:《金石书画第六卷:上海博物馆藏善本碑帖专号》,第4页。
⑥ (清)龚锡龄:《序》,(清)端方撰:《匋斋藏石记》卷前,清宣统二年(1910)商务印书馆石印本,第2页a。

上海图书馆藏杜镇球
《说文解字注校补》稿本考略*

刘周霏

（上海交通大学人文学院）

清代《说文》学研究蔚为大观，以段玉裁《说文解字注》最为精审浩博，傲立学林。然"段君晚暮始删繁举要为《说文解字注》，又恐老而不及期，未免求速，转多漏略，凡治许书者群起而正之"①。故嘉道以后，考核是正段注者无虑数十家，而一直未能有会粹群言，贯穿成帙者，只有杜镇球蒐求各本，择善而粹于《说文解字注校补》一书（以下称《校补》）。可惜的是，笔者所见《说文》学研究目录失收此书，②《校补》一书只在松江方志中略有提及，也无相关研究，因此上图所藏《校补》一稿对于《说文》学史和段注研究至关重要。

一、杜镇球之学术成就与家学渊源

（一）杜镇球之学术成就

杜镇球（1887—?③），字雅言、亚诒，号甓庐、枹庐，斋堂为松筠草堂。上海松江（云

＊ 本文为 2022 年教育部人文社科研究基地重大项目"《说文》文本的现代阐释与海外传播研究"（22JJD740009）阶段性成果。

① （清）宋翔凤：《谢山家传》，（清）徐承庆《说文解字注匡谬》卷前，《续修四库全书》（经部第 214 册），上海古籍出版社，1995 年，第 217 页。

② 丁福保《说文解字诂林》"段注及考订段注之属"，列段注相关研究凡 10 种。董莲池《说文解字研究文献集成》将《段注》研究归在"说文学史研究"一类，古代卷凡 11 种，现当代卷凡 7 种。鲁一帆、舒怀《说文解字注研究文献集成》收录段注相关研究最为齐全，目录列著述 35 种，除去难以获取的馆藏稿本或正文亡佚的著述外，全文整理、标点后收录 18 种。其他如胡朴安、林明波、鲍国顺、张其昀、张标、冯媛媛等所著也都概举了清代至民国段注有关著述书目，而这些著述都未提及杜镇球《说文解字注校补》。参见丁福保辑：《说文解字诂林》，中华书局，1988 年；董莲池主编：《说文解字研究文献集成》，作家出版社，2006 年、2007 年；舒怀主编：《说文解字注研究文献集成》，湖北教育出版社，2018 年；胡朴安：《中国文字学史》，商务印书馆，1937 年；林明波：《清代许学考》，嘉新水泥公司文化基金会，1964 年；鲍国顺：《段玉裁校改说文之研究》，台湾政治大学中研所硕士论文，1974 年；张其昀：《说文学源流考略》，贵州人民出版社，1998 年；张标：《20 世纪〈说文〉学流别考论》，中华书局，2003 年；冯媛媛：《段玉裁〈说文解字注〉现代研究成果综考》，天津师范大学硕士论文，2019 年。

③ 杜镇球卒年暂无考，但据其从弟杜镐所书《石鼓文古籀与许书古籀文违异考跋》时间为癸卯中秋（1963 年），可知杜镇球的卒年当早于此年。

间）人，精研小学，兼好金石碑帖。杜镇球的学术成果为后世所关注到的仅有他发表在《北平燕京大学考古学社社刊》第二期的《篆书各字隶合为一字　篆书一字隶分为数字举例》①一文。除此之外，杜氏还著有《甲骨文字类钞》三卷、《石鼓文古籀与许书古籀文违异考》一卷、《说文解字注校补》十四卷，现藏于上海图书馆；《华娄二县金石志》②，现藏于上海博物馆。另据施蛰存《水经注碑录》："余尝见徐乃昌《积学斋藏碑目》及云间杜亚诒《甓庐碑目》均有《大儒管宁碑》。"③可知杜镇球还著有《甓庐碑目》，今或已亡佚。

　　杜镇球 1940 年代为考古学社社员，《考古学社社刊》第 1 期除了邵子风和容庚有关成立考古学社的文章外，只刊登了杜镇球、郑师许、唐兰、戴蕃豫和于省吾五人的学术文章，其中包括杜镇球《拟辑松筠草堂藏碑考缘起》和《拟辑松筠草堂藏帖考缘起》两文。④杜镇球为学既有清晰的史学立场，又有详尽的资料占有，因而能以学问家的眼光与洞见开启早期碑帖学理论史的研究。据两文中"就敝斋之所得，分类详考"之语，且荣宝斋 2018 年曾拍卖过一件戚叔玉旧藏汉熹平石经周易残石拓本，上有杜镇球印、杜氏松筠草堂考藏金石、甓庐诸钤印，可知杜氏同时是家藏丰富的收藏家。于金石、小学之外，杜镇球还长于篆刻，据《松荫轩藏印谱目录》，今有《枹庐印稿》两册存世⑤；又辑鞠履厚篆刻印谱《坤皋铁笔》一册，现藏中国美术学院图书馆。

（二）学术承之叔父杜肇纶

　　杜镇球过世之后，其从弟杜镐整理杜氏遗稿，癸卯中秋跋《石鼓文古籀与许书古籀文违异考》云（见图 1）：

　　　　兄附记中称三叔父为从叔经侯公，亦精小学，有《汉读声类》十七卷、《说文通诂》十四卷，曩年已存馆中，兄之学盖得之叔父指授云。⑥

① 赵平安《隶变研究》提到杜镇球此文，是学术史上第二篇研究隶变的文章，用具体的实例，证明隶变过程中"隶合""隶分"的存在及其特点。参见《隶变研究》，河北大学出版社，2009 年，第 4 页。
② 原名《云间碑传集》，又名《松江县金石志》。
③ 施蛰存：《水经注碑录》，天津古籍出版社，1987 年，第 287 页。
④ 杜镇球：《拟辑松筠草堂藏碑考缘起》《拟辑松筠草堂藏帖考缘起》，《考古学社社刊》第 1 辑，考古学社印行，1935 年，第 6—12 页。
⑤ 本书编纂组编：《松荫轩藏印谱简目》，复旦大学出版社，2022 年，第 203 页。
⑥ 杜镇球：《石鼓文古籀与许书古籀文违异考》，上海图书馆藏稿本（善本 071791）。

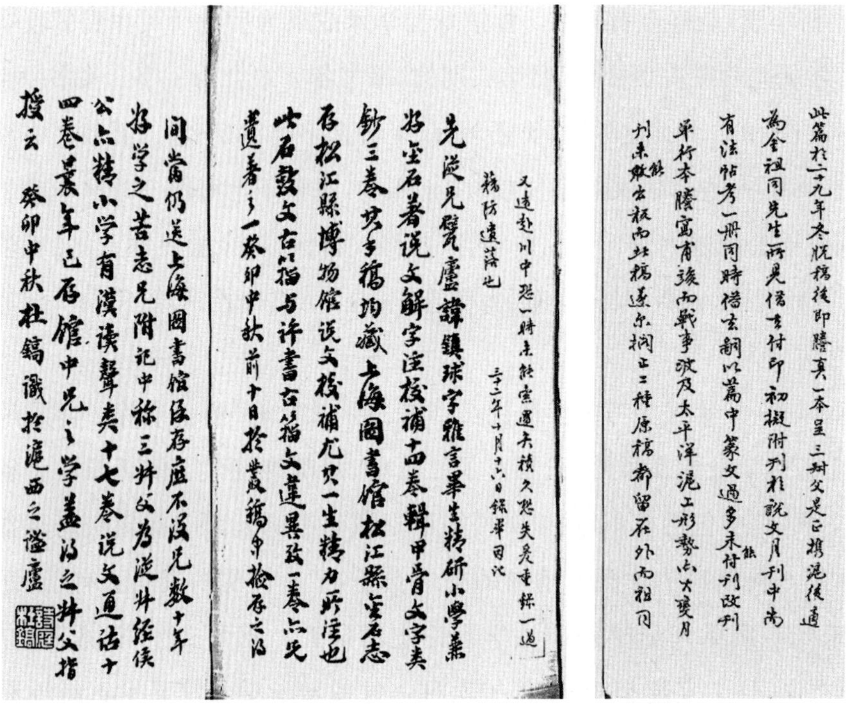

图 1　《石鼓文古籀与许书古籀文违异考》文后附记与跋

而杜镇球也多次在所著中提及叔父,如《石鼓文古籀与许书古籀文违异考》附记"此篇于二十九年冬脱稿后即誊真一本呈三叔父是正"①,《说文解字注校补》凡例附记"十一月回松请经侯叔父审定可存"②,可见杜镇球治学受叔父杜肇纶影响颇深。

杜经侯,名肇纶,字德椿。《蛾术轩箧存善本书目》略记其生平:"杜君名肇纶,华亭诸生。肄业存古学堂,曹叔彦师称其'《诗》《礼》之学,卓然经师'者也。一九五八年正月卒,年七十六。著有《汉读声类》十七卷,《说文通诂》十四卷,均未刊。"③二书亦藏于上海图书馆。观杜肇纶治学,精通古音分合之理、义例抉发之法,犹重段氏之学。《汉读声类》序:

> 近儒段氏若膺,擘精许学,创通大义,纂《六书音均表》,发明古音十七部,因欲遍考群书音读以相参证。仅成《周礼汉读考》六卷,《仪礼》从事而未成,学者惜焉。今不揣梼昧,窃师其意。④

① 见上图《石鼓文古籀与许书古籀文违异考》文后附记与跋。
② 杜镇球:《说文解字注校补》,上海图书馆藏稿本(820121-135),电子档第 7 页。本文所引上海图书馆藏稿本所注页码皆为电子档页码,下文不再注明。
③ 王欣夫撰、鲍正鹄、徐鹏整理:《蛾术轩箧存善本书目》,上海古籍出版社,2002 年,第 465 页。
④ 杜肇纶:《汉读声类》,上海图书馆藏稿本(795948-50),第 5 页。

《汉读声类》广集汉读条例，依段氏谐声表分别部居，以求汉读古音古义之关联。在段氏“汉读三分”的基础上阐发汉儒诂经正读四大例：声同、声近、声转、声误。汉儒传经或因方音不同，或因文字尚简，故多借用声同、声近、声转之字，又有或声传讹以致义不可通，此为声误之字。明此四例，汉儒经注可怡然理顺。[①]（见图2）叶昌炽《缘督庐日记》载杜肇纶作《汉读声类》事：“经侯以所著《汉读声类》十七卷相质，始知其六书音韵之学甚深。”[②]

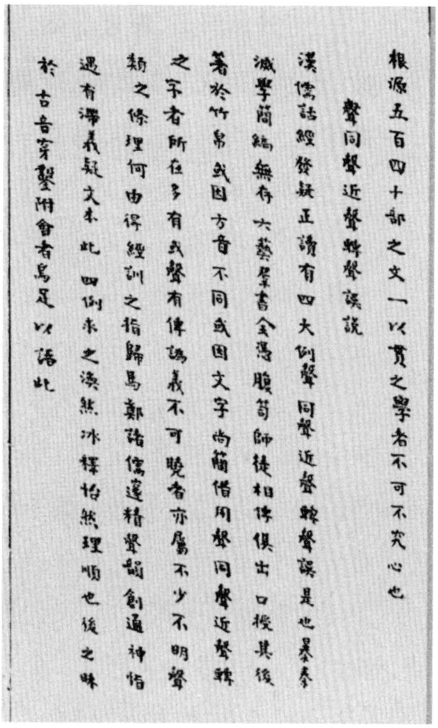
根源五百四十部之文一以貫之學者不可不究心也
聲同聲近聲轉聲誤說
漢儒詁經發疑正讀有四大例聲同聲近聲轉聲誤是也暴秦
滅學簡編無存六藝羣書全憑賸簡師徒相傳俱出口授其後
著於竹帛或因方音不同或因文字尚簡借用聲同聲近聲轉
之字者所在多有或聲有傳譌義不可曉者亦屬不少不明聲
類之條理何由得經訓之指歸馬鄭諸儒邃精聲韻創通神恉
遇有滯義疑文本此四例求之渙然冰釋怡然理順也後之昧
於古音穿鑿附會者烏足以語此

图2 杜肇纶《汉读声类·声读提要》

杜肇纶《说文通诂》则经曹元弼指点，其书“凡例既定，求正于曹师叔彦太史，师韪之”[③]。《说文通诂》仿《尔雅》之例，将《说文》五百四十部中字义相同者，摭而会之，同条牵属，纂成七百四十目，“此义类也，声类亦蕴于其中”[④]。而深受叔父治学影响的杜镇球则深耕段氏之学，将毕生所学汇于《说文解字注校补》一书。

二、《说文解字注校补》稿本的基本情况

（一）《校补》的体例与涂乙

上图所藏《校补》十五册系未刊稿本，卷帙完备，既足且精，文献价值斐然。杜镐跋云《校补》乃杜镇球“一生精力所注”，完稿于1945年。全书按照《说文》五百四十部首排序，分为十四卷，半叶八行，以朱笔句读，具体行文体例，试以《校补》说《玉部》“玉”字观之：

---

① 杜肇纶：《汉读声类》，第8页。

② 叶昌炽：《缘督庐日记》第12册，江苏古籍出版社，2002年，第7826页。

③ 杜肇纶：《说文通诂》，上海图书馆藏稿本（795944-47），第8页。

④ 杜肇纶：《说文通诂》，上海图书馆藏稿本（795944-47），第7页。

"其声舒扬,専目远闻,智之方也。"注云:"専,鍇作'専',音敷,布也。玉裁按:汲古阁毛氏刊铉本初作'専',后改为①'専',非也。《管子》曰:'叩之,其音清搏彻远,纯而不杀。'搏,古専一字,今本作'搏',盖非。"钮氏《校录》云:"宋本専作'専',初印本及《集韵》引并作'専',《类篇》作'専'。《系传》有'鍇曰:専音敷,布也',则作'専'是。段氏以《管子·水地篇》说玉云'其音清搏彻远',与'専'字合,恐非。"徐氏承庆云:"曰舒扬、曰远闻,则'専'字为是。専以远闻,则不辞矣。不得改《管子》之搏为搏,而援以证此之改専作専也。"球按:鍇作"専",孙刻仿宋铉本同。而鍇又有训释,则古本本作"専"无疑,或作"専"者以形近而讹也。段氏似有误会,钮、徐二校是。②

可知《校补》每说一字,先书小篆于前,次叙以段注之争议部分,再引前人相关论述,继而下杜氏按语,或辨其说之是非,或补其说之未逮。

上图所藏稿本书写工整,涂乙篇幅较少,涂乙情况一般是原稿观点有武断臆测之嫌,修改之后则力求表达严谨。如《一部》"一"字许书说解,大徐本为"惟初太始,道立于一"③,小徐本作"惟初太极"④,段注从小徐本作"惟初太极"。《校补》认为"同一许书而铉、鍇容有异者,盖许书至南唐时讹误已甚"。而谈到大小徐为何各异,原稿观点为"铉、鍇各以己意改易,是非不免互见焉",涂乙修改后观点为"传本非一,铉、鍇各依所据之本"⑤,是将大小徐版本各异归因于复杂的版本源流,比之原稿所说的"以己意改易",更为严谨科学。(见图3)

又如《木部》"標"字,《说文》大徐说解作"木杪末也"⑥,《系传》《韵会》作"木標末也",且《系传》"臣鍇曰:標之言表也"⑦。《慧琳音义》四卷十八叶"嫖帜"注引《说文》"標,木末也",又九十六卷三叶"诣標"引《说文》"亦表也,从木票声",故原稿据此认为"慧琳所引当即鍇训,误以鍇语为许语耳"。因《慧琳音义》所引似与《系传》重合,故以为慧琳所引即为《系传》。而涂乙后改为"慧琳别有所本,决非许语"⑧(见图4),慧琳早于徐鍇,自然不可能引用后人之书。

---

① 按:稿本"为",段注原作"作"。
② 杜镇球:《说文解字注校补》,第23页。
③ (汉)许慎撰,(宋)徐铉校定:《说文解字》,中华书局,2013年,第1页。
④ (南唐)徐鍇撰:《说文解字系传》,中华书局,1987年,第1页。
⑤ 杜镇球:《说文解字注校补》,第8页。
⑥ (汉)许慎撰,(宋)徐铉校定:《说文解字》,第114页。
⑦ (南唐)徐鍇撰:《说文解字系传》,第111页。
⑧ 杜镇球:《说文解字注校补》,第505页。

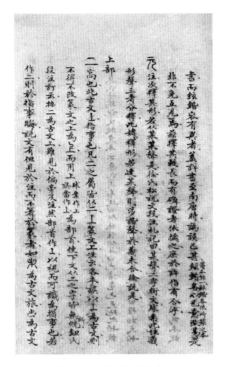
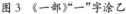

图 3　《一部》"一"字涂乙　　　　　图 4　《木部》"橾"字涂乙

(二)《校补》的主要内容

杜镇球此书名为《说文解字注校补》,侧重于对段注的校与补,校段注之是非,补段注之未逮,主要有以下几种内容:

1. 段氏改许书说解之误

如上文"玉"字说解,小徐《系传》作"专以远闻",释曰:"专音敷,布也。"汲古阁本《说文》本作"专",后据小徐本改作"专",段氏认为汲古阁本不当改,据《管子》"清搏彻远"将许书说解"专以远闻"改作"专以远闻"。《管子》卷十四原文作"清搏彻远"①,段氏为援以证之改"专"作"专",故改《管子》之"搏"为"搏"。杜镇球《校补》以为段氏所改不确,并引钮树玉《校录》、徐承庆《匡谬》以证己说。钮树玉认为宋本及各书所引皆作"专",小徐本作"专",且有训释,故古本当为"专"。徐承庆以玉"其声舒扬",故后字当有"散布"之意,作"专以远闻",如作"专"字则不辞。

2. 段氏引书之误

有关段注引书考证,以冯桂芬《说文段注考证》最为详备,杜氏择要采录,简要阐

---

① (春秋)管仲撰:《管子》卷十四,《四部丛刊》(第 346 册)景宋刻本,上海商务印书馆,1920 年,第 24 页。

明段注所引之误。如《玉部》:"珣,医无闾珣玗琪。"①段注引《尔雅》曰:"东北之美者,有医无闾之珣玗琪焉。"②《校补》引冯校:"《尔雅·释地》'东北'作'东方'。"③是段玉裁所引为误。除冯书之外,卫瑜章《段注说文解字斠误》也对段注引书之误有诸多发现,并被《校补》所汲取。如《玉部》"珠",段注引《楚语》"左史倚相曰,珠足以御火灾则宝之"④,《校补》引卫瑜章《斠误》:"'左史倚相'当作'王孙圉',此王孙圉对赵简子之辞也。段恃记忆之误。"⑤

3. 段氏改篆之误

如《玉部》:"珇,朽玉也。从玉有聲。"⑥段注改篆为"王",改说解为"朽玉也,从王有点",注云:"各本篆文作'珇',解云'从王有声',今订正。《史记》'公王带',索隐曰:'《三辅决录》注云:杜陵有王氏,音肃。《说文》以为从王,音畜牧之畜。'此可证唐本但作'王',不作'珇'。"⑦然而《三辅决录》言"《说文》以为从王"只是以玉为偏旁,并非《说文》本作王,若《说文》作王,则当云"《说文》同",故此乃段氏误改。《校补》引徐承庆《匡谬》:"王加点不必是瑕刓之形,字作王,非篆非隶,不今不古。"又引王筠《说文系传校录》和钮氏《订》同证段氏改篆之误,最后总结道:"王虽见于字书,本属隶变,(段氏)以隶变改《说文》,未免失考,窃意仍当以珇篆为是。"⑧

4. 段氏删篆之误

如《木部》"梴",段注:"此篆疑后人所增。《毛诗》本从手作'挻'。不从木也。"故段玉裁以为此篆是"浅人以误本《毛诗》羼入者也"⑨,故当删。《校补》引钮《订》与徐灏《注笺》并言《毛诗》本从木作"梴",并不从手。《老子音义》作"挻",别是一义。又引徐灏语揭段氏治学之弊:"段氏引书,往往改其原文以就己说,使人读之,以为所征引者如是,最足贻误后学。"⑩

5. 段氏补逸之误

逸文主要是《说文》所收字头的遗漏,《说文》由汉以来辗转传写,增脱在所难免,遂至字数与许慎自叙迥不相符。段氏据徐铉本增五文,据徐锴本合他书所引别增三

---

① ⑥　(汉)许慎撰,(宋)徐铉校定:《说文解字》,第4页。
② ⑦　(清)段玉裁注,许惟贤整理:《说文解字注》,凤凰出版社,2007年,第17页。
③　　杜镇球:《说文解字注校补》,第25页。
④　　(清)段玉裁注,许惟贤整理:《说文解字注》,第19页。
⑤　　杜镇球:《说文解字注校补》,第36页。
⑧　　杜镇球:《说文解字注校补》,第26页。
⑨　　(清)段玉裁注,许惟贤整理:《说文解字注》,第442页。
⑩　　杜镇球:《说文解字注校补》,第507页。

十六文。杜镇球认为：“经传百家之书引作《说文》者，又时有所睹，断非段氏作补者引为已足也。”①故引钮树玉《说文新附考》、雷浚《说文外编》、沈涛《说文古本考》、郑珍《说文逸字》，又以唐僧慧琳《一切经音义》、辽僧希麟《续一切经音义》所引者校之，新补逸文近百数附于各部之末，值得注意的是，杜氏所补也并非全部可信。

6. 段氏误分韵部

段玉裁定古韵为十七部，并在《说文解字注》中为每字都划分了韵部所属，然而注中所标韵部与其《古十七部谐声表》（《六书音均表》二）自相矛盾之处甚多。许世瑛1941年在《燕京学报》发表《段氏说文注所标韵部辨误》一文，即作了梳理段氏误分韵部之工作，其言：“昔人治小学每不能形声义三方兼顾，治《说文》则专研段氏《说文注》，而忽视其所标韵部，反之治声韵者又专研《六书音均表》而不问《注》所标韵部究与《表》有若何出入。”而今人虽已并重形声义，但对于段氏所标韵部自相矛盾者“迄今尚无人为文论述”②。其实1935年卫瑜章《段注说文解字斠误》即在书中涉及段注误分韵部的讨论，并且部分观点为杜镇球《校补》所汲取。如《玉部》：“玎，从王，丁声。”段注：“中茎、当经二切，十二部。”③《校补》引卫瑜章曰：“十二部当作十一部，段氏《音均表》列丁声于十一部，茎、经皆为十一部中字也。”④

7. 段氏所改未误者

除了对段注之误的校订，《校补》的工作还有分辨其他学者与段玉裁对于同一问题的不同观点，言明段氏所改未误者。如《艸部》“芟”，大徐本作“从艸从殳”，小徐本作“从艸，殳声”，段玉裁从大徐本作“从艸殳”。而严可均、惠栋、朱士端、桂馥、王筠皆以小徐本为然。杜镇球考《慧琳音义》五十一卷六叶“芟夷”注引《说文》“刈草也，从艸殳声”，与锴本合。又八十二卷十二叶“芟艸”注、九十一卷二叶“芟足”注引并作“从艸从殳”，与铉本同。故杜氏按：“是唐时相传之本已有从殳、殳声之殊，故慧琳两引之，然则段本依大徐作‘从艸殳’未为误。”⑤

三、《说文解字注校补》的学术价值

清代《说文》学者上百家，校订段注者四十余家，杜镇球的《校补》在学术史中具有

---

①　杜镇球：《说文解字注校补》，第2页。
②　许世瑛：《段氏说文注所标韵部辨误》，《燕京学报》1941年第29期，第71—72页。
③　（清）段玉裁注，许惟贤整理：《说文解字注》，第25页。
④　杜镇球：《说文解字注校补》，第34页。
⑤　杜镇球：《说文解字注校补》，第81—82页。

怎样的价值呢？专事考订段注之学约可分为"匡段""订段""补段""申段""笺段"五类①，其中公认影响最大的有五部：一是钮树玉《段氏说文注订》，举段注与许书不合者六端，所订甚严然亦未必尽是，如钮氏批评段氏"创十七部以绳《说文》九千余字"②，是识见不如段远矣。二是徐承庆《说文解字注匡谬》，该书举十五目，以匡段注之谬，指出段注之非，王欣夫评价道："谢山立意坚，措词峻，或疑其抨击太过。"③三是王绍兰《说文段注订补》，所订者与钮氏、徐氏意见略同，胡朴安认为其书"视徐氏、钮氏之书，更为丰富而畅达；而持论之平实，过于钮氏"④，缺点是太过枝蔓，如"尗"字下述占卜之理，达八千余字，令人难以卒读。四是冯桂芬《说文解字段注考正》，重在考正段书引文之疏失，多为所引，但较之冯书，《校补》更注重不同版本段注之间的差异。五是徐灏《说文解字注笺》，其书增段氏原书一倍，至为繁重，学界对此书评价颇高⑤。

杜镇球《校补》校段注之是非，补段注之未逮，然则上述各家著述已然涉及此二端，那么杜书较之前人之作有何珍贵之处呢？笔者认为有两点，一是广泛吸收前人研究之精粹，二是重视新的文献材料与时人研究。

（一）广泛吸收前人研究之精粹

杜镇球此书乃后出转精之作，杜氏作此书时，丁福保《说文解字诂林》已然出版。《诂林》网罗各家《说文》著述182种，可谓"许学渊海"，此书也为《校补》打下了坚实的文献基础。《校补》常引的《说文》学著作如严可均《说文校议》、严章福《说文校议议》、钮树玉《说文校录》、王筠《说文句读》《说文释例》《说文系传校录》、桂馥《说文解字义证》、田吴炤《说文二徐笺异》、沈涛《说文古本考》，以及前述段注相关研究皆存于《诂林》；还有偶尔所引如朱士端《说文校定本》、钱坫《说文解字斠诠》、柳荣宗《说文引经考异说》、郑知同《说文商义》、苗夔《说文声订》《说文系传校勘记》、雷浚《说文外编》、宋保《谐声补逸》、傅云龙《说文古语考补正》、承培元《说文引经证例》等书都在《诂林》采

① 胡朴安：《中国文字学史》（下），商务印书馆，1937年，第299页。
② （清）钮树玉：《段氏说文注订》，《续修四库全书》第213册，上海古籍出版社，2003年，第1页。
③ 王欣夫撰，鲍正鹄、徐鹏整理：《蛾术轩箧存善本书目》，第825页。
④ 胡朴安：《中国文字学史》（下），第315页。
⑤ 林明波："其言之精审与补正之伙，实不让钮、王氏专美于前。"余行达则将订段著作分为两派："一派是存心和他作对的，说他'武断'、'鲁莽'"，钮、徐为代表；"另一派是善意地弥补段书的缺点"，徐灏、冯桂芬为代表，"徐书多为阐发段氏之所未及者，犹郑玄之笺《诗经毛传》，可置而不论"。可以说是给予了相当高的评价。蒋骥骋也认为徐笺："持论平正，议论平和，见解精确。系许、段二君之功臣。清代所有研究段注的著作中，就其成就而言，当以此书为最。"参见林明波：《清代许学考》，嘉新水泥公司文化基金会，1964年，第49页；余行达：《说文段注研究》，巴蜀书社，1998年，第25页；蒋骥骋：《说文段注改篆评议》，湖南教育出版社，1993年，第38页。

用之列。①杜镇球正是站在前人研究的肩膀上，吸取了各家精粹观点。在具体观点的校订上，若已有学者作出了精辟的辩证，杜氏则引用并标明出处即可。

值得注意的是，《诂林》在后人眼里多看作《说文》研究的查阅工具书，以至于《诂林》一书的学术价值其实并没有得到很好的挖掘。尤其是丁福保等人在编纂《诂林》时多有案语以阐发学术观点，往往为后世学者所忽略。杜镇球则注意到了《诂林》编者的学术观点，并在《校补》中多次征引，如《人部》"介"、《欠部》"歔"等字引沈乾一案语，《示部》"祥"、《欠部》"欵""歔"等字引周云青案语，而《校补》征引最多的还是丁福保以《慧琳音义》校《说文》的案语。段玉裁撰述《说文解字注》时，只有《玉篇》《广韵》《字林》《玄应音义》等书可援引。光绪初年，唐僧慧琳《一切经音义》、辽僧希麟《续一切经音义》始自日本流回中原，1912 年上海频伽精舍将其印行于世，是段氏未及见。玄应书引《说文》约二千二百处，慧琳书引《说文》约一万三千处②，故丁福保据慧琳、希麟二书考证《说文》漏误。杜镇球在《校补》中也大量应用到了慧、希二书，《校补·条例》中即谈到二书对《说文》和段注的重要性：

> 段氏据《玄应音义》正徐本之讹脱，嘉道时学者莫不许为确当，奉为圭臬。琳师引用诸书校玄应又增百倍，更为精博，而所引者又皆隋唐前精确之本，文字审正，足校今本讹脱之谬，无容疑贰。慧琳于重文、或体、古籀诸文，以及训诂形声，罔不搜罗宏富，即遗文逸字，亦可稽考，足资校补，较玄应尤觉完善。然则欲校今本许书之讹乱脱逸，舍是书莫属也。③

而对于《诂林》未及收录的文献成果，杜镇球也有所汲取，例如卫瑜章《段注说文解字斠误》，《校补》直接引用了诸多《斠误》有关段注之误的观点，比如前文所提及的段注引书之误、段氏误分韵部等。除此之外，《斠误》较为显著的特色是在校注时注重不同版本段注间的异同，这一点也被《校补》所继承④。《斠误》凡例言："今参取段氏经韵楼丛书本，苏州两刻本，湖北崇文书局本，民国元年湖北官书处重刊本，阮氏皇清经解本，蒋氏巾箱小本，相互雠校。"⑤《校补》凡例言："自段氏经韵楼刊后，阮氏学海堂

---

① 丁福保：《说文解字诂林》，中华书局，1988 年。
② 徐时仪：《玄应和慧琳〈一切经音义〉研究》，上海人民出版社，2009 年，第 529 页。
③ 杜镇球：《说文解字注校补》，第 4—5 页。
④ 虽然在杜氏校补段注之前，段注已有数个版本，且有的版本已然对部分段注之误作出了修订。但同时代学者研究段注时仍然较少注意到不同版本的问题。比如有关"苏州保息局本有二"的问题，就有学者认为最早是由日本学者高桥由利子提出的，高桥的文章发表于 1986 年。参见潘素雅《段玉裁说文解字注版本研究》，山东大学 2017 年硕士论文，第 16 页。
⑤ 卫瑜章：《段注说文解字斠误·例言》，商务印书馆，1935 年，第 1—2 页。

本、蒋氏木渐斋巾箱小本、李吴二氏苏州保息局本、湖北崇文书局本、覆鄂刊本,屡经重镂,互有得失。"①杜、卫二书所提及的七个段注版本是一样的,分别是:

(1) 段氏经韵楼丛书本。嘉庆二十年初刻本。

(2) 苏州保息局②本李鸿章刻本。同治六年李鸿章属冯桂芬校补,丁日昌筹资重刻,前有李鸿章序,版归苏州保息局。据李鸿章序,经韵楼原版藏元和金宝树家,经乱毁其半,是本据经韵楼残版重刻。

(3) 苏州保息局本钱塘吴宗麟刻本。同治十一年钱塘吴宗麟称其先人以三百缗得金氏原本之半,补刊工竣,助入保息局,卷首有吴识语。两种保息局刊本皆有同治六年七月补刊于苏州保息局字样,其时李刻本较罕觏,吴刻本最为通行。

(4) 湖北崇文书局本,又称鄂刊本。同治十年湖北崇文书局重镌本。

(5) 民国元年湖北官书处重刊本,又称覆鄂刊本。湖北两本无异同,皆遵经韵楼丛书本翻刻。

(6) 阮氏皇清经解本。道光九年广东学海堂本,严杰总司编辑,吴石华、何其杰为监刻,学海堂诸生为校对。此版本校对特精讹谬独少,惟十一篇后与经韵楼本无异。

(7) 蒋氏巾箱小本。光绪七年海昌蒋望曾兄弟所刻木渐斋本,版镂于苏州。篆文为杨昌沂作。于《六书音韵表》之末,有海宁查燕绪跋尾。

经韵楼本乃段氏自刻,学界一般认为经韵楼原本最善,但其实后来的重刻本中即有经校勘而胜过原刻者,许世瑛曾取经韵楼本和皇清经解本校对,原刊本的错误反不如经解本少③;周祖谟先生也提到两宜轩石印本较之初刻本更佳④。因此杜镇球在论述时格外注意版本差异,如《玉部》"瑕"下,段玉裁注引"《子虚赋》赤瑕驳荦",《校补》云:

经韵楼本、吴刻保息局本、巾箱小本作"子虚赋",学海堂本、李刻保息局本、鄂刊本作"上林赋"。余谓《子虚》《上林》虽原是一篇,然段于《鸟部》"䴗"字注连引《子虚》《上林》,九篇"豸"字注"《上林赋》曰'陂池貏豸'即《子虚赋》之'罢池陂陀'",则于二篇固未尝混合为一,此作"上林赋"为是。⑤

---

① 杜镇球:《说文解字注校补》,第6页。
② 保息局是冯桂芬创办的善堂,清末民初很多慈善机构都刻印书籍,刻书流通的收入是其经济来源之一。
③ 许世瑛:《段氏说文注所标韵部辨误》,《燕京学报》1941年第29期,第72页。
④ 周祖谟:《要培养整理古籍的人才》,《文献》1982年第3期,第8—9页。
⑤ 杜镇球:《说文解字注校补》,第33页。

针对此处段注引书,杜氏认为《子虚赋》《上林赋》虽可合为一篇,但考段玉裁在《鸟部》"鴡"字、九篇"豸"字下的用例,段注对于《子虚》《上林》二篇的引用分明,因此此处应作"上林赋"为是。

(二) 重视出土文献与时人研究

清代金石学研究达到新的高峰,清初吴派考据学之代表人物惠栋《读说文记》用钟鼎文以校许书,开风气之先。然而,真正能突破前人《说文》研究之藩篱,将出土文献及其研究成果广泛应用于《说文》研究领域的,则是乾嘉以来的学者。段玉裁《说文解字注》共引金文 9 条,但因所引并不算多,以致罗振玉言段注"未尝援据吉金款识为之考订,以为美犹有憾"①。周祖谟也说:"段氏对周代铜器文字既很少研究,对秦汉篆书石刻和汉人隶书也不重视,因此在刊正篆文上就有时失之卤莽。"②严可均、庄述祖等也利用金石材料研究《说文》,但亦不多。直到王筠《文字蒙求》引金文 15 条,《说文释例》引约 150 处,《说文句读》引金文 155 条③,是王氏对古文字材料的运用均超过了以往任何一家。王筠之后,许多学者在依据《说文》诠释出土器物铭文的基础上,进而转向依据出土文献成果来进行《说文》研究,例如吴大澂《说文古籀补》、丁佛言《说文古籀补补》等,使得据出土文献以订补《说文》,蔚然成一时之风尚。然而段注相关研究中,除了王绍兰《说文段注订补》运用了 15 处金石文字④以作说明之外,其他人亦未尝过多涉猎出土文献材料。杜镇球却沿袭重视出土文献这一研究风尚,大量运用甲骨文、金文、碑帖等文字材料校订段注。

杜氏自序:"凡吴氏大澂之《古籀补》、丁氏佛言之《古籀补补》、强氏运开之《古籀三补》,以及各金石家之钟鼎款识、石鼓文、近出之甲骨文字,苟其说之足相证明者,罔不蒐罗甄录,条系而辨正之。"⑤《校补》在考证时所引甲骨文、金文等材料大多参考自吴大澂《说文古籀补》、丁佛言《说文古籀补补》、容庚《金文编》、商承祚《殷虚文字类编》和王襄《簠室殷契类纂》。除此之外,《校补》对于同时代其他学者的出土文献研究亦有所关注,如叶德辉《说文籀文考证》、陈邦怀《殷墟书契考释小笺》、朱芳圃《甲骨学商史编》、叶玉森《殷契钩沉》、郭沫若《卜辞通纂》、张德容《金石聚》、徐中舒《耒耜考》

① 罗振玉:《雪堂类稿》乙《图籍序跋》,辽宁教育出版社,2003 年,第 524 页。
② 周祖谟:《问学集》,中华书局,1981 年,第 871 页。
③ 宋建华:《王筠说文学探微》,台湾文化大学 1993 年博士论文,第 24—25 页。
④ 陈清仙:《王绍兰〈说文解字注校补〉研究》,台湾逢甲大学 2000 年硕士论文,第 153 页。
⑤ 杜镇球:《说文解字注校补》,第 3 页。

等。篆文古籀字形诘屈，每易致讹，治《说文》学者往往对《说文》诸字形有所校改，然而段玉裁等学者未能得见其后出土众多古文字材料，因此观点具有颇多可议之处，杜镇球则取新材料以校之。如《示部》“祭”，《说文》小篆字形作，严可均《说文校议》据《五经文字》“《说文》肉在左右上下皆作”，故认为《说文》旧本当作。《校补》杜镇球案：

> 祭从不误，古金文中如史喜鼎作，陈侯午敦作，𨞲侯敦作，邾公华钟作。其从肉之字，与小篆不殊，是小篆作，其原亦有所本，并非改作。①

杜镇球以各金文中祭字之从肉作，来反驳严可均认为《说文》旧本小篆当从的猜测，是以新材料突破了前人学者的时代局限性。又如《木部》本字古文作，段注解为：“此从木象形也，根多窍似口，故从三口。”《校补》杜镇球案：

> 《六书故》弟廿一引作，《玉篇》作畣，上均从本非从木，今本从木者讹。又以古金文证之，肇鼎作，似树木根际作粗圆形，若骨节，然后变为，又变为，此《玉篇》所以作畣，《六书故》引作者，疑即之坏字。段注云“从木象形也，根多窾似口，故从三口”，似未考覈。②

上图藏杜镇球《石鼓文古籀与许书古籀文违异考》一文也可与《校补》相参看，杜镇球取石鼓文与许书互校，辨析或与许书违异、或与段注不合者，如“吾车既工”之“车”、“吾马既同”之“马”、“麀鹿速速”之“麀”、“射其猏獨”之“射”等23字③。《禾部》“秀”，《说文》“上讳”，许慎阙而不书，段玉裁认为“秀”当“从禾人”，注云：“人者，米也。出于稃之米，结于稃之内谓之人。凡果实中有人，本草本皆作人，明刻皆改作仁，殊谬。稃内有人是曰秀，《玉篇》《集韵》《类篇》皆有秂字，欲结米也，而邻切，本秀字也。隶书秀乃从乃，而秂别读矣。”而杜镇球以石鼓文“秀弓待射”之“秀”作，证段氏“秀从禾人”说之误，《校补》云：“秀秂各字，秂乃后出字，故《玉篇》收杂字中，未可以秂证秀。”④

四、结　语

蒋骥骋评价清代段注研究时说：“这一时期的研究着重讨论段注具体结论的是

① 杜镇球：《说文解字注校补》，第14页。
② 杜镇球：《说文解字注校补》，第502页。
③ 杜镇球：《石鼓文古籀与许书古籀文违异考》，上海图书馆藏稿本（071791）。
④ 杜镇球：《说文解字注校补》，第640页。

非,引用资料的正误,而对段注本身的条例和段氏的学术思想,还未进行全面系统的研究。"①卫瑜章的《斠误》、杜镇球的《校补》本质上也是订段、补段研究的延续,但是《校补》对清代至民国时期的《说文》学研究进行了一次成果的总结与精粹的提挈,其对出土文献成果以及慧琳《一切经音义》、希麟《续一切经音义》的运用,更是初具现代《说文》学研究的方法雏形。然而遭逢世变、国变,传统小学的没落,以及现代学术范式的冲击,杜氏孳孳矻矻一生的学术成果就此埋没在了时代更迭的浪潮里,这是尤为可惜的,幸而其稿本尚存,为现代《说文》学研究,尤其是段学研究提供了重要的文献价值。由此可见,我们仍需要对清末民初的稿本文献作更加完整的了解,这样既有助于学术史的完善、相关前行成果的储备,也可为后续研究的开展奠定更为坚实的基础。

---

① 蒋骥骋:《说文段注改篆评议》,湖南教育出版社,1993年,第40页。

上海图书馆藏《共产党宣言》陈望道译本第二版流传过程述略

陈 思

（上海图书馆历史文献中心）

前 言

顾廷龙先生从在合众图书馆主持馆务时期就一直致力于收藏保护红色文献。中华人民共和国成立前，他曾冒着巨大的风险，凭借图书馆人的敏锐嗅觉收集保存了存世稀有的红色文献①。此举极大地丰富了上海图书馆的红色馆藏，也为后人提供了研究马克思主义在中国的传播以及中国共产党发展史的珍贵史料。笔者从这些文献中选取了《共产党宣言》陈望道译本第二版一书，从其藏书印入手进行考证，推测了此书的部分流传过程，发现在这背后顾先生功不可没。

一、《共产党宣言》陈望道译本第二版简介

1920 年 8 月，社会主义研究社出版发行了由陈望道翻译的《共产党宣言》首个中文全译本。9 月，社会主义研究社对该书进行了再版。第二版为 32 开的小册子，封面用蓝色油墨印刷，上部共四行字，分别是"社会主义研究小丛书第一种""共产党宣言""马格斯、安格尔斯合著""陈望道译"，四行字下的马克思半身像占据了封面的大部分面积，下面印有"马格斯"。书内无扉页、序言、目录，首页即为《共产党宣言》正文，内文一共 56 页。书后的版权页标明了印刷时间"一千九百二十年九月再版"及价格"定价一角大洋"，此外还印有"原著者：马格斯、安格尔斯""翻译者：陈望道""印刷及发行

---

① 顾廷龙：《我和图书馆》，《顾廷龙全集》编辑委员会编：《顾廷龙全集·文集卷》（上册），上海辞书出版社，2015 年，第 356 页。

者社会主义研究社"字样①。第一版与第二版尺寸相同。从封面的内容上看,两版的差异仅在第一版的书名写作"共党产宣言",而第二版改为"共产党宣言"。从封面颜色上看,第一版为红色油墨印刷,第二版则使用了蓝色油墨。第一版的版权页上仅出版时间上与第二版不同,写着"一千九百二十年八月出版"②。第二版的封面与版权页揭示了《共产党宣言》中文首译版的诞生过程,有助于还原其出版情况,具有特殊的历史价值③。

二、上图藏《共产党宣言》陈望道译本第二版的藏书印

上海图书馆藏陈望道翻译的《共产党宣言》首个中文全译本的第二版品相完好。封面(图 1)的字迹和马克思肖像均清晰可见,钤盖了两枚印章。马克思像的中间偏下处钤盖了"强哉"二字朱文方印,肖像的右上角钤有一阳文长印,共八字,分为两行,印迹有些模糊,其中左边的"大学移赠"四字依稀可辨。翻开内页,第一页(图 2)右侧从上至下依次印有"上海图书馆藏""上海市历史文献图书馆藏""合众图书馆藏书印"三

图 1 《共产党宣言》陈望道译本第二版封面

图 2 《共产党宣言》陈望道译本第二版第一页

---

① (德)马格斯、安格尔斯著,陈望道译:《共产党宣言》,社会主义研究所,1920 年 9 月。
② (德)马格斯、安格尔斯著,陈望道译:《共产党宣言》,社会主义研究所,1920 年 8 月。
③ 黄显功:《影印说明》,(德)马克思、恩格斯合著,陈望道译:《〈共产党宣言〉首版中译本(影印本)》,上海科学技术文献出版社,2011 年,第 24 页。

枚朱文长印①。这几枚藏书印正是推测此书的部分流传过程，并印证顾廷龙收藏保护红色文献工作的关键所在。

1. 对"强哉"印主人的推测

关于"强哉"印的主人，上图藏的这本《共产党宣言》中译本第二版并没有给出线索，但是在上海图书馆的藏书中，还有另两本封面上钤有"强哉"这枚印章。这两本书分别是 1920 年 9 月出版的《马格斯资本论入门》和 1921 年 12 月出版的《共产党底计画》。

上海图书馆藏 1920 年 9 月出版的《马格斯资本论入门》（图 3），封面上注明了"社会主义研究小丛书第二种"，说明此书和陈望道译的《共产党宣言》为同一系列。该书 1920 年 9 月由社会主义研究社印刷发行，原著马尔西，译者李汉俊，定价一角大洋。这本书的封面上钤印了三个藏书印，一是左下角的"强哉"印，与上图藏《共产党宣言》中译本第二版为同一方印，二是白文方印"彭矫"二字，位于"强哉"印上方，另有"合众图书馆藏书印"贴纸贴在右下方②。

图 3　《马格斯资本论入门》封面　　　图 4　《共产党底计画》封面

上海图书馆藏 1921 年 12 月出版的《共产党底计画》（图 4），封面上注明"康民尼斯特丛书第一种""广州人民出版社印行"。该书于 1921 年 12 月出版印刷，俄国布哈林著，太柳译，定价三角大洋。这本书封面的左下角钤印了"强哉"印，与上图藏《共产

① （德）马格斯、安格尔斯著，陈望道译：《共产党宣言》，社会主义研究所，1920 年 9 月，封面及第 1 页。
② （美）马尔西著，李汉俊译：《马格斯资本论入门》，社会主义研究社，1920 年 9 月，封面。

党宣言》中译本第二版及《马格斯资本论入门》为同一方印章,右下角贴有"合众图书馆藏书印"的贴纸,右上角印有圆形蓝色的"上海图书馆藏书"印章①。

综合这三本书的藏书印情况,《马格斯资本论入门》一书封面"强哉"印上方的"彭矫"印引起了笔者的注意。《中庸》有云:"故君子和而不流,强哉矫!中立而不倚,强哉矫!国有道,不变塞焉,强哉矫!国无道,至死不变,强哉矫!"由于通常姓名和字号会存在关联,笔者据"强哉矫"三字推测,这两枚藏书印大概率为同一人所有,"彭矫"印为姓名章,"强哉"印为字号章,即此人姓彭名矫,字或号为强哉。

笔者查阅资料发现,当时的确有一位"彭矫"符合此情况,结合历史背景,推测他有可能是这些红色文献的前收藏者。

彭矫,号强哉,字谷臣,派名永胜,1889年出生于湖北省汉阳府黄陂县北乡柿子树店(今武汉市黄陂区木兰乡七里冲村)彭家坳。彭矫早年赴日本留学,归国后先分配到金陵督练公所任司书(助理官佐),辛亥年初调回湖北督练处担任军事教练官。辛亥革命时,他参加了武昌首义,带领学生负责武昌城防。军政府成立后,他任标统(团长)级教官。1912年4月,辞去临时大总统的孙中山对武汉进行了访问,彭矫当时参与了接待工作。他也因此结识了孙中山,并开始跟随其左右多年。1923年6月11日,彭矫病逝于上海②。

关于彭矫为什么会收藏有《共产党宣言》等红色文献,可以结合时代背景,从动机和条件两个角度进行分析推测。这三本红色文献均出版于1920年、1921年,在这前后几年里,孙中山与中国共产党人(如陈独秀、李大钊等)及外国共产党人(如维经斯基、马林等)多有接触,并最终促成了第一次国共合作。受此影响,彭矫很有可能萌生了想要了解学习共产主义思想的想法,也就产生了收藏红色文献的动机。

目前尚不清楚彭矫是通过何种途径得到《共产党宣言》等红色文献的。结合当时大环境推测,他既有可能获赠此书,也有可能自行购买。

若书由他人赠与,结合那时孙中山与中外共产党人的交往情况,彭矫可能与共产主义者或接触过马克思主义学说的人有过往来,这两类人或许会向其赠送红色文献。

若书为彭矫自购所得,根据出版时间进行分析,他也具备购买条件。陈望道译《共产党宣言》的第二版和《马格斯资本论入门》两本书同属"社会主义研究小丛书",

① (俄)布哈林著,太柳译:《共产党底计画》,广州人民出版社,1921年,封面。
② 裴高才:《彭矫:首义教官广州勤王》,杨卫东、涂文学主编:《辛亥首义百人传(下)》,中国社会科学出版社,2011年,第744—752页。

且均为 1920 年 9 月出版。1920 年 9 月 30 日的《民国日报·觉悟》刊登的《答人问〈共产党宣言〉底发行所》中提道："'社会主义研究社'我不知道在哪里。我看的一本,是陈独秀先生给我的;独秀先生是到'新青年社'拿来的;新青年社在'法大马路大自鸣钟对面'。"①暗示可以到新青年编辑部求购《共产党宣言》。1920 年孙中山大部分时间都在上海,直至 11 月 25 日才离开②。孙中山在上海莫利哀路 29 号的寓所(在今香山路 7 号)③与《新青年》编辑部(在今南昌路 100 弄 2 号,即原环龙路老渔阳里)④相距不远,彭矫跟随孙中山左右,应当会常常出入其寓所,若要购买这两本书,他从孙中山寓所步行至《新青年》编辑部也非难事。《共产党底计画》一书出版于 1921 年 12 月,虽然封面上写的是"广州人民出版社印行",但实际上该出版社是由李达在上海主持,并兼编辑、校对和发行工作,社址在南成都路辅德里 625 号,由于是秘密出版,所以在书上把社址写为"广州昌兴马路"⑤。1921 年 9 月 1 日出版的《新青年》第 9 卷第 5 号刊登的《人民出版社通告》结尾处写明:"购读者请直接寄函本社接洽。寄售处全国各国各新书店。"落款为"广州昌兴新街二十六号人民出版社启"⑥。故彭矫可以通过邮购或在附近的书店买到《共产党底计画》。

2. 八字长印的故事

上图藏《共产党宣言》陈望道译本第二版封面上的另一个八字长印较为模糊,仅能辨认出左边的"大学移赠"四字。但是上海图书馆藏其他红色文献中也发现了同样的印章可以作为辨认的依据。例如,1927 年由刘少奇编、湖北全省总工会宣传部印行的《工会经济问题》一书的封面(图 5)右下角钤有一枚"国立贵州大学移赠"八字印章⑦,其尺寸与上图藏《共产党宣言》陈望道译本第二版上的八字长印相同,"大学移赠"四字也如出一辙。故据此判断这两个藏书印来源于同一方印章,上图藏《共产党宣言》陈望道译本第二版封面上八字印章的文字内容为"国立贵州大学移赠"。

① 玄庐:《答人问〈共产党宣言〉底发行所》,《民国日报·觉悟》1920 年 9 月 30 日,第 3 版。
② 王琪森:《孙中山在上海》,文汇出版社,2019 年,第 218 页。
③ 中共上海市委党史研究室编,马婉、张鼎著:《"精诚无间同忧乐"——上海孙中山故居》,《光荣之城——上海红色纪念地 100》,上海人民出版社、学林出版社,2021 年,第 186 页。
④ 中共上海市委党史研究室编,马婉、张鼎著:《中国共产党开"史"的地方——中国共产党发起组成立地(〈新青年〉编辑部旧址)》,《光荣之城——上海红色纪念地 100》,第 2 页。
⑤ 李达:《中国共产党的发起和第一次第二次代表大会经过的回忆》,汪信砚主编:《李达全集·第十七卷》,人民出版社,2016 年,第 370 页。
⑥ 《人民出版社通告》,《新青年》第 9 卷第 5 号,1921 年 9 月 1 日。
⑦ 刘少奇编:《工会经济问题》,湖北全省总工会宣传部,1927 年,封面。

"国立贵州大学移赠"这枚印章未多加修饰，但这八个字背后却隐藏了以《共产党宣言》陈译第二版为代表的红色文献是如何进入合众图书馆的故事，而这个故事的主角正是顾廷龙。

抗战胜利后，汉奸陈群的藏书被没收后交由当时的教育部处理，分配给七个大学和四个图书馆①。当时国立贵州大学也被分到了一批陈群藏书，"得残本、杂书，以寄费甚昂，不值运，计二千二百九十五册"②。正当他们为如何处理这批书发愁时，当时负责合众图书馆事务的顾廷龙得知了此事，便不失时机地提出以叶景葵先生刊印的清代张惠言所撰《谐声谱》等一批复本书籍与对方交换③。1947 年 6 月 2 日，顾廷龙委托中央图书馆

图 5　《工会经济问题》封面

的司机祝某至窦乐安路，将国立贵州大学移赠的这 2295 册书全部取回④，其中便包括了《共产党宣言》陈译第二版及《工会经济问题》等红色文献。由于时局尚未稳定，为了防止惹是生非，他还专门请人篆刻了"国立贵州大学移赠"字样的印章钤盖在这些红色文献的封面上，以掩人耳目。顾先生在《我和图书馆》一文中回忆此事，将印章内容写作"贵州大学图书馆遗存图书"，这可能由于其撰文时距事情发生已有数十年之久，回忆出现了稍许偏差所致。虽然当时外界只知道合众图书馆收藏的是古籍，政治目标不大，但还是时有特务奸细擅自闯入。为求稳妥，他又将这批红色文献密藏在书架顶端与天花板接合之处，以免被人发现，直到 1949 年以后才取出⑤。这就是上图藏《共产党宣言》陈望道译本第二版封面上"国立贵州大学移赠"章的由来。

3. 从彭骄到陈群

关于这本《共产党宣言》为何会流传到陈群手中，笔者考察了彭骄和陈群两人的经历，发现他们曾有交集。如前文所述，彭骄自 1912 年起便追随孙中山直至 1923 年

① 《陈群名贵藏书——将交七大学四图书馆应用　教育部与逆产处会同启封》，《大公报（上海）》，1947 年 2 月 22 日第 1 张第 4 版。
② 顾廷龙：《1946 年 8 月—1947 年 8 月合众图书馆第八年工作报告》，《一个图书馆的发展》，顾廷龙撰，李军、师元光整理：《顾廷龙日记》，中华书局，2022 年，第 717 页。
③⑤　顾廷龙：《我和图书馆》，《顾廷龙全集·文集卷》（上册），第 356 页。
④ 顾廷龙撰，李军、师元光整理：《顾廷龙日记》，第 489 页。

6月病逝。而陈群在沦为汉奸前,也曾追随孙中山。1917年9月,陈群被孙中山委任为大元帅府秘书①。之后,他在孙中山左右屡获任用。有资料表明,彭矫与陈群至少在1921年5月至1922年春有交往的可能。

1921年5月5日,孙中山就任非常大总统,陈群为总统府秘书,但由于干涉人事任命,在5月25日被革除了职务②。之后他被孙中山调任总统府咨议③。另一方面,1921年,辛亥首义伤军代表胡濂溪等六人前往广州谒见孙中山寻求帮助。据胡濂溪等人回忆,孙中山当时指派了包括彭矫(胡濂溪等人称其为彭强哉)在内的几人接待了他们,孙中山还在总统府召见了他们④。虽然不清楚这一事件的具体发生日期,但是根据孙中山在总统府召见他们这一细节,可以推断发生在孙中山就任大总统之后,而彭矫也应是总统府的工作人员。所以当时彭、陈两人应都在总统府就职。1921年10月15日,孙中山出巡广西,准备北伐⑤。1921年10月30日《汉口中西报》刊登的《孙文出巡北伐之粤讯》中报道的随行人员姓名排序依次为"……陈群……杨崧高、彭矫"⑥,而1921年10月27日《盛京时报》的《孙中山北伐出发情形》中报道的随行人员姓名排序则是"……陈群……杨崧、高彭矫"⑦可以看出随行人员中有陈群应当无误,而文中究竟是"彭矫"还是"高彭矫",则需要进一步探讨。由于已知彭矫当时在总统府工作,所以笔者认为文中提到的实际是"彭矫"的可能性更高,《孙中山北伐出发情形》中的"高彭矫"很有可能是记录或排版时出错,误将排在前面的"杨崧高"最后的"高"字移到了"彭矫"前,于是变成了"高彭矫"。且后续彭、陈二人都在桂林大本营,更增加了报道中实为"彭矫"的可能性。1922年春彭矫在桂林大本营拍摄了一张纪念照片⑧,可知他当时的所在地。陈群在大本营则是党务处长,后又为党务处主任⑨。所以两人很有可能一同跟随孙中山就职大总统、北巡至桂林,且可能相识。

---

① 《军政府大事记》,《民国日报》1917年9月22日第1张第3版。

② 陈锡祺主编:《孙中山年谱长编》(下册),中华书局,1991年,第1356页。

③ 张叔俦:《追随孙中山先生北伐琐记》,广东省政协文化和文史资料文员会编:《从辛亥革命到国民革命——孙中山文史资料精编(上册)》,广东人民出版社,2017年,第371页。

④ 胡濂溪等:《中山先生对铁血伤军的恩情》,尚明轩、王学庄、陈崧编:《孙中山生平事业追忆录》,人民出版社,1986年,第284—285页。

⑤ 陈锡祺主编:《孙中山年谱长编》(下册),第1387页。

⑥ 《孙文出巡北伐之粤讯》,《汉口中西报》,1921年10月30日,第1张。

⑦ 《孙中山北伐出发情形》,《盛京时报》,1921年10月27日,第7版。

⑧ 裴高才:《彭矫:首义教官广州勤王》,杨卫东、涂文学主编:《辛亥首义百人传(下)》,中国社会科学出版社,2011年,第749页。

⑨ 张叔俦:《追随孙中山先生北伐琐记》,广东省政协文化和文史资料文员会编:《从辛亥革命到国民革命——孙中山文史资料精编》(上册),广东人民出版社,2017年,第372—373页。

因此,在 1920 年 9 月后,即《共产党宣言》陈译第二版出版后,彭矫、陈群二人有往来的可能。故推测此书被彭矫收藏后,出于某种原因,又辗转流传到了陈群手中。

4. 内页上的图书馆藏书印

上图藏《共产党宣言》陈望道译本第二版的第一页右侧的三枚藏书印,由下而上文字分别是"合众图书馆藏书印""上海市历史文献图书馆藏""上海图书馆藏",这三枚印章反映了上海图书馆的发展史。1947 年此书入藏合众图书馆后钤盖了"合众图书馆藏书印"这枚印章。1953 年张元济等人将合众图书馆整体捐献给了上海市人民政府[①],1955 年改建为上海历史文献图书馆[②],于是书上钤印了"上海市历史文献图书馆"印。1958 年,上海历史文献图书馆并入上海图书馆[③],书上就又多了一枚"上海图书馆藏"的印章。

5. 流传过程

至此,上图藏《共产党宣言》陈望道译本第二版的流传过程就大致清晰明了了。依照印章,有据可查的第一任书主人为"强哉",推测为孙中山的追随者彭矫。彭矫之后,这本书成为了陈群的收藏。抗战胜利后,此书被没收,并分配给了国立贵州大学。顾廷龙代表合众图书馆与国立贵州大学用馆藏交换获得了这本书,故该书入藏合众图书馆。之后该书见证了合众图书馆改建为上海历史文献图书馆,后又并入上海图书馆的历史。于是几经波折,最终这本书成为了上海图书馆馆藏。

三、结　语

管中窥豹,上海图书馆藏《共产党宣言》陈望道译本第二版的五枚藏书印,不仅反映了这本珍贵的红色文献从原收藏者"强哉"手中历经波折最终进入上海图书馆的过程,也折射出顾廷龙这位图书馆行业老前辈为红色文献的收藏和保护所做出的巨大贡献。正是顾先生的努力,为上海图书馆的"革命(红色)文献服务平台"数据库打下了坚实的文献基础。这也为如今我们了解研究马克思主义在中国的传播、共产党的发展历程等问题提供了宝贵史料。

---

① 顾廷龙:《上海市私立合众图书馆捐献书》,《顾廷龙全集·文集卷》(上册),第 319—322 页。

② 《上海图书馆事业志》编纂委员会编:《上海图书馆事业志》,上海社会科学院出版社,1996 年,第 27 页。

③ 《上海图书馆事业志》编纂委员会编:《上海图书馆事业志》,第 30 页。

明代苏州藏书家顾元庆
和顾仁效实为一人考

孙中旺

（苏州图书馆古籍保护中心）

　　明代中期，苏州有著名藏书家顾元庆，字大有，号大石山人，编刻《阳山顾氏文房小说》等书，影响深远。文献中同时有苏州人顾仁效，收藏图书甚富，现尚有不少宋元本有其藏印。顾元庆和顾仁效在清代以来的《佩文斋书画谱》及相关地方志中多被记为二人，缪荃孙、叶昌炽等著名文献学家也持此说。曹元忠、王欣夫曾对此提出过疑问，但没有进一步论证，顾元庆和顾仁效为二人之说至今仍被相关文献广泛采用。2023 年 9 月，国家图书馆出版社出版的《中华再造善本底本印章考释》一书，将顾元庆和顾仁效归为一人，但所根据的仅是王欣夫的存疑观点之一，未见进一步的考证。笔者参考相关资料，确证顾元庆和顾仁效实为一人。

一、《佩文斋书画谱》及苏州旧方志中顾元庆和顾仁效为二人之说

　　明清文献中，较早记载顾元庆和顾仁效为二人的当属康熙四十七年（1708）成书的《佩文斋书画谱》，该书为中国第一部集书画著作大成的工具书，影响深远。《佩文斋书画谱》卷四十二《书家传二十一》载有顾元庆传记云：

　　　　顾元庆，字大有，长洲人。以图书自娱，间游戏翰墨，潇洒夷旷，得作者遗意。故居埭川，后徙通安里，规大石坞为寿藏，因自号大石山人。（《瞿文懿公集》）

　　　　顾元庆好古法书，尝作《瘗鹤铭考》，云其师南濠先生家藏碑刻甲于东南，录其文悉皆品题，为《金薤琳琅》，凡数十卷，独恨此铭为山僧所匿。乃放舟京口，冒雪渡江，始得于山石之下，亲拓以归，由是复传人间。（《书史会要》）①

---

① （清）孙岳颁等：《佩文斋书画谱》，《四库提要著录丛书》子部第 24 册，北京出版社，2011 年，第 222 页。

《佩文斋书画谱》卷五十六《画家传十二》载有顾仁效传记云:

> 顾仁效(武宗时人),王鏊《阳山草堂记》曰:顾仁效结庐阳山之下,弃去举子业,独好吟咏,兼工绘事,坐对阳山,拄颊搜句,日不厌。或起作山水人物,悠然自得,人无知者。(《震泽集》)①

《佩文斋书画谱》外,清代中期以后的苏州方志,也多记顾元庆和顾仁效为二人。清乾隆及以前的苏州地方志如《(康熙)苏州府志》《(康熙)浒墅关志》《(乾隆)苏州府志》《(乾隆)长洲县志》等均只有顾元庆的传记和相关记载,而无顾仁效之名。嘉庆年间,钱思元在《吴门补乘》卷五《人物补》中补充了顾仁效的传记,在该书卷三的《第宅园林补》中,补充了顾仁效的阳山草堂,资料来源均为明人王鏊的《阳山草堂记》。按《吴门补乘》凡例,该书是钱思元旨在补充乾隆十三年《苏州府志》和乾隆十年《吴县志》、乾隆二十四年《元和县志》、乾隆三十年《长洲县志》之阙,此书刊刻后,以考证精审著称,故此后苏州方志多取资于该书。

嘉庆以后的苏州方志中,多收入顾仁效,与顾元庆并行。如凌寿祺《(道光)浒墅关志》卷十四《人物》云:

> 顾元庆,字大有,世居黄埭镇。志慕肥遁,隐大石左麓,号所居曰"顾家青山"……又有顾仁效,结庐阳山,弃举子业,独好吟咏,兼工绘事,悠然自得,人无知者。②

冯桂芬《(同治)苏州府志》卷四十六《第宅园林二》载:

> 顾仁效阳山草堂在阳山下,王文恪鏊记云:"顾仁效结庐阳山之下,弃去举子业,独好吟咏,兼工绘事。坐对阳山,拄笏搜句,人无知者。"
>
> 顾家青山在大石左麓,顾元庆贮书所也,山中名胜有八,元庆自为记。③

以上两条记载前后相接,并被后来的曹允源等人所纂《(民国)吴县志》卷三十九中《第宅园林》所沿袭。

二、近代以来学者著作中的顾元庆和顾仁效为二人之说及疑问

苏州方志外,近代的一些著名学者也将顾元庆和顾仁效视为两人。

---

① (清)孙岳颁等:《佩文斋书画谱》,《四库提要著录丛书》子部第 24 册,第 585—586 页。
② (清)凌寿祺:《(道光)浒墅关志》卷十四,清道光刻本,苏州图书馆藏。
③ (清)冯桂芬等:《(同治)苏州府志》卷四十六,清光绪刻本,苏州图书馆藏。

如缪荃孙在壬子（1912 年）十月为宋刻本《輶轩使者绝代语释别国方言》作的题跋云：

> 《方言》十三卷，宋刻宋印本。后有庆元庚申跋两段。书中避讳至惇字，即宁宗时刊本。季沧苇、顾仁效、顾元庆、朱大韶递藏。仁效、元庆均长洲人，居阳山下。……①

叶昌炽在《藏书纪事诗》卷二亦并咏"顾仁效、顾元庆大有"云："文房远在白云间，欲往从之不可攀。但听道旁樵父说，顾家门外有青山。"并分列顾仁效、顾元庆事迹于下②。

另外，蒋吟秋在 1930 年出版的《吴中藏书先哲考略》中，亦分顾仁效、顾元庆为二人。

近年来，不少学者仍将顾仁效、顾元庆当作二人。如李致忠在《宋版书叙录》中论及《輶轩使者绝代语释别国方言》时，将顾仁效和顾元庆分为两人，并推测："（顾元庆）盖与仁效有关，或为族人。此书有元庆藏书印，或为仁效递传之。""亦证明此书由顾仁效、顾元庆、朱大韶，经钱曾而归季振宜的递藏关系，是很清楚的。"③江澄波《古刻名抄经眼录》中，载有宋刊本《字苑类编》，因其上钤有"顾仁效藏图书""顾元庆鉴藏印"，也将顾仁效和顾元庆列为二人介绍④。

与此同时，也已经有学者对顾仁效和顾元庆为两人之说有所怀疑。如 1913 年曹元忠在《笺经室遗集》卷十《北宋椠大字单注本〈礼记〉跋》中提及此书每卷首钤"长洲顾仁效水东馆考藏图籍私印"，跋后有云：

> 顾仁效水东馆当在吾吴阳山。王文恪《阳山草堂记》云：顾仁效结庐阳山之下，弃去举子业，独好吟咏，兼工绘事。而岳岱《阳山志·堂墅篇》又云：阳山草堂在大石坞下，顾大有居也。顾君工诗，兼善绘事。其称大有、仁效相同如此。容再考之。⑤

而曹元忠的弟子、著名文献学家王欣夫在为《藏书纪事诗》所作补正中，"颇疑元庆为仁效之后"，又"疑仁效、元庆即为一人"⑥，《中华再造善本底本印章考释》仅以此

① 李致忠：《宋版书叙录》，书目文献出版社，1994 年，第 263 页。
② 叶昌炽：《藏书纪事诗》卷二，上海古籍出版社补正本，1999 年，第 169—170 页。
③ 李致忠：《宋版书叙录》，第 262—263 页。
④ 江澄波：《古刻名抄经眼录》（增订本），北京联合出版公司，2020 年，第 26 页。
⑤ 曹元忠：《笺经室遗集》卷十，《清代诗文集汇编》第 790 册，上海古籍出版社，2010 年，第 510—511 页。
⑥ 叶昌炽：《藏书纪事诗》卷二，第 171 页。

未定论的怀疑之词作为根据,即将顾元庆和顾仁效归为一人①,显然不能令人信服。不过曹元忠和王欣夫对顾仁效和顾元庆为两人之说虽有所怀疑,但都没有进一步考证。

三、顾元庆和顾仁效实为一人考

顾元庆的资料颇多,但所记均未涉及其有仁效之名,如王穉登《青雀集》卷下《顾大有先生墓表》云:"先生姓顾氏,名元庆,字大有,吴之长洲人,家阳山大石下,学者称之曰大石先生。"②瞿景淳《瞿文懿公集》卷十二《大石山人寿藏铭》云:"大石山人者,姓顾氏,讳元庆,苏之长洲人也。"③钱谦益《列朝诗集小传》丁集中《大石山人顾元庆》,以及《武陵宗谱汇编》卷二《顾元庆传》中,均未提及"仁效"名字,仅提及字大有,号大石山人。今人程国赋、朱银萍所撰《顾元庆新考》,查阅了大量资料,考证严密,但亦未论及其有"仁效"之名或字④。而有关顾仁效的文献中,也罕有顾元庆或顾大有的直接记载。正因为如此,清代以来的诸多文献,才将顾元庆和顾仁效并列为两人。

但仔细考订相关文献,可以发现顾元庆和顾仁效为同一人的证据颇多。

首先是从王鏊《阳山草堂记》和岳岱《阳山志》中的记载可推断出顾元庆和顾仁效同为一人。

王穉登《顾大有先生墓表》与瞿景淳《大石山人寿藏铭》均记载顾元庆为王鏊妹夫。王鏊在《震泽集》卷十七《阳山草堂记》云:"阳山在吴城之乾位,盖众山所从始。顾君仁效结庐其下。仁效年少耳,则弃去举子业,独好吟咏,性偏解音律,兼工绘事。每风晨月夕,闭阁垂帘,宾客不到,坐对阳山,拄颊搜句,日不厌。或起作山水、人物,或鼓琴一二行,或横笛三五弄,悠然自得,人无知者。知之者,其阳山乎,因扁其居曰阳山草堂……"⑤虽然王鏊此文没有说明顾仁效即是顾元庆,但他记载了顾仁效的居处名曰阳山草堂。而同时的顾元庆之友岳岱在《阳山志·堂墅第八》中记载:"阳山草

---

① 靳诺、王若舟:《中华再造善本底本印章考释》,国家图书馆出版社,2023 年,第 566 页。

② (明)王穉登:《青雀集》卷下,《四库禁毁书丛刊》集部第 175 册,北京出版社,2000 年,第 185 页。

③ (明)瞿景淳:《瞿文懿公集》卷十二,《四库全书存目丛书》集部第 109 册,齐鲁书社,1997 年,第 618 页。

④ 程国赋、朱银萍:《顾元庆新考》,《文史》2012 年第 1 期,第 249—255 页。

⑤ (明)王鏊:《震泽集》卷十七,《四库全书》第 1256 册,上海古籍出版社 1986—1990 年影印本,第 309—310 页。

堂,在大石坞下,顾大有居也。其堂制壮而美,又有园池竹亭。顾君工诗,兼善绘事。"①由此可见,阳山草堂为顾元庆居处,并且王鏊所记的顾仁效行实和岳岱所记的顾元庆如出一辙,顾元庆和顾仁效为同一人已呼之欲出了。

其次是从皇甫涍《阳山草堂铭(并序)》和方太古的诗中亦可推断出顾元庆和顾仁效同为一人。

皇甫涍《皇甫少玄集》外集卷十《阳山草堂铭(并序)》中有记载云:"顾君仁效,世家蠡湖之东,其相承而下,咸病嚣华,耕稼以自殷,澹泊以自佚。逮君挺发益昌,读书好礼,每闻奇才博雅之士,如贾人之于万镒之宝,若不克遘,乐闻一言而退,是以吴之贤士大夫,咸与往来。寒溪方元素负绝俗之操,游苏时,君迎致,日请所得,素风弗替,而顾于此乎有文矣。……"②

皇甫涍此文中提及"寒溪方元素"游苏之时,顾仁效曾请致其家,日请所得。"寒溪方元素"即方太古,字元素,自号寒溪子、一壶生。明兰溪(今浙江兰溪)人。曾寓居苏州,与杨循吉、徐桢卿、沈周、文徵明等唱和。方太古诗文集未见流传,但清初徐崧、张大纯所辑的《百城烟水》卷三中收有方太古《雪后宿顾大有阳山草堂》,诗云:"草堂新筑面阳山,霭霭春冬紫翠间。曾与主人残雪夜,月明风静听潺湲。"③两相对照,可见顾仁效即为顾元庆。另外,皇甫涍之文开头所云"顾君仁效,世家蠡湖之东",可能就是其藏书处"水东馆"的由来。

除了间接证明外,笔者还在瞿镛《铁琴铜剑楼藏书目录》中发现了直接的证据,该书卷二十三记载云:"《二妙集》一卷,旧钞本。此书亦赵师秀所编。二妙者,贾浪仙、姚武功诗也。诸家书目俱未载是书,与《众妙集》出自一人。手写。后有无名氏跋曰:赵紫芝选编《众妙》《二妙》二集,世不见。吾友顾大石仁效过访次山秦思宋,执是为贽,次山藏焉,因假摹。书实为宋时刻本,不易得也。时嘉靖丙申闰腊三,寓绣石堂识。"④无名氏此跋作于嘉靖丙申(1536),顾元庆尚在世,其所记"吾友顾大石仁效",将顾仁效和顾元庆常用的"大石山人"之名合二为一,顾仁效和顾元庆为一人之说至此已毋庸置疑。

① (明)岳岱:《阳山志》卷中,民国四年(1915)赵氏峭帆楼刻本,苏州图书馆藏。
② (明)皇甫涍:《皇甫少玄外集》卷十,《四库全书》第 1276 册,上海古籍出版社 1986—1990 年影印本,第 734 页。
③ (清)徐崧、张大纯辑:《百城烟水》卷三,清康熙二十九年(1690)刻本,苏州图书馆藏。
④ (清)瞿镛编纂,瞿果行标点,瞿凤起覆校:《铁琴铜剑楼藏书目录》卷二十三,上海古籍出版社,2000 年,第 669 页。

四、余　论

在中国文献学史上，顾元庆的刻书贡献卓著，广受瞩目。他刊行的《阳山顾氏文房小说》40 种 58 卷、《顾氏文房丛刻》(一作《顾氏明朝四十家小说》，一作《梓吴》)40 种 43 卷、《广四十家小说》40 种 47 卷等，为后世小说研究提供了极大便利，颇受好评，如清代著名藏书家黄丕烈认为顾元庆"在吴中为藏书前辈，非特善藏而又善刻，其标题'顾氏文房小说'者，皆取古书刊行，知急所先务矣"①。近代著名藏书家叶德辉甚至认为，在明代的丛刻书中，"以顾元庆《四十家文房小说》为最精"②，可见评价之高。

相比较而言，对顾元庆的藏书贡献关注者寥寥，尚缺乏总体性和深入性的研究。顾元庆所藏宋元善本颇多，质量极高，可以说为这些典籍的流传做出了重要贡献。以《中华再造善本》为例，已出《唐宋编》(含补遗)和《金元编》总计收 710 种善本③，其中 10 部宋元底本均钤有其印章，抄撮如下：

1. (汉)扬雄《轺轩使者绝代语释别国方言》十三卷，宋庆元六年浔阳郡斋刻本，缪荃孙等十人跋。钤有"仁效""雇元庆鉴赏印""顾仁效收藏图书"。

2. (汉)司马迁《史记》一百三十卷，宋淳熙三年张杅桐川郡斋刻八年耿秉重修本。钤有"顾印仁效"。

3. (唐)李复言编《续幽怪录》四卷，宋临安府太庙前尹家书籍铺刻本，黄丕烈跋。钤有"大石山人藏书印""顾印元庆"。

4. (唐)杜审言《杜审言诗集》一卷，宋刻本。钤有"大有""吴郡顾元庆氏珍藏印""顾印元庆"。

5. (宋)苏辙《栾城集》五十卷后集二十四卷，宋刻递修本，存二十一卷。钤有"大石山人""顾大有印""顾仁效氏收藏""顾印仁效"。

6. (唐)窦常等撰《窦氏联珠集》，宋淳熙五年王崧刻本，钱谦益题款，何焯批校。钤有"顾印大有"。

7. (宋)苏洵、苏轼、苏辙《三苏先生文粹》七十卷，宋婺州吴宅桂堂刻王宅桂堂修

---

① (清)陆心源编，许静波点校：《皕宋楼藏书志》卷六十二，浙江古籍出版社，2016 年，第 1086 页。
② 叶德辉著，李庆西标校：《书林清话》卷五，复旦大学出版社，2008 年，第 112 页。
③ 详细书目信息及序号见《见收〈中华再造善本〉底本书目信息表》，靳诺、王若舟：《中华再造善本底本印章考释》，第 1255—1309 页。

补印本。钤有"大石山人"。

8. (宋)黄震《慈溪黄氏日抄分类》九十七卷《古今纪要》十九卷,元后至元三年刻本,卷九十三至九十七配明刻本。钤有"顾印仁效"。

9. (唐)孙思邈《重刊孙真人备急千金要方》三十卷,元刻本,卷六下配清抄本。钤有"顾印大有"。

10. (宋)葛长庚《琼琯白玉蟾上清集》八卷,元建安余氏静庵刻本。钤有"吴郡顾元庆氏珍藏印"。

上述 10 种底本,含宋刻本 7 种,元刻本 3 种。顾元庆一人曾收藏之书,几占《中华再造善本》已出《唐宋编》和《金元编》底本的七十分之一,可见其贡献。

另外,顾元庆所藏其他宋元善本流传至今的尚多。如国家图书馆藏有宋刻本《礼部韵略》,钤有"长洲顾仁效水东馆考藏图记私印"①。成都杜甫草堂存残宋本《杜工部草堂诗笺》,上有朱文方形"顾仁效收藏图书"印②。张元济在《宝礼堂宋本书录》中也记载残宋本《礼记郑氏注》中有"长州顾仁效水东馆收藏图籍私印"③。另外,河田罴撰《静嘉堂秘籍志》卷四载有北宋刊大字本《资治通鉴》残本二百二十四卷,一百二十本,元静江路儒学旧藏,上有"顾仁效水东馆考藏图籍之印"朱文长印④。该书卷六载《东京梦华录》十卷,元刊元印本,二本。中有"顾氏"朱文葫芦印、"顾元庆印"白文方印、"吴郡顾元庆氏珍藏印"朱文方印、"夷白斋印"朱文方印。此书有黄丕烈识,中有云:"卷中收藏图书甚多,知其人者,独顾氏大有诸印,为我吴郡故家。'夷白斋'一印,不识是陈基否。然篆文印色俱新,恐非其人矣。"⑤黄丕烈此处对"夷白斋"一印有所误解,其实此"夷白斋"与杨基毫无关系,为顾元庆藏书印。按《武陵宗谱汇编》卷二《列传》云:"顾元庆,字大有,庠生。博通经史,与文衡山辈友善,名其居曰夷白斋,藏书万卷。著有《家乘》并《茶谱》《诗话》《闽游草》,卒葬石坞。"⑥其所刻《阳山顾氏文房小说》中有多部卷末均有"夷白斋雕"字样。

① 李致忠:《宋版书叙录》,第 311 页。
② 张宏:《成都杜甫草堂三部宋版杜集收藏考论》,《杜甫研究学刊》2018 年第 4 期,第 58—68 页。
③ 张元济:《张元济全集》(第 8 卷),商务印书馆,2009 年,第 19 页。
④ (日)河田罴撰,杜泽逊等点校:《静嘉堂秘籍志》,上海古籍出版社,2016 年,第 100 页。
⑤ (日)河田罴撰,杜泽逊等点校:《静嘉堂秘籍志》,第 156 页。
⑥ (清)顾步青等纂:《武陵宗谱汇编》卷二,清刻本,上海图书馆藏。

以钱谦益为代表的虞山派藏书及其藏书思想*

曹培根

（常熟理工学院）

明末清初，随着中国文化中心不断向江南转移，江南私人藏书在原有积聚基础上不断发展具有江南特色的藏书文化元素，出现了后人概括的以钱谦益为代表的虞山派（或称常熟派）藏书。这是与源远流长的常熟虞山诗派、虞山画派、虞山书派、虞山印派、虞山琴派等并举的诸学术文化流派之一，又是在中国藏书史、学术文化史上具有深远影响力的流派之一。虞山藏书流派的藏书理念与藏书实践，主要反映了钱谦益的藏书思想，并且对江南乃至整个中国的私家藏书产生了深远的影响。

一、虞山派藏书

虞山派（或称常熟派）藏书的提法，是后人依据以钱谦益为代表的常熟藏书家的藏书与实践概括的。清顾广圻在为《清河书画舫》十二卷抄本所撰跋中早就提到"常熟派"，说："藏书有常熟派，钱遵王、毛子晋父子诸公为极盛，至席玉照而殿，一时嗜手钞者如陆敕先、冯定远为极盛，至曹彬侯亦殿之。"①顾广圻之说侧重于概括常熟派藏书家嗜手钞的特点。清潘祖荫将"常熟派"细分为"二派"，他辑刊《滂喜斋丛书》时为陈揆《稽瑞楼书目》撰序称："吾乡藏书家以常熟为最，常熟有二派：一专收宋椠，始于钱氏绛云楼、毛氏汲古阁，而席氏玉照殿之；一专收精钞，亦始于钱氏遵王、陆孟凫，而曹彬侯殿之。"②周星诒说："藏书家首重常熟派，盖其考证板刻源流，校订古今同异，及

---

* 本文为江苏省社科基金项目《钱谦益传》（19WMB075）的阶段性成果。

① （清）顾广圻著，王欣夫辑：《顾千里集》，中华书局，2007年，第331页。
② （清）潘祖荫：《稽瑞楼书目序》，（清）陈揆辑：《稽瑞楼书目》卷前，《滂喜斋丛书》本，清光绪三年（1877）刻本。

夫写录图画,装潢藏庋。自五川杨氏以后,若脉望、绛云、汲古及冯氏一家兄弟叔侄,沿流溯源,踵华增盛,广购精求,博考详校。所谓读书者之藏书者,惟此诸家足以当之。故通人学士,于百数十年后得其遗籍,争相夸尚,良有以也。钱氏绛云,同时有幽古、述古、怀古诸家,一时称盛。而著录诸书,惟绛云、脉望、述古仅传书日,其余诸家,庋藏之富,著述无闻,未由稽考,人以为恨。"①

以钱谦益为代表的虞山派藏书主要特点之一是读书者之藏书。曹溶记钱谦益"每及一书,能言旧刻若何,新板若何,中间差别几处,验之纤悉不爽,盖于书无所不读,去他人徒好书束高阁远甚"。②钱谦益所藏多经读之书,他利用藏书著述成功丰富。钱谦益敬仰与褒扬先贤的读书藏书精神,不遗余力,尤其是弘扬"吴士读书好古"之风,让先辈读书种子永不断绝。钱谦益在《题钱叔宝手书〈续吴都文粹〉》文中敬仰钱谷、允治父子的读书藏书精神,述:"吴郡钱谷叔宝以善画名家,博雅好学,手钞图籍至数十卷,取宋人郑虎臣《吴都文粹》增益至百卷,以备吴中故实。余从其子功甫借钞,与何季穆、周安期共加芟补,欲成一书,未就也。功甫名允治,介独自好,不妄交接。口多雌黄,吴人畏而远之。余每过之,坐谈移日。出看囊钱,市糕饼啖余。老屋三楹,丛书充栋。白昼取一书,必秉烛缘梯上下。一日语余:'吾贫老无子,所藏书将遗不知何人。明日公早来,当尽出以相赠。吾欲阅,更就公借之何如?'余大喜,凌晨而往,坐语良久,意色闵默,不复言付书事。余知其意,亦不忍开口也。辛酉冬,余北上往别,病疡初起,疮瘢满面。冲寒映日,手写金人《吊伐录》本子。忽问余:'曹能始尚在广西,有便邮属彼觅《通志》寄我。'余初欲理付书旧约,语薄喉欲出而止。无何,功甫卒。藏书一夕迸散,钞本及旧椠本,皆论秤担负以去,一本不直数钱也。功甫少及见文待诏诸公,尝言:'吴中先辈,学问皆有原本,惟黄勉之为别派,袖中每携阳明、空同书札,出以示人。空同就医京口,诸公皆不与通问,勉之趋迎,为刻其集,诸公皆薄之。'又云:'李空同言不读唐后书,左国玑为左宜人之弟,空同文称内兄,内外兄弟在《小戴礼》,亦唐后书耶?四部大函之书,别字讹句,堆积卷帙,两司马当如是耶?'每抉摘时人制作,余每指其口,失笑而止。"并说:"呜呼!功甫死,吴中读书种子绝矣。余欲取吴士读书好古,自俞石硴以后,网罗遗逸,都为一编。老生腐儒,笥经蠹

---

① (清)钱曾著,管庭芬、章钰校证,佘彦焱标点:《读书敏求记校证》附《钱遵王读书敏求记序跋题记》,上海古籍出版社,2007年,第504页。

② (清)曹溶:《题词》,(清)钱谦益:《绛云楼书目》卷前,《稿抄本明清藏目三种》,北京图书馆出版社,2003年,第269页。

书者,悉附著焉。庶功甫辈流,不泯泯于没世,且使后学尚知有先辈师承在也。姑志
之于此。"①钱曾在《读书敏求记》卷二之下引清常道人跋后称:"清常言校雠之难如此。
予尝论牧翁绛云楼,读书者之藏书也。赵清常脉望馆,藏书者之藏书也。"②钱曾这里
的"藏书者"主要也指校雠言。钱曾自己也重视对藏书的校理,终身苦读勤藏,《也是
园书目》《述古堂书目》和《读书敏求记》载录其校勘成果。他在《述古堂藏书自述》中
说"必知之真,而后好之始真"③,认为嗜书必须真懂书,精于鉴别,这样才能藏到好书。
钱谦益撰《述古堂宋刻书跋序》,称述古堂藏书"缥青朱介,装潢精致","纵目流览,如
见故物"④;又撰《述古堂记》,称钱曾"有志学古"⑤。钱曾不仅继承了钱谦益绛云楼焚
余之书,还将钱谦益的藏书传统发扬光大,是钱谦益虞山诗派的继承者,又是"读书者
之藏书"的继承人。毛晋曾师从钱谦益,钱谦益称毛晋"故于经史全书,勘雠流布,务
使学者穷其源流,审其津涉","访佚典,搜秘文","于是缥囊缃帙,毛氏之书走天下"⑥。
这便如周星诒所说,"藏书家首重"的"常熟派"是"所谓读书者之藏书者"。

　　虞山派藏书主要特点之二是好古者之藏书。以钱谦益为代表的虞山派藏书首开
好古收藏之风,所藏多宋元本、抄本及稿本。崇祯四年(1631)七月七日晒书日,钱谦
益撰宋版《左传》跋,记其留心搜求使得零碎宋本终成完璧,其好古可见一斑:"宋建安
余仁仲校刊《左传》,故少保严文靖公所藏,其少子中翰道普见赠者。脱落图说并隐公
至闵公五卷、昭公二十一卷至二十四卷,却以建安江氏本补足。纸墨差殊,每一翻阅,
辄摩挲叹息。今年贾人以残阙本五册来售,恰是原本失去者。卷尾老僧印记,亦复宛
然。此书藏文靖家可六十年,其归于我,亦二十年矣。其脱落在未归文靖之前,不知
又几何年也?不图一旦顿还旧观,羽陵之蠹复完,河东之亡再靓。鲁国之玉,雷氏之
剑,岂足道哉! 此等书古香灵异,在在处处,定有神物护持。守者观者,皆勿漫视之。
崇祯辛未七月曝书日跋。"⑦曹溶《〈绛云楼书目〉跋》记:"自宗伯倡为收书,虞山遂成风
俗。冯氏、陆氏、叶氏皆相效尤,毛子晋、钱遵王最著,然皆不及宗伯。贾人之狡狯者,

①　(清)钱谦益著,(清)钱曾笺注,钱仲联标校:《牧斋初学集》卷八十四《题钱叔宝手书〈续吴都文粹〉》,《钱牧斋全
　　集》,上海古籍出版社,2003年,第1766—1767页。
②　(清)钱曾著,管庭芬、章钰校证,余彦焱标点:《读书敏求记校证》卷二之下,第176页。
③　(清)钱曾:《述古堂藏书自序》,(清)钱曾:《钱遵王述古堂藏书目录》卷前,《续修四库全书》史部第920册,上海古
　　籍出版社,1995年,第425页。
④　(清)钱谦益,(清)钱曾笺注,钱仲联标校:《牧斋有学集》卷四十六《述古堂宋刻书跋序》,《钱牧斋全集》,第1512页。
⑤　(清)钱谦益,(清)钱曾笺注,钱仲联标校:《牧斋有学集》卷二十六《述古堂记》,《钱牧斋全集》,第993页。
⑥　(清)钱谦益,(清)钱曾笺注,钱仲联标校:《牧斋有学集》卷三十一《隐湖毛君墓志铭》,《钱牧斋全集》,第1141页。
⑦　(清)钱谦益,(清)钱曾笺注,钱仲联标校:《牧斋初学集》卷八十五《跋宋版〈左传〉》,《钱牧斋全集》,第1780页。

率归虞山,取不经见书,楮墨稍陈者,虽极柔茹糜烂,用法牵缀,洗刷如新触手,以薄楮袭其里,外则古锦装褫之,往往得善价。此他方所莫及也。"①叶德辉在《书林清话》卷九"吴门书坊之盛衰"条中称:"国朝藏书尚宋元板之风,始于虞山钱谦益绛云楼、毛晋汲古阁。"②又在卷十"藏书偏好宋元刻之癖"条中说:"自钱牧斋、毛子晋先后提倡宋元旧刻,季沧苇、钱述古、徐传是继之。流于乾嘉,古刻愈稀,嗜书者众,零篇断叶,宝若球琳。盖已成为一种汉石柴窑,虽残碑破器,有不惜重赀以购者矣。"③叶氏还在"明以来之抄本"条里,论述明以来抄本书最为藏书家所秘宝者共 23 家,其中常熟藏书家占了 12 家④。顾广圻在《思适斋书跋》中已经注意到常熟藏书家好抄本的特点,甚至认为是"常熟派"的主要特色⑤。而潘祖荫在为陈揆《稽瑞楼书目》所作序中,也注意到虞山派藏家好收宋椠与精钞的特点。作为好古者之藏书的钱谦益,首开好古收藏之风,他崇古而能实事求是对待古书,有错必纠。

虞山派的主要特点之三是开放者之藏书。虞山派藏家中藏书致用、流通古籍的思想占主导地位,他们通过编印家藏书目来传播藏书信息,或以刻书为己任来广传秘籍,或提供借用以共享私藏。脉望馆赵氏父子通过精校刊刻、编目撰跋、提供阅抄等途径交流私藏,为后人树立了榜样。作为开放者之藏书的钱谦益,不仅编录书目,而创导抄书刻书以传播秘籍,实现藏书致用。万历四十七年(1619)末,钱谦益在苏州访书得藏书故家秘册《黄省曾西洋朝贡典录》三卷并送给孙允伽,钱曾在《读书敏求记》卷二之下《黄省曾西洋朝贡典录》三卷跋中记:"东川居士孙允伽跋云:'此书序见黄公《五岳集》久矣,往来于胸中者三十年。岁己未,钱受之搜秘册于郡城故家,得黄公手稿,归以贻予。遂命童子录之。此书初未入椠,自稿本外,只此册耳。'"⑥钱谦益在绛云楼失火后,将焚余之书悉数赠予钱曾,钱曾回忆:"忆己丑春杪,侍牧翁于燕誉堂,适见检阅此册(按,指祝泌《邵子皇极经世观物篇解》六十二卷),予从旁窃视,动目骇心,叹为奇绝。绛云一烬后,牧翁悉举所存书相赠,此本亦随之来。"⑦钱谦益以自己藏书支持潘柽章撰《国史考异》,"墙角残书,或尚可资长编者,当悉索以备蒐采"⑧。钱谦益

---

① (清)曹溶:《〈绛云楼书目〉跋》,(清)钱谦益:《绛云楼书目》末附,第 709 页。

② 叶德辉:《书林清话》,中华书局,1957 年,第 254 页。

③ 叶德辉:《书林清话》,第 291 页。

④ 叶德辉:《书林清话》,第 275—283 页。

⑤ (清)顾广圻著,王欣夫辑:《顾千里集》,第 331 页。

⑥ (清)钱曾著,管庭芬、章钰校证,佘彦焱标点:《读书敏求记校证》卷二之上,第 201 页。

⑦ (清)钱曾著,管庭芬、章钰校证,佘彦焱标点:《读书敏求记校证》卷三之上,第 217 页。

⑧ (清)钱谦益,(清)钱曾笺注,钱仲联标校:《牧斋有学集》卷三十八《与吴江潘力田书》,《钱牧斋全集》,第 1320 页。

与李如一交往,撰《〈草莽私乘〉跋》,颂扬李如一"天下好书,当与天下读书人共之"①的藏书开放思想。毛晋"缩衣节食,遑遑然以刊书为急务"②,吴伟业《汲古阁歌》赞扬他"君获奇书好示人,鸡林巨贾争摹印"③。

虞山派的主要特点之四是有识者之藏书。一个成熟的藏书流派应该有自己的藏书理论,虞山派有自己的藏书理论,早期大量散见于虞山派藏书家的藏书目录、藏书题跋等中,后来常熟孙从添撰《藏书纪要》一书,旨在为同道传播虞山派藏书家在长期实践中积累的藏书经验和技术,并加以系统总结,终成虞山派藏书理论代表作。作为有识者之藏的钱谦益,为大量的图书撰跋撰序,表达自己的收藏观,揭示与评判古籍价值,考订作者与版本,并为藏书家撰传,为藏书楼撰记,留存书史资料。

自明后期以来,常熟成为中国私家藏书中心地之一。据范凤书先生统计,中国历代私人藏书家有 4715 人,其中,明代 869 人,清代 1970 人,最多的 10 个县市为:苏州 268 人,杭州 198 人,常熟 146 人,湖州 94 人,绍兴 93 人,宁波 88 人,福州 77 人,嘉兴 75 人,海宁 67 人,南京 60 人④。可见,在环太湖、大运河区域集中了中国绝大多数的私人藏书家,而这一区域的藏书家收藏志趣、收藏内容、藏用原则等,包括尚宋元板之风,好稿抄本,藏书偏重正经正史,重视编目,乐于交流等,与虞山派藏书家趋同,区别于黄裳所谓浙东派⑤。晚清四大私人藏书楼无不继承虞山派藏书传统,这便反映了虞山派的吸引、辐射和影响力。江南正统藏书观,或者说江南藏书形成的主要特色正是深受虞山派影响。前引曹溶已有"自宗伯倡为收书,虞山遂成风俗。冯氏、陆氏、叶氏皆相效尤"评论。常熟黄廷鉴也说:"绛云而集其成,其储藏之富、雠勘之精称雄海内。迨劫烧之后,尚有汲古毛氏、述古钱氏两家鼎峙。羽翼之者,有叶石君、冯己苍、陆敕先诸君子,互相搜访,有亡通假。故当时数储藏家,莫不以海虞为称首。"⑥钱谦益藏书的先导作用,其功不可没。

二、藏 书 史 料

钱谦益作为藏书家,大力褒彰藏书名家,助推区域私家藏书。钱谦益敬仰先贤,

① (清)钱谦益,(清)钱曾笺注,钱仲联标校:《〈草莽私乘〉跋》,《牧斋杂著》(下),《钱牧斋全集》,第 925 页。
② (清)杨绍和撰,傅增湘批注,朱振华整理:《藏园批注楹书隅录》卷一,《书目题跋丛书》,中华书局,2017 年,第 42 页。
③ (清)吴伟业著,李学颖集评标校:《吴梅村全集》卷三,上海古籍出版社,1990 年,第 69 页。
④ 范凤书:《中国私家藏书概述》,虞浩旭主编:《天一阁论丛》,宁波出版社,1996 年,第 259—282 页。
⑤ 黄裳:《春夜随笔》,成都出版社,1994 年,第 78—81 页。
⑥ (清)黄廷鉴:《第六弦溪文集》卷二《〈爱日精庐藏书志〉序》,《清代诗文集汇编》第 475 册,上海古籍出版社,2010 年,第 286 页。

不遗余力褒扬先贤的读书藏书精神。他曾计划撰写区域藏书与藏书家史志,"欲取吴士读书好古,自俞石硐以后,网罗遗逸,都为一编。老生腐儒,笃经蠹书者,悉附著焉。庶功甫辈流,不泯泯于没世,且使后学尚知有先辈师承在也"①。

　　钱谦益在天下兴亡改朝换代之际,倡导藏书,弘扬读书精神,传承文脉,难能可贵。钱谦益撰写的《列朝诗集小传》等已将读书好古之士事迹"都为一编",使之"不泯泯于没世"。钱谦益勾勒了区域藏书历史,他在《列朝诗集小传》中说:"自元季迫国初,博雅好古之儒,总萃于中吴,南园俞氏、笠泽虞氏、庐山陈氏,书籍金石之富,甲于海内。景天以后,俊民秀才,汲古多藏,继杜东原、邢蠢斋之后者,则性甫、尧民两朱先生,其尤也。其他则又有邢量用文、钱同爱孔周、阎起山秀卿、戴冠章甫、赵同鲁与哲之流,皆专勤绩学,与沈启南、文徵仲诸公相颉颃,吴中文献,于斯为盛。"②他总结吴地诗歌兴盛原因的溯流,将其归之于"博雅好古"读书的向学风气,"吴中前辈,沿习元末国初风尚,枕藉诗书,以嗷名干谒为耻"③。他期望复兴博雅好古之风,"居今之世,后生末学,不复以读书好古为事,丧乱以后,流风遗书,益荡然矣。……庶几前辈风流,不泯没于后世,且使吴人尚知有读书种子在也。录诗至存理,俯仰感叹,而附志之如此"④。中国第一部以纪事诗体为古代藏书家立传的著作是叶昌炽的《藏书纪事诗》,该书以史料收集广泛、史论内容精当、编著体例适洽,成为藏书史乃至文献史的创辟之作,奠定了在中国古代藏书史研究领域开山发凡的地位,而《藏书纪事诗》中大量引用了钱谦益有关藏书的论述和史料。其中,有的引自《绛云楼题跋》,如《藏书纪事诗》"俞贞木"条,引钱谦益《绛云楼题跋》:"《聂崇义三礼图》……此本有俞贞木图记,先辈名儒,汲古嗜学,其流风可想也。有学集卷四十六。"贞木著有《立庵集》传世。贞木孙振宗又建九芝堂。⑤有的引自《列朝诗集小传》,如《藏书纪事诗》"杜琼"条,引《列朝诗集小传》"杜渊孝琼":"国初南原俞氏、笠泽虞氏、庐山陈氏,书籍金石之富,甲于海内。景、天以后,俊民秀才,汲古多藏,杜东原其尤也。"⑥他如"邢参"条⑦、"史鉴"条⑧、"陆

① (清)钱谦益,(清)钱曾笺注,钱仲联标校:《牧斋初学集》卷八十四《题钱叔宝手书〈续吴都文粹〉》,《钱牧斋全集》,第1767页。
② (清)钱谦益:《列朝诗集小传》丙集"朱处士存理"条,上海古籍出版社,1983年,第303页。
③ (清)钱谦益:《列朝诗集小传》丙集"黄举人省曾"条,第321页。
④ (清)钱谦益:《列朝诗集小传》丙集"朱处士存理"条,第303—304页。
⑤ (清)叶昌炽:《藏书纪事诗》卷一,上海古籍出版社,1989年,第72—75页。
⑥ (清)叶昌炽:《藏书纪事诗》卷一,第72—75页。
⑦ (清)叶昌炽:《藏书纪事诗》卷二,第121—123页。
⑧ (清)叶昌炽:《藏书纪事诗》卷二,第124—125页。

容"条①、"杨循吉"条②、"都穆"条③、"顾璘"条④、"文震孟"条⑤、"黄鲁曾"条⑥、"黄省曾"条⑦、"钱谷"条⑧、"钱允治"条⑨、"吴岫"条⑩。有的引自钱谦益所撰人物传记、诗文序,如"顾苓"条,引钱受之《顾象垣墓志铭》:"长洲顾君,讳维鼎,字象垣,以己亥岁四月十七日卒。长子苓。"又引钱受之《云阳草堂记》:"顾子云美,卜居于云岩之阳。读书尚志,抚今怀古。读《后汉书·宣秉传》,论其世而知其人,穆然太息。颜其三间之屋曰'云阳草堂'。"⑪他如"顾世峻"条⑫、"赵均"条⑬、"张拱端"条⑭。有的引自钱谦益诗作,如"陈帆"条,引《海虞诗苑》:"陈帆字际远,号南浦。诗宗晚唐,画宗梅道人,字宗柳诚悬。"叶昌炽案:"煌图后改名鸿,子逢午,字方中。逢午子祖范,即见复先生也。南浦亦工诗,牧翁《有学集》有《题南浦晓窗》诗云:'陈子家贫而学富,齿仕而才老。'"⑮这些藏书家的藏书史料,均是钱谦益"网罗遗逸"的文献。

钱谦益一生撰写了大量人物传记、图书题跋、书序,保存了丰富的藏书家与藏书史料。

钱谦益与契阔相存的毛晋交往,为毛晋撰诗文,为汲古阁成档存史,不遗余力,后人从这些诗文考知毛晋生平及汲古阁伟业。崇祯二年(1629)十一月,钱谦益撰《毛君墓志铭》,记毛晋父亲毛清,兼及戈孺人,为藏书之家立传⑯。万历四十七年(1619),钱谦益为毛晋的母亲撰《毛母戈孺人六十序》,记毛晋之父"广延名人硕儒,纵其子游学,以成其名","子晋有志于学古之道者,又少而授毛氏《诗》"⑰。崇祯十二年(1639),钱谦益为毛晋撰《毛子晋题跋序》,记毛晋:"子晋家南湖之滨,杜门却扫,以读书汲古为事。"⑱

---

① (清)叶昌炽:《藏书纪事诗》卷二,第125—127页。
② (清)叶昌炽:《藏书纪事诗》卷二,第135—137页。
③ (清)叶昌炽:《藏书纪事诗》卷二,第142页。
④ (清)叶昌炽:《藏书纪事诗》卷二,第141页。
⑤ (清)叶昌炽:《藏书纪事诗》卷二,第151—155页。
⑥⑦ (清)叶昌炽:《藏书纪事诗》卷二,第159—161页。
⑧⑨ (清)叶昌炽:《藏书纪事诗》卷三,第199—202页。
⑩ (清)叶昌炽:《藏书纪事诗》卷三,第244—245页。
⑪ (清)叶昌炽:《藏书纪事诗》卷四,第375—376页。
⑫ (清)叶昌炽:《藏书纪事诗》卷三,第322—323页。
⑬ (清)叶昌炽:《藏书纪事诗》卷三,第287—289页。
⑭ (清)叶昌炽:《藏书纪事诗》卷四,第370—371页。
⑮ (清)叶昌炽:《藏书纪事诗》卷三,第305—306页。
⑯ (清)钱谦益,(清)钱曾笺注,钱仲联标校:《牧斋初学集》卷六十一《毛君墓志铭》,《钱牧斋全集》,第1467—1468页。
⑰ (清)钱谦益,(清)钱曾笺注,钱仲联标校:《牧斋初学集》卷三十九《毛母戈孺人六十序》,《钱牧斋全集》,第1071—1072页。
⑱ (清)钱谦益,(清)钱曾笺注,钱仲联标校:《牧斋外集》卷三《毛子晋题跋序》,《牧斋杂著》,《钱牧斋全集》,第644页。

此年十一月,为毛晋撰《新刻〈十三经注疏〉序》,记毛晋"专勤校勘,精良锓版,穷年累月,始告成事","凤苞之校刻也,表遗经也,尊圣制也,砥俗学也,有三善焉"①。顺治十三年(1656),钱谦益撰《汲古阁毛氏新刻〈十七史〉序》,记:"崇祯庚辰之岁,毛氏重镌《十三经》,余为其序。越十有七年,岁在丙申,《十七史》告成,子晋复请余序。"文中赞扬毛晋:"是役也,功于史学伟矣。毛子有事经史,在崇祯时,正乙夜细旃,稽古右文之日。崇山示梦,龙光金书,大横兆占之初,神者告之矣。成均之典册,劫灰已燃;鸿都之石经,珠囊重理。圣有谟训,文不在兹? 东壁图书,光昱昱射南斗,此非其祥乎?"②顺治十四年(1657)立春之三日,钱谦益撰《毛子晋六十寿序》,文中称,"唯毛子子晋,契阔相存","颂其文则游、夏,颂其行则曾、史,颂其藏书则酉阳、羽陵,颂其撰述则《珠林》《玉海》","世所谓名人魁士,登汲古之阁,旋其面目,望洋向若而叹"③。顺治十七年(1660)七月二十一日,钱谦益为毛晋长子华伯读书屋撰《西爽斋后记》,述:"子晋之长子华伯颜,其读书之斋曰'西爽'。""先人之手泽在是,先人之书策、琴瑟在是,先人之居处、笑语、志思在是。"怀念毛晋:"余于子晋之亡也,一哭之后,舍南社北,不忍扁舟过南湖。今于华伯之请记,称道古人之言以懋勉之,既以幸子晋之不亡,而山阳闻笛之悲,亦可以少自解也。作《西爽斋后记》。"④顺治十八年(1661)十二月,钱谦益撰《隐湖毛君墓志铭》,称毛晋:"奋起为儒,通明好古,强记博览,不屑俪花斗叶,争妍削间。""故于经史全书,勘雠流布,务使学者穷其源流,审其津涉。其他访佚典,搜秘文,皆用以裨辅其正学。于是缥囊细帙,毛氏之书走天下,而知其标准者或鲜矣。"⑤钱谦益撰《毛子晋像赞》,称赞毛晋"考六经为钟鼓,奏四部为笙簧"⑥藏书出版伟业。钱谦益撰《与毛华伯、奏叔、繡季》述《隐湖毛君墓志铭》创作之旨:"逼除,为文债所苦。两日以来,头涔涔然,拥被僵卧,遂不得倒屣相迎,深用为愧。文债相逼,应是枯肠作祟,不知与头脑何与? 李代桃僵,殊可一笑也。尊府君墓志,谨具草呈上。文颇详于学问大指,意欲推明所以刊正经史之故,以征于儒者,故于寻常行履,未免阔略。此亦为文

① (清)钱谦益,(清)钱曾笺注,钱仲联标校:《牧斋初学集》卷二十八《新刻〈十三经注疏〉序》,《钱牧斋全集》,第850—852页。
② (清)钱谦益,(清)钱曾笺注,钱仲联标校:《牧斋有学集》卷十四《汲古阁毛氏新刻〈十七史〉序》,《钱牧斋全集》,第679—682页。
③ (清)钱谦益,(清)钱曾笺注,钱仲联标校:《牧斋有学集》卷二十三《毛子晋六十寿序》,《钱牧斋全集》,第937页。
④ (清)钱谦益,(清)钱曾笺注,钱仲联标校:《牧斋有学集》卷二十六《西爽斋后记》,《钱牧斋全集》,第1007—1008页。
⑤ (清)钱谦益,(清)钱曾笺注,钱仲联标校:《牧斋有学集》卷三十一《隐湖毛君墓志铭》,《钱牧斋全集》,第1140—1141页。
⑥ (清)钱谦益,(清)钱曾笺注,钱仲联标校:《牧斋有学集》卷四十二《毛子晋像赞》,《钱牧斋全集》,第1437页。

之体如是,高明好古者,当一览而知之也。"①读钱谦益的这些文章,毛晋及其汲古阁"当一览而知之"。钱谦益又撰《题〈草莽私乘〉》②、《跋〈草莽私乘〉一卷》③、《江阴李贯之七十序》④、《李贯之先生墓志铭》⑤、《李贯之先生存余稿序》⑥等,详细记录了江阴著名藏书家李如一的藏书史料。钱谦益撰《赵景之宫允六十寿序》⑦、《刑部郎中赵君墓表》⑧、《翰林院编修赵君室黄孺人墓志铭》⑨、《中宪大夫四川叙州府知府赵君墓志铭》⑩等,记录赵用贤及其子孙藏书史料。钱谦益撰《黄氏千顷斋藏书记》⑪,记录黄虞稷千顷堂藏书。钱谦益撰《莲蕊居士传》⑫,介绍黄翼圣莲蕊楼藏书。

钱谦益藏书多经读,并经整理。赵琦美钞校的《脉望馆钞校本古今杂剧》,被誉为研究我国戏剧史的宝库。此书归钱谦益之后,钱谦益整理编目。黄丕烈撰《也是园藏书古今杂剧目录》,成目于钱谦益所编目⑬。

三、图 书 题 跋

钱谦益藏书读书,撰写了大量的图书题跋,包含丰富的书文化内容,体现钱谦益读书者藏书人的题跋特色,大凡考核古本、存疑备考、考异文字、指正讹伪、考证人物、

① (清)钱谦益,(清)钱曾笺注,钱仲联标校:《与毛华伯、奏叔、龋季》,《钱牧斋先生尺牍》卷第二,《牧斋杂著》(上),《钱牧斋全集》,第 317—318 页。
② (清)钱谦益,(清)钱曾笺注,钱仲联标校:《题〈草莽私乘〉》,《牧斋杂著》(下),《钱牧斋全集》,第 900—901 页。
③ (清)钱谦益,(清)钱曾笺注,钱仲联标校:《跋〈草莽私乘〉一卷》,《牧斋杂著》(下),《钱牧斋全集》,第 925 页
④ (清)钱谦益,(清)钱曾笺注,钱仲联标校:《牧斋初学集》卷三十七《江阴李贯之七十序》,《钱牧斋全集》,第 1026—1027 页。
⑤ (清)钱谦益,(清)钱曾笺注,钱仲联标校:《牧斋有学集》卷三十二《李贯之先生墓志铭》,《钱牧斋全集》,第 1156—1159 页。
⑥ (清)钱谦益,(清)钱曾笺注,钱仲联标校:《牧斋有学集》卷十八《李贯之先生存余稿序》,《钱牧斋全集》,第 784—785 页。
⑦ (清)钱谦益,(清)钱曾笺注,钱仲联标校:《牧斋有学集》卷二十四《赵景之宫允六十寿序》,《钱牧斋全集》,第 942—944 页。
⑧ (清)钱谦益,(清)钱曾笺注,钱仲联标校:《牧斋初学集》卷六十六《刑部郎中赵君墓表》,《钱牧斋全集》,第 1536—1538 页。
⑨ (清)钱谦益,(清)钱曾笺注,钱仲联标校:《牧斋初学集》卷五十九《翰林院编修赵君室黄孺人墓志铭》,《钱牧斋全集》,第 1439—1440 页。
⑩ (清)钱谦益,(清)钱曾笺注,钱仲联标校:《牧斋初学集》卷六十一《中宪大夫四川叙州府知府赵君墓志铭》,《钱牧斋全集》,第 1462 页。
⑪ (清)钱谦益,(清)钱曾笺注,钱仲联标校:《牧斋有学集》卷二十六《黄氏千顷斋藏书记》,《钱牧斋全集》,第 994—996 页。
⑫ (清)钱谦益,(清)钱曾笺注,钱仲联标校:《牧斋有学集》卷三十七《莲蕊居士传》,《钱牧斋全集》,第 1281—1285 页。
⑬ 宋艳:《黄丕烈〈也是园藏书古今杂剧目录〉成目于钱谦益事实考》,《文化遗产》2023 年第 3 期,第 74—82 页。

传记作者、敬仰藏家、叙得书乐、记失焚书、推荐图书、鉴赏书画、随笔体会、记录时事等等,均可入跋。

1. 考核古本。钱谦益撰《跋淳熙〈九经〉后》二题,其一记淳熙《九经》椠本原藏与递藏经过、书中王文恪题字、古本品相,以及原藏者石琢人物介绍:"淳熙《九经》椠本,元人俞石硐所藏,后归徐子容侍读。余得之于锡山安氏。《孝经》《易经》后,俱有王文恪题字。此书楮墨尊严,古香袭人,真商、周间法物,可作吾家宗彝也。石硐者,名琢,隐居吴之南园,老屋数间,古书金石,充牣其中。传四世,皆读书修行,号南园俞氏。金、张七叶,不足羡也。吾子孙得如俞氏足矣。"其二评价淳熙《九经》椠本古本点断句读皆精审,与今本迥别,提示学者宜详考:"淳熙《九经》,点断句读皆精审,如《论语》:'书云(句):孝乎惟孝(句),友于兄弟。'又:'甚矣(句)。吾衰也久矣(句),吾不复梦见周公。'又:'予不得视犹子也(句),非我也夫(句)。''二三子也,中庸所求乎子以事父(句),未能也。所求乎朋友先施之(句),未能也。'皆与今本迥别,学者宜详考之。"①钱谦益撰《跋〈方言〉》,描述旧藏《方言》宋刻本纸墨:"余旧藏子云《方言》正是此本,而纸墨尤精好,纸背是南宋枢府诸公交承启札,翰墨灿然。于今思之,更有《东京梦华》之感。"②钱谦益撰《跋〈扬子法言〉》,考证刻书时间:"宋御府刻扬子《法言》,卷末署名韩琦、曾公亮在中书,欧阳修、赵概在政府。以编年考之……观四公署衔,则知此书之刻正在治平元、二间,亦必在元年闰月已后二年十月已前。先此,则韩公未加仆射。后此,则二年十一月,欧公又进加光禄大夫兼上柱国,不如此结衔矣。有宋隆平盛际,群贤当国,人文化成,于此可以想见。靖康板荡,图籍北迁,此本尚留传人间,真希世之宝也。为泫然涕流者久之。"③钱谦益撰《跋〈礼部韵略〉》,考宋雕善本:"《礼部韵略》以宋雕本为准,元板去之远矣,凡字书皆然。"④

2. 存疑备考。钱谦益撰《记〈清明上河图〉卷》,考证此《清明上河图》多有疑点,"殊未可信":"嘉禾谭梁生携《清明上河图》过长安邸中,云此张择端真本也。……金主之印,殊未可信。或云五言诗盖金章宗之作,尤非也。章宗所幸李元妃,性慧黠,知文义,即陈刚中所咏《李妃妆台》者,章宗何以不赐李而赐钱?《金史》所载章宗诸妃,亦无钱姓。此卷向在李长沙家,流传吴中,卒为袁州(指严嵩)所钩致。袁州籍没后,

① (清)钱谦益,(清)钱曾笺注,钱仲联标校:《牧斋初学集》卷八十三《跋淳熙〈九经〉后》,《钱牧斋全集》,第 1746 页。
② (清)钱谦益,(清)钱曾笺注,钱仲联标校:《牧斋有学集》卷四十六《跋〈方言〉》,《钱牧斋全集》,第 1517 页。
③ (清)钱谦益,(清)钱曾笺注,钱仲联标校:《牧斋有学集》卷四十六《跋〈扬子法言〉》,《钱牧斋全集》,第 1518 页。
④ (清)钱谦益,(清)钱曾笺注,钱仲联标校:《牧斋有学集》卷四十六《跋〈礼部韵略〉》,《钱牧斋全集》,第 1524—1525 页。

已归御府,今何自复流传人间? 书之以求正于博雅君子。天启二年壬戌五月晦日。"①
钱谦益撰《题〈道德经指归〉》,介绍嘉兴刻《道德经指归》,备考与道藏本之异同:"嘉兴
刻《道德经指归》,是吾邑赵玄度本。后从钱功甫得乃翁叔宝钞本,自七卷迄十三卷。
前有总序。后有'人之饥也'至'信言不美'四章,与总序相合。其中为刻本所阙落者
尤多。焦弱侯辑《老氏翼》,亦未见此本,良可宝也。但未知与《道藏》本有异同否。绛
云余烬乱帙中得之,属遵王遣人缮写成本,更参订之。"②

3. 考异文字。钱谦益撰《跋王右丞集》,举例说明"《文苑英华》载王右丞诗,多与今
行椠本小异",提示古本与俗本不同:"崔颢诗:'寄语西河使,知余报国心。'《英华》云:'余
知报国心。'如俗本,则颢此句为求知矣。如此类甚多,读者宜详之。"③钱谦益撰《题钞本
元微之集后》,指出东吴董氏用宋本翻雕《微之集》妄以己意揣摩填补空阙文字:"《微之
集》,旧得杨君谦抄本,行间多空字。后得宋刻本,吴中张子昭所藏,始知杨氏钞空字,皆
宋本岁久漫灭处,君谦仍其旧而不敢益也。嘉靖壬子,东吴董氏用宋本翻雕,行款如一,
独于其空阙字样,皆妄以己意揣摩填补。如首行'山中思归乐',原空二字,妄补云'我作
思归乐',文义违背,殊不可通。此本流传日广,后人虽患其讹,而无从是正,良可慨也。
乱后,予在燕都,于城南废殿,得元集残本,向所阙误,一一完好。暇日援笔改正,豁然如
翳之去目,霍然如疥之失体。微之之集,残阙四百余年,而一旦复完。宝玉大弓,其犹有
归鲁之征乎? 著雍困敦之岁,皋月廿七日,东吴蒙叟识于临顿里之寓舍。"④

4. 指正讹伪。钱谦益撰《跋季氏〈春秋私考〉》,指出:"近代之经学,凿空杜撰,纰
缪不经,未有甚于季本者也。本著《春秋私考》,于惠公仲子则曰隐公之母;盗杀郑三
卿则曰戍虎牢之诸侯使刺客杀之。此何异于中风病鬼,而世儒犹传道之,不亦悲乎!
传《春秋》者三家,杜预出而左氏几孤行于世。自韩愈之称卢仝,以为'《春秋》三传束
高阁,独抱遗经究终始'。世远言湮,讹以传讹,而季氏之徒出焉。《孟子》曰:'始作俑
者,其无后乎?'太和添丁之祸,其殆高阁三传之报与? 季于《诗经》、三《礼》皆有书,其
鄙倍略同。有志于经学者,见即当焚弃之,勿令缪种流传,贻误后生也。"⑤钱谦益撰

---

① (清)钱谦益,(清)钱曾笺注,钱仲联标校:《牧斋初学集》卷八十五《记〈清明上河图〉卷》,《钱牧斋全集》,第 1786—1787 页。
② (清)钱谦益,(清)钱曾笺注,钱仲联标校:《牧斋有学集》卷四十六《题〈道德经指归〉》,《钱牧斋全集》,第 1521 页。
③ (清)钱谦益,(清)钱曾笺注,钱仲联标校:《牧斋初学集》卷八十三《跋王右丞集》,《钱牧斋全集》,第 1754—1775 页。
④ (清)钱谦益,(清)钱曾笺注,钱仲联标校:《牧斋外集》卷第二十五《题钞本元微之集后》,《牧斋杂著》(下),《钱牧斋全集》,第 845 页。
⑤ (清)钱谦益,(清)钱曾笺注,钱仲联标校:《牧斋初学集》卷八十三《跋季氏〈春秋私考〉》,《钱牧斋全集》,第 1753—1754 页。

《跋东坡〈志林〉》，指正俗本讹伪："马氏《经籍考》:《东坡手泽》三卷,陈氏以为即俗本《大全》中所谓《志林》也。今《志林》十三篇,载《东坡后集》者,皆辨论史传大事。世所传《志林》,则皆琐言小录,杂取公集外记事跋尾之类,捃拾成书,而讹伪者亦阑入焉。公北归《与郑靖老书》云:《志林》竟未成,但草得《书传》十三卷。则知十三篇者,盖公未成之书,而世所传《志林》者,缪也。宋人编公外集,尽去《志林诗话》标目,入之杂著中,最为有见。近代所刻《仇池笔记》《志林》之类,皆丛杂不足存也。"①钱谦益撰《跋〈玉台新咏〉》,考证俗本"矫乱":"《玉台新咏》宋刻本出自寒山赵氏,本孝穆在梁时所撰,卷中简文尚称皇太子,元帝称湘东王,可以考见。今流俗本为俗子矫乱,又妄增诗二百首,赖此本少存孝穆旧观,良可宝也。凡古书一经妄庸人手,纰缪百出,便应付蜡车覆瓿,不独此集也。"②钱谦益撰《跋〈列女传〉》,以自己所藏《列女传》古本指正黄鲁直刻本错迕与驳乱："余藏《列女传》古本有二:一得于吴门老儒钱功甫,一则乱后入燕,得于南城废殿中,皆仅免于劫灰。此则内殿本也。……近又简吴中旧刻,赞后又赞,乃黄鲁直以己作窜入,与古文错迕,读者习焉不察久矣。秦汉古书多为今世妄庸人驳乱,其祸有甚于焚燎,不可不辨。"③谦益撰《跋〈新序〉》,辨古今刻本佳恶:"旧本《新序》《说苑》卷首开列阳朔、鸿嘉某年某月具官臣刘向上一行,此古人修书经进之体式,今本先将此行削去。古今人识见相越及镂刻之佳恶,一开而可辨者此也。"④

5. 考证人物。钱谦益撰《跋〈张司业诗集〉》,考证张籍籍贯:"唐《新书韩愈传》后云:张籍,和州乌江人。番阳汤中据退之《张中丞传后序》称吴郡张籍及司业《寄苏州白使君》云:'登第早年同座主,题诗今日是州民。'知司业为吴人,后尝居和,故唐史误以为和人也。同时张洎,亦曰苏州吴人。此本多古诗十数首,《学仙》《董公》二诗,乐天所称可上讽人主、下诲藩臣者,亦具载焉,较它本为完善。"⑤今常熟图书馆藏《张司业诗集》,抄本,蓝色界栏,原为瞿氏铁琴铜剑楼藏书,书副页载有钱谦益此跋,卷终瞿启甲撰跋述书中批校当是钱谦益所为。书中有瞿氏铁琴铜剑楼藏书印和"何元锡印"白方印、"约庵居士""具臣""小桃花山"朱方印及"欣赏"椭圆朱印。钱谦益撰《跋鹿门集二卷旧钞本》,考证"鹿门集从无刊本",并考证鹿门先生说:"按:彦谦系咸通进士,乾符末避乱汉南,王重荣辟为河中从事,历晋、绛二州刺史。后为阆、璧二州刺史,卒

① (清)钱谦益,(清)钱曾笺注,钱仲联标校:《牧斋初学集》卷八十五《跋东坡〈志林〉》,《钱牧斋全集》,第1782页。
② (清)钱谦益,(清)钱曾笺注,钱仲联标校:《牧斋有学集》卷四十六《跋〈玉台新咏〉》,《钱牧斋全集》,第1513页。
③ (清)钱谦益,(清)钱曾笺注,钱仲联标校:《牧斋有学集》卷四十六《跋〈列女传〉》,《钱牧斋全集》,第1519页。
④ (清)钱谦益,(清)钱曾笺注,钱仲联标校:《牧斋有学集》卷四十六《跋〈新序〉》,《钱牧斋全集》,第1519—1520页。
⑤ (清)钱谦益,(清)钱曾笺注,钱仲联标校:《牧斋初学集》卷八十五《跋〈张司业诗集〉》,《钱牧斋全集》,第1782页。

于官。号鹿门先生,有集三卷。此只止有上下二卷,岂别有文一卷耶?"①

6. 传记作者。钱谦益撰《书王损仲诗文后》,刻画诗文作者王惟俭:"祥符王惟俭,字损仲,多闻强记。与人覆射经史,每弋获,摩腹大笑曰:'名下定无虚士。'读《古文品外录》,抉摘其纰缪,轩渠向余:'兄每为此君护前,今不当云悔读《南华》第二篇乎?'晋江何稚孝修明史,题曰《名山藏》。损仲指而笑曰:'记则记,书则书,此何为者?'吴原博修《姑苏志》成,杨君谦遥见其题,不开卷,掷而还之,岂为过乎? 损仲家无余赀,尽斥以买书画彝鼎,风流儒雅,竟日谭笑,无一俗语,可谓名士矣。其诗婉弱有俊语,为文简质,以刻画自喜。惜其少年崛起,无师友摩切之力,未免于无佛处称尊也。"②钱谦益撰《题王司马手简》,记手简作者王洽(字和仲):"崇祯元年,余以阁讼,待罪长安。临邑王公和仲为大司马,手书慰谕,一日至数十纸,恨不能为余排九阍,叫阊阖,执谗慝之口而白其诬也。余既罢归,公以疆事下狱死。精爽可畏,时时于梦寐中见之。其手迹久而散佚,楗其存者,以示子孙。公书法苍老,语多棱层感激。想其掀髯执简,欲尽杀奸谀小人于毫兔间,可敬也。"③钱谦益还撰《题瞿氏家乘》,述瞿式耜家族④。

7. 敬仰藏家。钱谦益撰《题钱叔宝手书〈续吴都文粹〉》,敬仰钱谷、允治父子的读书藏书精神,感慨:"功甫死,吴中读书种子绝矣。余欲取吴士读书好古,自俞石硐以后,网罗遗逸,都为一编。老生腐儒,笥经蠹书者,悉附著焉。庶功甫辈流,不泯泯于没世,且使后学尚知有先辈师承在也。姑志之于此。"⑤钱谦益撰《跋〈真诰〉》,特录存里中二藏家:"《真诰》未见宋本。近刻经俞羡长刊定者,至讹'握真辅'为'掘真辅',舛缪可笑。此钞依金陵焦氏本缮写,与《道藏》本及吾家旧刻本略同,比羡长刻,盖霄壤矣。里中有二谭生,长应明,字公亮,伉侠傲物,扳附海内巨公名士,好购书,多钞本,客至郑重出视,占占自喜。次应徵,字公度。此本则公度所藏也。公度纨袴儿郎,尤为里中儿贱简,不知其于汗简墨汁,有少因缘如是。余悲两生身沈家亡,有名字翳然之感,故录而存之。"⑥

8. 叙得书乐。钱谦益撰《跋宋版〈左传〉》记得宋版《左传》:"宋建安余仁仲校刊

① (清)钱谦益,(清)钱曾笺注,钱仲联标校:《跋鹿门集二卷旧钞本》,《牧斋杂著》(下),《钱牧斋全集》,第926页。
② (清)钱谦益,(清)钱曾笺注,钱仲联标校:《牧斋初学集》卷八十四题《书王损仲诗文后》,《钱牧斋全集》,第1768—1769页。
③ (清)钱谦益,(清)钱曾笺注,钱仲联标校:《牧斋初学集》卷八十四《题王司马手简》,《钱牧斋全集》,第1769页。
④ (清)钱谦益,(清)钱曾笺注,钱仲联标校:《题瞿氏家乘》,《牧斋杂著》(下),《钱牧斋全集》,第928—929页。
⑤ (清)钱谦益,(清)钱曾笺注,钱仲联标校:《牧斋初学集》卷八十四《题钱叔宝手书〈续吴都文粹〉》,《钱牧斋全集》,第1767页。
⑥ (清)钱谦益,(清)钱曾笺注,钱仲联标校:《牧斋有学集》卷四十六《跋〈真诰〉》,《钱牧斋全集》,第1526—1527页。

《左传》,故少保严文靖公所藏,其少子中翰道普见赠者。脱落图说并隐公至闵公五卷、昭公二十一卷至二十四卷,却以建安江氏本补足。纸墨差殊,每一翻阅,辄摩挲叹息。今年贾人以残阙本五册来售,恰是原本失去者。卷尾老僧印记,亦复宛然。此书藏文靖家可六十年,其归于我,亦二十年矣。其脱落在未归文靖之前,不知又几何年也? 不图一旦顿还旧观,羽陵之蠹复完,河东之亡再觏。鲁国之玉,雷氏之剑,岂足道哉! 此等书古香灵异,在在处处,定有神物护持。守者观者,皆勿漫视之。崇祯辛未七月曝书日跋。"① 钱谦益撰《跋高诱注〈战国策〉》,记"天启中,以二十千购之梁溪安氏,不啻获一珍珠船也。无何,又得善本于梁溪高氏",访获绝佳本双璧②。钱谦益撰《跋〈春秋繁露〉》,述其万历三十年 21 岁时校读《春秋繁露》及见宋刻祖本:"得锡山安氏活字本,校雠增改数百字,深以为快。今见宋刻本,知为锡山本之祖也。""如更得宋本完好者,则尚可为全书,好古者宜广求之。"③ 钱谦益撰《跋〈营造法式〉》,记搜访"竭二十余年之力"使《营造法式》成为完整的藏本④。钱谦益撰《跋〈新语〉二卷》,述其万历二十四年(1596)15 岁时开始藏书活动⑤。

9. 记失焚书。钱谦益撰《跋前后〈汉书〉》二题,其一记为建绛云楼等售书事:"赵文敏家藏前、后《汉书》,为宋椠本之冠,前有文敏公小像。太仓王司寇得之吴中陆太宰家。余以千金从徽人赎出,藏弄二十余年。今年鬻之于四明谢象三。床头黄金尽,生平第一杀风景事也。此书去我之日,殊难为怀。李后主去国,听教坊杂曲'挥泪对宫娥'一段,凄凉景色,约略相似。癸未中秋日书于半野堂。"其二记:"京山李维柱,字本石,本宁先生之弟也。书法橅颜鲁公。尝语余:'若得赵文敏家《汉书》,每日焚香礼拜,死则当以殉葬。'余深愧其言。"⑥ 钱谦益撰《书旧藏宋雕〈两汉书〉》又记宋板《两汉书》的得失过程,"赵吴兴家藏宋椠两《汉书》,王弇州先生鬻一庄得之陆水邨太宰家,后归于新安富人。余以千二百金从黄尚宝购之。崇祯癸未,损二百金,售诸四明谢氏",感慨"甲申之乱,古今书史图籍一大劫也。庚寅之火,江左书史图籍一小劫也"⑦。钱谦益撰《题李肇国史补》,记绛云楼焚余残书:"绛云一炬之后,老媪于颓垣之中拾残

① (清)钱谦益,(清)钱曾笺注,钱仲联标校:《牧斋初学集》卷八十五《跋宋版〈左传〉》,《钱牧斋全集》,第 1780 页。
② (清)钱谦益,(清)钱曾笺注,钱仲联标校:《牧斋有学集》卷四十六《跋高诱注〈战国策〉》,《钱牧斋全集》,第 1513 页。
③ (清)钱谦益,(清)钱曾笺注,钱仲联标校:《牧斋有学集》卷四十六《跋〈春秋繁露〉》,《钱牧斋全集》,第 1516 页。
④ (清)钱谦益,(清)钱曾笺注,钱仲联标校:《牧斋有学集》卷四十六《跋〈营造法式〉》,《钱牧斋全集》,第 1526 页。
⑤ (清)钱谦益,(清)钱曾笺注,钱仲联标校:《跋〈新语〉二卷》,《牧斋杂著》(下),《钱牧斋全集》,第 925—926 页。
⑥ (清)钱谦益,(清)钱曾笺注,钱仲联标校:《牧斋初学集》卷八十五《跋前后〈汉书〉》,《钱牧斋全集》,第 1780—1781 页。
⑦ (清)钱谦益,(清)钱曾笺注,钱仲联标校:《牧斋有学集》卷四十六《书旧藏宋雕〈两汉书〉后》,《钱牧斋全集》,第 1529—1530 页。

书数帙，此本亦其一也。"①钱谦益撰《跋〈酒经〉》，记绛云楼焚余又遭战乱损失后剩留之书："《酒经》一册，乃绛云楼未焚之书。五车四部，尽为六丁下取，独留此经。天殆纵余终老醉乡，故以此转授遵王，令勿远求罗浮铁桥下耶？余已得修罗采花法，酿仙家烛夜酒，将以法传之遵王。此经又似余杭老媪家油囊俗谱矣。"②钱谦益撰《跋沈石田手抄〈吟窗小会〉前卷》，记其绛云楼所藏沈石田手抄《吟窗小会》前后卷遭遇："石田先生《吟窗小会》，前卷皆古今人小诗警句心赏手抄者，今为遵王所收。后卷向在绛云楼，为六丁取去久矣。"③钱谦益撰《题沈石天浣纱花闲话》，记绛云楼一炬之痛："绛云一炬，万卷成灰。并腹笥中西瓜大十许字，亦被六丁收去。此中空无所有，便作结绳以前人矣。且病眩经年，又如儿女子守闺阈，不得空阔一步。灰烬之余，巢栖树宿，并无少文壁染神山水。膠蜗冻蝇，目光如许。生人之趣，于我何有或？……予廖矣，予无复有言矣！辛卯余月，蒙叟谦益书于绛云余烬处。"④

10. 推荐图书。钱谦益撰《题归太仆文集》说明文集特色："归熙甫先生文集，昆山、常熟皆有刻；刻本亦皆不能备。而《送陈自然北上序》《送盖邦式序》，则宋人马子才之作，亦误载焉。余与熙甫之孙昌世，互相搜访，得其遗文若干篇，较椠本多十之五，而误者芟去焉。于是熙甫一家之文章粲然矣。"⑤钱谦益撰《记月泉吟社》，时在崇祯十六年初夏国家存亡之际，说明收集整理元初宋遗民诗社人物史料的用意："所见遗文逸事，吴、越间遗民已不啻数十人，欲网罗之，以补新史之阙，以洗南朝李侍郎之耻。世之君子，其亦与我同此叹惋者乎？癸未初夏日记。"⑥钱谦益撰《跋〈东坡先生诗集〉》，介绍《东坡先生诗集》："吴兴施宿武子增补其父司谏所注东坡诗，而陆务观为之序。务观序题嘉泰二年，是书刻于嘉定六年，又十二年而后出。故其考证人物，援据时事，视他注为可观。然如务观所与范致能往复云云，不知果无憾否？诗以记年为次，又附《和陶》一卷，坡诗尽于此矣，读者宜辨之。"⑦钱谦益撰《书〈东都事略〉后》，介绍《东都事略》："河南王损仲数为余言《东都事略》于宋史家为优。长安吕少卿家有钞

①　（清）钱谦益，（清）钱曾笺注，钱仲联标校：《牧斋有学集》卷四十六《题李肇国史补》，《钱牧斋全集》，第 1524 页。
②　（清）钱谦益，（清）钱曾笺注，钱仲联标校：《牧斋有学集》卷四十六《跋〈酒经〉》，《钱牧斋全集》，第 1525 页。
③　（清）钱谦益，（清）钱曾笺注，钱仲联标校：《牧斋有学集》卷四十六《跋〈沈石田手抄吟窗小会前卷〉》，《钱牧斋全集》，第 1525 页。
④　（清）钱谦益，（清）钱曾笺注，钱仲联标校：《牧斋外集》卷第二十五《题沈石天浣纱花闲话》，《牧斋杂著》（下），《钱牧斋全集》，第 851—852 页。
⑤　（清）钱谦益，（清）钱曾笺注，钱仲联标校：《牧斋初学集》卷八十三《题归太仆文集》，《钱牧斋全集》，第 1759—1760 页。
⑥　（清）钱谦益，（清）钱曾笺注，钱仲联标校：《牧斋初学集》卷八十四《记月泉吟社》，《钱牧斋全集》，第 1763—1764 页。
⑦　（清）钱谦益，（清）钱曾笺注，钱仲联标校：《牧斋初学集》卷八十五《跋〈东坡先生诗集〉》，《钱牧斋全集》，第 1783 页。

本,遂假借缮写。天启三年春,繇济上放舟南下,日读数卷,凡半月而毕。余观作者之意,可谓专勤矣。贯穿一百六十余年,为北宋一代之史,以事在本朝,故孙而称《事略》云尔。其书简质有体要,视《新史》不啻过之。《本纪》载诏制之辞,与《朱勔传》载《华阳宫记》之类,尤为有识。信损仲之知言也。《本纪》最佳,《列传》佳者几十之五,亦多错互可议。世有欧阳公,笔削宋事,以附《五代史记》之后,则是书亦《宋史》之《世本》《外传》也。呜呼! 余安得而见之哉! 损仲博闻强记,删定《宋史》,已有成书。以其言考之,殆必有可观者。是年二月十四日,丹阳道中书。”①钱谦益撰《跋〈东都事略〉》,介绍《东都事略》的史料价值,以及“今年初夏,见述古堂《东都事略》宋刻,即李九如家钞本之祖也”②。钱谦益撰《跋〈颜鲁公自书诰〉》,揭示《颜鲁公自书诰》价值:“鲁公以精忠大节,不容于本朝。元载既诛,又为杨炎所恶,代宗山陵毕,授光禄大夫太子少师,依旧为礼仪使。此告云建中元年八月廿八日下是也。《旧书》以谓外示崇宠,实去其权。明年,卢杞尤忌之,改太子太师,并罢其使。又明年而有许州之行,君子之不能胜小人,与小人之善祸君子若此。德宗号英主,受炎、杞辈牢笼若出手掌,何也? 此告流传至今,虽悍夫弱女见之,皆知改容敛手。然当日之事,回环思之,犹可为感激流涕也。崇祯四年八月廿八日,谦益拜观谨跋。”③

11. 鉴赏书画。钱谦益撰《跋坡书〈陶渊明集〉》,鉴赏希世之宝坡书《陶渊明集》:“北宋刻《渊明集》十卷,文休承定为东坡书。虽未见题识,然书法雄秀,绝似《司马温公墓碑》,其出坡手无疑。镂版精好,精华苍老之气,凛然于行墨之间,真希世之宝也。西蜀雷羽津见之云:‘当是老坡在惠州遍和陶诗日所书。’吾以为笔势遒劲,似非三钱鸡毛笔所办。古人读书多手钞,坡书如《渊明集》者何限,但未能尽传耳。先生才大如海,不复以斗石较量。其虚怀好古,专勤笃挚如此。吾辈无升合之才,慵堕玩愒,空蝗梁黍,读古人书,未终卷,欠申思睡,那能缮写成帙? 每一翻阅,辄兴不殖将落之叹,未尝不汗下如浆也。癸未夏日,书于优县室中。”④钱谦益撰《跋〈渭南文集〉》,指出古今书画跋之异:“先辈题跋书画,多云某年月日某人观。陆放翁跋所读书,但记勘对装潢岁月,寥寥数言,亦载集中。盖古人读书多,立言慎。于古人著作,非果援据该博,商订详审,不敢轻著一语;亦文章之体要当如此也。今人于法书名画,强作解事,蝉连满

---

① (清)钱谦益,(清)钱曾笺注,钱仲联标校:《牧斋初学集》卷八十五《书〈东都事略〉后》,《钱牧斋全集》,第 1784 页。
② (清)钱谦益,(清)钱曾笺注,钱仲联标校:《牧斋有学集》卷四十六《跋〈东都事略〉》,《钱牧斋全集》,第 1514—1515 页。
③ (清)钱谦益,(清)钱曾笺注,钱仲联标校:《牧斋初学集》卷八十五《跋〈颜鲁公自书诰〉》,《钱牧斋全集》,第 1786 页。
④ (清)钱谦益,(清)钱曾笺注,钱仲联标校:《牧斋初学集》卷八十五《跋坡书〈陶渊明集〉》,《钱牧斋全集》,第 1781—1782 页。

纸,必不肯单题姓名。坊间椠本,不问何书,必有跋尾附赘其后,如涂鸦结蚓,漫漶不可了。试一阅之,支离剽剥,千补百缀,天吴紫凤,颠倒裋褐。穷子为他家数宝,人皆知其无看囊一钱耳。偶读《渭南文集》,聊书之以为戒。"①钱谦益撰《题〈怀素草书卷〉》,鉴赏怀素草书真迹:"余所见藏真真迹凡数卷,大都绢素刓敝,字画浅淡,令人于灭没有无之间,想见惊沙折壁,因风变化之妙耳。此卷笺纸簇新,无直裂纹匀之状,字皆完好,无一笔损缺,应知此上人是阿罗汉现身,尚在人间,故于此纸上挥洒墨汁,重作醉僧书,游戏神通也。"②

12. 随笔体会。钱谦益撰《读〈左传〉随笔》六题其一批评今人学问粗浅,误读《左传》:"'公入而赋(句):大隧之中,其乐也融融。姜出而赋(句):大隧之外,其乐也泄泄。'杜注曰:'赋,赋诗也。以赋字为句,则大隧四句,其所赋之诗也。'钟伯敬不详句读,误认为《左传》叙事之辞,加抹而评之曰:'俗笔。'今人学问粗浅,敢于訾讥古人。特书之以戒后学。"其二举例说明"读书句读宜详,勿以小学而忽之"。其三指出古本核流俗本讹误,《宣十二年战于邲》"屈荡尸之","淳熙《九经》本、长平游御史本、相台岳氏本、巾箱小本并作户,而建安本却作尸。知此字承讹久矣,宜亟正之"③。钱谦益撰《题〈怀麓堂诗钞〉》,批评近代诗病:"近代诗病,其证凡三变:沿宋、元之窠臼,排章俪句,支缀蹈袭,此弱病也;剽唐、《选》之余沈,生吞活剥,叫号躐突,此狂病也;搜郊、岛之旁门,蝇声蚓窍,晦昧结惛,此鬼病也。救弱病者,必之乎狂;救狂病者,必之乎鬼。传染日深,膏肓之病日甚。孟阳于恶疾沈痼之后,出西涯之诗以疗之曰:'此引年之药物,亦攻毒之箴砭也。'其用心良亦苦矣。孟阳论诗,在近代直是开辟手。"④

13. 记录时事。钱谦益记录时事的题跋有如日记,他撰《述古堂宋刻书跋序》,记"辛丑暮春",宿述古堂,读钱曾藏书,"观所藏宋刻书,缥青介朱,装潢精致,殆可当我绛云楼之什三",并跋所见各书⑤。钱谦益撰《跋宋史四百九十六卷》,记阅校《宋史》,有庚寅四月朔日、六月十三日、六月二十、廿一日、六月廿七、七月朔日、七月十三日、九月初八、十月初二日、辛卯十二月廿日、六月十一辛亥日、六月十八日一共十二题。其中,卷首题:"岁庚寅四月朔日阅始。"卷一百七十九后记:"十月初二日,夜半野堂

① (清)钱谦益,(清)钱曾笺注,钱仲联标校:《牧斋初学集》卷八十五《跋〈渭南文集〉》,《钱牧斋全集》,第1783页。
② (清)钱谦益,(清)钱曾笺注,钱仲联标校:《牧斋有学集》卷四十六《题〈怀素草书卷〉》,《钱牧斋全集》,第1532—1533页。
③ (清)钱谦益,(清)钱曾笺注,钱仲联标校:《牧斋初学集》卷八十三《读〈左传〉随笔》,《钱牧斋全集》,第1747—1749页。
④ (清)钱谦益,(清)钱曾笺注,钱仲联标校:《牧斋初学集》卷八十三《题〈怀麓堂诗钞〉》,《钱牧斋全集》,第1758页。
⑤ (清)钱谦益,(清)钱曾笺注,钱仲联标校:《牧斋有学集》卷四十六《述古堂宋刻书跋序》,《钱牧斋全集》,第1512页。

火。时方雷电交作,大雨倾盆,后楼前堂,片刻煨烬,乃异灾也。读《隋·经籍志》,知书籍所聚,遑遑遭厄。宋、元之缮本,研精五十余年,转辗困厄,遭值兵燹,肆力靡休,告成书于望古稀之晨。而一旦为火焚却,此为何者也?伤哉!先是朔日午时,日食几又既,昼晦星克。至次日,风雷雨电,不减盛夏。海溢,漂溺人畜。崇明更甚,亦灾异之不轻者矣。"①

　　钱谦益考核简质、援据详瞻、商订详审的题跋学术性强,而兼具文艺性,记录其所藏所见图书,为后人提供珍贵的书史文献。

---

① (清)钱谦益,(清)钱曾笺注,钱仲联标校:《跋宋史四百九十六卷》,《牧斋杂著》(下),《钱牧斋全集》,第 922—924 页。

关于姚文栋及其在日本访书活动的考察

陈 捷

（日本东京大学人文社会系）

1995 年到 1998 年，我在东京大学读博士课程，博士论文的内容是关于晚清驻日公使馆在日本的文化学术活动，其中有一项重要内容是考察当时清国公使馆人员在日本搜访古籍的历史。有一次假期回国和北京大学图书馆沈乃文老师见面，说起我很想拜见上海图书馆顾廷龙先生，了解关于上海南翔人姚文栋的情况。沈老师很快就联系了顾先生家人，帮我约定了探望顾先生的时间。1998 年 3 月的一天下午，我按照约定时间到航天路顾诵芬先生家拜望顾老。当时家中只有顾老和可爱的小孙女以及一位小保姆。聊到我正在调查姚文栋在日本的经历，顾老非常高兴，给我很多鼓励。顾老说他年轻时在南翔曾经去过姚文栋家，自己也准备要为姚文栋写一篇文章，下次回上海时要回上海图书馆找找相关的资料。顾老的话让笔者内心十分期待。遗憾的是 1998 年夏天顾老因病过世，后来我在博士论文《明治前期日中学術交流の研究——清国駐日公使館の文化活動》中有一节论述姚文栋在日本的访书活动，却再也没有机会向顾老汇报。我一直记得顾老谈到姚文栋时对他的赞赏，近年也在继续收集姚文栋的相关资料，准备做进一步研究。值此顾老诞辰 120 周年之际，特以此文表示对顾先生的纪念。

一、姚文栋其人及其生平事迹

姚文栋（1852—1929），字子梁，又字东木，上海南翔人。关于姚文栋生平事迹，除了他本人一生撰著各种著作可资参考之外，尚有其长子姚明辉根据家藏文献为其父编撰的《景宪府君年谱》（以下简称《年谱》）。该书稿本藏于上海图书馆，其中引用不少姚文栋未刊著作、友人序跋及往来书信等内容，是考察姚文栋生平事迹的基本资料①。本节根据姚文栋著作及《年谱》等资料对其生平事迹略作概述。

姚文栋清咸丰二年(1852)出生于上海,但翌年太平天国兵陷上海,其祖父姚锡畈携家避难南翔,到咸丰七年才举家重返上海。姚文栋自幼在家学习《四书》,十三岁学为时文,同治五年(1866)补乙丑科秀才,在龙门书院学习程朱理学②。同治十年(1871),姚文栋入杭州诂经精舍,时俞樾为山长。此后,他与弟弟姚文枏(字子让)一起,先后在上海求志书院和上海诂经精舍学习,在讲习程朱之学的同时,对汉唐学术与经世之学也有深切的关心。《年谱》引姚文栋《春晖长映楼杂著跋语》云:

> 丙子(光绪二年,1876)冬,避嚣居嘉定,僦宅于练祁江上者二年有余。临江高楼数楹,余与子让读书其中,昼常谢客闭门,夜则灯火荧然,更深不辍。隔江行人指以相告曰:"此姚家兄弟读书灯也。"③

由此可见其当时读书生活之一斑。《年谱》光绪五年又引姚文栋《春晖长映楼杂著》自撰目录后语自述青年时期治学经历云:

> 二十以前潜心宋学,非五字书不敢窥;二十后泛滥汉唐,兼以余力探求经世之学,思由明理以达诸用。二十以前工夫到尽头处,只辨清义、利二字,二十以后工夫到尽头处,只辨王、霸二字。此两层界限分明,《四书》《六经》之要领似亦不外是矣。(中略)自题一联云:"此心常为天地主,所学无愧帝王师。"盖以此十四字自期,非曰能之也。④

从这些自述之语亦可以了解他青年时代志向之高远。光绪六年(1880),姚文栋北上北京,先后住在王文韶和徐陠宅邸,一边担任家庭教师,一边研究西北边疆地理及中外关系。两年之间,撰有《帝京形胜考》二卷、《塞外金石记》四卷、《外蒙古喀尔喀四部图说》一册、《青海考略》二卷、《中俄条约汇编》三卷、《增订北徼汇编》四卷、《西陲汇要》一百卷及《苏园杂著》二卷等著作。

光绪七年(1881)九月,姚文栋因黎庶昌奏请受命准备前往日本,十二月和黎庶昌一起抵达东京,翌年二月被任命为驻东京使署随员。驻日期间,他有感于中法之间在越南问题上日益增加的紧张关系以及一直未能解决的琉球问题等国际关系问题,撰

---

① 戴海斌整理:《姚文栋年谱》,《近代史资料》总 125 号,中国社会科学出版社,2012 年,第 137—227 页。此外,上海图书馆还藏有姚明煇编《姚景宪公年谱节要》稿本。
② 龙门书院由上海道台丁日昌于同治四年(1865)创立,开始只是租借其他学堂上课,第一期只招收 20 名学生,后来每年招收 30 名学生。同治六年(1867)道台应宝时花费 1 万两银子在今尚文路龙门吾园建立讲堂、学舍 41 间,光绪二年(1876)道台冯光新建 10 间校舍,历年之间培养了许多人才。
③ 姚明煇:《景宪府君年谱》,光绪二年丙子,秦翰才抄本。
④ 姚明煇:《景宪府君年谱》,光绪五年己卯。

著了《安南小志》《琉球地理志》，并参考日本陆军省出版的《兵要日本地理小志》，编纂了《日本地理兵要》十卷。《日本地理兵要》于光绪九年由同文馆奉总理各国事务衙门之命出版，是中国近代出版最早的关于日本地理的专门著作。除了上述著作之外，他还著有《订正朝鲜地理志》八卷、《日本沿海大船路小船路详细路线总图》及《分图》、《日本火山温泉考》《日本海陆驿程考》《日本矿产考》《日本东京记》《日本近史》《中东年表》《日本会计录》《日本艺文志》《日本通商始末》《日本国志》等多种著作。其中《日本国志》十卷与黄遵宪编撰的著名的《日本国志》同名异书，是一部研究日本地理的著作①。他还一直关注俄国问题，于光绪十三年翻译了《西卑利亚新造铁路图说》，并以石印方式在中国国内印行。此外，他在日本期间撰写的文章后来收入其文集《读海外奇书室杂著》②。

光绪十三年（1887）九月，姚文栋奉出使俄德奥和四国大臣洪钧奏调前往欧洲，十一月十三日到达柏林。在此后的三年时间，他往来于德国及欧洲各地，在处理外交公务的同时对西方的历史、地理、物产、社会、政治、军事形势等进行考察。在柏林使馆时，他与美国人金楷利合作编译《泰西政要》十卷，又与各国使馆同事一起编译《东西洋国别地理详志》，与日本人福岛安正合作翻译《欧洲战祸未来之预测》，此外尚译有《德意志联邦内治外交纲要》《地中海沿岸三洲分合兴衰考》，并将在欧洲期间撰写的文章93篇汇编为《欧槎杂著》六卷。

光绪十七年（1891），姚文栋欧洲任期结束，他在英国受出使英法义比国大臣薛福成之命，从巴黎出发回国，途中前往印度、缅甸，对当地商务和中缅边境一带的实际情况进行勘察，亲自踏查野人山及边境各土司。回国后留在云南参与勘界和边境谈判工作。在此期间，他撰著《印缅纪行》四卷、《印缅考察商务记》二卷、《云南勘界筹边记》二卷、《云南初勘缅界记前编》十卷、《云南初勘缅界记正编》十卷、《云南初勘缅界记后编》十卷、《滇缅之间道里考》一卷、《滇越之间道里考》一卷、《滇边土司记》三卷、《西南备边后录》八卷、《云南大事记》二卷、《滇南经世文前编》四卷、《初编》十卷，并将在云南期间所撰文章汇编为《天南文编》六卷，汇编当地土司及各界人士条陈边事文件为《集思广益集》八卷，汇编委派当地人张德馨、张成瑜二人探查记录《侦探记》二

① 早稻田大学图书馆藏《宫岛诚一郎文书》（文书二十七 C 二十三姚文栋与宫岛诚一郎笔谈）中有"惟成《日本国志》十余卷，然译之而已"之语，自认该书以编译为主。关于姚文栋《日本国志》，可参看王宝平：《埋もれた日本研究の名作——姚文栋の『日本国志』について》，《中国研究月报》第53卷第5号，中国研究所，1999年，第41—47页。
② 《读海外奇书室杂著》又名《东槎杂著》，光绪十八年（1892）排印本。

卷,又编译《英人吞缅始末》一卷等。姚文栋对滇缅边境的实地考察和文献研究工作得到薛福成和云贵总督王文韶等人支持鼓励,但也受到云南当地以及京中总署一些人的掣肘反对,加之边境形势的变化,导致姚文栋无法充分发挥作用。光绪十九年(1893)冬,姚文栋以在外当差年久祖茔失修为由,由云贵总督王文韶代为请求销差回籍修墓。王文韶在上奏文中称其"远涉重洋,历经烟瘴,考核精细,艰苦备尝。留滇以来,历次差委均无贻误",给予其很高的评价(图 1)①。光绪二十年(1894)正月薛福成在伦敦与英政府签订条约时,根据王文韶光绪十八年、十九年历次咨文,其中采用了姚文栋绘制的舆图及部分勘查结果,也收回了部分失地。虽然姚文栋收回老八募等重要地区的建议未能实现,但他的艰辛努力毕竟没有完全徒劳。

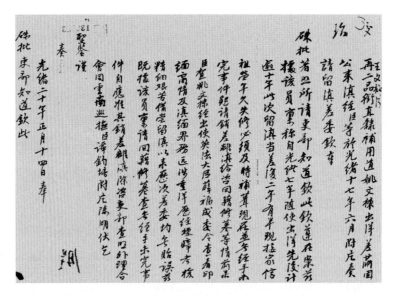

图 1 《军机处档折件》,王文韶《奏报留滇差委之补用道姚文栋准其销差回籍修墓》

光绪二十年,姚文栋终于回到阔别多年的家乡南翔。不久之后,中日两国开战,姚文栋于翌年受张之洞派遣前往台湾,又奉台湾巡抚唐景崧之命留署筹划,后又受唐景崧委托到北京代为转达台省民情。唐景崧咨呈北洋大臣文云:"查有奉调来台之姚道文栋,器识宏远,策论洋务洞中机宜。奉差日本多年,于该国情形尤为谙悉。目睹台民呼吁迫切,情形有非公牍所能缕述者。该道见闻真确,自能详晰代陈。用特派令

---

① 姚文栋《云南勘界筹边记》卷首《云贵总督片》,《姚文栋著书六种》第四册,光绪间刻本。台北故宫博物院清代档案检索系统,光绪十九年十二月十七日,故机 130762 号,第 1 页。https://qingarchives.npm.edu.tw/index.php?act=Display/image/2024389=IVZc1n#59l。

入都面禀机宜,以慰舆情而救危局。"①此后,姚文栋来往于台湾、大陆之间,密谋联法及商借美款等方法筹措台湾抗日之策,事未成而《马关条约》已签,台湾已陷。经历这些挫折,姚文栋有感于世事难为,在于人心之不正,故邀集江浙名士在南翔召开经学会,希望通过各地地方的努力,"俾有志之士莫不肆力于经,将见明体达用之才出乎其中,而移风易俗之效亦著乎其后矣"②。光绪二十二年(1896),姚文栋获提名出任驻美大臣,因故未遂,后到北洋办理洋务。光绪二十六年(1900),义和团事起,姚文栋往返京津之间,力图挽救危局。他以曾长期在日本、欧洲担任外交官的经验与见闻,向大学士军机大臣荣禄进言不可杀洋人、毁教堂而与各国为敌。义和团与甘肃提督董福祥甘军入都之后,姚文栋多次与荣禄讨论解围之策。后奉命南下迎接调补直隶总督李鸿章入京,目睹各地混乱,一路历经艰辛,仍不断向京中提出结束乱局的策略。回到上海后,得知李鸿章已经由海路前往天津,又阅报知其重用山东巡抚袁世凯,且其亲俄之策与自己防俄之旨不合,遂称病不出,回到家乡课子。光绪二十七年(1901)八月,姚文栋奉山西抚部岑春煊奏调山西,岁末到山西,翌年开始督办山西全省学务处事宜并兼山西大学督办。他亲自拟定《山西学务总纲》《山西府厅州县学堂章程》《山西通省蒙塾条议》《大学堂中学提纲》《通省蒙师课程》《师范课程》等,奠定了山西省教育的基础。光绪二十九年(1903),他受山西巡抚张曾敭委派兼办巡抚部院衙门文案,加强对英国福公司开采矿产的管理,有效保护了山西的矿权。又兼督办山西全省农工商总局兼高等农林学堂,为当地农工商基础建设和专业人才的培养做出了贡献。

光绪三十二年(1906),姚文栋离开山西返回家乡,此后无意仕途,更多致力于地方文化建设。他受江苏提学使周树模之聘为江苏学务公所议绅,议长即顾廷龙先生之外叔祖、著名学者王同愈。又曾组织学古社,后更名古学保存会,欲以保存古学正宗。辛亥革命之后,他与同人发起世界宗教会,又先后发起尊孔会、孔教会,以昌明孔教、救济社会为宗旨。先后编撰《论语金科》《孝经讲义》《儒学入门》《圣门四要》等。1929 年 8 月,姚文栋病故于南翔。

由以上概述可知,姚文栋自少年时代即勤奋好学胸有大志,青壮年时期关心国家前途,努力了解世界大势与边疆史地。在清驻日本和欧洲公使馆工作期间,留心考察各国概况与国际关系,在滇缅边界考察、甲午战争后台湾处理问题、庚子之变以及后来在山西兴办教育和农工商事业时,都投入了极大的劳力、心力,可谓为国家事业竭

---

①② 姚明辉:《景宪府君年谱》,光绪二十一年乙未。

经散佚而日本尚有流传的古代文献的关注和热心。

在向国人介绍日本传存的中国古代文献的各种努力中,值得一提的是,姚文栋直接促成和参与了日本学者编撰的日藏汉籍解题目录《经籍访古志》的刊行工作。《经籍访古志》是日本江户中期以后一批最出色的文献研究者共同观摩讨论记录而成的一部版本目录,是日本学者编撰的著录日藏汉籍善本的最为重要的解题目录之一。该书由这些文献学家中最为年轻的涩江全善(字道纯,号抽斋)、小岛尚真(字抱冲、春沂,号柽荫)和森立之等人记录编撰而成,又经著名汉学家海保渔村润色文字。该书成书之后虽有钞本流传,却一直没有机会出版,直到光绪十一年(1885),才在清朝第三任驻日公使徐承祖的赞助下,由清国公使馆铅印出版。《经籍访古志》卷前所附徐承祖的序文中云:"予衔命东来,公暇访蒐古籍。姚君子梁为道此书,获之深喜,亟命以聚珍版印行,公诸世之同好者。"①由此可见,向徐承祖介绍、推荐《经籍访古志》的正是姚文栋。笔者在整理《经籍访古志》编撰者之一森立之保存的他与中国人的笔谈记录《清客笔话》②时,也看到姚文栋在聚会中主动向森立之介绍自己时的笔谈纸片和姚文栋在印刷出版《经籍访古志》时为催交跋文写给森立之的便条③。由这些资料可以判断,在清国公使馆出版《经籍访古志》时,是姚文栋在负责实际出版事务及与有关各方的联络。

《年谱》还记载了姚文栋晚年为《经籍访古志》三订稿本撰写的一篇跋文。文章中说:

> 日本之有古书会由来已久。此书会中所辑,先后相承,出于众手。盖搜访勤则见闻日积,讨论密则来历益详。中土古本之流落外洋者,散而得聚,晦而得彰,胥于此书是赖。顾从来未有刻本,亦无印本,但有传钞之本,各择其意所欲者,往往阙略不全,且舛讹不胜究诘。未尝不传播四远,供好事者稗贩,实则已失庐山真面目矣。予来此,会其会中所称先进都已不及见,曩所云后起者,亦皆垂垂老矣,且寥落若晨星,与之语,有后不见来者之慨。予忧此书将成广陵散,建议欲速印。适使署有活字机,躬自督工进行,徐星使与其弟乳羔太守亦乐观厥成焉。费绌纸昂,仅印四百部。是为临时校正本。老儒森立夫负其责,年垂八十矣。其后

---

① 徐承祖:《经籍访古志序》,(日)涩江全善、森立之等撰,杜泽逊、班龙门点校:《经籍访古志》卷前,上海古籍出版社,2014年,第1页。

② 《清客笔话》原件藏于日本庆应义塾大学附属研究所斯道文库,已由笔者整理、注释并加以解题,收入《杨守敬集》第13册,湖北人民出版社、湖北教育出版社,1997年,第511—555页。

③ 《清客笔话》,第547—548页。

予居东又二年，岁月从容，得向山黄村诸人为之助，复有三订本，较前详审明备。予归国时携全稿藏槎里。

跋文中首先介绍日本学者中曾有互相观摩彼此收藏珍本古籍的古书会，《经籍访古志》就是参与这一聚会的学者们先后相承、成于众手的著作，其次对此书的价值给予了高度的评价。他指出，此书是多年积累而成，又经日本学者反复讨论，所以资料丰富，记载详细，中国已经亡佚而日本尚有流传的古籍可以据此得到彰显。但是由于从来未经刊刻印刷，传写本往往阙略不全或错误极多，已经失去庐山真面目。引文的后半对《经籍访古志》出版的背景及具体过程也有介绍，根据这些叙述，我们可以了解到《经籍访古志》出版时的一些细节。首先，是姚文栋建议和推动了《经籍访古志》的出版计划，具体事务亦由姚文栋负责监督，这两点均可与徐承祖序文所言相印证。根据跋文还可以了解到，印刷时使用的是公使馆内的铅字印刷机①，由于资金缺乏而纸张价高，故当时只印刷了四百部。其次，我们还可以知道，《经籍访古志》出版前曾请年垂八十的森立之负责校正。第三，从《经籍访古志》出版到姚文栋离开日本尚有两年，在此期间，姚文栋在向山黄村等人的帮助下继续校订，完成了一个三订本，并在回国时将全稿带回国内。

在努力向中国国内介绍日本收藏的中国古籍的同时，姚文栋自己也搜访并收藏了不少古书。但是据姚明辉所撰《年谱》，这些书籍"后在天津遭拳乱毁失大半"②。《年谱》光绪二十六年记录引用了姚文栋七月初一日致裕禄禀中的文字，叙述当时情况更加真切：

> 文栋供差天津，寓居租界。五月初闻拳民声势汹汹，因入都谒荣相，陈说怀柔剿抚各事宜，以冀消衅于几先。迨抵京后，路即中断，不能回津，并知津寓已被拳民焚烧，寓中物件都未及搬出，因留京暂在荣相处听差。嗣因拳民声势愈甚，扬言与洋务人员为难，京中不便寄迹，乃于上月杪回至保定，随身行李亦散佚尽矣。③

由此可知其携带至天津寓所的藏书大多在此时的混乱中散失。《年谱》中还记载了民国十二年七月底之后军阀在南翔抢劫之事。当时姚文栋独自在家守护妻子灵柩，虽

---

① 不过，根据《清客笔话》卷十所附在印刷所工作的籾山逸也向森立之询问他所需部数的便条可知，具体的印刷工作仍由日本人完成，而且工作场所似乎不完全是在公使馆内。
② 姚明辉：《景宪府君年谱》，光绪十三年丁亥。
③ 姚明辉：《景宪府君年谱》，光绪二十六年庚子。

然因他与当地士绅发起保安会和救济会,家中遭到破坏较少,但仍然是"宅门书籍倒乱,十八间中满地皆残破之象,无一屋可用,门窗亦露,零落动用,物件全无,衣被一空"。不过,即使经过这些动乱,到姚明煇撰写《年谱》时,家中尚存不少古籍。《年谱》中记载了当时尚存的部分日本、朝鲜钞本及刻本的书目,为参考起见特抄列如下:

> 日本大永享禄间钞本周易王弼注六卷/日本元龟天正间钞本周易孔颖达疏十四卷/日本明应文龟间钞本周易注九卷纂图互注周易略例一卷/日本古钞本周易注残本四卷/日本古钞本尚书孔氏传十三卷/日本天正六年秀圆钞本尚书孔氏传十三卷/日本古钞巾箱本毛诗郑氏笺二十卷/日本天保甲辰松崎明复影刻北宋本尔雅三卷/日本文政十二年覆刻南城曾燠刻依元人影宋钞本尔雅音三卷/日本覆刻古写手卷本论语残本一卷/日本天保八年刻石川之裦缩临管(原文如此,当为菅字之误)相手书卷子本论语集解十卷/日本正平甲辰刻本论语集解十卷/日本天文癸巳阿佐井野刊本论语十卷/日本文化辛未仙石政和覆刻天文本论语十卷附考异一卷/日本刻清氏点本论语十卷/日本覆宋小字本音注孟子十四卷/日本享保辛亥刻印薄纸本七经孟子考文补遗三十二册/日本元文丁巳狮谷白莲社刻本一切经音义一百卷/日本延享丙寅高野山北宝院刻本续一切经音义十卷/日本翻刻明正统本立斋先生标题解注音释十八史略七卷/朝鲜古刻本古今历代标题注释十八史略通考八卷/日本文政八年刻八史经籍志十种(前汉书艺文志、隋书经籍志、旧唐书经籍志、新唐书经籍志、宋史艺文志、宋史艺文志补、补辽金元艺文志、补三史艺文志、补元史艺文志、明史艺文志)/日本应永年间刊本唐才子传十卷/日本庆长十八年活字印本七书(孙子三卷、吴子二卷、司马法三卷、黄石公三略三卷、六韬六卷、尉缭子十五卷、唐太宗李卫公问对三卷)/日本弘化乙巳覆刻嘉庆年全椒吴氏覆宋乾道本韩非子二十卷/朝鲜古刻本刘向新序十卷/日本嘉永八年森氏刻本草经三卷/朝鲜古刻朴世茂童蒙先习一卷/日本明治七年刻大越史记全书五种(外纪全书五卷、本纪全书九卷、本纪实录六卷、本纪续编三卷、本纪续编追加一卷,皆安南人著)/日本明治十五年活字本资治通鉴二百九十四卷/日本精刻初印馆本十七帖

姚明煇在列举以上书目时云:"以上系日本、朝鲜古钞古刻精善各书。此外所得中国宋元明古刻之流传日本者未列。"①从这一说明可知,除了以上书籍之外,姚文栋在日

---

①　姚明煇:《景宪府君年谱》,光绪十三年丁亥。

本所得应该还有流传到日本的中国宋、元、明刊本。1998 年 3 月笔者在北京拜见顾廷龙先生时,顾老告诉笔者,他年轻时在南翔,曾到姚文栋家拜访,当时姚家存放姚文栋从日本带回的刻本和钞本放满了两个大房间。按顾老在南翔王同愈家为馆师在 1927年,如果他去姚家是在此时,说明姚家在遭遇上述军阀抢劫之难以后还有相当数量的藏书。王謇《续补藏书纪事诗》中也说姚文栋原有藏书十六万卷之多,大部分都是日本刻本①。不过,姚文栋的这些藏书在其身后又遭遇了更大的灾难,1938 年日军轰炸南翔,姚家大部分藏书也未能幸免而遭烧毁。据王謇《续补藏书记事诗》,姚文栋藏书中的日本刻本《论语》十数种、地理书若干种、魏源及何秋涛的手稿等都毁于战火。王謇为其赋诗云:"扶桑访古搜经籍,劫火犹存秘笈三。周易疏单论语义,魏何遗稿莫能探。"②所谓"秘笈三",是指幸免于战火的《经籍访古志》稿本、唐写本《周易》单疏和皇侃《论语义疏》古钞本。但是这三种文献后来亦不知其下落。笔者曾在上海图书馆见到过姚文栋旧藏的古籍,希望将来有机会对现在存世的姚文栋旧藏文献做进一步考察。

---

① 王謇:《续补藏书纪事诗》,谭卓垣、伦明等著,徐雁、谭华军整理:《清代藏书楼发展史·续补藏书纪事诗传》,辽宁人民出版社,1988 年,第 327 页。
② 王謇:《续补藏书纪事诗》,第 327 页。